Kem
01
Rei

Gelöscht

Gerhard Besier, Peter Schmidt-Eppendorf (Hgg.)

HANS ANSGAR REINHOLD (1897–1968)
SCHRIFTEN UND BRIEFWECHSEL – EINE DOKUMENTATION

HANS ANSGAR REINHOLD

(1897–1968)

Schriften und Briefwechsel – eine Dokumentation

Herausgegeben
von Gerhard Besier und Peter Schmidt-Eppendorf
unter Mitarbeit von Melanie Klughardt und Ronald Lambrecht

Herausgeber und Verlag waren bemüht, die Rechte Dritter an den Texten des Buches zu wahren. Sollte dennoch jemand seine Rechte nicht beachtet sehen, bitten Herausgeber oder Verlag um Nachricht.

© 2011 ASCHENDORFF VERLAG GMBH & CO. KG, MÜNSTER
Das Werk ist urheberrechtlich geschützt. Die dadurch begründeten Rechte, insbesondere die der Übersetzung, des Nachdrucks, der Entnahme von Abbildungen, der Funksendung, der Wiedergabe auf fotomechanischem oder ähnlichem Wege und der Speicherung in Datenverarbeitungsanlagen bleiben, auch bei nur auszugsweiser Verwertung, vorbehalten. Die Vergütungsansprüche des § 54, Abs. 2, UrhG, werden durch die Verwertungsgesellschaft Wort wahrgenommen.
Gesamtherstellung: Aschendorff Druckzentrum GmbH & Co. KG, 2011
Gedruckt auf säurefreiem, alterungsbeständigem Papier ∞
ISBN 978-3-402-12918-0

Hans Ansgar Reinhold
(1897–1968)

Inhaltsverzeichnis

Vorbemerkungen der Herausgeber..................................	9
Detaillierte Beschreibung des Nachlasses von Hans Ansgar Reinhold.....	11

I. *Hans Ansgar Reinhold (1897–1968) –*
   Ein vergessener deutscher Theologe im amerikanischen Exil
   Gerhard Besier.. 33

II. *Hans Ansgar Reinhold als Liturgiker im*
    pastoraltheologisch-sozialen Spannungsfeld
    Peter Schmidt-Eppendorf.. 47

III. *Die Autobiografie von Hans Ansgar Reinhold*

    Vorwort zur Originalausgabe von Wystan Hugh Auden........... 51

Teil I – Europa

Leben in Hamburg	55
Die russische Front	66
Mündig werden in Innsbruck	77
Maria Laach	84
Liturgiker und Seemannspastor	90
Das Ende der Demokratie	100
Die Flucht nach England	108
Das Leben unter Flüchtlingen	115

Teil II – Amerika

Bischöfliche Kanzlei und Commonweal	124
Fall River..	132
Entfremdung	137

Ein Telegramm vom Gericht 143
Sunnyside 148
Epilog 155
In Memoriam Hans Ansgar Reinhold –
    Nekrolog von Pater William Clancy. 157

IV. Begegnungen mit Hans Ansgar Reinhold

Peter Anson 161
Dorothy Day. 169
William J. Leonard SJ 171

V. Hans Ansgar Reinhold als Seemannspastor (Dokumente) 173

VI. Artikel und Aufsätze von Hans Ansgar Reinhold (Auswahl)

Die gegenwärtige Front in Deutschland (Pseudonym: Oscar Saxo) 187
Die katholische Kirche in Deutschland nach vier Jahren
    der Hitler-Diktatur 194
Die alte Taktik der Diffamierung (Pseudonym: Walter Smith) 200
Die katholische Kirche in Deutschland und
    die nationalsozialistische Verfolgung. 206
Das glückliche Paradies der Arbeiter 212
Die deutschen Exilanten und Flüchtlinge 214
Kann die Kirche in einem totalitären Staat bestehen? 223
Was ist mit den deutschen Christen? 227
Und was ist mit den Christen in Deutschland?. 235
Post vom besiegten Feind. 247
McCarthy and His Enemies (Rezension). 255
Die gefangene Wirtschaft. 258
Der Kardinal von Wien 260

VII. Korrespondenzen (Auswahl)

Bischof Wilhelm Berning. 267
Johannes Andreas Pinsk. 300
Hermann Pünder 302
Simon Stricker 306
Paul Schaeper. 311
William Dirks. 312
Waldemar Gurian 322

Friedrich Dessauer   412
Max Größer   413
Father Eber   417
Josef Schmutzer   423
Heinrich Brüning   429
Otto Karrer   431
Martin B. Hellriegel   437
Michael Keller   440
Godfrey Diekmann   441
Bischof Helmut-Hermann Wittler   447
Sonstige Korrespondenzen 1923–1983
    (chronologisch geordnet)   449

VIII. Bibliografie Hans Ansgar Reinhold   523

IX.   *Personenindex*   541

X.   *Register*   577

Vorbemerkungen der Herausgeber

Die John J. Burns Library des Boston College in Chestnut Hill erhielt Mitte August 1985 von Dan Kane, einem engen Freund Hans Ansgar Reinholds, dessen Nachlass geschenkt. Kane hatte, dem Wunsch Reinholds folgend, vergeblich versucht, die Essays, Aufsätze und den Briefwechsel seines Freundes in einer Kollektion zu publizieren. Wenn die Herausgeber nun einen Teil dieser Aufgabe realisieren, so sind sie sich dessen wohl bewusst, dass die vorgelegte Dokumentation eine bis ins Einzelne kommentierte Edition nicht wird ersetzen können. Ihre Absicht ist es vielmehr, dem deutschsprachigen Leser das beeindruckende Werk eines Emigranten vor Augen zu führen, der in seinem Heimatland nahezu vergessen ist. Um dieses Ziel zu erleichtern, wurden Reinholds Autobiografie sowie ein Teil seiner Essays und Briefe ins Deutsche übersetzt. Dieses Vorgehen bedeutet nach Überzeugung der Herausgeber deshalb keine Verfremdung seines Denkens, weil Reinhold, obwohl er die englische Sprache sehr gut beherrschte, zeit seines Lebens in deutscher Syntax dachte und schrieb. Die Auswahl erfolgte vor allem nach zwei Gesichtspunkten: Zunächst liegt ein Schwerpunkt auf seiner Lebensgeschichte, dann ein zweiter auf der Periode des „Dritten Reiches", mit der sich Reinhold vor dem Hintergrund seiner tiefgreifenden Lebens-Zäsur intensiv auseinandersetzte. Schließlich entwickelte sich Reinhold besonders in der Nachkriegszeit zu dem für seine Zeit wohl bedeutendsten Liturgie-Reformer der katholischen Kirche in den Vereinigten Staaten – für uns Grund genug, auch diese Seite seines Lebens zu beleuchten.

Da es sich bei der vorliegenden Dokumentation nur um einen Ausschnitt aus den Reinholdschen Papieren handelt, wollen die Herausgeber dem Leser das Gesamtkonvolut des Reinhold-Nachlasses vorstellen. Die Papiere füllen 41 Boxen, der Schwerpunkt liegt auf den Jahren 1935 bis 1968, aber sie enthalten auch frühe Zeugnisse aus der Zeit von 1908 bis Anfang der 1930er Jahre sowie das Echo auf Reinholds Wirken, das bis ins Jahr 1997 reicht.

Die Sammlung ist in acht Abteilungen gegliedert: Korrespondenz, Manuskripte, Veröffentlichungen, Persönliche Dokumente, Finanzielle Aufzeichnungen, Audiovisuelles Material, Kladden und schließlich Kunstgegenstände im Zusammenhang mit seiner liturgischen Arbeit.

Die im nächsten Abschnitt wiedergegebene Inventarliste der John J. Burns Library des Boston College schlüsselt den Bestand im Einzelnen auf. Die Bezeichnungen der

VORBEMERKUNGEN

Abteilungen und Unterabteilungen sowie der Aktentitel sind in Englisch belassen worden, um den Interessenten bei der Arbeit mit dem Nachlass keine zusätzlichen Schwierigkeiten in den Weg zu legen.

Diese Dokumentation erscheint mit freundlicher Unterstützung der Bistümer Hamburg und Osnabrück sowie der Hamburgischen Wissenschaftlichen Stiftung und des Vereins für katholische Kirchengeschichte in Hamburg und Schleswig-Holstein. Ein besonderer Dank gilt dem Rektor des Jesuitenkollegs in Boston, dem Bibliothekar Herrn Bruns von der Burns-Library des Boston College, den Mitarbeitern der Library of Congress in Washington D.C. und den Mitarbeitern des Lehrstuhls für Europastudien der Technischen Universität Dresden sowie des Sigmund-Neumann-Instituts für Freiheits- und Demokratieforschung in Dresden.

Dresden und Hamburg im Juli 2011

Gerhard Besier und Peter Schmidt-Eppendorf

Detaillierte Beschreibung des Nachlasses von Hans Ansgar Reinhold[1]

Abteilung I. Correspondence, 1916–1967, undatiert

Beschreibung

Die Abteilung „Correspondence" umfasst vier Unterabteilungen: „Early German", „German Sea Apostolate", „Post-Expulsion", and „Family". Alle Briefe, Postkarten und Telegramme sind zwischen 1918 und 1967 von Reinhold empfangen bzw. versandt worden. „Early German" enthält verschiedene Briefe und Telegramme, die vom Jahr 1916 bis zum Jahr 1929 datieren. In der Unterabteilung „German Sea Apostolate" befindet sich Korrespondenz aus der Zeit, als Reinhold das Seemannspastorenamt in Bremerhaven und Hamburg leitete. „Post-Expulsion" umfasst verschiedene Briefe und Postkarten, darunter etliche, die das Schicksal deutscher Flüchtlinge während des Zweiten Weltkrieges sowie Reinholds Arbeit in der „Liturgical Week" thematisieren. Die Unterabteilung „Family" enthält Papiere, die Reinhold von verschiedenen Familienangehörigen erhalten hat. Jede Unterabteilung ist alphabetisch sortiert, mit Ausnahme der Unterabteilung „German Sea Apostolate", die chronologisch geordnet ist.

Unterabteilung A. Early German, 1916–1929

Box	Folder	
1	1	Miscellaneous Letters, 1916–1929
	2	Telegrams, 1921

Unterabteilung B. German Sea Apostolate, 1929–1936, undatiert

	3	Sea Apostolate I, 1929–1930
	4	Sea Apostolate II, 1931–1932
	5	Sea Apostolate III, 1933
	6	Sea Apostolate IV, 1934–1936; undatiert

---

[1] Copyright notice: This finding aid was created in the John J. Burns Library of Boston College and is copyrighted by the Board of Trustees of Boston College. It may be reproduced in whole or in part with proper attribution: Title of finding aid, Archives & Manuscripts, John J. Burns Library, Boston College.

Unterabteilung C. Post-Expulsion, 1929–1967, undatiert

Box	Folder	
2	1	A, 1936–1959
	2	The American Committee For Christian Refugees Inc. / The American Christian Committee for German Refugees, 1936–1941
	3	Anshen[2], 1959–1965
	4	Apostleship of the Sea, 1935–1942
	5	Architecture-Art, 1935–1942
	9	Austin, Brother, 1944
	10	Ave Maria, 1963, August 1st
	11	B, 1935–1965
	12	Benedictine Academy, 1964
	13	Benedictine Revision, 1945–1946
	14	Berliner, Harold & Maryanne, 1966
	15	Berliner & McGinnis Inc., 1963
	16	Bern, 1935–1938
	17	Berning, Bishop of Osnabrück, 1935–1947
	18	Bethune, Adé, 1965–1966
	19	Bliven, Bruce 1937, January 20th
	20	Book Reviews, 1945–1960
	21	Braun, M. A., 1952
	22	Branham, Grace, 1964, September 15th
	23	Brehany, Fr., 1965
	24	Brown University Graduate School, 1937
Box	Folder	
3	1	Bureau Catholique International pour Affairs de Refugies, 1940
	2	C, 1936–1966
	3	Carey, Graham, 1942–1956
	4	Caritas, Lucerne, 1947
	5	Carroll, Rev. Thomas J., 1956–1968
	6	Cecilia, Helena, undated
	7	Charity Drives, Germany, 1947
	8	Christ College, 1947
	9	Christmas Cards, 1942
	10	Cleveland, 1965
	11	Cohen, Holt, Reinhart, Winston, Cunneen, 1959–1964
	12	Columbia University, 1936–1939
	13	Columbia Valley Administration, 1946–1949
	14	Commitments-Articles and Lectures, 1961

2   Ruth Nanda Anshen (1900–2003). Philosophin, Autorin und Herausgeberin zahlreicher Bücher, Mitarbeiterin des Verlages Harper und Row, New York.

	15	The Committee for Catholic Refugees from Germany, / The Catholic Episcopal Committee for German Refugees, 1936–1940
	16	Committee of Catholics for Human Rights, 1939–1946
	17	The Commonweal, 1940–1964
	18	Conscientious Objectors, 1965, February 13th
	19	Confidential (Finances), 1956–1959
	20	Cooley, 1938–1966
	21	D, 1938–1962
	22	Devon-Adair Publishers, 1943–1946, 1963
	23	Dessauer, Professor Dr. Friedrich, 1936–1937
	24	Diekmann, Godfrey, 1955–1961
	25	Doubleday & Co. Inc., 1955
	26	Dougherty, Bishop, 1941–1955
Box	Folder	
4	1	Dougherty, Bishop, 1956–1962
	2	E, 1929–1959
	3	Ecumenism, 1964–1965
	4	Editors & Publishers (various), 1959–1964
	5	Ellard, Gerald, S.J., undated
	6	Encyclopaedia Britannica, 1960–1964
	7	English Ritual, 1952
	8	F, 1937–1962
	9	FBI Investigation, 1936–1943
	10	Fides Publishers, 1964
	11	G, 1936–1965
	12	Gabriel, Fr., undated
	13	Galeazzi, Enrico Pietro, 1936
	14	Gannon, Arthur (I), 1936–1950, 1961
	15	Gannon, Arthur (II), 1936–1961
	16	Gurian, Waldemar, 1935–1945
	17	H, 1925–1966
	18	Habsburg, 1930–1938
Box	Folder	
5	1	Hazo, Robert, 1962, February 19th
	2	Health Insurance, 1959–1963
	3	Helicon Press, 1958–1965
	4	Hetoimasia, 1950
	5	Heywood, Bob, 1945–1966
	6	Hooda, Bob, 1965, November 13th
	7	Hospital-Medical, 1962–1964
	8	Howard, Edward D., Archbishop of Portland, 1943, 1956
	9	Howell, Clifford, SJ, 1945–1961

	10	I, 1935–1944
	11	Immigration & Naturalization, 1938–1944
	12	Interlaken, 1935–1936
	13	International Christian Committee for German Refugees, 1936
	14	J, 1936–1959
	15	Jewish Committee, 1949
	16	Journal of Arts and Letters, 1949–1950
	17	K, 1937–1961
	18	Kendall, 1942, September 29th
	19	L, 1935–1966
	20	Lawler-Editor, Herder & Herder, 1961–1967
	21	Little, 1935
	22	Littel, Norman & Katherine-Asst. Attorney General, 1941–1942
	23	Liturgical Conference, 1944–1966
	24	Liturgical Conference, St. Louis, 1964
Box	**Folder**	
6	1	Liturgical Movement, 1940–1965
	2	Liturgical Summer School, St. Mary of the Lake Seminary, 1941
	3	Liturgical Week, 1946
	4	Liturgical Week, 1947
	5	Liturgical Week, 1958
	6	Liturgical Week, 1960
	7	Liturgical Week, 1962
	8	Liturgy & Art Correspondence (Harper & Row), 1965–1966
	9	M (I), 1932–1941
	10	M (II), 1942–1967
	11	Macmillan Co. – Publishers, 1956–1961
	12	Mailing Lists – Xmas Sailors, 1942–1944
	13	Mann, Henry, 1957–1962
	14	Martinez, Don Bernardo, 1953
	15	Mc, 1935–1966
	16	McGucken, Archbishop, 1964
	17	McManus, 1957–1959
	18	Mediator Dei (Casel), 1947–1948
Box	**Folder**	
7	1	Medicare, 1966
	2	Melchoir, 1936, 1939
	3	Mt. Mercy, Pittsburgh, 1964
	4	Meridian Books, Inc., 1958–1961
	5	Merton, Thomas, 1949–1963
	6	Michels, Dora Thomas, 1946–1947
	7	Moenius, 1943

	8	Munich (Prälat F.X.), 1941
	9	N, 1935–1965
	10	Naturalization – Process, Problems, etc., 1936–1943
	11	New Catholic Encyclopedia, 1963
	12	New Leader, 1946
	13	New York City Chancery, 1936–1938, 1945
	14	Newman Bookshop, 1956–1959
	15	Niebuhr, Reinhold, 1937, February 5th
	16	Notre Dame, 1950
	17	O, 1935–1964
	18	Oddities, undated
	19	Odo Casel Society, 1962
	20	O'Leanz, A.T., 1944
	21	Orate Fratres, 1949–1951
	22	Ordination 25th Anniversary (I), 1950
	23	Ordination 25th Anniversary (II), 1950
	24	Ordination 25th Anniversary (III), 1950
Box	Folder	
8	1	P, 1936–1964
	2	Pantheon Books – The Soul afire, 1944–1946
	3	Paulist Press – Concilium, 1965
	4	Personal, 1944–1963
	5	Pittsburgh Cathedral, 1964
	6	Pittsburgh Liturgical Commission, 1962–1965
	7	St. Pius V. Rectory, 1936
	8	Portsmouth Priory, 1937–1938
	9	Private Foreign Correspondence, 1956–1959
	10	Property, undated
	11	Providence Hospital, 1940
	12	Publishers, 1962–1963
	13	Q, 1940
	14	R, 1935–1959
	15	Rambusch, Bob, 1966–1967
	16	Reinhold, H. A., 1947–1964
	17	Roman Catholic-Protestant Colloquium, Harvard Divinity School, 1963
	18	Rummel, Archbishop of New Orleans, 1935–1937
	19	Ryan, Mary Perkins, 1964
	20	S (I), 1936–1961
	21	S (II), 1936–1959

Box	Folder	
9	1	Savage, Alma, 1949–1950
	2	Shaughnessy, Gerald (Bishop of Seattle), 1937–1950
	3	Sisters of Mercy, Pittsburgh, PA, 1966, January 1st
	4	Staats-Herald Corp., 1936, December 16th
	5	Stuart & Richardson, Architects, 1962
	6	Sturzo, 1946
	7	Suffolk, 1935
	8	Sunnyside (I), 1956–1958
	9	Sunnyside (II), 1956
	10	Sunnyside (III), 1956–1960
	11	Sunnyside (IV), 1955–1959
	12	Sunnyside Parishioners, 1955, December 11th
	13	Sunnyside – Response to H.A.R. Leaving, 1956
	14	Swiss Bishops, 1955
	15	T, 1936–1964
	16	Talbot, Francis, 1939, January 16th
	17	Taxes, 1943–1955
	18	Tempo, 1945–1946
	19	Thieme, Karl, 1935–1946

Box	Folder	
10	1	The Tidings, 1943–1945
	2	Timely Tracts-Projected Books or Tracts to Date, 1943
	3	Tracy, Bishop Robert E.-Baton Rouge, 1964, August 20th
	4	Twardy, Stan (Oklahoma Courier), 1963, August 30th
	5	U, 1936–1939
	6	Unknown, 1932–1939
	7	V, 1938–1959
	8	Valtin Care (Krebs, Richard), 1941–1943
	9	Vermögen, 1952–1953
	10	Vernacular Society, 1963
	11	Viëtor, Karl (Harvard University), 1943, May 5th
	12	W, 1935–1960
	13	White, Bishop Charles D., 1942
	14	Willwoll, 1953
	15	Winzen, Damasus OSB, 1949, 1960
	16	Wright, Bishop John J. (I), 1945, 1956–1961
	17	Wright, Bishop John. J. (II), 1962–1966
	18	Xavier College, 1946
	19	Y, 1936 July, 18
	20	Yakima (I), 1956–1959
	21	Yakima (II), 1943, 1955–1959

		22	Yakima Sermon Schedule (I), 1952–1953
		23	Yakima Sermon Schedule (II), 1952–1953
		24	Young, 1951
		25	Z, 1936, 1960–1962

Unterabteilung D. Family, 1918–1951

Box	Folder		
11	1		Andreé & Wilkerling, 1932–1939
	2		Carola's Death, 1936–1937
	3		Cushing, 1936–1937
	4		Miscellaneous, 1932–1933
	5		Miscellaneous, 1934–1935
	6		Miscellaneous, 1936
	7		Miscellaneous, 1937
	8		Miscellaneous, 1938
	9		Miscellaneous, 1939
	10		Miscellaneous, 1940–1945
	11		Miscellaneous, 1946
	12		Miscellaneous, 1947–1949
	13		Miscellaneous, undated
	14		Mother's Death, 1943–1944
	15		Reinhold, Bernhard (father), 1920, November 11th
	16		Schulz, Dr. Emil, 1946
	17		Settlement-Solmitz, R., 1950–1951
	18		World War I Correspondence, 1918

Abteilung II. Manuscripts, 1920–1966, undatiert

Beschreibung

Die Abteilung „Manuscripts" umfasst fünf Unterabteilungen: „Books", „Articles and Book Introductions", „Book Reviews", „Notes" und „Addresses/Sermons/Radio Broadcasts". Die Unterabteilung „Articles and Book Introductions" ist nochmals unterteilt in „Articles" und „Serial Articles" und enthält u. a. Arbeiten aus Reinholds „Timely Tracts" in *Orate Fratres*. Viele der Manuskripte in „Books" and „Book Reviews" haben liturgischen Charakter. Die Unterabteilung „Notes" umfasst Aufsatzskizzen und verschiedene Fragmente. Erwähnenswert sind die handgeschriebenen Manuskripte der Predigten, die Reinhold in Niendorf gehalten hat, und die in der Unterabteilung „Addresses, Sermons, and Radio Broadcasts" zu finden sind. Die datierten Manuskripte der gesamten Abteilung sind von Reinhold zwischen 1929 und 1966 verfasst worden, viele sind aber nicht datiert. Einige Aufsätze sind in Englisch, andere in Deutsch. Jede Unterabteilung ist alphabetisch geordnet.

Unterabteilung A. Books, 1943–1966, undatiert

Box	Folder	
12	1	Amalar and Florus or The Disservice to the Liturgy, 1943
	2	Autobiography, undatiert
	3	Autobiography Fragment, undatiert
	4	Bringing the Mass to the People, undatiert
	5	Bringing the Mass to the People, undatiert
	6	Bringing the Mass to the People, undatiert
	7	The Burden of Our Heritage, undatiert
	8	Church Building in the Twentieth Century, undatiert
	9	Dynamics of the Liturgy, undatiert
	10	Fifty Short Homilies on the New Liturgy, undatiert

Box	Folder	
13	1	Liturgy and Art, 1966
	2	Liturgy and Art, 1966
	3	Liturgy and Art, 1966
	4	The Mass for the People, undatiert
	5	Our Parish, undatiert
	6	The Purpose and Limits of the Liturgical Movement, undatiert

Unterabteilung B. Articles & Book Introductions, 1920–1965, undatiert

1. Articles, 1920–1965, undatiert

Box	Folder	
14	1	Adolph-Kolping-Haus, Katholisches Seemannsheim, undatiert
	2	Die andere Seite der Ausreise der „Bremen", undatiert
	3	Apostolat des Meeres, undatiert
	4	Apostolat des Meeres, 1931
	5	Apostolat des Meeres, 1931
	6	Basiliche, undatiert
	7	Benediction with the Blessed Sacrament, 1960
	8	The Biblical Character of the Mass, undatiert
	9	Breviary, undatiert
	10	A Call to Charity with Justice, 1950
	11	Des Campion Propoganda Committee, undatiert
	12	Can the Church Live in a Totalitarian State?, undatiert
	13	The Captive Economy, undatiert
	14	The Cardinal of Vienna, undatiert
	15	Catholic Building and Maintenance Changes in Planning Churches, etc., undatiert
	16	The Catholic Church in Germany after Four Years of Hitler's Dictatorship, undatiert

17	The Catholic Church in Germany and the Nazi Persecution, undatiert
18	Christian Formation through the Liturgy, 1941, undatiert
19	Das Christliche Bewußtsein und die Erwachsenen-Taufe, undatiert
20	Cimiteri, undatiert
21	The Cloister and Society, 1938
22	Cross and Resurrection, undatiert
23	Devotions, undatiert
24	Does the Altar Belong in the Center of the Church?, undatiert
25	Do I Believe?, undatiert
26	Do we Really Need Full Time Port Chaplains?, undatiert
27	„Draft Mass" Foreward, 1965
28	Eine dringende Bitte zur Reformierung des Katechismus, undatiert
29	Die Einheit der Kirche und die Einigungsbestrebungen unserer Zeit, undatiert
30	Eine Entgegnung an A. Hein, undatiert
31	Eine erfreuliche Berichtigung, undatiert
32	Enclosed Monks Revolutionize a Country, undatiert
33	Entwurf für kurzes Referat über Seemannsseelsorge auf der Diözesansynode zu Osnabrück, undatiert
34	Epigrafia, undatiert
35	An Epochal Document on Church Building, 1949
36	Das erste Halbjahr in der Neuen Katholischen Seemannsseelsorge, undatiert
37	Eternal Glory, 1941
38	Etwas über Seemannsmoral, undatiert
39	Father of the World to Come, undatiert
40	A Few Thoughts on Advent, undatiert
41	Die Gefährdung der männlichen Jugend in den Hafenstädten, undatiert
42	Gedanken zu einer Nothilfe des katholischen Klerus, undatiert
43	The German Exiles and Refugees, 1941
44	Der Gregorianische Choral, undatiert
45	The Hallowing of All Life, 1943
46	The Happy Paradise of the Workers, undatiert
47	Have We Lost Perspective?, 1943
48	The Hidden God in Nature and History of Mankind, undatiert
49	Hierarchical Value and Beauty, 1943
50	Historical analyses of Ecumenical Councils' Influence on Sacred Architecture, undatiert
51	Hitler's Helpful Friends in London, undatiert
52	Homily, 1961
53	Hours, Canonical, undatiert

	54	„The Imbalance of Offertory and Canon" appendix, undatiert
	55	Incarnation and Parousia, 1941
	56	Inroads of the Bourgeois Spirit, 1941–1942
	57	International Congress of the Apostolate of the Sea to be held in Marseilles, France, undatiert
	58	Introduction, undatiert
	59	Iosi, undatiert
	60	Jahresbericht des Katholischen Seemansheims, 1929
	61	Johannes Pinsk, R.I.P., undatiert
	62	Katechese über Fragen 79 & 80 des Katechismus, undatiert
	63	Katholische Seemannsmission, undatiert
	64	Kirche auf dem Aussterbeetat – Die Geistliche Existenzfrage der Diaspora, undatiert
	65	Königsfest Christi, 1929
	66	Kursus für Gregorianischen Volksgesang in Bremerhaven, undatiert
	67	The Latest Reform of Pope Pius XII Parallells Gregory the Great, undatiert
	68	Lent in Focus, undatiert
	69	Lent in Wartime, 1944
	70	Let us Fight Anti-Semitism in Our Own Ranks, undatiert
Box	Folder	
15	1	Lichtmess-Hypapante, undatiert
	2	Liturgical Actions, 1963
	3	The Liturgical Church, 1941
	4	Liturgical Movement: What Next?, undatiert
	5	Liturgical Symbolism, 1963
	6	Liturgie und die Fernstehenden, undatiert
	7	The Liturgy and the Second Vatican Council, 1964
	8	Maria Laach Revisited 1920–1962, 1962
	9	März Chronik, 1931
	10	Mass as an Experience of Public Worship, undatiert
	11	The Mass for the People, undatiert
	12	The Mass of the Future, undatiert
	13	Der ‚Michael' endgültig verboten!, undatiert
	14	Die Missa Recitata oder Gemeinschaftsmesse, undatiert
	15	Mitmenschen, undatiert
	16	The Old Tactics of Diffamation, undatiert
	17	One Hundred Churches in Seven Years, 1939
	18	Our Lenten Liturgy, undatiert
	19	Out of the Night, 1941
	20	Parousia, 1943 and 1943
	21	The Piatiletka, undatiert

	22	The Pope's Plea for Personalism, 1944
	23	Popularizing Mystery, undatiert
	24	The Population Explosion and Planned Families, undatiert
	25	A Postscript for Scandalized Readers, undatiert
	26	The Present Front Line in Germany, undatiert
	27	Princeps Huius Saeculi, undatiert
	28	Prisons and Penance, 1939
	29	The Pyrrhic Victory of Florus of Lyons, 1961
	30	Revitalizing the Liturgy, undatiert
	31	Rites and Ceremonies, 1963
	32	Roughing Up the Liturgy, undatiert
	33	Rubric, 1963
	34	The Sacrament of Extreme Unction in Parish Life, 1941
	35	The Sacrament of Responsibility, 1940
	36	The Sea for Christ, 1937
	37	The Search for the New Man, 1953
	38	The Social Implications of a Dynamic Liturgy, undatiert
	39	Søren Kierkegaard: Introducing a great Christian of the Nineteenth Century, 1942
	40	Speaking as Saul Among the Prophets, undatiert
	41	The Spirit of Rome, undatiert
	42	The Spirit of the Roman Liturgy, 1943
	43	Sunday Morning Crisis, 1963
	44	Threshold or Interior?, undatiert
	45	Two Evils of Postreformation Time and Their Healing, undatiert
	46	Two Examples of Modern French Church Architecture, undatiert
	47	The Two Flights, 1935 & 1956, undatiert
	48	Unconditional Surrender, undatiert
	49	Unfinished Business of Vatican II, undatiert
	50	Unsere eucharistische Sprache, undatiert
	51	Unter welchen Bedingungen könnte ein katholischer Priester an der sogenannten Volksfront mitarbeiten?, undatiert
	52	Untitled for *Ave Maria*, undatiert
	53	Untitled for *Blackfriars*, 1965
	54	Untitled for *Cross Currents*, 1962
	55	Untitled for *Living Light*, undatiert
	56	Untitled for *The St. Louis Review*, 1964
	57	Untitled, undatiert
Box	**Folder**	
16	1	Untitled, undatiert
	2	Untitled, undatiert
	3	Untitled, undatiert

	4	Untitled, undatiert
	5	Untitled, undatiert
	6	Untitled, undatiert
	7	Ut Mens Nostra Concordet Voci Nostrae, undatiert
	8	Verfolgung wegen der Gerechtigkeit, undatiert
	9	Veritas Nihil Erubiscit Nisi Solummodo Abscondi…, undatiert
	10	The Vernacular in Our Liturgy, 1949
	11	The Versus Populum Altar Again, 1942
	12	„We shall bury you"-Khrushchev, undatiert
	13	What About Christians in Germany?, undatiert
	14	What About Germany's Christians?, 1944
	15	What About TV Masses?, undatiert
	16	Whitsunday, undated
	17	Wir glauben ja alle an einen Gott, wir beten alle zu demselben Gott!, undatiert
	18	Would You Remain a Catholic?, undatiert
	19	Zwischen Genua und Seattle, undatiert

2. Serial Articles, 1939–1945, undatiert

Box	Folder	
16	20	Timely Answers: Church's stand on birth control, undatiert
	21	Timely Questions: Can't We Find God's Word Beautiful Anymore?, undatiert
	22	Timely Questions: Do You Think the Pope's Visit to the United States Had Any Teaching Value Besides What He Said About Peace at the U.N.?, undatiert
	23	Timely Questions: Is there any Way of Making Baptism a More Noticeable Event in the Life of a Christian?, undatiert
	24	Timely Questions & Some Questions for Timely Questions, undatiert
	25	Timely Questions: That Awful Vernacular, undatiert
	26	Timely Questions: Will the Council Have Any Influence on the Sacred Architecture?, undatiert
	27	Timely Responses, undatiert
	28	Timely Tract 1, undatiert
	29	Timely Tract: Must We Repeat Ourselves?, undatiert
	30	Timely Tracts (I), 1939–1942
	31	Timely Tracts (II), 1942–1944
	32	Worship in Spirit and Truth I, 1944
	33	Worship in Spirit and Truth II, 1944
	34	Worship in Spirit and Truth III, 1944–1945

Unterabteilung C. Book Reviews, 1963, undatiert

Box	Folder	
17	1	*Apostle for our Time. Pope Paul VI.,* Mons. John G. Clancy, 1963
	2	*The Biography of a Cathedral,* Robert Gordon Anderson, undatiert
	3	*The Catholic Eastern Churches,* Donald Attwater, undatiert
	4	*Christianity and Revolution,* Leslie Dewart, 1963, November, 6st
	5	*Concelebration. Sign of Unity of the Church,* J. McGowan, undatiert
	6	*The Future of the Liturgy,* Adrien Nocent, 1963
	7	*Les Grandes Amitiés & La Pensée de St. Paul,* Raissa Maritain, undatiert
	8	*How the Reformation Came,* Joseph Lortz, undatiert
	9	*Kirche und Abendmahl,* undatiert
	10	The Menace of the Herd, Pranvis Stuart Campbell, undatiert
	11	*One Shepherd,* Charles Boyer SJ, undatiert
	12	*Priest and Worker.* Autobiography of Henri Perrin, undatiert
	13	*The Quest for High Catholicity. The Development of High Church Anglicanism,* undatiert
	14	*The Spirit and Structure of German Fascism,* Robert A. Brady, undatiert
	15	*The Third Reich,* Henri Lichtenberger, undatiert
	16	*Unto the Altar,* Alfonsus Kirchgaessner, undatiert
	17	Jan Valtin – Review by Reinhold, undatiert
	18	*The Variety of Catholic Attitudes*, Theodore Westow, 1963

Unterabteilung D. Notes, 1929–1958, undatiert

	19	Notes on Adolph Franz, undatiert
	20	Notes: „Agiografia", undatiert
	21	Notes: „Dom Quentin", 1928, November 12th
	22	Notes: „Ecclesia Orans", undatiert
	23	Notes: „Faschismus", undatiert
	24	Notes: „Freimaurerei", undatiert
	25	Notes: „Geheime Gesellschaften", undatiert
	26	Notes: „Kansas City Consensus", undatiert
	27	Notes: „Liturgiereform und ihre Kritiker", undatiert
	28	Notes: „Liturgy and Life", undatiert
	29	Notes on *Orate Fratres & Worship* Articles, Vol. 13–35, 1938–1958
	30	Notes: „Our Brother the Criminal", undatiert
	31	Notes and Sketches, undatiert
	32	Miscellaneous Notes, undatiert
	33	Miscellaneous Notes, undatiert
	34	Manuscript Fragment, undatiert

Unterabteilung E. Addresses, Sermons, & Radio Broadcasts, 1926–1964, undatiert

35	„Apostolatus Maris Ideals – Are We Attaining Them?", 1935, October 5th
36	University of British Columbia, Vancouver, 1950, October 20th
37	The Changes in the Mass, 1964, May 7th
38	Introductory Remarks to Panel on Church Architecture Reformed According to Vatican II, undatiert
39	„Liturgy and Ecumenism" (read at Duquesne University), 1961
40	Niendorf Sermons, 1926–1928
41	Radio Broadcasts, 1954
42	Revitalizing the Liturgy-Some Observations for Architects, 1963, October 15th
43	Why Active Participation in the Mass, 1964, May 7th

Abteilung III. Publications, 1929–1997, undatiert

Beschreibung

Die Abteilung „Publications" umfasst zwei Unterabteilungen: „Articles and Reviews" und „Publications by others about H.A.R.". Die Unterabteilung „Articles and Reviews" beinhaltet Veröffentlichungen Reinholds vornehmlich liturgischen Inhalts in Englisch, Deutsch und Französisch. Die Unterabteilung „Publications by others about H.A.R." umfasst Besprechungen der Bücher Hans Ansgar Reinholds sowie Aufsätze und Artikel, die sich mit seinem Leben und seinem Tod auseinandersetzen, aber auch solche, in denen er nur erwähnt wurde. Die datierten Veröffentlichungen umspannen einen Zeitraum von 1931 bis 1997; etliche sind nicht datiert. Jede Unterabteilung ist alphabetisch geordnet.

Unterabteilung A. Articles & Reviews, 1929–1966, undatiert

44	About English in Our Liturgy, 1945, March 16th
45	Advent: A Time of Longing, 1955
46	The Blessings of Freedom, 1953
47	Le „Catholic Worker" en Amérique II, 1940
48	Christmas in the Liturgy, 1962
49	The Church and Mankind, 1969, May 21st
50	Eternal Glory, undatiert
51	For Lenten Reading: Reflections on ‚Mater', 1963, March 8th
52	Der Gregorianische Choral, 1936
53	Is the Liturgy a Panacea? (reprinted from 1957 Worship), 1958
54	Jungkatholische Bewegung Allerwegen, Also: Articles in response, 1935
55	Lesson from Ketteler (condensed from Orate Fratres), 1945, October 7th
56	The Lesson of Assisi, 1956, October 5th
57	The Liturgical Approach to the Truth, 1944

	58	Liturgical Movement Has New Purpose, 1964, August 21st
	59	Liturgy and Reunion, 1962, January 5th
Box	Folder	
18	1	Liturgy, Architecture, and the Arts, undatiert
	2	The Lost Cause of the Epiphany, undatiert
	3	Mary in the Liturgy, 1966
	4	The Mass – Proposals for Further Reform, 1966
	5	McCarthy and His Enemies, 1954
	6	Der ‚Michael' endgültig verboten!, undatiert
	7	A New Generation: American and Catholic, 1964, March 13th
	8	Articles: Nochmals Joh. Seb. Bach's Weihnachtsoratorium, undatiert
	9	No Time to Stop, 1965, August 20th
	10	Our Parish: House of God and Gate of Heaven, 1943
	11	Parousia and Etimasia, 1959
	12	Perspectives Partielles, 1944
	13	The Prince of This World, 1937
	14	Sakramentales Leben, 1937
	15	Sea Apostolate, 1931
	16	Search for the New Man, 1953
	17	Speaking of Liturgical Architecture, 1952
	18	Timely Tracts: A Variety of Things, undatiert
	19	The Unfinished Reformation, undatiert
	20	Vereinigte Staaten von Amerika, undatiert
	21	The Way of the Cross, undatiert
	22	What Kills, 1945
	23	Where There's a Will, 1966
	24	Worship in Spirit and Truth, undatiert
	25	Zur Geschichte und Bedeutung des Neuen Herz Jesu-Offiziums, 1929
	Unterabteilung B. Publications by others about H. A. R., 1935–1997, undatiert	
	26	100 Years Ago: 1897, 1997
	27	The American Parish and the Roman Liturgy, reviews, 1957–1958
	28	Bringing the Mass to the People, George W. Casey, undatiert
	29	The Changing Mass, 1960
	30	Corpus Christi Chronicle, 1945
	31	Diocesan Liturgical Week, Camden, 1964, May 7th
	32	The Dynamics of Liturgy – Bringing the Mass to the People, review by Dorothy E. Smith, undatiert
	33	Farewell to Father Reinhold, Helene Iswolsky, 1968
	34	H.A. Reinhold 1897–1968, 1968
	35	H.A.R.-Death of a Friend, Emeric A. Lawrence, 1968, March 8th
	36	H.A.R.'s expulsion from Germany (articles regarding), 1935
	37	In Memoriam: H.A. Reinhold, 1968

	38	Letter to the Editor, The Pilot, 1968, February 17th
	39	The Liturgical Conference – Constitution and By-laws, undatiert
	40	Liturgists Asked to Face the Challenge of Christendom Slipping to Tiny Minority, 1960, August 25th
	41	Living Stones (convention/workshop), 1966, August 18th
	42	Meditation on a Humble Hero, 1968, February 17th
	43	Pittsburgh Catholic, 1966, June 2nd
	44	Requiem in Pittsburgh for Famed Liturgist, 1968, February 3rd
	45	Some Occasioned Limericks, by R.B.H., undatiert
	46	Suddenly a Bang and an Awakening, 1968
	47	Variations in Accomplishment, 1968, January 26th
	48	Virgil Michel and the Liturgical Movement, 1958
	49	Wurtsboro Around the Town, by Pat Moore, 1959, September 11th

Abteilung IV. Personal Documents, 1908–1966, undatiert

Beschreibung

Die Abteilung „Personal Documents" umfasst Ausweispapiere bzw. offizielle Dokumente, Kirchenpapiere, deutsche Dokumente, Reinholds letzten Willen und Testament, Universitäts- und Schulpapiere, Auszeichnungen und Ehrungen sowie weitere persönliche Dokumente. Die Graduierungsurkunde der Duquesne University hat Übergröße. Die gesamte Abteilung ist alphabetisch geordnet.

Box	Folder	
19	1	Address Book, undatiert
	2	Business Cards, undatiert
	3	Certificate of Naturalization, 1946, May 21st
	4	Church Documents, 1916–1938
	5	Desk Calendar, 1966
	6	Driver's Licenses, 1936–1959

Box	Folder	
42	1	Duquesne University Citation, 1964
	2	Duquesne University Honorary Degree, 1964
	7	Europe Trip, 1952
	8	Executive Committee of American Christian Committee for German Refugees, 1936–1938
	9	Family Tree, undatiert
	10	German Civil Documents, 1921–1937
	11	German Identity Papers, 1918–1924
	12	German Military Documents, 1917–1933
	13	Guild for Religious Architecture (Elbert M. Conover Memorial Award), 1966, May 28
	14	Last Will and Testament, 1961–1970
	15	Library Cards, 1929

	16	Maps, 1908
	17	Miscellaneous Personal Documents, 1929–1965
	18	Passports, 1928–1962
Box	Folder	
20	1	School Notebook, 1923–1924
	2	Seminary/Ordination, 1920–1924
	3	Sermon-40th Anniversary of H.A.R.'s Ordination, 1965, December 22nd
	4	Seton Hill College Honorary Degree, 1961, June 5
	5	University Documents, 1919–1937

Abteilung V. Financial Records, 1933–1968

Beschreibung

Die Abteilung „Financial Records" enthält Dokumente mit Bezug auf Reinholds Finanzen. Erwähnenswert sind die Spendenverzeichnisse im Zusammenhang mit Reinholds Nachkriegsengagement und der Versendung von CARE-Paketen nach Deutschland. Die Abteilung ist alphabetisch geordnet.

	6	Checks, 1956–1964
	7	Estate Document – Fr. Thomas J. Carroll, 1968, May 5th
	8	Donation Records I, 1946–1949
	9	Donation Records II, 1946–1949
	10	War Bonds, 1941–1944
	11	Royalty Statements, 1944–1967
	12	Securities, 1966
	13	German Tax Documents, 1933

Abteilung VI. Audiovisual Materials, 1914–1960, undatiert

Beschreibung

Die Abteilung „Audiovisual Materials" umfasst drei Unterabteilungen: „Loose Photographs", „Photo Albums" und „Audio Materials". Die Unterabteilung „Loose Photographs" umfasst „Photographs of H.A.R." and „Photographs of other People and Places". Die gesamte Abteilung enthält gerahmte Porträts, Negative, Familienfotografien, Fotos aus dem Ersten Weltkrieg, Fotos von Freunden, wie zum Beispiel W. H. Auden, sowie Diktataufzeichnungen Reinholds. Das Material datiert zwischen 1914 und 1960, vieles ist allerdings undatiert. Jede Unterabteilung ist alphabetisch geordnet.

Unterabteilung A. Loose Photographs, 1924–1960, undatiert

1. Photographs of H.A.R, 1959, undatiert

Box	Folder	
21	1	H.A.R. framed portrait, undatiert
	2	H.A.R. framed portrait, undatiert
Box	Folder	
22	1	H.A.R. at Assumption College, undatiert
	2	H.A.R. at Liturgical Week, 1959

Box	Folder	
	3	H.A.R. Portraits, undatiert
	4	H.A.R. with Others, undatiert
	5	Negatives-H.A.R. Portraits, undatiert

2. Photographs of Other People & Places, 1924–1960, undatiert

Box	Folder	
22	6	Auden, W. H., undatiert
	7	Birken Church, 1929
	8	Brs. Placid of Marmion Abbey (Fr. Gregory, Fr. Hamam, Abbot Benkert, Fr. Griffith), undatiert
	9	Desouche, undatiert

Box	Folder	
23	1	Fuller, Kent (framed photograph), 1953

Box	Folder	
22	10	Gannon, Alice, 1960
	11	Herwegen, Abbot, 1931
	12	Kieserling (Alice, Losa, and Brigitta), 1924
	13	Kralovel, Chuck, 1947, December 27th
	14	Lugano Seminary, undatiert
	15	Mulgueenez, Pat, 1952, May 25th
	16	Olympic Peninsula, 1947
	17	Reinhold Family Photographs, undatiert
	18	Riel, Kapt. I., undatiert
	19	Stegeman, Ted, undatiert
	20	Unidentified Churchmen, undatiert
	21	Unidentified Graves, undatiert
	22	Unidentified Negatives, undatiert
	23	Unidentified People #1, undatiert
	24	Unidentified People #2, undatiert
	25	Unidentified Places, undatiert
	26	Weihnachten, 1942

Unterabteilung B. Photo Albums, 1914–1938, undatiert

Box	Folder	
24	1	Photographs, 1914–1918
	2	Pictures of Sister

Box	Folder	
25	1	Photographs of WWI

Box	Folder	
26	1	Photographs of WWI, Maria Laach, & Family

Box	Folder	
27	1	Photographs, 1934–1938

Box	Folder	
28	1	Summer Photographs, 1938

Box	Folder	
32	1	Unidentified Negatives
	2	Unidentified Negatives

Box	Folder	
29	1	Unidentified Photographs
	2	Unidentified Photographs
	3	Unidentified Photographs

Box	Folder	
30	1	Unidentified Photographs
	2	Unidentified Photographs

Box	Folder	
31	1	Unidentified Photographs
	2	Unidentified Photographs

Unterabteilung C. Audio Materials, undatiert

Box	Folder	
33	1	H.A.R. Dictation Belt
	2	H.A.R. Dictation Record

Abteilung VII. Scrapbooks, 1914–1966

Beschreibung

Die Abteilung „Scrapbooks" enthält Sammlungen von Artikeln und Zeitungsausschnitten aus dem Zeitraum von 1957 bis 1966 sowie von Postkarten aus dem Zeitraum von 1914 bis 1931. Das gesamte Material ist alphabetisch geordnet.

Box	Folder	
34	1	Articles &Clippings, 1918–1963

Box	Folder	
35	1	Articles & Clippings, 1957–1960

Box	Folder	
36	1	Articles & Clippings, 1963–1966

Box	Folder	
37	1	Book of Postcards, 1914–1931

Abteilung VIII. Artwork & Artifacts, 1946–1962, undatiert

Beschreibung

Die Abteilung „Artwork and Artifacts" umfasst zwei Unterabteilungen: „Artwork" und „Artifacts". Die gesamte Abteilung enthält von Reinhold hergestelltes Kunsthandwerk, vor allem Medaillons, einen Rosenkranz sowie liturgische Gewänder und Gegenstände. Die Abteilung mit samt ihren Unterabteilungen ist alphabetisch geordnet.

Unterabteilung A. Artwork, 1946–1948

Box	Folder	
38	1	Artwork by C.W.M. for H.A.R., 1946–1948
	2	Painting by Baron for H.A.R., 1948

Unterabteilung B. Artifacts, 1962, undatiert

Box	Folder	
39	1	Cufflinks (2 pairs), Rosary, & Medallion
	3	Fordham University (Don Odo Cabol Award), 1962, May 12th

Box	Folder	
40	1	Graduation Cap
	2	Pins
	2	Purple Burse
	3	Purple Stole
	2	Red Tassel

Box	Folder	
41	1	White Corporal
	4	White Pall

Die von den Verfassern hieraus ausgewählten Stücke sollen einen Eindruck von dem Leben und Wirken Reinholds geben. Auf zwei Korrespondenzen wurde besonderer Wert gelegt – die mit seinem Bischof Wilhelm Berning und die mit Waldemar Gurian. In beiden Fällen konnte auch die Gegenüberlieferung aus dem Diözesanarchiv Osnabrück bzw. aus der Library of Congress, Manuscript Division, Gurian Papers, mit herangezogen werden.

Die Schriften und Korrespondenzen H.A.R.'s wurden soweit mit Anmerkungen und Kommentaren versehen, dass sich für den Leser die Hintergründe und Zusammenhänge erschließen lassen. Die bedeutendsten der zahlreichen Personen bzw. Personen, die häufiger genannt werden, sind, soweit ihre Lebensdaten ermittelt werden konnten, im biografischen Personenindex aufgeführt und jeweils mit Lebensdaten sowie Kurzbiografien versehen. Auf die Aufnahme zentraler Personen der Geschichte, wie z. B. Hitler, Roosevelt, Churchill etc., ist verzichtet worden.

I. Hans Ansgar Reinhold (1897–1968) – ein vergessener deutscher Theologe im amerikanischen Exil

GERHARD BESIER

Hans Ansgar Reinhold (H.A.R.), seit 1929 katholischer Seemannspastor in Bremerhaven und Hamburg³, gehörte zur sozialkatholischen, demokratischen Bewegung innerhalb seiner Kirche.⁴ Er pflegte zum Teil engen Kontakt zu Waldemar Gurian⁵, Luigi

---

3   „Im März des Jahres 1929 konnte der Bischof von Osnabrück [scil. Wilhelm Berning] in Bremerhaven auf dem Raphaelstag an Bord des Lloyddampfers Stuttgart verkünden, daß er [d.i. Reinhold] mit dem 1. Mai einen Anfang der Seemannsseelsorge machen würde." Manuscripts, Box 14, Folder 36, H. A. Reinhold Papers, MS2003-60, John J. Burns Library, Boston College.
4   Vgl. H.A.R. [Hans Ansgar Reinhold], *The Autobiography of Father Reinhold*, New York: Pantheon Books, 1968; Jay P. Corrin, America, and the Catholic Crusade Against Communism, in: *Records of the American Historical Society* 105 (1994), S. 47–69; ders., H. A. Reinhold, Liturgical Pioneer and Anti-Fascist, in: *The Catholic Historical Review* 82 (1996), S. 436–458; ders., *Catholic Intellectuals and the Challenge of Democracy*, Notre Dame: University of Notre Dame Press, 2002, S. 236–271; Julia A. Upton, *Worship in Spirit and Truth: The Life and Legacy of H. A. Reinhold*, Collegeville: Liturgical Press, 2010.
5   Vgl. Heinz Hürten, *Waldemar Gurian. Ein Zeuge der Krise unserer Welt in der ersten Hälfte des 20. Jahrhunderts*, Mainz: Matthias-Grünewald-Verlag, 1972. Siehe auch ders., Waldemar Gurian und die Entfaltung des Totalitarismusbegriffs, in: Hans Maier (Hg.), *Totalitarismus und Politische Religionen. Konzepte des Diktaturvergleichs*, Paderborn: Schöningh, 1996, S. 59–70; Heinz Hürten, Modernitätskritik und Totalitarismustheorie im Frühwerk von Waldemar Gurian, in: Alfons Söllner u. a. (Hgg.), *Totalitarismus. Eine Ideengeschichte des 20. Jahrhunderts*, Berlin: Akademie Verlag, 1997, S. 25–34; ders., Waldemar Gurian, in: John M. Spalek/Konrad Feilchenfeldt/Sandra H. Hawrylchak (Hgg.), *Deutschsprachige Exilliteratur seit 1933, Bd.3: USA, Teil 2*, Bern-München: Saur, 2001, S. 130–139. Neuerdings auch die Biografie von Ellen Thümmler, *Katholischer Publizist und amerikanischer Politikwissenschaftler. Eine intellektuelle Biografie Waldemar Gurians*, Baden-Baden: Nomos, 2011.

Sturzo⁶, Hannah Arendt⁷, Heinrich Brüning⁸ und vielen anderen, zumeist katholischen Gegnern des deutschen Nationalsozialismus bzw. italienischen Faschismus.

Sein erstes Arbeitsfeld betraf die extremistischen Ideologien in Europa, sein zweites – beeinflusst von Romano Guardini⁹ – die Erneuerung der Liturgie.¹⁰ Im Folgenden möchte ich mich darauf konzentrieren, die Umstände von Reinholds Emigration darzustellen sowie die Schwierigkeiten, die ihm im Ausland dadurch erwuchsen, dass sein Weggang aus Deutschland von der kirchlichen Hierarchie nicht gebilligt wurde.

Nach dem Studium der Philosophie in Freiburg besuchte Reinhold das Jesuitenseminar in Innsbruck und verbrachte ein Jahr im Benediktinerkloster von Maria Laach¹¹, dem Vorposten der liturgischen Erneuerungsbewegung in Europa. Als er 1925 in seiner ersten Gemeinde die Dialog-Messe einführen wollte, wurde ihm dies untersagt. 1930 gehörte Reinhold zu den Mitbegründern des Internationalen Apostolats des Meeres.¹² Als Generalsekretär dieser Vereinigung organisierte

---

6   Vgl. H. A. Reinhold, Don Luigi Sturzo. A Memoir, in: *Commonweal* 55 (1951), S. 193–195; Francesco Malgeri, *Luigi Sturzo (Tempi e Figure)*, Cinisello Balsamo: San Paolo 1993, S. 239; Gianni La Bella, *Luigi Sturzo e l'esilio negli Stati Uniti* [Luigi Sturzo und das Exil in den Vereinigten Staaten], Brescia: Morcelliana 1990, S. 8. Siehe auch Correspondence, Box 9, Folder 6, H. A. Reinhold Papers, MS2003-60, John J. Burns Library, Boston College.

7   Am 13. Mai 1953 entschuldigte sich Arendt für die Nichtbeantwortung eines Briefes von H.A.R. und schickte ihm einen Sonderdruck ihres Aufsatzes „Ideologie und Terror" (aus: *Offener Horizont. Festschrift für Karl Jaspers zum 70. Geburtstag am 23. Februar 1953*, München: Piper, 1953, S. 229–254).

8   Vgl. Heinrich Brüning, *Memoiren 1918–1934*, Stuttgart: DVA, 1970. Allerdings wird Reinhold darin nicht erwähnt. Vgl. Claire Nix (Hg.), *Heinrich Brüning. Briefe und Gespräche 1934–1945*, Stuttgart: DVA, 1974, S. 292, Anmerkung 6. Ein Brief von Brüning an Reinhold vom 18. März 1940 ist mit inbegriffen. Siehe auch einen Brief Brünings an Reinhold vom 2. Juni 1941, in dem er es ablehnt, Father Stocky zu helfen, weil dieser ihn 1932 im Zusammenhang mit der *Kölnischen Volkszeitung* falsch informiert habe. In einem Antwortschreiben vom 17. Juni 1941 äußert H.A.R. Verständnis für diese Entscheidung. Am 5. Mai 1943 ermutigte Brüning H.A.R. ein Buch über die Verhältnisse in Deutschland zu schreiben, bedauerte aber, ihm kein Fellowship in Harvard besorgen zu können. Vgl. Correspondence, Box 2, Folder 11, H. A. Reinhold Papers, MS2003-60, John J. Burns Library, Boston College. Außerdem: Herbert Hömig, *Brüning. Politiker ohne Auftrag. Zwischen Weimarer und Bonner Republik*, Paderborn: Schöningh, 2005, S. 210 bzw. S. 293 (Angriffe Waldemar Gurians auf Brüning und dessen Weigerung, ein Manifest katholischer Persönlichkeiten zu unterzeichnen, das 1942 in New York erschien). Siehe dazu auch Brief Gurians an H.A.R., S. 382 f.

9   Vgl. Romano Guardini, *Vom Geist der Liturgie*, Freiburg: Herder, 1922.

10 Vgl. Blane Brehany, *Aspects of the Liturgical Renewals as Seen in the Writings of H. A. Reinhold and the Constitution on the Sacred Liturgy*, unveröffentlichte Dissertation, Catholic University, Washington D.C. 1965. In der renommierten internationalen Reihe *Religious Perspectives* (Harper & Brothers, Publishers) veröffentlichte H.A.R. 1966 sein Manuskript „Art as Liturgy". Siehe auch H.A.R.'s Korrespondenz über „Architecture and Art". Correspondence, Box 2, Folder 5, H. A. Reinhold Papers, MS2003-60, John J. Burns Library, Boston College.

11 Vgl. Marcel Albert, *Die Benediktinerabtei Maria Laach und der Nationalsozialismus*, Paderborn: Schöningh, 2004. Dort findet Reinhold freilich keine Erwähnung.

12 Vgl. Arthur Gannon, *Apostolatus Maris 1920–1960. The Personal Record of Arthur Gannon*, New Orleans: Apostleship of the Sea, 1965, S. 25 f. Siehe auch Correspondence, Box 1, Folder 3-6, H. A. Reinhold Papers, MS2003-60, John J. Burns Library, Boston College.

er die deutsche Abteilung des Apostolats, die bald zu einem frühen Zentrum des Widerstandes gegen den Nationalsozialismus unter den Seeleuten wurde. Reinhold brachte ein Monatsmagazin für Seeleute heraus und einen zweimonatigen Newsletter für See-Offiziere. In seinen Artikeln stellte der freimütige und unabhängige Priester die spirituellen und politischen Gefahren des Kommunismus genau so klar heraus wie die, die von der politischen Rechten ausgingen. Bald aber gelangte Reinhold zu dem Schluss, dass die Nazis eine ernstere Bedrohung für die deutsche Demokratie und die christliche Religion darstellten als die Kommunisten. Da er seine Meinung – wenn auch unter verschiedenen Pseudonymen – öffentlich kundtat, erschien er den Nazis als so gefährlich, dass sie seine Aktivitäten durch die Gestapo beobachten ließen und seine Organisation mit Informanten infiltrierten. Obwohl er sehr vorsichtig war und sich in seinen Briefen – solange er in Deutschland lebte – äußerst zurückhaltend äußerte, konnte nicht verborgen bleiben, dass er sich heimlich mit dem früheren Reichskanzler Heinrich Brüning, mit dem französischen Konsul und anderen Persönlichkeiten traf, die dem Nationalsozialismus ablehnend gegenüberstanden. Insbesondere seine ausgedehnte Korrespondenz musste die Nationalsozialisten beunruhigen. Unter anderem hielt er Kontakt zu E. J. Oldmeadow, dem Herausgeber des Londoner *Tablet*. Er schrieb diesem schon Mitte September 1935, die einzige Lösung des Nazi-Problems sehe er in einer zweiten Weltallianz gegen Deutschland, dessen Diktator einen Zweiten Weltkrieg vom Zaun brechen wolle.[13] Gleich im Anschluss daran bat er Oldmeadow, den Brief sofort zu verbrennen. In Anlehnung an Gurians Interpretation verstand er den Nationalsozialismus wie den Bolschewismus als „säkulare Religionen".[14]

Reinholds Seemanns-Mission unterstand der kirchlichen Jurisdiktion des Osnabrücker Bischofs Wilhelm Berning.[15] Dieser nahm dem Nationalsozialismus gegenüber zunächst ein positives Verhältnis ein. Im Juli 1933 wurde er von Hermann Göring sogar zum Mitglied des im selben Monat reorganisierten Preußischen Staatsrats berufen. In demselben Gremium saß übrigens auch Carl Schmitt.[16] Obwohl Berning vor Annahme dieses Ehrenpostens seine Oberen konsultiert hatte, war diese Nähe zum NS-Staat für oppositionelle Katholiken ein gravierendes Ärgernis. In

---

13   Vgl. J. P. Corrin, *Catholic Intellectuals*, S. 238.
14   Siehe dazu Walter Gerhart [d.i. W. Gurian], *Um des Reiches Zukunft*, Freiburg: Herder, 1932. Zur Kontroverse zwischen Hannah Arendt und Gurian siehe Elisabeth Young-Bruehl, *Hannah Arendt. Leben, Werk und Zeit*, Frankfurt/M.: Fischer, 2004, S. 397; vgl. auch ebd., S. 283 f. bzw. S. 353 ff. Vgl. dazu auch E. Thümmler, *Katholischer Publizist*, S. 218 ff.
15   Zu Berning vgl. Ulrich von Hehl, Bischof Berning und das Bistum Osnabrück im „Dritten Reich", in: *Osnabrücker Mitteilungen. Mitteilungen des Vereins für Geschichte und Landeskunde von Osnabrück* 86 (1980), S. 83–104; Klemens-August Recker, „*Wem wollt ihr glauben?" Bischof Berning im Dritten Reich*, Paderborn: Schöningh, 1998; Gerhard Besier/Francesca Piombo, *Der Heilige Stuhl und Hitlerdeutschland. Die Faszination des Totalitären*, München: DVA, 2004, bes. S. 224 ff.
16   Vgl. Dirk Blasius, *Carl Schmitt. Preußischer Staatsrat in Hitlers Reich*, Göttingen: Vandenhoeck & Ruprecht, 2001, S. 116.

ihrer internen Korrespondenz sprechen sie meist nur von „dem Staatsrat", nicht von dem Bischof. Sie hielten den kirchenpolitischen Kurs des Breslauer Kardinals Adolf Bertram – und der ihn unterstützenden Bischöfe, darunter Berning – für absolut falsch. Reinhold meinte gar, der Nationalsozialismus habe seine politischen Ziele unter anderem deshalb erreichen können, weil die katholische Kirche sich ständig auf Kompromisse eingelassen habe. Die deutschen Bischöfe, sagte Reinhold, „were keeping up a policy of feeding the tiger to keep him quiet"[17]. Das Reichskonkordat vom Juli 1933 stand im Zentrum dieser Kritik, denn es hatte den politischen Katholizismus mundtot gemacht und damit eine geschlossene katholische Front gegen Hitler vereitelt.

Die fortgesetzten Aktivitäten Reinholds gegen das nationalsozialistische Regime konnten dem Osnabrücker Bischof nicht gefallen, zumal das politische Verhalten des Priesters nach Abschluss des Reichskonkordats eindeutig illegal war. Berning hielt die Polemik Reinholds für ganz unnötig[18], meinte das eine Mal, er sei ein eingefleischter „Pazifist"[19], das andere Mal bezeichnete er ihn scherzhaft als „alten Kommunisten" – Etiketten, die nicht unter vier Augen blieben und die ihn später im Ausland schwer desavouieren sollten.[20] Später gesellte sich noch das Urteil hinzu, er sei ein Abenteurer, der es an keinem Platz länger aushalte.[21]

Das erste Mal nahm ihn die Gestapo im Juli 1934 fest – wegen Feindseligkeit gegenüber Staat und Partei.[22] Nach wenigen Tagen wurde er wieder freigelassen. Aber die damit realisierte Bedrohung tat ihre Wirkung. „Als ich nach meiner ersten Verhaftung dem Bischof [scil. Berning] darüber berichtete, meinte er, darauf müssten wir alle gefasst sein – er auch? – und schimpfte dann so gehässig über das System und verglich es so deutlich mit Russland, daß ich schon glaubte, er sei bekehrt. Aber ich täuschte mich. Er blieb Staatsrat, wich jeder Entscheidung aus, schickte mich ins Gefecht und in die Höhle des Löwen, wenn etwas los war [...]."[23] Am 30. April 1935 erhielt Reinhold ein Aufenthaltsverbot für Hamburg, Bremen und Schleswig Holstein. Nach Reinholds Eindruck unternahm Berning einige halbherzige Bemühungen in seiner Angelegenheit zu intervenieren, aber die Gestapo habe den „Staatsrat" völlig ignoriert. „In diesen Tagen sah ich denn auch, wie völlig einflusslos

---

17 Zit. nach J. P. Corrin, *Catholic Intellectuals*, S. 242.
18 Vgl. H.A.R., *The Autobiography*, S. 85.
19 Reinhold an Gurian vom 27. Januar 1936. Correspondence, Box 4, Folder 16, H. A. Reinhold Papers, MS2003-60, John J. Burns Library, Boston College. Abdruck unten, S. 344 ff.
20 Vgl. J. P. Corrin, *Catholic Intellectuals*, S. 240 ff.
21 So Fr. Georg Timpe, New York. Vgl. Anhang zum Brief von Reinhold an Bischof W. Berning, 15. April 1947. Correspondence, Box 2, Folder 17, H. A. Reinhold Papers, MS2003-60, John J. Burns Library, Boston College. Abdruck unten, S. 382 ff. Vgl. Diözesanarchiv Osnabrück, 03-17-72-14.
22 Vgl. H.A.R., Expulsion from Germany. Publications, Box 18, Folder 36, H. A. Reinhold Papers, MS2003-60, John J. Burns Library, Boston College.
23 Reinhold in einem Brief an Gurian vom 27. Januar 1936. Correspondence, Box 4, Folder 16, H. A. Reinhold Papers, MS2003-60, John J. Burns Library, Boston College. Abdruck unten, S. 344 ff.

er in Berlin, ja sogar in Osnabrück war. Trotz energischen Brüllens, er sei Staatsrat Berning, konnte er sich am Telefon nicht durchsetzen, und der Regierungsrat der Gestapo weigerte sich, mich zu empfangen."[24] Auch aufseiten von Reinholds Familie bestanden Kontakte zum NS-Staat. Auf den Rat eines hohen NS-Funktionärs hin begab sich Reinhold noch im April zur Gestapo und fragte, was denn eigentlich gegen ihn vorläge. Daraufhin zeigte man ihm „ein Paket photographierter Briefe" und „Denunziationszettelchen".[25] Einer erneuten Aufforderung der Gestapo, sich am 4. Mai 1935 in deren Hauptquartier in Frankfurt/M. einzufinden, kam Reinhold nicht nach, sondern hielt sich – mit Billigung seines Bischofs – im Osnabrücker Marienhospital auf[26] – nach seinem Verständnis unter dem Schutz Bernings. Am 6. Mai, so teilte ihm der Bischof mit, wolle er anlässlich eines gelegentlichen Berlin-Aufenthaltes bei der Gestapo in seiner Sache noch einmal vorsprechen. Vorher könne er sich nicht um die Angelegenheit kümmern, da er in Bremen auf der „Gneisenau" an einem offiziellen Abendessen mit wichtigen Persönlichkeiten teilnehmen müsse. Reinhold erwartete, dass der Bischof zu seinem Schutz in Osnabrück blieb oder ihn nach Bremen mitnahm. Berning dachte weder an das eine noch an das andere. Nach seiner Abreise erfasste den Seemannspastor eine solche Angst vor der Gestapo, dass er nach Münster floh, wo ihm zwei Jesuiten halfen, die deutsche Grenze zu überschreiten. Von dort reiste Reinhold weiter nach Großbritannien und hoffte beim britischen Generalsekretär des Seamen's Apostolate Aufnahme und Arbeit zu finden.

Nicht jeder verfolgte Priester hätte diesen Weg gehen können. Reinhold verfügte aufgrund seiner Tätigkeit als Seemannspastor über ausgezeichnete Verbindungen ins Ausland und sprach sowohl englisch als auch französisch. Vermutlich wäre er in Großbritannien ohne größere Probleme untergekommen, hätten ihn nicht üble Gerüchte und dunkle Lesarten über seine Flucht aus der Heimat verfolgt. Berning oder dessen Umgebung ließen verlauten, Reinhold sei „not a bona fide refugee"[27], der vor der politischen Verfolgung geflohen sei, sondern jemand mit Sympathien für die Linke, der einfach seine Nerven verloren habe und vor seinen priesterlichen Pflichten davongerannt sei – und das ohne Genehmigung seines Bischofs. Reinhold setzte alle Hebel in Bewegung, um sich im Ausland halten zu können. Unter anderem erwirkte er ein Empfehlungsschreiben des aus Österreich stammenden Weihbischofs und Leiters der deutschen Nationalkirche Santa Maria dell'Anima in Rom, Alois Hudal.[28] Dieser

---

24 Ebd.
25 Ebd.; vgl. H.A.R., *The Autobiography*, S. 84.
26 Ebd., S. 87.
27 Anhang zum Brief von Reinhold an Bischof W. Berning, 15. April 1947. Correspondence, Box 2, Folder 17, H. A. Reinhold Papers, MS2003-60, John J. Burns Library, Boston College. Abdruck unten, S. 282 ff
28 Vgl. Alois Hudal, *Römische Tagebücher. Lebensbeichte eines alten Bischofs*, Graz: Stocker, 1976. Reinhold bleibt unerwähnt. Siehe auch Johan Ickx, The Roman „non possumus" and the Attitude of Bishop Alois Hudal towards the National Socialist Ideological Aberrations, in: Lieve Gevers/Jan Bank (Hgg.), *The Roman Catholic Church in Occupied Europe* (Religion under Siege, Vol. I), Leu-

schrieb an den katholischen Erzbischof in London: „We have been able to send him a small sum from here, just to help him along, since there is no opportunity for him to receive any money from Germany." Hudal bat den Bischof, Reinhold zu beschäftigen. „I therefore warmly recommend him to your kind consideration and I would be only too glad if you could help this young priest."[29] Aber auch in Deutschland blieb man nicht untätig. Wohl nach Rücksprache mit Berning, konsultierte die Familie Mitte Juni 1935 einen Rechtsanwalt, der sich mit der Staatspolizei in Verbindung setzte und folgende Auskunft erhielt:

Reinhold solle „als katholischer Pfarrer sich weiterer Tätigkeit im Küstengebiet, insbesondere der Betreuung der Seeleute völlig" enthalten, „also evtl. im Inland völlig unpolitisch, lediglich geistlich – sei es im Pfarramt, sei es im internen Klosterdienst tätig" sein. „Damit scheint den Interessen der Staatspolizei, die offensichtlich die Art seiner Tätigkeit in den Seemanns-Missionen beanstandet hat, gedient zu sein. Herr Bielefeld [von der Staatspolizei] hat die Namen der von mir aufgegebenen Schwäger: Herrn Regierungsrat Dr. Niefer und Rechtsanwalt Freiherr von Kleist notiert. Es liegt keineswegs eine Ausweisung aus Deutschland vor, sondern höchstens ein Aufenthaltsverbot und ein Redeverbot für die Küstengebiete. Das hängt natürlich mit seiner Seemannsmissionstätigkeit zusammen. Es bestehen also, soweit ich den Beamten verstanden habe, keine Bedenken, daß Ihr Herr Bruder zurückkehrt und politisch völlig neutral irgendeinen rein theologischen Dienst ausübt."[30] Auf diesen Bescheid hin drängte ihn die Familie – nicht zuletzt aus Sorge um die Firma des Bruders[31] und das Ansehen der Schwäger – zur Rückkehr nach Deutschland. Für Berning sollte dieser Bescheid fortan die Grundlage seiner Argumentation bilden.[32] Allerdings war er nicht bereit, Reinhold, der durchaus mit dem Gedanken spielte, zurückzukehren, irgendwelche Garantien zu geben.[33] Auch dachte er gar nicht dar-

---

ven-Paris-Dudley: Peeters, 2007, S. 315–344; Gerald Steinacher, *Nazis auf der Flucht. Wie Kriegsverbrecher über Italien nach Übersee entkamen*, Innsbruck: Studienverlag, 2008, S. 136 ff. (Rolle Hudals).
29 Hudal an Lord Archbishop Arthur Hinsley vom 27. Mai 1935. Correspondence, Box 1, Folder 6, H. A. Reinhold Papers, MS2003-60, John J. Burns Library, Boston College. Abdruck unten, S. 466.
30 Schreiben RA Curt Engels/Heinr. Günther/A. Linshöft an Dr. Reinhold (Firma Andree & Wilkerling) vom 15. Juni 1935. Correspondence, Box 1, Folder 6, H. A. Reinhold Papers, MS2003-60, John J. Burns Library, Boston College. Abdruck unten, S. 468.
31 Vgl. H.A.R., *The Autobiography*, S. 91 f.
32 Vgl. Berning an H.A.R.'s Schwager Heinrich von Kleist vom 24. Juni 1935. Correspondence, Box 2, Folder 16, H. A. Reinhold Papers, MS2003-60, John J. Burns Library, Boston College. Der Brief ist unten S. 274 f. wiedergegeben.
33 Am 28. Juni 1935 schrieb sein Schwager Heinrich von Kleist: „Anliegend übersende ich Dir einen Brief des hochwürdigsten Bischofs von Osnabrück. Ebenso wie er, kann niemand irgendwelche Garantien übernehmen. Auf diesem Standpunkt steht auch v. R. Er selbst kann unmöglich nach O. kommen, aus Gründen, die Du Dir vielleicht denken kannst. Ob vom Bischof, dem ich in obig. Sinne geschrieben habe, jemand nach O. kommt, weiss ich nicht. Dir in etwa einen präzisen Rat zu geben, kann niemand verantworten und Du mußt schliesslich selbst darüber entscheiden, was

an, selbst mit der Geheimen Staatspolizei zu verhandeln, sondern empfahl Heinrich von Kleist, dem Schwager Reinholds, er möge mit der Berliner Stelle der Gestapo verhandeln und in Erfahrung bringen, ob man dort damit einverstanden sei, „daß, wenn Reinhold zurückkehrt, er in der Seelsorge der Diözese beschäftigt werden kann, wenn er sich der Ausübung seines Amtes als Seemannspastor enthält."[34] Heinrich Brüning, den Reinhold kurz nach seiner Ankunft in London konsultiert hatte, riet Reinhold ab, deutschen Boden zu betreten.[35] Bald sah Reinhold in dem Osnabrücker Bischof die Ursache für alle seine Probleme in der Emigration. Berning habe „die ganze Diözese und meine eigene Familie gegen mich aufgehetzt, um sich selbst zu decken. Mich gibt er dabei wehrlos dem Klatsch und der Verachtung preis", schrieb er an Gurian. „[…] selbst wenn ich in allem ganz falsch gehandelt hätte, was ich ganz lebhaft bestreite, so hat der Herr Staatsrat doch kein Recht, daraus herzuleiten, daß er mich bei meinen Mitbrüdern, bei meiner Familie und den Spitzen der Organisationen diffamiert, ohne mich anzuhören oder mir die Gelegenheit zur Verteidigung zu geben."[36] In diesem wie in anderen Fällen reagierte Reinhold auf den ihm nach subjektiver Wahrnehmung zugefügten Schaden so, dass er seinem großen Bekannten- und Freundeskreis die Dinge aus seiner Perspektive darstellte und dabei mit Kritik an den Kirchenoberen nicht sparte.[37] Aufgrund dieser Kommunikationsstruktur konnte es nicht ausbleiben, dass manches wieder an die Ohren Bernings und der anderen Kritisierten drang.

hier das Richtige ist. Ich kann Dir auch keinen Rat geben, nachdem ich die Angelegenheit mit v. R. nochmals besprochen habe. Mach ruhig, was Du willst und für richtig hältst. Schade, schade, daß alles so gekommen ist. Aber man muß eben alles in Geduld ertragen. Dir alles Gute für die Zukunft wünschend, bin ich mit herzlichem Gruss Dein Schwager H." Correspondence, Box 2, Folder 16, H. A. Reinhold Papers, MS2003-60, John J. Burns Library, Boston College.

34 Berning an RA Baron Heinrich von Kleist vom 24. Juni 1935. Correspondence, Box 2, Folder 17, H. A. Reinhold Papers, MS2003-60, John J. Burns Library, Boston College. Abdruck unten, S. 274 f.
35 Vgl. H.A.R., The Autobiography, S. 91 f.
36 Reinhold in einem Brief an Gurian vom 27. Januar 1936. Correspondence, Box 1, Folder 6, H. A. Reinhold Papers, MS2003-60, John J. Burns Library, Boston College. Abdruck unter, S. 344 ff.
37 Generalpräses Ludwig Wolker, ehemals Leiter des Katholischen Jungmännerverbandes Deutschlands, schrieb H.A.R. unter dem 30. Oktober 1936: „Lieber Father Reinhold, wie ich heute von einer Bekannten hörte, seid Ihr in N.Y. in der Seemannsarbeit tätig. Weit von der Heimat und getrennt von denen, die Euch verbunden waren. Das ist gewiss hart und schmerzlich. Ich kenne ja nicht die Gründe und Zusammenhänge. Ich weiß nur von Eurer eifrigen Seelsorgearbeit für die jungen Seeleute und die freudige Mitarbeit in unserem Jugendreich und bleibe Euch darum verbunden. Wenn diese Verbundenheit auch nur in einem gelegentlichen Gruss zum Ausdruck kommen kann – eine Korrespondenz lässt sich ja nicht anknüpfen – Ihr sollt wissen, daß das Gute, was Ihr getan, in der Heimat nicht vergessen ist, und der gute Mensch nicht vergessen ist. Ich wünsche von Herzen eine gute Entwicklung der Dinge – im besonderen, daß es Euch möglich wird, von einem neuen Seelsorgeposten aus Heimat in den Herzen der Seeleute zu gewinnen. Ihrer Mutter habe ich einen Gruss der Teilnahme geschickt. Gratia tibi et pax. Euer L. Wolker, Generalpräses." Correspondence, Box 2, Folder 16, H. A. Reinhold Papers, MS2003-60, John J. Burns Library, Boston College.

Reinhold konnte in Großbritannien nicht Fuß fassen. Vorübergehend erhielt er in Surbiton/Surrey eine Vertretung in der Seelsorge, die aber nach zwei Monaten nicht verlängert wurde. Ein Empfehlungsschreiben Bischof Hudals an Bischof Amigo von Southwark zeitigte anscheinend keinen Erfolg.[38] Nach nur zwei Monaten verließ er das Land wieder und ging in die Schweiz nach Interlaken, wo er vorübergehend als Hilfsgeistlicher in einer Gemeinde eine Anstellung fand. Von dort aus schrieb er Mitte Oktober 1935 an einen ehemaligen Mitarbeiter der Seemannsmission:

„Kein Gruß meines Bischofs, nicht einmal ein Rat oder eine Anweisung, ja nicht einmal eine Frage nach meinem Ergehen! Muß man denn so vorsichtig sein als deutscher Bischof und Staatsrat? Noch dazu gegenüber einem Manne, gegen den nach seinen eigenen Worten nichts vorliegt! Meine Freunde verstehen das nicht. Wenn ich mich zu weit exponiert habe, so geschah das doch in seinem Dienste. Ist das der Dank dafür? Wenn ich wenigstens ein einziges Stück Papier, ein Urlaubspapier oder eine Bescheinigung hätte, daß nicht er gegen mich ist, sondern nur die Stapo! Aber nicht einmal das bekomme ich, trotz wiederholter Bitten und Gesuche. [...] Mein Herz und meine Nerven sind sehr kaputt. Das mag genügen für mein Fernbleiben von Deutschland. Mehr kann ich Dir nicht als Grund angeben. Ich muß mich gründlich erholen."[39]

Seine persönlichen Unterlagen und Beglaubigungsschreiben sollte Reinhold erst zwei Jahre später aus Osnabrück erhalten – auf Veranlassung eines deutschen katholischen Nationalsozialisten, der ihn in Amerika besucht hatte.[40]

Nach nur wenigen Monaten wurde Reinhold von den Behörden aufgefordert, die Schweiz zu verlassen, weil er einer bezahlten Tätigkeit nachging, ohne eine Arbeitsgenehmigung zu besitzen, und damit gegen die strenge Fremdengesetzgebung des Landes verstoßen hatte.[41]

Während seiner Schweizer Zeit hatte Reinhold begonnen, mit Dorothy Day[42], der Frauenrechtlerin und Gründerin der Katholischen Arbeiterbewegung in den USA, zu korrespondieren. Sie erwähnte seinen Namen gegenüber Helene E. Froelicher[43], einer gebürtigen Schweizerin, die nunmehr die amerikanische Staatsbürgerschaft besaß. Froelicher verfolgte den Plan der Gründung eines Katholischen Flüchtlingskomitees in den USA. Sie schlug Reinhold vor, mit den Flüchtlingen zu arbeiten und zunächst

---

38 Reinhold an Hudal vom 12. Juni 1935. Correspondence, Box 2, Folder 17, H. A. Reinhold Papers, MS2003-60, John J. Burns Library, Boston College.
39 Reinhold an „Äffchen" vom 14. Oktober 1935. Correspondence, Box 1, Folder 6, H. A. Reinhold Papers, MS2003-60, John J. Burns Library, Boston College. Abdruck unten, S. 317 ff.
40 Vgl. H.A.R., *The Autobiography*, S. 119.
41 Ebd. S. 93 f.
42 Vgl. Dorothee Sölle, Die *Radikalität des Evangeliums: Dorothee Day (1887–1980). Anarchistin und Pazifistin*, Kassel: IAG, 1988. Ein Brief Days an H.A.R. vom 12. August 1935 ist abgedruckt bei J. Upton, *Worship in Spirit and Truth*, S. 21. Ihr Seligsprechungsprozess wurde am 16. März 2000 durch Kardinal O'Connor eingeleitet. Vgl. ihre Begegnung mit H. A. Reinhold, S. 169 ff.
43 Vgl. G. Besier/F. Piombo, *Der Heilige Stuhl und Hitlerdeutschland*, S. 218.

eine Erkundungsreise durch Europa zu unternehmen.[44] Von der Schweiz aus besuchte er eine Reihe von Persönlichkeiten in Rom, Wien, London, Paris und Utrecht.[45] Er sprach dort mit hohen geistlichen Würdenträgern, darunter auch Pacelli[46], und warnte vor Hitler und dem Friedenskurs seiner Kirche gegenüber dem Nationalsozialismus. „Alles, was ich erreichte", erinnert sich Reinhold, „war eine zweifelhafte Reputation als ‚aufgeregter Emigrant'. Wer war ich denn, wenn sich in Deutschland alles – ein paar kleinere Vorfälle ausgenommen – im Friedenszustand befand."[47] Für den Plan zur Gründung eines katholischen Flüchtlingskomitees fand er keine Unterstützung.[48]

Im Juli 1936 verließ Reinhold Interlaken und reiste nach London. Hier traf er mit Luigi Sturzo zusammen, mit dem er seit geraumer Zeit bekannt war.[49] Am 20. August 1936 erreichte Reinhold schließlich New York. Dort musste er feststellen, dass die wenig guten Gerüchte über ihn, die in Deutschland umliefen, schon vor ihm in Amerika angekommen waren. Der Generalvikar der Erzdiözese von New York, Msgr. James

---

44 Am 7. Mai 1936 schrieb Froelicher an H.A.R.: „Ew. Hochwürden, im Auftrag des amerikanischen Christlichen Comités für deutsche Flüchtlinge, dessen Mitglied und Vertreterin ich bin, teile ich Ihnen mit, daß wir nach allem, was wir von Ihrer früheren Tätigkeit in Deutschland und Amerika als Generalsekretär der Katholischen Seemannsmission von Ihnen gehört haben, beschlossen haben, Ihnen die Leitung unseres katholischen Flüchtlingshilfswerkes in New York zu übertragen. Ich bitte Sie, sich baldigst zu äußern, ob Sie bereit sind, diese Aufgabe zu übernehmen und im bejahenden Falle sich vom Heiligen Stuhle in Rom den Segen dazu zu holen, denn es wird wichtig sein, daß Sie in USA die Autorität Roms hinter sich haben, wenn Sie mit der nötige Autorität auftreten wollen. Wie ich höre, würden es die amerikanischen Bischöfe begrüßen, wenn Sie ein Zeichen des Einverständnisses, etwa von Kardinal Pacelli besäßen. Indem wir Ihnen diesen Antrag machen, erwarten wir, daß Sie Ihre ganze Kraft dieser großen und schwierigen Aufgabe zuwenden und Ihre langjährigen Erfahrungen in der Organisations- und Caritasarbeit uns zur Verfügung stellen. Für Ihr materielles Auskommen als Priester und die Aufbringung Ihrer Unkosten, z. B. Reisen nach USA und Rom, sorge ich persönlich. Nachdem Sie Ihre so umfangreiche und verantwortungsvolle Arbeit in Deutschland nicht mehr ausüben können, dürfte Ihnen Ihre Kenntnis moderner Sprachen, der Psychologien so vieler Völker und Ihre vielen Beziehungen zu Katholiken aller Länder jetzt auf diese neue Weise zum Nutzen gereichen. Mein Gebet begleitet Sie. Ich hoffe, daß Sie noch vor Beginn des Sommers nach New York fahren können, versehen mit Empfehlungen Roms und Ihrer Schweizer Gönner." Correspondence, Box 2, Folder 2, H. A. Reinhold Papers, MS2003-60, John J. Burns Library, Boston College.
45 Vgl. H.A.R., *The Autobiography*, S. 95 ff.
46 Aus einem Brief H.A.R.'s an Enrico Pietro Galeazzi vom 6. Oktober 1936 geht hervor, dass Pacelli ihn am 7. Juni 1936 in seiner Bibliothek empfangen und daraufhin mit Papst Pius XI. gesprochen habe. Correspondence, Box 4, Folder 15, H. A. Reinhold Papers, MS2003-60, John J. Burns Library, Boston College.
47 Anhang zum Brief von Reinhold an Bischof W. Berning, 15. April 1947. Box 2, Folder 17, H. A. Reinhold Papers, MS2003-60, John J. Burns Library, Boston College. Abdruck unten, S. 282 ff.
48 Unter dem 12. Juni 1936 schrieb H.A.R. in Rom „ein [vier Seiten umfassendes] Memorandum für die Bischöfe Deutschlands", das „Die Not der Deutschen Flüchtlinge" zum Thema hatte. Correspondence, Box 1, Folder 1-6, H. A. Reinhold Papers, MS2003-60, John J. Burns Library, Boston College.
49 Vgl. die Korrespondenz Sturzo/Reinhold. Correspondence, Box 9, Folder 6, H. A. Reinhold Papers, MS2003-60, John J. Burns Library, Boston College.

Francis McIntyre, machte ihm keinerlei Hoffnungen auf eine Anstellung und verbot ihm, öffentlich zu reden.[50] Hauptsächlich finanziert von Dorothy Day, arbeitete Reinhold zunächst im *Protestant Refugee Committee* als katholischer Repräsentant der katholischen Sektion mit, wo er mit Paul Tillich zusammentraf.[51] Er schickte seinen Bericht über katholische Flüchtlinge und seine Vorschläge über den Aufbau einer katholischen Hilfsorganisation an verschiedene Bischöfe und Erzbischöfe. Schließlich informierte man ihn darüber, dass seine Pläne wohl in die Gründung des *Catholic Epsicopal Committee for German Refugees*[52] eingegangen seien, er aber in dieser Organisation nicht arbeiten könne.[53] Im Hintergrund dieser Entscheidung stand die Forderung der deutschen Seite – Kardinal Bertram, Bischof Berning und Pater Max Größer[54] vom St. Raphaelsverein – keine Personen zu beschäftigen, die in Gegnerschaft zum NS-Staat standen.[55] Die Deutschen hatten Georg Timpe zum Executive Director vorgeschlagen, der aber wegen seiner deutlichen Affinität zum NS-Staat wiederum von den Amerikanern abgelehnt worden war. Auf deutscher Seite bemühte man sich, alles zu vermeiden, was eine Kooperation des Committees mit offiziellen deutschen Stellen verhindert hätte. Reinhold bezog seine Ablehnung ganz auf die Äußerungen von Max Größer, die dieser bei seinem Aufenthalt in den USA im Frühjahr 1937 getan haben soll: „that nobody knew why Reinhold left and that I was a restless person who never staid anywhere more than a year and that the Bishop [scil. Berning] was very grieved about me"[56]. Timpe, der potentielle Konkurrent, soll über ihn gesagt haben: „Some fellows like Reinhold go around here with the gloriole of a martyr while they are nothing but adventurers."[57] Im Übrigen meinte Reinhold auch

---

50 Vgl. H.A.R., *The Autobiography*, S. 106. Siehe auch die Korrespondenz mit dem American Committee for Christian German Refugees in den Jahren 1936–1941. Correspondence, Box 2, Folder 2, H. A. Reinhold Papers, MS2003-60, John J. Burns Library, Boston College.
51 Vgl. Wilhelm und Marion Pauck, *Paul Tillich. Sein Leben und Denken*, Bd. 1, Stuttgart: Evangelisches Verlagswerk, 1976. Hier findet Reinhold keine Erwähnung.
52 Vgl. *The Committee for Catholic Refugees from Germany/The Catholic Episcopal Committee for German Refugees 1936–40.* Correspondence, Box 3, Folder 5, H. A. Reinhold Papers, MS2003-60, John J. Burns Library, Boston College.
53 Vgl. H.A.R., *The Autobiography*, S. 108.
54 Zu Max Größer vgl. den Artikel von Alexander Holzbach, in: Helmut Moll (Hg.), *Zeugen für Christus*, Bd. 2, Paderborn: Schöningh, 1999, S. 826–828.
55 Vgl. Gerhard Besier, *Die Kirchen und das Dritte Reich. Spaltungen und Abwehrkämpfe 1934–1937*, Berlin: Propyläen, 2001, S. 883 f.
56 Anhang zum Brief von Reinhold an Bischof W. Berning, 15. April 1947. Correspondence, Box 2, Folder 17, H. A. Reinhold Papers, MS2003-60, John J. Burns Library, Boston College. Abdruck unten, S. 282 ff.
57 Am 19. August 1937 schrieb Reinhold an Gurian: „Nach den gemeinen Manövern der Herren Größer und Timpe falle ich hier ja sowieso aus und werde mich still verhalten müssen. [...] Ich begreife jetzt Dr. Brüning immer besser, der sich auch aus Rücksicht auf andere alle möglichen Verdächtigungen schweigend gefallen lassen muß." Am 23. Januar hatte er an Gurian geschrieben: „Aber konnte ich erwarten, daß ein Priester seine Informationen dazu benutzen würde, um von Kardinal Bertram ein Schreiben an die hiesigen Kardinäle richten zu lassen, man möge mich von jeder

im hohen katholischen Klerus Amerikas zahlreiche Sympathisanten Mussolinis und Hitlers ausmachen zu können – etwa den Bostoner Kardinal William O'Connell.[58]

Dennoch fand Reinhold Unterstützung – in den intellektuellen katholischen Zirkeln New Yorks, besonders im Umfeld des *Commonweal*[59] und seinem Chefredakteur George Shuster, sowie beim Catholic Worker Movement. Nach verschiedenen Zwischenstationen erhielt Reinhold schließlich im Oktober 1938 seine erste Stelle als Hilfsgeistlicher in der Diözese Seattle bei Bischof Gerald Shaughnessy, begründete einen Seemannsclub in Seattle und widmete sich daneben der liturgischen Erneuerungsbewegung. Im Oktober 1941 wurde er nach Yakima versetzt, einer Stadt im Zentrum des Bundesstaates Washington, 200 Meilen von der Küste entfernt. Von Frühjahr 1943 bis Frühjahr 1944 hielt er sich im Bundesstaat New York auf, meist in der Gemeinde Corpus Christi bei Pater George Ford, wo er seine Arbeiten an einer Anthologie der Mystik abschloss.[60] Im April 1944 erhielt er die amerikanische Staatsbürgerschaft, kehrte in den Nordwesten der USA zurück und übernahm eine heruntergekommene Pfarrei in Sunnyside, einem verschlafenen Ort im Yakima-Tal. Hier blieb er bis 1956 und machte aus seiner Gemeinde eine „educated Catholic community"[61]. Sein Ausscheiden war erneut von erheblichen Problemen begleitet.[62] H.A.R., der inzwischen an der Parkinsonschen Krankheit litt, kehrte in die Region Boston zurück und arbeitete dann von 1961 bis 1963 in Pittsburgh. Von 1966 an verschlechterte sich sein Gesundheitszustand so sehr, dass er in einem Pflegeheim leben musste.

Innerhalb der Emigrantenszene[63] gab es wenig Rückhalt und Solidarität.[64] Die allermeisten lebten von der Hand in den Mund, rivalisierten bei den wenigen privaten Geldgebern um kleine Unterstützungshilfen und mussten sich durch schlecht

---

Arbeit ausschließen, denn ich sei politisch untragbar und meine Mitarbeit würde den deutschen Bischöfen jede Mitarbeit unmöglich machen? Dass die hiesigen Bischöfe bei der hiesigen Fremden- und Deutschfeindlichkeit gern bereit waren, die Meinung des hohen Schreibers der meinigen vorzuziehen, ist doch selbstverständlich. Zudem hatte es Größer anscheinend auch noch verstanden, durch seinen lieben Ordensmitbruder Georg Timpe unseligen Angedenkens, der hier seit fünf Jahren in der Verbannung sitzt und sich offen und frei als Nazi bekennt, den maßgebenden Mann in Washington gegen mich als Eindringling aufzuhetzen." Correspondence, Box 4, Folder 16, H. A. Reinhold Papers, MS2003-60, John J. Burns Library, Boston College. Abdruck unten, S. 369 ff.

58 Vgl. H.A.R., *The Autobiography*, S. 115 ff.
59 *Commonweal*. Ein Magazin für Politik, Kultur und Religion, hrsg. von katholischen Laien, gegründet 1924. Erster Herausgeber war Michael Williams. Correspondence, Box 3, Folder 17, H. A. Reinhold Papers, MS2003-60, John J. Burns Library, Boston College.
60 Vgl. H.A.R., *The Soul Afire. Revelations of the Mystics*, New York: Pantheon Books, 1944.
61 So J. Upton, *Worship in Spirit and Truth*, S. 27.
62 Ebd., S. 28 f.
63 Den Kontakt zu Hannah Arendt nahm Reinhold per Brief erst 1953 auf. Correspondence, Box 2, Folder 2, H. A. Reinhold Papers, MS2003-60, John J. Burns Library, Boston College. Abdruck unten, S. 507.
64 Vgl. die Darstellung bei H.A.R., *The Autobiography*, S. 91 ff.

bezahlte Gelegenheitsarbeiten wie das Schreiben von Artikeln über Wasser halten. Der Briefwechsel zwischen Gurian und Reinhold illustriert das gespannte Verhältnis unter den Emigranten.[65] Gurian klagte ständig über mangelnde Reputation und fehlendes Geld, warf Reinhold vor, er nutze seine guten Kontakte nicht, um ihm, Gurian, zu helfen, bat diesen ständig um die Zusendung von Zeitschriften und Büchern sowie um Übersetzungsarbeiten und bedrängte so den selber Notleidenden.[66] Überdies wurde er von Reinhold beschuldigt, die vereinbarte Vertraulichkeit gebrochen zu haben.[67] Als sich Reinhold in einem Brief an Karl Thieme[68] über das „erpresserische" Verhalten Gurians beklagte, gab dieser – selbst mit Gurian überworfen[69] – das

---

65 So schrieb Gurian an Reinhold am 11. Juli 1936 über Friedrich Muckermann: „Mit Muckermann werde ich noch, bevor es zu Ende geht, abrechnen, dieser verlogene ekelerregende Schwindler und Heuchler, der Repräsentant schleimiger Unaufrichtigkeit soll noch was erleben." Correspondence, Box 4, Folder 16, H. A. Reinhold Papers, MS2003-60, John J. Burns Library, Boston College. Abdruck unten, S. 359 ff.
66 Vgl. Reinhold an Gurian vom 18. Juli 1937, ebd. Abdruck unten, S. 389.
67 Vgl. Telegramm vom 23. Januar 1936 von Reinhold an Gurian, ebd. Am 24. Januar 1936 bat er in einem Brief erneut vergeblich, Gurian möge die Informationen nicht nutzen, weil seine Familie bedroht sei. Zu den Mitteilungen, die Gurian veröffentlichte, siehe Heinz Hürten (Hg.), *Deutsche Briefe 1934–1938. Ein Blatt der katholischen Emigration*, Bd. 2: 1936–1938, Mainz: Matthias-Grünewald-Verlag, 1969, S. 32 f.
68 Zum Verhältnis zwischen dem Publizisten und Historiker Karl Thieme und Gurian vgl. Hürten, *Waldemar Gurian*, S. 11, 29, 70 f., 90, 112 f., 115, 128 f., 132 und 192. Karl Thieme war bis 1933 Leiter der Hauptgeschäftsstelle des Bundes religiöser Sozialisten, Landesverband Preußen. Außerdem war er Schriftleiter der Vierteljahrsschrift *Religiöse Besinnung* und von 1927 bis 1931 Dozent an der Berliner Hochschule für Politik, dann Dozent für Geschichte und Staatsbürgerkunde an der Pädagogischen Akademie in Elbing. 1933 wurde er wegen seiner Gegnerschaft zum Nationalsozialismus entlassen. 1934 konvertierte er zum Katholizismus, 1935 emigrierte er in die Schweiz (Läufelfingen, Kanton Basel-Land). Seit 1953 war er ordentlicher Professor für Europäische Geschichte, Philosophie und Deutschtumskunde am Auslands- und Dolmetscherinstitut der Johannes-Gutenberg-Universität Mainz in Germersheim. Siehe auch Thiemes Briefe an Gurian: Congress of Library, Manuscript Division, Gurian Papers, Box 8, Folder 6. Zwischen H.A.R. und Thieme ist ebenfalls eine ausführliche Korrespondenz aus den Jahren 1937 bis 1946 erhalten geblieben. Correspondence, Box 9, Folder 19, H. A. Reinhold Papers, MS2003-60, John J. Burns Library, Boston College. Der Nachlass Thiemes liegt im Institut für Zeitgeschichte, München, ED.163. Ausführlich zu Karl Thieme und dem Bund religiöser Sozialisten vgl. Melanie Klughardt, *Kontroversen um den und im „Bund religiöser Sozialisten Deutschlands" zwischen 1926 und 1933*, unveröffentlichte Magisterarbeit, Technische Universität Dresden, 2010.
69 Am 17. Juli 1936 schrieb Thieme an Reinhold, welche Kräche er mit Gurian auszustehen hatte. „Sein Problem ist erst tertiär das des Emigranten, sekundär das des getauften Juden, aber primär, primär, primär sein ganz persönliches; er ist der objektiv unglücklichste Mensch, den ich kenne, und letztlich ist alle Hilfe von jedem und in jedem Ausmaß seiner eigentlichen Not gegenüber nur ein ‚Tropfen auf den heißen Stein'." Correspondence, Box 9, Folder 19, H. A. Reinhold Papers, MS2003-60, John J. Burns Library, Boston College. Zum Verhältnis zwischen Gurian und Thieme knapp bei E. Thümmler, *Katholischer Publizist*, S. 168 ff.

Schriftstück an Otto Karrer[70] weiter.[71] Als Gurian gegenüber Karrer sein freundschaftliches Verhältnis zu Reinhold betonte, meinte dieser, Gurian aufklären zu müssen. Er teilte ihm den Inhalt des Reinholdschen Briefes an Thieme mit.[72] Daraufhin brach Gurian über einen Zeitraum von acht Jahren den Kontakt zu Reinhold ab.[73]

Während der ganzen Zeit des „Dritten Reiches" bemühte sich Reinhold um die Wiederaufnahme des Kontaktes zu seinem Osnabrücker Bischof. Wenn Berning ihm antwortete, dann immer in vorsichtiger, sehr förmlicher Weise. Anfang März 1947 schrieb er Reinhold und bot ihm eine Pfarrstelle in seiner Diözese an. Reinhold nutzte dieses Schreiben, um Berning alle Verletzungen, die ihm – nicht zuletzt durch den Bischof selbst – widerfahren waren, noch einmal darzustellen. Er schrieb in englischer Sprache und begründete, warum er in den USA bleiben wolle.[74]

---

70 Zu dem in Luzern ansässigen theologischen Schriftsteller Otto Karrer vgl. Hürten, *Waldemar Gurian*, S. 90 f. Siehe auch den Briefwechsel zwischen Gurian und Karrer, Congress of Library, Manuscript Division, Gurian Papers, Box 4, Folder 18.

71 Vgl. Thieme an Reinhold vom 31. August 1937. Correspondence, Box 9, Folder 19, H. A. Reinhold Papers, MS2003-60, John J. Burns Library, Boston College.

72 Vgl. Otto Karrer an Reinhold vom 13. Oktober 1937, ebd.

73 Vgl. Gurian an Reinhold vom 30. August 1937, 9. Oktober 1937 und 2. Dezember 1945. Correspondence, Box 4, Folder 16, H. A. Reinhold Papers, MS2003-60, John J. Burns Library, Boston College, Abdruck unten, S. 393 ff.; Thieme an Reinhold vom 8. August 1945. Correspondence, Box 9, Folder 19, H. A. Reinhold Papers, MS2003-60, John J. Burns Library, Boston College. Am 2. April 1940 richtete Gurian einen Brief an H.A.R., in dem er ihn mit „Sehr geehrter, hochw. Herr" ansprach und H.A.R. um Hilfe für Erik Peterson ersuchte. Am Ende des Briefes heißt es: „Ich bitte diesen Brief nicht misszuverstehen. Solange Sie Ihren bekannten Brief an Thieme nicht zurücknehmen, kann ich zu Ihnen keine persönlichen Beziehungen haben." Correspondence, Box 4, Folder 16, H. A. Reinhold Papers, MS2003-60, John J. Burns Library, Boston College.

74 Im April 1944 war er amerikanischer Staatsbürger geworden. Vgl. H.A.R., *The Autobiography*, S. 136.

II. Hans Ansgar Reinhold als Liturgiker im pastoraltheologisch-sozialen Spannungsfeld

PETER SCHMIDT-EPPENDORF

Mit höchster Konsequenz hat Hans Ansgar Reinhold sein priesterliches Wirken aus der Lehre des Corpus Christi Mysticum und der Liturgie gestaltet. Sein Engagement in der Liturgischen Bewegung, sein Einsatz für soziale Gerechtigkeit in der Arbeiterbewegung wie auch gegen jegliche rassistische Diskriminierung hatten hier ihren Ursprung. Bereits während seines Studiums haben ihn liturgische Erneuerer wie Romano Guardini, Odo Casel, Albert Hammenstede und Pius Parsch entscheidend geprägt. Schon bald nach seiner Priesterweihe im Jahre 1925 begann er mit dem Schwesternkonvent und der kleinen Gemeinde in Niendorf an der Ostsee erste praktische Schritte auf dem Weg zu einem tieferen Verständnis der Liturgie. Noch heute benutzt man in Niendorf den von ihm gestifteten Altar mit seinem kunstvollen Reliquienschrein, sowie sechs Kandelaber und einen großen Osterleuchter.[75] Den Höhepunkt der Erneuerung durfte er am Ende seines Lebens noch in den grundlegenden Reformen des Zweiten Vatikanischen Konzils erleben.

Mit seiner Ernennung zum Seemannspastor und Nationaldirektor des Apostolates des Meeres erweiterte sich sein Wirkungskreis. In Bremerhaven und Hamburg entstanden die ersten Seemannsheime. Reinhold legte Wert auf eine gediegene künstlerische Ausgestaltung der Hauskapellen und begann mit der Einführung der „Dialogmesse", später Gemeinschaftsmesse genannt. Mit einigen Gleichgesinnten

---

[75] Handschriftliche Chronik des Kinderheimes St. Johann S. 47–50. 1926 schenkte Reinhold für die Kapelle einen neuen Altar, 6 Messingleuchter, 1 Triumphkreuz, 1 Tabernakel und 6 Ampeln mit einem passenden Ewigen Licht, „alles im Beuroner Kunststil gearbeitet". 1928 zu Ostern schenkte er 1 Osterleuchter „der hl. Theresia in schwerer Krankheit gewidmet". Auch ließ er einen Reliquienschrein anfertigen (sichtbar unter dem Altar befindlich) mit einer Reliquie der hl. Columba. 1929 besorgte er aus Rom weitere Reliquien und zwar von Theresia v. Avila, Therese v. Lisieux, und der damals heiliggesprochenen Karmelitin Margareta Redi. Außerdem schenkte er zu Weihnachten zwei siebenarmige Leuchter für die eucharistische Anbetung. Siehe Brief von Sr. M. Chrysologa, Korrespondenz 1926, S. 450.

sorgte er für Vorträge über Liturgie in Hamburg. Gleichzeitig begann er sich für soziale Gerechtigkeit in seinem Umfeld einzusetzen. Er bemühte sich gegenüber der HAPAG-Reederei um eine gerechte Entlohnung der Seeleute. Unter Reichskanzler Brüning verfasste er ein Memorandum für ein Notopfer der Geistlichkeit, mit welchem er auch bei seinem Bischof Wilhelm Berning vorstellig wurde.

Zunehmend geriet er nach der Machtergreifung Hitlers in Konflikt mit dem herrschenden Regime. Anfang Mai 1935 entschloss er sich zur Flucht. Seine Hoffnung, in England eine Anstellung in der Seemannsmission zu finden, erfüllte sich nicht. Ohne die erforderlichen Dokumente seines Bischofs galt er als ein Priester, der eigenmächtig seine Stelle verlassen hatte. Außerdem sah man seitens der englischen wie auch später der amerikanischen Hierarchie die katholische Kirche in Deutschland, insbesondere nach Abschluss des Reichskonkordates, nicht als verfolgt und bedrängt an. So ging Reinhold, wohin er auch kam, der Ruf voraus, kein „bona fide" Flüchtling zu sein, sondern ein unsteter Abenteurer und Phantast.[76] Erschwerend kam für viele Bischöfe seine progressive Haltung in Sachen liturgischer Erneuerung hinzu. „Alles was ich erreichte", schrieb er einmal, „war eine zweifelhafte Reputation als ein überspannter Emigrant. Wer war ich, wenn in Deutschland alles – von einigen kleinen unbedeutenden Vorkommnissen abgesehen – in Ordnung war?"[77]

Da Reinhold in England keine Anstellung fand, nutzte er die Gelegenheit zur Übernahme einer Aufgabe in der Touristenseelsorge in der Schweiz. Die in Nordamerika lebende Schweizerin Helen Froelicher wurde auf den begabten Priester aufmerksam und gewann ihn als europäischen Repräsentanten des neu gegründeten *Komitees für christliche Flüchtlinge aus Deutschland*. Im Auftrag dieses Komitees erkundete Reinhold die Situation der Flüchtlinge in den europäischen Ländern und suchte für dessen Tätigkeit, die Unterstützung hoher kirchlicher Autoritäten, insbesondere Roms zu gewinnen. Ein „Geburtsfehler" bei dieser Aktion war, dass das von Laien ins Leben gerufene Komitee zunächst nicht die Unterstützung des amerikanischen Episkopats besaß. Auch der Vatikan war nicht bereit, Reinhold und die Arbeit des Komitees öffentlich zu empfehlen und zu unterstützen, weil er dadurch eine Verschlechterung der Beziehungen zwischen Kirche und Staat in Deutschland befürchtete. Die Deutsche Bischofskonferenz hatte unter der Leitung von Bischof Berning einen *Hilfsausschuss für katholische Nichtarier* gegründet und bemühte sich, in Zusammenarbeit mit dem Raphaelsverein, diesem Personenkreis die Ausreise aus Deutschland zu ermöglichen. Tatsächlich konnte der Raphaelsverein bis zu seiner Auflösung durch die Nationalsozialisten im Juni 1941 Tausenden von Juden zur Flucht in die USA und nach Südamerika bzw. Australien verhelfen.[78]

---

76 Vgl. Jay P. Corrin, H. A. Reinhold, Liturgical Pioneer and Antifascist, in: *The Catholic Historical Review* 82 (1996), S. 436–458.
77 Ebd., S. 445.
78 Vgl. Lutz Eugen Reutter, *Katholische Kirche als Fluchthelferin im Dritten Reich*, Recklinghausen-Hamburg: Paulus Verlag, 1971.

Als Repräsentant der Deutschen Bischofskonferenz reiste der Generalsekretär des Raphaelsvereins, Pater Dr. Max Größer, mehrfach in die USA und versuchte, die Kontakte zur amerikanischen Bischofskonferenz und zur Regierung zu intensivieren. Um die Arbeit des eigenen Hilfsausschusses nicht zu gefährden, hielt man ein vorsichtiges Taktieren im Hinblick auf die Repräsentanten der NSDAP in Amerika für angebracht. Der Raphaelsverein besaß mit dem Leo-Haus in New York schon seit Jahrzehnten eine Zentrale für deutsche Einwanderer in den USA. Außerdem hielt sich der Vorgänger Pater Größers als Generalsekretär, der Pallottinerpater Georg Timpe, seit 1933 als Dozent für Philosophie und Geschichte an der Ordenshochschule in Washington auf. Vermutlich war er es, der Reinhold beim Erzbischof von New York in Misskredit gebracht hat, er sei kein „bona fide"-Flüchtling, sondern ein unsteter Abenteurer, der es nirgends auf einer Stelle länger aushielte.[79]

Obgleich Reinhold der Amerikanischen Bischofskonferenz einen detaillierten Vorschlag für die Errichtung eines Komitees für katholische Flüchtlinge unterbreitet hatte – der später sogar in wesentlichen Punkten übernommen wurde – konnte man sich nicht entschließen, die geistliche Leitung dieses Komitees einem geflüchteten deutschen Priester zu übergeben, noch dazu einem, der ohne Zustimmung seines Bischofs sein Amt und sein Land verlassen hatte und in der Erzdiözese New York mit einem Redeverbot belegt war. So wurde der Leiter des Leo-Hauses, Pater Joseph Ostermann, 1937 mit der Geschäftsführung beauftragt.

Reinhold arbeitete jedoch weiter im Komitee mit und leistete durch seine weit reichenden Kontakte einen nützlichen Beitrag zu dessen Arbeit. Für ihn selber war es natürlich äußerst unbefriedigend, keine feste Anstellung als Seelsorger zu bekommen. Sein Engagement für die Seeleute und Hafenarbeiter in New York brachten ihn schließlich in Kontakt mit der Katholischen Arbeiterbewegung und dem Kreis um den *Catholic Worker* mit George Shuster und Dorothy Day. Deutsche Geistliche erlangten damals eine zentrale Stellung im Aufbau einer sozialbewussten liturgischen Erneuerung.

„Die liturgische Bewegung hätte in der Tat ganz anders ausgesehen, wenn die deutschen Katholiken nicht die amerikanischen Küsten erreicht hätten. Es war Deutschland oder deutsch-amerikanische Pioniere wie Hellriegel und Michel, welche die Lehre vom Mystischen Leib als integrales Element hinsichtlich Liturgie und Leben verbreitet haben. Deutsch-amerikanische Pioniere wie Reinhold und Hildebrand, die kraftvoll einem sozialen Engagement das Wort redeten, das sein Fundament im liturgischen Leben der Kirche hatte. Es waren deutsche Organisationen wie der *Katholische Verein*, die zuerst begannen, sich um soziale Belange zu kümmern. Der deutsche Beitrag ist nicht zu unterschätzen!"[80]

---

79 Vgl. Brief Reinhold an Berning vom 15. April 1947. Correspondence, Box 2, Folder 17, H. A. Reinhold Papers, MS2003-60, John J. Burns Library, Boston College. Abdruck unten, S. 282 ff.

80 Keith F. Pecklers, *The Unread Vision – The Liturgical Movement in the United States of America 1926–1955*, Collegeville: Liturgical Press, 1998, S. 147. (Dt. Übersetzung: P. Schmidt-Eppendorf.)

Vor allem durch die monatliche Kolumne *Timely Tracts* in der benediktinischen Zeitschrift *Orate Fratres* (später *Worship*)[81] wurde Reinhold zum bedeutenden Liturgiker und liturgischen Erzieher Amerikas.

„H.A.R. zu lesen, war immer aufregend, aber es gab auch Probleme. Schwer zu sagen, was dem Herausgeber das größte Kopfzerbrechen machte – ob ein besonderer Artikel dem einen oder anderen Bischof missfallen könnte – oder wie man den brillanten literarischen Stil beibehalten konnte, auch in den Grenzen einer normalen Grammatik und Satzstruktur. Sicherlich hat kein Liturgiker oder Theologe jemals mit solch glänzendem Erfolg und solcher Ausdruckskraft in einer Sprache geschrieben, die nicht seine Muttersprache war."[82]

„Reinholds Worte waren glaubhaft und konkret und die Menschen horchten auf. Sein Einfluss auf die amerikanische Liturgische Bewegung war groß. Er regte die Menschen an, in ihren Schulen und Büros ‚liturgisch' zu denken, in ihren Banken und Fabriken, wann immer sie den Armen und Arbeitslosen begegneten, sich letztlich für die Gerechtigkeit einzusetzen. Seine Worte waren prophetisch und wie die meisten Propheten zahlte er einen hohen Preis für seine Predigt und musste vieles dafür erleiden."[83]

„Nirgends mehr denn hier", schrieb Reinhold einmal, „wird es verheerender sein, wenn wir fortfahren, die Laien in liturgischer Apathie und Untätigkeit zu belassen. Wie können wir erwarten, dass ein Arbeiter sich verantwortlich fühlt für die Kirche, dass er aufsteht und Verantwortung übernimmt, daß er fühlt, seine Brüder sind Kirche in den Fabriken, Slums, Häusern, Gewerkschaften, lokalen Zeitungen und Organisationen, wenn sie an der Feier der Liturgie nur so teilnehmen dürfen wie im Kino, als mehr oder weniger interessierte Zuschauer, die für eine ‚Show' bezahlen, die ihnen gefällt oder auch nicht [...]."[84]

Im Jahre 1951 wurde ihm die Ehrendoktorwürde der St. Johns-University, Collegeville, verliehen. Gegen Ende seines Lebens hat er noch die Genugtuung, in die Liturgische Kommission der Diözese Pittsburgh berufen zu werden. Eine Einladung seines Bischofs, Kardinal Wright, ihn als Berater beim Zweiten Vatikanischen Konzil nach Rom zu begleiten, kann er jedoch aus gesundheitlichen Gründen nicht mehr annehmen.

Während in den USA das Andenken Reinholds noch heute lebendig ist, ist er in seiner Heimat nahezu vergessen. Das ist natürlich nicht verwunderlich, da er ja nach dem Kriege – abgesehen von einem kurzen Besuch im Jahre 1952 – nicht wieder nach Deutschland zurückgekehrt ist.

---

81 Vgl. z. B. Timely Tracts: „A Variety of Things". Publications, Box 18, Folder 18, H. A. Reinhold Papers, MS2003-60, John J. Burns Library, Boston College.
82 Emeric A. Lawrence, H.A.R. – Death of a Friend, in: *Commonweal* 87 (1968), S. 686–688. (Dt. Übersetzung: P. Schmidt-Eppendorf).
83 K. Pecklers, *The Unread Vision*, S. 143. (Dt. Übersetzung: P. Schmidt-Eppendorf).
84 H. A. Reinhold, ACTU and Liturgy, in: *Orate Fratres* 14 (1939), S. 33 f.

III. Die Autobiografie von Hans Ansgar Reinhold

H.A.R. – Die Autobiografie von Pastor Reinhold[85]

Vorwort zur Originalausgabe von Wystan Hugh Auden[86]

In allen Wechselfällen des Lebens hat Hans Ansgar Reinhold seinen Eltern und seiner Heimatstadt stets ein gutes Andenken bewahrt. Hamburg ist durch die Bombenangriffe während des Zweiten Weltkrieges natürlich äußerlich sehr verändert worden. Ich glaube aber nicht, dass sich die Atmosphäre der Stadt so sehr verändert hat, wie Reinhold es sich, bei aller verständlichen Nostalgie, vorzustellen geneigt ist. In den späten Zwanziger- und den frühen Dreißigerjahren hatte ich das Gefühl, es ließe sich in Hamburg leichter atmen als in anderen Städten Deutschlands, und mir geht es heute immer noch so. Dank seiner hanseatischen Vergangenheit, so denke ich, hat Hamburg immer noch eine gewisse kosmopolitische Offenheit, frei sowohl von der humorlosen Steifheit Preußens als auch von der rustikalen Melancholie, die sich unter der bayrischen und österreichischen *Gemütlichkeit* verbirgt.

Reinholds Eltern waren Christen, allerdings ohne einen übertriebenen Hang zur Frömmigkeit. Als Katholiken gehörten sie in Hamburg zwar einer religiösen Minderheit an, besaßen aber einen gesicherten sozialen Status, so dass Hans Ansgar Reinhold in seiner Kindheit nicht die Probleme hatte wie etwa ein Kind irischer Einwanderer in Boston.

Darüber hinaus hatten sie offenbar von Natur aus ein großes Verständnis für die Ökumene. Der Vater besuchte zum Beispiel mit ihm oftmals sonntags nach der Messe protestantische Kirchen. Als die Eltern mit der Erziehung unzufrieden waren, die er in der katholischen Schule erhielt, schickten sie ihn auf eine lutherische, wo Katholiken und Juden als merkwürdige Leute miteinander in den gleichen Topf

---

85 Titel der Originalausgabe: *H.A.R. – The Autobiography of Father Reinhold*, New York: Herder and Herder, 1968. (Dt. Übersetzung: P. Schmidt-Eppendorf unter Mitarbeit von Melanie Klughardt und Ronald Lambrecht.)
86 Siehe auch die Briefe Audens an H.A.R. Correspondence, Box 2, Folder 8, H. A. Reinhold Papers, MS2003-60, John J. Burns Library, Boston College.

geworfen wurden. Folglich war er eher als manche seiner katholischen Mitbürger, Laien wie auch Kleriker, in der Lage, unmittelbar zu erkennen, dass Hitler und der Nationalsozialismus ein Übel seien und dass man nicht auf den Schwindel ihres Antikommunismus hereinfallen dürfe. Wäre er als Katholik in Süddeutschland oder Österreich aufgewachsen, hätte er dafür vermutlich längere Zeit gebraucht. Es war kein Zufall, dass Hitler sowohl Österreicher als auch ein abgefallener Katholik war. Als kulturhistorisches Phänomen – abgesehen von den ökonomischen Umständen, die den Erfolg erst möglich machten – könnte man sagen, war der Nationalsozialismus die Rache des katholischen Bayern und Österreichs an Bismarcks protestantischem Preußen. Von Anfang an hatte der Nationalismus der deutschsprachigen Minderheit im Habsburgischen Reich einen rassistischen Charakter: Hitler hatte die besondere Prägung seines Nationalismus von Schönerer gelernt und seinen Antisemitismus von Lueger, welche beide Österreicher waren.

Zwar haben sich alle christlichen Kirchen der Sünde des Antisemitismus schuldig gemacht, aber die römisch-katholische Kirche hat sich schwerer als andere damit infiziert, wie ein kürzlich erschienenes Buch Friedrich Heers, der selbst Katholik ist, „Gottes erste Liebe", nachweist, und kann sich offenbar immer noch nur schwer davon lösen.[87] Ich glaube zum Beispiel nicht, dass heute auch nur ein einziger verantwortlicher Protestant gefunden werden kann, der die Meinung Kardinal Ruffinis und einiger anderer beim Zweiten Vatikanischen Konzil 1964 teilt.

Aus der vorliegenden Autobiografie wird deutlich, dass Reinholds ausgesprochene Opposition sowohl gegen Hitler als auch gegen den Antisemitismus ihn einigen seiner Glaubensgenossen in unserem Lande[88] suspekt gemacht hatte: Wenn schon kein Jude, könnte er nicht ein Kommunist oder sogar ein Geheimagent der Nazis sein?

Sein freimütiges Auftreten von Beginn an rettete ihm möglicherweise das Leben, weil es schon früh die Aufmerksamkeit der Behörden erregte. 1935 muss Reinhold aus Deutschland fliehen, wobei ihm die Gestapo auf den Fersen blieb. Hätte er sich weniger auffallend benommen und deshalb möglicherweise in Deutschland bleiben können, dann wäre er ohne Zweifel früher oder später von den Nazis hingerichtet worden, wie Pater Delp oder der Lutheraner Bonhoeffer.

Einer breiteren Öffentlichkeit – wenigstens bei denen, die mit dieser Materie vertraut sind – ist Hans Ansgar Reinhold als ein Gelehrter in Sachen Liturgie be-

---

87 Allerdings hatte bereits 1938 Pius XI. von allen katholischen Universitäten eine Ablehnung der nationalsozialistischen Rassenideologie gefordert. Vgl. Brief der Kongregation für Seminare und Universitäten vom 13. April 1938. Auch auf die Änderung der Karfreitagsfürbitte durch Papst Johannes XXXIII. und die Verlautbarungen des II. Vatikanischen Konzils muss an dieser Stelle verwiesen werden. Vgl. dazu auch Paul Neuenzeit, *Juden und Christen auf neuen Wegen zum Gespräch. Ziele, Themen, Lernprozesse*, Würzburg: Echter, 1990. Insgesamt zur Haltung der katholischen Kirche während des Dritten Reiches G. Besier, *Der Heilige Stuhl und Hitlerdeutschland*.
88 Gemeint sind die Vereinigten Staaten von Amerika.

kannt. Jetzt, nachdem so manche Reform, für die er sich eingesetzt hatte, offiziell eingeführt worden ist, können wir leicht vergessen, welch harten und ausdauernden Kampf ihre Verwirklichung gekostet hat. Liturgische Experimente in den Klöstern waren die eine Sache, aber jemand, der sich vorgenommen hatte, eine Veränderung im Gottesdienst einer normalen Gemeinde durchzuführen, wurde oft auf Jahre hinaus sowohl von der Hierarchie als auch von Laien als ein verrückter Schwärmer angesehen, möglicherweise sogar als Häretiker. In gewisser Weise ist dieses durchaus verständlich, denn der normale Gläubige ist in der Regel sehr konservativ; er ist eher bereit, eine Änderung der Doktrin hinzunehmen, als einen Wandel der Rituale, an die er gewöhnt ist. So, wie die Anhänger einer politischen Partei kaum Notiz davon nehmen, wenn die Führer ihre Politik verändern, vorausgesetzt sie wechseln nicht das Vokabular. Eine Gemeinde für liturgische Veränderungen zu gewinnen, erfordert außerordentlichen Takt und viel Geduld seitens des Pfarrgeistlichen. Diese Qualitäten hat Reinhold ganz offensichtlich besessen. Einige Jahre bevor die Messreform[89] offiziell durchgeführt wurde, besuchte ich die Messe in Sunnyside.[90] Es war klar, die Gemeinde hatte nicht nur seine Neuerungen akzeptiert, sondern durch sie auch zu einem erneuerten und ernsthafteren geistlichen Leben gefunden. Hinsichtlich der erneuerten Messe, wie sie heute sowohl in England als auch in den Vereinigten Staaten von Amerika praktiziert wird, ist es allerdings bedauerlich, dass sie von jemandem konzipiert wurde, der kein rechtes Empfinden für die englische Sprache gehabt hat. Ein neuer Cranmer[91] lässt sich vermutlich schwer finden, aber man hat offenbar nicht einmal versucht einen zu finden. Die deutsche Fassung ist viel besser, zumal der natürliche Klang dieser Sprache die Übersetzungsarbeit sehr viel leichter gemacht hat.

Hans Ansgar Reinhold war nicht der erste Priester, und er wird auch nicht der letzte sein, der Probleme mit seinem Bischof hatte. Es steht mir nicht zu, darüber zu urteilen, was daran Recht oder Unrecht gewesen ist. Ich will nur sagen – mag die menschliche Natur sein wie sie will -, dass es in jeder beliebigen, hierarchisch aufgebauten Kirche möglich ist, unter den vielen rücksichtsvollen und sensiblen Prälaten immer wieder jemanden zu finden wie jenen anglikanischen Bischof, von dem Sydney Smith sagte: „Er hätte es verdient, von ungestümen Geistlichen zu Tode gepredigt zu werden."

Wie dem auch sei, für Hans Ansgar Reinhold sind nun die unruhigen Zeiten, Gott sei Dank, vorüber. Eines aber geht mit großer Deutlichkeit aus dieser Autobiografie hervor, nämlich seine besondere Begabung zu allen Zeiten seines Lebens Freunde zu

---

89 Vgl. die Konstitution *Sacrosanctum Concilium* des II. Vatikanischen Konzils vom 4. Dezember 1963. Siehe dazu Emil-Joseph Lengeling, *Die Konstitution des Zweiten Vatikanischen Konzils über die heilige Liturgie*, Münster: Regensberg, 1964.
90 In Sunnyside, Washington, USA, war Reinhold von 1944 bis 1956 Pfarrer.
91 Bezieht sich auf den englischen Reformator Thomas Cranmer, Erzbischof von Canterbury von 1533 bis 1556.

gewinnen. Selbst in den Stunden härtester Prüfung hatte er stets den Trost zu wissen, dass es viele Menschen gab, in unterschiedlichen Lebenslagen und von unterschiedlicher religiöser Überzeugung, die, so wie auch ich, eine Auszeichnung und einen Segen darin sahen, ihn gekannt zu haben.

Teil I

EUROPA

Kapitel 1

Leben in Hamburg

Hamburg ist eine sanfte Schönheit, völlig anders als das elegante und charmante Paris, die graue Majestät von Manhattan Island oder das königlich auf sieben Bergen thronende San Francisco mit den blauen Wassern seiner Bucht. Hamburg kann sich auch nicht messen mit der behäbigen Pracht der Schwesterstadt Lübeck, einem mittelalterlichen Denkmal im industrialisierten Deutschland. Gleichwohl hat Hamburg Stil, einen Zauber, der einzig dieser Stadt zukommt. Ihre tausendjährige Geschichte, ihr riesiger buntbevölkerter Hafen, die Alster in ihrem Herzen, umsäumt von den prächtigen Gärten reicher Bürger, die kirchturmbewehrten Hauptgeschäftsviertel, versammelt um die gotische Majestät des Rathauses. Nach so vielen Jahren, die ich als Fremder in manch anderer Stadt verbracht habe, erinnere mich dessen mit großer Liebe zum Vergangenen.

Meine Eltern hielten bis an ihr Lebensende an einem alten Laster der Familie fest und kultivierten es: das Anti-Preußentum. Meine Mutter hatte die unerschütterliche Überzeugung, ihre Heimatstadt Dortmund in der Provinz Astanien[92] habe seitens der Preußen großes Unrecht erlitten. Sie hätten den Wiener Frieden von 1815 genutzt, um sich weite Teile Westdeutschlands einzuverleiben, deren Kultur und Tradition, wie Mutter sagte, weitaus bedeutender war als alles andere, was der ungebildete Norden hervorbringen konnte. Aus der Sicht meines Vaters hatte man außerdem Hamburg 1866 in den Norddeutschen Bund gelockt, und es verlor den Status einer freien Stadt, als es 1888 der Deutschen Zollunion beitrat.

---

92 Vermutlich ist Arnsberg gemeint. Dortmund liegt im Regierungsbezirk Arnsberg. Im Pariser Frieden vom 30. Mai 1814 einigten sich die Verbündeten auf eine provisorische Verwaltung der vormals vom napoleonischen Frankreich besetzten rheinischen und westfälischen Territorien. Auf dem Wiener Kongress wurde im April 1815 beschlossen, diese Länder dauerhaft der preußischen Krone zu unterstellen.

Dennoch blieb Hamburg hinsichtlich seiner Weltanschauung und seiner Sympathien angelsächsisch. Tatsächlich war das Studium der englischen Sprache obligatorisch, auch zu meiner Zeit, als die kirchliche Erziehung mehr am praktischen Leben orientiert war, mehr am Leben eines Arbeiters, eines Handwerkers, als an dem eines Intellektuellen.

Meine Eltern waren sehr bemüht, uns allen eine gute intellektuelle Ausbildung zu bieten. Meine beiden Schwestern Katharina und Carola mussten zum Beispiel von einer privaten Schule zur anderen wechseln, bis endlich eine annehmbare gefunden war. Es war die Schule mit dem höchsten sozialen Prestige in der Stadt. Ich selber besuchte eine katholische Grundschule, wo meine Erziehung in den ersten drei Jahren in den Händen von Lehrerinnen lag – eine Quelle größter Unzufriedenheit für meine Eltern. Von der vierten Klasse an wurde ich Priestern anvertraut, die ihre Erziehungsaufgabe allerdings so phantasielos wahrnahmen, dass mein verärgerter Vater mich abmeldete und in der staatlichen Schule anmelden ließ.[93] Obgleich es sich um eine freie öffentliche Schule handelte, scheinbar religiös neutral, lediglich mit einem geringen Schulgeld für Unterricht und Bücher, war sie doch dem Geiste nach vollständig lutherisch.

An jedem Montagmorgen eröffnete der Schulleiter den Unterricht mit einer Andacht, bestehend aus Bibellesung und einigen lutherischen Gebeten. Auch gab es jede Woche drei oder vier Stunden Unterricht im Lutherischen Katechismus. An diesen religiösen Übungen brauchten wir nicht teilzunehmen – „wir", das waren meine jüdischen Klassenkameraden und ich. Entweder wegen meines katholischen Glaubens oder wegen meines Verhaltens wurde ich stets zur jüdischen Minorität der Schule gezählt. Ohne Unterschied sprachen die Lehrer von uns als „die Juden und die Katholiken".

In der ersten Hälfte meiner Ausbildung war ich auf jeden Fall ein indifferenter Student, zu angespannt und nervös, um mich der Tretmühle anzupassen, die akademische Disziplin erfordert. Auch litt ich um diese Zeit an einer Attacke von Gedächtnisschwund, weshalb meine Eltern überlegten, mich aus der Schule zu nehmen und aufs Land zu schicken für eine Zeit der Erholung und des leichteren Studiums. Glücklicherweise wurde dieses Vorhaben nicht ausgeführt, denn es ereignete sich plötzlich ein Wunder – so hat es meine Mutter bezeichnet: Ich begann ein gieriges Interesse an Sprachen und Geschichte zu entwickeln, auch an Kunst und Architektur. Ausgelöst wurde dieser abrupte Wandel in meinem Verhalten durch die Verbindung zu einem Religionslehrer einiger meiner Klassenkameraden. Er führte uns in die Schriften von Marx, Nietzsche, Schopenhauer sowie Kant ein, in die Sagen der Hindus und die großen buddhistischen und christlichen Texte.

Er muss ein außerordentlicher Lehrer gewesen sein, der mich Schritt für Schritt zu intellektuellen Leistungen führte. Seine Gespräche über den Hinduismus waren

---

93 Reinhold besuchte seitdem das 1529 gegründete „Johanneum" in Hamburg.

teilweise brillant, und unwillkürlich denke ich noch jetzt, wann immer ich etwas über diese Religion höre oder lese, an diese ersten aufregenden Offenbarungen zurück.

Damals endete in Hamburg das Schuljahr kurz vor Ostern und nach den Ferien fanden die Versetzungen statt. Am letzten Tag – ich weiß nicht mehr in welchem Schuljahr es war – kam unser Klassenlehrer in den Raum mit unseren grauen Zeugnisheften unterm Arm, den furchterregenden Biografien unserer Arbeit, die wir regelmäßig mit nach Hause nahmen und von den Eltern unterschreiben lassen mussten. In einer Art freundlicher Verzweiflung pflegten meine Eltern stets ihre Namen unter die mittelmäßigen Ergebnisse auf den vor ihnen liegenden Seiten zu schreiben, rangen sich einen Seufzer der Ermutigung ab und gaben mir das Heft wieder, um es zurückzubringen.

An jenem entscheidenden Tag sah sich der Lehrer – die Hände in den Hüften – in der Klasse um und verkündete: „Ratet mal, was passiert ist. Ein Schüler dieser Klasse, von dem es am wenigsten zu erwarten war, hat sich plötzlich zu einer Art Genie verwandelt. Von seiner erbärmlichen Position als sechsundzwanzigster in einer Klasse von dreißig, ist er auf Nummer zwei in die Höhe geschossen." Mit weit aufgerissenen Augen saß ich voller Spannung da, wer denn wohl der Glückliche sein würde. Der Lehrer unterbrach sein Protokoll und bat die Klasse zu raten, aber keiner wagte es. Dann äugte er langsam im Raum herum und fixierte einzelne Schüler mit seinem starren Blick. Schließlich blieben seine Augen an meinem Gesicht hängen, und ich wurde vor Verlegenheit rot bis über die Ohren, wie stets, wenn ich im Mittelpunkt der Aufmerksamkeit stand. Schließlich brüllte er: „Das bist du, Reinhold, aber bilde dir bloß nichts ein. Wir alle wissen, wie faul du in den letzten paar Jahren gewesen bist. Du wirst von jetzt an hart arbeiten müssen."

Jetzt merkte ich, dass ich an fast allen Dingen interessiert war. Ich begann sogar privaten Unterricht in Spanisch und Italienisch zu nehmen, da ich in der Schule nicht genügend Sprachen erlernen konnte. Mein Vater lobte die spanische Sprache sehr und in seiner burschikosen Art zog er eine Show ab, indem er mit mir in der Straßenbahn, sehr zur Erheiterung der Fahrgäste, spanisch redete.

Mein Vater liebte es, viel Zeit mit mir zu verbringen. Zusammen unternahmen wir oftmals Touren durch die Stadt. Ein besonderer Zeitvertreib am Sonntagnachmittag war der Besuch protestantischer Kirchen. Nach der Frühmesse, die damals immer um neun Uhr stattfand, wurde zunächst gefrühstückt, dann ging es mit der Straßenbahn zu einer Kirche, die uns aufgefallen war – altkatholisch, lutherisch, wie es der Zufall wollte. So erlebte ich eines Tages eine altkatholische Taufe, die ganz in der Landessprache gehalten wurde.[94] Manchmal hörten wir sehr gute Predigten, gut ausgearbeitet und vorgetragen, gehaltvoll in ihrer biblischen Orientierung. Die

---

94 Die altkatholische Kirche in Deutschland, entstanden nach dem I. Vatikanischen Konzil 1870, hatte schon Ende des 19. Jahrhunderts die Landessprache in der Liturgie eingeführt. Vgl. Urs Küry, *Die Altkatholische Kirche. Ihre Geschichte, ihre Lehre, ihr Anliegen*, Frankfurt am Main: Evangelisches Verlagswerk, 3. Auflage, 1982.

Erfahrungen, die wir dabei machten, ließen uns spüren, dass unsere eigenen Priester mehr Sorgfalt auf ihre Predigten legen müssten, und dazu noch, dass die Musik in unseren katholischen Kirchen entschieden schlechter war.

1911 unternahm mein Vater mit mir eine Reise nach Südtirol, und während wir uns dort aufhielten, ereignete sich in Marokko die bekannte Affäre von Agadir.[95] Nach viel bombastischen Gerede befahl der Kaiser ein Kriegsschiff nach Agadir zu schicken, um die deutschen Interessen dort zu schützen und grundsätzlich Stärke zu demonstrieren.[96] Mein Vater schüttelte in seiner unnachahmlichen Weise den Kopf und meinte (im Brustton der Überzeugung, denn er stand ja unter dem Schutz Österreichs und war ein freier Mann): „Dieser alte Narr. Jetzt wird er uns in einen Krieg verwickeln!" Die Antipathie gegen den Kaiser ging in unserem Hause vor allem jedes Mal in die Höhe, wenn die Familie meiner Mutter zusammenkam. Wir waren uns stets dessen bewusst, unsere Sache war eine freie Stadt, der Senat mit seinen Repräsentanten war der Rat der Fürsten und das Kabinett des Bürgermeisters bestand zur Hauptsache aus Mitgliedern der gehobenen Kreise.

Ich habe die vielen Geschichten vergessen, welche in unserem Hause gewöhnlich über die Preußen erzählt wurden, aber ich erinnere mich, dass wir nie eine deutsche Fahne bei uns aufzubewahren pflegten, weil es ja eine preußische Flagge war. An deren Stelle hissten wir die Hamburger Flagge, die ein rotes Schild mit drei weißen Türmen zeigt. Aber diese Zurschaustellung unserer Loyalität war nicht ungewöhnlich. Ich erinnere mich, dass kurz vor dem Ausbruch des Krieges 1913 oder 1914 die meisten Häuser der Stadt lieber mit dem Hamburger Emblem als mit dem preußischen geschmückt wurden – besser gesagt mit dem „eigenen", das aus einer Kombination der schwarzweißen preußischen Flagge mit dem roten Streifen Bismarcks bestand.[97] Immerhin waren wir jedoch nicht ganz konsequent in unserer Haltung gegenüber Preußen, denn wenn wir auf Reisen waren, betrachteten wir die anderen deutschen Reisenden stets als waschechte Deutsche.

Ich werde nie die Empörung meiner Schwester vergessen, als wir eines Tages einen hochgelegenen Pass in den Alpen überquerten. Einige Amerikaner hatten mit großen Lettern in den Schnee geschrieben: „AMERICA FOR EVER." Wir konnten der Versuchung nicht widerstehen – auf der italienischen Seite des Passes – darunter zu schreiben: „DEUTSCHLAND ÜBER ALLES". Es kam mir erst sehr viel später in den Sinn, dass diese beiden Inschriften, Seite an Seite, eine knappe Zusammenfassung der Außen- und Innenpolitik jener Zeit darstellten.

---

95 Frankreich ließ die Festungen Fes und Rabat besetzen, was zur sogenannten „Zweiten Marokkokrise" zwischen Deutschland und Frankreich führte. Vgl. Emily Oncken, *Panthersprung nach Agadir. Die deutsche Politik während der Zweiten Marokkokrise 1911*, Düsseldorf: Droste, 1981.
96 Anspielung auf den sogenannten „Panthersprung nach Agadir", benannt nach dem Kanonenboot SMS „Panther", welches Deutschland als Machtdemonstration nach Agadir entsandte.
97 Bismarck entschied sich 1871 für eine Kombination des preußischen Schwarz und Weiss mit dem hansestädtischen Rotweiß zu Schwarz-Weiß-Rot.

Vater und ich waren einander besonders nahe, wenn es in die Berge ging. Mutter und die Schwestern pflegten an die Küste zu fahren, sich im Sand zu räkeln und in der Sonne zu wärmen. Wir beide fuhren gewöhnlich in die Alpen. Es pflegten immer die Österreichischen Alpen zu sein, weil sie „katholische Alpen" waren – wir hatten das Gefühl, die hohen Berge und die Wälder gehörten irgendwie zu den Leuten, welche die Wegkreuze und kleinen Kapellen in der ganzen Gegend errichtet hatten und die hier ihre Andacht hielten.

Österreich war unsere große Liebe. Mein Vater zeigte mir immer voller Stolz die frühere Kaiserliche Gesandtschaft in Hamburg, die damals ein Teil des Rathauses war. Früher, vor mehr als hundert Jahren, war es den Katholiken verboten, irgendwelche Kirchen in der Stadt zu bauen, und so mussten sie die Messe in der Österreichischen Botschaft feiern. Mein Vater wies häufig auf diese historische Tatsache hin, obwohl unsere katholische Kirche, die erste die dort neu gebaut worden ist, schon fünfzig Jahre in Gebrauch war, als Vater geboren wurde.[98]

Mein Vater, Bernhard Reinhold, besaß die unaufdringliche und ruhige Art, wie sie für Hamburger typisch ist, und seine inneren Qualitäten zeigten sich oft auf ungewöhnliche Weise. Er pflegte zum Beispiel in der Kirche niemals zu knien, ausgenommen einen kurzen Augenblick während der Wandlung. Wenn er eine Kirche betrat, machte er anstelle der Kniebeuge eine Verneigung. Mit seinem wunderschönen Bariton sang er alle Kirchenlieder mit, aber er benutzte nie ein Gebetbuch. Mutter sagte uns immer, er bete in seinem Herzen. Ihr eigenes Gebetbuch war eine mit vielen Eselsohren geschmückte *Nachfolge Christi*[99], die sie auswendig konnte. Immer wenn wir Kinder uns nicht ordentlich verhielten, zitierte sie einen Satz von Thomas a Kempis[100]; wann immer sie vor einer wichtigen Entscheidung stand, zog sie seine Ermahnungen zu Rate. Sie fühlte sich ihm sehr nahe, nicht nur wegen seiner strengen christologischen Philosophie, sondern auch weil er ihr Landsmann war, ein grundsolider Katholik, ein in der Wolle gefärbter Christ, der gegen irgendwelche romantischen Vorstellungen von Religion war. Sie liebte die barocke Architektur Süddeutschlands und wusste den großen Michel in Hamburg zu schätzen, wie auch die barocken Fassaden von Dresden. Sie bewunderte die Musik von Bach und Händel. Doch hatte sie, wie mein Vater, etwas gegen alle sentimentalen religiösen Gefühlsduseleien.

Auch über die Heiligen, die sie verehren wollte, hatte meine Mutter ihre eigene Auffassung. Im Jahre 1925, kurz nach meiner Priesterweihe, musste sie sich we-

---

98 Bis 1811 wurde der katholische Gottesdienst in der Kaiserlichen Gesandtschaft am Neuen Wall (sogenanntes Görtzsches Palais oder „Stadthaus") gefeiert. 1811 erhielt die katholische Gemeinde die Kleine Michaeliskirche als ihr Gotteshaus. 1859 wurde ein Waisenhaus mit Kapelle in St. Georg gebaut. 1890/91 an dessen Stelle die neoromanische Marienkirche. Diese ist heute Domkirche des 1995 gegründeten Erzbistums Hamburg.
99 Thomas von Kempen, *Nachfolge Christi (De imitatione Christi)*, vermutlich erstmals 1418 erschienen.
100 Latinisierte Form des Namens Thomas von Kempen.

gen der Entfernung eines Tumors einer Operation unterziehen. Als sie in einer bestimmten Phase ihrer Besserung plötzlich blau anlief, fragte die Krankenschwester, die das Schlimmste befürchtete, meine Mutter, ob sie einen Priester rufen solle. Ich war ziemlich geschockt, aber meine Mutter bemerkte nur kurz: „Ich sterbe jetzt noch nicht. Wenn es losgeht, sage ich euch Bescheid!" Die Schwester wusste nicht, was sie sagen sollte, sie fiel an Mutters Bettkante auf die Knie und begann voll Inbrunst zu beten: „Heiligstes Herz Jesu, erbarme dich unser!" Meine Mutter aber drehte sich zu ihr um und sagte mit strenger und empörter Stimme: „Lassen Sie das sein. Ich brauche diese Art Frömmigkeit nicht. Wenn Sie schon beten müssen, dann beten Sie lieber zum heiligen Joseph!"[101]

Es war Mutters Idee, herzlich unterstützt von meinem Vater, dass wir gesellschaftliches Benehmen lernen sollten. So wurden wir Wochenende für Wochenende in die anmutige Obhut eines Tanzlehrers gegeben, der uns beibrachte, aus der Taille heraus eine korrekte Verbeugung zu machen, die Hand einer Dame zu küssen, uns vorzustellen und anständig zu sitzen. Ich war zuerst scheu und unbeholfen und stellte die Geduld des Lehrers auf eine harte Probe, aber mit der Zeit überwand ich alle Schüchternheit, gewann mehr Selbstvertrauen und wurde infolgedessen ganz geschickt im Umgang mit Menschen. Dennoch hatte ich in meiner ganzen Jugendzeit eine schwache Stimme, war schweigsam und errötete schnell – sehr zum Missfallen meiner Eltern.

Mutters Vater war Beamter im öffentlichen Dienst. Was er genau machte, weiß ich nicht, aber er hatte offenbar eine ziemlich verantwortungsvolle Stellung in der Verwaltung der preußischen Bergbauindustrie. Preußen besaß eine große Anzahl von Bergwerken im Ruhrtal. Er war ein humorvoller Mensch, aber in Sachen Religion ein ausgesprochener Sonderling. Einmal im Jahr ging seine Familie geschlossen zur Beichte und zur Kommunion. Aber gerade dann wurde die Sache kompliziert. Großvater blieb von Samstagmorgen bis zum späten Nachmittag in seinem Zimmer, wo er sich die ganze Zeit auf die Beichte vorbereitete. Die Kinder durften währenddessen im Hause nur auf Zehenspitzen gehen und flüstern. Nicht einmal zum Essen gesellte sich der Großvater zu seiner Familie, die Speisen wurden ihm auf einem Tablett gebracht. Das heißt, das Tablett wurde vor seinem Zimmer abgestellt, er holte es zu sich herein und stellte es wieder zurück, wenn niemand da war. Dann kam der große Augenblick. Um fünf Uhr pflegte er in seinem schwarzen Prinz Albert[102] und mit Zylinder zu erscheinen. Großmutter gesellte sich in ihrem schwarz-grau moirierten, seidenen Hochzeitskleid mit langem Schal zu ihm. So brachen sie gemeinsam auf zur Kirche, begleitet von ihren drei Töchtern und den beiden Söhnen. Niemand sprach auf dem Wege ein Wort, denn in solch einer Stunde schickte es sich nicht zu

---

101 St. Joseph wird verehrt als Patron der Sterbenden. Die Herz-Jesu-Verehrung war noch nicht so sehr verbreitet.
102 Bezeichnung für einen damals viel getragenen Gehrock, benannt nach Prinz Albert von Sachsen-Coburg-Gotha (1819–1861), dem Prinzgemahl Queen Victorias von England.

reden. Nach der Rückkehr zog sich Großvater wieder in sein Zimmer zurück, wobei er sein Abendbrot auf einem Tablett mit sich nahm. Am nächsten Morgen wiederholte sich die Prozession zur Kirche. Beim festlichen Frühstück, das der Messe folgte, sprach wieder niemand ein Wort, außer dass um diese oder jene Speise gebeten wurde. Der Nachmittag wurde ebenfalls in düsterem Schweigen verbracht. Meine Mutter erzählte uns häufig, dass Großvaters Familie noch wochenlang nach diesem bedeutenden alljährlichen Ereignis spüren konnte, wie Großvater in der Erinnerung weiter mit Gott kommunizierte.

Er war schrecklich aufgeregt als Leo XIII. die sogenannten Leoninischen Gebete[103] einführte, welche nach der Stillen Messe gebetet wurden. Er betrachtete sie als äußerst überflüssig, so dass seine Familie die Kirche immer sofort nach dem Schlussevangelium[104] verließ. Auch meine Mutter hatte für diese Gebete nichts übrig, und so entdeckte ich sie erst, als ich eines Tages mit jemand anderem zur Kirche ging.

In meinen Zwanzigerjahren meinte eine meiner Tanten, es sei ihre Pflicht, mich in die Geheimnisse des Bridge einzuweihen. Aber schon nach zwei Runden ließ sie ihr Vorhaben fallen, weil, wie sie mir schmeichelhaft verkündete, ich zu blöd sei, solch ein spitzfindiges Spiel zu begreifen. Ich glaube, sie hatte Recht, denn ich habe die Regeln des Bridge nie vollständig begriffen. Ich saß also am Tisch und brauchte ständig jemanden, der mir sagte, welche Karte ich ausspielen muss, ohne dass ich je wusste warum. Tatsächlich war ich nie ein Freund von Wettspielen oder Preiskämpfen jeder Art. Mein bevorzugter Zeitvertreib an der frischen Luft waren Skilaufen, Reiten, Rudern und Wandern – was man alles alleine unternehmen konnte. Natürlich beteiligte ich mich als Kind an den unterschiedlichsten Spielen, aber nie mit ausdauernder Begeisterung. Fußball langweilte mich wahnsinnig, ebenso auch Pferderennen. Baseball erscheint mir entweder zu kompliziert oder zu simpel, ich weiß nicht, wofür ich mich entscheiden soll. Das mag mit meiner generellen Unfähigkeit zusammenhängen, komplexe Sachverhalte zu begreifen, mit Ausnahme in der Kunst. Mein Charakter tendiert zu allem Möglichen, aber nicht zur Subtilität. Das habe ich von Mutters Seite. In ruhigeren Zeiten frage ich mich manchmal, ob ich nicht eine gewisse Pedanterie, Gerechtigkeitssinn und Milde, die mir zuwuchsen, meinem Vater zu verdanken habe.

---

103 Von Papst Leo XIII. 1884 vorgeschriebene Gebete nach der privaten Stillen hl. Messe: Ave Maria (3x), Salve Regina, Oration, Gebet zum Erzengel Michael und (seit Pius X.) Anrufung des hl. Herzens Jesu (3x). Durch die Reform des II. Vatikanischen Konzils abgeschafft. Dafür wurden Fürbitten in der hl. Messe eingeführt.

104 Seit dem 13. Jahrhundert war es Brauch, nach dem Segen der Messe den Johannesprolog (1,1–14) an der „Evangelienseite" des Altares, d.h. links vom Betrachter aus gesehen, zu verlesen. 1964 wurde dieser Brauch abgeschafft (Instruktion *Inter Oecumenici*).

Mein Onkel Emil, der im Boxeraufstand[105] gekämpft hatte, brachte aus China eine Anzahl von Sachen mit, die er dort entweder gekauft oder konfisziert hatte, darunter einen Kimono aus schwarzer Seide, dessen Rückenteil mit einem großen feurigen Drachen verziert war. Wer kann das Entsetzen meiner Familie beschreiben, als eines Sonntagmorgens meine Tante Ida darauf bestand, in diesem Aufzug zur Kirche zu gehen. Man hatte uns Kinder zur Frühmesse geschickt. Danach wollten weder Vater noch Mutter mit Tante Ida zusammen gehen und so bummelten sie einige vorsichtige Schritte hinter ihr her. Tante Ida, die nicht gerade gertenschlank war, verursachte großes Aufsehen, als sie mit ihrem drachenverzierten schwarzen Kimono das Seitenschiff entlang schritt, wobei ihr noch einige Haarsträhnen locker herunterhingen. Meine Mutter hatte zu ihr gesagt, sie sähe aus wie eine Dame aus einem berüchtigten Etablissement, zu uns sagte sie jedoch einmal in der Kirchenbank: „Sie ist doch eine feine Frau, egal wie sie sich anzieht." Tante Ida hatte zu ihr gesagt: „Jedem das Seine, Johanna.", was meine Mutter schweigend ohne Widerspruch hinnahm.

Onkel Emil hatte eine Medizinische Hochschule der Armee besucht und als Assistenzarzt an der Berliner Charité gearbeitet. Dann war er in die Armee eingetreten, in der er schon sehr bald zum Rang eines Hauptmanns aufstieg. Als der Kaiser um das Jahr 1900 die spezielle Order an alle Offiziere ausgab, sich wegen der Spannungen zwischen Deutschland und den Mitgliedsstaaten der Dreierentente[106] von Paris und Petersburg fernzuhalten, hielt Onkel Emil es für seine Pflicht und ein besonderes Erfordernis, das genaue Gegenteil zu tun und besuchte die beiden Hauptstädte mehrmals. Dabei wurde er entdeckt und musste sich vor einem Militärgericht verantworten. Er wurde vor die Wahl gestellt, entweder ohne Pension aus der Armee entlassen zu werden oder sich der Armee im Fernen Osten anzuschließen. Mein Onkel wählte das letztere. Als er China erreichte, war der Krieg jedoch bereits vorbei und seine Einheit wurde abkommandiert zur Unterstützung der Besatzungsarmee in Peking. Mein Onkel – ein echter Soldat-Forschungsreisender – ließ sich nicht vom Heiligen Bezirk des Kaiserpalastes fernhalten. Die Kaiserin hatte die Flucht ergriffen, und es war deshalb niemand da, der ihn davon abhalten konnte, in ihrem Bett zu schlafen. Das wurde später eine seiner Lieblingsgeschichten: Wie er im Ajima-Bett geschlafen

---

105 Als „Boxer" wurden von den Europäern, Amerikanern und Japanern die chinesischen Geheimbünde bezeichnet, die sich gegen die Einmischung und das Engagement fremder Mächte in China wandten. Die Gruppen selber bezeichneten sich als „rechtschaffene Faustkämpfer". Im Frühjahr 1900 kam es zum Aufstand dieser Gruppierungen und zu einem Marsch auf Peking. Kaiser Wilhelm II. sandte ein Expeditionskorps nach China, ebenso England, Frankreich, Russland, die USA, Japan, Österreich und Italien. Nach anfänglichen Schwierigkeiten konnte Peking am 14. August durch die Expeditionstruppen erobert werden. Danach wurden „Strafexpeditionen" gegen Hochburgen der „Boxer"-Bewegung durchgeführt, unter z. T. sehr großen Verlusten der Zivilbevölkerung. Vgl. Diana Preston, *Rebellion in Peking. Die Geschichte des Boxeraufstandes*, Stuttgart: DVA, 2001.
106 Gemeint ist die Triple-Entente, das 1907 zwischen Frankreich, England und Russland gegen Deutschland geschlossene Bündnis.

habe. In Tientsin verließ er die Armee und schloss sich den Buren an, denen er seine Dienste als Feldarzt anbot.

Zum Glück wurde Onkel Emil während des ersten Einsatzes der Buren und Engländer[107] gefangen genommen. Nachdem er sich mit Malaria infiziert hatte, wurde er auf die Insel Madeira geschickt, von der aus er sich, nach einigen Monaten der Erholung, nach dem südlichen Spanien begab. Das war die Ursache seiner Leidenschaft für alles Spanische. Carmen war seine Lieblingsoper. Soweit ich mich erinnere, fuhr er jedes Jahr mit dem Zug nach Paris, um Madame Cahier die Titelrolle singen zu hören.

Als Onkel Emil nach Hamburg zurückkam, nahm meine Mutter ihn auf und schickte ihn unverzüglich weiter zur Universität Berlin, um seinen Doktor zu machen. Er schrieb seine Dissertation über das Thema *Die Prostitution in Indien*. Eine Abschrift davon entdeckte ich auf dem Schreibtisch meines Vaters. Sie verschwand allerdings auf geheimnisvolle Weise, ehe ich die Chance hatte, sie zu lesen.

Vor 1914 war die Welt relativ ruhig. Natürlich gab es kleinere Krisen, verursacht oder genährt durch unbekümmerte Provokationen seitens Kaiser Wilhelm II., die Ängstlichkeit der Opposition und den bescheidenen Wohlstand, der durchs Land zog. Die Nation verfiel in eine unerträgliche Hybris. Deutschland, so meinte man, würde die Welt gewinnen, wenn nicht durch Macht, dann durch Ausbreitung seiner Kultur. Selbstzufriedenheit und Stolz durchdrangen das Land. Die Haltung der Deutschen, die sich in diesen Jahren herausbildete, hatte zerstörerische Rückwirkungen, welche weit über die Niederlage des Kaisers und seiner Armee hinausreichten.

Ich bin immer wieder überrascht, wenn ich höre, dass Hitler mit dem tyrannischen Wilhelm verglichen wird, denn es besteht zwischen beiden überhaupt keine Ähnlichkeit. Der Kaiser war autokratisch; ihm mangelte jedes Verständnis für die inhumanen Lebensbedingungen der Arbeiterklasse. Sein Auftreten war zwar grob, aber er ließ sich nie zu jener billigen Pöbelhaftigkeit herab und zu den grausamen, skrupellosen Methoden Hitlers. Bürger konnten, wenn sie ihn beschimpften, wegen Majestätsbeleidigung vor Gericht gezogen werden oder sich eine geringe Geldstrafe zuziehen, aber es gab keine Konzentrationslager und keine Gewissenskontrolle. Deutschland unter dem Kaiser war ein freies Land. Aber Deutschland unter dem Kaiser nahm kein gutes Ende.

Sehr zur Überraschung meiner Eltern, die darin einen femininen Charakterzug in mir zu entdecken glaubten, begann ich mit fünfzehn Jahren aus eigenem Antrieb einmal in der Woche zur Beichte und zur Kommunion zu gehen. Vermutlich war es nur eine jugendliche Empfänglichkeit für religiöse Gefühle. Egal, in dieser Zeit wandte ich mich an Vater und Mutter und sagte ihnen, ich wolle Priester werden. Sie wollten

---

107 Der Zweite Burenkrieg (1899–1902) war ein Konflikt zwischen Großbritannien und den unabhängigen südafrikanischen Burenrepubliken Oranje Freistaat und Transvaal. Er endete mit der Eingliederung der beiden Republiken in das Britische Commonwealth. Vgl. Iain R. Smith, *The origins of the South African War (1899–1902)*, London: Longman, 1996.

jedoch von dieser Entscheidung nichts wissen. „Sprich mit uns wieder darüber, wenn du 21 geworden bist.", meinten sie. [108]

Etwa von dieser Zeit an litt ich auch gelegentlich an Melancholie, was man heute wohl Depressionen nennen würde. Ich wurde dermaßen melancholisch, dass meine Eltern es mit der Angst zu tun bekamen. Manchmal sprach ich monatelang kaum ein Wort. Ich lernte, las, ging zur Kirche, ins Theater, besuchte Konzerte, aber ich vermied jegliche Konversation. Ich bat meine Eltern, mich auf eine Schule in Tirol zu schicken, weil ich Hamburg damals nicht ertragen konnte. Ich wollte umgeben sein von Sonnenschein, von Bergen und Bächen – und Katholiken. Natürlich schlugen mir meine Eltern dieses Ansinnen rundweg ab.

Durch meine Lektüre war ich zu der Überzeugung gekommen, der katholische Glaube beruhe auf einer soliden rationalen Grundlage und sei eine intellektuell fundierte Religion, obwohl ich diese Meinung kaum mit meinen Freunden teilen konnte. Tief in mir fühlte ich, dass die Kirche von Christus gegründet und der Weg zum Heil sei. Aber ich konnte ein Gefühl des Unbehagens und der Zwiespältigkeit in mir nicht überwinden. Zwei unvereinbare Kräfte zerrten an meiner Seele: Einerseits die Übereinstimmung mit den Lehrsätzen des katholischen Glaubens, andererseits ein wirres Mischmasch von Erkenntnissen voll Zweifel und Unruhe: Gibt es einen Gott? Gibt es einen persönlichen Gott? Ist er gerecht? Ist er jemals grausam? Achtet er je auf die verzweifelten Schreie der Menschheit? Oder gibt es gar keine übernatürliche Welt, sondern nur ein Nichts? Ist Schweigen die Antwort auf die Gebete der Menschen? Mit solch lähmenden Fragen zermarterte ich mich selbst.

Verschiedentlich hatte mein Vater mir gegenüber zugegeben, wie schwer es wäre, ein Katholik zu sein. Meine Mutter sagte zu uns allen, als sie einmal in tiefster Verzweiflung war: „Mich hat niemand gefragt, ob ich geboren werden wollte. Hatte ich je die Wahl? Immer habe ich die Aussicht auf eine ewige Hölle vor mir – welch grausames Schicksal! Warum denken wir Eltern nicht darüber nach, bevor wir verheiratet sind?" Einmal, als sie von einer Beerdigung zurückkam, meinte sie zu mir: „Nun ist er weg. Nichts ist von ihm geblieben.", und sie fügte halb amüsiert, aber nachdenklich, hinzu: „Bis jetzt ist noch keiner wieder zurückgekommen und hat uns darüber was erzählt." Auf meine glänzend schlagfertige Antwort, dass Jesus doch zurückgekommen sei, uns aber allerdings auch nichts darüber gesagt hat, bemerkte sie nur: „Wenn er da gewesen ist."

Ich glaube nicht, dass meine Eltern falsch gehandelt haben, wenn sie so mit mir sprachen. Sie schufen eine Atmosphäre intellektueller Freiheit in unserem Hause. Wir wurden niemals niedergebrüllt, und uns wurde weder der Katechismus, noch die Bibel um die Ohren geschlagen.

Ermutigt durch unseren Pastor begann ich eines Tages das Neue Testament zu lesen. Als ich die Evangelien las, war ich überrascht zu entdecken, wie wenig ich

---

108 Damals das Alter der Volljährigkeit.

tatsächlich über meinen Glauben wusste. Ich war weniger beeindruckt von den Wunderberichten als vielmehr von den Gleichnissen und vom Leben unseres Herrn selbst. Ich konnte mir nicht darüber klar werden, ob ich glaubte Jesus sei wahrer Gott oder mehr ein göttlich inspiriertes menschliches Wesen.

Mein schwankender Glaube wurde zumeist durch meine Mutter und ihre Familie gestärkt. Ich hatte keinen Begriff von der feinen dogmatischen Struktur des Christentums. Ich hatte praktisch keine Ahnung von Liturgie. Aber von meiner Mutter und meinen Tanten lernte ich, dass die großen Komponisten Deutschlands, Italiens und Frankreichs Katholiken waren. Diese Kenntnis ermutigte mich nicht zu irgendeiner Art von Überheblichkeit, sondern sie gab mir eine gewisse Sicherheit. Es ist nämlich Tatsache, dass im Reich Wilhelms II. Katholiken als Bürger zweiter Klasse angesehen wurden. Sie waren nicht national genug gesinnt, sie sympathisierten mit Polen, waren international verbündet mit dem Papst in Rom, sie hatten außerdem weniger mit der Industrie zu tun als die Übrigen und waren deshalb auch weniger wohlhabend. Sicherlich hatten diese großen Künstler, so dachte ich, diese bedeutenden Männer, einen guten Grund an ihren religiösen Überzeugungen festzuhalten.

Nur eine Stütze meines Glaubens entsprang meinem eigenen inneren Sein: Die Tatsache, dass das Bußsakrament in meinem Leben eine mächtige Kraft besaß. Abgesehen davon jedoch war meine ganze Glaubenserfahrung von außen bestimmt und oberflächlich. Vielleicht hatte ich auch reichlich Neidgefühle in mir gegenüber meinen protestantischen Freunden und Klassenkameraden wegen ihrer festen Überzeugung. Obgleich Hamburgs Hauptkirchen und die alten öffentlichen Gebäude vielfach noch aus katholischer Vergangenheit stammten, war die Stadt meiner Tage, stolz auf ihren Reichtum und ihre Kultur, von protestantischen Händen erbaut. Die Katholiken, das waren die armen Einwanderer aus Polen und Italien, die Bürger mit den geringeren Jobs. Die intellektuelle Schicht Hamburgs war protestantisch, und sogar die kleine Minderheit von Juden – weniger als ein Prozent der Bevölkerung – war sehr viel mehr intellektuell aktiv als der katholische Teil. Zur damaligen Zeit war mir nicht bewusst, welch reiches intellektuelles Leben unter den deutschen Katholiken in der letzten Hälfte des 19. Jahrhunderts geherrscht hatte, und ich kannte auch nicht die bedeutenden literarischen Leistungen der nachfolgenden Periode.

Selbst jetzt, nach all diesen Jahren, fühle ich eine enge Verwandtschaft zu Hamburg, einer Stadt, die zu meinen Lebzeiten von zwei Weltkriegen heimgesucht worden ist, die zwei gewaltsame soziale Revolutionen durchgemacht und die erniedrigenden Jahre des Hitlerregimes erduldet hat. Zwei ihrer Türme fehlen nun – sie wurden zerbombt durch die alliierte Luftwaffe.[109] Nach dem letzten Kriege war die Stadt nur noch eine leere Hülse ihrer früheren Existenz. Vieles ist verschwunden – vieles vom Geist der Stadt, vieles von ihrer Tradition. Als ich Hamburg so verwü-

---

109 1963 wurde der Turm von St. Jacobi in moderner Form wiederhergestellt. 1973 folgte der Turm von St. Katharinen in der Gestalt des 17. Jahrhunderts.

stet sah, merkte ich, die Stadt war auch in meinem Kopf ausradiert. Die City war zu einem Leichnam geworden, einem toten Ding, und als sie im Nachkriegsboom wieder aufgebaut wurde, wurde sie etwas Neues und Anderes. Die alten Traditionen waren dahin, die neuen Fundamente waren aus Stahl und Beton. Wegen der Elbe ist Hamburg immer noch eine schöne und bewundernswerte Stadt, aber sie ist schöner noch in den Augen der Erinnerung. Möglicherweise war die alte Welt sehr viel besser, doch sie ist für immer vergangen. Ich fühle mich mit Hamburg verbunden, aber mit dem Hamburg, das verloren gegangen ist, mit den alten Plätzen, die nun von neuen Menschen bevölkert sind, den alten Straßen, heute gepflegt nur von einer entwurzelten und sterbenden Generation. Hamburg und ich, wir sind heute Fremde.

Kapitel 2

Die russische Front

Als Erzherzog Franz Ferdinand, der Thronfolger des Kaisers Franz Joseph, im Juni 1914 in Sarajevo ermordet wurde, begann die Lage schwierig zu werden. Aber, so dachten wir, die Dinge sahen schon früher problematisch aus und waren doch immer irgendwie gelöst worden. In diesem Jahr unternahm unsere Familie eine ehrgeizige Ferienreise durch die Schweiz, durch Österreich und Tirol. Wir waren gespannt, denn nie zuvor waren wir in der Schweiz gewesen, die in unserer Phantasie das herrlichste Land der Welt war. Wir kamen durch Frankfurt am Main, sahen den stolzen Dom am Ufer des Flusses und die malerischen Brücken. Wir sahen das Münster von Straßburg, damals eine deutsche Stadt im Elsass. Zürich, die reinliche Stadt an der Limmat, war für uns eine Quelle großer Freude. Von dort aus reisten wir wie von einem Traum zum anderen: Die ausgedehnten Seen, die tiefen Wälder, die hohen Berge, das Oberrheintal, die Viamala-Schlucht, Sankt Moritz.

Unser Quartier bezogen wir in einem kleinen Dorf, eingenistet in den Kieferwäldern am Fuße zweier gigantischer Berge, dem Litemar und dem Rosengarten. Es war schon für sich allein ein bezauberndes Idyll der Natur. So viel wir konnten, wanderten mein Vater und ich in der Gegend umher. Wir aßen Brötchen und heiße Erbsensuppe, tranken Milch, und wenn wir auf flachem Boden standen, sang mein Vater mit seinem weichen Bariton Lieder von Mendelssohn und Volksweisen. Es gab da eine Wallfahrtskirche, ungefähr fünfzehn Meilen südwestlich Welschnofens, in einem Dorf, das Deutschnofen hieß. Im Gasthaus bekamen wir ein einfaches, aber schmackhaftes Mahl serviert. Der Raum war geschmückt mit einem Bild von Papst Pius X., der wenige Wochen später an gebrochenem Herzen starb. Die Wallfahrtskirche war eine Mischung aus italienischem und bayerischem

Barock. Als Kunstwerk wies sie manche Mängel auf, aber ihre Ausstattung stimmte zur Andacht und Erhebung. Nach der Messe wollten wir unsere Kutsche zur Rückfahrt durch das Tal benutzen.

Da passierte plötzlich die Katastrophe. An jeder Haustür war ein Manifest angeschlagen. Der Kaiser hatte die Mobilmachung gegen Serbien verordnet, den bevorstehenden Kriegszustand erklärt und jeden geeigneten Mann zu den Waffen gerufen. Wer noch nicht gedient hatte, wurde zu sofortigen Übungen eingezogen. Das war für meinen Vater, dessen geschäftliche Beziehungen in Südosteuropa, in England und in Übersee gefährdet waren, ein furchtbarer Schock. Nichts konnte ihn länger halten. Die Ferien waren zu Ende.

Durch die Propaganda der Regierung überzeugt, dass Deutschland angegriffen worden sei, und dass es sich um einen Verteidigungskrieg handelte, meinte ich, auch ein Pazifist könne sich dem Wehrdienst nicht verweigern. Kurz vor meinem 17. Geburtstag ging ich eines Morgens zu meinem Vater und sagte ihm, dass ich mich freiwillig zum Militärdienst melden wolle. In seinem Gesicht spiegelte sich äußerste Verzweiflung. Mein Onkel Emil sagte (ob vorher überlegt oder spontan, ich weiß es nicht), er würde mich zur Marine anmelden, das wäre der sicherste Dienst, denn die deutsche Marine wäre niemals stark genug, die britische Flotte herauszufordern. Außerdem würde mir die Erfahrung, die ich als Seemann machen könnte, gut tun. Das würde mich aus meinem Schneckenhaus herausführen. So machten wir uns denn auf nach Bremerhaven, wo Onkel Emil mich mit einem gewissen Admiral Lans bekannt machte, einem Freund, den er beim Boxeraufstand kennengelernt hatte. Ob der nun das Spiel mitgemacht hat oder ob er wirklich daran interessiert war, mich einzustellen, ich werde es nie erfahren. Bevor ich nämlich überhaupt meine Uniform in Empfang nehmen konnte, erschien ein Sergeant mit einem Telegramm, in dem vermutlich stand – ich habe es nie gesehen – ich sei zu jung. Ich müsste bis zu meinem siebzehnten Geburtstag warten. So kehrte ich also niedergeschlagen und enttäuscht nach Hause und zur Schule zurück. Allerdings hatte ich die Bewunderung meiner Klasse gewonnen, denn niemand sonst hatte sich freiwillig gemeldet. Von dieser Zeit an wurden jedoch die Schulbänke immer leerer. Manch ein Junge, der körperlich geeignet war und das notwendige Alter hatte, bewarb sich für den Militärdienst und wurde angenommen.

Am 6. September 1914 wurde ich endlich wehrdienstfähig. Man hatte mir gesagt, es gäbe eine Anlaufstelle in Schwerin in Mecklenburg. Das reizte mich, weil es fern von allen größeren Wohngebieten lag, und ich überredete Vater und Mutter, mir schriftlich die notwendige Einwilligung zu geben. Ich ging also zur Feldartillerie Seiner Königlichen Hoheit des Großherzogs von Mecklenburg, deren Kaserne gegenüber dem Schweriner Schloss lag.

Mecklenburg ist das Land Fritz Reuters, der in der Mitte des 19. Jahrhunderts mit den Charakteren seiner Bücher Berühmtheit erlangte, die in den Häusern Norddeutschlands sprichwörtlich wurden. Sein witziger und sprachgewandter

Stil besaß einen leichten Hang zum Grotesken. Er war ein echter Repräsentant der Mecklenburger, von denen es viele in meinem Regiment gab.

Das Leben in der Armee war streng, hatte aber auch Erfreuliches an sich, und nach kurzer Zeit beschloss ich, nie mehr zur Schule und zu meinen Lehrern zurückzukehren. In meinem jugendlichen Überschwang dachte ich, der Militärdienst könnte mich für den Rest meines Lebens ausfüllen. Auf der anderen Seite hoffte ich natürlich auch, dass der Krieg bald vorbei sein würde.

Bevor es an die Front ging, wurden wir nach Wrist in Holstein abkommandiert, wo eine neue Division für einen geheimen Auftrag aufgestellt wurde. Nach Ankunft unseres Zuges verluden wir unsere Pferde in ihre Waggons, pro Waggon jeweils vier, dann vierzig Mann in die anderen Wagen. Wir befestigten unsere Kanone und die Munitionskisten und betteten uns schließlich auf Stroh und Zeug. Dann ging es los. Hamburg und Berlin passierte der Zug bei Nacht, so dass die Aktion besser geheim gehalten werden konnte, und dann fuhren wir gen Osten.

Während unseres ersten Manövers kamen wir durch eine Reihe von Dörfern, die beim Rückzug der russischen Armee niedergebrannt worden waren. Glücklich der Soldat, der eine alte Scheune mit Heu entdeckte, wo er sich ein paar Minuten oder Stunden Ruhe gönnen konnte! Wer von uns dieses Glück nicht hatte, der musste bei sibirischer Kälte im Wind ausharren und Schutz hinter den Pferden suchen. Nach einigen Tagesmärschen und Scharmützeln erreichten wir Polen, das damals russisches Gebiet war. Straßen wurden besetzt, Eigentum beschlagnahmt, das Elend der Menschen nahm zu, immer mehr Dörfer wurden verwüstet. Ich wusste nicht, dass wir Teil einer großen Zangenbewegung waren, um die fliehenden russischen Einheiten einzukreisen. Was ich wusste war, dass erstmals in diesem ersten Kriegsjahr deutsche Gebiete, die von den Russen besetzt worden waren, wieder befreit worden sind.

Wegen irgendeines Hindernisses vor uns – es war Gefechtslärm zu hören – hielten wir eines Tages an einer Landstraße. Da bemerkte ich einen Offizier, der eine Armbinde mit einem violetten Kreuz anstelle eines Roten Kreuzes trug. Ich fragte ihn, ob er ein Priester sei. Es stellte sich heraus, dass es ein Jesuitenpater war. Während wir zwischen den Pferden auf und ab gingen, beichtete ich und er gab mir die Absolution. Dann zog er eine kleine goldene Dose, ähnlich einer Taschenuhr, heraus und gab mir die Kommunion. Ich war unendlich glücklich. Er sagte: „Mein Sohn, du siehst nicht sehr gut aus, ich werde dich im Auge behalten." Und das tat er dann auch.

Kurz darauf erschien ein Sanitätsunteroffizier, der eine Liste von Namen vorlas, wobei er jedes Mal fragte: „Können Sie gehen?" Glücklicherweise sagte ich, dass ich es könne. Alle, die zugestimmt hatten, wurden daraufhin zu einer Transporteinheit zusammengestellt und über die Grenze in ein deutsches Hospital gebracht. Wir durchquerten Ostpreußen, Westpreußen und Pommern und gelangten schließlich in den Kurort Kolberg, einem der bevorzugten Sommeraufenthalte der polnisch-deutschen Bourgeoisie mit vielen Hotels.

In jenem Sommer half ich zumeist bei der Ausbildung neuer Rekruten oder trug Munition von einem Lager zum anderen. Ich durfte dabei zu Hause wohnen und ging jeden Tag durch eine Fußgängerunterführung zum Lager und wieder zurück. Damals, im Winter, fand die große Schlacht bei Gleiwitz statt, bei der die russische Front durchbrochen wurde und die Russen durch ganz Polen bis nach Riga und an die ukrainische Grenze zurückgedrängt wurden.[110] Dort standen sie allerdings unbeweglich und unüberwindlich. Die deutsche Armee machte Vorstöße hinter die russischen Linien, aber ohne besonderen Erfolg.

Im folgenden Jahr wurde ich zu einem anderen Regiment versetzt, diesmal zu einer Artillerieeinheit, als Soldat erster Klasse. Zufällig erfuhr ich, dass mein Halbbruder Alfred als Leutnant bei unserer Nachbarbatterie diente. Seitdem wir zur Ersatztruppe gehörten und denselben Offizieren unterstanden, wurden wir anderen Batterien zugeteilt, die wegen ihrer Verluste geschwächt worden waren. Wir waren in der Tat eine Armee ohne Beschäftigung.

Nach einiger Zeit begannen wir in Richtung Norden zu marschieren. Über Grodno in Litauen erreichten wir die Hauptstadt Wilna, die einige Jahre später, wegen der Besetzung durch Polen, Ursache längerer internationaler Auseinandersetzungen wurde. Wir waren dort in einer Synagoge einquartiert. Ich stöberte natürlich herum und fand Gebetbücher und hebräische Texte, die ich nicht lesen konnte, und eine Anzahl Gebetsschals. Ein anderes Mal war ich mit einigen Soldaten bei einer Jiddisch sprechenden jüdischen Familie untergebracht. Da ich Jiddisch verstehen konnte, wenn es langsam gesprochen wurde, schlossen wir alle Freundschaft miteinander. Sie hatten zwei Söhne, die mich zum Sabbatmahl einluden. Das war eine sehr bewegende Zeremonie, von Kerzen erhellt, bei der sie das wenige, was sie an Nahrung im Hause hatten, liebevoll den Gojim[111] anboten. Danach wurden wir genötigt – trotz all unserer Proteste – in den Betten der Familie zu schlafen, während sie sich selbst auf dem Fußboden zur Ruhe legten.

Danach marschierten wir einen Monat lang etwa 240 Kilometer weit. Von Partisanen hatten wir noch nie etwas gehört, aber unser Offizier wusste davon, und er hatte schreckliche Angst vor ihnen. Immer wenn er zu Bett ging, postierte er zwei Wachen in seinem Zimmer. Aber die Leute hatten keine Angst – nicht weil sie mutig waren, sondern wegen der Ruhe, welche die weiten russischen Wälder und die eisbedeckten Flüsse ausstrahlten. Dieses alles war fremd und neu für uns. Nebenbei gesagt, wir hatten genug zu essen, auch wenn unsere Kost aus Kriegsrationen bestand.

---

110 Reinhold dürfte die Schlacht von Gorlice-Tarnów in den ersten Maitagen des Jahres 1915 meinen. Nach der verheerenden Niederlage mussten die russischen Truppen ganz Polen räumen, was als der „Große Rückzug" in die russische Geschichte eingegangen ist. Vgl. John Keegan, *Der Erste Weltkrieg – Eine europäische Tragödie*, Reinbek bei Hamburg: Rowohlt, 2001.

111 Goi (singular) oder Gojim (Plural). Es ist das hebräische Wort für Nation oder Volk. Im weitesten Sinn werden damit aber Nichtjuden bezeichnet.

Schließlich erreichten wir sicher und heil Daugavpils[112] und schlossen uns unserem neuen Regiment an. Wir mussten die Eisenbahn bewachen und meine Aufgabe war es, einen der Beobachtungsposten oberhalb der Gleise zu besetzen. Unsere Einheit blieb nie sehr lange am selben Ort, wir bewegten uns vor und zurück, von einer Stellung zur anderen. An der neuen Frontlinie machte ich meine erste Erfahrung mit Landminen – eine explodierte direkt hinter mir. Abgesehen von gelegentlichen Maschinengewehrsalven und Mörsergranaten war die Front allgemein ruhig, vielleicht nicht so sehr für die Infanterie als für uns bei der Artillerie.

Der Frühling kam und ging, dann der Sommer und der endlose Herbst. Dann kam der russische Winter. Der Schlamm wurde so tief, dass die Pferde bis zum Bauch einsanken. Wir selbst waren kaum fähig, unsere Füße zu bewegen. Zu dieser Zeit wurde ich beauftragt, Feldtelefone zu verlegen. Ich musste eine Leitung über einen See legen, was mir auch gelang. Dann zeigte es sich aber, dass der See in Wirklichkeit ein Morast war, und im Tauwetter des Frühlings verschwand meine ganze Leitung, die ich so stolz gelegt hatte, im Sumpf.

Einmal passierte ein Unfall, den ich nie vergessen habe. Es traf einen jungen Mann unserer Einheit namens Ruskovski. Er war ein Intellektueller, ein Hochschullehrer. Er war voller Geschichten, konnte gut singen und rezitierte seitenweise Gedichte. Aber er war Alkoholiker und bettelte jämmerlich alle Soldaten an, die sich aus der ihnen zugeteilten Ration Rum nichts machten. Schließlich erschoss er sich selbst.

Eines Nachts, ich hatte Wache und ging über eine einsam gelegene Weide in der Nähe der Front, etwa fünfzig Meter von der russischen Linie entfernt – man konnte die Soldaten reden hören –, als irgendjemand auf ihrer Seite das Feuer eröffnete. Obgleich ich in Deckung war, wurde ich vom Splitter eines Schrapnells getroffen; er blieb mir im Hals stecken. Ich begann Blut zu spucken und wurde in aller Eile zum Verbandsplatz gebracht. Von dort kam ich ins Feldlazarett, wo ich vorher schon einmal wegen Sumpffieber gelegen hatte. Bald darauf wurde ich nach Wilna verlegt, wo man die Kaiserlich Russische Bank in ein Hospital verwandelt hatte. Man steckte mich in einen der Kassenschalter. In Wilna gab es zu wenige Krankenschwestern und wir mussten selbst tun, was wir konnten, um füreinander zu sorgen. Mein Nebenmann hatte ein Bein verloren. Ich musste die Wunde reinigen und verbinden, musste ihn waschen und baden. Er hatte viel an Gewicht verloren und war sehr schwach. Daher trug ich ihn herum wie ein Baby, sonst wäre er ganz und gar bettlägerig geworden. Er hat diesen Liebesdienst nie vergessen. Später schickte er mir jedes Jahr eine Weihnachtskarte, und als ich ihn nach fünfzehn Jahren einmal in Offenbach besuchte, war er außer sich vor Freude. Er war ein armer Arbeiter. Er hatte ein edles Herz.

Zwei andere Erinnerungen kommen mir häufig in den Sinn. Bei einer Diskussion mit einem der vielen Pommern in unserem Hospital, erwähnte ich den Sieg der deutschen Armee bei Nizza. Er lachte über mich und fragte mit einem spöttischen

---

[112] Daugavpils, die zweitgrößte Stadt Litauens, liegt an der Grenze zu Weißrussland.

Lächeln: „Wer glaubt denn an Sieg? Bist du wirklich so blöd, den Unsinn zu glauben, den die Regierung verbreitet?" Das war für mich ein furchtbarer Schock. Ich widersprach ihm, aber später ging ich mit mir selbst zu Rate und begann zu zweifeln. Die zweite Erinnerung betrifft das Buch *Also sprach Zarathustra*.[113] Ich hatte wegen eines Exemplars nach Hause geschrieben. Als es ankam, habe ich es begierig gelesen. Ich war gefangen von dem kühnen Nihilismus, dem revolutionären Pathos, der kompromisslosen Haltung, von allem. In den endlosen Stunden der Nacht las ich das Buch, durch und durch, immer wieder. Ich hatte das Gefühl, so merkwürdig es klingt, ein Anhänger Nietzsches geworden zu sein.

Die Stahlkammer in der Kaiserlich Russischen Bank wurde für hoffnungslose Fälle gebraucht. Wer in die Stahlkammer gerollt wurde, der kam nie wieder heraus, so schien es wenigstens. Es ging auch keiner jemals hinein, um ihn zu besuchen. Einige der Leute verloren ihren Verstand, sie schrien und kreischten den ganzen Tag. Schließlich kam der Tag, an dem ich wieder auf einen Zug gerollt und nach Coburg verlegt wurde. In Wilna hatte man mich geröntgt. Die Aufnahmen zeigten, dass ein Splitter des Schrapnells zwischen Speiseröhre und Wirbelsäule saß. Obwohl es ein kleiner Splitter war, der sich offensichtlich im Gewebe eingenistet hatte, hielt man eine Operation doch für zu gefährlich. Ich wurde zum Hauptquartier meines Regimentes nach Ahrensburg bei Hamburg zurückgeschickt. Nach einer gewissen Erholungszeit wurde ich nach Güstrow abgeordnet, wo eine neue Einheit zusammengestellt wurde. Damals lebte dort der berühmte Bildhauer Barlach. Meine Mutter besuchte mich in Güstrow, kurz bevor wir an die Westfront verlegt wurden.

Zweimal bin ich in Russland gewesen. Diesmal ging es nach Frankreich. Es war 1916. Die Westfront war nach den Schlachten an der Seine[114] und bei Verdun zu einem Albtraum geworden, wo beide Seiten in beiden Schlachten jeweils bis zu einer halben Million Menschen verloren hatten. Das war der wirkliche Krieg.

Bei Noyon, nahe der kleinen Stadt Nancpel, bezogen wir Stellung. Zehntausende explodierender Granaten hatten den Boden zernarbt. Zwei Jahre schon war es ein Schlachtfeld. Die Front war darüber hin und her gegangen und hatte alles Leben vernichtet. Für eine gewisse Zeit war unsere Batterie auf vorgeschobenem Posten nahe Paris an der Oise stationiert. Einige unserer Leute gingen dort mittels Handgranaten fischen – obgleich dies streng verboten war – erstens, um nicht mehr Fische zu töten als nötig, und zweitens, um Handgranaten zu sparen, denn der Krieg dauerte länger als irgendjemand je vorausgesehen hatte.

---

113 Friedrich Nietzsche, *Also sprach Zarathustra – Ein Buch für Alle und Keinen*, Leipzig: Naumann, 1893.
114 Reinhold dürfte die Schlacht an der Somme meinen, die vom 1. Juli 1916 bis zum 18. November 1916 über eine Millionen Soldaten auf beiden Seiten das Leben kostete. Vgl. John Keegan, *Der Erste Weltkrieg – Eine europäische Tragödie*, Reinbek bei Hamburg: Rowohlt, 2001.

Meine Stellung im Schützengraben war die eines Beobachters. Stundenweise saß ich in einem Betonturm und hielt durch einen schmalen Schlitz Ausschau nach dem Feind. Der Turm lag ständig unter französischem Beschuss – 55mm Granaten krepierten rund um uns herum, aber wir waren sicher. Sobald wir ein feindliches Manöver entdeckten, machten wir Meldung, und kurze Zeit später setzte unser Artilleriefeuer ein. Aber unsere tägliche Routine führte auch zur Langeweile. Hin und wieder wurde einer von unseren Leuten durch einen Querschläger verwundet. Andere wurden krank. Wieder andere steckten sich mit Geschlechtskrankheiten in den kleinen Orten hinter der Front an.

Eines Tages entdeckte ich eine Anzeige in einer unserer deutschen Zeitungen mit dem Angebot, französische, englische oder italienische Magazine auf Bestellung zu liefern. Obgleich ich mich in Frankreich befand, machte ich davon Gebrauch. Ich erregte große Bewunderung, wenn ich unter einem Stoß von Briefen die *Times* aus London, *La Ville* aus Paris, und den *Corriere della Sera* aus Mailand erhielt. So las ich an der deutschen Front feindliche Propaganda.

Diese Zeitungen waren für mich eine Offenbarung. Mein Vater hielt dieses Abonnement etwa zwei Jahre lang aufrecht und es gab auch keine Lieferschwierigkeiten. Nicht dass ich darin viel gefunden hätte, was mir nicht schon bekannt war, obgleich dies auch gelegentlich vorkam. Was die Lektüre dieser Zeitungen so wichtig machte, war, dass sie mich fähig machte, den humanen Aspekt des Krieges zu sehen, indem ich die offiziellen Verlautbarungen mit dem wirklichen Geschehen auf dem Schlachtfeld verglich. Gewöhnlich berichteten sowohl die deutschen als auch die alliierten Zeitungen das, was geschehen war; aber keine pflegte zu berichten, was nicht für die Öffentlichkeit bestimmt war. Das betraf besonders die deutschen, italienischen und französischen Blätter, jedoch nicht so sehr die Londoner *Times*. Sie kam wie ein frischer Luftzug daher. Die Leserbriefspalte und die Leitartikel zeigten mir, dass dort jeder frei seine Meinung äußern konnte, ganz anders als bei uns, wo alles der Zensur unterlag. Ja, es war schon eine sehr merkwürdige Tatsache, dass ich die Freiheit hatte, Zeitungen aus feindlichen Ländern zu abonnieren.

Im Winter 1916/17 bereiteten wir uns auf den großen Rückzug zur Siegfriedlinie[115] vor. Ich war zum Beobachtungsoffizier der Batterie ernannt worden, unter dem besonderen Befehl von Korvettenkapitän Bayer. Eines Tages rief er mir etwas zu. Ich sah zu ihm hinüber und versuchte etwas zu verstehen, aber mein Pferd – die arme

---

115 Wahrscheinlich meint Reinhold die sogenannte „Siegfriedstellung", eine deutsche Defensivstellung, die sich in den Jahren 1917 bis 1918 in Nordfrankreich von Arras bis Soissons erstreckte. Mit dem von Reinhold benutzten Begriff „Siegfriedlinie" wurde eigentlich von den Alliierten im Zweiten Weltkrieg der sogenannte „Westwall" bezeichnet, den Hitler Ende der 1930er Jahre errichten ließ. Er war ein ca. 630 km langes Verteidigungssystem aus Tausenden von Bunkern, Stollen, Gräben und Panzersperren. Er verlief von Kleve nahe der holländischen Grenze in Richtung Süden, entlang der Westgrenze des Deutschen Reiches, bis nach Weil am Rhein an der Schweizer Grenze. Vgl. Jörg Fuhrmeister, *Der Westwall: Geschichte und Gegenwart*, Stuttgart: Motorbuch, 2004.

elende Kreatur – geriet mit allen vier Beinen in einen Granattrichter, schlug einen Salto und ließ mich auf dem Acker landen. Eine Batterie begann über den Weg zu schießen und man ließ mich schließlich als vermeintlich tot liegen. Erst nach drei Stunden wurde ich aufgesammelt und auf eine Lafette gelegt. Durch den Schock der Granatenexplosion erlitt ich einen vorübergehenden Gedächtnisschwund. Ich konnte mich weder meines Namens, noch der Namen meiner Freunde erinnern. Aber ich erholte mich wieder und nach einigen Tagen der Ruhe war ich wieder an der Front.

In Vorbereitung auf die große französische Offensive hatten wir Einsatzbesprechungen, die alles bisher Dagewesene weit übertrafen. Die Verteidigungstechniken, in die wir eingewiesen wurden, kamen direkt vom Hauptquartier Ludendorffs und von Hindenburgs. Sobald Trommelfeuer an der Front zu hören war, sollten wir unsere Schützengräben verlassen und lediglich Mannschaften mit Maschinengewehren zurücklassen. Die französischen Truppen würden sicher in das vermeintliche Niemandsland vorrücken, wobei sie dem Feuer versteckter Maschinengewehre und der Artillerie ausgesetzt sein würden. Sie würden zurückgetrieben und in dem allgemeinen Durcheinander würde die Deutsche Armee die französische Front durchbrechen. Wir würden nicht mehr länger unzählige Tage in unseren Schützengräben herumkriechen müssen, ohne das Sonnenlicht zu sehen. Es war alles so plausibel und leicht zu verstehen.

Ich hatte die Aufgabe Gasmasken zu prüfen, zu reparieren und zu verteilen, denn wir erwarteten Gasangriffe durch die französische Armee. Später nahm ich an der Frühjahrsoffensive bei Devell teil. Eines Morgens, nach fast einer Woche ständigem feindlichen Bombardements, setzten wir uns gegen die Franzosen in Bewegung. Wir kreuzten den Steilhang eines Berges, von dem aus man die Straße nach Chemin des Dames[116] überblicken konnte. Das Schlachtfeld war leer. Der Leutnant und ich erklommen einen vor uns gelegenen Bergrücken und beobachteten durch ein Fernrohr, was hinter den französischen Linien passierte. Genau in diesem Augenblick ging über unsere Einheit ein fürchterliches Bombardement nieder. Als wir schließlich von unserer Expedition zurückkamen, fanden wir den Platz übersät mit Verwundeten und Toten. Ein sehr lieber Freund von mir, ein Student im zweiten Studienjahr, lag auf der Erde. Sein blondes Haar war vom Blut gefärbt. Er war tot. Wir bezogen schnell eine andere Stellung, nur um mit gewaltigen Stahlmonstern konfrontiert zu werden, die sich langsam durch das Feld auf uns zu bewegten. Sie sahen wie kleine Eisenbahnwagen aus, nur bewegten sie sich anders, als wir jemals zuvor gesehen hatten. Ich erzählte dem Leutnant, dass es sich, nach meinen Informationen aus der *Times*, um Panzer handeln müsse. Wie auch immer, sie waren unbeweglicher als die englischen Panzer, auch waren sie nicht so flach am Boden. Auf jeden Fall wurden

---

116 Chemin des Dames (30 Kilometer langer Höhenzug zwischen Aisne und Ailette), Schauplatz mehrerer militärischer Auseinandersetzungen im Ersten Weltkrieg („Schlachten an der Aisne"). Vgl. John Keegan, *Der Erste Weltkrieg – Eine europäische Tragödie*, Reinbek bei Hamburg: Rowohlt, 2001.

sie bald von unserem Artilleriefeuer getroffen. Einige von ihnen kippten um, andere gerieten in Brand. Keiner von ihnen erreichte unsere Front.

Im Herbst 1928 wanderte ich als Besucher über dieselben Felder. Ich hatte den Zug in Santalma verlassen und mich zu einem Spaziergang durch die Felder entschlossen. Meine Schuhe waren weiß vom Staub. Ich hielt an, um mich niederzusetzen und auszuruhen. Alles war wieder aufgebaut. Es war schwer, sich vorzustellen, dass hier einmal ein Schlachtfeld gewesen war. Dann sah ich plötzlich etwas, das mir eine Gänsehaut über den Rücken laufen ließ. Es war ein großes Monument mit der Inschrift: „Au morts des chars d'assaut."[117] Hier war, in Stein gehauen, eine Erinnerung an unser Handwerk von 1917. Mit der Unbekümmertheit der Jugend war es mir nicht in den Sinn gekommen, dass unsere Schüsse auf die Panzer Leben auslöschten und unschuldige Verteidiger eines Landes und einer Idee trafen.

Das Sperrfeuer der Artillerie, die ständige Bewegung vorwärts und zurück im verzweifelten Versuch die Front zu halten, dauerte etwa einen Monat an. Dann kam der Frühling. Auf Posten hörte ich in den verbrannten Bäumen um uns die Nachtigallen singen. Das Gras spross aus dem Boden und die Bäume begannen, trotz ihrer Wunden, zu blühen. Unsere Truppen hatten ungeheure Verluste erlitten. Ich erfuhr allerdings aus den französischen und englischen Zeitungen, dass irgendetwas auf der französischen Seite nicht in Ordnung war. Schließlich löste die *Times* die Geschichte auf. Es hatte eine Revolte in der französischen Armee gegeben. Ein neuer General, Petain, hatte das Kommando übernommen und ein Kriegsgericht eingesetzt. Er ließ Hunderte von Menschen hinrichten und die Disziplin wiederherstellen. Nichtsdestoweniger nahm die französische Offensive ihren Anfang.

Allerdings bemerkte man das nicht schnell genug. Einen Tag später saß ich zusammen mit einem Mann aus Preußen in unserem Unterstand und las meine Zeitung, als mittelgroße Granaten auf unsere Batterie niedergingen. Eine davon explodierte in meiner Nähe, das ist alles, woran ich mich noch erinnern kann. Als ich aus meiner Bewusstlosigkeit aufwachte, fand ich mich unter Sand und Gerümpel begraben. Ich fühlte mich merkwürdig schwindelig und wusste auch dann noch nicht, was passiert war, bis ich unsere Sanitätsoffiziere sagen hörte: „Er lebt. Grabt ihn aus!" Sie versuchten mir aufzuhelfen. Mein rechtes Bein war gelähmt. Es war mehrfach gebrochen. Ich war der Glücklichere von uns beiden, denn der Preuße wurde von einem herabstürzenden Deckenbalken erschlagen und war sofort tot.

Man brachte mich zu einem neuen, tieferen Unterstand und legte mich auf den Boden. Hier begann ich nun im Delirium zu phantasieren und vor allen Leuten hörbar den Kaiser zu bitten, dem Krieg ein Ende zu machen und mit dem Feind Frieden zu schließen. Unser Offizier schickte alle in einen anderen Unterstand und ließ mich weiter ungestört meine Phrasen dreschen. Einige Wochen später wurde ich in ein Lazarett nach Torgau verlegt. 1945 fand hier die historische Begegnung der russischen

---

117 Dt. Übersetzung: Den Toten der Panzerschlacht.

und amerikanischen Truppen statt. Es liegt an der Elbe. Auf meinen eigenen Wunsch kam ich von dort nach Hamburg ins Marienkrankenhaus.

Infolge der schlechten Ernährung verzögerte sich der Heilungsprozess. Obgleich ich im Mai verwundet worden war, lag ich im Oktober immer noch im Krankenhaus. Eines Tages besuchte mich einer meiner Schulkameraden, um mit mir über dieses und jenes zu reden und unsere Bekanntschaft aufzufrischen. Wir waren damals nicht besonders eng befreundet, aber jetzt war ich, abgesehen von seinen Eltern, alles was er in Hamburg hatte. So schlossen wir für die wenigen Wochen, die er auf Urlaub war, eine sehr enge Freundschaft. Er fürchtete sich sehr bei dem Gedanken der Rückkehr an die Front, denn er war fest davon überzeugt, dass er bald nach seiner Ankunft dort fallen würde. Er machte ein sehr trauriges Gesicht. Wir schrieben uns einige Briefe und als sein letzter bei mir eintraf, hatte ich bereits aus der Zeitung erfahren, dass er zu den Opfern der unvernünftigen Offensive bei Verdun gehörte. Während des Krieges bin ich einigen Soldaten begegnet, die vorhersagten, dass sie getötet werden würden, und die auch getötet worden sind. Aber ich traf auch solche, die überzeugt waren, sie würden heil nach Hause kommen, die es aber dennoch erwischt hat.

Die Vorgesetzten sagten mir, ich käme meines Beines wegen für einen Fronteinsatz nicht mehr in Frage. So bat ich um Zulassung zur Dolmetscherschule in Berlin, mit der Aussicht einmal in den Stabsdienst der Armee zu treten. Die Aufnahmeprüfung sollte in Königsberg stattfinden. Ich hielt mich dort nur so lange auf, wie es für das Examen nötig war und machte mich schon nach wenigen Stunden wieder auf den Weg zurück nach Hamburg. Ich habe nur wenige Städte gesehen, die so trostlos waren wie Königsberg. Aus Mangel an Treibstoff fuhren die Straßenbahnen nur wenige Stunden am Tag, und wenn dort keine Feldküche gewesen wäre, hätte ich nicht gewusst, wo ich etwas zu essen bekommen könnte. Die Atmosphäre war so bedrückend, dass ich nicht begreifen konnte, wie die Bevölkerung an der Überzeugung festhielt, wir würden den Krieg gewinnen. Wir waren dabei ihn zu verlieren, und wir verloren ihn schon bald.

Ich bestand mein Examen für Englisch, Französisch und Italienisch und wurde unmittelbar zu einer Einheit im Hauptquartier des deutschen Kronprinzen in Chalet versetzt. Nun war ich das an der Front, was Soldaten einen Drückeberger zu nennen pflegten. Den ganzen Tag über, besonders aber am Abend, kamen Melder auf ihren Motorrädern mit den aufgefangenen Funksprüchen herein, die natürlich alle verschlüsselt waren. Die Engländer hatten ein sehr einfaches System, nicht besonders brillant, für sie einfach zu handhaben und für uns leicht zu entziffern. Die meisten dieser Meldungen enthielten obszöne Texte, und ich lernte bei dieser Tätigkeit mehr dreckige Ausdrücke, als ich jemals zuvor gehört hatte. In echt deutscher Gründlichkeit hatten wir mit Hilfe eines unserer Offiziere ein Wörterbuch zusammengestellt, in dem wir das entsprechende deutsche Gegenstück zu dem finden konnten, was wir auf Englisch gelesen hatten. Der französische Code war viel feiner, mehr darauf angelegt, den Feind zu täuschen, als eine Nachricht zu übermitteln. Er wurde auch dauernd verändert, so dass unsere Hilfstabelle dauernd überarbeitet werden musste. Es gab keinen Tag, an dem wir nicht alle Nachrichten, die hereinkamen, auch entschlüsselt haben. Es war eine geistvolle und faszinierende Tätigkeit.

Eines Tages erfuhren wir, dass der Kaiser, in Begleitung von Ludendorff und Hindenburg, unseren Abschnitt besuchen wollte. Die Straßen waren streng abgesperrt und wir mussten im Haus bleiben. Aber wir sahen ihn in seinem offenen Wagen vorbeifahren. Wir wussten damals, dass die Zeit für den großen Durchbruch – oder was immer daraus werden würde – gekommen war.

Kurz darauf bekam ich zwei Wochen Urlaub und fuhr zurück nach Hamburg. Die Häuser waren ungepflegt und farblos, die Stadt sah trostlos aus. Die Menschen der Oberschicht jedoch hielten mutig an ihrem Trugbild fest. Als meine Mutter bei einer Teestunde laut äußerte, sie dächte, der Krieg sei verloren, strafte man sie mit eisigem Schweigen. Zu dieser Zeit hatte ich auch die schwerste Auseinandersetzung mit meinem Vater. Er war gerade von einem Treffen der Handelskammer zurückgekommen, auf dem die Teilnehmer diskutiert hatten, was mit Antwerpen geschehen sollte, wenn es unter deutsche Hoheit käme. Denn eine der Friedensbedingungen würde sicherlich die Teilung Belgiens sein, wobei die französisch sprechenden Wallonen zu Frankreich, und der flämisch sprechende Norden zu Deutschland kämen. Dann würde Antwerpen eine mächtige Konkurrenz für Hamburg sein, denn es lag näher am Ruhrgebiet und an dem Kanal- und Flusssystem, welches das Rheinland und das Ruhrtal mit dem Meer verband. Ich war jedoch der Meinung, dass zu einer Zeit, wo unsere Front dem Zusammenbruch nahe war, die führenden Leute von Handel und Industrie sich den Kopf nicht über das Schicksal von Antwerpen unter deutscher Herrschaft zerbrechen sollten. Ich weiß nicht mehr genau, was ich gesagt habe, aber es endete damit, dass mein Vater erklärte, wenn ich nicht sein Sohn wäre, würde er mich aus dem Hause werfen. Ich erklärte ihm, wenn er nicht mein Vater wäre, würde ich seine Ansichten für idiotisch halten.

Als ich im September wieder zu meiner Einheit zurückkam, erfuhr ich, dass ich zu einem Offizierslehrgang nach Floreffe in Belgien versetzt worden sei. Dort nahm ich an einer Reihe von Kursen teil, darunter auch einem über Ballistik. Ein strahlender junger Offizier erklärte uns, wie wir Paris aus einer Entfernung von hundert Kilometern bombardieren könnten – theoretisch natürlich. Damals, lange vor dem Zeitalter der Raketen, wurde solch eine Leistung als ein Wunderwerk angesehen, als die außerordentliche Erfindung eines Genies. Die Maschine, die das möglich machen konnte, wurde der Lange Max genannt, im Unterschied zur Dicken Berta, die nur eine kurze Reichweite besaß.[118] Durch sie wurden zu Beginn des Krieges die belgischen Forts zerschlagen.

---

118 Bezeichnungen für schwere Artillerie-Geschütze des Deutschen Heeres im Ersten Weltkrieg. Mit „Langer Max" wurde eine 38cm Schnelllade-Kanone bezeichnet, mit „Dicke Berta" ein 42cm-Mörser. Beide Geschütze wurden von Krupp hergestellt. Vgl. Ian Hogg, *Artillerie des 20. Jahrhunderts*, Bindlach: Gondromverlag, 2001.

Gegen Ende September lud ein gewisser Leutnant Hesse, ein Vertrauter Ludendorffs, den Stab zu einem Treffen ein. Er erzählte uns die Wahrheit: Dass der Krieg verloren war, dass wir uns bereit machten zum Rückzug auf unsere Grenzen, und dass wir um Frieden nachsuchten. Am folgenden Tag wurde Deutschlands Appell an Präsident Wilson im Radio ausgestrahlt und in allen deutschen Zeitungen abgedruckt. Die meisten Soldaten waren froh, dass der Krieg endlich vorbei war – sie hatten ihre Pflicht getan und brauchten sich dessen nicht zu schämen. Aber einige andere waren am Rande eines hysterischen Zusammenbruchs. Schon kam es zu merkwürdigen Gerüchten, dass die deutsche Niederlage das Werk von Verrätern gewesen sei, während sie doch tatsächlich auf den Kollaps der deutschen Armee zurückzuführen war, die vier Jahre lang einen wahnwitzigen Stellungskrieg geführt hatte, an Nachschubmangel litt und aller Kraft beraubt war. Es fing damit an, dass man siebzehnjährige Knaben einzog, die kaum ihre Waffen tragen konnten, und wie viele von ihnen waren jetzt tot?

Kapitel 3

Mündig werden in Innsbruck

In Berlin angekommen, fand ich die Lage sehr ernst. Jeden Tag erwartete man den Ausbruch von Krawallen in den Straßen. Schon hatten die Spartakisten[119] in der Armee zu wühlen begonnen und einzelne Gefechte waren ausgebrochen. Wo immer ich hinsah, waren Unheil und Chaos. Die Stadt war kalt und grau und die Menschen hungerten. Es gab keine Führung, es gab nichts, wofür man kämpfen konnte. Ich bat meinen Soldatenrat[120] um einen Transport nach Freiburg und verließ, kurz nach Erhalt meiner Entlassungspapiere, die Stadt. Im ganzen Land hatte man, auf Anordnung des Oberkommandos, solche Räte gebildet. Zusammen mit den Arbeiterräten ersetzten

---

119 Spartakusbund, eine 1914 unter Führung Karl Liebknechts und Rosa Luxemburgs initiierte Vereinigung marxistischer Sozialisten, der 1918/19 in die Kommunistische Partei Deutschlands aufging. Vgl. William A. Peltz, *The Spartakusbund and the German working class movement*, Lewiston: Mellen, 1987.

120 Vom Matrosenaufstand Anfang November 1918 in Kiel ausgehend, bildeten sich zu Beginn der Revolution von 1918/19 in nahezu sämtlichen deutschen Städten Räte von z. T. revolutionär gesinnten Arbeitern und Soldaten. Hauptaufgabe war die Aufrechterhaltung der öffentlichen Ordnung und die Versorgung der Bevölkerung mit Lebensmitteln. In ihren politischen Vorstellungen favorisierten die meisten Arbeiter- und Soldatenräte eine Räterepublik. Nach der Verabschiedung der Weimarer Verfassung lösten sich die letzten Räte im Spätherbst 1919 auf. Vgl. dazu die Ausführungen bei Heinrich August Winkler, *Der lange Weg nach Westen. Bd. 1. Deutsche Geschichte vom Ende des Alten Reichs bis zum Untergang der Weimarer Republik*, München: Beck, 2000.

sie mehr oder weniger die kommunalen Behörden. Die Soldaten wurden von den Mannschaften gewählt, die Offiziere waren praktisch ihrer Macht beraubt, sie konnten nur nach Beschluss des Soldatenrates handeln. Es war eine merkwürdige Art von Revolution, aber dadurch kam es nicht zu solch blutigen Aufständen, wie sie über Frankreich und Russland hinwegfegten.

Leute wie mein Vater glaubten nicht, dass wir den Krieg verloren hatten. Wir waren tief in Frankreich eingedrungen – wie konnten wir den Krieg verloren haben? Wir hatten etwas zu erwarten und wir hatten es aufgegeben. Man konnte ihm nicht erklären, dass die militärische Lage aussichtslos war. Er war nicht davon zu überzeugen, dass wir, wenn wir den Waffenstillstand vom 11. November nicht akzeptiert hätten, am 1. Dezember viel härteren Bedingungen unterworfen worden wären. Diese wären uns innerhalb Deutschlands aufgezwungen worden von Kräften, die nicht als Besatzungstruppen, sondern als Invasionstruppen ins Land gekommen wären.

Ich erreichte Freiburg am Abend und konnte sofort spüren, dass die Stadt vor dem Schicksal Berlins bewahrt werden konnte. Obwohl sie nahe an der Front lag und verschiedene Male von der französischen Luftwaffe bombardiert worden war, schien sie doch der Zerstörung entgangen zu sein. Die Menschen waren allgemein guten Mutes, die Stadt schien irgendwie anmutig und gut gepflegt.

Insgesamt studierte ich hier – Frühling und Sommer – zwei Semester Philosophie. Unter meinen Professoren waren Husserl und Heidegger. Jeden Morgen ging ich im nahen Münster zur Messe, bei der ich dem Priester zu ministrieren pflegte. Danach machte ich in der Regel einen kurzen Spaziergang in den Kiefernwäldern am Stadtrand. An freien Tagen erstiegen wir die Ausläufer des Schwarzwaldes. Mit einem frühen Zug verließen wir gegen fünf Uhr die Stadt und kamen spät in der Nacht heim, ausgepumpt, aber durchdrungen von all dem, was wir gesehen hatten: über die Hügel sich ausbreitende Felder und Wiesen, kleine Seen, die im fernen Dunst liegenden Alpen, das Rheinpanorama. Nach den entbehrungsreichen Kriegsjahren war es für uns alle eine wunderbare seelische Erholung. Ich fand hier Frieden. Dieser Frieden wurde beträchtlich gesteigert, als ich Guardinis kleines Buch *Vom Geist der Liturgie*[121] entdeckte. Dieses Buch erwies sich als Wendepunkt in meinem Leben, weil es mir nicht so sehr neue Erkenntnisse hinsichtlich der Liturgie brachte, sondern vielmehr eine positive Einstellung gegenüber katholischen Lehren vermittelte. Bis zu dieser Zeit hatte ich in einer apologetischen Welt gelebt. Ich betrachtete meine Religion als eine Art Mündel, das ich zu schützen und zu verteidigen hätte.

Ein besonderes Kriegserlebnis lag mir zu dieser Zeit schwer auf der Seele, und diese Erfahrung bedrückt mich noch heute. Es geschah während meines ersten Einsatzes an der russischen Front. Der Himmel an jenem Nachmittag war blau und es war entsetzlich kalt – wir hatten schon viele junge Leute durch Erfrierungen verloren. Ich war total erschöpft. Ich fühlte bereits, wie die Versuchung in mir wuchs, aufzugeben. Ich

---

121 Romano Guardini, *Vom Geist der Liturgie*, Freiburg i. Br.: Herder, 1918.

brauchte nur von der Seite meines Pferdes zu weichen und mich hinzusetzen, dann würden meine Füße erfrieren und man würde mich nach Hause schicken. Genau in dem Augenblick wurde mir klar, dass eine solche Entscheidung mein ganzes Leben betreffen würde. Ich wünschte aus dem Militärdienst herauszukommen, für den ich mich doch verpflichtet hatte. Ich hatte den Helden spielen wollen und konnte es jetzt nicht durchhalten. Ich setzte mich hin, ohne Rücksicht auf den Schaden, den möglicherweise meine Hände oder Füße nehmen könnten. Alles was ich hatte, war der Wille, mit meiner grandiosen Haltung zu brechen. Ich hatte mein Opfer auf den Altar gelegt, um mein Leben für meine Mitmenschen hinzugeben, und nun schickte ich mich an, es zurückzunehmen, wieder in meine eigenen Hände. Oft habe ich über dieses Ereignis nachgedacht, von Zeit zu Zeit habe ich es auch als unbedeutend verdrängt. Damals war ich krank und erschöpft durch die Erfahrung des Krieges. Ich war siebzehn und enttäuscht, denn ich hatte so manchen Kameraden erlebt, dessen Füße erfroren waren, der aber mit einem fröhlichen Lächeln nach Hause fuhr, weil er dadurch aus dem ganzen Schlamassel herauskam. Irgendwie schien dieses Erlebnis seine Schatten auf eine böse Zukunft zu werfen. Bei allen Opfern, die ich in meinem Leben bringen musste, hatte ich mit ähnlichen Versuchungen zu kämpfen.

Nach einiger Zeit fragte mich der Studentenpfarrer von Freiburg, ein gewisser Pater Reinhardt, frei heraus, ob ich nicht Priester werden wolle. Seine Frage überraschte mich und ich erzählte ihm, dass ich den Wunsch schon einmal gehabt hätte. Damals hätte ich aber meinen Eltern versprochen, diese Frage nicht mehr zu stellen, bis ich einundzwanzig geworden wäre. Ich gab auch zu, dass ich es praktisch über all meinen Plänen vergessen hätte, denn ich glaubte nicht, zum Priester berufen zu sein. Mir fehlten die Willenskraft, der Charakter, die asketischen Voraussetzungen – und so weiter. Seine einzige Antwort war: „Sie sind jetzt einundzwanzig, oder nicht? Also, nun mal los!"

Nach ein paar Tagen schaute ich in sein Büro hinter dem Münster hinein und sagte ihm, dass ich meine Berufung prüfen wolle. Ich bat ihn um seine Empfehlung, wo ich eintreten sollte. Ich hatte bis dahin noch keine klare Vorstellung, ob ich Welt- oder Ordenspriester werden wollte. Aufgrund meiner Kriegserfahrung und meiner schulischen Bildung schlug er mir ein Seminar vor, das sich durch seine gediegene spirituelle und akademische Prägung auszeichnete: Innsbruck.[122]

Die Studentenschaft in Innsbruck war ausgesprochen kosmopolitisch geprägt. Unter den Seminaristen waren deutsch und französisch sprechende Schweizer, Italiener, Jugoslawen, Österreicher, Deutsche, Holländer, Ungarn und Amerikaner. Die Ungarn unterschieden sich von allen anderen. Sie schienen eine besonders stren-

---

122 Das Jesuitenkolleg Innsbruck wurde 1562 gegründet. Zweimal wurde das Kolleg aufgelöst: 1773 wurde der Jesuitenorden aufgehoben (Wiederzulassung im Jahre 1814) und in Folge auch das Jesuitenkolleg. 1939 wurde das Jesuitenkolleg durch das nationalsozialistische Regime enteignet und als Polizeikaserne benutzt. Nach 1945 konnte der Jesuitenorden seine Arbeit in Innsbruck wieder aufnehmen.

ge Form von Katholizismus zu haben, einen extremen Rationalismus, verbunden mit starken Gefühlsregungen.

Zwei Dinge hier hinterließen einen dauerhaften Eindruck in meiner Seele. Das eine war die Ernsthaftigkeit und tiefe Religiosität der Jesuitenpatres, ihr Idealismus, ihre klare Auffassung vom Priestertum, ihre unermüdliche Anstrengung, uns zu selbstlosen und frommen Priestern heranzubilden. Das andere betraf einen Pater Hatheyer. Er war Professor für Liturgie und hatte ein Buch über Liturgie geschrieben. Wenn er auch nicht das gleiche Format wie Guardini besaß, war er doch weitherzig und sehr auf die Praxis bezogen. Er klebte nicht an den Rubriken. Er lehrte uns Liturgiegeschichte und gab uns gesunde Ratschläge. 34 Jahre bevor es schließlich 1955 eintrat, sagte er uns die Revision des Liturgischen Kalenders voraus.[123] Auf der anderen Seite war er ein großer Befürworter der Leoninischen Gebete am Schluss der Messe. Er war ein perfekter und gewissenhafter liturgischer Gelehrter, der uns allen Forschergeist und pastorales Interesse einflößte.

Nie werde ich mein erstes in liturgischer Form gefeiertes Weihnachtsfest vergessen – eine Mitternachtsmesse in der Dreifaltigkeitskirche von Innsbruck. Ich war auf eine solche Schönheit nicht vorbereitet; ich fühlte, dass ich meine Freude nicht bändigen konnte. Als ich vor der Messe das mitternächtliche Offizium gesungen hörte, die Worte des Propheten Jesaja, mit unvergesslicher Feierlichkeit gesungen, wusste ich, dass ich eine solche Musik nie zuvor gehört hatte. In Innsbruck erlebte ich nicht nur meine Einführung in die Liturgie, sondern auch in die Gefühlswelt der Religion. Die einzige Kritik, die ich gegenüber Innsbruck hatte, war der exzessive Voluntarismus mit seiner Überbetonung der Gewissenserforschung. Die rigorose Strenge der Schedula, nach der man beim Glockenzeichen niederknien und das routinemäßige Partikularexamen machen muss, ließ einen die eigene Fehlerhaftigkeit so sehr bewusst werden und lenkte einen so auf die Vermeidung von Fehlern, dass kaum Platz war, eine positive Haltung des Vertrauens zu entwickeln.

Im gleichen Winter nahm ich an meinen ersten geistlichen Übungen teil – zehntägigen Exerzitien unter dem früheren Provinzial Pater Wimmer. Er folgte Ignatius aufs Wort. Mein allgemeiner Eindruck war jedoch, dass es mittelalterliche Exerzitien waren. Die Anwendung der Höllenstrafen wurde in roher Weise geschildert. Über den Tod wurde gerade dann gesprochen, wenn wir zu Bett gehen sollten, so dass wir uns die ganze Nacht hindurch in Angst herumwälzten. Der Vortrag über die Hölle wurde ebenfalls abends gehalten, so dass man, wenn man sich endlich schlafen legte, Opfer seiner erhitzten Phantasien wurde. Dennoch habe ich es nie bereut, diese und andere Ignatianische Exerzitien gemacht zu haben, denn sie gaben mir geistliche Tiefe und Reife, und einen Einblick in das Leben der Seele wie sie nur diese igna-

---

123 Im Auftrag des II. Vatikanischen Konzils kam es zur Neuordnung des Heiligenkalenders (1969/1970). Die Liturgischen Kommissionen des deutschen Sprachgebietes erarbeiteten einen gemeinsamen Regionalkalender, der 1971 approbiert wurde.

tianische Methode bewirken kann. Im Rückblick muss ich sagen, dass ich in meiner Zeit in Innsbruck mehr über den Katholizismus gelernt habe als irgendwo sonst. Besonders jenen von uns, die ihr Metier unter den Bedingungen des Krieges finden mussten, machten es die Jesuiten leicht; da gab es keine ständigen Kontrollen, keine Vorladungen vor den Dekan, kein Ausspionieren. Es gab Versammlungen, in denen sich die Jesuiten aufmerksam die Beschwerden der Studenten anhörten, und niemals wurde das entgegengebrachte Vertrauen gebrochen. Obgleich die Jesuiten streng waren, verstanden sie doch die Jugend und gingen nachsichtig mit ihr um.

Mit einer Gruppe von Seminaristen besuchte ich an manchen Sonntagen die St. Jakobus-Kirche.[124] Was dort gefeiert wurde, entsprach nicht gerade meiner Auffassung von Liturgie. Vor der Messe wurde das Allerheiligste ausgesetzt. Während der Diakon amtierte, betete der Subdiakon sein Brevier, die Besucher verbrachten ihre Zeit in privatem Gebet und die Musik kam von einem Orchester mit Solistinnen. Wir schwankten stets zwischen Gelächter und Ärger über diese Missachtung der Reformen Pius X. Das Proprium wurde nicht gesungen, das Sanctus wurde mit Basstrommeln dramatisch hervorgehoben. Der Pfarrer dieser Kirche war von seinem Bischof getrennt worden, als die Rumpfdiözese durch den Vertrag zwischen Italien und Österreich nochmals geteilt wurde. Vielleicht hatte diese Teilung ihn veranlasst, solche Änderungen einzuführen. Dazu kamen allerdings auch noch weitere: Eines Tages erschien er nämlich mit Krummstab und Mitra und erteilte den bischöflichen Segen.[125]

Für jemanden, der in Innsbruck studiert, ist es ungewöhnlich vor seiner Weihe das Kolleg zu verlassen, es sei denn, dass sein Bischof ihn abberuft. Ich entschloss mich aber, am Jahresende abzureisen, was mir und meinen Freunden später sehr leid tat. Es ist gar nicht leicht zu erklären, warum ich weggegangen bin. Es hatte etwas mit meinem unausrottbaren Hang zur Romantik zu tun. Ich war stets der Meinung, dass ich, wenn ich jemals Priester werden sollte, am besten in Südtirol wirken könne. Ich dachte, die Zeit wäre jetzt gekommen, diesen Traum zu verwirklichen. So schrieb ich also an den Oberhirten von Südtirol, den Bischof von Trient[126], und teilte ihm meinen Wunsch mit. Er nahm mich an, aber ich sollte nicht in sein italienisches Seminar eintreten, sondern er schickte mich nach Bressanone[127], wo die deutschsprachigen Mitglieder seines Klerus ausgebildet wurden.

124 Die Kirche ist heute der Dom von Innsbruck. 1964 entstand die Diözese Innsbruck, wobei die Pfarrkirche in den Rang einer Bischofskirche (Kathedrale) erhoben wurde.
125 Der Pfarrer von St. Jakob war in den Jahren von 1905 bis 1921 Msgr. Johann Chrysostomus Rauch. Seit dem 4. Juli 1904 hatte der jeweilige Pfarrer von St. Jakob die Würde eines infulierten Apostolischen Protonotars. (Mitteilung des Diözesanarchivs Innsbruck.) Daher mag dieser Eindruck eines bischöflichen Segens entstanden sein.
126 Celestino Endrici, Erzbischof von Trient von 1920 bis 1940.
127 Diözese Bozen-Brixen (Bressanone) besteht in der heutigen Form seit 1964. Sie wurde aus der Rumpfdiözese Brixen, zu der bis nach dem ersten Weltkrieg die heutigen Diözesen Innsbruck und Vorarlberg gehörten, und dem deutschen Anteil der Diözese gegründet.

Dort sollte ich aber nicht lange bleiben. Etwa einen Monat nach meinem Eintritt ins Seminar wachte ich eines Nachts aus tiefem Schlaf auf und glaubte, naiv wie ich war, ein mystisches Erlebnis gehabt zu haben. Ich fühlte die Nähe Gottes. Am nächsten Tag entschied ich mich zum Eintritt in einen Orden. Ich wollte Benediktiner werden. So einfach war das, und wenige Tage später ging ich fort.

Vor dem Eintritt ins Kloster wollte ich Rom besuchen, wo ich an einem Sonntagabend eintraf, Allerheiligen 1921. Der Zug hatte Verspätung und ich fragte den Schaffner wie viel. Er sagte: „Etwa hundert Minuten." Das war, so dachte ich, eine anständige Verspätung, keine lächerlichen paar Minuten, sondern eine richtig runde Zahl. Ich wohnte im sogenannten Germanicum[128], einem Kolleg für deutsche und ungarische Kleriker. Wie alle Touristen verliebte ich mich in die Stadt Rom, besonders in St. Peter. Ich liebte Santa Maria Maggiore, den Lateran, alle Kirchen und Ruinen, das Forum, die Romanità.[129] Keine andere Stadt hat mich jemals so schnell und vollständig in ihren Bann gezogen wie Rom. Noch heute fühle ich die Ehrfurcht bei meinem ersten Besuch des Vatikans, als wir vom Bogen der Spina her in den Portikus des Bernini eintraten, mit der mächtigen Fassade des Petersdoms im Hintergrund. Natürlich machten sich meine Führer – Mitseminaristen und Saisonrömer – nicht allzu viel aus dem baulichen Wert dieser Monstrosität, wie sie es nannten. Aber für mich war es der große Tempel und ich durchwanderte ihn mit grenzloser Faszination. Mich beeindruckten auch die Beichtväter, die mit ihren Ruten deinen Kopf berührten und einen kleinen Ablass verliehen.

Drei Wochen bereiste ich Rom, dann war mein Geld aufgebraucht und ich musste abreisen. Vorher jedoch besuchte ich den Abtprimas Stotzingen in der Abtei von San Anselmo. Auf dem Rückweg von Rom schaute ich in Innsbruck herein, nahm noch einmal Abschied von meinen Professoren und Freunden und begab mich nach Maria Laach.[130]

Hier wurde ich von Pater Simon Stricker examiniert und zum nächsten Frühling als Novize angenommen. Er trug mir auf, Griechisch und Latein zu studieren und einen ausreichenden Betrag für Kleidung mitzubringen. Am Morgen nach meiner Ankunft nahm ich zum ersten Mal an einer Dialogmesse[131] teil. Sie fand in der Krypta

---

128 Collegium Germanicum. Das durch Ignatius von Loyola 1552 gegründete Collegium war zunächst, gemäß dem Namen, nur für Studierende aus dem Deutschen Reich vorgesehen. 1580 wurde es in Collegium Germanicum et Hungaricum umbenannt und nahm deutsche und ungarische Studenten auf.
129 Mit Romanità ist hier das römische Lebensgefühl, der besondere römische Geist, gemeint.
130 Die Benediktinerabtei in der Eifel wurde 1093 durch Pfalzgraf Heinrich II. von Laach gegründet und 1112 von Mönchen der Abtei Affligem (Belgien) besiedelt. 1802 kam es zur Säkularisation. 1862 wurden die Klostergebäude durch die Jesuiten angekauft, die dort 1863 ihr Collegium Maximum errichteten. Im Rahmen des Kulturkampfes verließen die Jesuiten 1892 Maria Laach und übergaben die Abtei den Benediktinern. Maria Laach hat sich stets durch eine reiche publizistische Tätigkeit ausgezeichnet und nahm eine führende Stellung in der Liturgischen Bewegung ein.
131 Messfeier mit aktiver Teilnahme der Gläubigen, sogenannte Gemeinschaftsmesse. Die Liturgiereform des II. Vatikanum hat die Gemeinschaftsmesse als Grundform der Messfeier erklärt.

unter dem Hauptaltar statt, wobei der Zelebrant mit dem Gesicht zur Gemeinde stand. Alle Antworten wurden unisono gegeben und zur Gabenbereitung fand eine Prozession statt. Der Zelebrant, Pater Prior Albert Hammenstede, las das Latein langsam und deutlich. Obgleich die Messen in Innsbruck in einer sehr würdigen Weise gefeiert wurden, hat mich diese Messe doch sehr viel tiefer beeindruckt, zumal mir am Abend vorher durch einen Novizen erklärt worden war, was eine Dialogmesse sei und ich diese als ein kindisches Spiel abgetan hatte.

Dann fuhr ich nach Hamburg zurück und erklärte meinen Eltern, dass ich wieder einmal meine Meinung geändert hätte und Benediktiner werden wollte. Sie seufzten zwar, gaben aber dennoch ihre Einwilligung, denn Maria Laach hatte einen guten Ruf – nicht so sehr wegen seiner gegenwärtigen Bewohner, als vielmehr wegen der Jesuitenpatres, die hier vor Beendigung des Kulturkampfes ihren Sitz hatten. Auch war bekannt, dass der Abt eine enge Beziehung zum Kaiser hatte. Tatsächlich pflegte der Kaiser dann und wann in der Abtei zu erscheinen und jedes Mal den schönen Gottesdienst zu bewundern. In einem Anflug von Großzügigkeit bot er an, den Mönchen einen Hochaltar bauen zu lassen. Es war ein typisch monarchischer Altar, eine Zurschaustellung schlechter Kunst und geringen Geschmacks nach dem Motto: Die Krone beschützt die Kirche. Aus Loyalität war der Abt nicht zu überreden, den Altar zu entfernen, und es dauerte bis nach dem Zweiten Weltkrieg, dass ein neuer Altar errichtet wurde.

Ich kann mich nicht mehr erinnern, wie ich die Zeit des Wartens zwischen November 1921 und April 1922 zugebracht habe, bis ich in Maria Laach eingetreten bin. Ich weiß jedoch noch, dass ich um Verschiebung meines Eintrittsdatums bitten musste, weil mein Vater mich mit einer zweiten Romreise beschenkt hatte – die mein Abschiedsgruß an die Welt sein sollte. Wieder wohnte ich im Germanicum und ging häufig nach San Anselmo, um an der Liturgie teilzunehmen, wie sie dort gefeiert wurde, denn es gab kaum eine Chance, sie anderswo so zu erleben. Bessere Leute als ich haben behauptet, dass die Italiener die besten Liturgiker hervorbringen, weil sie so lässig sind. Man braucht zum Beispiel nur die Krönung der Königin Elisabeth von England mit der von Johannes XXIII. in St. Peter zu vergleichen. Beides waren sehr feierliche und eindrucksvolle Zeremonien, aber es klickten keine Leicas im Augenblick der Erhebung der Königin, noch sah man jemanden der Teilnehmer im Hintergrund gähnen. Die Italiener halten nicht viel von Förmlichkeiten.

AUTOBIOGRAFIE

Kapitel 4

Maria Laach

Mitte April 1922 trat ich als Novize bei den Benediktinern in Maria Laach ein. Es sollte eines meiner glücklichsten Jahre werden. Aber auch dieses sollte, wie so viele Jahre vorher, einen betrüblichen Ausklang nehmen.

Damals lernte ich Pater Odo Casel kennen, mit dem mich bis zu seinem Tode eine herzliche Freundschaft verband. Heute noch bin ich stolz auf die Tatsache, dass er mich das Deckblatt für das *Jahrbuch für Liturgiewissenschaft*[132], welches er herausgab, und das damals gerade entstand, aussuchen ließ. Die Novizen, zu denen ich kam, waren alles intelligente, fromme Burschen, unter denen ich vermutlich der älteste und der einzige war, der am Krieg teilgenommen hatte. Oft musste Prior Hammenstede mich zu sich rufen und mich ermahnen, meine Geschichten von den russischen Wintern an der Front oder von der Entschlüsselung britischer Geheimcodes etwas zu mäßigen, denn sie seien nicht geeignet für sensible, weltabgewandte Novizen.

Es gab da auch den alten Pater Ignatius – „nicht von Loyola, sondern von Antiochien", wie er zu sagen pflegte. Er war sehr gelehrt in Patristik, hatte aber ein sehr schlechtes Gehör. Wir Novizen machten uns einen Spaß daraus, unsere Bücher vor seiner Tür fallen zu lassen, nur um zu hören, wie er jedes mal „Herein!" rief. Natürlich war das alles sehr unmonastisch, aber es waren fröhliche Jugendstreiche.

Der Abt, Ildefons Herwegen, war ein bedeutender Mann im wahrsten Sinne des Wortes, hoch gelehrt und von genialem Verstand. Er sah in der Abtei ein neues Cluny aufblühen, allerdings ohne pompöse Übertreibungen. Er war sich seiner deutschstämmigen Abkunft sehr bewusst und sagte oft, dass der unruhige und leicht erregbare deutsche Geist des beruhigenden Lateins der Liturgie bedürfe. Er glaubte auch fest daran, dass monarchische Prinzipien dem Christentum gemäß seien, und dass die beste Regierung die väterliche Herrschaft eines Kaisers oder Königs sei. Als Hitler zunehmend an Macht gewann, glaubte Abt Herwegen allen Ernstes, dass der Nationalsozialismus den Weg für einen neuen Kaiser bereiten würde und dass Hitler nur sein Vorläufer wäre. Später wandte er sich jedoch gegen Hitler, nachdem er die Verfolgungen und Unterdrückungen des Naziregimes erkannt hatte. Er war ein kleiner Mann mit schnellen Schritten, hatte freundliche Züge und große blaue Augen.

Nach dem Ende des Ersten Weltkriegs wurde die Abtei Maria Laach unter Abt Herwegen zur Wegbereiterin der Liturgischen Bewegung in Deutschland. Die Abtei, etwa fünfzehn Kilometer nordwestlich von Koblenz gelegen, war im Jahre 1093 gegründet worden. Hundert Jahre später wurde die herrliche romanische Kirche mit

---

132 *Jahrbuch für Liturgiewissenschaft*. Deutsche liturgische Zeitschrift, hrsg. von Odo Casel, erschien von 1921 bis 1935.

ihren fünf Türmen und der Kuppel hinzugefügt. Durch die Französische Revolution aufgehoben, kamen die Gebäude Anfang des 19. Jahrhunderts an Preußen. Später wurden sie von den Jesuiten wieder für kirchliche Zwecke genutzt, 1892 gelangten sie schließlich in den Besitz der Benediktiner von der Beuroner Kongregation. Während die liturgischen Bemühungen in Maria Laach sich an die Intellektuellen und Gelehrten richteten, hoffte man, dass das liturgische Apostolat vielleicht vom Volk und von den Geistlichen aufgenommen würde. Gerade dieses Volksapostolat hatte unter der Führung des Wiener Priesters P. Pius Parsch bereits Gestalt angenommen, der des Öfteren zum Ausdruck brachte, wie sehr er den Gelehrten von Maria Laach zu Dank verpflichtet war.

Mit besonderer Bewegung erinnere ich mich unserer Einkleidung als Novizen, nachdem unsere kurze Postulatszeit zu Ende war. Während die Kommunität das „Ubi caritas et amor" sang, kniete sich der Abt vor uns allen nieder und wusch uns die Füße. Dann traten wir vor, knieten uns vor seinem Thron nieder, und er gab uns unsere neuen Namen. Ich erhielt den Namen Ansgar, dieser war der erste Bischof meiner Heimatstadt und der Patron meiner Pfarrkirche.[133]

In jenem Winter wurde das Kloster von einer Influenzaepidemie heimgesucht und ich wurde zum Infirmarius[134] bestimmt. Tage und Nächte brachte ich mit der Erfüllung meiner Pflichten zu, schleppte Tabletts und Bettpfannen, musste frottieren und so weiter. Ich steckte mich nicht an, aber ich verlor etliche Pfunde an Gewicht, wurde dünn und nervös. In dieser Zeit lernte ich einen der älteren Patres näher kennen, dem das Verhalten nicht gefiel, das wir uns selber im Noviziat angeeignet hatten. Anstelle nur zu beten und zu tun, was uns befohlen wurde, diskutierten wir und versuchten in Bezug auf Liturgie unsere eigenen Vorstellungen zu entwickeln. Er sagte mir, dass er glaube, ich sei nicht berufen, und las mir eine lange Liste von Verfehlungen vor, die ich augenscheinlich begangen hätte. Später wurde ich dann zum Abt gerufen, der mir in einer freundlichen Weise nahe legte, darüber nachzudenken, ob ich nicht besser daran täte, in die Welt zurückzukehren. Er wollte mich nicht wegschicken, aber er beabsichtigte, die Angelegenheit mit dem Prior, der gerade abwesend war, zu besprechen.

Wieder stand ich vor einer Entscheidung, die mein zukünftiges Leben als Priester betreffen sollte. Würde ich Maria Laach verlassen, so wäre es mein dritter Wechsel innerhalb von zwei Jahren. Als ich ein Jahr zuvor im Zimmer des Rektors des Canisianums in Innsbruck saß und ihm mitteilte, dass ich nach Südtirol gehen wollte und deshalb um seinen Rat fragte, empfahl er mir zu gehen. Entweder wollte er mich prüfen oder er hielt sich an das alte deutsche Sprichwort: „Reisende Leute soll man nicht aufhalten." Ich werde es nie erfahren, aber es war klug von ihm, mir nicht zu raten, dazubleiben. Er überließ die Entscheidung mir, so wie jetzt der Abt.

---

133 St. Ansgar – Die „kleine" Michaeliskirche in Hamburg.
134 Der Infirmarius ist mit der Pflege der Kranken beauftragt.

Ich verbrachte eine schlaflose Nacht. Am Morgen suchte ich den Abt auf und sagte ihm, er habe ja mehr oder weniger meinen Abschied bereits erwogen, ich hätte mich deshalb entschieden zu gehen. Ich sagte ihm auch, dass mein Abschied sehr schmerzlich wäre, und dass ich den Wunsch hätte, sofort abzufahren, um die Tortur nicht zu verlängern. Er hatte großes Verständnis dafür und erlaubte mir am nächsten Tag zu gehen. Der Abschied von den Mitnovizen war herzzerbrechend. Besonders traurig war ich, Pater Desiderius Schmitz auf Wiedersehen sagen zu müssen, mit dem mich so vieles verband. Später traf ich ihn während des Exils in London wieder, und auch in New York, in den schwierigsten Jahren meines Lebens.

In Hamburg angekommen, hatte ich keine unmittelbaren Pläne. Deshalb schlug mein Vater vor, ich solle in seinem Geschäft arbeiten, vielleicht hätte ich ja doch die Berufung zum Kaufmann. Etwa eine Woche arbeitete ich mit ihm zusammen, die Routine langweilte mich unendlich, und ich wusste nicht, was ich machen sollte. Am Ende der Woche schlug mein Halbbruder Alfred, der ebenfalls im Geschäft des Vaters mitarbeitete, mir vor, eine Seereise auf einem Frachter zu machen. Ich fand natürlich Geschmack an dieser Idee und im Oktober 1922 wurde ich als Vize-Proviantmeister auf der S.S. „Hamburg" der Australischen Dampfschifffahrtsgesellschaft angeheuert. Unser Ziel war Java, Indonesien.

Zum Sommersemester war ich wieder zurück in Deutschland, wo ich mich an der Universität Münster in Westfalen hatte immatrikulieren lassen. Hier traf ich den jungen Dichter Gottfried Hasenkamp, Karl Adam und Waldemar Gurian, der später an der Universität von Notre Dame[135] als Gründer und Herausgeber der *Review of Politics*[136] berühmt wurde. Hier las ich zum ersten Mal die Werke von Kierkegaard, Hegel und Voltaire und die großen russischen Romane, besonders aber die Werke von Theodor Haecker. Mein Dogmatikprofessor war Franz Diekamp, der Autor einer Dogmatik nach den Werken des Thomas von Aquin, die in den Seminaren weit verbreitet war. Ich hörte Vorlesungen von Mausbach, einem der bahnbrechenden Moraltheologen seiner Zeit, und von Meinertz über das Neue Testament. Über allem aber stand Franz Joseph Dölger als der anerkannte Lehrer der Universität. Bei seinen Vorlesungen saß ich Seite an Seite mit Johannes Quasten, der nicht nur sein bester Schüler war, sondern später einer der führenden Patristiker der Welt wurde. Auf meinen eigenen Wunsch gab mir Professor Dölger als Thema meiner Dissertation: *Gräberkauf im lateinischen Altertum*. Meine Arbeit wurde angenommen und ich bestand auch die mündliche Prüfung. Alles ging sehr gut, es gab aber auch einen amüsanten Zwischenfall. Ein Vertreter des Domkapitels von Osnabrück nahm an der Prüfung teil. Professor Diekamp bat mich, über den Begriff „perichore-

---

135 Die University of Notre Dame wurde 1842 durch einen Priester der Kongregation vom Heiligen Kreuz im Bundesstaat Indiana gegründet. Sie ist eine private katholische Universität und gilt als eine der renommiertesten amerikanischen Hochschulen.
136 *Review of Politics*. Amerikanische politikwissenschaftliche Vierteljahresschrift, 1939 von Waldemar Gurian an der University of Notre Dame gegründet.

sis" (Beschneidung) zu referieren. Der gute Domkapitular war so schockiert, dass er den Professor fragte, ob dieses nicht eine zu schwere Frage sei. „Was wird aus dieser Welt?" seufzte er, als er meine korrekte Antwort hörte, die jeder Seminarist hätte geben können.

Für meine Sommerferien schickte mir mein Vater eine englische Pfundbanknote. Die Inflation der Deutschen Mark hatte solche Ausmaße angenommen, dass dieses Geschenk zu einem großen Vorteil für mich wurde. Ich ging zur Bank und verkaufte das Pfund für fünf amerikanische Dollars. Diese reichten für eine Bahnfahrt zweiter Klasse nach Süddeutschland, wo ich mich fast drei Wochen in verschiedenen Hotels aufhielt und an den verschiedensten Treffen und Versammlungen teilnahm. Als ich nach drei Wochen zurückkam, hatte ich noch einen Dollar übrig. Damals hatte ich kein Verständnis für finanzielle Manipulationen. Wie die meisten deutschen Bürger sah ich die Inflation als ein nationales Unglück an, so etwas wie ein Erdbeben oder eine Sturmflut – etwas, das nicht verhindert werden konnte. Es kam mir nicht in den Sinn, dass es ein wohlüberlegtes Manöver von Regierung und Industrie gewesen sein könnte, um die Kriegsschulden zu eliminieren. Ich erinnere mich, dass mein Vater die Hypothek, welche auf unserem Haus lastete, mit einem Scheck von 75.600 Mark zurückzahlte. Der Mann, der den Scheck bekam, warf einen sehr traurigen Blick darauf und sagte, dass diese Summe kaum für seine Taxifahrt nach Hause reichte. Ein anderes Mal begleitete ich eine Freundin meiner Mutter in ein Schuhgeschäft, wo sie sich für ein Paar Schuhe entschied, die 18.000 Mark kosten sollten. Während die Schuhe eingepackt wurden, klingelte das Telefon und dem Verkäufer wurde mitgeteilt, dass die Mark wieder an Wert verloren hatte und dass alle Waren im Laden jetzt den doppelten Preis kosteten. Die Freundin meiner Mutter kalkulierte kurz und kam zu der Überzeugung, dass 36.000 Mark noch ein günstiger Preis sei und kaufte die Schuhe. Anschließend gingen wir in ein Postamt, um einen Brief aufzugeben. Der Beamte schrieb die Summe mit der Hand darauf. Es gab keine Briefmarken mehr.

Am härtesten traf die Inflation Menschen mit einem festen Einkommen – etwa Rentner, oder solche, die von ihren Geldanlagen oder Ersparnissen lebten. Am meisten litt darunter der Mittelstand, das solide konservative Rückgrat Deutschlands. Versicherungen konnten nicht mehr abgeschlossen werden, Hypotheken verfielen, Ersparnisse wurden aufgezehrt, Renten konnten nicht mehr gezahlt werden, die persönlichen Schulden erreichten eine schwindelerregende Höhe. Diese Verhältnisse trugen sehr zum Erstarken des Nationalsozialismus bei, der nicht so sehr von der Arbeiterklasse oder von den Intellektuellen unterstützt wurde als vielmehr vom Mittelstand. Der Nationalsozialismus schien der einzige Weg zu sein, das Ungleichgewicht zwischen dem annehmbaren Wohl der Oberklasse und den Arbeitern mit Schlips und Kragen auszugleichen. Der Nationalsozialismus war das Werk von Fanatikern, aber das Programm fand breite Zustimmung.

Während meiner Reise nach Süddeutschland nahm ich an einem internationalen Friedenstreffen in Freiburg teil, das von Marc Sangnier einberufen worden war. Er war der Gründer der Sillon-Bewegung, die Anfang des Jahrhunderts von Rom verworfen worden war.[137] Es war das erste Treffen, das ich seit dem Kriege erlebt hatte, wo sich sowohl französische als auch deutsche Jugendliche trafen, um für das gemeinsame Ziel eines Weltfriedens zu kämpfen. Ich war vom Geiste der Kameradschaft und von deren hohen Idealen so hingerissen, dass ich bei der anschließenden Kollekte meine goldene Armbanduhr spendete. Später wurde ich von meinen Eltern wegen meiner Ungezügeltheit und Emotionalität sehr gescholten.

Damals schloss ich gute Freundschaft mit Dietrich von Hildebrand. Wir verbrachten manche Stunden miteinander und erneuerten unsere Freundschaft, die im Jahr zuvor begonnen hatte, als ich zu Gast bei einem Empfang in seinem Hause war. Ich fand seine Persönlichkeit sehr anziehend und bewunderte natürlich seine intellektuelle und philosophische Brillanz. Im Jahr zuvor hatte mich seine sehr zurückhaltende Art etwas befremdet, aber jetzt entdeckte ich in ihm einen durchweg freundlichen und warmherzigen Menschen. Ich machte auch die Bekanntschaft seiner Frau, einer wunderbaren bescheidenen Dame, die später auf tragische Weise ums Leben kam, als sie 1956 ihren Sohn, einen Professor, in Kolumbien besuchte.

Von Hildebrand lud mich ein, ihn in München zu besuchen, wo er gerade ein neues Haus gekauft hatte. Das Haus seines Vaters – eine große Villa mit weißen Wänden und einer großen Anzahl von Original-Ölgemälden – hatte er vermietet und lebte jetzt auf einem kleinen Bauernhof. Er hielt die Villa für unschicklich für ein Mitglied des dritten Ordens des heiligen Franziskus und die Miete, die er für die Villa bekam, half ihm den Hof zu bezahlen.

Von Freiburg begab ich mich nach Ulm zum Jahrestreffen des Akademikerverbandes, das wegen seiner hervorragenden Redner berühmt war. Erich Przywara, Romano Guardini, Abt Herwegen und Dietrich von Hildebrand waren die Redner dieses Jahres. Abt Herwegens Rede über das Mysterium als Mittelpunkt des christlichen Lebens war besonders lehrreich.

Bei der Gelegenheit aß ich mit Karl Adam zusammen Abendbrot. Ich lernte ihn als einen engagierten, freundlichen und humorvollen Menschen kennen. Er war ein herzhafter Esser und als er bemerkte, dass ich mein Bier so langsam trank, nahm er meinen Krug, leerte ihn mit einem Zug und bestellte einen neuen für jeden von uns. Guardini war zurückhaltend und stets von einem Kreis von Verehrern umgeben. Przywara sprach über seine drei Lieblingsthemen: Augustinus, Thomas und Newman. Er sah sie als These, Antithese und Synthese. Er sah sich, glaube ich, selbst ebenfalls in dieser Reihe, aber wo und wie weiß ich nicht. Respektlos gesagt, war es leichter Kant zu lesen, als Przywaras geschwollenes Deutsch zu entschlüsseln. Er

---

137 Le Sillon (dt. Die Furche) war eine 1894 von Marc Sangnier gegründete katholische Bewegung, die zum Ziel hatte, den Katholizismus, die Ideen des französischen Republikanismus sowie sozialistische Ideen einander näher zu bringen. Nachdem die Bewegung vom Vatikan als zu modern angesehen wurde, löste sie sich 1910 auf. Vgl. Jean-Jacques Greteau, *Marc Sangnier. Le semeur d'espérances*, Paris: Harmattan, 2009.

hatte zwar einen polnischen Namen, aber er war Deutscher und aus irgendwelchen Gründen hatte er etwas gegen die Liturgische Bewegung. Um nur eines zu nennen, er war unerbittlich gegen die Lehre vom mystischen Leib und schrieb tatsächlich einen Artikel in der Monatsschrift der Jesuiten, *Stimmen der Zeit*[138], worin er diese Lehre als häretisch bezeichnete. Das war 1923.

Im selben Jahr wurde ich zum Diakon geweiht. Ich war stark versucht meinen Bischof zu bitten, mir zu erlauben, einige Jahre in diesem Stand zu bleiben, mich in eine Pfarrei zu senden und als Diakon arbeiten zu lassen. Als ich mit diesem Wunsch herauskam, wies er dieses Ansinnen mit einer Handbewegung als nicht vereinbar mit dem Kirchenrecht zurück. Und so war es, wie es sich zeigte.

Das Kirchenrecht und ich, wir sollten noch mehr Konfrontationen erleben, woraus das Kirchenrecht meistens als Sieger hervorging. Was mir 1956 geschah, wäre nicht passiert, wenn ich darüber besser Bescheid gewusst hätte. Doch in jenen frühen Tagen der Diskussion über die Kirche des Gesetzes und die Kirche der Liebe hatte das Kirchenrecht irgendwie einen schlechten Ruf. Der protestantische Kirchenrechtler Rudolph Sohm pflegte zu sagen, das kanonische Recht sei der Verfall des Christentums und die herrschende Macht in der katholischen Kirche. Sie sei die Kirche der Kirchenrechtler, so drückte er es aus, während das Luthertum die Kirche der Gnade sei.

Im Februar 1925 starb Friedrich Ebert. Er war Vorsitzender der Sozialdemokraten und erster Reichspräsident des Nachkriegsdeutschlands. Nach seinem Tod bewegte sich Deutschland weiter nach rechts, obwohl Ebert den Kapp-Putsch[139] von 1920 niedergeschlagen und den Versuch Hitlers und Ludendorffs verhindert hatte, 1923 eine Diktatur in Bayern zu errichten. Von Hindenburg, ein Monarchist, wurde zum Reichspräsidenten gewählt. In der Stunde seiner Einsetzung wusste ich, was die Uhr geschlagen hatte. Das Land war voll von unzufriedenen Veteranen, die nie den Weg zurück ins zivile Leben gefunden hatten. Die Industrie kämpfte gegen die Macht der Gewerkschaften, und die Gewerkschaften riefen zum Generalstreik auf – besonders an der Ruhr, wo viele Partisanen sich treu zur sozialistischen Exilregierung hielten. Die Inflation wuchs weiter, Kriegsanleihen waren wertlos, das Einzige, was seinen Wert behielt, waren Grundbesitz und Juwelen. Neben dem Kapp-Putsch hatte es viele Aufstände von rechter Seite gegeben, reaktionäre Blätter wurden in Umlauf gebracht

---

138 *Stimmen der Zeit*. Deutsche katholische Zeitschrift, 1871 von den Jesuiten gegründet. 1941 wurde die Zeitschrift von den Nationalsozialisten verboten, nahm ihr Erscheinen 1945 aber wieder auf.

139 Der Kapp-Lüttwitz-Putsch unter Führung des ostpreußischen Generallandschaftsdirektors Wolfgang Kapp, der zum Reichskanzler ausgerufen wurde, und dem General Walter Freiherr von Lüttwitz, Kommandant der Truppen des Wehrbezirks Berlin, brachte das Deutsche Reich im März 1920 an den Rand eines Bürgerkrieges und zwang die Reichsregierung zur Flucht aus der Hauptstadt Berlin. Ein maßgeblich durch die Gewerkschaften organisierter Generalstreik brachte den Putsch zum Erliegen. Am 17. März schließlich floh Kapp nach Schweden. Nach vier weiteren Tagen war der Putsch beendet. Zu dieser Thematik trotz des Alter immer noch instruktiv Hagen Schulze, *Freikorps und Republik 1918–1920*, Boppard am Rhein: Boldt, 1969.

und nahmen an Bedeutung zu. Ich konnte in all dem erkennen, dass Deutschland sich beständig wieder seinen imperialistischen Illusionen aus der Zeit vor dem Kriege zuwandte. Nur konnte ich nicht voraussehen, dass diese Illusionen ihren Bannerträger in einem wahnsinnigen Schurken finden würden, der gerade zu einer Festungshaft in Bayern verurteilt worden war.[140]

Kapitel 5

Liturgiker und Seemannspastor

Am 18. Dezember 1925 wurde ich in Osnabrück, wo ich die vorausgehenden anderthalb Jahre verbracht hatte, um meine theologischen Studien im dortigen Priesterseminar und an der Universität Münster zu vervollständigen, zum Priester geweiht. Meine erste Messe las ich – vielmehr sang ich sie zur großen Überraschung und Freude meiner Eltern – am 19. Dezember in der Kapelle des Ursulinenklosters in Osnabrück.[141] Ich stand in dem Ruf, zu singen wie eine Krähe und unfähig zu sein, einen Ton richtig zu treffen, aber als ich Präfation und Vaterunser korrekt und ohne zu stocken herausgebracht hatte, sei meine Mutter – so sagte man mir später – fast in Ohnmacht gefallen. Meine Eltern waren nun aus ganzem Herzen mit meiner Berufung zum Priestertum einverstanden.

Im Seminar fand unter Vorsitz des Bischofs ein Festessen mit den neugeweihten Priestern als Ehrengästen statt. Man hatte mich für eine Dankesrede an den Bischof auserwählt, auch sollte ich allen Professoren und denen, die uns im letzten Jahr begleitet hatten, Dank sagen. Ich wählte den Psalmtext: „In Deinem Licht, oh Herr, werden wir das Licht sehen." Wie ich es gemacht habe, weiß ich nicht mehr, aber irgendwie habe ich in die Ansprache den Gedanken vom Bischof als dem Vater und den Priestern als den Söhnen eingebaut. Zu meiner Überraschung gab es am Ende meiner Rede begeisterten Applaus – auch bei meinen Weihegenossen. Ich hatte nie vermutet, dass ich reden könnte, und tatsächlich habe ich die Nacht zuvor, vor lauter Angst kein Auge zugemacht. Nachdem alles vorbei war, meinte der Bischof: „Das

---

140 Wegen seines Putschversuchs vom 9. November 1923 in München („Hitler-Ludendorff-Putsch") wurde Hitler im Frühjahr 1924 vom Volksgericht München des Hochverrats für schuldig befunden und zu fünf Jahren Festungshaft in Landsberg verurteilt, von denen er aber nur neun Monate absaß. Während der Haftzeit schrieb Hitler große Teile von *Mein Kampf*. Nach der Entlassung änderte er seine Vorgehensweise. Von nun an versuchte er im Rahmen der sogenannten „Legalitätsstrategie" über parlamentarische Strukturen die Macht in Deutschland an sich zu reißen. Vgl. John Dornberg, *Der Hitlerputsch – 9. November 1923*, München: Langen, 2. Auflage, 1998.

141 Die Heimatprimiz Reinholds fand am Sonntag, den 27. Dezember 1925, in St. Marien (Danziger Str.) in Hamburg statt.

war typisch Reinhold!" Aber er lächelte dabei, als er dieses sagte, und er fügte hinzu: „Diese Liturgiker sind eine Pest. Wir haben ein Stadium erreicht, wo man nicht mehr mit ihnen argumentieren kann. Sie behandeln einen sowohl mit Sympathie als auch mit Verachtung. Sie werden eine schwere Zeit vor sich haben."

Danach verbrachte ich einige Urlaubstage in der Benediktinerinnenabtei Herstelle[142], hoch auf dem Steilhang über der Weser. Hier zelebrierte ich meine erste Gemeinschaftsmesse – mit einer Gemeinde, die singen konnte, wie wenige andere. Damals überließ Pater Odo Casel mir sein Privileg, die Messe für die Klostergemeinschaft zu feiern. Er behandelte mich wie einen jüngeren Bruder und war stets sehr freundlich und liebevoll zu mir. Auch sah er mich als seinen Schüler an und las mir Abschnitte aus seinen zukünftigen Büchern vor oder gab mir Artikel und Rezensionen von sich zu lesen. Es war eine sehr glückliche Zeit, die ich dort verbrachte. Im Jahr zuvor hatte ich als Diakon an der Äbtissinnenweihe teilgenommen, der ersten Äbtissin dieser neuen Abtei vom Heiligen Kreuz. Mit den Jahren wuchsen die Bande der Freundschaft zur Abtei und von Zeit zu Zeit zog ich mich dorthin einige Tage zurück, um auszuruhen und mich geistig zu erneuern. Heilig Kreuz war ein bescheidenes Kloster, aber eines, in dem das benediktinische Leben in Vollendung praktiziert wurde.

An dem Tag als wir unsere Bestimmungsorte zugewiesen bekamen, rief mich der Bischof zu sich und sagte, er hätte mich besonders sorgfältig beobachtet und sei zu der Überzeugung gekommen, dass ich zu zart besaitet und nervös sei für das Amt eines Gemeindeseelsorgers; so schickte er mich an die Ostsee, nach Niendorf, als Kaplan bei den Franziskanerinnen, die dort drei Häuser für erholungsbedürftige Kinder und Mütter betreiben. Dort hätte ich meine eigene Kapelle, sagte er, und könne dort mit all den Kleinen, die sich auf die Erstkommunion vorbereiteten, die heilige Messe feiern. Ich war sehr gerührt über die väterliche Freundlichkeit des Bischofs und versprach ihm, mein Bestes zu tun.

Als Erstes führte ich in Niendorf die Gemeinschaftsmesse ein. Die Schwester Oberin dort war ganz auf meiner Seite, ebenso die Kinder. An Weihnachten 1926 feierten wir die Messe mit einer Prozession zur Gabenbereitung und zur Kommunion und die Gemeinde sang während der Messe. Anfangs waren einige Schwestern sehr unwillig sich am Dialog zu beteiligen, aber bald waren sie so begeistert, dass sie an ihr Mutterhaus schrieben und von der neuen Liturgie berichteten. Das war es dann auch, denn zurück kam ein Brief, der den Schwestern jede Art von Gesang während der Messe verbot. Am Palmsonntag plante ich, die Palmzweige in der einen Kapelle zu

---

142 Das Kloster Herstelle an der Weser war ein ehemaliges Minoritenkloster (1657–1824). 1899 wurde es von den Benediktinerinnen der Ewigen Anbetung wieder besiedelt. Von 1922 bis 1948 wirkte hier Pater Odo Casel als Spiritual. 1923 erfolgte die Aufnahme in die Beuroner Kongregation. 1935 wurde erstmals die Feier der Osterliturgie in der Nacht vollzogen. 1948 brach Pater Odo Casel in Herstelle beim Exsultet in der Osternacht bewusstlos zusammen und starb wenige Stunden danach.

segnen, und dann in Prozession mit den Schwestern zum Hauptaltar in der anderen Kapelle zu ziehen. Die Schwestern schrieben vorher an ihre Generaloberin und baten um Erlaubnis. Kurz darauf kam ein zweiter Brief, der es den Schwestern verbot, in einer öffentlichen Prozession mitzugehen.

Immerhin sangen wir weiter miteinander, und wenn im Sommer Priestergäste kamen, um sich am Strand auszuruhen und zu erholen, gab es immer wieder welche, die noch nie etwas von einer Gemeinschaftsmesse gehört hatten, und die ganz erfreut waren, einen jungen Mitbruder kennenzulernen, der neue liturgische Wege beschritt.

In der Gegend gab es eine Anzahl polnischer Saisonarbeiter und ich musste des Öfteren mit dem Fahrrad lange Spritztouren zu den umliegenden Höfen machen. Oft war ich auch über Nacht unterwegs und schlief entweder in einer Scheune oder, wenn genügend Platz war, in einem provisorischen Bett, irgendwo in den engen Quartieren der Wanderarbeiter. Morgens las ich dann gewöhnlich die Messe am Küchentisch im Angesicht der Familie. Die Leute waren über diese Neuerung nicht überrascht, sie sahen es als selbstverständlich an, dass der Priester wusste, was er tat.

Einige Vorkommnisse von damals haben sich mir besonders eingeprägt. Eines davon ereignete sich am 8. September, dem Fest der Geburt der Allerseligsten Jungfrau Maria. Das ist ein großes Fest in Polen und tatsächlich gab es eine Klausel im Vertrag zwischen den polnischen Wanderarbeitern und ihren Arbeitgebern, dass dieses ein gebotener Feiertag sei und sie darum auch frei hätten. Ich las die Messe für die Arbeiter auf einem Hof, etwa dreißig Kilometer östlich von Travemünde, und die „Kapelle", die sie zusammengebastelt hatten, war das reinste Wunderwerk. Alle Wände waren mit identischen Heiligenbildchen der Schwarzen Madonna tapeziert, die gleiche Größe, die gleiche Farbe. Der Altar war mit Blumen überladen und ich hatte Mühe, mich zu bewegen. Die Leute waren arm und sie kamen in ihrem Arbeitszeug, die Frauen in leichten kurzen Röcken, die Halstücher um den Kopf gebunden, die Männer in ausgebeulten Hosen. Am Abend hielt ich eine kurze Andacht oder was ich für eine solche ansah – wir rezitierten die Lauretanische Litanei und dann schlug ich vor, gemeinsam zu singen. Da jedoch die Arbeiter aus allen Gegenden Polens kamen, schien jeder eine andere Melodie zu haben. Mehr noch, polnische Hymnen waren offenbar endlos, und so verbrachten wir eine halbe Stunde voller Dissonanzen, bis der Gesang an ein Ende kam. Es war das letzte Mal, dass ich den Vorschlag machte, irgendeine Hymne zu singen.

Ein anderes Mal kam einer der polnischen Arbeiter zu mir und fragte, ob ich seine Beichte hören könnte, wobei er hinzufügte, dass er leider nicht protestantisch sprechen könne – er meinte natürlich deutsch. Der Katholizismus dieser Arbeiter war natürlich und ungekünstelt. Einer von ihnen erklärte mir allen Ernstes, Gott habe im Paradies mit Adam Polnisch gesprochen.

Die Polen waren abgehärtete Leute. Viele von ihnen wanderten über Nacht dreißig oder vierzig Kilometer, um zur Beichte zu gehen. Sie standen möglicherweise einen halben Tag Schlange, um ihre Sünden zu bekennen und dann die Kommunion zu empfangen, und in der folgenden Nacht machten sie sich wieder auf den Rückweg. Die Polen hatten einen tiefen, aber auch aufgeklärten Glauben. Sie waren fromm, aber nicht blind. Ich hatte viele unglückliche Geschichten über den polnischen Klerus gehört, über den Mangel an Beziehungen zwischen manchen Gemeinden und ihren Priestern, über viele Priester, die ihre Position ausnutzten, um das Volk zu beherrschen. Egal, ob diese Geschichten nun der Wahrheit entsprachen oder nicht, es war sicher, dass eine Reihe von polnischen Wanderarbeitern antiklerikal eingestellt war. So geschah es einmal, als ich mich einer Gruppe von Arbeitern auf dem Felde näherte und man mich entdeckte – es war gerade die Zeit der Kartoffelernte – da rief einer von ihnen „Ksiadz!", Priester, und als ich in ihre Reichweite kam, begannen sie, mit Kartoffeln nach mir zu werfen.

Es war eine merkwürdige Frömmigkeit, der ich vorstand. Einmal wurde ich zur Beerdigung eines orthodoxen Kindes gebeten. Als ich von meinem Fahrrad abstieg, wartete auf der anderen Seite der Trave eine Kutsche auf mich und ich musste einen holperigen Weg überwinden, um zum Trauerhause zu kommen. Als wir ankamen, sah ich das Kind auf dem Esstisch aufgebahrt liegen. Es war bereits zwei oder drei Tage tot. Vor der Leiche waren zu meiner Erfrischung eine Tasse mit heißem Kakao und ein Stück Kuchen aufgedeckt. Ich gab jedoch vor, keinen Hunger zu haben. So legten wir das Kind in einen Sarg, dann kamen Sarg und ich auf den Kutschenwagen für die drei Kilometer Fahrt zur Kirche. Die armen Polen trotteten hinter uns her. Als wir den Ort Dassow erreichten, hörte ich die Glocke der evangelischen Kirche läuten, und ich fragte den Kutscher, ob wir zum protestantischen Friedhof fahren würden. Er zuckte mit den Schultern und meinte: „Ja." Ein Requiem fände nicht statt. Bevor der Sarg ins Grab gesenkt wurde, rief irgendjemand „Halt!" Ein örtlicher Fotograf wollte ein Bild machen. Die Eltern öffneten den Sarg, legten das Kind wieder in die richtige Position, da es auf der Fahrt verrutscht war, und baten mich, mit ihnen zu posieren. Irgendwie stahl ich mich davon, doch nicht bevor der Totengräber mit einem ernsten Gesicht auf mich zukam und mir erklärte, dass der Pastor mich zu sprechen wünschte.[143]

Ein anderes Mal saß ich spät in der Nacht in meinem kleinen Studierzimmer, als ich plötzlich das Gefühl hatte, jemand stünde hinter mir. Ich drehte mich um und erblickte einen italienischen Eisverkäufer, den ich schon öfters auf der Straße gesehen hatte. Er sah mich mit einem verbitterten Blick an und knurrte zornig: „Haben Sie die Beichte meiner Frau gehört?" Ich antwortete: „Ich glaube nicht, aber wenn ich es getan hätte, würde ich es Ihnen nicht sagen. Ich würde es niemandem sagen." Er starrte mich einen Augenblick lang stumm an, dann trat er zurück und verließ schließlich den Raum. Es war leicht für ihn, mich zu überraschen, denn mein Zimmer lag an einer Treppe, die von außen zur zweiten Etage führte. Am nächsten Morgen rief mich

---

[143] Über die Begegnung mit dem evangelischen Pastor siehe den Artikel „Und was ist mit den Christen in Deutschland?" weiter unten S. 235 ff.

eine Frau an, um mir zu sagen, ihr Mann hätte in der Nacht das Haus mit der Absicht verlassen, mich umzubringen, weil sie ihm gesagt habe, dass sie zur Beichte gewesen sei. Nun wollte sie sich vergewissern, dass mir nichts passiert sei. Erst da wurde mir bewusst, in welcher Gefahr ich mich befunden hatte.

Mein Aufenthalt in Niendorf dauerte zweieinhalb Jahre. In der Zeit lernte ich öffentlich zu reden und all das zu tun, was in einer Pfarrei zu erledigen war.

Im Sommer 1928 erfuhr ich, dass ich nach Rom gehen sollte, um meine archäologischen Studien fortzusetzen. Meine Eltern waren von dieser Nachricht sehr erfreut und meine Mutter sah mich schon in Purpur gekleidet zurückkehren. Ich verzieh ihr diese naive Illusion, zum Teil weil ich selber vielleicht davon angesteckt war.

Im Oktober verließ ich dann Hamburg in Richtung Rom, unterbrochen von einem kurzen Aufenthalt in Maria Laach. Damals besuchte ich auch zum ersten Mal Paris. Ich war bezaubert und überwältigt von dem Charme und der Schönheit dieser Krone aller Städte. Ich wohnte am linken Ufer der Seine in einer kleinen Pension, deren Gäste zumeist Spanier und Italiener waren. Nach langem Suchen entdeckte ich endlich, was ich am meisten in Paris zu sehen wünschte: Den karolingischen Altar im Cluny-Museum mit der Darstellung von drei Engeln und dem heiligen Benedikt und der mysteriösen Inschrift darunter: „Quis sicut hel fortis medicus soter benedictus prospice terrigenas clemens mediator usias."[144], eine lateinische Anspielung auf einen griechischen Text. Jedes Mal wenn ich wieder nach Paris kam, habe ich dieses Museum besucht und mich gefragt, was diese Worte wohl bedeuteten.

In Paris bestieg ich den Zug nach Toulouse, wo ich früh am Morgen ankam. Dort stieg ich um nach Brixen, wo ich gegenüber dem Bahnhof ein kleines Hotel mit fließendem Wasser fand. Am nächsten Morgen las ich die Messe in einer Kirche, die ich für die Pfarrkirche hielt. Der freundliche Priester half mir beim Ankleiden, diente mir bei der Messe und half mir wieder beim Ablegen der Gewänder. Als wir uns anschließend unterhielten, erfuhr ich, dass es der Bischof von Brixen[145] war. Er war außerordentlich gütig und freundlich und bat mich, einige Tage zu bleiben, aber ich hatte es eilig nach Rom zu kommen. Die Nacht darauf war ich in Montpellier und am Morgen musste ich zur Erinnerung an die Befreiung der Stadt von den Hugenotten im Jahre 1622 eine Messe feiern. Das Messformular war zusammengestellt aus Häppchen von biblischen Texten, die sich auf Kriege und Siege bezogen – es war in

---

144 Auf dem Altar sind abgebildet die Engel Michael, Gabriel und Raphael, dazu Christus und Benedikt. Die Inschrift lautet, in Anspielung auf die abgebildeten Figuren: Quis sicut hel (= *Wer ist wie Gott [Erzengel Michael]*) fortis (= *stark [Erzengel Gabriel]*) medicus (= *Arzt [Erzengel Raphael]*) soter (= *Heiland [Christus]*) Benedictus (= *Gepriesener? [Benedikt von Nursia]*) prospice terrigenas (= *für die irdischen Wesen sorge*) clemens mediator usias (= *oh gütiger Mittler [Christus]*). (Gleiche Darstellung und Spruch auf dem „Basler Antependium" Kaiser Heinrichs II. im Regensburger Diözesanmuseum.) Aus der Inschrift geht der Stiftungszweck der Tafel hervor. Wenn am jüngsten Tag über die Guten und die Bösen gerichtet wird, sollen die drei Erzengel und der hl. Benedikt für das Stifterpaar Heinrich und Kunigunde Fürbitte einlegen.
145 Hier handelt es sich um Johannes Raffl, Bischof von Brixen von 1921 bis 1927.

der Tat eine merkwürdige Messe, aber ich hatte keine Wahl und musste Messbuch und Direktorium der Diözese akzeptieren.

Jetzt war ich wieder in Rom, diesmal nicht als Besucher, sondern als Bewohner und Student am Campo Santo Teutonico[146], einem von einer hohen Mauer umgebenen Friedhof unmittelbar hinter St. Peter, zwischen der Sakristei und dem linken Eingangstor gelegen. Ich war immatrikuliert am Päpstlichen Institut für Archäologie, das nur ein oder zwei Jahre zuvor eröffnet worden war und dennoch den einen oder anderen berühmten Professor hatte, wie etwa Henri Quentin. Ich musste jeden Tag die Messe in einem der verlassenen Gewölbe zwischen Sarkophagen und Bruchstücken von Grabdenkmälern lesen. Ein anderer Priester, Pater Barion, der später weltberühmt wurde als einer der neuen Nazis innerhalb des Klerus, bekam den gleichen Platz zugewiesen. Die Messe wurde sozusagen am Fließband gelesen. Es war etwas, was wir zu erledigen hatten, um schließlich mehr Zeit für das Studium zu haben. Keine Gemeinde nahm an einer dieser Morgenmessen teil. Gerangel um kirchliche Positionen war an der Tagesordnung und künftige Beförderungen bildeten das Hauptthema der Gespräche bei Tisch.

In den Weihnachtsferien traf ich mich mit meinen Eltern in der Schweiz, in einem Kurhotel auf dem Rigi, wo ich früher oft zum Skilaufen gewesen bin. Dort traf ich Otto Karrer, der als Wochenendkaplan fungierte, und wir wurden gute Freunde. Als ich später aus Deutschland floh, bot er mir seine Gastfreundschaft in der Schweiz an, aber wir haben uns nicht vor den frühen 1950er-Jahren wiedergesehen. Er musste damals viele Prüfungen und Irrungen über sich ergehen lassen, viele Jahre hatte er Predigtverbot und durfte auch nicht die Beichte hören. Das alles ließ aber seinen scharfen Geist nicht abstumpfen. Er war ein großer Newman-Kenner, eine Autorität auf dem Gebiet der Mystik und studierte Religionsgeschichte.

Es dauerte jedoch nicht lange, da beschloss der Bischof, mich zurückzurufen, weil er mir eine besondere Aufgabe übertragen wollte. Er schrieb mir einen freundlichen Brief, in dem er mir mitteilte, ich solle meine Studien unterbrechen und könne sie später wieder aufnehmen. Ich bedauerte nicht, Rom verlassen zu müssen. Die Fakultät im Allgemeinen war zweitrangig, die Bibliothek dürftig ausgestattet. Der Zugang zur Messfeier war kläglich, wie ich bereits geschildert habe, und außerdem waren unsere Räume nicht geheizt. Im Grunde fehlte mir auch das Sitzfleisch für das Herumhocken als Student.

Ich war natürlich neugierig, was der Bischof mit mir vorhatte. Schon als ich ihn sah, hatte ich den Eindruck, dass es sich um etwas Ungewöhnliches handelte. Bevor er überhaupt die Aufgabe nannte, machte er eine längere Einleitung, die aus Ermahnungen zu Geduld und Nachsicht und geheimnisvollen Andeutungen be-

---

146 Deutscher Friedhof in Rom, neben der Sakristei von St. Peter. Sitz eines Priesterkollegs (seit 1876) und des Römischen Instituts der Görres-Gesellschaft (seit 1888). Schwerpunkt: Christliche Archäologie und Kirchengeschichte.

stand, dass mein Arbeitsfeld mich auf ganz andere Wege als bisher führen werde. Dann kam er zur Sache: Er war auf einem Empfang des Norddeutschen Lloyd und der Hamburg-Amerika-Linie gewesen, und einer der Vizepräsidenten hätte darüber geklagt, dass es keine katholische Seemannsmission gäbe. Der Bischof hatte dann der Verwaltung erklärt, dass er niemanden hätte, der diese Tätigkeit ausüben könne. Es wäre kein Priester in der Diözese, der genügend Sprachkenntnisse habe, um diese Aufgabe gut zu erfüllen. Später sei ihm dann auf dem Empfang eingefallen, dass ich einige Sprachen studiert hatte, und dass ich in Rom offensichtlich am falschen Platz war. Jetzt, so sagte er mir, sei ich bischöflicher Sekretär für das Seemanns-Apostolat, das unter der Leitung der Deutschen Bischofskonferenz stand. Er sagte, ich hätte das Fundament zu schaffen für meine Arbeit, denn dieses Apostolat sollte die gesamte deutsche Küste umfassen und eine ganze Reihe von Seemannsclubs müssten eingerichtet werden. Er meinte, das wäre genau der passende Job für einen ehrgeizigen jungen Mann wie mich.

Bremerhaven – eine der hässlichsten Städte in ganz Deutschland – sollte mein Hauptquartier werden. Es ist das deutsche Gegenstück zu Jersey City oder zu Liverpool – eine junge Industriestadt, von gleichförmiger Leere und zweckmäßigem Funktionalismus geprägt. Die Eintönigkeit muss derjenige umso tiefer empfinden, der nur wenige Monate zuvor die wunderbare Atmosphäre von Paris oder Rom erlebt hatte. Ich fühlte mich, alles in allem, sehr unwohl, besonders auch, weil ich ohne jedes Kapital anfangen musste. Ich war sicherlich kein Stubenhocker, aber mit Bremerhaven begann das wissenschaftliche Leben einige sehr ansprechende Seiten zu bekommen.

Ich begann meine Aktentasche mit Zeitschriften zu füllen, ging an Bord der Schiffe und verteilte den Lesestoff an die katholischen Seeleute. Der Empfang war sehr eisig, denn als Katholik erkannt zu werden – erst recht noch den Besuch eines Priesters zu bekommen – bedeutete für einen Seemann oft den Beginn endloser Hänseleien. Wollte ich wirklich Seeleute zu bestimmten Zeiten treffen, konnte das nur in einer gewissen privaten Umgebung geschehen, wo sie ungezwungen waren, meine Zeitschriften und Bücher lesen konnten, wo sie eine Möglichkeit zum Duschen hatten und sich umziehen oder ihr Gepäck aufbewahren konnten, während sie unterwegs waren. Ich sagte dieses dem Bischof, der großzügig Miete und Möblierung eines zur Straße hin gelegenen Raumes im Erdgeschoss eines großen Gebäudes finanzierte. Gleichzeitig war ich auch Präses des Kolpingvereins[147] und Leiter einer Jugendgruppe, die beide unter ähnlichen Problemen zu leiden hatten. Der enge Raum musste für viele Zwecke herhalten, mit dem Ergebnis, dass nichts zufriedenstellend getan werden konnte.

---

147 Kolpingwerk. Internationaler katholischer Sozialverband, 1846 als katholischer Gesellenverein von Johann Gregor Breuer und Adolph Kolping gegründet. Vgl. Christian Feldmann, *Adolph Kolping. Ein Leben für Solidarität*, Freiburg: Herder, 2008.

I. EUROPA

Hinsichtlich der Arbeit mit den Kolpingssöhnen, wie sie sich selbst nannten, war mein Herz nicht bei der Sache. Sie waren gegen fast alles, wofür ich mich einsetzte, verhielten sich unflexibel und reaktionär. So übergab ich Anfang 1930 die Räumlichkeiten der Kolpingsfamilie, die darin eine Herberge für wandernde Gesellen einrichtete. Ich selbst begab mich auf Suche nach finanzieller Unterstützung meiner Arbeit. Mein natürlicher Ansatzpunkt war das Generalvikariat, aber der gute Bischof konnte mir nicht mit irgendwelchen finanziellen Mitteln helfen. Einer plötzlichen Eingebung folgend, fuhr ich nach Berlin, wo ich hoffte, vom Reichskanzler, den ich anlässlich eines Treffens des Apostolates des Meeres vor meiner Abreise nach Bremerhaven getroffen hatte, Unterstützung zu bekommen. Er stellte einen Scheck über hundert Mark aus, wünschte mir viel Glück und meinte aber, ich müsste alles weitere Geld woanders sammeln. So zog ich dann von einem Regierungsbüro zum anderen, von einem katholischen Beamten zum anderen, doch ohne jeden Erfolg. Dann meinte ein Freund von mir, ich solle einmal das Büro des Reichsministers für Arbeit und Wohlfahrt aufsuchen und nach einem jungen Fräulein Julia Dünner fragen. Am nächsten Morgen brachte ich mein Gepäck zum Bahnhof, wo ich mit dem Mittagszug abfahren wollte. Äußerst verzagt ging ich hinüber zum Büro des Ministeriums für Arbeit und Wohlfahrt. Ich wurde in den Raum von Fräulein Dünner geleitet, die mich sehr bald darüber aufklärte, dass das, was sie von mir bereits erfahren hatte, nicht sehr schmeichelhaft gewesen sei. Auf meinen Rundgängen hätte ich eine peinliche Vorstellung meines katholischen Priestertums gegeben, so sagte sie, und dann fragte sie, warum ich nicht eher zu ihr gekommen sei. Ich antwortete ihr, dass ich niemals etwas von ihr oder ihrem Büro gehört hätte. Dann meinte sie, sie hätte schon sehr lange auf mich gewartet, und beteuerte, sie sei beauftragt, die Regierungsgelder für die lutherische Seemannsmission zu vergeben und habe nicht begreifen können, warum es keine entsprechende katholische Einrichtung gibt. Wie viel Geld ich denn haben möchte?

Ich zögerte nicht. Sie bot mir 15.000 Mark an, eine Summe, die weit über das hinausging, was ich je zu hoffen wagte. Dennoch sagte ich geistesgegenwärtig so beiläufig, dass das wohl für den Anfang genügen könnte. Sie versprach mir daraufhin, gegen Ende des Jahres einen weiteren Scheck über 15.000 Mark zu senden. Ich verließ den Raum, schwindelig vor Freude und Tatendrang und schickte sogleich meinem Bischof ein Telegramm mit der guten Nachricht meines Erfolges. Als ich wieder in Bremerhaven ankam, fand ich ein Antworttelegramm vor, ich solle ihm unmittelbar berichten. Als ich zu ihm kam, meinte er: „Wissen Sie, dass Sie etwas völlig Unorthodoxes gemacht haben? Man erwartet von Ihnen, dass Sie alle Zuwendungen über Ihren Bischof anfordern – nach Übereinkunft zwischen Staat und Kirche. Wer um Himmels willen hat Sie nach Berlin geschickt?" Dann lachte er und meinte: „Sie sind mir einer! Na, dann erzählen Sie mal, wie Sie das angestellt haben!" Ich erzählte ihm die ganze Geschichte und als ich damit fertig war, schüttelte er den Kopf, lächelte und sagte: „Warum bin ich nicht selbst auf diese Idee gekommen? Gut, legen Sie mir Ihre Pläne vor und ich werde sie genehmigen. Ich bin sicher, dass Sie in Zukunft keine solchen Fehler mehr machen werden, nachdem Sie einmal zu weit gegangen sind."

So kam es, dass im nächsten Frühling die große Eröffnungsfeier des ersten katholischen Seemannsheims in Deutschland stattfinden konnte. Der Bischof kam und sang das Pontifikalamt. Ich hatte die Gemeinde instruiert, nicht nur im Dialog zu antworten, sondern auch mitzusingen. Als der Bischof das brausende Kyrie der Gemeinde hörte, liefen ihm die Tränen über die Backen. Er segnete das Haus. Ehrengast war Julia Dünner.

Mit der Zeit entwickelte ich mich immer mehr zu einem reisenden Funktionär, denn ich hatte dauernd irgendwelche Treffen in London, Paris oder Freiburg zu besuchen, wo sich die Hauptquartiere der Caritas befanden. Um meine Arbeit zu erleichtern, plante ich Deutschland in vier Sektionen zu unterteilen, so dass weitere Seemannsheime gegründet werden könnten, besonders an der Westküste und an der Ostsee. Da ich vom Protokoll keine Ahnung hatte, sandte ich einen Brief an Kardinal Bertram, ein Senior-Kardinal des Deutschen Episkopates, mit der Bitte, das Patronat über das Deutsche Apostolat des Meeres zu übernehmen, denn alle anderen nationalen Apostolate hatten einen Bischof als Schirmherr. Er schrieb zurück, dass er diese Ehre wohl annehme, aber dass ich mich das nächste Mal über das Büro des zuständigen Bischofs an einen Kardinal wenden müsste. Mein eigener Bischof, der zwar im Ruf stand, ein Autokrat zu sein, war ein freundlicher Mensch, der jeden arbeiten ließ und sich lediglich eine generelle Kontrolle über die pastorale Arbeit in der Diözese vorbehielt.

Alles in Deutschland war zu dieser Zeit in Aufruhr. Hitlers Macht wuchs, der Kommunismus schlug Wurzeln, die gemäßigten Parteien hatten die Kontrolle über die Regierung verloren. Brüning regierte mit von Hindenburgs Unterstützung durch Notverordnungen, bis jemand ihn bei von Hindenburg in Misskredit brachte. Brüning war bei den Wohlhabenden wegen seiner prokatholischen und antiagrarischen Haltung unbeliebt, denn die großen Güter waren feudale Betriebe in der Hand mächtiger Adeliger, die besonderen Einfluss im Reichstag besaßen und diesen Gütern große Subventionen zuschanzten. Von Hindenburg stellte sich auf die Seite dieser Landbesitzer, und in der Tat wurde sein Sohn mit einem solchen Landgut beschenkt. Die Aufdeckung dieser Umstände durch die Zentrumspartei, deren Mitglieder zumeist Katholiken waren, ließ den faulen Kompromiss zustande kommen, der schließlich zur Ernennung Hitlers zum Reichskanzler führte.

Durch das offensichtliche Anwachsen des Nationalsozialismus und des Kommunismus in Deutschland war ich höchst alarmiert und sah entweder einen Bürgerkrieg oder eine schreckliche Revolution auf uns zukommen. Das Zentrum war durch innerparteiliche Streitigkeiten gelähmt. Nach langem Nachdenken kam ich damals mit einem bedeutenden Plan heraus. Das war 1932. In meiner Naivität schlug ich vor, die Katholiken sollten die Initiative ergreifen und das Gleichgewicht in der Deutschen Regierung wiederherstellen. Die Kirche sollte allen Besitz, der nicht unmittelbar sozialen Zwecken diente, aufgeben. Hochherrschaftliche Pfarrhäuser sollten den Armen überlassen werden, Klosterschulen sollten die Kinder der Armen erziehen, die Bischöfe sollten das Opfer ihrer Gläubigen durch Schenkung großer Summen an die verarmten Gebiete unterstützen. Eine solch großzügige Geste seitens des deutschen Katholizismus würde, so stellte ich mir vor, die Massen wieder zur Besinnung bringen und sie vor dem Kommunismus bewahren. Mit einer Dreistigkeit, die ich heute kaum nachvollziehen kann, bemühte ich mich um ein Gespräch mit dem Reichskanzler Dr. Brüning und übergab ihm bei einer Begegnung eine Zusammenfassung und ein Memorandum meines Plans.[148]

Wenige Tage später wurde ich zu einem Gespräch mit Staatssekretär Lammers eingeladen, der mir sagte, dass mein Plan mit großem Interesse aufgenommen worden sei, und dass alle Betroffenen seine Verwirklichung wünschten. Das Memorandum war tatsächlich dem Vorsitzenden der Zentrumspartei, Monsignore Kaas, vorgelegt worden. Ich wusste schon, dass mein Plan keine Zukunft hatte. Ich suchte Monsignore Kaas im Reichstag auf, aber er fächelte bloß verächtlich mit dem Memorandum umher und fragte mich, ob ich nicht ganz dicht sei. Die ganze Idee sei, so meinte er, das Gebräu eines wirklichkeitsfremden Idealisten.

Auch beim Management des Norddeutschen Lloyd stand ich zu der Zeit unter Kritik, weil man nicht mit einem Kaplan gerechnet hatte, der sich für die gerechten Belange der Leute einsetzen würde. Für die Öffentlichkeitsarbeit der Firma war damals ein gewisser Kapitän Pütz[149] zuständig. Ein Freimaurer, der aus der Kirche ausgetreten war, aber dennoch wie ein Katholik redete. Wir argumentierten hin und her, ohne dass wir irgendetwas erreichten. Als 1932 der Eucharistische Kongress in Dublin stattfinden sollte, bat er mich, Vorbereitungen zu treffen, dass Passagiere, die per Schiff dorthin fahren wollten, die Möglichkeit bekämen, regelmäßig an Bord die Messe zu besuchen. Ich erklärte ihm, dass das nicht mein Arbeitsbereich sei, aber er konterte damit, dass er dafür sorgen würde, dass so viele katholische Mannschaftsmitglieder wie möglich für diese Messen frei bekämen. Ich willigte schließlich ein, obgleich ich ahnte, dass die Teilnahme sehr gering sein würde. So war es dann auch.

Als Zeichen des Entgegenkommens bot Kapitän Pütz mir bei anderer Gelegenheit an, mich auf Kosten der Reederei nach New York reisen zu lassen. Ich wurde weich und nahm das Angebot an. Das war der Beginn meiner Liebe zu Amerika. Vom Augenblick meiner Ankunft in New York an war ich fasziniert und begeistert. Ich ahnte damals nicht, dass Amerika einmal meine zweite Heimat werden würde, und dass ich meine Arbeit im Seemanns-Apostolat dort fortsetzen würde.

---

148 Siehe die Reinhold-Korrespondenz der Jahre 1931/32.
149 Kapitän Ewald Pütz war nautischer Offizier auf Schiffen des Norddeutschen Lloyd (NDL), nach dem Kriege war er Chef der Nautischen Abteilung des NDL. Für die Organisation der Verpflegung der Olympiateilnehmer 1936, die der NDL durchführte, wurde er mit dem Olympia-Ehrenkreuz 1. Klasse ausgezeichnet. (Mitteilung des Schiffahrtsmuseums Bremen bzw. des Archivs der Hapag-Lloyd AG.)

Fünfmal unternahm ich die Reise nach New York und zurück. Ich verbrachte die meisten meiner Tage in der Küche und unter Deck, um die Leute für meine Mission zu interessieren. Allerdings verbrachte ich auch manche Zeit – vielleicht zu viel – oben an Bord. Der Kontrast war dramatisch. Champagner und opulente Mahlzeiten wurden den ganzen Tag serviert, während zu Hause in Deutschland eine Wirtschaftskrise das Land verwüstete und Menschen die Straßen auf der Suche nach Nahrung durchstreiften. Diese Ungleichheit musste zur Katastrophe führen.

Im Frühjahr 1933 wurde das Haus des Bürgermeisters von Bremerhaven[150] durch Nazis geplündert. Sie verbrannten die Möbel auf der Straße und misshandelten den Bürgermeister selbst. Ich befand mich unter den Zuschauern, als ich einen Rechtsanwalt bemerkte, den ich oberflächlich kannte. Ich ging zu ihm und meinte, es sei doch eine schreckliche Zeit, in der wir lebten, und ob er nicht auch der Meinung sei, dass dieser Übergriff der Nazis bedauerlich wäre. Er drehte seinen Rockaufschlag um, zeigte mir ein Hakenkreuz, das er dort angesteckt hatte, und meinte, ich solle vorsichtig sein, denn er wäre ein Parteimitglied. Mir fiel das Wort Lenins ein – was sich in jenen Tagen und Monaten reichlich bewahrheiten sollte – dass alle Intellektuellen durch die Bank Verräter seien.

Kapitel 6

Das Ende der Demokratie

Zur Zeit der Weimarer Republik gab es viele politische Parteien, doch keine war stark genug, Hitler zu stoppen. Da waren die reaktionären Konservativen und die Freikonservativen jetzt vereint unter dem Namen Nationalisten. Da gab es die Volkspartei, früher die Nationalliberalen genannt. Die Altprogressiven überlebten als die Demokraten. Die zwei größten Parteien waren vielleicht auch die unfähigsten: Die katholische Zentrumspartei und die Sozialdemokraten. Die erstere bestand im Wesentlichen aus Katholiken, die letztere vertrat einen mageren Sozialismus und eine Demokratie, welche die herrschende Klasse nicht aus der Fassung zu bringen vermochte. Da gab es auch eine schnell wachsende Kommunistische Partei, die sich bemühte, die Regierung der Republik zu stürzen, und die Nationalsozialistische Deutsche Arbeiterpartei, die sich das gleiche Ziel gesetzt hatte, allerdings aus anderen Gründen. Die eine wollte die Regierungsmacht den Kommissaren überlassen

---

150 Gemeint ist der Oberbürgermeister von Bremerhaven, Waldemar Becké. Siehe dazu den ausführlichen Bericht Reinholds im Artikel „Der Kardinal von Wien". Vgl. dazu auch Florian Heidtmann, *Van Ronzelen, Becké und Bremerhaven: Gründung und Neuausrichtung einer Stadt und einer Familie*, Bremerhaven: Verlag neues Wissen, 2009.

und Deutschland in die internationale revolutionäre Bewegung hineinziehen. Die andere wünschte eine Regierung in Händen einer faschistischen Elite und ein größeres Deutschland. Dass eine Koalition aus irgendeiner dieser Parteien unmöglich war, zeigt die Tatsache, dass zwischen 1919 und 1931 nicht weniger als einundzwanzig Kabinette an die Regierung kamen und wieder stürzten, und keines fähig war, ein praktikables Regierungsprogramm im Reichstag durchzusetzen.

Nach dem erzwungenen Rücktritt Franz von Papens übernahm Hitler im Januar 1933 das Amt des Reichskanzlers. Von Papen unterstützte die Ernennung Hitlers in der Hoffnung, dessen Vizekanzler zu werden. Nachdem alle Koalitionsversuche kläglich gescheitert waren, wurde es mehr und mehr klar, dass es nur eine Partei in Deutschland gab – eine Partei, die politische Macht durch Ausübung von Terror und Einschüchterung anhäufen würde, wobei sie die Unterstützung des Volkes aufgrund rassistischer Wahnvorstellungen schlau einkalkulierte. Man kann nicht sagen, das Deutsche Volk sei nicht davor gewarnt worden, dass Hitler die Nation auf einen unmoralischen und gefährlichen Kurs bringen würde. In den sechs Monaten, die seiner Ernennung folgten, gelang es Hitler und seinen Helfershelfern, die Institutionen der Republik und der Freiheit zu zerstören. Hitlers Aufstieg war so radikal, unterstützt vor allem durch seine paramilitärischen Sturmtruppen, dass er in der Lage war, gerade jene Gruppen zu dominieren, die ihm zur Macht verholfen hatten: Das Militär, die Industriellen und die Konservativen. Im März wurden alle bürgerlichen Freiheiten aufgehoben, im April zum Boykott der jüdischen Geschäfte aufgerufen, und man begann, die Juden aus den Regierungsämtern zu entfernen. 1935 wurden die Nürnberger Gesetze erlassen, durch die die Juden mit Berufsverbot belegt und aller öffentlichen Rechte beraubt wurden; Mischehen mit Nichtjuden wurden verboten. Die ersten Fackeln wurden an die Synagogen gelegt.

Am 30. Januar 1933 klingelte das Telefon; mein Sekretär teilte mir mit, dass Hitler zum Reichskanzler ernannt worden sei. Ich wollte an jenem Abend nach Hamburg fahren. Als ich auf dem Dammtorbahnhof ankam, konnte ich nicht durch die Menge hindurch kommen, die sich versammelt hatte, um den Fackelzug der siegreichen Nazis zu sehen. Ich war bestürzt über diesen Anblick, denn ich dachte, empfindsame und nachdenkliche Menschen wären lieber zu Hause geblieben und hätten den Tod der Demokratie betrauert. Aber die Leute in der Menge schrien „Hurra" und freuten sich, dass Deutschland Hitler als neuen Kanzler bekommen hatte.

Ich kehrte in meine Räumlichkeiten zurück, wo ich zum zweiten Mal von meinem Sekretär angerufen wurde. Er teilte mir mit, dass zwei Braunhemden und ein Polizist beim Seemannsclub angekommen seien und einen der ungarischen Matrosen verhaftet hätten. Als ich dort ankam, war schon alles vorbei. Sie hatten den Ungarn mitgenommen. Niemand wusste warum. Ich erkundigte mich telefonisch beim Gefängnis und man sagte mir, dass er wegen Verstoßes gegen Paragraph soundso verhaftet worden sei. Ich verschwendete weiter keinen Gedanken daran, bis wenige Wochen später einer seiner Freunde, der aus dem Gefängnis entlassen worden war, zu mir kam. Er sagte mir, unser Freund sei überrascht gewesen, dass ich ihn im Stich gelassen hätte. Er wies darauf hin, dass die Haft einen politischen Grund hatte. Zum ersten Mal muss ich erkennen, dass solche Verhaftungen in der ganzen Stadt, ja im ganzen Lande, vorgenommen wurden. Ich begab mich unmittelbar zum Gefängnis, um mit dem Wärter zu sprechen, mit dem ich schon früher manchmal verhandelt hatte. Er sagte mir, es sei unmöglich, den Gefangenen zu besuchen. Ich berief mich dann auf die Verfassung, aber er sah mich nur spöttisch an. Lächelnd sagte er: „Wissen Sie nicht, dass die Verfassung außer Kraft gesetzt ist?" Ich ließ aber nicht nach und schließlich erlaubte man mir doch, den Matrosen zu sehen. Er war entsetzlich abgemagert, ungewaschen und unrasiert; er flehte mich an, für ihn beim ungarischen Konsul in Hamburg vorstellig zu werden, der vielleicht seine Freilassung bewirken könne. Ich fragte ihn, was er denn getan habe. Er habe ein paar herabsetzende Bemerkungen über Hitlers Aussehen gemacht. Irgendwer habe ihn deshalb angezeigt, er sei festgenommen, geprügelt und schließlich eingesperrt worden. Eine Gerichtsverhandlung war nicht vorgesehen. Als ich wieder zu Hause war, hatte ich ein langes Telefongespräch mit seinem Konsul. Als ich auf die Sache zu sprechen kam, riet er mir, dieses nicht am Telefon zu verhandeln, sondern ihn persönlich aufzusuchen. Am nächsten Tag begab ich mich nach Hamburg. Das Gespräch mit dem Konsul fand in seinem Büro hinter verschlossenen Türen statt, und er verhielt sich so, als befürchtete er, entdeckt zu werden. Ich legte ihm den Fall dar und er versprach, eine verschlüsselte Mitteilung an seine Regierung in Budapest zu schicken. Man würde versuchen, den Mann freizubekommen. Das gelang schließlich auch. Ich merkte damals noch nicht, dass die Nazis mich sehr genau beobachteten.

Mit der Zeit erfuhr mein Bischof von meiner Unbeliebtheit bei den Nazis, und er schrieb mir sehr bald, er habe das Gefühl, Bremerhaven sei kein sicherer Platz mehr für meine Arbeit. Ich hätte zu viele Feinde in der Nazibürokratie, meinte er, und fragte mich, ob ich nicht lieber von dort weggehen wollte. Ich willigte ein. So wie er vorher den von Julia Dünner 1929 vermittelten Zuschuss angenommen hatte, so hatte er jetzt eine weitere Zuwendung durch das Ministerium für Arbeit und Wohlfahrt erhalten und seinem eigenen Fond zugeführt. Er versetzte mich nach Hamburg, meiner Heimatstadt. Ich mietete die erste und zweite Etage eines alten Mietshauses und nutzte sie als Seemannsheim in Hamburg.

Die nächsten zwei Jahre verbrachte ich in Hamburg. Im Club hatten wir eine kleine Kapelle mit dem Altar zur Gemeinde hin. An den Sonntagen feierten wir für die Seeleute Gemeinschaftsmessen, woran sie mit Begeisterung teilnahmen. Als 1934 das Jahrestreffen des Internationalen Apostolates des Meeres in Hamburg stattfand, kam der Erzbischof von Edinburgh[151] zu uns, um in unserem bescheidenen Quartier die Messe zu lesen. Ich hatte ihm nicht erzählt, wie wir die Messe zu feiern pflegten, und es zeigte sich, dass er noch niemals an einer Dialogmesse teilgenommen hatte, ob-

---

151 Hier handelt es sich um Andrew Thomas McDonald, Erzbischof von St. Andrews und Edinburgh.

gleich er ein Benediktinermönch war. Als er den Altar sah, sagte er: „Mein Gott, wo muss ich mich denn hinstellen?" Ich sagte zu ihm: „Hinter den Altar!" Dann merkte er, was von ihm verlangt wurde und flüsterte: „Ist das orthodox?" Ich sagte ihm, dass ich die Erlaubnis des Diözesanbischofs besäße. Als es dann soweit war, zelebrierte er wunderschön.

Viele jüngere Kleriker in Deutschland waren damals sehr liturgisch gesinnt. Von hervorragender Bedeutung waren die liturgischen Zentren der Augustiner in Klosterneuburg[152] und der Oratorianer in Leipzig.[153] In Berlin wirkte damals der unvergessliche Pater Johannes Pinsk, der das Monatsblatt *Liturgisches Leben*[154] herausgab. Er war Studentenseelsorger an der staatlichen Universität, wo Guardini als emeritierter Professor von Breslau damals Vorlesungen hielt. Pinsk hatte den Keller seines Hauses im Berliner Westend zu einer Kapelle umgestaltet, mit einem Fußboden aus roten Ziegeln, weißen Wänden und einem veränderbaren Altar. Wenn er zelebrierte, stand er der Gemeinde gegenüber, während Guardini die Messe in der traditionellen Weise hielt. Guardini meinte, diese Art der Zelebration lenke zu sehr ab. Wenn es ihm passte, legte er keinen großen Wert auf liturgische Ordnung, vor allem, wenn es mit seinen bemerkenswerten Vorlesungen nicht übereinstimmte. Ein Kirchenrechtler aus dem Pallottinerorden schrieb einmal einen Artikel im *Liturgischen Leben*, worin er darlegte, eine Rubrik, die keinen Sinn mache, sei nicht verpflichtend. Das flößte uns Liturgikern eine Idee ein: Eine sinnlose Rubrik betraf den Karsamstag. Die Gottesdienste waren so arrangiert, dass die Morgenmesse um Mitternacht gehalten wurde. So beschlossen wir: Dieses ist offensichtlich sinnlos und folglich nicht verpflichtend. Die Leipziger Oratorianer wandten sich deshalb an ihren Bischof und setzten ihn von ihrer Absicht in Kenntnis, die Ostervigil vor Sonnenaufgang zu feiern, so dass die Morgenmesse in der Dämmerung gefeiert würde. Er sah irritiert

---

152 Klosterneuburg bei Wien, gegründet 1114, war seit 1133 ein Augustiner-Chorherrenstift. Hier entwickelte Pius Parsch neue und sinnvolle Formen des Gottesdienstes in deutscher Sprache. 1950 gründete er das „Klosterneuburger Bibelapostolat", das billige Bibelausgaben und Einführungen in die Heilige Schrift herausbrachte. Die „Volksliturgische Bewegung" und das Klosterneuburger Bibelwerk haben den Namen Klosterneuburg in der ganzen Welt bekannt gemacht. Die liturgische Erneuerung in der katholischen Kirche nach dem II. Vatikanischen Konzil ist ohne die Volksliturgische Gemeinde von St. Gertrud nicht denkbar. Es war Pius Parsch, der nicht nur den Altar dem Volk zuwandte, sondern der auch begann, das Latein durch die Muttersprache in der Liturgie zu ersetzen. Das nach ihm benannte Pius-Parsch-Institut ist Zentrum der liturgischen Forschung.

153 Am 5. Januar 1930 wurde an der Pfarrei Liebfrauen in Leipzig das Oratorium des Hl. Philipp Neri errichtet. Die Oratorianer versuchten die Gedanken einer liturgischen Erneuerung in die Gemeinde hineinzutragen. Auf die Gestaltung und Verständlichkeit der Messe wurde großer Wert gelegt. Weihnachten 1931 war hier erstmals eine gesungene deutsche Vesper zu hören und in der Osternacht 1932 wurde hier erstmals ein Gottesdienst in der Frühe durchgeführt. Zu den Leipziger Oratorianern gehörte auch Jan Wiggers aus Hamburg.

154 *Liturgisches Leben*. Deutsche liturgische Zeitschrift, herausgegeben von Johannes Pinsk, erschienen von 1929 bis 1939 (von 1929 bis 1933 unter dem Namen *Liturgische Zeitschrift*).

aus dem Fenster und sagte: „Ich habe nichts gehört!", und die Oratorianer führten die Sache durch und wir auch. Im Frühjahr 1935 hielt ich in einer der Hamburger Pfarreien eine Serie von Predigten, durch die ich die Gemeinde in den Sinn der Ostervigil einführte. Am Karsamstag begannen wir den Gottesdienst anderthalb Stunden vor Sonnenaufgang am Morgen mit der Segnung des Feuers. Die Messe legten wir so, dass der Segen[155] mit dem Sonnenaufgang zusammentraf. Möglicherweise bezieht sich darauf die Bemerkung in der Enzyklika *Mediator Dei*, es gäbe einige, „die neue liturgische Praktiken einführen wollen oder die Wiederbelebung abgeschaffter Riten fordern, ohne Rücksicht auf geltende Gesetze und Rubriken", und die bestimmte Festtage „auf andere Tage verlegen wollen."[156] Wir waren also alle schuldig, aber es war eine felix culpa – eine glückliche Schuld.

In den ersten Jahren meiner Tätigkeit im Apostolat des Meeres hatte ich Peter Anson besucht, den berühmten britischen Schriftsteller und Konvertiten, der in seinen jungen Jahren zu den anglikanischen Mönchen auf der Insel Caldey gehörte, die gemeinsam zur katholischen Kirche übergetreten waren.[157] Wo immer er auftrat, erregte er großes Aufsehen mit seinem Ziegenbart, seinem riesigen Gepäck und seiner unverfrorenen Art, wegen einer Porträtskizze Leute anzusprechen. Peter Anson schrieb später eine Geschichte des Apostolates des Meeres, *Christ and the sailor*[158], worin er deutlich machte, dass die Bemühungen Amerikas, Australiens, Südafrikas, Englands und Irlands im allgemeinen nicht geeignet seien, den geistlichen Bedürfnissen der Seeleute gerecht zu werden. Er rief unter den englischsprachigen Seemannsgeistlichen Widerspruch hervor, wenn er ihnen erklärte, es genüge nicht, apologetische Traktate an die Seeleute auszuteilen, und es sei altmodisch und unwirksam, ihnen eine Heimat-fern-der-Heimat-Atmosphäre zu bieten, um sie vor

---

155 In der englischen Fassung steht „Benediktus", offensichtlich ist aber „benediction" gemeint.
156 Rundschreiben Papst Pius' XII. vom 20. November 1947 *„Mediator Dei"*: „Ganz zu verurteilen ist aber das vermessene Unterfangen jener, die mit Absicht neue liturgische Bräuche einführen, oder überlebte, mit den geltenden Gesetzen und Rubriken nicht mehr übereinstimmende Gepflogenheiten wiederaufleben lassen. Dass dies vorkommt, geliebte Söhne und ehrwürdige Brüder, und zwar nicht nur in unbedeutenden Dingen, sondern auch in solchen von sehr großer Tragweite, haben Wir nicht ohne bitteren Schmerz erfahren. Es gibt tatsächlich Leute, die bei der Darbringung des hochheiligen eucharistischen Opfers sich der Volkssprache bedienen; die bestimmte, aus reiflich erwogenen Gründen schon genau festgelegte Feste auf andere Termine verlegen; die schließlich aus den amtlichen Gebetbüchern die Schrifttexte des Alten Testamentes ausmerzen, weil sie nach ihrem Dafürhalten unserer heutigen Zeit wenig entsprechen und nicht recht zu ihr passen." Vgl. Anton Rohrbasser (Hg.), *Heilslehre der Kirche: Dokumente von Pius IX. bis Pius XII.*, Freiburg in der Schweiz: Paulusverlag, 1953, S. 133 ff..
157 Caldey Abbey, auf der Insel Caldey, Tenby, Pembrokeshire, Großbritannien. 1906 kamen anglikanische Benediktiner unter der Leitung von Abt Aelred Carlisle auf die Insel. 1910 wurde das Kloster erbaut. 1913 konvertierte der Konvent zur römisch-katholischen Kirche. Die Abtei wurde 1926 an die Zisterzienser verkauft.
158 Peter Anson, *Christ and the sailor – A study of the maritime incidents in the New Testament*, Fresno, California: Academy Library Guild, 1954.

Unheil zu bewahren. Der Versuch in Frankreich und Deutschland wurde als das Ideal hingestellt: Während wir die Seeleute mit Lektüre versorgten und ihnen Räume zur Erholung boten, konzentrierten wir uns darauf, ihnen religiöse und andere Werte nach Art der Katholischen Aktion zu vermitteln.[159]

Wir lehrten sie, sich in die Liturgie der Messe einzubringen, und hielten Gruppengespräche, bei denen wir sie einluden, ihre eigenen Ideen zum Ausdruck zu bringen. So weit wie möglich, führten wir den Seemannsclub so, als wäre er ein Gemeindezentrum. Es ist eine Tatsache, dass der Widerstand gegen die Nazis, als sie an die Macht kamen und Leute anstellten, um die Matrosen für ihre Mitgliedsorganisationen zu werben, hauptsächlich von katholischen und protestantischen Seeleuten geleistet wurde. Dieser Widerstand war übrigens so stark, dass die Nazis vermutlich das auszurotten suchten, was sie für dessen Quelle hielten: Das Apostolat des Meeres. Das war auch einer der Gründe, weshalb ich schließlich aus Hamburg ausgewiesen wurde.

Während dieser Zeit erfasste mich ein zunehmendes Gefühl der Unsicherheit, ähnlich wie alle anderen, die offen ihre Opposition zur Nazipartei zum Ausdruck gebracht hatten. Wo immer ich mich aufhielt, hatte ich das Gefühl, von Nazispionen umgeben zu sein, oder von Leuten, die versuchten, mich in verdächtige Aktionen zu verwickeln. Zwei Ereignisse sollen als Beispiel genügen, um zu zeigen, wie das Terrorregime der Nazis seinen furchtbaren Schatten auf meinen Weg warf.

Das eine betrifft einen deutschen Seemann namens Hauck, einen Ingenieur, der mich einst heimlich um Mitternacht in meinen Räumen aufsuchte. Er erzählte mir, sein Schiff sei auf dem Wege nach Fernost und mache einen Stopp in Hamburg, dabei sei die Gestapo während eines Dockaufenthaltes an Bord gekommen, um das Schiff zu durchsuchen. Zum Glück, so sagte er, achteten sie nicht auf ein Bündel Briefe, welches auf dem Boden seines Spindes lag. Es seien Briefe von mir gewesen, aber man hätte sie nicht konfisziert, weil sie handschriftlich abgefasst waren und man sie für private Briefe hielt. Er habe aber sehr stark befürchtet, es würde eine zweite Untersuchung stattfinden und deshalb das Bündel über Bord geworfen, in der Hoffnung, es würde untergehen. Einige Tage später hätte er aber einen Brief der Nazi-Küstenwache[160] erhalten – nicht gleichzusetzen mit der normalen Küstenwache, sondern eine Parallelorganisation der Nazis – mit der Information, es seien an ihn adressierte Briefe

---

159 Die Katholische Aktion ist eine katholische Laienbewegung, die sich der bewußten Verwirklichung katholischer Grundsätze (insbesondere gerade durch Laienverbände und ähnlichen Gruppen) im öffentlichen Leben verschrieben hat. In Deutschland war es vor allem Bischof Maximilian Kaller, der die programmatischen Ziele der Katholischen Aktion auf dem Christkönigskongress in Mainz im Oktober 1933 formulierte. Vgl. Dirk H. Müller, Katholische Aktion versus Vereinskatholizismus. Zur kirchlichen Integration und Emanzipation der katholischen Laien, in: Kaspar Elm (Hg.), *Seelsorge und Diakonie in Berlin. Beiträge zum Verhältnis von Kirche und Großstadt im 19. und beginnenden 20. Jahrhundert*, Berlin: de Gruyter, 1990, S. 475–497.
160 Die Küstenwache war Aufgabe der Wasserschutzpolizei. In den Häfen waren ihr SS-Hafensicherungstruppen unterstellt.

an Land getrieben, welche die Unterschrift eines gewissen Priesters namens H. A. Reinhold trügen. Diese Briefe, so hieß es, enthielten sehr abträgliche Bemerkungen über den Führer und auch über Joseph Goebbels, den Propagandaleiter der Partei. Diese Briefe würden der Gestapo übergeben, so stand es in der Mitteilung, es sei denn, dass der Schreiber zu einer Rechtfertigung überredet werden könne. Ich las den Brief durch, den der Seemann bekommen hatte. Im Briefkopf befand sich das Naziemblem, das Hakenkreuz. Ich dachte angestrengt nach und kam zu der Überzeugung, wenn ich eine solche Rechtfertigung abfassen würde, stünde sie bald in allen Zeitungen. Deshalb beschloss ich am Ende, sie nicht zu schreiben. Ich sagte meinem Freund, ich würde ihm nie mehr schreiben, und wir sollten uns nie mehr wiedersehen.

Bei anderer Gelegenheit, im März 1935, ich arbeitete noch spät in meinem Büro, kam mein Sekretär herein gestürmt und bat mich, das Radio einzuschalten. Wie gewöhnlich zuckte ich mit den Schultern und fragte, warum, denn mir war klar, dass ich die gewöhnliche Parteipropaganda zu hören bekäme. Diesmal sei es etwas anderes, meinte er, und so gingen wir in den großen Aufenthaltsraum unseres Clubs und hörten Goebbels Rede über die Wiederbewaffnung Deutschlands. Er kündigte diese an, als würde er etwas Neues sagen. Tatsächlich aber wusste es die Welt längst, und die meisten Deutschen hatten gute Gründe für den Verdacht, dass die heimliche Aufrüstung schon ein gutes Stück vorangeschritten ist und Hitler womöglich einen Krieg vorbereitet. Es gab allerdings auch naive Deutsche, die keine Ahnung von dem hatten, was tatsächlich vorging, und andere, die es einfach nicht wissen wollten. Am Schluss der Sendung fragte mich einer der Matrosen nach der Stellung der Kirche bezüglich Krieg und Waffen. Ich sagte, „Warum sollten wir nicht darüber diskutieren?", und holte aus meinem Zimmer Kopien der beiden Enzykliken Pius' XI., *Ubi Arcano Dei Consilio*[161], über den Frieden Christi, die erste, die er verfasst hat, und *Nova Impendet*[162], über die Wirtschaftskrise der Welt und die Zunahme der militärischen Rüstung. Wir diskutierten über den Frieden, zu dem der Papst aufrief, und über den Krieg, vor dem er uns warnte. Die meisten der anwesenden Seeleute kannte ich. Einer aber war da, den ich nicht kannte. Ein junger Mann, schlank und wohlgekleidet, den ich für einen Seemann hielt, der zum ersten Mal bei uns hereinschaute. Als wir unser Gespräch beendet hatten, fragte er mich, ob er etwas sagen dürfe. Ich bat ihn, zu sagen, was er auf dem Herzen habe. Er antwortete: „Ich bin Mitglied der SS." Mir fiel vor Überraschung die Kinnlade herunter und einige der Seeleute wurden blass. „Ich habe Ihnen sehr aufmerksam zugehört, Herr Pastor.", sagte er. „Ich bin an sich Katholik, und ich habe eine Menge über diese Einrichtung hier unter unseren Leuten gehört, die man für eine Brutstätte antinationalsozialistischer Aktivität hält.

---

161 Die Enzyklika *Ubi Arcano Dei Consilio* (Über den Frieden Christi im Reiche Gottes) vom 23. Dezember 1922 wird auch als Antrittsenzyklika Papst Pius' XI. bezeichnet, in der ausführlich auf den Ersten Weltkrieg, seine Gründe, Ursachen und Folgen eingegangen wird.

162 Die Enzyklika *Nova Impendet* (Über die ökonomische Krise) vom 2. Oktober 1931 verfasste Papst Pius XI. in Reaktion auf die Weltwirtschaftskrise.

Ich konnte nicht glauben, dass ein katholischer Priester es wagen würde, so etwas zu betreiben. Deshalb wollte ich mich selber davon überzeugen, und das ist nun geschehen. Es ist nur eine persönliche Angelegenheit, Sie brauchen sich darüber keine Gedanken zu machen, ich werde weder über Sie noch über irgendeinen der Seeleute berichten. Aber ich warne euch Matrosen, diese Einrichtung noch einmal zu besuchen." Dann stand er auf und ging.

An diesem Abend zogen einige der Männer aus und kamen nicht mehr zurück. Sie hatten ihre Gründe, und wir hatten alle gespürt, dass die Drohungen der Nazis nicht auf die leichte Schulter zu nehmen waren. Allein im Jahre zuvor, im Juni 1934, hatte Hitler eine furchtbare Säuberungsaktion durchgeführt, bei der beinahe tausend Menschen ermordet worden waren, darunter der frühere Reichskanzler von Schleicher. Ich konnte es den Seeleuten nicht verübeln, war ich doch selbst von den Nazis vorgeladen worden, und das ist für mich eine schlimme Erfahrung gewesen.

In der Woche nach der Säuberungsaktion brachten die Naziblätter große Schlagzeilen über einen Priester in Ostdeutschland, der angeklagt war, an der Ermordung eines SA-Mannes beteiligt gewesen zu sein. Es war die übliche Masche, mit einer Frau im Hintergrund, um deren Zuneigung angeblich der Priester und das Braunhemd stritten. Ich rief den Leiter der Katholischen Jugend in Osnabrück an – bei welcher der Priester als Referent tätig war – und fragte ihn, ob die Geschichte wahr sei. Er sagte mir, man habe sorgfältig nachgeforscht, und der Priester sei unschuldig. So schrieb ich einen Kommentar dazu und beauftragte meinen Mitarbeiter, der die Schiffe besuchte, diesen an die katholischen Seeleute zu verteilen. Ich bat ihn, sicher zu gehen, und das Schriftstück nur jenen zu geben, die er persönlich kannte. Dies war an einem Samstagabend. Am Sonntagmorgen wurde ich um 5 Uhr durch ein lautes Klopfen an der Tür geweckt. Im gleichen Augenblick klingelte das Telefon. Ein guter Freund von mir rief mich an und erzählte mir, mein Schiffsbesucher sei verhaftet worden, und die Gestapo würde kommen, um auch mich zu verhaften. Als ich, noch im Halbschlaf, die Tür öffnete, stürmten zwei Männer herein. Da ich nur mit meinem Pyjama bekleidet war, musste ich mich in ihrer Gegenwart ankleiden. Sie nahmen mich mit ins Hauptquartier und übergaben mich einem Mann zum Verhör. Nach einigen obskuren Beschuldigungen eröffnete er mir, ich sei in Schutzhaft genommen. Ich fragte ihn, was das denn zu bedeuten habe. Er meinte, das hieße entweder Konzentrationslager oder Gefängnis, und er fügte hinzu, ich hätte kein Recht auf Verteidigung. Dann fragte er mich direkt, ob ich antinazistische Pamphlete unter den Seeleuten verteilt hätte. Ich verneinte das kategorisch – ich hatte sie ja auch tatsächlich nicht verteilt; natürlich hätte ich auch nicht zugegeben, sie geschrieben zu haben. Nach zwei Stunden war mein Inquisitor offensichtlich der ganzen Sache müde und erklärte mir, ich könne nach Hause gehen und stünde nicht mehr länger unter Arrest.

Diese Erfahrung ging mir beträchtlich auf die Nerven. Ich rief meinen Bischof an und erzählte ihm, was passiert war. Er bat mich, ihn zu besuchen. Als ich in seiner Residenz ankam und die Einzelheiten ihm gegenüber ausbreitete, brach er in Wut und Zorn aus, rannte hin und her und nannte die Nazis braune Bolschewiken – was ein Lieblingsausspruch von ihm war. Später machte ich die Entdeckung, dass er an den Sitzungen des Staatsrates[163] teilnahm, an der Seite solcher Leute wie Göring, Himmler und Heydrich.

Am folgenden Sonntag veranstaltete die Katholische Jugend der Stadt einen Protestmarsch gegen die Verhaftung des Priesters. Der Bischof war anwesend. Derselbe Mann, der eine Woche zuvor nur Verachtung für die Nazis übrig gehabt hatte, ermahnte jetzt die Jugend, sich loyal zum Führer zu verhalten, denn der sei ein großer Lenker, der Deutschland aus der Schande herausgeführt habe.

Ich besuchte meine Mutter, die sich in Bad Oynhausen aufhielt. Während wir im Park saßen, hörten wir über Lautsprecher Hitlers Rede vor dem Reichstag, in der er seine blutige Säuberung rechtfertigte.[164] Er sei in diesem Augenblick das Gewissen Deutschlands und habe das Mandat des Deutschen Volkes, die Ordnung und den Frieden wieder herzustellen, Deutschland vor innerer Unruhe zu bewahren, und es in die Lage zu versetzen, ausländischer Aggression zu begegnen. Es war eine aufrührerische Rede – scheinheilig, blutrünstig und rachsüchtig – aber sie überzeugte Tausende, vielleicht Hunderttausende von Menschen.

Kapitel 7

Die Flucht nach England

Mein Bischof, Wilhelm Berning, war Mitglied des Preußischen Staatsrates unter Göring und erhielt, obgleich keine Sitzungen stattfanden, monatlich eine Summe von 1000 Mark vom Finanzminister ausbezahlt. Er war kein Nazi, aber er sympathisierte

---

163 Der 1920 gegründete Staatsrat des Freistaates Preußen war die parlamentarische Vertretung der preußischen Provinzen. Erster und einziger Präsident war der Kölner Oberbürgermeister Konrad Adenauer von 1920 bis 1933. Aufgrund des „Ermächtigungsgesetzes" wurde der Staatsrat 1933 aufgelöst. Der neue Preußische Staatsrat (Gesetz vom 8. Juli 1933) bestand aus drei Gruppen: 1. Staatssekretäre, 2. Höhere SA- und SS-Führer sowie Gauleiter, 3. Repräsentanten von Kirchen, Wirtschaft, Wissenschaft und Kunst. Die Mitgliedschaft wurde auf Lebenszeit verliehen. Bei der Übernahme dieses Ehrenamtes wurden die Mitglieder auf die Treue zum Führer und die geschichtliche Größe Preußens vereidigt. Nach der glanzvollen Eröffnung im September 1933, an der Hitler nicht teilnahm, gab es kaum weitere Sitzungen. Vgl. Christopher Clark, *Preußen. Aufstieg und Niedergang 1600–1947*, München: DVA, 2007.

164 Hitlers Reichstagsrede vom 13. Juli 1934, in der er die blutige Niederschlagung des Röhm-Putsches am 30. Juni 1934 („Nacht der langen Messer") rechtfertigte, wobei innerparteiliche Gegner (u. a. Röhm) sowie Widersacher Hitlers aus dem konservativen Spektrum (u. a. Kurt von Schleicher) von SS-Truppen ermordet wurden. Vgl. die Ausführungen bei Richard J. Evans, *Das Dritte Reich*, Bd. 2. *Diktatur*, München: DVA, 2006.

mit der Bewegung. Entweder glaubte er die Berichte von Naziterror und Gräueltaten nicht, oder er sah sie als bedauerliche Entgleisungen im ersten Rausch der Revolution an. Er sah im Nationalsozialismus eine jugendliche Kraft der Erneuerung in Deutschland, eine große völkische Woge, auf deren Kamm die Kirche reiten würde. Jede Angelegenheit, die er mit den Nazis zu regeln hatte, geschah auf dem formellen Wege durch das Kanzleramt. Er war stark beeinflusst von den Ehrungen, die er erfuhr, und merkte nicht, dass er von ihnen getäuscht wurde. Er besaß einen aufrichtigen Charakter, wenn auch ein guter Teil moralischer Naivität vorhanden war, und beklagte sich bitter über die vielen Briefe, die er bekam, in denen er als Judas beschimpft wurde. Das Missverhältnis seiner offenen politischen Verbindung mit den Männern, die die blutige Säuberung von 1934 initiiert hatten, fiel ihm nicht auf. Er war von seiner Mission, segensreiche Beziehungen zwischen Kirche und der Nazipartei zu stiften, so überzeugt, dass er, zusammen mit Monsignore Kaas von der Zentrumspartei und Erzbischof Gröber von Freiburg, die deutsche Hierarchie dazu brachte, Kardinal Pacelli und Papst Pius XI. zur Unterzeichnung des Konkordats mit von Papen zu überreden. Die Unterzeichnung dieses Konkordates beendete alle Hoffnungen des katholischen Widerstands in Deutschland auf eine gemeinsame Opposition gegen Hitler.[165]

Im Frühjahr 1933 hatte ich ein sonderbares Erlebnis mit meinem Bischof. Auf seine Anregung hin fand unsere jährliche Direktorenversammlung des Apostolates des Meeres in Osnabrück statt. Nachdem alle geschäftlichen Dinge erledigt waren und das jährliche Budget bewilligt, lud ich den Bischof ans Rednerpult. Er sagte, er habe auf diese Gelegenheit gewartet, weil das Konkordat kurz vor der Unterzeichnung stünde und er so die Gelegenheit habe, seine Bemühungen öffentlich zu erläutern. 1517, so sagte er, habe es in Deutschland eine große Volksbewegung gegeben, angeführt durch einen jungen Radikalen namens Luther, welche die katholische Kirche vollständig hinweggefegt habe und welche tatsächlich gegen die katholische Kirche gerichtet war. Jetzt würde eine andere große, völkische Bewegung stattfinden, und diesmal dürfe die Kirche nicht die Gelegenheit vorübergehen lassen, sich der Sache des Volkes anzuschließen.[166]

---

165 Gemeint ist das sogenannte Reichskonkordat, ein am 20. Juli 1933 zwischen dem Heiligen Stuhl und dem Deutschen Reich geschlossener Staatskirchenvertrag. Das Konkordat war nicht nur außenpolitisch ein Erfolg für das neue Regime, sondern steigerte auch das Ansehen des NS-Regimes bei den deutschen Katholiken. Es bot der katholischen Kirche während der nationalsozialistischen Herrschaft trotz aller Verfolgungen und Anfeindungen eine juristische Basis zur Verteidigung ihrer Rechte, die allerdings seitens der Hitlerregierung zunehmend missachtet wurden. Vgl. Thomas Brechenmacher, *Das Reichskonkordat 1933. Forschungsstand, Kontroversen, Dokumente*, Paderborn: Schöningh, 2007.
166 Vgl. H. Hürten, *Deutsche Briefe*, Bd. 2, S. 28–39, hier S. 33; vgl. dazu auch den Schriftwechsel zwischen Reinhold und Waldemar Gurian vom 23. und 24. Januar 1936. Reinhold hatte wohl diese Episode und den Ausspruch Bernings Gurian mitgeteilt, der diese für einen Artikel in seinen *Deutschen Briefen* im Januar 1936 verwandte, was zu Mißverständnissen zwischen Reinhold und

Ein anderer Direktor und ich begannen, verlegen zu husten und eine gewisse Unruhe zu verbreiten. Er wandte sich uns zu und fragte, was los sei. Ich sagte: „Herr Bischof, wollen Sie nicht wahr haben, dass die Nazis Verbrecher sind? Merken Sie nicht, dass diese Bewegung dem deutschen Volk gegen seinen Willen aufgezwungen ist?" Der andere Direktor äußerte sich ebenfalls in noch schärferen Ausdrücken und wies darauf hin, dass die Naziphilosophie antichristlich und antisemitisch sei. Der Bischof winkte aber bloß mit der Hand und lächelte milde: „Ihr seid beide Bolschewiken.", meinte er.

Als für mich die Stunde der Entscheidung kam, war der Bischof nicht in der Lage zu helfen. Ich war durch einen katholischen Adjutanten des Hamburger Gauleiters gewarnt worden, dass ich von der Gestapo vorgeladen werden sollte; er riet mir, nicht auf diese Vorladung zu warten, sondern selbst aus freien Stücken das Büro der Gestapo aufzusuchen. Der Bischof zögerte, diesem Schritt zuzustimmen, doch schließlich sagte er: „Ich werde Ihnen einen Brief schreiben. Gehen Sie nach Hause, morgen erhalten Sie eine Ernennung zu meinem offiziellen Beauftragten. Gehen Sie damit zur Gestapo unter dem Vorwand, zu erkunden, was in der Kooperation zwischen der Regierung und ihrer Seemannsmission verbessert werden könnte. Auf diese Weise brauchen Sie sich nicht der Gefahr der Verhaftung auszusetzen."

Als der Brief ankam, bat ich meinen Sekretär, ein Treffen mit Streckenbach, dem Leiter der Geheimpolizei, zu arrangieren. Das Büro der Gestapo befand sich in der früheren Kaiserlichen Botschaft – dem einstigen Lieblingsgebäude meines Vaters. Schon wenige Minuten später kam der Sekretär zurück und sagte: „Ich hatte denen gerade gesagt, wer anruft, als man mir auch schon sagte, Sie sollen morgen um elf Uhr da sein." Offensichtlich wussten sie irgendwie, dass ich den Brief vom Bischof erhalten hatte und waren der Verabredung zuvorgekommen. So fuhr ich ohne zu große Besorgnis zum Gestapobüro, parkte mein Auto im Innenhof, fragte nach dem Treppenaufgang und wurde in das Büro von Streckenbach geleitet. Eine meiner Sorgen war, wie ich ihn begrüßen sollte, denn um nichts in der Welt wollte ich „Heil Hitler!" sagen und meine Hand zum Nazigruß erheben. Er empfing mich jedoch mit einem freundlichen Lächeln und streckte mir die Hand entgegen, was die Situation entschärfte – vermutlich, glaube ich. Ich fühlte mich mehr oder weniger erleichtert, wenngleich sich hinter seinem Schreibtisch, mir direkt gegenüber, ein großes Porträt von Heinrich Himmler befand, einem Mann, der später in Verruf geriet, eher die Tiere zu lieben, als die Juden.

Nach dem Austausch einiger Freundlichkeiten fragte ich ihn, wie denn der Seemannsclub und die Regierung besser zusammenarbeiten könnten. Wir diskutierten darüber etwa zwanzig Minuten, konnten aber zu keinem Ergebnis kommen, so dass ich meinte: „Dies ist eine Angelegenheit, die zwischen dem Papst und dem

---

Gurian führte, weil Reinhold auf Bischof Berning zum damaligen Zeitpunkt aus privaten und beruflichen Motiven Rücksicht nehmen wollte, was auf das Unverständnis von Gurian stieß.

Führer ausgebügelt werden muss, und nicht zwischen Ihnen und mir." Er sah mich verschmitzt an und sagte: „Oh, jetzt erinnere ich mich, wer Sie sind!" Er verließ den Raum für einen Augenblick und kehrte mit einem großen Aktenbündel zurück, das er mit beiden Armen tragen muss. Er legte es auf seinen Schreibtisch und begann, es mit großem Interesse durchzublättern. Ich sah Fotokopien von Briefen, Berichte, die ich geschrieben hatte, und anderes Material, alles mit kleinen angehefteten Notizen. Er ging den Ordner sehr langsam durch, wie um mir zu zeigen, wie viel die Gestapo gegen mich hat. „Nun", sagte er, als er die Akten schloss, „Sie sehen, was wir alles über Sie wissen. Wollen Sie ihre Vorgehensweise ändern und ein guter deutscher Staatsbürger werden, oder sind Sie im Begriff, ihren gegenwärtigen Kurs fortzusetzen?" Ich sagte ihm, ich dächte ein guter deutscher Staatsbürger zu sein, dass ich stets nach meinem Gewissen und nach der katholischen Lehre handeln würde, und dass ich das auch nicht ändern könnte. Er sagte: „Machen Sie was Sie wollen! Ich könnte Sie hier und jetzt verhaften und abführen lassen. Aber ich werde Sie nach Hause gehen lassen, und wir werden Sie im Auge behalten." Als er mich zur Tür geleitete, wies er darauf hin, dass im Büro nebenan gerade ein Treffen einiger mir bekannter Katholiken stattfände, von denen ich sicher nicht den Verdacht einer Verbindung zur Gestapo hätte. „Soll ich sie von Ihnen grüßen?" fragte er.

Ich musste bald darauf am Begräbnis eines meiner guten Freunde teilnehmen, ein Professor an der Hamburger Universität. Als ich zur Kirche fuhr, dachte ich, welch ein wunderbarer Frühling es in diesem Jahre sei. Manchmal konnte man fast vergessen, dass man unter einem Wahnsinnigen lebte. Die Arbeitslosigkeit war zurückgegangen und das Leben in Deutschland hatte wieder den Anschein einer gewissen Prosperität gewonnen. Wenn man keine Zeitung las oder nicht Radio hörte, konnte man das Gefühl haben, es ginge einem gut. Jedoch war es eine Scheinwohlfahrt, denn Gestapoagenten erwarteten mich an der Kirchentür, um mich zum Seemannsclub zu geleiten. Als wir dort ankamen, fand ich ihn verlassen vor – aber offenbar nur scheinbar verlassen. Andere Agenten waren vor uns dort angekommen und hatten alle Seeleute in ihren Zimmern eingesperrt. Die Gestapo betrieb eine ausgedehnte Suche nach subversiver Literatur, wie man mir sagte, die allerdings nicht gefunden werden konnte. Schließlich stopfte man alle Durchschläge meiner Briefe in einen Karton. Man fragte mich nicht, aber gegen Ende der Aktion befahl man mir, mich hinzusetzen und einen Revers zu unterschreiben, dass ich bereit sei, freiwillig das Gebiet von Hamburg, Bremen und Schleswig-Holstein zu verlassen. Das Dokument besagte, ich würde ausgewiesen, um das Land vor Subversion zu schützen, gemäß einem vom Reichstag erlassenen Gesetz von 1933, das den Kommunismus ächtete.[167]

---

[167] „Reichstagsbrandverordnung" vom 28. Februar 1933. Die nach dem Reichstagsbrand vom 27. Februar 1933 schnell erlassene Notverordnung hatte die „Abwehr kommunistischer staatsgefährdender Gewaltakte" zum Inhalt. Es war ein Freibrief für die Verfolgung aller politischen Gegner der Nationalsozialisten. Es folgte eine Verhaftungswelle gegen Kommunisten und andere Oppositionelle. Trotz der massiven Verfolgung konnte die KPD bei den Reichstagswahlen am 5. März

Als sie fort gingen, gab einer der Leute meinen Pass dem Anführer. Dieser steckte ihn ein und sagte zu mir, ich müsste die Stadt auf der Stelle über eine bestimmte Brücke verlassen, die zur Straße nach München führen würde, welches mir als mein nächster Aufenthaltsort bestimmt sei. Ich sagte ihm, ich hätte eine Mutter von über siebzig Jahren, die den Schock meiner Vertreibung nicht ertragen würde, es sei denn, dass ich ihr die Nachricht selber überbrächte und sie trösten könnte. In diesem Falle, so sagte der Beamte, dürfe ich mich noch zwei weitere Stunden in Hamburg aufhalten.

Während ich hastig meine Sachen packte, kam der Sekretär ins Zimmer und händigte mir Pass und Visum aus. Ich fragte ihn, wie er die Sachen dem Beamten abgenommen hätte. Er antwortete mir, dieser habe sie beim Hinausgehen deutlich sichtbar auf den Tisch gelegt. Das war offenbar ein Wink für mich, so meinte mein Sekretär, das Land zu verlassen. Ich fuhr zur Wohnung meiner Mutter, zusammen mit dem Sekretär, denn der war britischer Staatsbürger und ein Schutz gegen einen fingierten Unfall draußen auf der Landstraße. Als wir nach Ablauf der zwei Stunden die Elbe überquerten, bemerkten wir zwei Braunhemden, die sich unsere Autonummer notierten.

Ich hatte meinen Bischof durch ein Telegramm über den Vorfall informiert. Als ich später an jenem Tage sein Büro betrat, war er äußerst erregt. „Ich wusste, dass das passieren würde.", sagte er. „Sie sind ein Pazifist, und Sie bemühen sich viel zu sehr um Polemik." Von dieser Anklage war ich völlig überrascht. Ich sagte: „Mein Pazifismus ist der von Papst Pius, Eure Exzellenz, und wenn ich zu polemisch gewesen bin, so wäre mir eine frühere Warnung lieber gewesen." Er wechselte plötzlich seinen Tonfall und wurde sehr freundlich und väterlich. „Machen Sie sich keine Gedanken darüber.", sagte er. „Lassen Sie mich mit denen telefonieren. Ich bin Staatsrat und habe einigen Einfluss in diesem Lande. Jetzt ist es Zeit, das zu testen." Er ließ sich für ein persönliches Gespräch mit dem Chef der Gestapo in Berlin verbinden, das jedoch ergebnislos blieb. Der Chef der Gestapo konnte die Ausweisung nicht rückgängig machen. Dann ließ sich der Bischof mit der Gestapo in Hamburg verbinden und schließlich mit der Dienststelle in Osnabrück, mit dem gleichen Resultat. Er war vollkommen niedergeschlagen. Schließlich sagte er: „Bleiben Sie heute Nacht im Seminar und gehen Sie morgen in das hiesige Büro der Gestapo und fragen Sie nach einem Herrn Soundso." Er nannte mir einen Namen. Meine Vorahnung warnte mich, diesen Herrn Soundso aufzusuchen und das Strickmuster der Frustration nur noch zu verlängern. Schließlich bekam ich aber doch den Kuli im Gestapobüro zu Gesicht. Es war ein fetter, grausam aussehender Mann, der mir laut ein überlanges Telegramm vorlas, in dem stand, man habe bei einer zweiten Durchsuchung meines Büros mehr

1933 überraschend mit 12,3 Prozent 81 Sitze erringen, welche diese aber nicht mehr wahrnehmen konnte. Vgl. Thomas Raithel/Irene Strenge, Die Reichstagsbrandverordnung: Grundlegung der Diktatur mit den Instrumenten des Weimarer Ausnahmezustandes, in: *Vierteljahrshefte für Zeitgeschichte* 48 (2000), S. 413–460.

belastendes Material gefunden – kommunistische russische Literatur – und ich hätte mich am nächsten Sonnabend, anstatt nach München zu gehen, in Frankfurt am Main bei der Gestapo zum Rapport einzufinden. Das war am 1. Mai, entweder ein Mittwoch oder ein Donnerstag.

Ich ging zurück zu meinem Bischof, der mich mit großer Spannung erwartete. Als ich ihm die letzte Entwicklung schilderte, war er sehr traurig. Ich dachte, dass ich in Osnabrück unter seinem Schutz stand, so dass er sich für mich persönlich einsetzen konnte, falls die Gestapo kommen würde, um mich zu verhaften. „Sie haben nicht die Absicht, nach Frankfurt zu gehen?", fragte er. Ich sagte, die Gestapo wisse offenbar, dass ich viele Freunde in München habe, aber keine in Frankfurt, und dass ich dort sehr isoliert und ohne Unterstützung sein würde. Er war einverstanden, dass ich in Osnabrück blieb.

Irgendwie hatte ich gehofft, er würde mich einladen, in seinem Palais zu wohnen, aber er sorgte dafür, dass ich die nächsten Tage ein Zimmer in einem Hospital bekam. Als ich dort hinging, traf ich einen mir bekannten Priester, der mich fragte, was ich in Osnabrück wolle. Ich erzählte ihm, was geschehen war, aber bevor ich damit zu Ende kam, drehte er sich um und ging davon. Später fragte ich einen anderen Priester, ob er bereit wäre, mit mir nach Paderborn zu fahren, um meine Tante zu besuchen, die fast achtzig Jahre alt sei und dort in einem Altenheim wohnt. Er lehnte das freundlich, aber bestimmt ab. Schließlich fand ich einen couragierten Laien, Theo Landmann, der bereit war, die Reise mit mir zu unternehmen. Er war ein Kunstmaler, der schon für mich in Bremerhaven gearbeitet hatte. Ich bat meine Tante, die Mutter anzurufen und ihr zu sagen, dass ich gesund und munter wäre. Als ich ihr meine Ausweisung zeigte, meinte sie: „Das ist so etwas wie der Lohn für Deinen Einsatz im Krieg, oder nicht?"

Am 2. Mai war das Fest des heiligen Athanasius. Der Text des Evangeliums war die Antwort auf das, was mich bewegte:

„Wenn sie euch in der einen Stadt verfolgen, so flieht in eine andere. Ich sage euch, ihr werdet mit den Städten Israels nicht zu Ende kommen, bis der Menschensohn erscheint. [...] Was ich zu euch im Dunkeln rede, das verkündet im hellen Licht, was euch ins Ohr geflüstert wird, das ruft laut von den Dächern. Fürchtet euch nicht vor denen, die den Leib töten, aber die Seele nicht töten können."

Nach der Messe wollte ich den Bischof besuchen und ihm von meiner Angst wegen der Trennung von ihm im Hospital berichten. Aber die Dame an der Tür sagte mir, er wäre nicht da. Ich fragte, wo er denn hingegangen sei. „Er ist in Bremen zu einem Festessen mit dem Führer." „War das geplant?", fragte ich. „Ja, er war eingeladen." Ich erinnerte mich, dass ich auch eingeladen war, mich aber entschieden hatte, abzulehnen – es ging um den Stapellauf eines neuen Schiffes des Norddeutschen Lloyd.[168] Ich hatte furchtbare Angst, denn nun war ich alleine, ohne Schutz für einige

---

168 In seinem Brief an „Äffchen" vom 4. Oktober 1935 gibt Reinhold eine etwas andere Darstellung dieser Ereignisse. Abdruck unten, S. 317 ff.

Tage. Ich fuhr deshalb sogleich zu meinen Freunden, den Jesuiten, nach Münster, etwa sechzig Kilometer entfernt. Die Laienbrüder, die mich begrüßten, hielten mich für einen verkappten Nazi, doch als der Priester kam, nach dem ich gefragt hatte, wurde ich herzlich begrüßt. Ich erzählte ihm, was in den letzten Tagen passiert war, und dass ich den Wunsch hätte, wenn es möglich wäre, nach England zu gehen. Die Direktoren des Apostolates des Meeres dort hatten mich des Öfteren gedrängt, zu ihnen zu kommen, wenn die Naziautoritäten meine Tätigkeit in Deutschland unmöglich machen würden. Er riet mir, sofort nach England aufzubrechen. Einer der Jesuiten, Pater Maring, würde mich über die Grenze nach Holland begleiten und dafür sorgen, dass ich den Nazis nicht in die Hände fiel.

Wir starteten sofort. Unser Plan war, mit meinem Auto zur Grenzstadt Gronau zu fahren, etwa 60 Kilometer von Münster entfernt. Pater Maring würde dann mit einem jüdischen Radiohändler aus Gronau kommen, der das Auto zu einer Überholung in eine Werkstatt bringen sollte. Niemand würde nach dem Wagen fahnden, und schließlich würde der Werkstattbesitzer den Eigner des Wagens über das Kennzeichen ausfindig machen. Der Wagen war auf den Namen meiner Mutter zugelassen, die von meiner Flucht durch den nächsten Jesuiten, der nach Hamburg kam, erfahren sollte. So konnte man niemals feststellen, wo ich die Grenze passiert hatte, und meine Mutter hätte einen Wagen zu ihrer Verfügung.

Damals verabschiedete ich mich in Gronau von Pater Maring, der an jenem Tag mit dem Radiohändler nach Münster zurückgekehrt ist. Ich hörte später, dass er während des Krieges enthauptet wurde.

Von Gronau aus musste ich über die Grenze, die sich am Rande der Stadt befand. Wir trafen dort einen Pater Wahle, der mit einem Fahrrad für mich auf uns wartete. Er sagte mir, wir würden zur Beichte gehen. Ich war total perplex über den offensichtlichen Aufschub unseres Planes und fragte mich, ob es sich dabei um ein tödliches Risiko handelte, bis er mir klar machte, dass das Kloster, wo wir beichten könnten, eben hinter der Grenze lag. Es war in der Zeit des Kulturkampfes erbaut worden und sollte den Bedürfnissen der katholischen Einwohner der Stadt dienen. Für die deutschen Katholiken in Gronau war es ganz normal, dass sie zum Beichten über die Grenze nach Holland gingen.

Die deutsche Landschaft war an jenem Frühlingstag lieblicher denn je. Die Leute arbeiteten auf den Feldern und es lag eine festliche Stimmung in der Luft, denn es war Mai. Pater Wahle und ich traten in die Pedale, er in ausgezeichneter Laune, ich unsicher und besorgt wegen der Möglichkeit, an der Grenze geschnappt zu werden. Bis auf zehn Mark, die man als Deutscher mit über die Grenze nehmen durfte, hatte ich mein ganzes Geld den Jesuiten als Geschenk für das Haus gegeben. Auf diese Weise konnte man mich nicht wegen Devisenschmuggels anklagen.

Wir kamen an einem Haus vorbei, das wie eine kleine Grenzstation oder Zollstelle aussah. Der Beamte war offenbar beim Mittagessen, ich konnte ihn und seine Familie am Tisch sitzen sehen. Ich wagte keine Fragen zu stellen, aber als wir weiter und

I. EUROPA

weiter radelten, wurde ich schließlich ungeduldig und sagte zu Pater Wahle: „Wann kommen wir denn endlich nach Holland?" „Wir sind schon drei Kilometer drin.", antwortete er. „Warum haben Sie mir das nicht gesagt?", fragte ich voller Freude. Ich wäre am liebsten vom Rad gesprungen und hätte ein Siegesgeheul angestimmt. „Weil ich fürchtete, Sie würden eine Szene machen, vom Rad springen und Hurra schreien. Wie würde es wohl aussehen, wenn ich mit schlechten Nachrichten zurückkäme?" Ich bewunderte seine Klugheit und sagte nichts weiter. Bald darauf lieferte er mich beim Rektor der katholischen Kirche in Enschede ab, wo ich mir Geld leihen musste, um meine Reise nach Rotterdam fortzusetzen.

Von dort ging es über Nacht mit einer Fähre nach Liverpool. Alles, was ich mitgenommen hatte, waren mein Füllfederhalter und eine Zahnbürste. Der Füllfederhalter ging verloren, die Zahnbürste besaß ich noch. Einer meiner alten Freunde, Arthur Gannon, begrüßte mich und nahm mich mit nach Hause. Er labte mich mit heißer Milch, stärkte mich mit Whiskey und brachte mich zu Bett.

Die nächsten paar Tage habe ich mich nur ausgeruht, obgleich ich mich in einem fürchterlichen Zustand von Not und Elend befand. Später erfuhr ich, dass die Nazis, nachdem ich in Frankfurt nicht erschienen war, nach mir bis zum Schwarzwald zu fahnden begannen. Jeder, zu dem ich persönliche Beziehungen hatte, oder mit dem ich brieflich korrespondierte, wurde verhört. Die Gestapo ging sogar so weit, dass sie Leute befragte, mit denen ich nie Kontakt hatte, die aber Artikel für dieselben Zeitschriften geschrieben hatten wie ich.

Als ich später diese Geschichte einem meiner wenig mitfühlenden, amerikanischen Bekannten erzählte und ihm erklärte, dass ich meinen Bischof über meinen Fluchtplan nicht informiert hätte, um ihm die Entscheidung zu ersparen – und vielleicht auch einige Unannehmlichkeiten seitens der Gestapo – tadelte er mich scharf und sagte: „Du hast also Deutschland verlassen, weil dein Bischof mit Hitler zu Tisch gewesen ist." Ich habe mir manchmal überlegt, ob mein Bischof es ähnlich empfunden hat.

Kapitel 8

Das Leben unter Flüchtlingen

Der Stress der Emigration und die Furcht vor dem Unbekannten zeigten bald ihre Wirkung. Ich hatte Anfälle von tiefster Depression und machte mir große Sorgen um die Sicherheit meiner Familie – wenngleich man sie in Ruhe ließ, nachdem man sie gezwungen hatte, sich von mir zu distanzieren. Ja, ich spielte sogar mit dem Gedanken, mich selbst den Nazis auszuliefern. Am Ende tat ich nichts. Ich betrat die unbekannte und einsame Welt der Flüchtlinge, in der jeder jeden verdächtigte, ein

Agent der Nazis zu sein, oder wilde Gerüchte über den bevorstehenden Untergang des Dritten Reiches verbreitete. Es war eine Welt voll von kleinen Exilregierungen, deren einzige Beschäftigung darin bestand, ausgeklügelte Geheimpläne zu erstellen, wie Deutschland nach dem Sturz Hitlers regiert werden könnte.

Anfang Juni wurde ich überrascht durch einen Besuch meines Halbbruders Alfred. Er hatte in London meine Adresse bekommen und erzählte mir von der Gestapo. Sie habe gedroht, meinen Anteil an der Familienfirma – ungefähr 75.000 Mark – einzuziehen, wenn ich nicht nach Deutschland zurückkäme. Diese Summe sollte Alfred zahlen, aber er besaß das Geld dafür nicht, und meine Weigerung zurückzukehren, hätte seinen finanziellen Ruin bedeutet. Er hatte zwei Flugtickets nach Köln bei sich und versprach mir, mich von dort nach Osnabrück zu fahren, wo ich die Möglichkeit hätte, unter dem Schutz des Bischofs zu leben. Ich war ziemlich sicher, dass Bischof Berning nichts von diesem Plan wusste. Auf den Rat von Ex-Kanzler Dr. Brüning, den ich kurz nach meiner Ankunft in London traf, lehnte ich das Ansinnen meines Bruders ab. Ich begründete dieses damit, dass er Mitglied der Partei sei und es schon irgendwie schaffen würde, den Bankrott zu vermeiden.

Bald nach meiner Ankunft in London hatte ich Schritte unternommen, um als Kurat nach Interlaken zu gehen, in das Herz der Schweiz. Im Geheimen bereitete sich die Schweiz schon auf einen zweiten Weltkrieg vor. Die Industrie führte Kriegsmaterial aus, große Munitionslager und Luftschutzanlagen wurden in die Berge gesprengt. Die Schweiz reagierte viel empfindlicher auf die Nazigefahr als Großbritannien. Während meines Aufenthaltes in England ärgerte mich das Flottenabkommen[169] mit Deutschland. Dann kamen Nachrichten von der freundlichen Begrüßung durch den Prinzen von Wales, Edward VII., anlässlich eines Besuches deutscher Kriegsveteranen. Der angelsächsische Charakter ist so anständig, dass er sich ein solch monströses Regime wie das der Nazis, nicht vorstellen kann. Die Briten sind aufgrund ihrer Verfassung her nicht fähig, Terror zu begreifen, denn sie haben nie unter Terror zu leiden gehabt. Die Schweiz dagegen sprach Deutsch und muss seit hunderten von Jahren im Schatten Deutschlands leben. Sie begriff, dass Hitler ein Wahnsinniger war, mit dem man nicht argumentieren konnte, und dass der Friede nicht für einen Spottpreis zu haben war.

Ich war nicht sehr lange in Interlaken, da tauchte eine merkwürdige Person als Gast eines der deutschen Flüchtlinge auf. Der Gastgeber lud mich zu einem Tee und ich wurde vorgestellt. Er nannte sich Loritz und redete mich als „den berühmten

---

169 Gemeint ist das deutsch-britische bzw. deutsch-englische Flottenabkommen vom 18. Juni 1935 zur Begrenzung des Kriegsflottenbaus auf beiden Seiten (im Verhältnis 3:1 Großbritannien zu Deutschland). Damit wurden zwar weitere Beschränkungen des Versailler Vertrags unterlaufen, Großbritannien hoffte aber mit dem Flottenabkommen, die deutsche Aufrüstung kontrollieren zu können. Vgl. Jost Dülffer, Das deutsch-englische Flottenabkommen vom 18. Juni 1935, in: Wolfgang Michalka (Hg.), *Nationalsozialistische Außenpolitik*, Darmstadt: Wissenschaftliche Buchgesellschaft, 1978, S. 244–276.

Pfarrer Reinhold" an. Ich fragte ihn, warum er mich denn als berühmt bezeichnete. Er meinte, es sei wegen meines Widerstandes gegen die Nazis. Er blieb dabei, große Bewunderung für meine Opposition zu bekunden und fragte mich, ob er mich wieder treffen könnte. Wir verabredeten eine Zusammenkunft, seinem Wunsch entsprechend, auf einer Bank in einem der Parks der Stadt. Als wir uns dann trafen, erzählte er mir von einem Anschlag, der in Bayern geplant war, um das Naziregime zu stürzen. Flüchtlinge würden heimlich bewaffnet, ganze Divisionen der Armee seien zu ihrer Unterstützung bereit – ob ich nicht Lust hätte, nach Deutschland zurückzukehren und daran teilzunehmen. Weil ich interessiert war, mehr von diesem Plan zu hören, ging ich auf ihn ein und sagte ja. Von da an wartete er von Zeit zu Zeit vor dem Postamt, bis er mich herauskommen sah, oder er traf mich bei einer Besorgung. Dann pflegte er mich zu begrüßen und gab mir Informationen über die seiner Meinung nach neueste Entwicklung. So ging es einige Monate. Dann kam er eines Tages ins Pfarrhaus und erzählte mir, dass die große Stunde gekommen sei. Die Exilarmee bereite sich auf den Einmarsch vor, und ich solle mich nach Bayern begeben, um bei der Führung der Revolte gegen Hitler zu helfen. Ich sah ihm direkt ins Gesicht und sagte ihm, er sei ein Betrüger. Er versuche, mich zur Rückkehr nach Deutschland zu bewegen, damit ich von der Gestapo, deren Agent er sei, verhaftet werden könne. Er gab vor, tief verletzt zu sein und verließ mich mit den Worten: „Ich gehe jetzt zurück nach München und werde den Leuten sagen, dass Sie uns fallengelassen haben." Ich folgte ihm zum Bahnhof und war mir sicher, obgleich ich ihn aus dem Blick verlor, dass er nicht den Zug nach München bestiegen hat. Der Vermieterin hatte er beim Verlassen seiner Wohnung gesagt, er ginge nach Zermatt. Als ich später verschiedene Freunde dort befragte, sagten sie, sie hätten ihn dort niemals gesehen. Nach Beendigung des Krieges gab es Berichte über einen Mann namens Loritz, der versuchte eine Neo-Nazibewegung in Bayern aufzurichten. Ich hatte stets den Verdacht, diese beiden Loritz seien die gleiche Person.

Ich war nicht länger als einen Monat in Interlaken tätig, als ein Polizist kam und mir einen Ausweisungsbefehl aushändigte. Ich hätte die Schweiz innerhalb von 24 Stunden zu verlassen. Als ich nach dem Grund fragte, wurde mir gesagt, ich hätte eine bezahlte Arbeit angenommen, ohne die Erlaubnis des Arbeitsamtes in Bern einzuholen. Daraufhin schickte mich der Pfarrer zu seinem Rechtsanwalt in Bern, welcher der Schwiegersohn eines obersten Richters war. Der Anwalt riet mir, nichts zu unternehmen – also weder das Land zu verlassen, noch Widerspruch einzulegen – sondern abzuwarten, in der Hoffnung, dass die Sache sich bald aufklären würde. Wie auch immer, der Pfarrer und ich entschieden uns, die Einwanderungsbehörde in Luzern aufzusuchen. Der Mann, der uns verhörte, behandelte uns jedoch, als seien wir Verbrecher und meinte, er sei sich nicht sicher, ob ich ein politischer Flüchtling oder ein gerichtlich Verfolgter sei. Der Pfarrer sagte: „Das reicht!", und wir gingen hinaus. Später lasen wir in der Zeitung, dieser Beamte der Einwanderungsbehörde sei als Spion der Nazis verhaftet worden. Es war eine eindrucksvolle Lektion darüber, wie weit sich das Netz der Nazis ausgebreitet hatte.

Im folgenden Sommer des Jahres 1936 nahm ich an einem meiner letzten Treffen der Direktoren des Internationalen Apostolates des Meeres teil. Ich war Generalsekretär des deutschen Zweiges gewesen, hatte aber diesen Posten eingebüßt, als ich das Land verließ. Ich besuchte das Treffen jetzt nur, weil ich dachte, ich könnte den Interessen der deutschen Clubs dienen, auch wenn es für die anderen Delegierten etwas verwirrend war, zwei Versionen von den Vorgängen in Hamburg zu hören – meine eigene, und die meines Nachfolgers, der nur Lob für die Nazis übrig hatte. Er erklärte, alles liefe prächtig in Hamburg, und die wenigen Probleme dort wären durch meine Fehler entstanden. Natürlich war der arme Mann gezwungen, so zu reden, wenn er sicher nach Deutschland zurückkehren wollte. Die einzige Gruppe, die meine Position richtig einschätzte, waren die Franzosen. Sie stimmten einer Resolution zu, in der Sympathie für mein Verhalten zum Ausdruck kam.

Um dieselbe Zeit hatte ich einen Briefwechsel mit Dorothy Day begonnen. Lange hatte ich ihre Arbeit aus der Ferne verfolgt, und ich teilte ihr mit, was mir passiert war. Sie erwähnte meinen Namen später gegenüber einer gewissen Frau Froelicher, geboren in der Schweiz und jetzt amerikanische Staatsbürgerin, die Interesse an der Gründung eines katholischen Flüchtlingskomitees in Amerika hatte. Bis dahin hatte sich das evangelische Flüchtlingskomitee um die katholischen Flüchtlinge gekümmert. Jetzt brauchte man ein katholisches Gegenstück, besonders seitdem es so viele katholische Flüchtlinge gab. Innerhalb des Komitees wurde jemand gebraucht, der direkt mit den Flüchtlingen arbeiten und entscheiden konnte, ob ein Flüchtling Vertrauen verdiente oder nicht. Das war ein beträchtliches Problem bei der Stellenvermittlung. Nicht selten wurden die Menschen hin und her geschickt, von einem Land zum anderen, bis entweder das Rote Kreuz oder die Quäker sich ihrer annehmen konnten. Frau Froelicher regte deshalb an, ich sollte eine Erkundungstour durch ganz Europa machen, um zu erfahren, was hinsichtlich der Arbeitsvermittlung von Flüchtlingen im Allgemeinen getan werden könne. Mein Anwalt war damit sehr einverstanden, da er zur Überzeugung gekommen war, meine Ausweisung würde früher oder später doch erfolgen.

Ich fuhr zunächst nach Wien, um meinen alten Freund Dr. Karl Rudolph zu besuchen, den Herausgeber der Kleruszeitschrift *Der Seelsorger*[170], in der meine erste Veröffentlichung, ein Artikel über die Firmung, erschienen war. Als ich ihm meine Geschichte erzählte, war er in hohem Maße erstaunt. Österreich lebe in einer Traumwelt, meinte er, und habe keine Ahnung davon, was in Deutschland wirklich vor sich ging. Er fragte mich, ob ich Kardinal Innitzer besuchen wolle. Ich bejahte dieses, und kurze Zeit später überquerten wir den Domplatz in Richtung der altersschwachen Residenz des Kardinals, der in großer Armut lebte. Er hatte einen be-

---

170 *Der Seelsorger*. Die Monatszeitschrift für „zeitgemäße Homiletik, liturgische Bewegung und seelsorgerliche Praxis" wurde im Jahr 1925 in Wien gegründet. 1938 wurde sie von den Nationalsozialisten verboten, erschien ab 1946 aber wieder. 1966 fusionierte sie mit der Zeitschrift *Diakonia*, die noch heute erscheint.

trächtlichen Charme und behandelte mich wie einen Bruder. Ich wiederholte meine Geschichte vor ihm, die er mit großer Aufmerksamkeit anhörte. Als ich damit fertig war, meinte er, das sei eine tragische Geschichte gewesen, aber doch nur die Geschichte eines Einzelnen. Die Deutschen wären nicht feinfühlig genug, mit Hitler umzugehen. „Er ist Sudete, und ich bin Sudete."[171], sagte er. „Ich könnte besser mit ihm umgehen, als Ihre unbeholfenen Bischöfe es tun. Nebenbei, er wird niemals in Österreich einmarschieren. Er hat alles erreicht, was er wollte, und mit diesen triumphalen Erfolgen ist er zufrieden." Als der Kardinal zwei Jahre später seine berühmte Apologie schrieb, die mit dem Gruß „Heil Hitler!" endete[172], weshalb er nach Rom zitiert wurde, um sich für diese Aktion zu rechtfertigen, handelte er nicht aus Feigheit, sondern ganz nach Plan. Er versuchte tatsächlich zu tun, was er mir gegenüber behauptet hatte: Hitler auszumanövrieren.

Zurückgekehrt in die Schweiz, fand ich viele Priester, die hier ihren Urlaub verbrachten und mich leicht für ein paar Tage vertreten konnten. Ich entschied mich also für eine Reise nach Holland. Von dort ging ich nach London, wo ich meine alten Freunde, die Gannons, besuchte. Ich erzählte ihnen von meinem Plan, mit den Flüchtlingen zu arbeiten, und Arthur schlug mir einen Besuch im Hauptquartier der Quäker vor, das sich in der Nähe befand. Als ich am nächsten Tag dort hinkam, fragte ich nach der für die deutschen Flüchtlinge zuständigen Person. Man führte mich zu einer älteren Dame, die sofort eine deftige Lektion über die Inaktivität meiner katholischen Glaubensgenossen in England vom Stapel ließ. Als ich den Fehler beging, auf die geringe Zahl und die Armut der Katholiken in England hinzuweisen, erhob sie sich, so klein wie sie war, zu ihrer vollen Größe und sagte: „Was sagen Sie da? Nach Ihrer eigenen Statistik gibt es ungefähr zwei Millionen Katholiken in England und einige davon sind ganz schön wohlhabend. Eine Sonntagskollekte würde dem ganzen Problem abhelfen können. Haben Sie eine Ahnung davon, wie wenig Quäker es in England gibt und was für eine Arbeit wir uns aufgeladen haben?" Sie informierte mich dann, dass es genau fünfzigtausend englische Quäker gebe, und dass ihr

---

171 Dies ist freilich eine falsche Annahme gewesen. Innitzer stammte aus Neugeschrei-Weipert (jetzt Vejprty, Tschechien) im Sudentenland, Hitler aus Braunau am Inn (Oberösterreich), nicht aus Braunau in Ostböhmen (Sudetenland). Siehe die ausführliche Schilderung der Begegnung mit Innitzer und die Würdigung seiner Person im Artikel „Der Kardinal von Wien", weiter unten S. 260 ff.
172 Hitler hatte am 15. März 1938 im Wiener Hotel „Imperial" Kardinal Innitzer einen „neuen Frühling" für das Verhältnis von Staat und Kirche im ganzen Deutschen Reich versprochen. Der für die Vorbereitung der Wahl zuständige deutsche Gauleiter Joseph Bürckel und dessen Unterhändler erreichten nach zähen Verhandlungen am 18. bzw. 21. März 1938 eine Erklärung der österreichischen Bischöfe, dass sie am 10. April für den Anschluss stimmen würden. Der Begleitbrief des Kardinals war durch ein eigenhändiges „Heil Hitler!" ergänzt, weil ihm die deutschen Unterhändler erklärt hatten, dies sei im Amtsverkehr auch bei deutschen Bischöfen üblich. Die Erklärung und dieser Brief wurden faksimiliert im ganzen Großdeutschen Reich als Wahlplakate missbraucht. Innitzer musste sich Anfang April dafür im Vatikan rechtfertigen. Vgl. Maximilian Liebmann, *Kardinal Innitzer und der „Anschluss". Kirche und Nationalsozialismus in Österreich 1938*, Graz: RM-Verlag, 1982.

Flüchtlingswerk für Protestanten und Katholiken von England über Holland bis nach Deutschland reichte. In mancher Hinsicht war es für mich wie eine Offenbarung. Sie erzählte mir, dass sie weitermachen würden, aber sie bräuchten dringend Hilfe, und ich sollte meinen Oberen sagen – sie dachte, ich sei Mitglied des englischen Klerus – dass die Quäker von dem totalen Mangel an Verständnis und Sympathie in dieser Sache seitens der katholischen Hierarchie schmerzlich enttäuscht seien.

Während meiner Erkundungsreise hatte ich eine oberflächliche Ahnung von den Problemen bei der Eingliederung von Emigranten bekommen, wie auch von der Größe dieser Aufgabe. Ich hatte Städte in Österreich, Holland, Belgien, Frankreich und England besucht. Jetzt, so dachte ich, wäre es Zeit zu einem Besuch im Vatikan. Ich hatte einen weiteren Plan.

In Rom nahm ich mein Quartier in der Anima[173], wo Bischof Hudal damals Rektor war. Ich besuchte dann Pater Muckermann, der aus dem für ihn unsicher gewordenen Holland geflüchtet war und damals eine pro forma Professur erhalten hatte, um seinen Aufenthalt am Russischen Institut zu rechtfertigen. Ein Gerücht besagte, er habe einmal Dostojewsky gelesen und gelte seitdem als Experte für russische Themen, aber er besaß wahrhaftig eine außerordentliche Kenntnis in russischer Literatur und russischem Leben. Durch ihn lernte ich Pater Leiber kennen, den Privatsekretär des päpstlichen Kardinalstaatssekretärs Pacelli.

Ich legte Pater Leiber meine Pläne und Gedanken hinsichtlich der Gründung eines Zentrums für die katholischen Flüchtlinge in Amerika dar. Ich hatte auch die Hoffnung, den Heiligen Vater um ein Wort der Zuversicht für die deutschen Flüchtlinge und die unter Hitler verbliebenen Katholiken zu bitten, die verunsichert waren und der eindeutigen Führung entbehrten. Eine päpstliche Rüge der Regierungspolitik würde außerdem ein bedeutender Schlag gegen die Nazipropaganda sein. Ich fragte Pater Leiber, ob er in der Lage wäre, mir eine Audienz bei Kardinal Pacelli zu ermöglichen.

Papst Pius XI. befand sich damals in seinen letzten Lebensjahren und hatte sich zu einem halsstarrigen und eigensinnigen Menschen entwickelt. Kardinal Pacelli war bekannt dafür, dass er dauernd in Gefahr war, wegen der einen oder anderen Kleinigkeit mit dem Papst in Konflikt zu geraten. Alle Dokumente, die er morgens dem Papst zur Unterschrift vorlegen muss, hatte er so angelegt, dass er sie, wenn die Lage es erforderte, wieder zurückziehen konnte, falls der Papst seine Zustimmung verweigerte. Ich hatte das Gefühl, meine Mission könnte erfolgreich sein, denn ich hatte erfahren, dass es im vergangenen Jahr, während des Empfangs für das Diplomatische Corps, zu einem Eklat gekommen war. Als der Papst nämlich mit seiner schriftlichen Ansprache das Rednerpult betrat und den deutschen Botschafter Dr. von Bergen erblickte, wich er von seinem Manuskript ab, und hielt eine Tirade gegen

---

173 Pontificium Collegium Teutonicum Santa Maria dell' Anima. Im 15. Jahrhundert als Pilgerhospiz für die „natio alemanorum" gegründet. Heute Priesterkolleg (Spezialstudien für Bibelwissenschaft, Kirchenrecht), Deutsche Nationalkirche und Sitz der Deutschen Gemeinde in Rom.

von Bergen, den er als Repräsentanten eines Lügners beschimpfte.[174] Ohne Zweifel war von Bergen ebenso überzeugt von dieser Tatsache wie der Papst, aber er musste besänftigt werden. Kardinal Pacelli bat den Botschafter, diesen Vorfall Hitler nicht zu berichten. Er händigte beim Empfang Kopien der Ansprache aus, von denen Pius der Meinung war, dass er sie so gehalten habe, was allerdings nicht stimmte.

Während ich auf meine Begegnung wartete, sah ich Kardinal Pacelli vom Appartement des Papstes zu seinem eigenen kleinen Büro herunterkommen. Nach einer langen Reihe von Bischöfen wurde ich schließlich vorgelassen. Es war etwa eine halbe Stunde vor Mittag. Ich begann, ihm meine Situation in italienischer Sprache zu schildern. Als er jedoch merkte, dass ich mit der Sprache meine Schwierigkeiten hatte, fragte er mich, ob ich lieber Deutsch sprechen würde, was er fließend beherrschte. Er hatte volles Verständnis für mein Anliegen und war, dank Pater Leibers letzter Information, über die Situation der Flüchtlinge bestens informiert. Er sagte mir, ich solle in Rom bleiben, bis er mit dem Heiligen Vater über die Angelegenheit gesprochen habe.

Während unserer Besprechung bekam ich einen sehr persönlichen Eindruck von jenem Mann, der drei Jahre später mit dem Namen Pius XII. Papst werden sollte. Er machte auf mich den Eindruck einer besonnenen und sanften Person, und ich hatte das Gefühl, dass ich viel zu aufgeregt war, um ihn jemals von der Dringlichkeit meiner Mission zu überzeugen. Er schien auf Mäßigung in allen Dingen bedacht, auch in meiner Einstellung zu den Nazis. Als die Mittagsglocke läutete, erhob er sich, um den Angelus zu beten. Ich stimmte mit ein, obgleich ich in der Zeit, die er dafür benötigte, fünfzehn Angeluse fertig gebracht hätte. Wenn er betete, schien er vollständig dieser Welt entrückt zu sein, wobei seine Frömmigkeit keine Effekthascherei war, denn hierfür bestand kein Anlass. Ich war Zeuge einer tiefen Begegnung mit Gott. Sein Arbeitsraum war schlicht und ohne jegliche Unordnung, die Wände bedeckt mit rotem Damast, allerdings abgenutzt und übersät mit Löchern. Nachdem wir unser Gespräch beendet hatten, verabschiedete er mich freundlich und sagte mir, ich würde von Pater Leiber erfahren, was der Papst zu tun entschieden habe. Er fügte hinzu, er hoffe, der Papst würde etwas unternehmen.

Eines Abends lud mich Bischof Hudal auf ein Glas Wein in sein Zimmer. Wie ich wusste, war er über die Situation der Nazis nicht besonders informiert. Ich war neugierig, was in ihm vorging. Er schenkte ein Glas hervorragenden österreichischen Weines ein und offenbarte seine Pläne. Er habe ein Buch geschrieben, das geeignet sei, Frieden zwischen den Nazis und der katholischen Kirche zu stiften.[175] Das

---

174 Zu der Episode beim Neujahrsempfang 1936 vgl. G. Besier, *Die Kirchen und das Dritte Reich*, S. 686 ff.

175 Alois Hudal, *Die Grundlagen des Nationalsozialismus. Eine ideengeschichtliche Untersuchung*, Leipzig: Günther, 1937. Dieses Buch verhinderte seine weitere Karriere in der Hierarchie und führte schließlich zu seinem Amtsverzicht als Rektor des Priesterkollegs. Siehe auch Alois Hudal, *Römische Tagebücher. Lebensbeichte eines alten Bischofs*, Graz: Stocker, 1976, sowie Markus Langer, *Alois*

Manuskript sei Hitler vorgelegt worden und der hätte es gutgeheißen – so würden alle unsere Sorgen schnell vorbei sein. Ich fühlte mich herausgefordert. Trotz des Weines war ich nüchtern genug, um zu erkennen, wie falsch er informiert war, und ich sagte ihm das auch. Ich sagte ihm, er würde mit einem solchen Buch nur seine Zeit verschwenden und die Sache lediglich noch mehr verkomplizieren. Seine Leutseligkeit verwandelte sich daraufhin in kühle Höflichkeit, und mir wurde klar, dass ich seine Gastfreundschaft merklich überstrapaziert hatte.

Nach einigen Tagen wurde ich in Pater Leibers Büro im Gregorianum bestellt. Pater Leiber war sehr freundlich, aber er hatte keine guten Nachrichten. Er sagte, als Kardinal Pacelli dem Heiligen Vater unseren Wunsch vortrug, habe er eine Antwort bekommen, die er bei anderer Gelegenheit schon oftmals gehört habe, nämlich ein Dreifaches „Nein, nein, nein." Eine Begründung gab es nicht. Vielleicht hatte Pius mehr Informationen als ich, oder mehr Weisheit, oder einer der deutschen Bischöfe hatte mit ihm gesprochen und ihm im voraus Grund gegeben, nichts zu unternehmen. Erst 1937 nahm der Papst öffentlich Stellung zum Streit in Deutschland und dem geteilten Zustand der Kirche dort, in seiner berühmten Enzyklika *Mit brennender Sorge*.[176] Ich habe oftmals gedacht, diese Enzyklika habe mein Freund, der Jesuit Robert Leiber, geschrieben.

Mein Plan, nach Amerika zu gehen und bei der Stellenvermittlung für Flüchtlinge zu helfen, wartete nichtsdestoweniger weiter auf seine Erfüllung. So verließ ich Interlaken in Richtung England, nachdem ich meinem guten Pfarrer und den Leuten, die mir sehr ans Herz gewachsen waren, ein trauriges Lebewohl gesagt hatte. In London erwartete mich ein alter Freund, Don Luigi Sturzo, der große Mitbegründer der Christdemokratischen Bewegung in Italien. Da ich sonst keine Vorbereitungen für meine Überfahrt nach Amerika getroffen hatte, und weil für mich so schnell keine Koje gefunden werden konnte, entschlossen wir uns zu einem Kurzurlaub. Ich kannte den Abt von Einsiedeln und schrieb ihm, ob er uns beide für einen kurzen Aufenthalt einladen würde. Er antwortete sofort und schlug uns vor, das Priorat im Tessin zu besuchen, nicht weit von der schweizerisch-italienischen Grenze. Don Luigi war kurz vor dem Zugriff der Geheimpolizei Mussolinis aus Italien geflohen, aber das Tessin war sicher, und er freute sich auf das sonnige Zwischenspiel, nachdem er etliche Jahre im Nebelschleier Londons zugebracht hatte. Wir hatten gerade die Vorbereitungen zur

---

Hudal. Bischof zwischen Kreuz und Hakenkreuz. Versuch einer Biographie, Diss. phil, Wien 1995 und Thomas Brechenmacher, Alois Hudal – ein „brauner Bischof"?, in: *Freiburger Rundbrief*, Nr. 2/14 (2007), S. 130–132. Zu Hudals Rolle im Zusammenhang mit der Fluchthilfe für NS-Kriegsverbrecher siehe Gerald Steinacher, *Nazis auf der Flucht*, Innsbruck: Studien-Verlag, 2008.

176 In der Enzyklika *Mit brennender Sorge* vom 14. März 1937 setzte sich Papst Pius XI. kritisch mit der Politik des Nationalsozialismus in Deutschland auseinander. Vgl. Heinz Albert, *Pius XI. und der Nationalsozialismus – die Enzyklika „Mit brennender Sorge" vom 14. März 1937*, Paderborn: Schöningh, 1979. Siehe dazu auch G. Besier, *Die Kirchen und das Dritte Reich*, S. 786 ff; Hubertus Wolf, Pius XI. und die „Zeitirrtümer". Die Initiativen der römischen Inquisition gegen Rassismus und Nationalismus, in: *Vierteljahrshefte für Zeitgeschichte* 53 (2005), S. 1–43.

Abreise begonnen, als ein Telegramm aus Rom eintraf, in dem es hieß, den Mönchen, die in San Anselmo unter Mussolinis Ägide studierten, sei gesagt worden: Wenn Don Luigi im Tessiner Priorat auftauchte, würden sie alle aus Rom ausgewiesen. Traurig, aber weiser geworden, gaben wir darum unseren Ferienplan auf. Don Luigi verließ London später während der Bombenangriffe und lebte schließlich in Brooklyn, wo er im Hinterzimmer eines Reihenhauses bei einer guten italienischen Familie Zuflucht fand. Er beklagte sich niemals über sein hartes Schicksal, wenngleich er stets sehr enttäuscht war. Er schien für alles Verständnis zu haben, und vergab denen, die ihm Böses zufügten. Es gab einige Leute, sowohl im kirchlichen wie auch im politischen Umfeld, die ihm sehr wehgetan haben.

Endlich wurde für mich ein Platz auf der S.S. „America" der United-States-Linie gefunden. Am 20. August 1936 erreichte ich, nach einer Seereise von acht Tagen, ein zweites Mal New York. Ich war 39 Jahre alt und begann ein neues Leben. Ich kam mittellos an, aber mit einem Großteil Idealismus und voller Hoffnung.

TEIL II

AMERIKA

Kapitel 9

Bischöfliche Kanzlei und Commonweal

In der Erzdiözese New York gab es damals das Reglement, dass jeder Gastpriester, der mehr als drei Messen in einer der Pfarreien oder religiösen Häuser innerhalb des Jurisdiktionsgebietes las, sich im Büro der bischöflichen Kanzlei zur Überprüfung und Anerkennung seiner Vollmachten zu melden habe. Also ging ich in der Woche meiner Ankunft hinüber zu dem imposanten Backsteingebäude mit den bischöflichen Büros in der Madison Avenue, direkt hinter der St. Patrickskathedrale, und wurde, nach etwa einer Stunde Wartezeit, zum neuen Generalvikar, Msgr. Francis McIntyre, vorgelassen. Ziemlich grob forderte dieser mich auf, ihm gegenüber vor seinem Schreibtisch Platz zu nehmen, und fragte mich, was ich in New York täte. Kaum hatte ich begonnen, ihm zu erzählen, ich sei ein Flüchtling des Naziregimes, als er mich auch schon mit der Bemerkung unterbrach: „Das entspricht nicht der Geschichte, von der wir gehört haben." Ich drückte meine höchste Überraschung darüber aus, dass ich in New York bereits bekannt sei, und fragte ihn, wer ihm denn von mir etwas erzählt habe. Er weigerte sich, seine Quelle zu nennen und bat mich schließlich, in meinem Bericht fortzufahren.[177] Ich dagegen sagte nur, es sei mein ein-

---

[177] Reinhold konnte diese Quelle später als den deutschen Pallottinerpater Dr. Max Joseph Größer identifizieren, der 1936 Amerika besuchte, einen Brief von Bischof Berning mit von der Gestapo beglaubigten Dokumenten an das Generalvikariat von New York mitbrachte und das Gerücht ausstreute, „niemand wisse, warum Reinhold das Land verlassen habe. Er sei eine unstete Person, die es nirgends länger als ein Jahr aushalte." P. Größer bemühte sich die These zu verbreiten, die der Generalvikar des Bistums New York, James Francis McIntyre, sich offenbar vollständig zu eigen gemacht hat: Laut Größer gäbe es keine Verfolgung der Kirche in Deutschland, in der Tat seien die deutschen Katholiken vielfach besser dran als ihre Glaubensgenossen in den USA, seit Hitler finanziell zu ihren Schulen und ihrer Besoldung beitrüge. Hinzu kamen die ermutigenden Berichte über die Tugenden des neuen Regimes durch solche katholische Theologen wie Karl Adam und Joseph Lortz. Vgl. J. P. Corrin, *Liturgical Pioneer and Anti-Fascist*, S. 445.

ziger Wunsch, in der Diözese Messe lesen zu dürfen. Er zählte dann die Bedingungen auf und fügte mit einem verschmitzten Lächeln hinzu, ich dürfe mich auf keinen Fall zu Gunsten der spanischen Loyalisten einsetzen.[178] Offenbar hatte mich jemand als deren Agent angeschwärzt oder er hatte mich einfach fälschlicherweise für einen solchen gehalten. Er sagte mir, ich könne in der Erzdiözese Messe lesen, aber dies sei auch alles, und ich würde darüber in den nächsten Tagen per Brief eine offizielle Bestätigung erhalten. Als der Brief ankam, stand offiziell darin, die Diözese sei nicht geneigt, mir, abgesehen von der Feier der heiligen Messe, irgendwelche Aktivitäten zu gestatten. Es war offensichtlich, dass ich in Amerika mit dem linken Fuß zuerst an Land gestiegen war.

Wie dem auch sei, ich wurde sehr bald seitens des Protestantischen Flüchtlingskomitees als katholischer Vertreter in dessen katholische Sektion gewählt. Ich unternahm auch einen Versuch – nachdem es vorzeitig herauskam, habe ich es so genannt – eine katholische Seemannsvereinigung in New York zu gründen. Mehr noch, ich erklärte mich bereit, in einer Suppenküche, die Dorothy Day kurz zuvor in der 11th Avenue gegründet hatte, eine Ansprache an eine Gruppe streikender Matrosen zu halten. Nicht lange nach meinem Gespräch im Generalvikariat besuchte ich, zusammen mit Dorothy Day und John Cort, ein Seemannstreffen der Gewerkschaft, das im Madison Square Garden veranstaltet wurde. Wir entdeckten bald, dass diese Gewerkschaft von Kommunisten und radikalen Linken beherrscht wurde. Ich war der einzige Priester dort und muss meinen Strohhut vor mein Kollar halten, um nicht von einer der kommunistischen Zeitungen fotografiert zu werden. Das Gewerkschaftstreffen war ein einziges Fiasko. Resolutionen wurden durchgepeitscht und Abstimmungen bewirkt, so dass eine Opposition gar keine Chance hatte. Einer der Hauptredner war Marcantonio, und auch Joe Garrone hielt eine lange Rede. Ich war auf Einladung von John Cort dorthin gegangen, der es sicherlich gut gemeint hatte, aber offensichtlich die Verzwicktheit der kommunistischen Propaganda nicht durchschaute.

Bald darauf erhielt ich einen zweiten Brief aus dem Generalvikariat, der mir wiederum verbot, im Bistum Reden zu halten. Auch dieser Brief war von Msgr. McIntyre unterzeichnet. Mit Hilfe von Georg Shuster setzte ich eine Antwort auf, in der ich die Anklage des Generalvikars, ich hätte das Gesetz gebrochen, zurückwies. Ich wies darauf hin, dass ich mich vor meiner Ansprache an die Seeleute mit dem geistlichen Leiter der Katholischen Arbeiterbewegung, Pater McSorley, beraten hätte, und dass meine Rede nicht öffentlich, sondern im privaten Bereich von Dorothy Days Suppenküche gehalten worden sei. Weiterhin wies ich darauf hin, ich sei einmal Generalsekretär des Internationalen Apostolates des Meeres gewesen und deshalb auch gut qualifi-

---

178 Zu diesem Zeitpunkt tobte in Spanien der Bürgerkrieg. Bei weiten Teilen des amerikanischen katholischen Klerus galten die spanischen Republikaner bzw. Loyalisten als bolschewistisch bzw. kommunistisch, daher unterstützte man recht offen die Seite des Generals Franco. Vgl. Anthony Beevor, *Der Spanische Bürgerkrieg*, München: Bertelsmann, 2006.

ziert. Ich könne nicht verstehen, warum meine Zeugnisse in New York so vollständig abgewertet würden.

Bei den Treffen des protestantisch-katholischen Flüchtlingskomitees saß ich oft neben Paul Tillich, und mit der Zeit wurden wir die engsten Freunde.[179] Wir unternahmen viele Spaziergänge, aßen oft miteinander und diskutierten unsere wechselseitigen Probleme. Ich hatte in Deutschland von ihm gehört, doch lediglich als politischem Mentor der religiösen Sozialisten und nicht als Theologe von hohem Ansehen. Natürlich haben wir häufig theologische Themen diskutiert und waren meist unterschiedlicher Ansicht – besonders hinsichtlich der Realität und Bedeutung des historischen Jesus. Erst viele Jahre später begann ich, seine Theologie zu verstehen, aber ich habe schon damals reichen Gewinn durch die Begegnung mit ihm gehabt. Zu der Zeit war er frisch gebackener Professor an der Fakultät des Union Theological Seminary[180] und wohnte in der Residenz hinter der Riverside Church.

Für ein Treffen des Flüchtlingskomitees hatte ich einen Bericht über die Ergebnisse meiner Europatour ausgearbeitet. Ich hatte diesen vervielfältigt und mit nach Washington genommen, wo ich ihn jemandem von der Leitung der National Catholic Welfare Conference[181] übergab. Zu der Zeit (1936) tagte nämlich gerade die Bischofskonferenz auf dem Campus der Catholic University.[182] Georg Shuster schlug mir vor, Bischof O'Hara von Great Falls zu besuchen, der mir vielleicht hilfreich sein könnte; O'Hara erwies sich jedoch als nicht sehr interessiert, dabei war er nicht unfreundlich. Wie dem auch sei, kurz darauf wurde ich von Erzbischof Rummel von New Orleans aufgefordert, vor einer Kommission von drei Bischöfen zu erscheinen und einen mündlichen Bericht von meinen Vorstellungen hinsichtlich der Arbeitsvermittlung von Flüchtlingen zu geben. Das Treffen fand an einem Abend im Mayflowerhotel statt in Gegenwart von Erzbischof Rummel, Erzbischof Stritch von Milwaukee und Bischof Noll von Fort Wayne. Als ich fertig war, nickten sie alle zustimmend und sagten, sie würden die Angelegenheit am nächsten Tag der Bischofskonferenz vortragen. Es war keine Rede davon, ob ich an dem Projekt beteiligt werden würde, doch nahm ich das sehr stark an.

Nach einigen Tagen jedoch war immer noch nichts darüber zu hören, und ich war nicht einmal sicher, ob die Angelegenheit das Interesse der Konferenz gefunden hatte. Ich begab mich zu Msgr. Ready, dem späteren Bischof von Columbus, aber dieser blieb sehr vage und war sichtlich zurückhaltend in seinen Antworten. Ich

---

179 Siehe dazu W. Pauck/M. Pauck, *Paul Tillich*. Reinhold findet hier allerdings keine Erwähnung.
180 Union Theological Seminary, bedeutende protestantische theologische Hochschule in New York, 1836 gegründet.
181 Die National Catholic Welfare Conference (NCWC) ist der Dachverband der katholischen Wohlfahrtsverbände in den USA. Sie wurde 1919 gegründet. Später wurde sie der United States Conference of Catholic Bishops eingegliedert.
182 The Catholic University of America, römisch-katholische Universität, gegründet 1887 in Washington D.C.

schloss daraus, dass ich in den verschiedenen Plänen, die gemacht wurden, keine Rolle spielte, und dass ich darüber nichts erfahren sollte. Dennoch riet er mir, es wäre gut Erzbischof Michael Curley von Baltimore aufzusuchen, der möglicherweise mehr Informationen besäße.

Bei meinem Besuch erzählte mir der Erzbischof, es habe in der Tat eine allgemeine Diskussion über meinen Bericht stattgefunden. Meine Vorschläge wurden angenommen und gutgeheißen und ein Budget für das katholische Flüchtlingswerk eingerichtet. Auf ausdrücklichen Wunsch des Kardinals von New York, Patrick Hayes, sollte ich allerdings nicht dafür beauftragt werden. Vielmehr sollte ein Priester der Erzdiözese New York diesen Posten bekommen. Ich sollte in keiner Weise an dem Werk beteiligt sein.

Ich war einigermaßen verwirrt. Denn ein Entwurf, den ich gemacht hatte, war mit der gleichzeitigen Verfügung angenommen worden, dass meine Beteiligung an der Sache beendet sei. Es war also etwas Ähnliches geschehen, wie mit meinem Plan hinsichtlich der Reorganisation der Seemannsmission in den Vereinigten Staaten. Natürlich wurde er nicht offiziell angenommen, aber eine Reihe der darin enthaltenen Vorschläge wurden durchgeführt.

Damals lungerte ich häufig im Büro des *Commonweal* herum und unterhielt mich stundenlang mit George Shuster, dem ich alles erzählte, was ich vom Dritten Reich in Erinnerung hatte. Er machte sich dauernd Notizen und stellte mir Fragen. Er war es auch, der zusammen mit Thomas Molloy, dem Bischof von Brooklyn, einen Aufenthaltsort für mich in dessen Diözese besorgte. Allein die Tatsache, dass ich in New York schlecht behandelt worden war, meinte George Shuster, war hinreichend für mich, um im Bistum Brooklyn willkommen zu sein.

So kam ich nach Middle Village in Queens zu Pfarrer Kunig, früher Würzburg, der in der Erinnerung schwelgte, einmal Gastgeber für Kardinal Faulhaber gewesen zu sein.[183] Wir pflegten über nichts anderes zu sprechen, als über Kardinal Faulhaber, sowohl beim Frühstück als auch zu Mittag und am Abend, selbst wenn wir uns auf der Treppe begegneten. Faulhaber war damals wegen seiner mutigen Predigten, die er in der Münchener Kathedrale gehalten hatte, in liberalen Kreisen eine Berühmtheit. Zwei oder drei der bekanntesten habe ich selbst gehört, und ich besaß auch einen Text mit seiner Widmung. Ich war sehr überrascht, zu hören, dass viele Juden der Meinung waren, er habe sich zugunsten des Antisemitismus geäußert, wo er doch nichts dergleichen von sich gegeben hat. Vielmehr hat er das Alte Testament gegen

---

183 Zu Faulhaber vgl. Ludwig Volk, Kardinal Michael von Faulhaber (1869–1952), in: Ders., *Katholische Kirche und Nationalsozialismus. Ausgewählte Aufsätze*, hrsg. von Dieter Albrecht, Mainz: Matthias-Grünewald-Verlag, 1987, S. 201–251; *Kardinal Michael von Faulhaber 1869–1952. Eine Ausstellung des Archivs des Erzbistums München und Freising, des Bayerischen Hauptstaatsarchivs und des Stadtarchivs München zum 50. Todestag* (Ausstellungskatalog der Staatlichen Archive Bayerns), München-Neuburg 2002; Heinz Hürten, Kardinal Faulhaber – ein Kirchenmann im Meinungsstreit, in: *Beiträge zur altbayerischen Kirchengeschichte* 47 (2003), S. 253–267.

Alfred Rosenbergs[184] Angriffe verteidigt und das jüdische Erbe der Kirche gebührend gewürdigt. Natürlich war der Kardinal kein Antisemit, aber, wie alle anderen deutschen Bischöfe, gab er in dieser Angelegenheit keine öffentliche Erklärung ab. Die meisten deutschen Bischöfe waren der Meinung, die klügste und sicherste Art sei es, einzelnen Juden zu helfen, anstatt viele von ihnen durch ein öffentliches Statement zu gefährden. Möglicherweise wäre die prekäre Lage der Juden noch gefährlicher geworden, wenn irgendein einzelner Bischof sich besonders giftig in einer öffentlichen Verurteilung des Antisemitismus geäußert hätte. Was aber geschehen wäre, wenn die Bischöfe sich gemeinsam zu einer völligen, öffentlichen Verurteilung des Rassenhasses entschlossen hätten, bleibt weiterhin Anlass für Spekulationen.

Während meines Aufenthaltes in Washington regte jemand von der Bildungsabteilung des NCWC an, ich solle einen amerikanischen wissenschaftlichen Grad erwerben. Daraufhin legte ich meine wissenschaftliche Arbeit, die ich an der Universität Münster geschrieben hatte, der historischen Fakultät der Columbia University[185] vor. Es war für mich eine Überraschung, zu hören, dass man mir 60 Punkte von den 120 für eine Promotion notwendigen zubilligte. Als ich ein gutes Einkommen als Assistent in Brooklyn hatte, entschloss ich mich zur Immatrikulation an der Columbia University, wo ich die Möglichkeit hatte, zwei Semester zu absolvieren.

In Middle Village verbrachte ich, im Großen und Ganzen, ein glückliches Jahr. Während der ganzen Zeit hatte ich engen Kontakt mit katholischen intellektuellen Kreisen in New York, die sich um die Katholische Arbeiterbewegung und die Zeitschrift *Commonweal* gebildet hatten. Zur letzteren gehörten Edward Skillin, Philip Burnham, William O'Meara, Jim Vaughan und Maurice Lavanoux. Zu der Zeit waren die Herausgeber des *Commonweal* vor allem darum bemüht, das Magazin im Kielwasser seines launenhaften Gründers Michael Williams zu halten, der es durch seine ungewöhnlichen und oftmals teuren Experimente bis an den Rand des Ruins gebracht hatte.

Einmal organisierte Williams, der für Franco zu schwärmen begann, ein Treffen, das im Madison Square Garden stattfinden sollte. Er hoffte, zehntausend Katholiken zu versammeln und sie zu einem Beitrag für einen Fond zugunsten Francos zu bewegen. Damals, während des Spanischen Bürgerkrieges 1936/1937, war nur eine Minderheit der amerikanischen Katholiken gegen Franco eingestellt. Jeder, der gegen die Falange war – und das betraf die meisten, wenn nicht alle, aus Williams Stab und viele seiner Mitarbeiter – wurde generell als Kommunist oder Kommunistenfreund verdächtigt. Aber diese Engstirnigkeit fand ihr passendes Gegenstück in anderen liberalen Kreisen, wo Antiloyalisten als Faschisten betrachtet wurden. Wenn es noch etwas Schlimmeres gab, als Kommunist genannt zu werden, dann war es die Bezeichnung

---

184 Zu Alfred Rosenberg siehe Reinhard Bollmus, *Das Amt Rosenberg und seine Gegner. Studien zum Machtkampf im nationalsozialistischen Herrschaftssystem.* Mit einem bibliographischen Essay von Stephan Lehnstaedt, München: Oldenbourg, 2. Auflage, 2006.
185 Columbia University, bedeutende private Universität in New York, gegründet 1754.

Faschist. Meine eigenen Sympathien lagen irgendwo in der Mitte, wenngleich ich entschieden gegen den Generalissimus und seine blutige Rebellion war.

Das *Commonweal* hatte es vermieden, in dieser Sache Stellung zu beziehen, obgleich es offensichtlich war, dass nach dem Treffen niemand mehr im Unklaren über den Standpunkt des Magazins sein würde. Einer von Williams Herausgebern, Philip Burnham, nahm mich zu der Veranstaltung mit, wo wir eine ganze Loge – zum Preis von 100 Dollar – für uns allein hatten. Auf der Bühne agierte Mrs. Menken, gekleidet als Mutter Spanien, angetan mit Mantilla und allem drum und dran. Auch der Passionsspielverein der Stadt war da, der eine Prozession spanischer christlicher Märtyrer darstellte und eine Hymne sang, die Williams eigens zu diesem Zweck komponiert hatte. Allison Peers hielt einen Vortrag über die spanische Mystik. Es war ein gewagtes Unternehmen, unterhaltsam wie ein Zirkus, aber die Arena war nur halb gefüllt.

Als Michael Williams einige Monate später im Hause der Liturgical Arts Society[186] erschien und die Mitarbeiter bat, bei der Finanzierung einer Wiederholung der gesamten Show – diesmal auf alle Fälle in der Carnegie Hall – halbe-halbe mit ihm zu machen, wurde er von allen höflich ausgelacht.

Man hatte mich hauptsächlich deshalb in den *Commonweal*-Kreis aufgenommen, weil ich mit den europäischen Magazinen und ihrer Strategie vertraut war. Von den amerikanischen Verhältnissen wusste ich viel zu wenig, um von besonderem Nutzen zu sein. In den späten Abendstunden, die wir entweder in einem kleinen italienischen Restaurant in der Nähe der 7th Avenue und der 57th Street oder im alten Center Club verbrachten, hatten wir oft lange Diskussionen, bei denen stets sehr deutlich wurde, dass das *Commonweal* ein Magazin von Laien war. Priester waren als Artikelschreiber willkommen, aber als Herausgeber kamen sie nicht in Frage. Das Magazin sollte von jeglichem Einfluss seitens der kirchlichen Administration unabhängig sein. Es hatte antikommunistisch und antitotalitär zu sein, und irgendwie gelang es auch, eine Zeit lang neutral gegenüber Spanien zu sein. Die Strategie hinsichtlich des New Deal[187] war geprägt von behutsamer, aber kritischer Sympathie. Ich kann mich nicht mehr an Einzelheiten dieser häufigen Treffen erinnern, aber ich konnte dabei viel über das intellektuelle Leben und die geistige Haltung Amerikas lernen. Mir gefiel besonders die Gewissenhaftigkeit und Nachdenklichkeit dieser Leute; sie waren sich der Problematik der großen Streitfragen bewusst, und sie verstanden, dass das große

---

186 Liturgical Arts Society, gegründet in New York 1928 zur Förderung der Kunst im Zusammenhang mit der römisch-katholischen Liturgie und Kultur. Die Gesellschaft war geprägt von Laien, hatte aber auch Mitglieder aus den Reihen der amerikanischen Hierarchie, ausländischer Prälaten, Klerikern und Ordensleuten. Sie löste sich 1972 wieder auf.

187 Sozial- und wirtschaftspolitisches Regierungsprogramm Präsident Franklin D. Roosevelts, welches er nach der Wahl zum US-Präsidenten im November 1932 verkündete, um den wirtschaftlichen Niedergang und die Arbeitslosigkeit in den Vereinigten Staaten von Amerika zu bekämpfen. Vgl. Erich Angermann, *Die Vereinigten Staaten von Amerika seit 1917*, München: dtv, 9. Auflage, 1995, S. 136 ff.

Thema jener Tage die Freiheit war. Mit jedem von ihnen verband mich schließlich eine gute Freundschaft, vor allem mit Ed Skillin, dem einzigen, der nach so vielen Jahren noch beim *Commonweal* tätig ist. Er schwankte niemals in seiner Loyalität und Freundschaft mir gegenüber. Besonders gern hatte ich auch Philip Burnham, auch wenn sich später seine politische Einstellung nach rechts orientierte. Er war stets ein guter Gastgeber und ich genoss die behaglichen Abende, die ich regelmäßig mit ihm, seiner Frau und den Kindern zu verbringen pflegte.

Als ich das Frühjahrssemester an der Columbia University beendet hatte, sagte man mir, dass mein Dienst in Middle Village nicht länger nötig sei und dass ich von dort Abschied nehmen müsste. Durch einen meiner guten Freunde hörte ich, dass Bischof Gerald Shaughnessy nach einem Priester suchte, der für ihn in der Seemannsmission arbeiten könnte.[188] Gleichzeitig erhielt ich auch ein Angebot von einem Erzbischof, oder angeblichen Erzbischof, aus Buenos Aires, als Seemannspastor dorthin zu kommen. Bei meinen Nachforschungen bemerkte ich aber, dass viele südamerikanische Regierungen mit dem Naziregime sympathisierten, und dass sich ein Großteil der südamerikanischen Schifffahrt in deutscher Hand befand. Ich hatte deshalb einigen Grund zu dem Verdacht, dahinter verberge sich ein Komplott, um mich zu kidnappen. Im Laufe des Jahres wurde ich öfter von deutschen Seeleuten, die mich von Deutschland her kannten, während ihres Hafenaufenthaltes aufgesucht. Dann erhielt ich eines Tages eine ernste Warnung von einem Hafenbeamten, keinen Anleger im New Yorker Hafen zu betreten. Erst später bemerkte ich, dass es nicht ungewöhnlich war, wenn deutsche Flüchtlinge, die an Bord der dort liegenden deutschen Schiffe gegangen waren, verschwanden und vermutlich von den Deutschen gefangen genommen wurden.

Eines Tages erhielt ich einen Brief von meiner Mutter, in dem sie mir mitteilte, sie sei nach Berlin in das Hauptquartier der Gestapo vorgeladen worden. Man habe sie mit großer Höflichkeit aufgenommen und ihr gesagt, die Gestapo sei falsch informiert gewesen, es gäbe keine reale Beschuldigung gegen mich und man habe alle Anklagen fallen gelassen. Sie solle mir schreiben, ich möchte nach Deutschland zurückkehren und könne dort in Frieden leben. Meine Mutter war über diese Nachricht voller Jubel. Sie schrieb mir noch von ihrem Hotelzimmer aus einen Brief per Einschreiben, worin sie meinte, ich könne bei ihr wohnen und meine priesterlichen Aufgaben unter meinen eigenen Leuten ausüben. Auf diesen Brief folgte aber schon bald ein zweiter, diesmal aus Hamburg, in dem sie schrieb, mein Onkel Emil habe sie gerade besucht und ihr gesagt, es sei eine Falle, und jetzt müsse sie mich leider warnen und bitten, nicht zu kommen.

---

188 Siehe die ausführliche Korrespondenz zwischen dem Bischof und H.A.R. zwischen 1937 und 1950. Correspondence, Box 2, Folder 17, H. A. Reinhold Papers, MS2003-60, John J. Burns Library, Boston College.

Während der Verhandlungen mit Bischof Shaughnessy über meine Mitarbeit im Apostolat des Meeres erhielt ich ein Angebot seitens des Priorates Portsmouth[189], Rhode Island, um dort Dogmatik und Bibelkunde zu unterrichten, weil einer ihrer Professoren plötzlich abberufen worden war. Obgleich ich keine andere Qualifikation besaß als meine Seminarausbildung und meine Literaturkenntnisse, entschied ich mich, diese Tätigkeit zu übernehmen. Ich schrieb aber dem Bischof, dass ich in nicht allzu ferner Zeit an die Westküste kommen würde, um dort mit den Seeleuten zu arbeiten.

Während des akademischen Jahres 1937/1938 lehrte ich in Portsmouth. Meine Vorlesungen waren Hals über Kopf vorbereitet und ohne Zweifel nicht besonders gut. Außerdem waren meine Interessen zwischen Portsmouth und meiner neuesten Entdeckung, Boston, geteilt – vor allem die Harvard University und die Widener-Library.[190] Boston verhalf mir zu einem neuen Bild von Amerika, das bis dahin fast vollständig durch New York geprägt war. Manhattan und Brooklyn waren übervölkert und laut, liberal und progressiv. Boston war ruhig und vergleichsweise menschenleer, bedachtsam und konservativ. Es war trist und grau, und es gab mir das Gefühl, als wäre ich wieder zurück in Hamburg.

Der frühere deutsche Reichskanzler Brüning war damals an der Harvard University und wir sind uns oft begegnet.[191] Er konnte seine Entlassung aus dem Amt nicht verwinden und äußerte öffentlich seinen Groll über die Nazis, wobei er jedoch einem feurigen deutschen Patriotismus anhing, den ich nur schwer teilen konnte. Schrittweise drifteten wir auseinander, ohne uns jemals über irgendetwas wirklich ernsthaft ausgetauscht zu haben.

Als ich in Portsmouth war, kam mein früherer Novizenmeister, Pater Albert Hammenstede, nach Amerika, um den Vorsitz bei der Gründung des St. Pauls-Klosters in New Jersey[192] zu übernehmen. Zufällig hatte ich kurz vorher einen Artikel über Maria Laach und die Liturgische Bewegung für das *Commonweal* geschrieben. Ich konnte für ihn einige Vorlesungen im Eliot-Haus[193] an der Harvard University organisieren. Ehrengast bei einem dieser Vorträge war Kardinal William O'Connell, und das Publikum bestand zumeist aus den Mitgliedern der St. Clement Society[194], einer Frauengemeinschaft. Pater Hammenstede hielt einen schönen Vortrag über die Rolle der Gläubigen in der Liturgie. Nachdem er fertig war, hielt Kardinal O'Connell es für

---

189 Benediktinerabtei Gregor der Große, Portsmouth, Rhode Island, 1918 als Priorat der Downside Abbey gegründet. 1926 wurde ein Gymnasium eingerichtet. 1956 zur Abtei erhoben.
190 Die Widener Library ist die Hauptbibliothek der Harvard University, benannt nach dem Geschäftsmann und Büchersammler Harry Elkins Widener (1885–1912), der beim Untergang der „Titanic" ums Leben kam.
191 Siehe den Briefwechsel zwischen H.A.R. und Brüning, S. 429 f.
192 Das Kloster St. Pauls in Newton, New Jersey, wurde 1924 von St. Ottilien aus gegründet. 1947 wurde es zur Abtei erhoben.
193 Benannt nach dem langjährigen Harvard-Präsidenten Charles William Eliot (1834–1926).
194 St. Clement Society, die Gemeinschaft der eucharistischen Anbetung, wurde 1944 gegründet.

notwendig, sich zu erheben und ihn öffentlich zu rügen. Als er seine taktlose Krittelei beendet hatte, verließ er den Raum. Draußen traf er eine meiner Freundinnen, Frau Hester Pickermann. Er fragte sie: „Hatte ich nicht Recht, dies dem Priester zu sagen?" Sie antwortete ihm: „Nein, Sie waren unfreundlich zu ihm. Und zweitens stimmt niemand mit Ihnen überein." Erschrocken über den Widerspruch ging der Kardinal mit seinem Sekretär schweigend davon.

Kapitel 10

Fall River

Als Hitler im Frühjahr 1938 in Österreich einmarschierte, hörte ich im Radio die pathetische Rücktrittsrede des österreichischen Kanzlers Kurt von Schuschnigg.[195] Ich war mit ihm in München zusammengetroffen, als er Justizminister unter Dollfuß war. Er nahm an einem Umzug katholischer Jugendorganisationen teil. Ich hatte mich ihm in der Kolonne angeschlossen und ein Gespräch mit ihm begonnen. Unter anderem sprachen wir über Amerika, denn ich war gerade von einem Besuch in New York zurückgekommen, und er war an den neuesten Nachrichten interessiert. Nach seinem Rücktritt im März verschwand er völlig aus dem öffentlichen Leben, und ich begann um seine Sicherheit zu fürchten. Deshalb entschied ich mich meine Osterferien zu nutzen, um ihm zu helfen, so gut ich konnte.

Wie ich mich erinnerte, hatte Mussolini zwei Jahre vorher den Österreichern versprochen, falls ihr Land von Hitler angegriffen würde, seinerseits Deutschland mit der italienischen Armee anzugreifen.[196] Es war natürlich eine nutzlose Drohung, aber ich dachte, Schuschniggs Sicherheit sei am besten durch jemanden garantiert, der Beziehungen zu Italien hätte. Dadurch, dass ich jedem von meinem Problem erzählte, erfuhr ich, Kardinal O'Connell sei einmal persönlich vom Duce ausgezeichnet worden.[197] Die Dame, bei der sich die St. Clemens Society zu treffen pflegte, eine gewisse Mrs. Gray – eine Konvertitin, die damals ein Haus in der Commonwealth Avenue besaß – bot sich an, ein Treffen zwischen mir und dem

---

195 Vgl. dazu Gerhard Besier, *Das Europa der Diktaturen. Eine neue Geschichte des 20. Jahrhunderts*, München: DVA, 2006, S. 215 f.
196 Dollfuß traf am 22. August 1933 mit Mussolini in Riccione, Italien, zusammen. Der „Duce" versprach eine faschistische Regierung in Österreich zu unterstützen und die österreichische Unabhängigkeit zu garantieren. Vgl. Wolfgang Maderthaner/ Emmerich Tálos (Hgg.), *„Der Führer bin ich selbst". Engelbert Dollfuß – Benito Mussolini. Briefwechsel*, Wien: Löcker, 2004.
197 Eine Gallup-Umfrage unter Wählern in den Vereinigten Staaten von 1930 zeigte, dass man Mussolini als den brillantesten und wünschenswertesten Staatsmann der Erde ansah.

Kardinal zu arrangieren. Wenige Tage später holte sie mich zusammen mit meinen Freunden, den Careys, ab und fuhr uns zur Residenz des Kardinals nach Brighton. Vor der Begegnung mit Seiner Eminenz musste ich erst ein langes und ermüdendes Interview mit einem der Sekretäre des Kardinals, Msgr. Jeremiah Minihan, überstehen. Er war ein freundlicher Mann und hatte offenbar keine besondere Freude an seiner Aufgabe. Er hatte übrigens ein phänomenales Gedächtnis. Zwanzig Jahre später trafen wir uns wieder; er war damals Weihbischof von Boston, und er fragte mich, ob ich mich noch an die Sache erinnern könne. Natürlich erinnerte ich mich noch daran. Der Kardinal von Boston war – man kann es nicht anders beschreiben – eine erhabene Erscheinung. Er empfing mich in einem großen, dekorativ ausgestatteten Raum, an dessen Ende er hinter einem mit einer Marmorplatte versehenen Tisch thronte. Neben ihm döste sein schwarzer französischer Pudel. Als ich mich auf den Kardinal zubewegte, trat ich versehentlich auf den Hund, der mir entgegengelaufen war, um mich zu begrüßen. Der Hund jaulte auf und der Kardinal wies mich, außerordentlich verdrossen, barsch zu einer Bank ohne Rückenlehne an der entgegengesetzten Seite des Raumes. Ich fühlte mich wie ein armer Sünder bei einer Erweckungsfeier der Heilsarmee.

    Er fragte mich nach meinen Wünschen, und ich legte ihm dar, was ich über Schuschnigg wusste, dass uns beiden seine missliche Lage bekannt sei, und ob er nicht seinen Einfluss auf Mussolini nutzen könne, um ihm zu helfen. Er dachte einen Augenblick über die Angelegenheit nach und sagte schließlich. „Ich habe nicht die Absicht, Ihnen zu sagen, was ich tun werde, noch was ich über diese Angelegenheit denke, aber ich habe Ihr Anliegen zur Kenntnis genommen." Dann änderte er den Ton seiner Stimme und sagte vertrauensvoll zu mir: „Meinen Sie nicht, dass Hitler, abgesehen von seinem Kampf gegen die Kirche, ganz in Ordnung ist?" – Wollte der Kardinal mich testen? Ich studierte den rätselhaften Gesichtsausdruck des Pudels und sagte dann: „Eure Eminenz, ein Mann, der Menschen erschießt, ohne sie vor Gericht zu stellen, ist eine Bestie und ein Gräuel." Der Kardinal erhob hastig seine Hand und sagte: „Das genügt. Danke, Sie können gehen." Ich verbeugte mich, allerdings heimlich vor dem Pudel, und verließ den Raum. Ob der Kardinal irgendetwas getan hat, um Schuschnigg zu helfen, entzieht sich meiner Kenntnis, aber sicherlich konnte auch Mussolini nichts ausrichten, wenn er es überhaupt versucht haben sollte. Der frühere Kanzler wurde bis 1945 von den Nazis gefangen gehalten.[198]

    Etwas sehr merkwürdiges geschah mir im gleichen Frühjahr. Ein Priester aus Fall River hatte gehört, ich sei ein deutscher Flüchtling. Er lud mich zu einem Mittagessen ins Vanderbilt Estate in der Nähe der Abtei Portsmouth ein. Auf dem Rückweg fragte er mich, ob ich bereit sei, vor seiner Gruppe der Holy Name Society[199] zu sprechen.

---

198 Vgl. den Brief von Alice E. Schuyler Nelson Warren an Mrs. Roosevelt wegen Schuschnigg. Abdruck unten, S. 487 f.
199 Society of the Holy Name, früher: Confraternity of the Most Holy Name of God and Jesus. Katholische Laienorganisation, gegründet vom spanischen Dominikaner Didacus von Victoria, bestätigt

Ich sagte unter der Bedingung zu, dass nichts an die Öffentlichkeit gelänge, denn ich machte mir immer Sorgen um die Sicherheit meiner Verwandten in Deutschland und wünschte nicht, dass mein Name in irgendeiner Zeitungsgeschichte auftauchte. Als der Sonntagmorgen kam, feierte ich eine Messe für die Mitglieder der Gemeinschaft, dann gingen wir zum Frühstück in den Speisesaal des Gemeindehauses. Ich setzte mich an das obere Ende des Tisches. Nachdem wir gegessen hatten, wurde ich durch den Priester vorgestellt. Auf meine Bitte hin sagte er den Mitgliedern, alles was ich sagte, sei nicht zur Veröffentlichung bestimmt.

Am nächsten Morgen kam der Prior in großer Aufregung zu mir und zeigte mir ein Exemplar einer Zeitung aus Newport mit einem Artikel unter der Überschrift: „Deutscher Priester prangert Hitler in Fall River an." Nicht nur, dass der Priester sein Versprechen mir gegenüber gebrochen hatte, ich erinnerte mich beklommen, auch mein Versprechen gegenüber dem Generalvikariat von Rhode Island gebrochen zu haben, nicht an die Öffentlichkeit zu gehen. Glücklicherweise war der Ordinarius, Bischof Keough, sehr freundlich und verständnisvoll, und der Vorfall war bald vergessen.

Ich habe offensichtlich sehr wenig aus dieser Geschichte gelernt, denn bald darauf kam ein anderer Priester von der St. Marys Church in Newport zu mir und lud mich ein, vor seiner Gruppe der *Holy Name Society* zu sprechen. Ich wies das zunächst zurück, ließ mich dann aber schließlich doch von ihm überreden und gab nach. Wir einigten uns auf einen Sonntagabend – natürlich wieder unter Ausschluss der Öffentlichkeit. Als der Tag kam, holte er mich am späten Nachmittag ab. Auf der Fahrt nach Newport merkte ich, dass er sehr unruhig und irgendwie zerstreut war. Ich fragte ihn, ob etwas Besonderes passiert sei. Er verneinte das, aber schließlich holte er ein Stück Papier aus der Tasche und sagte: „Lesen Sie bitte. Irgendjemand hat mich gerade angerufen und mir diese Fragen gestellt!" Das Papier enthielt Fragen wie die, ob mein Gastgeber wisse, dass ich ein Kommunist sei, ein Freimaurer, dass ich für die Loyalisten in Spanien arbeitete, dass die Kommunisten meine Aufwendungen finanzierten, und so weiter. Die Fragen wurden immer schlimmer, je weiter ich las. Zuerst habe ich darüber gelacht, dann aber wurde ich ernst und fragte ihn: „Wer hat diese Fragen gestellt?" Er sagte: „Ein sehr angesehenes Mitglied unserer Gemeinde – ein Katholik mit großem Einfluss, dazu ein sehr wohlhabender Mann." Schließlich nannte er mir seinen Namen – ich hatte noch nie etwas von ihm gehört. Ich sagte: „Ist der verrückt? Wäre ich ein Kommunist oder ein Freimaurer, so wäre ich exkommuniziert. Wie kann er solche Dinge behaupten? Ich arbeite für meinen Lebensunterhalt, indem ich Unterricht gebe und Vorträge halte." Dann ließ mich der Priester wissen, dieser bedeutende Mann habe seine Informationen von Pater Francis Talbot erhalten, einem der Herausgeber des Magazins *America*.[200]

---

von Pius IV. 1564. Nach dem Beispiel der Erzdiözese New York (1892) auch in anderen Diözesen Nordamerikas eingeführt.

200 *America*. Katholisches amerikanisches Wochenmagazin, 1909 vom Jesuitenorden gegründet.

II. AMERIKA

Dies alles bewog mich Ende des Sommers nach Seattle zu gehen und die Ferien für einen Besuch bei meiner Mutter zu nutzen, da die Trennung sich sonst immer stärker auswirken würde. Wir vereinbarten ein Treffen in der Schweiz.

Vor meiner Abreise beschloss ich, vom Generalvikariat von Rhode Island eine Bescheinigung darüber zu erbitten, dass man mir erlaubt habe, meine priesterlichen Aufgaben in der Diözese auszuüben. Eine solche Bescheinigung erschien mir hilfreich für meine spätere Rückkehr in die Vereinigten Staaten und auch für eine Amtsausübung anderswo. Ich wurde abgewiesen – per Telefon durch einen nicht genannten Priester – ohne Begründung. Ich glaube allerdings, dass die Verleumdungen seitens des reichen Laien aus Newport ihre Wirkung auf die Diözese gehabt haben, so dass man meine Anwesenheit dort nicht zur Kenntnis nehmen wollte.

Ich brauchte also meine Urkunden aus Deutschland, einfach um nachzuweisen, dass ich wirklich Priester war und kein Naziagent. Damals hielt sich ein Katholik, der mit der Naziregierung engen Kontakt hatte, einige Zeit in New York auf – solche Leute gab es. Er rief mich an und sagte, er möchte mich sprechen. Bei unserem Treffen erzählte er mir, er habe ein Gespräch in New York mitgehört, bei dem ich als antinationalsozialistischer Scharfmacher bezeichnet worden sei. Jede Art von Anschuldigung war damals schlecht. Später nannte er den Namen des Priesters, der mich angeschwärzt hatte, ein Pallottinerpater, der Deutschland, lange bevor Hitler an die Macht kam, verlassen hatte und nun in Washington lebte.[201] Mein Informant sagte mir, er werde mit dem Bischof von Osnabrück reden und dafür sorgen, dass mir meine Papiere zugesandt würden. Kurz darauf bekam ich einen Brief, in Holland frankiert, der meine sämtlichen Unterlagen enthielt, unterzeichnet von Bischof Berning. Mein katholischer Freund und Nazi war letztlich ein Ehrenmann und hielt sein Versprechen. Auch war er offensichtlich ein Mann mit einem gewissen Einfluss, denn ich hatte zwei Jahre hindurch ohne jeglichen Erfolg versucht, meine Papiere zu bekommen.

So fuhr ich denn Anfang Juli an Bord der S.S. „Ile-de-France" nach Paris und von dort weiter in die Schweiz. Mein früherer Pfarrer in Interlaken hatte mir einen Ferienjob in Wengen angeboten, wo ich meine Mutter treffen wollte. Sie konnte jedoch keine Devisen bekommen und wäre so auf meine Gastfreundschaft angewiesen gewesen. Da die Schweiz für uns beide zu teuer war, um von meinem mageren Einkommen zu leben – ich bekam 75 Dollar monatlich in Portsmouth – war die einzige Alternative, die Tätigkeit in Wengen aufzugeben und sie nach Paris einzuladen, wo das Leben – aufgrund der Inflation in Frankreich – billiger war. Die zwei Wochen mit meiner Mutter gingen viel zu schnell vorüber. Es war eine gute Zeit mit ihrem einzigen Sohn, und jetzt war sie auch bereit, wieder nach Hause zurückzukehren. Sie fuhr über Wien, wo sie eine Freundin hatte, die eine Bridge-Expertin war. Einer meiner Freunde hatte ihr eine Fahrkarte 2. Klasse besorgt, so dass sie einen gepolster-

---

201 Es handelt sich hier um Pater Georg Timpe.

ten Sitzplatz hatte. Als der Zug aus dem Bahnhof rollte, winkte sie mir zu und sagte: „Ich werde Dich noch im Triumph zurückbringen. Hitler wird verschwinden und Du kommst zurück." Das waren die letzten Worte, die sie zu mir sprach. Sie starb 1943.

Am selben Abend fuhr ich mit einem meiner Freunde auf Urlaub nach Bourbonnais in Mittelfrankreich. Wir sollten Wochenendgäste der kaiserlichen Familie von Österreich sein, die im Exil auf Chateau de Bostz lebte. Wir waren in einem Hotel in der Stadt untergebracht. Am nächsten Nachmittag riefen wir Kaiserin Zita an und wurden herzlich willkommen geheißen. Am anderen Morgen, als ich mich zur Messe für die kaiserliche Gesellschaft ankleidete, wandte sich ein Graf an mich mit der Frage, ob ich jemals vor einer gekrönten Kaiserin die heilige Messe zelebriert hätte. Ich verneinte dies und gestand ihm meine völlige Unkenntnis hinsichtlich des Protokolls ein. Er erklärte mir, dass ich nach meinem Eintritt und der Kniebeuge vor dem Altar mich ihr zuwenden und eine tiefe Verbeugung machen müsse. Ich tat dies natürlich, obgleich die Kaiserin den Ehrenplatz ihrem Sohn, dem Erbprinzen, überlassen hatte. Erzherzog Rudolf diente in der Messe – es war sein Privileg – auf der zweiten Stufe des Altars zu knien, anstatt auf der untersten, was allerdings sehr unbequem war, weil seine Füße in der Luft hingen und er Mühe hatte, die Balance zu halten: Eine der Obliegenheiten des Adels. Nach der Messe begleitete mich der Erzherzog zum Esszimmer. Das Haus war im fin-de-siècle-Stil eingerichtet, die Möbel waren sehr abgenutzt, und ich hatte das Gefühl, dass es der kaiserlichen Familie nicht besonders gut ging. Als ich den Raum betrat, wandte sich die Kaiserin mir huldvoll zu und wies mir den Platz zu ihrer Rechten an. Es gab Hafergrütze zum Frühstück. Sie teilte die Grütze aus, machte mir meinen Toast zu recht und schenkte mir den Kaffee ein. Die Unterhaltung erfolgte in einer der drei Sprachen – Französisch, Englisch und Deutsch. Jede der anwesenden Personen hätte ein Abkömmling irgendeines dieser Länder sein können. Der Inhalt unserer Unterhaltung war nicht besonders intellektuell, doch war sie stets angenehm und vergnüglich. Vermutlich hatte sich die kaiserliche Huld mit dem Protokoll erschöpft, denn zur Mittagszeit fand ich mich am Ende der Tafel wieder, neben der Gouvernante, der jungen Prinzessin und ihren Erziehern. Die Unterhaltung an diesem Ende war ebenfalls herzlich und auch etwas anspruchsvoller. Ich nahm diese Degradierung nicht übel, aber fand es merkwürdig, dass ich nur für meinen Dienst geehrt worden war und nun, da er getan war, mich keiner besonderen Gunst mehr erfreuen sollte.

Wieder in Paris zurück, lief ich Pater John LaFarge in die Arme, einem der Herausgeber von *America,* der sich dort aufhielt, um Hintergrundinformationen über den Spanischen Bürgerkrieg zu sammeln. Wir unterhielten uns eine Weile über das Magazin und er gab zu, nicht alles sei so schwarz-weiß, wie es die Herausgeber von *America* sähen. Er deutete an, die positive Haltung des Magazins gegenüber Franco müsste vielleicht etwas modifiziert werden. Als ich Pater LaFarge aber wenige Monate später in der Redaktion des *America* wiedertraf, sagte ich ihm, dass ich in seinem Magazin keine Anzeichen eines Gesinnungswandels gegenüber Franco hätte

II. AMERIKA

feststellen können. Seine schlichte Antwort war: „Wir wollen unsere Leser nicht verwirren."

Mit der konservativen Einstellung des *America* war ich nie sehr einverstanden, aber ich hatte stets eine herzliche Beziehung zu dessen Herausgebern und schrieb gelegentlich Beiträge für das Journal. Zu dieser Zeit machte ich die Bekanntschaft mit Pater Talbot, dem ich von den Verleumdungen gegen mich durch den Laien aus Newport geschrieben hatte. Ich bat ihn, dessen Behauptungen entweder zu bestätigen oder zu entkräften und mir zu sagen, ob er die Quelle dieser Informationen gewesen sei. Pater Talbot schrieb zurück, er halte die Anschuldigungen für falsch, und er habe den fraglichen Gentleman schon seit etwa sechs Monaten nicht mehr gesehen.

Als für mich die Zeit des Wechsels zur Westküste gekommen war, kamen alle meine Freunde vom *Commonweal* und der Katholischen Arbeiterbewegung zur Verabschiedung zum Bahnhof in Pennsylvania. Ich spürte, dass mir ein großes Abenteuer bevorstand – niemals war ich westlich von Cincinnati gewesen. Meinen ersten Stopp machte ich in Chicago, in den Dreißiger Jahren der amerikanischen Stadt par excellence.

Kapitel 11

Entfremdung

Wenngleich meine Reise quer durch den amerikanischen Kontinent von relativ kurzer Dauer war, lernte ich dennoch viele neue Freunde kennen und sah etliche Orte zum ersten Mal. Ich erreichte am nächsten Morgen die Union-Station von Chicago als Gast von Mother Judge, der Oberin des Cenacle-Convents.[202] Dort konnte ich nur wenige Tage bleiben, aber Mother Judge sorgte für eine ausführliche Sightseeing-Tour durch die Stadt. Ich nahm dann einen Bummelzug nach Madison, Wisconsin, wo Pater Alvin Kucera mein Gastgeber war. Dort wohnte ich auf dem Campus der Universität, wo ich die Schriftstellerin und Historikerin Helen C. White kennen lernte. Auf Einladung Pater Kuceras führte ich ein paar Gespräche mit Studenten über Hitler und Deutschland – mit dem Ergebnis, dass einige Leute sich an den für Madison zuständigen Ordinarius, Erzbischof Stritch von Milwaukee, wandten, um ihn zu bitten, ob ich nicht als Assistent des Studentenpfarrers der Universität Wisconsin angestellt werden könne. Der Erzbischof war jedoch sehr behutsam und

---

[202] Katholische Schwesternkongregation, 1826 in La Louvesc, Frankreich, durch die hl. Therese Couderc gegründet. Ein Hauptelement ihrer Mission sind Ignatianische Exerzitien.

machte keine Versprechungen. Ich bekam die Anweisung, eine Woche in Madison zu bleiben und die Entwicklung abzuwarten.

Als jedoch keine Einladung eintraf, entschied ich mich schließlich, meine Reise gen Westen fortzusetzen. Auf dem Wege blieb ich für einige Tage in Collegeville, Minnesota, wo ich meine Freundschaft mit Pater Emeric Lawrence wieder auffrischte, dem ich in der Widener-Bibliothek in Boston begegnet war. Verständlicherweise war ich überrascht, so viele Mönche hier zu finden, die meine liberalen Ansichten hinsichtlich Wirtschaft und Politik teilten. Natürlich wusste ich, dass wir hinsichtlich liturgischer Reformen einer Meinung waren, denn ich hatte oftmals Beiträge für das Magazin *Orate Fratres*[203] geliefert. Vor allem bewunderte ich den Abt des Klosters, Alcuin Deutsch, der mich begrüßte, als wäre ich sein Sohn.

In Collegeville traf ich Emerson Hynes, Thomas Cassidy und Eugene McCarthy, der damals Hochschullehrer war und heute US-Senator ist. Ich hatte damals nicht die leiseste Ahnung, dass Pater Emeric mich als Nachfolger für Virgil Michel in einer seiner vielen Aufgaben vorschlagen würde – nämlich die monatlichen „Tracts" für das *Orate Fratres* Magazin zu schreiben – eine Aufgabe, die ich mehr als fünfzehn Jahre lang erfüllen sollte, und von der ich mich nur zurückzog, weil ich fühlte, dass ich viel zu viel Zeit damit zubrachte, Gottes Wort denen zu predigen, die es ebenso gut kannten wie ich.

Eines düsteren Herbsttages stieg ich dann in den „Great Northern Empire Builder" und fuhr nach Seattle, wo ich Mitte Oktober 1939 ankam. Ich fühlte mich völlig verloren. Es war ein Tag voller Nieselregen, Nebel lag über dem Puget-Sund und alle Gepäckträger auf dem Bahnhof waren Japaner. Ich fühlte mich fast, als wäre ich in einem fremden Land. Es war auch ein angsterregendes Erlebnis, in einem Taxi in einem Winkel von nahezu fünfundvierzig Grad die Hügel von Seattle hinaufzufahren. Als ich das scheußliche, dunkle, alte Pfarrhaus der Kathedrale betrat, wurde ich von einer deutschen Haushälterin begrüßt, die mir mitteilte, man habe mich nicht erwartet. Es war am frühen Morgen. Sie scheuchte mich in ein Sprechzimmer, und nach einer geraumen Weile kam einer der Angestellten und bat mich zum Frühstück. Er wiederholte den Hinweis, man habe mich nicht erwartet.

Später am Tage meldete ich mich in der Kanzlei, um meine Papiere vorzulegen und allgemein alles Notwendige zu erledigen. Der Generalvikar begrüßte mich mit den Worten: „Haben Sie unseren Brief nicht bekommen? Wir haben Sie nicht gebeten, herzukommen." Ich müsse jetzt, so sagte er, zweifelsohne warten, bis der Bischof im November zurückkehre. Er sei nämlich zur jährlichen Bischofskonferenz in Washington.

---

203 *Orate Fratres*. Zeitschrift für Liturgie, herausgegeben von den Mönchen der Abtei St. John, Collegeville, gegründet 1926. Erster Herausgeber war Pater Virgil Michel. 1951 wurde der Titel des Blattes in *Worship* geändert.

II. AMERIKA

Ich besaß ein paar Empfehlungsschreiben, mit deren Hilfe ich einige Vorträge am Campus der Universität von Seattle und in verschiedenen Pfarreien halten konnte. Durch diese Veranstaltungsreihen begegnete ich solchen Männern wie Harold Laski, dem französischen Kubisten Amédée Ozenfant und dem früheren stellvertretenden Generalstaatsanwalt Norman Littel. Ich durfte im Dompfarrhaus wohnen, machte aber damit keine gute Erfahrung, denn die Mitarbeiter dort bemerkten sehr bald, dass ich vor Hitler geflohen war und zu Franco in Opposition stand. Sie wurden schnell misstrauisch. Jeder, der nicht für die scheinbar katholische Partei in Spanien war, galt als Linker und Sympathisant der Kommunisten.[204] Es lag mir fern, meine Mitpriester wegen ihrer neugierigen Fragen auszulachen, aber ich antwortete ihnen ehrlich und unkompliziert auf meine eigene Weise. Innerhalb des Klerus war ich bald als Abweichler bekannt, als ein Mann, dem man mit großer Vorsicht begegnen müsse.

Als Bischof Shaughnessy zurückkam, hatten sich die Meinungen über mich bereits herauskristallisiert. Er lud mich in sein Büro ein und sprach mit mir lang und breit über meine Zukunft als Seemannspastor. Er hatte keine Eile, mich mit einem solchen Posten zu betrauen, wie er sagte. Vielmehr wolle er mich zunächst als Mitarbeiter in einer Pfarrei erproben und sehen, wozu ich geeignet sei. Ich hatte keine Einwände und blieb also im Dompfarramt – mit wenig Pflichten und einer Menge freier Zeit, um Artikel zu schreiben. Es sprach für Bischof Shaughnessy, dass er meine Arbeiten gelten ließ, auch wenn wir in bestimmten Punkten unterschiedlicher Meinung waren.

So nachsichtig er mit meinen schriftlichen Veröffentlichungen war, so streng war er in beinahe allen anderen Angelegenheiten. Einmal gab ich im nahe gelegenen Everett, in der Kirche von der Unbefleckten Empfängnis, eine liturgische Mission. Wir führten dabei den Gesang und die Dialogmesse ein. Es wurde ein Erfolg – hauptsächlich wohl deshalb, weil die meisten Gemeindemitglieder Nachkommen von Sklaven waren oder einen südeuropäischen Hintergrund hatten. Sie waren daran gewöhnt, Kirchenlieder zu singen. Als ich dem Bischof vom Erfolg der Mission berichtete, fragte er mich, welche Texte ich für die Dialogmesse benutzt hätte. Nachdem ich ihm dies beantwortet hatte, befahl er mir, alle diese liturgischen Praktiken aufzugeben. Er gab mir auch einen Verweis wegen Unterlassung der Leoninischen Gebete, die ich in der fälschlichen Annahme ausgelassen hatte, eine Dialogmesse sei keine „Stille Messe".

Damals kam der Pfarrer einer der benachbarten Episkopalgemeinden, der an der liturgischen Mission teilgenommen hatte, zu mir und bat mich, zu seinen jungen Gemeindemitgliedern zu sprechen. Er wusste, dass ich aus Deutschland geflohen war und wünschte, dass ich ihnen etwas über die Kirchenverfolgung unter Hitler erzählte. Ich bat ihn, mir einen Brief zu schreiben, den ich dem Bischof vorlegen könne. Ich benötigte einen speziellen Auftrag für einen Auftritt bei einer nichtkatholischen

---

[204] Zur katholischen Kirche in Spanien und ihren Kontakten zu den Franquisten vgl. Walther L. Bernecker, *Religion in Spanien. Darstellung und Daten zur Geschichte und Gegenwart*, Gütersloh: Gütersloher Verlags-Haus, 1995, S. 92 ff.

Organisation. Es lief darauf hinaus, dass ich dem Episkopalpriester absagen musste, denn ich bekam ein kurzes Schreiben vom Bischof, worin stand, ich solle mein Verhalten so ändern, dass Nichtkatholiken mich nicht in ihre Gruppen einladen würden. Meine Bitte wurde also abgelehnt.

Nichtsdestoweniger gab mir Bischof Shaughnessy – vielleicht auch, um mich vor liturgischen Ärgernissen zu bewahren – die Erlaubnis, einen Seemannsclub in Seattle zu gründen. Ich sah mich nach geeigneten Räumen um und fand einen leerstehenden Dachboden über einem Antiquariat, Ecke 3rd Avenue und Marion Street. Das war 1940. Während des Sommers halfen mir einer der Seminaristen und mein guter Freund James Deady, den Raum wohnlich zu gestalten. Die vorderen Räume, die für unsere Zwecke zu groß waren, überließen wir der Catholic Truth Society[205], die sie aber schließlich doch nicht nutzte. Ein großes Neonschild bekamen wir geschenkt, ebenso auch alle Möbel. Das Seattle-Kunstmuseum, wo ich hin und wieder Vorträge gehalten hatte, versah uns mit einer Anzahl gerahmter Reproduktionen. Ein junger Architekt, Roger Gotteland, mit dem ich befreundet war, entwarf eine kleine Kapelle im hinteren Teil des Bodens. James Fitzgerald gestaltete ein Altarbild, mit einer Darstellung Jesu und der Apostel beim Fischfang. Zu Beginn des Jahres hatten uns Dorothy Day und Peter Maurin besucht, die im japanischen Viertel von Seattle ein Haus des katholischen Arbeiters gegründet hatten. Fitzgerald hatte viele Reden von Peter Maurin gehört und kannte auch seine Version des Evangeliums, er malte St. Petrus völlig nackt – allerdings mit dem Rücken zum Betrachter. Das Ergebnis war, dass Bischof Shaughnessy ein Dekret herausgab, dass alle künstlerischen Darstellungen in den kirchlichen Einrichtungen ihm ab sofort zur Begutachtung vorgelegt werden müssten. Aber er gab mir keine Anweisung, das Bild zu entfernen.

Im Herbst dieses Jahres ging ich nach Chicago, um an der ersten National Liturgical Week teilzunehmen.[206] Dort traf ich Pater John Kelly aus dem Bistum Sacramento;

---

205 Catholic Truth Society (CTS). Die Gesellschaft wurde 1868 in London durch Kardinal Herbert Vaughan, dem Erzbischof von Westminster, gegründet, zur Verbreitung von Informationen über den katholischen Glauben. 1900 erfolgte die Errichtung einer amerikanischen Sektion in New York.

206 Bei der Verleihung des McManus-Preises 2003 sagte Bischof Trautman (Erie, Pennsylvania): „Wir haben ein großes Erbe und eine große Verpflichtung von denen übernommen, welche die Liturgische Bewegung begonnen haben. Erinnern wir uns an die bescheidenen Anfänge der Liturgischen Bewegung in unserem Land. Die erste liturgische Studienwache fand 1940 in Chicago statt, im Keller einer Pfarrkirche. Daran nahmen zwischen zweihundert und dreihundert Personen teil. Sie lauschten den radikalen Ideen von der Teilhabe der Laien an der Feier der Eucharistie, und dem kühnen Vorhaben, Teile der Messe in englischer Sprache zu feiern. Wer sich 1940 mit der Liturgischen Bewegung identifizierte, der riskierte viel. In den Augen vieler waren diese neuen Liturgiker nahezu Häretiker, wenn sie Laien an der Ausübung der Liturgie beteiligten, was doch bisher eine ausschließliche Domäne der Priester war. Aber die Gründer der amerikanischen Liturgischen Bewegung gaben nicht auf. Sie waren Menschen voller Hoffnung, die geduldig aushielten. Wir müssen die Ausdauer und die Courage dieser liturgischen Ikonen weiter nachvollziehen." Vgl. http://fdlc.org/McManusAward/2003TrautmanAward.htm vom 29. September 2009.

wir wurden nicht richtig warm miteinander, aber ich mochte ihn. Er schien mich auch zu mögen. Einige Zeit nachdem ich nach Seattle zurückgekehrt war, bekam ich überraschend einen Anruf von ihm. Er sagte, er sei gerade in der Stadt angekommen und suche nach einer Unterkunft. Ich sorgte für ein Zimmer im Pfarrhaus. Während seines Aufenthaltes verbrachten wir einen guten Teil der Zeit miteinander. Am Tage seiner Abreise sagte er zu mir nach einigem Zögern, er sei keineswegs auf Urlaub, sondern nach Seattle gekommen, um mir etwas zu sagen. Ein Geistlicher der Diözese Seattle habe kürzlich seinen Pfarrer aufgesucht. Während des Abendessens habe er die Bemerkung fallen lassen, es gäbe in Seattle einen Priester, der ein Spion der Nazis sei. Dieser Spion, so der Geistliche, habe den Bischof zum Narren gehalten und sei von ihm zum Seemannspastor ernannt worden, und nun könne er Informationen über die britische und amerikanische Marine weitergeben. Der Geistliche habe auch das Federal Bureau of Investigation (FBI) aufgesucht, um dieses über meine wahre Identität aufzuklären. Ich lachte über diese Geschichte, aber das war auch alles, was ich tun konnte.

Gegen das, was dann geschah, konnte ich herzlich wenig machen. Anfang des Jahres 1941, im April oder Mai, hatte ich einen Brief an den *Commonweal* geschrieben, worin ich meinen Groll über jene Christen zum Ausdruck brachte, die weiterhin auf der Seite Hitlers standen – in einem Krieg, der nun schon einige Zeit andauerte. Zu dieser Zeit stand einzig und allein England zwischen Hitler und der vollständigen Einnahme Europas. Russland war noch nicht angegriffen. Ich schrieb, es sei die Pflicht eines jeden freiheitsliebenden Menschen, den mutigen Engländern und ihrem tapferen Lenker Winston Churchill beizustehen. Aus redaktionellen Gründen konnte der Artikel erst im August als Leserbrief erscheinen.

Nun war es in Seattle sprichwörtlich, dass Bischof Shaughnessy für die Briten kaum etwas übrig hatte. Er klagte sie häufig der Heuchelei an – öffentlich wie auch privat. Sie behandelten ihre Kolonien auf höchst unmenschliche Weise, und die Bombardierung Londons sei ein Zeichen des Zornes und der Gerechtigkeit Gottes. Wie das Unglück es wollte, brachte das Bistumsblatt in der gleichen Woche, in der mein Brief im *Commonweal* erschien, einen Artikel von Bischof Shaughnessy, in dem er eine Reihe von Klagen gegen die Briten aufzählte. Als er meinen Brief gelesen hatte, bestellte er mich sogleich zu sich und gab mir einen strengen Verweis, weil ich ihn in der Presse angegriffen hätte. Ich gab zu, mir sei klar geworden, als ich seinen Artikel las, dass mein Brief wie eine versteckte Antwort darauf wirke. Ich erklärte ihm aber, dass dieser Brief schon viele Monate früher geschrieben worden sei. Ich fügte hinzu, ich hätte nicht einmal damit gerechnet, dass der Artikel tatsächlich im Druck erscheinen werde. Ich hatte schon oft Briefe an die Herausgeber des *Commonweal* geschickt, die niemals veröffentlicht worden sind, und ich nahm an, es würde in diesem Fall wieder so sein. Er schien meine Erklärung zu akzeptieren. Im Oktober jedoch versetzte er mich nach Yakima, weit von der Küste der Bundesstaates Washington entfernt. Wie sich herausstellte, liefen die Dinge dort auch nicht viel besser.

Als ich im Pfarrhaus von Yakima, wo ich nun wohnen sollte, ankam, war der Pfarrer nicht zu Hause. Man zeigte mir mein Zimmer – einen winzigen Raum –, in dem ich kaum einen Teil meiner Bücher unterbringen konnte. Zum Mittag kam der Pfarrer zurück und wir hatten ein herzliches Gespräch miteinander. Er hieß mich freundlich willkommen. Am folgenden Tag ging er wieder aus dem Haus, und als das Telefon klingelte, ging ich an den Apparat. Am anderen Ende der Leitung meldete sich eine Männerstimme: „Hier ist das Polizeirevier." Ich fragte, was ich für ihn tun könne. Er sagte: „Wohnt bei Ihnen ein Herr namens Reinhold?" In meiner Arglosigkeit antwortete ich: „Ja, ich spreche mit Ihnen. Ich bin Pastor Reinhold." Er legte auf. Als der Pfarrer zurückkam, erzählte ich ihm, was geschehen war und bat ihn, herauszufinden, warum die Polizei angerufen hätte. Er versprach es. Es verging eine Woche, und ich hörte nichts. Schließlich fragte ich ihn einmal während des Essens, was er denn nun von der Polizei erfahren habe. Er gab dann zu, selbst die Polizei in Yakima von meiner Anwesenheit in der Stadt informiert zu haben. Den Grund für seine Aktion wollte er nicht nennen. Er mochte auch nicht sagen, welche Informationen, wenn überhaupt, die Polizei über mich habe. Ich wurde natürlich sehr ärgerlich und sagte ihm, ich hätte die Nase voll von solcher Nachstellung. Ich bestand darauf, mir zu sagen, warum er zur Polizei gegangen sei. Er verweigerte mir die Antwort und fortan bestand zwischen uns nur wenig Zutrauen und Sympathie.

Einige Monate später, es war Sonntag, der 7. Dezember, lag ich in meinem Zimmer auf dem Bett und lauschte, müde und bereits im Halbschlaf, einer CBS-Symphonie, als die Übertragung plötzlich abbrach und die Meldung durchgegeben wurde, Pearl Harbor sei von der Japanischen Luftwaffe angegriffen worden. Am selben Abend fuhr ich nach Seattle. Ich wollte meine Freunde treffen und deren Einschätzung der neuen Situation hören. Amerika befand sich im Krieg, das war offensichtlich. Ich fand die allgemeine Atmosphäre in Seattle von Panik gekennzeichnet. Es ging schon das Gerücht um, alle japanischen Lehrer würden aus den Schulen entfernt, japanische Angestellte beim Telegraphenamt müssten entfernt werden. In den folgenden Tagen wurde ein hysterischer Druck auf die zivilen und militärischen Behörden ausgeübt, um die Rechte und Aktivitäten japanischer Mitbürger einzuschränken. Die Leserbriefe in den Zeitungen waren voll von Hass und Angst gegenüber dieser vermuteten fünften Kolonne des Orients. Leitartikel schmähten den japanischen Charakter und stellten die japanisch-amerikanische Loyalität zur amerikanischen Regierung in Frage. Man war knapp davor, die ganze japanische Bevölkerung der Westküste zusammenzutreiben und sie in übervölkerten und unhygienischen Lagern in den Bergen von Washington, Oregon und Kalifornien zu isolieren. Die einzige katholische Autorität an der Westküste, die den Mut hatte, gegen diese Behandlung der Japaner aufzutreten, war Bischof Shaughnessy. Er beauftragte nicht nur Priester mit der Sorge für die Bedürfnisse der internierten japanischen Katholiken, sondern äußerte sich des Öfteren öffentlich zu ihren Gunsten und besuchte sie in den Lagern.

II. AMERIKA

Ich selber wurde damals als Verbündeter des Feindes angesehen, denn ich besaß noch keine Bürgerrechte. Deshalb sagte mir die Einwanderungsbehörde, ich dürfe mich nur in einem Umkreis von fünf Meilen um Yakima bewegen und zwischen Abenddämmerung und Tagesanbruch das Pfarrhaus nicht verlassen. Jede Reise, die ich zu unternehmen gedächte, müsse ich mit der Kontrollbehörde abstimmen. Alles in allem war es eine verrückte Situation, dass ich praktisch als Feind des amerikanischen Volkes angesehen wurde.

Kapitel 12

Ein Telegramm vom Gericht

Ohne Zweifel hätte ich das alles philosophisch betrachten können, aber nach einer gewissen Zeit verlor die Fünfmeilenzone, die mir zur Bewegung gestattet war, ihren Reiz. Der einzige Trost den ich hatte, war der, dass ich nachts nicht zu Besuchen hinaus musste. Das musste der Pfarrer erledigen. Auch brauchte ich nicht zu viele Tagesbesuche zu machen, denn ein großer Teil der Pfarrei erstreckte sich achtzig Meilen ostwärts in das Gebiet der Cascade-Berge.

Den größeren Teil des Jahres 1942 hatte ich die Möglichkeit nach Seattle zu fahren – alle zwei Monate einmal – immer nachdem ich zuvor die Erlaubnis der Kontrollbehörde eingeholt hatte. Bischof Shaughnessy war nach wie vor ungehalten über meinen Aufenthalt in der Stadt. Schließlich ließ er mich in sein Büro kommen und revidierte meine Befugnisse derart, dass ich meine priesterlichen Funktionen nirgendwo anders in der Diözese ausüben konnte, als in der Pfarrkirche und der Klosterkapelle in Yakima. Der Grund für diese Anordnung war, wie der Bischof in meinen Papieren vermerkte, dass mein Verkehr mit den zivilen Behörden erleichtert werden solle.

Durch einen Freund, der einen Bekannten im Generalvikariat hatte, erfuhr ich damals, dass mein Pfarrer einen sehr langen Bericht über meine Aktivitäten an den Bischof geschrieben hatte. Der Bischof habe ihm geantwortet, ein Pfarrer sei nicht dazu da, seinen Hilfsgeistlichen auszuspionieren. Er solle vielmehr Schritte unternehmen, mir zu helfen, mit der traurigen Situation fertig zu werden.

Nach achtzehn Monaten Aufenthalt ergab sich für mich im Frühjahr 1943 die Möglichkeit, Yakima zu verlassen. Der Bischof war eines Tages in die Stadt gekommen, um die Kinder der Pfarrei zu firmen. Ich hatte ihn um ein Gespräch gebeten, sagte ihm, mein Leben sei unerträglich, und fragte ihn, ob er etwas dagegen hätte, wenn ich die Einladung zu Vorlesungen an einem kanadischen College annehmen würde und dann bis zum Ende des Krieges in New York bliebe. Er stimmte bereitwillig zu. Als er mir später die formelle Einwilligung zuschickte, ging er sogar so weit, dass er mir vorschlug, die Möglichkeit zu überlegen, in eine andere Diözese zu wechseln. Diesen Schritt unternahm ich allerdings nicht, da ich in die Diözese Seattle inkardiniert war und mein Anrecht auf ein höheres Dienstalter nicht verlieren wollte. Auch war mir der Nordwesten lieb geworden und ich hatte den Wunsch, dorthin zurückzukehren. Nach Ende des Krieges, so hoffte ich, würden die Spannungen zwischen uns vergessen sein. Ich wäre amerikanischer Staatsbürger und der Bischof würde meine Hilfe wie ein Bruder willkommen heißen. So ist es dann auch tatsächlich gekommen, wenn dies auch nur die erste Hälfte der Geschichte ist.

Nachdem ich Yakima verlassen hatte, gab ich im Mundelein Seminary in Chicago einen kleinen Kursus und trat dann in die Theologische Fakultät des Assumption College[207] in Windsor, Ontario, ein. Das war mein erster größerer Lehrauftrag, und ich begrüßte ihn, wie den Regen in der Wüste. Der Empfang, den mir Pater Stanley Murphy und die anderen Basilianerpatres[208] bereiteten, war sehr herzlich. Während meines ganzen Aufenthaltes waren meine Beziehungen zur Fakultät erfreulich und von Freundschaft geprägt.

Das Sommersemester während meines ersten Jahres brachte mir die Bekanntschaft mit zwei außerordentlich interessanten Persönlichkeiten. Mit Wyndham Lewis – nicht der britische Journalist D. B. Wyndham Lewis, sondern der Maler und Poet Percy Wyndham Lewis – und mit Marshall McLuhan. Als ich mich darüber wunderte, dass es gleichzeitig zwei berühmte Wyndhams mit demselben Familiennamen gäbe, erklärte mir Lewis, wie es dazu gekommen sei. Während des Ersten Weltkrieges, und auch kurz danach, hatte er den Viscount Northcliffe angegriffen, einen Freund von Lord Beaverbrook, einen der mächtigsten Männer der englischen Presse. Lord Northcliff suchte nun nach einer wirksamen Art, sich zu rächen. Er hörte, dass es einen unbekannten Journalisten namens D. B. Wyndham Lewis gab. Er dachte, es wäre ein köstlicher Scherz gegenüber Percy Wyndham Lewis und auch der Öffentlichkeit – denn die Bücher des letzteren liefen gut und er genoss zunehmend ein ungewöhnliches Ansehen – die Schriften eines zweiten Wyndham Lewis zu fördern. D. B. war verheiratet, aber von kleinerer Statur als der chaotische Percy.

Ende des Sommers 1943 verließ ich Assumption und ging nach New York – als Gast von Pater George Ford an der Corpus-Christi-Kirche in Morningside Heights. Ich sollte dort für mindestens ein Jahr bleiben. Dabei sollte ich so viel wie möglich

---

207 Assumption College, Windsor, Ontario, Kanada. 1786 errichteten die Jesuiten zwei Schulen in Assumption. 1857 wurde das Assumption College eröffnet. 1870 übernahmen die Basilianerpatres das College, welches 1953 Universität wurde. 1962 wurde die Assumption University in die University of Windsor eingegliedert.

208 Kongregation des heiligen Basilius (Basilianer). 1822 durch eine Gruppe von zehn Diözesanpriestern in Frankreich gegründet. Ihr Patron ist der heilige Bischof und Kirchenlehrer Basilius der Große. Sie widmen sich der Erziehung und der Evangelisation. Hauptverbreitungsgebiet der Kongregation ist Nordamerika, insbesondere Kanada.

in der Pfarrseelsorge tätig sein und gleichzeitig Vorlesungen und Exerzitien geben. Außerdem schrieb ich an einem Buch.

In New York bemerkte ich erste Anzeichen von Antisemitismus unter meinen Glaubensgenossen. Aber es gab auch welche, die dagegen ankämpften. Einer von ihnen war Emmanuel Chapman von der Fordham University[209] und der Katholischen Arbeiterbewegung. Chapman war Herausgeber eines sozialistischen Magazins mit dem Titel *The Voice,* außerdem hatte er auch eine Katholische Liga gegen den Antisemitismus gegründet. Doch keines von beiden war von Dauer. Mit ihm zusammen besuchte ich einige Sozialistenversammlungen, die mich allerdings nicht besonders beeindruckten. Sie erinnerten mich doch sehr an die Versammlung der Seefahrergewerkschaften vor etlichen Jahren im Madison Square Garden. Aber er war ein gutmütiger Mensch, ein regelmäßiger Kommunikant und frommer Katholik. Deshalb war ich völlig überrascht, als ein Freund mir erzählte, Chapman sei Kommunist. Diese Information hatte ich von einem deutschen Flüchtling, Klaus Dohrn, der eine Zeitlang in Portugal gelebt hatte und schließlich in die USA gekommen war. Er war es, mit dem ich die Habsburg-Erben in ihrem Schloss in Bourbonnais besucht hatte. Er stand mit den Habsburgern ständig in engem Kontakt und war Augenzeuge des Mordes an Dollfuß. 1938 war er den Nazis entkommen, indem er einen Fluss durchschwamm und so in die Tschechoslowakei gelangte. Von dort aus war er auf Umwegen nach Paris gelangt, wo wir uns kennen lernten. Offenbar hatte er auch einen engen Kontakt zum FBI, und ich wusste mit Sicherheit, dass er viele Freunde im Außenministerium besaß. Er schien alle möglichen geheimen Pläne und den neuesten politischen Klatsch zu kennen, wenngleich er mir davon nichts offenbarte, sondern alles nur in qualvoller Weise geheimnisvoll andeutete. Als er eines Tages nebenbei bemerkte, Emmanuel Chapman sei ein Kommunist, konnte ich das kaum glauben. Als Chapman mich später einlud, seiner Antisemitismusliga beizutreten, schrieb ich ihm, er möge mir doch mitteilen, ob er Kommunist sei oder nicht, und ob er Verbindungen zur kommunistischen Untergrundbewegung habe. Am Telefon gab er eine ausweichende Antwort und sandte mir schließlich eine zweite Einladung. Wieder schrieb ich ihm mit der Bitte um eine Erklärung hinsichtlich seiner Position. Ich bekam nie eine Antwort, und ich bin auch der Liga niemals beigetreten. Nach Chapmans Tod sagte mir Pater Ford, Chapman sei Mitglied der Kommunistischen Partei gewesen. Ich konnte nie begreifen, wie er seinen christlichen Glauben mit der Mitgliedschaft in der Kommunistischen Partei vereinbaren konnte. Vielleicht sah er im Kommunismus, der in der Gegenwart durch eine schmutzige Reifezeit von Anarchie und Gewalt gehen muss, eine Utopie der Zukunft, ähnlich wie meine früheren Bischöfe in ihrer Haltung zum Nationalsozialismus.

Während meines Aufenthaltes in New York entwickelte sich ein sehr enges Verhältnis zwischen mir und den Gründern des Pantheonverlages, Kurt und Helen

---

209 Fordham University, Jesuitenuniversität in New York, gegründet 1841.

Wolff. Ich erinnere mich an die Begegnung mit ihnen bei einem vorzüglichen Essen am Weihnachtsabend 1943, nach dem wir alle mit Taxis in die Mitternachtsmesse zur Corpus Christi Kirche gefahren sind. Frau Wolff war katholisch, ihr Mann nicht. Ich wurde ein häufiger Gast in ihrem Appartement in der 5th Avenue, das nicht nur die Wolffs beherbergte, sondern auch ihr ganzes wagemutiges publizistisches Unternehmen. Eines Nachmittags war ich zum Dinner eingeladen. Ich hatte ein Buch mitgebracht, das ich mir von Dietrich von Hildebrand geliehen hatte. Es war eine Sammlung von Schriften deutscher Mystiker und es war in Deutsch geschrieben. Als wir uns zum Essen setzten, sagte Frau Wolff: „Ich habe eine Überraschung für Sie. Hier ist ein Buch, das wir unbedingt herausbringen müssen – meinen Sie nicht?", und sie gab mir ein Exemplar der *Anthologie der Mystik*. Ich erhob mich schweigend von meinem Sessel, nahm mein Buch aus der Tasche und legte es neben das andere auf den Tisch. „Welch ein Zufall!", sagte ich. Wir gingen die Namen möglicher Übersetzer durch und ich schlug P. Richard Flower, einen Benediktiner aus dem Kloster Portsmouth vor. Pater Richard war einverstanden, aber wegen seines schlechten Gesundheitszustandes war er nicht in der Lage, die Arbeit fertigzustellen. Da jedoch ein Datum für die Publikation bereits festgelegt war, musste ich die Arbeit vollenden. Diese Aufgabe war eine schwere Bürde, und so sehr ich Freude am Lesen des Buches hatte – es zu übersetzen, fand nicht meine besondere Liebe. Die erforderliche Konzentration aufzubringen, fand ich unglaublich schwierig. Es brauchte unendlich viel Zeit, um die Quellen in den öffentlichen Bibliotheken und in der Bibliothek des Union Theological Seminary aufzustöbern, obgleich ich tatkräftig durch Robert O'Donnell unterstützt wurde. Ich veränderte den Aufbau des Buches ein wenig und fügte eine Auswahl französischer, spanischer und englischer Mystik hinzu. Es war mein erstes Buch und hatte den Titel *The Soul Afire*.[210]

Im Frühling 1944 besuchte ich gelegentlich Graham Careys Farm am Rande von Benson, Vermont, im nördlichen Gebiet der Taconic-Berge. Wir kannten uns seit seiner Lehrtätigkeit in Cambridge (Boston), als ich mich in Portsmouth aufhielt. Mein Hotelzimmer war zum Champlain-See hin gelegen und am ersten Abend habe ich mich hinaus geschlichen, um ein kühles, behagliches Bad zu nehmen. Am nächsten Morgen besuchte ich Fort Ticonderoga und dann fuhr ich mit der Fähre hinüber zu Grahams Farm. Seine Tochter Joan hatte ich einst während eines Aufenthaltes an der Universität von Wisconsin getroffen, wo sie Landwirtschaft und Viehzucht studierte. Sie war ein schlankes, zerbrechliches Geschöpf, und ich erinnere mich meiner Überraschung, als Joan später in der Woche, während Graham und ich auf der Veranda in der prallen Sonne faulenzten, plötzlich auf einem riesigen schwarzen Bullen auf den Hof geritten kam.

---

[210] Hans Ansgar Reinhold, *The Soul Afire*, New York: Pantheon Books, 1944. Weitere Auflagen erschienen 1960 und 1973. Reinhold widmete das Buch dem Philosophen Jacques Maritain, der von 1941 bis 1944 an der Columbia University gelehrt hatte.

Graham war ein Künstler, Silberschmied, ein Philosoph, der zum Farmer geworden war. Er arbeitete schwer daran, sein ausgemergeltes Land wieder zu verbessern. Er wies es weit von sich, ein New Dealer zu sein, aber er akzeptierte die Mitwirkung des Landwirtschaftsministeriums. Er war stets ein bisschen intolerant und ein eingefleischter Thomist auf dem Gebiet der Kunst. Für ihn war die Lehre des Aquinaten von den vier Ursachen die höchste Weisheit.[211] Er pflegte oft zu sagen, dass ein gut gefegter Raum genau so ein Kunstwerk sei, wie die Mosaiken von Ravenna oder die Malereien von Rembrandt.

Im April 1944 erreichte mich ein Telegramm des Bundesgerichtes in Yakima mit der Nachricht, dass ich endlich als amerikanischer Bürger anerkannt worden sei – zwei Jahre hatte ich darauf warten müssen. Ich hatte den Antrag auf Erteilung der Staatsbürgerschaft gleich nach meiner Ankunft gestellt. So reiste ich also wieder gen Westen und wurde in einer eindrucksvollen Zeremonie in Yakima zum amerikanischen Staatsbürger gemacht.

Offenbar hatte es so viele Hindernisse auf dem Wege zur Erlangung der Staatsbürgerschaft für mich gegeben, dass mein Anwalt, Matthew Brown, ein überzeugter Republikaner und Nichtkatholik, in meiner Sache Überstunden gemacht, und der Richter daraufhin ein spezielles Interesse an der Sache entwickelt hatte. Er hieß Lewis Schwellenbach, war US-Senator gewesen, und wurde ein Jahr nach meiner Naturalisierung Arbeitsminister in der Regierung Truman. Als er uns unsere Einbürgerungsurkunden aushändigte, unterschied er zwischen solchen Menschen, die nach Amerika gekommen waren, um reich zu werden, und solchen, die aus Idealismus gekommen waren. Beide könnten gute Staatsbürger werden, so sagte er zu uns, aber er habe größeren Respekt vor einem Mann, der sein Vaterland verlassen habe, um frei zu sein, und der bereit sei, sich Verleumdungen und Missverständnissen zu stellen. Meine Freunde waren der Meinung, das beziehe sich auf mich, aber ich glaube, der Richter kannte viele solcher unglücklichen Fälle, wie den meinen.

Am nächsten Tag fuhr ich nach Seattle zu Bischof Shaughnessy. Als er mich sah, fragte er: „Was machen Sie hier, ich dachte Sie seien in New York?" Voller Überschwang erzählte ich ihm, dass ich amerikanischer Staatsbürger geworden sei. Er ließ die Hände sinken, riss die Augen weit auf und sagte: „Das ist nicht möglich, nicht nach all dem, was ich über Sie gehört habe!" Ich wusste, was er gehört hatte. Auf meiner zweimonatlichen Reise nach Seattle, während der Quarantänezeit, pflegte ich stets den Generalvikar, Joseph Dougherty, zu besuchen. Ich versuchte, ihm zu vertrauen, weil ich meinte, er sei ein Freund. Später merkte ich, dass er Berichte über all unsere Gespräche machte und sie dem Bischof übersandte. Er hatte also auch dem Bischof die neuesten Gerüchte mitgeteilt, die über mich im Umlauf waren. Als

---

211 Formursache, Zweckursache, Stoffursache, Wirkursache. Die Lehre von den vier Ursachen Thomas von Aquins geht zurück auf Aristoteles' Naturphilosophie. Vgl. dazu Ingrid Craemer-Ruegenberg, *Die Naturphilosophie des Aristoteles*. Freiburg i. Br.: Alber, 1980.

ich jetzt dem Bischof meine Urkunde vorlegte, examinierte er sie sehr sorgfältig von oben bis unten und von beiden Seiten. Dann sagte er: „Das ändert alles. Möchten Sie eine Pfarrei haben?" Diese Geste war für mich ein neuer Beweis für die grundsätzlich faire Gesinnung des Bischofs, denn mir war klar, dass ich altersmäßig noch nicht für ein Pfarramt in Frage kam. Ich sagte ihm, dass ich mich auf die Übernahme einer Lehrtätigkeit am St. Mary's College von Kalifornien vorbereitete, aber bereit sei, auf seinen Wunsch hin eine Pfarrei in seiner Diözese zu übernehmen. Da sagte er: „Nach allem was geschehen ist, habe ich die Absicht, Ihnen eine Pfarrei anzuvertrauen, denn ich möchte wieder gutmachen, was Sie haben durchmachen müssen." Dann fügte er entschuldigend hinzu: „Ich hoffe, dass Sie nichts gegen die übrig gebliebenen Stellen haben. Es gibt kaum attraktive Pfarreien ringsum." Ich hatte ganz und gar nichts dagegen.

Kapitel 13

Sunnyside

Sunnyside[212] ist eine Wildnis ungefähr 50 Kilometer östlich von Yakima. Ich kam dort am Tag der Arbeit 1944 in Begleitung eines Freundes aus dem Seminar, John Saindon, an. Als wir den kleinen Ort betraten, sahen wir ein Schild mit der Aufschrift: „2400 Einwohner". Die einzig sichtbare Aktivität war die Arbeit in einem Atomkraftwerk in den unheilträchtig benannten Klapperschlangenhügeln am Rande der Stadt.

Der Schlüssel lag unter der Fußmatte des Pfarrhauses. Das war die ganze Vorbereitung, die man für unsere Ankunft getroffen hatte. Wir waren staubig und erschöpft, duschten uns und gingen, ohne gegessen zu haben, ins Bett. Am nächsten Morgen ging ich zur Kirche hinüber, um Messe zu lesen. Sie war nicht abgeschlossen, denn einen Schlüssel gab es gar nicht. In einem Loch zwischen Fassade und Dach nisteten Spatzen. Eine Sakristei war nicht vorhanden, ein kleiner Teil der Kirche, abgetrennt durch einen Vorhang, diente als Umkleideraum. Der Altar war Marke Eigenbau, von schlechtem Geschmack und Zuschnitt, bedeckt mit Staub. Das Altartuch war zerfetzt und die Haken im Schrank waren verrostet. Niemand kam an diesem Morgen zur Messe, denn keiner hatte erwartet, dass ich da war.

John Saindon und ich reinigten das Pfarrhaus und die Kirche, so gut wir es konnten, und dann begann ich, die Pfarrakten zu untersuchen. Sie enthielten ein Register der Gemeindemitglieder bis zum Jahre 1933. Mit Hilfe des Telefonbuches und dieses Registers machte ich einige Gemeindemitglieder ausfindig. Später rief ich meine alte

---

212 Sunnyside ist eine Kleinstadt im Staate Washington, 290 km von Seattle entfernt.

Freundin, Fräulein Gertrude Braun, in Seattle an und fragte sie, ob sie für eine gewisse Zeit meine Haushälterin sein wolle. Trotz ihres hohen Alters packte sie ihre Sachen und kam mir für einige Wochen zur Hilfe. So übernahm ich, mit Hilfe eines braven Seminaristen und einer alten Freundin, zum ersten Mal in meinem Leben das Amt eines Pfarrers.

Einige Wochen später, bei seinem ersten Besuch in Sunnyside, fragte mich mein Freund James Deady, wie ich es hier aushalten könnte. Er war überrascht, dass ich nichts getan hatte, um die Teilnahme der Leute an der Liturgie zu verbessern, sondern den größten Teil meiner Zeit auf die Reinigung der Kirche verwandt hatte. Ich wollte aber, dass die Menschen sich an mich gewöhnten und ihnen das Empfinden vermitteln, ihre Andacht in einer angenehmen Atmosphäre auszuüben. Als dann das nächste Frühjahr kam, hatte ich Kärtchen für eine Dialogmesse drucken lassen und auf den Kirchenbänken ausgelegt. Vieles war Lateinisch, „Gloria, Credo" und einige kurze Gebete zur Gabenbereitung waren in Englisch, so auch das „Agnus Dei" und die Gebete vor der Kommunion. Ich ging von dem Prinzip aus, wenn die Gläubigen auf das Latein des Priesters antworteten, sollte das auf Latein geschehen. Wenn sie parallel zu seinem Latein beteten, sollten Sie auf Englisch beten oder singen.

Mit der Zeit nahmen alle Gemeindemitglieder an der Messe teil, und sie taten es mit Begeisterung. Ich denke, sie waren der Meinung, dass sie einer Art offiziellem Programm folgten und nicht bloß den Marotten eines liturgischen Avantgardisten. Eventuell hatten sie Kenntnis von meinen Artikeln im *Commonweal* und im *Orate Fratres*, was unseren Aktivitäten einen Hauch von Hochachtung einbrachte. Um diese Zeit gründete ich auch die Vernacular Society of America.[213] Obgleich ich mich schon sehr bald wegen Meinungsverschiedenheiten hinsichtlich der zu verfolgenden Politik davon zurückzog, betrachte ich dies doch als meinen einzigen wirklichen Beitrag zur Liturgischen Bewegung Amerikas.[214] Wenn es irgendetwas gab, für das ich gerne der Wortführer gewesen bin, dann war es die Einführung der Landessprache bei der Feier der heiligen Messe. Ich habe nicht von der Kanzel über liturgische Reformen gepredigt, sondern ich hielt Homilien über die Schrifttexte des Tages; immerhin betrachteten es die Gemeindemitglieder fast als einen persönlichen Triumph der Pfarrei, als 1947 die Enzyklika *Mediator Dei* herauskam.[215]

Zwölf Jahre lang übte ich meinen Dienst in Sunnyside aus – bis 1956, wobei ich in den Sommermonaten gewöhnlich einen Urlaub nutzte, um liturgische Schulungen

---

213 Ein Verein für die Landessprache in der Liturgie.
214 Reinhold spricht hier sehr bescheiden von sich. Ganz anders ist das Urteil der Zeitschrift *Worship*, die ihn mit seinen zahlreichen Veröffentlichungen in *Worship* und *Commonweal* sowie durch „ein halbes Dutzend Bücher" als „den Hecht im Karpfenteich der amerikanischen Katholiken" bezeichnete. Vgl. William A. Clancy, In Memoriam, in: *Worship* 42 (1968), S. 130 ff.
215 Die Enzyklika *Mediator Dei* vom 20. November 1947 von Papst Pius XII. gilt als Ausgangspunkt der Liturgischen Bewegung. Vgl. Bert Wendel, *Die Liturgie-Enzyklika „Mediator Dei" vom 20. November 1947. Zur liturgisch-zeitgeschichtlichen und theologischen Bedeutung einer lehramtlichen Äußerung Papst Pius' XII. (1939–1958) über den Gottesdienst der Kirche,* Regensburg: Roderer, 2004.

an den Universitäten im ganzen Lande durchzuführen. Mit diesem Modell hatte ich 1943 am Windsor College begonnen, dann 1945 eine weitere Einladung durch Pater Stanley Murphy erhalten. Im Jahr vor meinem Amtsantritt in Sunnyside hatte ich am St. Mary's College[216] von Carolina unterrichtet und in den folgenden Jahren dozierte ich an der North Carolina State University[217] und der Notre Dame University, wo ich gute Freundschaft mit Frank O'Malley und Pater Leo Ward schloss und meine Freundschaft mit Waldemar Gurian erneuerte.[218] 1951 wurde ich zum Gastprofessor für Dogmatik und Liturgie an der St. Johns University[219] in Collegeville berufen, wo mir am Ende des akademischen Jahres durch den Dekan und die Fakultät die theologische Ehrendoktorwürde verliehen wurde. Während dieser ganzen Zeit habe ich weiterhin Artikel geschrieben, besonders für den *Commonweal* und *Orate Fratres* – das später unter dem neuen Titel *Worship* herauskam, mit dem Herausgeber Godfrey Diekmann, meinem guten Freund – wo meine monatliche Kolumne „Timely Tracts" erschien. Andere Aktivitäten bestanden in gelegentlichen Exerzitien und Vorträgen für Studenten und professionelle Gruppen. Mit verschiedenen Mitgliedern meiner Pfarrei war ich auch tätig in der Sorge für die körperlichen und seelischen Nöte mexikanischer Flüchtlingsarbeiter in Yakima Valley.

Während eines Sommers in Swarthmore[220], das ich damals besuchte, ohne dort zu unterrichten, traf ich W. H. Auden – es war ein unvergessliches Erlebnis und der Beginn unserer Freundschaft. Der Poet war damals in bester Form. Er trug ein Jackett, an dem die Ärmel fehlten, und ein Paar Tennisschuhe ohne Absätze. Er hatte gerade ein Duschbad genommen und vergessen, sich die Haare zu kämmen. Wenn er im benachbarten Drugstore zum Essen erschien, erregte er immer großes Aufsehen, denn man konnte ihn mit niemand anderem verwechseln. Er ist einer der charmantesten und freundlichsten Personen, die mir je begegnet sind, und er trägt seine Berühmtheit unbeschwert und heiter. Bis heute kann ich nicht verstehen, warum er mich kennen lernen wollte, nachdem er einige meiner Artikel gelesen hatte – denn es war nichts Geniales in ihnen. Auch mit Wystans Bruder John verband mich eine gute Freundschaft. Er war einmal zehn Tage mit seiner Familie bei mir zu Besuch. Er stand im Dienst der indischen Regierung, und seine Frau war eine Brahmanin. John trat später zum katholischen Glauben über, Wystan nicht. Einmal fragte ich Wystan im Laufe unserer Korrespondenz, warum er nicht katholisch würde. Er schrieb mir einen langen Brief zurück, in dem er seine Einwände gegen die römisch-katholische

---

216 St. Mary's College, frühere Frauenhochschule der Episkopalkirche in Raleigh, North Carolina, 1842 gegründet.
217 North Carolina State University, bedeutende staatliche Hochschule in Raleigh, North Carolina, 1887 gegründet.
218 Siehe zum Abbruch der Freundschaft, Brief unten, S. 393 f.
219 St. Johns University, römisch-katholische Hochschule in Collegeville, St. Josephs, Minnesota, 1913 gegründet.
220 Swarthmore College, private Hochschule, ursprünglich mit Verbindung zu den Quäkern, gegründet 1864.

Kirche darlegte. Er war ein frommer hochkirchlicher Anglikaner, aufrichtig und gewissenhaft, und ich versuchte nicht, ihn zu bekehren.

Am 7. Mai 1945 ergab sich Deutschland bedingungslos den alliierten Streitkräften – ein Tag der Freude, wenngleich meine Freude durch zwei Ereignisse getrübt war. Eines lag in der Vergangenheit, das andere begann gerade. Das erste geschah am 20. Juli 1944, einem Tag, den viele Emigranten erwartet hatten, an dem die Verschwörung deutscher Generäle zur Ermordung Hitlers allerdings fehlschlug, und wir hörten, dass Hitler am Leben geblieben sei. Die Aktion war ungeschickt ausgeführt worden und die Konditionen, die die Generäle mit den Alliierten ausgehandelt hatten, waren eine Farce, denn sie wünschten, die Kontrolle über die von den Deutschen besetzten Gebiete zu behalten. Das zweite Ereignis war natürlich die mörderische Bombardierung der japanischen Städte Hiroshima und Nagasaki am 6. und 9. August 1945. Während all dieser Jahre war es mir wegen der von Msgr. McIntyre bei meiner Ankunft in Amerika getroffenen Regelung nicht erlaubt, in New York zu sprechen – obgleich ich sonst praktisch überall Vorlesungen und Vorträge halten konnte. Dieses Verbot wurde 1943 erneuert, als Erzbischof Spellman Ordinarius wurde.

Im Mai 1950 starb Bischof Shaughnessy, sein Nachfolger wurde Bischof Thomas Connolly. Ein Jahr später, im Juni 1951, wurde die Diözese Seattle geteilt und die neue Diözese Yakima errichtet. Zum ersten Bischof wurde Joseph Dougherty ernannt, der frühere Generalvikar von Seattle. Beginn und Ende meines Aufenthaltes in Sunnyside fallen in diese Zeit, denn Dougherty war der Mann, der es für nötig befunden hatte, regelmäßig über meine Aktivitäten an Bischof Shaughnessy zu berichten; Bischof Connolly fand es anlässlich unseres ersten Treffens passend, mich in Gegenwart von Laien aus meiner Gemeinde „einen unausgegorenen Liturgisten und Unruhestifter" zu nennen. Ich war gekommen, um ihm Pläne für unsere im Bau befindliche neue Kirche zu zeigen, und er hat sie mir buchstäblich zurückgeworfen. Er schien tatsächlich so verärgert, dass ich ihm anbot, mich nach einer anderen Diözese umzusehen. Aber er sagte: „Sie sind ein Gewinn für meine Diözese.", und er befahl mir, mit dem Schreiben fortzufahren. Obgleich er mir ein Kompliment machte, war seine Stimme doch voller Ironie. Als er kurz danach zur Einweihung unserer Kirche kam, bemerkten die Gemeindemitglieder seine Geringschätzung meiner Person. In einzigartiger Weise zeigten sie ihre Loyalität gegenüber ihrem Pfarrer und ignorierten ihren Bischof.

Bald nach diesem Gespräch besuchte ich Msgr. Dougherty – am 22. Juni 1951, dem Tag vor der Gründung des Bistums Yakima – und bat um Versetzung nach der damals vakanten Pfarrei in der kleinen Stadt Chelan, ungefähr 160 Kilometer nördlich von Sunnyside. Als Grund dafür gab ich an, dass ich mehr Zeit zum Schreiben haben wolle und Sunnyside besser von jemandem versorgt werden könne, der nicht so viel auswärts engagiert sei.

Diese Bitte wurde abgeschlagen. Als am nächsten Tag die Errichtung der Diözese Yakima bekannt gegeben wurde, fühlte ich mich erleichtert, da ich nicht länger unter der Jurisdiktion von Bischof Connolly sein würde. Bei der Inthronisierung Bischof Doughertys hatte man keinen Platz für mich bei den Zeremonien, obgleich ich der fünftälteste Priester in der neuen Diözese war. Als später die Diözesanbeauftragten ernannt wurden, wurde ich wieder nicht berücksichtigt. Einige Wochen später sandte ich dem Bischof meinen Aktenordner über die mexikanischen Emigranten im Tal, mit einem Schreiben, worin ich darlegte, dass dieses Problem meiner Meinung nach meine Kompetenzen weit überschreite. Ich erhielt umgehend von ihm eine Bestätigung, er habe die Akten erhalten und sei „freudig überrascht", dass ich ihm diese Sache übergeben hätte. Der Brief enthielt zugleich eine Einladung zum Mittagessen mit dem Bischof. Bei unserem Zusammentreffen bot er mir zwei diözesane Posten an: Direktor der Bruderschaft von der christlichen Lehre[221] und Direktor der Diözesankommission für Liturgie und Kirchenmusik. Ich kehrte voll Freude nach Hause zurück – in der Illusion, dass ich Bischof Doughertys Vertrauen gewonnen hätte. Es kostete mich ein Jahr, ehe ich entdeckte, dass meine diözesanen Direktorenstellen nur dem Namen nach existierten und alle meine Vorschläge zur Erneuerung der Liturgie nicht in die Tat umgesetzt wurden.

Es gab eine Reihe von Vorkommnissen, die das wachsende Zerwürfnis zwischen Bischof und Pfarrer noch verstärkten. Eines davon ereignete sich während einer Sammelaktion für die Pfarrei im Jahre 1954, als Bischof Dougherty mir vorwarf, ohne seine Erlaubnis eine Kollektenagentur in seine Diözese geholt zu haben. Ich konnte diese Beschuldigung widerlegen. Später musste ich für eine kurze Zeit ins Krankenhaus, und als ich in die Pfarrei zurückkam, hörte ich, dass der Bischof einen Vertrag für den Bau eines neuen Pfarrhauses unterzeichnet hatte – zu einem Preis, der doppelt so hoch war, wie die Kosten unserer neuen Kirche. Als ich mich über diese Belastung der Gemeindemitglieder beschwerte, machte mir der Bischof klar, dass *er* die Verantwortung für Finanzierung und Konstruktion des Pfarrhauses trage und nicht ich.

Nach fünf Jahren spannungsgeladener Beziehungen entschloss ich mich endlich, im Februar 1956 den Bischof um meine Versetzung in den Ruhestand zu bitten. Bis dahin hatte ich wiederholt um Versetzung gebeten, verschiedentlich auch angeboten, mich um Inkardination in eine andere Diözese zu bemühen, denn meine Gesundheit ließ nach, und ich merkte, dass ich meinen Gemeindemitgliedern nicht mehr als Vollzeitkraft zur Verfügung stehen konnte. Ich zog es vor, meinen Brief nicht direkt an den Bischof zu senden, sondern an einen befreundeten Priester in Portland – mit der Bitte, diesen dem Bischof zukommen zu lassen. Ich wollte nicht, dass mein Brief vom Generalvikar abgefangen würde. Dieser Priester schickte ihn jedoch in einem Umschlag direkt dem Generalvikar zu. Daraufhin wurde ich ins

---

[221] Confraternity of Christian Doctrine (CCD), gegründet in Rom im Jahr 1562. Die Vereinigung diente der Förderung des Religionsunterrichts und der Verbreitung liturgischer Bücher und soll in der heutigen Zeit vor allem Kinder und Jugendliche ansprechen.

II. AMERIKA

Generalvikariat bestellt, wo der Bischof mir eine vorbereitete Erklärung vorlas, ich hätte seine Anordnungen in vier Punkten verletzt: Einer davon war, ich hätte mich in die Arbeit der diözesanen Caritas durch das Angebot, ein vierzehnjähriges Mädchen über die Staatsgrenze zu bringen, eingemischt. Ich sagte ihm, dass ich in der Tat den Eltern des Mädchens zu dieser Aktion geraten, aber mein Angebot zurückgezogen hätte, als ich erfuhr, dass das diözesane Caritasbüro sich dieser Angelegenheit bereits angenommen habe. Daraufhin erinnerte sich der Bischof, dass er die Anweisung gegeben habe, solch einen Fall mündlich auf einer Priesterkonferenz zu behandeln, und dass ich zu dieser Zeit im Krankenhaus lag. Ein anderer Anklagepunkt war, dass ich einige Wochen zuvor an einem politischen Mittagessen für Adlai Stevenson teilgenommen hätte. Nach der Rede des Gouverneurs hätte ich den Dank seitens der veranstaltenden Gruppe ausgesprochen. Als ich erläuterte, dass es eine Reihe von Präzedenzfällen für mein Verhalten gebe, wurde auch dieser Punkt fallengelassen. Schließlich wurden alle vier Anklagepunkte zurückgezogen, ich aber informiert, dass der Bischof meinen Rücktritt wünsche, und dass ich als Emeritus im Pfarrhaus von Sunnyside bleiben solle.

Da ich es vorzog, einen Urlaub von der Diözese gewährt zu bekommen, legte ich diesen Fall dem Generalvikar von Portland vor, der ihn wiederum seinem Bischof präsentierte. Beide erklärten mir, Bischof Doughertys Wunsch sei kirchenrechtlich ungültig. Der Erzbischof wies seinen Generalvikar an, mich vor dem Bischof von Yakima zu vertreten.

Nun war aber der Generalvikar von Portland gerade jener Priester, über den ich meinen Brief an Bischof Dougherty geschickt hatte, in welchem ich um die Erlaubnis zum Rücktritt vom Amt gebeten hatte. So erhielt ich wenige Tage später einen Anruf von ihm, bei dem er mir mitteilte, dass er meinen Fall gerade mit dem Bischof im Büro des Generalvikars von Yakima verhandle und er sich in einem schmerzlichen Dilemma befinde. Wenn er in meinem Fall zu vermitteln suche, werde es ihn eine Freundschaft kosten – entweder die mit mir oder die mit dem Bischof. Er habe keine andere Wahl, als sich von der Sache zurückzuziehen. Er informierte mich, dass ein vicarius adjutor für meine Pfarrei ernannt würde, der mir meine Arbeit erleichtern solle. Zwei Tage später traf ich mit dem Bischof zusammen und sagte ihm, ich würde versuchen, mich der neuen Situation anzupassen. Gleichzeitig erneuerte ich aber meinen Wunsch, zurückzutreten. Wieder wurde dieser Wunsch abgelehnt.

In der Zwischenzeit hatte ich mir eine Blasenentzündung zugezogen und musste zur Behandlung ein Krankenhaus aufsuchen. Während meiner Abwesenheit zog der Vikar ein. In kurzer Zeit stellte er das Pfarrhaus auf den Kopf. Im Gemeindesaal richtete er sein Wohnzimmer ein und trotz unserer gewaltigen Schulden bestückte er es mit teuren Möbeln und einem Fernseher. Auch drohte er meiner Haushälterin mit Entlassung, und am Sonntag vor meiner Rückkehr verkündete er von der Kanzel, dass man mir die meisten meiner Funktionen genommen habe und er geschickt worden sei, um die Ordnung in der Pfarrei wieder herzustellen. Die überraschten Gemeindemitglieder waren in Erregung, als ich zurückkam. Sie hatten eine Karawane von siebzig Autos organisiert und wollten nach Yakima fahren, um gegen diese Aktion beim Bischof zu protestieren. Ich überredete sie, davon abzusehen. Aber als eines Morgens der Vikar die Haushälterin entließ – er hatte den Kündigungsbrief auf den Küchentisch gelegt, während sie meiner Messe beiwohnte – wurde eine Delegation von Gemeindemitgliedern mit der Bitte bei ihm vorstellig, seinen Schritt zu überdenken. Er sagte ihnen nur, dass sie sich nicht einmischen sollten und er alles bereits in die Wege geleitet habe, um seine eigene frühere Haushälterin anzustellen.

Ich machte ihm natürlich häufig Vorwürfe und wurde von ihm allerdings sehr unhöflich behandelt. Er bemächtigte sich der CCD-Gruppe der Pfarrei, obgleich wir vereinbart hatten, dass sie unter meiner Leitung bleiben sollte; er veränderte die Essenszeiten, ohne mich über die Änderungen zu informieren, er überwachte die Telefonanrufe. Die Pfarrei war nicht weit entfernt von einer tief greifenden Spaltung.

Nach Beratung mit dem Generalvikar von Portland bat ich nun den Bischof von Yakima um einen Urlaub von der Diözese und zwar sofort, am 21. April 1956. Ich informierte Bischof Dougherty über meinen Eindruck, dass die Pfarrei zerbreche und ich die Demütigungen seitens des Vikars nicht länger ertragen könne. Zu meiner Überraschung erhielt ich einen wohlwollenden Brief zur Antwort. Der Bischof war bereit, mir einen Urlaub zu bewilligen. Er nehme auch, um mich von allem Ärger zu befreien, meinen Rücktritt an, wenn ich es so sehr wünsche. Er fügte hinzu, dass er mir anderswo eine Aufgabe geben werde, wenn ich jemals den Wunsch hätte, wieder in das Bistum zurückzukommen.

Am 1. Mai bereitete mir die Pfarrei eine denkwürdige Abschiedsparty und überreichte mir eine große Spende. Der Vikar nahm an dem Empfang nicht teil, und auch am nächsten Morgen war er nicht da, als ich das Pfarrhaus verließ. In einem Brief bedankte ich mich beim Bischof für die Gewährung des Urlaubs und teilte ihm mit, dass ich nach Portland gehen werde, um den Generalvikar um seinen Rat für die Zukunft zu bitten. Von Portland aus telegraphierte ich ihm, dass ich zu einer Beerdigung nach Seattle fahren würde. Gleichzeitig bat ich ihn um Zusendung eines Celebrets, sodass ich auch außerhalb der Diözese die Messe lesen könne. Außerdem teilte ich ihm mit, dass ich ein offizielles Resignationsgesuch an ihn schicken würde, sobald ich mich für einen zukünftigen Wohnsitz entschieden hätte.

Am 28. Mai fuhr ich weiter in den mittleren Westen. Meine Adresse ließ ich zurück. Ich hatte gehört, dass Bischof Dougherty sich zu einer Untersuchung in der Klinik aufhielt, für mich war das eine Erklärung der Tatsache, dass mein Celebret bei der Ankunft in Seattle nicht vorlag. In St. Louis erreichte mich ein eingeschriebener Brief, nachgeschickt über Sunnyside, in dem der Bischof mich beschuldigte, die Pfarrei ohne seine Erlaubnis verlassen zu haben und unerlaubt abwesend zu sein. Wenn ich nicht sofort auf die Pfarrei verzichtete oder innerhalb von fünf Tagen zurückkäme – was wegen des verspäteten Eintreffens des Briefes bei mir ganz unmöglich war – würde ich suspendiert werden. Ich rief den Generalvikar von Portland an, der mir riet, mündlich per Telefon meine Resignation auszusprechen und mein Problem dem Apostolischen Delegaten mitzuteilen. Ich versuchte, den Bischof zu erreichen, was mir aber nicht gelang, da er sich nicht in der Stadt aufhielt. Der Generalvikar weigerte sich, meinen Rücktritt per Telefon anzunehmen. Ich schrieb dann einen Rücktrittsbrief an den Bischof und einen weiteren Brief, in dem ich darlegte, dass ich guten Glaubens gehandelt habe. Ich schrieb diese Briefe von Notre Dame aus, wo ich mich damals aufhielt und wartete einige Tage auf Antwort, aber es kam keine.

Ich fuhr dann nach Washington D.C., wo ich mein Problem mit dem Apostolischen Delegaten[222] besprach, und von dort weiter nach Benson im Staate Vermont. Graham Carey hatte den Bischof von Burlington[223] dafür gewonnen, mich in Benson als Kaplan anzustellen. Der Bischof riet mir, diese Vereinbarung von meinem eigenen Bischof bestätigen zu lassen und empfahl, mich eine Zeitlang in Benson aufzuhalten, bevor ich die Inkardination in seiner Diözese nachsuchte.

Nicht lange danach schrieb Bischof Dougherty an den Bischof von Burlington, dass ich mich ohne Erlaubnis von der Diözese Yakima entfernt hätte. Ich hatte ihn selbst über meine neuen Pläne informiert und ihm angezeigt, dass ich alles von seiner Zustimmung abhängig machen würde. Seine Antwort, deren Empfang ich in Gegenwart des Generalvikars von Burlington zu unterschreiben hatte, milderte meine Strafe der Suspension zu einem Monat Buße, den ich an einem Ort für starrsinnige Priester in New Mexico ableisten sollte.

Ich verließ Vermont in äußerster Verzweiflung und begab mich zu Exerzitien in die St. Josephsabtei in Spencer, Massachusetts.

Epilog

Ich vollendete das Diktat dieser Erinnerungen im Trappistenkloster von New Melleray, außerhalb von Dubuque, Iowa, im Jahre 1956. Damals befand ich mich schon im Anfangsstadium der Parkinsonschen Krankheit. Dieses Leiden hat mich handlungsunfähig gemacht und beherrscht mich noch jetzt. Ich wohne jetzt in Pittsburgh – wo mich Bischof John Wright mit seiner charakteristischen, offenen Herzlichkeit schließlich in einem Heim für Kranke und Alte aufgenommen hat, wo ich mein geistliches Amt noch, wie es eben geht, ausübe. Die Sorgen liegen nun zumeist hinter mir und ich erfahre mannigfachen Trost. Ich schaue dorthin zurück, wo alles anfing. In eine Region meines Herzens mit Namen Hamburg und verfolge

---

222 Gemeint ist Amleto Giovanni Kardinal Cicognani, Apostolischer Delegat in den USA von 1933 bis 1958.
223 Hier handelt es sich um Robert Francis Joyce, Bischof von Burlington von 1956 bis 1971.

die abenteuerliche Linie bis dahin, wo ich heute bin. Es gibt frohe und schmerzhafte Erinnerungen, die ich zu beschreiben versucht habe, so gut ich es konnte. Doch die Vergangenheit überwiegt die Zukunft nicht. Mit frohen Erinnerungen gehen frohe Hoffnungen Hand in Hand, und das Gedenken an schmerzhafte Ereignisse lässt uns erkennen, dass der Weg unserer Pilgerschaft mit Sorgen gepflastert ist. Als ich das Abenteuer begann, war der Weg schmal und der Wanderer wenige; mit Hilfe von anderen und trotz meiner Fehler und Irrtümer habe ich nun diesen Rastplatz erreicht. Die Straße ist nun breiter geworden und das Ziel ist näher in Sicht. Denen, die jetzt auf dieser Straße unterwegs sind, wünsche ich viel Glück und gute Reise.

***

Hans Ansgar Reinhold starb in Pittsburgh am 26. Januar 1968 im Alter von 70 Jahren.

In Memoriam Hans Ansgar Reinhold – Pater William Clancy [224]

Wir sind heute hier in Glaube, Hoffnung und Liebe zusammengekommen, um den Tod eines Christen zu feiern, der unser Freund, unser Bruder und unser lieber Vater und Lehrer in Gott gewesen ist. Wir feiern den Sieg Jesu Christi in diesem Priester, diesem Bruder, diesem Vater und Lehrer. Wir haben gewaltige Worte aus dem 15. Kapitel des Korintherbriefes und dem 17. Kapitel des Johannesevangeliums gehört – Worte von Auferstehung und Glorie. Wir haben die unvorstellbaren und unbegreiflichen Verheißungen gehört, die uns durch Paulus und unseren Herrn Jesus Christus verkündet worden sind – Verheißungen des Siegs über Sünde und Tod, Verheißungen von Herrlichkeit und Ewigem Leben. Über diese Dinge müssen wir jetzt nachdenken.

Es steht uns gut an, in Begriffen darüber zu meditieren, die das Leben und Lehren dieses Mannes, in dem Christus gesiegt hat, unseres Freundes und Vaters, geprägt haben. Denn was wir hier heute feiern, ist nicht ein privater, verborgener Sieg. Es ist kein mit Christus in Gott verborgenes Leben, an das wir uns erinnern. Unser ganzes Leben, in seinen tiefsten Abgründen, in den innersten Schichten unseres Seins, das nur Gott allein kennt, ist mit Christus verborgen in Gott. Gott allein weiß um alles und wir überlassen es ihm. Was wir hier und heute feiern und wofür wir danken, ist ein öffentliches Leben, ein öffentlicher Dienst und ein öffentliches Beispiel – ein Leben, ein Dienst und ein Beispiel, das viele unserer Generation unterwiesen hat und noch viele zukünftige Generationen lehren wird.

Aber wir sind hier heute nicht nur zusammengekommen, um einen Sieg zu feiern; viele von uns sind auch gekommen, um einen schuldigen Dank abzustatten – die größte Dankesschuld überhaupt, den Dank des Glaubens selbst. Denn Hans Ansgar Reinhold lehrte uns – einige als sie noch jung waren, andere als sie bereits älter waren – sehen, auf eine Weise, wie wir vorher nicht gesehen haben, auf eine Weise, die wir nicht für möglich gehalten hatten, bis wir ihn gelesen oder kennen gelernt haben. Er lehrte uns gerade jene Dinge zu sehen, die wir heute feiern – das Mysterium und die Freude der Kirche, das heißt, das Mysterium und die Freude der Auferstehung und der Herrlichkeit Jesu Christi.

Die Worte der Schrift, die wir gehört haben, und die Betrachtung, die wir darüber anstellen, treffen besonders auf diesen Christen zu, den wir heute zu Grabe geleiten. Denn Auferstehung und Herrlichkeit, die Herrlichkeit, die der Sohn beim Vater hatte, ehe die Welt erschaffen wurde, und die nun uns durch den Sieg des Sohnes zuteil werden soll, sind Schlüssel zum ganzen Leben und Werk Hans Ansgar Reinholds. „Wir sind zur Auferstehung berufen, und das Halleluja ist unser Lied", so lehrte uns Augustinus. John Henry Newman erinnerte uns ebenfalls daran, dass wir eine Auferstehungsreligion haben – eine Religion des Siegs und der Kraft, der Hoffnung

---

[224] Predigt gehalten in der St. Pauls Kathedrale, Pittsburgh, USA, anlässlich der Beisetzung von Pastor Hans Ansgar Reinhold am 30. Januar 1968.

und des Lichtes. Pastor Reinhold half uns, dieses zu erkennen. Sein eigenes Leben war eine Art von dauernder Ostervigil. Es war ein ständig sich wiederholender Aufstieg aus dem Dunkel zum Licht. Sein Zeugnis war eine Bekräftigung des Mittelpunktes Jesus Christus, des Alpha und des Omega, des Anfangs und des Endes – unseres Lebens auch im Tode.

Pastor Reinholds Liebe zur Liturgie hatte ihr Fundament in der Auferstehung Jesu Christi. Ehe es andere verstanden, verstand er, wie der Sieg unseres Herrn uns in der Feier seiner Mysterien überliefert ist. Er wusste, dass unser Bestreben sein müsse, an diesen Geheimnissen unter den Zeichen der Liturgie Anteil zu haben. Wir müssen uns heute erinnern, dass für Pastor Reinhold das Mysterium furchterregend blieb – allen Erläuterungen zum Trotz – das mysterium tremendum. Jeder von uns, der ihn gekannt hat, weiß, dieser Mann war ein Feind der Oberflächlichkeit, eines bloßen Ästhetizismus oder jedweden Popularismus in der Liturgie. Er tauchte tief ein in das Numinose; er war ergriffen von der Idee des Heiligen. Er wusste, dass unsere besten Liturgien, wie unsere besten Theologien, ein Versuch sind, durch Zeichen und Analogien auszusprechen, was letztlich unaussprechlich ist, mitzuteilen, was letztlich unmitteilbar ist. Sein Leben lang kämpfte er darum, die Zeichen des Mysteriums sichtbar zu machen und es uns dadurch zu ermöglichen, mit Freude und Dank in die Siegesfeier einzutreten, die Jesus Christus begonnen hat und zu deren Vollendung wir bis zum Ende der Zeiten berufen sind.

Hans Reinhold war auch ein Gegner jeder Annäherung an die Kirche oder ihre Liturgie, die sie auf eine Art bloß weltlichen Kommunitarismus reduzieren würde.

Nichts Menschliches war ihm fremd, aber inmitten des Menschlichen bekräftigte er das Transzendente. Er wusste, dass wir in zwei Ordnungen leben: Dass wir in unseren Geburtswehen, unseren Leiden, unseren Zweifeln und unseren Ängsten, im Schatten von Niederlage und Tod, gleichzeitig Teilhaber einer Herrlichkeit sind, die nicht die unsere ist, die uns aber als reine Gabe geschenkt ist. Als ein Mann, dessen Vision eine Auferstehungsvision war, liebte er die Kirche leidenschaftlich, tief und beständig. Er konnte und wollte die Herrlichkeit Jesu Christi nicht von der Gemeinschaft und der Hüterin dieser Herrlichkeit trennen, der geschichtlichen Kirche. Er war zutiefst ein Priester dieser Kirche. Er war ein Diener der Mysterien, die ihn diese Kirche gelehrt hatte. Er wusste aber auch, wie tragisch das Mysterium der Kirche verdunkelt werden kann. Er wusste, was Baron Friedrich von Hügel meinte, als dieser schrieb (an anderer Stelle und zu anderer Zeit, zu Beginn dieses Jahrhunderts, aber vielleicht doch nicht so lange her), dass die Fehler gewisser Kirchenleute sui generis seien, von solcher Art, dass sie in vielen jene Vision vom Mysterium der Kirche zerstörten, die einzig und allein das Leben in der Kirche erträglich macht – und nicht nur erträglich macht, sondern uns das einzig mögliche Leben schenkt, zu dem es keine Alternative gibt.

Pastor Reinhold kannte die Last der Geschichte. Er wusste, was der heilige Paulus im achten Kapitel seines Römerbriefes meinte, wo er von unserer Herrlichkeit spricht und gleichzeitig darauf hinweist, dass alle Kreatur bis zum Ende ausharren muss, ächzend und stöhnend, bis zur endgültigen Offenbarung Gottes. Bis dahin müssen wir warten in Hoffnung. Ohne ein Gefühl für beides, Theologie und Geschichte, muss der Mensch zwangsläufig ungeduldig sein, ärgerlich und zornig. Aber Hans Reinhold hatte einen tiefen Sinn von Geschichte und von Theologie, und er war unendlich geduldig. Er überwand Ärger und Zorn. Er lebte in der Hoffnung.

Aus diesem Grunde hatte er letztlich keine Angst. Wir alle, die wir ihn kannten, erinnern uns an Zeiten, wo er sich zu ängstigen schien. (Er war ein Mensch, den einige für übermäßig empfindlich hielten. Ein Mensch, der sehr zur Aufregung neigte.) Und manchmal fürchtete sich Pastor Reinhold gewiss auch vor sich selbst. Aber er besaß keine Angst um den Menschen. Er hatte niemals Angst um die Kirche. Er verwechselte nie seine persönlichen Missgeschicke und Niederlagen mit den Sorgen um den Menschen. Er verwechselte sie nie mit den Niederlagen um der Kirche willen.

Wenn ihm auch klar war, dass wir eschatologische Geduld lernen müssen, wusste er doch um unsere Berufung, jeweils in unserer Zeit und an unserem Platz, Gottes Gerechtigkeit und Gnade zu suchen. Und darin war er nicht geduldig. Er war ein Mann, der von seinem Temperament her mit einer Liebe zur Freiheit ausgestattet war. Er war ein freier Geist. Er war geformt in der humanistischen und klassischen Tradition einer gebildeten norddeutschen Mittelklasse, und das trug zu jener unabhängigen Perspektive bei, die seinem ganzen Denken zugrunde lag. Aber seine natürlichen Gaben waren durch das Licht des Evangeliums verklärt. Er wusste, mit welch wunderbarer Würde der Mensch bei seiner Erschaffung ausgestattet war und war sich auch noch tiefer bewusst, mit welch größerer Würde er durch die Menschwerdung Christi erneuert worden ist. Ich denke, Pastor Reinhold hatte eine unmittelbare Idee von Gerechtigkeit. Er spürte den Durst nach Gerechtigkeit, von dem Unser Herr spricht. Wer litt, ohne dass Er litt? Wer weinte, ohne dass Er weinte? Wer lachte, und Er lachte nicht?

Jeder von uns, der ihn kannte, kann Beispiele davon aufzählen. Bevor irgendjemand in unserem Lande sich Gedanken um die Not der eingewanderten Arbeiter machte, bemühte sich Hans Reinhold um sie. Er sorgte sich um die Juden. Er sorgte sich um die Flüchtlinge. Und das war nicht nur eine intellektuelle Angelegenheit für ihn. Dieser Mann war tief betroffen vom Leiden der Menschen. Er mischte sich ein, egal, ob es immer klug gewesen ist, in allen Dingen, die seiner Grundeinstellung entsprachen. Er wusste, dass man Jesus Christus in seinen Brüdern suchen und dienen muss, seinen einsamen und leidenden Brüdern, in der ganzen Geschichte der Menschheit.

Leidenschaftlich setzte sich Hans Reinhold schließlich auch für die Einheit ein. Er hasste Nationalismus und sehnte sich nach einer internationalen Ordnung. Was unsere Sache betrifft, er sehnte sich nach der Einheit derer, die an Christus glauben, die Anteil haben an seiner Hoffnung, weil sie schon sein Zeichen auf der Stirn tragen. Im Hinblick auf die Ökumene und die Liturgie war Pastor Reinhold ein mächtiger Prophet.

Dieser Mann, so meine ich, verwirklichte in sich selbst die Mahnung des Apostels Paulus: „Seid bedacht auf alles was gut ist, was liebenswert ist, und was Achtung und Lob verdient." Ergreife es, halte es fest und diene ihm.

Und verkünde es. Verkünde es in der Auferstehung und der Herrlichkeit und der Hoffnung des Herrn. Pastor Hans Reinhold hat es getan. Das ist der Grund unserer Freude heute. Das ist der Sieg, den wir in seinem Tode feiern. Der Sieg wurde ihm geschenkt und ist uns geschenkt in demselben Christus, demselben Evangelium, in derselben Kirche. So lasst uns denn, liebe Brüder, Gott Dank sagen, dass er uns diesen Sieg, diese Hoffnung, diese Herrlichkeit durch Jesus Christus geschenkt hat. Amen.

IV. Begegnungen mit Hans Ansgar Reinhold

Peter F. Anson[225]

S. 159:
[...] Seattle, ein großartiger Hafen mit vielen Fischern und Handelsschifffahrt, so dass ich trotz des kalten und ungemütlichen Wetters etliche Zeichnungen machte. Man nahm mich mit zu einer Filmvorstellung im neuesten und äußerst prachtvollen Kino, das mich mit seiner chinesischen Scheinarchitektur und Dekoration stark beeindruckte – mit falschen chinesischen Portiers, deren Sprache sie verriet. 1926 gab es in diesem großen Hafen kein katholisches Seemannsheim, und erst zwei Jahre später starteten die Vinzentiner einen Schiffsbesuchsdienst. Mehr als zwanzig Jahre nach meinem Besuch wurde Hans Ansgar Reinhold offizieller Seemannspastor in Seattle. Er musste sein großartiges Werk für Seefahrer in Deutschland aufgeben, weil er die Aufmerksamkeit der Gestapo auf sich gezogen hatte und verfolgt wurde. Als Ergebnis seiner eifrigen Bemühungen konnte mit Hilfe katholischer Organisationen der Diözese an einer beliebten Uferpromenade mit Blick auf den Puget-Sund ein attraktiver Seemannsklub eröffnet werden. Pastor Reinhold beschränkte sein Apostolat nicht auf den Hafen von Seattle. Er fand auch Zeit für die Seeleute in den nahe gelegenen Häfen von Olympia, Bellingham und Tacoma. All das ist inzwischen bereits Geschichte. Als ich Seattle besuchte, war die soziale und pastorale Sorge für die Seeleute vollständig protestantischen Organisationen überlassen, obgleich, nach Anzahl und Größe der katholischen Kirchen zu urteilen, die Katholiken zahlreich und wohlhabend waren. [...]

S. 175–182:
[...] Anfang Dezember [1929] war ich wieder auf See, an Bord des Norddeutschen-Lloyd-Dampfers „München", von Southhampton nach Bremerhaven – eine kalte, stürmische Überfahrt mit gewaltigem Seegang in der Straße von Dover. Es war zu

---

225 Peter F. Anson, *Harbour Head – Maritime Memories*, London: Gifford, 1944. (Dt. Übersetzung: Peter Schmidt-Eppendorf.)

rau, um sich an Deck zu bewegen und da blieb nichts anderes übrig, als sich in eine komfortable Koje zu legen oder an der Tafel bei Geigenklängen die schwere deutsche Küche zu probieren. Es war zu neblig, um die Felsen von Helgoland zu erkennen, und erst als wir langsam die Weser hinauf dampften, nachdem wir den Lotsen an Bord genommen hatten, dessen Dampfboot noch immer die rot-weiße Flagge Bremens führte, sahen wir Land. Eine endlos langweilige flache Moorlandschaft, aus der ein paar einsame Kirchturmspitzen über die Deiche ragten. Vorbei am rotweiß gekennzeichneten Leuchtturm von Brinkamahof und an der Quarantänestation sahen wir drei Meilen voraus die hohen Schornsteine und Kirchturmspitzen von Bremerhaven; schließlich machten wir fest bei den weiß-grünen Gebäuden des Anlegers vom Norddeutschen Lloyd. Als ich die Gangway hinunterging, wurde ich vom Seemannspastor Hans Ansgar Reinhold begrüßt, den ich in Boulogne kennen gelernt und der mich zu sich eingeladen hatte, damit ich etwas über die Situation der deutschen Seeleute in Erfahrung bringen könne.

Mir gefiel Bremerhaven auf den ersten Blick, auch wenn es ein grauer und nebliger Winternachmittag mit einem beißenden Wind war, der von der Nordsee herüber wehte. Die freundliche, anheimelnde Stadt mit ihren Backsteinhäusern und den vielen Seeleuten in den Straßen berührte mich angenehm. Das Katholische Seemannsheim in der Weststraße konnte man nicht verfehlen, denn sein Name prangte in blauen Lettern in drei Sprachen über dem Eingang: Deutsch, Englisch und Französisch. Das Haus war den ganzen Tag geöffnet. Es gab einen sehr einladend möblierten Leseraum, und – was mir sofort auffiel – die Dekorationen, Bilder und Möbel waren von künstlerischer Qualität. Während man gewohnt war, die Katholischen Seemannsheime allgemein in einem sehr schäbigen und ungemütlichen Zustand anzutreffen, trotz guter innerer Atmosphäre, war Pastor Reinholds Seemannsheim in jeder Beziehung über alle Kritik erhaben. Es war keineswegs luxuriös, aber es zeigte doch, was man mit geringen Mitteln und gutem Geschmack erreichen kann. Ein Seemann, der hier hereinkam, musste instinktiv fühlen, dass es sich hier nicht um eine Notlösung handelte, dass ihm vielmehr das Beste angeboten wurde, und dass er sozusagen als ehrenwerter Gast willkommen ist und nicht als armer Schlucker. Fast jeden Abend – und manchmal auch während des Tages – besuchte ich das Seemannsheim, sprach mit den Seeleuten, machte Federzeichnungen von ihnen wie sie lasen oder spielten. Gelegentlich besuchte ich zusammen mit Pastor Reinhold Seeleute im Krankenhaus oder an Bord der Schiffe im Hafen – das allerdings nicht so oft, denn die katholischen Seeleute scheuten sich, in aller Öffentlichkeit mit einem Priester zu sprechen. An den Sonntagabenden gab es gewöhnlich ein Konzert in zwangloser Atmosphäre, danach Kaffee und Gebäck.

Südlich von Bremerhaven liegt die Nachbarstadt Geestemünde mit dem größten Fischereihafen Deutschlands, der mich an eine exakte Neuauflage von Grimsby oder Hull erinnerte. In seinem großen Fischereihafen gab es eine Flotte von Fischdampfern. Die lange Reihe der Lagerschuppen und Räuchereien waren voll fieberhafter und doch hoch disziplinierter Aktivität. Hier verbrachte ich einen großen Teil meiner Zeit, wanderte durch die beiden Städte, wobei ich wünschte, dass meine Deutschkenntnisse ausreichten, mich frei mit den Arbeitern zu unterhalten; die großen stämmigen Schiffer und Maaten, die gut gebauten blauäugigen und flachshaarigen Matrosen. 1929 war Hitler noch nicht an der Macht, aber über ihn und seine Partei wurde in jenen Wochen, die ich mich in Bremerhaven aufhielt, oft gesprochen. Die älteren Leute fragten sich voller Zweifel, ob er in der Lage wäre, irgendetwas zu erreichen, denn das Land befand sich in einem beklagenswerten Zustand von Arbeitslosigkeit und Armut. Man merkte, dass ein Gefühl des Pessimismus in der Luft lag. Das Apostolat war 1925 in Deutschland eingeführt worden und hatte schließlich durch die Anstellung von Hans Ansgar Reinhold als Seemannspastor im Hafen an der Weser in Bremerhaven Gestalt angenommen. 1931 wurde Reinhold gebeten, das Werk auch in anderen Häfen zu organisieren, nachdem im Jahr zuvor der deutsche Zweig des Apostolates des Meeres gegründet worden war unter der Präsidentschaft von Bischof Dr. Berning von Osnabrück. Um die Arbeit wirksamer leisten zu können, versicherte man sich der Mitarbeit des Kolpingvereins, der Caritas, der katholischen Jugend und anderer katholischer Jugendverbände. In kurzer Zeit wurden Seemannsheime in Hamburg, Danzig, Bremen und Lübeck eröffnet und Seemannspastoren in Kiel, Königsberg und Stettin angestellt. Im Oktober 1936 musste eine neue Basis für das Apostolat des Meeres in Hamburg geschaffen werden. Die Unterbringungsmöglichkeiten wurden um das Dreifache erweitert, dazu kam eine große Kapelle für 200 Personen. Das Apostolat des Meeres in Deutschland war vermutlich besser organisiert und effizienter als in irgendeinem anderen Land in der vergleichsweise kurzen Zeit seines Bestehens. Zwei monatliche Nachrichtenblätter berichteten über den Stand der Dinge in allen deutschen Häfen, eines in englischer, das andere in deutscher Sprache gedruckt. Beide enthielten kurze, gut geschriebene Artikel über Themen, die für die Seeleute von Interesse waren. Aber die strangulierende Gewalt der Naziregierung und die damit verbundene äußerste Vorsicht im gesprochenen und im gedruckten Wort engten den Spielraum des Werkes immer mehr ein. Inzwischen ist es Pastor Reinhold so eben noch gelungen, vor der drohenden Verhaftung aus Deutschland zu fliehen. Er lebt heute im Exil an der Pazifikküste der Vereinigten Staaten.

Während unserer Spaziergänge und auch auf seinem Zimmer im Pfarrhaus legte er mir seine Sicht des katholischen Seemannsapostolates dar. Sie ging viel tiefer, als die eines Durchschnittspriesters und beruhte auf einer profunden Kenntnis von Philosophie und Theologie, nicht zu vergessen auch der Liturgie und einem ursprünglichen Sinn für religiöses und soziales Handeln. Er vertrat die Meinung, dass das Motto des Apostolates des Meeres „Für das geistliche Wohl aller Seefahrer" für eine Zeit heftiger Auseinandersetzungen wie der gegenwärtigen zu unscharf sei. Er argumentierte, dass unser Programm nichts weniger sein dürfte als das Programm Christi. Dabei zitierte er das Johannesevangelium (Kapitel 17, 3):

„Und das ist das ewige Leben, dass sie dich, den einzigen und wahren Gott erkennen, und Jesus Christus, den du gesandt hast."

Mit anderen Worten, das Ideal des Apostolates sei, den katholischen Seeleuten unseren Vater im Himmel durch Christus unseren Herrn zu offenbaren. Er erklärte:

„Wir haben verschiedene Wege zur Verfügung Christus den Seeleuten zu offenbaren, aber es sollte nichts getan, gesagt oder gegeben, gebaut oder gedruckt werden, was nicht zu diesem Ziel beiträgt. Wenn wir wollen, dass unsere Seeleute Apostel ihrer Kameraden sind – Apostolat des Meeres durch Seeleute – dann müssen sie nicht nur selbst unseren Herrn ganz und gar kennen und durch ihn leben, sondern jeder muss wissen, dass sein persönliches Streben sein muss, ein ‚alter Christus', ein zweiter Christus zu sein, in Wort und Tat und durch seine ganze Persönlichkeit."

Pastor Reinhold wollte eine Elite formen – denn das war die Missionsmethode Christi – ein paar Fischer herauspicken und sie zu Aposteln heranbilden.

„Wir müssen aufhören gegen die Symptome menschlicher Moral und religiösen Siechtums zu kämpfen. Wir müssen das Übel bei der Wurzel packen, indem wir unsere vergötterten bürgerlichen Ideale und Vorurteile opfern und der Welt zeigen, dass das Christentum eine innere Revolution bedeutet, die mit der Wirkung des Sauerteigs verglichen werden kann. Wir wünschen keine oberflächlich frommen Leute auf jedem Schiff zu haben, sondern eine katholische Gemeinschaft, eine ecclesiola, eine Kirche im Kleinen, die weiß, was es heißt, und die stolz darauf ist, ein Mitglied, nein, ein Glied des Leibes Christi zu sein."

Wenn wir so an den Kais des alten und des neuen Hafens entlang gingen, kämpfend mit dem Wind, der von der Nordsee herüber wehte, oder uns unter die Massen der Seeleute auf den Straßen mischten, pflegte Pastor Reinhold zu sagen:

„Sieh mal, Peter, diese Seeleute sind keine ‚armen Jungs', wie einige sie hinstellen, sie sind christliche Männer, mit Würde und männlichem Stolz. Sie sind letztlich nicht schlechter als die Katholiken an Land. Viele von ihnen sind sogar besser. Es sind keine ‚ungezogenen Jungen', die zu weich sind, um den Versuchungen zu widerstehen. Wenn irgendeine Seemannsmission diese Vorstellung von Seeleuten hat, nun, dann sollte man sie besser schließen. Seeleute wollen keine Bevormundung. Nur Schwächlinge und Schmarotzer bauen auf das Verhätscheln und Versorgen, wie es in vielen Seemannsclubs und Instituten verbreitet ist. Warum müssen manche Leute denken, dass Seeleute ‚Objekte der Wohltätigkeit' sind? Das ist eine schwerwiegende Beleidigung. Nein! Sie müssen Christus von Herzen lieben lernen und dadurch Apostel und Märtyrer werden."

Dann kehrten wir in der Regel zum Seemannsheim zurück, wo alle Gegenstände, so weit es im kleinen Maßstab möglich war, gleichermaßen Pastor Reinholds strenge Prinzipien im Hinblick auf die Rolle der Kunst im Apostolat des Meeres ausdrückten. Er zeigte mir Notizen, in denen er festgelegt hatte, dass ohne die Hilfe eines Kunstberaters für ein Seemannsheim nichts gebaut, gekauft, möbliert oder gedruckt werden dürfe. Ich amüsierte mich über den Paragraphen, der verlangte, dass die

„Kunstdirektoren" nicht wegen ihrer vermeintlichen Frömmigkeit oder ihres guten Willens gewählt werden dürften, sondern grundsätzlich wegen ihres anerkannten beruflichen Könnens. Ich kann nicht widerstehen, auch die nächste Klausel zu zitieren:

„Ein Institut ohne künstlerische Note ist keine Offenbarung der Schönheit und Güte Gottes, sondern ein sektiererischer Schuppen oder ein besseres Gefängnis, das einzig und allein unsere eigene Lieblosigkeit offenbart und den geringen Respekt vor unseren Gästen."

Auch musste ich schmunzeln bei den Worten:

„Eine düstere, unordentliche und schmutzige Rezeption, ein Club, im dem jede Wand, jeder Stuhl, jeder Flur die Geringschätzung und das Misstrauen gegenüber dem guten Benehmen des Seemannes ausdrückt, spiegelt nicht den Geist unseres Werkes wider und ist nicht geeignet für ein lebendiges Zentrum der Katholischen Aktion. Wenn auch unsere Heime Zentren der Behaglichkeit und der Freude sein und alle Art von Zerstreuung und Erholung bieten sollten, es würde nichts taugen, wenn dieses sich Abend für Abend wiederholte und wir in dem Ruf eines drittklassigen Varietéheaters, einer Tanzhalle oder eines Kinos stünden."

Pastor Reinhold war überzeugt, dass jedes Seemannsheim ein Bollwerk intellektuellen und geistlichen Lebens sein müsse, wie auch ein zentraler Ort des Frohsinns: Gute Bibliotheken müssten darin vorhanden sein, Diskussionen über religiöse und soziale Fragen stattfinden, Lichtbildervorträge, „nicht immer fromm und erbaulich, aber stets im Rahmen von Kultur, Geschichte und Kunst." Er wollte auch Werkräume und Abendschulen einrichten.

Er machte mich mit einem jungen Mann bekannt, den er in einem langen und intensiven Kursus, der einige Jahre in Anspruch nehmen sollte, zum „Seemannsapostel" ausbildete. Ich fragte mich, ob der Knabe das wohl überleben würde, aber die deutsche Jugend ist stärker an spartanische Disziplin gewöhnt als unsere eigene! Es genügte nicht, dass er ein bereits gut informierter Katholik war; er musste Theologie, Kirchengeschichte, Liturgie, Hagiographie, soziale und wirtschaftliche Probleme, Sprachen und vieles andere mehr studieren. Erst nach einem durch und durch spirituellen und intellektuellen Noviziat, und nur dann, würde dieser junge Mann – und jeder andere Vollzeitarbeiter im Apostolat des Meeres – die Erlaubnis bekommen, seinen Dienst zu tun. Mehr noch, Pastor Reinhold bestand auf einer kultivierten persönlichen Erscheinung, denn er war der Meinung, dass die Seeleute nicht die armen, sondern die ungepflegten und ungekämmten Leute gering schätzen würden. Er hasste jeden Versuch, Proselyten[226] zu machen. Ich erinnere mich, dass er mir sagte:

„Du kannst einen Seemann leicht dazu überreden, die Sakramente zu empfangen, weil er zurückhaltend ist, dir gefallen möchte und nicht undankbar erscheinen will.

---

226 Als Proselyten (griech.), die „Herzugekommenen", werden im Neuen Testament die zum Judentum konvertierten Heiden genannt. Umgangsprachlich bedeutet es, einen Anhänger zu gewinnen, ohne den Betreffenden aber richtig überzeugt zu haben.

Es ist aber oftmals klüger zu warten und die Gnade ihr unsichtbares Werk tun zu lassen."

Eines Abends meinte er erregt:

„Lade nicht zum Kaffee oder Tee ein oder zum Tanzen mit der Absicht, die Männer anschließend zum Beten zu nötigen. Kannst du keine Geduld aufbringen, keinen Respekt vor dem Stolz und der Würde eines erwachsenen Menschen? Wir dürfen niemals erwarten, dass unsere Gastfreundschaft mit Gebeten abgegolten wird. Das würde uns nur lächerlich machen."

Als Autor und Künstler von Beruf war ich auch sehr an Reinholds dezidierter Meinung über Seemannszeitungen und -magazine interessiert.

„Ein schäbig aussehendes Mitteilungsblatt, zusammengekratzt aus den Resten einiger Pfarrblätter, ist schlimmer als gar keines [...] Papier, Druck, Aussehen und Inhalt müssen erstklassig sein [...] Gestalte dein Blatt nicht ‚pietistisch' [...] mache es natürlich, voll von Leben, fröhlich, witzig und aufgeschlossen – wenn du wirklich willst, dass es gelesen wird, und nicht nur von Katholiken. Das Blatt muss so gut gestaltet aussehen, dass dein Seemann es mit Stolz seinen Schiffskameraden zeigen kann. Sehr wahrscheinlich wird es seine einzige Verbindung zur Kirche sein. Es sollte in einer gesunden und christlichen Weise eindrucksvoll sein."

Von da kamen wir auf die Werbung zu sprechen, von der Pastor Reinhold behauptete, dass sie beharrlich und konsequent betrieben werden müsse, besser als es unsere Gegner machten, aber nicht „überreligiös". Ich merkte mir seine Äußerung, dass ein Seemannsheim sich bemühen sollte, so eine Art „Cooks Reisebüro für Seeleute" zu sein.

„Gib ihnen gute Tipps, wie sie ihre Zeit auf eine angenehme und spannende Weise mit den Annehmlichkeiten und Sehenswürdigkeiten des Landes verbringen können, denn du kannst nicht erwarten, dass sie Nacht um Nacht im Club verbringen. Der Club ist kein Kindergarten für ungezogene große Jungen. Gib ihnen ein Verzeichnis guter Theater, Konzerthallen, Kinos, Restaurants, Schwimmbädern, Stränden, Büchereien, Museen, Exkursionen, Motorbootsverleihern, Kutschfahrten, Skitouren und anderen Sportmöglichkeiten. Wir wollen das Interesse der Seeleute wecken und sie nicht wie Tyrannen beherrschen. Und mach um Gottes willen keine sektiererische Propaganda."

Die katholische Kirche in Bremerhaven, an der Seemannspastor Reinhold als Kaplan wirkte, stammte aus der zweiten Hälfte des neunzehnten Jahrhunderts. Sie war kein berauschendes Beispiel norddeutscher Neugotik, aber sie war vielleicht die Ursache für den Seemannspastor, seine Vorstellung bezüglich der idealen Kapelle eines Seemannsheimes zu formulieren. Diese ist es wert, mitgeteilt zu werden – gerade weil sie sich so sehr von den typischen Kapellen in den meisten katholischen Einrichtungen unterscheidet:

„Eine Seemannskapelle ist kein Warenhaus für billige Gipsfiguren, Kunstdrucke, künstliche Blumen und imitierte Buntglasfenster aus verschossenem Papier. Es ist der Ort, wo unser zur See fahrender Bruder Christus uns begegnet in der Liturgie, und ein Raum des persönlichen Gebetes. Erlaube also nicht frommen, aber unwissenden Leuten an jeder leeren Stelle Statuen oder Bilder ihrer Lieblingsheiligen anzubringen, die sie in einem katholischen Warenlager erworben haben. Das einzig Notwendige, was alle Seeleute brauchen, ist, dass sie unseren Herrn und Gott kennen lernen und durch die Sakramente einen lebendigen Kontakt zu ihm haben. Es gibt viele gute Sachen, die für das religiöse Leben unserer Seeleute, das notwendigerweise auf die wesentlichen und wichtigen Dinge reduziert ist, überflüssig sind. So gestalte deine Kapelle schlicht und würdig, hell und mit warmen Farben. Lass die Leute nahe an den Altar kommen, so dass sie die heilige Messe feiern und beten können *mit* ihrem Priester. Eine Dialogmesse ist absolut notwendig, wenn wir sie davon überzeugen wollen, dass die Messe mehr ist als eine Pflichtübung und verordnete Formalität. Weihe deine Kapelle dem Guten Hirten, unserem Erlöser, Christus dem König (und nicht deinem eigenen Lieblingsheiligen), um all ihre Liebe und Kraft auf Jesus Christus zu richten. Statuen oder Bilder der Muttergottes, von St. Peter und einem regionalen Heiligen sind ausreichend für eine solche Kapelle und lenken die Gedanken auf die wichtigen fundamentalen Erfordernisse ihres religiösen Lebens. Non multa sed multum."

Über alle diese Dinge haben wir uns unterhalten und miteinander diskutiert, besonders an einem Abend auf Pastor Reinholds Zimmer, das ganz nach seinen Ideen renoviert und möbliert war und in einem bemerkenswerten Kontrast zu den anderen Räumen des Pfarrhauses stand. Ich habe noch die kahlen weißen Wände vor Augen, die flotten scharlachroten Vorhänge, die an solchen Winterabenden vor die Fenster gezogen wurden, den gebohnerten Fußboden, die einfachen aber soliden Möbel, die Regale, gefüllt mit Büchern in vielen Sprachen und über alle möglichen Themen. Bremerhaven war ein Experiment, und erst als er einige Jahre später nach Hamburg umzog, bekam er eine wirkliche Chance, seine Ideen von einem katholischen Seemannsheim in die Praxis umzusetzen. Es ist eine Tragödie, dass diese ganze hervorragende Arbeit später durch seine Emigration aus Deutschland stark in Mitleidenschaft gezogen wurde. Aber „die in Tränen säen, werden in Freuden ernten."

Pastor Reinhold bat mich nach Deutschland zurückzukommen, alle deutschen Häfen zu besuchen und ein Buch zu schreiben und zu illustrieren mit deren Seeleuten, ähnlich wie ich es gerade über die Fischer an der Ostküste Schottlands herausgegeben hatte. Er lockte mich mit Beschreibungen kleiner Ostseehäfen und der Faszination großer Häfen, wie Hamburg und Stettin, aber das Buch kam niemals zustande. Kurz vor Weihnachten verließ ich Bremerhaven und verbrachte einige Tage in Bremen, dem zweitgrößten Hafen Deutschlands. Dort begegnete ich dem katholischen Seemannspastor Fischer, der mir einiges von seiner umfangreichen Arbeit zeigte. Dann nahm ich den Schnellzug nach Rotterdam und war in Holland. Deutschen Boden habe ich seitdem nicht wieder betreten. […]

S. 217–218:

[…] Von 1930 bis 1938 wurde jedes Jahr ein internationaler Kongress des Apostolates des Meeres abgehalten. Wenn einmal die Geschichte dieser Bewegung geschrieben wird, könnte man die Jahre vor dem Zweiten Weltkrieg als die „Kongressperiode" bezeichnen. Ob diese kosmopolitischen Versammlungen erreicht haben, was man von ihnen erwartete, ist vielleicht ein bisschen zweifelhaft – das ist zumindest mein Eindruck. Es hat mich immer geärgert, dass diese Tage so sehr mit Vorträgen ausgefüllt waren, dass wenig Zeit übrig blieb, um Ideen auszutauschen und Kontakt mit anderen Delegierten aufzunehmen. Aber der wirksame Auftritt in der Öffentlichkeit führte zu einer größeren Bekanntheit des Werkes und die gesammelten Informationen waren von bleibendem Wert, wenn sie in Buchform herauskamen, wie es nach dem französischen Kongress geschehen ist. Für künftige Historiker des Apostolates sind diese gebundenen Berichte unverzichtbar.

Ich habe den Kongress von Saint-Anne d'Auray im Jahre 1933 nicht besucht, auch nicht den in Hamburg im Jahre darauf, aber ich half mit beim Londoner Kongress im Oktober 1935, der sehr viel größer war, mit Delegierten aus vierzehn Ländern. Es war eine große Versammlung in der Queens Hall, die vom Boden bis zum Dach voll war. Zu den wichtigsten Persönlichkeiten auf dem Podium gehörten der Erzbischof von Westminster, die Botschafter von Polen und Portugal, die Minister aus Norwegen und Österreich, der Hochkommissar des Freistaates Irland, die diplomatischen Vertreter von Finnland, der Schweiz, Litauen, Türkei, Italien, Deutschland, Frankreich, Spanien und sogar China. Der Purpur der Prälaten mischte sich mit den schwarzen Fräcken prominenter Laien. Da waren Seekadetten, Marinepfadfinder, dunkelhäutige Matrosen aus Goa und die hübsch gekleideten Blumenmädchen des Grals. Die Hauptattraktionen des Programms waren P. Martindale SJ, P. Vincent McNabb OP und G. K. Chesterton, wie auch Jean Reynaud, der dynamische Generalsekretär der Jeunesse Maritime Chrétienne, und Pastor Reinhold von Hamburg.

Wenn eine wohlorganisierte Öffentlichkeitsarbeit eine katholische Bewegung unterstützen kann, dann ist es dieses Treffen vom 6. Oktober 1935 in der Queens Hall gewesen, welches das Gedeihen des Apostolatus Maris für alle Zeiten festigte.[227] Der Kongress endete mit einem abschließenden Essen im Liverpool Street Hotel und einem Tee auf dem Königlichen Postdampfer „Highland Chieftain" in den Victoria Docks. Hier hatte man schließlich direkten Kontakt zu den Seeleuten. Erfrischender als der Tee waren das Aroma des Seetangs, der durch eine östliche Brise den Fluss hinaufgetrieben wurde, und der charakteristische Geruch des Hafens.

227 Siehe dazu: Apostolatus Maris Ideals – are we attaining them? A paper for the International Sea Apostolate Congress by Rev. H. A. Reinhold, former National Organizer for Germany and Port Chaplain in Hamburg, Saturday, October the 5th 1935, St. Peter's Hall, Westminster Cathedral Precincts. Manuscripts, Box 17, Folder 35, H. A. Reinhold Papers, MS2003-60, John J. Burns Library, Boston College.

Dorothy Day[228]

[…] Wenn mich meine Erinnerung nicht täuscht, haben wir uns erstmals 1934 auf einer Tagung katholischer Wohlfahrtsverbände in New York getroffen. (Ich weiß noch, dass der *Catholic Worker*[229] zu der Zeit gerade mal ein oder zwei Jahre alt war, denn ich hatte einen Auftrag der Caritas angenommen, für die Öffentlichkeit zu schreiben. Ich musste Artikel verfassen in Form von Interviews mit Senator Robert Wagner, Generalpostmeister James Farley und anderen. Dafür bekam ich 25 Dollar die Woche! Jeder Pfennig zählte bei diesem neuen journalistischen Abenteuer.) Pastor Reinhold war in seiner Eigenschaft als Seemannspastor von Hamburg anwesend und mir schien, dass er etwas Verdächtiges, Rätselhaftes an sich habe. „Wer ist dieser Mann, der über den Ozean reist, um über das geistliche Wohl der Seeleute zu diskutieren?" Wir waren damals ziemliche Isolationisten, und die Kirche in Amerika hatte noch nicht angefangen, sich über die wachsende Macht Hitlers zu beunruhigen. Pastor Reinholds Interessen waren so weit wie die Welt. Noch als er in Deutschland war, hatte er sich für den *Catholic Worker* interessiert und war einer der ersten Abonnenten. Wir hatten uns mit dem Hafenarbeiterstreik an der Westküste befasst und mit der Arbeit von Seemannspastor Fr. Kelley, der Harry Bridges in seinem Kampf gegen die Schiffseigner unterstützt hatte. Als er uns in unserem ersten Hauptquartier in der East 15th Street besuchte, erzählte ich ihm von dem kommunistisch inspirierten Hungermarsch auf Washington im Dezember 1932, an dem viele Seeleute und Hafenarbeiter teilgenommen hatten.

Als Pastor Reinhold nach Deutschland zurückkehrte, schrieb er einen Artikel über den *Catholic Worker* für das Magazin *Blackfriars*.[230] Später musste er vor Hitler fliehen und kam, nach einem kurzen Aufenthalt in der Schweiz, nach New York, wo er in einer Pfarrei arbeitete, in Jamaica[231], wenn ich mich recht erinnere. Im Mai 1936 gab es dort einen Seemannsstreik, der im Winter 1936–37 zu einem Ausstand von 60 000 Seeleuten an der Ostküste führte. Der *Catholic Worker*, der damals in der Mottstreet angesiedelt war, richtete ein weiteres Hauptquartier in der 10th Avenue ein, wo wir die Seeleute von morgens bis abends mit Sandwiches und Kaffee versorgten. Die Räume waren stets überfüllt – es gab etwas zu lesen und ein gutes Radio. Pastor Reinhold, der nach wie vor an den Seeleuten interessiert war, besuchte uns dort.

---

228 Vgl. *The Catholic Worker*, März 1968. (Dt. Übersetzung: Peter Schmidt-Eppendorf.)
229 *The Catholic Worker*. Amerikanische katholische Zeitschrift, 1933 von Dorothy Day and Peter Maurin gegründet. Die Zeitschrift, welche sich vornehmlich der Propagierung der katholischen Soziallehre und dem Anliegen der unterprivilegierten Arbeiterschaft verschrieben hat, wird bis heute zum symbolischen Preis von einem Cent verkauft.
230 *Blackfriars*. Britisches katholisches Magazin, von den Dominikanern herausgegeben. Erscheint heute unter dem Titel *New Blackfriars*.
231 Ein Bezirk im Stadtteil Queens von New York.

Ich kann mich sehr genau an die Nacht erinnern und wie er zu den Männern zu reden begann. Es war keine geordnete Versammlung; die Männer standen alle herum, mit Kaffeetassen in der Hand, und Pastor Reinhold sprach zu ihnen über die Kirche und über soziale Gerechtigkeit. Es war eine kurze Rede, aber sie hatte Nachwirkungen: Er wurde ins Generalvikariat bestellt und man sagte ihm, wenn das noch einmal passiert, würde man ihn bitten, die Diözese zu verlassen. Es sei keinem Priester erlaubt, ohne Genehmigung in der Diözese New York Reden zu halten, die Kirche würde sich nicht in die Politik und Arbeitskämpfe einmischen.

Pastor George Barry Ford nahm ihn für einige Zeit auf. Nicht lange danach ging er an die Westküste und wohnte im Pfarrhaus an der Kathedrale in Seattle, wo er schon sehr bald eine Gruppe von jungen Menschen um sich sammelte, die nicht nur an der Liturgie, sondern auch an der Arbeiterbewegung interessiert waren. Praktisch gehörten sie alle zur örtlichen Teamsters Union[232], aber diese Arbeiterorganisation ließ ihnen nicht viel Bewegungsfreiheit für eigene Aktivitäten. Ermuntert durch Pastor Reinhold entschlossen sie sich bald, ein „house of hospitality"[233] einzurichten. Als ich im Rahmen einer Vortragsreise dort ankam, traf ich ein halbes Dutzend junger Männer auf dem Bahnsteig aufgereiht, die den *Catholic Worker* wie ein Banner als Erkennungszeichen vor sich hielten. Pastor Reinhold hatte viel zu tun, aber er betete mit uns jeden Abend die Komplet und sorgte für die Freitagabend-Diskussionen. Er erweiterte und vertiefte ihre Geisteshaltung und bereicherte das intellektuelle Leben der Gruppe.

Gelegentlich besuchte Pastor Reinhold Freunde im Osten und kam Vortragsverpflichtungen im ganzen Lande nach. In New York nahm er wieder Kontakt mit seinem Freund Don Luigi Sturzo auf, dem großen christlichen Soziologen, der so standhaft gegen Mussolini auftrat, dass er nach England ins Exil gehen musste, wo er die Liga für Frieden und Freiheit gründete. Während der Luftangriffe auf London gelang es Sturzo, in die USA zu kommen, und die beiden Freunde, beide Flüchtlinge aus dem eigenen Land, trafen wieder zusammen. Diese Freundschaft zeigt, neben Liturgie und Arbeiterbewegung, ein weiteres Interessengebiet von Pastor Reinhold auf: Die Politik.

Insbesondere galt sein Interesse auch der Mystik. Ich besitze eines seiner Bücher, eine Sammlung von geistlichen Texten, mit dem Titel *The Soul Afire*, das, zusammen mit seiner monatlichen Kolumne in der Benediktinischen Monatsschrift *Orate Fratres* (jetzt *Worship* genannt), herausgegeben von der Liturgischen Presse in Collegeville, Minnesota, zu den Schätzen unserer Bibliothek hier in Tivoli gehört. […]

---

232 Amerikanische Gewerkschaft der Transportarbeiter, 1903 gegründet. Die Teamster Union ist heute noch eine der größten Gewerkschaften in den USA, ihr politischer Einfluss war zu Zeiten Reinholds aber bedeutend größer als heute.
233 Ein Haus zur Betreuung von Obdachlosen und armen Mitbürgern.

William J. Leonard[234]

S. 198:
[…] Am 5. März 1961 feierte eine Gruppe von uns die „Emanzipation" von Father H. A. Reinhold mit einer Party in Father Tom Carroll's Appartement. Father Reinhold war ein hochbegabter deutscher Priester, der mit einem kühnen Sprung über die deutsche Grenze Hitlers SS-Schergen entgangen war. Einige seiner Ideen, vorgetragen mit Unerschrockenheit und Kraft, wie wir es an ihm so charakteristisch erfahren haben, ließen sich nicht mit den Dogmen des Dritten Reiches vereinbaren. Er kam nach Amerika in der Hoffnung auf ein herzliches Willkommen und die Inkardination in die Diözese New York. Doch die hiesigen Autoritäten bereiteten ihm einen frostigen Empfang nach der einprägsamen Logik, wenn er kein Faschist ist, müsse er wohl ein Kommunist sein. Erst nach langer Zeit und manchen Bedrängnissen erhielt er schließlich eine kleine Landpfarrei im Staate Washington. Sein kraftvolles Eintreten für unkonventionelle Ideen, besonders auf dem Gebiet der Liturgiereform, ließ ihn bei seinem Bischof vom Regen in die Traufe kommen. Schließlich verzichtete er auf die Pfarrei, aber der Bischof wollte ihn nicht zur Inkardination in ein anderes Bistum freigeben. Dr. Tom Caulfield, ein genialer und überzeugender Psychiater, begab sich auf Father Carrolls Bitte zum Bischof und erklärte ihm, dass Father Reinholds leidvolle Erfahrungen in Europa und Amerika die Ursache seiner vermeintlichen Insubordination sei, jedoch ohne Erfolg. Zu dieser Zeit litt er an beginnender Parkinsonkrankheit und starken Depressionen. In den fünfziger Jahren war Reinhold eingeladen, an den von Rom veranstalteten Konsultationen der Liturgiewissenschaftler teilzunehmen. Als sich aber das Direktorium der Liturgischen Konferenz entschloss, einen eigenen offiziellen Delegierten zu entsenden und dazu Father Mathis von Notre Dame aussuchte, wandte er sich gegen uns und warf uns vor, wir würden ihm nachspionieren. Diese unglückselige Geschichte endete schließlich, als sein engagierter und liebevoller Freund, Father Carroll, einen diplomatischen Versuch unternahm, der ihm die „Emanzipation" erwirkte, die wir an jenem Abend feierten. Damals setzte Bischof Wright dem ganzen Manöver die Krone auf, indem er Reinhold einlud, sich der Gemeinschaft des Oratoriums in Pittsburgh anzuschließen, wo Reinhold 1968 in Frieden starb.

Father Reinholds persönliches schweres Schicksal hinderte ihn nicht, einer der herausragenden Repräsentanten der Liturgischen Erneuerung zu werden. Er sprach und schrieb Englisch, als sei es seine Muttersprache, und seine glänzende monatliche Kolumne in der Zeitschrift *Worship* war das erste, was die Leser aufzuschlagen pflegten. Vor allem setzte er sich damals so sehr wie nur irgendeiner konnte für die Landessprache in der Liturgie ein. Im Geschäft meines Vaters gab es damals einen al-

---

[234] William J. Leonard, *The Letter Carrier*, Kansas City: Sheed & Ward, 1993. (Dt. Übersetzung: Peter Schmidt-Eppendorf.)

ten Pförtner, der über die Ungerechtigkeiten des Lebens zu seufzen pflegte und traurig die Bibel verbesserte, indem er sagte: „Der Weg des Übertreters – man kann's nicht besser machen." Ich habe oftmals gedacht, dass man sehr gut „Pionier" an die Stelle von „Übertreter" setzen könnte. Wer Ideen hat zum Vorteil seiner Zeitgenossen, der muss auch einen Preis für seinen Wagemut zahlen.

1947 veröffentlichte Father Reinhold eine ausgezeichnete Anthologie von Schriften christlicher Mystiker wie der heiligen Theresia, Johannes vom Kreuz, Leon Bloy, Meister Eckhart und anderen. Er gruppierte sie unter Überschriften wie „Du bist ein verborgener Gott", „Stückwerk ist unser Wissen, Dunkel", „Ein gebrochenes Herz wirst Du nicht verschmähen", „Uns gleich geworden bis in seinen Tod". Durch seine persönliche Erfahrung gelangte er zur Erkenntnis dessen, was diese Heiligen durchgemacht hatten und worüber sie schrieben. So taten es mehr oder weniger auch die anderen Pioniere jener Tage. Sie hielten durch, oftmals missverstanden und belacht, ermahnt, verwarnt und mit Zensur belegt. Am Ende eines Sommers sagte ich zu Father Ellard, „Was hast Du dieses Jahr vor?" „Oh", sagte er und wechselte seine Ausdrucksweise, „ich werde weiter die Trommel schlagen. Wenn du mit genügend Schlamm wirfst, bleibt etwas kleben." Mein eigenes Vorbild war der stille, angesehene Father Wilmes von St. Louis. Viele Jahre hindurch hatte er von einem kleinen Büro im Keller seines Pfarrhauses aus die Geschäfte der Liturgischen Konferenz geleitet – Korrespondenz, Herstellung der Drucksachen, Versand der jährlichen Tätigkeitsberichte, die vielfachen Verhandlungen mit den Generalvikariaten, den Kathedralkirchen, den Hotels und Auditorien. 1959 war der Präsidentenposten vakant, und vielen von uns erschien er als der sichere Kandidat. Aber, erstmals in der Geschichte dieser Vereinigung, die bis dahin von bemerkenswerter Selbstlosigkeit geprägt war, schmiedeten einige neue Mitglieder des Komitees ein sauberes politisches Komplott und er wurde nicht gewählt. Ich ging anschließend in sein Hotelzimmer, um mein Bedauern auszudrücken. „Danke", sagte er, „aber das macht nichts. Die Sache ist wichtiger als irgendeiner von uns." Und er erlahmte nicht in seinem Eifer.

V. Hans Ansgar Reinhold als Seemannspastor (Dokumente)[235]

Rundbrief August 1934

Gemeinschaft katholischer Offiziere und Angestellten
der Deutschen Handelsflotte zur Pflege ihres katholischen Glaubenslebens

Geistlicher Beirat:	Sekretariat: Hamburg 4
Seemannspastor Reinhold	Hafenstraße 93 – Ruf 426700

Sehr geehrter Herr!

In der ganzen Welt ist die Seelsorge bestrebt, sich dem Menschen anzupassen, den sie vor sich hat. Sonst hätten wir ja keine Seemannsmission, keine Jugendseelsorge, keine Akademikerseelsorge. Was uns aber bisher auf dem Gebiete der katholischen Seelsorge gefehlt hat, ist die Anpassung an die besonderen Verhältnisse des Offiziersstandes unserer Handelsflotte.

Gewiss, wir haben eine Seemannsmission für beide Konfessionen, die die besondere Lebenslage des Seemanns im Allgemeinen berücksichtigt. Aber dabei kommen der Offizier und der Angestellte im Offiziersrang doch nicht ganz auf seine Kosten. Auf ihm ruht eine viel höhere Verantwortung. Er steht noch vereinsamter da als die Mitglieder der Mannschaft. Er muß stärker auf eine gewisse standesgemäße Repräsentation Gewicht legen. Seine Vorbildung und sein Verkehr sind anders. Darum ist für ihn die Klärung der großen Lebensfragen anders geartet als für die übrigen Seeleute.

Wer dies verkennen wollte, der handelte töricht. Man kann diese schwerwiegende Erkenntnis auch nicht bequemerweise beiseiteschieben mit Patentlösungen wie etwa: Eine Sonderstellung der Offiziere wäre eine Zerklüftung der Volksgemeinschaft.

---

235 Das hier präsentierte Material stammt aus Akten des Bundesarchivs (BArch) Berlin, Gestapo-Akten, R 58 /500, 3b Fol. 97 ff.

Das wäre in diesem Falle Unsinn, denn wenn Volksgemeinschaft Nivellierung, Gleichmachung der Menschen bedeutete, so nähme man dem Volksleben die Spannung lebendiger Gegensätze. Wo aber keine Spannung, keine Unterschiede mehr sind, da herrscht der Kältetod des Bolschewismus, graue Eintönigkeit und Entgeistung des organischen Lebens.

Übrigens glaube ich, daß es Ihnen gegenüber keiner besonderen Rechtfertigung bedarf, denn Sie haben es am eigenen Leibe erfahren, daß es eine Schande ist, daß man sich bisher um Ihre Bedürfnisse nicht gekümmert hat, gerade als ob der katholische Offizier einfach nicht existiert. Das soll jetzt anders werden. Genau so wie vor 20 Jahren die katholischen Akademiker Deutschlands sich ihren Bedürfnissen entsprechend ein Organ schufen im Katholischen Akademikerverband, der inzwischen eine geistige Führerschicht des deutschen Katholizismus herangebildet hat, so wollen auch wir in unserer „Gemeinschaft" zusammenarbeiten, um das Heiligste was wir besitzen, unseren Glauben, zu festigen, zu klären und wieder aufzubauen. Daraus wollen wir dann mutig und männlich die Folgerung für unser Leben als Offizier, als Führer unserer deutschen Schiffe, ziehen.

Keiner wichtigen Frage wollen wir aus dem Weg gehen, und bei der Behandlung uns um nichts wie die Katze um den heißen Brei herumdrücken. In diesen Tagen der Gärung wollen wir Klarheit. Wir bei allen Dingen wollen wissen: Was sagt dazu Christus und seine heilige Kirche? Tausend große Fragen stellt die neue Zeit an uns, ebenso viele kleinere Fragen hat uns unser Leben als Offizier und Angestellter der Handelsflotte, als Familienvater und Junggeselle, als Kamerad und Gefolgsmann des Betriebes von jeher gestellt. Sie sollen alle mit der Zeit beantwortet werden.

Diesen Brief werden Sie somit in Zukunft in zwangloser Folge erhalten. Wir werden versuchen, ihn Ihnen auch auf See nachzusenden, weil Sie dort am besten Ruhe haben, ihn zu lesen, zu überdenken und – zu beantworten. Denn gerade auf das letztere lege ich großen Wert, denn sonst könnte es geschehen, daß die Briefe nicht die Lebensnähe hätten, deren sie bedürfen. Es ist von der größten Wichtigkeit, daß Sie Stellung nehmen, selbst Fragen aufwerfen und somit dazu beitragen, daß wirklich ein Ideenaustausch, ein Briefwechsel, nicht ein Monolog oder eine Predigt daraus wird. Alle Anregungen sind willkommen, selbst eine kurze Frage, die in aller Eile auf einen Zettel geschrieben ist.

Sie haben gewiss in der letzten Zeit eine Reihe von Artikeln gelesen, die zu Fragen Stellung nehmen, die über das Weltanschauliche hinaus bis vor die Pforten des Glaubens gehen. Unrichtige und unklare Stellungnahmen können nur verwirren. Wir werden alle fruchtlose Kritik vermeiden. Politische Stellungnahmen werden wir von vornherein ausschließen, denn dafür gibt es genug Zeitschriften und Zeitungen. Meine Aufgabe Ihnen gegenüber ist die des Seelsorgers, also eine rein religiöse. Alles soll aus diesem Gesichtswinkel heraus gesehen werden.

Sollten diese Briefe auch zu einer Annäherung an Ihre Kameraden, vor allem unserem jungen Nachwuchs führen, so wäre ich doppelt froh.

In der Hoffnung auf eine fruchtbare Gemeinschaftsarbeit zu Ihrem und Ihrer Kameraden Nutzen,
verbleibe ich
Ihr ergebener
gez: H. Reinhold, Seemannspastor

Rundbrief Oktober 1934

Mit großer Freude konnte ich feststellen, daß mein erster Rundbrief beifällig aufgenommen wurde. In Briefen und mündlichen Äußerungen kam die Freude zum Ausdruck, daß nun endlich auch dem katholischen deutschen Seemann im Offiziersrang die Sorge zuteil werden sollte, deren er bedürfe. Dabei gebe ich mich der stillen Hoffnung hin, daß Sie nun auch bald mit Fragen und Anregungen an mich herantreten werden. Ich wiederhole noch einmal, daß mir gerade daran besonders liegt, damit ich nicht Selbstgespräche ohne Widerhall von Ihrer Seite halte.

Es wird Sie gewiss auch freuen zu hören, daß auf dem Internationalen Kongress unsere Rundbriefe von unserem Bischof mit Freuden begrüßt wurden, und die ausländischen Delegierten sich diese Sache zum Beispiel nehmen wollen.

Eine Frage brennt uns jetzt allen auf der Seele:

Wie wird sich das endgültige Verhältnis unserer Kirche zu der neuen Staatsform unseres Vaterlandes und zu unserem Volke gestalten? Von katholischen Parteimitgliedern ist diese Frage schon öfter an mich gerichtet worden. Ich fühle mich verpflichtet, Ihnen bei der Lösung dieses Problems als Ihr Seelsorger zur Hilfe zu kommen. Die Frage ist sehr ernst, ihre richtige Lösung entscheidend für die Zukunft.

Ein junger Offizier schreibt mir dazu klar und offen folgendes, und ich glaube, daß es Sie interessiert, darum setze ich es hierher:

„Als Deutscher stehe ich auf dem Standpunkt, daß unserem Vaterlande allein mit einer einigen nationalen Kirche gedient ist, und dass sich diese Kirche organisch aus dem Sehnen des Volkes entwickeln wird. Weder die katholische noch die protestantische Kirche halte ich für überzeugend genug, um diesem Wunsche vieler Christen gerecht zu werden. Ich bekenne mich heute innerlich zu der Kirche, die A. Rosenberg im „Mythus des 20. Jahrhunderts" kurz skizziert hat, und warte auf den Tag, wo dieses Sehnen Wirklichkeit wird. Von Ihrem Standpunkt aus bin ich also für Ihre Kirche verloren, so dass es zwecklos ist, daß Sie mir die erwähnte Brieffolge zukommen lassen. Heil Hitler."

Es interessiert Sie zu hören, wie ich mich in diesem Falle verhalten habe?

Nun, ich habe dem Herrn freundlich für seine offenen Worte gedankt, ihm zugesagt, daß er in Zukunft verschont werden sollte, ihn eingeladen, er möge doch zu einer tiefer gehenden Aussprache zu mir kommen, und ihn gebeten, sich diese Sache doch noch einmal gründlich zu überlegen. Eine Antwort erhielt ich nicht, auch keinen Besuch.

Der Herr hat offenbar sein Vertrauen und seinen Glauben durch den „Mythus des zwanzigsten Jahrhunderts" verloren, ein Buch, über das ich nicht zu urteilen brauche, nachdem es vom Papst auf den Index gesetzt wurde. An diesem Einzelfall sehen Sie, daß die Indizierung vollauf berechtigt war. Der Mann hätte doch wenigstens der Gegenseite fair play geben sollen! Er liest das Buch, ist begeistert, verfällt ihm, und spricht nicht einmal mit dem „Gegner", um sich auch einmal ein anderes Urteil zu holen! Für sich hat er gewissermaßen den Papst, ohne ihn anzuhören, abgesetzt, und die Bibel für ein Buch eingetauscht, das blendet, mitreißt, aber darum noch lange nicht wahr und wissenschaftlich einwandfrei ist. Im Saale des Nürnberger Rathauses steht ein schöner alter deutscher Weissspruch, der heißt: „Eins Manns red keins Manns red, man sollt die Teyl verhören bed."

Erstaunlich finde ich vor allem die beiden Kriterien, wonach sich die Annehmbarkeit einer Religion richten soll. Bisher war es so, daß der einzelne Christ und ein ganzes Volk Gott dient, und die Form, in der dies zu geschehen hatte, Gott überließ. Wenn Gott durch Christus eine irdische Gemeinschaft, die Kirche, als die Form seines irdischen Reiches geschaffen hatte, so hatte kein Mensch das Recht zu sagen: Diese Form passt mir nicht. Jetzt aber hat der junge Offizier zum höchsten Begriff nicht Gottes Willen, sondern das Vaterland erhoben, und damit die Gottesordnung völlig auf den Kopf gestellt. Vaterland ist etwas Heiliges. Aber es ist irdisch, vergänglich. Es ist nicht ewig, denn weder besteht es seit Ewigkeit, noch wird es in Ewigkeit dauern. Es ist wandelbar wie sein Boden, seine Menschen und seine politischen Formen.

Gottes Wahrheit aber ist die eine, unwandelbar, wie er selbst ewig ist. Und an seiner Kirche ist auch das unwandelbar und ewig, was Teil hat an seiner Wahrheit: Der Glaubensinhalt, das Sittengesetz. Die Wahrheit richtet sich nicht nach den Bedürfnissen eines Einzelvolkes oder aller Völker, sondern nach dem Herrn aller Völker: Gott. Nicht „der Wunsch vieler Christen" (seit wann will denn A. Rosenberg Christ sein?) ist maßgebend für die Überzeugung, sondern der innere Wahrheitsgehalt des Glaubensschatzes selber und Gottes heilige Majestät.

Gewiss, die Kirche dient dem deutschen Volke. Aber nicht zu politischen, kulturellen und sozialen Zwecken, sondern zum ewigen Heile. Sie ist froh, wenn sie, wie der Heiland, auch irdisch heilen und trösten darf. Sie will gern dazu mithelfen, die deutsche Kultur zu befruchten, die sozialen Fragen zu lösen und die Einheit im Geiste der christlichen Nächstenliebe und Achtung zu fördern. Das Maß, in dem sie die Schätze an unser Volk austeilen will, richtet sich nach der Größe seiner Not.

Aber sie geht nicht auf in dieser Aufgabe. Ihr letzter Zweck weist hinaus über alles Irdische. Sie steht vor uns, „wie einer der Macht hat", mit göttlicher Autorität. Sie macht auch den „nationalen Relativismus" nicht mit. Ihre Wahrheiten sind wahr für alle Völker, wie Gott einer ist für alle Menschen. Ihre Forderungen binden alle Menschen, denn nicht sie fordert, sondern der Herr der ganzen Welt.

Und eine dieser Wahrheiten ist die, daß Jesus Christus, Gottessohn und Mensch zugleich, unser einziger Mittler und Erlöser ist. Daran ändern auch neue Propheten nichts. Wir warten nicht mehr auf die Erfüllung dieses Sehnens, daß erst „Kirche werde" (skizziert nach A. Rosenberg!), sondern wir sehnen uns, daß Gottes Reich zu allen komme.

Wir Katholiken empfinden es schmerzlicher als alle, daß die Glaubensspaltung Deutschlands Unglück war. Wir haben sie nicht gewollt und wollen sie auch heute nicht. Aber Sie werden mir zustimmen, wenn ich Ihnen sage, daß sie nicht zu überwinden ist durch eine neue, dritte Konfession, noch dazu eine, die noch niemand kennt, die nur in skizzenhaften Umrissen erkennbar sein und sich organisch entwickeln soll. So wenig wie Gott sich entwickelt, so wenig entwickelt sich seine Wahrheit aus dem Menschen, aus einem Volk. Religion ist kein Dunst, der aus einem Volk aufsteigt, sondern helles, klares Licht von oben.

Ich hoffe nach meiner Rückkehr aus Cincinnati am 1. November weiterhin mit Ihnen über diese Frage mich auseinandersetzen zu können und verbleibe

Ihr ergebenster
gez: H. Reinhold, Seemannspastor

Rundbrief Januar 1935

Diese Grüße schreibe ich am letzten Tage des vergangenen, so ereignisreichen Jahres. Meine Gedanken sind draußen auf dem Meere und in den vielen Häfen, wo deutsche Seeleute weilen. Ich wünsche allen Empfängern ein gnadenreiches, gesegnetes und glückliches Jahr. Vielleicht ist es für manchen von uns das letzte: Dann möge es ihm eine gegönnte Frist der Bereitung sein. Vielleicht ist es für einen andern der Beginn eines neuen, glückhafteren Lebensabschnittes: Möge er vor Übermut bewahrt bleiben!

Nun sinne ich nach, worüber wir dieses Mal sprechen können. Soll ich fortfahren beim letzten Thema? Inzwischen haben sich die Bischöfe selbst zu der Sache geäußert und namhafte Fachmänner haben den ganzen Mythus-Spuk so gründlich entlarvt, daß wir wohl darüber zur Tagesordnung (über)gehen können. Auch erhielt ich von keiner Seite aus unserer „Gemeinschaft" irgendwelche Anregung zu diesem Thema. Leider ist der junge Offizier, den ich voriges Mal zitierte, inzwischen vom Glauben abgefallen. Schade, daß ein so frischer junger Mensch solchem unzulänglichen Gebräu verfiel. Hoffentlich erwacht er bald zur christlichen Nüchternheit!

Wenden wir uns darum einem ganz anderen Gebiete zu. Vor einigen Tagen hatte ich mit einem Offiziersanwärter eine lebhafte Auseinandersetzung über die christliche Haltung zu geschlechtlichen Dingen: Er glaubt feststellen zu müssen, daß der Katechismus und sein Religionslehrer ganz weltfremd gewesen seien und vom wirklichen Leben nichts verständen. Er wolle nur mal ein Gebiet herausgreifen: Die Enthaltsamkeit vor der Ehe. Das gäbe es erstens überhaupt nicht bei normalen jungen Männern und zweitens könne die Kirche es überhaupt nicht verlangen. Ihr Verbot führe zu weiter nichts als zu unendlichen Gewissenskonflikten und dem schliesslichen Abfall vom kirchlichen Leben bei Tausenden, ja Hunderttausenden von jungen Menschen. Etwas so allgemein Übliches könne nicht schlecht, unnatürlich und darum verboten sein.

Diese Begründung ist wohl so alt wie das Christentum, das immer Feinde gehabt hat, die gerade diesen Punkt als Zielscheibe ihrer Angriffe aussuchten. Ein Irrtum, der 1930 Jahre alt geworden ist, wird aber nicht dadurch zur Wahrheit, und alter Unsinn ist ebenso wenig wert wie neuer. Ganz behaglich ist es den Verteidigern dieses sexuellen Liberalismus und Auslebe-Menschentums bei ihren anscheinend so plausiblen Behauptungen auch nicht. Wenn sie nicht ganz verkommen sind, so besprechen sie diese Dinge zwar wohl unter Kameraden, vielleicht auch mal mit einem fremden Geistlichen – nie aber mit ihrer Mutter, fast nie mit dem Vater, und sehr selten mit ihrer Frau. Es steckt eben in ihnen dieselbe gesunde Ahnung, die schon unseren heidnischen Vorfahren, ja sogar farbigen primitiven Völkern im Blute lag: Ehrfurcht vor einem grossen Schöpfungsgeheimnis, einem natürlichen Heiligtum. Die Einweihung in das Geheimnis dieses Mitschöpfertums von Mann und Weib ist etwas Heiliges. Hätte Christus die Ehe nicht zu einem Sakrament gemacht – sie verlangte schon aus ihrem Wesen danach. Wer aus Lüsternheit und Vorwitz vorzeitig darin eindringt, entweiht ein Heiligtum der Schöpfung. Wenn das schon innerhalb der Grenzen der Natur gilt, wie viel mehr erst dann, wenn man bedenkt, daß seit Christus diese Dinge in den Bezirk der Übernatur, der großen Mysterien, der heiligen Sakramente gehören!

Mann und Weib sind nach Leib und Seele für einander geschaffen. Nicht nur in ihrer Seele, sondern auch in ihrem Leibe sind sie für einander zur Ergänzung und zur Einswerdung bestimmt. Das Große liegt darin, daß gerade aus diesem Leibseelischen Einswerden ein neues Leben, das Kind, naturgemäß hervorgeht. Darum verlangt der Vollzug dieses Aktes auch aus sich heraus, nicht etwa nur weil die Kirche ein „Gebot gemacht" hat, daß die Seele ihren Teil dabei habe. Rein leibliche Vereinigung ist tierisch, untermenschlich und darum unnatürlich und sündhaft. Deshalb ist auch der „gelegentliche" Verkehr weiter nichts als die Fortsetzung von Knabensünden mit raffinierteren Mitteln und zu zweien. Wo keine seelische, geistige Ergänzung vorliegt, da ist der Mensch einfach Sklave von Naturkräften, nicht mehr Geistgeschöpf. Geistige Gemeinschaft beruht auf dauernder Erkenntnis zweier Menschen, kann also bei flüchtigen, oberflächlichen Bekanntschaften gar nicht vorliegen.

Kein Mensch wird zweitens abstreiten, daß sowohl die Organe als auch der Akt selbst auf die Weckung eines neuen Lebens eingerichtet sind. Nur Zufall oder absichtliche Unnatur kann die Fruchtbarkeit verhindern. Das heißt aber, daß bei voller Natürlichkeit die beiden Menschen wenigstens solange beisammen bleiben müssen, bis ihr Kind mündig auf eigenen Beinen stehen kann. Also auch darum schon ist gelegentlicher Verkehr, kurze und nicht ernst gemeinte Bekanntschaft und Verkehr im angeheiterten Zustand eine Sünde wider die Natur. Um „natürlich" zu sein, genügt es nicht, daß man „nicht widernatürlich" handelt. Nein, es muß noch etwas dazu kommen: Die Handlung muß nicht nur in sich selbst naturgemäß sein, sondern sich in das Gesamtgefüge der Naturgesetze und des Naturgeschehens richtig einfügen. Wer durch eine in sich natürliche Handlung die große Ordnung der Natur stört, der sündigt gegen sie.

Die Kirche schützt also nur die Natur, wenn sie sich gegen die schwankenden, schwachen Massenmenschen stemmt und von ihnen heroischen Kampf verlangt. Der Verkehr vor der Ehe ist Unnatur, denn seine Vorbedingungen entsprechen nicht den Forderungen des Sinnes und Zweckes dieses Aktes, und seine Folgen müssen künstlich verhindert werden. Da sind klare, ganz natürliche Dinge.

Was das Christentum noch dazu gebracht hat, das ist etwas ganz anderes: Der Verzicht selbst auf die Rechte und den Genuss der Natur um „des Himmelreiches willen." Aber Christus sagt davon, daß dies nur wenige fassen. Jungfräulichkeit der Frau und des Mannes, um ganz Gott anzugehören, ist kein Ideal der breiten Massen, nicht einmal eines aller geistig Hochstehenden, sondern nur für die, die eigens dazu berufen sind. Was wir aber oben besprachen, das gilt voll und ganz für alle. Von dem großen Kampf um die Reinheit und die Bewahrung der natürlichen Sittengesetze kann sich niemand selbst befreien mit dem Opium allgemeiner Redensarten und mit der Berufung auf die breite Masse der Dickfelligen, Spießer und Lüstlinge.

Daß der Kampf durch die modernen Lebensverhältnisse erschwert ist, daß Nervosität, falsche Lebensweise, Verführung, Irrtum und allgemeine Schwächung das Ringen um Reinheit erschwert haben und darum im Einzelfall Entgleisungen verzeihlicher werden – das weiß die Kirche auch! Aber sie nennt die Dinge beim rechten Namen: Unzucht bleibt Unzucht, auch im 20. Jahrhundert, wenn sie vielleicht auch verzeihlicher wird. Man darf sie aber nicht zu männlichen Heldentaten umlügen. Männliche Wahrhaftigkeit und ehrliche Demut geben lieber zu, gefehlt zu haben, als daß sie sich selbst belügen! Das wäre feige. Feigheit ist undeutsch. Lieber mit Wunden bedeckt weiterkämpfen, als die Flinte ins Korn werfen. Auch das gehört zur Aufbauarbeit einer besseren Zukunft unseres Vaterlandes, wenn dieses auch schwerer ist, als ein paar Groschen in eine Sammelbüchse zu werfen. Wer im harten Kampf einige Male hat weichen müssen, bleibt doch ein tapferer Soldat, wenn er nicht das Hasenpanier ergreift.

Sie werden mir zugeben, daß dieser Punkt für die Heranbildung des Führernachwuchses unserer Handelsflotte sehr wichtig ist. Ich würde mich freuen, Ihre Meinung zu hören!

Es grüßt Sie herzlich
gez.: H. Reinhold, Seemannspastor

Einige lesenswerte Bücher:
1. H. Muckermann: Kind und Volk. 1. Teil: Vererbung und Auslese, 1933.
2. ders.: Grundriss der Rassenkunde, 1934.

3. ders.: Rassenforschung und Volk der Zukunft, 1934.
4. ders.: Stauungsprinzip und Reifezeit. Gedanken zur geschlechtlichen Erziehung, 1933.
5. Hardy Schilgen: Du und Sie. Für junge Männer, 1930.
6. Franz Spirago: Die katholische Glaubenslehre, 1898.
7. Dr. Paul Simon: Mythos oder Religion, 1934.
8. Studien zum Mythus des 20. Jahrhunderts, herausgegeben von den deutschen Bischöfen, 1934.
9. H. Lutz: Christentum und Deutschreligion, I., 1934.
10. Dr. G. Hartmann: Christentum und Deutschreligion, II., 1934.
11. Fr. Muckermann: Warum Konfessionen?, 1934.
12. Dr. D. Breitenstein: Geist oder Blut?, 1934.
13. Dr. J. Nielen: Die religiöse Bedeutung des alten Testamentes für den katholischen Christen, 1934.
14. Dr. L. Ruland: Die Euthanasie, 1934.
15. Dr. B. Bartmann: Positives Christentum in katholischer Wesensschau, 1934.
16. Karl Adam: Das Wesen des Katholizismus, 1934.
17. Dr. Anton Stonner: Von germanischer Kultur und Geistesart, 1934.

Zeitschriften:
Die schönere Zukunft
Die Stimmen der Zeit

Diese Bücher und Zeitschriften können durch das katholische Seemannsheim bezogen werden.

Rundbrief März 1935

Sehr geehrter Herr Westerhoff!   S/S „Seattle",

es ist erfreulich, daß die Antwortschreiben auf unsere Rundbriefe immer zahlreicher werden. Es ist zwar nicht ganz leicht, jedes einzeln zu beantworten, aber soweit das möglich ist, soll es doch immer geschehen. Was dann nicht erschöpfend erledigt wird, hoffe ich in den Rundbriefen besprechen zu können. Aber es ist natürlich klar, daß diese Rundbriefe nur anregen wollen. Restlos und erschöpfend können wir auf zwei kurzen Blättern natürlich nicht Fragen lösen, die seit Jahrtausenden die Menschen bewegen.
    Den heutigen Brief möchte ich dazu benutzen, uns auf eine Auffassung hinzuweisen, die wir aus der liberalen Zeit geerbt haben. Feinde des Christentums, die sonst nicht laut genug ihre Entrüstung über liberales, „bourgeoises" Denken bekun-

den können, lassen auf Schritt und Tritt fühlen, daß sie in Bezug auf die Kirche ganz „liberal" im üblen Sinne denken.

Der Liberalismus war ein Kind der Französischen Revolution und zunächst einmal kirchenfeindlich. Er hasste die Kirche als „Verdummungsanstalt" und als „finstere" Macht. Von ihm erbte ja auch der Marxismus und manch anderer Kirchenfeind das Rüstzeug zu seinem gehässigen Kampf (Pfaffenspiegel u. ä.) gegen die Kirche. Grundauffassungen waren, daß die Religion Privatsache sei, höchstens gut genug als Verbrämung bürgerlicher Feste und als Verzierung des Lebens. Eine Kindtaufe, Firmung, Hochzeit, Beerdigung, eine patriotische Feier oder eine Rekrutenvereidigung machten sich netter, wenn so ein bisschen „kirchlicher Klimbim" dabei war. Es war feierlicher, wenn bei Staatsaktionen in der Öffentlichkeit und in der Familie Blumen, Herzen, Weihrauch und Pfarrer dabei waren. Man geriet in gehobene Stimmung.

Im Übrigen sollte die Kirche schön stille sein. Die Geistlichen hatten ja ihre Gehälter und konnten gut leben. Mit der Spendung der Sakramente, mit Gottesdienst und Predigt sollten sie sich begnügen, sonst „sollte jeder nach seiner Fasson selig werden."

Diese Herrschaften vergaßen ganz und gar, daß das Christentum Leben ist und nicht toter Formelkram. Wenn man die Kirche auf den Kirchenraum und die Sakristei beschränken will, wenn man ihr die Erziehung, die Liebestätigkeit, die Wirkung außerhalb der Kirchenmauern nimmt, so kann man sich ungefähr an den Fingern abzählen, nach wie vielen Jahren das Christentum ausgestorben sein wird. Denn ein Christentum, das sich nicht praktisch betätigen kann, ist eine Buchstabenreligion. Einer Kirche, der man die Jugenderziehung verbietet, geht es wie einem Baum, dem man die Wurzeln abschneidet: Er verdorrt und stirbt ab. Oder besser: Man nimmt ihm die Früchte.

Die Kirche ist keine Staatsreligion, kein nationaler Götterkult, ihr Sinn erschöpft sich nicht darin, „für das Wohl des Landes zu beten", als ob ihre Priester vom Staat angestellte Beamten zur Erledigung übernatürlicher Angelegenheiten seien. Sie ist kein Nationalkult, wie primitive Völker ihn haben, oder wie wir es in der römischen Staatsreligion des Heidentums finden. Derartige Auffassungen mögen schön und gut gewesen sein in vorchristlicher Zeit: In Griechenland, Rom, Ägypten, bei den Germanen, in Japan und China. Ja, sie mögen auch in eben erst christianisierten Völkern des Mittelalters zuweilen gegolten haben. Die Kirche als solches erkennt sie nicht an. Sie kann sie auch nicht anerkennen!

Denn sie hat einen anderen Auftrag als diesen und einen höheren Auftraggeber als den Staat oder irgendeinen Fürsten: Christus. „Mir ist alle Gewalt gegeben im Himmel und auf Erden. Darum geht hin und lehret allen Völkern. Tauft sie….und lehrt sie alles halten, was ich euch geboten habe. Seht, ich bin bei euch alle Tage bis ans Ende der Welt.", mit diesen ehernen Worten schließt Matthäus seinen Bericht über Jesus Christus.

Danach ist die Kirche die Mahnerin und Wächterin, ja, das Gewissen der Menschheit, der Völker und des einzelnen Menschen. Wie ein Sauerteig die ganze

Masse des Mehls von innen aufwühlt, lockert, umgestaltet, so soll Christi Lehre und Gnade in der Menschheit „revolutionär" von innen heraus wirken.

Diese Lehre aber hat Christus in seiner Kirche hinterlegt. Er ist bei ihr, lebt in ihr, uns die Lehre rein zu bewahren. Sie ist sein sichtbarer Leib, durch den er in sichtbaren heiligen Zeichen (Sakramente) den Menschen göttliches Leben vermittelt. Wie die zeitgenössischen Juden Christus hassten und töteten, so geht es auch seit zweitausend Jahren der Kirche: Man verleumdet, verachtet und hasst sie. Wie Jesu Zeitgenossen an seiner Menschlichkeit Anstoß nahmen, so nehmen noch heute unsere Zeitgenossen an den „Menschlichkeiten" in der Kirche Ärgernis.

Aber das alles kann die Kirche nicht bewegen nachzugeben und Christus zu verraten. Der Sohn einer armen jüdischen Jungfrau – auch damals waren die Juden schon verachtet – hat mit Leiden und Tod die Welt aus den Angeln gehoben. Er ist noch heute der Stein des Anstoßes. An seiner Gründung, seiner Kirche, scheiden sich die Geister. Sie lässt sich keine dekorative Rolle zuweisen. Wie die Ätherwellen das All durchdringen, so dringt Christi Lehre und Geist durch alles. Nichts bleibt ihm entzogen, alles richtet und beherrscht der König des Weltalls und der Geister:

Den Einzelmenschen: Nur der Christ ist der Vollmensch!

Die Familie: Nur die christliche Familie ist die Gotteszelle in der Menschheit!

Die Erziehung: Nur Erziehung zu Christus hin ist keine Verbildung!

Die Kultur: Nur die nach Christus gebildete und gestaltete Menschheitskultur ist wahre, ewige Kultur!

Das Staatsleben und die Politik: Wenn nicht Christi Gesetz darin herrscht, herrscht menschliche Verderbnis, Tyrannei und Habsucht!

Die Gesamtmenschheit: Nur unter Christi Szepter lebt sie sinnvoll, menschenwürdig!

Die Künderin und Bewahrerin der Lehre und Gnade Christi ist aber die Kirche. Es bleibt ihre ewige Aufgabe, in Leiden und Sterben ihrer Glieder über die Welt zu siegen. Wo sie zum fest besoldeten Hofkaplan einer Kaste, eines Staates, eines Fürsten herabsinkt, ist sie geschändet, machtlos und stirbt ab. In der wütendsten Verfolgung ist sie stärker und herrlicher als in der entwürdigenden Rolle einer bezahlten Hierodule, einer feilen, stummen Tempeldirne einer irdischen Macht.

Christi Lehre hat immer im Gegensatz zur „Welt" gestanden. Eine Welt, die sich ganz im Irdischen erschöpft, muß Christus und seine Getreuen immer wieder kreuzigen, beschimpfen, verleumden. Wer sich darüber wundert, der hat eben noch nicht begriffen, was es heißt, katholischer Christ zu sein. „Kat-holon" heißt allgemein, alles umfassend, zum Ganzen hin. Katholischer Christ ist der, der ganz katholisch ist: Im Denken, Fühlen und Handeln, nicht Einer, der zwar sonntags in die Kirche geht, aber alltags genau so lebt wie die große Masse. Einer, dessen ganzes Denken, auch sein politisches, wirtschaftliches, sein kulturelles, sein berufliches und sein privates, nach Christus hin ausgerichtet, also christlich ist. Einer, der heute den Mut hat, auch für diese Überzeugung einzutreten und sich beschimpfen zu lassen. Christi Kirche hat schon gewaltigere Anstürme ertragen als die halbliberalen Invektiven der deutschen Heiden und ist noch nie der Verleumdung zum Opfer gefallen. Darum sollte auch der Einzelne nicht den Mut verlieren, selbst wenn er unter den Kameraden ganz allein steht.

Mit herzlichem Treugruß und den besten Wünschen zum kommenden Osterfest.

Ihr
gez: H. Reinhold
Seemannspastor

Dossier der Gestapo

5. August 1935

An I-L
Betr.: Politischer Katholizismus
Bezug: Dort. Anweisung Tgb.-Nr. 1620/35/cwg. vom 9.7.35
                               1624/35/cwg. vom 20.7.35

Sachgebiet: 21 (104)

Unterzeichneter hat festgestellt, daß im Bereich des R. 85 von der katholischen Kirche das „Apostolat des Meeres" eingerichtet ist. Es ist eine sehr alte Einrichtung, die unter direkter Leitung von Rom steht – Generalpräses Bischof Bernik [sic!] – und alle Häfen der Welt betreut (international).
   In allen Häfen sind so genannte Pastorate dieses Apostolates eingerichtet, die die örtliche Betreuung der Seeleute in einem Seemannsheim vornehmen.
   Die Leitung des Apostolats in Hamburg hatte bis vor einigen Monaten der katholische Seemannspastor Reinhold. Gegen Reinhold ist wegen seiner staatsfeindlichen politischen Einstellung Haftbefehl von der Stapo, Hamburg, ergangen.[236] Er selbst hat sich der Vollstreckung durch die Flucht entzogen. Aufenthalt unbekannt. – Kürzlich ist er mit einem Flugzeug hier gewesen und zwar auf seiner Dienststelle und ist von der Stapo Hamburg nicht gefasst worden.[237] – Die Vertretung des Reinhold hat jetzt der Seemannspastor Feltmann, Bremerhaven, Baumstraße 1; Sekretär: Wilfried Wells.

---

236 Vgl. Redeverbot und Ausweisung Reinholds seitens der Gestapo S. 466.
237 Hier könnte ein Irrtum der Gestapo vorliegen: Reinhold hätte diesen Besuch sicherlich in seiner Biografie oder in seinen Briefen erwähnt.

Als leitende Personen des „Apostolats des Meeres" sind noch bekannt:
1.) Pfarrer Ludlage, Brake/Weser;
2.) Amtsgerichtsrat Mörs, Duisburg, jetzt: Terfort;
3.) Kaufmann Czech, Duisburg, Feldstr. 20;
4.) Prokurist Malow, Duisburg, Beechenstr. 19.

Das Apostolat hat seinen Sitz in Hamburg, Hafenstraße 93.

Pastor Reinhold war Herausgeber von Rundschreiben an die Mitglieder des „Apostolats des Meeres". (Siehe Anlage 1–4)

Unter Berücksichtigung der Struktur des „Apostolats des Meeres" besteht in der Seeschifffahrt die „Gemeinschaft katholischer Offiziere und Angestellten der deutschen Handelsflotte zur Pflege ihres katholischen Glaubensbekenntnisses". Diese Gemeinschaft ist eine feste, organisatorische Bewegung und umfasst nicht nur die Offiziere und Angestellten der Seeschifffahrt, sondern sämtliche katholischen Seefahrer Deutschlands. Die Leitung dieser Organisation liegt zurzeit vertretungsweise bei Seemannspastor Feltmann, Bremerhaven, (früher Reinhold). Die Mitglieder zahlen einen monatlichen Beitrag von RM 0,25 und erhalten dafür eine Zeitung „Die Seemannspost" geliefert. (Siehe Anlage 5 und 6 (1/1)

Die katholischen Bordbesatzungsmitglieder werden regelmäßig im Hafen mit Drucksachen der katholischen Kirche beliefert und zwar durch den Vertrauensmann des Apostolats, Renner Crasigroch, wohnhaft Hamburg, Vorsetzen 18b, b. Spiekermann.[238] (Siehe Anlage 7 (2/2)

Diesseits bekannte Mitglieder des „Apostolats des Meeres" sind:
1.) Bork, Helmut, Offiziersanwärter, D. „Heimon", Nordd. Lloyd;
2.) Faus, Friedr. bezw. Fredolin, Hamburg, Rüstringerstr. 40, (früher Lokstedter-Str.);
3.) Edmann, ...Kapt. M.S. „Olbers Neptun";
4.) Goos, Helmut, Off.-Anw. D. „Alster" (f. „Mosel");
5.) Grisar, Vinzenz, D. „Alster" (f. „Mosel");
6.) Hein, Ewald, Kapt. , Hbg, Ahlfelderstr. 19;
7.) Hölldampf, Erich, Obersteward D. „Witell";
8.) Scheelen, Joas., 2. Ing., Bremen, Mainzer Str. 16;
9.) Schnieders, Hermann, 1. Off. D. „Kilo" (fr. „Theseus");
10.) v. Wahden, Ulbertus, 1. Off. D. „Triton" (fr. „Phätra");
11.) Wahlich, Albert, 2. Off. M.S „Euler Neptun" („Olbers Neptun" ??).

---

238 Es handelt sich um Alfred August Kwasigroch (1901–1993), Maschinenbauer, Missionshelfer und Mitarbeiter Reinholds. Mitteilung des Neffen Andreas Kwasigroch vom 27. März 2010 an den Herausgeber P. Schmidt-Eppendorf.

Bemerkenswert ist, daß der im St. Raphaels-Verein beschäftigte Hausmeister Johann Friedrich, Große Allee 42, Hbg, die Katholiken, die ins Ausland reisen, zum Dampfer begleitet. Er steht dadurch im Verdacht, Devisen zu verschieben.

Sachgebiet 2131: Fehlmeldung
            2132: Fehlmeldung

II. 1.) Fehlmeldung
(…)
9.) Die Parteigenossenschaft in der Seeschifffahrt lehnt den politischen Katholizismus ab und bekämpft ihn.
(…)
12.) Siehe Anlagen 1–7
13.) Unzweifelhaft steht fest, daß eine intensive Gegenpropaganda vom „Apostolat des Meeres" betrieben wird; nicht nur gegen gesetzliche Maßnahmen der Regierung, sondern auch ansatzweise gegen die Wehrmacht. Als Leiter dieser Hetze galt hier Pastor Reinhold.
Das beiliegende Abzeichen wird von den Mitgliedern des „Apostolats des Meeres" getragen. Es wird nur von der Leitung des Apostolats herausgegeben und befindet sich nicht im Handel.
In dem Haus des „Apostolats des Meeres" finden regelmäßig jeden Donnerstag Unterhaltungsabende statt, die eigens für die Seeleute eingerichtet sind. Es sind dies Tanzabende.
Geschlossen.

Anlagen:
4 Rundschreiben abschriftl. (3/3)
2 Zeitschriften (1/1)
1 Flugblatt (2/2)
1 Abzeichen (1/1)

VI. Artikel und Aufsätze von Hans Ansgar Reinhold (Auswahl)

Die gegenwärtige Front in Deutschland[239]

Die jüngsten Ereignisse in Spanien scheinen das Interesse auf Seiten der katholischen Öffentlichkeit und Presse an der deutschen Situation vollkommen in den Schatten gestellt zu haben. Das Niederbrennen von Kirchen und Klöstern, die Folter und Ermordung von Nonnen und Priestern, die Erschießung von Laienarbeitern der Katholischen Aktion sind natürlich Fakten, die nicht ignoriert werden können. Angesichts dieser Taten kann es keinen Zweifel daran geben, dass die Kirche in Spanien der Verfolgung ausgesetzt ist. Diesmal kann sich der Heilige Vater nicht über eine „Verschwörung des Schweigens" beklagen, wie er es vor zehn Jahren im Fall von Mexiko und Russland tun musste. Was auch immer zu diesem Ausbruch von teuflischem Hass der Spanier gegen ihre eigenen Priester geführt hat – gegenwärtig herrscht nur ein Gefühl der Abscheu in jedem Herz, das nicht durch bolschewistische Propaganda oder blinden Hass gegen die Kirche voreingenommen ist.

Bedeutet das, dass die Katholiken in Amerika weniger bestürzt über die Lage in Deutschland sein sollten? Sollte uns die Popularität des Faschismus, der immer dann die Welt im Sturm zu erobern scheint, wenn sie von dem drohenden Vormarsch linker Kräfte wie in Spanien und Frankreich in Tumult gestürzt wird, blind für die Ziele und Handlungen eines gleichermaßen gefährlichen Feindes unserer Gewissensfreiheit und unserer Arbeit für die Christianisierung der Gesellschaft machen? Sind die Ereignisse in Spanien eine Entschuldigung oder sogar eine Rechtfertigung für die Haltung der Nazis gegenüber der Kirche und der Christenheit in Deutschland?

Es gibt zwei Dokumente zur gegenwärtigen Situation in Deutschland, die für sich selbst sprechen. Sie sollten vielen Katholiken in diesem Land die Augen öff-

---

[239] Geschrieben unter dem Pseudonym Oscar Saxo. *The Present Front Line in Germany*, undatiert. Manuscripts, Box 15, Folder 26, H. A. Reinhold Papers, MS2003-60, John J. Burns Library, Boston College. (Dt. Übersetzung: Peter Schmidt-Eppendorf, Melanie Klughardt und Ronald Lambrecht.)

nen, die mit Hitlers politischen Zielen sympathisieren und dabei die andere Seite der Medaille ignorieren, und den Konflikt als nichts anderes als ein unbedeutendes oder vorübergehendes Missverständnis zwischen einem energischen, wohlgesinnten Staatsmann und politisierenden, starrköpfigen Kirchenmännern ansehen, die ihr eigenes Seelenheil nur durch Druck und die Macht des Faktischen anerkennen werden. Diese beiden Dokumente sind der gemeinsame Hirtenbrief der Deutschen Bischofskonferenz in Fulda und die Beschwerde der protestantischen Kirchenführer, gefolgt von einem Appell derselben Männer an die Öffentlichkeit. Das protestantische Dokument scheint deutlich offener Dinge anzusprechen, die wir durch die Presse erfahren haben und die wir lange Zeit kaum glauben konnten, da sie unseren Vorstellungen einer modernen Zivilisation derart entgegen stehen.[240] Und obwohl es nicht bezweifelt werden kann, dass das protestantische Dokument viel weitreichender Auskunft über die Schwierigkeiten der Kirche selbst gibt und über den Zustand der christlichen Lehre von Menschenwürde und Freiheit, zeigt uns das katholische Dokument, das zusammen mit dem anderen Dokument von allen deutschen Kirchenkanzeln verlesen wurde, sehr deutlich, wo die Frontlinien im deutschen „Kulturkampf" gezogen sind. Die Situation scheint wirklich viel ernster zu sein, als viele von uns realisieren.

Es besteht kein Zweifel, dass das Ziel der Nazi-Partei, der derzeitigen Herrscherin von 66 Millionen Deutschen innerhalb der gegenwärtigen Grenzen des Deutschen Reichs, und die mögliche und vielleicht zukünftige Herrscherin von weiteren 10 oder 11 Millionen Menschen, die sprachlich und rassisch als Deutsche angesehen werden und derzeit noch in nahen oder fernen Ländern einem fremden Regime angehören, der Austausch der christlichen Kirchen durch ein Glaubensbekenntnis ist, das dem deutschen Wesen genehmer ist und es den Deutschen leichter macht, sich gänzlich und ohne Vorbehalt den politischen Zielen der Nazis unterzuordnen.

Es wird eine Religion sein, welche die deutsche Bevölkerung mit dem Übermenschen gleichsetzt und jede Institution des Staates zu einer „religiösen" macht. Nach einer siebenstündigen Konferenz mit Hitler informierte der Reichsführer der deutschen Studenten, Derichsweiler, ein ehemaliger Katholik und Mitglied einer katholischen Studentenverbindung, seine Zuhörer in einem der vielen Ferienlager, dass die Worte „positives Christentum" aus dem Parteiprogramm von 1920 so zu verstehen seien: „Als würde ein Doktor einem kranken Mann nicht die ganze Wahrheit sagen, sondern Begriffe verwenden, an die der Mann gewöhnt ist." „Positives" Christentum ist nichts anderes, als ein religiöses Gefühl. Wir alle wissen, dass Rosenberg, einer der Vertrauten des Führers und Bevollmächtigter in allen pädagogischen Fragen, jede

---

[240] Gemeint sein dürfte die Denkschrift der Zweiten Vorläufigen Kirchenleitung aus dem Mai 1936, in der Vorstöße der NS-Regierung gegen die Freiheit der Kirche und des Glaubens benannt wurden, aber auch allgemeine Unrechtshandlungen, so etwa die Errichtung von Konzentrationslagern. Vgl. dazu ausführlich G. Besier, *Die Kirchen und das Dritte Reich*, S. 482 ff.

Gelegenheit nutzt, um allen deutschen Männern und Jungen beizubringen, dass unter positivem Christentum eine Religion zu verstehen sei, die in jedem Aspekt deutsch und von allen undeutschen und asiatischen Bestandteilen gereinigt ist. Wenn wir es ganz offen und weniger irreführend als die Nazi-Führer ausdrücken: Die Kirche in Deutschland kann entweder das bleiben, was sie war, seit dem sie in diesem Land zu Hause ist, und das wäre ihr Todesurteil, oder aber sie übernimmt die Prinzipien der Nazis und wird in den Staatsapparat integriert als eines der Mittel zur Einigung und Stärkung der politischen Macht des Landes.

Wenn wir die zuvor erwähnten Dokumente berücksichtigen, sehen wir, dass Hitler auf diesem Gebiet wie auch auf anderen Gebieten sehr viel erreicht hat, was noch vor drei Jahren für viele Kritiker oder auch für Bewunderer der deutschen Christenheit lächerlich geklungen hätte. Selbst auf die Gefahr hin, Fakten zu wiederholen, die schon mehrfach genannt wurden, müssen wir aufzeigen, was der Kirche in Deutschland angetan wurde, um zu begreifen, was wirklich in diesem Land geschieht.

Bevor wir das tun, müssen wir auf eine Eigenart der Taktik der Nazis eingehen, die nicht nur die Presse, sondern auch Männer in verantwortungsvollen Positionen in Deutschland in die Irre geführt hat. Die Politik der Nazis in Deutschland ist sehr komplex. In Deutschland existiert der gleiche Dualismus wie in Russland, wo es eine offizielle Regierung und die Komintern gibt. Für jede Regierungsbehörde in Deutschland gibt es eine entsprechende Behörde der Partei, deren Aufgabe es ist, den Staatsapparat auf der Grundlage des Parteiprogramms voranzutreiben. Viele Instanzen können dafür als Beispiel angeführt werden. Nehmen wir die SS (Hitlers erlesene schwarze Truppe, unter Hitlers Kommando) und die Gestapo, die offizielle politische Polizei. Die SS, eine Abkürzung für das Wort Schutz-Staffel, betreibt ihre eigene Wochenzeitung. Bevor nun die Gestapo etwas gegen eine Person aufgrund eines angeblichen politischen oder moralischen Vergehens unternimmt, startet die Wochenzeitung der SS, das *Schwarze Korps*[241], eine Kampagne: Es beginnt mit rätselhaften Anschuldigungen bezüglich staatsfeindlicher Aktivitäten in bestimmten Kreisen, geht über in Verleumdung, und endet mit dem Druck von Dokumenten, echter und gefälschter, bevor überhaupt ein Gericht irgendwelche Schritte unternommen oder irgendeinen Zeugen zu diesen „kriminellen Fakten" angehört hat. Während der gesamten Gerichtsverhandlung, die folgt, druckt das *Schwarze Korps* weiteres Material, bringt die Öffentlichkeit und die Staatsanwaltschaft gegen die „Kriminellen" auf und schüchtert dadurch das Gericht, die Zeugen und alle potentiellen Sympathisanten ein. Von Zeit zu Zeit unterstützt einer von Hitlers Untergebenen, entweder ein Staats- oder ein Parteifunktionär, diese Kampagne, und nutzt das publizierte Material für eine sarkastische und bittere Rede gegen den „Feind". So geschehen in den vielen Prozessen gegen Angehörige des Klerus, die wegen Devisenschmuggel oder Unsittlichkeit angeklagt worden sind. Ihr Schicksal war bereits in dem Moment

---

241 *Das Schwarze Korps*. Offizielles Organ der SS, erschien von 1935 bis 1945.

entschieden, als das *Schwarze Korps* seine Anschuldigungen und rätselhaften Andeutungen veröffentlichte. Da viele Parteiführer gleichzeitig Staatsbeamte sind, funktioniert dieses zweigleisige System ohne Spannungen und garantiert durch die Personalunion von Staats- und Parteifunktionär einen großen und stetig wachsenden Einfluss der Partei auf den Staatsapparat.

Aber das ist noch nicht das eigentlich angestrebte Ziel. Schauprozesse, Inhaftierungen von Priestern und Nonnen, Attacken gegen das Christentum mit der Begründung, es sei dem wahren Nationalgefühl gegenüber feindlich eingestellt, die Verhöhnung von Kirchenmännern – kurz gesagt, die Dinge, die generell als Kernelemente der Verfolgung angesehen werden, sind nichts anderes als ein Deckmantel, ein „Artillerieüberfall oder ein Luftangriff" in Vorbereitung für die Dinge, die wirklich bezweckt werden und welche die Kirche an den entscheidenden Stellen treffen sollen. Sie machen das Leben für einen Katholik in Deutschland schwierig, sie schüchtern die Gläubigen ein, sie stacheln die Öffentlichkeit an, indem sie Hass und Verachtung säen, aber die Kirche kann dadurch nicht zerstört werden: Märtyrertum hat der nationalen Einheit der Kirche noch nie geschadet. Das Problem ist ein ganz anderes – Hitler kann jederzeit einen Prozess unterbinden, einen Priester begnadigen oder einen seiner Untergebenen maßregeln, der mit seinen Angriffen auf die Kirche weiter ging, als es die gegenwärtige strategische Situation zulässt oder es dem Führer genehm ist, ohne dabei einen Punkt seiner wirklichen Ziele aufzugeben. Im Gegenteil, es hilft ihm in seinem Kampf, es verblüfft und verwirrt seine Gegner, so dass diese sich auf erneute Verhandlungen mit Hitler einlassen. Es ist ein Beweis für seine innerparteiliche Macht und seinen guten Willen gegenüber der Kirche, „der lediglich vom linken und marginalisierten Flügel seiner Partei missverstanden wird", wie vor einiger Zeit ein ehrgeiziger Prälat in einer österreichischen Zeitung schrieb, ohne zu bemerken, wie lächerlich dies in den Ohren der Nazis klingen muß. Diese scheinbare Großzügigkeit und Gerechtigkeit fällt Katholiken und Protestanten aber ständig in den Rücken und verursacht weitere, schreckliche Verluste, da somit das Vertrauen der Christen in ihre eigene Führung erschüttert und erhebliche Spannungen innerhalb der Reihen der Gläubigen erzeugt wird. Es ist schwer zu sagen, ob Hitler wirklich vorsätzlich handelt oder impulsiv aus einer Laune der Freigiebigkeit heraus, und dann einfach das Ergebnis dieser Strategie post facto akzeptiert. Selbst die komplette Einstellung der „offenen" Verfolgung auf Geheiß des Führers würde keinen Frieden mit der Kirche bedeuten, da mittlerweile eine Situation entstanden ist, die sie nicht akzeptieren kann. Wir vertrauen darauf, dass unsere Leser nicht so sensationsgierig sind, dass sie sich nur noch von Dingen wie Mord oder Brandstiftung beeindrucken lassen, um zu verstehen, dass ein gewichtiger und entscheidender Teil der Gemeinschaft Christi ernsthaftesten Gefahren gegenüber steht. Die folgenden Worte deutscher Bischöfe zeigen, wie weit der Feind vorangeschritten ist, und dass Christus samt seinen Anhängern Fesseln angelegt worden sind. Der Hirtenbrief der Bischöfe lautet wie folgt:

„Wir (die Bischöfe) können nicht verstehen (gerade auch in Bezug auf den Vormarsch des Bolschewismus' in Spanien), dass der Einflussbereich der Christenheit und der Kirche in diesem Land mehr und mehr eingeschränkt wird und nun noch lediglich auf das Erbauen unserer Kirchen begrenzt ist. Wir können nicht verstehen, warum das Weiterbestehen unserer katholischen Organisation in Frage gestellt werden muß. Wir verstehen nicht, warum es Mitgliedern katholischer Organisationen verboten ist, Gewerkschaften u. ä. beizutreten, obwohl dies für eine soziale und wirtschaftliche Existenz in Deutschland notwendig ist, warum katholische Väter und ihre Familien vor dem Ruin stehen, wenn sie nicht ihre Verbindung zu katholischen Organisationen beenden. Wir können nicht verstehen, warum unsere Wohltätigkeitsorganisationen mehr und mehr aus ihren üblichen Betätigungsfeldern herausgedrängt und katholische Nonnen von den Krankenbetten und aus den Kindergärten vertrieben werden. Wir können nicht verstehen, warum selbst für rein religiöse Wochen- und Monatszeitungen Presseregulierungen erlassen wurden, außer es ist die Zerstörung unserer katholischen Presse beabsichtigt. Wir können nicht verstehen, warum die christliche Jugend dem christlichen Einfluss entzogen und antichristlichen Einflüssen ausgesetzt wird, nur um sie dann zum Eintritt in interkonfessionelle Organisationen zu zwingen. Wir können nicht verstehen, warum in den deutschen Ländern versucht wird, unsere Gemeinde- und Sekundarschulen abzuschaffen und warum dies in einem großen Teil unseres Landes bereits durch Volksabstimmungen geschehen ist, ungeachtet der Tatsache, dass das Konkordat nicht nur deren Existenz, sondern auch die Errichtung neuer Schulen garantiert. Diese Behinderung unserer religiösen Freiheit ist umso schlimmer und gefährlicher, wenn wir die Schreckenstaten des Bolschewismus' in anderen Ländern betrachten."

Dieser letzter Satz nimmt das Hauptanliegen des Briefes wieder auf, nachdem der Bolschewismus eine Gefahr darstellt, welche nicht durch Waffen, sondern nur durch religiöse Kräfte wie den Glauben abgewehrt werden kann, und dass diejenigen, die die Freiheit der Kirche bedrohen, ihr eigenes Grab schaufeln.

Obwohl dieser Brief nichts zu den finanziellen Schwierigkeiten sagt, welche die Kirche in vielerlei Hinsicht durch die zahlreichen Gesetze und Statuten gegen kirchliche Spendensammlungen, der drastischen Kürzung des Kircheneinkommens oder auch durch die heftige Besteuerung und „freiwilligen" Spenden zugunsten des Regimes, die auf der Unter- und Mittelschicht lasten, bedrohen, zeigt er doch recht eindeutig, was die Kirche bereits verloren hat. An den Ausführungen der Bischöfe wird deutlich, dass die Kirche, trotz der Existenz des neuen Konkordats von 1933, derzeit nur noch auf ihre innerste Sphäre beschränkt ist. Sie hat ihren Zugriff auf die Erziehung der Jugend verloren, seitdem sie ihrer Schulen und Bildungsorganisationen beraubt worden ist; ihre Wohlfahrtsorganisationen sind durch die drastische Restriktionen vom Aussterben bedroht: Es ist nur noch ein Sonntag im Jahr verblieben, an dem die Kirche und das Rote Kreuz Spendensammlungen durchführen dürfen. Die Nonnen werden aus den Krankenhäusern ebenso wie aus den Schulen vertrieben;

ein systematischer Terror und Boykott zwingt Katholiken dazu, anti-katholischen Organisationen beizutreten. Zur gleichen Zeit ist es ihnen verboten, ihren eigenen Vereinigungen treu zu bleiben, wenn sie nicht riskieren wollen, ihre Anstellung zu verlieren und ihre Familien nicht mehr ernähren zu können.

Die Bischöfe sagen nichts über Priester, die ins Gefängnis geworfen oder ins Exil getrieben wurden, nur weil sie es wagten, die Lehre der Kirche bezüglich solch moralischer Fragen wie Sterilisation, Vorrang der Religion vor Nationalismus, die Gültigkeit der päpstlichen Enzykliken usw. zu predigen. Unerwähnt bleibt auch, was junge Männer und Familienväter durchmachen mussten, als sie es wagten, sich gegen die Zerschlagung derjenigen Institutionen aufzulehnen, die sie entsprechend der Mahnreden ihrer spirituellen Vorgesetzten geschaffen hatten, um ihren Glauben zu verteidigen und sich selbst mit den notwendigen Mitteln für ein katholisches und christliches Leben inmitten einer feindseligen und hochmütigen Welt zu versorgen. Der Hirtenbrief ist vorsichtig genug, um nicht die brutalen Herrscher des deutschen Volkes gegen sich aufzubringen; er ignoriert einfach die Tatsache, dass es ein Recht für Katholiken geben könnte, mit gewissen politischen Vorgehensweisen der Nazis nicht übereinzustimmen, nicht aus bloßer „liberaler" Kritik heraus, sondern auf Grund katholischer Prinzipien, die auf dem Evangelium und den Lehren der Kirche beruhen. Wenigstens weist er auf den Umstand hin, dass die Zeitungen und Zeitschriften, die nicht zerstört oder von Hitlers Schergen übernommen worden sind – von Männern wie Goebbels und Amann sowie den ihnen unterstellten Institutionen wie die Reichspressekammer und die Reichskulturkammer – schrittweise ihrer Arbeitsgrundlage beraubt wurden und kurz vor dem Ruin stehen.

Diejenigen, die immer noch zweifeln, sind gut beraten, den offiziellen Protest der protestantischen Kirche zu lesen, der kürzlich in allen wichtigen Zeitungen veröffentlicht wurde.[242] Diese protestantischen Geistlichen der Bekennenden Kirche, die von solch unerschrockenen Männern wie Pastor Niemöller angeführt werden, riskieren mit der herzzerreißenden Schilderung der Situation ihrer Kirche ihre Freiheit und ihr Leben: Ihr Schicksal ist in vielerlei Hinsicht schlimmer als unseres, denn sie sind gespalten. Auf der einen Seite stehen die Mitglieder der Bekennenden Kirche, auf der anderen Seite die nationalsozialistischen Protestanten, auch Deutsche Christen genannt. Mit dem Mut der Verzweiflung riskiert die Bekennende Kirche es sogar, die Qualen der Konzentrationslager zu kritisieren, die Pervertierung des Rechtssystems und die Vergötterung des Führers. Dessen Bild wurde kürzlich auf Kirchenaltären enthüllt und Goebbels hat es gewagt, ihn am Abend des Volksentscheids von 1936 den Hohenpriester der deutschen Nation zu nennen. Andere wiederum schreiben seiner Unfehlbarkeit die Rettung der Deutschen zu und sehen in ihm die Quelle des Rechts.

Durch die Bedrohung der sich in Russland und Spanien vollziehenden Entwicklung, einer sozialen Revolution, die den eigenen Besitzstand gefährdet, sowie

242 Vgl. G. Besier, *Die Kirchen und das Dritte Reich*, S. 482 ff.

einem wachsenden Antisemitismus, der durch unbedachtes Verhalten vieler Juden provoziert wird, ist das Bürgertum immer mehr dazu geneigt, den Faschismus willkommen zu heißen. Es verspricht sich davon den Erhalt der gegenwärtigen sozialen Ordnung oder zumindest eine weniger grausame Transformation. Die Tausenden, die in den Konzentrationslagern gestorben oder während eines Fluchtversuches erschossen worden sind, finden in den Nachrichten keine Erwähnung und werden daher rasch vergessen, denn sie gehören meistens einer anderen sozialen Schicht an. Der Zustand der Unterdrückung der Katholischen Kirche in Deutschland, die zwar nicht die Ausmaße hat, wie man es in Spanien beobachten kann, hat dennoch den Charakter einer Verfolgung, die mit vorsätzlichen und diabolischen Methoden geführt wird. Dies kann von niemandem angezweifelt werden, der die katholische Kirche und ihre Hierarchie noch vor einigen Jahren gesehen hat. Sie war einmal die größte und am meisten respektierte moralische und geistliche Macht, der stärkste Anwalt jedweder gerechten und edlen Sache. Nun muss sie die unglaubliche Schande ertragen, zum Schweigen verurteilt zu sein, während die Arbeiterklasse, für die Bischof Ketteler bereits kämpfte, lange bevor Papst Leo XIII. seine Enzyklika geschrieben hat, praktisch versklavt wird, während hunderte irregeführte Jugendliche in Konzentrationslagern gefoltert und erschossen werden, während die schreckliche Bluttat vom 30. Juni 1934 die Gefühle jedes rechtschaffenen Deutschen verletzt hat, während Unmoralität, Korruption und ein rücksichtsloser Kriegsgeist gepredigt werden, während die Hetzjagd auf Menschen, hauptsächlich weil sie einer anderen Rasse angehören, ihr eigenes Land und ihre eigenen Gläubigen vereinnahmt. Die wenigen Dinge, über die die Kirche in Deutschland geredet hat und reden darf – Neo-Paganismus, Sterilisation, konfessionelle Schulen und andere Brüche des Konkordats – haben ihr schon die Anklage des „politischen Katholizismus" oder, im Einzelfall, auch die der Feindseligkeit gegenüber dem Staat oder sogar die des Hochverrats eingebracht. Eine nationale Kirche, die die reinen Prinzipien des Christentums nicht mehr predigen kann, die zurück in die Sakristei und an den Altar gedrängt wird, während in der Öffentlichkeit ein schrecklicher Krieg mit der Unterstützung des Staates gegen sie lanciert wird, befindet sich im Zustand der Verfolgung, und es ist gleichgültig, ob dies von den Bolschewiken, Freimaurern oder denjenigen heimtückischen Männern unternommen wird, die ihre antichristlichen Ziele hinter dem Kampf gegen den Bolschewismus verstecken.

Ein heimtückischer und falscher Freund ist kein bisschen besser als ein offener Feind.

ARTIKEL UND AUFSÄTZE VON H. A. REINHOLD

Die Katholische Kirche in Deutschland nach vier Jahren der Hitler-Diktatur [243]

Am 30. Januar 1937 sind es genau vier Jahre, seit Hitler mit vereinten Kräften von Armee, Großgrundbesitzern und Großindustriellen ins Amt berufen wurde. Wenn er ein Mann wäre, der sich an Verträge und Versprechen hält, hätte er den politischen Frieden im März wieder herstellen müssen, und er hätte eine freie Nation fragen müssen, ob er weitermachen soll, als seine Amtszeit auslief. Seine Popularität, welche vor dem 30. Juni 1934 ihren Höhepunkt erreicht hatte, ebbt nun langsam ab, und scheint, auch wenn dieser Prozess Fluktuationen unterworfen ist, an ihrem tiefsten Punkt angekommen zu sein, so dass man ernsthafte Zweifel haben kann, ob sie jemals ihre alte Größe zurückgewinnen wird, selbst wenn die Nationalsozialisten ein neue, unterwartete und reizvolle Parole ausgeben sollten. Hitler könnte eine seiner berühmten 99%-Volksabstimmungen inszenieren, dieses Mal vermutlich unter dem Druck von Hunger und wachsender wirtschaftlicher und finanzieller Schwierigkeiten. Oder die Kolonialfrage könnte die Aufmerksamkeit der Nation von der närrischen Politik des Diktators und seiner Bande auf die Habgier der britischen und französischen Politiker lenken. Aber die letzten Neuigkeiten aus Sachsen, wo man die eigenen SS- und SA-Männer in Gewahrsam nehmen musste, weil sie sich an einem Streik beteiligt hatten, sprechen dagegen; zudem gibt es weitere Informationen über den wachsenden Widerstand von Bauern und Industriellen. Schritt für Schritt entfremden sich die Nazis von denen, die ihnen durch Zwang gehorchten, aber auch von denen, die sie aus vollem Herzen unterstützten.

Inmitten derer, die Hitler nie unterstützten, war die Katholische Kirche. Das starke Misstrauen und die Aversion der Katholiken, die in Deutschland den naturgemäß demokratischen Westen und Süden bewohnten, wurden von keinem scheinbaren Erfolg des Regimes abgemildert, und ihr Glauben, dass ein solches Regime niemals mehr als vielleicht zehn Jahre bestehen könne, ließ sie die Politik dieses cleveren und selbstbewussten Manns mit seinem verrückten und rasenden Verstand akzeptieren. Trotz alledem war dies nicht nur ihre Einstellung, sondern die aller Mächte in Europa. Diese Politik wurde verfolgt, unabhängig von der Tatsache, dass, wenn sie sich als falsch herausstellen sollte, sie fatale Folgen haben würde. Aber es ist die einzige Erklärung zu der Haltung von all diesen klugen Männern, die mit diesem Ausbruch von kleinbürgerlichem Wahnsinn konfrontiert wurden. Dieses unverständliche plötzliche Wiederaufleben dessen, was das Schlimmste im Vorkriegs-Deutschland repräsentierte, dieser terroristischen Regierung von gescheiterten Lehrern, Beamten,

---

[243] *The Catholic Church in Germany after Four Years of Hitler's Dictatorship*, undatiert. Manuscripts, Box 14, Folder 16, H. A. Reinhold Papers, MS2003-60, John J. Burns Library, Boston College. (Dt. Übersetzung: Peter Schmidt-Eppendorf, Melanie Klughardt und Ronald Lambrecht.)

Ingenieuren, Schriftstellern und Abenteurern. Jeder versuchte, den Tiger zu füttern, bis sie alle in seine Falle gegangen sind, die dieser mit der berühmten Sicherheit gestellt hat, von der Hitler letztes Jahr sprach und die er klassisch den „unfehlbaren Instinkt eines Schlafwandlers" nannte.

Wenn nicht aus der unterbewussten Hoffnung, dass diese Tyrannei nicht für immer bestehen kann, wäre die Haltung unverständlich gewesen, welche der Vatikan und die deutsche Kirchenhierarchie innerhalb der letzten vier Jahre angenommen haben. Die Verluste der Kirche waren so fürchterlich, dass jede Kooperation mit einem so furchtbaren Feind außer Frage stand und die Kirche eine offene Hetzjagd jedem Kompromiss vorgezogen hätte. Natürlich gab es Strömungen, die diesem offiziellen Umgang der Kirche mit den Nationalsozialisten kritisch gegenüberstanden, weil sie dachten, dies sei zu gefährlich. Eine Minderheit der katholischen Intelligenz hatte entdeckt, dass der Nationalsozialismus letztendlich die Erfüllung von so vielen nationalen Bestrebungen war, dass er irgendetwas enthalten müsse, auf dem ein intellektueller Kompromiss aufgebaut werden könnte. Ein Vertreter dieser Richtung war der Herr von Papen. Sein Programm wurde 1933 in Gleiwitz entwickelt. Er stellte so viele Affinitäten zwischen der katholischen und der nationalsozialistische Lehre fest – Konservatismus, gesellschaftliche Ideale, Betonung der autoritären Führung von Menschen, Schutz der Familie, Kampf gegen Verbrechen und Geburtenkontrolle etc. – dass viele gebildete Menschen, die ihren natürlichen Instinkt verloren hatten und zu sehr auf die Logik vertrauten, ihm folgten. Insbesondere auch darum, weil sie über die Annäherung des einfachen Klerus' und der Zentrumspartei, der sie ignoranterweise vorwarfen, mit Marxisten und anderen subversiven Kräften im Bunde zu sein, an die Arbeiterklasse verärgert waren. Viele der Abtrünnigen unter den katholischen Intellektuellen gehen auf von Papens Konto.

Vielleicht ein ähnlich großer Teil folgte der gegenteiligen Ansicht, obwohl man aufgrund der Natur der Sache nicht dazu in der Lage war, dies öffentlich zu proklamieren. Diese Menschen sitzen nun entweder in Konzentrationslagern, in Gefängnissen, sind im Exil oder arbeiten im Untergrund. Sie stellten Hitlers Staatsstreich auf eine Stufe mit historischen Ereignissen wie Lenins Revolution und Mussolinis Marsch nach Rom und wollten von Anfang an Widerstand leisten, sogar bis zum Märtyrertod und zur Verdammung. Ihre Führer waren der verstorbene Bischof Bares[244], der 1935 unter mysteriösen Umständen starb, der frühere Kanzler Dr. Brüning, Pater Muckermann SJ und Autoren wie Dr. von Hildebrand und Waldemar Gurian, dessen profunde Kenntnisse der russischen Revolution und des bolschewistischen Totalitarismus ihn zu einem exzellenten Propheten jeder Phase von Hitlers Politik machte. Es ist sehr schwer zu sagen, wie viele Leute in Deutschland tatsächlich dieser Sichtweise verbun-

---

244 Die Andeutung Reinholds, der Tod des Berliner Bischofs Nikolaus Bares sei „mysteriös" gewesen, beruht wohl auf der zeitgenössischen katholischen Vermutung, Bares' Tod sei von den Nationalsozialisten verschuldet gewesen, wofür es aber keine Hinweise gibt.

den waren, aber die letzte Wahl unter Hitler zeigte, dass die alten Zentrum-Wähler, ohne dass zahlenmäßig ihrerseits eine Abnahme zu verzeichnen war, dieser Richtung mit dediziertem Misstrauen gegenüberstanden. Wären nicht diese Partei und ihre Führer gewesen – mit Ausnahme von Dr. Brüning, der zum Schweigen gebracht wurde –, die wahrhaft Gläubigen wären bereit gewesen zu kämpfen und zu leiden. Denn zuerst beeindruckten die Propaganda-Reden der Nazis die breite Masse der Katholiken nicht, besonders nicht die Arbeiterklasse; aber daran gewöhnt, von Politikern geführt zu werden, vertrauten sie diesen Führern und folgten ihrem Beispiel. Sie dachten, dass irgendein cleverer Trick dahinter stecken würde. Aber die Realität offenbarte sich, als das Konkordat unterzeichnet wurde ... Meine Korrespondenz mit jungen Menschen und meine gelegentlichen Interviews mit Besuchern zeigen mir, dass es immer noch eine starke Minderheit dieser „Realisten" geben muss. Ich kann Namen und Adressen von zumindest einem Bischof und einem Kanzler nennen, die uns erzählten, dass sie nahezu jeden Tag Briefe von treugläubigen, hauptsächlich jungen Menschen erhalten, von denen sie als Verräter der katholischen Sache bezeichnet werden, und die kein Verständnis für die derzeitige Politik aufbringen würden. Weder in Deutschland noch unter den Exilanten gibt es unter den Katholiken eine übereinstimmende Meinung, und bei den im Exil lebenden Katholiken wurde nichts dafür getan, aktiv zu werden und sich zu organisieren, um den katholischen Brüdern in Hitlers Drittem Reich beizustehen.

Da die meisten unserer Informationen zur Hetzjagd auf die Katholiken in Deutschland von nicht-christlichen oder zumindest nicht-katholischen Quellen kommen, und außerdem auch katholische Nachrichtenagenturen der Vorstellung erliegen, dass es besser ist, nicht zu viel über diese Dinge zu reden, haben Katholiken kaum Kenntnis davon, was in den letzten vier Jahren in Deutschland geschehen ist. Wenn sie sich die Mühe gemacht hätten, zu verstehen, was Hitlers Pläne sind, und erkannt hätten, wie viel er von dem bereits verwirklicht hatte, was er schon immer beabsichtigte, wären sie weniger von den Geschichten der Presse in den Tageszeitungen in die Irre geführt worden, die nahtlos von alarmierenden Meldungen hin zu Beschwichtigungsadressen wechselten, nur weil ein Kardinal Hitler besucht hatte oder ein Priester aus dem Konzentrationslager entlassen worden war.

Wenn es nur Hitlers Absicht gewesen wäre, die Kirche zu verärgern und ihr Ungemach zu bereiten, oder wenn er lediglich die Kontrolle über einen seiner Untergebenen verloren hätte – denn der große Hitler ist ein rechtschaffener Mann, nur all die kleinen Hitler sind das eigentliche Übel; dies ist eines der dämlichen Schlagworte, die man immer von Deutschlandbesuchern hören wird –, wenn das der Fall wäre – warum sich dann Sorgen machen? Aber Hitler hatte eine sehr genaue Vorstellung seines totalitären Staats und er ist selbst ein viel besserer Stratege, als es uns seine Feinde von der Linken glauben machen wollen. Würde er dort sein, wo er ist, wenn er nur die billige Gallionsfigur der Reichswehr und der großen Kapitalisten wäre? Er hat die soziale Unzufriedenheit des Bürgertums, die antikapitalistischen

Ressentiments der Arbeiterschaft, den Nationalismus der Intellektuellen und das Geld der Großindustrie für seine Ziele benutzt. Er hat von der Religionsfeindlichkeit des Bürgertums, der Indifferenz von Proletariat und Intelligenz sowie dem Atheismus profitiert, und gab ihnen allen die verworrene Pseudo-Religion Rosenbergs, die keine andere moralische Obligation hat, als jene zugunsten Hitlers neuer Nation und neuem Staate. Glaubt irgendjemand, dass Hitler zufriedengestellt ist, bevor er all diejenigen Kräfte mit der Wurzel entfernt hat, welche die Menschheit an übergeordnete und spirituelle Werte bindet, an Gott, Kirche und Menschlichkeit? Der Mann, der das vorsichtige Taktieren von Stresemann und Brüning in der Außenpolitik verworfen hat und auf allen Verträgen herumgetrampelt ist, sobald er sich stark genug gefühlt hat; der seinen österreichischen Kollegen ermorden ließ, weil dieser dabei war, eines seiner unbedeutenderen politischen Ziele zu bedrohen; der Mann, der seinen besten Freund erschoss, um zu verhindern, dass die Revolution den Weg einschlägt, der dem Einlösen der sozialpolitischen Versprechungen zu nahe kommt und damit zu einer Bedrohung seiner eigenen Macht geworden wäre. Wird dieser Mann wirklich davor zurückschrecken, eine Minderheit auszurotten, wenn er erkennt, dass sie klein genug ist, um ohne Gefahr zerstört zu werden? Es gibt keinen Zweifel, dass Hitlers persönliches Ziel genauso radikal ist wie das von Rosenberg, und dass alles, was gegen die Kirche in Deutschland unternommen wurde, zumindest in Übereinstimmung mit den von ihm ausgelegten Plänen geschieht. Wie könnte irgendjemand es auch nur wagen, etwas zu tun, das nicht mit Hitlers Willen vereinbar ist, wenn schon die kleinste Kritik mit Gefängnis und Konzentrationslager bestraft wird? Obwohl viele Katholiken innerhalb und außerhalb Deutschlands ihre eigene Befürchtungen abwiegeln wollen, indem sie von den vielen Verfehlungen seiner Untergebenen und der Großherzigkeit des Führers und seiner Regierung sprechen, wie können sie diese Auffassung im Angesicht der allseits bekannten Tatsache aufrecht erhalten, dass Widerstand gegen die Intentionen Hitlers bei allen sonstigen Gelegenheiten stets fatale Konsequenzen nach sich zog?

Hitler hat viel mehr erreicht als irgendjemand 1933 erwartet hätte. 1933 zerstörte er die politische Verteidigung der Kirche, d. h. das Zentrum, sowohl von innen als auch von außen durch Demoralisierung, interne Intrigen sowie durch zwei geschichtsträchtige Tatsachen – der Düpierung von Monsignore Kaas bei der entscheidenden Abstimmung über das Ermächtigungsgesetz im Reichstag im März 1933 und der Unterzeichnung des Konkordats. Durch das Konkordat war es Hitler möglich, dem Zentrum anzuordnen, sich aufzulösen. Denn Hitler war nun der höchste Schutzherr der Kirche und stand in freundschaftlichster Beziehung zum Heiligen Stuhl. Es bestand kein Bedarf mehr an Schutz durch eine politische Partei – zumal es auch kein Podium mehr gab, auf dem katholischen Abgeordneten zur Öffentlichkeit hätten sprechen können. Keine Beschwerde konnte mehr gemacht werden, keine Rechte von Deutschland aus verteidigt werden, weil jeder seine Beschwerde an den Mann hätte richten müssen, der selbst für all dieses verantwortlich war. Und die zahlreichen

Proteste des anderen Unterzeichners des Vertrags, des Heiligen Stuhls – sie landeten in den Papierkörben, den Aktenschränken oder wurden mit ausweichenden, verzögernden Antworten aus dem Kirchenministerium und der Reichskanzlei bedacht.

Der zweite Triumph auf seinem Weg zur totalitären Ausrottung aller nichtnationalsozialistischen Wesensmerkmale war die vollkommene Beseitigung jeglichen Ausdruckes katholischen Gedankenguts in der Öffentlichkeit. Die starke und zahlreiche katholische Presse, die Tages-, Wochen- und Monatszeitungen, wurden verdrängt oder die Redaktionen durch Nazis übernommen. Lediglich rein religiöse Diözesan- und Gemeindenachrichtenblätter führen ein allerdings ziemlich gehindertes Leben, das zwischen Unterdrückung und der Aussicht, unter noch schwierigeren Konditionen zu erscheinen, alterniert. Zwei oder drei der sehr anspruchsvollen Monatszeitungen, die als kulturelle Propaganda für die Freiheit in Deutschland dienen und nicht viel Schaden anrichten können, da ihre Leser nur eine sehr kleine Schicht unter den katholischen Intellektuellen stellen, stehen vor dem finanziellen Ruin. Ausschließlich Sommeruniversitäten sind als Form katholischer Kulturarbeit genehmigt worden. Jugendarbeit ist Tabu, sie ist nun ausschließliches Arbeitsfeld überzeugter Nazis.

Das Bildungssystem der Katholischen Kirche wurde entweder stark beschränkt, übernommen oder zerstört. Pfarrschulen wurden nach Volksabstimmungen in Städten und Dörfern, die unter Androhung der Gewalt stattfanden, von den Nazis übernommen. Lehrer verloren ihre Anstellungen, wenn sie nicht in die Partei eintraten, nationalsozialistische Trainingslager besuchten und sich dazu verpflichten, Hitlers und Rosenbergs Doktrin zu unterrichten. Unter der Androhung, die Zulassung zu Universitäten und öffentlichen Ämtern verweigert zu bekommen, wurden Schüler gezwungen, katholische Schulen zu verlassen. Auf den Universitäten werden katholische Studenten in die Nazi-Organisationen und Ausbildungslager getrieben. Ihre eigenen Organisationen, die zuvor philosophischen und religiösen Unterricht sowie ausbildungsbegleitende Programme angeboten hatten, wurden verboten oder geächtet. Das aussergewöhnliche ausserschulische Bildungsangebot der katholischen Jugendbewegung, ähnlich der französischen J.O.C.[245], aber viel mitgliedsstärker, ist durch nationalsozialistische Maßnahmen in einem Zustand der Ineffektivität und kann kaum noch Mitglieder anwerben. Gemäß dem Gesetz müssen alle jungen Deutschen Mitglieder der Hitler-Jugend sein und sind somit der Nazi-Propaganda ausgeliefert. Die katholischen Bildungsinstitutionen sind zum Tode verdammt und diejenigen Organisationen, die heldenhaft versuchen zu überleben, können nichts anderes tun, als das Licht in Erwartung besserer Tage nicht verlöschen zu lassen. Ihre Führungspersönlichkeiten sind im Gefängnis oder waren schon dort und warten

---

245 J.O.C. (Jeunesse Ouvrière Catholique), im Original von Reinhold irrtümlich JJOC abgekürzt, ist eine katholische Jugendorganisation Frankreichs. Sie ist nicht zu verwechseln mit der bekannteren, weil Europa umspannenden Organisation JOC (Jeunesse ouvrière chrétienne), der Katholischen Arbeiterjugend, die 1925 vom belgischen Kardinal Joseph Leon Cardijn gegründet wurde.

nunmehr auf ihre Prozesse wegen Hochverrats und „kommunistischer" Aktivitäten. Der Einfluss der katholischen Lehre ist auf die eine halbe Stunde der sonntäglichen Messe reduziert – und selbst hier wird alles versucht, um die Jugend mit Aufmärschen, Sommerlagern ohne die Möglichkeit eines Kirchgangs sowie Arbeitslagern mit religionsfeindlicher Atmosphäre fernzuhalten. Der Druck ist in protestantischen Gegenden weniger groß als in katholischen, weil dort die Katholiken ohnehin eine unbedeutende Minderheit darstellen. In diesen paar Jahren haben die Wohlfahrtseinrichtungen der katholischen Kirche mit ihren vormals hunderten florierenden Krankenhäusern, Kindergärten, Pflegehäusern und Heimen ihre Arbeitsgrundlage verloren. Abgesehen von den hinterhältigen Angriffen und initiierten Prozessen gegen die Mitglieder geistlicher Orden, die diese Einrichtungen betreiben, sind sie vor allem von dem finanziellen Ruin und durch Boykott bedroht. Spendensammlungen werden meist durchgängig eingeschränkt, und die neuen Sterilisierungsgesetze stellen einen ausreichenden Vorwand dar, um katholische Nonnen und Ärzte aus dem Bereich der Pflege und der Gesundheitsversorgung herauszudrängen. Auch hier ist die vermögende und gut organisierte NS-Volkswohlfahrt, ebenso wie die Winterhilfe, totalitär in ihrem Charakter: Der Nazi-Staat möchte der einzige Wohltäter für die Armen sein, nicht aus Barmherzigkeit, sondern lediglich aus propagandistischen Gründen. Die Nazis prahlen viel mit den Hunderten von Millionen Mark, die sie jährlich durch freiwillige „Spenden" den Menschen aus den Taschen ziehen. Allerdings vergessen sie zu erwähnen, dass bevor Hitler an die Macht kam, es den verschiedenen kirchlichen Wohltätigkeitsverbänden ohne viel Lärm und ohne viel Druck gut gelang, Geldmittel zusammenzutragen, und dass jeder der Armen früher von den regulären Hilfsorganisationen des Staats versorgt wurde, deren Geld jetzt für die komplette Mobilisierung des Deutschen Reichs für den nächsten Krieg genutzt wird.

Unter dem Vorwand der Generalmobilisierungsverordnung wurde kürzlich veröffentlicht, was beinahe schon einem Verbot neuer Kirchenbauten gleichkommt.

Die führenden Männer um Hitler, wie Himmler, Streicher, Mutschmann und viele andere, sind aus der Kirche ausgetreten. In einer Stadt in Baden sind mehr als 30 Familien aus ihrer jeweiligen Kirche ausgetreten, dem Beispiel eines von Hitlers örtlichen Paladinen folgend. Sie gehörten alle zu der führenden Schicht in diesem Land. Hitlers persönlicher Leibwächter aus der SS als auch der Führer der berüchtigten Braunhemden, Herr Lutze, der Nachfolger Röhms, sind ebenfalls aus der Kirche ausgetreten. Die letzten beiden Pastoralbriefe der norddeutschen und der bayerischen Bischöfe sind ein herzzerbrechender Aufschrei der Empörung von Hirten, die ihre Herde von Wölfen überfallen sehen. Eine Übersetzung dieser zwei Hirtenbriefe, die in den letzten zwei Monaten von allen deutschen Kirchenkanzeln verlesen wurden, und von denen aber nur verstümmelte und nichtssagende Auszüge durch unsere Presse an die Öffentlichkeit gegeben wurden, eine Übersetzung, so meine ich, würde die Augen vieler Menschen, Priester und Laien öffnen, die nicht erkennen können, dass der Nationalsozialismus nur ein jüngerer und listigerer Bruder des Bolschewismus ist, der, wie unser Heiliger Vater sagte, in keiner Weise dazu fähig sei, die Welt vor dem Atheismus zu retten.

Die sanftmütige Stimme unseres Herrn ist im Deutschland außerhalb der Kirchenmauern zum Schweigen gebracht worden. Die ältere Generation ist eingeschüchtert und die Jugend von einer giftigen und üblen Propaganda infiziert. Je länger Hitler im Amt bleibt und seinen Handlangern freien Lauf lassen darf, während er selbst die Welt mit allgemeinen Absichtserklärungen narrt, welche scheinbar den Hauch der Frömmigkeit atmen, umso bedrückender wird die Situation werden. Es kommt der Moment, wenn kein Futter mehr den Tiger ruhig zu stellen vermag, und er auch das verschlungen haben wird, was Euch lieb und teuer ist. Es kommt der Moment, wo jede Zusammenarbeit mit ihm und jede direkte oder indirekte Hilfe, sei sie finanziell, wirtschaftlich, moralisch oder politisch, eine Sünde sein wird, weil sie das Wüten gegen Gott und seinen Sohn Christus verlängert. Politische Erwägungen mögen die Katholiken außerhalb Deutschlands beeinflusst haben, die Schwierigkeiten ihrer Brüder unter Hitler nicht noch durch zu viel Aufmerksamkeit zu verschärfen. Aber Russland und Mexiko sind uns eine Warnung. Wir können nicht von den deutschen Bischöfen, die unter Terror leben, erwarten, dass sie alle Dinge aussprechen. Der Vatikan ist immer noch durch das Konkordat gebunden. Es trägt die Unterschrift des Herrn von Papen. Der Vatikan kann das Konkordat nicht brechen. Aber die Katholiken in anderen Ländern können sprechen. Die Ausrede, dass sie keine Informationen hätten, zählt nicht mehr: Die letzten Hirtenbriefe der deutschen Bischöfen waren in jeder Hinsicht klar. Es ist nun an uns zuzuhören und zu handeln.

Die alte Taktik der Diffamierung [246]

Seit mehr als vier Monaten wird die deutsche Öffentlichkeit auf widerlichste Art und Weise darüber informiert, dass von den etwa 500 Mitgliedern der Franziskaner von Waldbreitbach 276 Mitgliedern vorgeworfen wird, gegen den berüchtigten Sittlichkeitsparagraphen des deutschen Strafgesetzbuches verstoßen zu haben.[247]

---

[246] Geschrieben unter dem Pseudonym Walter Smith, *The Old Tactics of Diffamation,* undatiert. Manuscripts, Box 15, Folder 16, H. A. Reinhold Papers, MS2003-60, John J. Burns Library, Boston College. (Dt. Übersetzung: Peter Schmidt-Eppendorf, Melanie Klughardt und Ronald Lambrecht.)

[247] Gemeint ist der sogenannte „Sittlichkeitsprozess" gegen die Franziskanerbrüder vom Heiligen Kreuz in Waldbreitbach im Jahr 1936. Vgl. insbesondere auch zu den Fällen in Walbreitbach Hans Günter Hockerts, *Die Sittlichkeitsprozesse gegen katholische Ordensangehörige und Priester 1936/37,* Mainz: Matthias-Grünewald-Verlag, 1971; dazu auch G. Besier, *Die Kirchen und das Dritte Reich,* S. 715 ff.

Heydrich selbst bemühte sich einige Wochen vor Beginn der Verhandlung, seinen Ekel im *Westdeutschen Beobachter* [248], eine Nazi-Zeitung im katholischen Rheinland, auszudrücken. Er sprach von mehr als 100 Verbrechern, die ihren religiösen Habit für ein kriminelles und unmoralisches Leben missbraucht hätten. Heydrich ist der Stabschef von Himmler, Hitlers Delegierter in der Geheimen Staatspolizei, und besitzt den Ruf, einer der unbarmherzigsten und grausamsten Leiter der Geheimpolizei überhaupt zu sein. Er war der Organisator der großen, blutigen Säuberung vom 30. Juni 1934 und er gilt als der deutsche Dserschinski, der grausame Führer der sowjetischen Tscheka in den frühen Tagen des Bolschewismus. Laut dem deutschen Gesetz werden solche Fälle, auf die Heydrich anspielte, von der normalen Kriminalpolizei bearbeitet. Es war immer die Regel, dass Verhandlungen dieser Art wegen ihres anstößigen Charakters so diskret wie möglich behandelt werden sollten. Der Nationalstolz gebietet jedem ehrbaren Mann, Öffentlichkeit in einem solchen Fall zu vermeiden, die den moralischen Ruf einer ganzen Nation schädigen kann.

Wenn Heydrich und sein Chef Himmler diese Regel gebrochen haben, werden sie ihre Gründe gehabt haben. Wenn der Fall nicht von den normalen Polizeikräften behandelt worden ist, sondern von der berüchtigten Gestapo, die von der Nazi-Regierung gegründet wurde, um alle subversiven Elemente zu bekämpfen, und die über spezielle Methoden zur Informationsgewinnung verfügt und in der Lage ist, ihre Opfer „geständig" zu machen, verstehen wir von Anfang an, dass das Ziel dieses ganzen Spektakels ein politisches war, und dass der darauf folgende Prozess im Zentrum des katholischen Rheinlands im Scheinwerfer der Öffentlichkeit den berühmten russischen Schauprozessen vor einigen Jahren sehr ähnlich sein würde.

Bevor wir in die Materie einsteigen, müssen wir erklären, was bei der ganzen Sache auf dem Spiel stand. Die großen deutschen Nazi-Zeitungen hatten Sonderkorrespondenten vor Ort. Jede große Zeitung hat eine ganze Delegation in Koblenz. Die *DNB* [249], also die einzige existierende Nachrichtenagentur Deutschlands, die unter der totalen Kontrolle von Hitlers Propagandachef steht, veröffentlichte nach jeder Gerichtssitzung lange Berichte mit sensationsheischenden Überschriften und voll von moralischer Empörung. Die großen Zeitungen, wie der *Völkische Beobachter* in Berlin und München, waren gespickt mit pharisäerhaftesten Leitartikeln und zeigten eine keusche Empörung und eine Liebe für die Reinheit der Religion, die umso erstaunlicher war, als diese Zeitungen sich üblicherweise durch ein sehr geringes Interesse an religiösen Dingen auszeichneten. Assistiert wurden sie von der nicht-

---

248 *Westdeutscher Beobachter*. Die 1925 von der NSDAP gegründete Wochenzeitschrift für das Reichsgau Köln-Aachen erschien ab 1930 täglich und entwickelte sich bis zur Einstellung bei Kriegsende zum auflagenstärksten Blatt im Kölner Raum.

249 Das *Deutsche Nachrichtenbüro* (DNB) war die offizielle deutsche Nachrichtenagentur im Dritten Reich. Vgl. André Uzulis, DNB, „Darf nichts bringen": Eine Nachrichtenagentur im Dritten Reich, in: Christopher Studt (Hg.), „Diener des Staates" oder „Widerstand zwischen den Zeilen"? Die Rolle der Presse im „Dritten Reich", Berlin: LIT, 2007, S. 107–114.

katholischen Presse außerhalb Deutschlands, die plötzlich alle ihre Reserviertheit gegenüber Hitlers Propagandamaschinerie vergaß und die DNB-Pressemitteilungen mit einer solchen heiligen Betroffenheit und verdächtigen Regelmäßigkeit abdruckte, dass man nicht umhin kam, von ihrer wahrhaften Empörung beeindruckt gewesen zu sein.

Keine der deutschen Zeitungen vergaß anzumerken, dass die involvierten Franziskaner zu der gleichen Ordensgemeinschaft gehören, die auch den Haushalt des Heiligen Vaters in Rom führt und der die Villa San Francesco untersteht, in der Männer wie Monsignore Kaas und viele ebenfalls sehr bekannte Prälaten leben. Die Presse innerhalb und außerhalb der Grenzen des Dritten Reichs sprach fortwährend von „den" Franziskanern, „den" Mönchen, „den" Patres und „den" Priestern, die in diese Angelegenheit verwickelt waren. Als die deutschen Bischöfe protestierten und erklärten, dass es sich lediglich um eine kleine Laienkongregation männlicher Krankenpfleger handeln würde, die nach den Ordensregeln[250] lebten, und lediglich ein Priester, der bedauernswerte Pater Leovigild involviert war, schrieben Hitlers Zeitungen am 12. Juni 1936, dass dies keinen Unterschied machen würde und verspotteten zugleich die Institution der Beichte, welche die Priester glauben ließe, dass Gebete und Vater Unser für solche Verbrechen Buße genug sein würden.

Über die Anklage der Unmoral gegen die „Franziskaner" hinweg hat die deutsche, nationalsozialistische Presse ganz vergessen, dass es ähnliche Fälle auch in ihren eigenen Reihen gegeben hat. Sie erwähnte nicht, dass zur gleichen Zeit ungefähr 80 Männer in Bonn, etwa 150 in Münster und Dortmund und mehr als 300 in Hamburg angeklagt wurden. Sie vergaß auch zu erwähnen, dass die gesamte Führerschaft der Hitlerjugend in Würzburg auf Grund der gleichen Straftat abgesetzt werden musste. Sie berichtete über all diese Skandale mit Diskretion und schützten ihre Leser so vor einem Schock und jüngere Menschen davor, diese Skandale ertragen zu müssen. Sie dachte nicht, dass dies im Fall der „Mönche" notwendig sei. Man muss daher zu der Auffassung kommen, dass sie die ganze Sache benutzte, um Skandale gleicher Natur in den eigenen Reihen zu vertuschen, in die führende Männer wie der Reichsjugendführer Schirach, Hitlers persönlicher Freund Hess und sehr viele andere hochrangige Nationalsozialisten involviert waren.

Die staatlich gelenkte Presse erwähnte auch nicht, dass von den 276 Beschuldigten nur 106 inhaftiert wurden. Warum wurden nur etwas mehr als 35 % der Beschuldigten inhaftiert? Und warum wurden sie von der Gestapo inhaftiert, einer politischen Institution, die für die den Kommunisten, Sozialisten, Juden, Pazifisten und anderen politischen „Feinden" zugefügten Folterqualen bekannt ist? Warum widerriefen einige der Angeklagten ihre „Geständnisse" vor Gericht, wobei diese öffentliche Desavouierung der Gestapo-Methoden von den NS-Journalisten, die darüber berichteten, als eine „Unverschämtheit" der Angeklagten bezeichnet wurde.

---

250 Gemeint ist der klösterlich regulierte Orden päpstlichen Rechtes der Franziskanerbrüder (FFSC).

Im Fall eines gewissen Bruders Agricola, der am 24. Juni verhandelt wurde, veröffentlichten die nationalsozialistischen Zeitungen die schrecklichsten Schlagzeilen und lieferten Beschreibungen von Orgien, die so schockierend waren, dass die ausländische Presse sie nicht abdrucken konnte. Am Ende dieses Berichts stand ein kurzer Satz, der den meisten Lesern entgangen sein dürfte. Er erklärte, dass die Gerichte (selbst die nationalsozialistischen) zur Auffassung gekommen waren, dass die vorliegenden Zeugenaussagen im Falle Agricola keine ausreichende Beweiskraft hätten und daher abgelehnt würden. Was in diesem Fall geschehen ist, hätte bei jedem der Fälle geschehen sollen, denn derjenige, der mit den Methoden der Tscheka und der Gestapo vertraut ist, weiß, dass man diesen Untersuchungsergebnissen und diesen „Geständnissen" kein Vertrauen schenken darf.

Die Richter und Gerichtsdiener des verhandelnden Gerichtshofes waren alle „Katholiken", wie Mr. Goebbels nur zu bereitwillig verkündete, der selbst „Katholik" ist, ein „Katholik" der gleichen Sorte wie es Hitler, Himmler und andere Würdenträger der Partei sind. Diese katholischen Richter waren über die zur Anklage gebrachten Vorgänge so entrüstet, dass sie den Angeklagten die schwersten Strafen auferlegten, abgeleitet aus dem christlichen Grundsatz, dass ein Verbrechen noch verabscheuungswürdiger ist, wenn es von Männern begangen wird, die einen Habit tragen und denen Kinder, Kranke und geistig Schwache anvertraut sind. Aber diese „Katholiken" und gar so unparteiischen Richter akzeptierten die seltsamsten Zeugen: Schwachsinnige und offenkundige Feinde des Ordens. Sie protestierten aber niemals darüber, dass Angeklagte als „Brüder" in den Presseberichten oder in den Veröffentlichungen der DNB bezeichnet wurden, obwohl die Betreffenden angesichts der Anschuldigungen entweder vom Orden bereits entlassen worden waren oder ihn freiwillig verlassen hatten. Die Richter hätten erkennen müssen, dass ein Orden, der einen unwürdigen Mann wegen eines moralischen Verstoßes entlässt, von einer derartigen Presseberichterstattung, wie sie die Ordensgemeinschaft aus Waldbreitbach erfuhr, verschont hätte bleiben sollen.

Es geschahen aber noch weitere merkwürdige Dinge vor diesem ehrbaren Gericht unparteiischer Katholiken. Ein Bruder, der sehr viel „Informationen" preisgegeben hatte, wurde am 26. Juni in Anerkennung seines „Geständnisses" freigesprochen, obwohl man ihn für die gleichen Vergehen hätte schuldig befinden können, wie diejenigen, deren Namen er dem Gericht mitgeteilt hatte. Sein Name ist Herr Spengler. Ein Herr Neumann, der alle Informationen, die das Gericht haben wollte, mit größter Freizügigkeit preisgab und zudem erklärte, an den widerwärtigen Vorfällen nur aus dem einen Zweck selbst teilgenommen zu haben, um von dieser unmoralischen Gemeinschaft rausgeschmissen zu werden, der schließlich aus dem Kloster flüchtete und jetzt ein guter Nazi ist, bekam nur eine unbedeutende Strafe. Aber der nachfolgende Fall ist noch erstaunlicher. Bruder Emeran, der vorgab, die abscheulichsten Verbrechen zwischen 1922 und 1924 begangen zu haben, und der die Gemeinschaft wegen seiner Neigung verlassen hatte, kehrte 1928 zurück, um sein altes Leben fortzuführen. Er lieferte dem Gericht das aufsehenerregendste Material und den Zeitungen „wunderbare Geschichten". Daher sollte man eigentlich eine schwere Strafe erwarten. Aber die Meldungen vom 7. Juli verkündeten die überraschende Nachricht, dass das Gericht die Strafe von „Zuchthaus", was diffamierend ist, auf „Gefängnis" änderte, was zwar keine Ehre darstellt, aber auch keine zivilrechtlichen Konsequenzen hat. Was war der Grund? Der Angeklagte hatte darum gebeten, um eine Stigmatisierung zu vermeiden! Stellen sie sich dieses strenge Gericht unparteiischer „Katholiken" vor, erfüllt von Schmerz und Ekel, das die schwersten Strafen verhängt, um die Kirche von diesen Kriminellen zu reinigen, wie es plötzlich väterliche Gnade annimmt und gnadenvoll eine leichtes Urteil fällt, weil der Angeklagte darum gebeten hatte. In der Tat sehr merkwürdig.

Und dann ist da noch ein weiterer sehr seltsamer Fall. Hans Bross, dessen Fall am 27. Mai und am 12. Juni verhandelt wurde, und der scheinbar der Mann war, der den ganzen Prozess in Gang gesetzt hatte, war drei Jahre Mitglied des Ordens gewesen. Er ist ein junger Mann von etwa 25 Jahren. Er gibt vor, gegen die Verbrechen in den Häusern der Brüder protestiert zu haben und klagt seine eigenen Vorgesetzten und den Bischof von Trier an, seine Beschwerden nicht beachtet und ihn sogar für diese Anmaßung getadelt zu haben. 1935 trat er dem nationalsozialistischen Arbeitsdienst bei und erwarb dort sehr schnell das Vertrauen seiner Vorgesetzten. Das Gericht erklärte, dass seit dem keine weiteren Rückfälle bekannt geworden sind. In seinen Aussagen vor dem Gericht war Bross sehr darum bemüht, seine alten Kollegen zu beschuldigen. Offenbar kam der ganze Fall erst ins Rollen, nachdem er den Nationalsozialisten beigetreten war. Trotz seiner vielen Verfehlungen stieß er auf eine sehr freundliche und milde Jury – eine Belohnung für seine nützlichen Dienste? Er ist der einzige Angeklagte, in dessen anwaltlichen Gutachten festgestellt wurde, er sei jetzt ein guter Nazi.

In einigen der ausländischen Zeitungen gab es sehr beschämende Erzählungen von Geisteskranken, die zunächst als Zeugen gegen die Brüder aussagten, die aber ihre ersten Aussagen, die sie bei den geheimen Befragungen durch die Gestapo gaben, nicht wiederholen konnten. Von einem von ihnen wird berichtet, dass er den Richter gefragt habe, „ob er seine Schokolade auch dann bekommen würde, wenn er sagt, dass er nichts über die Brüder zu berichten habe". Ein wirklich merkwürdiges Gericht! Ein Priester und etwa 29 oder 30 Brüder wurden verurteilt, von denen 15 nicht mehr Mitglieder der Gemeinschaft waren, von denen einige wiederum aufgrund genau dieser Beschuldigungen bereits vorher vom Orden entlassen worden waren. Einer der Zeugen war Dr. Arthur Kost, der medizinische Berater der Ordensgemeinschaft, der am 7. Juli zu dem Fall angehört wurde. Er beteuerte nachdrücklich, dass in all den Jahren, in den er mit dem Orden in Verbindung stand, er nur von zwei Fällen von Sittlichkeitsanklagen gegen einen der Brüder Kenntnis hatte. Das ist natürlich auch kein gutes Zeugnis, aber ein riesiger Unterschied zu den Aussagen von Herrn Heydrich und seinen 276 unmoralischen Mönchen!

In mehreren Fällen übernahm die regierungsnahe Berichterstattung den Standpunkt, dass die Angeklagten nur die Opfer des unnatürlichen und grausamen römischen Systems des Zölibats seien. Der größere Teil der gesamten Propaganda zielte aber auf die deutsche Jugend ab, und es wird gesagt, dass diese davon überaus beeindruckt worden ist. Viele Katholiken, die keine anderen Informationen erhielten als die der staatlich kontrollierten Presse, waren zutiefst schockiert, und auch Nicht-Katholiken, die nicht mit den Nationalsozialisten sympathisierten, fanden an diesem Skandal sehr großen Gefallen, da er auf einer Ebene mit der üblichen gottlosen und antiklerikalen Propaganda liegt. Diese Monatszeitschrift erhielt viele Leserbriefe, die eine tiefe Betroffenheit zeigten und nach Veröffentlichung der Wahrheit verlangten. Denn die Art und Weise, wie z. B. die spanische und mexikanische Regierungspresse diese Neuigkeiten aus Deutschland aufgriff und ausschlachtete, hat in der Tat gezeigt, für was sie benutzt werden können.

Im Hinblick auf die oben beschriebenen Vorgänge ist es nahezu unmöglich, die Wahrheit herauszufinden. Wo Rauch ist, ist Feuer. Unter den zwölf Aposteln gab es Judas. Wir sollten mehr Angst vor der Sünde als vor dem Skandal haben. Es gibt keinen Grund für gläubige Katholiken, sich dem Chor der Scheinheiligen und Pharisäer anzuschließen. Ein unnatürliches Laster ist ansteckend, besonders in einer geschlossenen Gemeinschaft, wie von allen Psychiatern bestätigt wird. Wenn ein Ort einmal für einen solchen Missbrauch bekannt geworden ist, zieht er viele morbide Persönlichkeiten an. Es ist durchaus möglich, dass einiges an Wahrheit in diesen Berichten steckt, die uns so sehr traurig stimmen, aber die nationalsozialistischen Autoritäten sollten selbst merken, dass die Art und Weise wie sie den Fall behandelt haben – und viele Fälle davor –, uns fühlen lässt, dass wir nicht einmal zehn Prozent dieser traurigen Nachrichten Glauben schenken können. Uns liegen viele Briefe vor, die davon berichten, dass die deutschen Katholiken, besonders die bodenständigen nicht-intellektuellen und einfachen Schichten, die den 30. Juni 1934 und den Reichstagsbrand von 1933 nicht vergessen haben, keinem einzigen Wort Glauben schenken. Sie sehen mit ihren eigenen Augen Tausende couragierte und enthusiastische Priester, denen sie vertrauen und von denen sie sich getröstet fühlen. Sie wissen, dass die Nazis diese rechtschaffenen und redlichen Männer hassen – warum sollten sie dann diese Priester auch nicht verleumden? Nazis, die so viele Unwahrheiten gesagt haben –, wie kann man ihnen in einer Angelegenheit trauen, in der es um einen Feind geht, gegen den sie so einen erbitterten Hass hegen?

Die deutschen Bischöfe protestierten gegen die Art und Weise, wie man mit der propagandistischen Ausschlachtung der Koblenzer Prozesse – Prozesse gegen Einzelpersonen – versuchte, die Katholische Kirche einem Generalverdacht auszusetzen und die deutsche Jugend gefährdete. Es war das zweite Mal seit Hitlers Machtergreifung, dass Dinge, die nicht öffentlich behandelt werden sollten, in der Presse dieser unglücklichen Nation breitgetreten wurden. Jungen und Mädchen von acht, neun Jahren bekommen Informationen über Dinge, von denen sie am besten überhaupt nichts wissen sollten. Der Name von Deutschland wird auf diese Weise mit Unnatürlichkeit assoziiert. Massive Lügen und Übertreibungen auf Kosten einer der traditionellen Kräfte der Moral in diesem Land werden dazu benutzt, um das schlechte Gewissen einer unausgereiften Bewegung zu überdecken, in der viele anormale und unnatürliche Männer Zuflucht gefunden haben. Selbst der Haushalt des Heiligen Vaters wurde zynischerweise in die Affäre mit hineingezogen, die von Anfang an durch eine vorsätzliche und hinterhältige Strategie kompromittiert war. Goebbels und Himmler, diese Abtrünnigen, sind sicher nicht die richtigen Männer, um ihre alte Kirche zu „reinigen".

Im September wurde der Prozess plötzlich gestoppt. Man sagt, Hitler hätte interveniert. Erkannte er die furchtbaren moralischen Konsequenzen für Deutschland? Gab es außenpolitischen Druck? War er selbst davon überzeugt, dass die angewandten Methoden scheußlich und schlimm waren? Oder wurde dieser Fall nur auf Eis gelegt, da er sein angestrebtes Ziel bereits erreicht hatte, und wird er vielleicht wieder aufgewärmt, wenn die Unruhen in Spanien vorüber sind, und man weit weniger gefährdet ist, sich der Beschuldigung auszusetzen, man würde mit seinem Vorgehen nur den Bolschewiken helfen? Wir können nichts tun, außer für die deutschen Katholiken zu beten, und auch für die Männer, die entweder unschuldig oder zumindest weniger schuldig angeklagt wurden, dass sie die Kraft finden, für ihre Fehler zu büßen oder unschuldig für die gesamte katholische Kirche zu leiden.

Die katholische Kirche in Deutschland und die nationalsozialistische Verfolgung [251]

In weniger als vier Jahren wurde das stärkste Bollwerk des Christentums in Deutschland, die römisch-katholische Kirche, in einen Ohnmachtszustand versetzt, der ihre Position mit der der christlichen Kirchen in Russland und Mexiko vergleichbar macht. Verfolgt man die Spur ihrer Lehre und ihres Charakters, ihrer Geschichte und Tradition, hatte sie sich, nach dem Abschied von ihren mittelalterlichen Strukturen im 17. und 18. Jahrhundert, zu einer starken, nach außen gerichteten Organisation gewandelt.

Die Säkularisierung 1802/03 beendete zunächst zwar ihren Reichtum und ihre Unabhängigkeit, aber durch ein hoch entwickeltes System der Besteuerung, welches vom Staat anerkannt und ausgeführt wurde, konnte sie erneut ihre Unabhängigkeit

---

[251] *The Catholic Church in Germany and the Nazi Persecution*, undatiert. Manuscripts, Box 14, Folder 17, H. A. Reinhold Papers, MS2003-60, John J. Burns Library, Boston College. (Dt. Übersetzung: Peter Schmidt-Eppendorf, Melanie Klughardt und Ronald Lambrecht.)

erlangen. Ein cleverer Kurs ihrer politischen Repräsentation, dem Zentrum, ließ sie an allen Gesellschaftsschichten teilhaben und sicherte ihr genug Einfluss auf die Regierung und den öffentlichen Dienst. So konnte sie, selbst als marxistische Politiker die Regierung kontrollierten, ihre Rechte beschützen und behüten. Das Schulsystem war mit dem staatlichen vergleichbar und an allen Universitäten wurde sie gut von Professoren vertreten, die im Sinne ihrer Rechte und ihres Standpunktes unterrichteten. Die mächtigste katholische Presse der Welt, in Bezug sowohl auf Tages- als auch auf Fachzeitungen, half ihr, dem einfachen Gläubigen ihre Interpretation der modernen Welt zu vermitteln. Durch eine starke Jugendorganisation mit breiter Publizistik, Sommerschulen, Arbeitslagern und vielen anderen Veranstaltungen, die von den Nazis später nachgeahmt wurden, begleitete ihr Bildungssystem die Jugendlichen auch nach deren Abgang von der Schule bis hin zu dem Zeitpunkt, wo sie selbst Familien gründeten. Die Kirche besaß hunderte von Krankenhäusern, Sanatorien, Kindergärten und Sommerlager für Kinder und Erwachsene sowie mehr als tausend Bibliotheken. Sie wurde nicht nur im Parlament durch eine kampfstarke und clevere Partei vertreten, sie hatte auch, zusammen mit anderen christlichen Konfessionen, einen starken Verbund von Gewerkschaften. Es gab wirklich keinen Bereich des Lebens, in dem man nicht auf katholische Aktivitäten traf, die mit anderen Bewegungen in Konkurrenz standen und diese manchmal durch ihr breites Spektrum übertrafen.

Dieses starke Gebilde war keinesfalls eine leblose Organisation. Die innere Wiedergeburt durch solche geistliche Bewegungen wie die Liturgische, die Klösterliche und die Jugendbewegung sowie die biblische Erweckung versprachen eine herrliche Zukunft.

Heutzutage aber ist der Einfluss der katholischen und christlichen Lehre auf die ältere Generation beschränkt oder nähert sich zumindest immer schneller diesem Zustand.

Das Bildungssystem bröckelt unter den letzten Schlägen der nationalsozialistischen Regierungs- und Parteiorganisationen. Die kirchlichen Jugendvereinigungen wurden verboten oder durch die Abtrennung von ihrer ureigensten Quelle, den Kindern, zum Scheitern verurteilt, denn diese sind nun gezwungen, in die Hitlerjugend einzutreten, die von den Ideen Rosenbergs geprägt ist. Diejenigen, die nicht Mitglied in der Hitlerjugend sind, verlieren nicht nur jede Chance, ein öffentliches oder halb-öffentliches Amt zu bekommen, sondern auch die Möglichkeit einen Beruf in einer privaten Firma zu ergreifen, denn auch diese Firmen stehen unter dem Druck des Parteiterrors, um sie davon abzuhalten, junge Bewerber von außerhalb der Hitlerjugend einzustellen. Dieser Druck kommt bei Schülern im frühest möglichen Alter zur Anwendung.

In Bayern, Württemberg, Hessen, Baden und im Rheinland wurden christliche Eltern in den letzten Monaten dazu gezwungen, ihre Kinder von den Pfarrschulen zu nehmen. Durch diesen „unglaublichen Terror", wie es Kardinal Faulhaber nannte, ohne ein Gesetz zu verabschieden, das diese Schulen verbietet, ist das Konkordat, das feierlich das katholische Gemeinde- und Gymnasialschulsystem garantierte, nur noch ein Stück wertloses Papier. 1676 Nonnen werden innerhalb dieses Schuljahres auf die Straße geworfen, 600 von ihnen zum 1. Januar 1937. An den Universitäten haben katholische Studenten ihr Recht verloren, sich im Studium und in Klubs zu organisieren. Sie wurden vielmehr zur Teilnahme an nationalsozialistischen Organisationen und Sommerlagern gezwungen. Führende Personen der NSDAP haben öffentlich erklärt, dass die Kirche ihre Rechte im Bereich der Bildung verloren hat, weil sie es nicht geschafft habe, den Bolschewismus zu zerstören, weil ihre Unterrichtsmethoden ungermanisch seien, und wegen den zahlreichen Skandalprozessen, die nach dem russischen Beispiel der Schauprozesse vor den Gerichten inszeniert werden. In diesen Tagen werden fünf Priester wegen kommunistischer Aktivitäten angeklagt, und es wird genug Deutsche geben, die diesen absurden Anschuldigungen Glauben schenken.

Die politische Vertretung des Katholizismus und die katholische Presse waren die ersten Institutionen, die zerstört wurden. Es ist nicht eine einzige Tageszeitung übrig geblieben, und alle anderen Publikationsorgane sterben zusehends aus oder werden in einem solchen Maß eingeschränkt, dass sie keine anderen Informationen liefern können, als Informationen rein religiöser Natur. Während vor 1933 die Katholiken in der Lage waren, ihre öffentliche Erscheinung anhand ihrer politischen Vertretung und der Beteiligung am Regierungs- und Staatsapparat auszurichten, haben sie nun alle Rechte verloren. Auch liturgische Prozessionen und Pilgerfahrten wurden unter dem Vorwand verboten, dass sie getarnte politische Demonstrationen seien. Katholiken stehen natürlich unter Beobachtung des terroristischen Spionagesystems, das ihnen jegliche Meinungsäußerung verbietet, die nicht mit den nationalsozialistischen Lehren konform geht. Nach der großen, blutigen Säuberungsaktion am 30. Juni 1934 traute sich kein Bischof, nur ein Wort der Verdammung zu sagen, als auf der ganzen Welt ein einziger Aufschrei des Horrors laut wurde. Ein Mann wie Bischof Berning wurde gezwungen, Mitglied von Görings Preußischen Staatsrat zu bleiben, wo er mit denen zusammen saß, die sich an den Massenexekutionen am schuldigsten gemacht haben. Nur innerhalb der Kirchenmauern trauen sich Bischöfe zu reden, und sogar dort vermischen sie ihre Proteste mit Loyalitätsbekundungen gegenüber dem Staat und dem Führer, aber auf eine Art und Weise, die für die Nazis unehrlich erscheint und die Gläubigen verwirrt, da so der rechtmäßige Protest konterkariert wird. Sie beharren darauf, das Trugbild aufrecht zu erhalten, dass die Regierung gegenüber dem Christentum grundsätzlich positiv eingestellt sei und es nur der „linke Flügel" der Nazis oder verantwortungslose Funktionäre wären, die für diese Ausschreitungen verantwortlich seien. Dies ungeachtet der Tatsache, dass diese neuesten Geschehnisse die Bischöfe schließlich dazu zwangen, ihren ersten unverblümten Protest gegen die Regierung zu proklamieren und von „erbitterter Verfolgung" zu reden.

Tausende Katholiken wurden aus ihren Ämter entfernt, weil sie politisch verdächtig waren oder wegen einer nicht-arischen, d. h. jüdischen Abstammung. Goebbels sagte 1933: „Nichts entgeht unserer Aufmerksamkeit. Bitte nicht drängeln. Sie werden alle bedacht und es wird sich um Sie gekümmert." Die letzten Neuigkeiten aus Deutschland zeigen uns, dass sogar das Gebiet, welches für Nonnen reserviert schien, die Pflege der Kranken, Sterbenden und der kleinen Kinder, nicht mehr in den Händen wahrer Christen bleiben soll. Die Idee von Rudolf Hess, Krankenschwestern mit starker germanischer Überzeugung und weniger wohltätiger Attitüde zu beschäftigen, führte zur Gründung der so genannten „Braunen Schwesternschaft"[252], deren Mitglieder nach und nach die christlichen Nonnen der religiösen Kongregationen ersetzen sollen. Als der Ministerpräsident des Rheinlandes, einer überwiegend katholischen Region, dort das erste Mutterhaus dieser Schwesternschaft eröffnete, versuchte er die Neuerung zu rechtfertigen, indem er seinen Zuhörern erklärte, dass die katholische Schwesternschaft, die in der Vergangenheit durchaus ihre Verdienste gehabt hätte, nun ihre Grundlage verloren hätte und kaum noch Nachwuchs fände. Er unterstrich hingegen die Notwendigkeit von Krankenschwestern, die komplett mit dem Geist des Nationalsozialismus erfüllt seien. Vorher hatte ein anderer Nazi der Braunen Schwesternschaft erklärt, dass sie den Deutschen beibringen müssen, zu sterben, wie die alten Deutschen gestorben seien, und nicht wie die feigen und weichlichen Christen.

Bevor Hitler an die Macht kam, konnten die Katholiken unter den Gläubigen so viele Spenden einsammeln, wie sie für den Erhalt ihrer wohltätigen und religiösen Einrichtungen benötigten. Heute hat sich die Situation komplett verändert. Der Staat hat auch hier durch seine großen Organisationen, Volkswohlfahrt und Winterhilfswerk, die Kontrolle übernommen, und langsam, Schritt für Schritt, sind katholische Wohltätigkeitsbemühungen auf Straßensammlungen für die Caritas reduziert worden, die nur ein Drittel eines Tages andauern dürfen. Der Einfluss der Kirche ist drastisch beschränkt worden, besonders in Bayern. Die letzten Regelungen betreffend Reparatur und Bau von Kirchen kommen einem Bann von Sakralbauten gleich.

Seit Leo XIII. haben die Päpste stets den Anspruch erhoben, dass es die Pflicht der Kirche ist, die wirtschaftlich schwächeren Klassen vor der Ausbeutung zu schützen. Pius XI. benutze eine beinahe schon revolutionäre Sprache, als er die Reichen verurteilte und das kapitalistische System kritisierte. Die kritische Haltung in Deutschland hat eine wunderbare Tradition und geht auf den couragierten Bischof Ketteler von Mainz zurück, der vor ungefähr 80 Jahren auf diese Frage so gewagt und christlich reagierte. Es ist nur eine Binsenwahrheit, wenn man behauptet, dass das Zentrum viele seiner Anhänger nur deshalb verloren habe, weil es so sozial eingestellt gewe-

---

[252] Bezeichnung für die NS-Schwesternschaft, die in der nationalsozialistischen Volksgesundheitspolitik eine zentrale Rolle spielte und vor allem in der Krankenhaus- und Gemeindepflege eingesetzt wurde. Die Angehörigen der NS-Schwesternschaft leisteten dabei ihren Eid direkt auf den Führer Adolf Hitler. Vgl. zu dieser Thematik Birgit Breiding, *Braune Schwestern. Ideologie, Struktur und Funktion einer nationalsozialistischen Elite*, Stuttgart: Franz Steiner, 1998.

sen sei; einer der Hauptvorwürfe gegen Brünings Regierung ist dessen angeblicher „Bolschewismus" gewesen, d. h. die Tatsache, dass er die enge Verbundenheit des Zentrums mit der Arbeiterklasse niemals hat aufgeben wollen, für die so lange und hart gestritten worden ist.

Wie weit die Freiheit der Kirche in Deutschland schon eingeschränkt wurde, mag sich in der Tatsache ausdrücken, dass die neue Sozialpolitik der Nazis, die den Arbeitern alle Rechte der Verteidigung und Kontrolle entzogen und dem Staat bzw. demjenigen übertragen hat, welcher der wirkliche Herr im Staate ist, ohne auch nur den leisesten Protest der Bischöfe eingeführt wurde. Die Wirtschaft wurde mobilisiert und der Ausnahmezustand regiert in allen Fabriken und Ämtern. Noch mögen die Arbeiter vielleicht vor den meisten Verfehlungen seitens ihrer Arbeitgeber geschützt sein, doch auch die Tatsache, dass selbst den Arbeitgebern einige Rechte entzogen worden sind, ist keine echte Garantie für die Arbeiter, dass dies immer so sein wird. Denn es existiert kein Rechtsschutz und sie sind ausschließlich vom guten Willen ihrer Dienstherren abhängig.

Welchen Standpunkt vertreten nun die Gläubigen und ihre kirchlichen Führer? Üblicherweise erweckt eine politische Verfolgung den Glauben und erschafft heroische Charaktere. Dies konnte in Deutschland oder auch in Russland beim Ausbruch der Revolution beobachtet werden. Es war der Wille da, zu kämpfen und für seine Überzeugungen zu leiden. Aber viel des Vertrauens und des Heldenmutes ist von den verantwortlichen Führern verschwendet worden. Die Politik derjenigen, die dachten oder vorgaben zu glauben, dass sie die Nazis „handhaben" könnten, so wie man schon andere Parteien gehandhabt hatte, obsiegte, und die ernsten Warnungen derjenigen, die Hitler misstrauten, wurden von Papen und den anderen nicht beachtet. Intellektuelle Katholiken wurden von einer „hochgestochenen" Philosophie angezogen, die ihnen von zweifelhaften und ehrgeizigen Persönlichkeiten wie von Papen und dem jetzt in Ungnade gefallenen Carl Schmitt, Hitlers Hofphilosophen, angeboten wurde. Diese Intellektuellen, zum Teil hohe kirchliche Würdenträger, bildeten eine Gruppierung ohne feste Wurzeln und vertrauten zu sehr auf ihre Bildung und ihr Wissen, anstatt dem gesunden Instinkt des Christenmenschen zu folgen. Die katholische Front wurde von innen heraus erschüttert. Ein Beispiel dafür ist der unerwartete Niedergang des Zentrums und sein feiges Verhalten bei der Abstimmung im Reichstag (über das Ermächtigungsgesetz – Anm. d. Ü.), mit Dr. Brüning als einziger Ausnahme. Die nächste Sache, welche die Menschen nicht verstanden und die sie entmutigte, war der Widerruf des Mitgliedsverbots für die NSDAP, einer Partei, in der Katholiken zuvor nicht Mitglied werden durften, weil sie von häretischen und unchristlichen Lehren erfüllt war. Das Mitgliedsverbot wurde nur aufgehoben, weil Hitler, um die Kirche gefügig zu machen, unehrliche und beliebige Aussagen tat, die aber nur zu bereitwillig von der Kirchenführung aufgenommen wurden. Der größte Schlag aber war das Konkordat, das unmittelbar vom Charakter der Verhandlungsführer, von Papen und Kaas, diskreditiert wurde, deren Ehrgeiz und

Unehrlichkeit allseits bekannt waren. Dann kam das Schweigen der Kirche zu den Gräueltaten in den Konzentrationslagern, die große blutige Säuberungsaktion des 30. Juli 1934, die bedauernswerten Skandalprozesse und die andauernde Bereitschaft erneut mit Hitler zu verhandeln, obwohl kein weiterer Beweis für seine Unehrlichkeit und Ambitionen mehr nötig gewesen wäre. Es war in Deutschland nicht unbekannt, dass der Vatikan die deutschen Katholiken als unfähig und nicht bereit dazu betrachtete, ihren Glauben zu verteidigen und dafür zu leiden. Die deutsche Kirchenführung wartete auf einen päpstlichen Schritt und der Vatikan hoffte wiederum auf eine Aktion der Bischöfe. Zwischenzeitlich ging eine Stellung nach der anderen verloren. Die deutsche Kirche vermittelte den Eindruck einer mächtigen, heroischen und mutigen Armee, die aber keinen Anführer hatte. Der Vatikan und die Bischöfe konnten sich nicht entscheiden, ob Hitler wirklich hinter allem steht, was er sagt, und setzten daher die Politik des „Tigerfütterns" fort, um ihn ruhig zu halten – eine Politik, die von allen europäischen Politikern verfolgt wurde, auch von denen aus Großbritannien. Aber während sich diese anderen Mächte nun wiederbewaffnen und ihnen die Zeit dabei erheblich hilft, verliert die Kirche an jedem Tag, der vorüberzieht. Die Zeit ist ihr Feind, weil Hitler ihr ihre Zukunft genommen hat: die Jugend.

Die Tragik dieser Situation ist, dass es lediglich das Ergebnis eines Systems ist, das während des gesamten vergangenen Jahrhunderts praktiziert wurde: Bischöfe wurden nach dem Kriterium ausgesucht, dass sie das ausführen, was ihnen aufgetragen wird; Bürokraten und das System des Beamtenapparates haben Früchte getragen. Die Kirchenführung musste sich in der Innenpolitik nicht die Finger schmutzig machen, denn dafür gab es professionelle Politiker. Diese gutmeinenden Funktionäre, geprägt von Routine und Tradition, hatten nicht die Voraussetzungen für den Kampf mit einem rabiaten, hinterlistigen und grausamen Feind. Wenn die Kirche überlebt und es irgendeine Hoffnung gibt, dass sie in Deutschland überleben wird, liegt das nur an der Hartnäckigkeit, der Geduld und dem gesunden Instinkt der Gläubigen und des einfachen Gemeindeklerus. Ein Beweis dafür ist die Tatsache, dass der eine couragierte und freimütige Bischof, der der Führer des Widerstands zu sein scheint, Graf Galen ist, ein ehemaliger Pastor, der sich niemals mit der Verwaltungsbürokratie herumschlagen musste, niemals ein Akademiker war und der durch seine Abstammung das gute und beständige Wesen des christlichen westfälischen Landadels geerbt hat.

Das glückliche Paradies der Arbeiter [253]

Ein bekannter russischer Autor aus Paris, Boris Souvarine, hat kürzlich eine Darstellung über Kamerad Stalins blutige Säuberungsaktion geschrieben[254], die seit dem Mord an seinem Freund Kirow in vollem Gange ist. In diesen drei Jahren gab es nahezu keine Unterbrechung, obwohl es verschiedene „Bereiche" zu verschiedenen Zeiten betroffen hat. Einmal traf es das OGPU, wie das Kommissariat des Inneren bezeichnet wird, einmal die Rote Armee, und ein anderes Mal war es die Partei oder das Kommissariat der Bürger, welches für unzuverlässig befunden wurde und gereinigt werden musste.

Wir nennen es immer eine Säuberungsaktion, seitdem Stalin sich gegen seine eigenen Männer und die Regierungsmaschinerie gewendet hat. Aber ist die gleiche Säuberung nicht schon seit 1917 am Laufen? Fing es nicht mit den Kapitalisten, der Bourgeoisie, der Armee, den Universitäten, der Industrie, den Bauern, den Kulaken, den Trotzkisten und den sozialen Revolutionären an? Ist nicht die ganze Regierung eine einzige große blutige Säuberung – zuerst im Namen einer schematischen Vorstellung von sozialer Gerechtigkeit, besser bekannt als marxistischer Kommunismus, jetzt um Stalins Despotismus aufrecht zu erhalten?

Es wäre aber interessant zu wissen, was er mit seinen eigenen Co-Revolutionären und Kollaborateuren in den letzten drei Jahren gemacht hat. Stalin und seine neuen Männer, die Menschen ohne Biografie wie sie der russische Humor nennt, die Clique von Geschow[255] – der jetzt selbst draußen ist – Beria, Mechlis und Malenkow haben folgende Personen getötet, liquidiert oder entsorgt:

Alle Mitglieder des allmächtigen Politbüros und des Zentralkomitees der Kommunistischen Partei der UdSSR die noch von Lenin ernannt worden waren, mit Ausnahme von drei Personen; fünf von sieben Präsidenten des Exekutivkomitees des Obersten Sowjet; 90% aller Präsidenten, Vize-Präsidenten und Sekretäre der Exekutivkomitees der Föderalen Republiken der UdSSR, in mancher Republik sogar 100% von ihnen; drei von fünf Feldmarschällen der Sowjetarmee; elf Kriegskommissare; sechs von den acht Generälen, die Marschall Tuchatschewski verurteilt haben; 75 von 80 Mitgliedern des höchsten Kriegsrates der UdSSR (Marschalle,

---

253 *The Happy Paradise of the Workers*, undatiert. Manuscripts, Box 14, Folder 46, H. A. Reinhold Papers, MS2003-60, John J. Burns Library, Boston College. (Dt. Übersetzung: Peter Schmidt-Eppendorf, Melanie Klughardt und Ronald Lambrecht.)
254 Boris Souvarine, *Stalin – aperçu historique du bolchévisme*, Paris: Plon, 1935. (Verschiedene Übersetzungen und Neuauflagen.)
255 Vermutlich meint Reinhold Nikolai Iwanowitsch Jeschow (1895–1940), der als Chef der sowjetischen Geheimpolizei NKWD von 1936 bis 1938 für die „Große Säuberung" verantwortlich war, 1940 aber selbst auf Stalins Befehl hingerichtet wurde. Eine Person namens Geshov, wie es in Reinholds Originaltext steht, hat es im engeren Umfeld Stalins nicht gegeben. Vgl. John Arch Getty/Oleg V. Naumov, *Yezhov: The rise of Stalin's „iron fist"*, New Haven: Yale University Press, 2008.

Generäle, Admiräle und Kommissare, zum Teil schon oben erwähnt); 90% der politischen Armee-Kommissare; 75% aller Generäle; alle „Sicherheitskommissare", einen Generalbevollmächtigten, sechs Kommissare ersten Grades und elf zweiten Grades; nahezu jedes einzelne Mitglied von Stalins Komitee für die Skizzierung seiner neuen „demokratischen" Verfassung (1936); fast alle Volkswirte, Techniker und Statistiker seiner „5-Jahres-Pläne"; beinahe alle Direktoren der riesigen Industrieunternehmen, der so genannten „Giganten"; eine enorme Prozentzahl der sowjetischen Botschafter, Minister, diplomatischen Geschäftsträger, Konsuln und anderen diplomatischen Repräsentanten; nahezu alle altgedienten Funktionäre der Komintern, dem Hauptquartier der Dritten Internationalen in Moskau; tausende Staatsbeamte, Professoren, Autoren, Journalisten und Künstler.

Das freie, demokratische und friedfertige Russland erlebte 1937 nahezu 5000 offizielle Hinrichtungen von Verrätern und Saboteuren, von denen in Lokalzeitungen, in Reden von Würdenträgern oder bei öffentlichen Gerichtsverhandlungen berichtet wurde. Der frühere OGPU-Chef der östlichen Provinzen Sibiriens, Lynshkov[256], der vor seinem grauenvollen Auftrag in die Mandschurei floh, behauptet, dass es in Wirklichkeit 40.000 zumeist geheime Hinrichtungen und 500.000 Verhaftungen in einem Jahr gegeben habe. Die Anzahl der glücklichen Bürger des Neuen Utopia, die Stalins großer Sache in Konzentrations- und Arbeitslagern dienen, ist nicht weniger als fünf Millionen, vielleicht sogar sieben Millionen. Kein Wunder, dass große Bahnlinien, Kanäle und Straßen zu gängigen Kosten gebaut werden, und keine Überraschung, dass russisches Holz und Öl billiger ist, als das unserige. Wahrlich diese Opfer werden nicht von „Privatunternehmen" und zum Nutzen der „Kapitalisten" ausgebeutet. Aber tröstet sie der Gedanke irgendwie, dass das Geld, dass sie mit ihrem miserablen Leben erwirtschaften, an einen verrückten Diktator mit imperialistischen Plänen und seine korrupte Bürokratie geht, die noch dazu ständig „gesäubert" werden muss?

15.000.000 Menschen wurden von russischen Gerichten seit 1917 verurteilt. Wofür? Für ein utopisches Ideal, das nach 20 Jahren immer noch so weit weg von seiner Realisierung ist, dass es seine neue Ära mit Tausenden neuer Hinrichtungen einläuten muss. Kein Wunder, dass 32.000.000 Menschen bei der letzten Volkszählung gefehlt haben. Offiziell hätte die UdSSR durch normales Wachstum 177.000.000 Einwohner gehabt, aber Bürgerkrieg, Hungersnöte und Säuberungsaktionen reduzierte die Bevölkerung auf 145.000.000. Das passiert, wenn Wissenschaftler des 19. Jahrhunderts versuchen, ein Paradies ohne Gott zu „planen".

---

256 Gemeint ist wohl Genrich S. Lyuschkow (1900–1945). Lyuschkow war Chef des NKWD für das Gebiet Ferner Osten, lief 1938 aber zu den Japanern über, weil er die eigene Hinrichtung im Zuge der „Großen Säuberung" durch Stalin befürchtete. Er diente daraufhin in Japan als Militärberater. Nach dem Einmarsch der Roten Armee in die Mandschurei 1945 verliert sich seine Spur. Wahrscheinlich ist er aber vom japanischen Geheimdienst als Sicherheitsrisiko angesehen und getötet worden.

Die deutschen Exilanten und Flüchtlinge [257]

Die First Lady dieses Landes hat vor ein paar Wochen in ihrer regelmäßigen Radiosendung einige ergreifende Bemerkungen zugunsten der europäischen Flüchtlinge gemacht.[258] Ich glaube, jeder deutsche Vertriebene ist dankbar für ihre couragierten Aussagen. Einige der von ihr angesprochenen Dinge, die mich am meisten berührt haben, fanden in den Zeitungsartikeln am nächsten Tag allerdings keine Erwähnung. Ich habe ihnen jedoch besondere Aufmerksamkeit geschenkt, gerade weil ich mich die ganze Zeit gefragt habe, ob unsere generösen Gastgeber mit ihnen konform gehen oder nicht. Ich nehme an, das Stillschweigen ist auf seine Weise bedeutungsvoll. Vielleicht ist dies eine brisante oder auch strittige Frage: Wird eine Person, welche die Staatsbürgerschaft dieses Landes beantragt, ein vollberechtigter Bürger erster Klasse nicht nur auf dem Papier, sondern eben auch in der Beurteilung seines Nachbarn? Oder hat Mrs. Roosevelt Recht, wenn sie sagt, dass immer noch der weit verbreitete Gedanke unter den Menschen existiert, dass es subtile Unterschiede zwischen Amerikanern ersten und zweiten Grades gibt? Diese Einstufung würde sich sowohl auf die Abstammung des Bürgers beziehen, enthält zudem aber noch einen weit bedeutsameren zeitlichen Aspekt. Diejenigen, die ihre Herkunft von den Mayflower-Immigranten ableiten können, würden eine Art Aristokratie darstellen. Dann müsste man ganz hinunter gehen, bis man zu der niedrigsten Schicht der Amerikaner angekommen ist, den eingewanderten Staatsbürgern. Die First Lady war sehr offen in ihrer Kritik einer solchen Auffassung und nannte sie, so glaube ich, unamerikanisch.

Allerdings habe ich sehr viele andere Leute gehört – Laien und kirchliche Würdenträger – die einen gegenteiligen Standpunkt vertreten: Sie setzen voraus, dass man auf amerikanischen Boden geboren und mit amerikanischen Kindern in amerikanischen Einrichtungen unterrichtet worden sein muss, also dass man sich sein Leben lang auf amerikanische Art und Weise hochgearbeitet haben muss, um ein echter und wahrer Amerikaner zu sein. Dies funktioniere besonders gut, wenn man zu einem Menschenschlag gehöre, der durch nationale und rassische Disposition gut auf diese Lebensweise zugeschnitten sei, obwohl die letzte Qualifikation in den meisten Fällen nicht von höchster Wichtigkeit war oder gar als Form des Rassismus abgelehnt wurde.

Ich bin sicher, dass diese Frage in der Theorie schon vor Jahren diskutiert und entschieden worden ist. Ich denke, ich habe recht, wenn ich mutmaße, dass der zweite Standpunkt weder durch das Gesetz noch durch die Verfassung eine Grundlage hat.

---

257 *The German Exiles and Refugees*, undatiert. Manuscripts, Box 14, Folder 43, H. A. Reinhold Papers, MS2003-60, John J. Burns Library, Boston College. (Dt. Übersetzung: Peter Schmidt-Eppendorf, Melanie Klughardt und Ronald Lambrecht.)

258 Gemeint ist Eleanor Roosevelt (1884–1964), die Ehefrau von US-Präsident Franklin D. Roosevelt (1882–1945).

Ich glaube, ich habe aber auch recht, wenn ich wiederhole, dass dieser Standpunkt von vielen Menschen vertreten wird, mögen sie auch einer Minderheit angehören. Aber sie scheinen eine mächtige Minderheit zu sein, wenn ich an die Ansichten der Menschen denke, die ich über dieses Problem habe reden hören.

Um diese Diskussion auf einem realistischen Level zu halten, werde ich auf die momentane Situation eingehen, bevor ich irgendwelche Schlussfolgerungen ziehen möchte. Hitlers Taktik der „Fünften Kolonne" hat der Welt eine Lektion erteilt und ich denke, es ist vernünftig, wenn ein Land wie die Vereinigten Staaten einen Weg sucht, um potentielle Quislings und Lavals auszuschalten. Allerdings war Laval ein geborener Franzose mit einer langen Linie von erdverbundenen, bäuerlichen Vorfahren, und Quisling hat, soweit ich weiß, überhaupt kein deutsches Blut in sich. Aber es waren andere, wie die angeblichen deutschen Touristen, Immigranten, Pflegekinder und diplomatischen Vertreter, welche die eigentliche Arbeit für Hitler gemacht haben, während die Quislings nur ihre Strohmänner waren. Ich meine Herrn von Papen, Otto Abetz und hunderte andere.

Ich glaube, alle wir Vertriebenen, die hier einen freundlichen und generösen Zufluchtsort gefunden haben, sind uns dieser besonderen Situation bewusst. Unter uns könnten sich potentielle Verräter und Spione befinden, die von der Gestapo hier her geschickt worden sind. Es wird auch Menschen geben, die der alten Losung „Egal ob richtig oder falsch, Deutschland ist mein Vaterland" anhängen, auch wenn sie selbst unter Hitler gelitten haben. Ein unstillbares Verlangen nach deutscher Kultur lässt sie niemals zur Ruhe kommen. Ich habe Angst, ungerecht zu erscheinen, aber ich denke die Bücher Rauschnings sind klassische Beispiele einer solchen Auffassung. Diese Menschen sind nur in Amerika, um zu überwintern, wie ein österreichischer Adliger einmal freiheraus erklärte. Sie haben keine Affinität zu dem Wesen dieses Landes. Sie führen ein ruhiges, ehrfürchtiges Leben als Gast, nehmen hier und dort an einigen Aktivitäten teil, nur um irgendwo mitzumachen, sind ihren Gastgebern gegenüber durchaus loyal, geben aber in keinster Weise vor, Amerikaner zu sein. Andere haben den unerschütterlichen missionarischen Eifer wahrer Nationalisten, die mit einem festgegossenen Weltbild in dieses Land gekomen sind und dieses nun dessen Einwohnern näher bringen wollen – ein eher harmloses, aber gleichwohl taktloses Unterfangen. Wiederum andere, in dem Glauben, dass sie niemals den Status eines Staatsbürgers zweiter Klasse ablegen werden können, entwickeln einen Groll gegenüber ihrer neuen Heimat. Sie planen vielleicht nicht, Bomben zu bauen, Stromleitungen zu kappen, Baupläne zu stehlen oder subtile, zersetzende Propaganda zu verbreiten, aber sie sind wohl fähig, andere zu beeinflussen, indem sie Misstrauen gegenüber der Bevölkerung Amerikas, seinen Institutionen, seinen Leistungen und der gesamten Lebensart sähen. Es ist nur gerecht und fair, dass dieses Land solchen Menschen mit Vorsicht gegenübertritt. Von einer solchen Praktik können natürlich auch Unschuldige betroffen sein. Es niemals leicht, irgendwo einen Trennstrich zu ziehen. Dass die Exilanten, die noch keine Staatsbürger sind, die Ersten sein sollten, an denen solche Schutzmaßnahmen angewandt werden, ist aber nur zu berechtigt. Wir befinden uns in einer heiklen Situation.

Aber ich habe auch Amerikaner der zweiten und dritten Generation, nicht nur deutscher Abstammung, sowie eingebürgerte Personen getroffen, die pro-Hitler eingestellt waren. Während es einfach ist, alle Nicht-Staatsbürger von sicherheitsrelevanten Positionen zu entfernen, ist es nahezu unmöglich, gegen diejenigen etwas zu unternehmen, die durch ihre staatsbürgerlichen Rechte geschützt werden. Frankreich sperrte sämtliche Flüchtlinge ein, sogar solche, die aufrichtig dazu bereit waren, für die Freiheit zu kämpfen, wenn nicht für die Frankreichs, dann für die Befreiung ihrer eigenen Länder – Deutschland, Österreich, Tschechoslowakei – von der Tyrannei Hitlers. Die wahren Verräter an der Sache Frankreichs waren gebürtige Franzosen einer bestimmten Schicht mit klar definierten Eigeninteressen. Als der Waffenstillstand geschlossen wurde, haben gebürtige Franzosen, die insgeheim mit den Nazis und dem Faschismus sympathisierten, deutsche Flüchtlinge zu Tausenden den Folterknechten der Gestapo ausgeliefert, darunter Breitscheid, Thyssen, Nicolas Dohrn[259] und andere. Man benötigt einen Mann à la Quisling, um so etwas zu tun, denn kein Ausländer hätte den Einfluss, die Kühnheit und gar die Möglichkeit gehabt, so etwas ohne die Hilfe Einheimischer zu bewerkstelligen.

In diesem Land besteht die Gefahr einer solchen Situation nicht. Es wird keine Invasion geben, keine Waffenruhe à la Vichy und keine Verbrüderung „rechtsradikaler" Industrieller, Adliger oder Krypto-Faschisten mit Hitlers Agenten. Hier herrscht nicht die panische Angst, die die französische Regierung dazu veranlasste, ehrliche, aufrichtige und mutige Exilanten, die vor der nationalsozialistischen Schreckensherrschaft geflohen waren, einzusperren.

Aber wie steht es um die Flüchtlinge selbst? Wie stehen sie zu ihrer Vertreibung, ihrer neuen Heimat, ihrer alten Heimat?

Keiner der Hitler-Emigranten kam aus dem Grund in dieses Land, der sonst so viele Einwanderer anlockt: Eine neue wirtschaftliche Chance.

Die normale Einwanderungsquote wurde bereits in der Zeit der Depression vor Hitler nie erreicht. Aus europäischer Perspektive gab es, ein paar Künstler oder Professoren ausgenommen, kaum finanziellen Anreiz, hier herüber zu kommen, erst recht nicht, als der durch Hitlers Wiederbewaffnungspläne ausgelöste Wirtschaftsboom einsetzte. Man hatte mehr Arbeit und Geld, dort wo man war, wenn

---

259 Die Identität dieser Person konnte nicht festgestellt werden. Ein Nicolas Dohrn ist im Emigrantenmilieu in Frankreich um 1940 nicht festzustellen. Möglicherweise meinte Reinhold den Journalisten und Publizisten Klaus Dohrn, ein enger Freund Dietrich von Hildebrands, der mit diesem nach der „Machtergreifung" nach Österreich floh und 1938 nach Frankreich ging. Allerdings konnte Dohrn über Portugal und Brasilien in die USA emigrieren, so dass es möglich ist, dass Reinhold sich auf eine andere Person bezog. Vgl. Peter Schwarz, Österreichische politische Exilorganisationen, in: Claus-Dieter Krohn u. a. (Hgg.), *Handbuch der deutschsprachigen Emigration 1933–1945*, Darmstadt: Wissenschaftliche Buchgesellschaft, 1998, S. 519–543, hier S. 538.

es einem denn gefiel. Es ging nicht darum, sich eine neue wirtschaftliche Grundlage aufzubauen, wobei man den Rest – Demokratie etc. – nebenbei mitnahm.

Nein, dieses Mal kamen die Flüchtlinge aus Deutschland aus anderen Gründen. Zuerst kamen die, die flüchten mussten, weil sie nichtarischer Herkunft, jüdisch oder zum Teil jüdisch, waren. Sie standen vor der Entscheidung, entweder zu gehen oder der langsamen Ausrottung entgegenzusehen. Sie wurden aus ihren Geschäften und Berufen vertrieben, ihnen wurden alle Rechte entzogen, sie wurden verfemt, misshandelt, ausgehungert, geplündert, umgebracht oder zusammengetrieben, irgendwo in den unbewohnten Gegenden Polens. Diese verfolgten Männer und Frauen kamen nach Amerika wegen eines Platzes zum Leben, zum Schlafen, zum Essen, zum Arbeiten. Einige von ihnen waren glühende deutsche Patrioten, die, wie etwa Pastor Niemöller, mit einigen, vielen oder gar allen Dingen, die Hitler tat, einverstanden gewesen wären, hätten nicht „rassische" oder religiöse Beweggründe eine Annäherung verhindert. Leopold Schwarzschild, der früher die Zeitschrift „Das Tage-Buch" in Berlin und später „Das neue Tage-Buch" in Paris herausgab, hat die eigentümliche Psychologie vieler Exilanten analysiert. Er ist selbst Jude, einer der anerkanntesten und bekanntesten Emigranten. In verschiedenen Artikeln hat er das ewige Verlangen vieler Juden nach dem Deutschen beschrieben, ihre Bewunderung für alles Deutsche, ihre Bemühungen noch deutscher zu erscheinen, als die Deutschen selbst. War nicht Bismarcks Bankier, der seine brutalen, aggressiven Kriege finanzierte, der Jude Bleichröder? War nicht Albert Ballin ein Freund des Kaisers oder der Herr von Weinberg[260], der von Göring zum „Arier ehrenhalber" erklärt wurde? Ein solches Verhalten ist allerdings nicht auf die Juden beschränkt, denn wir finden genau so viele Katholiken, die sich ähnlich verhalten.

Als Exilanten müssen diese Menschen einen schmerzhaften Prozess durchmachen, bei dem sie all jenem entsagen müssen, von dem sie glaubten, es sei die Grundlage für die Existenz in genau der Gesellschaft, die sich nun von ihnen losgesagt hatte. Die Erfahrung wird sie aber lehren, dass Freiheit bedeutsamer ist als Effizienz, dass der Staat für den Menschen da ist und nicht umgekehrt, dass Regierungen an ihre Worte gebunden sind, dass Krieg nicht durch Erfolg zu rechtfertigen ist, dass Macht zu haben nicht gleich bedeutet, Recht zu haben – alles Dinge, an die weder Bismarck, noch der Kaiser, noch die deutsche Armee, noch Hitler jemals geglaubt haben. Aber diese Emigranten sind keine Gefahr. Sie sind zu glücklich darüber, einfach über die Straße

---

[260] Auch hier kann nicht geklärt werden, wenn Reinhold meinte. Es könnte einer der beiden jüdischen Frankfurter Unternehmerbrüder Arthur von Weinberg (1860–1943) und Carl von Weinberg (1861–1943) gewesen sein. Sie waren Besitzer der Cassela Farbwerke Mainkur, die sie 1925 in die IG Farben überführten. In diesem Industriekonglomerat fungierten beide dann als Aufsichtsratsmitglieder. Nach der nationalsozialistischen „Machtergreifung" verloren aber beide Brüder ihre Posten. Auch von einer Ernennung der Brüder zu „Ariern ehrenhalber", was es durchaus gab, ist nichts bekannt. Arthur von Weinberg starb 1943 nach einer Operation im KZ Theresienstadt, Carl von Weinberg im italienischen Exil. Vgl. Ernst Mack, *Die Frankfurter Familie Weinberg: Im Zeichen der Kornblumenblüten*, Frankfurt am Main: Henrich, 2006.

gehen zu können, ohne beschimpft zu werden, als etwas gegen ein Land zu tun, das dem Paradies weit mehr ähnelt als die herrlichen Landschaften, die alten Städte und Burgen, und die modernen Metropolen ihres Geburtslandes, ihres Vaterlandes. Ein wundervolles, gut organisiertes und effizientes Gefängnis ist immer noch ein Gefängnis, und das wissen sie – Amerika hat von ihnen nichts zu befürchten.

Es gibt sicherlich auch uneinheitliche Fälle. Juden, die aus Überzeugung gingen, noch bevor Hitler die Ausrottung aller Nicht-Arier beschlossen hatte. Diese Menschen verließen Deutschland, bevor sie überhaupt gehen mussten. Ihre Emigration speiste sich demnach aus zwei Gründen. Steht ihre Ablehnung des nationalsozialistischen Rassismus' in Übereinstimmung mit ihren politischen Überzeugungen, fühlen sie sich hier in diesem Land meist sehr schnell zu Hause. Zu dieser Sorte Emigranten zählen Männer wie etwa Albert Einstein.

Ich nehme an, dass diese beiden Gruppen die Mehrheit der deutschen Exilanten in diesem und in anderen Ländern stellen.

Lassen sie uns jetzt den so genannten „arischen" Exilanten zuwenden: Männer wie Dr. Heinrich Brüning, Götz Briefs, Thomas Mann, F. W. Foerster, Dietrich von Hildebrand, um die besser bekannten unter ihnen zu nennen. Oder nehmen sie Otto Strasser in Kanada und Hermann Rauschning in England. Sie hätten in Deutschland bleiben können, wenn sie gewollt hätten, wenn sie früher oder später auf den Zug der Zeit aufgesprungen wären. Sie haben es entweder nie versucht oder sie waren nicht in der Lage, dieses „Experiment" durchzuführen, weil Anstand und Menschlichkeit in ihnen rebellierten. Hitler war für sie der Inbegriff von allem, was schlecht, gemein, brutal, untreu und niederträchtig in der deutschen Wesensart ist: ein böse Deutscher, der auf seinen eigentlich anständigen Landsmann losgelassen worden ist, oder wie einige originelle Franzosen einst in Paris zu mir sagten: „La victoire des Boches sur les Allemands" – der Sieg des „Hunnen" über den Deutschen.

Die Protagonisten der moralischen Katastrophe in Deutschland auf seine einzelnen Landsmannschaften aufzuteilen, ist ein hoffnungsloses Vorhaben. Hitler ist ein Österreicher, der im gemütlichen Wien und im unbekümmerten München groß geworden ist, Goebbels kommt aus dem westlichsten Teil Deutschlands, aus der Nähe von Köln, genauso wie Ley. Himmler ist Bayer und nur sehr wenige von ihnen sind Preußen, während Rauschning sicherlich so preußisch ist, wie einer es nur sein kann. Thomas Mann kommt aus dem hohen Norden und Brüning ist Westfale mit einer tiefen Bewunderung für alles Gute im Preußentum. Preußen, Bayern, Österreicher und Rheinländer stehen sich auf beiden Seiten gegenüber und die Trennungslinie ist weder der Rhein noch die Elbe, weder die Donau noch die Weichsel. Katholiken, Protestanten, Juden und Agnostiker sind sowohl hier als auch dort zu finden. Einige frühere Kommunisten sind jetzt auf Hitlers Seite, andere auf unserer.

Das ist einer der Gründe, warum wir Vertriebenen so skeptisch gegenüber all diesen Plänen sind, die vorhaben, Deutschland in zwei Hälften aufzuteilen. Südwesten gegen Westen, Norden gegen den Osten – als ob das eine Lösung wäre!

Es gibt nur einen Emigranten, der ziemlich klare Vorstellungen über das zukünftige Deutschland hat, der als eine Art Lautsprecher für einen bestimmen Flügel agiert: Hermann Rauschning. Er hat eine Führungsrolle übernommen, zumindest für einige Außenseiter unter den deutschen Exilanten. Ich glaube aber nicht, dass er eine große Anhängerschaft hat. Dieser Artikel ist ein Beispiel, dass zumindest eine Gruppe von Katholiken ihn und seine Theorien nachhaltig ablehnt. Auf uns wirkt er wie ein benebelter preußische Landjunker oder Offizier, der sehr belesen ist und daher von seinesgleichen als ein Sehender unter Blinden angesehen wird. In dieser Hinsicht ist sein letztes Buch „Die konservative Revolution" noch schädlicher für ihn, als es die beiden ersten waren. Abgesehen von der Tatsache, dass das Buch in seinen konkreten Passagen nichts anderes ist als die Befürwortung einer Monarchie, einer autoritären, paternalistischen Regierungsform, verbunden mit vagen Vorstellungen von einem Ständestaat, offenbart sich in ihm eine Verachtung der „Massen", die stark an „Mein Kampf" erinnert, sowie die tiefe Überzeugung, dass er und ein etwas mythisches „wir" der konservativen Partei dazu auserwählt wurden, das deutsche Volk zu lenken und zu führen. Doch ihre subtilen Pläne, Hitler für ihre Ziele zu benutzen, seine Partei in ihrem Sinne gefügig zu machen, sind genauso gescheitert wie die Pläne der ideologisch weniger ehrgeizigen Männer wie Hugenberg, Papen, Thyssen sowie einiger Abweichler des Zentrums.

Wir kennen diese Männer: Lange vor Hitler schwärmten sie von einem autarken Staat mit Hilfe der ukrainischen Kornkammer, dem „Führer-Prinzip" und „echtem" Konservatismus in ihren Zeitungen wie „Die Tat", in ihren Klubs, in ihren Offizierskasinos beim Militär, in der Marine und in den Salons der großen Passagierschiffe. Sie können sich kaum von dem Vorwurf reinwaschen, dass sie immer und immer wieder die Zusammenarbeit mit den Nationalsozialisten suchten, selbst nach dem entsetzlichen Massaker von Potempa[261], dem Reichstagsbrand, den Sondergerichten, den Konzentrationslagern und tausend anderen Sachen, die den durchschnittlichen Deutschen genauso krank im Herzen und beschämt über sein Land machten, wie es der Rest der Welt war.

Die deutschen Emigranten sind in ihren Auffassungen sicherlich geteilt. Die meisten von uns haben überhaupt keinen praktikablen Lösungsansatz mit Hinblick auf Deutschlands Zukunft. Aber wir lehnen es aufs Schärfste ab, dass wir von benebelten Theoretikern als versteinerte, uneinsichtige Männer von gestern bezeichnet werden.

---

261 Die Bezeichnung spielt auf die Ermordung des Arbeiters und Gewerkschafters Konrad Piecuch durch SA-Männer am 9. August 1932 im oberschlesischen Dorf Potempa an. Die Solidaritätsbekundungen Hitlers und der NSDAP gegenüber den Mördern lösten ein gewaltiges Medienecho in Deutschland aus. Reichspräsident von Hindenburg lehnte daraufhin eine Regierungsbeteiligung der NSDAP, die nach der Reichstagswahl im Juli 1932 zunächst vorgesehen war, ab. Die ursprünglich zum Tode verurteilten SA-Männer wurden nach der „Machtergreifung" durch die Nationalsozialisten alle freigelassen. Vgl. Richard Bessel, The Potempa murder, in: *Central European History* 10 (1977), S. 241–254.

Wenn wir keine Lösung haben, liegt das vor allem an den Umständen. Wir haben Angst, einen Fehler zu begehen, und wir wissen nicht, was im Moment geschieht. Das gilt auch für Herrn Rauschning, der nicht über seine glorreichen Tage als Präsident eines kleinen Freistaats hinwegkommt, den er nur zu bereitwillig den Nazis übergab, und der sich als Ideengeber seiner Kaste seit 1932 und in den Jahren zuvor hervorgetan hat.

Wenn wir an unser Heimatland denken, ist unser Herz in Trauer zerrissen. Wir lieben dieses Land, seine Menschen und seine Kultur, so wie man seine Mutter liebt. Wir wollen, dass es glücklich ist und blüht. Wir befürchten, dass ein harscher Frieden, Vergeltung und von Rachsucht getriebene Bedingungen nur enorme Schwierigkeiten für die Etablierung einer jeden neuen Regierung und die Errichtung eines neuen Systems mit sich bringen würde. Der Versailler Friedensvertrag und seine Auswirkungen haben die Nationalisten, die Nazis und die Kommunisten erst groß werden lassen. Es könnte einen Über-Hitler in 10 bis 15 Jahren geben, wenn ein Über-Versailles unsere Heimat trifft.

Andererseits, so glaube ich, können wir den Wunsch aller anderen Nationen vollkommen verstehen, die eine neuerliche Aggression um jeden Preis unmöglich machen wollen. Der Versailler Vertrag war in der Tat fehlerhaft und kleingeistig, aber wurde er nicht aus dem Begehren der Nachbarn Deutschlands heraus geboren, ein zweites 1914 zu verhindern? Doch der mythische „Kaiser" dankte nie ab, lediglich seine armselige Verkörperung, Wilhelm II., wurde den Wölfen zum Fraß vorgeworfen. Hinter der Front aus ehrlichen und einfachen Demokraten und Sozialisten, stand weiterhin die ewige Allianz aller reaktionären und nationalistischen Kräfte, die seit mehr als 100 Jahren stets Europas Unheil gewesen sind.

Nur eine Sache kann Deutschland von diesem bösen Geist befreien: Eine gründliche Tracht Prügel, eine militärische Niederlage mit einem Friedensvertrag, der auf Hitlers Schreibtisch im Beisein all seiner Handlanger unterzeichnet wird. Nur das Brechen des Prestiges dieser Klasse kann den dämonischen Mythos auslöschen, der dem skrupellosen, brutalen und effizienten Deutschen solche Macht über seinen ehrbaren, redlichen und ehrlichen deutschen Mitbürger verleiht.

Deswegen wollen wir den Sieg Großbritanniens, auch wenn wir Angst haben, dass es nach dem Sieg von Hass, Rachsucht und Hochmut in die Versuchung geführt werden wird, wie dies jedem geschehen könnte, der das durchgemacht hat, was Großbritannien durchmachen musste, dessen Vertrauen, so wie seines von Hitler, enttäuscht worden ist. Zusammen mit dem Wunsch nach Sicherheit für alle Zukunft, könnte es dazu führen, dass Großbritannien von einem Verlangen nach umfassender Vergeltung erfasst wird. Dabei bin ich nicht der Auffassung, dass es nicht versucht werden sollte, Deutschlands Geißel, die Allianz der Militär- und Wirtschaftselite, zu zerstören. Ich spüre keinen Widerstand in meinem deutschen Blut rebellieren, wenn ich die deutsche Wehrmacht durch eine internationale Polizeistreitmacht ersetzt sehen würde, in der deutsche Männer zum Gemeinwohl der europäischen Staatenfamilie dienen könnten. Ich erkenne daran nichts Erniedrigendes, sofern keiner seiner eigenen Nation trotzt und diese Streitmacht als Mittel zum Zweck ansieht. Die Armee als Inbegriff des Volkes – das hat nicht einmal Hitler gewagt, zumindest nicht in der Praxis. Seine Armee war sein Werkzeug, um politische und wirtschaftliche Ziele zu erreichen. Ich glaube, wir können die Wehrmacht (und ihr Budget) mit genauso wenig Bedauern verschwinden sehen, wie es jeder Amerikaner tun wird.

Ich glaube, dass die meisten der mit uns Vertriebenen die fünf Friedenspunkte von Papst Pius XII. akzeptieren, sowie ihre Erweiterung durch den katholischen und protestantischen Klerus in England. Wenn es wahr sein sollte, dass Christopher Dawson's „Sword of the Spirit"-Bewegung[262] immer mehr Anhänger in England findet, dann haben wir Hoffnung für Europa und für unser eigenes Vaterland, Deutschland. Wenn es ebenso wahr sein sollte, dass die Labour-Partei in England wirklich die Macht hat, die es derzeit noch im Sinne der nationalen Verteidigung einsetzt, können wir keine Bedrohung durch die Niederlage des Nationalsozialismus sehen. Wir wissen, dass es ausschließlich Angst ist, welche Goebbels in seinem kürzlich erschienenen Artikel in „Das Reich" erneut zu schüren versuchte, die die Mehrheit der Deutschen daran hindert, ebenso zu fühlen. Aber natürlich wissen wir noch nicht genau, ob die Männer der Labour-Partei, die zur Zeit England zusammen mit den berüchtigten Tories regieren, nicht genauso benutzt werden, wie unsere Katholiken, die moderaten Sozialisten und die Demokraten nach 1918 benutzt worden sind. Das wird zu beobachten sein.

Unsere größte Hoffnung aber ist unser eigenes, neues Land – die Vereinigten Staaten. Die Auseinandersetzungen der letzten zwei Jahre um die Teilnahme Amerikas an diesem globalen Konflikt hat uns sicherlich ein ums andere Mal mit Angst und Verzweiflung gefüllt. Würde eine weitere große Demokratie die Möglichkeit, Hitler zu stoppen, nicht nutzen? Waren geheime Kräfte am Werk, die untereinander ausgemacht hatten, den Kadaver Englands unter den Achsenmächten und den USA aufzuteilen – nur um herauszufinden, wenn es bereits zu spät sein sollte, dass man mit Hitler nicht verhandeln kann? Entsprach es vielleicht doch der Wahrheit, was wir eigentlich nicht glauben wollten, dass Freiheit und Respekt vor der Menschenwürde in Zeiten politischer und wirtschaftlicher Krisen keine Rolle mehr spielen, dass Demokratien überall und jederzeit zum Scheitern verurteilt waren? Wir konnten sie einfach nicht verstehen, diese schier endlose Geduld mit Frondeuren, Saboteuren und destruktiven Kritikern.

---

262 Die „Sword of the Spirit"-Bewegung wurde 1940 von Arthur Kardinal Hinsley, Erzbischof von Westminister, initiiert. Der englische Kulturhistoriker Christopher Dawson, hier im Text von Reinhold erwähnt, fungierte als erster Vizepräsident dieser als Laienorganisation intendierten Bewegung. Ihr Zweck war die praktische Anwendung christlicher Lehren zur Vorbeugung linker und rechter totalitärer Entwicklungen. Kurzfristiges Ziel war darüber hinaus die Propagierung der fünf Friedenspunkte, die Papst Pius XII. nach seiner Wahl 1939 verkündet hatte. Vgl. Christina Scott, *A historian and his world. The life of Christopher Dawson 1899–1970*, London: Sheed & Ward, 1984.

Aber wir haben unsere Lektion gelernt, in einer wahrhaften, etablierten und gelebten Demokratie, auch wenn diese nicht perfekt ist, wie das alle von Menschenhand geschaffenen Institutionen nicht sind. Viele der Emigranten haben mit mir die Schlussfolgerung gezogen, die wichtiger ist als alles andere: Unsere neue Heimat ist ein Ort, wo der einfache Mann kein Imperialist ist und auch den Mut hat, dies zu artikulieren. Er will keine Eroberungen in Übersee und entsagt auch anderem solchen Unsinn. Er möchte den Krieg beendet sehen, soweit dies Menschen unter diesen Umständen bewerkstelligen können, mit so wenig Leidenschaft wie möglich, aber umso mehr mit Fairness und Gerechtigkeit. Er lebt nicht für militärischen Ruhm, obwohl er kämpfen wird, wenn er es tun muss, vor allem wenn Freiheit und menschliche Würde bedroht sind. Er hat beiden Seiten zugehört: Den Demokratien und den Achsenmächten, den Romantikern, die für die Freiheit kämpfen wollen, und den Skeptikern, die nicht glauben, dass man sich in diese Angelegenheit einmischen sollte. Ihm sind die vielfach verschleierten Eigeninteressen präsentiert worden, aber er hat sie als solche erkannt und ihre Argumente verworfen. Er hat sowohl Menschen zugehört, die ihren alten Groll nicht verwinden können, als auch Menschen, die nicht in der Lage sind, alte Verbindungen abreißen zu lassen. Er hat sie Namen rufen hören wie Kriegstreiber und Appeaser, Idioten und Heuchler, Imperialisten und Defätisten. Aber nun scheint es, hat er eine Entscheidung getroffen: Er möchte nicht einer falschen Sache dienen. Daher will er Hitler zu Fall bringen, so schnell und mit so geringen Verlusten wie möglich, um sein eigenes Land aber auch andere Länder zu schonen. Aber danach möchte er einen ehrenhaften und gerechten Frieden, der alle Menschen und Nationen und ihre Interessen berücksichtigt. Daher möchte er genug Macht in den Händen der USA sehen, um allen beteiligten Parteien sagen zu können: Kehrt zurück in eure Ecke, beruhigt euch, die Besiegten ebenso wie die Sieger.

Nun, dies gibt mir eine gute Gelegenheit genau das zu sagen, was ich sagen möchte: Wenn dies so sein sollte, werden wir deutschen Emigranten hier sehr heimisch werden, und wir denken, je mehr wahrhaft Deutsch man ist, um so einfacher wird es einem fallen, ein guter Amerikaner zu werden. Natürlich bezieht sich das vor allem auf unsere Ideale, die identisch zu sein scheinen. Denn ohne Zweifel gibt es auch Dinge, wo unsere Gastgeber weiter Probleme mit uns haben werden. Ich denke wirklich, dass wir ein bisschen zu methodisch, gründlich, humorlos und kritisch sind. Aber seid unbesorgt, unsere gemeinsamer Feind hat Sorge getragen, dass wir nette Leute mit uns gebracht haben: Österreicher, Tschechen, Freie Franzosen und Norweger. Ich bin sicher, dass wir zusammen eine feine Mischung abgeben, ein Vorgeschmack auf die kommenden Vereinigten Staaten von Europa, wo man gleichzeitig an die hervorragenden Zutaten erinnert wird, die aus Amerika das großartige Land gemacht haben, das es heute ist. Irgendjemand hat einmal Frankreich das menschlichste aller Länder genannt. Trifft das heute nicht auf die Vereinigten Staaten zu?

Kann die Kirche in einem totalitären Staat bestehen?[263]

Die Fakten scheinen es zu beweisen. Seit zwanzig Jahren wird die russische Kirche unerbittlich verfolgt. Aber sie besteht immer noch. Wir wissen nicht genau, wie dies möglich ist. Doch die neuesten Übergriffe auf die Kirche durch die Gottlosen der Sowjetrepublik sind ein Beweis dafür, dass es etwas geben muß, dass es zu attackieren lohnt. Die Prioren beziehen sich immer wieder auf einen „neuen Typ des russischen Priesters", der mit der sowjetischen Obrigkeit seit dem letzten Monat zu kooperieren scheint. Uns allen ist der berühmte Kompromiss zwischen dem faschistischen Staat in Italien und dem Heiligen Stuhl bekannt. Es gibt viele Intellektuelle unter den deutschen Katholiken, die immer noch darauf vertrauen, dass ein Modus Vivendi für die Kirche gefunden werden wird, um im nationalsozialistischen Großdeutschland bestehen zu können.

Es scheint nutzlos zu versuchen, einen Platz für die Kirche im Totalitarismus zu finden, egal ob er kommunistischer oder faschistischer und nationalsozialistischer Art ist. Totalitarismus fordert den ganzen Menschen, Körper und Seele, die Jungen und die Alten, im Privaten und in der Öffentlichkeit. Er ist das säkulare Gegenstück zur Religion, die ebenfalls totalitär ist. Die Hefe, die den gesamten Teig säuert. Der Staat oder die Partei nimmt im Totalitarismus Gottes Platz ein. Er durchdringt nicht nur die Öffentlichkeit, sondern auch die Privatsphäre, die Individuen [...].

Die Handlungen des totalitären Staates zeigen eines deutlich: Religion ist aus dem öffentlichen Leben verbannt. Die politischen Parteien italienischer und deutscher Katholiken waren Institutionen, durch die sie sich selbst in ihrer Rolle als Minderheit gegen die Nichtbeachtung ihrer religiösen, moralischen und kulturellen Standpunkte in Gesetzgebung und Verwaltung verteidigen konnten. Sie wurden rücksichtslos unterdrückt. Ihre Führer, Heinrich Brüning und Don Sturzo, befinden sich im Exil.

Ein anderes Mittel zur Verteidigung katholischer Standpunkte wurde gleichsam vernichtet. Ich meine die Presse. Den deutschen Katholiken standen mehr als hundert Tageszeitungen zur Verfügung. Einige davon waren federführende nationale Organe. Aber sie sind als solche verschwunden, wenn auch ihre Titelköpfe weiterhin auf nationalsozialistischen Zeitungen abgebildet werden, um die Öffentlichkeit im Unklaren zu lassen.

Die letzten Gemeindeschulen werden unterdrückt. Nur einige wenige private Schulen existieren noch, sind aber zum Untergang verdammt. Keine der Vorschulen der Benediktiner oder Jesuiten geht noch ihren normalen Aktivitäten nach. Das au-

---

[263] *Can the Church Live in a Totalitarian State?*, geschrieben im Frühjahr 1944. Manuscripts, Box 14, Folder 12, H. A. Reinhold Papers, MS2003-60, John J. Burns Library, Boston College. (Dt. Übersetzung: Peter Schmidt-Eppendorf, Melanie Klughardt und Ronald Lambrecht.)

ßerschulische Betreuungssystem, bestehend aus Jugendorganisationen, wurde auf ein Minimum reduziert oder hat schon aufgehört zu existieren.

Katholische Wohlfahrtseinrichtungen, Krankenhäuser, Waisenhäuser, Herbergen und andere wohltätige Einrichtungen werden mehr und mehr entweder durch die rigide Besteuerung eingeschränkt oder ganz aufgelöst. Regelrechte Konfiszierungen durch die staatlichen Organe sind keine Seltenheit. Nationalsozialistische Krankenschwestern ersetzen nach und nach die Ordensschwestern. Manchmal geschieht dies innerhalb weniger Stunden.

Was ist noch übrig? Die Kirchengebäude, Pfarrhäuser und viele Krankenhäuser, die aber ebenfalls kurz vor dem Untergang stehen. Einige wöchentlich erscheinende Bistumsblätter, denen es aber verboten ist, weltliche Informationen zu vermitteln, mit Leitartikeln, welche die Zensur vermutlich politisch nennen würde, und Anzeigen mit ausschließlich konfessionellem Charakter, die aber die nationalsozialistische Ideologie befürworten und für Institutionen wie die Hitlerjugend, die Volkswohlfahrt oder für nationalsozialistische Literatur werben. Klöster und Konvente werden derart besteuert, dass im Grunde keine Existenz mehr möglich ist; eine Vorgehensweise, der nicht das Odium der totalen Unterdrückung anhaftet. Als in Frankreich Anfang dieses Jahrhunderts ähnliche Dinge geschahen, wurde es der Kirche erlaubt, private Schulen zu eröffnen. Das ist in Deutschland aber verboten. In Frankreich können die Orden ihre Einrichtungen nach England und Belgien auslagern. Im nationalsozialistischen Deutschland ist dies unmöglich, da es ihnen nicht erlaubt ist, Geld ins Ausland zu überweisen, und die Auswanderung männlicher Ordensangehöriger wird unter Androhung der Haft im Konzentrationslager verhindert.

Die finanzielle Unterstützung der wichtigsten Institutionen der deutschen Kirche ist stark gefährdet. Auf der einen Seite wurden die Einnahmen durch hinterlistige gesetzliche Regulierung, kontinuierlich steigende Steuern und dem Aufkommen neuer Wohlfahrtsorganisationen der Nationalsozialisten, welche in Konkurrenz zu den früheren religiösen Wohlfahrtseinrichtungen stehen, auf ein Minimum reduziert.

Auf der anderen Seite wurde die Unterstützung von vielen Bildungsanstalten, katholischen Fakultäten, Bistümer, Gemeinden und Schulen durch den Staat als ein Ergebnis der umfassenden Enteignung von kirchlichem Eigentum und Einkommen im Jahr 1802/03 beträchtlich eingeschränkt. Die deutschen Bischöfe haben bereits ihre Schützlinge vor der Möglichkeit gewarnt, dass sie in naher Zukunft der Tatsache ins Auge sehen müssen, dass ihre Kirche von den Gläubigen direkt unterstützt werden muss. Das bedeutet nicht, dass auch diese Unterstützung der Kirche nicht vom Staat besteuert wird. Die Kirchensteuer wird von Katholiken und Protestanten gezahlt, um die Kirchen zu bezahlen. Die Nazis haben bereits angekündigt, dass sie diese Steuer in Zukunft für ihre eigenen kulturellen Organisationen verwenden werden, die der Bekämpfung aller undeutschen Ideologien wie zum Beispiel Christentum, Judentum, Bolschewismus und Freimaurerei dienen.

Wenn das Tätigkeitsfeld der Kirche schon längst auf das stärkste eingeschränkt wurde und ihre Stimme von öffentlichen Kanzeln und Institutionen nicht mehr gehört werden kann, wenn ihre gesamten Gelehrten isoliert sind, ihr Bildungssystem daniederliegt und selbst ihre Wohlfahrtseinrichtungen nichts mehr zum Nutzen der breiten Öffentlichkeit tun können – was wird in ein paar Jahren, in denen weiterhin ihre vitalen und notwendigen Aktivitäten innerhalb des deutschen Volkes beschnitten werden, von ihr übrig sein?

Der edle und schöne Hirtenbrief aller deutschen Bischöfe, der nach deren jährlicher Konferenz in Fulda veröffentlicht wurde, sprach dieses Jahr mit besorgniserregenden Worten vom Anfang des Endes.

Wenn die gegenwärtige Generation heroischer und gläubiger Seelen gestorben ist, wird eine ähnlich kostbare Generation, die aber in Zahl sehr viel kleiner sein wird, die Fackel des Glaubens an eine noch kleinere Gemeinschaft weitergeben. Nach drei oder vier Generationen werden die Katholiken eine kleine Sekte in Deutschland sein, wie die Katholiken in England zu Zeiten der Penal Laws, die Kopten in Ägypten oder die Syro-Malabarischen Christen in Indien. Kann man sich vorstellen, dass diese wenigen Seelen, die in Ghettos leben und von Feindseligkeit und Verachtung umgeben sind, nicht von diesen Umständen in ihrer Lehre, ihrer Moral und ihrem Charakter beeinflusst werden? Wir wissen alle, dass Gott über diese Situation wachen und dass die Verfolgung nachlassen wird. Die Nationalsozialisten mögen zusammenbrechen und unvorhersehbare Dingen mögen geschehen. Aber sind sie in England, Ägypten, Algerien, Kleinasien oder Indien geschehen? Ist die in Deutschland derzeit an der Macht befindliche Ideologie etwas so absolut fremdartiges für deutsche Köpfe, dass ihre gesunde und robuste Verfassung ein Gegenmittel entwickeln wird oder sie gar in die Lage versetzt, diese Ideologie „auszuspucken"? Ich befürchte, dass wir einen schweren Fehler begehen, wenn wir uns auf solche Phantasien verlassen. Es ist auf keinen Fall ein Zufall, dass dies alles nur in Deutschland passiert. Vergessen sie nicht, dass Hitler seine Vorläufer hatte in all den Jahrhunderten, und dass seine gesamte Doktrin lediglich eine Zusammenfassung der Lehren von Männern wie Hegel, Nietzsche, Chamberlain, Langbehn und anderen, weniger bekannten Deutschen des 19. Jahrhunderts ist. Viele der Lehren, auf die seine Handlungen in konsequenter Logik beruhen, können in der noch weiter zurückliegenden Vergangenheit gefunden werden, und sein Anruf an die so genannte deutsche Vernunft lässt sich bis zum Mittelalter zurückverfolgen, zu Hutten, zu Luther, aber auch zu Lessing und anderen. Es handelt sich um eine mächtige, totalitäre und fanatische Revolution der primitiven Teutonen gegen die Zivilisation, der Seele gegen den Geist, des Freien gegen die Vernunft. „La victoire des Boches sur les Allemands" – so haben die Franzosen Hitlers Sieg über das edlere Deutschland beschrieben.

Ich befürchte, dass es dabei bleiben wird, wenn ihm oder seinem Regime nicht irgendetwas Katastrophales zustößt. Nur eine radikale Unterdrückung des Boche-Typen meiner Landsmänner kann den ehrlichen Deutschen vor der totalen

Vernichtung bewahren. Eine radikale Aufteilung des Nordostens und Südwestens, eine Wiederherstellung des traditionellen föderalen Systems und eine faire wirtschaftliche Behandlung durch den Rest der Welt kann Deutschland auf einen angemessenen, zivilisierten Weg zurückbringen.

Bevor dieses nicht erreicht ist, kann ich keinen Grund erkennen, der uns Anlass gibt, mit Optimismus auf die Zukunft der Kirche in Deutschland zu schauen.

Mutatis mutandis – dies ist ebenso wahr für Russland und Italien.

Es ist keine Frage, dass die Kirche in Russland sogar noch stärker leidet als die deutsche Kirche. Solange die dort derzeit herrschende Klasse die Kirche als ein Relikt der protzigen Autokratie und als einen Alliierten ihrer ehemaligen Ausbeuter und Herren ansieht, wird es keinen Platz für kirchliche Aktivitäten außerhalb der Katakomben geben. Wenn die Stalin-Regierung ihren Trend zum statischen Kapitalismus und Nationalismus fortführt und sich immer mehr den faschistischen Formen des Totalitarismus Zentraleuropas annähert, werden die Chancen für die Kirche in Russland noch schlechter. Obwohl der ideologische Gegensatz zwischen Christentum und materialistischen Marxismus viel radikaler ist als zwischen Christentum und übersteigertem Nationalismus, weisen die Folgen des Bolschewismus und vor allem seine treibenden Kräfte mehr Ähnlichkeiten mit dem Christentum auf als jene, die hinter dem Faschismus und dem Nationalsozialismus stehen.

Es macht keinen Sinn, alle Gründe zu wiederholen, warum orthodoxer Marxismus und atheistischer Kommunismus unvereinbar mit dem katholischen Christentum sind. Unser Heiliger Vater hat gesprochen und das ist Beweis genug. Aber nirgends in der Welt ist der Marxismus jemals in die Realität umgesetzt worden. Selbst vor Lenins NEP[264] oder während des Fünfjahresplans konnte kein Bolschewik ernsthaft sagen: Dies geschieht gemäß der Lehre von Marx und wir haben alle seine Theorien in die Realität umgesetzt.

In Russland ist die Kirche aus zwei Gründen verfolgt worden: Als ein angeblicher Verbündeter der herrschenden Klasse der Ausbeuter und als ein Opiat, welches die Arbeiterklasse davon ablenkt, sich dem einem Ziel vollständig zu unterwerfen: Die Erde zu einem Paradies zu machen – durch harte Arbeit und gnadenlosen Kampf gegen alle gegnerischen Kräfte.

Nun, was passiert aber, wenn keine herrschende Klasse mehr übrig ist, von der die Kirche ein Verbündeter sein könne? Und was antwortet ein vernünftiger Russe, wenn du ihm folgende Frage stellst: „Nachdem ihr euch vom „opiatischen" Einfluss des Glaubens befreit habt, arbeitet ihr nun hundertprozentig an der Realisation der

---

264 Neue Ökonomische Politik (abgekürzt NEP; russ.: Nowaja ekonomitscheskaja politika) war ein von Lenin und Trotzki trotz heftigster interner Widerstände auf dem Parteitag der Kommunistischen Partei Russlands 1921 durchgesetztes wirtschaftspolitisches Programm, welches Liberalisierungen in Landwirtschaft, Handel und Industrie vorsah und so mit einigen Dogmen der kommunistischen Lehre brach. Vgl. dazu auch Gerhard Besier, *Das Europa der Diktaturen. Eine neue Geschichte des 20. Jahrhunderts*, München: Deutsche Verlagsanstalt, 2006, S. 51 f.

klassenlosen Gesellschaft? Oder, nennen wir es einfach, an einem Paradies für die gesamte Menschheit?" Ihr alle gebt zu, dass viele Generationen nötig sein werden, um dies zu realisieren. Ihr gebt außerdem zu, dass weder Tod, noch Krankheit, Kriegsverbrechen, charakterliche Schwächen oder Naturkatastrophen vollständig durch eine auch lange Serie von Fünfjahresplänen, Säuberungsaktionen und anderen Formen sozialistischen Fortschritts komplett beseitigt werden können.[265]

Was ist mit den deutschen Christen? [266]

Für einen wahrhaftigen Sieg muss der deutsche Wille gebrochen werden.

Die westliche Zivilisation gilt immer noch als christlich, obwohl gewiss nicht alle ihrer Angehörigen immer Christen sind und bei weitem nicht alle ihrer Institutionen vom Evangelium beeinflusst sind. Und dennoch, nach 27 Jahren anhaltenden Bemühungen, das Christentum zu zerstören, sind selbst die Russen immer noch ein mehrheitlich christliches Volk. Was ist dann über die deutschen Katholiken und Protestanten zu sagen, die erst seit 1933 einer Verfolgung ausgesetzt sind, in vielen Fällen sogar erst seit 1938? Natürlich beschränke ich mich hierbei auf deutschsprachige Christen und berücksichtige nicht die christlichen Minderheiten, die nach dem europäischen Eroberungsfeldzug jetzt unter nationalsozialistischer Herrschaft leben. Wir können annehmen, dass die große Mehrheit der letztgenannten keine Verwendung für ihre neuen Herren hat.

Vor 1933 gab es ungefähr 27 Millionen Katholiken in Deutschland. Natürlich waren darunter viele nur nominelle Katholiken, da eine Volkszählung nicht zwischen den streng Gläubigen und den unregelmäßigen Kirchgängern unterscheidet. Dann begann Hitler damit, das Reich zu vergrößern; es begann mit dem Saarland und es folgte die Absorption von sieben Millionen katholischen Österreichern, drei Millionen katholischen Sudeten, eineinhalb Millionen deutschsprachiger Katholiken in Polen und von etwa genauso vielen in Luxemburg und im Elsass. Die Menschen im Saarland verlangten mehrheitlich nach dem „Anschluss", wahrscheinlich aber hat die Mehrheit vom Rest den „Anschluss" nicht mit dem gleichen Verlangen begrüßt. Auf alle Fälle gibt es jetzt zwischen 40 und 45 Millionen Katholiken im Reich.

Sollten wir jetzt, im Frühling 1944, nicht annehmen, dass die Mehrheit dieser Katholiken, gleich ihren protestantischen Brüdern, Hitler und alles wofür er steht

---

265 Der letzte Teil des Manuskripts fehlt.
266 *What about Germany's Christians?*, in: *Commonweal* 40 (1944), S. 102–105. Manuscripts, Box 16, Folder 14, H. A. Reinhold Papers, MS2003-60, John J. Burns Library, Boston College. (Dt. Übersetzung: Peter Schmidt-Eppendorf, Melanie Klughardt und Ronald Lambrecht.)

– Falschheit, Ungerechtigkeit, Unterdrückung, Lügen, gebrochene Versprechen und Boshaftigkeit – hassen? Selbst diejenigen, die ihn zunächst nicht als fremden Eroberer ansahen, müssen unter seiner Sklaverei widerspenstig geworden sein; und diejenigen, die ihn gleich als Eroberer ansahen, erfüllte ein zusätzliches Gefühl der patriotischen Empörung. Es scheint unmöglich, jemanden, der das Missfallen der nationalsozialistischen Philosophie nach Jahren religiöser Unterdrückung und Beraubung nicht teilt, noch als Christen zu klassifizieren.

Als Hitler 1933 zum ersten Mal die Freiheit zerstörte, lies sich die unmittelbare Reaktion der Katholiken nur erahnen. Möglicherweise dachten die meisten von ihnen, dass sie unter einer tyrannischen Regierung schon klar kommen würden. Viele von ihnen waren unzweifelhaft der Verantwortlichkeiten überdrüssig, welche die Freiheit mit sich bringt. Nur langsam – und deswegen zu spät! – , als Hitler begann die Kirche direkt zu schädigen, wurde es offensichtlich, dass er nicht nur versuchte, Ordnung in Deutschland herzustellen, sondern eine neue, gottlose Ordnung schaffen wollte, in der kein Platz für das Christentum war. Zuerst beruhigten viele ihr Gewissen, indem sie sagten, dass die Kirche „es nicht anders verdient hätte". Sie sei zu sehr eine Wagenburg gewesen, überorganisiert, zu reich an Institutionen, zu wenig eine nationale Kraft, zu stark international ausgerichtet und viel zu sehr in die Politik verstrickt. Das Beschneiden der wuchernden Äste bringe keinen Baum um, so argumentierten sie, sondern würde vielmehr beim Wachstum helfen.

Allerdings zeigte Hitler mehr und mehr seine wahren Absichten. Christliche Führer wurden ermordet; Priester verbannt oder inhaftiert; Schulen, Organisationen, Krankenhäuser, Büchereien wurden von Nationalsozialisten übernommen; die Tageszeitungen wurden vom Markt gedrängt, und sehr bald kam die viel gerühmte Wiederherstellung der Ordnung durch die Nazis eher der Ordnung eines Friedhofs oder eines Gefängnisses gleich. Spätestens jetzt hätten die meisten Katholiken gemerkt haben müssen, was wirklich passiert ist.

Und doch bleibt es eine Tatsache, dass deutschsprachige Katholiken für Hitlers Deutschland kämpfen, sterben und hungern. Da es ihr Schicksal ist, jedes Mal den Tod zu riskieren und zu leiden, warum gehen sie nicht das gleiche Risiko ein, um gegen den zu kämpfen, der sich als ihr Feind erwiesen hat? Historisch gesehen waren die Katholiken niemals so blinde Nationalisten wie die Protestanten; sie waren sich immer sehr bewusst, zur Herde Petri zu gehören, die auf der ganzen Welt zu Hause ist und nicht in einem Städtchen namens Wittenberg gegründet wurde. Historisch gesehen, sind sie lange Zeit als Deutsche zweiter Klasse behandelt worden und haben viele Verfolgungen erlitten. In einigen Gegenden wurden sie nur wenig besser behandelt als die Juden. Ist es nun wieder wie 1914, dass sie sich zurücklehnen, um zu zeigen, was für gute Deutsche sie sein können, und dabei ihre eigenen Herzen, ihre Loyalität gegenüber den christlichen Geboten und ihre schmerzenden Erinnerungen unterdrücken? Oder ist es Feigheit? Oder ist es eine Infizierung mit der Häresie des Nationalismus? Waren sie immer zuerst Deutsche und dann erst Christen? Oder sind sie nur noch blind, angeführt von blinden Männern, naiv, müde, verzweifelt?

Deutsche Protestanten waren immer in einer etwas anderen Situation. Luther hat alles auf eine Karte gesetzt, als er, auf die Unterstützung der Fürsten gegen Rom und den Kaiser bauend, eine deutsche nationale Version des Christentums zum Leben erweckte. Diese wackelige Konstruktion stützte er mit Zitaten von Paulus, und sie blieb ziemlich standfest, solange die Fürsten und ihre Nachfolger selbst Christen oder zumindest nicht christenfeindlich waren. Dann, nach dem letzten Krieg, wurde eine Regierung des Volkes gegründet, von unten empor schwellend in einem pluralistischen Staat, ohne Fürsten, auf den man sich stützen konnte, ohne nationale Ideologie, die das ganze untermauert hätte, wo alle Elemente vielmehr nach Gleichheit als nach Toleranz verlangten. Und all dieses Fremde kam in Folge der Niederlage und der Revolution. Der protestantische Geist verlor sein Gleichgewicht. Nach bitteren Tagen der Fassungslosigkeit und Verwirrung begann ein großer Teil der protestantischen Kirchen sich öffentlich nach einer Wiederkehr der abgeschafften Monarchie zu sehnen. Nur eine Minderheit versuchte einen Kompromiss mit den Kräften der neuen Zeit und einen Weg zur Zusammenarbeit zu finden. Andere schmollten und verloren jegliches Interesse an der Politik. Die wenigen, die sich der Republik verschrieben, überarbeiteten Luthers Lehre. Sie erkannten die Wichtigkeit des Pluralismus' – und dass er sich stark von bloßer Toleranz unterscheidet.

Der ländliche protestantische Klerus in Nordwest-Deutschland war vor 1933 entweder nationalsozialistisch oder tolerierte den Nationalsozialismus – nicht weil sie Hitler und seine Spießgesellen irgendwie mochten, noch weil sie Rosenbergs philosophische Ergüsse in irgendeiner Form begrüßten, sondern weil sie das neue Regime als eine Rückkehr zum alten Deutschland sahen, zum Fürsten, zum „sauberen" protestantischen Staat, frei von Politik, gut verwaltet, der vernünftiges militärisches Training für junge Männer gewährleistete und Ruhm für Deutschland versprach. Pastoren in großen Städten wie Hamburg waren allerdings größtenteils gegen Hitler, und viele der älteren Generation waren seinen endgültigen Zielen gegenüber misstrauisch. Schließlich, so argumentierten sie, war er Katholik, und sogar ein schlechter. Sie fühlten sich sicherer mit der Wehrmacht, dem guten alten preußischen Beamtentum, den professionellen Männern.

Das sind die Umstände; es ist daher Unsinn zu behaupten, dass der Protestantismus in Deutschland mit Bezug auf den Nationalsozialismus sich besser verhalten hätte, als der Katholizismus es getan hat. Mein Eindruck ist, dass Karl Barth diese Zeitungsente in die Welt gesetzt hat. Ich betrachte das nicht als eine faire oder ehrliche Beurteilung. Und da ich mich nicht erinnern kann, irgendein katholisches Statement mit gegenteiliger Meinung gehört zu haben – welches wohl gleichfalls unwahr gewesen wäre – bleibe ich mit dem Gefühl zurück, in der Defensive zu sein.

Nehmen wir den Fall von Österreich. Es ist eine Tatsache, dass niemand Hitler herzlicher in diesem Land willkommen geheißen hat, als seine Handvoll Protestanten.

Sie begrüßten ihn als den Befreier. Die kurzlebigen Diktaturen von Dollfuß und Schuschnigg einmal außen vor gelassen – und was für Waisenknabendiktatoren waren die beiden! – haben österreichische Protestanten nicht ein einziges Mal über einen längeren Zeitraum staatliche Repressalien erlitten. Und nachdem sie seit dem Ende des letzten Krieges ständig nostalgische Blicke auf den protestantischen Norden geworfen haben, ist es da eine Überraschung, dass sie Misstrauen unter den anderen Österreichern geweckt haben? Aber ist dieses Misstrauen Grund genug, um Hitler mit offenen Armen zu begrüßen? Was nun Kardinal Innitzer angeht, er war niemals ein Nazi. Er saß in einem gänzlich anderen Boot. Er hasste den Nationalsozialismus und verabscheute dessen Philosophie. Seine unglückliche Proklamation nach Hitlers Ankunft präsentierte keinen Wechsel der Überzeugungen und wurde auch nicht durch Furcht diktiert. Kardinal Innitzer litt hauptsächlich unter der Attacke einer häufig vorkommenden Krankheit – geläufig unter Kirchenmännern, Staatsmännern, Christen, Juden, Atheisten –, der Krankheit des „Appeasement". Und das stellte ihn in ein sehr schlechtes Licht. Er wurde von den Nazis tief erniedrigt und noch stärker vom Papst, der ihn nach Rom bestellte und ihn anwies, einen feierlichen Widerruf auf Deutsch auf der ersten Seite des *Osservatore Romano*[267] zu veröffentlichen. Nach diesem Vorfall war seine Amtsführung von jedem Zweifel erhaben. Können wir seinen Irrtum und seine kurzzeitige Schwäche nicht ebenso leicht vergessen, wie wir Niemöllers Verfehlungen vergessen haben? Und warum vergessen wir, dass zusammen mit Niemöller die Nazis auch Pfarrer Rupert Mayer in ein Konzentrationslager geworfen haben – einen Kriegsveteranen, der ein Bein verloren hat, einen Mann, der Apostel von München genannt wurde, und bei armen sowie jungen Leuten hoch verehrt war? Dieser Mann ist im Gegensatz zu Niemöller niemals eingeknickt, noch ist er jemals der Partei beigetreten. Zudem wird berichtet, dass er ein guter Freund, aufopfernder Gefährte und geistlicher Beistand für viele der mit ihm im Konzentrationslager inhaftierten Menschen ist. Oder warum vergessen wir Pfarrer Rossaint, der zu Zwangsarbeit verurteilt worden ist, weil er einigen fehlgeleiteten, kommunistischen Jugendlichen half, vor ihren nationalsozialistischen Schlächtern zu fliehen. Priester in Spanien und Frankreich haben auf ähnliche Weise hunderten deutschen Flüchtlingen geholfen – egal, ob sie jüdisch, katholisch, kommunistisch oder protestantisch waren –, ohne Fragen zu stellen, selbst als die Gestapo vor der Tür stand. Gibt das alles so ein schlechtes Bild des Katholizismus ab?

Wir sollten uns daran erinnern, dass es die Minderheit der Bekennenden Kirche in Deutschland ist, welche die protestantischen Märtyrer stellt, und dass sie, wie alle Märtyrer-Kirchen, einen konstanten Zuwachs zu verzeichnen hat. Aber selbst diese heroische Gruppe – die einzige Gruppe außerhalb der katholischen Kirche, die auf religiöser Grundlage und in organisierter Form Hitler die Stirn bietet –, selbst diese Gruppe hat keinen Protest gegen Hitlers Missetaten und deren stillschweigende

---

267 *L'Osservatore Romano*. Amtliche Tageszeitung des Vatikans, erscheint seit 1861.

Billigung in Deutschland erhoben. Sie haben ihre Bemühungen darauf beschränkt, ihr Evangelium frei von solch theologischen Dummheiten zu halten, wie sie von Reichsbischof Müller propagiert werden. Sie haben dafür gekämpft und gelitten, dass eine letzte spirituelle Verbindung zu Christus in ihren Kongregationen erhalten bleibt. Sie haben sich um ihre eigenen Angelegenheiten gekümmert, die Außenwelt aber ihren Herrschern überlassen. Somit begann ihr Irrtum mit Luther und dafür können wir sie nicht direkt verantwortlich machen.

Im Fall des Katholizismus sieht es anders aus. Katholiken wurden darauf geschult, die Regierung kritisch zu beobachten, ihren Übergriffen standzuhalten, sich zuallererst Gott zu fügen. Doch auch sie verfielen dem „Appeasement". Ihre Führer folgten dieser Richtung, vielleicht weil sie sich so gut an das Jahr 1918 erinnerten, als kleinkarierte, bürgerliche Marxisten an die Macht kamen. Durch Teilnahme am politischen Prozess war es ihnen damals gelungen, einen Fuß in die Tür zu bekommen und die Kirche während des Demokratisierungsprozesses zu schützen. Sie dachten nun, sie könnten etwas Ähnliches noch einmal tun – zumindest einige Wortführer äußerten sich so. Sie manövrierten den Heiligen Stuhl in eine Position, so dass Papst Pius XI. und Kardinal Pacelli ein Konkordat unterzeichnen mussten, nicht weil der Heilige Stuhl es wollte, sondern die deutschen Katholiken. Sicherlich, es war von Papen, der seinen katholischen Gefährten in den Rücken fiel und Hitler erstmals die Teilhabe an einem internationalen Abkommen ermöglichte; und das zu einem Zeitpunkt, an dem alle Regierungen sich dazu veranlasst sahen, jedes Schriftstück, das von Hitler kam, als bedeutungslos zu behandeln oder darin eine Falle zu sehen. Aber von Papen hatte Verbündete, die weder Feiglinge noch Verräter waren. Sie waren „Appeaser" und Politiker, die nach ihrem besten Ermessen handelten und der Täuschung anheimfielen, im Umgang mit Hitler die gleiche Strategie wie mit Ludwig XIV., Joseph II., Bismarck oder Poincaré erfolgreich anwenden zu können. Sie fütterten den Tiger mit kleinen Happen; er beabsichtigte aber, sie im Ganzen zu verschlingen.

Hätte es für diese Situation keine Lösung gegeben? Wahrscheinlich hätte eine Ablehnung Hitlers durch Protestanten und Katholiken im Jahr 1933 ihn getroffen, wenn auch auf Kosten brutaler Verfolgung. Aber die protestantische Lehre von der Autorität des Staates und das katholische „Appeasement" standen dem im Wege. Hätten die Katholiken wirklich eine andere Politik gewollt, hätte der Heilige Stuhl ihnen sicher den Rücken gestärkt; aber kein Papst kann in den Krieg ziehen mit einer Armee, die hofft, sich ihren Ausweg erkaufen zu können, oder die hinter einer Art Maginot-Linie Zuflucht nehmen will und gleichzeitig Hilfe aus Rom durch Diplomatie und politischen Druck erwartet. Historiker, die heute versuchen, diesen Dingen auf den Grund zu gehen, haben den Zentralismus der Kurie dafür verantwortlich gemacht. Dieser Zentralismus hat uns, so sagen sie, eine bessere Disziplin, eine größere Effizienz gegeben, aber er hat auch in so großem Maße die Last der Verantwortlichkeit von den Schultern der Untergebenen der Kurie genommen, so dass diese Männer nahezu all ihre Eigeninitiative verloren haben. Sie sind mehr mit Beamten zu vergleichen, die sich nur noch auf ihre Vorgesetzten verlassen, als mit couragierten Männern à la Windthorst. Die deutschen Katholiken haben die Zentrumspartei mit immer größerem Misstrauen betrachtet. Die Verantwortung war eine zu schwere Last geworden, die politischen Grabenkämpfe allzu schmutzig. Doch selbst heute ist eine Umkehr möglich. Hätten die Bischöfe sich geweigert, in Fulda zusammenzutreffen, hätten sie eine Erklärung abgegeben, dass sie es ablehnen, einen ungerechten Krieg, eine ungerechte Kriegsführung oder einen Krieg, der in solch Gräueltaten wie den Massakern in Polen mündet, zu unterstützen, der Effekt wäre gigantisch gewesen, besonders wenn es ihnen die Protestanten gleichgetan hätten. Wenn wenigstens ein Bischof die Unterzeichnung der Erklärung, die in Fulda entstanden ist, abgelehnt hätte, wenn er das Treffen in aller Stille verlassen hätte, Katholiken und Nazis hätten das Zeichen verstanden. Wenn die Proteste, die in Fulda formuliert worden sind, wenigstens nicht all diese Verbeugungen und Schmeicheleien gegenüber Hitler beinhaltet hätten; wenn Niemöller, als er noch frei war, der Politik des Führers weniger treu ergeben gewesen wäre, die moralische Zwangslage der Nazis und die drohende Niederlage des nationalsozialistischen Deutschlands wären ein Sieg für das „andere Deutschland" gewesen. Warum passierten solche Dinge nicht? Wir können die Gründe lediglich vermuten.

Keinen Moment glaube ich, dass Feigheit der verantwortlichen Männer schuld daran gewesen ist, dass kein härterer Kurs gegenüber den Nationalsozialisten eingeschlagen wurde. Jeder von ihnen würde einem Nazi-Erschießungskommando mit dem Mut eines Märtyrers entgegentreten. Alle von ihnen haben aus noblen Motiven heraus gehandelt, um ihre Schutzbefohlenen zu verteidigen, und in dem Glauben, Hitlers Herrschaft zu überleben sei an sich ein verdienstvolles Ziel. Ich kann mir nicht vorstellen, dass irgendjemand, der Deutschland gerade noch rechtzeitig verlassen konnte, oder jemand, der seinen Mund gehalten hat, der sich so schnell wie er konnte an seine Habseligkeiten klammerte, bis sie ihm trotzdem geraubt worden sind, und der danach aus dem Land vertrieben wurde, ein Recht hat, protestantische oder katholische Führer, die auf ihre Posten geblieben sind, zu kritisieren. Wir haben kein Recht, anzuklagen, zu korrigieren oder zu rügen. Es gibt genügend Menschen aus Europa unter uns, die einen tief sitzenden Anti-Klerikalismus mit sich gebracht haben, den sie nur allzu bereitwillig der amerikanischen Bevölkerung einimpfen, und dadurch verschlimmert sich die bereits angespannte Situation, in die sich einige Katholiken der Vereinigten Staaten bedauerlicherweise manövriert haben lassen.

Beide Kirchen in Deutschland geben zurzeit das gleiche Bild ab; sie werden beschimpft und verachtet, die Katholiken noch mehr als die Mitglieder der Bekennenden Kirche. Beide halten weiterhin heroisch stand und kein Außenstehender ist dazu berechtigt, den einen auf Kosten des anderen zu rühmen. Aber es bleibt die Tatsache, dass sowohl Katholiken als auch Protestanten sich im Dienste eines Mannes und einer Sache aufopfern, von denen sie aus der Tiefe ihres Herzens wissen, dass beide böse sind. Da Rom vernünftigerweise darauf beharrt neutral zu bleiben, kann es ihnen nicht mehr sagen, was zu tun ist. Der Klerus in anderen Ländern kann ebenfalls nicht über die Köpfe ihrer eigenen Kirchenführung hinweg Einfluss auf die deutschen Katholiken nehmen. Was macht nun die alliierte Propaganda? Sie scheint sich in der Tat größtenteils in den Händen von Menschen zu befinden, die sehr wenig über das Christentum und christliche Überzeugungen wissen und die sich noch weniger darum scheren. Unsere Presse scheint keine Ahnung davon zu haben, dass deutsche Katholiken niemals pro-faschistisch, pro-Mussolini, pro-Hitler oder antibritisch waren. Falls sie pro-Franco waren, wie hätten sie dies verhindern können, wenn sie zwischen 1936 und 1939 keine Möglichkeiten hatten, sich eine unabhängige Meinung zu bilden? Und doch bleibt all die potenzielle Kraft ihres Mutes ignoriert, vergessen und verharmlost.

Das Bewusstsein deutscher Christen ist von einem Panzer umringt, der weder durch eine Niederlage noch durch Propaganda in der Form, wie wir sie derzeit betreiben, jemals geknackt werden wird. Allerdings muss er geknackt werden, sonst wird ein weiterer Hitler aufsteigen, wenn der momentane verschwunden ist. Der Sieg auf den Schlachtfeldern, der inzwischen greifbar nahe zu sein scheint, die genialsten Friedensverträge, die durchdachtesten Bündnisse werden nicht zum Frieden führen, solange wir nicht zuerst diesen Panzer durchdringen, der zur Zeit das christliche Bewusstsein in Deutschland gefangen hält.

Wenn nicht beide Kirchen in Deutschland lehren, dass Falsch falsch ist und Richtig richtig, werden die deutschen Christen zwar Hitler hassen, aber gewissenhaft weiter für ihn und sein Regime kämpfen, brennen und töten, weil er der Führer des Staates ist, „von Gott eingesetzt", oder weil er als das „kleinere von zwei Übeln" angesehen wird. Die Angelegenheit sollte ausschließlich eine des Gewissens sein, nicht eine der Zweckmäßigkeit. Die Wurzel des Problems ist die praktische Verleugnung einer fundamentalen christlichen Wahrheit, zu welcher deutsche Christen auf geradezu orthodoxe Art und Weise ein Lippenbekenntnis ablegen: Keine irdische Autorität kann den Platz eines menschlichen Gewissens einnehmen und über Richtig und Falsch für ihn entscheiden. Ich bin fest davon überzeugt, dass deutschsprachige Christen genauso willig wie andere für ihre Überzeugungen zu leiden und sogar zu sterben bereit sind – es muss uns nur möglich sein, ihre intellektuelle und moralische Unterwürfigkeit gegenüber „eingesetzten Autoritäten", egal ob sich diese als gut oder schlecht erwiesen haben, zu vernichten.

Daher bin ich überzeugt, dass wir einen vollständigen Sieg – und dieser unterscheidet sich von einem weiteren langen Waffenstillstand – nur dann erlangen können, wenn unsere Propaganda von rein negativen Betrachtungen hin zu einer positiven Beurteilung christlicher Prinzipien umschwenkt. Es wird einen großen Unterschied ausmachen, wenn wir die christlichen Köpfe und Herzen in dem Teil Deutschlands erreichen könnten, der noch immer christlich ist. Natürlich bin ich nicht völlig sicher, ob ein Nebeneffekt eines solchen Vorhabens nicht die Errichtung einer aktiven christlichen Untergrundbewegung sein würde, die auf ähnliche Art und Weise operiert wie die polnischen, niederländischen, norwegischen und französischen christlichen Untergrundbewegungen, um Europa von seinen momentanen Herren zu befreien. Aber auch das wäre eine Hoffnung wert. Mit einem schlechten Gewissen durch alliierte Kugeln zu sterben, könnte einem aufgeklärten deutschen Christen durchaus weniger angsteinflößend erscheinen, als mit gutem und friedlichem Gewissen vor einem Nazi-Erschießungskommando zu stehen. Aber jeglicher Appell an ein solches Heldentum verlangt umfassende christliche Überzeugung von demjenigen, der diesen Appell unternimmt. Und dieser Appell wird nicht von den deutschen spirituellen Führern kommen, nicht weil sie Angst haben, sondern weil sie einer Linie der Verantwortlichkeit und Staatsgläubigkeit gefolgt sind, gefärbt von unverrückbaren Traditionen, die weit über hundert Jahre alt sind. Er kann aber auch nicht von den Herzen und Köpfen kommen, die niemals christliche Prinzipien verstanden oder ein christliches Leben geführt haben. Der Ruf nach Aufrichtigkeit und Glaubwürdigkeit, nach Gerechtigkeit und Vernunft kann nicht durch bloßen Hass auf Hitler ersetzt werden, noch wird es effektiv sein, wenn man in Tönen dieses bekannten und billigen Anti-Katholizismus spricht, der so charakteristisch für bestimmte Gruppierungen in Wien, Berlin und München gewesen ist, lange bevor Hitler an die Macht kam. Nur die besten Vertreter des amerikanischen christlichen Lebens sind wahrhaft geeignet, das Bewusstsein ihrer irrenden deutschen Brüder anzusprechen.

Die unglaubliche Missachtung des deutschen Christentums in den Memoranden, die von unseren Flüchtlingsexperten kommen, lassen aber nichts Gutes erahnen. Diese Männer repräsentieren Ideologien, die erheblich zu Hitlers Aufstieg beigetragen haben; er labte sich an ihrem geistigen Abfall und wurde erst groß durch ihre Theorien des Kollektivismus, ihren Etatismus, ihre Religionsverachtung, ihre Missachtung einer wahren organischen Gesellschaft, ihren Amoralismus, ihre Anbetung der Nation und ihre oberflächliche Zügellosigkeit. Wo waren sie im März 1933? Solange es nicht durch ihre politische Vergangenheit oder ihre „rassische" Herkunft unmöglich war, zögerten Männer ihresgleichen keinen Moment, nicht nur mit Hitler Geschäfte zu machen, sondern sich tatsächlich mit ihm, durch welche Hintertür auch immer, zu verbünden – natürlich mit einigen ehrenhaften Ausnahmen.

Seit tausend Jahren war das deutsche Volk mehr oder weniger der westlichen Zivilisation zugehörig. Diese Zugehörigkeit resultierte vor allem, so weit sichtbar, aus der Macht Christi und seiner Kirche über das Gewissen der Menschen. Als ein neues Heidentum aufkam, wurde diese Zugehörigkeit aufgebrochen. Dieses neue Heidentum nahm verschiedene Gestalten an, bis es schließlich die Maske abstreifte und sich in einem kleinen Schnurrbart und einer Haarsträhne, die über ein leeres Gesicht hing, verkörperte. Keine seiner schlimmsten Lehren kann einen christlichen Ursprung vorweisen; alles sind Lehren der Feinde des Christentums, selbst wenn viele dieser Feinde inzwischen reumütig und entsetzt angesichts ihrer Taten sind. Wenn wir ein neues Deutschland wollen – kein altes, das von Besatzungsmächten und wirtschaftlicher Einengung bis zu dem Punkt niedergehalten wird, dass Hass und Verbitterung es so stark machen, dass es ihm möglich ist, seine Kerkermeister in Stücke zu zerfetzten – dann müssen wir Herz und Geist der Deutschen erreichen und verändern.

Wenn wir eine solche Veränderung wollen, wenn wir den einzigen Sieg wollen, der für uns erstrebenswert ist, sollten wir auch das einzige Mittel nutzen, mit dem man die Herzen der Menschen verändern kann: das Wort Gottes. Der Krieg ist jetzt im kritischsten Stadium, zumindest was die Frage des Gewissens anbetrifft; denn für allzu viele Männer droht er ein bloßer Kampf um Macht zu werden, in dem es nicht länger um Hitler oder Freiheit, Wahrheit, Nächstenliebe, Ehrlichkeit und Gerechtigkeit geht. Um die gute Sache davor zu bewahren, dass sie von bloßen Abenteurern missbraucht wird, müssen wir den harten Panzer aufbrechen, der das deutsche Gewissen ummantelt. Und indem wir dies tun, werden wir unserem eigenen Gewissen dienen.

Und was ist mit den Christen in Deutschland? [268]

Es gibt einige Fakten über das Nazi-Regime, welche Christen nicht vergessen sollten. Wenn man von einem christlichen Amerika spricht und wenn Russland nach 26 Jahren kirchenfeindlicher Unterdrückung und anti-religiöser Erziehung über mehrere Generationen hinweg immer noch als „christliche" Nation bezeichnet werden kann, sollten wir dann nicht auch in Deutschland und in deutschen Ländern einen starken Kern des Christentums erwarten können?

Eine Tatsache, die man leicht vergisst, ist die Anzahl der Christen in Deutschland. 1933 gab es 27 Millionen nominelle Katholiken. Ich betone nominelle Katholiken, da es unmöglich ist, die Anzahl der wahrhaft Gläubigen zu erfassen. Es bedeutet vielmehr, dass es 27 Millionen Deutsche gibt, die einmal angegeben haben, dass sie Katholiken sind, und die sich nicht von ihrer Kirche gelöst haben. Ebenso wie wir 45 Millionen französische und 48 Millionen italienische Katholiken zählen. Nicht alle der 22 Millionen amerikanischen Katholiken erfüllen ihre religiösen Pflichten zu Ostern oder gehen regelmäßig in die Kirche, aber sie sind nicht aus der Kirche ausgetreten.

Und dann kam Hitler mit seinem Eroberungsfeldzug: sieben Millionen katholische Österreicher, drei Millionen katholische Sudetendeutsche, ungefähr eineinhalb Millionen katholische Deutsche in Polen und nochmal so viele in Luxemburg und im Elsass. Demnach stehen nun ungefähr 40 Millionen deutschsprachige Katholiken

---

[268] *What About Christians in Germany?*, undatiert. Manuscripts, Box 16, Folder 13, H. A. Reinhold Papers, MS2003-60, John J. Burns Library, Boston College. Bei dem Text handelt es sich um eine veränderte Version des vorangegangen Textes, *What about Germany's Christians?* (Dt. Übersetzung: Peter Schmidt-Eppendorf, Melanie Klughardt und Ronald Lambrecht.)

unter seiner Herrschaft. Viele von ihnen hassen ihn, viele von ihnen haben gelernt, Deutschland zu hassen, wie zum Beispiel die Elsässer, Luxemburger und vielleicht auch viele Österreicher. Die Mehrheit von ihnen hasst allerdings ausschließlich Hitler und das, wofür er steht: Falschheit, Grausamkeit, Ungerechtigkeit, Unterdrückung, Lügen, gebrochene Versprechen und teuflische Boshaftigkeit. Sie hassen ihn entweder, weil er sie versklavte, als er die Republik zerstörte, oder als er ihr Land eroberte. Alle hassen ihn für das, was er ihrer Kirche angetan hat. Diejenigen, die das bis zum jetzigen Zeitpunkt noch nicht tun, können sich kaum Katholiken nennen. Was mit dem Verstand dieser Menschen geschehen ist, als Hitler die Freiheit zerstörte, ist schwer nachzuvollziehen. Sie dachten vielleicht, dass die Katholiken, falls es nötig sein sollte, unter einem Tyrannen leben könnten. Viele von ihnen waren zudem der Verantwortung, welche die Freiheit mit sich bringt, überdrüssig. Freiheit erschien ihnen wie Anarchie, und ihrer Ansicht nach – sie waren an Ordnung und Disziplin gewöhnt – war eine starke Hand nötig, um das zu entwirren, was sich ihnen als Chaos offenbarte. Und wo gehobelt wird, da fallen Späne. Das sei zwar schlimm für die Betroffenen, aber eben nicht zu ändern.

Aber diese Einstellung änderte sich – leider zu spät – als Hitler anfing, ihre Kirche zu beschädigen, und als klar wurde, dass er die Dinge eben nicht nur bloß in „Ordnung" bringen wollte, sondern beabsichtigte, seine eigene, heidnische, gottlose Ordnung einzuführen. Da erkannten sie, dass in dieser Ordnung das Christentum keinen Platz haben würde. Zuerst beruhigten noch viele ihr Gewissen, indem sie sagten, dass die Kirche „es nicht anders verdient hätte". Sie sei zu sehr eine Wagenburg gewesen, überorganisiert, zu reich an Institutionen, zu wenig eine nationale Kraft, zu stark international ausgerichtet und viel zu sehr in die Politik verstrickt. Das Beschneiden der wuchernden Äste bringe keinen Baum um, so argumentierten sie, sondern würde vielmehr dem Wachstum dienen.

Als die Nazis dann Fritz Gerlich, die Kassandra des Katholizismus', ermordeten, waren sie entsetzt, aber sagten sich, dass er vielleicht zu forsch gewesen sei. Sicher, er war ein Märtyrer, aber eben ein unvorsichtiger. Sein Tod wurde als Unfall inmitten einer Revolution angesehen. Als die Nazis Dr. Klausener erschossen und einäscherten, so dass der Berliner Bischof sein Requiem mit einer Urne am Altar singen musste, sah es ernster aus. Solange die Nazis Kommunisten erschossen und Juden verfolgten – nun, das war nicht die Angelegenheit der deutschen Katholiken. Ihr Problem war ein anderes. Gegen diese Gewalttätigkeiten gegenüber anderen zu protestieren, diesen Vorfällen auf den Grund zu gehen oder die Ungerechtigkeiten anzuprangern, hätte ihrer eigenen Position geschadet. Die Katholiken waren der Auffassung, dass, sollten sie einmal angeklagt werden, sie sich schon zu verteidigen wüssten und auch für ihre Überzeugungen in den Tod gehen würden, aber sie wollten ihre unsichere Lage nicht noch schlechter machen, indem sie sich mit den Kommunisten – deren Überzeugungen sie ebenso fundamental gegenüberstanden wie denen der Nazis – oder mit den Juden verbündeten, die so häufig einem ausgeprägten Antikatholizismus und Antiklerikalismus anhingen. Die Katholiken hatten noch nicht begriffen, was Totalitarismus wirklich bedeutet; ebenso wenig verstanden sie das Konzept der Universalität der Gerechtigkeit. Sie waren immer noch in den alten Denkmustern verhaftet, sie agierten wie Politiker, die sich einer schwierigen Situation mit Vorsicht annahmen und nichts überstürzen wollten.

Als die Nazis Adalbert Probst, ein Familienvater und eine bekannte Persönlichkeit der Jugendbewegung, erschossen, erkannten sie schließlich den unerbittlichen Hass ihrer Feinde. Sie sammelten aus Protest Spenden für seine Witwe, was zu dieser Zeit bereits eine riskante Angelegenheit für sie war. Für eine kollektive Gegenaktion war es aber zu spät, denn das Regime saß 1934 bereits fest im Sattel.

Von nun an passierte alles Schlag auf Schlag. Die Jugendorganisationen wurden zerstört; Schulen, Krankenhäuser, Klöster und Orden wurden entweder vollständig aufgelöst oder führten eine armselige Existenz auf Gnaden der lokalen Nazi-Führer. Die katholische Tagespresse mit ungefähr vierzig guten Zeitungen sowie die kulturellen katholischen Zeitschriften wurden bis auf einige wenige Ausnahmen unterdrückt. Die Bischöfe, Priester und Gläubigen der katholischen Kirche wurden geschmäht, verleumdet und unter fadenscheinigen Gründen angeklagt. Hunderte Priester kamen ins Konzentrationslager, Dutzende wurden vertrieben und mussten sich dem bittern Los des Exils fügen. Nichts außer dem Torso der einstmals großen, gut organisierten und vitalen deutschen Kirche ist übrig geblieben: die Kirchenführung wurde eingeschüchtert und unterdrückt, zusammen mit den Pastoren und deren Gemeinden. Doch als wäre es nicht genug des Übel, hat die Regierung neben ihren Repressalien, den knebelnden Regulierungen und dem massiven Raub an Kirchengütern zusätzlich verfügt, dass ein – allerdings ziemlich reduziertes – staatliches Kirchenbudget aufgestellt bleibt, nur um der Welt den Eindruck zu vermitteln, dass sie die Kirche unterstütze. Dadurch soll die bereits gedemütigte Kirche spüren, dass sie eine Institution im „Würgegriff" ist. Die Jugend, von Eltern und Priestern entfremdet, wird dazu erzogen, mit Missachtung auf die „fremdartige" Einrichtung der Kirche herabzuschauen, die jüdischen Ursprungs und ein Relikt der dunklen Jahre und der bürgerlichen Habgier sei, und die nur durch die Unterstützung und Finanzierung des großzügigen Führers existieren könne. Sie erfahren somit nie, dass es die Katholiken sind, welche die hohen Steuern aufbringen, aus denen die dürftigen Gaben der Kirche kommen, und dass es das konfiszierte Kircheneigentum ist, aus dem die Nazis ein paar Tropfen auf den ausgedörrten Boden des kirchlichen spirituellen Gartens sickern lassen. Und selbst diese Tropfen schmeckten bitter wie Galle angesichts der begleitenden Verleumdungen und Attacken.

Wir wissen nicht, wie viele Katholiken, Priester und Laien aufgrund ihres Glaubens ermordet wurden, in Konzentrationslagern dahin vegetieren oder ein Leben als Außenseiter in ihrer eigenen Heimat führen. Aber wir wissen, dass diese Zerstörung überall dort Einzug hielt, wo Hitler sein Hakenkreuz hintrug: das Saarland, Österreich, Böhmen, das Elsass, Polen, Belgien, Frankreich, Luxemburg, Holland und nun Italien. Wir wissen, dass er in die meisten dieser Länder als fremder

Eroberer kam und die Katholiken, selbst wenn sie sehr leiden mussten, fanden Trost in der Erkenntnis, dass sie nichts zu dieser Katastrophe beigetragen hatten. Sie wussten, was er im Schilde führte, bevor er kam.

Und doch bleibt es eine Tatsache, dass deutschsprachige Katholiken für Hitlers Deutschland kämpfen, sterben und hungern. Wenn es ihr Schicksal ist, jedes Mal den Tod zu riskieren und zu leiden, warum sterben sie dann nicht im Kampf gegen ihn? Katholiken waren niemals so blinde Nationalisten wie ihre nichtkatholischen Brüder; sie waren sich immer sehr bewusst, zur Herde Petri zu gehören, die auf der ganzen Welt zu Hause ist, und deren Grundstein nicht in einem Städtchen namens Wittenberg liegt, 60 Meilen südlich von Berlin, sondern in Rom, in Italien. Sie sind immer als Deutsche zweiter Klasse behandelt worden und haben bereits zuvor Verfolgungen erlitten. Sie haben in manchen Gegenden für mehr als hundert Jahre in einem intellektuellen und moralischen Ghetto gelebt, ähnlich geächtet wie die Juden. Ist es nun wieder wie 1914, dass sie sich zurücklehnen, um zu zeigen, was für gute Deutsche sie sein können, und dabei ihre eigenen Herzen, ihre Loyalität gegenüber den christlichen Geboten und ihre schmerzenden Erinnerungen unterdrücken? Oder ist es Feigheit? Oder ist es eine Infizierung mit der Häresie des Nationalismus? Waren sie immer zuerst Deutsche und dann erst Christen? Oder sind sie nur noch blind, angeführt von blinden Männern, uninformiert, müde, verzweifelt?

Deutsche Protestanten waren immer in einer etwas anderen Situation. Luther hat alles auf eine Karte gesetzt, als er, auf die Unterstützung der Fürsten gegen Rom und den Kaiser bauend, eine deutsche nationale Version des Christentums zum Leben erbrachte. Diese wackelige Konstruktion stützte er mit Zitaten von Paulus, und sie blieb ziemlich standfest, solange die Fürsten und ihre Nachfolger selbst Christen oder zumindest nicht christenfeindlich waren. Dann, nach dem letzten Krieg, wurde eine Regierung des Volkes gegründet, von unten empor schwellend in einem pluralistischen Staat, ohne Fürsten, auf den man sich stützen konnte, ohne nationale Ideologie, die das Ganze untermauert hätte, wo alle Elemente vielmehr nach Gleichheit als nach Toleranz verlangten. Und all dieses Fremde kam in Folge der Niederlage und der Revolution. Der protestantische Geist verlor sein Gleichgewicht. Nach bittern Tagen der Fassungslosigkeit und Verwirrung begann ein großer Teil der protestantischen Kirchen sich öffentlich nach einer Wiederkehr der abgeschafften Monarchie zu sehnen. Nur eine Minderheit versuchte einen Kompromiss mit den Kräften der neuen Zeit und einen Weg zur Zusammenarbeit zu finden. Andere schmollten und verloren jegliches Interesse an der Politik. Die Wenigen, die sich der Republik verschrieben, überarbeiteten Luthers Lehre. Sie erkannten die Wichtigkeit des Pluralismus – und dass er sich stark von bloßer Toleranz unterscheidet.

1926 musste ich ein kleines ruthenisches Kind[269] auf einem örtlichen lutherischen Friedhof im früheren Großherzogtum von Mecklenburg beerdigen. Es war an ei-

---

269 Ruthenen, Sammelbegriff für ostslawische Volksgruppen; zumeist sind damit Ukrainer gemeint.

nem Sonntagnachmittag und der örtliche Pfarrer bat den Totengräber, mir zu sagen, dass ich ihn besuchen solle, bevor ich seine kleine Stadt verließ. Er hatte eine dieser schönen alten vorreformatorischen Backsteinkirchen mit schönen, großen Wandgemälden aus dem 15. Jahrhundert, die ich auf meinen Wegen durch meine eigene Gemeinde, die aus mehr als 50 Orten und Weilern bestand, oft bewundert habe.

Sein Empfang war zurückhaltend, aber freundlich. Wir saßen in seinem Zimmer, das mit Fahnen des vergangenen Reichs geschmückt war, mit Bildern von Bismarck, Friedrichs des Großen, des ehemalige Großherzogs, Luthers sowie mit einem Kruzifix. Er hatte auch eine gerahmte Fotografie eines bestimmten Gebäudes von der Westfront. Als er bemerkte, dass ich dieses Bild interessiert anschaute, realisierte er, dass ich ein Kriegsveteran war. Als ich ihm erzählte, dass ich von meinem 17. Geburtstag an 51 Monate in der Armee war – nicht eingezogen, sondern als Freiwilliger –, dass ich verwundet und ausgezeichnet worden bin – sie hätten die Veränderung sehen sollen. Ich musste seine Frau und seine Familie kennenlernen, mit ihnen Essen und Trinken, und versprechen, dass ich wiederkommen würde. Wir kamen nie dazu, über die Wandgemälde oder das geistliche Ansehen unserer Gemeinden bzw. Deutschlands zu diskutieren! Der Große Krieg, Deutschland, Patriotismus, das waren die Dinge, die den Funken in ihm entzündeten und ihn dazu brachten, sein anfängliches Misstrauen gegenüber einem katholischen Priester über den Haufen zu werfen, der inmitten armer Polen und anderem ausländischen Gesindel in seiner Gemeinde arbeitete. Der gute Mann war so erfreut darüber, mich gefunden zu haben, dass er mich niemals fragte, was ich über diese ganze Angelegenheit dachte! Ein Amerikaner, der in der arabischen Wüste allein unter Beduinen lebt, hätte sich nicht glücklicher fühlen können, wenn ein anderer Amerikaner vom Himmel gefallen wäre, um Geschichten aus den USA zu erzählen. Dieser Mann hatte einen Waffenbruder gefunden, und das mitten in einem Dorf und einem Land, in dem jeder erwachsener Mann eigentlich ein Waffenbruder ist.

Ich möchte nicht verallgemeinern, aber ich glaube, man kann mit einiger Sicherheit sagen, dass dies eine ziemlich drastische, aber alles in allem nicht unübliche Mentalität war. Vor 1933 waren die Pfarrer im nordwestlichen Teil Deutschlands entweder Nazis oder diesen zumindest sehr zugetan – nicht weil sie Hitler und seine Spießgesellen irgendwie mochten, noch weil sie Rosenbergs philosophische Ergüsse in irgendeiner Form begrüßten, sondern weil sie in ihnen eine Rückkehr zum alten Deutschland sahen, zum Fürsten, zum „sauberen" protestantischen Staat, frei von Politik, gut verwaltet, der vernünftiges militärisches Training für junge Männer gewährleistete und Ruhm für Deutschland versprach. Pastoren in großen Städten wie Hamburg waren allerdings größtenteils gegen Hitler, und viele der älteren Generation waren seinen endgültigen Zielen gegenüber misstrauisch. Schließlich, so argumentierten sie, war er Katholik, und sogar ein schlechter. Sie fühlten sich sicherer mit der Wehrmacht, dem guten alten preußischen Beamtentum, den professionellen Männern.

Ich weiß nicht, ob es Karl Barth oder jemand anderes war, der mit dem Unsinn anfing, aber ich habe wieder und wieder gelesen, dass die protestantischen Kirchen in

Deutschland und den eroberten Gebieten sich mit Bezug auf den Nationalsozialismus besser verhalten haben sollen als die katholische Kirche. Ich glaube nicht, dass dies eine faire Aussage ist oder überhaupt der Wahrheit entspricht. Da ich mich nicht daran erinnern kann, eine katholische Quelle gelesen zu haben, die besagt, dass protestantische Kirchen im Vergleich zu den katholischen ein schlechtes Bild abgegeben hätten, was ebenso falsch wäre, spüre ich, dass wir uns in der Defensive befinden. Selbst ein Karl Barth kann nicht ohne eindeutige Belege zitiert werden. Diese hat er aber nicht erbracht.

So wie die Dinge vor 1933 waren, kann man schwerlich davon ausgehen, dass die protestantischen Kirchen sich besser geschlagen haben. Sie wurden durchdrungen, bevor sie aufwachten. Selbst Pastor Niemöller war ein treues Parteimitglied und widersetzte sich Hitler nie außer in biblischen Angelegenheiten.[270] Er bot sogar seine Dienste für einen Krieg an, der die Schändung benachbarter Länder durch einen Mann bedeutete, dessen Weg bereits mit Blut, Heimtücke und Brutalität gepflastert war.

In Österreich empfing niemand Hitler so herzlich wie die Protestanten. Sie begrüßten ihn als den Befreier. Die kurzlebigen Diktaturen von Dollfuß und Schuschnigg einmal außen vor gelassen – und was für Waisenknabendiktatoren waren die beiden! –, haben österreichische Protestanten nicht einmal eine staatliche Verfolgung erlitten, nicht einmal unter den Habsburgern in den 80 und mehr Jahren. Und wenn sie ständig nostalgische Blicke auf das protestantische Imperium im Norden richteten, was für eine Minderheit so klein wie die ihrige nur natürlich ist, vermag es da zu überraschen, dass sie Misstrauen unter den anderen Österreichern geweckt haben? Aber war dieses Misstrauen Grund genug, um Hitler mit offenen Armen zu begrüßen und aktiv auf den Tag einer solchen „Befreiung" hinzuarbeiten? Was nun Kardinal Innitzer angeht, er war niemals ein Nazi. Er saß in einem gänzlich anderen Boot. Er hasste den Nationalsozialismus und fürchtete ihn. Seine unglückliche Proklamation nach Hitlers Ankunft repräsentierte keinen Wechsel der Überzeugungen und wurde auch nicht durch Furcht diktiert. Er litt hauptsächlich unter der Attacke einer sehr geläufigen Krankheit – geläufig unter Kirchenmännern, Staatsmännern, Christen, Juden, Atheisten –, der Krankheit des „Appeasement". Und das stellte ihn in ein sehr schlechtes Licht. Er wurde von den Nazis tief gedemütigt und noch stärker vom Papst, der ihn nach Rom bestellte und ihn anwies, einen feierlichen Widerruf auf Deutsch auf der ersten Seite des *Osservatore Romano* zu veröffentlichen. Nach diesem Vorfall war seine Amtsführung von jedem Zweifel erhaben. Können wir seinen Irrtum und seine kurzzeitige Schwäche nicht ebenso leicht vergessen, wie wir die Verfehlungen eines so noblen Märtyrers wie Niemöllers vergessen haben? Und warum verges-

---

270 Hier irrt sich Reinhold freilich. Trotz dezidiert nationalkonservativer Ansichten war Niemöller nie Mitglied in der NSDAP. Vgl. dazu ausführlich James Bentley, *Martin Niemöller. Eine Biographie*, München: C. H. Beck, 1985, bes. S. 105 ff.

sen wir, dass zusammen mit Niemöller die Nazis auch Pfarrer Rupert Mayer in ein Konzentrationslager geworfen haben – einen Kriegsveteranen mit Beinprothese, einen Mann, der Apostel von München genannt wurde, und bei armen sowie jungen Leuten hoch verehrt war? Um Jungen und Mädchen aus der großen Stadt Skiausflüge im Winter und Wanderausflüge im Sommer zu ermöglichen, erwirkte er die Erlaubnis, die Messe zweimal an jedem Sonntag im Hauptbahnhof Münchens zu lesen. Zudem organisierte er Messen auf Berggipfeln, in Touristenunterkünften oder an Weiheorten am Wegesrand. Dieser Mann ist niemals eingeknickt, ist niemals der Partei beigetreten. Er hat sich als guter Freund, aufopfernder Gefährte und geistlicher Beistand für viele der mit ihm im Konzentrationslager inhaftierten Menschen erwiesen.

Oder Pater Rossaint, zu Zwangsarbeit verurteilt, weil er ein paar fehlgeleiteten jugendlichen Kommunisten half, ihren Nazi-Verfolgern zu entkommen. Ist alles, was er getan hat, nichts wert? Bezieht sich diese unbedachte Aussage, dass die katholische Kirche sich dem Nationalsozialismus nicht so widersetzte wie Norwegen, Holland, Dänemark oder das protestantische Norddeutschland, auch auf den französischen und spanischen Klerus, der zu keinem Zeitpunkt nach Parteizugehörigkeit, Religion oder Nationalität fragte, als er Christen, Juden, Loyalisten, Konservativen und Kommunisten half, nach Nordafrika oder Lissabon – also in die Freiheit – zu flüchten? Während Protestanten und Katholiken in Berlin Gebete für ihre Priester und Pfarrer im Konzentrationslager austauschen, Katholiken und Protestanten in Holland gemeinsame Sache im Widerstand machen, und die treuen, aufrechten Protestanten Frankreichs neben couragierten katholischen Anführern wie Kardinal Liénart und Erzbischof Saliège marschieren, ist es schon sehr befremdlich, solche Äußerungen von Autoren zu hören, die Verfolgung nur aus Sitzungsberichten und sensationsheischenden Überschriften der Presse kennen.

Es ist die Minderheit der Bekennenden Kirche in Deutschland, welche die protestantischen Märtyrer stellt; und wie alle Märtyrer-Kirchen verzeichnet sie einen konstanten Zuwachs. Aber selbst diese heroische Gruppe – die einzige Gruppe außerhalb der katholischen Kirche, die in organisierter Form Hitler die Stirn bietet –, selbst diese Gruppe hat keinen Protest gegen Hitlers Missetaten und deren stillschweigende Billigung in Deutschland erhoben. Sie haben ihre Bemühungen darauf beschränkt, ihr Evangelium frei von solch theologischen Dummheiten zu halten, wie sie von Reichsbischof Müller propagiert werden. Sie haben dafür gekämpft und gelitten, dass eine letzte spirituelle Verbindung zu Christus in ihren Gemeinden erhalten bleibt. Sie haben sich um ihre Angelegenheiten gekümmert und die Außenwelt den Cäsaren überlassen. Der Irrtum begann mit Luther und war nicht ihr eigener. Dies ist ihr Handicap.

Im Fall des Katholizismus sieht es anders aus. Katholiken wurden darauf geschult, die Regierung kritisch zu beobachten, Widerstand zu leisten und zuallererst Gott zu gehorchen – eine Lektion die Niemöller erst durch bittere Erkenntnis lernen musste.

Doch auch die Katholiken verfielen dem „Appeasement". Ihre Führer folgten dieser Richtung, vielleicht weil sie sich so gut an das Jahr 1918 erinnerten, als kleinkarierte, bürgerliche Marxisten an die Macht kamen. Durch Teilnahme am politischen Prozess war es ihnen damals gelungen, einen Fuß in die Tür zu bekommen und die Kirche während des Demokratisierungsprozesses zu schützen. Sie dachten nun, sie könnten etwas ähnliches noch einmal tun – zumindest ein Teil der Wortführer äußerte sich so. Sie manövrierten den Heiligen Stuhl in eine Position, so dass Männer wie Papst Pius XI. und Kardinal Pacelli ein Konkordat unterzeichnen mussten, nicht weil der Heilige Stuhl es wollte und darauf insistierte, sondern die deutschen Katholiken. Es war aber nicht nur von Papen, der den deutschen Katholiken in den Rücken fiel und Hitler erstmals die Teilhabe an einem internationalen Abkommen ermöglichte; und das zu einem Zeitpunkt, an dem alle Regierungen sich dazu veranlasst sahen, jedes Schriftstück, das von Hitler kam, als bedeutungslos zu behandeln oder darin eine Falle zu sehen. Papen hatte willfährige Verbündete, die weder Feiglinge noch Verräter waren. Sie waren „Appeaser" und Politiker, die nach ihrem besten Ermessen handelten und der Täuschung anheim fielen, im Umgang mit Hitler die gleiche Strategie wie mit Ludwig XIV., Joseph II., Bismarck oder Poincaré erfolgreich anwenden zu können. Sie fütterten den Tiger mit kleinen Happen; dieser beabsichtigte aber, sie im Ganzen zu verschlingen.

Trotzdem war die Situation niemals auswegslos! Eine Ablehnung Hitlers durch Protestanten und Katholiken im Jahr 1933 hätte ihn getroffen, wenn auch auf Kosten brutaler Verfolgung. Aber die protestantische Lehre von der Autorität des Staates und das katholische „Appeasement" standen dem im Wege. Hätten die Katholiken wirklich eine andere Politik gewollt, hätte der Heilige Stuhl ihnen sicher den Rücken gestärkt; aber kein Papst kann in den Krieg ziehen mit einer Armee, die hofft, sich ihren Ausweg erkaufen zu können, oder die hinter einer Art Maginot-Linie Zuflucht nehmen will und gleichzeitig Hilfe aus Rom durch Diplomatie und politischen Druck erwartet. Der moderne Zentralismus der Kurie hat uns eine bessere Disziplin, eine größere Effizienz gegeben, aber er hat auch in so großem Maße die Last der Verantwortlichkeit von den Schultern der Untergebenen der Kurie genommen, dass diese Männer nahezu all ihre Eigeninitiative verloren haben und nur noch mehr mit Beamten zu vergleichen sind, die sich ausschließlich auf ihre Vorgesetzten verlassen oder auf geschriebene Instruktionen. Die standhafte Courage eines Windthorst war verschwunden und die deutschen Katholiken begegneten der Zentrumspartei mit Misstrauen. Die Verantwortung war eine zu schwere Last geworden, der politische Kampf allzu schmutzig.

Doch selbst in den Jahren 1939 oder 1943 wäre eine Umkehr noch möglich gewesen. Hätten die Bischöfe sich geweigert, in Fulda zusammenzutreffen, hätten sie eine Erklärung abgegeben, dass sie es ablehnen, einen ungerechten Krieg, eine ungerechte Kriegsführung oder einen Krieg, der in solch Gräueltaten wie den Massakern in Polen mündet, zu unterstützen, der Effekt wäre gigantisch gewesen, besonders wenn es ihnen die Protestanten gleichgetan hätten. Wenn wenigstens ein Bischof die Unterzeichnung der Erklärung, die in Fulda entstanden ist, abgelehnt hätte, wenn er das Treffen in aller Stille verlassen hätte, sowohl Katholiken als auch Nazis hätten das Zeichen verstanden. Wenn die Proteste, die in Fulda formuliert worden sind, wenigstens nicht all diese Verbeugungen und Schmeicheleien gegenüber Hitler beinhaltet hätten; wenn Niemöller, als er noch frei war, sich nicht ebenso verhalten hätte, die Situation hätte für Hitler schlecht ausgesehen, und die drohende Niederlage des nationalsozialistischen Deutschlands wäre ein Sieg für das „andere Deutschland" gewesen.

Ich bezweifle, dass dieser Weg nicht eingeschlagen wurde, weil die verantwortlichen Männer Feiglinge gewesen sind. Ich bin mir sicher, dass jeder von ihnen dem Nazi-Erschießungskommando mutiger gegenüber treten würde, als ich es tun könnte. Alle von ihnen haben aus noblen Motiven heraus gehandelt, um ihre Schutzbefohlenen zu verteidigen, und in dem Glauben, Hitlers Herrschaft zu überleben, sei an sich ein verdienstvolles Ziel. Ich kann mir nicht vorstellen, dass irgendjemand, der Deutschland gerade noch rechtzeitig verlassen konnte, oder jemand, der seinen Mund gehalten hat, der sich so schnell wie er konnte an seine Habseligkeiten klammerte bis sie ihm trotzdem geraubt worden sind, und der danach aus dem Land vertrieben wurde, ein Recht hat, diese Männer zu kritisieren. Obwohl ich keiner dieser Kategorien angehöre, bin ich immer noch der Auffassung, dass meine niedergeschriebenen Gedanken nicht viel Gewicht haben, da sie aus der Position der Sicherheit heraus entstanden sind. In dieser Beziehung habe ich kein Recht, anzuklagen, zu korrigieren oder zu rügen. Es gibt genügend Menschen aus Europa unter uns, die einen tief sitzenden Anti-Klerikalismus mit sich gebracht haben, den sie nur allzu bereitwillig der amerikanischen Bevölkerung einimpfen, und dadurch verschlimmert sich die bereits angespannte Situation, in die sich einige Katholiken der Vereinigten Staaten bedauerlicherweise manövriert haben lassen.

Trotz der Unterschiede geben beide Kirchen in Deutschland zurzeit das gleiche Bild ab; sie werden beschimpft und verachtet, die Katholiken noch mehr als die Mitglieder der Bekennenden Kirche. Während die eine durch ihre Vergangenheit und ihre eigene Doktrin geschwächt ist, ist die andere paralysiert durch den Mangel an Initiative, durch Appeasement und einen nationalen Minderwertigkeitskomplex. Doch beide halten weiterhin heroisch stand und kein Außenstehender ist dazu berechtigt, den einen auf Kosten des anderen zu rühmen. Keine von beiden hat sich physisch oder moralisch der Feigheit ergeben. Doch Katholiken wie auch Protestanten bluten, hungern und sterben für einen teuflischen Mann und eine teuflische Sache. Sie sehen, dass sowohl sein Triumphmarsch als auch sein Rückzugsweg gekennzeichnet ist von den Leichen unschuldiger Menschen und den Trümmern der Zivilisation. Rom kann nichts tun. Die Amtskirche der alliierten Länder kann ebenfalls nicht auf die deutschen Katholiken über die Köpfe deren eigener Kirchenführung hinweg Einfluss nehmen. Unsere Propaganda befindet sich größtenteils in den Händen von

Menschen, die sehr wenig über das Christentum und christliche Überzeugungen wissen und sich noch weniger darum scheren. Sie scheinen keine Ahnung davon zu haben, dass deutsche Katholiken niemals pro-faschistisch, pro-Mussolini, pro-Hitler oder anti-britisch waren. Und selbst wenn sie pro-Franco gewesen wären, wie hätten sie dies verhindern können, denn zwischen 1936 und 1939 konnte man kaum die Wahrheit in dieser Angelegenheit erahnen. Und doch bleibt all die potenzielle Kraft ihres Mutes ignoriert, vergessen und verharmlost innerhalb unserer Propagandaarbeit. Nichtchristen machen die Pläne für ein neues Deutschland und für Führungspositionen werden Personen ausgewählt, die sehr wenig mit dem christlichen Bewusstsein der protestantischen und katholischen Deutschen gemeinsam haben. Ein paar erfolgreiche Schriftsteller und Flüchtlinge geben vor, den Finger am Puls des deutschen Volkes zu haben.

Das Bewusstsein deutscher Christen ist von einem Panzer umringt, der durch keine Niederlage und keine Propaganda geknackt werden wird. Dennoch muss er aufgebrochen werden oder Dorothy Thompsons Prophezeiung eines neuen Hitlers wird wahr werden. Obwohl ich glaube, dass sie eine klassische, psychologische Erklärung abgegeben hat, was den Deutschen zugestoßen ist, die alles ausprobiert hatten – außer Christentum – und dabei alles scheitern sahen, und obwohl sie sicherlich die Schwarz-Weiß-Malerei von Hollywood und die ähnlich strukturierte Art der Propaganda, wie sie in unserer Boulevardpresse zu lesen ist, vermieden hat, hat sie doch eine Tatsache komplett übersehen. Selbst wenn man alles ausprobiert hat und all dies in verzweifelter Enttäuschung endet, entschuldigt dies immer noch nicht die Nichtbeachtung der Zehn Gebote, der Bergpredigt und der Lehren von Golgatha; kurz gesagt, es entbindet einen nicht von seinem Gewissen. Aber Miss Thompsons Fehler ist ein Fehler aus Mitleid und daher entschuldbar. Andere wiederum sündigen durch Blindheit, böswillige Ignoranz und dummen Hass.

Der materielle Sieg, der näher zu sein scheint als jemals zuvor, der genialste Friedensvertrag, die besten Bündnisse können nicht den Sieg erlangen, solange wir nicht zuerst das christliche Bewusstsein in Deutschland von diesem Panzer befreien.

Wenn nicht beide Kirchen in Deutschland lehren, dass Falsch falsch ist und Richtig richtig, werden die deutschen Christen zwar Hitler hassen, aber gewissenhaft weiter für ihn und sein Regime kämpfen, brennen und töten, weil er der Führer des Staates ist, „von Gott eingesetzt", oder weil er einfach als das „kleinere von zwei Übeln" angesehen wird. Die Angelegenheit sollte ausschließlich eine des Gewissens sein und nicht eine der Zweckmäßigkeit. Die Wurzel des Problems ist die praktische Verleugnung einer fundamentalen christlichen Wahrheit, zu welcher deutsche Christen auf geradezu orthodoxer Art und Weise ein Lippenbekenntnis ablegen: Keine irdische Autorität kann den Platz eines menschlichen Gewissens einnehmen und über Richtig und Falsch für ihn entscheiden. Ich bin fest davon überzeugt, dass deutschsprachige Christen genauso willig wie andere für ihre Überzeugungen zu leiden und sogar zu sterben bereit sind – es muss uns nur möglich sein, ihre intellektuelle und moralische Unterwürfigkeit gegenüber „eingesetzten Autoritäten", egal ob sich diese als gut oder schlecht erwiesen haben, zu vernichten.

Daher ist es die These dieses Artikels, dass wir einen vollständigen Sieg – keinen bloßen Waffenstillstand – nur dann erlangen können, wenn unsere Propaganda von rein negativen Betrachtungen hin zu einer positiven Beurteilung christlicher Prinzipien umschwenkt. Es wird einen großen Unterschied ausmachen, wenn wir die christlichen Köpfe und Herzen in dem Teil Deutschlands erreichen könnten, der noch immer christlich ist. Natürlich bin ich nicht völlig sicher, ob ein Nebeneffekt eines solchen Vorhabens nicht die Errichtung einer aktiven christlichen Untergrundbewegung sein würde, die auf ähnliche Art und Weise operiert wie die polnischen, niederländischen, norwegischen und französischen christlichen Untergrundbewegungen, um Europa von seinen momentanen Herren zu befreien. Aber auch das wäre eine Hoffnung wert. Mit einem schlechten Gewissen durch alliierte Kugeln zu sterben, könnte vielen Deutschen durchaus lohnenswerter erscheinen, als mit gutem und ruhigem Gewissen vor einem Nazi-Erschießungskommando zu stehen. Aber jeglicher Appell an ein solches Heldentum verlangt umfassende christliche Überzeugung von demjenigen, der diesen Appell unternimmt. Und dieser Appell wird nicht von den deutschen spirituellen Führern kommen, nicht weil sie Angst haben, sondern weil sie einer Linie der Verantwortlichkeit gefolgt sind, gefärbt von unverrückbaren Traditionen, die weit über hundert Jahre alt sind. Er kann aber auch nicht von den Herzen und Köpfen kommen, die niemals christliche Prinzipien verstanden oder ein christliches Leben geführt haben. Der Ruf nach Aufrichtigkeit und Glaubwürdigkeit, nach Gerechtigkeit und Vernunft kann nicht durch bloßen Hass auf Hitler ersetzt werden, noch wird es effektiv sein, wenn man in Tönen dieses bekannten und billigen Anti-Katholizismus spricht, der so charakteristisch für bestimmte Gruppierungen in Wien, Berlin und München gewesen ist, lange bevor Hitler an die Macht kam. Nur die besten Vertreter des amerikanischen christlichen Lebens sind wahrhaft geeignet, das Bewusstsein ihrer irrenden deutschen Brüder anzusprechen.

Auch wenn das Ergebnis kein christlicher Aufstand sein sollte, müssen wir weiter für die Zeit nach der Niederlage Deutschlands und den darauf folgenden Frieden planen. Die unglaubliche Missachtung des deutschen Christentums in den Memoranden, die von unseren Flüchtlingsexperten kommen, lassen nichts Gutes erahnen. Diese Männer repräsentieren Ideologien, die erheblich zu Hitlers Aufstieg beigetragen haben; der Führer labte sich an ihrem geistigen Abfall und wurde erst groß durch ihre Theorien des Kollektivismus, ihren Etatismus, ihre Religionsverachtung, ihre Missachtung einer wahren organischen Gesellschaft, ihren Amoralismus, ihre Anbetung der Nation und ihre oberflächliche Zügellosigkeit. Wo waren sie im März 1933? Solange es nicht durch ihre politische Vergangenheit oder ihre „rassische" Herkunft unmöglich war, zögerten Männer ihresgleichen keinen Moment, nicht nur mit Hitler Geschäfte zu machen, sondern sich tatsächlich mit ihm, durch welche Hintertür auch immer, zu verbünden – natürlich mit einigen ehrenhaften

Ausnahmen. Seit tausend Jahren war das deutsche Volk mehr oder weniger der westlichen Zivilisation zugehörig. Diese Zugehörigkeit resultierte vor allem, soweit sichtbar, aus der Macht Christi und seiner Kirche über das Gewissen der Menschen. Als ein neues Heidentum aufkam, wurde diese Zugehörigkeit aufgebrochen. Dieses neue Heidentum nahm verschiedene Gestalten an, bis es schließlich die Maske abstreifte und sich in einem kleinen Schnurrbart und einer Haarsträhne, die über ein leeres Gesicht hing, verkörperte. Keine seiner schlimmsten Lehren kann einen christlichen Ursprung vorweisen; alles sind Lehren der Feinde des Christentums, selbst wenn viele dieser Feinde inzwischen reumütig und entsetzt angesichts ihrer Taten sind. Wenn wir ein neues Deutschland wollen – kein altes, das von Besatzungsmächten und wirtschaftlicher Einengung bis zu dem Punkt niedergehalten wird, dass Hass und Verbitterung es so stark machen, dass es ihm möglich ist, seine Kerkermeister in Stücke zu zerfetzen, – dann müssen wir Herz und Geist der Deutschen erreichen und verändern.

Bis jetzt gibt es zwei Bewerber für diese Aufgabe: Kommunismus und Christentum. Kommunismus, oder vielmehr Stalinismus, ist nicht mehr die messianische Anti-Religion, die er einstmals war. Er ist eher gewillt, die Welt so zu nehmen, wie sie ist, auch wenn dabei mit ein paar deutschen Generälen und Industriellen, die Hitler halfen und ihn begünstigt haben, zusammengearbeitet werden muss, damit die Dinge laufen. Doch sein Lösungsansatz wird nur eine weitere oberflächliche Behandlung sein. Der Eiter des Hasses, der Rache und der Verzweiflung wird sich unter dieser Oberfläche erneut entwickeln können.

Wenn wir das Herz der Deutschen erreichen und verändern wollen, wenn wir den einzigen Sieg wollen, der für uns erstrebenswert ist, dann müssen wir auch das einzige Mittel nutzen, mit dem man die Herzen der Menschen verändern kann: Gottes Wort. Der Krieg ist jetzt in seinem kritischsten Stadium, denn er droht sich zu einem bloßen Kampf um Macht zu entwickeln, in dem es nicht länger um Hitler oder Freiheit, Wahrheit, Nächstenliebe, Ehrlichkeit und Gerechtigkeit geht. Aber nur für eine ehrenvolle Sache werden amerikanische und alliierte Soldaten bereit sein zu sterben. Um die gute Sache davor zu bewahren, dass sie von bloßen Abenteurern missbraucht wird, müssen wir den harten Panzer aufbrechen, der das deutsche Gewissen ummantelt. Und indem wir dies tun, werden wir unserem eigenen Gewissen dienen.

Post vom besiegten Feind [271]

Zur Zeit Karls des Großen hatten die slawischen Stämme der Wenden und Obotriten die Sachsen so weit nach Westen getrieben, dass die gesamte Ostseeküste des heutigen Deutschland in ihrer Hand war. Der letzte Vorposten der Teutonen befand sich in der Gegend von Lübeck, dessen Name vermuten lässt, dass eben dieses stolze Haupt der Hanse auf eine slawische Siedlung zurückgeht, auf einen Marschenhügel an der Trave. Die Stadt mit ihren verwitterten Ziegelsteinen, den grünen Turmhelmen, dem blassblauen Himmel und verträumten Gärten, hat mich stets beeindruckt als die mittelalterlichste und malerischste aller deutschen Städte. Thomas Manns „Buddenbrooks" lässt einen ahnen, wie das Leben hier aussah, bevor die moderne Industrie ihren schläfrigen Rhythmus hinwegschwemmte und neue deutsche Geschäftigkeit hineinbrachte. Aber auch danach behielt sie in ihren Mauern eine Art Feiertags-Atmosphäre, als ob ihre Einwohner bei all den schönen Kirchen und Klöstern, den alten Patrizierhäusern, das zwanzigste Jahrhundert nicht so ernst nehmen könnten wie die Menschen im 60 Kilometer entfernten Hamburg.

In Lübeck konnte man besser speisen als anderswo, an blank gescheuerten Tischen in urigen hanseatischen Gasthäusern, und im August gab es in St. Marien allwöchentlich ein Festival mit Musik des siebzehnten Jahrhunderts, und zwar ohne eine Kollekte zu veranstalten. Selbst das gedruckte Programm war kostenlos. Auf dieser Orgel hatten einst Heinrich Schütz und verschiedene Bachs gespielt, klar und kraftvoll, nicht wie die modernen diffusen Kompositionen, die auf so armselige Weise ein ganzes Orchester imitieren. Organist, Solisten und Chor praktizierten das ganze Jahr hindurch.

Zum letzten Mal sah ich Lübeck, als ich an einem herrlichen Frühlingssonntagnachmittag von Hamburg aus hinüber gefahren war. Ich wollte mit einem Architekten, der Mitglied des Kreises um Romano Guardini war, Pläne besprechen. Mir war, als ließe ich das Dritte Reich hinter mir. In der lang anhaltenden nordischen Dämmerung war die Stadt reizend wie eh und je. Das einzig Störende, was ich damals sah – und das auch nur beiläufig –, war die Gedenktafel für einen deutschen Spion, den man während des ersten Weltkriegs in England hingerichtet hatte. Im Übrigen schien die schlafende Königin der Ostsee genau so still und zurückhaltend zu sein wie irgendeine Königinwitwe in vergangenen Zeiten.

Ich erfuhr, dass die Dinge sich bald darauf explosionsartig zu entwickeln begannen. Neue Hochöfen verunzierten die lieblichen Gestade zwischen Stadt und Travemündung und Schiffe aus Schweden und Norwegen verdunkelten den heiteren Himmel mit schwarzem Rauch. Tausende von Arbeitern strömten in die stille Stadt,

---

[271] *Mail from the Enemy Defeated*, in: *Commonweal* 46 (1947), S. 134–137. (Dt. Übersetzung: Peter Schmidt-Eppendorf und Ronald Lambrecht.)

wie in ihre noch stilleren Schwestern Wismar, Rostock, Greifswald und andere vergessene Städte entlang der Küste aus geschäftigen mittelalterlichen Pioniertagen.

Lübeck war das erste Opfer einer gewissen Überfüllung. Seine mittelalterliche Herrlichkeit ist ruiniert und seine Bevölkerung angeschwollen durch Tausende von vertriebenen Personen aus Ostpreußen, Schlesien und Pommern, es lebt das hoffnungslose und hungrige Leben, das sich in Europa breit macht, seit Hitler 1939 in Polen einmarschiert ist.

Mehr als ein Jahr nachdem Bomben und Feuer vom Himmel regneten und die ehrwürdige Königinwitwe der Städte zu einem zahnlosen Bettelweib in Lumpen und Schmutz machten, wurde sie entweiht durch eine entsetzliche Tat: Am 10. November 1943 starben drei ihrer katholischen Priester, die Kapläne Johannes Prassek, Hermann Lange und Eduard Müller, zusammen mit dem lutherischen Pastor Karl Friedrich Stellbrink durch die Guillotine.[272] Sie waren verurteilt wegen Hochverrat. Pastor Stellbrink hatte man am Palmsonntag 1942 verhaftet. Seine Predigt missfiel der Gestapo. Seiner Verhaftung folgte der Coup gegen Kaplan Prassek von der Herz-Jesu-Kirche und eine Gruppe von Soldaten, deren Seelsorger er war. Im Juni nahmen sie seinen Mitbruder [Hermann Lange] von derselben Kirche fest, und mit ihm dessen Jugendgruppe. Dann folgte ein Soldat aus dem Führungskreis, der Hirtenbriefe des Bischofs von Galen für die beiden Priester vervielfältigt und verteilt hatte. Eine Woche später wurde der dritte Priester, Kaplan Müller, verhaftet, dazu fast seine ganze Gruppe von der Katholischen Aktion. Jeder von diesen Laien hätte seine Freiheit erkaufen können, wenn er der katholischen Kirche den Rücken gekehrt und sich von den Geistlichen distanziert hätte. Keiner von ihnen hat es getan.

Ein Jahr später veranstalteten die Nazis einen Schauprozess mit allem Drum und Dran. Keine ihrer Anklagen wurde durch irgendwelche Zeugen erhärtet. Dennoch forderte das Gericht für die vier Geistlichen die Todesstrafe. Die Laien kamen mit geringeren Strafen davon. Dieser Nazi-Schauprozess diente offenbar dazu, die Kirchen einzuschüchtern – sozusagen ein Vorläufer des 20. Juli 1944. Es berührt befremdlich, dass die kleine Broschüre von 1945, die dieses Ereignis beschreibt, mit armseligen Worten lediglich die Unschuld der vier Märtyrer hervorhebt, anstatt sie für ihre Revolte zu preisen.[273] Kein prominentes Mitglied der Hierarchie rührte sich, um sein ganzes Prestige und die Macht seines Amtes einzusetzen, und diese Grausamkeit in

---

272 Die sogenannten Lübecker Märtyrer – Johannes Prassek (1911–1943), Hermann Lange (1912–1943), Eduard Müller (1911–1943) und Karl Friedrich Stellenbrink (1894–1943) – wurden im Juni 1943 vom Volksgerichtshof wegen „Feindbegünstigung und Wehrkraftzersetzung" zum Tode verurteilt und am 10. November 1943 hingerichtet. Vgl. Peter Voswinckel, *Geführte Wege. Die Lübecker Märtyrer in Wort und Bild*, Kevelaer: Butzon & Bercker, 3. Auflage, 2010; Isabella Spolovnjak-Pridat/ Helmut Siepenkort (Hgg.), *Ökumene im Widerstand. Der Lübecker Christenprozeß 1943*, Lübeck: Schmidt-Römhild, 2001.

273 Josef Schäfer, *Wo seine Zeugen sterben, ist sein Reich*, Hamburg: Hansa Verlag, 1946. Auszüge aus dem Buch waren bereits 1945 als Broschüre vom Katholischen Pfarramt Lübeck herausgegeben worden.

einen Triumph der Kirche zu verwandeln; es wurde gedeutet als ein Triumph des individuellen Glaubens allein. Das kleine Büchlein, das bestrebt ist rührende menschliche Züge in den Charakteren dieser vier edlen Männer aufzuzeigen, offenbart nicht den Wunsch, ihre Namen in ein Banner oder eine Fanfare für ihr Land und ihre Kirche zu verwandeln. Ihre Reliquien wurden nicht erhoben, und eine feierliche Übertragung in eine Kirche hat nicht stattgefunden.[274] In Hamburg geht übrigens das Gerücht um, dass Pfarrer Schwentner[275] als Märtyrer kanonisiert werden soll.

In derselben Stadt lebt ein alter Bekannter von mir, jetzt städtischer Beamter – man nennt ihn nach alter hanseatischer Tradition Senator.[276] Ich kannte ihn schon, als ich noch junger Priester war. Er besuchte mich häufig. Damals war er ein sehr fleißiger Gewerkschafter und gehörte dem ehrenwerten linken Flügel des katholischen Zentrums an. Seine Parteifreunde betrachteten ihn als einen „Roten", und höheren Ortes sah man ihn als gefährlich an. Mehr als sieben Jahre saß er in Nazi-Gefängnissen und Konzentrationslagern. Wie seine Frau und die neun Kinder ihr Leben gefristet haben, weiß ich nicht. Aber nun ist er Bausenator und Denkmalspfleger dieser Stadt mit ihren 150.000 Einwohnern. Er verwaltet auch das Vermögen der katholischen Gemeinde, um die Priester von dieser Aufgabe zu entlasten. Sein öffentliches Amt empfindet er als einen Scherz. Es fehlt alles für den Wiederaufbau, von Neubauten ganz zu schweigen.

„Wir gehören zu einer kleinen Gruppe von Menschen, die sich aktiv am öffentlichen Leben beteiligen. Die meisten von uns sind Sozialisten – ich nicht. Niemand von uns hat den geringsten Zweifel, dass wir bald aus dem Amt gejagt oder gelyncht werden. Jeder, der heute in Deutschland ein leitendes politisches Amt übernimmt, weiß, wie hoffnungslos dieser Job ist, und muss zur Kenntnis nehmen, dass die Leute ihn nicht anerkennen. Während ich herumgehe und Optimismus predige, ist mein Herz voll von einem bodenlosen Pessimismus. Wenn ich nicht der Überzeugung wäre, dass Gott allzeit für uns gesorgt hat, dann würde ich verzweifeln. Neulich reiste ich durch die Sowjetische Besatzungszone und besuchte Ihren Freund Pastor J.[277] Er bat mich, Ihnen mitzuteilen, dass er in demselben Zustand von Furcht und Unterdrückung lebt wie unter Hitler. Er hat nichts zu essen und bittet Sie, ihm Lebensmittel zu schicken. Aber seien Sie vorsichtig und adressieren Sie die Sendung an Herrn J., sonst bekommt er sie womöglich nicht."

---

274 Am 25. Juni 2011 wurden die „Lübecker Märtyrer" während eines feierlichen Gottesdienstes in Lübeck selig gesprochen. Der evangelische Pastor Stellbrink wurde dabei in besonderer Weise geehrt. Vgl. P. Voswinckel, *Geführte Wege*.
275 Bernhard Schwentner (1891–1944), seit 1927 Pfarrer von Neustrelitz, wurde am 30. Oktober 1944 im Zuchthaus Brandenburg hingerichtet. Vgl. Ulrich von Hehl, *Priester unter Hitlers Terror*, 2 Bde., Paderborn: Schöningh, 3. Auflage, 1996.
276 Adolf Ehrtmann (1897–1979). 1942 verhaftet und vom Volksgerichtshof 1943 zu fünf Jahren Zuchthaus verurteilt. 1945 befreit, 1946 Bausenator der Stadt Lübeck. Vgl. Martin Thoemmes, Adolf Ehrtmann, in: Günter Buchstab u. a. (Hgg.), *Christliche Demokraten gegen Hitler. Aus Verfolgung und Widerstand zur Union*, Freiburg: Herder, 2004, S. 148–154.
277 Vermutlich Pastor Alfons Jünemann in Parchim.

Es gibt eine Sache, die ich Ihnen voller Stolz berichten möchte: Kein Teil der deutschen Bevölkerung hat sich als so immun gegen den Totalitarismus erwiesen wie unsere Katholiken. Während andere sich jetzt selbst Antifaschisten nennen und allen Kredit für sich selbst in Anspruch nehmen, könnten wir sie fragen: Wo waren eure Jungen und Mädchen während des Naziregimes? Die Tatsache, dass unsere katholische Jugend den Naziorganisationen fernblieb, genügt um zu zeigen, wo der wahre Widerstand war. Aber die Hoffnung, dass auf den Sturz Hitlers eine religiöse Erneuerung folgen würde, hat sich nicht erfüllt. Die Leute stehen abseits und bleiben weg. Unsere jungen Leute betrachten die Kirche mit Argwohn und bezeichnen die Sieger als Heuchler, die Millionen aus ihrer Heimat vertrieben haben, wie Hitler es getan hat, und die Unschuldige wie Schuldige in denselben Kerker von Elend und Hunger getrieben haben.

> „Die große Wohltätigkeit, die einzelne Amerikaner und Engländer uns durch die Sendung von Nahrung, Kleidung und Medizin erweisen, ist entweder unbekannt oder unbeachtet, oder wird unverfroren angenommen als etwas, das uns selbstverständlich zusteht. Ich persönlich sehe darin den einzigen Hoffnungsschimmer. Dass jene Nationen, die durch die deutschen Invasoren und Feinde ihr Blut vergossen und Gewalt erlitten haben, jetzt heroische Anstrengungen unternehmen, um uns zu ernähren, das allein ist ein Zeichen der Liebe in dieser Welt voller Hass […]"

Eine Autostunde südlich von Lübeck befindet sich der riesige Trümmerhaufen, der einmal die stolze und liebenswerte Stadt Hamburg war, zehnmal größer als Lübeck, und jetzt, wie es scheint, doppelt so elend.

> „Stellen Sie sich ein großes Büro vor, mit sechzig Angestellten an ihren Schreibtischen, ohne jede Bequemlichkeit, ohne Wärme. Fahrstuhlschächte und Treppenhäuser sind dermaßen verdreckt, dass man sich die Nase zuhalten muss, wenn man seine vierzehn Treppen hinaufsteigt. Nur wer keinen Zugang zum Schwarzmarkt hat, oder dessen horrende Preise nicht bezahlen kann, spricht von Unmoral. Unsere jungen Leute sind alles Nihilisten, was zunächst auf ihre Indoktrination durch Hitler und schließlich auf das Versagen unserer jetzigen demokratischen Versuche zurückzuführen ist. Wer kann heiraten? Es gibt keine Wohnung, keine Möbel, man bekommt keine Wäsche, noch sonst etwas, dass eine sichere Existenz erwarten lässt. Jeder hier fühlt, dass es hier um nichts anderes geht als um die Beseitigung eines Konkurrenten, langsam aber sicher. Wissen Sie, wie man unsere Männer in der Kriegsgefangenschaft behandelt?"

In derselben Stadt kenne ich einen hohen Verwaltungsbeamten, der dreißig Jahre ohne Tadel als Finanzbeamter seinen Dienst versehen hat. Als die Hungersnot begann, wurde seiner Frau Schwarzmarkt-Zucker angeboten, genügend, um einigen Freunden damit zu helfen. Der Händler wurde gefasst und denunzierte sie. Nun sitzen sie und ihr Mann im Gefängnis. Im Alter von 62 Jahren verlor er seinen Posten und den Anspruch auf seine Pension. Beide sind alt und krank. Mit gleicher Post kommt ein Brief von einem süddeutschen katholischen Intellektuellen, einem notorischen Nazi, der Goebbels sehr unterstützt hat. Voll guten Mutes: „Mir geht es gut. Habe gerade Ihren Artikel in *Commonweal* gelesen. […]" Beinahe mit der gleichen Post schicken mir der Präses der Deutschen Katholischen Jugend[278] und eine andere sehr bekannte Führungskraft ihre Bitten um Hilfe. Der erstere schreibt:

> „Ich habe Verständnis dafür, dass Sie die Idee, wieder in diesem enormen Gefängnis zu leben, das man Deutschland nennt, als unmöglich empfinden, nachdem Sie die Luft der Freiheit so lange geatmet haben, mit einem weiten Arbeitsfeld und dem Priestermangel vor Ihnen. Die gegebenen Umstände sind gute Zeichen dafür, wo Gott Sie mit Ihrer Arbeit haben will. Aber helfen Sie bitte unserer heranwachsenden Generation durch die richtige Art und Weise intellektueller Propaganda (sic!) in amerikanischen Magazinen, damit schließlich für Glaube und Liebe eine Bresche geschlagen wird. Sie ahnen nicht, wie enttäuscht und hoffnungslos unsere jungen Menschen sind. Was ist ihnen übrig geblieben um daran zu glauben, wem können sie trauen in dieser schrecklichen Welt? Die Not ist so groß, dass die Verderbnis der Seelen unaufhaltsam fortschreitet, und es ist kein Stück guter Boden übrig, in den die gute Saat fallen und Wurzeln schlagen könnte."

Dann ist da der andere Brief. Ein Katholik, seit 1914 in herausragender Position, geprägt durch die nationalistische Tradition preußischer Hochschulen der kaiserlichen Ära.[279] Während der Weimarer Republik schloss er sich den militärischen Kreisen an und hatte nichts für die demokratischen Kräfte übrig, abgesehen von einer Art geschäftsmäßiger Aufmerksamkeit, wenn es um Finanzen oder Gesetze ging. Die geringen Befürchtungen, die er 1933 hatte, waren schnell hinweggefegt, und drei Monate nach Hitlers Machtergreifung war er nicht nur eine treibende Kraft für das Konkordat mit Hitler, sondern auch Mitglied in Görings Preußischem Staatsrat und saß am selben Tisch mit Himmler und anderen Mördern. Seine Interpretation der Dinge war, dass in Hitler die Tiefen der germanischen Seele zum Durchbruch gekommen seien und der verborgene Wille der Nation seinen Ausdruck gefunden habe. Er warnte eine repräsentative Versammlung katholischer Jugendführer davor, sich einem neuen Deutschland in den Weg zu stellen, „wie unsere blinden Vorfahren 1517 Luther im Wege standen und ihn aus der Kirche hinausgetrieben haben. Diesmal müssen wir mitmachen und sozusagen vom Rücksitz aus mitsteuern." Er ist ein Mann in den 70ern, anerkannt von den alliierten Befehlshabern, einflussreich wie unter dem Kaiser, ein Element der Ordnung in einer Welt des Chaos – um eine populäre Phrase von dort drüben zu benutzen. In seinem Brief schreibt er, dass er nie verstanden habe, warum irgendjemand Hitler-Deutschland verlassen habe, und – genauso schlimm nach seiner Meinung – offene Opposition gegen Männer wie ihn selbst betrieben hätten. Für diesen Mann ist die Hitler-Episode vorbei. Eindringlich fordert er seine Volksgenossen auf, genau dort wieder zu beginnen, wo sie 1933 stehen geblieben sind.

---

278 Prälat Ludwig Wolker (1887–1955), Generalpräses der Katholischen Jungmännervereine Deutschland (KJMVD). Vgl. Maria Wego, Ludwig Wolker. Seelsorger und „General" der katholischen Jugend in Düsseldorf, 1877–1955, in: *Düsseldorfer Jahrbuch* 76 (2006), S. 208–250.
279 Gemeint ist der Bischof von Osnabrück, Wilhelm Berning (1877–1955).

Nach Lektüre all dieser Briefe – Bitten um Lebensmittel, Schuhe, Kerzen und Weihrauch, Zeitschriften, um Verteilung von Propagandamaterial gegen Tschechen und Polen (Propaganda, die leidenschaftlicher klingt als das schlimmste Schwarzbuch, welches ich je gelesen habe, und die zum größten Teil in erhitzten Reden von Flüchtlingen besteht, ohne jede Möglichkeit, ihren Wahrheitsgehalt zu überprüfen) – fühlte ich einen Augenblick, dass ein ohnmächtiges Individuum nur eines tun konnte: das schwer zu begreifende komplexe Problem ausklammern, und alles von den CARE-Paketen zu erhoffen.

Dann aber kam die Überraschung meines Lebens: ein alter Bekannter tauchte auf. Der Herausgeber der einzigen katholischen Zeitung, die lieber starb als die Knie 1933 vor Baal zu beugen – die *Rhein-Mainische-Volkszeitung*.[280] Er erzählte mir, dass er jetzt mit einer Gruppe von jungen progressiven Katholiken eine neue Monatszeitschrift herausgibt, die *Frankfurter Hefte*.[281] Sein Besuch erteilte mir eine Lektion: nicht nur die Exilanten sahen Deutschland, wie ich es in all diesen Jahren gesehen habe, sondern auch einige, die in der Nazi-Hölle und dem schmutzigen Morast ihrer Propaganda gelebt haben, waren fähig, einen klaren Kopf zu behalten. Goebbels hatte sie niemals täuschen können, natürlich, und sie waren auch – Gott weiß woher – äußerst gut über die Alliierten informiert, über die entscheidenden Ereignisse des Krieges und die Prinzipien und Persönlichkeiten unserer eigenen Seite. In diesen Tagen haben sie den nicht ungefährlichen und nahezu verzweifelten Mut, ihrer Leserschaft zu sagen, dass die religiöse Führung im Dritten Reich was Einsicht und Überzeugung anlangte ein Flop war, anstelle Heroismus und Geduld zu verbreiten. Auch zögern sie nicht darauf hinzuweisen, dass das Volk – besonders aber seine führenden Persönlichkeiten – für Hitler verantwortlich ist, denn es gab keinen, der nicht wusste, dass ihre Gewaltherrscher zum Hauptportal eingelassen worden sind, obgleich sie Verbrecher, Mörder und Lügner waren. Sie erwähnen sogar Potempa und Boxheim.[282] Auch übernehmen sie nicht unkritisch die Haltung so mancher religiöser Führer, die patriotisches Heu so lange fabrizieren wie die Russen, und Fehler des

---

280 *Rhein-Mainische-Volkszeitung*. 1923 von Friedrich Dessauer gegründete, linkskatholische bzw. reformkatholische Zeitung, die gerade unter der Laienschaft und jungen Priestern eine große Leserschaft hatte. Der von Reinhold erwähnte Bekannte dürfte Walter Dirks sein, der das Feuilleton der Zeitung leitete.
281 *Frankfurter Hefte*. 1946 von Eugen Kogon und Walter Dirks gegründete kulturpolitische Monatsschrift, die gerade in der Frühphase der Bundesrepublik eine bedeutende Rolle spielte.
282 Anspielung auf die sogenannten „Boxheimer Dokumente" (benannt nach dem Entstehungsort Boxheimer Hof bei Bürstadt) aus dem Jahr 1931, in denen ein gewaltsamer Umsturzplan der NSDAP skizziert wurde. Verfasst hatte sie der NSDAP-Funktionär und spätere SS-Obergruppenführer Werner Best (1903–1989). Vgl. Ulrich Herbert, *Best. Biographische Studien über Radikalismus, Weltanschauung und Vernunft 1903–1989*, Bonn: Dietz, 1996. In dem oberschlesischen Dorf Potempa wurde am 10. August 1932 der Arbeiter und Gewerkschaftler Konrad Piecuch durch SA-Leute ermordet. Vgl. Richard Bessel, The Potempa murder, in: *Central European History* 10 (1977), S. 241–254.

alliierten Personals geben ihnen eine gute Gelegenheit so zu verfahren, anstatt die volle Verantwortung den wahren Schuldigen zuzuschreiben, einschließlich einigen aus den eigenen Reihen.

Es ist ermutigend zu sehen, dass das christliche Gewissen couragierte Sprecher unter der mittleren Generation gefunden hat, während sowohl die alten „Patrioten" als auch die junge „Nazi"-Generation einen offensichtlichen Mangel an Erkenntnis zeigen. Für mich, als einem außen stehenden Betrachter, der jedoch mit der Situation sehr wohl vertraut ist, zeigt dieses, dass diese mittlere Generation, zwischen 40 und 60, mit Verlaub gesagt beides erreicht hat: sie ist in den Tagen von Weimar gereift und sie sah mit offenen Augen. Sie ist unsere Hoffnung, und mit ihr liegt die wahre Führerschaft in jener Altersgruppe, der sie natürlicherweise zukommt. Die alten Männer waren zu alt, die Kinder zu jung, um Hitler 1929–1933 zu begreifen. Diese Generation unterstützte Hitler entweder aus Überzeugung oder Opportunismus – das war die offensichtliche und absolute Mehrheit – oder sie ging in den Widerstand oder eine Art Winterschlaf, einen Zustand der Verpuppung, aus dem sie jetzt wieder erwacht.

Die Größe des russischen Problems ist geeignet, uns vergessen zu lassen, dass in Europa ein Volk von nahezu 70 Millionen Menschen existiert, Desperados, die sich selbst einreden, sie hätten nichts zu verlieren als ihre Ketten. Weil Russland Polen etwa 200 Meilen nach Westen verschoben hatte, wurde der ganze landwirtschaftlich geprägte Osten eines hoch industrialisierten Landes amputiert, um diesem Land weniger, aber besseren Boden für den Verlust zu geben. Deutschland betrieb das Spiel zwischen Weltbeherrschung und „Götterdämmerung", und erreichte das letztere. Hitlers Idee wirkte bis zum Ende – es würde keine Deutsche Frage mehr zu lösen geben; seine Getreuen wären alle zusammen mit ihm in Walhalla. Er ließ sie jedoch zurück – verwirrt und verblendet. Nur ein Teil ihrer mittleren Generation versteht den Sinn dieses Geschehens, und sie wussten, dass sie die gleiche Ablehnung erfahren würden wie die guten Männer, die sich bemühten, das Wirrwarr nach Versailles zu klären. Genau wie damals spielen die offiziellen Führer ein raffiniertes politisches Spiel gegen die Mitte. Keiner von ihnen ruft „Metanoia", alle schnuppern ängstlich in der Luft herum, um nicht auf der falschen Seite ertappt zu werden. Das bedeutet, dass sie mit einiger Geduld, einigem Spielen mit der Sympathie früherer Feinde, mit einem unerbittlichen Pochen auf die tatsächlichen Ungerechtigkeiten und Unzulänglichkeiten, denen sie täglich ausgesetzt sind, eine Nation wie aus Eisen schmieden wollen, mit einer Entschlossenheit und auf machiavellistische Weise, von der irgendein Hitler nur hätte träumen können. Eine schreckliche Vorstellung: Machiavellisten in voller Blüte in der ganzen Welt.

Es kommt immer noch Post an. Sie zeichnet ein trauriges und hässliches Bild. Schon mehren sich die Briefe mit Beschwerden über die Besatzer, ihre Inkompetenz und ihre Härte. Andeutungen, dass Hitler nicht so schlecht war. Verachtung und Hass zwischen den Zeilen. Wie können wir erwarten, dass die anständigen christlichen und sozialistischen Kräfte unsere Bastion länger halten, wenn wir kein besseres Verständnis ihrer Probleme an den Tag legen. Nicht einmal ihre eigenen Märtyrer werden von ihnen verstanden. Würden sie ihren Kirchen misstrauen, wie der Brief aus Lübeck meint, wenn sie spüren, dass diese deutliche, wenn auch harte Antworten haben?

Ich bin sicher, dass die Besatzungsmächte rechtschaffene Arbeit leisten und dass mancher Mann sich bemüht, seine täglichen Aufgaben so gewissenhaft zu erledigen, wie er es zu Hause tun würde. Ihre Arbeit ist schwer, denn wenige Eroberer werden von den Besiegten geliebt. Aber ich frage mich selbst: Haben die banalen täglichen Aufgaben nicht die Sicht auf das Problem verdunkelt?

Das Wort Demokratie wurde von Hitler geschändet. Während der Weimarer Republik besudelten es die Zeitungsbarone und machten daraus ein Synonym für Ineffizienz, Korruption und Extravaganz. Es mag uns einmal im Jahre 1960 [!] trösten, dass wir den Kindern Baseball und Fußball beigebracht haben, aber Fußball war schon vor Hitler äußerst populär; und seht, welche Hilfe es war! Abgesehen von dem titanischen Problem der Reorganisation der politischen und ökonomischen Verhältnisse – mit einem Russland, das bewusst das Chaos aufrecht erhält – gibt es das viel größere Problem, dass jemand aufsteht und der Welt sagt, dass es keine Hilfe für die junge und die alte Generation in Deutschland gibt, und dass es sich niemals lohnen wird, das als ein Element der Ordnung anzusehen, eine Krücke zum Humpeln, das fremde Wesen, was man jetzt die „Obrigkeit" in Deutschland nennt.

Mit Lübeck starben die Reste des alten Deutschland dahin. Tödlich verwundet zu Bismarcks und des Kaisers Tagen. Das rohe neogermanische Pack, das Weimar zum Scheitern und Hitler an die Macht brachte, und das jetzt den Laufburschen für die Alliierten spielt (um die erste sich bietende Gelegenheit zu ergreifen um wieder mitzumischen), sollte rausgeschmissen werden, vehement und ohne Erbarmen. Sie sind auf alle Fälle alt genug für Pfeife und Schaukelstuhl. Sie bedürfen nicht der Entnazifizierung – sie waren niemals Nazis, sie haben nur versucht diese zu benutzen. Die mittlere Generation ist diejenige, welche Hoffnung und Trauer buchstabiert. Mit ihr sollten wir den entscheidenden Sprung wagen. Nutzt ihre fähigsten Köpfe, die Dinge vorwärts zu bringen, aber bringt ihre edelsten Männer in die führenden Positionen.

Doch vor allem: Sättigt die Hungernden, bekleidet die Nackten, beherbergt die Obdachlosen. Wenn sie auch nicht alle als Samariter in Jerusalem, der Freien, an uns gehandelt haben, sie sind immer noch unsere Nachbarn, auch wenn sie im Graben liegen, zermahlen und zerschmettert von ihrer eigenen Schuld.

AUSWAHL

McCarthy and His Enemies (Rezension) [283]

Dies ist ein äußerst zeitgemäßes, interessantes und intelligentes Plädoyer für den Senator von Wisconsin.[284] Es nutzt jedes Klischee über die Liberalen und die Intellektuellen und scheint sie in Wirklichkeit dazu bringen zu wollen, sich an die Brust zu klopfen und sich selbst im Spiegel der aufkommenden neuen Intellektuellen der konservativen Bewegung zu betrachten, die hier von ihrem fähigsten und schlagfertigsten Vertreter, „God and Man at Yale"-Buckley[285], repräsentiert wird. Es ist eine leidenschaftliche und ernst gemeinte Standpauke.

Wenn sie von den Liberalen ignoriert werden sollte, wird deren Integrität unter Verdacht geraten und die, die sich bereits der Flagge des McCarthyismus verschrieben haben, würden dies ausnutzen; und das wäre überhaupt nicht gut.

Wie Melchisedech im Alten Testament wird Joseph Raymond McCarthy in diesem Buch als ein Mann ohne Vater, ohne Mutter vorgestellt, als unverbrauchter und neuer Senator. Wir begegnen ihm zuerst, als er seine berühmte Anklage erhebt, dass das amerikanische Außenministerium 205 aktive Kommunisten beherbergen würde. Seitdem ich weitere Literatur über die Vorgeschichte des Senators gelesen habe, die übrigens kein Ruhmesblatt ist, habe ich erwartet, dass dies von unseren beiden Autoren ein für allemal richtig gestellt werden würde. Ich war ein bisschen enttäuscht. Wenn Sie die Meinung vertreten, Truman sei als Präsident ungeeignet, weil „er nicht einmal ein Kurzwarengeschäft betreiben könne" und er seine Karriere nur Pendergast zu verdanken habe, möchten Sie sicher mehr über die Karriere des Senators als Richter erfahren, über den einzigen Mann im Senat, der amerikanische Truppen der Folter an den Nazi-Mördern von Malmedy bezichtigte, über den Marinesoldaten, über den Geschäftsmann oder den Wahlkämpfer McCarthy. Dieses Buch möchte „ohne die Spur eines Zweifels" beweisen, dass McCarthy, obwohl etwas unbesonnen – eben der Marine Corps-Typ – in seiner Wortwahl und auch ein wenig ungestüm bei seinen Angriffen, weniger von persönlichen Ambitionen, sondern vielmehr von echtem

---

283 H.A.R., McCarthy and His Enemies, in: *Corpus Christi Chronicle*, Vol. XX, April-May 1954, No. 3, S. 10–14. Besprechung von: William F. Buckley jr./L. Brent Bozell, *McCarthy and His Enemies. The Record and Its Meaning*, Chicago: Regnery, 1954. (Dt. Ausgabe: William F. Buckley jr./L. Brent Bozell, *Im Schatten der Freiheitsstatue*, München: Verlag Neues Abendland, 1954.) Manuscripts, Box 18, Folder 5, H. A. Reinhold Papers, MS2003-60, John J. Burns Library, Boston College. (Dt. Übersetzung: Peter Schmidt-Eppendorf, Melanie Klughardt und Ronald Lambrecht.)

284 Gemeint ist Joseph Raymond McCarthy (1908–1957), republikanischer Politiker und Senator des Staates Wisconsin von 1947 bis 1957. Vgl. dazu Arthur Herman, *Joseph McCarthy. Re-examining the Life and Legacy of America's most Hated Senator*, New York: Free Press, 2000; David Oshinski, *A Conspiracy so Immense. The World of Joe McCarthy*, Oxford: Oxford University Press, 2005; Tom Wicker, *Shooting Star. The Brief Arc of Joe McCarthy*, Orlando: Harcourt, 2006.

285 Die Bezeichnung spielt auf das Buch *God and Man at Yale* an, mit dem der konservative Publizist William F. Buckley jr. 1951 bekannt wurde. Vgl. William F. Buckley, *God and Man at Yale. The superstitions of „academic freedom"*, Chicago: Regnery, 1951.

Patriotismus angetrieben wird und einem tiefen, unbeirrten Pflichtbewusstsein, die Leute gegen Verräter und kommunistische Unterwanderung aufzurütteln.

Wenn alles, was es über McCarthy zu sagen gibt, der derzeit eine Führungsfigur innerhalb seiner Partei ist, in diesem Buch gesagt worden wäre, würde ich sagen, es wäre die finale Rechtfertigung eines großartigen Patrioten, der seine volle Größe, obwohl sie stetig zunimmt, noch nicht erreicht hat. Aber dies ist gerade der springende Punkt. Es ist die Bescheidenheit der Autoren, ihre Genügsamkeit bei der Präsentation der Fakten, welche den Makel dieses Meisterwerks höchst intelligenter, überzeugender Propaganda ausmacht.

Mit dem dargestellten Material – in geschickter Weise von den beiden Verteidigern limitiert – wird uns ein Bild präsentiert, zu schmerzhaft um es anzusehen: Tydings, so die Autoren Buckley und Bozell, und nicht McCarthy war der Schwindler und Betrüger: „Trumans Idiotie und Achesons Betrügereien", um die eigenen Worte des Senators zu benutzen, stehen für sie außer Zweifel; alle involvierten Personen standen vor dem Gericht der beiden Verfasser, keiner von ihnen wurde für unschuldig befunden: „die Presse" veranstaltete eine Hexenjagd auf den Senator; General Marshall ist unfähig etc., etc. Wie bereits gesagt, das präsentierte Material „stützt die Anschuldigungen ohne den Hauch eines Zweifels".

Selbst nachdem man die brillanteste Darstellung der Autoren an Beweisführung und Fakten gelesen hat, muss man immer noch an McCarthys Antwort denken, als die Herausgeber von *Commonweal* ihn um einen Beweis für seine Anschuldigung gegen das Magazin gebeten hatten, oder an die Aussagen James Wechslers im Bericht über seine Anhörung vor dem McCarthy-Komitee.

Die Autoren scheren sehr geschickt Mitglieder der ADA[286], Sympathisanten des Kommunismus und illoyale Elemente über einen Kamm, so oft sie die Möglichkeit zu dieser etwas unredlichen Vorgehensweise haben. Sie zitieren John L. Lewis' Angriffe auf die Minenbesitzer und Roosevelts Wahlkampfreden um zu zeigen, dass Joes Art zu reden nichts Destruktives an sich hat; vielmehr hat sich nur der Wind gedreht und die Linke bekommt nun das zu fühlen, was die Rechte seit 20 Jahren fühlen muss. Sie benutzen den bekannten Kommunistensympathisanten Tom Driberg, um ihre konservative Leserschaft wissen zu lassen, wie naiv europäische Intellektuelle sind. Aber abseits von dem Trick, Fakten an die These anzupassen, legen sie auch neue politische Ideen vor, eine Art konservativen New Deal, als Gegenstück zum alten und verbrauchten Programm FDR's.

„Wir müssen Amerika davor schützen, wie Europa zu werden", sagen die Autoren. Und wie ist Europa? „Eine lustlose und zynische Gesellschaft von engstirnig-eingenebelten Nationen, deren Verfall nicht nur an der Stärke der kommunistischen

---

286 ADA (Americans for Democratic Action), ein aus der 1941 gegründeten Union for Democratic Action (UDA) hervorgegangener liberaler, aber dezidiert antikommunistischer „Think Tank". Vgl. Clifton Brock, *Americans for Democratic Action. It's role in National Politics*, Westport: Greenwood Press, 1962.

Minderheit abzulesen ist, sondern an der Schwäche ihrer nichtkommunistischen Mehrheit. Wir beabsichtigen daher nicht, McCarthy fallenzulassen. [...] Wir glauben, dass am MyCarthyismus Amerikas Hoffnung auf nachhaltigen Widerstand gegen die kommunistische Unterwanderung hängt. Falls und sobald McCarthy seinen Kampf ausweiten wird, und es gibt Anzeichen, dass er das will, könnte er der amerikanischen Außenpolitik die Kraft und den Willen einflößen, die für die Vernichtung der kommunistischen Verschwörung nötig sind. Erst danach können wir es uns erlauben, ohne McCarthy weiterzumachen."

Dies sind die abschließenden Worte, das ist die Hauptthese des Buches. Wie groß auch die Chance war, faktengesichert, unaufgeregt und objektiv zu urteilen, die Herren Buckley und Bozell haben sie verschwendet: Auf der Basis einer vorgefertigten Grundannahme, ausgestattet mit einer neuen Definition von Konformität, eine neue „harte Sicherheitspolitik" propagierend und im Besitz einer neuen Theorie für alles, wählten die Autoren ihre Fakten dementsprechend aus und ignorierten dabei eine Vielzahl von Material. Wenn man ein System befürwortet, dass „soziale Sanktionen durch einmalige legale Sanktionen" ersetzen will, ist man unvermeidlich auf dem Weg zur Ausgrenzung oder gar zu einer Art von Lynchjustiz.

Die Grenze des unverschämten oder wie Senator Fulbright es nannte „schweinischen" Anti-Intellektualismus ist hier erreicht worden: Konformismus, hart und widerstandsfähig, wurde in allen Zeitepochen benötigt, um eine freie Gesellschaft zu formen. Die Französische Revolution zeigte ihren Konformismus durch die Guillotine und jetzt ist Frankreich eine Demokratie, die in ihrer Grundidee konformistisch ist. Die angelsächsische Freiheit wurde durch Ausgrenzung, Hinrichtungen und Bürgerkrieg erkauft. Die amerikanische Freiheit wurde für die Sklaven im Bürgerkrieg gewonnen. Auf diese Weise, sagen Buckley und Bozell, erhält man keimfreien Amerikanismus nur zum Preis eines neuen, harten Zeitalters des Konformismus'. 1999 werden wir die Ernte der McCarthy-Ära einfahren, so meinen es jedenfalls die Autoren.

Belustigend ist daran, dass sie genau das behaupten, was die Sympathisanten des Kommunismus in Verteidigung der russischen Säuberungsaktionen zu sagen pflegten, und was die amerikanischen Sympathisanten der Nationalsozialisten gewöhnlich von sich gaben: Man kann keine Revolution durchführen, ohne Köpfe abzuschlagen. Basierend auf den Leistungen des Senators, die in diesem Buch keine Erwähnung finden, und in Hinblick auf die minimal getadelten „Übertreibungen", die in das Buch eingefügt worden sind, um ihm den Anschein von kühler Objektivität zu geben, möchte ich die Prognose wagen, dass es Tausende von Unbedarften in die Irre führen wird, die es als objektive und ausführliche Darstellung ansehen werden – wobei es in Wahrheit das genaue Gegenteil ist, nämlich eine Parodie. Es wird in den Händen aller Wahlkämpfer in diesem Wahljahr zu finden sein.

Alle Kritiker von McCarthy sollten es jedoch lesen. Aber lassen sie Willy Schlamms Vorwort weg. Er hat sich vom Kommunismus losgesagt, schreibt aber immer noch wie ein *Pravda*-Redakteur, mit entsetzlicher Bosheit und glitzerndem Zorn. Seine

Arbeit ist eine meisterliche Schmähschrift, die augenscheinlich das Wohlwollen der beiden Autoren gefunden hat. Aber ihr Konservatismus hätte dort Einhalt gebieten sollen, wo es nach Hysterie stinkt.

Die gefangene Wirtschaft [287]

Wir sind solange daran gewöhnt, unsere Wirtschaft als freie Marktwirtschaft zu bezeichnen, dass es uns schwer fällt, die Sache so zu sehen, wie sie ist. Neben der Tatsache, dass sie auf strikter Disziplin begründet ist, gibt es etliche Aspekte, die die derzeitige Wirtschaft deutlich von einer freien Marktwirtschaft unterscheidet. Ich habe nicht die Absicht, in eine Kontroverse verwickelt zu werden, aber erlauben Sie mir, einige Gesichtspunkte zu nennen, die mich davon überzeugt haben, nur mit Vorsicht von einer freien Marktwirtschaft zu sprechen, wenn von unserer Wirtschaft die Rede ist. Dies wurde bereits von Mr. Bevan festgestellt, als er an einer Diskussion vor einigen Jahren teilnahm. Einer der Teilnehmer hatte sich gerade einer enthusiastischen Hommage an das System der freien Marktwirtschaft in den Vereinigten Staaten hingegeben, als Mr. Bevan sarkastisch kommentierte, dass unsere freie Marktwirtschaft zu einem staatlich geförderten System verkommen sei, in dem jede Branche sich als frei bezeichnen dürfe. Er führte die Stahlindustrie und ihre enge Beziehung zur Kriegsindustrie und auch die Automobilindustrie an. Regierungsaufträge im Werte von Milliarden von Dollar haben einen enormen Einfluss auf diese zwei Schlüsselindustriezweige. Ohne die Unterstützung der Regierung würden diese beiden Branchen kurzerhand untergehen. Der individuelle Absatzmarkt für Autos wird sorgfältig von Detroit aus reguliert, während der lokale Absatzmarkt auf der Basis eines Franchise-Systems arbeitet, wo das verkauft werden muss, was die Großindustrie zum Verkauf schickt. Niemand, der eine Farm für Zuckerrüben, Hopfen, Weintrauben, Äpfel etc. betreibt, kann, ohne dass er einen Vertrag über die kommende Ernte in der Tasche hätte, ruhig schlafen. Bauern, die dies nicht wollen, werden innerhalb von ein bis zwei Jahren auf den Status eines Subsistenzbauern reduziert, und Händler, die sich dieser Praxis ebenfalls verweigern, gehen pleite.

In Kalifornien sind praktisch alle Beerenobstfarmen entweder direkt oder indirekt Gefangene der Großproduzenten und in Washington sowie in Oregon sind die zukünftigen Hopfen- und Apfelernten bereits verkauft, Jahre bevor sie überhaupt gewachsen sind. Sie müssen nur einmal durch eine Kleinstadt laufen und mit den Menschen re-

---

287 *The Captive Economy*, undatiert. Manuscripts, Box 14, Folder 13, H. A. Reinhold Papers, MS2003-60, John J. Burns Library, Boston College. (Dt. Übersetzung: Peter Schmidt-Eppendorf, Melanie Klughardt und Ronald Lambrecht.)

den, und Sie können sehen, dass die Tage der freien Marktwirtschaft vorbei sind und eine sanfte Diktatur an ihrer Stelle errichtet wurde. Ein Volkswirtschaftler könnte die Liste erweitern, die ich aus Angst einen Fehler zu machen, lieber nicht weiterführen möchte. Freie Marktwirtschaft bzw. freies Unternehmertum bedeutet gewöhnlicherweise Produktion auf eigenes Risiko des Unternehmers, während der Verkauf der Produkte den Gesetzen des Marktes unterliegt. In einigen Fällen dürfte die Qualität über den Verkauf entscheiden. Im Herbst 1944 bin ich auf ein Handelsjournal von Apfelzüchtern gestoßen, wo ein sachkundiger Chemiker den Apfelbauern einer bestimmten Region empfahl, ihre Bäume herauszureißen und sie einzupflügen, da jedes Produkt der Apfelerzeuger in dieser Region den Geschmack von faulen Kartoffeln hätte. Er sagte, dass sie den Markt ein oder zwei Mal mit rotbäckigen Früchten zum Narren halten können, aber kein drittes Mal. Der betreffende Ackerboden sei einfach nicht geeignet für den Apfelanbau. Boden und Bewässerung würden rotbäckige, große Äpfel, aber überhaupt kein Apfelaroma in den Früchten hervorbringen. Natürlich hat dieser Mann seinen Job dafür verloren. Kein Apfelbaumkrieg brach aus und die gleiche Propaganda wanderte mit Hochdruck von Bundesstaat zu Bundesstaat, bis sie schließlich nach Virginia gelangte, wo der östliche Virginia-Apfel unter den gleichen Schwierigkeiten litt. Aber Senator Byrd hielt seine schützende Hand sowohl über seine als auch über die Apfelbauern der westlichen Bundesstaaten. Einen Mann mit seinem Ruf nennt man keinen Lügner.

Natürlich können die Methoden und die Auswirkungen einer solchen Propaganda gerechterweise nicht mit totalitaristischen Ländern verglichen werden. Die Bürger dieses Landes haben die Freiheit in der Wahlkabine und sie haben die Freiheit der Berufswahl. Sie brauchen auch nicht als Handlanger der Regierung ihren Nachbarn auszuspionieren. Aber es sollte festgehalten werden, dass das von Mises und Hayek propagierte Freiheits- und Gesellschaftskonzept keines ist, das nicht eine einzige Gewerkschaft oder Industrievereinigung tolerieren könnte. Ja, Sie haben richtig gehört. Die beiden Wiener Ökonomen waren der Auffassung, dass Gewerkschaften den freien Markt stören würden, aber sie waren klug genug, um zu erkennen, dass Industrievereinigungen dies auch tun und sich daher ebenfalls an Regeln halten mussten, wie sie es auch taten. Es war eine romantische Idee, die vor 20 Jahren als die unübertreffliche Weisheit der radikalen freien Marktwirtschaft deklariert wurde.

Doch zuerst fusionierten die Bahnlinien. Wo einmal hundert Eisenbahngesellschaften waren, sind jetzt weniger als ein Dutzend. Wo früher die Stadt zwölf unabhängige Banken hatte, sind jetzt zwei Bankketten mit ihren Filialen. Mit ein paar Ausnahmen kann man dieselbe Fusionierungsbewegung überall im ganzen Land beobachten. Indessen glauben die Verteidiger dieses Systems, dass das hohe Gehalt als Angestellter in einer Filialbank genauso gut oder gar besser ist als der eigenverantwortlich erwirtschaftete Gewinn in einer unabhängigen Bank. Langfristig gesehen werden es nicht die Gewerkschaften gewesen sein, die etwas hervorgebracht haben, was sehr stark einem russischen Staatskaufhaus, einer Landwirtschaftsgenossenschaft oder einer Staatsmanufaktur ähnelt. Zwar ist Ähnlichkeit nicht Gleichheit, aber wir bewegen uns in die falsche Richtung. Für die freie Marktwirtschaft, die einer konstanten Fusionierung unterworfen ist, wird das Endergebnis nicht der Sozialismus sein, sondern irgendetwas, das diesem ziemlich ähnlich sieht.

Der Kardinal von Wien [288]

Kürzlich hatte ich an einem freien Abend die Gelegenheit, die Filmadaption von *Der Kardinal* [289] zu sehen. Die Tatsache, dass es ein erfundenes Stück ist, hat mich nicht gestört, aber ich habe Dinge gefunden, die ich beanstanden muss. Es scheint, als ob der Film sowohl auf dem Leben von Kardinal Spellman und dem seines Vorgängers, O'Connell [290] aufgebaut ist. Die Rolle des Kardinals Innitzer, Erzbischof von Wien in Österreich, verwunderte mich am meisten, da sie solche Ähnlichkeiten mit der Rolle, die der echte Kardinal Innitzer gespielt hat, aufwies. [291]

Es war keineswegs eine schmeichelhafte Darstellung. Der Kardinal wurde auf eine Weise dargestellt – um Cromwell zu zitieren: „Warts and all". [292] Abgesehen von kleinen Details war es ein wahres Bild, in dem der Kardinal nicht mit Samthandschuhen angefasst, aber auch nicht beleidigend verzerrt dargestellt wurde. Was der echte Kardinal im Jahr 1938 getan hatte, unterschied sich kaum von dem, was der Kardinal auf der Leinwand tat. Die Strafe, die dem echten Kardinal vom Heiligen Stuhl auferlegt worden ist, unterschied sich jedoch und war brutaler als die Strafe, die der Film-Kardinal erdulden musste. Im Film wurde ihm einfach befohlen, eine Erklärung abzugeben und seine Aussage zu korrigieren, um dann noch die Erniedrigung zu erfahren, dass sein Amtssitz vom aufgestachelten Mob gestürmt wurde. Er bekam niemals die Chance, sich persönlich mit Hitler zu befassen, wie er sich erhofft hatte.

---

[288] Abgedruckt unter dem Titel „The Cardinal of Vienna and the Nazis", in: *Jubilee* 12 (1964), S. 22–23. Manuscripts, Box 14, Folder 14, H. A. Reinhold Papers, MS2003-60, John J. Burns Library, Boston College. (Dt. Übersetzung: Peter Schmidt-Eppendorf, Melanie Klughardt und Ronald Lambrecht.)

[289] *Der Kardinal* ist der Titel eines 1963 gedrehten US-amerikanischen Spielfilms. Regie führte Otto Preminger, die Handlung gestaltete sich nach dem gleichnamigen Roman von Henry Morton Robinson.

[290] Reinholds Formulierung, dass Kardinal O'Connell, Erzbischof von Boston, Vorgänger von Kardinal Spellmann gewesen ist, entspricht aber nicht den Tatsachen. Spellmann war, bevor er 1939 zum Erzbischof von New York ernannt worden ist, sieben Jahre Weihbischof des Erzbistums Bostons unter O'Connell.

[291] Vgl. G. Besier, *Der Heilige Stuhl*, S. 274 ff.

[292] Berühmter Ausspruch des englischen Revolutionärs und Lordprotektors Oliver Cromwell auf die Frage eines Malers, wie er ihn porträtieren solle. Bedeutet so viel wie ungeschminkt, mit allen Fehlern.

Was der echte Kardinal Innitzer tat, war schlimmer. In einem offenen Brief gelobte er Hitler die volle Kooperation der österreichischen Kirche und der österreichischen Bevölkerung. Aber er tat noch mehr. Er fügte handschriftlich die Unterschrift „Heil Hitler" ein, was niemand von ihm verlangt hatte. Es las sich wie eine erbärmliche Unterwerfung. Die Bestrafung des Kardinals durch Pius XI. war eine Demütigung. Er wurde sofort vom strengen und mutigen Papst nach Rom gerufen, um sein Verhalten zu erklären. Noch bevor er auf den Papst traf, veröffentliche der *Osservatore Romano*, die offizielle Tageszeitung des Vatikan, eine lange Entschuldigung des Kardinals an die gesamte Welt und an den Papst. Diese Entschuldigung wurde auf Deutsch auf der ersten Seite der Zeitung gedruckt. Diese Tatsache allein war Warnung genug für Hitler und seine Bande, dass sie den alten Mann in Rom nicht zum Narren halten können. Hitler war mit dem Mord an Dollfuß davon gekommen – aber diesmal war es anders. Es war nicht nur eine unterwürfige Entschuldigung, sondern es war darüber hinaus eine sehr unübliche Verfahrensweise. Kardinal Innitzer kroch mannhaft zu Kreuze; er kehrte zurück in sein Bistum und war von da an ein anderer Mann. Er hatte seine Lektion gelernt; danach leistete er bei vielen Gelegenheiten Widerstand gegen Hitler.

Ich blicke heute mit Traurigkeit auf diesen Vorfall zurück, weil für jeden, der den Kardinal von Wien näher kannte, es einleuchtend gewesen sein dürfte, dass so etwas passieren würde. Für mich war es keine Überraschung, weil mir das Gleiche – aber auf einem geringeren Level – mit ihm passiert ist. 1936 lebte ich in der Schweiz, nachdem ich aus Deutschland vertrieben worden war. Ich erhielt eine Einladung von Dorothy Day, die mir erklärte, dass niemand etwas für die Katholiken tun würde, die vor Hitler geflohen waren. Meine anschließende Reise nach Amerika wurde von einer wohlwollenden Schweizerin finanziert, die in New Jersey lebte. Bevor ich nach New Jersey ging, versuchte ich zunächst katholische Flüchtlinge ausfindig zu machen. Die Aussage war jedes Mal, dass es keine katholischen Flüchtlinge geben würde, sondern nur Juden und einige politisch „kontaminierte" Flüchtlinge aus Hitlerdeutschland. Die Nazis hatten das Klima so sehr mit Misstrauen vergiftet, dass innerhalb der Gruppe unerwünschter Bürger, neben den Kommunisten, Sozialisten und Juden, der Status eines „bona fide" Flüchtlings überhaupt nicht existierte. Es dauerte Jahre dies zu ändern, so dass Priester und Laien als „bona fide" Flüchtlinge anerkannt wurden, ohne dass sie zu einer der oben genannten Gruppen gehören mussten. Um mich für die neue Aufgabe gut vorzubereiten, wandte ich mich an die Bischöfe und an die katholischen Wohlfahrtsorganisationen in den großen europäischen Hauptstädten, wo aus Mitleid und Wohltätigkeit die Quäker die Führung in der Flüchtlingsarbeit übernommen hatten. Die Nazis waren insofern zumindest teilweise erfolgreich, als dass es kaum nichtjüdische Flüchtlinge gab; sie existierten einfach nicht. Die Situation war grotesk. Die Juden hatten ihre eigenen Anlaufstellen, welche die Flüchtlinge auf die verschiedenen Länder verteilten und ihnen halfen, sich dort niederzulassen und einen Wohnsitz zu finden. Das Gleiche galt, allerdings in einem viel geringeren Rahmen, für die Anlaufstellen der protestantischen Kirche. Bei meiner Ankunft in New York im August 1936 wurde ich freundlicherweise eingeladen, die Räumlichkeiten des protestantischen Flüchtlingskomitees zu nutzen, solange ich keine andere Unterkunft hatte. Die katholischen Wohlfahrtseinrichtungen hatten in diesen Tagen fast gar nichts, was einer Institution ähnelte, wo Katholiken auf wohlwollendes Verständnis treffen konnten. Das Gleiche galt für Wien, Paris, London und einige andere kleinere Städte. Der einzige Ort, an dem Katholiken sich um Katholiken in politischen oder anderweitigen Schwierigkeiten kümmerten, war Holland, wo katholische Flüchtlinge von einer vorbildlichen Einrichtung in Utrecht betreut wurden, die auch über beachtliche Geldmittel verfügte, um ihre Arbeit gut verrichten zu können. In London schickte mich der leitende Prälat zu den Quäkern in der Euston Road, wo ich eher kühl empfangen wurde. Als die Dame hörte, dass ich von einem gewissen Bischof käme, trug sie mir auf, ihm mitzuteilen, dass er in Bewegung kommen und seine eigenen Organisationen aufbauen solle. Sie sagte mir gehörig ihre Meinung. Gegen mein lahmes Argument, dass die Katholiken in England arm seien (ein Verweis auf die Zahlen hätte beim Stand von zweieinhalb Millionen Katholiken gegen 25.000 Quäker wie ein Witz ausgesehen), wehrte sie sich sehr bestimmt und sagte zu mir, dass sie das Geld auch von den Armen nehmen müsse, genauso wie wir es tun müssten. So wurde ich zum Boten einer unerfreulichen Nachricht, nämlich dass der Bischof seine eigene Arbeit zu tun hätte.

Kommen wir zurück zu Kardinal Innitzer. An einem wundervollen Frühlingsmorgen kam ich mit dem Nachtzug in Wien an, wo ich in einem Hospiz wohnte, in dem mich ein Freund untergebracht hatte. Die erste Vorstellung davon, wie es um Österreich zu dieser Zeit bestellt war, kam in Gestalt der Präzision und des Timings der Nationalsozialisten. Ich wurde auf einer Treppe einer Wohlfahrtseinrichtung von einem Mann angehalten, der für mich wie ein Nazi aussah, verrückt und fanatisch. Er sagte, dass er mich bereits erwarten würde und eine Nachricht für mich hätte. Ich solle Wien so schnell wie möglich verlassen oder es würde mir noch leidtun. Dies war allerdings eine leere Drohung. Mein Bruder, der zur deutschen Grenze gefahren war und dann den Zug genommen hatte, machte allerdings eine unerfreuliche Erfahrung. Auf der Rückfahrt wurde er mit einer Liste von Anrufen konfrontiert, die er im Ausland getätigt hatte. Jeden einzelnen musste er der Gestapo erklären. Auf einer seiner früheren Reisen nach Wien, so sagte er mir, hätte er es riskieren können, mich zu sehen, diesmal aber nicht. Indessen passierte mir nichts Schlimmes. Ich gelangte nach Wien ohne einen weiteren Zwischenfall.

Nach dem Gottesdienst und dem Frühstück ging ich zum Büro von Dr. Karl Rudolf. Wir sprachen unter vier Augen miteinander und ich erzählte ihm von meinen Erfahrungen. Ich muss wortgewandter gewesen sein, als ich es zunächst vermutete, denn Dr. Rudolf nahm das Telefon und rief sofort Kardinal Innitzer an. Dr. Rudolf war der Sekretär des Kardinals für das Wiener Pastoral-Institut, welches gerade damit begonnen hatte, guten Einfluss auf den Gemeindeklerus auszuüben. Auf dem Weg hinüber zum Erzbischofpalast sagte er mir, dass ich mich nicht zurückhalten, sondern dem Kardinal all das sagen solle, was ich auch ihm erzählt hatte. Die Menschen, die dem Kardinal am nächsten standen, wussten, dass er absolut blind für die Effizienz der Nazis war und ebenso für die Gefahr, welche sie für das derzeit so exponierte Österreich darstellten.

Für den Kardinal sah alles gut aus und er hielt die Gefahr eines Überfalls durch Hitler für sehr gering. Ich sollte bald erfahren, was es damit auf sich hatte. Dr. Rudolf riet mir, mit nichts hinterm Berg zu halten; der Kardinal musste unbedingt die Wahrheit erfahren. Andere hätten es bereits versucht, aber nichts erreicht. Er war davon überzeugt, dass ich als persönlich Betroffener besonders dazu geeignet sei, die schreckliche Wahrheit zu erzählen. Als Priester und als Opfer von Hitlers Willkür hätte ich die Chance, den Kardinal zu überzeugen.

Als ich dann dem Erzbischof von Wien begegnete, hatte ich den Eindruck, dass er ein ehrlicher und freimütiger Mann war. Sein Amtssitz beherbergte alle Zeichen der Armut und des Verzichts. Ramponierte Möblierung, zerrissene Vorhänge, aber auch die Kleidung des Kardinals zeigten, dass seit der großen Depression und den politischen Unruhen, welche dieses kleine Land Österreich heimgesucht hatten, nichts am Bischofspalast getan worden war.

Sein Auftreten war äußerst angenehm und ich fühlte mich daher absolut frei, meine Meinung zum Ausdruck zu bringen. Ich beschrieb, so gut ich konnte, was ich persönlich in Deutschland gesehen hatte: Brutalität und Gesetzlosigkeit seit beinahe drei Jahren. Der moralische Zusammenbruch der Mittelschicht und die rasende Verzweiflung der ehemaligen Sozialisten waren mir wie ein Albtraum erschienen. Was ich mit dieser Aussage meinte, kann am besten am Beispiel eines Vorfalls gezeigt werden, der mir persönlich widerfahren ist. Ein Architekt, der insgeheim Mitglied der NSDAP war, trat mit dem Plan an mich heran, ein Seemannsheim in der Nachbarschaft meiner Gemeinde in Bremerhaven zu bauen. Wir besprachen daraufhin die Vorzüge eines solchen Plans. Zu meiner großen Überraschung kam er nach einigen Tagen mit fertigen Bauplänen zu mir, drängte sie mir auf und ließ sie bei mir zurück. Einen Tag später schickte er mir eine Rechnung über beinahe 200 Dollar. Ich rief augenblicklich einen Anwalt an, der eine außergerichtliche Einigung erreichte, denn ich wollte wegen dieser Angelegenheit nicht auf die erste Seite unserer Lokalzeitung kommen. Nach einer Weile, als keine Rechnung von dem Anwalt kam, ging ich in sein Büro. Der Anwalt empfing mich herzlich und sagte mir, dass es keine Kosten zu begleichen gäbe. Es wäre für ihn eine Freude gewesen, dass er mir in dieser Sache habe helfen können, besonders da es sich bei der Gegenseite um einen Betrüger und Nazi gehandelt habe. Falls ich erneut in eine solche Situation geraten würde, sollte ich nicht zögern, ihn erneut aufzusuchen. Etwa ein Jahr später kamen die Nazis an die Macht und ihre Braunhemden begannen einen Rachefeldzug gegen ihre alten Gegner. Eines Morgens auf dem Weg zum Hafen sah ich den Amtssitz des Bürgermeisters, wie er geplündert und in Brand gesetzt wurde. Ein Krankenwagen hatte den Bürgermeister, der aus einem Fenster im zweiten Stock seiner Residenz hinausgeworfen worden war, gerade weggefahren.[293] In der Menge, die das Ganze beobachtete, stand mein Freund, der Anwalt. Ich stellte mich neben ihn und äußerte meine Bestürzung, woraufhin er mir einen warnenden Blick zuwarf, seinen Mantelkragen herumdrehte, das Nazi-Abzeichen zeigte und mir sagte: „Glauben Sie nicht, dass Sie mit mir auf diese Art und Weise reden können. Ich müsste sie sonst für ihre Bemerkungen anzeigen." Er ging davon und ließ mich perplex und in völliger Verzweiflung zurück. Ähnliche Ereignisse spielten sich überall ab. Es war ein moralischer Zusammenbruch, den ich am eigenen Leibe erlebte.

Der Kardinal hörte mir mehr als eine Stunde lang ruhig zu. Er bot mir eine Tasse Kaffee an und war sehr darum bemüht, es mir so angenehm wie möglich zu machen. Er ließ mich alles erzählen, ohne mich auch nur einmal zu unterbrechen. Als ich ihm sagte, dass ich fertig sei, erwiderte er: „Sie haben eine Menge durchgemacht, Pater. Entschuldigen Sie aber bitte, wenn ich einen anderen Standpunkt einnehme. Der erste Punkt, bei dem ich nicht mit Ihnen übereinstimme, ist die Frage, ob Hitler in Österreich einmarschieren wird. Dies wird niemals geschehen. Hitler hat jetzt alles, was er wollte. Hat er das nicht selbst gesagt?" Ich versuchte, den Kardinal vom Gegenteil zu überzeugen, aber alles war vergeblich; er konnte in seiner Überzeugung nicht erschüttert werden. Er war der Auffassung, dass die Arbeitslosigkeit heruntergehen und in Deutschland wieder Normalität einkehren würde. Als ich meine große Überraschung über die Leichtfertigkeit zum Ausdruck brachte, mit der er das Problem, mit dem sich Österreich konfrontiert sah, vom Tisch fegte, lachte er und sagte: „Wenn ich falsch liegen sollte und der Führer tatsächlich in Österreich einmarschiert, dürfen sie eine Sache nicht vergessen. Hitler ist wie ich ein Österreicher. Wir sind beide Sudetendeutsche. Österreich hat immer überlebt, indem es seine Gegner mit Geschick und List ausspielte. Wir unterscheiden uns von euch unbeholfenen deutschen Bischöfen aus dem Norden. Hitler würde nichts in Österreich erreichen können. Wir haben hier eine Tradition von Gerissenheit und Scharfsinn." Ich war dermaßen verdutzt, dass ich aufstand, wobei er mir höflich folgte, die Hand schüttelte und sagte: „Jetzt genießen sie Wien. Es liegt derzeit etwas am Boden, wird aber bald wieder in altem Glanz erstrahlen." Er begleitete mich bis zur Tür. Dort erwartete mich Dr. Rudolf, der meinen Gesichtsausdruck betrachtete und verdrießlich sagte: „Ich glaube, es war alles umsonst, oder?"

Zwei Jahre später, im März 1938, hielt ich an einem Kiosk in der Nähe von Providence, Rhode Island. Die Zeitung an der Ladentheke trug die unglaubliche Überschrift „Hitler marschiert in Österreich ein" und der Bericht enthielt all die schmutzigen Details. Einige Tage später suchte der Kardinal das Gespräch mit Hitler,

---

293 Waldemar Becké (1878–1947), Oberbürgermeister von Bremerhaven von 1923 bis 1933. Vgl. Florian Heidtmann, *Van Ronzelen, Becké und Bremerhaven: Gründung und Neuausrichtung einer Stadt und einer Familie*, Bremerhaven: Verlag neues Wissen, 2009.

von Sudetendeutschen zu Sudetendeutschen. Das Ergebnis ist bekannt: Er musste auf Anordnung Papst Pius XI. nach Rom kommen und auf spektakulärste Art und Weise zu Kreuze kriechen. Die Einzigen, die dieser Ausgang nicht überraschte, waren die engsten Mitarbeiter des Kardinals, und durch puren Zufall ich selbst sowie ein paar amerikanische Freunde. Wir hatten alle von Kardinal Innitzer erwartet, dass er sich genauso verhält, wie er es schließlich auch getan hat. Er dachte wohl, er könnte mit Hitler ein politisches Spielchen spielen. Am Ende war es eine Demütigung für ihn, und für Papst Pius XI. eine Chance mit Hitler abzurechnen, indem er ihm zeigte, dass ein anständiger, aber blinder Mann seine Kräfte überschritten und aus sich selbst einen Narren gemacht hatte. Bald mussten wir mit Schrecken ansehen, dass Österreich das gleiche schreckliche Schicksal erlitt wie zuvor Deutschland. Hitler lebte an Wien seine Rache aus, Göring bekam eine weitere Chance, die Kunstschätze eines Landes zu plündern, und all die kleinen Nazis in Österreich bekamen ihr Stück des mageren Kuchens, zu dem Österreich nun geworden war.

VII. Korrespondenzen (Auswahl)

Briefwechsel H.A.R. mit Wilhelm Berning, Bischof von Osnabrück [294]

Bischof Berning an H.A.R. vom 17. Januar 1922
(Erlaubnis für die Seereise des Theologiestudenten Reinhold nach Indien und Australien zur Förderung der Gesundheit.)

[…] rate ich Ihnen, das Ihnen gemachte Angebot einer Seereise nach Indien und Australien ruhig anzunehmen. Ich hoffe, daß Ihnen die Einsamkeit und der Verkehr mit den Schiffsoffizieren seelisch nicht schadet, wenn Sie durch Studium und geistliche Askese die Zeit nützlich verwenden. […]

Berning an H.A.R. vom 4. November 1922
(Litterae dimissoriae für England und Empfehlung für einen Aufenthalt in England.)

Berning an H.A.R. vom 8. Februar 1923
(Reinhold hatte seine Rückkehr von der großen Reise angezeigt.)

[…] Für das nächste Semester nehmen Sie den Besuch der Universität Münster in Aussicht; vorläufig ist von einer Besetzung Münsters[295] noch keine Rede. Falls es zu einer Besetzung kommen sollte, werden den Theologen noch besondere Anweisungen zugehen. Ihr Besuch auf der Rückkehr von Bonn ist mir willkommen. […]

---

[294] Die Korrespondenz mit Berning für die Jahre bis 1935 befindet sich in Correspondence, Box 1, Folder 1 bzw. Folder 3-6. Ab dem Jahr 1935 befindet sich der Briefwechsel in Correspondence, Box 2, Folder 17, H. A. Reinhold Papers, MS2003-60, John J. Burns Library, Boston College.

[295] Zwischen dem 11. und 16. Januar 1923 besetzten französische und belgische Truppen das gesamte Ruhrgebiet, um sich die dortige Kohle- und Koksproduktion als „produktives Pfand" zur Erfüllung der deutschen Reparationsverpflichtungen zu sichern. Vgl. Gerd Krumreich/Joachim Schröder (Hgg.), *Der Schatten des Weltkrieges: Die Ruhrbesetzung 1923*, Essen: Klartext, 2004.

KORRESPONDENZEN

Berning an H.A.R. vom 31. August 1927
(Genehmigung für Reinhold, Ostern 1928 zunächst für archäologische Studien zu Prof. Johannes Peter Kirsch in Freiburg/Schweiz zu gehen und im Herbst 1928 zur Fortsetzung der Studien nach Rom.)

Berning an H.A.R. vom 27. November 1927

Mein lieber Herr Rektor!
Wie ich höre, sind Sie lange krank gewesen, jetzt aber auf dem Wege der Besserung. Es freut mich, daß Sie die schwere Krankheit glücklich überstanden haben.
    Hoffentlich geht es weiter bergauf, so dass Sie als Priester mit neuen Kräften und mit aller Begeisterung sich Ihren Berufsarbeiten widmen können. In Niendorf ist für die Zeit Ihrer Abwesenheit für genügend Vertretung gesorgt. Sie brauchen sich deswegen keine Sorgen zu machen. Schonen Sie sich vorläufig gründlich und fangen Sie nicht zu früh Ihre Tätigkeit wieder an. Sobald Sie können, geben Sie mir erst Nachricht über Ihr Befinden.

Herzlichen Gruß und die besten Wünsche für Ihre Genesung, die ich durch mein Memento begleite.
Ihr ergebenster
Wilhelm B.

Berning an H.A.R. vom 22. Dezember 1927
(Gewährung eines vierwöchigen Erholungsurlaubs.)

Berning an H.A.R. vom 22. September 1928
(Ernennung von Johannes Besselmann, Seminarpriester, zum Rektor im Kinderheim Niendorf mit Wirkung vom 1. Oktober 1928.)

Berning an H.A.R. vom 6. März 1929
(Prälat Kirsch ist im Sommer nicht in Rom. Das Klima ist im Sommer nicht zuträglich. Für ein Studium in Freiburg oder Tübingen erhält Reinhold keine Zustimmung. Rückkehr in die Seelsorge!)

Berning an H.A.R. vom 2. April 1929
(Beauftragung für die Seemannsseelsorge in Bremerhaven ab 1. Mai 1929.)

Berning an H.A.R. vom 2. August 1929, Bremerhaven, Grüne Str. 27
(Auf telegraphische Bitte hat Berning 2000 Mark überweisen lassen. Ab 1. September bekommt Pastor Esders 200 Mk. monatlich überwiesen, davon sind 120 Mk Kostgeld und 80 Mk Bargehalt für Reinhold.)

[...] Die Errichtung eines Seemannsheimes, in dem die Seeleute wohnen können, scheint auch mir sehr wichtig zu sein. Jedoch fehlt es vorläufig an den notwendigen Mitteln. Das Beste wird sein, ohne besondere Kostenaufwendungen für Abfindungssummen, durch Vorstellungen beim Wohnungsamt Mietwohnungen in dem Hause Weststraße freizubekommen. Die Nähe der Kirche hat derartige Vorteile für ein Seemannsheim, daß ich den Bau oder den Erwerb eines Seemannsheimes an anderer Stelle nicht für tunlich halte.

Der Bischof von Osnabrück
Wilhelm

Berning an H.A.R. vom 31. Mai 1931
(Berning moniert, dass ihm der Jahresbericht des A[postolates des] M[eeres]nicht zugegangen ist.)

[…] Im übrigen ist es nicht Ihre Sache, die Verhandlungen mit den Bischöfen zu führen, sondern Schreiben an die Bischöfe werden durch mich ihnen übersandt, falls Sie nicht einen besonderen Auftrag dafür erhalten haben. Es hat mich auch sehr überrascht, daß Sie ohne mein Wissen die Herren Kardinäle vom Breslau und München um Übernahme des Protektorates ersucht haben, wenn ich auch mit der Sache selbst einverstanden bin.[296]

Der Bischof von Osnabrück
Wilhelm

---

296 Adolf Kardinal Bertram, der Erzbischof von Breslau, nahm das Protektorat über das Apostolat des Meeres an.

Berning an H.A.R. vom 26. September 1931
(Reinhold erhält die Erlaubnis, einen Urlaub im Paulushaus[297]*, Blankenese, zu verbringen.)*

[...] Das Promemoria über das Notopfer des Klerus habe ich mit Interesse durchgesehen und werde es zu Anweisungen an den Klerus benutzen.[298]

Beste Wünsche für Ihre Erholung.
Wilhelm

Reinhold an Berning vom 14. Januar 1933
(Langer Brief Reinholds an Berning. Auseinandersetzung zwischen Reinhold und P. Nathem PSM vom Raphaelswerk[299] *wegen des Seemannsheimes und der Seelsorge. Reinhold bittet den Bischof um klare Entscheidungen.)*

Berning an H.A.R. vom 22. März 1933
(Berning schlägt Reinhold eine Wohnung im Pfarrhaus Michaelisstraße vor. Beköstigung im Pfarrhaus wohl schwierig. Deshalb eigener Haushalt. Gegenleistung: Zwei Sonntage im Monat Gottesdienste in der Pfarrkirche oder in Finkenwerder. Falls Bedenken, bittet B. um Mitteilung.)

H.A.R. an Berning vom 23. März 1933

Zu Tgb. Nr. 2095
R/D.

Eure Bischöflichen Gnaden,
Hochwürdigster Herr Bischof!

Eure Bischöflichen Gnaden haben mir im Schreiben vom 22. 3. 1933 gestattet, daß

---

[297] Von Dechant Paul Jansen eingerichtetes Exerzitien-Haus in Hamburg-Blankenese.
[298] Siehe Korrespondenz mit Hermann Pünder, S. 302 ff.
[299] 1871 als „Verein zum Schutz katholischer Auswanderer" vom Limburger Kaufmann Peter Paul Cahensly gegründet, war das Raphaelswerk bzw. St. Raphaelsverein die größte deutsche katholische Vereinigung der Auswandererhilfe. 1941 wurde er verboten, gründete sich nach dem Zweiten Weltkrieg aber neu. Vgl. Jana Leichsenring, Die Auswandererunterstützung für katholische „Nichtarier" und die Grenzen der Hilfe: Der St. Raphaelsverein 1938 bis 1941, in: Susanne Heim (Hg.), *„Wer bleibt, opfert seine Jahre, vielleicht sein Leben." Deutsche Juden 1938–1941*, Göttingen: Wallstein Verlag, 2010, S. 96–114.

ich etwaige Bedenken gegen die erwogene Lösung vortragen dürfte. Aus finanziellen und rein praktischen Gründen erlaube ich mir Eurer Bischöflichen Gnaden folgenden Vorschlag zu unterbreiten.

Architekt Kamps hat im neuen Seemannsheim Hafenstr. 93 neben meinem Büro ein kleines Schlafzimmer mit anschließendem Bad vorgesehen. Dadurch würden mir die Haushaltskosten erspart, mein Gehalt könnte möglichst niedrig gehalten werden und der freiwerdende Betrag dem Seemannsheim zugute kommen, da ja dessen Finanzierung sowieso recht schwierig ist. Außerdem wäre ich in allernächster Nähe der Landungsbrücke, an der die Fähre nach Finkenwerder abfährt, und könnte dann ja die Verpflichtung übernehmen, etwa am 1. und 3. Sonntag in Finkenwerder zu zelebrieren; an den beiden freien Sonntagen für die Seeleute auf den Schiffen, bzw. im Heim, bzw. zur Aushilfe in der St. Michaeliskirche. Es wäre dann nur die eine Bedingung, daß es mir gestattet bleibt, bei Dienstreisen einen Vertreter nach Finkenwerder zu schicken.

Gegen das Wohnen in der Michaelisstrasse 7 habe ich große Bedenken. Wie oben schon gesagt, würde das für mich persönlich große Unkosten verursachen, die sich auch auf mein Gehalt auswirken würden. Außerdem müsste ich dauernd zwischen dem Seemannsheim und der Michaelisstrasse, zwischen denen keine gute Verbindung besteht, hin- und herpendeln. Ich würde jeden Tag etwa 2 bis 3 Stunden auf diesem höchst überflüssigen Weg verlieren und hätte dann noch in der späten Nacht einen Heimweg durch recht üble Straßen zu machen. In dem Hause Hafenstrasse 93 wohnen durchaus anständige und ehrbare Familien. Außerdem ersparen wir uns im Seemannsheim eine verantwortliche Persönlichkeit, da der Betrieb sonst in meiner Abwesenheit doch in Händen eines zuverlässigen Menschen sein müsste. Die durch die Seelsorge und bei etwaigen Vertretungen in Finkenwerder entstehenden Unkosten würde ich dann in bar von der Gemeinde zurückerbitten und auf die angebotene Gegenleistung für persönliche Bemühungen verzichten. An Wochentagen könnte ich, sofern ich nicht im Hause oder auf Schiffen für die Seeleute zelebrieren müsste, in einer von Eurer Bischöflichen Gnaden zu bestimmenden Kirche oder Kapelle, etwa bei den Schwestern im Nöltingstift[300], zelebrieren. Einen freien Mittagstisch habe ich bei meinen Eltern, während ich die anderen Mahlzeiten mir sehr leicht im Seemannsheim beschaffen kann.

Eurer Bischöflichen Gnaden gehorsamer Sohn
H. A. Reinhold, Seemannspastor

---

300 1900 erbautes katholisches Altenheim bei der Kl. Michaeliskirche, benannt nach dem Stifter Emile Nölting (1812–1899). Heute befindet sich dort die Katholische Akademie Hamburg.

KORRESPONDENZEN

Berning an H.A.R. vom 12. Januar 1934

Auf die Eingabe vom 3./5. d. Mts. betreffend Jurisdiktionsvollmachten erwidere ich Ew. Hochwürden folgendes:

Da Sie infolge Ihres Wohnsitzes innerhalb der dortigen St. Ansgargemeinde als Hilfsgeistlicher an der St. Ansgarkirche angestellt sind, will ich Ihnen hiermit die gemäß can. 1097 § 1 Nr. 3, § 3 Codicis Juris Canonici allgemein erforderliche Lizenz bzw. Delegation erteilen, den Ehen, die in der Hauskapelle des katholischen Seemannsheimes eingegangen werden, unter Beobachtung aller bestehenden Einzelvorschriften (vgl. Sammlung Seling, S. 53) gültiger und erlaubter Weise zu assistieren. Behufs Eintragung solcher Trauungen in die Kirchenbücher haben Sie jedes Mal dem zuständigen Herrn Pfarrer schriftlich alle erforderlichen Angaben zu machen. Desweiteren will ich Ihnen kraft can. 1028 §§ 1, 2, can.199 §§ 1, 3 CJC die Vollmacht übertragen, erforderlichenfalls hinsichtlich der von Ihnen hiernach vorzunehmenden Trauungen von Eheproklamationen unter Beachtung der einschlägigen Bestimmungen (Seling, Sammlung, a. a. O. S. 57) zu dispensieren. Endlich will ich Ihnen hierdurch gleichfalls bis auf weiteres die Fakultät gewähren, die Rekonziliation, von denen bei Seling, Sammlung S. 57 bis S. 69, die Rede ist, servatis de iure servandis in Ihrem Seelsorgegebiet vorzunehmen.

Wilhelm
Bischof von Osnabrück

H.A.R. an Berning vom 1. Juni 1935

Eure Bischöflichen Gnaden, Hochwürdigster Herr Bischof,
nach mehreren vergeblichen Versuchen mit Eurer Bischöflichen Gnaden in Verbindung zu kommen, über Rom oder die Schweiz, hoffe ich jetzt, daß dieser Brief Sie erreichen wird. Ich bin Ihnen Aufklärung über mein Verhalten schuldig und bedaure außerordentlich, daß ich Sie solange im Unklaren lassen musste. Mein Entschluss, mir im Ausland eine Arbeit in der Seemannsmission zu suchen, nachdem mir die Arbeitsmöglichkeit im Inland genommen war, reifte in mir am 2. Mai, und ich hatte keine Zeit, mit irgendjemand in Osnabrück darüber zu sprechen. Außerdem hielt ich es für besser, ohne das Wissen der Behörden fortzugehen, damit man Niemandem Einverständnis mit mir vorwerfen konnte. Ich habe dabei alles Aufsehen zu vermeiden gesucht und habe mich bisher meinem Vaterland gegenüber korrekt verhalten und habe die feste Absicht, das auch in Zukunft zu tun. Auch bitte ich Eure Bischöflichen Gnaden, mich so lange wie möglich im Verband der Diözese zu halten und mich vorläufig zu beurlauben.

Sollte ich noch irgendwelche Formalitäten zur Abwicklung meiner Tätigkeit als Geschäftsführer der Seemannsmission zu erledigen haben, so bitte ich gehorsamst, mir alle Unterlagen dafür zu schicken. Wenn ich mir eine weitere Bitte erlauben darf, so ist es die, Herrn P. Feltmann zu meinem Nachfolger zu machen.

Augenblicklich bemühe ich mich um eine Stelle in mehreren Diözesen, vor allem Westminster, Southwark und New York. Ich wäre Eurer Bischöflichen Gnaden sehr zu Dank verpflichtet, wenn Sie mir dabei behilflich sein könnten durch Empfehlung und die Ausstellung der nötigen Papiere. Zwar bin ich mittellos, doch brauchen sich Eure Bischöflichen Gnaden deshalb keine Sorgen zu machen, denn die Verantwortung dafür tragen andere und ich selbst. Ich werde mich schon durchschlagen mit Hilfe meiner Freunde. Vor allem muß ich wieder Arbeit haben.

Leider kann ich mich heute noch nicht vor Ihnen rechtfertigen, sondern muß ruhigere Zeiten abwarten. Mein Entschluss ist mir sehr schwer geworden, vor allem deshalb, weil ich befürchten mußte, daß Sie ihn vielleicht missverstehen mußten und sich vergeblich um mich in Berlin bemüht haben. Ich danke Eurer Bischöflichen Gnaden für alle Güte, Liebe und dauernde Sorge in den vergangenen zehn Jahren. Ich werde glücklich sein, wenn ich wieder unter Ihnen der Heiligen Kirche dienen darf. Ich bete für meine schwer ringenden Mitbrüder und bitte Eure Bischöflichen Gnaden gewiss zu sein, daß ich von innerstem Herzen an dem Leben der Diözese und der Seemannsmission Anteil nehme. Wenn meine bisherige Arbeit nicht in allem so war, wie mein Bischof es verlangen konnte, so bitte ich um gütige Verzeihung. Die traurige Zeit der Verbannung wird mir hoffentlich Gelegenheit geben, alles Vernachlässigte oder Verfehlte zu erkennen und zu sühnen. Hoffentlich gelingt es meinem lieben Konfrater Feltmann und seinen eifrigen, tapferen Mitarbeitern, die Seemannsmission nicht nur über diese schwere Zeit hinweg, sondern auch zu großer Blüte zu bringen.

Ich nehme an, daß mein Bruder meine Schulden beim Generalvikariat bezahlt hat. Dazu rechne ich auch die nicht persolvierten Messen, die aus meinem Stipendienbuch hervorgehen, das ich von Münster aus zuschickte.

Besonders dankbar wäre ich Eurer Bischöflichen Gnaden für eine Empfehlung an Erzbischof Dr. Hinsley, The Archbishop's House, Westminster SW 1.

Indem ich Eurer Bischöflichen Gnaden noch einmal danke für alle väterliche Sorge und Güte, bitte ich um Ihren Segen und verbleibe

Ihr gehorsamer und ergebener Sohn
H.A.R.

H.A.R. an Berning vom 19. Juni 1935

Eure Bischöflichen Gnaden, Hochwürdigster Herr Bischof,
am gestrigen Abend hatte ich ein längeres Ferngespräch mit meinem Schwager, aus dem hervorgeht, daß Sie meine wiederholten Briefe nicht erhalten haben. Ich habe

Ihnen in der Woche nach meiner Abreise über Rom, drei Wochen später über den Herrn Bischof von Basel[301] Nachricht zugehen lassen und angefragt, ob ich Ihnen schreiben dürfte. Als ich keinerlei Antwort erhielt, ließ ich durch einen Bekannten einen direkten Brief in Deutschland an Sie aufgeben, datiert vom 1. Juni, dessen Durchschlag in meinen Händen ist. Ich erhielt inzwischen zuverlässige Nachricht, daß der Brief der Post übergeben wurde innerhalb Deutschlands. In diesem Brief ist alles enthalten, was ich zur Aufklärung meiner Handlungsweise zu sagen habe.

Wie ich nun höre, haben Eure Bischöflichen Gnaden meinetwegen in Berlin mit der Geh. Staatspolizei verhandelt und dabei die wörtliche Zusicherung erhalten, „es liege nichts gegen mich vor und ich könne ruhig zu meiner früheren Arbeit zurückkehren". Das bestätigt, was ich Eurer Bischöflichen Gnaden am Tage nach meiner Vertreibung aus Hamburg und den Küstengebieten sagte.

Ich danke Eurer Bischöflichen Gnaden von ganzem Herzen dafür, daß Sie die schwere und unangenehme Aufgabe für mich übernommen haben, das geschehene Unrecht abzustellen, und bin natürlich auf Euer Bischöflichen Gnaden Wort hin, daß sich diese Sache tatsächlich so verhält, bereit Ihren Befehlen zu folgen. Leider habe ich mich aber bis zum 7. Juli als Vertreter eines beurlaubten Pfarrers und des erkrankten Mr. Gannon[302] hier und ab 7. Juli bis 15. August zur Vertretung eines anderen Geistlichen in der Schweiz unwiderruflich festgelegt. Ich bedaure das nicht mehr ändern zu können, da sich die Herren, die mir bisher in brüderlicher Weise geholfen haben, nicht auf andere Weise helfen und Ersatz schaffen können. Ich bitte daher Eure Bischöflichen Gnaden, außer der eben erbetenen Bestätigung und einem neuen Celebret[303], eine Urlaubsbestätigung bis zum 15. August zu erteilen. Infolge meiner Rehabilitierung durch die Berliner Hauptstelle ist ja gegen einen vorübergehenden Aufenthalt im Ausland nichts einzuwenden.

Indem ich Eurer Bischöflichen Gnaden im Voraus für Ihre gütigen Bemühungen danke, verbleibe ich

Euer Bischöflichen Gnaden gehorsamer
H.A.R.

Berning an Rechtsanwalt Heinrich Freiherr von Kleist vom 24. Juni 1935

Sehr geehrter Herr Freiherr!
In der Anlage gebe ich Ihnen Abschrift von einem Brief Ihres Schwagers, des Herrn Seemannspastors Reinhold. Ich kann ihm die gewünschte Bestätigung nicht geben,

---

301 Hier handelt es sich um Joseph Ambühl, Bischof von Basel und Lugano von 1925 bis 1936.
302 Arthur Gannon, Mitbegründer und Generalsekretär des Apostolate of the Sea.
303 Ein Celebret erlaubt es einen Priester, auch in einer fremden Diözese die heilige Messe zu feiern.

daß die Geheime Staatspolizei erklärt habe, es läge nichts gegen ihn vor und er könne zu seiner früheren Tätigkeit zurückkehren. Das habe ich Ihnen auch nicht gesagt. Das ist auch nicht der Sinn des Briefes, den Ihr Schwager Dr. Reinhold von Dr. Engels erhalten hat, denn darin ist vorausgesetzt, daß der Seemannspastor Reinhold in Zukunft nicht mehr der Betreuung der Seeleute sich annimmt.

Da die Geheime Staatspolizei in Berlin mir nicht mitteilen wollte, was gegen ihn vorliegt, muß ich die Verantwortung für seine Rückkehr ihm selbst überlassen. Immerhin glaube ich, daß eine baldige Rückkehr dringend notwendig ist, damit die bestehenden Schwierigkeiten nicht noch grösser werden. Ich bitte ihm dieses zu schreiben und ihm mitzuteilen, daß der Brief vom 19. Juni, den er mir geschrieben hat, der erste Brief ist, der in meine Hand gelangt ist.

Ich empfehle Ihnen, mit dem Vertreter der Geheimen Staatspolizei zu verhandeln und durch ihn feststellen zu lassen, ob auch die Berliner Stelle der Geheimen Staatspolizei damit einverstanden ist, daß, wenn Reinhold zurückkehrt, er in der Seelsorge der Diözese beschäftigt werden kann, wenn er sich der Ausübung seines Amtes als Seemannspastor enthält.

Mit freundlichem Gruss

Ihr ergebenster
Dr. W. Berning, Bischof von Osnabrück.

H.A.R. an Berning vom 18. Februar 1937

Eure Bischöflichen Gnaden, Hochwürdigster Herr Bischof,
dieses Schreiben wird Euer Bischöflichen Gnaden, wie ich hoffe, auf einem völlig sicheren Weg erreichen und es dürfte die Möglichkeit, daß mir auf dem gleichen Wege eine gütige Antwort zuteil würde, nicht ganz ausgeschlossen sein. Ich weiß, daß Eure Bischöflichen Gnaden aus gewissen Rücksichten sich gezwungen glauben, meinen Schritt vom 3. Mai 1935 missbilligen zu müssen. Leider besteht für mich nicht die Möglichkeit, Ihnen die Beweggründe dafür auseinanderzusetzen, obgleich ich als Ihr geistlicher Sohn und Untergebener nur den einen Wunsch habe, jedes Missverständnis zu beseitigen. Solange das nicht mündlich geschehen kann, kann ich nur bitten, mir Vertrauen und Glauben zu schenken. Ich habe bis zum heutigen Tage meinen Fall mit Männern, die Ihre Hochachtung und Ihr Vertrauen besitzen, immer wieder besprochen. Keiner von ihnen kann eine Möglichkeit erkennen, wie ich unter den damaligen Umständen anders hätte handeln sollen oder wie ich etwa heute den Schritt könnte rückgängig machen. Die von anderer Seite Ihnen gegebenen „Erklärungen" dürften wohl kaum ausreichen, um sich ein Bild über meine Handlung zu machen, das auch nur entfernt den Tatsachen entspräche.

Ich bitte daher Eure Bischöflichen Gnaden gehorsamst, dieser vorläufig leider unabänderlichen Lage Rechnung zu tragen, indem Sie mir eine kanonische und moralische Existenz ermöglichen. Meine bisherigen Erlebnisse sind derartig, daß ich keine Möglichkeit habe, irgendwo zur Ruhe zu kommen, solange mein Ordinarius den Anschein erweckt, als ob kirchenrechtlich etwas gegen mich vorliegt, indem er mir die Papiere verweigert, die sehr vielen anderen Priestern in gleicher Lage von deutschen Bischöfen noch in den letzten Monaten gewährt wurden. Ein Fortdauern des augenblicklichen Zustandes würde mich nicht nach Deutschland zurückführen, wohl aber mich den allergrößten Schikanen und einem ruhelosen Wanderleben im Ausland ausliefern. Keine bischöfliche Behörde wird mir glauben, daß ich aus politischen Gründen von meiner Diözese fernbleibe, wenn der Ordinarius mich ohne Ausweise lässt, da ich doch die Supposition, daß mein Ordinarius aus Furcht vor Repressalien so handle, nicht dulden kann und ihr loyalerweise entgegentreten muß. Ich bitte Euer Bischöflichen Gnaden gleichzeitig gehorsamst mir zu gestatten, an der hiesigen Columbia-Universität (nichtkatholisch) bei dem katholischen Professor Hayes meinen Dr. phil. in Konkordatsgeschichte des 19. Jahrhunderts zu machen. Für das hiesige Ordinariat (Brooklyn, Bischof Thomas Molloy, 75 Greene Avenue) benötige ich ein Celebret und die Erlaubnis, nach Amerika zu gehen, da ja besondere Regelungen für diesen Fall von Rom aus bestehen.

Eure Bischöflichen Gnaden wissen, wie dankbar ich Ihnen für Ihre Hilfe wäre. Selbstverständlich werde ich von der Tatsache dieses Briefwechsels nur dem Ordinariat Mitteilung machen, das ja auch weiß, wie vertraulich ein solcher Akt in augenblicklicher Lage zu behandeln ist.

Ich bin bei einem Freunde Kardinal Faulhabers vorläufig untergekommen, als Hilfsgeistlicher, und habe mich hier nicht politisch betätigt – wirtschaftlich bin ich in bescheidener Weise vorläufig versorgt. Sobald ich eine Möglichkeit sehe, in die Diözese zurückzukehren, wird das unverzüglich geschehen, schon um meiner armen und schwer geprüften Mutter näher zu sein.

Indem ich Eure Bischöflichen Gnaden um Ihren väterlichen Segen bitte und Ihnen und allen Mitbrüdern, die so tapfer und selbstlos in Schwierigkeiten ausharren, brüderliche Grüße sende, bitte ich um Ihrer aller gütiges Gebet, das mich stärken möge in dem nicht ganz leichten Schicksal, das mich betroffen hat.

Euer Bischöflichen Gnaden gehorsamer und getreuer Sohn
H.A.R.

H.A.R. an Berning vom 18. Mai 1937

Euer Bischöflichen Gnaden, Hochwürdigster Herr Bischof!
Gestatten Sie mir meinen gehorsamsten Dank für alles, was Sie für mich getan haben.

Ich hoffe, daß es mir nunmehr möglich sein wird, solange unterzukommen, bis sich eine Heimkehr ermöglichen lässt. Es ist ja mein sehnlichster Wunsch, sobald wie möglich in die Heimatdiözese zurückzukehren und das Wissen, daß mein Bischof mit mir in dieser Frage übereinstimmt und mich nicht als aus der Diözese entlassen betrachtet, ist mir ein großer Trost. Hier unterzukommen ist sehr schwer, da alle Bistümer großen Überschuss an Priestern haben, solche aber, die Mangel haben, auch nicht die Mittel besitzen, Fremde aufzunehmen.

Die gütigst gewährte Erlaubnis zum Studium macht es mir möglich, mich von meiner unangenehmen Lage abzulenken. Da meine Dissertation eine Untersuchung über den Kulturkampf Bismarcks ist, so hoffe ich damit auch der Heimat einen Dienst zu erweisen. Bei den Schwierigkeiten der Sprache, der geringen Zeit, die mir dafür zur Verfügung steht, und dem Mangel an Mitteln wird aber wohl eine ziemliche Zeit bis zur Fertigstellung vergehen.

Ich selber habe das allergrößte Interesse daran Eure Bischöflichen Gnaden wissen zu lassen, wie es zu meiner Reise nach London kam. Ich bitte Eure Bischöflichen Gnaden, mich wissen zu lassen, wann Sie einmal nach Rom kommen. Ich würde dann ein ausführliches Schreiben entweder an Bischof Dr. Alois Hudal oder P. Robert Leiber für Eure Bischöflichen Gnaden senden. Bis jetzt wüsste ich keinen sicheren Weg, der so absolut jede Möglichkeit ausschlösse, daß meine Korrespondenz abgefangen werden könnte, mich in Einzelheiten einzulassen, zumal da ich dann ja auch Personen nennen müsste, bei denen Eure Bischöflichen Gnaden sich die Bestätigung meiner Angaben geben lassen müssten und ich niemanden in Gefahr bringen möchte. Bischof Hudal war stets sehr freundlich zu mir, so dass ich wohl annehmen darf, daß er den Brief Ihnen in Rom gern aufbewahren würde. Da die Anima[304] aber vielleicht nicht ganz so sicher ist wie die Gregoriana[305], so käme vielleicht auch P. Leiber in Frage.

Ich bedaure es außerordentlich, daß ich solange keine direkte Verbindung mit meinem Bischof herstellen konnte. Nur so ist es mir erklärlich, daß man Eure Bischöflichen Gnaden hat glauben machen können, ich hätte mich zu irgendeinem Zeitpunkt illoyal gegen meinen eigenen Bischof verhalten. Ich bitte Eure Bischöflichen Gnaden mir zu glauben, daß ich auch in den wirklich bitteren Zeiten dieses letzten Winters Sie nicht kritisiert habe. Solche Gerüchte sind aber wohl unvermeidlich bei den komplizierten Verhältnissen. Ich habe mich immer bemüht, allen Leuten zu erklären, aus welchen Erwägungen heraus Eure Bischöflichen Gnaden gehandelt haben. Wenn etwa Dr. Gr[ößer] Ihnen diese Darstellung gegeben haben sollte, so hat er wohl vergessen, daß er mich erst gesehen hat, als er schon wieder mit Mittelspersonen gesprochen hatte, die ihre eigene Meinung aussprachen, und dass Anderes von ihm

---

304 Collegio Teutonico di Santa Maria dell'Anima, ein päpstliches Priesterkolleg und Pilgerhospiz in Rom, welches von der deutschen und österreichischen Bischofskonferenz in gemeinsamer Verantwortung getragen wird.
305 Die Päpstliche Universität Gregoriana wurde 1551 von dem Jesuiten Ignatius von Loyola gegründet.

durch seine Darstellung einfach provoziert wurde. Ich denke aber, daß meine letzte Aussprache mit ihm die Missverständnisse geklärt hat. Er kann Eurer Bischöflichen Gnaden auch sagen, daß es mir sehr leid täte, wenn ich meinem eigenen Bischof Unrecht täte.

H.A.R.

Berning an H.A.R. vom 28. April 1937

Ew. Hochwürden erwidere ich auf das Schreiben vom 18. 2. 1937, das ich vor kurzem erhielt, daß der darin ausgedrückte Wunsch bereits vor drei Wochen erfüllt ist[306], indem einem Herrn, der hier in O[snabück] vorsprach, ein Zeugnis ausgestellt und mitgegeben ist. In dem Zeugnis wird gesagt, daß Sie keinen kirchlichen Strafen unterliegen, daß Sie in der hiesigen Diözese Cura besaßen und dass Ihnen die Erlaubnis gegeben ist, einen Bischof zu suchen, der Sie vorläufig beschäftigt. Ich nehme an, daß Sie dieses Zeugnis mittlerweile erhalten haben und dadurch aus allen Schwierigkeiten befreit sind. Ich habe Ihnen niemals Schwierigkeiten in den Weg gelegt, bin aber bis auf den heutigen Tag noch ohne Erklärung für Ihren Schritt vom 3. 5. 35, da ich die letzten Gründe dafür nicht weiß. Ich habe mich auch sehr viel für Sie bemüht, habe Sie auch des Öfteren wissen lassen, daß ich Sie jederzeit wieder aufzunehmen gern bereit bin. Umso schmerzlicher hat es mich berührt, daß ich mehrmals hören mußte, daß Sie in wenig schöner Weise über mich gesprochen haben. Ich trage Ihnen das nicht nach, da ich Ihr Verhalten aus Ihrer Verbitterung mir gegenüber erkläre. Ich habe auch niemals die Papiere, die für Sie notwendig waren, verweigert. Es ist also ein Unrecht, wenn Sie mir in Ihrem Schreiben vorwerfen, daß ich den Eindruck erweckt hätte, als wenn kirchenrechtlich etwas gegen Sie vorläge. Hierdurch will ich Ihnen zugleich gern gestatten, daß Sie an der dortigen Universität zum Zwecke der Promotion Studien machen. Falls das Ihnen gesandte Zeugnis noch nicht genügen sollte, wollen Sie es mich wissen lassen, damit Ihnen ein neues Zeugnis zugeht. Gern werde ich wie bisher ein besonderes Memento für Sie machen. Mit Gruß und Segen

Ihr ergebenster
Wilhelm, Bischof von Osnabrück

---

306 Damit ist die Übersendung der kirchlichen Papiere gemeint, die Reinhold bei Berning erbeten hatte. Vgl. dazu auch die Ausführungen Reinholds in seiner Biografie sowie den Briefwechsel mit Waldemar Gurian.

H.A.R. an Berning vom 20. Juli 1937

Mit Hilfe verschiedener Affidavits ist es mir gelungen, vor einigen Tagen von Kanada legal hier einzuwandern. Die einzige Schwierigkeit ist somit meine Dispens von dem römischen Dekret, das es unter Strafe der Suspension verbietet, daß Priester ohne vorherige Verhandlung des europäischen Bischofs mit dem amerikanischen und die Billigung durch die Congregatio Consistorialis[307] hier einwandern. Ich habe beim Bischof von Brooklyn angefragt, ob es ratsam sei, den Apostolischen Delegaten in dieser Sache aufzusuchen, und werde nach seinen Anweisungen handeln. Es besteht keinerlei Möglichkeit, für dauernd eine Stelle in einer der östlichen Diözesen zu bekommen. P. Größer vermutete, ich könnte vielleicht in New Orleans ankommen. Doch ist das Klima dort sehr schlecht, und man hat mir allgemein davon abgeraten.

Gestern hatte ich eine Audienz beim Hochwürdigsten Herrn Bischof von Seattle, Dr. Gerald Shaughnessy, der mir für Herbst 1938 eine Stelle als Seemannspastor und Seelsorger der dortigen russischen Kolonie anbot. In der Zwischenzeit kann ich eine Stelle als Lehrer bei den Benediktinern in Portsmouth, Rhode Island, haben, mit der Aussicht, mich dort noch einmal zu prüfen, ob ich nicht vielleicht doch besser in den Benediktinerorden eintreten soll. Mein erster Versuch 1922 ist zwar gescheitert, aber meine alte Neigung ist, besonders nach den Erlebnissen der letzten Jahre und der unruhigen Zeit in der Seemannsmission, wieder erwacht. Um aber ein kanonisches Noviziat vorerst zu vermeiden, habe ich eine Stelle als Lehrer an der dortigen High School angenommen und hoffe, daß ich mich in diesem Jahr soweit prüfen kann, daß ich sehen kann, ob ich wirklich ein Noviziat versuchen soll. Bischof Shaughnessy ist damit sehr einverstanden und glaubt, daß ein Jahr der Zurückgezogenheit und der Ruhe meiner künftigen Arbeit nur nützen kann. Ich wäre Eurer Bischöflichen Gnaden sehr dankbar, wenn ich wissen dürfte, ob Sie diese Pläne für gut halten bzw. was ich daran ändern sollte. Ein direkter Brief an Bischof Shaughnessy, auf dem üblichen Weg über Hamburg oder Bremerhaven, würde es ihm erleichtern, die Angelegenheit in Rom zu regeln. Ich bitte Eure Bischöflichen Gnaden ergebenst darum, diesen Brief auf sicherem Weg nach Seattle, Washington, gehen zu lassen.

Die Nachrichten, die hierher gelangen, lassen mich vermuten, daß noch lange keine Besserung der Lage in Deutschland zu erwarten ist und ich mich darauf gefasst machen muß, noch längere Zeit hier zu bleiben. Bischof Shaughnessy ist darüber unterrichtet, daß Ew. Bischöflichen Gnaden bisher meinen Schritt nicht gebilligt haben und kennt den Gang der ganzen Entwicklung genau. Ich danke Ihnen von Herzen, daß Sie dem Gerede des Herrn Dr. M. keinen Glauben geschenkt haben. Wir haben uns alle riesig über den herrlichen Appell in Rulle[308] gefreut. Die Rede ist überall

---

307 Die Congregatio Consistoralis ist eine dem Papst unterstehende Kongregation, die alle in dem Konsistorium der Kardinäle stattfindenden Verhandlungen vorbereitet.

308 Bernings Predigt auf der Männerwallfahrt in Rulle am 23. Mai 1937, die auch im *Deutschen Weg* abgedruckt wurde. In der Predigt kritisierte Berning die von den Nationalsozialisten forcierten

verbreitet worden und wird wohl all den törichten Gerüchten ein Ende machen. Ich hoffe, daß dies Eure Bischöflichen Gnaden zu hören freut. Ich bitte um ein besonderes Memento, auch im Priesterseminar, und verbleibe in Treue und Ergebenheit

Ew. Bischöflichen Gnaden gehorsamer Sohn
H.A.R.

Berning an H.A.R. vom 29. März 1939

Ew. Hochwürden danke ich für die Übersendung der Zeitschrift *Orate Fratres* mit Ihrem Artikel über Liturgie, wie auch für die Zeitschrift über Architektur mit Ihrem Artikel über die Fronleichnamskirche in Aachen. Ich teile zwar nicht das überaus günstige Urteil über die sakrale Wirkung dieser Kirche. Immerhin schätze ich die Fähigkeiten des Architekten hoch ein und habe meine Zustimmung dazu gegeben, daß er in Bremen eine Kirche bauen soll, deren Entwurf mir vorgelegen und meine Billigung gefunden hat.

Ich nehme an, daß es Ihnen persönlich gut geht und dass auch die Frage Ihrer Inkardination wunschgemäß geregelt ist.

Mit Gruß und Segen Ihr ergebenster
Wilhelm, Bischof von Osnabrück.

Berning an H.A.R. vom 3. November 1941

Ew. Hochwürden erwidere ich auf das Telegramm, das am 31. d. Mts. hier anlangte, folgendes.

Unterm 21. Januar 1939 – Nr. 382 – habe ich Sie absolut und dauernd aus dem Diözesanverbande des Bistums Osnabrück exkardiniert, damit Sie in der Diözese Seattle inkardiniert werden könnten. Dieses Exkardinations-Dokument habe ich am gleichen Tage dem hochwürdigsten Herrn Bischof von Seattle[309] mit einem deutschen Begleitschreiben übermittelt, in welchem ich letzteren gebeten habe, mir über die erfolgte Inkardination demnächst Mitteilung zukommen zu lassen.

Erst am 27. Oktober 1941 ist das vom 24. Dezember 1940 datierte Dokument hier eingegangen, durch welches der Bischof von Seattle Ew. Hochwürden, nachdem Sie aus der Diözese Osnabrück exkardiniert waren, in die Diözese Seattle inkardiniert

sogenannten „Sittlichkeitsprozesse" gegen die Katholische Kirche. Vgl. K.-A. Recker, *Wem wollt ihr glauben*, S. 239.
309 Gemeint ist Gerald Shaughnessy (1887–1950), Bischof von Seattle.

hat. Dadurch ist gemäß can. 116 Codicis Juris Canonici Ihre Exkardination aus der Diözese Osnabrück rechtskräftig geworden. Demnach sind Sie nunmehr aufgrund der Exkardination und Inkardination Priester der Diözese Seattle. Einer Ratifikation der Inkardination meinerseits bedarf es nicht. Auch vermag ich, da inzwischen Ihre Inkardination in die Diözese Seattle rechtskräftig geworden ist, Ihre Exkardination aus der Diözese Osnabrück nicht rückgängig zu machen. Solches könnte – grundsätzlich gesehen – nur für den Fall geschehen, daß der Bischof von Seattle Sie aus seiner Diözese wieder exkardinierte und ich dann aufgrund einer solchen Exkardination Sie in die Diözese Osnabrück wieder aufnähme.

Berning

Berning an H.A.R. vom 5. März 1947

Lieber Herr Pastor!
Durch Herrn Ehrtmann in Lübeck habe ich Ihre Adresse erfahren. Danach sind Sie nicht mehr in Seattle, sondern in Sunnyside. Seit den Kriegsjahren habe ich nicht mehr von Ihnen gehört. Umso mehr freue ich mich, mit Ihnen die Verbindung wieder aufnehmen zu können. Herr Ehrtmann hat aus Ihren Briefen den Eindruck gewonnen, daß Sie der Meinung seien, daß ich und meine Geistlichen Ihnen unfreundlich gegenüber ständen. Dem ist durchaus nicht so. Wenn ich auch Ihre plötzliche Abreise aus Deutschland nicht verstanden habe und wenn auch manches über Ihr Auftreten im Ausland in den ersten Jahren zu Missverständnissen Anlass geben konnte, so habe ich Ihnen doch immer meine väterliche Liebe bewahrt, auf die Sie einen Anspruch haben, seit ich Ihnen in der Priesterweihe die Hände auflegte. Nur auf Ihren ausdrücklichen Wunsch hin habe ich schweren Herzens zugestimmt, daß Sie sich in die Diözese Seattle inkardinieren ließen. Ich kann mir denken, daß jetzt nach dem Zusammenbruch des Nationalsozialismus die Sehnsucht in Ihnen lebt, wieder in der Heimat wirken zu können.

Ich werde Sie gern mit großer Liebe wieder in die Heimatdiözese aufnehmen, wenn Sie den Wunsch dazu haben, zumal der Priestermangel infolge der zahlreichen Flüchtlinge, die aus dem Osten in meine Diözese geströmt sind, groß ist. Wenn Sie sich dazu entschließen und Ihr zuständiger Bischof mit Ihrer Exkardination einverstanden ist, teilen Sie es mir mit. Dann werde ich Sie wieder in die Diözese Osnabrück als geliebten Mitbruder und eifrigen Mitarbeiter am Aufbau des christlichen Lebens in der Heimat aufnehmen.

Mit herzlichen Grüßen und Segenswünschen
Ihr ergebenster + Wilhelm, Bischof von Osnabrück

(Abschrift an Herrn Adolf Ehrtmann in Lübeck, Amselweg 16, zur Kenntnisnahme in Erwiderung auf das Schreiben vom 1. d. Mts. Mit bestem Dank für die Mitteilung der Adresse des Herrn Reinhold und besten Grüßen für Sie und Ihre Familie. Ihr ergebenster + Wilhelm B. v. O.)

H.A.R. an Berning vom 15. April 1947[310]

Sunnyside, Washington

Hochwürdigster Herr Bischof,

Ihr lieber väterlicher Brief, der am Ostermontag hier eintraf, hat mich in einen Strudel widersprüchlicher Gefühle gerissen und in ein fast unlösliches seelisches Dilemma gestürzt. Angesichts Ihres liebevollen, demütigen und wahrhaft priesterlichen Verhaltens bin ich berührt und überwältigt von Gefühlen der Liebe.

Da ich vor Ihnen nicht den Eindruck erwecken möchte, vorschnell oder unbedacht zu sein, lege ich diesem Brief eine wohlüberlegte Erklärung bei. Ich bin sehr darauf bedacht aufzuklären, was Sie „meine plötzliche und unerwartete Abreise" nennen, mein „Verhalten während meiner ersten Jahre im Ausland", meine jetzige Situation, meine Beziehung zu meinem Bischof, Ihre Vermutung, daß ich möglicherweise Heimweh habe und schließlich meine andauernde und unveränderte Haltung zum „deutschen Problem."

Wenn Sie dieses gelesen haben, werden Sie zu der Überzeugung kommen, daß ich so tief in Amerika Wurzeln geschlagen habe, in meiner Diözese, und in meiner Pfarrei, daß allein eine Aufgabe von solcher Größe, nämlich das Herausziehen meiner Wurzeln aus allen diesen Bindungen zu rechtfertigen, mich überzeugen könnte, Gottes Willen in Ihrer freundlichen und ehrenvollen Einladung zu sehen.

Bitte verstehen Sie mich: Ich weigere mich nicht nach Deutschland zu kommen, wenn ich erkennen kann, daß meine Dienste dort wichtiger sind als meine Dienste hier. Noch bedeutsamer ist die Frage: Kann ich in meinem Alter und mit den hinter mir liegenden Erfahrungen, mich auf die Bedingungen in Deutschland einstellen, die sich so sehr unterscheiden von den Umständen, unter denen ich glücklich und in der Lage gewesen bin, in den letzten zwölf Jahren zu arbeiten.

Wenn Sie der Meinung sind, daß diese Frage wichtig genug ist, werde ich versuchen, einen Besuch in Deutschland zu machen, um einen eigenen Eindruck zu gewinnen und mit Ihnen zu sprechen.

---

310 Übersetzung aus dem Englischen. Die Mitarbeiterin, der Reinhold diesen Brief diktierte, war der deutschen Sprache nicht mächtig. Reinhold diktierte den Text zunächst auf Band und ließ ihn dann abschreiben. So geschah es auch später mit seiner Autobiografie.

Wie auch immer, ich bin beschäftigt mit dem Bau einer neuen Kirche auf einer meiner Stationen, und ich habe Verpflichtungen an der Catholic University of America, Notre Dame University, St. Xavier College, Chicago; die Liturgische Woche in Portland. Ich glaube nicht, daß ich vor Ostern 1948 wegen einer solchen Reise hier abkömmlich bin.

Darf ich Sie um Vergebung bitten, daß ich Ihnen auf Englisch schreibe? Meine Handschrift ist sehr schlecht[311], wie Sie sich erinnern werden, und die Dame, die für mich tippt, kann kein Deutsch.

Mit der Bitte um Ihren väterlichen Segen bin ich hochachtungsvoll

Ihr
H. A. Reinhold

Anhang zum Brief Pastor H. A. Reinholds an Bischof Dr. Wilhelm Berning von Osnabrück.

1) Die plötzliche und unerwartete Abreise
Ich habe niemals die Version über meine Abreise gehört, wie sie in Deutschland kursierte, außer von meiner Mutter, Generalpräses Wolker, und Häppchen von Informationen hier und dort. 1936 traf ich eine mir unbekannte Dame aus Wandsbek, die mich informierte, daß damals nicht einmal meine Mitbrüder ihnen erzählt hätten, daß ich aus Hamburg ausgewiesen worden sei. Nur 1937 oder 1938 schrieb mir meine Mutter, daß der Bischof irgendwo in Hamburg öffentlich eine freundliche Bemerkung über mich gemacht habe.

Offenbar, so höre ich es bis heute, schienen alle anzunehmen, daß ich Hals über Kopf und einer plötzlichen Eingebung folgend geflohen sei. 1936 kam der kürzlich verstorbene Pater Größer nach New York, bewaffnet mit einem Brief von Bischof Berning und mit beglaubigten Dokumenten der Gestapo, und verbreitete das Gerücht, ich zitiere: „dass niemand wüsste, warum ich das Land verlassen hätte, und dass ich eine unstete Person sei, die es nirgends länger als ein Jahr aushalten würde, und dass der Bischof mir sehr gram sei." Er hat diese Aussage mehrfach wiederholt, zugleich mit der Versicherung, es gäbe keine Verfolgung der Kirche in Deutschland, nein, die deutschen Katholiken wären besser dran als die amerikanischen, seit Hitler für ihre Schulen und Gehälter zahle. Nach dieser Reise von P. Größer, hörte Mr. Schauff Pater Georg Timpe PSM sagen: „Einige Kameraden wie Reinhold ziehen hier herum mit der Gloriole eines Märtyrers, während sie doch bloß reine Abenteurer sind."

Kurz vor der Ankunft P. Größers verweigerte mir der damalige Generalvikar des Erzbistums New York, der jetzige Koadjutor McIntyre, die Fakultäten für seine

---

311 Reinhold litt im Alter zunehmend an Parkinson.

Diözese mit der Begründung: „Wir wissen von Ihren eigenen Leuten, daß Sie kein *bona fide* Flüchtling sind."

Ich kam nach Amerika, um einem Komitee von Katholiken zu helfen, eine Organisation für Flüchtlinge zu errichten. Mein Memorandum war, wie Erzbischof Rummel, Bischof Ready und Erzbischof Curley zugaben, entscheidend für die Gründung dieses Bischöflichen Komitees. Dann wurde ich, gemäß den schriftlichen Protokollen, die mir Msgr. Ready vorlas, und die vom Erzbischof von Baltimore bestätigt wurden, von jeglicher Teilnahme an dem Flüchtlingswerk ausgeschlossen, das dem inkompetenten Father Ostermann anvertraut wurde, weil Kardinal Hayes von New York dieses auf Verlangen deutscher Autoritäten forderte. Mit anderen Worten: Ich stand auf der Straße. Es kostete mich drei Jahre, ein Bistum zu finden. Es gab keinen Bischof danach, der mich nicht für verdächtig hielt, und in vielen Köpfen klingt dieser Verdacht immer noch nach. Ich besitze jetzt noch einen Brief, in dem mir verboten wird, die Wahrheit über Deutschland zu erzählen – vom Generalvikariat der Erzdiözese New York. Ich wurde sogar kommunistischer Verbindungen beschuldigt und während des Zweiten Weltkrieges angezeigt, entweder ein cleverer Kommunist oder ein geheimer Nazi zu sein.

Nachdem ich geschildert habe, was sich hier abgespielt hat – ich will gar nicht erwähnen, was P. Schnitzler PSM mir 1935 in London angetan hat, und wie ich aus der Schweiz auf deutschen Druck hin von der Schweizer Polizei vertrieben wurde –, lassen Sie mich die Fakten nennen, wie ich sie weiß:

Seit 1930 bin ich in Schriften und in Vorträgen gegen die Nazis aufgetreten, siehe die *Seemannspost*.[312] Nach Januar 1933 fuhr ich fort, so gut ich konnte, vor ihrer heidnischen Philosophie und vor ihren Kriegsvorbereitungen zu warnen. Nette Seeleute versammelten sich um mich. Viele Zwischenfälle ereigneten sich unter ihnen, Spione waren auf mich angesetzt, mein eigener Sekretär war Parteimitglied und berichtete über mich bei der Gestapo (z. B. meine Berichte von den auswärtigen Stationen, meine geheimen Besuche bei Dr. Brüning und dem französischen Konsul in Hamburg). Am 8. Juli 1934 wurde ich verhaftet wegen „feindlicher Agitation gegen Staat und Partei". Durch ein Alibi – und offensichtlich mit Einverständnis des Beamten – kam ich wieder frei. Meine eigenen Verwandten flehen mich an, das Land zu verlassen, jedes Mal wenn ich eine Reise ins Ausland machte. Ich lehnte es ab zu gehen, so lange ich etwas gegen die Nazis tun konnte. Anfang April 1935 wurde die Lage so gefährlich, daß ich, mit Erlaubnis meines Bischofs, das Hauptquartier der Gestapo in Hamburg aufsuchte. Dort zeigte man mir zwei große Ordner mit Material, das man gegen mich gesammelt hatte, einiges von Buenos Aires, Sydney und Shanghai! Weil ich Anti-Nazis (oder auch Leuten, die sich als solche ausgaben) geholfen hatte, war mir bewußt, daß meine Verhaftung drohte. Am 30. April wurde ich aus dem Gebiet von

---

312 Vgl. Publications, Box 18, Folder 15, H. A. Reinhold Papers, MS2003-60, John J. Burns Library, Boston College.

Hamburg, Bremen und Schleswig-Holstein ausgewiesen. Am nächsten Tag besuchte ich meinen Bischof, der mich mit den Worten empfing, daß ich selber daran schuld sei wegen a) meines Pazifismus, b) meiner polemischen Haltung gegen die Nazis. Er versuchte energisch die Angelegenheit per Telefon gerade zu biegen, durch heftige Berufung auf seine Eigenschaft als Staatsrat. Doch konnte er die Gestapo in Hamburg nicht erreichen, aber er hoffte, Einfluss darauf zu haben. Er bat Pastor Wintermann in Hamburg, zur Gestapo zu gehen, was dieser nicht ausführte. Mit anderen Worten, der Bischof war nicht in der Lage, irgendetwas für mich zu tun. Er war also nicht willens, sich der Flut entgegenzustemmen und das Verdikt der Nazis gegen mich zurückzuweisen. Es gab weder Schutz noch Kampf. Sogar in seiner eigenen Stadt schenkte der Gestapochef seinen Anrufen keine Beachtung. Durch einen Gehilfen jener Einrichtung wurde ich dann informiert, daß ich mich für weitere Maßnahmen bereithalten müsse, und dass ich mich am folgenden Sonnabend im Hauptquartier der Gestapo in Frankfurt zum Verhör einzufinden hätte, wohin ich mich mit dem Auto begeben sollte.

Der Bischof war angesichts dieser Nachricht sehr besorgt und akzeptierte meinen Vorschlag, diesen Befehl zu ignorieren und bei ihm zu bleiben. Ich nutzte den Rest des Tages, um mit einem Freunde (Theo Landmann, sonst wollte niemand mit mir zu tun haben) nach Paderborn zu fahren, um meine alte Tante zu besuchen. Ich wollte sie bitten, meine Mutter zu beruhigen, die ich in einem Zustand der Besorgnis verlassen hatte, der an Wahnsinn grenzte. Am nächsten Morgen rief ich im Bischöflichen Palais an und bekam dann zu hören, daß der Bischof nach Bremen gefahren sei zu einem Essen mit Hitler und dessen Leuten anlässlich eines Stapellaufs beim Norddeutschen Lloyd.[313] Man erwartete ihn nicht vor Sonntag oder Montag zurück. Mit anderen Worten, ich war allein und säße am Sonnabend in einer bösen Klemme, wenn ich in Frankfurt nicht auftauchen würde. Da der Klerus in Osnabrück keine große Neigung zeigte, sich mit mir sehen zu lassen, fuhr ich nach Münster und rief Pater Maring SJ und P. Heinrich Boecher SJ an. Ich stand vor der Alternative: Mich selbst der Gestapo zu stellen – ohne guten Grund, wie auch immer, dachte ich – oder ins Ausland zu gehen, denn ich hatte a) eine Einladung dafür, die mir der Generalsekretär des Apostolates des Meeres[314] während unseres Kongresses 1934 in Hamburg gemacht hatte, als bekannt wurde, daß ich in meiner Arbeit bereits sehr stark behindert wurde, und b) ich war so oft im Ausland gewesen, daß ich keine Not zu befürchten hatte. Pater Maring selbst brachte mich zusammen mit Pater Wahle aus Bocholt über die Grenze in Sicherheit. Sie waren mit mir der Meinung, daß ich ohne die Unterstützung des Bischofs in dieser Sache den Kampf gegen die Nazis nicht aufnehmen könne. Bestenfalls würde ich auf viele kommende Jahre in einem

---

313 Vgl. die unterschiedlichen Versionen dieses Ereignisses in den Briefen vom 4. Oktober 1935 und 27. Januar 1936 und in der Autobiografie Reinholds.
314 Gemeint ist Arthur Gannon, England.

Lager im Hümmlinger Moor eingesperrt, während ich im Ausland eine Menge Gutes durch Fortsetzung meiner Arbeit für die Seeleute und durch Aufklärung der ausländischen Katholiken über die wahren Verhältnisse in Deutschland gegenüber der Goebbelsschen Propaganda tun könnte.

So weit über meine „plötzliche und unerwartete Abreise."

2) Mein Verhalten im Ausland

Ich weiß natürlich nicht, was man zu Hause über mein Verhalten im Ausland gesagt hat. Die Quelle der Informationen war entweder derselbe Mann in London und Washington, der mir ein blaues Auge im Ausland verpasste, oder der Seemannspastor von Bremen, der aus protokollarischen Gründen verstimmt war, denn das englische Programmkomitee von 1936 missachtete die Anordnungen Hitlers und ließe mich, nicht ihn, für die Deutschen zum Kongress des Apostolates des Meeres sprechen. Mr. Gannon war wohl mehr ein Churchill- als ein Chamberlain-Engländer.

Mein Verhalten im Ausland war das eines Priesters, der über zwei Dinge tief beunruhigt war: Dass die Christen in Deutschland die Welt nicht vor den letzten Absichten Hitlers – dem Krieg – gewarnt haben. (Ich war kein Pazifist, aber gegen jeden Angriffskrieg durch eine kriminelle Bande, unterstützt und begünstigt durch eine ganze Nation ohne Zivilcourage.) Und dass sich keine Seele rührte gegen die Vergiftung der Meinung der Katholiken im Ausland durch die Hitlerpropaganda, die lediglich durch das Gezänk zwischen Hitler und den Kirchen über Einkommen, Organisation, Devisen, Sittlichkeitsprozesse und Sterilisierungsgesetze beunruhigt wurden. Männer, führende zumal, die privat zugaben, daß Hitler ein Mörder und Schurke sei, standen auf den Marktplätzen und luden die deutsche katholische Jugend ein, loyal zu ihrem geliebten Führer zu stehen.[315]

Dann passierten zwei Dinge: Ich konnte nicht in der Seemannsmission arbeiten, weil das englische Apostolat des Meeres in den Sog einer Intrige geraten war, angezettelt durch einen eifersüchtigen und schadenfrohen Kleriker gegen den anständigen und tüchtigen Laienvorsitzenden, den ich unterstützte, und dessen Schicksal ich deshalb teilen mußte – keine Seemanns-Arbeit. Zweitens, der britische Bischof, mit dem ich wegen einer Anstellung Kontakt aufnahm, rief Pater Schnitzler PSM an, um eine Auskunft über mich zu bekommen. Das bedeutete immer das Ende von allem. Der Geistliche folgte der Chamberlain-Linie – für ihn war ich eine Art kirchlicher Churchill. (Verzeihung, Mr. W. Churchill.)

Im Juli 1935 tauchte plötzlich mein Bruder Alfred auf – von der Gestapo geschickt, um mich nach Deutschland zu locken. Auch er sagte zu mir, daß ich nichts wei-

---

315 Anspielung auf Bischof Bernings Ansprache an die Jugend in Osnabrück im Frühjahr 1934. Siehe dazu die Ausführungen Reinholds in seiner Autobiografie. Vgl. weiterhin die Ausführungen bei K.-A. Recker, „Wem wollt ihr glauben?", S. 80 ff.

ter als eine Publicity-hungrige egoistische Primadonna sei, bereit, das Wohl meiner Familie auf dem Altar meiner Eitelkeit zu opfern. Wenn er Hitler wäre, der keineswegs so unrecht sei, würde er mich und mein Übel sofort erschießen, wenn er an die Macht käme. Sein letzter Trumpf war, ich würde sein Geschäft ruinieren und damit meine alte Mutter dem Hungertod ausliefern. Ich bat ihn, mich zu enteignen und meine Mutter zu mir zu schicken, die ich mit Freude im Exil unterstützen würde. Kein Priester brauchte in England Hungers sterben. Nachdem ich mich mit dem früheren Kanzler Dr. Brüning beraten hatte, der mich vor einer möglichen Falle warnte, schrieb ich an meinen Bischof in Osnabrück, er möge entscheiden, ob ich zurückkommen sollte oder nicht. Ich sagte ihm, daß ich das für eine Dummheit halten würde, daß ich aber bereit sei, seinem Wunsch zu folgen. Ich war schon zur Abreise bereit, am 9. Juli 1935, als ich vom Bischof von Osnabrück einen Brief erhielt, draußen zu bleiben. Ich ging in die Schweiz, um, nach lediglich drei Monaten, wegen Verletzung der Einwanderungsgesetze wieder ausgewiesen zu werden. Ich arbeitete in der schwierigen Pfarrei Interlaken zur vollen Zufriedenheit des Bischofs von Basel und meines Pastors. Ich machte ausgedehnte Reisen und sah viele Leute – Kardinal Pacelli, Kardinal Innitzer, Bischof Myers (London), Bischof Chaptal (Paris), Erzbischof de Jong (Utrecht) und zahllose Priester und Laien, wobei ich versuchte, sie über den wahren Charakter des Hitlerismus aufzuklären und sie zu warnen, nicht mehr als eine diplomatische List in der scheinbaren Kooperation zwischen der Kirche in Deutschland und Hitler auf so manchen Gebieten zu sehen. Alles was ich erreichte, war der zweifelhafte Ruf eines „nervösen Emigranten". Wer war ich, wenn in Deutschland alles – von einigen unbedeutenden Vorfällen abgesehen – in Ordnung war?

Diese meine Aktivität machte keinen Eindruck auf die Stimmung unter den Katholiken im Ausland, Hitler halb zu akzeptieren, besonders nicht nachdem Franco sich der illustren Gesellschaft von Benito und Adolf angeschlossen hatte. Von da an war ich wirklich auf einer Linie mit den „Roten", den Spinnern und Unruhestiftern.

Ich vermute, daß diese Mischung von Vorfällen nach Deutschland zurückgekommen ist, missverstanden und ausgeschmückt mit einigen absichtlichen Unwahrheiten. Egal. Ich erhielt zwei Warnungen, daß man mich 1938 in New York seitens der Gestapo entführen wollte: Die eine durch einen Touristen aus Albanien, die andere durch Pater Joseph Schulte OMI in Kanada (nicht der bekannte fliegende Pater, der ein Befürworter der Nazis war[316]).

Ich kann nichts Tadelnswertes in meinem Auftreten im Ausland entdecken, außer dass ich als eine kleine Maus versucht habe, eigenhändig einen Berg zu bewegen. Vielleicht hätte ich beten sollen wie Gregor der Wundertäter und dabei mehr er-

---

316 Gemeint ist Paul Schulte OMI, Gründer der MIVA (Missions-Verkehrs-Arbeitsgemeinschaft). Vgl. Joseph Schulte/Hermann Lembeck, *Der fliegende Pater Paul Schulte OMI. Eine Biographie*, Aschaffenburg: Pattloch, 1987.

reicht – wer weiß es? Wir hatten eine Menge Leute, die diesen Weg gegangen sind, aber ich fürchtete, daß in diesem Falle mein ganzer Kampf eine „Flucht in Frieden und Komfort" geworden wäre. Ich möchte sagen, daß – abgesehen vielleicht von menschlich allzu menschlichen Motiven – meine Überzeugung und mein Gewissen mich veranlassten, mich selbst bei den friedfertigen Menschen in verschiedenen Ländern unbeliebt zu machen. Nun mache ich mir selbst Vorwürfe, daß ich weder in Deutschland noch im Ausland dem Verlust, dem Unwillen und der Feindseligkeit von Brüdern nicht mit noch mehr Verachtung begegnet bin. Ich klagte und erhob meine Stimme – hätte ich schreien sollen? Wenn es nicht für *Commonweal*, für Father Gillis, George N. Shuster, Dorothy Day usw. gewesen wäre, ich wäre nicht einmal in der Lage gewesen, das wenige zu tun, was ich getan habe.

Ich bin extrem konsequent geblieben – auch jetzt habe ich das Verhalten Deutschlands und seiner Regierung nicht akzeptiert. Ich weiß, daß Hunger und Misswirtschaft, zur Schaustellung von Wohlstand vor einer unglücklichen Nation, Streit über Teilgebiete und Handelswaren nicht der Weg sind, die Menschen auf den deutschen Straßen oder was davon übrig geblieben ist, das Licht der Demokratie sehen zu lassen, und dass dies sie auch nicht veranlassen wird, sich vor Scham an die weiche und schwache Brust zu klopfen. Aber ich warte auf ein autoritatives Wort des Bedauerns seitens der geistigen Führer gegenüber der Vergangenheit. Es gibt eine große Menge von Jeremiassen in hohen Stellungen, aber weder einen Elias noch einen Isaias oder Johannes den Täufer. Es könnte deshalb sehr wohl sein, daß auch weiterhin Gerüchte über mein „Verhalten" durchsickern könnten.

Es erhebt sich die Frage: Wie hätte mein Verhalten sein sollen? Hätte ich schweigen sollen und die Lügen fördern, die Halbwahrheiten und „ja, aber" unterstützen sollen, die durch Goebbels' eisernen Vorhang hindurch kamen? Warum war ich denn außerhalb Deutschlands? Genau, um meines Dranges nach Wahrheit und meines Hasses auf die Nazis willen! Wer hätte von mir erwartet, daß ich den Ast, auf dem ich mich als Flüchtling vor Hitler und allem was er plante, niedergelassen hatte, absägen würde? Ich hatte nicht die Absicht, mich um einer Idee willen zum Narren zu machen, aber ein Narr zu sein ohne jeden Anlass, wie konnte man von mir eine solche Idiotie erwarten? Vielleicht hätte ich geruhsame, glückliche (?), erfolgreiche Jahre gehabt, wenn ich vorsichtig aufgetreten wäre, geheimnisvoll lächelnd, mich um meine eigenen Angelegenheiten kümmernd, anstelle das diplomatische Spiel zu stören, das sich entwickelte. Nun, dieses Spiel endete in Reims 1945 und seine Nachwirkungen spüren wir bis heute.[317] Ich möchte daran nicht teilnehmen, und ich wünschte mir, ich hätte mich zehnmal deutlicher davon distanziert.

---

317 Am 7. Mai 1945 unterzeichnete Generaloberst Alfred Jodl in Reims, im Hauptquartier von General Dwight D. Eisenhower, dem Oberkommandierenden der westalliierten Streitkräften in Europa, die bedingungslose Kapitulation der Deutschen Wehrmacht.

3) Der Preis einer Rückkehr nach Deutschland

Als ich hier ankam, stand ich unter einer Wolke, die in Deutschland fabriziert und durch das Raphaelswerk, die Gestapo und andere Unheilstifter über den Atlantik geblasen worden war. Ich hatte keine Arbeit, kein Einkommen, keine Fakultäten. Selbst Laien behandelten mich mit Argwohn, im Allgemeinen gemäßigt durch ihre Loyalität zum Priestertum. Es ist zu ermüdend und herzzerbrechend, alle Intrigen, Denunziationen und bissigen Reaktionen aufzuzählen, die mir begegneten, als ich neu anfing. Mehr als einmal war ich versucht, den Gestapomietlingen in New York zu sagen: „In Ordnung, hier bin ich, bringt mich in ein Konzentrationslager, dann hab ich es endlich hinter mir!"

Aber ich hatte auch Freunde: Dr. Shuster, Fr. Gillis, Dom Virgil Michel, Dorothy Day, Bischof McAuliffe, eine Menge von Protestanten und Juden, Harry McNeill und seine treue Familie. Schließlich fand ich einen Bischof – in Seattle – der mir eine Chance gab. Wir waren nicht immer glücklich miteinander, aber er hielt zu mir, und tat das Beste was er konnte. Ich habe keine Ambitionen mehr, außer meine Arbeit zu tun wo ich bin, logisch, intellektuell und geistlich. Das ist alles, was ich als ein Spätankömmling und Außenseiter erwarten kann.

Was würde es bedeuten, wenn ich meine Wurzeln hier wiederum aus dem Boden ziehen würde? Ich würde meinen Platz im *Commonweal* verlieren, und das würde für manchen amerikanischen Katholiken viel bedeuten. Ich würde meinen Platz im *Orate Fratres* verlieren, nach acht vollen Jahren Arbeit dafür und offensichtlicher Nützlichkeit für die Liturgische Bewegung. Ich würde meine Stellung in der Diözese Seattle aufgeben. Meine Pfarrei und deren vier Kirchen, ihre fünf Städte, ihre lieben Menschen, die mir geholfen und mich bisher getragen haben, würde ich auf dem halben Wege unserer materiellen und geistlichen Erneuerung verlassen. Ich bin sicher, viele meiner Freunde, auch viele unbekannte, würden mir meinen Weggang übel nehmen. Ich liebe Amerika. Ich durchlebte hier einen wichtigen Teil seiner Geschichte – die Ära Roosevelt, den Zweiten Weltkrieg. Ich legte im reifen Alter, als ich wußte, was ich tat, einen Loyalitätseid ab. Amerikas Siege machten mich glücklich. Die Reaktion seiner Menschen gegenüber dem widerwärtigen Schauspiel Hitlerdeutschlands war mir ein Trost. Jene, die nicht von Naziagenten gegen mich vergiftet waren, verhielten sich mir gegenüber gut, freundlich, großzügig und wohlwollend und gaben mir Zuversicht – wie könnte ich all das über Bord werfen?

Und warum? Woher soll ich wissen, daß ich im 4. Reich nicht völlig fehl am Platze bin und möglicherweise von einem fanatischen Nazi über den Haufen geschossen werde? Man hat mich nicht verstanden, als ich erstmals Monsignore Wolker gewarnt habe, als er das militärische Sportprogramm unter Papen übernahm[318]; dann Bischof

---

[318] Prälat Ludwig Wolker bekleidete neben dem Amt des Vorsitzenden des Katholischen Jungmännerverein Deutschlands (KJMVD) hohe Funktionärsposten in der deutschen Sportbewegung, so

Berning im April 1933 (Jahrestreffen des Apostolates des Meeres, Hotel Dütting) – nach seinen berühmten Worten: „Meine Herren, wir können diese große völkische Bewegung nicht unbeachtet vorübergehen lassen, wie es 1517 geschehen ist, als die Hirten der Herde eine andere große Bewegung nicht zur Kenntnis nahmen, wir müssen uns darin einbringen."[319] (In Amerika nennen wir das: „Vom Rücksitz aus zu steuern".) Er scherzte, und nannte mich frotzelnd: „Oh, Pastor Reinhold war immer schon ein alter Bolschewik."

Aus allen Briefen, die ich gelesen habe, aus den deutschen Zeitschriften die mir vorliegen, kann ich nur schließen, daß, wenn überhaupt jemand, nur eine winzige Minderheit auf meiner Seite wäre, und diese Leute wären nicht in einer führenden Position. Ich fürchte, daß nur eine Autoritätsperson zu den Deutschen sprechen könnte. Und eine solche Position habe ich nicht.

4) Nostalgie als Grund zur Rückkehr in ein von Hitler befreites Land

So fremd es klingen mag, ich empfinde keine Nostalgie. Ich bin so zufrieden mit Amerika – es scheint, daß alle Gefühle von Heimweh ein für allemal erloschen sind.

Was ich am äußeren Erscheinungsbild geliebt habe, ist dahin – wegen der Hybris ganz Deutschlands in Schutt und Asche zerbombt. Es hat keinen Sinn, mir zu erzählen, daß Köln schöner war und eine bedeutendere Geschichte hatte als Kansas City, und dass den jungen Amerikanern das Gefühl für historische Werte abging und sie deshalb wie unwissende moderne Barbaren handelten. Quatsch! Die Deutschen hatten es in der Hand, ihre Kunst zu retten. Vielleicht auf Kosten des Todes. Nun, was ist denn unseren Bomberbesatzungen passiert? Ihre Angriffe waren keine Vergnügungsreisen! Natürlich war Lübeck schöner als Boston, und Potsdam hatte mehr Charme als Williamsburg/Virginia – aber sie sind dahin, und das neue Deutschland wird niemals aussehen wie Oak Ridge und Richland!

Habe ich Heimweh nach deutscher Literatur? Ich las das letzte Zeug von Ernst Jünger, Gisevius, und Picard, deutsche Zeitschriften, und alles was ich erreichen konnte, um mich selbst zu prüfen. Ich muß allerdings freimütig bekennen, daß die französische und englische Literatur, die ich besitze, mehr von dem Geist, den ich suche, erfüllt ist, als diese Bücher und Artikel. Ich beginne nun, mich in der amerikanischen Literatur vollständig zu Hause zu fühlen, und, soweit es mich betrifft, ist sie genau so aufregend und gehaltvoll wie alles, was ich von Deutschland in Zukunft erwarte. Die großen Tage von Weimar (1918–1932) sind dahin, und so lange ich lebe, wird es keinen zweiten Frühling wie damals mehr geben.

etwa in der Deutschen Jugendkraft (DJK), dem Dachverband katholischer Jugendsportverbände. Vgl. Maria Wego, Ludwig Wolker. Seelsorger und „General" der katholischen Jugend in Düsseldorf, 1877–1955, in: *Düsseldorfer Jahrbuch* 76 (2006), S. 208–250.

319 Zur Haltung Bernings zum Nationalsozialismus im Frühjahr 1933 vgl. die Ausführungen bei K.-A. Recker, *„Wem wollt ihr glauben"*, S. 49 ff.

Habe ich Heimweh nach den deutschen Menschen? Nein, nicht im Geringsten. Es gibt viele gute Deutsche, die meine Freunde sind, einige von ihnen wieder. Ich bewundere jene, die es ausgehalten und auf ihre unterschiedliche Weise ruhig und heroisch unter Hitler gelebt haben. Meine Mühen und Leiden zwischen 1935 und 1944 kann man wahrscheinlich mit ihrer Agonie nicht vergleichen. Sie kennen möglicherweise meine Geschichte nicht und betrachten mich als einen Drückeberger und Feigling – was weiß ich? Aber niemand von ihnen scheint alle Möglichkeiten ausgeschöpft zu haben, mich von der Idee zu überzeugen, daß ich tatsächlich zu Hause willkommen bin.

Ich habe zum Beispiel versucht, meine Beziehungen zum Klerus in Hamburg zu pflegen. Am 8. April 1934 starb mein Vater. Pastor Bram reservierte die vordersten Bänke in St. Elisabeth in Hamburg anlässlich seiner Beerdigung für den Klerus. Mein Vater war neben Herrn Nölting der prominenteste Katholik in Hamburg – insbesondere als Mitglied der Handelskammer und Vater eines Priesters. Zum Ärgernis und zur traurigen Überraschung aller Anwesenden erschien von sechzig oder achtzig nur ein Priester, Johannes von Rudloff, und das nachdem sie alle eine Woche zuvor eine große Bekundung ihrer brüderlichen Anteilnahme bei der Beerdigung der Mutter eines anderen Priesters gezeigt hatten. (Ich war zur Zeit der Beerdigung in Spanien.) Ich hatte alle Priester angerufen – trotz der Tatsache, daß sie sich gegen die Eröffnung eines Seemannsklubs durch mich ausgesprochen hatten – vier oder fünf von den sechzig antworteten auf meinen Anruf. Als der Bischof Msgr. Wintermann bat, für mich zur Gestapo zu gehen, verweigerte sich dieser.

Nicht ein einziger besuchte meine Mutter, als sie, allein gelassen und wahnsinnig vor Verzweiflung, des Trostes bedurfte. Wenn Fragen gestellt wurden, zuckte man mit den Schultern, lächelte wissend und schwieg, womit man den Eindruck erweckte, man solle meinen Fall besser nicht erwähnen. Tatsächlich hat allein meine Mutter mich heroisch verteidigt, der Gestapo getrotzt und bis zum Ende treu zu mir gestanden. Als der Krieg zu Ende war, haben nur die, denen ich Nahrungsmittelpakete geschickt hatte (oder durch andere hatte schicken lassen), meine Existenz zur Kenntnis genommen, mit Ausnahme von Pastor Albert Mackels. Ich habe jetzt das Recht zu zweifeln, ob ich, abgesehen vom Hause des Bischofs, eine freundliche Aufnahme finden würde. Es mag alles mein Fehler gewesen sein, daß man mich so behandelt hat. Wenn dem so ist, welche Garantie habe ich, daß ich mich hinreichend gewandelt habe, um für sie akzeptabel zu sein? Ohne ihre Zusammenarbeit wäre ich ein Nichts. Wenn es deren Fehler gewesen ist, so habe ich bisher keine Zeichen gesehen, daß sie sich geändert haben. Ich nehme an, daß es mein Fehler war – welcher meiner vielen Fehler weiß ich nicht –, aber ich fürchte, daß man mich als Fünfzigjährigen noch danach beurteilt, wie ich als Achtunddreißigjähriger war. Das alles reicht nicht zur Schlussfolgerung, daß ich jetzt meinen Platz zwischen ihnen einnehmen kann, auch wenn es stimmen sollte, daß ich als Priester in Deutschland mehr gebraucht werde als hier, wo jeder Priester so nötig ist, wo ich für drei Priester arbeiten muß, sorgen für 2000 Seelen, verstreut über 20 Meilen von Ost nach West, und 70 Meilen von Nord bis Süd, in sechs Städten, auf hunderten von Farmen, und mit der Sorge für vier Kirchen. Ich habe drei Messen an jedem Sonntag. Keine Schule, die mich unterstützen kann, die meiste Zeit nicht einmal eine Haushälterin. Es sieht nicht so aus, als habe dieses reiche und friedvolle Land keine Probleme für Priester.

Alles in allem: Ich habe kein Heimweh, ich bin vielmehr glücklich in meiner Arbeit und mit meinen Leuten. Außer wenn ich in Deutschland bessere und bedeutendere Arbeit leisten könnte, sehe ich keinen Grund für einen nochmaligen vollständigen Wandel in meiner rastlosen und bunten beruflichen Laufbahn.

H.A.R. an Berning vom 8. Mai 1947

Hochwürdigster Herr Bischof,
nachdem ich den langen englischen Brief abgeschickt habe, der wohl in Osnabrück angekommen ist, schrieb mir meine gut und freundlich gesinnte Schwester heute aus Hamburg:

„Wozu gratulierst Du Dr. Keller? Lass die Herren doch in Ruhe. Sie erkundigen sich nicht einmal nach Dir. Vielleicht passt ihnen Deine politische Haltung nicht. Auch darüber spricht man nicht mit mir. Deine Hilfe sende lieber an Laien, denn die Priester haben alle Verwandte auf dem Lande. Laien werden Dir auch dankbarer sein."

Ich schreibe Ihnen das, Hochwürdigster Herr Bischof, nicht aus Rechthaberei oder um Sie zu ärgern, sondern um Ihnen zu zeigen, daß Ihr gütiger und vornehmer Brief an mich eine Ausnahme ist. Der neue Bischof von Münster[320], dem ich freundlich zum Priesterjubiläum gratulierte, sandte mir – noch als Priester – eine steife und kühle Antwort, in der er sein Erstaunen ausdrückte, daß ich – of all people – ihm gratulierte. Alle diese Dinge hätte ich mir erspart, hätte ich den Rat hiesiger Freunde befolgt, und mich auf meine Familie beschränkt. Da einem aber die wenigen guten Werke, die man tun wollte, nicht leid tun sollen, so schreibe ich all dieses aufs Hunger- Verzweiflungs- und Leidenskonto.

Nochmals dankend für Ihre Güte – als Seminarist, junger Priester, Seemannspastor und in Ihrer erneuten Anknüpfung freundlicher Beziehungen – bitte ich um Ihren Segen und verbleibe

Ihr gehorsamer und ergebener
H.A. Reinhold, sac. dioeces.

---

320 Gemeint ist Michael Keller (1899–1961), Bischof von Münster von 1947 bis 1961.

H.A.R. an Berning, am Fest des Hl. Laurentius 1947 (10. August 1947)

Hochwürdigster Herr Bischof,
meine beiden letzten Briefe müssen Ihnen sehr wehgetan haben. Ich erwarte daher keinerlei Antwort von Ihnen mehr. Das heutige Fest mit der rührenden Episode des Zusammentreffens zwischen Papst Sixtus und seinem Diakon erweckt alte Erinnerungen: An Ihre Güte, Liebe und Ihr Verständnis in den ersten Jahren meines Priestertums. Ich habe nicht vergessen, wie gütig Sie allezeit zu mir waren, selbst dann, wenn Sie guten Grund hatten, mit mir unzufrieden zu sein. Noch habe ich die freundlichen, öffentlichen Komplimente nicht vergessen, die Sie mir auf Kongressen, bei Synoden, Versammlungen (leider zu meinem Schaden beim Klerus) so gütig und frei gespendet haben. Sie haben mich, ehrlich gesagt, verwöhnt. Ich habe das nicht vergessen, und der Bruch 1935 kann nicht vergessen lassen, daß ich den besten Bischof hatte! Sie glauben es vielleicht nicht, aber ich bin Ihnen trotz allem in dankbarer Liebe verbunden und las dieselbe Güte und Liebe aus Ihrem diesjährigen Brief. Meine Antwort hat mich selbst geschmerzt.

Es schmerzt mich daher zu hören, daß Sie nicht wohl sind und in Itzehoe bei der Firmung ohnmächtig wurden. Ich höre, daß Sie von Ruhe nichts wissen wollen, und der Klerus, alt und jung, sich sorgt, besonders da man nicht mehr wagt, Ihnen offen Schonung anzuraten. Es macht Sie ärgerlich.

Darf ich, als Ihr ärgster und unerbittlichster Kritiker, Ihnen doch noch einen Liebesdienst erweisen? Bitte hören Sie auf Ihren Klerus. Schonen Sie sich. Sie haben immer Raubbau mit Ihrer Kraft getrieben. Solange Sie junge, ergebene und gemäßigte Männer wie Michael Keller, Kaplan Bultjer und andere haben, sollten Sie den Heiligen Vater um einen Weihbischof oder Coadjutor bitten.

Als derjenige, der Sie am härtesten mitgenommen hat, erlaube ich mir eine kühne Beobachtung. Ein solcher Schritt wird von niemandem, nicht einmal von mir, als eine diplomatische Niederlage, eine Selbst-Desavouierung Ihrer Haltung 1933 bis 1945 angesehen. Ihrem berechtigten Stolz geschieht kein Abbruch. Jedermann sieht, daß Sie sich zeitlebens abgerackert haben. Ist es nicht besser, daß Sie selbst den Schritt tun und dass Sie selbst den Mann in Ihrer eigenen, nächsten Umgebung wählen, als dass Sie starr und unbeugsam in die Geschichte eingehen?

Ich weiß, daß ich mit diesem Brief dem „Fass den Boden ausgeschlagen" habe. Da ich aber nichts zu verlieren habe und sehe, daß meine ehemaligen Mitbrüder sich ernstlich sorgen, so sehr, daß sie diese Sorge sogar den Laien mitteilen, betrachte ich meinen Brief doch noch als einen Liebesdienst. Treue nimmt seltsame Formen an – manchmal sieht sie aus wie Unverschämtheit. Aber selbst solchen Verdacht überlebt sie.

Ich hoffe, Bischöfliche Gnaden, daß Sie diesen Brief sofort zerreißen, ein Gebet der Verzeihung über mich sprechen und trotz allem meinen unerwünschten Rat nicht vergessen. Gott geb' Ihnen noch viele, viele Jahre als Hirte und einen guten, verstehenden und getreuen Helfer im Amt. (Ich gebe meine Stimme Michael Keller.)

Ihr gehorsamster und ergebenster
H.A. Reinhold, Pfarrer

Berning an H.A.R. vom 4. September 1947

Lieber Father Reinhold!
Als ich Ihren langen Brief vom 15. April erhielt, war ich gerade heimgekehrt von einer fünfwöchigen Firmungsreise durch Mecklenburg, wo ca. 400.000 katholische Flüchtlinge aus dem Osten sind und ich über 11.000 Kinder firmte. Ich war körperlich sehr erschöpft und hatte gleich darauf neue Arbeiten – Wallfahrten nach Rulle und Wietmarschen, Ordensfeiern, Konferenzen – und war für einige Tage krank. Danach kamen Firmungsreisen ins Dekanat Aschendorf, dann nach Ostfriesland und in den Kreis Melle. Dazu kamen noch Konferenzen über Ordensschulen, Rundfunk, Film, Fuldaer Bischofskonferenz u. a. So kam es, daß ich meine Absicht, Ihnen ausführlich auf Ihr Schreiben zu antworten, nicht ausführen konnte. Auch jetzt stehe ich kurz vor der Firmungsreise nach Hamburg und Schleswig-Holstein. Inzwischen hatten Sie mir noch einmal einen kurzen Brief geschrieben, der wohl etwas in Verärgerung abgefasst war, und den ich nicht recht verstand.

Nun erhalte ich einen Brief von Ihnen, den Sie am Feste des Hl. Diakons Laurentius geschrieben haben, und der mir außerordentlich wohlgetan hat. Ich möchte darum auch nicht auf Ihre lange Epistel vom April zurückkommen. Es hat ja keinen Zweck, die alten Dinge aufzurühren. Ich bin überzeugt, daß Sie im besten Gewissen stets gehandelt haben, und glaube, das auch von mir sagen zu können. Sie sind in Ihrer jetzigen Tätigkeit glücklich und zufrieden und können segensreich im Gottesreich wirken. Also bleiben Sie ruhig dort, so lange es Ihnen gefällt. Wenn Sie mal nach Deutschland zu Besuch kommen, können Sie sich selbst überzeugen, wie es hier aussieht, und ob Sie lieber hier oder dort wirken wollen.

Recht herzlich danke ich Ihnen für den Ausdruck treuer Anhänglichkeit in Ihrem letzten Brief. Ich habe wirklich Ihre Arbeit stets geschätzt und nach Kräften zu fördern gesucht.

Ich danke Ihnen auch für Ihre liebende Sorge um meine Gesundheit. Ich habe zwar in diesem Sommer mehr Arbeit gehabt, als jemals in den Jahren seitdem ich Bischof bin, und noch keinen Tag der Ausspannung mir gönnen können. Ich hoffe, am Schluss der Firmungsreise von Hamburg für 10 Tage nach Niendorf gehen zu können, wo ich mich immer über den schönen Altar freue, den Sie damals angeschafft haben. Meine Gesundheit hat die Strapazen ausgehalten, trotzdem ich in diesem Jahr das 70. Lebensjahr vollendete. Es ist eine Falschmeldung, daß ich in Itzehoe bei der Firmung ohnmächtig geworden sei, da ich in Itzehoe in diesem Jahr noch gar nicht war.

Sie machen mir den Vorschlag, mir einen Weihbischof zu nehmen. Vertraulich darf ich Ihnen mitteilen, daß ich Herrn Regens Dr. Keller als meinen Weihbischof beim Papst in Vorschlag brachte, als ich hörte, daß er in Münster zum Bischof gewählt sei, aber noch nicht von Papst bestätigt sei. Aber es war zu spät. Der Papst hat mir in einem persönlichen Handschreiben geantwortet, daß er es leider nicht mehr rückgängig machen könne, aber gern bereit sei, meinen Wunsch nach einem Weihbischof zu erfüllen. Sie sehen also, wie sehr sich unsere Gedanken begegneten.

Glauben Sie nicht, daß Ihr Brief mich geärgert oder verstimmt hat. Im Gegenteil! Ich habe mich aufrichtig gefreut über die Liebe, die aus Ihrem Brief sprach. Mit herzlichen Grüßen und Segenswünschen

Ihr in Christo ergebenster + Wilhelm, Bischof von Osnabrück

H.A.R. an Berning vom 17. Oktober 1947

Hochwürdigster Herr Bischof,
Ihr gütiger und freundlicher Brief stellt in seiner Liebe und Großherzigkeit das alte Band persönlicher Anhänglichkeit wieder her. Ich beeile mich Ihnen dafür von ganzem Herzen zu danken. Darf auch ich sagen, daß ich niemals auch nur im Geringsten gezweifelt habe oder gar Zweifel geäußert hätte an der Lauterkeit Ihrer Beweggründe, als unsere Wege sich schieden. Ich glaube auch, daß wir uns viel besser verstanden hätten, wenn nicht Zwischenträger aufgetreten wären. Was mich aber noch immer sehr schmerzt, ist die Haltung des Hamburger Klerus – besonders des Dechanten, der nicht nur englischen Reportern gegenüber mich ignoriert hat, sondern sich auch meiner Mutter durchaus nicht angenommen hat. Wodurch ich mir dies alles verdient habe, weiß ich nicht. Ich möchte die Sache aber auch nicht wieder aufrühren, sondern lieber vergessen.

In elf langen Jahren bin ich mit dem katholischen Leben hier so verflochten, daß ich, abgesehen von meinen persönlichen Gefühlen, es einfach nicht wagen kann, ohne direkten Befehl des Heiligen Vaters in eine völlig ungewisse und darum abenteuerliche Existenz nach Deutschland zurückzukehren. Menschlich gesprochen habe ich hier eine Stelle im literarischen, sozialen und liturgischen Leben, deren Aufgeben wie Wahnsinn erscheinen müsste. Ich bin über fünfzig! Ich glaube auch kaum, daß ich das deutsche Denken noch verstehen könnte. Als Priester weiß ich natürlich zu gehorchen, aber ohne klare und unmissverständliche Zeichen dürfte ich doch wohl Recht haben, wenn ich alles was geschehen ist, als ein deutliches Zeichen des Willens Gottes ansehe. Glauben Sie mir, Ew. Bischöflichen Gnaden, es ist kein Ehrgeiz oder Sorge um die Karriere – hier werde ich weder Prälat noch Bischof! Ich wäre betrübt, falls Sie das von mir glaubten, d. h. dass meine Karriere mir alles bedeutete. Es ist die Aufgabe, die Klarheit der Lage hier, die Liebe zu meinen Mitmenschen hier, was mich hält. Zum jugendlichen Draufgehen bin ich zu alt. Im Glück des Friedens mit meinem alten Bischof verbleibe ich

Ihr gehorsamster
H.A. Reinhold

Berning an H.A.R. vom 27. Oktober 1947

Lieber Herr Pastor!
Besten Dank für Ihren Brief vom 17. d. Mts., den ich soeben erhielt und für den ich Ihnen herzlich danke. Ich bin durchaus mit Ihnen darin einverstanden, daß Sie nicht eine liebgewordene Tätigkeit, in der Sie auf manchen Gebieten segensreich wirken können, aufgeben dürfen, um in eine ungewisse Zukunft nach Deutschland zurückzukehren. Sie sind ja in die Diözese Seattle inkardiniert und darum verpflichtet, dort zu bleiben, wenn der Bischof Sie dort behalten will. Deshalb habe ich gar keine Veranlassung, in Sie zu dringen, daß Sie Ihre dortige Stelle aufgeben und in die Heimat zurückkehren. Sie können also beruhigt sein, daß Sie mit meiner vollen Zustimmung dort weiterwirken, solange es Ihnen gefällt. Wenn Sie zum Besuch nach Deutschland kommen, sind Sie mir stets herzlich willkommen und werden mit alter Liebe aufgenommen.
   Am 28. 10. ist die Bischofsweihe des Herrn Dr. Keller in Münster, die der Erzbischof von Köln als Metropolit vornehmen wird, während ich dabei als Mitkonsekrator assistiere.

Mit herzlichen Grüßen und Segenswünschen
Ihr ergebenster + Wilhelm, Bischof von Osnabrück.

Berning an Frau Katharina Niefer, Hamburg, vom 9. Dezember 1947

Verehrte Frau Niefer!

Recht herzlich danke ich Ihnen für die Übersendung der Drucksache von Ihrem Bruder in Sunnyside. Er hat in Amerika ein schönes Feld der Tätigkeit und viel Anerkennung gefunden. Er fühlt sich dort glücklich. Ich freue mich, aus seinen Briefen zu ersehen, daß es ihm gut geht. Mit besten Weihnachtsgrüßen

Ihr ergebener
Berning

H.A.R. an Berning vom 7. Oktober 1948

Hochwürdigster Herr Bischof,
meine Schwester schreibt mir, daß Sie kurz vor Ihrer Romreise Ihre Schwester verloren haben. Darf ich Ihnen mein herzliches Beileid aussprechen? Ich werde beim heiligen Opfer ihrer gedenken.

Außerdem sagt sie mir, daß Sie zwei Stunden feurig und begeisternd über Kolping sprachen. Ich sehe daraus, daß die Gerüchte über Altersschwäche etwas „verfrüht" waren und wünsche Ihnen noch viele Jahre. Zu meinem 25. Jubiläum (19. 12. 50) möchte ich gern einen Besuch machen. Vielleicht lässt sich ein Exerzitienkurs des Jahrganges einrichten und gar Bischof Keller als Exerzitienmeister. Da mir außer Herrn Boekwinkel niemand jemals geschrieben hat, weiß ich nicht, ob das eine gute Idee ist.[321]

Ihr ergebenster
H. A. Reinhold, Pfarrer

Berning an H.A.R. vom 16. Oktober 1948

Lieber Father!
Herzlichen Dank für Ihr Schreiben vom 7. 10. und Ihre innige Teilnahme am Tode meiner guten Schwester, die mir 46 Jahre lang den Haushalt geführt hat. Ich bin vor einigen Tagen von der Romreise zurückgekehrt, die mir viele erhebende Erlebnisse brachte. Vor allem der Empfang beim Heiligen Vater war für mich Trost und Freude.

Aus Ihrem Schreiben entnehme ich, daß Sie zu Ihrem 25jährigen Priesterjubiläum einen Besuch in der deutschen Heimat und auch bei mir machen wollen. Ich freue mich darauf, Sie nach langen Jahren wiederzusehen, vorausgesetzt, daß ich noch lebe. Aber es geht mir gesundheitlich noch gut, so dass ich hoffe, noch weiter für das Gottesreich auf Erden, besonders für meine geliebte Diaspora, wirken zu können.

Der frühere Seemannspastor Feltmann, der noch in russischer Gefangenschaft ist, aber hofft, noch in diesem Jahr heimzukehren, denkt daran, die katholische Seemannsmission in Hamburg wieder aufzubauen. Ob das freilich jetzt schon möglich sein wird, erscheint mir noch zweifelhaft.

Mit herzlichen Grüßen und Segenswünschen
Ihr ergebenster + Wilhelm, Bischof von Osnabrück

321 Zu dieser Reise ist es nicht gekommen.

Berning an H.A.R. vom 18. Januar 1949

Mein lieber Father Reinhold!
Vor kurzem erhielt ich von Ihnen das Buch *Churches*[322] von Peter Anson, das Sie für die amerikanischen Verhältnisse herausgegeben und mit vielen treffenden Bemerkungen versehen haben. Das Buch enthält eine außerordentlich große Fülle von kirchlichen Bestimmungen und geschichtlichen Erklärungen über die Kirche und alles, was dazu gehört. Ich habe mit großem Interesse das Buch durchgesehen und oft mit stillem Neid die schönen Kirchenbauten und inneren Einrichtungen aus den verschiedensten Ländern angesehen, denn wir können solche Bauten nicht mehr ausführen.

Unser alter Dom, der sein Dach und seine Türme durch Fliegerangriffe verloren hatte und auch im Innern schwer gelitten hatte, ist zwar einigermaßen wiederhergestellt, aber viele andere Kirchen sind ganz zerstört oder erheblich beschädigt und können bei der jetzigen Geldknappheit nicht wieder aufgebaut werden. Vor allem fehlt es uns an Kirchen in der norddeutschen Diaspora, besonders Schleswig-Holstein und Mecklenburg, wo viele Hunderttausende von katholischen Flüchtlingen zerstreut wohnen, ohne eine katholische Kirche zu haben. Sie [sind] auf die Benutzung der evangelischen Kirchen angewiesen und sehnen sich nach einem eigenen gottesdienstlichen Raum, in dem auch das Heilige Sakrament aufbewahrt werden kann. Darum errichten wir an manchen Orten Barackenkirchen, die zwar äußerlich nicht sehr kirchlich aussehen, aber im Innern oft einen durchaus sakralen Eindruck erwecken. So habe ich vor einigen Monaten in Oldenburg in Holstein eine solche Barackenkirche eingeweiht, die im Innern sehr würdig wirkt.

Ihr Buch hat mir manche Anregungen gegeben und ich danke Ihnen von Herzen für die Zusendung.

Mit herzlichen Grüßen und Segenswünschen zum Neuen Jahr
Ihr in Christo ergebenster + Wilhelm, Bischof von Osnabrück

H.A.R. an Berning vom 22. Januar 1951

Hochwürdigster Herr Erzbischof!
Ihre lieben, freundlichen Wünsche kamen soeben und es rührte mich, daß Sie einen Dank für meine Arbeit einschlossen. Darf ich mich dafür besonders bedanken, da es mir wohltut, daß Sie meiner so väterlich und gütig gedenken.

---

[322] Peter Anson, *Churches. Their Plan and Furnishing*, hrsg. und überarbeitet von Thomas F. Croft-Fraser und H. A. Reinhold, Milwaukee: The Bruce Publishing Company, 1948.

Meine beiden Freunde, Bischof Michael und Weihbischof Johannes, schrieben mir auch in gütiger Weise, ebenso mein Kursgenosse Pfarrer Riedmann und mein alter Freund Dr. Freericks.

Ich bin fast überanstrengt mit Arbeit: Eine große Pfarrei, nur Laienhilfe zu haben, die Schriftstellerei, die man immer noch von mir erwartet, Ansprachen bei Tagungen und die Sommersemester in Notre Dame. Ich frage mich, ob ich in Deutschland jetzt mehr nützen könnte als hier, aber ich bezweifle es, da der Priestermangel hier groß ist und in mancher Beziehung durch meine Vergangenheit ich eine einzigartige Stellung einnehme.

Meine Pfarrkinder gaben mir Reisegeld nach Hamburg zu einem Besuch. Falls etwas daraus wird, werde ich Sie ja doch noch einmal sehen dürfen. Bischof Muench schrieb mir auch ein paar freundliche Worte. Vielleicht komme ich sogar als Abgesandter einer Staatsstelle – aber das ist ein tiefes Geheimnis, von dem ich nur zu Ihnen, Herr Erzbischof, rede, da die Protestanten in Washington sehr eifrig darüber wachen, daß keine Priester eingeladen werden.

Ich freue mich, daß P. Feltmann wieder im Geleise ist und hoffe, daß er Erfolg hat. Mein Werk in Seattle geht auch weiter – jedoch ohne je seinen Gründer zu nennen, was aber nichts ausmacht, denn das Gefühl, das mich dabei ankommt, soll ich ja wohl überwinden können. Alt genug bin ich ja nun.

Ich freue mich, daß es Ihnen besser geht. In ergebener Verbundenheit und Ehrfurcht,

Ihr geistlicher Sohn
H. A. Reinhold

Berning an H.A.R. vom 20. Februar 1951

Lieber Herr Pfarrer!
Besten Dank für Ihr Schreiben vom 22. 1. und die Zusendung Ihres Berichtes über die Pfarrei. Der Aufbau der Pfarrei in seelsorglicher und finanzieller Hinsicht, wie auch Ihre schriftstellerischen Arbeiten und Vorträge, besonders auf dem Gebiet der Liturgie, werden Ihre ganze Arbeitskraft in Anspruch nehmen und Ihnen zugleich Befriedigung geben, daß Sie für das Gottesreich dort viel wirken können.

Es wird uns alle freuen, die Sie kennen und lieben, wenn Sie im Laufe des Jahres nach Deutschland, Hamburg und Osnabrück kommen. Ich heiße Sie herzlich willkommen. Ich sende Ihnen zugleich meinen diesjährigen Fastenhirtenbrief, der über Ehenot und Familienglück handelt. Dieses Problem ist wohl überall auf der Welt aktuell.
Mit freundlichen Grüßen und Segenswünschen

Ihr ergebenster + Wilhelm, Bischof von Osnabrück

Korrespondenz H.A.R. mit Johannes Pinsk[323]

H.A.R. an Dr. Johannes Pinsk vom 29. August 1932

Lieber hochwürdiger Doktor,
Sie glauben nicht, mit welcher Freude ich jederzeit ihre Artikel in der *Liturgischen Zeitschrift* lese. Eine besondere Freude aber war mir Ihr letzter, klarer und tiefer Artikel über die religiöse Wirklichkeit. Wenn man den doch in tausend Sonderabdrucken hätte, damit man ihn unter die Masse des Klerus werfen könnte. Es will mir übrigens scheinen, als ob darin ein großer Fortschritt der Theologie zu verzeichnen wäre, denn die Lehre über die vier Gegenwartsweisen Christi habe ich so klar und einleuchtend noch nicht gefunden. Wie wichtig das ist, kann man dann am besten abschätzen, wenn man bedenkt, daß die Schultheologie fast nie etwas darüber hat und die liturgische Bewegung recht vage und unklar darüber zu reden pflegt. Ich glaube, daß Sie da, auf den Vorarbeiten Voniers, Casels und der protestantischen Wissenschaft stehend, unendlich viel zur Klärung gesagt haben. Es sollte mir nur leid tun, wenn Sie nicht die Zeit fänden, diese Sache in einer größeren Publikation zu fundieren und auszubauen. Ich glaube, die Sache würde ebenso durchdringen wie Casels *Mysterium*[324] und Voniers[325] *Sacramentum* und *Repräsentatio*. Es sieht fast aus wie eine Verjüngung und ein neuer Aufbruch in der Theologie. Überhaupt steht das Heft voll von Anregungen, die nicht untergehen dürfen. Ich hatte schon immer vor, einen Artikel über den Unterschied von Liturgie und Zeremonienfuchserei zu schreiben. Jetzt bieten Sie den Gedanken in anderem Zusammenhang, so dass es sich für mich nicht mehr lohnt. Aber wie wäre es, wenn Sie die Sache noch einmal aufgriffen. Denken Sie nur an das Theater so mancher „liturgiebegeisterter Kapläne" mit exerzierenden Ministranten und Tamtam am Altar, z. B. bei Pfarrer Schmitz in der Christkönigskirche in Stettin.[326] Auch die Staatsaktionen der Abteien, die zwar schönstens über Liturgie reden, in der Praxis aber Aufführungen bieten, sollten endlich mal beim richtigen Namen genannt werden. Sie könnten das so nett, ohne jemandem persönlich weh zu tun. Was können z. B. die Bischöfe machen, wenn sie Ihren Artikel lesen, wo doch Schuster und Harscouet für Sie stehen?

Ich bin übrigens sehr froh und stolz, daß mein Besuch in Paris so schöne Früchte trägt, denn als ich den Bischof besuchte, hatte er von Ihrer Existenz keine Ahnung

---

323 Die Korrespondenz mit Johannes Pinsk befindet sich in Correspondence, Box 1, Folder 4, H. A. Reinhold Papers, MS2003-60, John J. Burns Library, Boston College.
324 Wahrscheinlich ist Odo Casel's, *Die Liturgie als Mysterienfeier*, gemeint, welches, 1922 erstmals erschienen, in den darauf folgenden Jahren mehrere Auflagen erlebte.
325 Ansgar Vonier (1875–1938), deutsch-britischer Benediktiner, Autor zahlreicher liturgischer Arbeiten.
326 Vgl. Korrespondenz mit Pastor Leo Schmitz, Stettin, unten, S. 461.

und ganz abenteuerliche Vorstellungen von [Maria] Laach. Wissen Sie, was ich Pfarrer Schmitz geantwortet habe zu seiner Brevierreform? Wie wäre es übrigens mit einem Schritt bei den Bischöfen: Theoretische Begründung der Liturgieerneuerung, Kronzeugen, praktische Notwendigkeit, praktische Vorschläge. Jeder Bischof müsste ein Memorandum bekommen, das dann im Wesentlichen bei Ihnen veröffentlicht würde usw. Ich käme gerne mal zu Ihnen, aber ich bin im Begriff nach Amsterdam und dann nach New York zu reisen. Unterwegs kann ich für Sie arbeiten, wenn Sie Wünsche haben. In treuer Anhänglichkeit

Ihr
H. A. Reinhold

H.A.R. an Pinsk vom 3. September 1932
(Reinhold verspricht Pinsk einen Artikel für die „Liturgische Zeitschrift".)

H.A.R. an Pinsk vom 3. Februar 1933
(Reinhold hofft, den Aufsatz über „Liturgie und Zeremonienfuchserei" bis zum 20. Februar liefern zu können.)

Pinsk an H.A.R. vom 21. April 1933
(Anhang zum Brief)

[…] P. S. Von Westfalen höre ich, daß Ihr Aufsatz über die Pfarrlosen sehr guten Anklang gefunden hat. Das Honorar geht Ihnen, wenn auch in bescheidener Größe, in den nächsten Tagen zu. […]

Korrespondenz H.A.R. mit Hermann Pünder[327]

H.A.R. an Hermann Pünder vom 1. September 1931

Sehr geehrter Herr Staatssekretär,
aus meinem letzten Brief, der von Herrn Ministerialdirektor Hagenow[328] beantwortet wurde, wissen Sie, daß ich inzwischen versucht habe, mit Ihnen in Berlin zu sprechen. In Ihrer Abwesenheit ist es mir nicht gelungen, meine Anliegen mündlich Herrn Reichskanzler vorzutragen. Zwar hatte er mir durch Herrn Plank [sic!][329] einen Empfang zugesagt, eine längere Aussprache mit Herrn Prälat Kaas lässt mich aber vermuten, daß dieser Herrn Reichskanzler davon abgeraten hat und so ist aus der Aussprache nichts geworden. Ich lege Ihnen nun das Exposé und den letzten Brief an Herrn Reichskanzler bei und bitte Sie, doch dafür zu sorgen, daß die Sache nicht ganz im Sande verläuft, wenigstens bitte ich Sie festzustellen, welche Meinung der Herr Reichskanzler tatsächlich über diese Sache hegt, und dann aus alter Freundschaft mir seine und Ihre Meinung mitzuteilen, so dass ich unter Umständen an anderer Stelle versuchen kann, durchzudringen.

Ich würde es aber sehr bedauern, besonders da mit jedem Tage Zeitverlust die Sache kraftloser würde.
In der Hoffnung, daß Sie sich gut erholt haben, grüße ich Sie und Ihre Frau Gemahlin. Ich hörte von Frau Schauseil von dem harten Verlust, der Sie betroffen hat und spreche Ihnen nachträglich mein herzlichstes Beileid aus. Wollen Sie bitte Ihrer Frau Gemahlin diese Wünsche übermitteln.
In treuer Ergebenheit

Ihr
H.A. Reinhold, Seemannspastor

Gedanken zur Anregung einer Nothilfe der konfessionellen Gemeinschaften in Deutschland
Die hemmungslosen Hassausbrüche gegen Kirche und Religion von Seiten verarmter und proletarischer Volksschichten sind nicht nur ein Ergebnis von Verhetzung und materieller Gesinnung der Masse. Eine gewisse Verständnislosigkeit auf kirchlicher Seite trägt ebenfalls Schuld daran. Man kann sagen, daß gerade der erlösungsbedürftigste Teil des Volkes der Kirche entglitten ist und die Gutgesinnten unter ihnen seit Jahren vergeblich auf die große Geste verstehender Barmherzigkeit von ihr warten.

---

327 Bundesarchiv Berlin, R3, 06K-64.
328 Hier handelt es sich wohl um Viktor von Hagenow (1886–1953), Ministerialdirektor in der Reichskanzlei von 1926 bis 1932.
329 Eine falsche Schreibweise für Erwin Planck (1893–1945), der Sohn des Physikers Max Planck, der seit 1926 Ministerialbeamter in der Reichskanzlei war.

Sie sehen in den frommen Christen infolge freidenkerischer Hetze Menschen, die es sich auf Erden wohl sein lassen und den darbenden Mitbruder auf das Jenseits vertrösten. Auch der Geistliche erscheint ihnen nur als Nutznießer und Ausbeuter des Proletariats. Etwaiger Hinweis auf die freiwillige Armut der Ordensleute imponiert solchen Menschen schon lange nicht mehr, da sie längst durchschaut haben, daß diese Armut nicht mit ihrer Lage verglichen werden kann. Beim Ausbruch von Unruhen wird sich der Zorn gegen kirchliche Einrichtungen und Personen wenden.

Man kann feststellen, daß dieser Lage gegenüber auf kirchlicher Seite oft guter Wille, manchmal tiefes Verstehen, von Zeit zu Zeit sogar Taten zur Abhilfe zu finden sind. Im Großen und Ganzen entsteht jedoch der Eindruck, daß man sich mit einer gewissen Resignation treiben lässt und mit Grauen an die Zukunft denkt. Wohin man hört: Überall im katholischen Klerus dieselbe Untergangsstimmung und das Empfinden, daß der richtige Augenblick verpasst ist. Selbst das heroische Beispiel einiger Weniger vermag die verloren gegangene Initiative nicht zurückzubringen. Ich bin der festen Überzeugung, daß eine groß angelegte Aktion noch nicht zu spät kommt, wenn sie mit Mut und Opfergeist angefasst wird. Selbst wenn sie im Enderfolg (der eigentlichen Nothilfe) fehlschlagen sollte, so hat die katholische Kirche in Deutschland dann doch wenigstens das moralische Plus zu verzeichnen, daß sie sich vor alle aufbauwilligen Kräfte gespannt hat und wahrhaft christlich in der Nächstenliebe vorangegangen ist, an ihrer Spitze der Klerus. Ich glaube, daß dieses jetzt hier und da der Fall ist in unscheinbarem Alltagsgewand; aber niemand weiß darum, und diese stillen Wohltaten einzelner, die auf die Dauer die Masse durchsäuern könnten, sind für den Augenblick nicht erforderte Heilmittel, denn gerade ihre wichtigste Voraussetzung, Dauer und Allgemeinheit, fehlt, weil sich die Ereignisse überstürzen und bei so vielen keine Idee vorliegt, wie und wo überall angegriffen werden könnte.

Deutschland ist augenblicklich in der glücklichen Lage, sein Heil von zwei Persönlichkeiten zu erwarten, die sein vollstes Vertrauen genießen: Reichspräsident von Hindenburg und Reichskanzler Dr. Brüning. Beide genießen auch das vollste Vertrauen der konfessionellen Gemeinschaften Deutschlands. Wenn die Reichsregierung die Kirche zur Nothilfe aufrufen wollte, so würde sich die evangelische Kirche einer Einladung des Reichspräsidenten ebenso wenig entziehen wie die katholische der Einladung des Reichskanzlers.

Ich möchte also folgendes vorschlagen:

Der Herr Reichspräsident lädt die oberste Spitze der evangelischen Landeskirchen ein nach Berlin, der Herr Reichskanzler die katholischen Bischöfe mit je einem Vertreter der Pfarrer und Hilfsgeistlichen ihrer Bistümer, und zwar noch im Anfang September, damit eine Auswirkung dieses Schrittes vor Beginn des Herbstes fühlbar wird. Auf katholischer Seite müssten die Ordensgenossenschaften, die durch besondere Verständnislosigkeit sich hervorgetan haben, sowie die staatlich angestellten geistlichen Studienräte hinzugezogen werden. Natürlich dürften auch die großen Verbände – Caritas, Gesellen, Jungmänner und Arbeiterverband – nicht fehlen. Dasselbe müsste, mutatis mutandis, auf der evangelischen Seite eingeleitet werden. Diese Herren würden eingeladen unter Wahrung möglichster Einfachheit zu einer Konferenz mit dem Herrn Reichspräsidenten bzw. dem Herrn Reichskanzler. Es bräuchte nur von Seiten dieser Herren eine ungeschminkte Darstellung unserer Lage und ein Hinweis auf die Zukunft der Kirchen in einem kommunistischen Staat, um die Opferbereitschaft dieser Herren zu wecken. Dann wäre es vielleicht gut, Bischöfe, Pfarrer, Hilfsgeistliche, Ordensobere usw. getrennt beraten zu lassen, wie sie sich eine kirchliche Hilfsaktion in ganz großem Ausmaße vorstellen. Wenn dann diese Vorschläge den Bischöfen vorgelegt würden und von ihnen in einer gemeinsamen „Notverordnung" ihrem Klerus und Volk mit allem Ernst und aller Feierlichkeit verkündigt würden, so könnte das nur einen vorzüglichen Eindruck machen, vom guten Willen der Kirche überzeugen und ein Anstoß zu freiwilligen Opfern auch bei Privatleuten sein. Es muß allerdings aus dieser „Notverordnung" klar und eindeutig für jeden, auch den böswilligsten, hervorgehen, daß wirklich der Klerus das größte Opfer bringt, und dass es sich nicht um fromme Ratschläge, sondern um eine energische und kategorische Aufforderung zur Besinnung auf den christlichen Opfergeist handelt.

Was damit gemeint ist, mögen etwa folgende Einzelvorschläge erweisen: z. B. jeder Pfarrer verpflichtet sich, alles was über RM 3600 Jahreseinkommen hinausgeht, den örtlichen kirchlichen Wohlfahrtseinrichtungen für jugendliche Erwerbslose zur Verfügung zu stellen, seine Stol- und Stipendieneinnahmen[330], die über diese Summe hinausgehen, dazu zu verwenden, daß Erwerbslose seiner Gemeinde irgendwelche Notstandsarbeiten in freiwilligem Arbeitsdienst für die Gemeinde verrichten.

Sehr viele Pfarrhäuser ähneln den Villen von Großunternehmern, die meisten sind zu groß für den Haushalt der darin lebenden Geistlichen. Auf der anderen Seite fehlen die passenden Räumlichkeiten für Pfarrbibliotheken, Kinderwohl-Heime, Erwerbslosenklubs und Suppenküchen. Ohne etwa kostspielige Einschränkungsbauten zu unternehmen, ließe sich auf dem Wege der Beschränkung für die Notzeit von den Bischöfen festlegen, daß der Klerus in ganz Deutschland, auch in den Dörfern, nicht mehr als je ein Schlafzimmer, ein Studier- und gemeinsames Esszimmer benötigte. Manches Pfarrhaus und selbständige Kaplanswohnung würde dadurch für Gemeinschaftszwecke frei. Der üble Eindruck des gut versorgten Geistlichen bei allgemeiner sonstiger Not würde wenigstens etwas gemildert. Mancher Kaplan wäre gewiss auch bereit, sich mit einem Zimmer zu begnügen, und würde damit mehr erreichen, als mit den sorgfältigsten Predigten. Wenn man hört, daß im Waldenburger Bezirk, im armen Hindenburg und im katholischen Emsland katholische Priester ohne seelsorgliche Notwendigkeit Autos unterhalten, so wundert man sich, daß bis-

---

[330] Als Stolgebühren bezeichnet man Gebühren für kirchliche Handlungen wie z. B. Taufen, Trauungen, Begräbnisse. Ausgenommen sind die Eucharistie, die Beichte und die letzte Ölung.

her noch kein energisches bischöfliches Verbot bekannt geworden ist. Ein gemeinsamer Schritt aller deutschen Bischöfe in diesem Augenblick höchster Not in aller Öffentlichkeit würde den vielen üblen Verständnislosigkeiten den Garaus machen. Diesem öffentlichen „Gericht" und der darin verborgenen Selbsterkenntnis könnte auch der übelste Freidenker eine gewisse Hochachtung nicht versagen.

Die beiden einzigen Menschen in Deutschland, die mit den Bischöfen sprechen könnten, sind allein der Reichspräsident und der Reichskanzler. Wenn eine Einladung so kurzfristig ergehen würde, daß zwischen Einladung und Konferenztermin sich keine störenden Kräfte mehr einschalten könnten, so kann aus diesem Schritt eine machtvolle Aktion werden, die nicht nur dem religiös-kirchlichen Leben neue Impulse verliehe, Missbräuche abstellte, die sich seit etwa 15 Jahren im Klerus eingeschlichen haben, und dem Gegner der Kirche das Wasser abgrübe, sondern auch der Reichsregierung großen moralischen Vorteil einbrächte.

Bremerhaven, den 24. 8. 1931

Pünder an H.A.R. vom 4. Oktober 1931

Sehr geehrter Herr Pastor!
Auf Ihr gefälliges Schreiben vom 1. September des Jahres wegen einer Nothilfe der konfessionellen Gemeinschaften Deutschlands darf ich, zugleich im Auftrag des Herrn Reichskanzlers, ergebenst erwidern, daß der Herr Reichskanzler grundsätzlich alle Bemühungen auf das wärmste begrüßt, die unternommen werden, um die schwere Not der Zeit zu bekämpfen. Wie Sie aus der Tagespresse entnommen haben werden, ist nun inzwischen ein Aufruf der Deutschen Liga der freien Wohlfahrtspflege und zahlreicher anderer Wohlfahrtsverbände wegen einer Winterhilfe erschienen.[331] Nach Auffassung des Herrn Reichskanzlers müssen Zersplitterungen in der Gestaltung der Winterhilfe vermieden werden. Daher möchte der Herr Reichskanzler davon Abstand nehmen, Ihrem grundsätzlich begrüßenswerten Vorschlage wegen Einleitung einer Nothilfe durch die konfessionellen Gemeinschaften Deutschlands zu entsprechen. Wenn die von der Deutschen Liga der freien Wohlfahrtspflege in die Wege geleitete Winterhilfe von allen Seiten, auch von den konfessionellen Gemeinschaften

---

331 Die Bemühungen zur Aufbau einer Winterhilfe im Jahr 1931 durch die deutschen Wohlfahrtsverbände dürfen nicht mit dem Winterhilfswerk des Deutschen Volkes (WHW) verwechselt werden, das ab 1933 neben der Nationalsozialistischen Volkswohlfahrt (NSW) einer der größten Sozialeinrichtungen im nationalsozialistischen Deutschland war und von den Nationalsozialisten bewusst als ein Element zur Propagierung der „Volksgemeinschaft" eingesetzt wurde. Vgl. Florian Tennstedt, Wohltat und Interesse. Das Winterhilfswerk des Deutschen Volkes: Die Weimarer Vorgeschichte und ihre Instrumentalisierung durch das NS-Regime, in: *Geschichte und Gesellschaft* 13 (1987), S. 157–180.

Deutschlands weitgehend unterstützt wird, dürfte die Not des Winters am wirksamsten bekämpft werden können.

Für die freundlichen Worte der Anteilnahme zu dem schweren persönlichen Verlust, der uns betroffen hat, danke ich Ihnen herzlichst, zugleich im Namen meiner Frau.

Ich verbleibe mit den besten Grüßen Ihr sehr ergebener
gez: Unterschrift (Pünder)

H.A.R. an Pünder vom 10. Oktober 1931

Sehr geehrter Herr Staatssekretär,
haben Sie herzlichen Dank für Ihren freundlichen Brief vom 4. Oktober und Ihre gütigen Bemühungen beim Herrn Reichskanzler.

Aus dem einliegenden Ausschnitt aus dem „Bischöflichen Mitteilungsblatt" von Osnabrück ersehen Sie, daß ich inzwischen mit dieser Sache Erfolg beim Bischof von Osnabrück gehabt habe. Ich möchte nur noch einmal bemerken, daß der hauptsächlichste Grund zu meiner Anregung war, den katholischen Klerus vor die Winterhilfe zu spannen, denn dass eine Winterhilfe eingeleitet würde, war ja selbstverständlich. Leider hat man diesen Hauptgrund nicht verstanden.

Mit den ergebensten Grüßen verbleibe ich hochachtungsvoll
H. A. Reinhold, Seemannspastor

Korrespondenz H.A.R. mit Simon Stricker[332]

H.A.R. an Simon Stricker vom 2. Februar 1933

[…] Das ist ja allerhand, daß Sie auf meinem Namenstag ein Memento für die Toten machen. Hoffentlich ist das kein böses Zeichen! Es soll ja im Mittelalter vorgekommen sein, daß man sich seiner Feinde zu entledigen versuchte, indem man bei Lebzeiten ein Requiem für sie lesen ließ. Ich bin aber noch ganz lebendig; war voriges Jahr viermal in Amerika; bin augenblicklich an einer großen, ich hätte beinahe gesagt weltumspannenden Organisation; gründe in Hamburg ein Seemannsheim und

---

[332] Die Korrespondenz mit Simon Stricker befindet sich in Correspondence, Box 1, Folder 5, H. A. Reinhold Papers, MS2003-60, John J. Burns Library, Boston College.

schreibe Artikel. Man sagt sogar, sie röchen immer etwas nach Maria Laach. Aber der Duft scheint immer zarter zu werden.

Und wie geht es Ihnen? Sie Glücklicher feiern in Weingarten doch jeden Tag majestätisch die Liturgie, während ich höchstens einmal sonntags ein sogenanntes deutsches Hochamt singen darf. Ich hoffe, daß es in Hamburg auch wieder besser wird. […]

Stricker an H.A.R. vom 5. Februar 1933

Lieber Fr. Ansgar!
Sie leben also noch und entwickeln eine Lebenskraft wie die alten Mönche, nur moderner: Wie jene viermal in der Nacht den Psalter beteten, so reisen Sie viermal im Jahre nach Amerika.

Von der neuen Organisation und dem neuen Heim wird man dann wohl noch hören. Herzl. Dank für Ihren l. Brief und den Artikel. Der Artikel ist sehr gut, energisch, aufrüttelnd, piarum aurium offensivus, aufrührerisch, kommunistisch. Ich wußte noch gar nicht, daß Sie derartig ungewaschene Geisteskinder zeugen können. Es ist aber sicher richtig, daß heute wieder alles radikal vom Wesenhaften her gesehen und revidiert werden muß. Auch vom kirchlichen Standpunkt aus muß das hochkapitalistische Wirtschaftssystem verdammt werden. Die andere Form liegt aber noch in der Zukunft. Was also jetzt? Ist das Evangelium vom Reiche Gottes, ist sein Licht so schwach, daß es in die Finsternisse der heutigen Zustände nicht eindringen kann? Gibt es für die Menschen, die nun einmal in den heutigen Verhältnissen stehen müssen, keine wahre Erlösung? Unbedingt. Diesen Punkt vermisse ich, etwas wie das Wort des Heiligen Paulus: „Wer Sklave ist, der bleibe Sklave, aber im Herrn, denn im Herrn ist er frei." Gerade in solchen Verhältnissen muß das Reich Christi seine siegende Kraft zeigen können, ob es auch klein ist, ein pusillus grex von Heroen, umso besser. So müsste Ihr Geisteskind nicht erst das Beten lernen. Aber vielleicht sage ich da etwas ganz Dummes, nicht zum Thema Passendes – nun dann passt es zu mir!

Nun noch etwas Neues, das ich diskret zu behandeln bitte. V[ater] Abt Michael ist gegenwärtig in Berlin, um dort eine neue Gründung vorzubereiten, die er selbst nach Ostern machen will: Zu diesem Zweck will er hier resignieren und dann gehe ich auch, zunächst wieder nach Laach; ob dann auch nach Berlin, wie es Abt M. möchte, wird sich weisen. Was sagen Sie zum Projekt? Sie sind zwar selber am gründen, aber wenn Sie trotzdem helfen können, sei es durch gute Ratschläge, sei es durch brauchbare Leute, sei es durch Hinweise auf verborgene finanzielle Quellen, dann sind Sie selig zu preisen. V. Abt Michael wird am 11. & 12. d. M. in Hamburg sein bei Pastor Dr. Keller (Adr. Altona-Blankenese, Schenefelder Landstr. 3), am 13. wahrscheinlich bei Dr. Lachmann, Hamburg 13, Böttgerstr. 11. Wenn es Ihnen möglich sein sollte, suchen Sie ihn bitte auf und unterbreiten Sie ihm Ihre Vorschläge. Eine große Sache!

Seien Sie herzlich gegrüßt von

Ihrem in XPO getreuen Fr. Simon Lac[ensis]
Von dem traurigen Fall Wintersig werden Sie wissen.

Simon Stricker an H.A.R. vom 20. Februar 1933

Lieber, Hochwürdiger Fr. Ansgar!
Auf Ihren letzten Brief möchte ich mit einem Wort zurückkommen, weil ich nicht ganz verstanden worden bin.

Was die Gründung in Berlin betrifft, so hatte ich selbstverständlich nicht im Entferntesten daran gedacht, daß etwa Sie oder Ihre Eltern dafür Ihre milde Hand öffnen. Ich weiß doch, daß Sie dies nicht können. Und hätten Sie es gekonnt, hätte ich doch eine solche Bitte nicht zu stellen gewagt. Ich habe Sie noch nie um einen Pfennig gebeten, wenn ich auch früher, wo Sie noch allerhand Geröll hatten, oft in Sorge war. Es kam mir lediglich der ungeschickte Gedanke, Sie könnten vielleicht – gerade weil Sie selbst gründen und in dieser Angelegenheit schon x mal in Amerika waren – V. Abt Michael beraten, wie er da oder dort zu billigem Geld kommen könne. Und dass Sie sich freuen würden, wenn Sie bei all Ihren Arbeiten so nebenbei auch noch etwas für die Berliner Gründung tun könnten, ohne die Ihrige im geringsten zu vernachlässigen, mußte ich doch annehmen. Aber oh Täuschung! Kein Wort und keine Spur der Freude! Nur die höchst misstrauische Frage wie man in Berlin und Rom die Sache aufnimmt. Das will ich Ihnen gerne verraten. […]

V. Abt ist vom Akademikerverband, von der Berliner Gruppe natürlich am meisten, – auch Prälat Münch, Kirnberger, Brüning setzen sich dafür ein, natürlich nicht hauptamtlich – zu der Gründung gedrängt worden. Die Berliner Gruppe hat sich in einem Konveniat geradezu verpflichtet, dafür zu sorgen, daß wir in Berlin standesgemäß leben können. Der Bischof[333] hat sein Befremden geäußert, daß V. Abt nicht schon früher auf seinen ausgesprochenen Wunsch eingegangen sei, und hat ihm nun – das zunächst noch im Vertrauen – einen Flügel des Priesterseminars in Hermsdorf zur Verfügung gestellt. Auch auf der Nuntiatur wird die Gründung durch V. Abt Michael gewünscht. Dagegen ist nur das „System Jenachdem" (abgekürzt S. J.), auch Schupo Jottes genannt.[334] Wahrscheinlich wird schon kurz nach Ostern angefangen.

---

333 Gemeint ist Christian Schreiber, erster Bischof des wieder errichteten katholischen Bistums Meißen in den Jahren von 1921 bis 1929 und erster Bischof des neuen Bistums Berlin von 1929 bis 1933.
334 Scherzhafte Deutung der Abkürzung S.J. (= Societas Jesu) für den Jesuitenorden.

Nach der Entscheidung, die unser V. Abt Ild[efons] mir gestern mitteilte, gehe ich mit nach Berlin. Ist Ihnen diese Nähe nicht unheimlich?

Nun zu Ihrem Hauptamtlichen! Meine Kritik an Ihrem Artikel war natürlich sehr freundschaftlich gemeint. Selbstverständlich muß das hochkapitalistische Wirtschaftssystem überwunden werden (nicht abgelöst durch den Staatskapitalismus). Aber wodurch? Doch vor allem durch das Christentum. Das Christentum muß also zuerst kommen in das heutige Chaos, um es zum Kosmos zu gestalten. Ich glaube Ihnen, daß das Reich Gottes nicht bei den Seeleuten ist. Ich setze auch nichts voraus. Aber es muß einen Weg geben für das Kommen des Reiches Gottes zu den Seeleuten, auch unter den gegenwärtigen Verhältnissen und „Tatsachen". Sonst gäbe es eine Finsternis, in die es nicht eindringen kann, weil sie zu dicht ist; sie müsste erst durch natürliche Mittel erhellt werden, die demnach stärker wären als das Licht Christi. Die virtus Christi wäre sozusagen ohnmächtig gegenüber den heutigen Verhältnissen. Wenn wirklich der Seemann nicht zur Messe und den Sakramenten kann, so kann dennoch das Reich Gottes zu ihm kommen. Ich bin mit Ihrer Bemerkung nicht ganz einverstanden, daß wir so der protest[antischen] Lehre nahe kämen. Die Lehre von der sakramentalen Wirksamkeit des votum sacramenti ist rein katholisch. Ich komme von der Idee her, aber das muß man doch gerade hier, um nicht die Orientierung zu verlieren. Man würde das Wesen der Religion verkennen, wenn man sie unter diesen Verhältnissen nicht für möglich hielte. Die Erlösung muß gerade in ihnen von innen kommen, sie bewirkt dann mit der Zeit in etwa auch die äußere, aber nicht umgekehrt. Freilich: Je größer die Finsternis, desto größer muß die Kraft des Lichtes sein, also auch der Heroismus der Lichtträger. Aber das Christentum ist (wenigstens beginnender) Heroismus, sonst wäre es kein Christentum. Auch im Kloster ist das Christentum nur so weit verwirklicht, als der Heroismus verwirklicht ist. Als OSB Lacensis, ja sogar einer von den drei „Aufrechten", passen Sie nicht in die Gesellschaft der heutigen – auch katholischen – Vertreter des Naturalismus. Natürlich muß in den von Ihnen geschilderten Verhältnissen auch der Pastor heroisch sein, aber das ist er ja, ich habe ihn nie anders gekannt. Und wenn er es ist, dann garantiere ich Ihnen, daß das Reich Gottes dennoch zu den Seeleuten kommt, auch wenn Sie es nicht sehen. Gebet und Opfer und ein Berge versetzender Glaube, das sind seine wichtigsten Mittel, also der heilige Heroismus. Verzeihen Sie, daß ich etwas seelenführerisch, hoffentlich nicht seelenverführerisch, geworden bin. Das darf ich doch! Was ist überhaupt mit Ihnen? Sie kommen mir so verändert vor. Sicher eine optische Täuschung. Hoffentlich sehe ich Sie bald wie Sie sind!

Mit der Bitte um Ihr Memento [...]

KORRESPONDENZEN

H.A.R. an Simon Stricker vom 22. Februar 1933

Lieber, hochwürdiger P. Prior!
Schamponieren nennt man das beim Friseur, wenn er einem gründlich den Kopf wäscht. Das haben Sie in Ihrem letzten Briefe ja auch besorgt. Sie finden, ich sei so verändert. Nun, ich bin auch mittlerweile 11 Jahre älter geworden. Seit 8 Jahren in der Seelsorge und seit etwa 4 Jahren unter raubeinigen Seeleuten – da soll man sich nicht ändern? Wäre ich unter Ihrer Fuchtel geblieben, so hätte ich mich vielleicht etwas weniger geändert; aber das lag nicht bei mir. Sie dürfen mir das nicht übelnehmen, wenn ich, der ich unter ganz anderen Bedingungen arbeite als Sie, viele Dinge ganz anders ansehen muß. Gewiss sind mir Ihre Briefe eine heilsame Aufmunterung. Sie kamen gerade im rechten Augenblick, als wenn die Vorsehung sie mir geschickt hätte. Wenn man sich ab und zu einmal wieder auf die Grundlage besinnt, so sieht man doch manches Problem ruhiger, übernatürlicher und optimistischer. Aber Probleme bleiben doch noch übrig, und die möchte ich nicht schriftlich mit Ihnen diskutieren, denn das gibt Missverständnisse. Ich habe das Pech, jedes Mal die beste Freundschaft durch irgendeinen Briefwechsel zu rambonieren (sic!), und dazu sind Sie mir zu schade. Wenn Sie nach Berlin gehen, sehe ich Sie gewiss öfters im Jahre. Vielleicht bin ich einer Ihrer ersten Exercitanten. Dass Sie mit mir brummen, weil ich nicht mit Hurra-Gebrüll von der Gründung in Berlin Kenntnis genommen habe, hat mich ein kleines bisschen gekränkt; denn aus meinen Fragen klang weiter nichts als liebevolle, aber sehr ernste Besorgnis; denn das „System Jenachdem" ist mir aus den langen Jahren meiner Kämpfe an Ihrer Seite bekannt. Ich weiß, welche Schärfe und giftige Pfeile dieses System unter Umständen abschießen kann. Außerdem bin ich sehr skeptisch durch meine Erfahrung geworden gegenüber den Versprechungen finanzieller Art. Darum befürchte ich, daß Ihr Hochwürdiger Vater und Sie vielleicht recht bittere Erfahrungen in Berlin machen würden. Ich hätte Sie lieber eine Stunde von Berlin entfernt gesehen, etwa in Mecklenburg-Strelitz oder Pommern, dem neuen Siedlungsgebiet, wo Sie Ihren Kohl bauen, Ihr Vieh züchten und sonst das treiben könnten, was nach der Regel des heiligen Benedikt die natürliche Grundlage der übernatürlichen Gemeinschaft ist. Jetzt sind Sie abhängig von Leuten, deren Finanzkräfte nicht sehr groß sind. Aber ich will Ihnen nicht Wasser in Ihren schönen Wein gießen; im Grunde meines Herzens freue ich mich sehr, daß endlich der Norden mit Benediktinern bevölkert wird. Nur hatte ich persönlich die Bitte, vor der endgültigen Lösung auch ein bisschen Rücksicht zu nehmen auf andere Großstädte, wie Hamburg, Stettin, Bremen, Leipzig und Dresden, und die Abtei so zu legen, daß sie auch für diese Städte leicht zu erreichen ist.
    Also: Schnellzugsstation der Verbindungseisenbahn zwischen Berlin und den genannten Städten; vielleicht eine Omnibusfahrt von 10 km, das wäre für uns alle eine feine Lösung; denn Hamburg braucht mindestens so sehr die Benediktiner wie Berlin. Oder haben Sie vor, in der Nordmark eine zweite Abtei zu gründen? Übrigens,

Sie tun so sehr geheimnisvoll mit Ihrer Gründung, darf ich Ihnen sagen, daß alles von den Spatzen Berlins von den Dächern gepfiffen wird? Dass Sie in Hermesdorf im Priesterseminar wohnen werden, wußte ich längst. Wer mag all das nun wieder ausgeplaudert haben?
Nochmals vielen herzlichen Dank.

Ihr aufrechter
H. A. Reinhold

Korrespondenz H.A.R. mit Paul Schaeper [335]

Paul Schaeper an H.A.R. vom 9. Mai 1933

[…] Heute möchte ich mich kurz zu Ihrem frdl. Schreiben vom 11. 3. äußern. Man kommt so schlecht zum Schreiben, jedenfalls habe ich öfter daran gedacht, und wenn ich auch nicht einer der unentwegt liturgisch bewegten „Größen" bin, so darf ich Ihnen doch sagen, daß ich die liturgische Bewegung seit langer Zeit nicht nur beobachtend, sondern froh und aktiv verfolge und ihr für mein priesterliches Wirken viel verdanke.

Die Probenummer der *Liturgischen Zeitschrift* (Februar) habe ich erhalten. Ein offenes Wort dazu: Aufsätze von der Länge, wie der von Dr. Pinsk, schrecken die meisten ab. Wer findet die Ruhe, so etwas beschaulich zu lesen? Wir sind keine Benediktiner. Die Sache, auch die Gründlichkeit, bejahe ich ganz, nur möchte ich den Stoff in etwas sympathischerer Form haben, kürzer, abwechslungsreicher.

Als ehemaliger Redakteur des *Kirchenboten* weiß ich, daß „kritisieren leichter ist, als besser machen." Aber ich sage, nach westfälischer Art, meine Meinung offen.

Ihren Aufsatz werde ich gleichzeitig bestellen, d. h. die betr. Nummer der *Liturgischen Zeitschrift*. Ich bin gespannt darauf, zumal ich gar nicht weiß, wovon der Beitrag handelt. Vielleicht kann man mal über dieses Thema gelegentlich, wenn eine Ihrer amtlichen Reisen Sie nach hier führt, sprechen. Möge unser gläubiges Volk immer mehr schöpfen aus den heiligen Quellen des Lebens, das in der Liturgie und im Mitleben der Liturgie verborgen rauscht. Das ist auch mein aufrichtiger Wunsch.

C. a. fr. ergebenst
P. Schaeper

---

335 Die Korrespondenz mit Paul Schaeper befindet sich in Correspondence, Box 1, Folder 5, H.A. Reinhold Papers, MS2003-60, John J. Burns Library, Boston College.

H.A.R. an Paul Schaeper vom Mai 1933

[…] Ihr Schreiben vom 9. 5. ist riesig nett. Ich hätte eigentlich keine Antwort erwartet.

Mir haben diese langen Artikel von Pinsk, deren Länge Sie vielleicht mit Recht stört, außerordentlich viel gegeben, da ich darin unendlich viel Spannungen und Probleme gefunden habe, die von Pinsk in klarer Weise beleuchtet wurden; allerdings, Sie haben Recht, der Aufsatz ist reichlich überladen mit ermüdenden Zitaten, die wohl besser in der Anmerkung gewesen wären.

Warum so ironisch „unentwegt bewegte liturgische Größe?" Ich finde die Sache doch eigentlich traurig und ernst, und würde mich riesig freuen, wenn wir auch „oben" in Deutschland einen Förderer der liturgischen Erneuerung hätten. Das Wort „Bewegung" lehne ich ab. Leider ist doch gerade in unserer Diözese furchtbar wenig davon zu merken; abgesehen von einigen liturgisch rechtlichen und sehr erfreulichen Korrekturen, kann man von einer Wiederbelebung unseres kultischen Lebens aus dem Geiste der Liturgie eigentlich nichts bemerken. Was sagen Sie dazu, daß man seit einigen Jahren in der Marienkirche in Hamburg Orchestermesse hält und neuerdings sogar Freund Bram in St. Elisabeth diese schauerliche Monstrosität nachahmt? Und in Osnabrück: Schweigen im Walde.

Ist nicht Kritik, soweit sie nicht lieblos ist, ein Ferment auch des Geisteslebens der Osnabrücker Diözese? Um den Dom herum sitzt doch eine ganze Reihe der Frontgeneration, die noch dazu alle befreundet sind. Sie können sicher sein, daß das uns hier draußen gewisse Hoffnungen erweckt, und zwar nicht nur in dieser Beziehung, sondern auch auf anderen Gebieten, vor allen Dingen, wo doch der Generalvikar[336] allen diesen Dingen außerordentlich offen steht.

Entschuldigen Sie diese Expectorationen, und falls sie Ihnen ungelegen scheinen, bitte stecken Sie sie in den Ofen. Darf ich Sie bitten, Michael Keller, Paul Berentzen und Theo Landmann zu grüßen? […]

Korrespondenz H.A.R. mit William Dirks[337]

William Dirks an H.A.R. vom 17. Juni 1932

[…] Die Mädchenabteilung wird jetzt anders gestaltet, als es bislang der Fall war. Im vorigen Jahr suchte man Stadtmädels, weil man in der Eile nicht so schnell

---

[336] Gemeint ist Dr. Konrad Balthasar Seling.
[337] Die Korrespondenz mit William Dirks befindet sich in Correspondence, Box 1, Folder 4-6 sowie Box 2, Folder 4, H. A. Reinhold Papers, MS2003-60, John J. Burns Library, Boston College. William Dirks war Mitarbeiter Reinholds in der Seemannsmission.

„Jungbäuerinnen" bekommen konnte. Verständlich. Heute, da man – natürlich mit Stadtmädels – das letzte Jahr die Mädchenschulung städtischer aufziehen muß-te, als wohl die Siedlerschule „vertragen" konnte, wird groß darüber geredet, daß die Aufgabe der Siedlerschule in Bezug auf Mädchenschulung auf ganz anderem Gebiet liegen müsse. […] Wenn GP[338] kommt, werde ich versuchen, eine kleine Gehaltserhöhung herauszuwirtschaften. Ich spare fleißig, denn bei den unsicheren politischen Verhältnissen – Mecklenburg hat Nazi-Mehrheit – kann man nicht wissen, ob die Schule nicht eines Tages ihren Sitz verlegen muß. […]

Kürzlich habe ich ein Laacher Messbuch verkauft, das ich dieser Tage von Erich geschickt bekomme. Man muß sich überhaupt wundern, wie viele hier „ihren Schott"[339] haben.

Ihr Siedler William
(William Dirks, Haus Matgendorf, Post Thürkow i.M.)

Dirks an H.A.R. vom 6. September 1935

Hochwürdiger, lieber Herr Pastor!
Soeben komme ich von Ihrer Frau Mutter, von der ich erfuhr, daß es Ihnen seit dem 2. Mai gesundheitlich nicht möglich war, in Deutschland zu bleiben. Sie hätten derart mit den Nerven zu tun, daß ein Verbleiben in Deutschland nicht möglich gewesen sei. Schade, daß ich diese Tatsche erst jetzt erfahre. Hätte ich das eher gewußt, so wäre es mir möglich gewesen bei den verschiedenen Fragen der Stapo entsprechend zu antworten. Ich werde bei nächstbester Gelegenheit den Herren Beamten die Mitteilung Ihrer Frau Mutter mündlich weiter geben, damit dort die Meinung ausgeräumt wird, Sie seien etwa aus irgendwelchem Schuldbewußtsein geflohen.

Herzlichen Dank für die Grüße und die Bemühungen um mich. Ich möchte im nächsten Jahre, nachdem ich 25 Jahre alt geworden bin und meine 8-Wochen-Ausbildung hinter mir habe, wenn nicht wichtige Gründe dagegen sprechen, den Sprung in die „Privat-Wirtschaft" tun. Ihre Frau Mutter versicherte mir, daß sie mir dabei helfen wolle, wie sie es Ihnen hätte versprechen müssen. Die Vollendung meines 25. Jahres muß ich aber abwarten, da andernfalls deutsche Gesetze meine Indienstnahme verhindern. Vom 16. bis 26. August war ich in Hildesheim, um unter Grotzkys fachmännischer Leitung Ruhe und Erholung zu haben. In dieser Zeit

---

338 Gemeint ist der Generalpräses (GP) Ludwig Wolker.
339 Anspielung auf das weit verbreitete Messbuch in deutscher Sprache für Laien (Missale Romanum), welches 1884 erstmals von dem Benediktiner Anselm Schott (1843–1896) herausgegeben worden ist.

schrieb die Gräfin³⁴⁰ an Grotzky, daß sie demnächst auch nach Hildesheim kommen wolle. Wir sandten einen Eilbrief, daß sie doch noch in meiner Anwesenheit kommen möge. Daraufhin wünschte sie mein Kommen nach München, kam aber nach meiner Ablehnung doch nach Hildesheim. Dort verlebten wir noch einen schönen Sonntag, an dem ich ihr Vieles erzählte. Am Montag lag die Gräfin krank. Ich glaube, daß es die Nachtfahrt und der stundenlange Spaziergang am Sonntag war. Am Montagabend fuhr ich gen Hamburg. Wie ich nunmehr höre, ist die Gräfin schon am Dienstag wieder wohlauf gewesen und mittwochs nach Eichstätt und später weiter nach Ebenhausen gefahren.

Als ich zurückkam vom Urlaub hörte ich, was mir Billie schon schriftlich angedeutet hatte, daß Kwasigroch³⁴¹ Schiffsbesuche verboten seien. Nachdem Pastor Feltmann sich aber mit der Stapo in Verbindung gesetzt hatte (die noch nicht einmal von der Angelegenheit wußte), ging alles wieder glatt, und Kwasigroch besucht weiter Schiffe. Jetzt ist er in Urlaub und da in absehbarer Zeit sein Abbau erfolgt, besuche ich Schiffe mit viel Zeitungen, aber weniger apostolischen und mutigen Geist, wie Billie, der mich begleitet, festzustellen beliebt. Letzten Endes kann man in drei Morgen ja auch noch nicht apostelreif sein.

Am 2. September war im Marienkrankenhaus unter Bischof Berning eine Sitzung mit Dechant Wintermann, Pastor Feltmann, P. Valerius und Frl. Rhode, aus der ich Ihnen folgendes vertraulich mitteilen kann. Ich habe das von Pastor Feltmann gehört: Er wird nicht Hamburger Sp.! Es war nämlich geplant, wenn er es werden wollte, ihm gleichzeitig die gesamte Hamburger Jugend (Bezirkspräses) und das arg verschuldete Jugendhaus auf den Hals zu laden, wofür er sich bestens bedankte. Bei der Sitzung soll der Bischof auch gemeint haben, daß P. Feltmann besser in Bremerhaven verbliebe (jedenfalls auf Wunsch von Pastor Esders, der nach mündlichen Erklärungen bei einem Besuch im Hamburger Heim alles tun würde, um ihn in Bremerhaven zu behalten).

Auch P. Feltmann scheint mit dieser Lösung zufriedener zu sein, da er lieber in der Pfarrseelsorge bleiben möchte.

Der Bischof hat (wahrscheinlich auf Anraten von P. Feltmann) genehmigt, daß nach seinem Gutdünken Kwasigroch entlassen und statt seiner einstweilen ein nicht fest besoldeter Schiffsbesucher, der über die nötigen Qualitäten verfügt, beschäftigt würde. Diese Entwicklung ist nach den verschiedenen Reibereien, die Kwasigroch auf Schiffen usw. hatte, zwangsläufig. Obwohl es mir leid tut, daß Kwasigroch, der gewiss mit bestem Willen „apostolisch" tätig war, jetzt weggehen muß, kann ich auf der andern Seite nicht verkennen, daß es besser ist, ihn zu opfern, als durch seine Schuld

---

340 Gemeint ist Maria Gräfin Wolff Metternich, auch „Schwester Maria" genannt, eine ehrenamtliche Mitarbeiterin der Seemannsmission.
341 Es handelt sich um Alfred August Kwasigroch (1901–1993), Maschinenbauer, Missionshelfer und Mitarbeiter Reinholds in der Seemannsmission. Mitteilung des Neffen Andreas Kwasigroch vom 27. März 2010 an den Herausgeber P. Schmidt-Eppendorf.

einmal das stetig wachsende Werk ernstlich zu gefährden. Ich habe auf der Rückreise Hildesheim-Hamburg mit Herrn Kriminalsekretär Löschner, der seinerzeit die Durchsuchung mit vornahm (ein etwas vollschlanker Herr), sprechen können. Ich traf ihn im Zuge unverhoffter Weise. Wir sprachen über tausend Dinge von heutzutage, ohne dass ich irgendwie etwas Besonders „von mir gab". Im Laufe des Gesprächs äußerte er, daß es ihm unfasslich sei, daß wir Kwasigroch, über dessen Angelegenheit er bestens unterrichtet war, beschäftigten. Seine Sache auf D[ampfer] „Deutschland" hätte uns doch beweisen sollen, daß er nicht fähig sei, die SM nach außen zu vertreten. Ich machte darauf aufmerksam, welche Tätigkeit er auszuüben habe: Zeitungen verteilen, ins Heim einzuladen und sich nach katholischen Seeleuten zu erkundigen. Er meinte aber, daß es wohl kaum möglich sei, einer Diskussion auszuweichen bei den Seeleuten, die tausend Meinungen hätten, besonders wenn diese in der Messe zusammensäßen und ein Wort das andere hole. Und bei solchen Anlässen habe Kwasigroch doch sehr merkwürdige Ansichten geäußert. Selbstverständlich habe ich auch P. Feltmann von dieser Unterredung Mitteilung gemacht.

Weiteres aus der Sitzung: Es wird entweder Anfang Oktober oder Januar ein neuer Sp. für Hamburg ernannt, inzwischen bleibt Pastor Feltmann stellvertretend.

Könnten Sie Herrn Pastor Feltmann nicht einmal eine freundliche Postkarte schreiben? Ich habe seinerzeit den Brief aus England gelesen, den man ihm schrieb auf Grund seiner (aus Bescheidenheit zu verstehenden) Zurückweisung eines Lobes für die Seemannspost. Der Brief war doch etwas hart und kältend. Jetzt muß er sehen, daß die verschiedensten Leute Postkarten usw. bekommen und er hat nie etwas. Für seine viele Mühe, die er sich auch in Hamburg gibt, hätte er das wohl verdient.

Im Heim hat sich allerhand geändert: Michl Stemple geht jetzt „auf Schule", wohnt im Gannonzimmer (natürlich mit einem andern zusammen). Wo die Hobelbank stand, im schmalen Gang, stehen jetzt 4 Betten!!! 2 Doppelbetten aus Bremerhaven. Es ist unser Notquartier, damit das Bettenbauen im Saal aufhörte, wie P. Feltmann wünschte. Tags- und Nachteingang ist nunmehr nur noch die große Tür, da der Gang jetzt natürlich unpassierbar ist. Selbstverständlich verhüllt, wie ein Mantel der Liebe, ein Vorhang die 4 Betten, die nebenbei fast ständig besetzt sind. Eine Damentoilette ist geschaffen, indem zum Gang zwischen den Zimmern (also neben der anderen Toi-Tür) eine Tür zu der vorhandenen Toilette mit dem Handstein gebrochen wurde. Kostenpunkt insgesamt etwa RM 50.-. Die Einrichtung war notwendig und ist fabelhaft.

Dass ich schon 4 Wochen nach Ihrem Fortgang das Büro „gelben" ließ von Seeleuten, habe ich Ihnen, glaub ich, schon geschrieben.

Morgen früh werden die restlichen Sachen von Ihnen eingepackt, wie Sie es Ihrer Frau Mutter gesagt haben. Im Schreibtisch, dessen Schlüssel ich Ihrer Frau Mutter extra im Briefumschlag zuschicke, sind alle Akten usw. Ihren Namensstempel hatte ich schon im Mai Ihrer Frau Mutter zugeschickt.

Für ein Zeugnis wäre ich Ihnen herzlich dankbar. Geboren: 5. März 1911 zu Bremerhaven. In Dienst seit 15. September 1932, ab 3. Mai 1933 in Hamburg.

Anbei noch einige Adressen, wie gewünscht:
Hein Aumann, Hamburg-25 Claudiusstraße 11 (die letzte Karte ist ziemlich umhergewirbelt)
Paul Güldenberg, Hamburg-26 von-Heß-Weg 8
R. Pabel, Hamburg-22 Langenrehm 46
Paul Klopsch, Hamburg-59 Timmermannstraße 8, IV.
Frau Stach (ganz harmlos), Hamburg-4 Eckernförderstr.56, III.
Hans Grotzky, Hildesheim Gartenstraße 11 b/Burchardt
Herr M. Meyer, Schiffsjunge, Hamburg-4 Hafenstraße 95 II (kennen Sie den?)

Ich habe mir erlaubt, aus Ihrer Privatkorrespondenz den Brief an den Erzbischof von Paderborn herauszunehmen und zu vernichten. Ferner einen Brief an Herrn Heinrich, der sich nach Prüfung noch darin befand, da ich wußte, daß Sie diese Briefe als seelsorglich und verschwiegen betrachteten.
Für Billie haben wir Verlängerung beantragt bis 15. 3. 1936.

Anbei noch einige Post.
Otto Bader schrieb Ihnen kürzlich einen Brief, der wegen seiner Sachen, um die er fragt, von hier aus erledigt wird. Wenn Sie ihm von dort aus einmal schreiben wollen, seine Adresse ist:
O. Bader, Seamens Home Hoboken, Hudsonstr., N.Y.
Constantin ist als Blinder nach N.Y. gefahren, seine Adresse: (im Moment unauffindbar!)

Viele herzliche Grüße von allen Seeleuten, besonders auch von Hermann Schmitz, der jetzt auf D[ampfer] „Deutschland" und augenblicklich im Heim ist (*handschriftl. Eintrag: Siehe andere Seite!*)
Billie hängt sich frohgemut mit drunter.

Ihr getreuer
William

PS.
Beim Durchlesen sehe ich noch manche Unebenheit und Ausdrucksweise, die vielleicht nicht gerade freundlich klingt. Ich bitte das zu entschuldigen, denn ich bin heute Abend ziemlich oft gestört worden und kann kaum einen Gedanken zu Ende denken.

H.A.R. an „Äffchen" vom 14. Oktober 1935

Mein liebes treues Äffchen[342],
aus Stambul kamen endlich Deine Briefe bei mir an. Meinen allerherzlichsten Dank dafür. Ich habe mir sehr viel Sorgen gemacht, die Du nun zerstreut hast. Vor allem war ich Deinetwegen unruhig, da von Billie Nachrichten kamen, Du hieltest Dich kaum noch aufrecht. Also mache nur fort bis zur Übungszeit und dann fange Deinen Grünladen an. Du hast dann der Allgemeinheit lange und treu genug gedient und mußt dann auch einmal an Dich selber denken. Ich hoffe, daß meine Mutter dann wirklich eine Empfehlung geben kann und Dir nützt. Falls Sie es vergisst, schreibe nur an mich, damit ich sie wieder aufmuntere.

Du kannst die Gewissheit haben, daß, wenn eines mich aufrecht gehalten hat in all meinem Kummer und Heimweh, es Deine und der Seeleute Treue war, vor allem aber Deine Ritterlichkeit. Du hast mir den Beweis gegeben, daß ein junger Katholik durch seine Mannhaftigkeit ohne große Geste mehr vollbringt und leistet, als mancher Andere, der mehr tun könnte, aber zu feige und diplomatisch ist. Die Erholung in Hildesheim war dringend notwendig. Hoffentlich kommen wir alle noch einmal zusammen. Wenn nicht, so ist es Gottes Wille, daß es anders sei und ich will fein schweigen.

P. Feltmann ist völlig auf dem Holzwege, wenn er meint, ich schriebe ihm aus irgendeinem unschönen Grunde nicht. Ich hatte von Billie Nachricht, er sei sehr vorsichtig, und ich wollte ihm keine Schwierigkeiten bereiten. Außerdem las ich so etwas wie eine Ablehnung von Briefverkehr aus seinem letzten Brief. Dass mich seine Ablehnung meiner Ermunterung gekränkt hat in meinem damaligen verlassenen und verzweifelten Zustande, ist zwar wahr, aber längst vergessen. Ich verstehe ihn jetzt und möchte um alles in der Welt die alte gute Freundschaft nicht zerstört haben. Bitte sage ihm das. Natürlich schreibe ich ihm. Aber wohin?

Die Sache mit Kwasi ist ja sehr traurig. Ich war ja öfter drauf und dran, ihn zu entlassen, aber das Mitleid mit dem armen Kerl, der doch dann völlig brotlos dasteht und kaum wieder in die alte Arbeit hineinfinden wird, der uns für ein kümmerliches Gehalt treu und mit bestem Willen gedient hat, überwog dann wieder alle Bedenken. Ich verlasse mich darauf, daß Ihr gut für ihn sorgt und ihm bei der Hapag helft, eine Stelle zu finden.

P. Valerius war in London gerade kein Trost für mich. Kein Gruß meines Bischofs, nicht einmal ein Rat oder eine Anweisung, ja nicht einmal eine Frage nach meinem Ergehen! Muß man denn so vorsichtig sein als deutscher Bischof und Staatsrat? Noch dazu gegenüber einem Manne, gegen den nach seinen eigenen Worten nichts vorliegt! Meine Freunde verstehen das nicht. Wenn ich mich zu weit exponiert habe, so geschah das doch in seinem Dienste. Ist das der Dank dafür? Wenn ich wenigstens

---

342 Spitzname für William Dirks.

ein einziges Stück Papier, ein Erlaubnispapier oder eine Bescheinigung in Händen hätte, daß nicht er gegen mich ist, sondern nur die Stapo! Aber nicht einmal das bekomme ich, trotz wiederholter Bitten und Gesuche.

Ich habe ihm geraten, die Seemannsmission den Pallottinern zu übergeben. Dann bleibt sie unabhängig vom Hamburger Klerus, der Pater kann bei Größer wohnen, die Büros können zusammengelegt werden und Bremen und Hamburg sind in der gleichen Hand. Mich lässt man ja doch nicht mehr hinein. Ich verstehe P. Feltmann vollkommen in seiner Ablehnung und begreife, daß ihm Bremerhaven mehr zusagt. Die Arbeit war wohl etwas für mich, aber nicht für ihn. Den Gedanken eines unbesoldeten Helfers halte ich für verkehrt. Ich spreche aus Erfahrung und prophezeie einen Rückgang unserer Arbeit auf den Schiffen. Aber da ich nichts mehr zu sagen habe, behalte das für Dich. Ich halte aber auch Dich nicht für den richtigen Mann zu Schiffsbesuchen. Das ist ganz eine besondere Begabung. Deine Stärke liegt auf ganz anderen Gebieten. Du ruinierst Dich seelisch bei dieser Arbeit, denn Du hast nicht das dicke Fell das Kwasi und z. T. auch Billie haben.

Die Damentoilette war ja schon vorgesehen. Freut mich, daß Ihr das gemacht habt, wie überhaupt alles was Ihr für unsere Seeleute tut. Eine Zeitlang wird das Heim ja wohl noch in der gewohnten Weise wirken können und bis dahin soll man tun, als ginge die Arbeit ewig so weiter. Auch die Unterbringung von Dauerbewohnern mag ihr Gutes haben. Das müsst Ihr wissen. Ich bin zwar grundsätzlich nicht dafür, aber schließlich hat man ja Grundsätze nicht, um ihr Sklave zu sein.

Ist es wahr, daß der neue Besitzer meines Wagens damit schwer verunglückt sein soll bei Kiel? Was war die Ursache?

Dein Zeugnis liegt bei. Ebenso eins für Billie und Kwasi. Dank auch für die Adressen, die höchst willkommen sind. Auch die Ordnung meiner Korrespondenz war sehr klug von Dir. An Otto Bader habe ich geschrieben. Von Konstantin erhielt ich einen langen, drolligen Brief.

Mein Herz und meine Nerven sind sehr kaputt. Das mag genügen für mein Fernbleiben von Deutschland. Mehr kann ich Dir nicht als Grund angeben. Ich muß mich gründlich erholen. Das wird sehr lange dauern, denn ich habe hier viele und schwere Diasporaarbeit. Mein Gehalt ist so kläglich, daß ich nichts für mich tun kann. Ob ich je diesen Schlag überwinde, weis ich nicht. Oft wünsche ich, es wäre alles endlich vorbei, und beneide Onkel Rektor Remmers. Manchmal wäre es mir auch lieber, man hätte mich gleich eingelocht und irgendeinen Prozess gegen mich aufgezogen, dann hätte ich wenigstens nicht zu entscheiden brauchen. Am tiefsten hat mich das Verhalten des Herrn Streckenbach und des Bischofs verletzt. Streckenbach hat mir sein gegebenes Wort gebrochen – oder er war so machtlos, daß er mir kein Wort geben durfte. Dann sind aber anonyme Kräfte am Werk, denen ein anständiger Mensch nicht gewachsen ist. Wenn Herr Löschner mich einlädt zurückzukehren, so ist das nach meinen bisherigen persönlichen Erfahrungen völlig wertlos. Das kann seine persönliche Meinung sein. Das kann aber auch eine Falle von ihm sein. Wer garantiert mir, daß nicht nachher einer seiner Vorgesetzten sagt: Was geht das uns an? Wir haben nichts gesagt. Von „irgendwelchem Schuldgefühl" zu reden, ist Quatsch. Darauf kommt es ja gar nicht an. Wenn man sich auch noch so unschuldig fühlt und gar beweisen kann, daß man nicht staatsfeindlich gehandelt hat, was soll man gegen Willkür, Denunziation und Rechtlosigkeit tun? Ich mußte verschwinden, weil irgendjemand es wollte. Nachträglich suchte man dann irgendeine Rechtfertigung für diesen krassen Bruch von Treu und Glauben. Da man keinen finden kann und nie finden wird, so sagt man einfach, seine Flucht beweist, daß er etwas verbrochen hat. Das ist Gangsterphilosophie. Auf die fällt man in anständigen Kreisen nicht herein. Soll ich mich noch einmal wortbrüchigen Gewaltmenschen ausliefern? Wem nütze ich denn damit?

Wenn Du die Hilflosigkeit und Entschlusslosigkeit in Osnabrück gesehen hättest, so würdest Du begreifen, warum ich durch meinen raschen Entschluss dem Herrn eine neue Belastung ersparen wollte. Dass er keinerlei Einfluss hatte, gab er nicht nur selber offen zu, sondern wurde mir auch sonst erschrecklich klar. Mein Vorschlag – nicht sein Befehl – unter seinem Schutz zu bleiben, war an sich schon nichts wert. Als er mir aber dann erklärte, daß er in einer Stunde zur „Probefahrt nach Bremen" reisen wolle und mich somit vier Tage meinem Schicksal überließ, da wußte ich, daß ich von nun an für mich selbst zu sorgen hatte.[343] Hätte ich das eher gewußt, so hätte ich mich geweigert, mich ausweisen zu lassen. Dafür war es jetzt zu spät. Ich ging also nach England und nahm damit alle Verantwortung, alle Not und eine völlig ungewisse Zukunft ganz bewußt auf mich. Damals glaubte ich noch, daß ich damit jedem Beteiligten einen Dienst erwiese und dass man mich verstehen würde. Heute zweifle ich. Aber jetzt ist es zu spät und eine Rückkehr wäre jetzt Torheit. Als ich im Juli um einen Befehl bat, kam wieder keiner, weil man jede Verantwortung scheute. Ich mußte also die Verantwortung wieder selbst übernehmen. Ich trage die Folgen. Dann erspare man mir aber auch die Vorwürfe. Wenn ich falsch gehandelt hätte, so würde auch das dann noch kein Grund sein, mich zu verurteilen, solange ich bereit bin, alle Folgen auf mich zu nehmen.

Der wahre Grund meines Fortgehens ist also der Wortbruch des Herrn Streckenbach und meine damit zusammenhängende Überzeugung, daß mir nicht Recht werden würde, sondern Gewalt und Lüge, und die Hilflosigkeit auf der anderen Seite. Dass ich jetzt nicht kommen kann, liegt an meiner Gesundheit. Dass ich mir ein leichteres Schicksal ausgesucht hätte, als das mir von Gott zugedachte, kann nur der sagen, der mich nicht kennt und der nicht weiß, was ich jetzt erlebe. Allein die Missdeutung meiner Handlung genügt, um mich schwer leiden zu lassen. Verstehst Du das? Was ich außerdem verloren habe, weißt Du ja selbst.

Ohne Eingreifen Gottes ist das Schicksal des deutschen Katholizismus besiegelt. Nachdem der Führer sich in Nürnberg symbolisch bei der Grundsteinlegung und

---

343 In seiner Autobiografie gibt Reinhold eine etwas abweichende Schilderung seines Abschiedes von Osnabrück.

auch in Reden nunmehr offen und ehrlich auf die Seite der Neuheiden gestellt, können vorübergehende taktische Winkelzüge wohl niemanden mehr täuschen.[344] Während ich noch vor einem halben Jahr mit dieser Meinung allein stand, dämmert es jetzt sogar in den Hirnen der Bischöfe und gleichgeschalteten Katholiken. Die wenigen Warner waren eben „Feinde der Zeit", erkannten nicht die neue Bewegung und sahen nicht, daß „der arme Führer nur schlechte Unterführer hatte." Wie oft habe ich gesagt, daß alle nur einen einzigen Willen ausführten, der sich geschickt verborgen hielte. Na, und nun, wer hat recht? Die Linien müssen zwar gehalten werden. Ergeben gibt es nicht. Vielleicht kann ein ruhmvoller Untergang das Jammerbild dieser sich ewig selbst belügenden und beschwatzenden Katholiken wiederherstellen. Vielleicht aber greift auch Gott ein und zerschmettert den Übermut der Feinde. Aber auf alle Fälle heißt es für mich, der mit heißem Herzen, vom Schlachtfeld verdrängt, eurem mutigen Kampf zusehen muß, daß ich nicht sehen kann, wo mein Platz in Deutschland vorläufig wäre. Im KZ gehe ich kaputt. In der Seelsorge wird es nicht lange dauern, bis ich einen zweiten 30. April erlebe.[345] Übrigens, wohin will man denn mit mir? Ich kann meinem Vaterland hier draußen auch dienen und den Leuten zeigen, daß es auch noch ein anderes Deutschland gibt. Und für die Kirche gibt es hier viel Arbeit. Man will mich daheim nicht mehr. Das ist bitter. Also arbeite ich bei Fremden. Dass man als Deutscher überall Verachtung einzustecken hat und unter die Mordbrenner gerechnet wird, ist noch eine angenehme Zugabe, die das Leiden versüßt.

Nimm den Brief, wie er kommt: aus traurigem Herzen von einem verlassenen Menschen, der um sein Letztes kämpft. Mein Glaube an Deutschland lebt nur noch in der tapferen katholischen Jugend und ihrer Führer. Dass Gott uns diese Prüfung schickte, können wir noch nicht verstehen – aber es fängt mir an zu dämmern. Es ist der Auftakt zu noch Härterem. Ich fange jetzt an, alles zu verkaufen, was mir entbehrlich ist, um ganz frei zu sein. Dann kann ich gehen, wohin ich gerufen werde. Betet für mich in meiner geliebten Kapelle: Pro fratribus nostris absentibus. Habt Ihr einen Ersatz für den Guten Hirten?[346] Bei Maria Kunde im Bieberhaus gibt es schöne Sachen, die nicht allzu teuer sind. Gott segne Euch alle.

Dein treuer Seemannspastor, der für Dich betet
H. A. Reinhold

---

344 Reinhold dürfte wohl auf den Nürnberger Reichsparteitag der NSDAP vom 10. bis 16. September anspielen, wo am 11. September die feierliche Grundsteinlegung der neuen Kongreßhalle auf dem Reichsparteitagsgeländes begangen wurde. Ingesamt verschärften sich 1935 die antikatholischen Maßnahmen und Äußerungen der NS-Regimes. Vgl. G. Besier, *Die Kirchen und das Dritte Reich*, S. 215 ff.

345 Hier ist nicht klar, auf was Reinhold anspielt. Bei den zeitaktuellen Ereignissen könnte es sich um den 30. April 1933 handeln, als die NSDAP eine Aufnahmestop für die Parteimitgliedschaft verordnete, oder den 30. April 1934, das Ende der demokratischen Verfassung in Österreich und der Beginn des österreichischen, autoritären Ständestaats.

346 Ein von Otto Grassl (1891–1976) geschaffenes Kunstwerk, welches im Seemannsheim stand.

Dirks an H.A.R. vom 29. Januar 1936

[...] Wie ich soeben hörte, haben Sie durch Ihre Frau Mutter bereits erfahren, daß Schwester Maria[347] schwer darniederliegt. Wie mir Frau Dr. Rienitz sagte, rechnet der behandelnde Arzt nur noch mit 1–2 Monaten Lebenszeit, wenn nicht die jetzige Schwäche zunehmen würde. [...]

Dirks an H.A.R. vom 6. Juni 1936
(Neues Seemannsheim geplant)

[...] Kamps ist beauftragt, und er wird etwas Gutes schaffen. Eine Kapelle wird dort auch eingerichtet. Sie ist schon im Plan vorgesehen. […]

Mrs. William Nöckel, Albany, an H.A.R. vom 24. November 1937
(Das Ehepaar Nöckel machte im Sommer 1937 eine Deutschlandreise. Der Neffe William Dirks kam ans Schiff und holte sie in Bremerhaven ab. So erfuhren sie von der tatsächlichen politischen Lage in Deutschland.)

[...] Mein Neffe hatte auch viel darunter zu leiden. Ob es Ihnen bekannt ist, weiß ich nicht, aber er brachte drei Monate im Gefängnis zu. Wir haben ihn besucht in Hamburg. Schwester Agnes hat uns diesen Besuch in die Wege geleitet. Auch war sie es, die mich bat, nach meiner Ankunft in Amerika an Sie zu schreiben, besonders sollte ich Sie warnen, nicht auf deutsche Schiffe zu gehen. Damit wäre große Gefahr auf Ihr Festnehmen verbunden. Somit bitte ich Sie, vermeiden Sie dies […]

Sämtliche Briefe, die Sie meinem Neffen auf Umwegen zukommen ließen, sind von den deutschen Beamten abgefangen worden, ehe er sie in die Hände bekam. Meines Wissens wurde mein Neffe am 11. August 1937 festgenommen und abgeführt. 6 Wochen später war die Verhandlung. Er wurde zu 3monatigem Gefängnis verurteilt, am 11. November wurde er dennoch entlassen. Ich riet ihm bei meinem Besuch, Hamburg zu verlassen, und sich nach seinem Beruf als Kaufmann eine Stelle in Mitteldeutschland zu suchen. Wir möchten ihn ja gar zu gerne hier in Sicherheit haben, aber wir fürchten, das geht jetzt nicht wegen seiner Militärzeit. [...]

---

347 Gemeint ist Maria Gräfin Wolff-Metternich, Mitarbeiterin von Reinhold in der Seemannsmission.

Korrespondenz H.A.R. mit Waldemar Gurian[348]

Waldemar Gurian an H.A.R. vom 8. Januar 1935 (handschriftl.)

Lieber Herr Reinhold,
Im Anschluss an unser Gespräch:
Ich habe nicht vor in der *nächsten* Zeit Br[üning] irgendwie öffentlich zu behandeln. (Nur eine kurze Notiz wird erwähnen, daß er Vorträge in Amerika hält, was ja ohnedies publik ist.) […] [Ich] werde mich […] nie zu Aktionen anregen lassen, die ihn nur ärgern, aber doch nicht das Entscheidende bewirken würden: Nämlich, daß er das tut, wozu er moralisch verpflichtet ist, da er nicht plötzlich Privatmann werden kann. Ich kann mir seine Gegenargumente denken – krankhafte Angst als unnational zu erscheinen, Angst vor jeder Entscheidung, zu Recht als das angegriffen zu werden, was er nun einmal ist, als Emigrant, und mit unwürdigen Elementen der Emigrantenszene in einen Topf geworfen zu werden, illusionistische Hoffnungen auf den automatisch eintretenden Zusammenbruch des Regimes, dann will er unbelastet sein – und ich fürchte fast, daß er vor allem gewisse Enthüllungen Hitlers fürchtet über seine […] Bereitschaft einmal mit Hitler zusammenzugehen, Hitler die Macht auszuliefern etc.[349]

Doch ich werde – wie gesagt – keine öffentliche Erörterung darüber anstellen oder anstellen lassen. Denn ich weiß: Br[üning] wird doch nichts machen und wozu ihn nur ärgern? Mag er ruhig weiter misstrauisch gegen mich, den er gar nicht kennt, sein. […]

Dass ich im Tessin wahrlich nicht war, um das öffentliche „Geheimnis" von Br[ünings] Aufenthalt zu enthüllen, beim großen Mann Horst Michael zu spielen usw., möchte ich ebenfalls noch einmal versichern.[350] […]

---

348 Die Korrespondenz mit Waldemar Gurian befindet sich in Correspondence, Box 4, Folder 16, H. A. Reinhold Papers, MS2003-60, John J. Burns Library, Boston College.
349 Gurian, zuvor ein Anhänger Brünings, nahm im Exil eine sehr kritische Haltung zum ehemaligen Reichskanzler ein. Inbesondere die Tatsache, dass Brüning öffentlich bekundete, dass er zu den Entwicklungen in Nazi-Deutschland nicht Stellung nehmen werde, weil er nichts Schlechtes über sein Heimatland sagen wolle, stieß bei Gurian auf Unverständnis. Vgl. H. Hömig, *Brüning. Politiker ohne Auftrag*, S. 210; Astrid Luise Mannes, *Heinrich Brüning, Leben – Wirken – Schicksal*, München: Olzog, 1999, S. 208. Während Gurian in diesem Schreiben an Reinhold noch Zurückhaltung verspricht, sollte sich das in den darauffolgenden Jahren ändern. In der Nr. 166 vom 26. November 1937 der *Deutschen Briefe* ist ein von Gurian verfasster „Appell an Dr. Heinrich Brüning" enthalten, der das Schweigen des Reichskanzlers als „größte öffentliche Gefahr für die katholische Sache" bezeichnet. Vgl. H. Hürten, *Deutsche Briefe*, Bd. 2, S. 969–974, hier S. 971. Vgl. dazu auch Heinz Hürten, *Ein Reichskanzler im Exil. Heinrich Brüning als Emigrationspolitiker*, in: Zeitgeschichte, Heft 9/10, 1975, S. 195–201, hier S. 197.
350 Zu Horst Michael und seiner Rolle im Kirchenkampf, auf die Gurian mit seiner Bemerkung wohl anspielt, vgl. G. Besier, *Die Kirchen und das Dritte Reich*, S. 85 f. bzw. S. 490 ff.

AUSWAHL

Waldemar Gurian an H.A.R. vom 18. August 1935 (handschriftl.)

Sehr geehrter Herr Reinhold,
vielen Dank für Ihre Karte. Und dann vor allem dafür, daß Sie trotz Ihrer beschränkten Mittel mein Buch und jetzt noch die *DB*[351] und vor allem die Sondernummern bestellt haben.

Die *DB* leben ausschließlich von der Arbeit ihrer zwei Mitarbeiter, von Herrn Knab[352] und mir. Irgendwelche Subventionen haben sie nicht, der Liga-Verlag hat keinen Rappen Kapital [...] Die Erträge für uns sind „enorm": Für die ganze Arbeit gibt es in der letzten Zeit, je nachdem die Abonnenten zahlen, etwa 30 Franken für jeden. Das hindert uns aber nicht, Freinummern an Bischöfe wie Berning zu senden, ferner haben wir von der letzten Nr. Exemplare eingeschrieben an alle deutschen Bischöfe gesandt. Denn uns kommt es nur auf die Sache an, und so hat uns die Sondernummer eine Verminderung unseres Honorars um 50 Franken Extraausgaben für diesen Monat gebracht. Aber vielleicht finden sich doch außer Ihnen Idealisten, die uns das ersetzen. Von Bischöfen interessiert sich der Bischof von Sankt Gallen[353] für uns, der uns auch empfiehlt.

Wie es mir sonst geht? Ich verrate Ihnen wohl nichts Überraschendes: Sehr schlecht. Eigentlich verzweifelt und menschlich gesprochen hoffnungslos. Von allgemeiner Schätzung kann man bekanntlich nicht leben, und wo soll ich schreiben?[354] Und außerdem: Wenn man schreibt, bekommt man kein Honorar. Ein Fall: Ich habe in den *NZN*[355] einen großen Artikel diesen Monat publiziert als Replik contra eine angebliche Katholikenzuschrift in der *NZZ*[356], bisher nichts, weder Honorar noch Beleg. Und mein neues Buch hat 250 Fr. Honorar gebracht, und wenn es sich gut verkauft wird es noch ca. 300 (dreihundert) am 1. Januar 1935 (sic!) bringen. Und ein

---

351 DB=*Deutsche Briefe*. Die von Waldemar Gurian und Otto M. Knab herausgegebene Exilzeitschrift erschien von 1934 bis 1938. Zu Entstehungskontext und Zielsetzung der Deutschen Briefe vgl. auch die Ausführungen bei H. Hürten, *Waldemar Gurian,* S. 96 ff.

352 Otto M. Knab (1905–?), ein Starnberger Journalist und Exilant, mit dem Gurian die *Deutschen Briefe* herausgab.

353 Gemeint ist Alois Scheiwiler, Bischof von St. Gallen von 1930 bis 1938.

354 Die Lebensumstände, insbesondere die finanzielle Situation, waren für Gurian und seine Familie in der Schweizer Emigration sehr schlecht. Die Erträge aus seinen Publikationen als freier Schriftsteller und Publizist boten nur sehr bedingt eine Existenzgrundlage, zumal nach dem Entzug der deutschen Staatsangehörigkeit im März 1935 und der Nicht-Anerkennung als politischer Flüchtling durch die Schweiz sich die Situation noch verschlechterte. Das führte zu Verbitterung bei Gurian und ständigen Klagen über seine wirtschaftliche Situation, die auch immer wieder in dem Briefwechsel mit Reinhold zu finden sind. Vgl. zur Situation Gurians in der Schweiz die Ausführungen bei H. Hürten, *Waldemar Gurian,* S. 91 f.

355 NZN=*Neue Zürcher Nachrichten*. Katholische schweizerische Tageszeitung für die Stadt und den Kanton Zürich.

356 NZZ=*Neue Zürcher Zeitung*. Überregionale schweizerische Tageszeitung, die 1780 gegründet wurde und zu den renommiertesten Zeitungen der Welt gehört.

neues Buch, das jetzt fast fertig ist, droht wegen der fast verzweifelten Lage, nicht fertig zu werden. Schließlich kann man sich nicht konzentrieren, wenn man nicht weiß, wie man in den nächsten Tagen die Milch, am nächsten 1. die Miete bezahlen soll [...] Nun, es muß schon gehen, und wenn wir nicht zu Grunde gegangen sind, so verdanken wir es ausschließlich dem Herrn Dr. Karrer. Sonst scheint in der Schweiz leider nur Interesse für Hochstapler – die z. B. die Kipa[357] bereitwillig anstellt – zu sein, oder wenn man religiösen Kitsch vertreibt. Und die *DB* werden auch sicher sehr kritisiert wegen ihrer undevoten Haltung.

Entschuldigen Sie, daß ich so offen schreibe. Aber allmählich weiß man nicht, was man tun soll. Überall wird man geschätzt – aber [...] Ich danke Ihnen sehr für die Adressen, die sofort zur Propaganda benutzt werden, wenn wir über Portoausgaben und die nötigen Exemplare verfügen. Und ich hoffe doch noch, Sie bald zu sehen. Aber ich kann beim besten Willen nicht nach In[terlaken] kommen, habe nicht einmal das Reisegeld dafür. Und kann ich Herrn Knab zumuten, es auf unsere Honorare hin vom Ligaverlag tragen zu lassen? Ich hatte immer gehofft, daß Pfarrer Merke, dem wir für sein Abonnement der *DB* sehr dankbar sind, mich einmal nach In[terlaken] einladen würde. Aber ich habe die Hoffnung inzwischen begraben.

Gleichzeitig schreibe ich an Hochw. Pater Martindale, ich lege den Brief anbei. Oder muß ich ihn Englisch übersetzen lassen? Kennen Sie zufällig Herrn Barnes, der Lektor an der Universität Berlin war, ein Konvertit, mit einer Schweizerin verheiratet? Wissen Sie seine jetzige Adresse?

Ich habe leider nicht einmal Briefpapier mehr da, entschuldigen Sie bitte daher den Wechsel des Papieres, und vor allem auch meinen so egozentrischen Brief. Mein Buch[358] geht vorläufig auch vom Verlag aus an deutsche Besteller und Buchhandlungen. Verbot kommt sicher, sobald es bekannt wird. Für jeden Interessenten bin ich natürlich sehr dankbar.

Ich würde gerne von Ihnen die näheren Umstände erfahren, unter denen Sie Deutschland verlassen haben. Und wie ist Staatsrat Berning zu beurteilen, gegen den die *DB* im Interesse der Kirche besonders kämpfen. Tun wir ihm etwa Unrecht?

Mit herzlichen Grüßen

Ihr
Waldemar Gurian

---

357 Die Kipa (Katholische internationale Presseagentur) wurde 1917 von Ferdinand Rüegg in Freiburg (Schweiz) gegründet und firmiert heute unter dem Namen kipa/apic.
358 Waldemar Gurian, *Bolschewismus als Weltgefahr*, Luzern: Vita Nova Verlag, 1935. Zu Enstehung und Inhalt des Buches E. Thümmler, *Katholischer Publizist*, S. 138 ff.

Gurian (Kanton Zürich) an H.A.R. vom 28. August 1935

Lieber Herr Reinhold,
entschuldigen Sie bitte, daß ich Ihnen erst heute schreibe – ich bin Ihnen für Ihren Brief sehr verpflichtet, für Ihre Teilnahme wie für die Angabe der Adressen usw. Von Pater Martindale (London) ist noch keine Antwort da. Sheed and Ward[359] will mein Buch übersetzen – bietet dafür 15 Pfund, also für mich 7 ½ Pfund. Und ich habe eine schöne Besprechung in der *NZZ* vom letzten Sonntag (erste Ausgabe) erhalten.

Verbot ist noch immer nicht erfolgt, kommt wohl aber diese Woche – die dummen Kerle werden durch die *NZZ* aufmerksam gemacht worden sein. In Deutschland immerhin bisher 300 Exemplare verbreitet. In den nächsten Tagen beginnt die Werbung bei den von Ihnen genannten Adressen, der englische Brief geht Ihnen vorher zu, und ich wäre sehr dankbar, wenn Sie vielleicht an den mächtigen Herrn von der *Associated Press*[360] selber schreiben würden. Wir senden Ihnen auf alle Fälle einige Probe- und Werbenummern.

Ich habe gestern Maritain auf die Notlage der Kamnitzer aufmerksam gemacht.[361] Wie ist das möglich?

Darf ich die Information über Berning gelegentlich verwenden – natürlich so, daß man nicht merkt, woher sie kommt? Und vor allem: Wir müssen uns unbedingt recht bald sprechen. Ich habe Sie manches zu fragen.

Mit herzlichen Grüssen und der Bitte mich Herrn Pfarrer Merke zu empfehlen

Ihr
Waldemar Gurian

Gurian an H.A.R. vom 4. September 1935 (handschriftl.)

[…] Vielen Dank für Ihren Brief. Es wird Sie interessieren, daß mein Buch ins Englische übersetzt wird.[362] Zwei Verlage, Sheed and Ward und ein mir unbekannter, Putnam – bitte ihn mir kurz charakterisieren, falls Sie ihn kennen –, haben sich um

---

359 Zur Korrespondenz Gurians mit Sheed and Ward vgl. Congress of Library, Manuscript Division, Gurian Papers, Box 7, Folder 20.
360 Associated Press (AP), eine der größten und bedeutendsten Nachrichtenagenturen der Welt, 1848 in New York gegründet.
361 Gurian wandte sich wegen der Notlage der Familie des vom Judentum zum Katholizismus konvertierten Schriftstellers Ernst Kamnitzer an seinen Freund Jacques Maritain und bat ihn sogar, eine Eingabe an den Papst bezüglich Kamnitzer zu schreiben. Vgl. H. Hürten, *Waldemar Gurian*, S. 122. Zur Freundschaft Gurians mit Maritain vgl. E. Thümmler, *Katholischer Publizist*, S. 72 ff.
362 Waldemar Gurian, *The Future of Bolshevism*, translated by E. I. Watkin, New York: Sheed & Ward, 1936. Vgl. dazu auch E. Thümmler, *Katholischer Publizist*, S. 131 ff.

die Rechte beworben. Wahrscheinlich wird mit Sheed abgeschlossen – 20 Pfund für die ersten drei Tausend und 5% für weitere Ex. – oder Putnam müsste schon ganz andere Bedingungen bieten. Daher bitte ich Sie, mir gleich die Ihnen zu lang oder zu wiederholend erscheinenden Stellen anzugeben, damit ich sie mir ansehen kann. An sich sind meine Bücher eher zu kurz als zu lang, aber umso wichtiger wäre mir Ihr Hinweis. Ich bin für jede Kritik dankbar.

Dass Ihre Angaben über den guten Staatsrat-Bischof vertraulich behandelt werden, ist klar. Und auch der Brief an die engl. Werbeadressen geht nur mit den von Ihnen gewünschten Abänderungen ab, sonst hätte ich ihn ja nicht vorgelegt. Und dass Pfarrer Merke mir sehr wohl will, weiss ich, und danke ihm sehr dafür. Aber umso schmerzlicher ist es, daß er keine Zeit in den vielen Monaten gehabt hat, mich einzuladen oder hier in Luzern aufzusuchen. Ich hätte wahrlich nicht seine Zeit sehr beansprucht. In grösster Eile, da ich heute nicht weiss, wie mit dringender Arbeit fertig werden. Mit herzlichem Dank

Ihr
Waldemar Gurian

P.S. Pater Martindale hat noch nicht geschrieben.

H.A.R. an Gurian, Interlaken, vom 7. September 1935

Lieber Herr Doktor,
Ihr neuer Rundbrief ist wieder einmal sehr fein.[363] Ich habe ihn sofort an einen verbannten Laacher Pater in Buckfort in England geschickt. Eine auslanddeutsche „Junge Front", ein Sender, eine Hilfs- und Auskunftszentrale: Wie nötig wären sie uns hier und überall. Könnte ich mich frei bewegen, ich liefe von Bischof zu Bischof, von Versammlung zu Versammlung, um so etwas zu schaffen. Diese guten Schweiger und Andere lächeln über das deutsche Neuheidentum und wissen gar nicht [sic], daß dasselbe Geschwür in ihrem Körper sitzt. Es fehlt nur einer der es aufsticht, wie Hitler.

Darum ist auch ihr Buch so zeitgemäß und aufrüttelnd. Ich habe es noch einmal durchgesehen. Nach oberflächlicher Prüfung finde ich folgende Stellen, die teils wiederholen, was schon gesagt ist, oder längere Zeit, mehr als nötig, um einen Gedanken kreisen: S. 24 (l. Ebda. Oben). S. 25 (2. Abschnitt) „Terror" wird später wiederholt. S. 29, 31 (1. Abs. 2 Abs. 2. Kapitel), 32 (Sie erheben Anspruch), 34/35, 39 (2 Abs.), 42 (oben), 46 (bei mangelnder Durchformtheit), 53 (in d. Sowjetunion), 57/58, 67–75

---

363 Reinhold dürfte sich auf die Nr. 49 vom 6. September 1935 der *Deutschen Briefe* beziehen, in dem Gurian u. a. vor dem ausufernden Kulturkampf der Nationalsozialisten gegen den Katholizismus warnte. Vgl. H. Hürten, *Deutsche Briefe*, Bd. 1, S. 552–562.

(zwar mit Rücksicht auf einen neuen Gesichtspunkt, aber doch voller gesagter Witze, darum für Engländer und Amerikaner, die nicht [...]). […]

Könnte man nicht eine stärkere Spannung in das Buch bringen, indem Sie es anders aufteilen? Wenn Sie z. B. die einzelnen Symptome, die für Ihre Diagnose sprechen, einzeln nacheinander vornähmen und sofort beide Staaten (od. Parteien, bzgl. Weltanschauung) verglichen, so wären Wiederholungen nicht nötig. Sie brauchten dann am Schluss nur ganz kurz zu resümieren und das Fazit zu ziehen. Außerdem wäre es für den praktischen Angelsachsen sehr gut, wenn Sie einen Aktionsplan (natürlich ganz allgemeiner Art) für den Einzelnen und die Gesamtheit skizzierten. Aber das hieße vielleicht von der Höhe der Diskussion herabsteigen. Übrigens: „Diskussion" scheint stark in dem Buch zu stecken. Es ist sehr eindringlich und belehrend! So wie es jetzt ist, ausgezeichnet für ein Seminar oder eine Runde.

P. Martindale ist augenblicklich verreist. Ich sehe ihn im Oktober in London. Auf der Fahrt dahin besuche ich Sie ein paar Stunden, wenn es Ihnen passt und Pfr. Merke Sie nicht doch vorher noch einlädt.

Putnam ist vielleicht besser, denn er ist größer und vehementer, aber nicht katholisch, glaube ich. Das letztere kann Ihnen vielleicht in diesem Falle sogar nützen. Verlangen Sie ruhig das Doppelte (Sheed & Ward ist arm! Sehr ideale Leute (Mr. + Mrs. Sheed)).

Alles Gute! Ganz der Ihre
H. A. Reinhold

Gurian an H.A.R. vom 25. September 1935 (handschriftl.)

Lieber Herr Reinhold,
herzlichen Dank für Ihren Brief. Nur eines hat mich an ihm erstaunt, nämlich dass Sie glauben konnten, ich sei wegen der Kritik verstimmt. Im Gegenteil, ich bin Ihnen für sie sehr dankbar, auch wenn ich ihr – nach Beratung mit anderen, Sie sehen wie ernst ich sie nahm – nicht befolgen kann. Wenn Sie nach Luzern kommen, worüber ich mich sehr freuen würde und was sehr nötig wäre, denn Pfarrer Merke wird mich doch nicht einladen (was ich sehr schmerzlich empfinde, ohne ihm aber darum irgendwelche Vorwürfe zu machen), können wir auch darüber sprechen. Von den Memoiren von Brüning habe ich schon gehört – dass die Gestapo sie kennt, halte ich bei der Neigung von Brüning für unzuverlässige Leute für selbstverständlich.[364]

---

[364] Freilich erschienen Brünings Memoiren erst 1970 und stehen seit dem im Zentrum historiografischer Auseinandersetzungen. Vgl. Andreas Rödder, Dichtung und Wahrheit. Der Quellenwert von Heinrich Brünings Memoiren und seine Kanzlerschaft, in: *Historische Zeitschrift* 265 (1997), S. 77–116; dazu auch Frank Müller, *Die „Brüning Papers". Der letzte Zentrumskanzler im Spiegel seiner Selbstzeugnisse*, Frankfurt am Main: Peter Lang, 1993.

Wenn Brüning sie nicht binnen kurzem veröffentlicht, werden sie kaum sonderlich interessieren. Ich war mit Leuten der verschiedensten Kreise zusammen und alle waren übereinstimmend der Ansicht, daß sein Ruf immer schwächer wird, und es werden demnächst solche Ereignisse kommen, fürchte ich, daß die sensationellsten Memoiren einfach nicht beachtet werden können. Hoffentlich wird Brüning den richtigen Zeitpunkt wählen. Ich habe manchmal etwas Sorge, daß es selbst in dieser kleinen Sache ebenso gehen wird, wie in seiner großen Politik – das an sich Richtige wird verzögert, oder überhaupt unterlassen. Ich werde selbstverständlich ohne Ihre Erlaubnis Ihre Mitteilung nicht in den *DB* publizieren. Ich wäre Ihnen sehr dankbar, wenn ich die Montrealer Deckadresse von Brüning mitgeteilt bekommen könnte, vielleicht abonniert er die *DB*, wenn er für sie kein Geld hat, so bekommt er eben in Gottes Namen ein Freiexemplar. Dass Sie den „Anruf" Brüning senden, der übrigens wirklich nicht so leichthin gemacht war, ist mir sehr recht. Sie bekommen noch ein Exemplar. Ich bitte übrigens dringend, Briefe an mich nur nach Buchrain oder unpersönlich an den Ligaverlag zu adressieren. Dass ich Ihnen erst heute antworte, hängt mit außerordentlicher Überbelastung zusammen, die aber leider kein Geld einbringt. Ihren Brief vom 20. beantworte ich erst heute, weil ich bis jetzt verreist war. Mit herzlichen Grüßen und der Hoffnung Sie bald zu sehen,

Ihr
W. Gurian

H.A.R. an Gurian, Interlaken, vom 30. September 1935 [365]

Carissime!
In einer Ihrer letzten *DB* klang etwas von dem an, was mir schon seit 2 Jahren brennend auf der Seele liegt; wir deutschen Katholiken denken in unserem Kampf nur an uns selbst. Immer ist die Rede von verhafteten Kaplänen und vergewaltigten Organisationen. Nie spricht man davon, daß auch die Arbeit, erschlafft von jeder Farbe, verraten ist, daß die Friedensidee totgeschlagen wurde, daß man arme verführte Jungkommunisten gemordet hat, daß die deutsche Kultur in Gefahr ist, bolschewisiert zu werden. Immer nur wir Katholiken mit unseren Nöten. Gewiss sitzt das Hemd uns näher als der Rock und ist unsere Not drückend. Aber wird man uns nicht einstmals im Vierten Reich behandeln wie den ehemaligen preußischen Wohlfahrtsminister in den „Moorsoldaten". Es ist, als ob die Not uns ganz egozentrisch gemacht habe. Können Sie Ihren Gedanken in dieser Weise nicht öfter anklingen lassen und fortspinnen?

---

[365] Maschinenschriftlich. Original in der Library of Congress, Manuscript Division, Gurian Papers.

Vor zwei Tagen erhielt ich einen Brief, der Ihnen zeigen wird, daß selbst nach Nürnberg die meisten Gehirne in Deutschland noch im Dunkeln tasten.[366] Ein braver frommer Katholik schrieb mir Folgendes: „Hier spricht man allgemein von einem Umschwung zugunsten der Katholiken. Ritter von Epp[367] hat dem Führer eine Beschwerde der Fuldaer Bischofskonferenz eingereicht. Prälat Leffers (Rostock)[368] ist auch begnadigt worden und hat schon wieder ein Hochamt in seiner eigenen Pfarrkirche gesungen. Du siehst also, daß schon Vieles anders geworden ist." Es handelt sich dabei um einen gebildeten Akademiker und Aristokraten, der noch vor wenigen Monaten ganz verzweifelt war.

Auch in der Schweiz komme ich häufig zu Katholiken, die glauben, daß alles gar nicht so schlimm sei in Deutschland. Ein dummes Weib in unserer Pfarrei (Reichsdeutsche von Geburt) erzählt überall, die Schweizer Zeitungen lögen alle und was die Sommergäste erzählten, das sei alles Schwindel. Sie müssen unbedingt dafür sorgen, daß endlich auch die schlafmützigen katholischen Zeitungen der Schweiz mehr Einzelnachrichten über Deutschland bringen. Warum ist übrigens nicht ein besseres Zusammengehen mit dem *Deutschen Weg*[369] und der Kipa möglich? Ließen sich persönliche Schwierigkeiten und Unzulänglichkeiten im Interesse einer Einheitsfront überwinden? Oder ist das ein sehr dummer Vorschlag? Wenn ich z. B. lese, was *DW* an Einzelmeldungen bringt und wie wenig davon in den katholischen Blättern steht, so frage ich mich: Schlafen diese Spießbürger oder lügt *DW*? Die Schweizer tun immer so überlegen, als seien sie immun gegen Faschismus, und faseln von ihrer Freiheitsliebe und Geschichte. Das ist doch alles nur Opium fürs Volk! Wenn die liberale und freisinnige Masse eines Tages nach einer mehrjährigen, verschärften Wirtschaftskrise herausfindet, daß sie durch Gleichschaltung wieder auf den grünen Zweig kommen können, dann werden sie den Teufel nach diesen schönen Dingen fragen. Wie ist es denn bei den stammverwandten Süddeutschen gegangen? Man stelle sich nur einmal eine Umwälzung in Frankreich vor und die demnächstige Umstellung in Wien. Was wird die Schweiz dann tun? Diese aufreizende Überlegenheit ist doch vielfach nur Angst und Unwissenheit dicker Spießer. Was meinen Sie? […]

---

366 Anspielung auf den Reichsparteitag der NSDAP in Nürnberg vom 10. bis 16. September 1935.

367 Hier dürfte es sich um Franz Xaver Ritter von Epp (1868–1946) handeln, dem NSDAP-Politiker und Reichsstaathalter von Bayern in den Jahren von 1933 bis 1945.

368 Wilhelm Leffers (1871–1952), katholischer Geistlicher, der in der NS-Zeit mehrmals verhaftet wurde.

369 DW=*Der Deutsche Weg. Katholisches Wochenblatt gegen die Irrtümer der Zeit und für christliche Lebenserneuerung.* Katholische Exilzeitschrift, die von 1934 bis 1940 von dem emigrierten Jesuitenpater Friedrich Muckermann in den Niederlanden herausgegeben wurde. Vgl. Heinz Hürten, „Der Deutsche Weg": Katholische Exilpublizistik und Auslandsdeutschtum. Ein Hinweis auf Friedrich Muckermann, in: *Exilforschung* 4 (1986), S. 115–129; dazu auch G. Besier, *Der Heilige Stuhl und Hitler-Deutschland*, S. 217.

KORRESPONDENZEN

H.A.R. an Gurian vom 10. November 1935

Mein lieber Doktor,
es war höchste Zeit, daß Ihr Brief kam, denn ich hatte schon allerlei schwarze Gedanken und grämte mich, daß ich vielleicht etwas falsch gemacht hatte. Das Abonnement für Frau Anderson kann ich leider nicht mehr bezahlen, denn ich bin völlig abgebrannt und habe bis 31. 12. noch ca. 20 Frs in bar! Ich werde ihr übrigens mein Exemplar schenken, mit der Bitte es weiter zu geben, an einen Freund in London, der es bisher erhielt. Also seien Sie mir nicht böse.

Am Montag in acht Tagen komme ich mit Pfr. Merke wieder nach Luzern. Wir müssen allerdings den Caritasdirektor besuchen, aber ich hoffe, daß wir wenigstens beim Essen mit Ihnen zusammen sein können. Übrigens hat Pfr. M[erke] Sie als Redner für den hiesigen Volksverein vorgeschlagen – aber die Spießer haben kein Geld für so berühmte und teure Redner! Was kann man machen?

Ihr letzter *DB* traf einmal wieder den Nagel auf den Kopf[370]: Schon am nächsten Tage brachte die *Tijd*[371] den Versuchsballon, daß zu Weihnachten die große Amnestie kommt. Aus Basel hörten wir die gleiche Nachricht. Was wird das die Katholiken wieder kosten? Das gibt sicher einen schönen Kuhhandel im Sinne der Leitartikel des Vaterlandes: Im Fluge durchs Dritte Reich. Wahrscheinlich schenken die Bischöfe Baldur[372] dafür die Jugendverbände und liefern unsere feinen Kerle der militaristisch-nazistischen Clique aus. Ich halte die Reichswehr für nicht besser als die anderen, denn schließlich ist ja das ganze Nazitum ihr Kind. Sie sollten auf die Gefahr dieses Kuhhandels noch deutlicher hinweisen.

Rößlers Brief ist fein. Ich habe ihn sofort weiterbefördert und hoffe, daß er am 14. 11. in die Hände des eigentlichen Adressaten gelangt. Übrigens habe ich die Begründung meinerseits unterstützt und ihm gesagt, daß auch ich dieser Meinung sei und ihn bäte, endlich etwas zu sagen. Ihr Vorschlag, wenigstens das zu sagen, was er jetzt schon sagen kann, ist ihm auch schon unterbreitet worden. Hoffentlich wirkt es. Wie erklären sie sich übrigens Churchills Behauptung, daß schon B[rüning] aufgerüstet habe? Und was sagen Sie dazu, wenn es stimmt? Vielleicht bringt ihn diese Rede eher zum Reden als wir.

Hat Dr. Kamnitzer Ihnen schon geschrieben? Er ist wieder aufgetaucht. Sein Brief war zwei Monate zu mir unterwegs.

Mit der Bitte, mich Herrn Rößler zu empfehlen und ihm herzlich zu danken für seine feinen Ausführungen verbleibe ich

---

370 Reinhold bezieht sich auf die Nr. 58 vom 8. November 1935 der *Deutschen Briefe*, in der Gurian u. a. vor dem unter Katholiken verbreiteten Glauben warnt, dass Dritte Reich sei eigentlich kirchenfreundlich. Vgl. H. Hürten, *Deutsche Briefe*, Bd. 1, S. 654–663, hier S. 657 ff.
371 *De Tijd*. Niederländische Tageszeitung, die von 1845 bis 1974 in Amsterdam erschienen ist.
372 Hier dürfte es sich um eine Anspielung auf den Reichsjugendführer Baldur von Schirach handeln.

Ihr ergebener
H. A. Reinhold

Gurian an H.A.R. vom 13. November 1935 (handschriftl.)

[…] In aller Eile, da ich mit den Korrekturen sehr beschäftigt bin. Ich habe bereits bei Rössler angeregt, eventuell das kleine Dawson-Bändchen *Das Christentum und unsere Zeit*[373] zu übersetzen, und ich denke an Sie als Übersetzer. Vielen Dank Ihnen und natürlich Pfarrer Merke für die Bemühungen beim Volksverein. Ich bin mit Fr. 40.- incl. Reisegeld zufrieden. Fr. 50.- würde ich als Wunder betrachten. Ich las mit grossem Interesse Ihren Artikel in der Schweizer Rundschau und danke für das Zitat.

Mit herzlichen Grüßen eiligst

Ihr
W. Gurian

Gurian an H.A.R. (undatiert, November 1935, handschriftl.)

Lieber Herr Reinhold,
anbei ein Brief an Pater Martindale[374] und meine Antwort. Ich bin froh, daß ich s. Z. die *DB* nicht an die von Ihnen erwähnten Adressen gesandt habe. Das wäre wohl ebenso eine überflüssige Ausgabe gewesen wie das Porto für einen Martindale, der doch nur Erfolg und Reichtum schätzt. Ich werde sehr unmöglich, wenn derartige Leute hören, daß ich in schwieriger Lage bin. Was Hitler offen reklamiert, tun sie auch faktisch – sie schätzen mehr Macht usw.

Die Angelegenheit mit dem angeblich unmöglichen Vortrag in Interlaken, während […] 2x reden kann, nehme ich ebenso komisch wie die unmögliche Einladung. Immerhin zahlt Pf. Merke die 2 für […]

---

373 Christopher Dawson, *Christianity and the new age*, London: Sheed & Ward, 1931. Gurian benutzt hier bereits den deutschen Titel des englischen Originals. Zu einer Übersetzung ist es allerdings nicht gekommen.

374 Martindale hatte am 26. 11. 1935 an Gurian geschrieben. Darin heißt es: „ […] It is true that I esteem and value your books very highly. I am therefore very glad that your last book is to be published, in translation, by Sheed and Ward. When it appears, I will, if I feel competent, write a review of it, or an article upon it; and I will do anything else that I can to help you in the terrible situation in which you are; but I know you will remember that I find it very difficult to do all I should like to do; and even now it is past one o' clock in the morning. With my sincerely good wishes in Xto."

Mein Artikel zum Bischofsprozess war geschrieben, bevor in der Nazipresse die Berufung auf die angekündigten […] Verfahren usw. auftauchten. […][375]

Gurian an H.A.R. vom 3. Dezember 1935 (handschriftl.)

Lieber Herr Reinhold,
also bitte, Brüning, der durch sein Schweigen einen unverantwortlichen Schaden anrichtet, das Buch zu senden.[376] Hoffentlich fasst er das nicht als Annäherungsversuch auf – ich stehe ihm natürlich gerne zur Verfügung, möchte aber nicht eine neue Affäre Martindale erleben. Bei diesem Herrn besteht Christentum aus Im-Stich-Lassen mit […] Phrasen. Da ist Schweigen und unchristliches Handeln besser.

Eiligst
W. Gurian

H.A.R. an Gurian vom 5. Dezember 1935[377]

Mein lieber Herr Doktor,
in aller Eile möchte ich Ihnen für Ihre beiden letzten Brief danken. Da Sie Bedenken haben, Brüning könne Sie missverstehen, möchte ich das Buch lieber käuflich erwerben und es ihm dann von mir aus senden. Das wird er begreifen und Sie bleiben aus der Sache heraus. Ich bitte Sie also, bei der nächsten Rechnung für die *DB* das Buch mit einzusetzen.

Den guten Pater Martindale haben Sie ziemlich missverstanden. Er ist eine ehrliche, gehetzte und nervöse Haut. Wenn Sie nun auch noch auf ihn draufhauen, so schaden Sie mir damit. Er würde Ihren Brief als Antwort auf seinen freundlichen und bescheidenen Brief nicht verstehen. Wirklich, ich begreife nicht, wie Sie so massiv Anklagen gegen diesen rührend guten und wirklich christlichen Kerl erheben können. Wie kann man nur so „spinnen", so bitter sein.

---

375 In der Nr. 61 vom 29. November 1935 der *Deutsche Briefe* hatte Gurian ausführlich zu den sogenannten Devisenprozessen der Nationalsozialisten gegen katholische Würdenträger Stellung genommen, denen finanzielle Veruntreuung vorgeworfen worden war. Vgl. H. Hürten, *Deutsche Briefe*, Bd. 1, S. 685–695, hier S. 685 ff. Zu den Devisenprozessen vgl. die Ausführungen bei G. Besier, *Die Kirchen und das Dritte Reich*, S. 159 ff. und S. 667 ff.
376 Im Dezember sandte Gurian sein Buch *Der Kampf um die Kirche im Dritten Reich*, Luzern: Vita Nova Verlag, 1936, an Brüning – mit der Widmung „Herrn Dr. Brüning ergebenst überreicht, Waldemar Gurian". Zu dieser Schrift vgl. die Ausführungen bei E. Thümmler, *Katholischer Publizist*, S. 168 ff.
377 Library of Congress, Washington D.C., Manuscript Division, Gurian Papers.

Dem armen Merke tun Sie Unrecht. Thieme war zweimal auf eigene Kosten hier und redete ganz sua sponte. Sie ahnen ja nicht, wie schwierig Merkes Stellung allein schon finanziell hier ist. Also, lassen Sie sich nicht gegen falsche Objekte erzürnen. Der Grund zum Ärger liegt bei Adolf und Kaas und Gröber, darum seien Sie nicht so hart gegen Menschen, die Sie sehr gerne haben und es gut meinen.

In alter Treue
Ihr H.A. Reinhold

Gurian an H.A.R. vom 21. Dezember 1935 (handschriftl.)

Lieber Herr Reinhold,
herzliche Weihnachtswünsche. Hoffentlich haben Sie aus Freiburg keine Schauermär gehört. Wenn ich gegen die Fragebögen bin, so nicht etwa gegen Sie, sondern gegen den etwaigen Gebrauch zu dem Zwecke, die Vereinbarkeit von NS und Christ zu „erweisen". Warum hatten Sie eigentlich mich seinerzeit veranlasst an P. Martindale zu schreiben? Portoausgabe für mich und nur Ärger auf allen Seiten. Wovon ich […] leben soll, weiss ich nicht. Wahrscheinlich von Briefen à la Martindale. Dabei werden die Bücher überall besprochen; jetzt *Ostschweiz*[378], *NZZ* vom 18. Dez. Wäre es Ihnen möglich Ihre und Andersons Rechnung für *DB* noch im Dezember zu bezahlen? Brüning will nach Pressemeldungen ins Dritte Reich zurückkehren. […]

Herzliche Grüsse

Ihr
Waldemar Gurian

Gurian an H.A.R. vom 25. Dezember 1935 (28. 12.) (maschinenschriftl.)

Lieber Herr Reinhold,
dass Brüning ins Dritte Reich zurückkehrt, meldeten katholische Blätter – z. B. das *Linzer Volksblatt*.[379] Ich halte bei ihm alles für möglich, nur leider nicht eine Aktion, die dem Not leidenden deutschen Volke nutzt. Wobei er natürlich optima fide ist – im Unterschied von dem nur an sich denkenden Prälat Kaas. Für Brüning ist seine ganze Vorstellungswelt zusammengebrochen. Er wird wohl immer noch nicht begreifen, daß

---

378 *Ostschweiz*. Katholische schweizerische Tageszeitung aus St. Gallen.
379 *Linzer Volksblatt*. Katholische österreichische Tageszeitung, die heute unter dem Titel *Neues Volksblatt* erscheint.

wir im Zeitalter der Massen leben; er wird immer noch Nationalaristokrat sein, und so wird er, fürchte ich, durchaus gewillt sein (ohne Egoist zu sein, wie andere), sogar gegen seine Lust, ehrlich als Opfer, sich in den Dienst der von Hitler bedauerlicherweise repräsentierten Nation zu stellen, vielleicht sogar mit der Illusion, das Regime durch irgendeine Einschaltung ändern zu können. Oder er wird weiter schweigen, nicht merkend, was er durch dieses Schweigen versäumt. Doch wie gesagt: An seiner unbedingten Lauterkeit zweifle ich nicht, an der Reinheit und Vornehmheit seiner Gesinnung. Es ist nur so schmerzlich zu sehen, wie das alles privat bleibt, während andere unlautere Kräfte, die leider die bewegenden Kräfte unserer Zeit sind, die Zeit bestimmen. Wahrlich eine Tragödie, die leider auch ihre komischen Seiten hat, z. B. die Neigung des Misstrauischen auf üble Elemente hereinzufallen, und edle wohlwollende abzulehnen.

Wenn Sie können, so senden Sie samt Ihrer Dezemberschuld 6 Franken – dann wird die Sendung an Anderson von Jan[uar] ab eingestellt.

Ich denke selbstverständlich sehr gut von Ihnen. Aber bitte beachten Sie folgende Tatsachen, die meine Verbitterung erklären:

Resultat meiner, wie Sie schrieben, hochgeschätzten und anerkannten Arbeiten: Ich weiß nicht, was ich im Januar machen soll – wenn eben nicht Dr. Karrer eingreift.[380] Ich kann doch nicht die Miete mit einem Wechsel auf allgemeine Anerkennung bezahlen. Die Art meiner Bücher erlaubt keine Massenauflagen wie etwa Achermann usw., die *Deutschen Briefe* sind nicht Reineinnahmen, Knab und ich bekommen je die Hälfte des Reinertrages; Papier, Porto, Freiexemplare für die Bischöfe, für Pater Leiber usw. kosten Geld. Die Anerkennung besteht übrigens sehr oft darin, daß Artikel gratis nachgedruckt werden.

Ich weiß, daß noch verdientere Leute als ich viel schlechter behandelt worden sind – mir fällt gerade Thompson ein. Aber schließlich gerät man in eine Art völligen Verzweiflungszustandes, wenn man sieht: Der Autor eines allgemein anerkannten Bolschewismusbuches[381] kann sich nicht mehr mit dem Studium des Bolschewismus befassen, weil ihm die 30–40 Franken monatlich fehlen, um die nötige Literatur, Zeitungen usw. zu haben. Der Autor von Frankreichbüchern[382], die ebenfalls allgemein anerkannt sind, vgl. nur die Tatsache, daß ich im letzten *Hochland*-Heft[383]

---

380 Der seit 1928 in der Schweiz lebende katholische Schriftsteller Otto Karrer war mit Gurian seit langem bekannt und unterstützte ihn. Vgl. H. Hürten, *Waldemar Gurian*, S. 90.
381 Waldemar Gurian, *Der Bolschewismus. Einführung in Geschichte und Lehre*, Freiburg: Herder, 1932.
382 Waldemar Gurian, *Die politischen und sozialen Ideen des französischen Katholizismus 1789/1914*, M. Gladbach: Volksverein, 1929. Vgl. dazu E. Thümmler, *Katholischer Publizist*, S. 52 ff.
383 *Hochland*. Die 1903 von Carl Muth gegründete katholische Kulturzeitschrift war eines der einflussreichsten Publikationsorgane des deutschen Katholizismus, dessen Autorenkreis aber bewußt überkonfessionell ausgerichtet war. 1941 wurde die Zeitschrift zunächst verboten, dann eingestellt. 1946 erfolgte die Neugründung, die Zeitschrift musste 1974 aber endgültig ihr Erscheinen einstellen. Vgl. dazu auch Konrad Ackermann, *Der Widerstand der Monatsschrift Hochland gegen den Nationalsozialismus*, München: Kösel, 1965.

noch sehr lobend zitiert bin, siehe Pater Chastonay, ich glaube 1932, in der *Schweizer Rundschau*[384] über meine Action Francaise[385], kann sich aus gleichen Gründen nicht mehr mit Frankreich befassen. Der Autor der in der *NZZ* anerkannten und sonst hochgeschätzten Bücher über das Dritte Reich weiß nach Fertigstellung dieser Bücher nicht, wie er im nächsten Monat existieren soll – dass er bis dahin überhaupt gelebt hat, verdankt er nur einem gesunden Raubbau seiner Arbeitskraft. Ich kann Ihnen verraten, daß ich schon ein neues Buch fast ganz fertig habe, ohne den dafür erhaltenen Vorschuss hätte ich nie die 250 Franken, von denen wir monatlich leben, im allgemeinen aus eigener Kraft aufgebracht.

Das sind nackte Tatsachen – und schließlich wird man verzweifelt und verbittert. Ich möchte wenigstens mit Grund zugrunde gehen – die Anerkennung ärgert mich nur umso mehr, weil ich eben nicht die 250 Fr. Lebensminimum habe, um meine Arbeiten fortsetzen zu können. [...]

Mit 325–350 Franken (Beamtenmindestgehalt betr. 370 Fr.) wäre ich der glücklichste Mensch, könnte weiter mich mit Bolschewismus und Frankreich befassen – nicht in dieser Hetze arbeiten, nicht durch die, wegen der absoluten Unsicherheit für die allernächsten Tage – heute z. B. für die Januarmiete – verursachte Depression, an Arbeitskraft einbüßen. [...]

Was nun Ban.[386] angeht, so hat er Ihnen bestimmt eine völlig falsche Darstellung unserer Diskussion gegeben. Ich empfinde es als unanständig, daß er unser rückhaltlos geführtes Gespräch zu Aktionen gegen mich gebraucht – so hat er z. B. an Doka[387] geschrieben, daß er nicht mehr an der *Rundschau* mitwirken könne, solange ich mitwirke – ohne Erfolg natürlich. Was würde er sagen, wenn ich etwa sehr einflussreichen Kreisen gewisse sehr scharfe Äußerungen über Sie seitens Ban. in unserem Gespräch mitteilen würde? Ich halte ihn natürlich nicht, wie er sich einbildet, für einen NS-Agenten, sondern für einen von NS-Fragestellungen – unter Ablehnung natürlich antikirchlicher Akte – Infizierten; er gehört zu jenen Intellektuellen, die höchst menschlichen Opportunisten die Argumente liefern.

Mir fällt übrigens ein, daß Sie meinen könnten, ich würde vom Vita Nova Verlag[388] zu schlecht bezahlt. Das ist keineswegs der Fall. Aber Sie wissen ja, wie die Honorare sind – und der arme Verlag kann doch nicht als Wohltätigkeitsanstalt auftreten. Dazu ist er sicher nicht verpflichtet, das würde sogar durchaus unangemessen sein.

---

384 *Schweizerische Rundschau*. Katholische schweizerische Kulturzeitschrift.
385 Waldemar Gurian, *Der integrale Nationalismus in Frankreich. Charles Maurras und die Action francaise*, Frankfurt am Main: Klostermann, 1931. Zur Entstehungsgeschichte des Buches E. Thümmler, *Katholischer Publizist*, S. 61 ff.
386 Kürzel Bau oder Ban. Es handelt sich vermutlich um einen Mitarbeiter an der katholischen Zeitschrift *Schweizerische Rundschau*.
387 Carl Doka (1896–1980), Schriftleiter der *Schweizerischen Rundschau* 1932 bis 1946, Redakteur der *Neuen Zürcher Zeitung* von 1946 bis 1952.
388 Der Vita Nova-Verlag wurde in Luzern vom deutschen Emigranten Rudolf Rössler zusammen mit dem Buchhändler Josef Stocker betrieben.

Mit den aufrichtigsten Weihnachts- und Neujahrswünschen

Ihr
Waldemar Gurian

Gurian an H.A.R. vom 30. Dezember 1935 (handschriftl.)

Lieber Herr Reinhold,
vielen Dank für Ihren Brief und das Geld. Wer nichts hat, gibt am meisten. Hoffentlich kann ich es bald zurückgeben. Ich fahre am [...] ins Tessin, auf Einladung hin, hauptsächlich, um etwas Geld zu ergattern. So wie bisher geht es wirklich nicht mehr; alle Arbeiten und das Resultat kennen Sie [...].

Ich bin Ihnen für Ihren Brief sehr dankbar. Manchmal ist es schwer, sich nicht unterkriegen zu lassen. Und da sind solche Worte so nötig. [...] Und nun alles Gute für 1936, und hoffentlich sehen wir uns am 9. bis 10. [...] Nach Gerüchten soll Brng [Brüning] bei Lugano sein.[389] Wenn er nur was täte. Zu sehen, wie Europa der Hitlerherrschaft – wenn Aufrüstung vollendet – entgegengeht. [...]

Gurian an H.A.R. vom 10. Januar 1936

Lieber Herr Reinhold,
anbei sende ich Ihnen einen Ausschnitt, der Sie interessieren wird. Aus ihm geht also hervor, daß Brüning seine Memoiren durchaus nicht als ein Geheimnis behandelt wissen wollte. Sonst ist die Tatsache, daß er sie ausgerechnet Emil Ludwig bekannt gemacht hat, unbegreiflich.[390] Soweit ich weiss, sind sie ja auch bereits in Ludwigs *Hindenburg*[391] verwertet. Dass ich nicht Emil Ludwig bin, brauche ich Ihnen wohl nicht zu versichern. Vielleicht wird das auch noch demnächst angenommen. Ich versichere weiter, daß ich nichts mit der meiner Ansicht nach sehr törichten Glosse im *Vorwärts*[392] zu tun habe. Ich bin weder ihr Verfasser noch kenne ich ihren Verfasser, ich habe sie erst heute, als mir die Nr. des neuen *Vorwärts* zuging, kennen gelernt. Über den Verkehr von Brüning braucht man ja kein Wort mehr zu verlieren, nach-

---

[389] Vgl. dazu die Ausführungen bei H. Hömig, *Brüning. Politiker ohne Auftrag*, S. 175 f.
[390] Diese Verbindung zu Emil Ludwig, gerade in Hinblick auf seine Memoiren, ist von Brüning zu einem späteren Zeitpunkt auf Schärfste zurückgewiesen worden. Vgl. H. Hömig, *Brüning. Politiker ohne Auftrag*, S. 397.
[391] Emil Ludwig, *Hindenburg und die Sage von der deutschen Republik*, Amsterdam: Querido Verlag, 1935.
[392] Vermutlich handelt es sich um den Schweizer *Vorwärts*, dem Organ der Sozialdemokratischen Partei der Schweiz. *Vorwärts* war auch der Name der Tageszeitung der deutschen Sozialdemokratie. Dieser wurde aber ab 1933 im Exil unter dem Titel der *Neue Vorwärts* vertrieben.

dem er sich Emil Ludwig als Vertrauten gewählt hat. Das wäre alles weiter nicht wichtig, wenn es nicht so traurig wäre.

Mit der Bitte, mir gleich den neuen *Vorwärts* wieder zu senden

Ihr
W. Gurian (handschriftliche Unterschrift)

Gurian an H.A.R. vom 10. Januar 1936

Lieber Herr Reinhold,
Dank für Ihren Brief vom 28. Dezember. Die 5 Dollar habe ich an den Freund von Kamnitzer, Dr. Schwarz, weiter gesandt. Wußten Sie nicht, daß Abbé Stock[393] Kamn[itzer] total ablehnt? Eines seiner Argumente, Kamnitzer sei kein Schriftsteller gewesen, konnte ich widerlegen, andere – seine Söhne hätten eine fragwürdige Rolle bei einem Hilfskomitee gespielt – vermag ich nicht zu beurteilen. Sie verkennen mich wirklich, wenn Sie glauben, daß ich sachlichen Argumenten unzugänglich sei. Ich habe sachlich begründet, warum ich keine Gratisarbeit für Herrn Minski[394] zu machen gewillt bin. Schließlich muß man doch leben und ein Hilfskomitee ist nicht dafür da, von den Hilfsobjekten Gratisarbeit zu bekommen. Sollte ich mich geirrt haben, so hätten Sie mir nur eine Zeile zu schreiben brauchen, daß also Minski zu zahlen bereit ist, oder meinen Standpunkt als falsch zu erweisen suchen.

Was nun Brüning anlangt, so habe ich nicht seinen menschlichen Charakter angezweifelt. Darum ist es mir nicht ganz klar, warum Sie diesen Charakter so rühmen – darum geht es gar nicht.[395] Sondern: Sie haben selber geschrieben – nicht an mich –, daß er an Verfolgungswahn leide, daß Sie von ihm enttäuscht seien usw. Ich kann natürlich nicht beurteilen, ob Ihr so scharfes Wort wirklich zu Recht ausgesprochen wurde, ich stelle nur folgendes rein Sachliche fest:

Es geht mir gar nicht darum, den mir völlig unbekannten Privatmann Br[üning] in seinem Charakter herabzusetzen, wie Sie das seltsamerweise anzunehmen scheinen. Sondern ich stelle mir folgende Fragen:

Erstens als Historiker: Wo liegen die Gründe, daß die Ära Br[üning] zu den leider uns allen bekannten Ergebnissen geführt hat? Diese Frage hat wirklich nichts – wie man sie auch beantworten mag – mit dem edlen Charakter Br[üning] zu tun. Auch ein durchaus edler Mensch könnte eine verhängnisvolle, von ihm nicht gewollte

---

393 Gemeint ist der in Paris lebende deutsche katholische Geistliche Franz Stock (1904–1948).
394 Möglicherweise ist der russische Schriftsteller Nikolai Maximowitsch Minski (1855–1937) gemeint, der in Paris lebte.
395 Zur kritischen Haltung Gurians zu Brüning, die sich, wie bereits erwähnt, durch den gesamten Schriftwechsel mit Reinhold zieht vgl. auch H. Hürten, *Waldemar Gurian*, S. 71 f.

Rolle in der Geschichte spielen. Nebenbei bemerkt, braucht Zurückhaltung und äußere Selbstbeherrschung keine Tugend in christlichem Sinne zu sein, z. B. Talleyrand konnte sich ausgezeichnet beherrschen. (Womit ich nicht behaupten möchte – ich muß das bemerken, da Sie das sonst meinen würden –, dass ich Br[üning] mit Talleyrand vergleiche oder gar gleich setze.) Sie wissen, daß F. W. Foerster öffentlich geschrieben hat, daß er Br[üning] für einen Politiker von kleinem Format halte, warum? Weil er an kleindeutsch-nationalistischen Vorurteilen, einer Frankreichphobie usw. festgehalten habe. Andere haben größte Bedenken gegen die ganze Art seiner Wirtschaftspolitik, so z. B. Röpke *Crises and Cycles*.[396] Ich hatte nicht erst seit 1933, sondern schon gleich von Anfang an, von 1930 ab, den Eindruck, daß Br[üning] objektiv nicht durchkommen könne, weil er die Volkskräfte völlig falsch einschätze, den NS völlig verkenne, gewissen Romantismen huldige und gewissen Vorurteilen. Doch ich halte mich wahrlich nicht für kompetent in der praktischen Politik – ich wünschte nur, daß ich Unrecht behalten hätte. Auch heute noch halte ich – ohne damit natürlich zu sagen, daß er ethisch überlegen sei – H[itler] für den weit überlegenen Politiker, von seiner Gesamtposition aus. Während Br[üning] den Zusammenbruch seiner Gesamtposition mindestens nicht hat verhindern können.

Zweite Frage: Was hat Br[üning] nach seinem Sturz getan? Auch da liegen mir charakterologische Zensuren völlig fern. Ich stelle einige Tatsachen zusammen: Er gibt seine Memoiren Emil Ludwig preis. Er äußert sich in kleinen Zirkeln sehr unbeherrscht und sehr wenig bedeutsam gegen das Dritte Reich, woraufhin diese Äußerungen zum Teil in der Weltpresse, z. B. sah ich sie in *NZZ*, auftauchen. Er reist mit einem ehemaligen Geschäftsführer einer kommunistischen Zeitung zusammen und führt diesen bei seinem Gastgeber ein. (Gerichtlich öffentlich festgestellt.)[397] Er lässt sich über die Lage im deutschen Protestantismus durch einen Horst Michael unterrichten, der gleichzeitig Antiromartikel („Tat") schreibt, um nur diese eine Tatsache zu nennen.[398] Er gibt Prognosen über die Gesamtentwicklung ab, die davon zeugen, daß er immer noch in einer Unkenntnis der von Hitler gut erkannten politischen Kräfte unserer Zeit lebt. Was hat er öffentlich für die getan, die ihm vertraut haben? Was hat er zu dem herrschenden Unrecht gesagt? Warum hat er – trotzdem er in der Fraktionssitzung klar die Folgen erkannte – für das Ermächtigungsgesetz gestimmt?[399] Hat er dadurch nicht ein Beispiel für eine Mentalität gegeben, die Sie

---

396 Wilhelm Röpke, *Crises and Cycles*, London: Hodge, 1936. Wilhelm Röpke (1899–1966), deutscher Nationalökonom, lehrte zunächst in Marburg, emigrierte 1933 in die Türkei und bekleidete ab 1937 eine Professur in Genf. Röpke lieferte wichtige Arbeiten zum Wirtschaftsliberalismus und zur Sozialen Marktwirtschaft. Vgl. Heinz Rieter/Joachim Zweynert (Hgg.), *„Wort und Wirkung": Wilhelm Röpkes Bedeutung für die Gegenwart*, Marburg: Metropolis, 2. Auflage, 2010.
397 Worauf sich Gurian im Einzelnen bezieht, kann hier nicht ausgeführt werden. Vgl. dazu die längeren Passagen bei H. Hömig, *Brüning. Politiker ohne Auftrag*, S. 139 ff.
398 Zu Horst Michael vgl. G. Besier, *Die Kirchen und das Dritte Reich*, S. 490 ff.
399 Hier spricht Gurian die Tatsache an, dass Brüning dem Ermächtigungsgesetz bei der Reichstagssitzung am 23. März 1933 zusammen mit der Zentrums-Fraktion zugestimmt hat, obwohl er in

beim Staatsrat-Bischof so bedauern? Das sind einige Fragen, die gar nicht in Zweifel ziehen, daß Brüning in der Stille Gutes tut, ein edler Privatmann ist, selbstlos und geldlich sauber ist usw., usw. Verschieben Sie doch nicht die Fragestellungen.

Ich habe übrigens – ich stelle das fest, damit Sie nicht meinen, ich hätte irgendetwas Persönliches gegen Br[üning] – mich nie an ihn gewandt. Ich habe ihm nur seiner Zeit mein Bolschewismusbuch zugesandt, und zwar nachdem er zurückgetreten war. Ich habe mich insbesondere nie in der Emigration an ihn gewandt – auch meine Luganoreise galt nur Brettauer.

Warum Sie damals Br[üning] vor mir warnen oder mindestens von meiner Reise unterrichten mußten, ist mir nie klar geworden. Auch an Pater Muckermann habe ich mich nie gewandt. Dass Br[üning] seinerzeit – wohl ohne [den] Verfasser zu kennen – Ambrosius sehr anerkannt hat, hat mich nicht bewogen, mich an ihn zu wenden. Ich halte es übrigens für möglich, daß Brü[ning] nach einem ohne sein Zutun sich vollziehenden Zusammenbruch des NS eine gewisse Rolle auf Grund seiner Sauberkeit usw. spielen wird. Nichtsdestoweniger wird binnen vier Wochen – ich möchte noch Ihre Antwort abwarten – ein mich sicher sehr schädigender, aber wie ich glaube, sachlich notwendiger Appell an ihn erscheinen.

Und nun etwas Persönliches: Mein Lebensziel besteht nicht in dem Erstreben öffentlichen Einflusses politischer Art usw. – ich bin für eine solche Position denkbar ungeeignet –, sondern in dem Streben nach einer Position, die es mir ermöglicht, ohne durch ständige elementare Existenzsorge gehemmt zu sein, einige Publikationen anzufertigen, von denen es hoffentlich später so ähnlich heißt, wie im Dez[ember] 1936 des *Christendom* (Oxford)[400] von meinem Bolschewismus-Buch: Es sei die „beste Arbeit von christlicher Seite über das Thema." Und nun frage ich Sie: Gibt es Ihrer Ansicht nach eine Möglichkeit mich auf eine Stelle bei einer Universität, einem Forschungsinstitut usw. in die USA zu berufen? *Sic rebus stantibus* fehlt dem Verfasser des besten Bolschewismusbuches von christl. Seite – auch Pater Watt SJ schrieb so vor wenigen Monaten in der *Clergy Review*[401] – an dem nötigen Material für seine Studien. Und mag sein, daß ich es darum manchmal an der nötigen Selbstdisciplin fehlen lasse, was meine Lage – wenn möglich – noch verschlechtert. Ich müsste darüber lächeln können, daß der *Deutsche Weg* meine Bücher nicht bespricht, dagegen groß Otto Strasser und Carrefourprodukte, daß der Katholik Shuster mir sein Buch trotz Bitte nicht schickt, daß Feige die *DB* abbestellt hat, weil er angeblich kein Geld hat, und sich vor mir hat warnen lassen. […] Aber diese Kleinigkeiten drücken mich furchtbar nieder, mehr als Sie meinen, lieber Reinhold. Und ich weiß, daß alles nicht

---

der internen Fraktionssitzung das Gesetz abgelehnt hatte, sich aber nicht gegen den Fraktionsvorsitzenden Ludwig Kaas hatte durchsetzen können. Vgl. dazu ausführlich H. Hömig, *Brüning. Politiker ohne Auftrag*, S. 98 ff.

400 *Christendom. Journal of Christian Sociology*. Britische Zeitschrift, erschien von 1931 bis 1950.
401 *Clergy Review*. Britische katholische Zeitschrift, die 1931 gegründet wurde, heute aber unter dem Namen *The Pastoral Review* firmiert.

so ernst gemeint ist, daß Feige über die furchtbare Depression, die er mir bereitet hat, sicher nie nachgedacht hat, denn er ahnt gar nicht, was mir sein Verhalten bedeutet hat. Beweis für die Sinnlosigkeit meiner Zugehörigkeit zur kath. Welt, die ja nicht mit der Kirche Christi zu verwechseln ist.

Ich bin fest überzeugt, daß sich Institute finden würden, wenn die Stelle finanziert werden könnte – und dass so etwas an sich möglich ist, beweist die Berufung des Pazifisten und (seit 1933) SA-Mannes Franz Müller als Opfer der Hitlerregierung nach USA auf eine Dozentur.[402] Mir teilte diese Tatsache ein früherer Lehrer und Wohltäter von F. Müller mit.

Wenn sich etwa das Komitee mit finanziellen Hilfsversprechen an eine solche Hochschule wie die von Ihnen genannte wenden würde, so machte dass Eindruck.

Und die Affaire Pater Größer. Da ist mir nicht ganz klar, warum Sie diesen Mann auf sich hetzen mußten, indem Sie ihn auf Ihre Arbeit durch Aufsuchen aufmerksam machten. Die Sache mit dem Caritasverband ist auch völlig klar. Man muß sich als Helden feststellen, man hat ja nichts zu tun außer Gehaltsempfang (wenigstens in vielen Fällen) infolge der Zustände heute.

Für Gebet bin ich sehr. Ich hoffe, daß ich selber dadurch, etwa für Pater Muckermanns Verhalten, Verständnis gewinne, dessen Wohlwollen, um das ich gar nicht gebeten habe, das er aber anderen gegenüber für mich bekundet, darin besteht, die *DB* gratis in seinem Organ zu verwenden und mich totzuschweigen. Es ist sicher dumm von mir, wenn ich offen sage: Es gibt Gebete, die ich nicht verrichten kann. Für Brüning ja, der meint es ehrlich. Irrt, wenn er irrt, gutgläubig. Aber nicht für jene katholische Welt des Geschäftskatholizismus. Ich kann einfach nicht und mag Ihnen gegenüber nicht heucheln. Und was sind das für Angaben über Ihre Amerikamission und die Gründe Ihres Scheiterns, die Sie vertraulich an Thieme geschrieben haben? Wenn ich danach frage, so darum, weil ich etwas von Ihrer Mission erwartet hatte und mich alles Sie betreffende mehr und ganz anders interessiert als Thieme, der ja mit Recht kein Emigrant sein will – eben hat er noch ohne jede Gefahr eine Deutschlandreise gemacht. Ist es Ihnen wirklich unmöglich, wenigstens [ein] paar Leute für *DB* und mein Buch über Kirchenkampf usw. zu interessieren? Und ich danke Ihnen sehr für die zehn Dollar, bitte aber senden Sie mir nichts aus eigener Tasche – das geht nicht. Und schließlich sind alle milden Gaben – was ja nicht ein Vorwurf an Sie sein soll, Sie tun ja sicher, was Sie können – nicht [ausreichend], eine Gesamtlösung [zu] ersetzen.

---

402 Gemeint ist der deutsche Sozialwissenschaftler Franz Hermann Müller (1900–1994). Müller arbeitete am Institut für Sozialforschung der Universität Köln, bevor er 1936 in die USA emigrierte, wo er zunächst an der University of St. Louis, Missouri, Soziologie lehrte. Ab 1940 bekleidete er eine Professur am St. Thomas College, St. Paul, Minnesota. Vgl. Joseph P. Fitzpatrick, Franz Herrmann Müller, in: *Sociology of Religion* 56 (2005), S. 215 f.

Mit der Bitte um sofortige Antwort

Ihr
W. Gurian

H.A.R. an Gurian vom 23. Januar 1936 (Telegramm)

[...] ich muß energisch Einspruch erheben gegen die Art, wie Sie mein Vertrauen zu Ihnen behandeln. Meine Informationen über Bischof Berning waren für Sie persönlich bestimmt.[403] Ich sagte Ihnen ausdrücklich so. Außerdem bat ich Sie, den Bischof zu schonen, da er sich in einer Zwangslage befinde. Ich habe Ihnen darum soeben telegrafiert, die Zitate aus dem Jahre 1933 nicht zu verwenden. Ich bin Priester der Diözese Osnabrück und kann als solcher nichts gegen meinen eigenen Bischof unternehmen, das ihn in der Öffentlichkeit herabsetzt und den ihm von Rom gegebenen Auftrag sabotiert. Das ist eine Loyalitätspflicht, von der mich Ihre persönliche Meinung, die Sache erfordere es, daß man diese Geheimnisse preisgibt, nicht entbindet. Selbst das Gefühl, vom Bischof nicht unterstützt worden zu sein, erlaubt mir nicht, gegen ihn öffentlich vorzugehen. Dass die Information nur von mir stammen kann, ist leicht für ihn festzustellen. Die anderen Zuhörer sitzen alle noch in Deutschland. Unter Umständen wird er mich öffentlich desavouieren und behaupten, ich habe ihn missverstanden. Das kann einen schönen Tanz geben. Sie vergessen dabei auch noch, daß in diesem Falle sich Rom und jeder andere Bischof gegen mich wenden würde.

---

[403] Reinholds Vorwürfe beziehen sich wohl auf die Nr. 69 vom 24. Januar 1936 der *Deutschen Briefe*, die Reinhold in einem Vorababdruck gesehen haben muss (das lässt sich zumindest aus dem Antwort-Telegramm von Gurian erschließen). In dieser Ausgabe hatte sich Gurian kritisch über die Rolle Bischofs Berning in seiner Funktion als Verhandlungsführer bei den Verhandlungen der Katholischen Kirche mit dem NS-Staat bezüglich des Geltungsbereichs von Art. 31 des Reichskonkordats im Januar 1936 geäußert. Teile der dort verwandten Informationen stammten wohl von Reinhold, die Gurian ohne dessen ausdrückliche Genehmigung verwandte. Wohlmöglich handelt es sich u. a. um eine Äußerung Bernings aus dem April 1933, die er vor Reinhold gemacht hat, und die Gurian wörtlich zitierte: „Meine Herren, es handelt sich um eine grosse Volksbewegung (der Nationalsozialismus – die Hgg.). Wir müssen die Zeichen der Zeit erkennen. Wir dürfen nicht, wie in der Reformation, die Bewegung an uns vorbeigehen lassen, sondern müssen uns einschalten." Vgl. H. Hürten, *Deutsche Briefe*, Bd. 2, S. 28–39, hier S. 33. Der Art. 31 der Reichskonkordats sollte ursprünglich das katholische Vereinswesen schützen, in den Jahren 1934/35 kam es aber seitens der Nationalsozialisten zu immer stärkeren Vereinnahmungsbemühungen, insbesondere im Bereich der katholischen Jugend- und Sportorganisationen, so dass es zwischen Katholischer Kirche und NS-Regierung zu heftigen Auseinandersetzungen über den Geltungsanspruch des Art. 31 des Reichskonkordats kam. Vgl. G. Besier, *Der Heilige Stuhl und Hitler-Deutschland*, S. 224 ff; sowie unter besonderer Berücksichtigung der Rolle Bernings K.-A. Recker, *„Wem wollt ihr glauben"*, hier S. 167 ff.

Schon aus diesem Grunde müssen Sie schweigen, denn diese Eröffnung ist nicht so wertvoll, daß ich dafür meine Existenz aufs Spiel setzen möchte.

Gurian an H.A.R. vom 23. Januar 1936

Lieber Herr Reinhold,
Ihr Telegramm fand ich vor, als die *DB* abgesandt waren.
Darf ich Ihnen ganz nüchtern folgendes zur Erwägung anheimstellen:
　1. Die Äußerungen vom Staatsrat-Bischof sind „repräsentativ". Er spielt wieder die Rolle, und zwar eine sehr verhängnisvolle. Alles muß geschehen, um sein „Werk", das für Volk wie für Kirche gleich schädlich ist, zu verhindern.[404] Der *Deutsche Brief* ist ein kleiner, sicher sehr unwesentlicher Versuch dazu.
　2. Ich weiß aus Ihrem letzten Antireichswehr-Brief (wenn z. B. Brüning je diese Einsichten so klar gehabt hätte!), daß Sie die Lage gut sehen. Und heute muß mit allen moralisch möglichen Mitteln gearbeitet werden. Das NS-Regime lebt sehr stark von falschen, idealistischen Rücksichten seiner Gegner. Und Ihre Loyalität gegen Bischof Berning ist in diesem Falle wirklich fehl am Orte, das heißt: Diese historisch-typischen Äußerungen sind heute unbedingt für die Öffentlichkeit wichtig. (Ich habe sie so lange nicht verwertet, als der Staatsrat sich zurückhielt.) Illoyal wäre es, wenn Ihre privaten, mir mitgeteilten, so vernichtenden Werturteile über den Staatsrat publiziert würden. Wenn also mit der Vorbemerkung „Ein Priester, der Staatsrat [...] gut kennt, schreibt über ihn [...]" Ihr Brief publiziert würde.
　Lieber Herr Reinhold, heute muß alles geschehen, um gewisse verhängnisvolle Dinge zu verhindern! Glauben Sie nur, daß ich nicht weiß, wie sehr mir die *DB* schaden? Es ist ja so billig und einfach, mich anzupöbeln, mich zu diffamieren, als indiskret hinzustellen. (Und dabei doch auf meine Diskretion [zu] bauen, wenn ich z. B. Brüning gegenüber so handeln würde, wie ich es, wenn er recht hätte, tun würde [...]. Und es ist eine Groteske, wenn mir Dempf das Vorwort zur Sondernummer bei anderen vorhält, durch dessen unbedachte Formulierung ich Thieme gefährdet haben soll.) Die *DB* lohnen sich finanziell kaum, für die Mordsarbeit gibt es nichts Entsprechendes [...] und nun greife ich an Ihr „Portepee". Wollen Sie nicht alles tun, um das kaum mehr Aufhaltbare dennoch aufzuhalten? Dabei brauchen Sie für die Zitate kaum einzustehen, ich weiß genau, daß der Staatsrat sich hüten wird zu dementieren, an uns zu schreiben. Und lesen Sie den Artikel: Kann er sachlicher sein?
　Gewiss, man kann sagen: Rien à faire, man schweigt, jammert privat, schreibt einander Briefe, und [...] lässt Hitler handeln, macht nichts dagegen (da alles nur unbe-

---

404 Vgl. H. Hürten, *Deutsche Briefe*, Bd. 2, S. 28–39, hier S. 29 ff; dazu auch H. Hürten, *Waldemar Gurian*, S. 116.

deutend sein kann, da man sich nicht exponieren, dem Vorwurf der Illoyalität usw., aussetzen will!).

Unlängst bat Wolker, etwas nicht zu publizieren, was längst in der *NZZ* groß gestanden hatte. (Sie lasen übrigens wohl deren heutiges Mittagsblatt?) Das ist begreiflich. Aber bitte, überlegen Sie ganz ruhig: Ist Ihr Telegramm nicht eigentlich von falschen Voraussetzungen bestimmt?

Rössler erzählte mir von Ihrem Balduin-Brief.

Herzliche Grüße

Ihr
Waldemar Gurian

H.A.R. an Gurian vom 24. Januar 1936

Mein lieber Herr Doktor,
hoffentlich kam mein gestriges Schreiben noch rechtzeitig, um ein Unglück zu verhüten. Ich kann es unmöglich zugeben, daß Sie sich aus Ihnen selbst genügend scheinenden Gründen einfach hinwegsetzen über meine Bedenken. Meine Äußerungen über meinen eigenen Bischof habe ich auf Ihre Bitten diesen Sommer brieflich wie mündlich an Sie gemacht, unter der Voraussetzung, daß Sie die Eröffnungen als vertraulich behandelten und nur zu Ihrer persönlichen Information. Ich schrieb ihnen dabei, daß ich Sie bäte, den Bischof zu schonen, da er sich in einer Zwangslage befände. Ich kann Ihnen also nicht das Recht geben, in dem Augenblick, den Sie für den gegebenen ansehen, sich vom Schweigen entbunden zu fühlen. Ich denke, daß Sie das verstehen. So wenig ich selbst die Politik meines Bischofs, noch sein Verhalten gegen mich als ich ihn brauchte, verstehen kann, so bin ich doch nicht berechtigt, versteckt oder offen durch die Presse, gegen ihn zu kämpfen. Wissen wir denn, was der neuen Wendung zu Grunde liegt und ob nicht Rom dahinter steht? Sie sind Privatmann und können tun, was Sie für recht halten, und müssen dann auch die Folgen tragen. Das kann ich mir aber nicht erlauben. Ich gehöre nach wie vor zur Diözese Osnabrück und muß das Kirchenrecht beobachten. Außerdem halte ich es für sehr illoyal, wenn ich vom sicheren Port der Schweiz aus Angriffe auf meinen im Kampf stehenden Oberhirten richte. Meine Mitteilungen an Sie – das geht klar aus dem Briefe hervor – waren Ihnen gegeben, Sie den Bischof besser verstehen zu lassen, nicht um Ihnen Waffen gegen ihn in die Hand zu geben. Ich möchte Sie darum bitten, wenn Sie in Zukunft irgend etwas in Ihrem sicher sehr idealen und tapferen Kampf verwenden wollen, was Sie von mir wissen, mir das vorher zu sagen, damit ich sehen kann, ob ich als Priester und Deutscher das zugeben darf.

In zweiter Linie kommt dann noch, daß ich mich auch selbst schützen muß, und meine Familie in Deutschland nicht brotlos machen darf. Was ich Ihnen über Dr.

Berning gesagt habe, ist so unerheblich im ganzen Kampfe, daß ich es nicht verantworten kann, durch etwaige Repressalien gegen mich, meine alte Mutter, meine beiden Schwäger und meinen Bruder an den Bettelstab zu bringen. Wenn übrigens der Bischof durch die Presse die „Zitate" erfährt, so weiß er sofort, daß nur ich sie mitgeteilt haben kann, und es ist dann sehr gut möglich, daß er mich dann in der Notwehr fallen lässt und bloßstellt. Halten Sie die Dinge für so wichtig in diesem Kampf? Ich nicht. Staatsrat Berning ist schon bekannt genug, warum soll ich ihm Eselstritte versetzen?

Mein „Vergehen" besteht darin, daß ich mich zu spät gemeldet habe und dass ich nicht als politischer Flüchtling anerkannt werden kann. Die Krise macht die Leute nervös und daher sind sie geneigt, schematisch gegen alle Fremden vorzugehen. Wenn Herr Gustloff auch eine Persönlichkeit ist und ich nur eine dunkle Existenz, so hat das doch mit der Gerechtigkeit nichts zu tun, oder doch?

Ich bitte Sie noch mal, nicht in der Hitze des Gefechtes zu vergessen, daß unser beiderseitiges Verhältnis rein privat ist, und alles, was ich Ihnen sage, nur von Freund zu Freund gemeint ist.

H.A.R. an Gurian vom 27. Januar 1936 [405]

Mein lieber Herr Doktor,
wenn ich Ihnen bisher eine Antwort auf Ihre wiederholten Fragen schuldig geblieben bin, so hatte das zwei Gründe. Einmal sprachen bei meiner Flucht so viele Imponderabilien, daß ihre Rechtfertigung ein ganzes Buch würde, und zweitens glaube ich, daß die Gestapo Sie ebenso lieb hat wie Herrn Jakob, und eines Tages einen hübschen kleinen Einbruch oder etwas Ähnliches bei Ihnen inszenieren wird, und dass dann meine Korrespondenz diesen Herren Aufschlüsse geben würde, die ich ihnen nicht zu geben beabsichtige. Eine daraus hervorgehende Beschlagnahme meines Vermögens, das leider recht beträchtlich ist, könnte für meine Familie katastrophale Folgen haben, da sie geschäftlich ruiniert wäre. Sie werden zwar lächeln und an irgendwelche Maßnahmen der Gestapo gegen Sie nicht glauben, aber ich würde mich doch nicht wundern und möchte das nicht gern dem Zufall überlassen. Aus diesem Grunde bitte ich Sie auch, diesen Brief nicht aufzubewahren, oder doch so, daß er nicht in unrechte Hände kommt.

Dass der gute Wolker die Version Berning so ohne weiteres annimmt, wundert mich eigentlich, denn er kennt doch meinen Charakter etwas besser. Wohlmeinende

---

[405] Aller Wahrscheinlichkeit nach handelt es sich hier um einen Datierungsfehler. Es ist mehr als wahrscheinlich, dass dieser Brief Reinholds mit vielen privaten Informationen zu den Umständen seiner Flucht aus Deutschland vor den Ereignissen, die im Zentrum des Schriftwechsels zwischen Reinhold und Gurian vom 23. und 24. Januar 1936 standen, geschrieben worden ist. Möglicherweise datiert das Schreiben vom 17. Januar 1936.

Leute hatten mir schon 1934 geraten, in Amerika zu bleiben. Ich befolgte diesen Rat nicht, obgleich damals alles viel einfacher für [mich] verlaufen wäre, nur aus dem Grunde, weil ich meinen Posten nicht verlassen wollte und moralisch auch nicht konnte, nachdem ich mich so stark exponiert hatte. Das alles geschah nach meiner kurzen, aber sehr bedeutsamen Schutzhaft und mehrfachen mündlichen Warnungen und Drohungen. Ich war seit dieser ersten Schutzhaft täglich auf Wiederverhaftung gefasst und hatte meine Beweise, daß man mich unter schärfster Kontrolle hielt, und nur auf die Gelegenheit wartete, mich hochgehen zu lassen.

Als ich dann, dem Rat eines hohen NS-Funktionärs folgend, mich freiwillig der Gestapo stellte (April 35) und sie offen fragte, was sie eigentlich von mir wollten, und als dann ein Paket photographierter Briefe, Denunziationszettelchen vor mir auftauchten, und als ich die Unklugheit beging, dem Herrn Oberregierungsrat – alias Automakler – Streckenbach, der übrigens über meinen Kasus gefallen sein soll, meine Meinung ganz offen zu sagen, da wäre es eigentlich an der Zeit gewesen, die Konsequenzen zu ziehen. Ich tat es wieder nicht, sondern ließ mich weiter bespitzeln und tat meinen Dienst. Der Herr Staatsrat aber, dem nichts passieren kann, hatte damals sogar Angst vor meinen Briefen, wofür schriftliche Beweise beim Generalsekretariat der Seemannsmission in Hamburg liegen, wenn sie nicht inzwischen mit so manchen anderen Akten bei der Gestapo gelandet sind, sind doch die Dossiers mit meiner großen ausländischen Korrespondenz noch heute zur Bearbeitung bei dieser tüchtigen Behörde.[406] Sie scheinen unerschöpflich zu sein. Allerdings muß eine Prüfung der Absender und Empfänger meiner Briefe in Paris, London und New York – u. a. Onkel Heinrich[407] – den Herren den Eindruck erwecken, daß ich noch nicht ganz gleichgeschaltet sei. Darunter ist z. B. die recht lebhafte Korrespondenz mit meinem alten Freund Pat McGrady, der im Sommer 1934 als Beauftragter der Jewish News Agency von New York in Deutschland weilte, der damals bei mir wohnte, bei dem ich dann wieder in Berlin war, und dem ich einige interessante Interviews vermittelte. Der Herr ist aber der Gestapo bekannt. Das ist nur ein Beispiel von vielen, die ich nicht alle aufschreiben möchte, da es zu langweilig ist. Dass ich eine Zeit lang – als Priester und Christ natürlich, nicht aus politischen Gründen! – einem jungen Mann geholfen habe, sich zu verbergen, da er in den Kommunistenprozess von Hamburg verwickelt war und da alle seine Freunde entweder enthauptet oder zu Zuchthaus verurteilt waren, konnte bei meiner Umgebung wohl herausgekommen sein und sprach sicher nicht zu meinen Gunsten bei der Gestapo und dem Staatsrat. Auch empfing ich ziemlich viel Besuche von ehemaligen SA-Spitzeln, die sich mir anvertrauten und von denen ich Dinge zu hören bekam, aus denen ich ein hübsches kleines Braunbuch hätte machen können. Natürlich hielt ich mit meiner Ansicht nicht hinter dem Berge. Als Christ und als Seelsorger mußte ich manches sagen, was Staatsrat Berning zwar

---

406 Siehe dazu die ausführliche Schilderung in der Autobiografie Reinholds.
407 Gemeint ist der ehemalige Reichskanzler Heinrich Brüning

heimlich auch sagt, aber was man von ihm lieber einmal öffentlich gehört hätte. Wie viel davon an die Gestapo weiter ging, weiß ich natürlich nicht. Aber das weiß ich, daß sowohl der Herr Staatsrat, als auch der Hamburger Klerus, als auch 98% meiner Bekannten, obgleich nichts vorliegt, entsetzt sind, wenn man ihnen von mir auch nur einen Gruß bestellt und dass man bedauert, daß ich nicht ihre heimtückischen und unaufrichtigen Methoden nachahmte. Als ich nach meiner ersten Verhaftung dem Bischof darüber berichtete, meinte er, darauf müssten wir alle gefasst sein – er auch? – und schimpfte dann so gehässig über das System und verglich es so deutlich mit Russland, daß ich schon glaubte, er sei bekehrt. Aber ich täuschte mich. Er blieb Staatsrat, wich jeder Entscheidung aus, schickte mich ins Gefecht und in die Höhle des Löwen, wenn etwas los war, und hatte dann noch die Stirn, mir am ersten Mai zu sagen: „Sie sind ja doch Pazifist und Sie waren ja auch zu polemisch". Das war der Dank vom Hause Habsburg im Augenblick der Gefahr. Ich habe beides richtiggestellt und zwar ziemlich energisch. Darauf folgte Schweigen.

Er fragte mich dann, was ich denn getan habe. Ich sagte: Nichts, womit ich meinte, daß ich nicht etwa illegal tätig gewesen sei. Ich sagte nichts mehr, um ihn unbelastet zu lassen. In diesen Tagen sah ich dann auch, wie völlig einflusslos er in Berlin, ja sogar in Osnabrück war. Trotz energischen Brüllens, er sei Staatsrat Berning, konnte er sich am Telefon nicht durchsetzen und weigerte sich der Regierungsrat der Gestapo, mich zu empfangen. Es wurde mir und ihm nur unter geheimnisvollem Achselzucken, mir im Amtsgebäude und ihm am Telefon, gesagt, es sei eine böse Sache, die von Berlin, Arbeitsfront, ausgehe; ich habe mich von jetzt ab zur Verfügung der Gestapo zu halten. Am 4. Mai abends solle ich mich auf der Gestapo in Frankfurt a. M. stellen, um weiteres zu hören. Als ich mich dort nicht stellte, sondern auf geheimnisvolle Weise verschwunden war, suchte man mich an den unmöglichsten Orten im Reich, unter anderem in Mecklenburg-Strelitz in Pfarrhäusern, da „man mich verhaften solle, wo immer ich gefunden würde." (Es war aber nichts los, mir sind natürlich nur die Nerven durchgegangen, die ganze Sache war nur ein kleiner Spaß der Gestapo.) Und der Herr Staatsrat, der auf Ansuchen der Partei mich sofort versetzt hätte, wenn sie es gewünscht hätte, um meine unerwünschte Arbeitsweise bei den Seeleuten zu inhibieren – wie man nachher erklärte, um mich lächerlich zu machen –, kam gar nicht auf den Gedanken, seine oberhirtlichen Rechte zu wahren und mich vor dem Gefühl zu bewahren, daß er durch sein staatsfrommes Benehmen das Unrecht gegen mich vergrößerte. Er befahl mir auch nicht, auf meinen Posten zurückzukehren, was das Beste gewesen wäre, denn so handeln die Bekenntnispastoren, sondern jagte mir einen neuen Schrecken ein, indem er auf meinen Vorschlag, ich wolle mich nach Laach zurückziehen und abwarten, sagte: Das geht nicht. Der Abt wurde gestern verhaftet.[408] Er glaube, jetzt ginge die Offensive los. Man wolle nicht nur mich, sondern auch die

---

[408] Tatsächlich wurde damals dieses Gerücht verbreitet. Vgl. Marcel Albert, *Die Benediktinerabtei Maria Laach*, S. 143.

Seemannsmission treffen. Er könne wohl nichts für mich tun, denn am Falle Leffers[409] habe er gesehen, daß sein Eingreifen die Geschichte nur verschlimmert habe. Ich schlug ihm dann aus freien Stücken vor, ich wolle die Gestapo benachrichtigen, ich bliebe in Osnabrück unter seinem Schutz. Er billigte das. Er befahl mir gar nichts, wie er nachher behauptet hat. Mit dieser Behauptung hat er dann die ganze Diözese und meine eigene Familie gegen mich aufgehetzt, um sich selbst zu decken. Mich gibt er dabei wehrlos dem Klatsch und der Verachtung preis. Am 6. Mai (also nach 5 Tagen!), nach dem Termin, an dem ich mich zu melden hatte, wollte er dann gelegentlich seines Aufenthaltes in Berlin bei der Gestapo[410] einmal vorsprechen. Eher könne er das nicht tun, weil er – man höre und staune – zu einer Vergnügungsfahrt auf Dampfer „Gneisenau", zu der auch ich eingeladen war, teilnehmen müsse: Man denke sich gute Weine, feine Leute, Zigarren, richtige Lloyddirektoren und vielleicht sogar hohe NS-Funktionäre und er als Staatsrat dazwischen, während einer seiner Priester dahinten in Osnabrück nicht weiß, was für einen gemeinen Streich die Gestapo gegen ihn vorhat und warum man ihn nicht in Hamburg verhaftet hat, was man bei der Ausweisung als bevorstehend zart andeutete, sondern möglichst weit weg von dem Orte lotst, wo ich viele fremde Konsuln zu Freunden hatte und jeder Seemann mich kannte. Ich durfte mich auch nicht verabschieden, mein Sekretär war mit Konzentrationslager bedroht, wenn er versuchte mit mir zu korrespondieren und Auskunft über meinen Verbleib zu erteilen. Es war aber nichts los, alles nur Spaß! Denn sonst wäre doch ein Bischof nicht zum Vergnügen, wo er doch nichts Wichtiges vorhatte in Bremen, nicht fortgefahren, wenn auch das letzte seiner Schäflein ihn brauchte. Man hat mir das Ansinnen, der Bischof hätte bei mir bleiben oder mich mitnehmen sollen, als Arroganz und Feigheit ausgelegt. Also das muß ich ja hinnehmen, denn auf mich hört ja niemand. Aber selbst wenn ich in allem falsch gehandelt hätte, was ich ganz lebhaft bestreite, so hat der Herr Staatsrat doch noch kein Recht daraus herzuleiten, daß er mich bei meinen Mitbrüdern, bei meiner Familie und bei den Spitzen der Organisationen diffamiert, ohne mich anzuhören oder mir die Gelegenheit zur Verteidigung zu geben. Selbst von seinem Standpunkt aus hätte er als Bischof die Pflicht, einen Wehrlosen, der ja schließlich das Opfer des ihm so verhassten Systems ist, zu decken, statt bloßzustellen.[411]

---

409 Gemeint ist der Fall des katholischen Geistlichen Wilhelm Leffers, der in der NS-Zeit mehrmals verhaftet wurde. Vgl. Georg M. Diederich, *Chronik der katholischen Gemeinden in Mecklenburg 1709-1961*, Schwerin: Heinrich-Theissing-Institut, 2006, S. 262 ff. und K.-A. Recker, *„Wem wollt ihr glauben?"*, S. 385 ff.
410 Berning besuchte am 6. Mai 1935 das Innenministerium und das Justizministerium in Berlin und am 7. Mai das Geheime Staatspolizeiamt und das Ministerium für Wissenschaft, Erziehung und Volksbildung. Vgl. Bernings Kalender in: K.-A. Recker, *„Wem wollt ihr glauben?"*, S. 479.
411 Das Ende des Briefes fehlt.

KORRESPONDENZEN

Gurian an H.A.R. vom 1. Mai 1936

Lieber Herr Reinhold,
anbei ein Buch. Als ich es schrieb, stand mir die Vision dessen, was inzwischen gekommen, vor Augen.[412] Als ich das Buch Herbst 1932 ablieferte, hieß es: Ich unterschätzte die Weimarer Verfassung, die Widerstandskraft der Parteien – und ich habe (schweren Herzens, Sie können Keckeis[413] fragen) einige Milderungen angebracht. Ich habe sowohl die Parteien wie die Kräfte der autoritären Reaktion à la Papen, Schleicher etc. nicht überschätzt. Ich glaube aber, daß ich in Grundlinien richtig sah – wenn ich auch nicht recht an die siegreiche Kraft des totalen Staates glauben wollte. Und den sah ich richtig: z. B. S. 179, 180, das Kapitel über NS. So ist es leider gekommen, obgleich ich für die praktische Politik aus verschiedenen Gründen inkompetent bin – schon wegen meiner Unfähigkeit, Menschen zu behandeln. Aber leider hat Brüning es nicht vermocht, die auch von mir für „inkompetent" (aus anderen Gründen als bei mir) gehaltene Führung des NS zu erledigen – ich sah damals die Gefahr der Bewegung, hoffte aber doch, daß *diese* Typen, während deren Reden Brüning Akten las, nicht durchkommen würden...

Ich hatte einmal vor, das Buch (etwa für England) up to day zu bringen. Aber hat es Sinn? Ich will es vielleicht mal Wall[414] schicken. Blättern Sie es durch, wenn Sie Zeit finden. Und sagen Sie ganz offen, was Sie davon halten. Es mußte (meine alle Arbeit so hemmende Lage eines freien Schriftstellers) viel zu rasch geschrieben werden. Zwischenüberschriften wären gut gewesen, stilistische Vereinfachung.

Sie wissen gar nicht, wie mich das „Exil" bedrückt, mag ich auch (trotz *DW* usw.) so viel unerwartete Solidaritätsbeweise von Karrer, Lorenz usw. finden. Und doch – Sie können sich die Fortsetzung denken.

Mit herzlichen Grüßen

Ihr
W. Gurian

---

412 Waldemar Gurian, *Der Kampf um die Kirche im Dritten Reich*, Luzern: Vita Nova Verlag, 1936. Vgl. dazu E. Thümmler, *Katholischer Publizist*, S. 168 ff.
413 Gustav Keckeis (1884–1967). Schweizer Verleger und zeitweiliger Präsident des Schweizer Buchhändler- und Verlegervereins.
414 Zwischen 1937 und 1951 korrespondierte Gurian regelmäßig mit Bernard Wall: Library of Congress, Manuscript Division, Gurian Papers, Box 8, Folder 20. Bernard Wall (1908–1974).

H.A.R. an Gurian vom 6. Mai 1936

Mein lieber Doktor,
mein Benediktiner in Buckfast lässt mich im Stich. Er hat Angst, daß er seine Lage dadurch verschlimmert. Ich verstehe das. Ich werde also noch heute an den Abt schreiben, ob er einen anderen Mönch hat, der das für Sie tut. Vorläufig kann ich es ja einige Male machen, obgleich ich befürchte, daß mein Englisch nicht ausreichen wird. Mr. Wall hat auch keine Zeit, wie mir seine Frau schreibt. Drüben wollen sie es nicht mehr tun, da es ein Pfund kostet.

Ich las den Artikel mit großem Interesse. Zur Kritik lesen Sie bitte den einliegenden Brief. Es ist vielleicht gut, wenn Sie Ihren Stil den englischen Bedürfnissen etwas mehr anpassen und kurze, unklassische Sätze schreiben. Engländer hassen alles, was irgendwie kompliziert aussieht.

Das Gerhart-Buch empfing ich mit großem Interesse und vielem Dank.[415] Ich habe es schon angefangen. Im Englischen hätte es wohl nur eine Wirkung und buchhändlerischen Erfolg, wenn Sie es geschichtlich aufzögen und etwa das sagten, was Brüning nach Ihrer Meinung in seinen Memoiren sagen sollte. Die ganze Geschichte ist ja überhaupt noch nirgendwo im Zusammenhang von katholischer Seite dargestellt. Ihr letztes Buch geht ja auf die rein politische Sicht nicht ein. Lässt sich das machen – oder rede ich als Laie? Ich freue mich sehr über das Geschenk.

Ich fahre am 17. 5. nach Wien, um dort meinen Bruder zu treffen. Sonst habe ich die Wiener Pläne vorerst einmal ad acta gelegt. Die Sache sieht mir doch zu unsicher dort aus.

Wegen der amerikanischen Sache sprach ich mit Heinrich. Er war sehr nett und sagte mir ganz offen, daß die Sache gefährlich sein könnte. Offenbar will man mich nach drüben rufen. Morgen kommt die bewußte Dame. Ich werde also jetzt dringend Klugheit brauchen. Sollte es etwas werden, so muß ich vorher tüchtig arbeiten. Wo ich das tun werde, weiß ich noch nicht. Übrigens sagte mir Heinrich, daß man mich jetzt nicht mehr ausweisen könne, nachdem ich den Heimatschein erhalten habe.

Fausta feliciaque

Ihr
(Unterschrift fehlt)

---

415 Vermutlich ist das Buch *Um des Reiches Zukunft. Nationale Wiedergeburt oder politische Reaktion?*, Freiburg: Herder, 1932, gemeint, das Gurian unter dem Pseudonym Walter Gerhart veröffentlicht hatte. Gurian hatte es wohl zum Zwecke einer möglichen Übersetzung ins Englische an Reinhold geschickt. Vgl. zu dieser Schrift auch H. Hürten, *Waldemar Gurian*, S. 70 ff.

KORRESPONDENZEN

H.A.R. an Gurian vom 9. Mai 1936

Lieber Doktor,
einliegend ein Durchschlag meiner Ernennung zum Vertreter eines amerikanischen Flüchtlingskomitees für Europa und ein Durchschlag eines Briefes an Thieme.[416] Ich kann mich darum kurz fassen, da Sie das Übrige selbst herausfinden werden. Was ich Herrn Thieme gesagt habe, gilt natürlich auch für Sie. Meine erste Aufgabe drüben wird sein, für Sie irgendwo in der Welt irgendeine gute Stellung zu finden. Bitte besprechen Sie die Sache auch mit Herrn Dr. Karrer. Er wird vielleicht bereit sein mit Rechtsanwalt Simonin in Bern zusammen unsere Interessen in der Schweiz zu vertreten. Ich komme am 16. aus Wien zurück. Vielleicht können wir uns in Olten auf dem Bahnhof treffen, event. mit Thieme. Ich bin um 16.40 Uhr am Samstag in Olten und würde notfalls erst um 19.42 Uhr weiterfahren.

Ich habe unter Voraussetzung Ihrer Einwilligung an der bewußten Stelle darauf aufmerksam gemacht, daß der Herzog v. W.[417] in Freiburg ein neues Geschwätz angezettelt hat. Wäre es doch nicht besser, wenn Sie mir die Erlaubnis geben würden, dem Herrn zu sagen, wo er sich verteidigen kann. Er leidet sehr schwer unter all diesen Dingen. Vielen Dank für Ihren Brief vom 1. Mai der mich sehr interessierte, und herzliche Grüße

Ihr
(Unterschrift fehlt)

Anlage:
Durch folgendes Nachttelegramm, das heute früh hier eintraf, wurde ich zum europäischen Vertreter der katholischen Gruppe des Amerikanischen Christlichen Komitees für deutsche Flüchtlinge ernannt. Es wurde mir gleichzeitig der Auftrag erteilt, die Zustimmung Roms zur Arbeit dieses Komitees zu gewinnen und möglichst viele zahlreiche Freunde und Protektoren dieser Arbeit zu erwerben. Die Unterzeichner des Telegramms sind in der katholischen Öffentlichkeit Amerikas bestens bekannt als Schriftleiter bedeutender Zeitschriften und Leiter großer katholischer Caritaswerke (NCWC + Zentrale der Katholischen Aktion, die die amerikanische Hierarchie in Washington errichtet hat). Es folgt der englische Wortlaut des Telegramms:

---

416 Vgl. G. Besier, *Der Heilige Stuhl und Hitler-Deutschland*, S. 217 f.
417 Hier ist wohl P. Odo (Carl Alexander Herzog) von Württemberg OSB gemeint. 1936 aus Deutschland ausgewiesen, gründete er in der Schweiz die Internationale katholische Flüchtlingshilfe. 1940 bis 1949 lebte er in den USA und kehrte dann nach Deutschland zurück. Er starb 1964 in Althausen. Vgl. Eberhard Fritz, Das Haus Württemberg und der Nationalsozialismus. Motive des Widerstands gegen Hitler und seine Bewegung, in: Christopher Dowe (Hg.), *Adel und Nationalsozialismus im deutschen Südwesten*, Karlsruhe: Braun, 2007, S. 132–162.

Jamaica, N.Y. 443, 46, 8/5 WUNRS
NLT = REVEREND HANS REINHOLD INTERLAKEN – HEARTLY WELCOME YOUR COOPERATION CATHOLIC GROUP CHRISTIAN COMMITTEES GERMAN REFUGEES / HEREBY AUTHORIZE YOU REPRESENT US EUROPE / EXPECT YOU WIN APPROVAL ROME / MANY FRIENDS SUPPORT OUR CAUSE / CONFIRMING LETTER FOLLOWING: FEIGE (Dr. Gregory) MONSIGNOR BRUDER (Senior der deutschen Pfarrer New Yorks) OSTERMANN (Rektor des Leohouse), GILLIS (Chefredakteur der Catholic World), MACGOWAN (Direktor der Katholischen Aktion NCWC), SHUSTER (Redakteur der bekannten Wochenschrift Commonweal) +

Rev. Feige, Gillis, MacGowan und Mr. Shuster sind außerdem Mitglieder des National Committee for German Refugees, in dem Ex-Präsident Hoover, Mrs. Taft, Mr. Caravati (NCWC) und Mr. Michael Francis Deyle sitzen.

Auszug aus den Richtlinien für das katholische Komitee, Gruppe des American Christian Committee for German Refugees /verfasst von Dr. Gregory Feige):

[…]

Einrichtung einer katholischen Zentrale (in New York).

Einflussreiche Bischöfe wären gewillt, dieses Hilfswerk zu unterstützen, wenn sie überzeugt sind, daß ein solches Werk a) notwendig und b) gutgeheißen ist von den deutschen Bischöfen. Sie erwarten diesbezügliche Aufklärung oder Anregung (Zwei Gutheißungen aus Deutschland stehen bevor!).

[…]

5. Sammlung für alle Hilfsbedürftigen, besonders die des Glaubens wegen in Not und Bedrängnis sind. In erster Linie solche, die das Land verlassen mußten und nun ohne Mittel und Hilfe sind.

6. Empfehlungen oder Ermunterungen von Rom sind ebenfalls wünschenswert und wären vorteilhaft. So dann Priester und Laien, die der Gewalt weichen mußten, großes Ansehen genießen und über die Lage in Deutschland gründlich unterrichtet sind. Ihre Anwesenheit in (USA) wäre für Aufklärungsarbeit wertvoll.

Ich bitte dringend, dieses schöne Werk nicht durch vorzeitige Veröffentlichungen in der Presse zu gefährden und keinerlei Namen preiszugeben – schon um den Heiligen Stuhl und die deutschen Bischöfe nicht in Verlegenheit zu bringen. Alle Briefe an den europäischen Vertreter, die Deutschland nicht passieren dürfen und darum ein Vermerk auf dem Umschlag tragen müssen, sind zu adressieren:

American Christian Committee for Refugees Catholic Group, Schloss 4, Interlaken, Schweiz.

Leitvermerk: via e.g. Strasbourg, Wien-Feldkirch, Czechoslovakia-Österreich etc.

KORRESPONDENZEN

Gurian an H.A.R. vom 10. Mai 1936

Rufe gleich Dr. Karrer an.

Lieber Herr Reinhold,
meine Glückwünsche – Sie sind der richtige Mann am richtigen Ort. Hoffentlich gelingt es, einen deutschen Bischof für die gewünschte Empfehlung zu gewinnen.
 Ich bin am 16. um 16.40 in Olten, falls keine andere Nachricht kommt. Für heute nur ein Hinweis: Prof. [...] Vertreter für Flüchtlinge, usw.: Prof. Dr. Siegmund-Schultze[418] (früher Berlin) Zürich, Susenbergstr. 175. Können mich nennen. Hat sehr gute angelsächsische Beziehungen.
 Dass *Seelsorger* (Wien) Hetzartikel gegen Emigranten gebracht hat, haben Sie wohl im *StSt*[419] gesehen. Über Frl. Seligs[420] Aktionen kann Sie Dr. Th. unterrichten. Mit Hohn, den ich hier in Luzern sah, werden Sie wohl zusammenkommen. Suchen Sie bitte – Gruß von mir – [...] Kühr, Generalsekretär der oesterr. Arbeiterkammer auf. Selber eigentlich Flüchtling; war früher am Zentrums-Gen.-Sekretariat, Berlin. Von Schweizer Bischöfen wird für Empfehlung leicht zu gewinnen sein Bischof Dr. Scheiwiler. Hat es für Sie Sinn sich mit (zuverlässigem) Chefredakteur des *Di. Pol*[421] [...] Maier, Charzow I [...] ul. Konofwieckiej (Privatadresse) [...] Von Muckermann usw. habe ich nichts zu erwarten, der [...] hat sich mit Kipa und Kirchenzeitung verbündet, ich bin ja kein Mächtiger à la [Name unleserlich] und tatsächlich eine zu unfreundliche Persönlichkeit. Wenn Sie aber Muckermann usw. sagen, daß ich zu einer positiven Zusammenarbeit bereit bin – auch mit Hohn, der die *DB* nicht bezahlt hat und sie mit einem Papenmanne (er wußte das nicht, Thieme wies mich darauf hin) zusammen organisieren wollte, stehe ich jederzeit für positive Zusammenarbeit zur Verfügung. Ich danke Ihnen für alles und wünsche Ihnen alles Gute. Vor allem eine

---

418 Zu Friedrich Siegmund-Schultze siehe Stefan Grotefeld, *Friedrich Siegmund-Schultze, ein deutscher Ökumeniker und christlicher Pazifist*, Gütersloh: Kaiser, 1995; Harmjan Dam, *Der Weltbund für Freundschaftsarbeit der Kirchen 1914-1948. Eine ökumenische Friedensorganisation*, Frankfurt/M.: Lembeck, 2001.

419 StSt=*Der Ständestaat*. Abkürzung für *Der christliche Ständestaat*. Österreichische Wochenschrift, hrsg. von Dietrich von Hildebrand, erschienen von 1934 bis 1938. Vgl. Rudolf Ebneth, *Die österreichische Wochenschrift „Der christliche Ständestaat": Deutsche Emigration in Österreich 1933–1938*, Mainz: Matthias-Grünewald-Verlag, 1976.

420 Dr. Anna Selig, zunächst Sozialwissenschaftlerin im Reichsinnenministerium unter Joseph Wirth, setzte sich nach ihrer Auswanderung in den USA für katholische Emigranten ein. Sie schlug Gurian einst für ein Stipendium der Abraham-Lincoln-Stiftung vor. Vgl. dazu Malcolm Richardson, A Search for Genius in Weimar Germany: The Abraham Lincoln Stiftung and American Philanthropy, in: *Bulletin of GHI Washington D.C.* 26 (2000), o. S.

421 Di.Pol.=*Der Deutsche in Polen*. Wochenblatt für christliche Politik, Kultur und Wirtschaft, erschienen von 1934 bis 1939. Vgl. Pia Nordblom, *Für Glaube und Volkstum: Die katholische Wochenzeitung „Der Deutsche in Polen" (1934–1939) in der Auseinandersetzung mit dem Nationalsozialismus*, Paderborn: Schöningh, 2000.

gesunde Skepsis gegen Organisatoren und Leute, die nichts leisten. Doch Sie werden schon das Rechte treffen. Vieles noch am Samstag.

Ihr
W. G.

Gurian an H.A.R., ohne Datum

Lieber Herr Reinhold,
weder ich noch Sie können einen Protest gegen [...] Ernst einleiten. Das können nur Schweizer. Kann z. B. Pf. M[erke] nicht die Sache in die Hand nehmen? Er ist ja für Scheffer verantwortlich. Mein Doha-Aufsatz ist um 2–3 Monate verschoben. Offenbar haben die Herausgeber etwas Angst, möglicherweise vor deutschen Interventionen. Ein nichts tuender, aber hochbezahlter deutscher Herr hat so etwas auch den *DB* gegenüber versucht. Dies vertraulich. Sie finden in nächsten *DB* den Wolker-Artikel aus *Jungen*[422] zitiert. Schade, daß es etwas durch [...] m. A. nach nicht glücklicher Stelle [...] Rossaint gestört wird. Den armen Kerl darf man nicht so preisgeben; dabei gehöre ich zu denen, die ihn stets gewarnt haben. Ich vermute, daß Rom (Vatikan) sich bald wieder mit Blu. verständigt. Nach Baunasek wird auch Whs. freigelassen werden – der Verband wird ja zerstört sein.

Und noch einmal: Bitte senden Sie mir alle mich interess. Artikel, z. B. Brüning Interviews. *DB* nehmen ständig etwas zu. Stellen Sie sich vor, es gibt jetzt sogar etwas Honorar für uns Mitarbeiter. Das scheint v. Ernst zu empören: Er spioniert – mir von 2 Stellen mitgeteilt – hinter mir her, werde wohl Spezialdenunziation, mit dem Zwecke mir Schwierigkeiten bei der R-Anwaltschaft zu bereiten, gewidmet bekommen.

An Dr. Kenkel, St. Louis, habe ich auf alle Fälle geschrieben.

Herzlichst

Ihr
W. G.

---

[422] Gemeint ist wohl die *Junge Front*. Wochenzeitung der Sturmschar, einem Bund der katholischen Jugendbewegung. 1932 gegründet, ab Juli 1935 umbenannt in *Michael*.

Gurian an H.A.R. vom 21. Mai 1936

P. S.:
Abends kam noch Anliegendes. Soll ich das Hollandkomitee auf Sie aufmerksam machen? Oder: Senden Sie seinen Brief ihm direkt wieder zu, so dass Sie gleich selber in Verbindung kommen? Jedenfalls werden Ihnen die Adressen von Wert sein. Zweckmäßig wäre es, wenn auch dieses Komitee Sie zu seinem Schweizer Verbindungsmann z. B. für Verhandlungen mit Kiessling (erkundigen Sie sich bitte über dessen Eignung bei Dr. Karrer) und für Verhandlungen mit England-Amerika ernennen würde.

Ich wiederhole:

1. Sie müssen

a) ein Gehalt,

b) Reisefonds,

c) Dispositionsfonds für erste Hilfe in Notfällen erreichen. Diese 1000 Frs monatlich müssten aufzubringen sein.

2. Diese Aufbringung müsste erfolgen

a) durch Einzelspenden größeren Umfangs, also Typus Frau Fr.,

b) durch die Komitees vor allem in USA. Dort müssten doch 1000–2000 Personen für 6 Dollar vierteljährlich zu gewinnen sein. Wäre ein Nachrichtenblatt, das zugleich erinnernd wirkt, dafür sinnvoll?

c) durch Vorträge von Personen, die zugleich diesen nutzen und werbend wirken. Käme für einen ersten Vortrag – [...] wird es ja nach Ihrer Meinung nicht machen – Wirth[423] in Frage? Doch ich habe ja das schon (s. o.) geschrieben.

Kirchliche Patronage ist natürlich nötig. Bischof Scheiwiler haben Sie, offenbar auch Wohlwollen von Kard. Innitzer. Ihre Romreise ist unbedingt nötig – schon zur Regelung Ihrer kirchlichen Situation.

Zu erreichen wäre:

a) erste Hilfe, die bisher sehr unvollkommen (z. B. Fahrtkosten) Caritas gewährte. Dafür Ihr Dispositionsfond,

b) Unterbringung in Anstalten, Klöstern usw. Was vielleicht ab und zu möglich – hörte gestern von einem Fall, daß ein dt. Flüchtling als „Professor „au pair" bei einer [...] Anstalt wirkt,

c) Vortrags- und evtl. Mitarbeitsvermittlung,

d) Hilfe bei Einreisen usw. Beispiel: Hecht, der bei Dr. Karrer war, hat (trotz kleinen Vermögens) Einreiseschwierigkeiten in die USA. Da greift das Komitee ein, vermittelt Patron, den in USA zu finden Dr. Karrer von amerikanischen Caritas zugemutet wurde usw.,

---

423 Gurian korrespondierte mit dem Zentrumspolitiker Dr. Joseph Wirth in den Jahren zwischen 1935 und 1946: Congress of Library, Manuscript Division Collection, Gurian Papers, Box 8, Folder 23.

e) Siedlung, Berufserleichterung usw. – aber dafür Kapitalien nötig. Würde da statt großer Projekte von Fall zu Fall handeln.

Doch Sie wissen ja wohl alles Nötige […] als ich undiplomatischer, allzu zynischer (in Reden) Theoretiker.

Hüten Sie sich bitte vor Caritashyänen d. h. Personen, die alles nur in „eigener Sache" tun! Die wunderbare Projekte (wie Frl. Selig) entwickeln, die niemandem helfen, aber Frl. S[elig] ein Drohnenleben gestatten. (Sie ist wohl gutgläubig.)

Ich bitte bald zu schreiben, was ich Albrecht antworten d. h. ob ich Sie nennen soll. Rührend ist der Brief des Genfer Vikars.

Ihr
W. G.

Gurian an H.A.R. vom 26. Mai 1936

Lieber Herr Reinhold,
über Ihr 2. Telegramm habe ich mich gefreut, da ich es als Beweis betrachte, daß auf Sie Argumente wirken. So brauche ich also wohl nicht mehr auf Ihren Brief vom 24. einzugehen.

Nur eine Bitte: Sie stellen den „sicheren Port der Schweiz" dem „im Kampfe stehenden Oberhirten" gegenüber. Tun Sie bitte das künftig nicht. Denn dadurch fördern Sie die Legende, daß der Großverdiener Berning, der nichts riskiert, eine Art Märtyrerkandidat ist. Und das ist doch absurd. Wenn es gefährlich werden sollte, wird der Staatsrat ebenso handeln wie Prälat Schlich.[424] (Mit diesem „Märtyrer" möchte ich wirtschaftlich gleich tauschen.) Und dann: Sie machen sich zu viele Sorgen. Wenn etwa z. B. Rössler so dächte, wie Sie, so könne er nichts herausgeben. Sein Bruder ist Beamter. Und ich kann mir nicht denken, daß Staatsrat Berning ein solcher Schuft ist, Sie bei der Gestapo zu denunzieren. Doch ich möchte nicht weiter auf dies Kapitel eingehen.

Wenn ich Sie bitte, mir genau anzugeben, warum Sie eigentlich Deutschland verlassen haben (bat schon früher darum), so geschieht dies aus folgendem Grund: Auf Aussagen des Staatsrats gestützt, behauptete unlängst eine sehr angesehene, Ihnen sehr wohlwollende Persönlichkeit, daß Ihre Flucht ohne vorherige Verständigung des Staatsrats usw. überflüssig und ein unmöglicher Akt gewesen sei. Es gäbe genug Geistliche, die trotz Haussuchung, Aufenthaltsverbot usw. geblieben seien. Es sei Ungehorsam gegen den Bischof, auf diese Weise zu fliehen, wenn auch aus dem Nervenzustand heraus begreiflich. Ich habe dazu geschwiegen – weil ich die Umstände nicht kenne. Es wäre aber wohl gut, wenn ich in etwaigen künftigen Fällen solchen sicher gutgläubigen, da auf Staatsrat Berning gestützten Äußerungen entgegentreten könnte.

---

424 Vermutlich handelt es sich um Prälat Dr. Johann Ludger Schlich (1876–1950).

Ich nehme doch an, daß Bundesrat Etter, Pfr. Reske usw. für eine Verlängerung Ihres Aufenthaltes sorgen können?

Die allgemeine Lage betrachte ich sehr pessimistisch. Die Meckerei ist für Hitler absolut ungefährlich, der moralische Zerfall [...] aller Gegenkräfte setzt sich fort, er hat größere Chancen als je. Im äußersten Fall wird er ein nicht ganz aussichtsloses Vabanque spielen und Sie werden sehen, daß mancher dies mit der Begründung, die Sie im Brief an mich als lapsus machinae bezeichnen, verteidigen wird. [...] Allerdings glaube ich nicht an das unmittelbar bevorstehende Vabanque, er hat aber noch genug Zeit zur weiteren Aufrüstung, die ja das Ausland, um das bekannte Schlimmere zu verhüten, mit finanziert.

Herzliche Grüße

Ihr
W. Gurian

Empfehlungsschreiben H.A.R. für Gurian ohne Datum (1936)
(Durchschrift, Maschinenschrift)

Dr. Waldemar GURIAN ist ein sowohl in internationalen Kreisen als auch in allen deutschsprachigen Ländern sehr bekannter Autor. Er ist Fachmann auf soziologischem und literarischem Gebiet und hat sich auf den russischen Bolschewismus, den deutschen Nationalsozialismus und die neueren Strömungen (renouveau) des Katholizismus in Frankreich spezialisiert. Seine größeren Werke wurden bzw. werden zurzeit ins Englische und Französische übersetzt. Gurian wurde 1902 in St. Petersburg (Leningrad) geboren. Er emigrierte nach Deutschland, wo er zum katholischen Bekenntnis übertrat. Unter Hitler mußte er das Land verlassen. Er lebt nun in Buchrain bei Luzern in der Schweiz in äußerst kümmerlichen Verhältnissen. Er war stets ein mutiger Kämpfer gegen alle antichristlichen Bewegungen und kann sicherlich als der bestinformierte katholische und christliche Autor im Hinblick auf Deutschland und Russland bezeichnet werden. Seine letzten Bücher wurden alle durch die deutsche Zensur verboten. Er befindet sich in solch widrigen Umständen, daß er kaum in der Lage ist, Bücher oder Zeitschriften zu erwerben, um in seinem tapferen Kampf auf dem neuesten Stand zu bleiben. Seine schonungslose Offenheit wurde gelegentlich selbst von seinen Glaubensgenossen außerhalb Deutschlands und Russlands missverstanden, hat sich aber stets als wahr erwiesen, wenn es auch oft zu spät war.

Gurian könnte ein unvergleichlicher Anwalt christlicher und katholischer Ideale sein und sowohl zur Aufklärung der gelehrten wie auch der einfachen Zuhörer in Großbritannien, Irland und Nordamerika beitragen, denn er spricht gut Englisch und Französisch.

Alle, die an einem wirksamen Kampf gegen jede Form von Totalitarismus interessiert sind, sollten mithelfen, eine Vorlesungsreise für Herrn Dr. Gurian zu organisieren.

Gurian hat folgende Bücher verfasst:[425]

The political and social ideas of French Catholicism (1929 Deutsch),
Bolshevism: Theory and Practice (1931, Sheed & Ward, Französisch, Deutsch, Spanisch, Italienisch, Niederländisch),
Integral Nationalism in France (Deutsch, 1931),
About the future of the Reich (Pseudonym Gerhart, 1932, Deutsch),
Bolshevism as a World Danger (1935, Sheed & Ward, Deutsch, Englisch, Französisch),
The struggle of the church in the Third Reich (1935, Sheed & Ward, Englisch u. Niederländisch).

Gurian hat regelmäßig Beiträge für die besten deutschen Monats- und Quartalsschriften geliefert, wie *Hochland*, *Schildgenossen*[426] und *Orplid*[427], seit 1933/34 unter dem Pseudonym Belau und Hans Georg. Auch Tageszeitungen wie die *Germania*[428], *Kölnische Volkszeitung*[429] und andere brachten des Öfteren Artikel von großem Wert aus Gurians Feder.

Das berühmte *Staatslexikon*[430] (Enzyklopädie für Soziologie, Politik und Ethik der sehr bekannten Görres-Gesellschaft) enthält Artikel von Gurian über Lamennais, Lacordaire, Montalembert, Sorel, Louis Veuillot und Weltkrieg.

Katholische Universitäten und Colleges werden mit Vorlesungsreihen oder Sommerkursen von Dr. Gurian über folgende Themen sehr zufrieden sein können:

Der Totalitarismus, seine unterschiedlichen Formen und Tarnungen (braun, rot, demokratisch etc.).
Moderne Taktiken der Verfolgung und Unterdrückung von Religion und Meinung.
Was ist brauner Bolschewismus?
Das Nationalsozialistische System und seine historischen Wurzeln.
Warum war es Hitler möglich, die Demokratie in Deutschland zu zerstören?
Das deutsche Konkordat und seine Konsequenzen – eine Falle?

---

425 Reinhold führt hier die englischen Titel an, obwohl es z. T. von einigen Gurian-Titeln noch überhaupt keine Übersetzungen ins Englische gab.
426 *Die Schildgenossen*. Deutsche katholische Zweimonatsschrift, erschien von 1920 bis 1941.
427 *Orplid. Literarische Monatszeitschrift in Sonderheften*. Deutsches Kulturmagazin, erschien von 1925 bis 1928.
428 *Germania. Zeitung für das deutsche Volk*. Deutsche Tageszeitung, die dem Zentrum nahe stand, erschien von 1870 bis 1938.
429 *Kölnische Volkszeitung*. Deutsche katholische Tageszeitung, die von 1868 bis 1941 erschien.
430 *Staatslexikon*, im Auftrag der Görresgesellschaft hrsg. von Hermann Sacher, 5. Auflage, 5 Bde, Freiburg, 1926 ff.

Die Kirche im 20. Jahrhundert – oder was ist politischer Katholizismus?
Gott und die Nation, welches ist der höhere Wert?
Das Schweigen Roms.
etc. etc.

Referenzen:
England: Fr. C. Martindale, Chr. Dawson, Bernard Wall,
Irland: – USA: Fr. Wilfred Parsons, Fr. Gillis, Mr. George N. Shuster, Mr. F. P. Kenkel (St. Louis)

H.A.R. an Gurian vom 8. Juli 1936

Sehr geehrter Herr Doktor,
Ihre gestrigen Mitteilungen über Österreich und über Bischof Berning haben Pfr. M[erke] und mich tief erschüttert. Alles scheint sich verschworen zu haben, um die Kirche zu ruinieren, am meisten ihre eigenen törichten Hirten. Wenn man dann Briefe liest, wie den einliegenden, um dessen Rücksendung ich dringend bitte, so möchte man verrückt werden. Was wird da an Kampfeskraft vertan! Bitte verwenden Sie den Brief mit Vorsicht! Meine Karte haben Sie wohl schon erhalten. Ich bitte Sie dringend, mir die erbetenen Zeitungen zu besorgen.

Einliegend zwei Dollar von Dr. Feige für die *DB*. Er will sie nach Ablauf dieser Summe nicht mehr beziehen, da ihm der *DW* genüge. Auch erwähnt er in einem Briefe, daß man ihn vor Ihnen gewarnt hat. Im gleichen Briefe spricht er sehr lobend vom Prinzen Löwenstein.[431] Kann das zusammenhängen?

Ich bitte Sie nun ihm zu schreiben, er möge weiterhin abonnieren. Sagen Sie ihm, Pfr. Reinhold werde ihm mündlich alle erwünschte Aufklärung über Ihre Person geben. Man verdächtige Sie auf alle mögliche Weise. Die Abbestellung erwecke in Ihnen das Gefühl, daß man auch bei ihm Sie verdächtigt habe. Sie bäten darum, daß man Ihnen sage, was man eigentlich gegen Sie habe. Erwähnen Sie aber nicht, was ich Ihnen anvertraut habe. Ich werde dann den Fall untersuchen und wäre Ihnen sehr dankbar, wenn Sie mir einmal handgreifliches Material über den Prinzen lieferten, das ich verwenden kann, um den Herren drüben zu sagen, daß man sich von dem Kerl nicht anständige Leute verekeln lassen dürfe. Aber das Material muß stichfest sein. Ebenso hätte ich gern genaue Angaben über Emmerich – man kann nie wissen, ob der Kerl nicht gegen Sie intrigiert und dann ist ein argumentum ad hominem besser als sachliche Beweise.

---

431 Es handelt sich hier um Hubertus Friedrich Prinz zu Löwenstein-Wertheim-Freudenberg (1906–1984), deutscher Publizist, emigrierte 1936 in die USA, wo er die American Guild for German Cultural Freedom gründete. Vgl. Hermann Ehmer, Hubertus Friedrich Prinz zu Löwenstein-Wertheim-Freudenberg, in: *NDB*, Bd. 15 (1987), S. 100 f.

Warum sind Sie aber nicht auch etwas liebenswürdiger mit den Menschen? Sie sollten doch versuchen, sich mehr Freunde zu machen. Das geht auch ohne Schmeichelei oder Heuchelei. Warum immer so borstig!? Hoffentlich nehmen Sie das nicht übel. Ich meine es ja doch gut mit Ihnen. Aber wenn Sie dann so Sachen machen, wie neulich auf dem Bahnhof in Läufelfingen – so wird es einem doch oft schwer, das gut hinzunehmen. Schließlich kommt man sich dann doch etwas dumm vor! Aber lassen wir das begraben sein. Ich werde mich trotzdem für Sie sachlich und persönlich einsetzen – natürlich mit Vorsicht, denn ich muß ja zunächst einmal unser Werk durchsetzen.

Mr. Wall sieht leider die Angelegenheit Dublin neuerdings pessimistisch an. Ich werde aber in USA versuchen, etwas zu erreichen.

Kopf hoch, mein lieber Doktor. Sie kämpfen doch für die Wahrheit, die immer siegt, auch wenn Menschlichkeiten Sie zeitweise verdunkeln. Übrigens können Sie die Nachricht der *Kölnischen Volkszeitung* doch ruhig bringen als Musterbeispiel „olympischer" Täuschungsversuche und des guten Willens der Bischöfe bis zum äußersten zu gehen.

Mit herzlichem Gruß – auch an Dr. K[arrer]

Ihr in XRo ergebener
H.A.R.

Gurian an H.A.R. vom 11. Juli 1936

Lieber Herr Reinhold!
Vielen Dank Ihren für Brief. Ich nehme ihn als Beweis des Vertrauens und des Mühens um mich. Ich bedaure sehr, daß Sie meine scherzhafte Bemerkung, ich wüsste, daß Sie schon früher kommen würden, relativ so tragisch, das heißt als Unliebenswürdigkeit, genommen haben.

An Feige schreibe ich nicht. Mir ist alles gleich – ich danke Ihnen für die klare Erkenntnis der Sinnlosigkeit meiner ganzen Arbeit, die Sie mir vermittelt haben. Also: Man verleumdet mich, der ich hier trotz anerkannter Arbeiten in größtem Elend – weit unter dem Einkommen eines Straßenkehrers – lebe, als Kommunistenemissär usw. Man meldet sich nicht mit Namen. Das sagt alles. Ich werde nichts mehr machen. Keine Zeile mehr schreiben außer den *DB* und die für Rossé übernommenen antikommunistischen Vorträge. Und Kiessling – das wird der Verleumder sein – wird es Wurst sein, ob ich verrecke oder nicht. Dito dem Patron von Emmerich. Feige danke ich nicht für die gesandten 50 Dollar, wozu? Er soll wenigstens einen Grund haben, den mich besudelnden [Leuten] zu glauben. Ich danke Ihnen sehr für Ihre Mitteilung, ich bin immer für schonungslose Klarheit gewesen. Elend, ehrliche Arbeit ergibt als Resultat, daß man als antikommunistischer Schriftsteller der Besoldung durch [die] Dritte Internationale beschuldigt wird.

Ich bitte nichts mehr für mich zu tun. Hilfe kommt doch zu spät, und außerdem kann ich nicht von „Tropfen" leben, dass es [den] Emmerichs, Seligs, Kiesslings – bei ihm reden Sie am 21. wie ich weiß – glänzend geht.

Prinz Löwenstein, der in Amerika ist, ist gar kein Prinz, sondern, wie die bekannte katholische Familie, deren Chef[432] früher die führende Rolle bei Katholikentagen spielte, öffentlich erklärt hat, maßt er sich diesen Titel an. Katholik, das heißt davon Gebrauch machender, seit 1933. Verfasser [eines] schlechten Buches über Deutschland[433], das [in] Englisch erschienen [ist] (das kein Verbrechen). Erregt Aufsehen, indem er in jüdischen geldhabenden Kreisen für Verurteilung des Antisemitismus durch Kirche wirkt usw.

Zufällig war ich gestern wieder mit Prof. Muth vom *Hochland* zusammen. Er erzählte von Emmerich: 1933–34 Redakteur von der Kösel und Pustetschen Gleichschaltungszeitschrift (vorher wilder Antinazi, bekam Geld vom Zentrum), lief 1934 herum, sich seiner Beziehungen mit Rosenberg brüstend, der gar nicht so schlimm sei, sich belehren lasse.[434] Muth war entsetzt, als ich ihm sagte, wo er jetzt sei. Frl. Selig – um eine dritte in diese bei Katholiken so erfolgreiche Kategorie von Nichtskönnern gehörende Persönlichkeit zu schildern – mußte ihre Stelle im Innenministerium wegen völligen Versagens – nach Aussagen ihres sehr wohlwollenden Chefs Wirth – verlassen, lebt als angemaßte Emigrantenhelferin im Ausland, schreibt seit Jahren mit Hilfe von Stipendien ein Buch, das nie fertig wird (wie dumm bin ich, etwas zu leisten) und „hilft", indem sie z. B. einen im Konzentrationslager Gewesenen nach Luzern sinnloserweise kommen lässt, Karrer muß die Kosten zum Teil aufbringen, anderes bringen andere auf, will sich wichtig machen, indem sie, gegen deren Willen und ohne deren Wissen, [die] angeblich bedrohte Le Fort in der Schweiz unterbringen will, lebt ausgezeichnet, hat niemandem außer sich geholfen – sehr geeignet, statt meiner durch Feige unterstützt zu werden.

Den neuesten Finanzschwindel des *DW* haben Sie gesehen: Hat Sammlung für Exemplare nach Deutschland losgelassen, vor aller Welt. Entweder um Leute zu gefährden, oder die Redaktion braucht Gehaltsaufbesserung.

---

432 Gemeint ist Aloys Prinz zu Löwenstein-Wertheim-Rosenberg (1871–1952), langjähriger Präsident des Zentralkomitees der deutschen Katholiken. Vgl. dazu Marie-Emmanuelle Reytier, Die Fürsten Löwenstein an der Spitze der deutschen Katholikentage: Aufstieg und Untergang einer Dynastie (1868–1968), in: Günther Schulz/Markus A. Denzel (Hgg.), *Deutscher Adel im 19. und 20. Jahrhundert*, St. Katharinen: Scripta Mercaturae, 2004, S. 461–502.

433 Hubertus Prinz zu Löwenstein, *Die Tragödie eines Volkes. Deutschland 1918–1934*, Amsterdam: Stunoil Verlag, 1934.

434 Gemeint ist der Publizist Axel Emmerich, denn Gurian mehrmals in seinen *Deutschen Briefen* angriff. Vgl. H. Hürten, *Deutsche Briefe*, Bd. 2, S. 16.

Ich danke für alles, was Sie für mich getan haben. Ich bitte nicht mehr zu tun. Wozu? Sie kommen mit Kiessling (Karrer wird wohl Ihnen vertraulich geschrieben haben), Emmerich und ähnlichen angesehenen und geschickten, der Verbindung mit Kommunisten nicht verdächtigen Persönlichkeiten weiter. Außerdem bin ich unter die Räuber gefallen und jede Hilfe ist zu spät. Was Sie mir gesagt haben, hat mir die letzte Arbeitskraft geraubt. Da hat man über Bolschewismus gearbeitet, gilt [...] heuchlerischen Phrasen, denn dieser Verleumder will mir ja wohl [...]

Mit Muckermann werde ich noch, bevor es zu Ende geht, abrechnen; dieser verlogene, ekelerregende Schwindler und Heuchler, der Repräsentant schleimiger Unaufrichtigkeit, soll noch was erleben. Die Verantwortung für alles was kommt, trifft die, die mich angeschmiert haben und Korrodi feierten, mich als Kommunisten besudeln usw. Sie sollen noch was erleben! Seien Sie ruhig: Nicht auf Muckermannsche, d. h. unreelle, unredliche Weise. Mit Gebet lässt man einen zu Grunde gehen. Man will mich nicht positiv arbeiten lassen. Ich ziehe nur die Konsequenz – Berning und tschech. Prälat zu nennen, in neuen *DB*.

Wall hatte mir nie Hoffnungen wegen Dublin gemacht. Wenn Sie ihn sehen, so sagen Sie ihm bitte, daß er mir noch das Buch von Friedrich wiedersendet. Viel Glück auf Ihren Reisen,

Herzlichst

Ihr
W. Gurian

Gurian an H.A.R. vom 13. Juli 1936

Lieber Herr Reinhold,
anbei der Brief, den ich Ihnen beizulegen vergessen hatte. Ich danke Ihnen nochmal für alles, was Sie für mich getan haben. Dass ich von Kommunisten leben soll, hat mir den Rest meiner Arbeitskraft genommen. Mein Blut möge über jenen im Stillen wirkenden Verleumder – Kiessling oder Dempf (der wäre wohl mehr Opfer von Gerüchten) – kommen. Aber das wird ja ihm völlig gleich sein. Das gute Leben wird dadurch nicht geschädigt. Teilen Sie Feige mit, daß er die mir angekündigte 2. Sendung (von 50 Fr.) Muckermann oder Emmerich zukommen lassen soll. Ich bin immer aufrichtig und finde nichts so verächtlich als jene Liebe „seulement" zu J. Chr., die Muckermann etc. so praktizieren. Diese Leute, die mich zugrunde gerichtet haben, die mein Leben des Elends zu Beschmutzungen benutzt haben (hätte ich Geld wie Brettauer, wären sie gekrochen – ich habe kein Geld gehabt z. B. um mich über die Sowjetunion auf dem Laufenden zu halten...) [...] Diese Leute sollen nicht die Verantwortung ablehnen für das, was kommen wird. Wenn ich zu Grunde gehe,

so voll Hass gegen Muckermann, Emmerich, Kiessling, diese symbolischen Figuren jener Welt, für die ich so [sic] meine Existenz eingesetzt habe. Jetzt ist es zu spät. Alles Schöne und Gute

Ihr
W. Gurian

H.A.R. an Gurian vom 20. Juli 1936

Mein lieber Herr Gurian,
dass Sie immer von einem Extrem ins andere fallen müssen. Woher wissen Sie z. B. dass Feige gegen Sie gewarnt wurde als einem Kommunisten? Kann sich das nicht auf ganz andere Dinge beziehen? Folgender Beweis:

Obgleich ich nicht in Oldenzaal war, und auch keinerlei Beziehungen zu der Gesellschaft habe, als die Ihnen bekannten, schrieben Sie in Ihrem letzten Brief etwas von meinem Oldenzaaler Besuch. Wie kommen Sie denn dazu? Wollen Sie auf diese Weise Zusammenhänge zwischen mir und dem *DW* konstruieren?

Schon ein paar Mal haben Sie durch verblüffende Kombinationen, die Sie einem an den Kopf werfen, irgendwelche geheimnisvollen Dinge aus mir herausholen wollen. Sie müssen sich nicht wundern, wenn einem das gerade nicht sehr angenehm ist. Das kann Ihre besten Freunde verstimmen und liefert anderen, die Sie persönlich nicht leiden mögen, Material zum Hetzen. Kann es also nicht sein, daß irgendjemand, der Sie nicht leiden mag, Feige in dieser rein persönlichen Art beeinflussen hat wollen? Warum immer gleich das Schlimmste – Kommunismus – vermuten? Ebenso ist der Fall Pfarrer Merke: Ihre Charaktere sind zu verschieden. Sie liegen ihm vielleicht nicht. Was hat es da für einen Zweck, mir immer wieder Seitenhiebe auf ihn zu schreiben? Soll ich ihm das bestellen? Oder wollen Sie mich gegen ihn scharf machen? Sie wissen doch, dass ich bei ihm für Sie gesprochen habe.

Sie müssen sich diese Gardinenpredigt schon gefallen lassen, denn in der in der letzten Zeit schreiben Sie derartige Briefe, daß man meinen könnte, Sie hätten alle Selbstbeherrschung verloren. Sie suchen dabei die Schuld nur immer bei den bösen Nebenmenschen und sehen alles schwarz in schwarz.

Möchten Sie denn wirklich in Oldenzaal oder Rom sitzen und den *DW* redigieren? Nennen Sie mir doch einmal ein Institut, das Sie anstellen könnte. Sie wissen doch wie arm die katholischen Institutionen sind. Außerdem haben Sie doch nicht vergessen, daß die *DB* manche unangenehme Wahrheit gesagt haben – glauben Sie, daß das Freunde macht? Entweder Sie kämpfen weiter rücksichtslos für das, was Sie für das Richtige halten und treten anderen Leuten dabei auf die Zehen – eine große, heroische Aufgabe – oder Sie versuchen sich Freunde zu schaffen und schweigen dann lieber über die Dinge, von denen Sie glauben, daß Sie sie doch nicht ändern werden und dass deren Erwähnung Ihnen schadet. Gehen Sie aber weiter den heroischen Weg, so wissen Sie, daß er Leiden bedeutet – warum dann alle Welt als boshaft und feindselig ansehen und sich beklagen? Man wird Sie dann nicht mehr ernst nehmen.

Ich würde mich bei Feige freundlich bedanken und ihn ganz ruhig fragen, welcher Art die Warnungen seien, die man gegen Sie ausgesprochen hat. Sie hätten ein menschliches Recht auf Verteidigung. Lassen Sie doch den albernen Prinzen weg! Was geht uns der Kerl denn an? Treffe ich ihn, so werde ich einmal sehen, was für ein Mensch das ist. Wahrscheinlich ein armer Hochstapler, der seine Rolle nun weiterspielen muß, bis der große Krach kommt und er winselnd zusammenbricht. Zum Schluss – was bedeuten eigentlich Ihre Drohungen? Wollen Sie vom Glauben […][435]

H.A.R. an Gurian, Interlaken, 24. Juli 1936

Mein lieber, guter Herr Gurian,
eine Entschuldigung Ihrerseits wäre gar nicht nötig gewesen. Ich verstehe Ihre Depressionen vollkommen und wäre im gleichen Falle sicher noch viel verzweifelter, wenn ich Familie hätte und alle meine Arbeit materiell unfruchtbar fände. Also beruhigen Sie sich. Aber Sie werden auch verstehen, daß verschiedene Passagen mich etwas erschreckten und dass das Spiel mit solchen Gedanken so gefährlich ist, daß ich durch meine brüske Frage Sie aufmerksam machen wollte, wie so etwas gedeutet werden kann und was es heißt, wenn man diese Dinge zu Ende denkt.

Von Muckermanns Anwesenheit in der Schweiz weiß ich nichts. Ich habe ihm noch vor ein paar Tagen wegen meiner Affäre nach Rom geschrieben und noch Montag mit ihm telefoniert – keine Andeutung seiner Absichten! Übrigens ist es durchaus möglich, daß er Sie eines Tages in Luzern besucht, wenigstens bat ich ihn darum, als er in Rom war, für den Fall, daß er je dorthin käme. Bitte sein Sie nett zu ihm und sprechen Sie ich doch einmal restlos mit ihm aus – er ist doch kein Unmensch. Ob er aus Geltungstrieb handelt, weiß ich nicht. Falls ja, dann aber doch wohl unbewußt, wie bei fast allen Menschen.

Ich rate Ihnen dringend, an Ihren Rezensenten in Amerika zu schreiben und ihm Ihre Lage zu schildern (englisch), vor allem die Unmöglichkeit, sich das nötige Material zur Weiterarbeit zu beschaffen. Strecken sie überall hin Ihre Fühler aus, einmal klappts doch, oft ganz unerwartet.

---

435 Drei Zeilen fehlen im Original-Manuskript.

Den Brief der Bekenntniskirche[436], wie er in den *BN*[437] stand, habe ich an Dr. Berning via Priesterseminar gesandt – hoffentlich bleibt es nicht beim dortigen Kirchenminister hängen oder schafft einen Zusammenstoß mit der Gestapo. Ist Ihre Anspielung auf P. Leiber und das Weißbuch nicht gefährlich? Leiber ist in Turin. Was macht er da?

Ich verspreche Ihnen nichts. Aber ich will mich bemühen, in Amerika irgendetwas für Sie zu finden. Vergessen Sie Feige nicht! Frau Fr. schrieb mir wieder einen derartigen Brief, daß ich genug habe von dieser Dame, die glaubt, weil sie uns Geld leiht, mir dauernd Taktlosigkeiten und Frechheiten an den Kopf werfen zu können. Ihre Begeisterung für sie kann ich nicht teilen. Selbst im Überfluss leben, die elementarsten Pflichten einer Mutter nicht erfüllen, durch Taktlosigkeit anrichten, was man nur kann, und dann einem Priester, den man kaum kennt, einen schulmeisterlichen Brief nach dem anderen schreiben – das geht mir zu weit. Aber sagen Sie um Himmels willen nichts – zu niemandem etwas! Die Frau macht mich wild mit „Echtheit". Lieber etwas unechter und etwas weniger taktlos und herrschsüchtig. Verzeihen Sie diese Expektoration.

Grüßen Sie Thieme usw. Wieso der auf die Idee kommt, ich sei mutlos, weiss ich nicht. Er muß mich missverstanden haben.

Herzlichst grüßt Sie

Ihr
H. A. Reinhold

H.A.R. an Gurian vom 12. September 1936

Sehr geehrter Herr Doktor,
dass P. Odo[438] von mir wohlwollend spricht, halte ich für selbstverständlich, denn ich habe ihm niemals irgendwelchen Anlass gegeben, nicht wohlwollend zu sprechen, wir waren gute Freunde, bis ich nach Interlaken kam, wo ich dann allerdings Dinge erlebte, die mich an ihm völlig irre machten. In Rom wurden dann diese Dinge leider bestätigt, ich habe also nichts weiter vor, als möglichst jeden Kontakt zu meiden, damit ich nicht mit ihm im Zusammenhang genannt werde. Das dürfte ich schon Merke

---

436 Gemeint ist die Denkschrift der Zweiten Vorläufigen Kirchenleitung an Hitler, die am 4. Juni 1936 der Präsidialkanzlei überstellt wurde. Vgl. H. Hürten (Hg.), *Deutsche Briefe*, Bd. 2, S. 293 ff. In der bekannten Denkschrift wurden die Vorstöße der NS-Regierung gegen die Freiheit der Kirche und des Glaubens aufgezählt, aber auch allgemeine Unrechtshandlungen, so etwa die Errichtung von Konzentrationslagern. Vgl. dazu ausführlich G. Besier, *Die Kirchen und das Dritte Reich*, S. 482 ff.
437 Die Denkschrift erschien erstmals vollständig in den *Basler Nachrichten* vom 23. Juli 1937.
438 P. Odo (Carl Alexander Herzog) von Württemberg OSB.

nicht antun, den ich für einen hochanständigen Mann halte. Die römische Sache stellt er umgekehrt dar, wie sie war. Ich wollte römische Empfehlungen für Amerika, nicht amerikanische für Rom haben. Es scheiterte, wie ich jetzt bestimmt weiß, an der politischen Schwenkung der Kirche in Deutschland und in Rom. Hitler ist jetzt überall der große Mann, auch hier.

Feige dürfte Nichtarier sein, macht auch keinen Hehl daraus. Sprithändler war er nie, sondern er hat, wie er mir sogar selbst erzählte, drei Jahre lang eine Farm der Steyler Missionare, die Wein und Branntwein produzieren sollte, geleitet, und dabei sehr traurige Erfahrungen mit den Herren der SVD[439] gemacht. Ich möchte nur wissen, wer Ihnen derartige Dinge immer in dieser unerfreulichen Form zuträgt. Dass er hier keinen Einfluss hat, spricht höchstens für ihn. Er ist mit Leib und Seele bei der Flüchtlingssache und vielleicht der einzige außer Ostermann, der hier bisher etwas für Flüchtlinge getan hat.

Odo darf in der Diözese Basel nicht reden, Merke hat mir das schriftlich gezeigt.

Darf ich die Information über Kiefer und Schroeder nach Utrecht weitergeben oder wollen Sie das tun? Ich fände es sehr schade, wenn Utrecht gutes Geld in diese faule Anlage steckte und andere Flüchtlinge dadurch geschädigt würden. Sie wissen vielleicht, daß S. beim Bischof von Straßburg persona gratissima zu sein scheint und offenbar dabei ist, ein elsässisches Flüchtlingswerk aufzubauen. Wie weit er damit gekommen ist, schrieb er mir nicht.

Ich habe beobachtet, daß in Frankreich (Blum), Belgien (Antwerpen), Holland, England und vor allem hier der Antisemitismus gewaltig ansteigt. Jeder hier, Sie verstehen das, jeder sagt, wenn der Hitler nur eins getan hat, nämlich die Juden herausgeworfen, dann hat er schon etwas Gutes getan. Dafür könnte er einmal hierher kommen. In Frankreich und den Niederlanden sind es vor allem wirtschaftliche Gründe. In England ist es Hitlers Argumentation selbst, die wirkt, denn die Engländer haben mit ihrem angeborenen Cant (sic!) entdeckt, daß die Deutschen ihnen eigentlich näher stehen als die Franzosen und Juden. Hier nicht antisemitisch zu werden, ist nicht ganz leicht. Zwei Millionen Juden in einer Stadt. Alle vier Gouverneurskandidaten aller Parteien von rechts bis links Juden. Dreiviertel aller Ärzte Juden. Das Geld, der Grund und Boden, die Presse, das Kino, alles Juden. Glauben Sie, daß das nicht provozierend wirkt? Besonders, wenn dann noch dazu kommt, daß die Führung der Kommunisten hier allesamt Juden sind. Das Monopol in Handelszweigen kommt dazu. Hier in einem Viertel gibt es außer Griechen anscheinend überhaupt nur jüdische Firmen. Sehr viel hat auch der Boykott gegen Deutschland und die Propaganda des Rabbi Wise geschadet, denn er hat das Gegenteil von dem erreicht, was er wollte. Er hat den Amerikanern gezeigt, wie stark sie selber von Juden regiert werden, und welche Macht sie hier haben. Das war alles Wasser auf Hitlers Mühle. Und da der

---

439 SVD = Societas Verbi Divini (Gesellschaft vom göttlichen Wort), nach ihrem Mutterhaus in Steyl, Steyler Missionare genannt.

Faschismus in amerikanischer Form (Coughlin[440], der zwar belacht wird, aber doch wirkt) immer mehr um sich greift, so haben wir auch hier bald die Front: kommunistische Juden – antisemitische Faschisten.

Feige dürfen Sie ruhig erinnern. Kamnitzer kann ich leider nicht helfen. Die Berichte, die man mir über sein unkluges Verhalten in Frankreich gemacht hat, wie er das mühsam erbettelte Geld für Unsinn herauswarf, die Lebensführung seiner Söhne, die, statt für ihren unpraktischen Vater Geld zu verdienen, akademischen Studien obliegen usw., machen es mir unmöglich, für ihn einzutreten. Schließlich haben wir Flüchtlinge keine Ansprüche ans Leben zu stellen, sondern müssen uns nach der Decke strecken. Kamnitzer kann zwar subjektiv nichts dafür, denn er war in Deutschland ja auch schon immer in Not, aber wenn er nicht durchsetzen kann, daß seine Söhne zunächst einmal arbeiten, dann finde ich überall taube Ohren. Seine Leistungen auf geistigem Gebiet sollen auch sehr oberflächlich gewesen sein. Ich kann da wirklich nichts tun. Es ist besser, wenn in Europa, wo man ihn unter Augen hat, etwas für ihn geschieht. Es wimmelt hier von unglückseligen Flüchtlingen, die den Leuten hier näher stehen. Bei Ihnen ist das etwas anderes, Sie sind ein Faktor im Kampf gegen den braunen und roten Bolschewismus.

Lassen Sie P. O'Heara nicht fallen. Er kann vielleicht doch etwas für Sie tun. Nur Geduld. Bei Sheed werde ich gelegentlich fragen. Aber gewöhnlich veröffentlichen sie jedes Buch, das in England erscheint, auch hier. Shuster antwortet nie auf Briefe. Er schätzt aber Ihre Arbeiten sehr. Schicken Sie ihm oder mir einen Aufsatz. Wir übersetzen ihn dann und sorgen für Unterbringung. Was macht Ihre Mitarbeit am *Tablet*[441] und *Catholic Herald*[442]? Adresse: Chas. Scribners Sons, 597 5th Avenue, New York, N.Y., USA. Ihre *DB* vermisse ich seit einiger Zeit. Es wird mir zwar nicht leicht, das Abonnement aufzubringen, aber ich will es versuchen. Ich habe hier schon oft von Ihnen gesprochen. Leider geht es mir so schlecht, daß ich zunächst einmal mich selber retten muß. Niebuhr ist Mitglied unseres Komitees, scheint ebenso wie Tillich am Union Theological Seminary zu sein. Ich werde in der dortigen Bibliothek arbeiten und hoffe dann, mehr zu hören.

Vorläufig bin ich hier völlig gelähmt. Mein Geld wird langsam alle. Keine Diözese, die alle von Iren terrorisiert werden, will mich aufnehmen. Das Komitee besteht nur auf dem Papier. Nur Ostermann, Shuster und Feige tun etwas. Das Generalvikariat hat mir in seinem Hass nur gestattet, Messe zu lesen. Nicht einmal in Einzelfällen erlaubt man mir, irgendeine Handlung wie z. B. eine Trauung zu vollziehen. Ich darf nichts

---

440 Der katholische Rundfunkprediger Charles Coughlin machte seit 1936 die Juden öffentlich für die wirtschaftlichen Probleme der USA verantwortlich und forderte ihre Ghettoisierung. Vgl. Thies Schulze, Couglin und sein guter Hirte. Die politische Agitation des Radiopredigers Charles Edward Coughlin und seines Bischofs Michael Gallagher im Spiegel vatikanischer Quellen, in: *Kirchliche Zeitgeschichte* 22 (2009), S. 567–594.
441 *The Tablet*. Internationale katholisches Wochenzeitung, die seit 1840 in London erscheint.
442 *The Catholic Herald*. Katholische Wochenzeitung, die 1888 in London gegründet wurde.

schreiben, nicht reden, nicht predigen. Man will mich zwingen, zu verschwinden. Sie können sich nicht vorstellen, in welcher Stimmung ich oft bin. Wenn Shuster nicht wäre, hätte ich schon einmal den Mut verloren. Man erklärt einfach, das Schreiben des Bischofs von Basel sei nichts wert. Sie glauben nicht, was für eine Bande der hiesige irische Klerus ist. Bis ich etwas erreiche für die Flüchtlinge, werden viele Monate vergehen. Aber ich werde mich so schnell nicht kleinkriegen lassen. Mit Geduld und Hartnäckigkeit erreiche ich vielleicht doch was. Der Seemannspastor, natürlich Ire, der außer Amerikanisch keine Sprache versteht, und der seine Stellung meiner Aktion im Jahre 1932–34 verdankt und auf meinen Plänen aufbaut, was gedruckt festliegt, hat mich wie einen dummen Jungen aus dem Hause gewiesen – er werde mich rufen, wenn er meinen Besuch wünsche. Wirklich eine saubere Gesellschaft von Confratres hier. Denen sollte man wirklich einen Stalin oder Hitler wünschen. Die Erbitterung der anständigen Gläubigen gegen den wohllebenden und Pascha-ähnlichen Klerus hier ist aber auch sehr groß. Die Iren sind das übelste Pack, was es auf Gottes Erdboden gibt, das zeigen sie in England und hier. Wenn ich recht höre, ist es in Australien genau so schlimm. Aber schließen wir dieses Lamento ab. Ich muß eben sehen, wie ich am besten aus diesem Abenteuer herauskomme. Alles das habe ich Herrn Staatsrat zu verdanken.

Er erntet, was er gesät hat. In Hamburg hat der Redakteur des Kirchenblattes abgedankt, da er nicht für ihn eintrat. Jeder Geistliche hat ihm erklärt, er danke für mein Schicksal, denn es hat sich doch herumgesprochen, daß er mich 1935 hat sitzen lassen. Dies aber zur privaten Information. Der neue Hirtenbrief ist ein Schacherstück. Man macht die Politik mit, um zu retten, was man noch hat. Also kämpfen will man immer noch nicht. Wofür habe ich Esel mich von 1933-35 eingesetzt? Hätte ich gewußt, daß das alles so nebensächlich war, ich hätte das Maul gehalten, wie die Bischöfe und wäre ein feiner Mann. Aber ich glaube, ich hätte es doch nicht gekonnt, wenn ich bloß an den 30. 6. 34 denke [...].[443]

H.A.R. an Gurian vom 30. September 1936

Lieber Herr Gurian,
neulich war ich bei Sheed & Ward. Ihr Buch wird auch hier verkauft und hat als Verlagsort N.Y. Ich sprach gleichzeitig mit den Leuten. Man hat sofort nach London geschrieben, um Ihnen für März – April eine Tournee zu arrangieren, vorausgesetzt, daß Sie bis dahin gut Englisch sprechen. Ich hoffe, daß Sie bald aus London definitive Einladung erhalten. Wenn Sie miterlebten, was mir gestern wieder der hiesige Diözesankanzler gebo-

---

[443] Anspielung auf die Niederschlagung des sogenannten Röhm-Putschs („Nacht der langen Messer") am 30. Juni 1934, im Rahmen dessen Hitler innerparteiliche und politische Gegner (u. a. Ernst Röhm, Kurt von Schleicher) ermorden ließ.

ten hat, so würden Sie ebenso wenig daran zweifeln, daß man den Geist Christi mehr bei denen da draußen findet, als bei den amtlichen und geweihten Vertretern. Man ist in der Macht, darum kann man jeden beleidigen, der einem untergeben und abhängig ist. Wo dieser Grundsatz in der Bibel steht, weiß ich zwar nicht. Dass ich unter diesen Umständen noch nichts erreicht habe, wird Sie wohl nicht weiter wundern.

Mit Shuster spreche ich Ihretwegen nochmal am 2. 10. Was ich erwarte, weiß ich aber nicht. Carlton Hayes lernte ich kennen, aber ich glaube, daß Sie von ihm nichts zu erwarten haben. Bisher gelang es mir noch nicht, ihn unter vier Augen zu sprechen. Was ich von ihm menschlich halten soll, weiß ich nicht. Niebuhr war sehr freundlich, ist aber sehr antikatholisch im Prinzip. Kennen Sie seine Zeitschrift und lasen Sie die bissigen Bemerkungen über den Vicarius Christi? Seien Sie vorsichtig. Tillich werde ich Montag besuchen, er wirkte beim ersten Zusammensein sehr günstig auf mich. Da man mir jede, sogar seelsorgerliche Tätigkeit von Seiten des hiesigen faschistischen Generalvikariats hier verboten hat, so kann ich mich natürlich auch nicht an jüdische Kreise wenden. Ich habe nur noch die schwache Hoffnung, daß Anderson sich meiner annimmt und für mich spricht.

Andernfalls kann ich mich als gescheitert ansehen, denn das Komitee tut nichts, was irgendwelchen Mut oder Exponierung erfordert. Wenn man dann unter Protestanten sitzt und mit faulen Ausreden seine Oberen entschuldigen muß, so wird man wirklich bitter.

Regen Sie sich über den *DW* nicht auf. Seitdem er Ihre Artikel abdruckt, ist er wesentlich besser geworden. Denken Sie an Paulus: Dummodo praedicatur Christus.

Herrn Baerwald[444] kenne ich nicht. Es wird daher auch nicht leicht sein, herauszufinden, wer Sie ausschreibt. Ich habe ja nur wenig Beziehungen und bekomme so viele Fußtritte und Achselzucken zu sehen, daß ich wirklich nicht in die Geheimnisse einer der hiesigen Universitäten eindringen kann. Übrigens welche Universität ist denn gemeint?

Über den Staatsrat verliere ich kein Wort mehr. Er tut selbst alles, was man verlangen kann, um die Sache in Deutschland noch mehr zu verschlimmern. Also lassen Sie seine Taten sprechen. Wenn das so weitergeht, erleben wir alle noch den Untergang der jetzigen Kirchen und das Heraufkommen einer erneuten Christenheit. Oft denke ich wie die alten Juden: Exsurge Domine, quare obdormis, obliviceris nostri? Es scheint fast so.

Übrigens: Hitlers Bäume wachsen auch nicht in den Himmel, so nahe sie ihm auch zu sein scheinen. Grüßen Sie bitte Dr. Karrer herzlich, ebenso Thieme.

Ihr ergebener
H.A.R.

---

444 Hier dürfte der katholische Jurist und Nationalökonom Friedrich Baerwald (1900–1989) gemeint sein, der in die USA emigrierte und an der Fordham University lehrte. Vgl. Heinz Hürten, Christen und Konservative, in: Claus-Dieter Krohn u. a. (Hgg.), *Handbuch der deutschsprachigen Emigration 1933–1945*, Darmstadt: Wissenschaftliche Buchgesellschaft, 1998, S. 551–561, hier S. 554.

H.A.R. an Gurian vom 28. Dezember 1936

[...] Gutes Verhältnis zu Brüning. […] Ich halte nach allem, was ich inzwischen gesehen und gehört habe, sein Verhalten für sehr richtig und korrekt. Ich wünsche mir sehr oft selbst, ich hätte seine Geduld und Weitsicht. […]

H.A.R. an Gurian vom 23. Januar 1937

Mein lieber Herr Gurian!
Ihre offenen Worte haben mich sehr gefreut. Dass Stock[445] so unfreundlich sein würde, daß er nicht einmal das Geld an Kamnitzer weitergeben würde, hätte ich nicht gedacht. Ich danke Ihnen für Ihre gütige Vermittlung.

Ich bin wohl nicht gescheit genug, um den Komplex Brüning rationell aufzulösen, und mit Gefühlen belastet, die es mir unmöglich machen, ihn so kühl und nüchtern zu sehen, wie Sie das tun oder die letzte Nr. des *Neuen Tagebuches*[446] in der Besprechung von Wheeler-Bennett.[447] Das Wort Verfolgungswahn war sicher von mir sehr ungeschickt gewählt. In den letzten Wochen kränkelt Brüning sehr, da sein Herz versagt. Ich bitte Sie aber, das niemandem zu sagen, da es mir ganz im Vertrauen mitgeteilt wurde und der Herr, der es mir sagte, es eigentlich nicht hätte sagen sollen. In Ihrer Beurteilung Brünings als Politiker, der ich natürlich nichts entgegenhalten kann, weil mir die Sachkenntnis fehlt, kann ich Ihnen instinktiv nicht folgen. Er genießt doch immer noch ein ungeheures Ansehen – sind das alles Ignoranten? Ich habe z. B. immer geglaubt, daß er den NS richtig erkannt hat, daß er aber in einer so unmöglichen Position war, daß er nichts gegen die herankommende Flut tun konnte ,und darum versuchte, das Allerschlimmste zu verhüten. Mein Vorwurf ist der, daß er aus Noblesse nicht zu den brutalen Mitteln griff, die für Deutschland nötig gewesen wären.

Machen Sie einen Kampf gegen ihn bitte nicht von meinem ganz unzulänglichen Urteil abhängig. Ich möchte Ihnen nur sagen, daß er gestern einen Herzkollaps gehabt hat (s. o.) und dass jegliche Aufregung bei seiner Herzneurose zum Tode führen kann.[448] Ich frage mich darum, was Sie mit Ihrem Appell erreichen wollen und werden. Sie glauben doch nicht, daß er aus seiner Stellung herausgeht und etwas sagt?

---

445 Gemeint ist der in Paris tätige deutsche Pfarrer Franz Stock.
446 Das *Neue Tagebuch* war eine von Leopold Schwarzschild in den Jahren von 1933 bis 1940 in Paris herausgegebene, einflussreiche deutsche Exil-Zeitschrift. Vgl. Andreas P. Wesemann (Hg.), *Chronik eines Untergangs: Deutschland 1924–1939. Die Beiträge Leopold Schwarzschilds in den Zeitschriften „Das Tage-Buch" und „Das Neue Tage-Buch"*, Wien: Czernin-Verlag, 2005.
447 Es dürfte sich um eine Besprechung der berühmten Hindenburg-Biografie von John Wheeler-Bennett handeln, die 1936 erschien. Vgl. John Wheeler-Bennett, *Hindenburg. The Wooden Titan*, London: Macmillian, 1936.
448 Vgl. H. Hömig, *Brüning. Politiker ohne Auftrag*, S. 197 f.

Was nützt das Deutschland, der Kirche und uns Flüchtlingen? Ihr Angriff verstärkt nur den Chor derer, die sich über ihn lustig machen und hilft den Nazis, die mit Freuden sehen werden, daß ihr Hauptgegner von seinen eigenen Freunden verlassen wird. Es könnte aber auch sein, daß seine Freunde sich gegen Sie wendeten. Hat das Sinn und Zweck? Es ist sicher schon etwas großes, wenn Sie klare Fronten erzwingen wollen, aber haben Sie den Einfluss, der nötig wäre, um wirklich eine Wandlung herbeizuführen? Wird man nicht an gewisser Stelle sagen, Sie hätten diese „Sensation" gebraucht, um die *DB* besser zu lancieren? Warum den Kampf in die eigenen Reihen tragen? Persönlich und sachlich halte ich es für unglücklich, wenn Sie etwas tun, was die Öffentlichkeit von neuem auf Brüning lenkt. Er hat nichts dagegen, wenn man ihn vergisst und steckt alle literarischen Verurteilungen ruhig ein. Bitte sehen Sie das nicht als Versuch an, Sie einschüchtern zu wollen. Ich habe keinerlei Auftrag und möchte auch Ihnen ersparen, daß man Sie etwa als destruktive Größe verschreit.

Dass Shuster Ihnen noch immer nicht geschrieben hat, tut mir sehr leid. Ich rief ihn sofort an und er versprach mir, Ihnen zu schreiben. Mir gegenüber ist er sehr hilfreich. Wäre er nicht gewesen, wer weiß, wo ich jetzt säße? Ich glaube, daß er Ihre Arbeit in höchstem Maße anerkennt. Franz Müller, der ihm ganz unbekannt ist, muß an einer ganz kleinen Klitsche angekommen sein. Ist es überhaupt wahr? Hat man Ihnen auch nichts vorerzählt? Nach meiner Erfahrung ist man in den letzten Monaten hier so harthörig geworden, daß ich mir nicht vorstellen kann, wie noch jemand hier unterkommen soll. Von der katholischen Solidarität sehe ich fast nichts. Im Gegenteil. Das gibt es gar nicht.

Dass ich mich hier gehalten habe, verdanke ich einzig und allein der Hilfe von einigen guten Freunden wie Shuster. Die Gründe meines Scheiterns waren mehrerer Art. Dass ich sie Ihnen nicht schrieb, hatte als Grund, daß ich nie weiß, ob Sie sie nicht eines Tages veröffentlichen in Ihren *DB*. Dann werden Leute wie der Staatsrat, P. Größer, Kardinal Pacelli, Leiber, Muckermann, der hiesige iroamerikanische Klerus, die hiesigen Bischöfe schwer kompromittiert. Das Resultat wäre meine vollkommene Ächtung. Es scheint keine herzlosere Bürokratie zu geben als unsere eigene. Dass ich die Dummheit beging, mir die Unmöglichkeiten noch zu vergrößern, indem ich Herrn Größer aufforderte, seinerseits mitzutun in der Nichtarierfrage, tut mir heute noch leid. Aber konnte ich erwarten, daß ein Priester seine Informationen dazu benützen würde, um von Kardinal Bertram ein Schreiben an die hiesigen Kardinäle richten zu lassen, man möge mich von jeder Mitarbeit ausschließen, denn ich sei politisch untragbar und meine Mitarbeit würde den deutschen Bischöfen jede Mitarbeit unmöglich machen? Dass die hiesigen Bischöfe bei der hiesigen Fremden- und Deutschfeindlichkeit gern bereit waren, die Meinung des hohen Schreibers der meinigen vorzuziehen, ist doch selbstverständlich. Zudem hatte es Größer anscheinend auch noch verstanden, durch seinen lieben Ordensmitbruder Georg Timpe unseligen Angedenkens, der hier seit fünf

Jahren in der Verbannung sitzt und sich offen und frei als Nazi bekennt, den maßgebenden Mann in Washington gegen mich als Eindringling aufzuhetzen. Ich kann Ihnen das alles gar nicht in einem Brief schildern. Es war einfach eine ganz hundsgemeine Intrige, von der ich erst zufällig erfuhr, als ich schon längst ausgebootet war. Man hat mich ruhig Memoranden und Pläne machen lassen. Hat dann auf der Bischofskonferenz alles schön benutzt. Der Mohr hatte seine Schuldigkeit getan, er konnte gehen. Herrn Pacelli, den ich bat, ein paar Worte bei einem der zahlreichen Feste einem der hiesigen Kirchenfürsten ins Ohr zu flüstern und diskret anzudeuten, daß er sich freuen werde, wenn man etwas für die Opfer seiner schlauen Politik täte, habe ich nicht zu Gesicht bekommen. Er hatte zu viel Wichtiges vor bei seiner faschistischen Gastgeberin. Er scheint sogar noch gegen mich gearbeitet zu haben. Aber das ist bis jetzt noch nicht beweisbare Vermutung. Auf alle Fälle bin ich auch bei Leiber in Ungnade gefallen, ebenso bei Muckermann. Sie haben recht: Dieser Saustall ist nicht die Kirche Christi. Das kommende Desaster trifft keine unschuldige Christenheit – obgleich ich mit diesem Urteil mich nicht ausnehmen möchte. Mir fehlt eben auch der Mut zum Propheten und ich bringe es nur zum Meckerer, oder zur Kassandra. Ihre Depressionen sind mir nicht ganz unbekannt. Es sind die letzen Zuckungen, bevor wir Kellner werden oder Jobber. Herr Größer meinte, ich solle nicht solchen Verrätern wie Ihnen und Kamnitzer meine Karriere opfern, denn Sie „seien es Wert zugrunde zu gehen" (London, Juli 1936). Ich solle heimkehren und „unser Bischof" werden. Der Staatsrat wolle mir eine gute Stelle geben. Feine Nummern sind diese Herren.

Das Komitee ist vorläufig Rev. Joseph Ostermann, der hilflos dasitzt, da der Präsident nach Manila gefahren ist und ihm ganze $ 300 hinterlassen hat. Die gehen drauf für Telefon und Briefmarken und die vielen Emigranten, die ihm hier auf der Pelle sitzen. Erst wenn das Komitee gebildet ist, also in sechs Monaten, kann es vortreten – hat natürlich dann viel weniger Prestige, denn man merkt ihm ja die Halbherzigkeit an. Wäre nicht Feige – der sehr arm ist und sehr viel für die hiesigen Emigranten tut, ganze Familien unterhält –, Shuster und meine Wenigkeit, ich glaube, die Sache schliefe ganz wieder ein. Die Protestanten können auch nicht weiter und die Juden werden nichts für Sie tun, weil sie nicht nur die Nazis, sondern auch Herrn Stalin bekämpfen. Fulton Sheen, an den ich schrieb, antwortet nicht. Er ist Faschist und Schoßkind von Pacellis Freundin, der Herzogin Brady, meiner unfreundlichen Gönnerin, die mich seit 7 Monaten ignoriert. Nur Frau Froelicher tut wirklich etwas. Ich halte für Sie die Augen auf. Aber ich werde Ihnen nie etwas versprechen, bevor es nicht ganz sicher ist. Shuster hat mir zugesagt, daß er Ihnen schreiben will. Feige ist hier ganz machtlos, wurde von Kardinal Hayes eigenhändig aus dem Komitee entfernt. Bitte nehmen Sie den Brief streng vertraulich. Ein Wort von Ihnen an der falschen Stelle oder in der Öffentlichkeit und ich bin ein toter Mann. Das ist alles, was ich heute schreiben kann. Es ist lamentabel. Aber so sehe ich die Dinge und das habe ich erlebt, d. h. noch viel mehr.

P. S. Ich habe Ihren Brief noch einmal zurückgeholt und mit Dr. Shuster darüber gesprochen. Bei dem Ansehen, das Brüning hier genießt, kann es sehr gut passieren, daß Sie sich mit Ihrem Appell alle Chancen verderben. Carlton Hayes hat Ihren Brief erhalten und Shuster um Rat gefragt, Shuster hat für Sie gesprochen. Beide sind intime Freunde Brünings. Tun Sie etwas gegen ihn, so sehe ich keine Möglichkeit mehr, überhaupt irgendetwas für Sie zu tun. Bedenken Sie, ob es wirklich Sinn hat, etwas zu unternehmen. Wollen Sie sich diese Leute, bei denen ich weiter für Sie bohren kann, ein für alle mal zu Feinden machen? Sein Sie doch nicht töricht. Sie nützen niemandem und schaden sich selbst und Dr. Brüning. Die Nazis freuen sich darüber. Woher diese nordische Zerstörungswut? Wollen Sie eine kleine Götterdämmerung veranstalten?

Gurian an H.A.R. vom 9. Februar 1937

Lieber Herr Reinhold,
Nur ganz kurz: Ihr Wunsch wird erfüllt, der Artikel über Br[üning] unterbleibt, ebenfalls fällt ein geplanter über Pater Grösser weg, man würde ihn Ihnen in die Schuhe schieben. Dass Herr Shuster etc. ebenso wenig wie bisher etwas tun wird – ob ich über Br[üning] schweige oder nicht – weiß ich genau. Den Artikel über Br[üning] hätte er nur als bequeme Rechtfertigung post festum benutzt. Dass er mich keiner Zeile bisher gewürdigt hat, brauche ich Ihnen nicht mitzuteilen. Als „destruktiv" gelte ich auch sowieso – als positiv so Leute wie Grösser, Frl. Selig, die für sich sehr viel Positives tun. Öffentliche Leistungen liegen da nicht vor – wozu auch?

Bernhard Wall ist in der letzten *Colosseum*[449]-Nr. in das Lager der Faschismusfreunde geschwenkt – ich kann das als Reaktion gegen das pseudohumanitäre Geschwätz verstehen. Sie werden ihn wohl bei seinen Vorträgen in USA sehen. Ob er noch einen von mir bestellten Artikel nimmt – bereits abgesandt –, der weder Hitler- noch Stalin-Freunden gefallen wird, bei aller kühlen Sachlichkeit, weiß ich nicht.

Pater Muckermann hat mich plötzlich zu einer Arbeit, die bezahlt wird, aufgefordert. Dabei lobt er meine Bücher, für die er ja stets eingetreten sei, was ich ja aus den Zitaten ohne Quellenangabe im *Deutschen Weg* weiß. Edgar Alexander gibt jetzt „die erste kath. Auseinandersetzung mit NS" im Europaverlag heraus.[450] Und also wandte sich Pater Muckermann an mich.

---

449 *Colosseum*. Britisches katholisches Magazin, 1934 von Bernard Wall gegründet, erschien aber nur für eine kurze Zeit.
450 Hier ist vermutlich von dem Buch *Der Mythus Hitler* des deutschen Emigranten Edgar Alexander (eigentlich Axel Emmerich) die Rede, welches 1937 in Zürich erschien. Dabei handelt es sich um den Publizisten, dem Gurian mit merklicher Antipathie gegenüberstand. Siehe dazu den Brief von Gurian an Reinhold vom 11. Juli 1936. Zu Emmerich vgl. Heinz Hürten, Christen und Konservative, in: Claus-Dieter Krohn u. a. (Hgg.), *Handbuch der deutschsprachigen Emigration 1933–1945*, Darmstadt: Wissenschaftliche Buchgesellschaft, 1998, S. 551–561, hier S. 558.

Dr. Franz Müllers Adresse ist School of Social Service, 221 North Grand Boulevard, St. Louis, Mo. Ich bin nicht Verbreiter unzuverlässiger Informationen, und dieser Mann wurde spielend als Professor untergebracht.

Warum soll nach Pater Grösser auch Kamnitzer, der doch Pass bekommen hat, ein Verräter sein? Und wie konnten Sie je diesem Manne vertrauen?

Ihr Brief hat mir wegen seiner Offenheit sehr gefallen, ganz anders als Ihre Diplomatie im letzten, über die ich sehr wütend war. Man kommt bei mir nur mit Vertrauen durch, und so folge ich Ihrem Br[üning]-Rat, nachdem Sie mir offen zugeben, Bedenken gegen ihn gehabt zu haben. Ich bin auch jetzt bereit, an Feige zu schreiben, dessen Verhalten ja erklärt ist.

Und nun zwei Bitten: Erstens: Besprechungen meiner Bücher bei Sheed and Ward, die Sie sehen sollten, und mich interessierende Ausschnitte und Buchangaben. Zweitens: Amerikanische Exemplare von *[The] Fut[ure] of Bolsh[evism]* und *Hitler and the Christians*[451], soll inzwischen erschienen sein, sah [ich] aber noch nicht, ebenso wenig wie eine freundliche *Times*-Besprechung.

Dies in aller Eile, mit Dank für Ihr Vertrauen, mit Entschuldigung, daß ich Ihnen in Gedanken und in einer vertraulichen Äußerung an Thieme Unrecht getan und der Versicherung, daß der Br[üning]-Artikel nicht kommt.

Ihr
W. G.

H.A.R. an Gurian vom 23. Februar 1937

Mein lieber Gurian,
um Ihnen ein Beispiel zu geben, daß man sich doch hier um Sie bemüht, sende ich Ihnen den einliegenden Brief. Den Artikel Ihres Freundes Franz Müller, SA und Emigrant, erhielten Sie wohl auch schon. Die Schule, an der er ist, ist unbedeutend. Niemand weiß hier, wie er dahin kam. Augenblicklich versucht er, sich an Shuster heranzumachen.

Wer Baerwald ist, ersehen Sie aus dem Vorlesungsverzeichnis der Fordham Universität, das ich Ihnen gestern zusandte. Wie Sie sehen, habe ich mich in Fordham beim Rektor Gannon bemüht. Bitte lassen Sie die Sache vorläufig so gehen und unternehmen Sie selbst zuvor noch nichts. Die Sache ist ganz delikat einzufädeln, da die Schule sehr irisch ist. Auch soll Gannon in dem Gedanken erhalten werden, daß es eine Gnade ist, wenn er Sie kriegt. Also bitte keinerlei Anzeichen geben, daß Ihnen etwas daran liegt, auch nicht an Baerwald.

Ich höre, daß Ihr Buch an verschiedenen Stellen benutzt wird, auch an Fordham. Der Professor, der es benutzt, soll aber ein sehr merkwürdiger Herr sein, darum ist

---

451 Waldemar Guderian, *Hitler and the Christians*, New York: Sheed & Ward, 1936.

es besser, wenn Sie den Namen nicht hören. Unter Umständen arbeitet er gegen Sie. Also Geduld. Es ist möglich, daß wir von Gannon überhaupt keine Antwort bekommen oder irgendein Ihnen unfreundlich gesinnter Mensch sich einmischt. Aber irgendetwas wird sich schon ergeben, wenn auch nur eine Vortragstournee. Bernard Wall ist auch dahinter her.

Die Hoover War Library finden Sie in der *Encyclopedia Britannica*, 14th Edition, 13-191a und 733b. Sie befindet sich in Stanford, Cal. Ich denke, daß Sie die *Encyclopedia* in Zürich oder Basel haben können.

Offenbar sind Sie aber schon selbst dabei, sich Beziehungen hier zu schaffen, über die ich natürlich im Unklaren bin. Hoffentlich gibt das kein Durcheinander!

Baerwald war früher im Reichsarbeitsministerium, kam rechtzeitig hierher, sogar noch mit einem ansehnlichen Teil seines Vermögens, schrieb dann einige gute Artikel im *Commonweal* und wurde dann von mehreren Stellen aufgefordert zu lesen. Fordham nahm ihn dann als ordentlichen Professor, nachdem er vorher an kleineren Colleges gelehrt hatte.

Wenn Sie sich entschließen könnten, mir einen erstklassigen Artikel, nicht zu lang, für das *Commonweal* zu schicken, so würde es sich wie von selbst ergeben, daß auch *America* und andere Sie aufforderten, etwas für sie zu schreiben. Eine Berufung wäre dann nur noch eine Frage der Zeit.

Ich muß Ihnen eine kleine Enttäuschung bereiten: Woher soll ich die Besprechungen Ihrer Bücher bekommen? Ich lese nur ganz wenige Zeitschriften und darin habe ich bisher nichts gefunden. Was ich finde, erhalten Sie sofort. Ihre Bücher zu kaufen, ist mir augenblicklich unmöglich – ich habe tatsächlich kaum das nötigste Geld. Die Sache in Columbia überschreitet meine bescheidenen Mittel. Ich werde Wall bitten, um Intervention bei S & W. Alles Gute

Ihr
H.A.R.

H.A.R. an Gurian vom 2. März 1937

Mein lieber Gurian,
gestern habe ich endlich Sheed von Angesicht zu Angesicht schauen dürfen und mit ihm gesprochen. Ergebnis: Die beiden amerikanischen Ausgaben von Ihnen gehen Ihnen baldig zu, ich habe selbst den Auftrag dazu geben können.

Im übrigen ist Sheed sehr für Sie interessiert. Er hat mich sehr eingehend reden lassen. Er sagte mir, daß im Allgemeinen der Eindruck bestände, als seien Ihre Sachen seit dem großen Wurf des ersten Bolschewismusbuches stark abgesunken. Sie leben nach meiner Information bei ihm und in wissenschaftlichen Kreisen vom alten Lorbeer. Ich erklärte ihm daraufhin, daß er damit schon die Wurzel des Übels berührte. Es sei einfach unmöglich, in derselben Weise zu produzieren, wenn man in so ungesicherter Stellung lebe wie Sie. Er verstand das völlig.

Nun will er in der Schweiz Erkundigungen einziehen, wie Sie als Lecturer zu bewerten sind. Dann muß er Gewissheit haben, daß Ihr Englisch 1a ist. Sollte beides der Fall sein, so wird er eine Lecturing-Tour für Sie arrangieren. Ich habe ihm dazu noch vorgeschlagen, daß Sie zur Überarbeitung Ihrer Lectures und um Ihr Englisch zu verbessern, etwa zwei Monate vorher hierher kommen sollen und in einer englischsprachigen Familie leben, eventuell in einem Seminar. Ich kann da vielleicht etwas durch Tillich erreichen. Vielleicht lädt er Sie auch erst einmal probeweise nach England ein, für ein oder zwei Lectures. Ich würde das an Ihrer Stelle annehmen, selbst wenn Sie dabei nur Ihre Unkosten decken. Sheed ist, wie mir schon vorher Wall sagte, ein ganz undurchsichtiger Mann und man weiß nicht, was er hält. Er hat übrigens nichts versprochen, sondern diese Pläne nur als diskutabel bezeichnet. Bitte tun Sie nichts, denn ein Brief von Ihnen könnte ihm den Eindruck geben, als habe ich ihn Ihnen gegenüber festgelegt und dann wäre alles aus. Ihre Korrespondenz mit Baerwald hätten Sie besser unterlassen, dadurch haben Sie Kräfte mobilisiert, die Ihnen vielleicht nicht nützen werden. Wenn Sie mir wenigstens ehrlich gesagt hätten, was Sie schon selbst unternommen haben, statt mir die geheimnisvolle Frage vorzulegen: Wer ist Baerwald?

Außerdem läuft nun noch das Bemühen Rev. Hardigans um eine Stelle für Sie als College teacher zum September, eine Lösung, die Sheed für die beste hält, da sie Sie auf längere Zeit sichert und Ihnen die Möglichkeit gibt, sich langsam in Sprache und Mentalität einzuleben. Haben Sie sich schon erkundigt, was Sie alles für ein Einwanderungsvisum nach hier brauchen? Verschaffen Sie sich, was Sie haben können, damit die Sache evtl. klappt.

So das ist alles für heute. Halten Sie schön den Mund drüben, damit Sie niemanden gegen unsere Pläne mobilisieren. Alles Gute

Ihr
H.A.R.

Gurian an H.A.R. vom 3. März 1937

Vielen Dank für Ihren Brief. Ich bin ziemlich verzweifelt, daß Sie mir nicht die für mich unerhört wichtigen amerikanischen Ausgaben meiner Werke besorgen können. Ich armer Teufel bringe das Opfer und sende Ihnen zehn Schweizer Franken – bitte gehen Sie zu Sheed und kaufen Sie, unter Angabe für wen, wenigstens die beiden letzten billigeren Bücher – vielleicht gibt er sie dann etwas billiger und bitte gleich senden. Sehr dankbar wäre ich für Feststellung, in welcher Auflagenhöhe die amerikanische Ausgabe von *Bolschewismus* verkauft wird. Vielleicht hat Sheed vergessen, ein längst fälliges Honorar zu zahlen. Die Summe ist ja auch sicher so klein, daß sie für ihn keine Rolle spielt. Dass Sie die Bücher zahlen, habe ich nie erwartet. Aber es ist bezeichnend, für die mir von Shuster usw. gewährte Hilfe, daß ich mir die eigenen Bücher in einer Ausgabe, die ich noch nicht habe und die ich zu einer bestimmten Präsentation dringendst brauche, kaufen muß.

Ich laufe Herrn Shuster nicht nach. So würde es aufgefasst werden, wenn ich ihm, nachdem er mich in dieser Weise seelisch misshandelt hat, durch eine Verhöhnung gleichkommendes Schweigen auf mehrere auch nach Artikelthemen fragenden Briefen, ihm Mscr. abliefern würde, die er vielleicht, wie meine Briefe, da sie von einem armen Menschen kommen, in den Papierkorb befördern würde. Ungelesen natürlich. Ich habe ihm ja jetzt wieder – in Anlage zu meinem letzten Brief an Sie – geschrieben, wenn er dann wieder schweigt, dann ist eben nichts zu machen. Und er hat ja das Recht, mich für einen Mann zu halten, der nichts kann und leistet. Wenn er das Gegenteil von mir glaubt, dann sollte er mich anders behandeln. Franz Müllers Schicksal interessiert mich weiter nicht. Ich habe seinen Fall nur angeführt, als Beispiel, was alles möglich ist. Er hat wenigstens wissenschaftlich etwas geleistet im Unterschied zum Nichtskönner Emmerich. Seinen Artikel bekam ich bisher nicht; bitte ihn senden, wenn er interessant [ist].

Für Ihre Bemühungen danke ich Ihnen herzlichst. Aus dem so freundlichen Briefe an den Rektor habe ich ersehen, daß Sie mich sehr empfehlen. Dass andere etwas tun, war aus dem Briefe, der sich auf eine Zeitungsnotiz stützte, nicht zu merken. Ich tue nichts, was Ihre Kreise auch nur berühren könnte.

Bitte schicken Sie mir die alten Artikel von Baerwald, damit ich ein Beispiel dafür habe, was in USA in katholischen Kreisen geschätzt wird. Das ist für mich sehr wichtig. Ich erfuhr übrigens aus Ihrem Briefe an den Rektor einiges über meine Tätigkeit, was ich nicht wußte. Aber dafür kann ich nichts, daß Sie mir selber unbekannte Tätigkeiten zuschreiben – und vielleicht muß man so arbeiten. Doch wäre es mir unangenehm, wenn ich daraufhin zu einem Schwindler erklärt würde. Allerdings kommt man ja – wie der Fall Emmerich zeigt – offenbar mit Redlichkeit nicht weit. Müller wird übrigens durch Frl. Selig untergebracht worden sein, unter Hilfe von Shuster – das steht allerdings noch nicht mathematisch fest –, vielleicht auch von Jordan.[452]

Ich bin Ihnen für Ihre Bemühungen, die wohl von niemandem unterstützt werden, sehr dankbar (außer von Wall, dem ich vertraue, trotz des tiefen Schmerzes über die mir allerdings angesichts des englischen sectarianism psychologisch verständliche Faschismus-Wendung) – sollte ich Herrn Shuster Unrecht tun, und der wirklich auch nur eine Kleinigkeit tun, z. B. einen Brief beantworten oder zu einem Artikel mit Thema (Kirchenkampf, Stalin usw.) auffordern, um so besser. Bitte *gleich* die amerik. Ausgaben.

---

452 Gemeint ist der katholische amerikanische Radiojournalist Max Jordan (1895–1977), Deutschland- und Europa-Korrespondent der NBC, der seinen Sitz in Basel hatte.

Ihr
W. G.

Gurian an H.A.R. vom 29. März 1937

Lieber Herr Reinhold,
gerade hatte ich an Sie geschrieben – als mit der nächsten Post die schon nicht mehr erwarteten beiden Sheed NY Ausgaben kamen. Also war ich doch zu pessimistisch, was ich gerne zugebe, hoffend auch sonst Unrecht zu behalten. An Sheed werde ich vorläufig nicht schreiben, so unangenehm mir auch die Sache ist. Wenn man mich, das heißt meine Arbeiten negativ wertet, so soll man mich auch nicht einladen.

Sollten Sie von den zehn Franken mir einige Probenummern – der *American Review*, *America* usw. – senden können, [wäre ich] sehr dankbar. Haben Sie das neue Geschichtswerk von Hayes gelesen? Und wissen Sie etwas, ob das Interesse für Pareto[453] immer noch so groß ist wie vor einiger Zeit?

Eliot vom *Criterion*[454] – wie mir scheint, eine ziemlich angesehene Vierteljahresschrift, oder nur bei Snobs? – will noch dieses Jahr etwas von mir bringen. In *Tablet, Blackfriars, Herald* wieder etwas erschienen – vielleicht sahen Sie es? Nichts Bedeutendes. (*Tablet* verharmlost alles etwas zu stark). Müsste noch sechs - sieben Organe haben. Würde furchtbar gerne in *American Review*[455], wo vielleicht möglich, eine Artikelserie über NS – im Stile des angeblich großen Wurfs, das Bolschewismusbuch – bringen. Eine Kritik des *Manchester Guardian*[456] regte an, daß ich ein großes Buch über NS usw. schreiben solle … Aber wozu und wovon? Bibliotheken fehlen mir – müsste vieles kaufen, was Schweizer Bibliotheken nicht haben – und die nötige Arbeitszeit in Ruhe… Und dann ist es am besten nach dem Beispiel von Frl. Selig nichts zu schreiben und darf dafür viele Stipendien kassieren. Dann ruht man ja auch nicht auf Lorbeeren aus.

Die Weltlage beurteile ich nach wie vor pessimistisch. Das heißt nicht für USA und England, beide bleiben wahrscheinlich neutral und werden sehr viel Geld verdienen. Auch bei evtl. Verhinderung von völliger Zerschmetterung Frankreichs und seiner Kolonien. Erfreulich war die Papstenzyklika über die Lage in Deutschland.[457]

---

453 Gemeint ist der italienische Nationalökonom und Soziologe Vilfredo Pareto.
454 *The Criterion*. Britisches Literaturmagazin, 1922 von T. S. Eliot gegründet, der während der gesamten Laufzeit (bis 1939) als Chefredakteur fungierte.
455 *American Review*. Kurzlebiges amerikanisches Magazin (1933–1937), welches einen konservativen Gegenpol zu der damaligen eher links-sozialistischen Kulturszene in New York bilden sollte. T. S. Eliot und G. K. Chesterton gehörten zu den Autoren des Magazins.
456 *Manchester Guardian*. Britische Tageszeitung, 1821 gegründet. Das für seine links-liberale Ausrichtung bekannte Blatt erscheint heute unter dem Namen *The Guardian*.
457 Es handelt sich hier um die bekannte Enzyklika *Mit brennender Sorge* von Papst Pius XI. vom 21.

Optimisten hoffen immer noch auf wirtschaftlichen Zusammenbruch gewisser Systeme, ich neige dazu, daran nicht zu glauben. Könnten Sie irgendwo über *Hitler and the Christians* schreiben oder schreiben lassen? Mir ist unbegreiflich, warum Sheed entgegen Abmachungen mir nicht Gelegenheit gab, erstens Vereinfachungen und Weiterführungen anzubringen, zweitens einen dokumentarischen, bei angelsächsischen Lesern sicher sehr beliebten dokumentarischen [Teil] nicht anzuhängen. Ich bekam im Herbst die Auskunft, die Übersetzung sei fertig, und dann erfuhr ich vom Erscheinen durch Gratulationen u. a. seitens eines bekannten Protestanten. Ich werde übrigens öfters von Nichtkatholiken gefragt, ob es mir nicht dank der bekannten katholische Solidarität gut gehe. Was soll ich antworten? Auch kleinste sozialistische Forscher wurden untergebracht, z. B. als Bibliothekare bei Instituten usw., und ich sitze ohne die Möglichkeit meine Bolschewismusforschungen mit genügend Material weiter fortzusetzen, muß um die allernächsten Tage zittern, habe keine Ruhe für Arbeiten, die auf längere Zeit berechnet sein müssten... Ich habe übrigens nicht gemerkt, daß die angeblichen Lorbeeren meines Bolschewismusbuches sehr nahrhaft sind.

Was macht eigentlich Briefs[458] in Washington? Wird er geschätzt? Ich habe an ihn nicht geschrieben und werde es wohl auch nicht tun – ich bemerke das, um ja falsche Schlüsse bei Ihnen zu vermeiden.

Indem ich Ihnen, lieber Herr Reinhold, für die Ihnen ja nur Mühe und Schwierigkeiten bereitenden Bemühungen nochmals herzlichst danke

Ihr ergebener
W. Gurian

H.A.R. an Gurian vom 15. April 1937

Mein lieber Herr Gurian,
Sie haben also wieder einmal zu früh gebrummt. Die Bücher von Sheed kamen, und ich hoffe, daß Sie daraus entnehmen, daß nicht alle Menschen Halunken sind und nicht jeder Ihnen Böses will. Es tut mit darum auch sehr leid, daß Sie Sheed offenbar recht unliebenswürdig geschrieben haben, nachdem ich hier auf ihn eingeredet hatte, doch ja etwas für Sie zu tun und dafür zu sorgen, daß Sie in der angelsächsischen Welt immer bekannter würden. Nun, wie Sie wollen.

Ich möchte Ihnen nur die Frage vorlegen, ob es Ihnen schon einmal eingefallen ist, daß man mit Tüchtigkeit allein in der Welt nicht weiter kommt. Sie erregt bei

---

März 1937, in der er sich kritisch mit dem Nationalsozialismus auseinandersetzte. Vgl. dazu ausführlich G. Besier, *Die Kirche und das Dritte Reich*, S. 786 ff.
458 Gemeint ist der Soziologe Götz Briefs.

Anderen Neid. Bei vielen erregt sie auch Furcht vor Verdrängung. Es muß daher ein Element im tüchtigen Menschen sein, das wieder versöhnt und selbst Neider und Ängstliche gewinnt. Schließlich sind Sie ja doch nicht mit der Anerkennung zufrieden, sondern wollen, daß man sich menschlich für Sie interessiert. Wenn Sie dann aber mit gekränkter Miene und in Ihrem sicher berechtigten Bewußtsein, sich mehr als andere um die Sache verdient gemacht zu haben, mit Bitterkeit alle Möglichkeiten durch ein wenig Liebenswürdigkeit und gewinnendes Wesen alle Fäden, die Ihre Freunde spinnen wollen, zertrampeln, dann muß ich sagen, daß ich als machtloser und verachteter Einzelner mich außerstande sehe, weiterhin den Sisyphus zu spielen. Also bitte, senden Sie doch Ihre Briefe erst ab, nachdem Sie zweimal darüber geschlafen haben und sich gefragt haben, ob es nicht viel klüger ist, alles zu sehen, aber vieles zu übersehen. Sie wollen doch etwas von den Leuten – also müssen Sie schon den Leuten etwas zugute halten. Nicht allein Ihr innerer Wert genügt zur Empfehlung! Auch die besten Zigaretten müssen hübsch verpackt sein, wenn man sie verkaufen will.

Die Frs 10.- haben Sie inzwischen wohl erhalten, ebenso ein Exemplar der *American Review*. Wer ist Pareto? Von Hayes habe ich noch nichts gelesen. Ich sprach gestern mit ihm über Sie. Er weiß nicht, was er für Sie tun kann. Durch die Überschwemmung mit Juden sind die Aussichten hier sehr schlecht geworden. Shuster hatte ihm sehr nett über Sie geschrieben.

Mein Rat ist daher folgender: Schreiben Sie immer weiter in englischen Zeitschriften. Wenn nichts anders dabei herauskommt, so doch wenigstens das, daß Sie eine hübsche Nebeneinnahme haben und den sturen Böcken die Augen öffnen helfen. Sie können doch überhaupt nicht unzufrieden sein, denn welcher Deutsche kann sich rühmen, an so vielen und guten Zeitschriften wie Sie Mitarbeiter zu sein? Eines Tages findet sich dann doch etwas. Ich rate Ihnen dringend, es weiter gut mit Muckermann zu halten. Er kann durch Bemerkungen viel nützen und seit der Enzyklika[459] dürfte Ihr Ansehen überall gestiegen sein. Denken Sie an Sturzo – ihm geht es ebenso wie Ihnen, ja noch schlechter. Und wie geht es Brüning!

Übrigens war dieser Tage Dr. Größer hier, um die Flüchtlinge gleichzuschalten. Das ist natürlich ganz vertraulich. Wie weit er Erfolg hatte, weiß ich noch nicht. Er hat hier allen Leuten wieder erzählt, alles sei übertrieben. Es sei immer noch gar nicht so schlimm in Deutschland. Es gäbe keine Flüchtlinge außer Angsthasen, Provokateuren und Kriminellen. Mir hat er geraten, heimlich nach Deutschland zurückzukehren und in der Nähe der Westgrenze verborgen zu leben. Nach sechs bis acht Monaten könne ich mich dann ja stellen. Dabei hat er Haussuchung gehabt, weil sich das Gerücht verbreitet hatte, ich hätte mich bei ihm versteckt, und er kam eigens her, um mich auszuschalten – was völlig gelungen ist (vertraulich). Von meinem Bischof bekomme ich keine Papiere – denn ich habe in der Schweiz gegen ihn

---

459 Gemeint ist die Enzyklia *Mit brennender Sorge* von Papst Pius XI.

gehetzt. Dass ich damit zum ewigen Wandern verurteilt bin, macht er sich wohl nicht klar. Sie sehen, wie wichtig es ist, daß niemand Mitteilungen benutzt, die man vertraulich gibt. Ich befürchte, daß meine Äußerungen bei Freunden ihm hinterbracht worden sind. Brünings Vorsicht verstehe ich immer besser. Wem nützt es nun, daß ich heimatlos umherirren muß? Hoffentlich besinnt er sich noch, denn sonst bin ich kirchlich ein Vagabund.

Briefs liest Soziologie und schreibt gute Artikel. Er geht aber weg, denn er war so unvorsichtig, irgendeinem Iren auf den Fuß zu treten und ist auch wohl zu tüchtig für die Leute.[460] Schreiben Sie ihm doch mal.

Commonweal nimmt von Ihnen Artikel. Wenn Sie aber erwarten, daß man Sie kniefällig bitte, so wird es wohl nichts werden. Bitte schicken Sie mir den Artikel. Ich bin schon zwei von Sturzo gut losgeworden. Solche Artikel sind hier die beste Empfehlung. Nur auf diesem Wege hat Baerwald seine Professur bekommen. Also bitte beklagen Sie sich nicht, wenn Sie meinen Rat nicht befolgen. Er ist gut.

Darf ich auch einmal die neue *Entscheidung*[461] sehen? Wußte bisher nichts davon.

Zeitungsausschnitte und Artikel werden Sie wohl nicht viel bekommen von mir, denn ich lese nicht so viel, weil ich so wenig Zeit und Geld habe. Aber wenn ich mal etwas habe, bekommen Sie es gewiss.

Also bitte zwei Artikel: einen für *America* und den anderen für *Commonweal*. Alles Gute!

In aller Eile und Hast

Ihr
H. A. Reinhold

[Zusatz vom 16. April]
Soeben lese ich in der Zeitung, dass also der Anschluss Österreichs beschlossene Sache ist und nur noch mit einem Aufschub zu rechnen ist, dessen Länge in Venedig zwischen Schuschnigg und Muss[olini] beraten werden soll. Jetzt wird mir auch der jugoslaw.-ital. Vertrag klar – weiter nichts als eine Rückversicherung gegen Hitler. Man versucht offenbar in Europa schon nichts anderes mehr, als die kommende Auseinandersetzung auf Frankreich und die Tschechei zu lokalisieren und sich Hitler an dieser Beute satt fressen zu lassen. Dann haben wir also hundert Jahre Hitler sicher und die Welt findet sich damit ab. Schauerliche Perspektiven!

Können Sie mir einen gut belegten Aufsatz liefern über das Thema: Hat die Kirche, und wenn ja, wann hat sie die Gelegenheit versäumt, sich mit dem deut-

---

460 Reinhold hatte ebenfalls Vorurteile gegen den irischstämmigen Klerus in England und den USA. Vgl. dazu die Ausführungen in seiner Autobiografie.
461 *Die Entscheidung*. Katholische Zeitschrift, die in den Jahren von 1936 bis 1939 in dem von dem deutschen Emigranten Rudolf Rössler gegründeten Vita Nova-Verlag, Zürich, erschien.

schen Nationalismus und Hitler zu arrangieren, zurückgehend bis zu den Anfängen der Partei. Der englische Titel würde sein: Did the Church in Germany ever miss a chance? Ich glaube, daß diese Frage hier noch nie richtig beantwortet wurde, weil es den Leuten an Sachkenntnis fehlt. Den Artikel werde ich sicher beim *Commonweal* los, vor allem wenn Sie mir eine gute Übersetzung durch einen Ihrer Freunde liefern. Aber auch auf Deutsch geht es.

Gurian an H.A.R. vom 5. Mai 1937, z. Zt. Fribourg, 14 Rue de Botzet, Villa Hyacinth, aber bis nächste Woche in Buchrain

Lieber Herr Reinhold,
bin – wie ich wohl schon schrieb – hier etwas zu Besuch bei Pater Lavaud.[462] Heute sende ich Ihnen eine Kleinigkeit. Ob zu gebrauchen? Wo – müssen Sie entscheiden. Kürzen und vereinfachen können Sie als Kenner des amerikanischen Geschmackes nach Belieben. Wenn es unbrauchbar ist – Papierkorb. Ich lege auf das Mscr. keinen Wert. Verzeihen Sie bitte, wenn ich es nicht noch einmal abschreibe – ich weiß zur Zeit nicht, wie mit meiner Arbeit fertig werden, was aber leider meine Finanzen nicht entsprechend bessert.

Ich danke sehr für Ihre Bereitschaft, Mscr. unterzubringen und zu übersetzen. Oder soll ich künftig – was es etwas verzögern würde – meinen gewöhnlichen englischen Übersetzer arbeiten lassen?

Haben Sie das Memor. über Kirche und Judenfrage nicht bekommen?[463] Wäre auf

---

462 Benoit Lavaud, Professor der katholischen Theologie an der Universität Freiburg (Schweiz).
463 Das Memorandum „Die Kirche Christi und die Judenfrage" wurde von Karl Thieme und Waldemar Gurian auf Veranlassung von Joseph Wirth verfasst und erschien im Frühjahr 1937 erstmals in der Zeitschrift *Die Erfüllung*. In ihr wandten sich die Verfasser vor allem gegen einen katholisch determinierten Rassismus und Antisemtismus gegenüber Juden: „Zugleich aber wird die Kirche ihre Gläubigen warnen müssen, der Häresie des Rassismus zu unterliegen. Diese Irrlehre geht auf ein naturalistisches Menschenbild zurück, das mit dem christlichen Glauben völlig unvereinbar ist. Ist dieses Menschenbild auf dem Wege der Verfremdung der „jüdischen Rasse" einmal in die Gedankenwelt eines Volkes eingedrungen, dann führt es zu weiteren Konsequenzen: zu naturalistischen Züchtungsmethoden, zur Vernichtung sogenannten lebensunwerten Lebens, also zur Tötung der Unheilbaren und Schwachen, zur kulturellen Autarkie gegenüber Rom, zur Einführung einer arteigenen Religion und Moral". Vgl. dazu H. Hürten, *Deutsche Briefe*, Bd. 2, S. 635 f; sowie ders., *Waldemar Gurian*, S. 128 f. Zur Rolle Joseph Wirths bzw. allgemein zur Entstehung der Denkschrift vgl. die ausführlichen Erläuterungen bei Ulrike Hörster-Philipps, *Joseph Wirth 1879–1956. Eine politische Biographie*, Paderborn: Schöningh, 1998, hier S. 489 ff. Die Denkschrift Gurians und Thiemes erreichte auch Papst Pius XI. Ein Jahr darauf beauftragte der Papst die Jesuiten John LaFarge, Gustav Gundlach und Gustave Desbuquois, einen Enzyklika-Entwurf zum Rassismus zu erarbeiten. Vgl. G. Besier, *Der Heilige Stuhl und Hitler-Deutschland*, S. 284 ff. Zum Erscheinen dieser Enzyklia ist es aber nicht mehr gekommen. Nach dem Tod Pius' XI. und der Wahl Eugenio Pacellis zum Papst Pius XII. wurden die Arbeiten an dieser Enzyklika nicht mehr fortgeführt. Vgl. dazu auch U. Hörster-Philipps, *Joseph Wirth*, S. 503 ff.

Grund dieser Leistung etwas für einen der Autoren zu machen – etwa in Kreisen um Baerwald, genauer wie Baerwald? Sie verstehen schon – ich habe nicht die geringsten Verbindungen zu solchen Kreisen.

Es wird Sie interessieren, dass mein Artikel über Gide aus den *Blackfriars* in *Cath. Digest*[464], Saint Paul, nachgedruckt wird – wofür ich sogar von selber ein kleines Honorar bekam. So ganz unbrauchbar scheint also mein Art. für die USA doch nicht zu sein. Irgendwelche praktische Wirkung verspreche ich mir von den Artikeln nicht, meine Bücher haben ja auch nichts genützt, auch nicht das kurz vor 1933 bei Sheed gekommene Bolschewistenbuch. Vielleicht wird es Sie interessieren, dass Hermens[465], der als Dozent an der kath. Universität in Washington wirkt (via Briefs), ein großes Stipendium für Studium der Wahlrechtsprobleme in Europa erhalten hat. Er kann übrigens was – nur würde es mich interessieren, ob ich irgendetwas Ähnliches erhalten kann, um die entsprechende Zeit für ein dem Bolschewistenbuch analoges großes Buch über Faschismus im weitesten Sinne auszuarbeiten.

Mein zweiter Artikel, der die von Ihnen gestellte Frage: „Hat der Katholizismus Anschlussmöglichkeiten an NS versäumt" behandeln wird, wird wohl für Shusters Organ bestimmt sein. Ist Nr. 1 – heute – nicht für *America* geeigneter. Ich bitte vom Honorar Ihren Übersetzungsanteil abzuziehen. Pareto – ein großer Soziologe, Lehrer Mussolinis usw. Bitte lassen Sie sich recht bald wieder hören. Im Juni *Colosseum* etwas von mir, in nächster Zeit etwas im *Tablet* und muss heute etwas für *Blackfriars* schreiben.

Glauben Sie, dass das in Deutschland ziemlich beachtete Könekamp-Buch in USA übersetzbar sei?[466] Vielleicht wegen der Ehen etc. dem Geschmack entsprechend. Scheint [ein] sehr anständiger Mensch zu sein, seine englische Frau – in Oxford – [ist] meine Übersetzerin.

Mit herzlichen Grüßen
W. G. (handschriftliche Unterschrift)

Gurian an H.A.R. vom 19. Mai 1937

Lieber Herr Reinhold,
vielen Dank für Ihre Karte. Warum teilen Sie mir mit, wo Br[üning] ist? Sie wissen ja, dass ich mich nie an ihn gewandt habe und nie an ihn wenden werde. Er ist bestimmt privat ein hochständiger Mensch, aber ich habe ja nicht die Qualitäten sei-

---

464 *Catholic Digest*. US-amerikanisches katholisches Monatsmagazin, 1936 in St. Paul (Minnesota) gegründet.
465 Gemeint ist der Politikwissenschaftler Ferdinand A. Hermens.
466 Friedrich Könekamp, *Viele Reden, einer ruft. Das Zeugnis eines rastlosen Lebens*, Einsiedeln: Benziger, 1936.

ner Umgebung, etwa [die] des ehemaligen Geschäftsführers einer komm. Zeitung, Müller, mit dem er – wie gerichtlich festgestellt wurde – herumreiste. Es ist schön, dass er es verstanden hat, wenigstens für sich zu sorgen, während er die Millionen jener, die an ihn glaubten, im Stich gelassen hat. Und wahrscheinlich meint er – sicher gutgläubig – dabei noch hoch edel zu handeln. Ich bedaure objektiv Shusters Weggang. Und ich bin sehr gespannt, was er eigentlich über Spanien in *Commonweal* geschrieben hat. Dank für die angekündigten Nummern, so etwas verpflichtet mich wirklich, während ich auf Geschaftelhuberei nicht das Geringste gebe. Die von Ihnen returnierten 10 Franken sind leider bisher nicht angekommen – bitte reklamieren Sie; schade, dass Sie nicht einfach irgendein Buch oder eine Zeitschrift für mich gekauft haben. Hat Frl. Selig weitere Gelder für Ihre Projekte bekommen? Für so was fließt das Geld immer reichlich. Und vielleicht liest man später in den Zeitungen. [...]

Ich hatte gerade meinen Artikel für *Commonweal* angefangen, als Ihre Karte kam. Ich komme jetzt wohl nicht mehr als Mitarbeiter in Frage, was ja auch früher nicht der Fall war, trotz dem Shuster im Hilfskomitee saß. Er hat ja nie einen Brief beantwortet. Wie auch Feige meinen letzten, erst an Sie gesandten Brief nicht beantwortet hat.

Ich freue mich, dass es Priester wie Sie und Karrer, den Dominikaner Lavaud usw. gibt. Das hält einen aufrecht, während die Erfahrungen mit Feige – um nur einen Fall, der nicht der schlimmste ist, anzuführen – oder mit dem Manne (wer ist das übrigens?), der mich als von Kommunisten unterstützt hinzustellen wagte, einen jeder Arbeitskraft berauben. Und Sie können, falls Sie Shuster sehen, sagen, was mir sein schweigendes Verhalten – offenbar bin ich kein Mensch, da ich nicht Reichskanzler gewesen bin – bedeutet hat.

Ich bitte mich von dem Versprechen zu dispensieren, keinen Appell an Brüning zu richten. Sie begründeten diese Bitte damals mit dem angeblichen Wohlwollen der Shusters, das ich mich sonst verscherzen würde. Ich habe das Versprechen nur Ihretwegen gegeben, ich bin eigentlich sachlich verpflichtet, ungeachtet etwaiger persönlicher Folgen, diesen Appell zu richten. Doch ich werde mich an meine freiwillige Verpflichtung halten, falls Sie mich nicht von ihr entbinden.

Was sagen Sie zum Buche von Alexander?[467] Es wird als entscheidende kath. Auseinandersetzung gefeiert. Peter Muck – über dessen Wohlwollen ich weiter keine Worte verliere – rückt brieflich (an mich) etwas von Alex[ander] ab. Aber das interessiert mich weiter nicht.

Mit herzlichen Grüßen und Dank
W. G.. (handschriftliche Unterschrift)

---

467 Edgar Alexander (eigentlich Axel Emmerich), *Der Mythus Hitler*, Zürich: Europa-Verlag, 1937.

Sind die *Social Research*⁴⁶⁸ (N. Y. 66 West 12th Street) angesehen? Sah, dass im Februarheft ich von Brecht und im Maiheft von Briefs zitiert bin. Scheinen Gelder zu haben – senden Hermens für Wahlrechtsstudium nach Europa. Kennen Sie Kuhlmann und Frl. Ginsberg (Völkerbundsbibl.) in Genf? Und wie ist Cotschniks Ansehen in den USA? Wird *Hitler and the Christians* eigentlich in den USA gar nicht besprochen?

Gurian an H.A.R. vom 20. Mai 1937

Lieber Reinhold,
sofort nach dem Sturme gegen Mundelein schrieb ich anliegenden Originalartikel für Sie.⁴⁶⁹ Er geht nur Ihnen zu, und ich bin gespannt, ob Sie ihn unterbringen können. Änderungen und Vereinfachungen nach Belieben. Ob für *America* und *Commonweal* – dies überlasse ich ganz Ihrem Ermessen. Natürlich möglichst viel Honorar. Ich bitte von meinem Anteil für mich *Social Research* oder *Commonweal* zu abonnieren, da ich mich über amerik. Mentalität auf dem Laufenden halten will. (*Social Research* mehr aus wissensch. Gründen.)

Wenn Sie wieder einmal (wie Weihnachten) Geld an *DiPol* senden, bitte an *DB*, weil *DiPol* z. Zeit wegen Clearing trotz Zahlungswilligkeit nicht zahlen kann (für sein Nachdrucksabonnement).

Wenn Sie nicht zahlen können, bekommen Sie angesichts Ihrer steten Freundlichkeit, und da Sie keine Feige- oder Shuster-Natur sind, ein Freiexemplar. In England würde anliegender Art[ikel] erfahrungsgemäss gerne genommen, aber um nicht bei Ihnen als faul etc. zu erscheinen, sende ich ihn an Sie.

Würde gerne anständigen literarischen Agenten kennen lernen, Jordan hat natürlich völlig s. Z. versagt. Die Erfahrung, das heisst Aufnahme meiner Artikel in England, hat ihn widerlegt.

Ihr
(handschriftliche Unterschrift)

---

468 *Social Research*. Zeitschrift der angesehenen New School of Social Research, 1934 erstmals erschienen.

469 Vgl. H. Hürten, *Deutsche Briefe*, Bd. 2, S. 707 ff. In dem Beitrag aus der Nr. 140 vom 28. Mai 1937 der *Deutschen Briefe* schrieb Gurian über eine Rede des Erzbischofs von Chicago, George Kardinal Mundelein, in der dieser die Behandlung der deutschen Katholiken und des deutschen katholischen Klerus durch die Nationalsozialisten kritisierte, was in Deutschland zu heftigen diplomatischen und publizistischen Reaktionen führte. Vgl. dazu auch G. Besier, *Die Kirchen und das Dritte Reich*, S. 799 ff; K.-A. Recker, *Wem wollt ihr glauben"*, S. 241 ff.

H.A.R. an Gurian vom 23. Mai (o. J.)

Mein lieber Herr Doktor,
vielen herzlichen Dank für alle Ihre Mühen und die wertvollen Adressen. Ihr Aufsatz ging mit ein paar Worten an Frau Hornbach. Frau Froelicher um Geld zu bitten, ist unmöglich. Sie hält mich selbst so knapp, daß ich einen Teil der Kosten schon aus eigener Tasche bezahlen muß.

Wenn es so weitergeht, so werde ich mir bald eine Kartei der Flüchtlinge anlegen können. Sollten Sie mich mit Amberg in Verbindung bringen können, so wäre ich Ihnen sehr dankbar. Ich muß sowieso nach Genf. Den Brief aus Holland darf ich doch wohl behalten? Ich verstehe nicht, was da los ist. Ich schrieb den Leuten von unserem neuen Komitee, dessen Mitglied ich übrigens jetzt bin, und erhielt keine Antwort. Können Sie da nachhelfen (Porto liegt bei). Die Amerikaner sind übrigens große Kinder. Sie haben ganz unmögliche Pläne, wollen offenbar in Deutschland die Katholiken finanzieren. Das gäbe ja hübsche Hochverratsprozesse.

Schreiben Sie bitte – auf Deutsch, mit einer guten Maschine, Sie glauben nicht, was das in Amerika ausmacht – an Rev. Dr. G. Feige: 112 Liverpool Street, New York, Jamaica, L. I., USA (auf der Post fragen, mit welchem Dampfer der Brief geht, Leitvermerk machen!!!): Sie hätten von dem Komitee gehört. Da es nicht angehe, außer den Auswanderern irgendwelche Katholiken in Deutschland zu unterstützen, denn das grenze an Hochverrat, so machen Sie ihn auf die ungeheure Gefahr aufmerksam, die den europäischen Auslandsdeutschen durch langsame Nazi-Sepsis drohe (Radio, Zeitungen, VDA[470], RKA[471] usw.). Hier sei das Feld für amerikanische Eigenwirkung. Schaffung eines guten Organes, Finanzierung von Propaganda, Stützung aller karitativen deutschen katholischen Unternehmen in Schweiz, Holland, Tschechei, Österreich und Polen. Der *Deutsche Weg* sei ordinär und habe sich schon oft verhauen (Beweise angeben). Mit Geld sei vielleicht auch etwas bei den Ländern außerhalb Deutschlands zu machen. Es müsse sofort eine geistige Abwehrfront gebildet werden, da sonst Kommunismus oder Nazismus profitierten. Schicken Sie den Brief eingeschrieben. (Ich ersetze Ihnen das Porto.) Aber lassen Sie ihn gut

---

470 VDA=Volksbund für das Deutschtum im Ausland. Auf eine Gründung im Jahr 1881 zurückgehende Organisation zur Kulturvermittlung zwischen Deutschland und dem im Ausland lebenden Deutschen. In der NS-Zeit war die Vereinigung ideologisch stark vereinnahmt. Vgl. Rudolf Luther, „Blau oder Braun?" Der Volksbund für das Deutschtum im Ausland VDA im NS-Staat 1933–1937, Neumünster: Wachholtz, 1999.

471 RKA=Reichskirchenausschuss. Auf Grundlage des Gesetzes zur Sicherung der Deutschen Evangelischen Kirche (DEK) vom 24. September 1935 wurde im Herbst 1935 seitens der nationalsozialistischen Regierung der Reichskirchenausschuss gegründet, der die Leitung der DEK übernehmen sollte. An der Spitze des RKA stand der ehemalige Superintendent Westfalens, Wilhelm Zoellner (1860–1937). Der RKA stellte sich in seinen Verlautbarungen hinter den nationalsozialistischen Staat. Vgl. Gerhard Besier, *Kirche, Politik und Gesellschaft im 20. Jahrhundert*, München: Oldenbourg, 2000, S. 26 f.

schreiben, denn der Mann braucht ihn, und Sie verhindern ein Unglück. Außerdem arbeiten Sie mir vor, denn augenblicklich herrscht eine furchtbare Verwirrung in unserem Komitee. Teilen Sie Thieme und Karrer die Sache vertraulich mit. Sonst aber niemandem.

Was ist denn [mit] Wirth? Gern spräche ich mit ihm. Bei Brüning ist nichts zu machen.

Holland: Ich habe mich den Leuten als amerikanischer Vertreter vorgestellt. Keine Antwort. In den Schweizer Kuchen stecke ich meine Finger nicht. Heinrich, Kiessling, Amberg, v. Streng, Karrer u. a. können das sehr gut machen. Ich kann die Sache nur verderben. Außerdem kann ich nicht zehn Sachen zu gleicher Zeit machen!

Bitte veranlassen Sie doch einmal Karrer und Thieme, daß sie mir über Anna Selig reinen Wein einschenken. Ich fürchte, sie wird uns in [den] USA schaden. Ich muß wissen, woran ich bin. Empfehlungsschreiben habe ich jetzt genug, sogar Faulhaber hat etwas Schriftliches hergegeben, außerdem il Nuncio in Bern, Solthurn, Wien, etc. Ich erwarte nun noch Prag und Posen.

Übrigens kann die ganze Sache noch scheitern am Konsul und anderen Strohhalmen. Gestern hatte ich wieder Besuch von Dr. Loritz. Er scheint ganz harmlos zu sein. Hat Todesangst, ich hielte ihn für einen Spitzel.

God bless you!

Gurian an H.A.R. vom 29. Mai 1937

Lieber Reinhold,
leider habe ich weder Copien noch Übersetzungen der beiden Ihnen gesandten Artikel. Gibt es wirklich niemand unter Ihren Bekannten, wenn Sie es nicht selber tun können, der bereit ist, gegebenenfalls die Artikel zu übersetzen? Sobald ich weiss, daß ich wirklich ernste Aussichten zur Mitarbeit an *America* oder *Commonweal* – dort ist ja der Emigrantenfreund Shuster weg – habe, werde ich natürlich direkt englisch senden. Aber dieses Mal habe ich es nicht getan – weil ich ja nicht weiss, ob Sie wirklich Artikel unterbringen können.

Anbei die Copie des Briefes an die von Ihnen genannte Dr. Stephanie Herz.[472]

Sehr dankbar bin ich Ihnen für die *Commonweal*-Hefte und den Artikel von Franz Müller. Ich bitte mir stets – so wie bisher – mich interessierende Artikel zu senden. Hat eigentlich der Rektor der Fordham Universität auf Ihren Brief geantwortet?

---

472 Dr. Stephanie Herz arbeitete als Assisstant Secretary bei *The Catholic Episcopal Committee for German Refugees* in New York. Zur Korrespondenz zwischen Gurian und Herz siehe Congress of Library, Manuscript Division, Gurian Papers, Box 4, Folder 4.

Dass das Jud. Memorandum Ihnen gefällt, sehr schön.[473] Vielleicht gibt es doch Leute, denen es gefällt und welche auch die Möglichkeit haben, etwas zu tun?

Sind Sie mit Frl. Selig gut bekannt oder gar befreundet? Könekamp hat ein Conversions-Buch *Viele reden, einer ruft* (Benziger)[474] geschrieben, das von Kirchenblättern und kath. Zeitungen sehr freundlich besprochen worden ist. Er würde es gerne englisch-amerikanisch erscheinen lassen. Ich vermute, daß es sehr vielen gefallen wird. Er war mehrfach verheiratet, bis er – nach der Bekehrung – kirchlich heiratete usw. Wenn ich mich nicht irre, hat ihn die *Schweizerische Kirchenzeitung*[475] mit dem Hl. Augustin verglichen. Brieflich macht er einen sehr sympathischen Eindruck.

Warum haben Sie eigentlich Keckeis das Buch nicht gesandt, welches Sie übersetzen wollten? Nach einer langen Besprechung, die ich sah, scheint es mir allerdings kaum für eine Übersetzung sonderlich empfehlenswert.

Mit herzlichen Grüßen

Ihr
Waldemar Gurian (handschriftliche Unterschrift)

P. S. Die von Ihnen returnierten zehn Franken sind bisher hier nicht angekommen. Dies teile ich nur der Ordnung halber mit.

Gurian an H.A.R. vom 7. Juli 1937

Lieber Herr Reinhold,
ich bedaure es sehr, Ihnen die *DB* nicht mehr senden zu können. Wir haben kein Geld für Freiexemplare mehr, und Sie werden ja meine Lage verstehen.

Anbei ein Artikel aus dem *StSt*, den ich irgendwo unterzubringen bitte (*Catholic World*?[476], *American Review*?). Man bittet mich darum. Ich habe leider keine englische Sekretärin wie Don Sturzo und muß Sie noch dieses Mal um den großen Gefallen der Übersetzung bitten. Ich bitte dafür die Hälfte des Honorars zu behalten. Wie auch bei den wohl von Ihnen übertragenen *Commonweal*- und *America*-Artikeln. *Commonweal* antwortet seit Shusters Abgang bewundernswert prompt

---

[473] Gemeint ist die die Denkschrift „Die Kirche Christi und die Judenfrage" von Waldemar Gurian und Karl Thieme. Siehe dazu das Schreiben Gurians an Reinhold vom 5. Mai 1937.
[474] Friedrich Könekamp, *Viele Reden, einer ruft. Das Zeugnis eines rastlosen Lebens*, Einsiedeln: Benziger, 1936.
[475] *Schweizerische Kirchenzeitung*. Schweizerische katholische Wochenzeitung, 1832 in Luzern gegründet.
[476] *Catholic World*. Amerikanisches katholisches Monatsmagazin. Das 1865 gegründete Magazin stand den Paulisten nahe. 1996 wurde es eingestellt.

auf Briefe; Herr O'Connor hat noch einen Artikel bei mir bestellt, der ihm dieser Tage direkt englisch zugeht. Von Shuster habe ich leider nichts gehört, obgleich bereits bei mir Berichte über seine Reise in Osteuropa vorliegen. Er hat mir auch nie (und auch anderen) auf einen Brief geantwortet. Für mich persönlich ist also der Redaktionswechsel am *Commonweal* nur angenehm.

Meine Artikel im Juni *Colosseum* und Juli *Blackfriars* haben Sie vielleicht gesehen? Demnächst kommt etwas in einem großen Vierteljahrsorgan. Außer mit Shuster habe ich überall die besten Erfahrungen gemacht – anständige und kulante Behandlung. Außer Shuster sitzt soweit ich weiß kein Redakteur in irgendeinem Emigrantenhilfskomitee!

Der *DiPol* steht finanziell vor dem Untergang. Was Br[üning] anlangt, so habe ich ja niemals etwas gegen ihn getan und ich bedaure es sehr, daß Sie bei dem großen schweigenden Mann, der ja jetzt gehaltlich gesichert ist – vgl. das *Paris Soir*[477] Interview, das ihn bei seinen bisher besten Freunden so geschädigt hat; ich habe es nicht gebraucht, da ich es für unecht halte, in manchen Punkten –, offenbar diesen durchaus falschen Eindruck über mich erweckt haben. Ich denke auch künftig nicht daran, etwas gegen ihn zu unternehmen. Er sorgt ja am besten für sich selber, und sehr stark werden die knappen Äußerungen über ihn im neuen Foersterbuche beachtet.[478] Ich habe sie nicht referiert, warum soll ich die Ruhe des ja in wichtige, geheimnisvolle Verhandlungen Vertieften stören? Jedenfalls mehrt sich überall die Überzeugung, daß er jene, die an ihn geglaubt haben, aus Gründen, die ich nicht zu beurteilen vermag, im Stich gelassen hat. Sie haben sich ja übrigens ähnlich in mir bekannt gewordenen Briefen geäußert, denen ich nur zustimmen kann. Dass ich Br[ünings] persönliche Lauterkeit verehre, brauche ich Ihnen nicht besonders zu sagen, allerdings halte ich ihn objektiv für eine ganz verhängnisvolle, wenn auch subjektiv gutmeinende Figur. So denken auch viele, die der gute Mann in seiner Ahnungslosigkeit um sich duldet usw., weil er offenbar Schmeichlern zugänglich ist. Ich teile Ihnen das mit, damit Sie nicht den falschen Eindruck haben, daß ich irgendwie Aktionen publizistischer Art gegen den großen Mann plane. Ich bin der Ansicht, daß ich dadurch nur Schaden anrichten würde, und unterlasse sie schon darum. Es ist nur erschütternd, manchmal Äußerungen der enttäuschten Liebe zu hören. Natürlich kann ich mich irren. Niemand würde sich mehr freuen als ich, wenn Br[ünings] großer Lauterkeit auch sichtbare politische Leistungen für andere, also nicht in der Form von Gewinnung von persönlichen Sympathien in angelsächsischen Kreisen, entsprechen würden.[479]

Verzeihen Sie mir, daß ich Sie nochmals bitte etwas zu übersetzen – das Honorar ist sicher zu gering für Sie, ich allerdings muß von solchen Honoraren existieren. Hoffentlich geht es Ihnen jetzt nicht allzu schlecht.

---

477 *Paris Soir*. Auflagenstarke französische Tageszeitung, die von 1923 bis 1944 erschien.

478 Friedrich Wilhelm Foerster, *Europa und die deutsche Frage. Eine Deutung und ein Ausblick*, Luzern: Vita Nova, 1937.

479 In Abschnitten wie diesen zeigt sich die Enttäuschung, die Gurian gegenüber Brüning empfunden haben muss. Vgl. dazu H. Hürten, *Waldemar Gurian*, S. 70 f.

Von Frl. Herz bekam ich die freundliche Mitteilung, daß sie nichts von Stipendienmöglichkeiten wisse, sich aber erkundigen werde. Es war also doch kein Fall à la Shuster oder Feige. (An den ich auf Ihre Veranlassung hin schrieb und natürlich ohne Antwort blieb.)

Mit herzliche Grüßen und Dank für Ihre Freundlichkeit

Ihr
W. Gurian (handschriftliche Unterschrift)

H.A.R. an Gurian vom 18. Juli 1937

Mein lieber Doktor,
Ihre beiden sarkastischen Briefe vom 11. 6. und 7. 7. erreichten mich hier nach meiner Rückkehr von Canada, von wo ich einwanderte. Was hat es für einen Sinn, daß Sie mir Bosheiten sagen. Ich bin weder Dr. Brüning noch George Shuster und kann nichts dafür, daß ich die beiden Herren nicht dazu bekehren kann, sich für Sie einzusetzen. An guten Worten von mir hat es nicht gefehlt. Übrigens habe ich Brüning seit einem Jahre einmal allein gesehen (Oktober) und einmal mit Shuster und Feige, am 25. 2., seither nicht mehr. Also was sollte ich da wohl tun.

Ich bedaure, daß ich Ihre *Deutschen Briefe* nicht mehr bekommen werde, kann aber die acht Dollar nicht dafür ausgeben. Ich werde überhaupt noch mehr Veröffentlichungen fallenlassen müssen. Die Korrespondenz von Hein Hoeben habe ich schon seit drei Monaten nicht mehr. Es ist sehr schwer, für Ihre Korrespondenz jemand zu interessieren, da sie gar nicht in den gewöhnlichen Rahmen passt und man für deutsche Belange nur wenig Interesse hat. Vielleicht wäre es besser, wenn Sie sich Spieker oder Muckermann anschlössen. Aber das ist ganz unmaßgeblich.

Ich wiederhole Ihnen, daß ich keine Artikel von Ihnen übersetzen kann. Mein Englisch reicht dazu nicht aus und bedürfte dann wieder eines Mannes, der das übersetzt. Ich habe gar keine Zeit dazu. Zur *American Review* habe ich keine Beziehungen. Versuchen Sie es einmal bei P. LaFarge, der gut Deutsch kann und Ihren ersten Artikel übersetzt hat. Was Ihre Bemerkung über Emigrantenhilfskomitees bedeutet, weiß ich nicht. Sie kennen die hiesigen Verhältnisse nicht genug, um darüber urteilen zu können.

Was ich zu Ihrer Behauptung, ich hätte Brünings Eindruck über Sie verschlechtert, sagen soll, weiß ich nicht. Ich schreibe derartige Frechheiten eben ihrer Verbitterung zugute, rate Ihnen aber, falls Sie solches von mir vermuten, sich nicht weiter meiner Vermittlung hier zu bedienen. Sie haben vergessen, daß ich Sie mit Oliver, Bernard Wall, einer Reihe amerikanischer Zeitschriften und so weiter bekannt gemacht habe und mich in Rom bei Muckermann, Leiber und hier in NY überall eingesetzt habe.

Dass Sie nun von dem gleichen Manne, der sich nach Ihren eigenen Worten als einer der wenigen für Sie bemüht, derartige Ungereimtheiten behaupten, gehört zu den Dingen, die es unmöglich machen, wirklich etwas für Sie zu tun. Derartige Unfreundlichkeiten kriegt jeder von Ihnen zu hören, wenn einmal etwas nicht klappt. Darum finden auch die Bemühungen Ihrer Freunde so wenig Anklang. Sie verstehen es offenbar, Ihre besten Freunde zu vertreiben. Ich bedaure das sehr, denn ich habe im Sinne, mich weiter zu bemühen – aber mit welchen Aussichten, wenn Sie mir so in den Rücken fallen? Ich bitte Sie, sich etwas zu mäßigen und zu begreifen, daß ein alleinstehender Priester, der von allen Freunden verlassen war und sich langsam etwas aufbauen mußte, froh sein muß, wenn er das für Sie tun konnte, was er tat. Dafür verdächtigt zu werden, ist sehr wenig nett von Ihnen.

Ebenso merkwürdig finde ich Ihre Anspielung auf Briefe, die Sie gesehen haben wollen, in denen ich mich in Ihrem Sinne kritisch über Brüning ausgelassen haben soll. Bitte wollen Sie mir sagen, wer solche Briefe von mir besitzt oder besessen hat? Falls Sie das nicht können, müssen es wohl Gesichtstäuschungen sein. Ich bin mir nicht bewußt, jemals Ihre Auffassung von Brüning gehabt oder geäußert zu haben. Dass viele sein Verhalten nicht verstehen, weil sie zu wenig wissen, heißt noch nicht, daß sie sich deswegen ein Urteil erlauben können. Warum schreiben Sie ihm nicht selbst, was Sie denken. Glauben Sie etwa, daß ich mich dazu hergeben will, ihm Ihre Meinung mitzuteilen? Ich habe übrigens seit sechs Monaten keinerlei Verbindung mit ihm und weiß nicht einmal, wo er ist – was man von Ihnen natürlich, wie Präzedenzfälle beweisen, wieder nicht sagen kann.

Also, mein lieber Freund, wenn Sie sich mit mir entzweien wollen, so tun Sie das, indem Sie mir weiterhin beleidigende Briefe schreiben und mich verdächtigen. Ich nehme das dann als Anerkennung für meine bisherigen Bemühungen, erfolglose und erfolgreiche. Wenn Sie einem nutzlosen, aber ziemlich verlassenen Freunde die Treue halten wollen, so lassen Sie bitte alle Verdächtigungen aus dem Spiel.

Ich brauche Ihnen ja nicht zu schreiben, wie hoch ich Ihre Arbeit und Sie schätze, oder muß man das immer wiederholen, um in Gnade zu bleiben?
Alles Gute

Ihr ergebener
H. A. Reinhold

H.A.R. an Gurian vom 19. August 1937

Sehr geehrter Herr Doktor,
ich danke Ihnen für Ihren Brief vom 29. Juli. Nach einem Telefongespräch mit Frl. Dr. Stephanie Herz am heutigen Morgen vermute ich, daß Ostermann von nun an gern die *DB* für das hiesige Komitee beziehen würde. Ihre Nachricht über Größer, die ich

ihm zukommen ließ und die er dann gleich an Erzbischof Rummel weitersandte, lässt nicht eine engere Zusammenarbeit mit ihnen wünschenswert erscheinen. Was Größer nun wieder angestellt hat, ersehen Sie aus dem einliegenden Zeitungsausschnitt. Das ist der zweite Gleichschaltungsversuch an den amerikanischen Bischöfen, wobei der Mann sich die Hilfsstellung Pacellis durch Flucht in die Öffentlichkeit zu sichern gedenkt. Es gibt keinen Zweifel, daß es sich wiederum, genau wie bei den beiden Briefen Kardinal Bertrams im vorigen Herbst, um eine Gemeinschaftsarbeit der abgefeimten Halunken Timpe und Größer handelt, denn erstens kann sonst niemand so gut Englisch, zweitens beweist der Adressat, daß man sich zuvor in Washington bei unseren Feinden informiert hat. Money hat mit dem Komitee gar nichts zu tun, sondern ist Präsident der NCWC Organisation, ein Brief an Rummel wäre nicht veröffentlicht worden, da er unseren Standpunkt teilt und überhaupt liegt die ganze Sache auf der Linie Größers, der mit allen Mitteln zuerst mich ausgeschaltet hat und nun durch die offizielle Stellungnahme Bernings und Pacellis die hiesigen Bischöfe zwingen will, die politischen Flüchtlinge fallen zu lassen. Es sollen nur die mit Gestaposiegel versehenen und vom Raphaelverein überreichten Flüchtlinge bzw. Auswanderer berücksichtigt werden. Utrecht, Paris, Schweiz etc. sollen ausgeschaltet werden. Gleichzeitig traf ein Brief Größers ein, in dem er behauptet, die Flüchtlinge in Frankreich seien Verbrecher und Bolschewisten (Kamnitzer offenbar eine Agentenarbeit).

Das sind keine Phantastereien aufgeregter Emigrantenhirne. Größer will den Verein retten, zu neuer Bedeutung erheben und muß sich bei den Nazis lieb Kind machen, aus Gründen, die Ihnen Schauff nennen kann. Ebenso wie P. George Timpe PSM in Washington, der hier sämtliche Freunde, und er hat sie in Massen, vor mir gewarnt hat, als einen Abenteurer, der sich „fälschlich mit der Gloriole des Martyriums" schmücke (was ich nie getan habe).

Ich halte es nicht für gut, daß Sie die Bemerkungen des *Westdeutschen Beobachters*[480] über Dr. Anderson abgedruckt haben. Das sieht fast so aus, als ob Sie das absichtlich getan hätten.

Für die Übersendung der *DB* danke ich Ihnen freundlichst. Da ich aber das nächste Jahr im Kloster zubringen werde und Dogmatik lehren soll, so kann ich Ihnen wirklich nicht nützen und werde wohl kaum Zeit haben, sie zu lesen. Sie haben jetzt eine sehr gute Protektorin in Frl. Herz, die sich neulich mit mir besprach, wie sie es anfangen sollte, Ihnen das erwünschte Stipendium zu besorgen.

Ich habe Sie nicht beleidigen wollen, sondern wollte mich verteidigen. Nach dem gemeinen Manöver der Herren Größer und Timpe falle ich hier ja sowieso aus und werde mich still verhalten müssen. Meine einzige Verteidigung wäre der Angriff in der Öffentlichkeit. Dazu ist die Zeit noch nicht gekommen. Ich muß eben die mir

---

[480] *Westdeutscher Beobachter*. Die 1925 von der NSDAP gegründete Wochenzeitschrift für das Reichsgau Köln-Aachen erschien ab 1930 täglich und entwickelte sich bis zur Einstellung bei Kriegsende zum auflagenstärksten Blatt im Kölner Raum.

zugefügten Beleidigungen zu vergessen trachten und daran denken, daß die beiden Männer mit Recht Angst haben. Ich begreife jetzt Dr. Brüning immer besser, der sich auch aus Rücksicht auf andere, alle möglichen Verdächtigungen schweigend gefallen lassen muß.

Dr. Max Fischer [...] interessiert sich für Ihre Arbeiten. Er hat gute Beziehungen. Früher *DAZ*[481] Korrespondent und Redakteur.

Ich denke, daß Sie mich jetzt verstehen, daß mir nicht der Sinn danach stehen kann, mich in einem Lande, in dem ich von Landsleuten in die allerpeinlichste Lage gebracht worden bin, zu exponieren, bevor ich sicher bin, daß ich niemandem schade und das Geringste ausrichte. Vorläufig bin ich von Timpe-Größer geschlagen und muß mich zurückziehen. Das ist der Lohn für meine Arbeit im vorigen Jahr. Aber solche Unbegreiflichkeiten sind schon besseren Menschen passiert.

Am 5. 9. reise ich von hier nach Westen. Falls Sie mir etwas mitteilen wollen, wird Frl. Herz, oder besser noch Dr. Fischer das gern vermitteln. [...] Mit den besten Wünschen für die Zukunft

Ihr in XRo ergebener.
(Unterschrift fehlt)

Gurian an H.A.R. vom 30. August 1937

Lieber Herr Reinhold,
ich danke Ihnen für Ihren Brief vom 19. August. Ich freue mich sehr, daß es Ihnen gelungen ist, eine Dogmatikprofessur zu erhalten.

Es wird Sie vielleicht interessieren zu hören, daß ich an eine USA-Universität berufen bin.[482] Vorläufig für ein Jahr, aber mit der Möglichkeit der Verlängerung. Ich habe mir bereits von der Schweiz ein Passpapier ausstellen lassen, daß mir die Wiedereinreise hierher wieder ausdrücklich erlaubt, und hoffe das Visum zu erhalten. Schade, daß ich Sie nicht in New York sehen werde. Ich möchte Ihnen jedenfalls für alle Ihre Bemühungen danken, vielleicht haben Sie doch zu dieser Berufung beigetragen, wenn ich auch vermute, sie vor allem englischen Jesuiten verdanken zu müssen. Sie haben sich immer selbstlos und bestmeinend eingesetzt, und haben stets alles getan, was Sie konnten. Sie sind kein Caritasgeschäftsmann wie Pater Grösser, und es ist sehr zu bedauern, daß Sie diesem Mann erst allzu sehr vertraut haben – und dass er dann das ihm von Ihnen geschenkte Vertrauen seiner Natur entsprechend benutzt hat. Sehr dankbar wäre ich, wenn Sie mir die Nummer von *America* mit meinem Artikel

---

481 *DAZ=Deutsche Allgemeine Zeitung.* Überregionale deutsche Tageszeitung, die von 1861 bis 1945 erschien.
482 Gurian hatte im Juli 1937 einen Ruf an die Notre Dame University in Indiana, USA, erhalten. Vgl. H. Hürten, *Waldemar Gurian*, S. 149.

senden könnten. Übrigens hat gerade die *Dublin Review*[483,] die wohl ziemlich angesehen ist, etwas von mir angenommen, und mein *Marxismus am Ende?*[484] erscheint englisch bei Burns, Oates and Washbourne, die mich um ein Buch gebeten hatten.

Von Frl. Herz habe ich einen ungemein liebeswürdigen Brief, der beweist, daß Sie sich wirklich interessiert, wenn sie auch leider, wie sie schreibt, infolge Arbeitsüberlastung und Abwesenheit wichtiger Personen erst im Oktober etwas hätte realisieren können. Vielen Dank für Ihren Einsatz.

Was Dr. Max Fischer anlangt, so kenne ich ihn. Er ist während des Krieges bei *Hochland* tätig gewesen. Verliess 1919 als Anhänger der Räterepublik die Redaktion. 1923 war er in der deutschen Propaganda gegen die Ruhrbesetzung tätig (*Rheinischer Beobachter*). Dann entwickelte er sich nach rechts. *DAZ*-Korrespondent in Moskau, *DAZ*-Redakteur, wütender Bekämpfer der Preußischen Regierung, sehr milde und nachsichtig für Nazis, Herausgeber einer Wochenzeitschrift *Der Vorstoss*, die diesen Kurs steuerte – forderte mich damals wiederholt zur Mitarbeit auf, die ich ablehnte. Wird von Jordan patroniert (dem Rundfunkmann in Basel). Ist er heute gegen Nazis? Ich kenne ihn auch persönlich, kann aber ihn nicht beurteilen. Sie werden aber verstehen, daß es mir nicht möglich ist, mich an diese Persönlichkeit zu wenden, auch wenn ihn s. Z. Shuster – auf Veranlassung Jordans hin – sehr schätzte. Dass Shuster keine Zeit gefunden hat, mich aufzusuchen, möchte ich nur beiläufig bemerken. Dagegen war Wall bei mir und es war sehr schön.

Indem ich Ihnen noch einmal alles Gute wünsche und versichere, daß ich Sie nie vergessen werde, auch wenn es mir mal besser gehen sollte.

Ihr aufrichtig ergebener
Waldemar Gurian (handschriftliche Unterschrift)

P.S. Dank für die sachlich-kritische Bemerkung über das Anderson-Zitat. Ich möchte nur bemerken, daß ich aus besonderer Rücksicht für Herrn Anderson von der in anderen kath. Zeitungen erfolgten Wiedergabe eines Interviews mit dem *Paris Soir* abgesehen habe. Die *DB* werden auch weiter erscheinen, wenn ich nicht mehr da bin. An wen könnte ich mich in New York bei Ankunft außer an Frl. Herz wenden?

Gurian an H.A.R. vom 31. August 1937

Lieber Herr Reinhold,
ich hatte gerade gestern den eingeschriebenen Brief an Sie abgesandt, als ich Herrn

---

483 *Dublin Review*. Einflussreiche britische (!) katholische Zeitschrift, die von 1836 bis 1969 in London erschien.
484 Waldemar Gurian, *Marxismus am Ende?,* Einsiedeln: Benziger, 1936 (Englische Übersetzung: *The rise and decline of Marxism*, London: Burn, Oates and Washbourn, 1938).

Dr. Karrer traf, der mir mitteilte, daß Sie einen Brief mit scharfen Ausdrücken über mich geschrieben hatten, worin gebeten wird, mich vor Torheiten (Angriffen gegen Sie) zu bewahren. Ich bin immer für klare Verhältnisse, und Sie werden verstehen, daß die Tatsache des an Dr. Thieme gerichteten Briefes vom 6. August, im Vergleich mit dem an mich gerichteten, ganz andersartigen vom 19. August, es mir besser erscheinen lässt, wenn wir vorläufig unsere gegenseitigen Beziehungen suspendieren, da ich das alte Vertrauen Ihnen gegenüber nicht mehr aufbringen kann. Dr. Karrer wird es Ihnen gerne bestätigen, wie schmerzlich mich die Nachricht von Ihrem Briefe betroffen hat, zumal ich gerade von Ihnen stets eine offene und aufrichtige Haltung erwartet hätte.

Was den Inhalt des Briefes an Dr. Thieme anlangt, so muß ich folgendes feststellen: Inzwischen haben Sie von Herrn Knab erfahren, daß ich nicht den Brief des Ligaverlags geschrieben habe, wenn ich auch natürlich mit ihm einverstanden war. Ich habe Ihnen nie geschrieben, daß Sie Brüning irgendeine Meinung über mich beigebracht haben, sondern nur, daß ich es sehr bedaure, daß Sie meine privaten Meinungen über Br[üning] als Politiker möglicherweise Männern wie etwa Shuster mitgeteilt haben. Es ist unrichtig, daß ich irgendetwas über Sie zu Ohren Brünings habe gelangen lassen. Ich habe mich an Br[üning] niemals in der Emigration gewandt, weder direkt noch indirekt, und ich wüsste nicht, mit wem ich über Ihre Beziehungen zu ihm gesprochen hätte. Am schmerzlichsten, muß ich gestehen, hat mich der Ton berührt, in dem Sie über meine Notlage schrieben. Doch hoffe ich, daß Sie solche Äußerungen selber bedauern. Nur bitte ich Sie, mir die Summen zu nennen, die Sie nach Ihren Angaben für mich ausgelegt haben. Es ist mir nicht möglich, Sie sagen zu lassen, daß ich Ihnen gegenüber mannigfaltige Erpressungen begangen hätte. Im genannten Brief sprechen Sie von 20 Franken. Sie gehen Ihnen in den nächsten Tagen zu. Über die andern Ausgaben, die Sie für mich hatten, bitte ich Sie um Auskunft.

Meine beste Antwort auf Ihre Annahme, daß ich irgendwelche feindseligen Akte gegen Sie plane, wird die Tatsache eines vollständigen Schweigens über Sie sein. Auch die Mitteilungen, die Sie mir trotz Ihrer Angst, ich wolle gegen Sie vorgehen, am 19. August zugeleitet haben, werden, um kein Missverständnis hervorzurufen, nicht verwertet werden. Von diesem Brief haben außer Dr. Karrer und Dr. Thieme keine weiteren Persönlichkeiten Kenntnis und werden sie auch nicht erhalten.

Auch in diesem Briefe möchte ich nach wie vor hervorheben, daß ich stets für Ihre, wie ich auch heute annehme, selbstlosen und im Interesse der Sache gemachten Bemühungen dankbar bin.

Mit besten Grüßen,
Waldemar Gurian

PS. Ich darf Sie auch daran erinnern, daß ich Ihnen einmal nach Amerika zehn Franken sandte, als einen ersten kleinen Ausgleich für Ihre Zeitungssendungen, die Sie mir leider nicht retourniert haben.

AUSWAHL

H.A.R. an Gurian, Portsmouth, vom 14. September 1937

Mein lieber Herr Gurian,
Ihr Brief vom 20. August kam heute hier an. Mr. Sheed hatte mir schon vorher alles erzählt und ließ mich glauben, daß er Ihnen die Stelle besorgt habe.

Ich wünsche Ihnen herzlich alles Glück. Hoffentlich gelingt es Ihnen, dort wirklich Fuß zu fassen. Es wird sehr schwer sein, denn dazu genügt hier nicht allein wissenschaftliche und geistige Qualität. Es kommen leider sehr viele Imponderabilia [sic!] dazu, Dinge, die man nicht schreiben kann.

In New York rate ich Ihnen, sich mit Paul Tillich, Mr. Philip Burnham, Editor of *Commonweal*, 386 – 4th Avenue, und Rev. John LaFarge (Vorsicht!) SJ in Verbindung zu setzen. Einen sehr feinen Menschen werden Sie in Professor Dr. Harry McNeil, Fordham University, Tel. Independence 3 – 1606, kennenlernen.

Herzlichen Dank für die Aufklärung über Fischer, der immer noch „Stahlhelmer" ist[485] – sonst aber ein guter Kerl (Room 1421, Hotel Alamae, New York).

Ich bin nicht Professor, sondern habe eine unbezahlte Stelle als Lehrer von 6 jungen Benediktinern, lebe aber als Oblate in der Kommunität und bin zum ersten Mal seit 2 Jahren zufrieden und glücklich.

Gott segne Sie. Fragen Sie Tillich, Fischer und McNeil, was Sie beachten müssen. Lachen sie nicht: Es ist sehr wichtig, daß Sie sich maniküren lassen, gute Anzüge tragen und Sport treiben. Das investierte Geld lohnt sich. Das ist ernst gemeint.
Alles Gute

Ihr
H. A. Reinhold

Gurian an H.A.R. vom 9. Oktober 1937

Lieber Herr Reinhold!
Frl. Dr. Herz sandte mir erst heute Ihren Brief vom 14. Sept. Sie entschuldigt sich, daß ich ihn erst jetzt gesandt erhalte.

Sie werden inzwischen meinen anderen Brief erhalten haben. Sie werden verstehen, daß ich zu einem Mann kein Vertrauen haben kann, der gleichzeitig (ungefähr) mir freundliche Briefe schreibt und mich für einen Erpresser, gefährlich usw. hält und das schriftlich proklamiert.

Unter diesen Umständen ist es besser, wenn wir – wie gesagt – unsere Beziehungen vorläufig suspendieren. Mir ist natürlich auch bekannt, daß Thieme einen beleidigen-

---

[485] Anspielung auf den Stahlhelm-Bund der Frontsoldaten, dem größten Wehrbund in der Weimarer Republik.

den Brief über mich an Sie geschrieben hat, unter Bruch seiner von ihm eingegangenen Verpflichtung, über die Gründe unseres Auseinandergehens und überhaupt über uns zu schweigen.

Hoffentlich hat Ihnen inzwischen Frl. Dr. Herz die für Sie schon längst gesandten 20 Franken weitergegeben. Ich bitte mir die Summe jener großen Ausgaben mitzuteilen, die Sie für mich gemacht haben, laut Ihrer Angabe an Thieme. Ich werde dann Ihnen das Geld senden.

Was Ihre Ratschläge anlangt, so sind Sie sehr richtig. Mindestens 60% – wenn nicht mehr – des Erfolges hängt von sog. Äußerlichkeiten ab, die ich schuldhafterweise stets ignoriert habe. Von meinem Gehalt werden gleich wieder neue Anschaffungen gemacht; bereits in Paris habe ich mich maniküren lassen (ich erwähne das, weil Sie davon schreiben); bei meiner Ankunft in ND (vermutlich ist die Universität Notre Dame gemeint – die Hrsgg.) war ich genau über die Geschichte der Universität unterrichtet, über die berühmte Fußballmannschaft, über Rugby usw. Einige Interviews sind erschienen.

Ich bin hier sehr zufrieden und finde alles sehr schön. Alles ist sehr nett und freundlich; nicht ungünstig war, daß gerade ein neuer Artikel im *Commonweal* erschien und Pater LaFarge mein Buch freundlich besprach. Irgendwelche besonderen Ansprüche stelle ich nicht; ich fühle mich als Lernender, alles andere als verkannt usw.

In New York sah ich Father Ost[ermann] und Frl. Herz, die Arbeit des Kom. macht einen sehr guten Eindruck. Rev. Feige, O'Connor, [...] in dem America House, sah Baerwald (aus ganz bestimmten Gründen) im Leo House. Mr. Sheed war leider schon abgereist. Ich bin übrigens gleich von einer führenden nichtkath. Zeitschrift (in der ich aber, wie ich feststellte, gut schreiben kann) zur Mitarbeit aufgefordert worden.

Ich habe mehrfach gehört, daß Sie sich so freundlich für mich eingesetzt haben. Vielen Dank. Umso mehr bedaure ich die Konsequenzen, zu denen mich Ihr Brief über mich an Thieme zwingt.

Mit dem Ausdruck der Hoffnung, daß es Ihnen auch weiterhin so gut geht wie jetzt

Ihr ergebener
W. Gurian

Mit Tillich, den ich persönlich nicht kenne, und mit Max Fischer kann ich leider nicht in Verbindung treten. Mit Prof. McNeil dagegen werde ich es tun. Vielen Dank.

H.A.R. an Gurian, 25. Dezember 1939

Mein lieber Gurian,
trotz allem (warum es wieder aufwärmen) drängt es mich, Ihnen zu gratulieren zu der *Review of Politics*. Ich bin überzeugt, daß sie die augenblicklich höchststehende Revue in den USA ist, die geistig, profunde und solide ist. Außerdem ist sie lesbar, etwas was sie von deutschen Parallelen unterscheidet. Herzlichen, neidlosen Glückwunsch. Sie sind also wirklich ein Gewinn für den US-Katholizismus. Übrigens ein kurzes Nachwort in eigener Sache. Ihre Darstellung, „ich hätte hier nichts für Sie getan", beruht auf fehlenden Informationen, ganz falschen, aber wohl nicht böswilligen. Qui bene distinguit … usw.

Getan habe ich Folgendes: mich hinter Brieß, Baerwald, Gannon, Parsons, McNeill, LaFarge, Hartigan, NCWC, Sheed, O'Hea, Martindale, Ostermann, Erzb. Rummel, Georg Shuster (sehr oft), Rev. Gillis, Russel-Sage, Wunderlich und andere mehr geklemmt, mündlich, schriftlich, wiederholt. Damit fällt schon Ihre Missinformation um.

Ob der Erfolg in meiner Macht lag, das ist eine ganz andere Sache. Sicher hat Ihnen mein Bohren nicht geschadet (wohl aber mir, denn Sie gelten ja als links).

Bei der feinen Behandlung, die man mir hier zuteil werden ließ, konnte man nicht erwarten, daß ich direkte Erfolge für irgendwen erringen würde. Im Übrigen war ich das Opfer einerseits der Persönlichkeit Feiges und andereseits der Intrigen Größer – Timpe – Catholic Charities – Kardinal Hayes.

Aber selbst bei dieser verzweifelten Lage war es doch so, daß Sheed – auf den ich durch O'Heara und Martindale sowie persönlich eingewirkt hatte – mich in New York aufsuchte, um mir zu sagen, er habe mir die erfreuliche Mitteilung zu machen, daß mein Wunsch, Sie möchten eine Stelle in Amerika finden, in Erfüllung gegangen sei. Er habe Ihnen in Notre Dame eine Stelle gefunden. Er hoffe, mir dadurch gezeigt zu haben, daß unsere Bemühungen nicht vergeblich seien. Er bat mich, Ihnen diese Nachricht zu übermitteln (was aber inzwischen schon anderswie geschehen war).

Ich lebe also in der Einbildung, nicht nur mich für Sie bemüht zu haben, sondern sogar ein ganz kleines bisschen Anteil am Erfolg gehabt zu haben. Ihr Gerechtigkeitssinn wird zugeben, daß ich bei meiner Kenntnis der Lage, die natürlich beschränkt ist, es nicht als ganz richtig empfinde, wenn Sie Dritten gegenüber feststellen zu müssen glauben, ich hätte einfach nichts für Sie getan. Ich hoffe, dass es Ihnen gelingt, diesen Eindruck zu beseitigen.

Wie gesagt, ändert das Gefühl, wehrlos gegen solche Darstellungen zu sein und in den Augen von Freunden herabgesetzt worden zu sein, nichts an meiner Bewunderung für Ihr feines Werk. Ich wünsche Ihnen dazu Gottes Segen und hoffe, daß Sie einer glücklichen Zukunft entgegen gehen. Der US-Katholizismus hat so etwas dringend nötig.

Übrigens wäre Maier [unleserlich] Ihnen für das geringste Zeichen der Treue und des Verstehens sehr dankbar. Er kämpft verzweifelt und verdient es, nicht vergessen zu werden.

Mit besten Neujahrswünschen
H. A. Reinhold

Gurian an H.A.R. vom 2. April 1940

Sehr geehrter Hochw. Herr,
anbei ein Brief (Auszug) von Prof. Erik Peterson. Ich überlasse es Ihrem Ermessen, ob Sie Peterson helfen wollen. Ich stelle es Ihnen anheim, ob Sie Shuster – 18 Tausend jährlich – benutzen wollen.
　Ich bitte diesen Brief nicht misszuverstehen. Solange Sie Ihren bekannten Brief an Thieme nicht zurücknehmen, kann ich mit Ihnen keine persönlichen Beziehungen haben.

Hochachtend
W. Gurian

(*Anlage: Auszug aus einem Brief Erik Petersons an W. Gurian vom 4. März 1940*):
[…] Im Juli erwarten wir das 5. Kind und haben nun große Sorgen. Wir haben schon seit Monaten kein Geld mehr aus Deutschland erhalten. Ich verdiene in der Vaticana ca. 6-800 Lire im Monat, also kaum mehr als 100.- Mark. Dann habe ich noch 400 Lire im Inst. di Arch. Christ.[486] Wie kann man eine Familie von 7 Personen (vier kleine Kinder im Alter von 7 Monaten bis 6 Jahren machen ein Dienstmädchen nötig) mit 150 Mark im Monat durchbringen? Das ist ja selbst bei größten Entbehrungen nicht möglich. Nun verkaufe ich Bücher, aber selbst die wird man hier bei dem wirtschaftlichen Elend in Italien – den Vatikan eingeschlossen – nicht los.
　Ich habe an Quasten geschrieben und gebeten, man solle uns helfen, aber bisher habe ich keine zustimmende Antwort erhalten. Könnten Sie nicht sehen, ob sich einige Leute finden, die uns monatlich – oder auch einmal wenigstens für die Entbindung im Juli (wir haben noch nicht einmal die Schulden für die Entbindung im vorigen Jahr bezahlt) – etwas schicken könnten? Wenn sich 5 oder 10 Leute zusammentun, müsste es doch möglich sein, uns zu helfen. Aus der Schweiz ist keine Hilfe zu erwarten. Versuchen Sie einmal Ihren Einfluss geltend zu machen. Ich weiß mir wirklich nicht zu helfen. Schicken Sie das Geld evtl. an die Adresse meines Schwiegervaters Raffaele Bertini, Roma, Via Gallia 95 Casa X.

---

486 Gemeint ist das Päpstliche Institut für Christliche Archäologie (Pontificio Istituto di Archeologia Christiana).

Natürlich kommt man bei all diesen Sorgen nicht zu eigener Arbeit, denn Tags über sitze ich in der Vaticana an den Codices, um dann doch für diese Arbeit weniger zu erhalten als der Angestellte, der nichts weiter tut, als mir die Codices in die Hand zu drücken. Man wird in Zukunft nur noch politisch-technisch ausgerichtete Arbeiten machen, die anderen werden vermutlich von dem was von den Orden übrig bleibt, schlecht und recht getan werden. Finis Europae!

H.A.R. an Gurian, Yakima, vom 14. August 1944[487]

Lieber Doktor,
ich möchte Ihnen und Mrs. Gurian für alles danken, was Sie für mich in South Bend getan haben, besonders für die fröhlichen Abende mit Ihnen und Ihren Freunden. Es war sehr interessant und sicherlich der beste Teil St. Marys. Die Fahrt hier her war gut und ich fühle mich gut. Wenn Sie wirklich wollen, daß ich über „geistliche Sprache" schreibe, sollte ich es versuchen.
 Der Scheck von St. Marys war ein Hungerlohn. Wenn ich gewußt hätte, was die Schwestern mir geben, wäre ich in New York geblieben, wo ich viel mehr gebraucht wurde. Erzählen Sie es niemandem, aber es war nicht einmal genug, um meine Fahrtkosten zu bezahlen. Ich nehme an, ich habe so viel gegessen, daß Ihnen das Geld ausging. Es war genau ein Fünftel dessen, was ich letztes Jahr bekommen habe. Aber ich werde das spirituelle Ziel nicht zerstören, in dem ich wegen dem Finanziellen protestiere. Dies, zusammen mit den Quislings-Gesprächen am Tisch, die kalte Aufnahme von den meisten Schwestern, hält mich in Zukunft vom Westen fern.

H.A.R. an Gurian, Sunnyside, vom 10. Januar 1945

Lieber Gurian,
ist dies nicht erbaulich?[488] Es ist doch wundervoll, die CYO und FBI Hand in Hand zu sehen – besonders wenn man an die unbeschreiblichen Dienste des Rev. John Cronin denkt. Mir kommt die augenblickliche Lage geradezu katastrophal vor. Die Über[unleserlich] in Versammlungen (Rote Agitatoren?), die Streitlage fast bürgerkriegsartig, die „Reaktion" entschlossen und wohl verschanzt – was wird das geben!
 Frau Smolka tut mir sehr leid, aber eine solche Stellung (Abwehr) ist etwas, was natürlich jede Behörde vereinnahmen muß. Ein Aufruf hier würde doch nichts erklären und Unterstützung der falschen Leute bringen. Wie wäre es, wenn Sie an den

---

487 Übersetzung aus dem Englischen.
488 Dem Brief liegt ein Zeitungsausschnitt über die Ehrung des FBI-Direktors J. Edgar Hoover mit dem *Club of Champions Award* der katholischen Jugendorganisation der New Yorker Erzdiözese bei.

Nuntius in Bern, den Sie ja kennen, schrieben? Warum schreiben Sie nicht an Ihren „Senator"? Ich kenne Smolka gar nicht!

Den Almond-Nibula habe ich nicht mehr – sandte ihn an George G. Higgins, NCWC. Schreiben Sie ihm bitte – er wird ihn Ihnen zusenden.

Ja – ich sah die Maritain Verteidigung – und den Gegenangriff [unleserlich].

McGrath's (Most Rev. Michael, 24 Newport Rd, Cardiff, Wales) Aufruf war, glaube ich, in *Catholic Northwest Progress*[489] (wann? Vergessen). Übrigens der Brief im *Commonweal* ist weder von mir, noch inspiriert von uns. Ich habe keine Ahnung, wer ihn schrieb. Dies zur Steuer der Wahrheit, falls Sie etwas hören sollten.

Habe Kramers Buch nicht.

Thiemes Synagogenbuch liegt hier – ungelesen.[490] Ich bin so herunter mit meinen Nerven – irgendetwas mit mir ist in Unordnung. Vor allem natürlich meine Isolierung, Kaltstellung und die schäbige Behandlung seitens des *Commonweal*. (Dank vom Hause Habsburg!) Hoffentlich gehe ich geistig nicht ganz kaputt. Bin zu [unleserlich]! „Can't take it."

Ich lese Loewenstein – Ebenstein parallel! Welch ein Unterschied. Hubertus ist ein altes Quatschmaul.

Lasen Sie den neuen Hayes-Article [sic][491] (Harlan something), Jan. German conscience? Not so bad. He knows his stuff.

Gruß an alle: Mrs. Gurian, O'Malley, Camp, Mutting, Simon etc.

Ihr
H.A.R.

H.A.R. an Gurian vom 1. April 1945[492]

Lieber Gurian,
wenn Sie es etwas genauer spezifizieren würden, über was ich schreiben soll, werde ich es versuchen. Wie auch immer, ich warne Sie, daß ich keine Fußnoten habe, ebenso wie ich kein Quellenmaterial habe außer meiner eigenen Erinnerung. Ich habe keine Literatur hier, auf die ich mich beziehen kann.

Anbei 3 Zeitungsausschnitte einer Ausgabe unserer Diözesanzeitung. Der erste Max Gordon Bericht erschien vor 3 Wochen: ein feinsinniger Hinweis darauf, daß den armen Menschen in Köln von den Alliierten geschadet wird. Nun sehen Sie. Bitte schicken Sie sie zurück. Ich werde eine Akte über diese Ereignisse anlegen!

489 *Catholic Northwest Progress*. Mitteilungsblatt der Diözese Seattle.
490 Karl Thieme, *Kirche und Synagoge. Die ersten nachbiblischen Zeugnisse ihres Gegensatzes im Offenbarungsverständnis*, Olten: Walter, 1945.
491 Reinhold verfällt in diesem Absatz plötzlich ins Englische.
492 Übersetzung aus dem Englischen.

Fröhliche Ostern Ihnen allen
H.A.R.

H.A.R. an Gurian, Sunnyside, vom 9. Mai 1945[493]

Lieber Gurian,
mir geht es nicht gut gerade, aber ich strenge mich an, den Artikel zu schreiben. Irgendwas ist überhaupt nicht mit meinem Magen in Ordnung. So seien Sie geduldig. Wann ist Ihr Redaktionsschluss?
  Danke für Ihre netten Worte bezüglich der *Commonweal* Briefe.

H.A.R.
P.S. Haben Sie „Kestrichs" letzten Brief gelesen (Kühnelt-[unleserlich])

H.A.R. an Gurian, auf Briefpapier des Assumption College, Windsor, Ontario, Canada, vom 12. Juli 1945[494]

Lieber Gurian,
ich habe heute mit Freude Ihre Nachricht per Luftpost an Thieme übermittelt. Nächste Woche fahre ich nach New York, heute nach Toronto. Am Wochenende plane ich, in Chicago zu sein – können Sie auch dort hinkommen?
  Ich sagte Thieme: a) Lassen Sie die Verschwörungstheorien sein und schreiben sie mir klare, unverhüllte Fakten. Andeutungen und mysteriöse Märchen sind keine Hilfe. b) Erkennen Sie, daß Jordan, kostümiert als Reporter, nur der Avantgardist einer Gruppe ist, die inspiriert ist und einen Konvent mit Männern wie Klaus [unleserlich] führt und all diese Jobs inne hat: Bischof McIntyre, Basil O'Connor, Spellman, Botschafter Murphy, Vatikan. Sie werden angetrieben von der Angst vor dem Humanismus und den Hüten der Liberalen – die alles tun, was sie können, um Ihnen bei ihrer Dummheit zu helfen. c) Liefern Sie uns gute, [...] Männer und Gurian wird sich um sie kümmern. Zwischen Ihnen und mir: Ich glaube, die ganze Sache ist hoffnungslos. Ich kämpfe meinen gewohnten, verlierenden Kampf und erschöpfe mich nur selbst. Sie sahen Fr. Onclys gemeine Stichelei im *Commonweal* und in seinem lit. Bericht. Er arbeitet auch mit Jordan. Diese Gruppe hat ungefähr so viele Helfer und Mitreisende wie die Dritte Internationale.
  Auden weiß nichts über deutsche Universitäten, außer dass er, wie so viele Intellektuelle, dort viele Freunde hat und eine gewisse nostalgische Liebe für alle

---

493 Übersetzung aus dem Englischen.
494 Übersetzung aus dem Englischen.

deutschen Dinge hegt. Typischer Engländer. Sein Bruder ist ein Bewunderer Gandhis. Wer ist Prof. Ohuth [?[. Der Lerchner Report war in einer unserer Tageszeitungen. Ich kann ihn gerade nicht finden. Es war eine grausame Geschichte und sie zeigt, was für Helden Goerdeler, Kleist und andere sind.

Für mich scheinen alle Reporter intellektuelle Perverse zu sein: Die Bewunderung für alles Deutsche ist ekelerregend. Bald befinden wir Flüchtlinge uns an der Stelle der Nazis als Feinde im Kopf der Öffentlichkeit und Deutschland wird zum Waffenbruder! Widerliche Aussichten! Manchmal spüre ich, daß Hutchins [?] nicht so schlimm ist, und dass es das Beste ist, den Mount Rainier zu besteigen und Bären zu schießen oder in Alaska zu angeln.

Louise Brogan ist nicht so hart mit mir ins Gericht gegangen, wie sie es im Hinblick auf die Fehler des Buches hätte tun können. Ich verübelte Fremantle weit mehr. Nein – ich habe Baerwald noch nicht gelesen, aber ich will.

Der Artikel, den ich für Sie schreiben soll, wird niemals unverfälscht erscheinen. Ich kann nicht erzählen, was ich weiß (Berning, Faulhaber, Schulte – der Hirtenbrief von 1943[495]) und warum sollte ich dann Dinge sagen, von denen ich nicht glaube, daß sie wahr sind? *Thought*[496] möchte nun einen Artikel über die Angelegenheit – Gurian entgegen gestellt. Ein Fr. Harthelt hat mich empfohlen. Ich befürchte, es ist die gleiche Sache. Außerdem habe ich nicht genügend Material, um es gut und gewaltig zu machen. [letzter Satz nicht lesbar]

So viel für heute
H.A.R.

H.A.R. an Gurian, Sunnyside, vom 16. August 1945[497]

Lieber Dr. Gurian,
danke an Sie und Ihre Frau für die schönen Tage mit Ihnen. Würden Sie dies bitte auch an Ihre liebe Frau übermitteln?

Nat. U. Brown ist enttäuscht, daß Sie ihn nicht auf der Rückseite von *Review of Politics* erwähnen. Warum nicht? Er zahlte 20$.

1) S.S. „Pierce", Boston, Mas. (packages)

---

[495] Möglicherweise eine Anspielung auf den sogenannten Dekalog-Hirtenbrief vom 19. August 1943, in dem die deutschen Bischöfe sich gegen die Tötung unschuldigen Lebens wandten. Vgl. Hirtenbrief der deutschen Bischöfe vom 19. August 1943, in: Ludwig Volk, *Akten deutscher Bischöfe über die Lage der Kirche 1933–1945*, Bd. 6. 1943–1945, Mainz: Matthias-Grünewald-Verlag, 1985, hier S. 197 ff.
[496] *Thought. A review of culture and idea.* Die Quartalsschrift der Fordham University erschien von 1926 bis 1992.
[497] Übersetzung aus dem Englischen.

2) Wm. Hogan, 99 Wall St., New York
3) Rev. Leop. Tibesar, M.M. (See Cathol. Direct 1945)

Ihr
H.A.R.

H.A.R. an Gurian, Sunnyside, vom 23. August 1945[498]

Lieber Gurian,
beim wiederholten Lesen der *DB* frage ich mich, ob Sie je daran gedacht haben, Jurtie Jackson, [die AMG[499]] und andere darüber schauen zu lassen. Ich spüre, daß viel darin steht, was Ihnen bei Ihrer Arbeit sehr behilflich sein könnte. Können Sie keine Mitglieder von 1934–1935 mehr finden?
Freundliche Grüße an Mrs. Gurian, Simon und O'Malley

H.A.R.

H.A.R. an Gurian, Sunnyside, vom 12. September 1945[500]

W. Gurian:
Können Sie (im Seminar oder im Austauschverkehr) mir besorgen: *Nouvelle Revue Theologique*[501], [unleserlich] (Bllg.) 1937 (1936) p. 451 (P. Delattres SJ)? Es würde sehr helfen, könnte ich ihn zitieren! Ihr Bibliothekar kann ihn von Toronto, Montreal oder Catholic W. besorgen, gelle?
Wie gehts? Jordan und Gerdemeiss [?] machen ruhig weiter. Dazu hilft nun auch noch *Tablet*.

Ihr
H. A. Reinhold

---

498 Übersetzung aus dem Englischen.
499 Wahrscheinlich ist die christliche Missionsgesellschaft Advance the Ministry of Gospel (AMG) gemeint, die 1942 in New York gegründet wurde.
500 Übersetzung aus dem Englischen.
501 *Nouvelle Revue Theologique*. Französische katholische Zeitschrift. Sie erschien 1869 erstmals unter diesem Namen und wird heute in Belgien verlegt.

H.A.R. an Gurian, Sunnyside, vom 23. Oktober 1945 [502]

Lieber Dr. Gurian,
das folgende ist die Adresse eines amerikanischen Polizisten, der jetzt in Stuttgart stationiert ist:
 Capt. A.M. Garrison – 0534534, Dez. E-I, Co. A. 2nd M.G. Regt. A.P.O. 158, 9. P.M. New York
 Seine Frau, Mrs. Garrison, ist Mitglied in meiner Gemeinde.

Mit freundlichen Grüßen
H.A.R.

Gurian an H.A.R. vom 2. Dezember 1945

Lieber Reinhold,
Dank für die Karte von Thieme. Ich kann natürlich vieles nicht beurteilen. Jedenfalls scheinen mir die Tatsachen über Wirth und Dessauer's [sic] Sorgen um die deutsche Einheit kein notwendiger Beweis für deren moralische Korruptheit zu sein. Wer ist G.? Keckeis? Und ist Brock der Zürcher Schriftsteller? Schlimm ist natürlich der Fall Iserland[503], aber auch nicht überraschend – Iserland war ein naiver Idealist, und die neigen immer zu solchem Verhalten. Vielleicht aus „Pflichtgefühl" – man gibt ihm den Rat usw. Gerst ist ein Geschaftelhuber, der unter allen Regimen Geschäfte machte. Er war seinerzeit Geschäftsführer des Bühnenvolksbundes, 1935 Goebbels-Mitarbeiter, vorher Vermittler für Moskaugeschäfte. Im Grunde genommen unwichtig. Könnte Thieme nicht Material schicken – z. B. Zeitungen, die Broschüre von Orb usw. Ich bin auf seinen Artikel gespannt. Im Übrigen könnte er mir ruhig direkt schreiben. Aber natürlich kann man von ihm kein christliches Verhalten erwarten. Er ist immer im Recht und jeder andere im Unrecht. Ich hatte an Kramer geschrieben, aber nichts von ihm gehört. Sahen Sie Brandt in Art. [...] im *Catholic Digest* von Dezember? Was sagt der Klerus zu den Wahlen in Ungarn und Österreich? Neue Beweise für russischen Imperialismus, der besonders geschickt ist? Ich hoffe, daß Sie sich wieder bald vernehmen lassen, trotz der Überlastung. Guardini ist Prof. in Tübingen. Und anbei ein Brief von Maaßen.[504] Wenn Sie einen Brief für Wiederaufnahme des Michael im *Commonweal* loslassen wollen, senden Sie ihn mir – falls nötig – zur Mitunterschrift.

502 Übersetzung aus dem Englischen.
503 Otto Iserland, deutscher Konvertit, Professor am College St. Michel in Freiburg (Schweiz), Verfasser und Herausgeber mehrerer religiöser Schriften.
504 Johannes Maaßen (1902–1949). Chefredakteur der *Jungen Front* (später *Michael*), Zeitschrift der deutschen katholischen Jugend.

Vielen Dank für die Angabe der Adresse von Capt. Garrison. Er ist sehr hilfreich. Soll ich seiner Familie etwas zu Weihnachten senden? Ein Buch? Was raten Sie?

Herzliche Gruesse

Ihr
W. G.

H.A.R. an Gurian, Sunnyside, vom 11. Dezember 1945

Lieber Gurian,
ich las soeben Faulhaber und Gröber. Es muß ja lieblich aussehen in D! Die Warnung Faulhabers an seinen eigenen Klerus ist unglaublich.[505]

Ich finde, wie Sie, daß weder Wirth noch Dessauer Schurken sind, falls Sie Deutschland ganz behalten wollen. Thiemes Seperatismus ist mir ganz unklar. Hat er irgendeine romantische Konstruktion im Kopfe?

Wer ist Brandt? Sehe den [unleserlich] nie.

Die vest. meg. (sic!) Wahlen interessieren unseren Klerus hier nicht. Ist es nicht ein bisschen subtil, „russische Politik" dahinter zu sehen.

Ich bin ein bisschen erbost auf *Commonweal*. Man lässt mich eine Attacke reiten und bestellt sich dann einen Gegenangriff, ohne mir Raum zur Antwort zu geben. Das ist nun 3–4 mal passiert. Garrits glaubt, es sei Methode und[506] somebody there is not very nice to me. Mein Kramer-Brief brachte 60 $. Lächerlich.

Für den *Michael*[507] interessiere ich mich nicht sehr. Auf keinen Fall werde ich dafür werben – das ist eine rein deutsche Angelegenheit. Die deutschen Bischöfe benehmen sich wie Esel – lass sie tun, was sie wollen. Wo sind die Hirtenbriefe, die zur Annahme des Nürnberger Gerichtshofes ermahnen?[508] Das Wort „Menschlichkeit" ist völlig erstickt – sogar bei Bischöfen! Zum K…n.

Hall in NCWC schreibt mir, er kann mir keine Hirtenbriefe im Original senden. Ich werde daher den frag. Text benutzen. Sie erhalten ihn bald zurück.

---

505 Wenn man die weiter unten von Reinhold gemachte Äußerung über eine mangelnde Unterstützung der Nürnberger Kriegsverbrecherprozesse durch das deutsche Episkopat berücksichtigt, könnte diese eine Anspielung auf das im Sommer und Herbst 1945 verstärkte Engagement des Erzbischofs von München, Michael Kardinal von Faulhaber, sein, sich für inhaftierte NSDAP-Mitglieder einzusetzen. Vgl. Ulrike Bachhofer/Angela Achi, Pragmatischer Umgang mit der Vergangenheit? Kirche und Fluchthilfe, in: Rainer Bendel (Hg.), *Kirche der Sünder – sündige Kirche? Beispiele für den Umgang mit Schuld nach 1945*, Münster: LIT, 2002, S. 19–60 , hier S. 35 ff.
506 Reinhold verfällt ins Englische.
507 *Michael*. Zeitschrift der katholischen Jugend, vorher *Junge Front*, erschien von 1935 bis 1955.
508 Gemeint sind die Prozesse gegen die Hauptkriegsverbrecher vor dem Internationalen Militärgerichtshof in Nürnberg 1945/46. Vgl. Annette Weinke, *Die Nürnberger Prozesse*, München: Beck, 2006.

Ich wünsche manchmal, ich wäre an Stelle des abgefeimten Jordan in D. und könnte Bericht erstatten. Dann wieder habe ich Tage, an denen ich denke, was geht dich die ganze Sache an. Man hat dich 1935 kalt lächelnd im Stich gelassen – warum sollst du dich denn jetzt aufregen?

Aber was geht hier in US vor? Die prodeutsche Welle ist immer noch am wachsen. Es sieht verd… nach einer Katastrophe im Geistigen aus. Fulton Lewis jun. und ähnliche Gesichter, Taft, Gearhart, Brownell etc. trüben das Volk. Die Propaganda ist formidabel. Lewis ist noch gerissener, subtiler und gemeiner als der sel. Joseph von M-Gladbach.[509]

Ihr ergebener
H.A.R.

H.A.R. an Gurian, Sunnyside, vom 1. Februar 1946

Lieber Gurian,
je mehr ich lese, umso konfuser werde ich! Natürlich ist was an der Jeremiade Meyers: Selbst Benesch[510] scheint 1938/39 eine merkwürdige Rolle gespielt zu haben. Die Tschechen haben merkwürdige Dinge getan – aber was sollten sie tun, nachdem die Welt sie verraten hat? Der Minister (Morarets), der nach München sagte: „Man hat mich gehindert mit den Engeln zu singen, ich werde also mit den Teufeln heulen.", hat wohl die Stimmung ausgedrückt.[511]

Wäre es nicht an der Zeit, daß wir eine Erklärung abgeben (*Commonweal*?), unterzeichnet von Ihnen, Yves Simon, meiner Wenigkeit, und ein paar anderen? Es gibt ja nur sehr wenige, die unseren Standpunkt teilen – aber es wird nachgerade immer schlimmer. Ich würde meinen Brief inhaltlich zitieren, plus mehrere Sachen, die gedruckt und geschrieben sind.[512]

Ihre Frage bzgl. Simsons erstaunt mich. Ich habe ihn zuletzt im August gesehen und einen Streit gehabt. Seine Artikel habe ich komplett ignoriert. Mr. Heywood fragte mich, was ich davon hielt und ich sagte ihm, „Nicht viel", und außerdem erscheint

---

509 Anspielung auf Joseph Goebbels.
510 Edvard Beneš (1884–1948), Präsident der Tschechoslowakei von 1935 bis 1938, 1940 bis 1945 (im Exil) und 1945 bis 1948. Vgl. Zbyněk Zeman/Antonín Klímek, *The Life of Edvard Beneš 1884–948: Czechoslovakia in Peace and War*, Oxford: Oxford University Press, 1997.
511 Anspielung auf die Münchener Konferenz bzw. das Münchener Abkommen 1938, bei dem die Westmächte den deutschen Gebietsansprüchen (Sudetendeutschland) entgegenkommen sind und damit faktisch der Auflösung der Tschechoslowakei zugestimmt haben. Vgl. David Faber, *Munich. The 1938 Appeasement Crisis*, London: Simon & Schuster, 2008.
512 Es folgt ein kurzer Abschnitt auf Englisch, ein erster Entwurf für die Erklärung: „Whereas it is said…we now want to make clear our position for the benefit of our own record, of a fine stand, a more profound reflection and in order to refresh the memories of our contemporaries…"

er in einer Ztschr., die seit 1934 in übler Weise „appeasement" getrieben habe (Georg Timpe PSM, Handlanger von […] + Max Groesser parkte sich in St. Louis und sorgte für die „richtige" Haltung). Aber diese Dinge kann v. S. kaum wissen. Vielleicht hat jemand geklatscht oder zwischengetragen. Ich bin verblüfft! v. S. und ich waren sehr oberflächlich „befreundet". Seine Haltung und meine eigene standen uns immer im Wege. Was soll ich anfangen. Ich verlange nicht, daß er meine Artikel schätzt – soll das nicht auch umgekehrt gelten?

Da mein Gedächtnis sehr schlecht ist – vielleicht wissen Sie mehr als ich!

Ihr
H.A.R.

H.A.R. an Gurian, Sunnyside, vom 2. Februar 1946 [513]

Lieber Gurian,
solange ich das Original nicht gesehen habe, kann ich dieses Manuskript nicht korrigieren. Es wurde von zwei Schreibern schlimm verstümmelt. [unleserlich] ergibt keinen Sinn. Bitte schicken Sie mir das Original und ich werde darüber sehen.

Walls Brief ist das Beste, was ich über Italien gelesen habe. Schade, daß er zum Teil so pro-faschistisch ist […]

Wie immer Ihr
H.A.R.

H.A.R. an Gurian, Sunnyside, vom 24. März 1946 [514]

Lieber Gurian,
nachdem ich Ihren meisterhaften Brief an Mr. Bamer gelesen habe, der sich auf seinen sarkastischen Unterton bezieht, glaube ich, daß ich es mir sparen kann, seinen Brief selbst zu lesen. Ich habe diesen Herren niemals kennen gelernt und mir war nie daran gelegen, in eine schriftliche Auseinandersetzung mit ihm hineingezogen zu werden. Ich schrieb ihm den Brief, weil ich Ihnen als einem alten Freund einen Gefallen tun wollte. Also bitte entschuldigen Sie mich und sagen sie Mr. Bamer, daß ich seine Gefühle keinesfalls verletzen wollte, außer da, wo sie es verdient haben, verletzt zu werden.

---

513 Übersetzung aus dem Englischen.
514 Übersetzung aus dem Englischen.

Ich habe Schreiber ihm gegenüber niemals erwähnt. Wie sie richtig sagten, habe ich schlecht von Dr. Scherer geredet. Wie sie richtig dargelegt haben: Es ist die Vergangenheit, mit der sich der [unleserlich] Brief befasst und es ist diese Vergangenheit, die mir zu gute Gründe liefert, die Zukunft solchen Männern [nicht] anzuvertrauen. Ist es Mr. Bamers Überzeugung, daß unsere Unterstützung deutscher Katholiken blind erfolgen sollte? Also die katholische und westliche Angelegenheit geschützt von Händen, die schon einmal, nein zweimal, vorher versagt haben – 1918 und 1933? So lange er den Ausdruck „positive christliche Elemente in Deutschland" nicht definiert, den ich in Ihrer Antwort entdeckt habe und von dem ich annehme, daß es sich um ein Zitat aus seinem Brief handelt, müssen jegliche Diskussionen zwischen uns auf Eis gelegt werden. Als gute [unleserlich] sollten wir immer bereit sein, zu unterscheiden. Ich differenziere: Positive christliche Elemente in Deutschland, die alle Konsequenzen tragen wollten, die sich aus dem Wort „Christ" ergeben, zum Beispiel gegen Nationalsozialismus, Rassismus etc. Damit erhält Mr. Bamers meine volle Unterstützung. Aber falls er konfessionelle Christen in führenden Positionen meint, die einen katastrophalen Mangel an Verständnis für moralisches Rückgrat und männliche Aufrichtigkeit haben: Ich bitte, nicht mit ihm einer Meinung zu sein. Sie zu unterstützen, wäre gleichbedeutend mit der Unterstützung möglicher Kompromissquellen in wesentlichen Bestandteilen, der Demoralisierung des loyalen kleinen Mannes und der Verursacher von Paniken und Vertragsbrüchen. Männer wie Kardinal Innitzer – privat mutige und gute Menschen, aber Kleinstadtpolitiker in den Roben von Staatsmännern.

Ich kann nichts Gutes daran finden, Männer wie Dr. Berning zu ermutigen, selbst das Gesetz zu übertreten. Er hat das gute Recht auf einen würdigen Ruhestand und, als Kollege von Himmler, Göring und anderen Kriminellen in einem russischen oder sowjetischen Staatsrat, eine [unleserlich] Pflicht, seine Herde nicht noch einem 1933/34 auszusetzen. Ja, ich weiß: Bischöfe sind keine französischen Ministerpräsidenten, die abtreten, wenn eine Abstimmung gegen sie ausgeht. Dies ist keine Wahl oder nur eine Niederlage. Ich bitte nicht um seine Abdankung, weil seine Sache eine Niederlage erlitt, – eine halbherzige Unterstützung des „größten Deutschen aller Zeiten" – sondern weil er nicht in der Lage ist, den Wolf im Schafspelz zu erkennen und daher ein schlechter Hirte ist – aber ein großartiger Verwalter, ein redlicher Mann, ein wohlwollender Vorgesetzter und ein guter Priester.

Mr. Bamers Artikel, die ich bis jetzt gelesen habe, bauen alle den katholischen Widerstand auf. Sie sehen beeindruckend aus und zeigen [ganze Zeile unleserlich] Deutschlands wahres Leiden – aber sie verfehlen alle das Thema. Mr. Bamer ist bestrebt, den englischen Katholiken mitzuteilen, daß die deutschen Katholiken gute Anhänger sind, ebenso mutig wie jeder Ostler im Blitzkrieg – ja sogar mutiger, da sie sich einem Tyrannen in den Weg stellten und als Märtyrer starben. Warum tut er das? Gut, er möchte, daß die Wahrheit verbreitet und kriegerischer Hass zerstreut wird. Aber warum sagt er dann nicht die ganze Wahrheit? Ist es katholisch, einseitige Propaganda mit einseitiger Propaganda anzugreifen? Ist die Wahrheit etwas, das physisches Gewicht hat und ein Gegengewicht braucht? Kann sie nicht für sich selbst stehen? Was steht hinter all dem? Keine Handlung, keine bösartigen Pläne, keine persönlichen Lügner, da bin ich sicher, aber die Ahnung, daß Sie die westliche Zivilisation dadurch schützen, daß Sie rasant Brücken auf das eroberte Schiff bauen, der mutigen Besatzung auf den Rücken schlagen, ihnen die Hand reichen und die Werkzeuge, um Ihnen gegen den nächsten Aggressor zu helfen. Ich spüre, daß dies eine primitive Methode ist. Ich spüre auch, daß sie Christen nicht würdig ist. Es geht nicht darum, in den Augen unseres Nachbarn nach einem Staubkorn zu sehen, sondern einfach um eine aufrichtige Beurteilung der Menschen, die über das Unglück klagen, das von ihnen selbst verursacht wurde.

Ich hoffe, der Freund Bamer betrachtet mich nicht als Entwurzelten oder als einen Mann, der alles verloren hat, was er hatte. Ich habe gute Wurzeln, wohin ich auch geschickt werde und, ich würde das gerne hinzufügen, obwohl ich das Recht habe, alles einzufordern, was ich verloren habe, und das war ziemlich viel, habe ich mich bis jetzt noch nicht einmal darum bemüht, eine Beschwerde einzureichen.

Vielen Dank, daß Sie mich auf [unleserlich] Sergiv gebracht haben. Ich bin ganz rot, wegen meiner Zuverlässigkeit. Sie muß ein faules Ei sein!

Bitte erklären Sie dies Mr. Bamer. Ich werde nicht mit ihm streiten. Habe ich noch immer nicht genug Argumente? Vielen Dank an Hitler und seine inkompetenten Gegenstücke in Deutschland.

Ich hatte eine nette Nachricht von Don Sturzo!

Ihr
H.A.R.

H.A.R. an Gurian, Sunnyside, vom 11. Januar 1947

Lieber Gurian,
die beste Kritik Löwensteins ist Stillschweigen. Bitte belohnen Sie mich mit Ihrer Kritik in [unleserlich] – das ist alles! [unleserlich] Ich hatte mich schon an Nef gewendet, bevor Vialte genannt wurde – der ehedem schon zur Libret [?] in Verbindung steht. Halten Sie die Ztschr. nicht für gut? Ich finde sie interessant. Bitte animieren Sie Nef, daß er sich der Sache annimmt. Ich sende Review an Thieme, an Fr. Wessel [unleserlich] CARE Pakete.

Alles Gute von Heye

Ihr
H.A.R.

H.A.R. an Gurian, Sunnyside, vom 4. April 1949[515]

Liebe Freunde,
vielen Dank für die schönen Büchlein und die lieben Ostergrüße, die ich herzlichst erwidere! Sahen Sie Ellard's Artikel im *America*?
  Frohes Fest!

H.A.R.

H.A.R. an Gurian, Sunnyside, vom 5. Juli 1949[516]

Lieber Guriani [sic!],
  ich verzeihe gern, wenn mir W. verzeiht, daß ich den Hegel Artikel nicht übersetzt habe. Es ist zuviel für mich. Grüßen Sie O'Malley. Ich nehme ihn gern im Auto mit nach St. [unleserlich] (+/− 19. Aug.) via Grailsville. Will er das?

Ihr
H.A.R.

H.A.R. an Gurian, Sunnyside, vom 19. Januar 1951[517]

Lieber Dr. Gurian,
seien Sie gesegnet für Ihre Reise nach Europa. Ich treffe gerade Vorbereitungen für eine Reise nach Ostern. Bis dahin wissen wir, ob es einen Krieg geben wird oder nicht. Ich glaube es nicht. Ich glaube nicht, daß Russland Krieg will. Warum kämpfen, wenn man überzeugt ist, daß der Feind zusammenbrechen wird, außer wenn man dabei ist, selbst zusammenzubrechen.
  Wenn die UN China nicht zu einem Aggressor erklärt, können die Vereinigten Staaten erklären: Wir verteidigen die UN-Politik, nun sind wir dazu nicht länger in der Lage, es soll bitte jemand anders übernehmen. Wir sollten in einfachen Etappen evakuieren und diejenigen gerne evakuieren, die sich wie wir fühlen. Wenn China kein Aggressor ist, dann ist es jemand anderes und wir spüren, daß wir sie von der Aufgabe entlasten wollen, uns so zu bezeichnen.
  Ich würde der Aufnahme Chinas in die UN auch nicht widersprechen, aber jeder diese Angelegenheit betreffenden Abstimmung fernbleiben und Indien als Treuhänder

---

515 Übersetzung aus dem Englischen.
516 Übersetzung aus dem Englischen.
517 Übersetzung aus dem Englischen.

für Südostasien vorschlagen. Dann würde ich Japan ein gutes Vertragssystem verleihen, erklären, daß Formosa schon vor langer Zeit an China übergeben wurde, Chiang[518] alles geben, was er für eine unverkündete Blockade Chinas und seiner Satellitenstaaten und die Partisanen benötigt.

Aber natürlich bin ich nicht gut informiert. Ihre Ankunft nun wird Deutschland unterstützen. [unleserlich]: Wenn alles, was ich in N.D. (vermutlich Notre Dame – die Hrsgg.) zu tun habe, wäre, die Gurians zu besuchen, würde ich kommen. Aber das ist noch nicht alles... St. Edwards Hall, täglicher Unterricht etc. etc.

Grüße
H.A.R.

H.A.R. an Gurian, Sunnyside, 21. Oktober 1953[519]

Lieber Gurian,
ich konnte Ihren Brief nicht ganz lesen, aber ich denke, daß Sie ein zu rosiges Bild von Adenauer gemalt haben. Ja, er ist weniger rationalistisch als andere, aber haben Sie mitbekommen, was ich vor zwei Tagen gesagt habe: Ändern sie die Oder-Neisse oder es setzt was?

Ich habe Sie ein bisschen verhöhnt, weil Sie so ein abscheuliches Bild von denjenigen zeichneten, die für Adenauer sind und so optimistisch in Ihrem Artikel klangen. Schreiben sie an *Commonweal* gegen Sie? Zur Hölle werde ich [Reinhold schreibt Hölle nicht aus, lediglich h...l]. Nicht ich!

a) ich werde Ihnen niemals in der Öffentlichkeit widersprechen

b) wenn doch, werde ich verlacht werden; wenn irgendetwas falsch läuft, lassen Sie sie das selbst rausfinden

Aber in erster Linie: wie ist es um Ihre Gesundheit bestellt.

Ihr
H.A.R.

---

518 Chiang Kai-Shek (1887–1975). Chinesischer Politiker, seit 1925 faktischer Diktator über China. Er verlor 1949 den Machtkampf gegen Mao Tse-tung, ging daraufhin nach Taiwan (Formosa), wo er die Republik China ausrief, dort aber ebenfalls autoritär regierte. Vgl. Jay Taylor, *The Generalissimo: Chiang Kai-shek and the Struggle for Modern China*, Cambridge, Mass.: Harvard University Press, 2009.

519 Übersetzung aus dem Englischen.

Korrespondenz H.A.R. mit Friedrich Dessauer[520]

H.A.R. an Friedrich Dessauer vom 1. Juli 1936
(Reinhold bittet „verabredungsgemäß" Dessauer, seinen Einfluss beim Apostolischen Delegaten[521] zu nutzen für ein Schreiben an den Apostolischen Delegaten in Washington mit dem Hinweis, daß die Lage der deutschen Flüchtlinge in der Türkei sehr schwierig ist.)

[…] und nur durch tatkräftige Hilfe des Weltkatholizismus radikal gelöst werden kann […]

(Dessauer möge eventuell eine Liste besonders krasser Fälle anfügen. Ein Exposé über Zahl und Lage der Emigranten wäre hilfreich. Eventuell ein Appell an Rom.)
[…] Das würde die Herren dort wohl überzeugen, daß ihr diplomatisches Schweigen in der Sache zu einem Verhängnis führen kann. […]

Dessauer an H.A.R. vom 9. Februar 1937

[…] Ich habe die große Freude, den Brief unseres hiesigen Erzbischofs zu überreichen, der Sie autorisiert, die notwendigen Schritte zu tun. Die Not dieser Leute hier ist sehr groß und man könnte schon mit ein paar tausend Dollar außerordentlich viel Gutes tun. Ich freue mich sehr, daß es endlich geglückt ist, diese Angelegenheit, die ich seit unserer Zusammenkunft in Fribourg unausgesetzt verfolgt habe, bis zu diesem Punkt zu bringen.

Ihr ergebener
F. Dessauer

---

520 Die Korrespondenz mit Friedrich Dessauer befindet sich in Correspondence, Box 3, Folder 23, H. A. Reinhold Papers, MS2003-60, John J. Burns Library, Boston College.
521 Angelo Giuseppe Roncalli, der spätere Papst Johannes XXIII., war von 1935 bis 1944 Apostolischer Delegat in der Türkei, wo Friedrich Dessauer an der Universität Istanbul lehrte.

AUSWAHL

Korrespondenz H.A.R. mit Max Größer[522]

Max Joseph Größer an H.A.R. vom 19. Juli 1936

Sehr geehrter, hochw. Herr Reinhold,
ich hatte leider nicht die Zeit, Ihnen es zu schreiben, was ich über die Fürsorge für christl. Nichtarier in Deutschland viel geschrieben hatte. Ich will Ihnen ganz kurz schreiben, wie es ist:

1.) für die christl. Nichtarier und arischen Opfer der Zeit, die in Deutschland bleiben und untergebracht werden können, sorgt der Caritasverband (Spitze in Berlin).

2.) für die christl. Nichtarier u. anderen Opfer der Zeit, die hinausgehen müssen, sorgt der Raphaelsverein.

Für christl. Nichtarier existiert noch ein Hilfsausschuss[523] (Berning, Wienken, Krone, Friedemann, Joerger, Größer).[524]

Es ist vorbereitet:
a) Umschulungseinrichtungen in Bayern und Hannover,
b) Landsiedlung in der Nähe von Rolândia, Brasilien.

3.) Fortgesetzt werden Einzelne untergebracht und hinausgebracht. Frauen und Mädchen sind meist schon untergebracht.

Für Männer benötigen wir
a) Affidavits in USA für 100–120 Akademiker u. Kaufleute,
b) Affidavits für 40–50 Handwerker u. Jugendliche in Brit. Süd-Afrika,
c) Ferner in USA Darlehen an etwa 20 Leute à 1200 Dollar für das erste Jahr,
d) und i. Brasil. u. Argentinien für 50 Leute à 1200 Pe[sos] für das erste Jahr!

Wenn eine Familie in USA ohne Aversion gegen Deutschland und ohne Zusammenhang mit Fürsorge für Refugees helfen will, werden wir dankbar mit ihr zusammenarbeiten.

Wir sorgen, daß jeder Auswandernde Reise bezahlt bis […] und […] mitbringt.
[Stellenweise unleserlich]

4.) Was Fürsorge für Refugees betrifft, so wollen wir in Deutschland aus ersichtlichen Gründen nichts damit zu tun haben. Wir sind aber bereit, jenen Ausgewanderten, die nicht länger als ein Jahr draußen sind (wer länger draußen ist und nichts erreicht, ist untüchtig und sollte sich überlassen bleiben!) und außerdem einen rechten Pass haben und ordnungsgemäß ausgewandert sind, durch unsere Stellenvermittlungen in Porto Allegre u. Sao Paulo zu einer einfachen Stelle zu verhelfen und auch etwa Land in Brasilien zu besorgen, wenn sie siedlungsfähig sind.

---

522 Die Korrespondenz mit Max Größer befindet sich in Correspondence, Box 4, Folder 17, H. A. Reinhold Papers, MS2003-60, John J. Burns Library, Boston College.
523 Vgl. K.-A. Recker, „Wem wollt ihr glauben?", S. 328 ff.
524 Vgl. zu der gesamten Thematik G. Besier, *Die Kirchen und das Dritte Reich*, S. 880 ff.

5.) Was Ihre Aktion in Rom betrifft, so ist folgende neue Nachricht von Bischof Berning ergangen unter dem 13. Juli:

„Der Apostolische Nuntius[525] teilt mir auf mündliche Anfrage mit, daß an ihn noch keine Anweisung von Rom oder nur eine Anregung von anderer Seite ergangen sei, die deutschen Bischöfe zu veranlassen, daß sie sich an den Hl. Stuhl wenden, um eine Belobigung des Hl. Vaters für ein Hilfswerk zugunsten der kath. Nichtarier und anderer kath. Flüchtlinge zu erhalten. Er (der Nuntius) bittet darum, den Hl. Stuhl und die Kirche aus der Sache herauszulassen, da die Hilfswerke im Ausland leicht politisch gegen Deutschland ausgenützt werden können. Der Hl. Stuhl dürfe in solche Treibereien nicht hineingezogen werden. Der deutsche Hilfsausschuss (siehe oben) möge seine bisherige Tätigkeit fortsetzen."[526]

Lieber Herr Father Reinhold,

ich habe Vertrauen zu Ihnen u. hab Ihnen diese neue Verlautbarung des Nuntius mitgeteilt, möchte aber ausdrücklich darauf hinweisen, daß Bischof Berning ausdrücklich dazu schreibt: „Ich bitte dringend, diese Auslassung des Nuntius vertraulich zu behandeln."

Bitte melden Sie es also nicht an Feige, noch an Fröhlicher, noch an Gurian etc., damit sie nicht in die Presse der Emigranten kommen. Schreiben Sie einfach, daß wir in Deutschland das und nur das wollten, was ich 1–4 geschrieben habe. Ebenso hab ich Feige geschrieben. Von 5. hab ich niemand außer Ihnen geschrieben.

Lieber Father Reinhold, engagieren Sie sich nicht für Leute, die Ihre Existenz nicht fördern werden. Sie finden bessere Posten, die es lohnen.

Gehen Sie doch nach Österreich jetzt unter Schutz der zu erwartenden Amnestie. Oder nach USA für Seemannsmission.

Mit besten Grüßen

Ihr
M. Größer
Post bis 28. Juli nach Köln, Hauptpostlagernd.

---

525 Gemeint ist Cesare Vincenzo Orsenigo, Apostolischer Nuntius in Deutschland von 1930 bis 1945.
526 Vgl. zu dieser Thematik die Ausführungen bei G. Besier, *Der Heilige Stuhl und Hitler-Deutschland*, S. 217 ff.

AUSWAHL

H.A.R. an Größer vom 13. April 1937

Hochwürden
Herrn Generalsekretär P. Dr. Max Größer PSM
Hapagdampfer Hamburg
Pier 85, North River, Manhattan, N.Y.

Lieber Herr Confrater,
leider kann ich morgen Abend doch nicht mehr an die Pier kommen, da ich nach Bayside hinaus muß und erst sehr spät wiederkomme. Ich möchte Ihnen daher auf diesem Wege Lebewohl sagen und Ihnen alles Gute wünschen. Ich habe mich sehr gefreut, daß wir uns freundschaftlich ausgesprochen haben und viele Missverständnisse geklärt werden konnten.

Ich bitte Sie daher um Folgendes, und ich hoffe, daß Sie diese Bitte eines Mitbruders, der tatsächlich in Not ist, und der nicht weiß, wo er in den nächsten Monaten sein wird, erfüllen werden.

Sagen Sie bitte dem Herrn Bischof, daß alle Gerüchte, die ihm etwa zugetragen worden sind, als hätte ich ihn bloßgestellt oder öffentlich gegen ihn Stellung genommen oder mich an irgendwelchen Kampagnen gegen ihn beteiligt, erlogen und unwahr sind. Ich habe im Gegenteil noch 1936 verhütet, daß gegen ihn ein hässliches Treiben veranstaltet wurde. Sein Groll gegen mich ist unberechtigt. Dafür, daß ich etwa nach Erhalt eines Ausweises gegen ihn zu Felde ziehen würde, hat er nicht den geringsten Anhaltspunkt in meinem bisherigen, loyalen Verhalten.

Ich bitte daher, wie ich es auch in meinem letzten Schreiben [tat], das ich ihm durch Bremerhaven habe übermitteln lassen, um solche Papiere, daß ich mir hier eine Existenz schaffen kann. Ein Celebret ist dazu nicht genug. Ich brauche die Erlaubnis der Congregatio Consistorialis in Rom und seine Einwilligung. Ohne diese Papiere, also entweder eine unbegrenzte Beurlaubung, oder eine begrenzte, oder aber Dimissorialia, kann mir kein Bischof ein Affidavit geben. Ohne ein Affidavit bekomme ich aber hier keine Einwanderung, müsste also wieder weiter wandern. Sie werden wohl so gut sein, ihm zu erklären, warum eine Rückkehr in die Schweiz unmöglich ist, und warum es ganz untunlich ist, daß ich nach Österreich gehe. Mit seiner Gutheißung kann ich aber hoffen, hier eine Stelle zu bekommen. Die Diözese Osnabrück ist aber dann eine Belastung los und der Bischof eine Sorge. Ich würde mich jetzt nicht mehr in einem Diktaturstaat zurechtfinden. Von Priestermangel kann in Deutschland keine Rede sein, im Gegenteil dürfte es sehr bald schwer werden, die vorhandenen zu beschäftigen und zu besolden.

Ich bitte Sie auch, dem Hochwürdigsten Herrn zu sagen, daß er doch vorläufig die genauen Zusammenhänge meines Fortganges nicht kenne und ich ihn daher bäte, mir zu vertrauen, daß ich damals Gründe genug gehabt habe zu gehen, ohne ihm persönlich eine unangenehme Entscheidung aufzuhalsen. Ich glaube auch heute noch, daß ich ihm sehr viel Arbeit gespart habe und durch mein Bleiben niemand genützt hätte. Er selber befindet sich in der vorteilhaften Lage, daß er den Behörden gegenüber immer sagen kann, ich sei eigenmächtig gewesen.

An Msgr. McIntyre und Ready werde ich also schreiben und ihnen sagen, was Sie mir berichtet haben. Ob die beiden Herren Ihnen die Wahrheit gesagt haben, wird sich dann ja zeigen.

Hoffentlich bleibt Ihnen ein ähnliches Schicksal erspart – ganz gleich, ob Sie nun immer noch glauben, ich habe es mir selbst zuzuschreiben oder nicht. Ihren Optimismus neide ich Ihnen nicht, lieber Doktor, denn ich ziehe die Wahrheit vor, selbst wenn sie sehr bitter ist.

Wollen Sie bitte in Paris Abbé Stock grüßen. Falls Sie nach Utrecht kommen, grüßen Sie den Erzbischof. Ob es Ihnen gelingen wird, ihn zu bekehren? Ich bezweifle es, denn die europäischen Bischöfe sehen doch in nächster Nachbarschaft die Dinge viel klarer.

Gute Reise. Sollte ich einmal etwas für Sie tun können, so zählen Sie immer auf mich. Ein illegales Dasein bei Aachen oder in Bayern ist mir leider nicht ratsam erschienen. Das könnte falsch interpretiert werden. Können Sie mir aber die legale Rückkehr schriftlich zusichern – niemand wäre froher, in seine Heimat und zu seiner alten Mutter zurückkehren zu können, als ich.

Soeben erhalte ich die offizielle Nachricht, daß Dr. Meyer ab 1. 5. zurücktritt....[527]

Vergessen Sie nicht Ihren in Xpo ergebenen
H. A. Reinhold, Seemannspastor und Generalsekretär a. D.
3. Kaplan im New Yorker „Ohlsdorf"[528]

Größer an H.A.R. vom 12. Mai 1937 (Postkarte)
[Bemerkung von H.A.R.: Postkarte des P. Größer PSM aus Hamburg. (P. Größer ist persönlich sehr wohlgesinnt, muß aber, weil er glaubt, seine Organisation retten zu müssen, offenbar unter Druck gegen mich gehandelt haben. Auch steht er ja ganz unter dem Eindruck der Nazipropaganda.)]

Sehr verehrter Herr Reinhold,
da ich zu Bette liege (kleine Lungensache), möge diese Karte Ihnen genügen. Ich sprach heute mit B[erning], der sehr gütig von Ihnen sprach u. seit langem an Sie denkt. Er hat die Papiere bzw. Schriftstücke vor einiger Zeit an Sie abgesandt u. Sie werden es wohl haben. Sollte es nicht genügen nach dem Dekr[et des Sacrum Officium über Einwanderung europäischer Priester in Amerika, [H.A.R.: Das B[erning] bisher nicht kannte], so schreiben Sie ruhig wieder; ebenso falls es auf einen einzelnen

---

527 Pater Dr. Edmund A. Meyer, 1936–37 Nachfolger Reinholds als Seemannspastor in Hamburg.
528 Ironische Anspielung auf den großen Zentralfriedhof in Hamburg-Ohlsdorf.

genannten Episc[opus] zugeschnitten sein muß. Der frühere Misserfolg ist begründet darin, daß Sie einen Holländer abgeordnet hatten, der nicht gerade geeignet war. Diese Verbindungen sind schlecht auszuwerten.

Ich denke, daß Frl. Dr. Herz Ihnen gesagt hat, daß der Vertreter der NSDAP i. New York, Kapitän Mensing (Büro der HAPAG), sich für Ihren Fall mir gegenüber interessiert zeigt. Ob er allerdings etwas tun kann, bezweifle ich. Aber besuchen Sie ihn doch mal. [Habe ich getan. Auch geschrieben. Hat nichts genützt! HAR.

Bei B[erning] hat es geschadet, daß der frühere Seemannspastor Meyer nach der damaligen Tagung in Frankreich erzählte, Sie hätten über ihn geschimpft, heute sagte das B[erning], aber ich sagte B[erning], das Gegenteil sei wahr. Also, ich denke, Ihre Zukunft wird nun klarer und besser sein. Ob Sie nach N. O.[529] gehen oder besser studieren, müssen Sie halt selber entscheiden. Jedenfalls, wenn Sie andere Papiere brauchen als Sie erhalten haben, so schreiben Sie ruhig gleich. B[erning] sorgt sich recht um Sie. Er besprach mit mir auch die Modalitäten Ihrer Ausreise u. ich gab ihm Ihre Erklärungen. Also, ich denke, daß Sie bald aus L. I.[530] wegkommen können. Ich würde Sozialfach studieren, oder Germanistik, oder beides.

Mit vielen Grüßen
Ihr ergebener
Größer

Korrespondenz H.A.R. mit Father Ebert[531]

H.A.R. an Father Ebert vom 2. Oktober 1936

Sehr geehrter Mitbruder,
haben Sie nochmals herzlichen Dank, daß Sie mir die Gelegenheit gaben, mit Ihnen zu sprechen. Da ich leider sehr beeilt war und infolgedessen Ihnen nicht nähere Begründungen geben konnte, so bitte ich Sie, mir zu helfen, Ihren Standpunkt besser zu verstehen, indem Sie mir meine folgenden Auseinandersetzungen weiter ausbauen, richtigstellen oder bestätigen. In der mir gestellten Aufgabe sind mir derartige Stellungnahmen sehr interessant und ich werde bei meiner Tätigkeit wohl noch häufig von Ihren Erfahrungen Gebrauch machen müssen.

529 New Orleans.
530 Long Island, NY.
531 Die Korrespondenz mit Father Ebert befindet sich in Correspondence, Box 4, Folder 2, H. A. Reinhold Papers, MS2003-60, John J. Burns Library, Boston College.

Wenn ich Sie recht verstanden habe, waren Sie vier Monate in Deutschland und haben nicht nur Würzburg und kleinere Ortschaften Frankens und der Rhön besucht, sondern auch Berlin. Überall haben Sie mit Pfarr- und Ordensklerus engste Fühlung gehabt. Sie haben an Konferenzen teilgenommen und selbst in vielen Pfarrkirchen das kirchliche Leben beobachten können. Ihre Beobachtungen erstrecken sich auf die allerletzte Zeit.

Ich habe Sie wohl richtig verstanden, wenn ich Ihren Eindruck folgendermaßen ganz kurz zusammenfasse: Sie glauben nicht, daß in Deutschland ein Kulturkampf oder eine Verfolgung der Kirche besteht, wie man in den katholischen Blättern des Auslandes liest. Höchstens kennen Sie lokale Übergriffe unverantwortlicher „Unterführer". Die Lage ist nach Ihrer Meinung in den einzelnen Teilen Deutschlands wesentlich verschieden, nicht nur graduell. Zwar scheint die Regierung „gegen die Kirche zu sein". Das ist sie bekanntlich, mit wenigen Ausnahmen, in der ganzen Welt. Wo Sie gewesen sind, war ein blühendes Pfarrleben zu sehen, die Kommunionen hatten zugenommen, Abendfeiern in der Kirche waren, wie Sie glaubten, besser besucht als zuvor. In Berlin konnte sogar eine neue Jugendgruppe gegründet werden, die mehr Mitglieder hatte als zuvor. Die Kirche brauche sich nur anzupassen. Statt wie so viele alte und bequeme Pfarrer nur den lieben, langen Tag auf Hitler schimpfen, sollten die Geistlichen lieber darauf sinnen, sich den neuen Verhältnissen anzupassen. Sie halten es vielleicht sogar für gut, daß die „Organisationen" ihre Bedeutung verloren haben, denn nach Ihrer Meinung machte man von ihnen viel zu viel Wesens. Auch von den Gemeinschaftsschulen halten Sie Gutes, denn dort erhalten die Kinder von Staatswegen sogar Religionsunterricht.

Sie glauben also, daß es der Kirche in Deutschland gar nicht so gehe, wie die Migranten berichten: Die von Hitler, Göring, Goebbels, Frick, Hess, Schirach und vor allem Rosenberg vielfach aufgestellten Grundsätze der Vernichtung des Christentums oder seiner glatten Ausschaltung aus dem Leben und Bewußtsein des deutschen Volkes der Zukunft, halten Sie nicht für erheblich – eben nur Redensarten dieser Leute, die niemand ernst nimmt und die nur ein paar unverantwortliche Unterführer ausführen. Berlin macht dann nachträglich alles wieder gut.[532] Die Hirtenbriefe der Bischöfe, die beiden feierlichen Proteste bei ihm, die Erklärungen und die Eingabe der Bekenntniskirche verlieren damit natürlich an jeglichem Wert, sind vielleicht nur weinerliche Tiraden alter Männer, die die Zeit nicht verstehen. Im Großen und Ganzen haben also die NS-Blätter und Redner recht, wenn sie spotten über die Behauptung: In Deutschland werde die Kirche verfolgt. Von einer beabsichtigten Vernichtung könne also wohl, wenn ich Sie recht verstehe, nicht die Rede sein. Meine Auseinandersetzungen werden dann also wohl auf Sie wie die Ausbrüche eines irren Hetzers gewirkt haben, also ohne jede Wirkung sein. Wenn Sie mich dann zum Schlusse fragten, wie wir helfen könnten, so kann ich nur sagen: Indem wir

---

532 Vgl. zu dieser Thematik G. Besier, *Die Kirchen und das Dritte Reich*, S. 265 ff.

versuchen, die Lage der Kirche in Deutschland wirklich zu verstehen, indem wir um Erleuchtung und Mut für die deutschen Bischöfe und die Jugend beten und, für meinen Teil, indem ich dafür sorge, daß die Lage der Kirche hier richtig verstanden wird und mitgefühlt wird. Ein totaler Staat hier in Amerika würde bei jedem Mangel einer planmäßigen Schulung der hiesigen Jugend, wie die in Deutschland in den bösen Organisationen bestand, und der Indolenz gewisser Kreise, die glauben mit Anbeten, Sakramentenempfang und Kirchenbesuch, so genannten katholischen Schulen und Universitäten, gelegentlichen Paraden und Demonstrationen sei das Leben, das fruchtbare und völkerumgestaltende Leben des mystischen Leibes Christi garantiert – ein totaler Staat würde hier viel schneller und vernichtender ans Ziel kommen als in Deutschland mit seiner wunderbaren katholischen Jugend. Das schlimmste wäre dabei, daß man es hier, wie in Italien, gar nicht einmal merken würde. Allerdings würde dieses Geschehen hier ganz andere, demokratische Formen annehmen. Sehr interessante Darstellungen finden Sie bei Christopher Dawson, *Religion and the modern State* [533], und Gurian, *The Future of Bolchewism*, beide bei Sheed & Ward, wenn Sie sie nicht schon gelesen haben. Ich würde mich sehr freuen, wenn ich mit Ihnen als Landsmann und Mitbruder noch öfter zusammenkommen könnte. Ich glaube, daß wir uns immer besser verstehen werden. Darf ich Sie herzlich bitten, mich in Ihr Memento bei der heiligen Messe einzuschließen? Gegensätze und Widersprüche regen an. Ich freue mich, daß Sie mir Gelegenheit geben, meinen Erkenntnissen eine Kritik gegenüberzustellen, die aus irenischem, zum Frieden und zur Liebe geneigten Streben hervorgeht, also sicher nur Gutes will.

In XPo ihr ergebener
Generalsekretär a. D.

H.A.R. an Ebert vom 7. Oktober 1936

Ew. Hochwürden,
danke ich herzlich für Ihr liebevolles Schreiben vom 4. 10.
Selbstverständlich würde ich niemals Ihren Namen nennen, wenn ich überhaupt je von Ihrer Ansicht Gebrauch machte. Ich halte sie nur für sehr typisch beim hiesigen deutschsprachigen Klerus. Es ist mir sogar erklärlich, wieso sie entstanden ist. Ihre persönliche Lage verstehe ich ebenfalls sehr gut. Es sollte mich freuen, wenn Sie mir meinen Irrtum bezüglich Ihrer Einstellung aufklärten.

Gegen Deutschland arbeite ich nicht. Ich will den Opfern des Nazi-Terrors helfen. Dass dazu auch eine gewisse Aufklärung über die wirkliche Lage der deutschen Katholiken und der besonderen Methoden der augenblicklichen Zwangsherren un-

---

533 Christopher Dawson, *Religion and the modern State*, London: Sheed & Ward, 1935.

seres armen Vaterlandes gehört, lässt sich schlecht vermeiden, ist aber nicht meine Schuld, sondern die jener, die dem deutschen Volke dieses Unrecht antun. Man kann doch nicht gut den Psychopathen Hitler, den Lügner Goebbels, den abgefeimten Mörder Himmler, [der] letzte Woche übrigens offiziell aus der Kirche austrat, den Massenschlächter Göring und ihr trauriges Gefolge als „Nazi-Deutschland" bezeichnen! Aber wie dem auch sei, Ihr Name wird nie in der Diskussion erscheinen. Ich muß ja selber achthaben, daß ich meine Familie nicht hineinbringe – also verstehe ich Sie ganz und gar,

Indem ich mich weiterhin in Ihr Gebet empfehle verbleibe ich

Ihr sehr ergebener in Xpo [...]

H.A.R. an Ebert vom 15. Oktober 1936

Sehr geehrter Mitbruder,
Ihr freundliches Schreiben vom 9. Oktober bliebe an besten unbeantwortet, da es unmöglich ist in einem Brief all die vielen Missverständnisse aufzuklären, denen Sie infolge Ihrer langjährigen Abwesenheit von Deutschland unterlegen sind. Um nur ein Beispiel herauszugreifen, geht klar daraus hervor, daß Sie offenbar mit Ihrem Hinweis auf die Versager im Vereinsleben, die Sie hier angetroffen haben, von den Leuten aus so genannten katholischen Gegenden reden, wo alles in der alten Leier ging und von Wolkers Geist nichts zu spüren war. Ihre einzelnen grotesken Erlebnisse und Ihr Gesamturteil über den Seelsorgeklerus in Ihrer Heimat kann ich nur sehr bedauern. Sie scheinen eine saubere Auslese von Egoisten getroffen zu haben. Offenbar ist in Ihrer Diözese etwas faul.

Es scheint aber, daß Hirtenbriefe der deutschen Bischöfe, die Taten der Nazis und vor allem ihre unerbittlichen Grundsätze, die Kirche auszurotten, auf Sie weniger gewirkt haben, als einige persönliche Erlebnisse. Sie sprechen ja gar nicht vom Kern und Wesen der Sache, sondere von Ihren Eindrücken. Unbewußt tragen Sie damit zur berühmten Verharmlosungspropaganda der Nazis bei. Sie helfen damit natürlich nicht dem Episkopat. Ich muß mich allerdings sehr wundern, wenn Sie noch jetzt vom „versteckten" Kulturkampf reden. Oder soll ich es so verstehen, daß Sie nicht bis zu den unleugbaren Tatsachen vordringen konnten. Selbst in Rom, wo der zweifelhafte Herr Prälat Kaas wirkt, würde man über Ihre Stellungnahme, wie ich feststellen muß, sehr erstaunt sein.

Vor allem hat es mich eigenartig berührt, daß Sie das Märchen von der harmlosen Regierung in Berlin und den bösen, sich etwas mehr herausnehmenden Unterbeamten aufrecht zu erhalten vermögen. Es sieht fast so aus, als ob Sie von dem Wesen dieses totalitären Gestapostaates nichts verstanden hätten. Haben Sie nicht die Prozesse gegen Wesemann und Römer in der Schweiz gelesen, wo vor einem unparteiischen

Gerichte die verbrecherische Natur der augenblicklichen Herren Deutschlands einwandfrei festgestellt worden ist – ohne Widerspruch Berlins. Wenn irgendein Herr im Kriegsministerium Rosenberg nicht ernst nimmt, so macht er genau denselben Fehler, wie wir Katholiken ihn gemacht haben. Die Reichswehr hat immer geglaubt, sie habe Hitler und Genossen, jetzt hat Hitler und Genossen sie, ob die Herren gescheit genug sind, das zu sehen oder nicht, das tut nichts zur Sache.

Kämpfen kann man nur mit einem, der einem irgendwie mit gleichen Waffen gegenübertritt. Wer uns mit Lüge, Mord, Unehrlichkeit, Hinterlist gegenübertritt, von dem können wir nur Unrecht leiden und wir müssen suchen, die uns Anvertrauten vor ihm zu schützen. Wenn sich in den „schimpfenden" Pfarrern der vielleicht ungeschickte, verzweifelte und tatenlose Widerspruch des anständigen Menschen gegen eine Regierung von Verbrechern regte, so dürften Sie diese Leute nicht verurteilen. Viele anständige Menschen sind der Gemeinheit der Dinge, die sie mit ansehen müssen, einfach erlegen. Es scheint aber, als ob Sie nicht wissen, was alles seit 1933 über diese Männer hingegangen ist. Viele Leute lernen den neuen Staat erst verstehen, wenn die Gestapo sie einmal „besucht" hat. Wie Sie die Gefahr verkleinern, indem Sie aus Unkenntnis der Hintergründe in den Chor der Optimisten einstimmen, ist ebenso gefährlich wie das Gemecker der pessimistischen Pfarrer. Ihre sehr vagen Bemerkungen von neuen Methoden – die übrigens seit zehn Jahren in den Großstädten sich durchzusetzen beginnen – sollen doch hoffentlich nicht etwa die USA als Muster für Seelsorge hinstellen?

Sie haben die Gelegenheit, sich über Hitlers Wirtschafts- und Sozialpolitik ein unabhängiges Urteil zu bilden. Wie Sie es machen, daß Sie das Hasardspiel Hitlers mit der Rüstung und die künstliche Konjunktur als seine Großtaten hinzustellen, ist mir nicht verständlich.[534] Dass Sie von sozialem Fortschritt reden, nachdem Hitler seit 1933 jeden Schutz des Arbeiters und alle Garantien, die er sich mühsam im Sinne der Päpste erkämpft hatte, zerstörte und auf Kosten des Arbeiters eine Millionenarmee von korrupten und wohlhabenden Parteibonzen usw. auf den deutschen Staat losgelassen hat, begreife ich nur deshalb, weil Sie den Dingen vor Hitler zu ferne gestanden haben.

Lesen Sie einmal *Mein Kampf*, einen Jahrgang des *Stürmers*[535], die letzten Jahrgänge des *Schwarzen Korps*[536], Konrad Heidens[537] Buch über Adolf Hitler. Sprechen Sie mit Männern wie Dr. Brüning oder Kardinal Pacelli, dann werden Sie feststellen müssen, daß es doch gefährlich, ja fast möchte ich sagen etwas leichtsinnig ist, wenn man die Dinge so beurteilt, wie Sie das tun nach vier Monaten Aufenthalt in Deutschland. Wenn

---

534 Vgl. zu dieser Frage die voluminöse Studie von Adam Tooze, *Ökonomie der Zerstörung. Die Geschichte der Wirtschaft im Nationalsozialismus*, München: Siedler, 2007, die Reinholds Auffassung eindrucksvoll bestätigt.
535 *Der Stürmer*. Antisemitische deutsche Wochenzeitung, 1923 von Julius Streicher gegründet.
536 *Das Schwarze Korps*. Offizielles Organ der SS, erschien von 1935 bis 1945.
537 Konrad Heiden, *Adolf Hitler. Das Leben eines Diktators*, 2 Bde., Zürich: Europa-Verlag, 1936.

die Reichswehr Rosenberg nicht ernst nimmt, so ist es unerhört, daß sie Millionen von jungen Menschen diesem diabolischen Fanatiker weiterhin zur Erziehung anvertraut – mit solchen Redensarten ist nichts gebessert. Entweder hat sie nicht die Macht, seine Teufeleien abzustellen, dann wehe uns allen, oder aber sie will es nicht, denn im Grunde hat sie gar nichts gegen ihn, dann ist es noch schlimmer. Mit neuen Methoden ist da nichts getan. Man kann Amerika nicht mit Deutschland vergleichen. Es hilft da nur die Erkenntnis, die von Kardinal Bertram, Faulhaber, Erzbischof Gröber, dem heldenhaften Grafen Galen, Männern wie Wolker usw. geteilt wird: Dass ein verzweifelter Kampf angebrochen ist und dass durch List und Unehrlichkeit die Nazis es fertig gebracht haben, der Kirche unersetzliche Verluste beizubringen, daß, wenn es so weiterginge, die nächste Generation verloren sein wird, mit Ausnahme eines kleinen heroischen Restes, der aber für die Gestaltung Deutschlands ebenso bedeutungslos wäre wie die Lancashire-Katholiken für das England nach Elisabeth.[538] Vergessen Sie nicht, daß 66% aller Deutschen nicht einmal dem Namen nach katholisch waren. Von den übrigen 33% taugte schon die Hälfte früher nicht viel als Mitglieder der Kirche. Diese sind nun noch einmal gesiebt. Die Zahl der Besucher der viel zu wenigen Kirchen sagt gar nichts. Man müsste wissen, wer da sein müsste, wenn alles in Ordnung wäre. Jetzt hat man der Kirche wie in Russland den Lebensraum genommen und sie zur reinen Passivität verdammt. Sie ist eingesperrt in unsichtbare und sichtbare Mauern, während die gottlose Propaganda alle raffinierten Mittel moderner Technik und Propaganda, den maßlosen Polizei- und Parteiterror, die absolute Kontrolle des Brotkorbes und die leichte Täuschungsmöglichkeit derer, die einfach nicht sehen wollen, für sich hat. Religion ist nicht Privatsache, wie Ihnen schon das Christkönigsfest sagt.[539] Privatisierung der Religion, Sakristeikatholizismus ist geradezu das Gegenteil der katholischen Aktion unseres Papstes.

Ich möchte (sic!), Sie würden diese Sache wirklich sehr viel ernster ansehen. Vergleiche mit Amerika helfen uns gar nicht. Wir müssen die Kirche so nehmen, wie sie in der Heimat ist: Ihr Gefäß ist menschlich und schwach. Darum sollten wir als freie Menschen den Katholiken dort helfen, indem wir die Wahrheit über den grausamen hinterlistigen Kampf der deutschen Regierung den hiesigen Katholiken sagen.

Vor einigen Wochen wurde Heinrich Himmler Chef der gesamten deutschen Polizei mit diktatorischen Vollmachten. Vor etwa acht Tagen ist dieser engste Vertrauensmann Hitlers, dieser Arm der Regierung von Berlin, unter Hohn und Spott fei-

538 Die Grafschaften Lancashire und Warwickshire waren im England des 16. Jahrhunderts auch nach der Gründung der Anglikanischen Staatskirche durch Heinrich VIII. mehrheitlich katholisch geprägt. Nachdem Papst Pius V. im Jahr 1570 die englische Königin Elisabeth I. exkommuniziert hatte, gingen viele dieser Katholiken ins Exil, die meisten nach Frankreich.
539 Das Christkönigsfest wurde durch die Enzyklika *Quas primas* von Papst Pius XI. im Dezember 1925 eingeführt. Es wird am letzten Sonntag des Kirchenjahres (der Sonntag vor dem ersten Adventssonntag) begangen und wurde mit der Intention eingeführt, ein Zeichen gegen Nationalismus und Säkularismus zu setzen. Vgl. Christoph Joosten, *Das Christkönigsfest. Liturgie im Spannungsfeld zwischen Frömmigkeit und Politik*, Tübingen: Francke, 2002.

erlich aus der katholischen Kirche ausgetreten. Mit ihm hunderte von SS- und SA-Männern. Nein, mein lieber Mitbruder, das sind keine „Kreisleiter", die sich etwas herausnehmen und dann von den braven Führern im Berlin, die „das alles gar nicht wollen", zurechtgestutzt werden. Das ist Adolf Hitlers höchst persönliches diabolisches Zerstörungswerk an der nicht gleichzuschaltenden katholischen Kirche. Das gehört einfach zur deutschen, restlosen [...] Weltherrschaft.[540]

Korrespondenz H.A.R. mit Josef Schmutzer[541]

H.A.R. an Schmutzer, Utrecht, vom 9. April 1937

Sehr geehrter Herr Professor,
leider muß ich meinen letzten Bericht nunmehr wieder in recht ungünstiger Weise vervollständigen. Wie Sie wissen, ist Dr. Größer, versehen mit Schreiben deutscher Bischöfe, nach New Orleans zum Erzbischof Rummel gefahren. Das Resultat dieser Besuche ist, wie man voraussehen konnte, dementsprechend ausgefallen. Fr. Ostermann hat vorgestern Abend mit Rummel telefoniert und glaubt dabei folgendes festgestellt zu haben.

Erzbischof Rummel zweifelt daran, daß die holländische Hierarchie hinter Ihrem Komitee steht und ist überzeugt worden, daß Sie politische Nebenabsichten hätten und es nur auf das Geld der Amerikaner abgesehen hätten. Der Brief des Haager Nuntius hat gar nichts genützt, denn er werde als ein Manöver meinerseits angesehen, wie ich ja überhaupt durch Herrn Größer als ein Intrigant hingestellt zu werden scheine. Rummel hätte nur, wie ich leider schon immer vergeblich bei Ihnen betont habe, aber niemals erreichen konnte, auf einen Brief Erzbischofs de Jong wohl reagiert, aber nicht auf ein Schreiben von Nuntius zu Nuntius. Es ist noch nicht zu spät, aber es ist höchste Zeit, daß meine schon sechs Monate alte Anregung nun endlich ausgeführt wird. Tun Sie es jetzt nicht, so besteht die Gefahr, daß Ihr Komitee nicht nur bewußt von den amerikanischen Bischöfen auf die schwarze Liste gesetzt wird, sondern das Größer eines Tages, genau so wie hier, bei Ihrem Erzbischof erscheint, versehen mit Briefen aus Deutschland und mit dem Beispiel der amerikanischen Bischöfe Ihren Bischof überzeugt, daß Ihr Komitee in jetziger Form und Zusammensetzung nicht arbeitsfähig sei, nicht die Unterstützung Amerikas fände und daher neu gebildet

---

540 Die letzten Zeilen fehlen im Manuskript.
541 Die Korrespondenz mit Josef Schmutzer befindet sich in Correspondence, Box 4, Folder 17, H. A. Reinhold Papers, MS2003-60, John J. Burns Library, Boston College.

werden müsse. Das hieße dann den Ausschluss aller politischen Flüchtlinge und die Auslieferung des Komitees an den gleichgeschalteten Raphaelsverein.

Wer bei Rummel zuletzt kommt, hat recht, und da Größer ein sehr geschickter Mann ist, hat er den Erzbischof natürlich überzeugt. Vor allem ist es ihm gelungen, dem Herrn klarzumachen, daß ich ein unzuverlässiger Mensch sei. Er muß sogar behauptet haben, ich hätte London und die Schweiz ebenso wie Deutschland verlassen müssen, was natürlich, wenn man es mit dem nötigen geheimnisvollen Achselzucken und Augenzwinkern macht, so gut wie moralischer Mord ist. Dass es nebenbei eine große Gemeinheit gegen mich ist, scheint der Herr nicht zu sehen. Außerdem ist es eine Lüge, denn weder von London noch aus der Diözese Basel habe ich „fortgemußt". In London habe ich nie versucht, auf die Dauer zu bleiben, sondern hatte immer die Absicht, mir etwas anderes zu suchen, und die Schweiz habe ich Dummkopf verlassen, weil ich von Amerika aus eingeladen wurde, für die Flüchtlinge zu wirken. Das Ordinariat in Solothurn hatte mir zugesichert, ich könne fünf Jahre bleiben, also von herausekeln oder gar -werfen ist gar keine Rede. Ein Brief an die Bischöfliche Kanzlei in Solothurn oder an den Pfarrer von Interlaken kann Ihnen das leicht bestätigen. Ebenso können Sie von der Chancery in London, Southwark, Monsignore Banfi, hören, daß ich London verlassen habe, ohne ihm davon auch nur Mitteilung zu machen, geschweige denn von ihm dazu veranlasst worden zu sein. Das ist alles nichts als der Versuch Größers, mich überall unmöglich zu machen. Dazu kommt noch, daß er überall erzählt, daß Bischof Dr. Berning mir deswegen keine Papiere gebe, weil ich im Ausland gegen meinen Bischof Propaganda mache. Offenbar hat er diese Idee dem Bischof selbst hinterbracht, denn ich habe im Gegenteil schon verschiedentlich verhindert, daß gegen den Bischof Propaganda gemacht wurde von Leuten, die glaubten, er spiele eine verhängnisvolle Rolle und sei dem Regime gegenüber unfrei. Aber Sie können sich denken, wie es auf einen auf seine Autorität sehr bedachten Erzbischof wie Rummel wirken muß, wenn man ihm von mir so etwas berichtet. Leider kann ich mich nicht einmal rechtfertigen, da ich alle diese Dinge nur vertraulich weiß, und Rummel sich mir gegenüber in tiefstes Stillschweigen hüllt.

Augenblicklich ist Größer wieder in Washington und wird auch dort dafür sorgen, daß sein Erfolg bei Rummel befestigt und aufgebaut wird. Demnächst dürfte er wohl im außerdeutschen Europa versuchen, seine Gleichschaltung fortzusetzen, besonders bei der Apathie, die überall herrscht, wohl eines Tages den Triumph erleben, daß ihm das gelungen ist, und dass die katholischen nichtdeutschen Organisationen via Gleichschaltung an den Raphaelsverein in Hamburg nach Nazidirektiven für Flüchtlinge sorgen. Hier hat er offenbar erreicht, daß er allein maßgebend ist, wenn es sich darum handelt, wer unterstützt werden soll.

Was ist da falsch gemacht worden?

Man hat mir weder aus der Schweiz noch aus Holland solche Dokumente zur Verfügung gestellt, die es mir ermöglichten, Größer in Schach zu halten. Ich hätte ein oder mehrere Schreiben gebraucht, aus denen hervorging, daß Ihre Bischöfe hinter

Ihrem Komitee stehen und dass ich darum für sie spreche. Ich habe immer darum gebeten, aber es hat nichts genützt. Ich selber habe jetzt den Eindruck, daß Ihr Einfluss auf die holländische Hierarchie wohl von mir überschätzt wurde.

Die Schweizer und holländischen Bischöfe hätten sich selbst an die amerikanische Hierarchie wenden müssen und um Hilfe für ihre Komitees bitten müssen. Das kann immer noch geschehen. Es hat aber keinen Zweck, wenn die Schreiben nicht von einem Episcopus ordinarius unterschrieben sind. Nuntien zählen hier nicht. Man hätte sich entweder mit voller Autorität hinter mich stellen müssen oder man hätte mir sagen sollen, daß ich ungeeignet zur Vertretung sei. Da man aber weder das eine noch das andere getan hat, so mußte es so kommen, wie es kam. Größer hatte die Hierarchie Deutschlands, die er selbst informiert hat, hinter sich. Er selbst hat die Briefe verfasst, die Kardinal Bertram unterschrieben hat.

Für mich ist es sehr traurig, daß nicht nur die Flüchtlingssache in Holland einen Stoß bekommt, sondern persönlich empfinde ich es sehr hart, daß ich dabei das Schlachtopfer bin. Ich bin mit der besten Absicht aus der Schweiz fortgegangen und habe mich ins Ungewisse begeben. Nun bin ich dank der Intrigen eines Mitbruders in Acht und Bann und für den Rest meines Lebens als Abenteurer gekennzeichnet.

Es müsste doch möglich sein, in Holland einen Menschen zu finden, der mir endlich ein Dokument in Osnabrück besorgt – eine Stunde von Ihrer Grenze –, aus dem hervorgeht, daß kirchlich und moralisch nichts gegen mich vorliegt, und dass Dr. Berning mir gestattet im Ausland zu bleiben. Stattdessen hat man Größer die Möglichkeit gegeben, hier sein Zerstörungswerk zu tun. Übrigens habe ich im Januar schon an Herrn Lütsches geschrieben, daß ich es für verkehrt hielte, den Nuntius zu interpellieren, da man das hier, wie es ja nun auch wirklich eingetroffen ist, als von mir eingefädelt ansehen würde.

Jetzt kann es sich nur darum handeln, daß rechtzeitig dafür gesorgt wird, daß Größer weder in Holland noch in der Schweiz Unheil anrichtet, und dass man den Erzbischof von Utrecht ein Schreiben zur Unterschrift vorlegt, aus dem hervorgeht, daß er hinter Ihnen steht und Hilfe von hier erwartet.

Für mich gibt es wohl keine Rettung mehr. Es sind so viele Existenzen vernichtet, was kommt es da auf einen einzelnen, gewöhnlichen Priester an.

In der Hoffnung, daß Sie in der Lage sind, noch etwas zu tun für die Sache,

Ihr ergebener
H. A. Reinhold

Anlage: Entwurf für ein Schreiben von Erzbischof de Jong an Erzb. Rummel[542]
His Excellency
Most Reverend Dr. Joseph Francis Rummel
Archbishops House 2809 South Carolina Avenue
New Orleans, La., USA

Ew. Exzellenz,
die Enzyklika seiner Heiligkeit Papst Pius IX. über die deutsche Frage hat es ganz klar deutlich gemacht: Die Bedingungen in Deutschland sind derart, daß man wirklich von Verfolgung sprechen kann.[543] Diese Situation ist natürlich nicht erst nach Veröffentlichung der Enzyklika entstanden, sondern sie hat sich, wie unser Heiliger Vater aufzeigt, seit drei Jahren verstärkt. Nur sein Wunsch, so lange wie möglich Frieden zu halten, habe ihn daran gehindert, sich eher an die Öffentlichkeit zu wenden.

Die Situation in Deutschland war der niederländischen Hierarchie nicht verborgen geblieben. Als Nachbarn Deutschlands und Augenzeugen der religiösen Verfolgung auf Grund des anhaltenden Zustroms von Flüchtlingen und Emigranten aus dem katholischen Deutschland, von Priestern, Nonnen, Jugendführern und Parteiführern der katholischen Partei, erhielten wir eine drastische Bestätigung der zunehmenden Schwierigkeiten für Katholiken in Deutschland.

Die Gesetze unseres Landes und der meisten europäischen Länder machen es diesen unglücklichen Männern und Frauen unmöglich, in ihren entsprechenden Berufen wieder tätig zu werden.

Während die deutsche Regierung, obgleich sie der Kirche grundsätzlich feindlich gesinnt ist, die Bemühungen katholischer Organisationen um Hilfe für die so genannten „Nichtarier" (Katholiken jüdischer Herkunft oder mit Juden verheirateter Katholiken) unterstützt, liegt dieses ganz auf der Linie der Verbannung aller jüdischen Spuren aus Deutschland. Leute, die versuchen jenen zu helfen, die aus politischen oder religiösen Gründen vor den Nazis geflohen sind, werden als Verräter betrachtet. Das macht es deutlich, warum man von niemandem in Deutschland erwarten kann, etwas für diese Priester, Ordensleute und Laien zu tun. Die höchstgerichtlichen Urteile gegen Männer wie Msgr. Banasch[544], Wolker und Fr. Clemens zeigen, welchen Grad die Feindseligkeit erreicht hat.

---

542 Übersetzung aus dem Englischen. Dieser Brief und der beigefügte Vorschlag für ein Schreiben von Erzbischof de Jong, Utrecht, zeigt die zupackende Art Reinholds, wenn es galt, die von ihm erkannten hohen Ziele zu verfolgen. Es findet sich jedoch darin ein Beigeschmack von Bevormundung und Instrumentalisierung, der dem Adressaten sicher nicht behagte.
543 Gemeint ist die Enzyklika *Mit brennender Sorge* von Papst Pius XI. vom 21. März 1937.
544 Georg Banasch (1888–1960). Deutscher katholscher Theologe, 1935 Leiter der bischöflichen Informationsstelle in Berlin, 1935–1936 in Gestapo-Haft wegen angeblichen Verrats von Staatsgeheimnissen. Vgl. G. Besier, *Die Kirchen und das Dritte Reich*, S. 671 ff.

Diese Umstände waren uns bekannt und wurden noch verstärkt durch Berichte unserer Priester und Laien, die plötzlich vor dem Problem standen, sich um unglückliche Flüchtlinge kümmern zu müssen, die an ihre Tür klopften und um Unterstützung baten. Wir haben deshalb ein Komitee aus prominenten Laien und Priestern gegründet, das religiösen Flüchtlingen, nicht nur aus Deutschland, sondern auch aus Spanien, helfen soll. Dieses Komitee genießt die volle Unterstützung der niederländischen Hierarchie und arbeitet unter meiner Aufsicht. Sein Hauptquartier ist hier in Utrecht. Wir haben sehr sorgfältig jede politische Prägung dieses Werkes vermieden und es zu einer Institution rein katholischer Caritas gemacht.

Ew. Exz. werden verstehen, daß ein kleines Land wie Holland, mit einer Minderheit an Katholiken, von denen viele arm sind, welches ein erster Anlaufpunkt für Flüchtlinge aus dem Nachbarland ist, lediglich eine erste Hilfe leisten kann. Die Zahl der katholischen Flüchtlinge nimmt täglich zu. Eine grundsätzliche Lösung unserer wachsenden Schwierigkeiten ist notwendig.

Ich bitte Ew. Exzellenz, als dem Vorsitzenden des Amerikanischen Komitees für deutsche Flüchtlinge, mit uns bei der Lösung dieses ernsten Problems zu kooperieren.

Unser Komitee und sein Repräsentant in New York wird Ew. Exzellenz alle notwendigen Details vorstellen, sobald Sie sich prinzipiell entschieden haben, uns bei der Durchführung dieses Werkes katholischer Solidarität und Liebe zu unterstützen.

Mit Dank für Ihre freundliche Erwägung unseres Vorschlags und in der Erwartung einer positiven Antwort bin ich

Ihr in Christus verbundener
N. N. Erzbischof von Utrecht

H.A.R. an Schmutzer vom 13. April 1937

Sehr geehrter Herr Professor,
zwei Einschreibbriefe und ein Telegramm haben Sie nun schon in der leidigen Angelegenheit des P. Größer erhalten. Heute hatte ich endlich Gelegenheit, mich mit ihm auszusprechen. Danach hat er tatsächlich den Erzbischof von New Orleans gebeten, mich auch als Vertreter Ihres Komitees nicht anzuerkennen. Zudem steht er auf dem Standpunkt, die holländischen Katholiken hätten selbst Geld genug, für ihre Flüchtlinge zu sorgen. Auch vertritt er nach wie vor die Ansicht, es gebe keinerlei politische Flüchtlinge von Deutschland, außer den amtlich dazu ernannten Nichtariern.[545] In Paris hat er offenbar schon vorigen Sommer bei Rektor Stock

---

545 Zu den Verhandlungen Größers in den USA vgl. L.-E. Reutter, *Katholische Kirche als Fluchthelferin*, S. 93 ff.

meinen Spuren nachgeforscht. Trotz der anscheinenden Biederkeit des Mannes, der einen durch alle möglichen Vertraulichkeiten und diskreten Mitteilungen zu gewinnen sucht und vielleicht sogar subjektiv ehrlich ist, halte ich es für nötig, daß Sie wenigstens einen Teil meiner Vorschläge ausführen, um sich bei Rummel vor Geringschätzung und Verkennung zu schützen. Wenn Sie glauben, daß Sie mich dabei fallen lassen müssen, so kann mich dieser neue Schlag nach all dem, was ich hier an Bitterkeit und Verachtung geschluckt habe in den letzten Monaten, auch nicht mehr erschüttern. Ich muß eben hinnehmen, daß in diesem Kampfe Einzelexistenzen der Sache geopfert werden müssen. Bitte nehmen Sie auf mich keine Rücksichten, wie ich Ihnen das ja schon im November geschrieben habe. Nur eines wäre jetzt zu tun: Einwandfreies Material für den Erzbischof besorgen, daß er lernt an die Existenz der Flüchtlinge zu glauben, der Erweis, daß die holländische Hierarchie hinter Ihnen steht, und Verhindern, daß von Deutschland her in der Schweiz und bei Ihnen dasselbe Manöver wie hier gemacht wird. Wenn Sie bitte dafür sorgen wollen!

ICH BITTE SIE ABER, DAS IHNEN ÜBERSANDTE COMMUNIQUE ÜBER GRÖSSERS TÄTIGKEIT SOFORT ZU VERNICHTEN. Denn wenn es jetzt noch benutzt würde, so würde es nichts nützen, sondern nur noch Unheil anrichten. Schließlich ist es ja doch so, daß der arme Kerl Größer Gefangener eines Systems ist, und damit rechnen muß [...]. Immerhin hat Ihnen diese Episode gezeigt, wie schwierig die ganze Sache ist.

Übrigens hat Größer mir erzählt, daß die mir in Holland angekündigte Kollekte für Flüchtlinge im letzten Herbst nur in einer einzigen Diözese stattgefunden hätte, so dass meine Behauptung, sie sei ein Beweis für die einmütige Hilfe Hollands, damit hinfällig würde.

Heute früh erhielt ich Nachricht von Herrn Lütsches, daß man jemand zu meinem Bischof gesandt habe, der mir Papiere besorgen sollte. Ich bezweifle, nach dem was mir P. Größer sagte, daß er Erfolg haben wird. Aber immerhin danke ich doch herzlich für Ihre Güte und Hilfe. Wenn's nur ein Celebret ist, so ist das ja schon etwas!

Für alles nochmals herzlich dankend,

Ihr sehr ergebener
H. A. Reinhold

AUSWAHL

Korrespondenz H.A.R. mit Heinrich Brüning[546]

H.A.R. an den Reichskanzler vom 1. September 1931

Sehr geehrter Herr Reichskanzler!,
Herr Oberregierungsrat Planck hatte mir am vorigen Mittwoch Hoffnung gemacht, daß Sie mich empfangen würden. Ich habe es außerordentlich bedauert, daß mir keine Gelegenheit geboten wurde, Ihnen mein kleines Exposé mündlich zu begründen, weil die politischen Verhandlungen der letzten Woche Ihre ganze Zeit in Anspruch nahmen. Ich hätte um so größeren Wert darauf gelegt, als ich im Gespräch mit Herrn Prälat Kaas feststellen mußte, daß er den größten Nachdruck auf Nebensächlichkeiten legte, die tatsächlich einige Schwierigkeiten boten, während er trotz meiner wiederholten Betonung die Hauptsachen nicht sah oder nicht sehen wollte. Herr Oberregierungsrat Planck sagte mir zu meiner größten Freude, daß Sie meinen Gedanken durchaus ernst genommen hätten und darum möchte ich noch einmal betonen, daß ich das Wesen des ganzen Vorschlages darin sehe, daß der katholische Klerus sich öffentlich und allgemein sichtbar an die Spitze einer opferbereiten deutschen Volksgemeinschaft stellte. Welche Form diese Opfer im Einzelnen haben sollten, das festzustellen wäre ja eben gerade die Aufgabe der vorgeschlagenen Konferenz der Bischöfe, Pfarrer und Hilfsgeistlichen. Meine diesbezüglichen Vorschläge sollten nur ein konkreter Hinweis darauf sein, daß man sich nicht wie gewöhnlich auf wohlmeinende Ratschläge beschränke. Herr Prälat Kaas teilte mir vertraulich mit, daß die Fuldaer Bischofskonferenz beschlossen habe, in allen Diözesen Sparmaßnahmen durchzuführen, und glaubt damit, meinen Vorschlag als erledigt ansehen zu dürfen. Ich glaube aber, daß vertrauliche Vorschläge zu Sparmaßnahmen in der Befolgung das Gegenteil von dem sind, was ich Ihnen, Herr Reichskanzler, unterbreitet habe und bitte Sie noch einmal ganz ernst und von Herzen, den Vorschlag zu prüfen. Das Verhalten des Herrn Prälaten Kaas beweist ja, wie richtig es war, daß ich mich nicht an kirchliche Kreise, sondern an Sie wandte. Ich wiederhole daher: Eine sichtbare und wirklich großmütige Tat des katholischen Klerus' ist notwendig, um das geschwundene Vertrauen wieder herzustellen und über die kleinen Bedenken und Vorsichteleien kann uns nur jemand hinweghelfen, der außerhalb dieser Kreise steht und das Recht hat, als Träger der gesamten Verantwortung Ernsthaftes zu verlangen.

Ich bitte Sie, Herr Reichskanzler, meine Zudringlichkeit mit meiner uneigennützigen Besorgnis zu entschuldigen. Denn ich stehe in der Seelsorge an sehr exponierter Stelle und höre sicher mehr als viele meiner Mitbrüder. Wenn Sie mir von einem

---

[546] Der erste Brief von 1931 befindet sich in Correspondence, Box 1, Folder 4, die restliche Korrespondenz mit Brüning in Correspondence, Box 2, Folder 1, H. A. Reinhold Papers, MS2003-60, John J. Burns Library, Boston College. Er bezieht sich auf Reinholds „Gedanken zur Anregung einer Nothilfe der konfessionellen Gemeinschaften in Deutschland". Vgl. oben S. 302 ff.

Ihrer Mitarbeiter ein paar Worte zukommen ließen, wäre ich Ihnen sehr zu Dank verpflichtet.
Hochachtungsvoll und ergebenst

H. A. Reinhold, Seemannspastor

Brüning an H.A.R. vom 2. Juni 1941
(Brüning weist jede Unterstützung für Stocky[547] *zurück.)*

[...] Dessen Vater war verantwortlich für das ganze Durcheinander mit der *Kölnischen Volkszeitung*. Als ich die Situation 1932 zu retten versuchte, hat er mich falsch informiert (um nicht einen härteren Ausdruck zu gebrauchen.) Das hatte schwere Konsequenzen. Darüber hinaus bekam ich von Freunden Informationen, daß er sofort nach der Entlassung aus dem Gefängnis begann für die Nazis zu schreiben. [...]

H.A.R. an Brüning vom 27. Juni 1941

[...] Max Jordan hat mich hier besucht, ebenso Pater LeRoy vom Internationalen Arbeiterbüro in Genf, Erzherzog Otto mit seinen Brüdern und Schwestern, der Kronprinz von Luxemburg und seine Schwester. [...]

Brüning an H.A.R. vom 28. Juni 1941

[...] Ich freue mich über alle Besucher, die, wie Sie in Ihrem Brief erwähnen, zu Ihnen gekommen sind. Das muß für Sie eine große Befriedigung gewesen sein und Ihnen viel Freude gemacht haben [...]

---

547 Wahrscheinlich ein Sohn von Julius Stocky, für den sich Reinhold eingesetzt hat. Julius Stocky (1879–1952) war ein Verleger und Druckereibesitzer, der zeitweilig der *Kölnischen Volkszeitung* vorstand. Vgl. H. Hömig, *Brüning. Politiker ohne Auftrag*, S. 111.

AUSWAHL

Korrespondenz H.A.R. mit Otto Karrer[548]

Otto Karrer an H.A.R. vom 15. Juli 1945

Dear Father Reinhold!,
You have friendly permitted that I not must write you in English and you will translate it for the use of the readers of the American edition of my book. I ask you that you might adapt it, both as to the length and the expressions as it seems you the best.

Mit Freuden denke ich an die schönen Tage zurück, die wir einst zusammen auf dem Rigi im Herzen der Schweiz verbringen durften. Freilich lag damals schon das Vorgefühl des nahenden Sturmes auf uns, der Sie entführte, und Europa in Jammer stürzte. Nun, da es vorüber ist, möchten Sie – für sich und die Leser – erfahren, wie ich es erlebte, und wie das Buch *Schicksal und Würde des Menschen*[549] entstand.

Vielleicht habe ich Ihnen damals (wie anderen) erzählt, wie ich als junger Priester 1922 Hitler sah, kurz ehe ich für immer hierher, in meine zweite Heimat, kam. Es war im Zirkus Krone in München. Agitationsreden in rascher Folge. Ein Jesuitenpater aus Zermatt, aus der bekannten Hoteliersfamilie Seiler, machte mich aufmerksam: „Gehen Sie hin! Interessant für Massenpsychologie." Ich ging. Sah ihn unter gemeinen Phrasen gestikulieren und schreien. Kam als Verächter der Masse, des Massenmenschen, zurück. Und hätte mir damals jemand gesagt: „Der wird einmal der Führer des deutschen Volkes sein!", ich hätte ihn für verrückt gehalten.

Nach etwa zehn Jahren war es so weit. Die ersten Flüchtlinge aus Deutschland kamen, unter ihnen Waldemar Gurian und Otto M. Knab.[550] Wir wurden Freunde und ich bin glücklich, daß sie geborgen sind. Ersteren hatte ich aufgefordert zu kommen, ehe es zu spät sei. Seither sind viele dazugekommen, Deutsche, Österreicher, Tschechen, Juden und Christen. Die Hilfsorganisationen waren anfangs nicht vorbereitet; aber gute Menschen halfen mit, und die Schweizer Behörde war entgegenkommend.

Zuerst war ich noch Mitglied im Deutschen Hilfsverein, wie viele Schweizer mit deutscher Herkunft. Es war rein karitativ. Bald fand eine Versammlung mit Vorstandserneuerung statt, wobei ein Nazi beantragte, die neue Zeit verlange neuen Geist und neue Männer. Ich stand auf: „Vor Gott sind eure tausend Jahre wie ein Tag. Was wird nach zehn Jahren sein?" Die Nazis wurden heimgeschickt.

Dr. Gurian zeigte mir, ich glaube im Juli 1933, eine Nazi-Zeitschrift mit einer Hitlerrede an die Gauführer in Godesberg. Das Exemplar war durch einen Regiefehler durchgekommen. Die Rede besagte in Kürze dasselbe wie später

---

548 Die Korrespondenz mit Otto Karrer befindet sich in Correspondence, Box 5, Folder 17, H. A. Reinhold Papers, MS2003-60, John J. Burns Library, Boston College.
549 Otto Karrer, *Schicksal und Würde des Menschen*, Einsiedeln: Benziger, 1940.
550 Karrer hatte die Emigration Waldemar Gurians 1934 in die Schweiz unterstützt. Vgl. H. Hürten, *Waldemar Gurian*, S. 90 f.

Rauschnings bekanntes Buch *Gespräche mit Hitler*.[551] Von da an sah ich die Tragödie des Weltanschauungskampfes vor mir. Ich wußte, was ich zu tun hatte. Ich unterstützte die beiden Freunde in der Herausgabe ihrer Antinazi-Korrespondenz[552] für den Redaktionsdienst verschiedener Länder, auch wenn oft Herbes über die „kluge Anpassung" hoher kirchlicher Persönlichkeiten gesagt werden mußte. Es hat mich nie gereut. Ich glaube, die beiden ebenso wenig! Die Nazis sperrten mir die Guthaben aus meinem Verlag in München. Sie hatten wohl nicht mit dem Schweizer Clearing gerechnet.[553]

Meine Studien über Meister Eckhart, den großen Mystiker des Mittelalters, dessen christlichen Charakter ich nachgewiesen hatte, dienten der Apologetik in Deutschland gegen Rosenbergs Mythus-Buch[554], das mit Hitlers *Mein Kampf* in Massen verbreitet wurde und den mittelalterlichen Mönch als Fahnenträger der neuen germanischen Erlebnisreligion pries. Gegen den Vorwurf der radikalen Fälschung in den Kirchenblättern glaubte sich Rosenberg mit einer Berliner Gelehrtenkommission zu helfen, die unter seinem Patronat die Werke Eckharts herausgeben sollte. Bald mußten indes die Beauftragten ihrem Chef bedeuten, sein Eckhartmythus beruhe auf einem „Irrtum". Seither ist es still geworden um Meister Eckhart. Aber natürlich war nur ein historischer Name weggefallen, nicht der lebendige Mythus der deutschen Nation und Religion.

Es war klar, daß die antichristliche Macht, welcher der ganze Staatsapparat mit der unheimlichen deutschen Organisation zur Verfügung stand, nicht mit historischen Abklärungen gebrochen werden konnte. Nur durch den Widerstand des vereinten christlichen Bewußtseins. Aber vorläufig waren selbst etliche Kirchenführer blind oder schwach – und hatte man einmal die moralisch verderbliche Losung der „Anpassung" ausgegeben, so würde ein geschlossener Widerstand in Deutschland selbst überhaupt nicht mehr nachträglich möglich sein. Nur Bekenntnis und Einsatz des gläubigen Einzelnen. Gurian sah es klar.

Ins Nazireich zu gehen und dort zu reden, war natürlich unmöglich. Aber noch ließ sich schriftstellerisch wirken, auf religiöser Basis, die für mich allein in Betracht

---

551 Hermann Rauschning, *Gespräche mit Hitler*, Zürich und New York: Europa Verlag, 1940. Das Buch, an dessen Echtheit bereits früh Zweifel geäußert wurden, ist in den 1980er Jahren endgültig als Fälschung entlarvt worden. Vgl. Wolfgang Hänel, *Hermann Rauschnings „Gespräche mit Hitler". Eine Geschichtsfälschung*, Ingolstadt: Zeitgeschichtliche Forschungsstelle, 1984.

552 Gemeint sind die *Deutschen Briefe*, die von Waldemar Gurian und Otto M. Knab von 1934 bis 1938 in der Schweiz herausgegeben wurden.

553 Ein Finanzabkommen zwischen Deutschland und der Schweiz, welches am 15. Juli 1932 geschlossen wurde.

554 Alfred Rosenberg, *Der Mythus des 20. Jahrhunderts. Eine Wertung der seelisch-geistigen Gestaltenkämpfe unserer Zeit*, München 1942. Das Buch Rosenbergs, der Versuch einer Art philosophischen Grundlage des Nationalsozialismus, wurde selbst von Nationalsozialisten belächelt. Werk und Rezeption werden ausführlich analysiert bei Dominik Burkhard, *Häresie und Mythus des 20. Jahrhunderts: Rosenbergs nationalsozialistische Weltanschauung vor dem Tribunal der Römischen Inquisition*, Paderborn: Schöningh, 2005.

kam. Das Wort Gottes ist immer aktuell. *Die geheime Offenbarung*[555], eine christliche Kampf-, Ermutigungs- und Trostschrift für die erste Generation, ist es heute ebenso, sagte ich mir – nur muß sie erklärt und nahegebracht werden. Mein Buch wurde in zwei Auflagen in Deutschland verbreitet. Die österreichische Krise nahte. In Wien hatte ich schon früher im Katholischen Akademikerbund gesprochen, nun ging ich, ein Jahr vor dem Umbruch, hin: Aus Berichten war es deutlich, wie die Sympathien mit den Nazis im Steigen waren. Man träumte im deutschen Großraum von einem neuen Aufstieg.

Bei Bejahung des „Positiven" am Nationalismus würde sich im völkischen Pantheon ein österreichisches katholisches Seitenkapellchen einrichten lassen, und wer weiß? Also die Tarnungsmethode des Mythus wirkte! Ich sprach offen, rein vom Weltanschaulichen aus: Der bolschewistische Atheismus sagt wenigstens offen, was er meint und will – der deutsche Mythus belügt das Volk. Er hat erkannt, daß der Mensch nicht vom rein Rationalen lebt, daß er „Glauben" haben muß, so oder so. Sein Glaube ist Wodan [sic], die germanische Nationalgröße über alles! Sein Wille, nur stufenweise zu verwirklichen, ist die pseudoreligiöse Totalhingabe an jenen Rassen- und Kriegsgott. Für Christen ist es absurd, eine Aussöhnung der Prinzipien zu erhoffen. Die Anbiederung ist den Nazis selbst verächtlich, so sehr sie sich über den Triumph ihrer List, wie der Teufel, freuen. Habt ihr den kleinen Finger gegeben, um irdische Belange „für die Kirche" usw. zu retten, so verliert ihr alles. Nur reiner Glaube kann da standhalten, gleichviel was daraus folge. Die alten Christen fragten dies auch nicht. Nur so dürfen wir hoffen, daß Gott seine Macht kundtue. Die Massenverbreitung dieses Vortrags, die der Kultusminister und der geistliche Präsident wünschten, wurde vereitelt. Die Nazis waren schon mächtig, es zu hindern.

Nach dem Anschluss kam die neue Flüchtlingswelle, Professoren, Ärzte, Künstler, die heute großenteils in Amerika sind. Ich hätte mich geschämt, nicht Zeit und Herberge für sie zu finden. *Schicksal und Würde des Menschen* entstand im deutlichen Vorgefühl des nahen Krieges. Ich schrieb es vor allem für Deutschland, um die persönliche Verantwortung des Einzelnen zum christlichen Widerstand zu stärken. Es mußte so geschrieben werden, daß es nicht sofort verboten würde, und doch für besinnliche Leser deutlich genug war. Leicht wird man eine durch die Situation bedingte religiöse Tendenz erkennen: Die Frommen mögen nicht meinen, mit Gebet den Antichrist aufhalten zu können; es braucht Einsatz des ganzen Menschen, und dazu braucht es allerdings Glaube und Gebet. Jetzt geht es nicht um kleinliche irdische Belange, sondern es gilt, „für das Gottesreich und seine Gerechtigkeit" einzustehen. Dafür setzt euer Sein ein! Und auf ein Wunder müsst ihr nicht warten – es sei denn, wenn die moralische Gesamtheit der Christen aus dem inneren Geheiß des Glaubens aufstände, wenn sie rechtzeitig erkennen würde, daß es besser wäre, die Söhne im Kampfe gegen den Antichrist zu opfern als auf den Schlachtfeldern

---

[555] Otto Karrer, *Die geheime Offenbarung*, Einsiedel: Benziger, 1938.

imperialistischer Eroberungen. Aber auf dieses moralische Wunder ließ sich in Deutschland füglich nicht warten. So kann nur der Gläubige sozusagen für sich persönlich feststehen und um Kraft beten – und was er so nicht ändern kann und was er leiden muß, das trägt er dann männlich als Christ, dem die irdischen Güter nicht der Höchstwert sind.

In Deutschland, Holland, Belgien schlug das Büchlein ein, bis die Nazis aufmerksam wurden. Die zweite Auflage konnte nur mehr in der Schweiz verbreitet werden. Unterdessen hatte ich aus der Beobachtung, wie die besagte Tendenz ins Schwarze traf, die Akzentuierung in einer weiteren Schrift *Gebet, Vorsehung und Wunder*[556] noch gesteigert, was in Kreisen der friedlich bürgerlichen Schweiz und an höheren Stellen missfiel. Ich kann das verstehen! Kummer hat es mir keinen gemacht, und natürlich haben über die Zweckmäßigkeit (um die allein es sich handelt) wie über die katholische Wahrheit die kirchlichen Oberen zu befinden. Einem geistlichen Freund von der Mailänder katholischen Universität, die sich durch ihren Widerstand hervorgetan hat, gelang es, mein Buch *Schicksal und Würde* (zusammen mit *Warum greift Gott nicht ein?*[557]) in italienischer Übersetzung durch die faschistische Staatszensur zu bringen. Freilich mußte ich da noch etwas nachhelfen. Als ich den Freund in Mailand besuchte, stellte er mir den Zensor vor. Zu einer Stelle fragte er mich, was da gemeint sei. „Der Bolschewismus", erwiderte ich prompt. Er schluckte es, und das Buch passierte. War er dumm oder ein geheimer Gesinnungsgenosse? Gott weiß es. Leider erfuhr ich später nichts mehr vom geistlichen Freund; er hat sich rührend verschiedener Flüchtlinge angenommen, die ich ihm zuschickte, als sie weiter mußten. Sobald die Grenze aufgeht, hoffe ich ihn zu finden.

Mit dem Ausbruch des Krieges und dem guten Ausbau der Flüchtlingsorganisationen war ich freier für Überzeitliches. Ich übernahm von dem führenden kath. Schweizer Verlag Benziger eine größere Arbeit auf Jahre hin: Ein Dokumentenwerk der christlichen Verkündigung durch die Jahrhunderte und Völker (religiöse Literatur und Wortverkündigung im weitesten Sinne). Zur Vollendung wird es noch längere Zeit brauchen. Unterdessen sind dieses Jahr zwei Bände von Kardinal Newman, *Die Kirche*[558], im Erscheinen begriffen, eine Text-Sammlung aus dem ganzen Schrifttum Newmans zum Thema Kirche. Die englische Parallelausgabe ist in Vorbereitung. Gleichfalls erscheint in nächster Zeit ein Band Franz von Assisi, *Legenden und Laude*[559], in der Reihe *Weltliteratur* des Zürcher Verlags Conzett-Huber. Aus Predigten hervorgegangen, doch frei für den literarischen Zweck bearbeitet, sind in diesen letzten Jahren außerdem erschienen die kleineren Schriften *Freiheit*

---

556 Otto Karrer, *Gebet, Vorhersehung und Wunder*, Luzern: Räber, 1941.
557 Otto Karrer, *Warum greift Gott nicht ein?*, Luzern: Räber, 1940.
558 John Henry Newman, *Die Kirche*, übersetzt und eingeleitet von Otto Karrer, 2 Bde., Einsiedeln: Benziger, 1945 ff.
559 Franz von Assisi, *Legenden und Laude*, hrsg. von Otto Karrer, Zürich: Manesse, 1945.

des Christenmenschen[560], *Genügt die Schrift allein?*[561] und *Katholischer Gottesdienst*[562], die beiden letzteren von Newman angeregt. Ich bin als Priester unpolitisch, soweit sich Politik auf irdische Zweckmäßigkeiten bezieht. Den Nazismus hasse ich wegen seiner grundsätzlichen Missachtung der menschlichen Persönlichkeit, vor allen kirchlichen Belangen im engeren Sinne. Ich hasse ihn, seit ich die ersten Flüchtlinge sah, denn bei manchen sagte ich mir: „Nur der Teufel kann solche verfolgen." Dabei liebe ich das deutsche Volk, wie ich es kannte, und ich kann nicht glauben, daß es von Grund auf verdorben sei. Moralische Mitschuld haben wohl viele auch sonst, sofern sie sich gegenüber dem Angriff auf die Fundamente des Christentums, auf die Menschlichkeit, gewissermaßen blind stellten. Bei den Deutschen kommt freilich etwas mehr hinzu (und dies schon vor dem Naziregime): Die laisierte vom Preußentum ins Militaristische verzerrte Idee des Heiligen Reiches deutscher Nation, welche die Nazis zu nutzen wußten. Rheinland und Westfalen, in Süddeutschland und Österreich ist sie weniger tief gewurzelt, dank dem katholischen Grundgefühl. Ein amerikanischer Freund, der als Korrespondent der alliierten Front durch Westdeutschland folgte, erklärte mir kürzlich auf die Frage, wie es um den Widerstand der katholischen Jugend stehe, und ob sich Ansätze zur Erneuerung erhalten hätten: „Erfreulich viel!" Zu meinem Troste höre ich auch, daß die amerikanische Besatzung in Bayern sich auf die religiösen Kräfte im Volke stützt.

Ich bin überzeugt: Das Christentum, und näherhin das katholische, ist das Bollwerk wahrer Humanität. Trotz des Versagens vieler bis weit hinauf. Wir haben nicht mehr die Renaissancekirche, unser Geschlecht hat der menschlichen Gebrechlichkeit in Form der „politischen Klugheit" einen Tribut gezollt, den man religiös nicht anders denn bedauern kann. Scharfe Kritik ist billig – möchte sie nur nichts vom Pharisäer haben! Die heilige Kirche ist unsterblich. Ihr gehört das Herz und die Hoffnung der Gläubigen Christi,

Luzern, den 15. Juli 1945
Otto Karrer

Nachschrift für Sie, lieber Mitbruder: Ich sende mit gleicher Post das Büchlein in der zweiten Auflage, weil ich nicht weiß, ob Sie diese zugrundgelegt haben. Tun Sie es! (wenn möglich). Ich habe einiges noch verbessert: S. 7/8 (Vorwort) 25, 39. Auf der Post stellte ich fest, daß Drucksachen noch nicht gehen. Deshalb habe ich die betreff. Seiten herausgeschnitten und füge sie hier gleich bei. Den Freunden, denen Sie nachfragen, geht es gut. Ich schreibe Ihnen bald mehr darüber. Jetzt muß ich mich beeilen, damit Sie dies erhalten. Wenn Sie mir Stipendien (ohne Opfer für Sie) senden kön-

---

560 Otto Karrer, *Die Freiheit des Christenmenschen in der katholischen Kirche*, Einsiedeln: Benziger, 1941.
561 Otto Karrer, *Genügt die Schrift allein?*, Luzern: Räber, 1944.
562 Otto Karrer, *Vom katholischen Gottesdienst*, Luzern: Räber, 1945.

nen, bin ich dankbar. Den erbetenen Artikel über die Schweizer Katholiken während des Krieges will ich schreiben, bald. Danke herzlich.

Ihr
Otto Karrer

Karrer an H.A.R. vom 8. Dezember 1952

Lieber Freund,
Vor ca. 14 Tagen habe ich die schöne Ausgabe Ihrer Mystiker-Texte vom Pantheon-Verlag erhalten[563] und danke Ihnen herzlich dafür, auch für die liebenswürdige Widmung. Ich werde ihnen dann die neue und definitive Ausgabe meines Neuen Testaments schicken, wenn diese erschienen sein wird – vielleicht sogar bringen. Denn durch Ihre so gütige Anregung bin ich ja vor die Überlegung gestellt worden, ob ich für ein Sommersemester nach Notre Dame komme. Ich mußte mich zuerst mit meinem Verleger in Verbindung setzen, der mir schrieb, er habe einen gelinden Schrecken bekommen, weil er fürchtet, ich bliebe dann in Amerika. Aber darüber kann ich ihn beruhigen, und mit einem auf das Jahr 1954 verschobenen Sommeraufenthalt wäre er einverstanden (ich bin nämlich durch Vertrag und auch freundschaftliche Rücksichten nach so vielen Jahren der Gemeinschaftsarbeit an ihn gebunden). Mit gleicher Post schreibe ich an Rev. M. A. Mathis in diesem Sinne, d. h. ich wäre bereit, für das Sommersemester 1954 Vorlesungen über urchristliche Spiritualität und Liturgie in ihren Zusammenhängen mit der jüdischen Tradition zu halten. Für die Anregung dazu bin ich Ihnen zu besonderem Dank verpflichtet. Sie haben mich damit wirklich überrascht. Auf dem beigelegten Zettel betr. der Notiz „Illustrationen", die Sie sich nicht mehr deuten konnten, hatte ich nach den Namen der in Amerika bekannten Illustrationskünstler gefragt – aber Sie müssen sich nicht mehr darum kümmern, da die Frage des Verlegers inzwischen anderwärts befriedigt werden konnte. Ich hoffe, die europäische Reise hat Ihnen gut getan.[564] Ich bin gegenwärtig in der Arbeit für eine Schrift über Bibel und Kirche, die übrigens, es trifft sich gut, auch dem Themenkreis von Notre Dame förderlich ist.[565]

Mit herzlichen Grüßen

Ihr
Otto Karrer

563 Gemeint ist das von Reinhold herausgegebene Buch *The Soul afire*.
564 Zu dieser Europa-Reise Reinholds ist es nicht gekommen.
565 Willem Grossouw/Otto Karrer, *Das geistliche Leben. Biblisch-liturgische Betrachtungen für alle Tage des Jahres*, München: Ars Sacra Müller, 1952.

AUSWAHL

Korrespondenz H.A.R. mit Martin B. Hellriegel[566]

Martin B. Hellriegel an H.A.R. vom In Epiphania Domini 1946 (6. Januar 1946)

Mein teuerster Father Reinhold. – PAX !
Meine freundlichsten Wünsche für die Festtage und das neue Jahr! Möge das St. Josephs-Büchlein dem frommen Pastor von St. Joseph ein wenig Sonnenschein in dieser Zeit geben, welches eine Sunnyside[567] sein könnte, wenn… […]

Was „Our Highmass" betrifft: Es war Pastor (jetzt Bischof) O'Hara, als er noch Pfarrer in Oregon war, der mich drängte, ein einfaches Hochamt herauszubringen (mit syllabischen Noten). Ich machte das, und *The Queens Work*[568] von St. Louis bot sich an, es zu publizieren. Ich bin mir der Mängel dieser Ausgabe bewußt, aber ich glaube, sie hat dazu beigetragen, eine Brücke zu bauen „von dort, wo wir waren nach dorthin, wohin wir gehen sollten". In O'Fallon singen wir immer (und sie machen es noch so) das Benedictus gleich nach dem Sanctus. Hier in Heilig Kreuz haben wir es nicht so gemacht. Im Hinblick auf die Tatsache, daß der größere Teil der Opposition sich gerade auf solche Dinge bezieht, habe ich gesagt: Lat mol lopen!

Ich danke Dir für Dein offenes Wort hinsichtlich des Duceismus. Nach der L[iturgischen] W[oche] von St. Meinrads schrieb ich ein Wort des Dankes an Abt Ignatius, aber auch eine Warnung. Dies habe ich gesagt: „Wenn die Liturgischen Wochen nicht vom Duceismus und Columbanismus (C. Thuis) befreit werden, wird es in Zukunft nicht sehr viele LITURGISCHE WOCHEN mehr geben." Mit dem Programm kann ich nicht mitmachen. Sie waren sehr besorgt, mich nach New Orleans zu bekommen, ich vermute als eine Art „Aushängeschild". Du weißt, es ist so hübsch, einen liturgischen Monsignore auf der Bühne sitzen zu haben. Du hast absolut recht, „dass die Liturgische Bewegung nicht in kirchenpolitische Auseinandersetzungen verwickelt werden darf."

Sei nicht entmutigt, Father Reinhold. Du leistest eine notwendige Pionierarbeit an dieser Generation, die „non cogitat in corde suo". Vor fünfzehn Jahren sagte ich: „Die einzige Lösung für eine geistliche Wiedergeburt ist die Rückkehr der Priester, fromm und gläubig, zum lebendigen und lebenspendenden Brunnquell der Liturgie."

Heute schreie ich es fünfzehnmal lauter hinaus. Es ist für mich so wahr, wie zwei mal zwei vier ist. Lasst es uns nicht vergessen, es ist Gottes Licht, das uns gegeben ist. Diese Wahrheit ging mir auf, als ich vor einigen Jahren Hermelinks Büchlein

---

566 Die Korrespondenz mit Martin B. Hellriegel befindet sich in Correspondence, Box 4, Folder 17, H. A. Reinhold Papers, MS2003-60, John J. Burns Library, Boston College.
567 Anspielung auf die Pfarrei, in die Reinhold versetzt wurde.
568 *The Queens Work. A national magazine of Catholic activities and the official organ of Soladity in America*. Amerikanisches katholisches Magazin, 1914 gegründet.

las, *Die Katholiken und wir*⁵⁶⁹ (ich glaube so lautet der Titel). Gerade die Bücher, die Hermelink gelesen hatte, bedeuteten für mich eine Reorientierung. Ihn haben sie nur in seiner protestantischen Auffassung bestärkt. Gestern war Bischof Schlarman von Peoria hier. Im Laufe des Gesprächs machte er diese feine Bemerkung: „Hellriegel, mach weiter so. Die Liturgische Bewegung hängt nicht von irgendeinem Bischof oder Kardinal ab. Niemand wird sie aufhalten. Man muß durchhalten." Natürlich, die Opposition wird nicht aufhören. „Lass sie!", sagte ich 1933 zum Abt von Maria Laach, zu einer Zeit, als er vollkommen niedergeschlagen war wegen aller möglichen Schwierigkeiten: „Vater Abt, so bald die Opposition aufhört, wird die Liturgische Bewegung beginnen einzuschlafen. Die Opposition ist Pfeffer und Salz – von Gott gewollt – um der weiteren Verbreitung der Sache willen." Ich kann wahrhaftig sagen, daß ich die Dinge, die mich vor zehn Jahren aufgeregt haben, heute von mir abschüttle wie eine Ente das Wasser. Im Laufe der Zeit bekommt man eine ganz wohltuende Elefantenhaut. Also weiter. Du weißt vielleicht, oder weißt es vielleicht nicht, wie sehr deine TIMELY TRACTS diskutiert und kommentiert werden. Gewiss sind sie EINIGEN Leuten lästig, aber das war auch die Botschaft unseres Herrn. Die große Opposition unseres Herrn kam von den damaligen Bischöfen (oder Päpsten!) und von den Canonisten (alias Schriftgelehrten und Pharisäern). Also weiter im Neuen Jahr! Wir brauchen Propheten!

Herzliche Grüße und Liebe in unserem Herrn!
Martin

Hellriegel an H.A.R. ohne Datum (8. April 1946)

Mein lieber Bruder Hans: – Pax.
Es besteht – Gott sei Dank – KEINE GEFAHR, daß ich Erzbischof werde. Auch ist die Hoffnung nicht groß, daß ich meinen Freund Cyril Echele⁵⁷⁰ zu jenem „Gaudete in Domino semper" bringen werde, welches das Leben für einen selbst und für andere so erfreulich machen würde. Cyril ist ein guter Kerl, der Ehemann einer großartigen Frau, der Sohn einer sehr katholischen Mutter, der Vater von zwei glücklichen Kindern, die eines Tages eucharistische Zweige am Weinstock sein werden – vorausgesetzt, sie werden nicht überfüttert mit dem „Feuer, es brennt, schnell machen, Feuer, es brennt, es brennt"-Geist ihres wohlmeinenden Papas. Aber, verstehe mich recht: Wollte Gott, wir hätten mehr Cyrils (weniger jedoch von dem unausgeglichenen liturgischen Eifer DIESES Cyril), und die Welt wäre weniger in Gefahr.

---

569 Vermutlich ist das Buch Heinrich Hermelink, *Katholizismus und Protestantismus in der Gegenwart vornehmlich in Deutschland*, Stuttgart: Perthes, 1923, gemeint, welches mehrere Auflagen erlebte.
570 Einer der ersten Mitarbeiter der Zeitschrift *Catholic Worker*.

Nun ja, der große Hirte von St. Louis ist in der Ewigkeit.[571] *Der Tod kam zum Erzbischof*[572]. Es war eine dramatische Tragödie – vielleicht ein Triumph. Er schenkte sein Herz Rom, wohin die Herzen gehören, sein natürliches und geistliches Leben gab er von Irland aus, wo er es empfangen hatte, an Gott zurück, und seine sterblichem Überreste an St. Louis. R. I. P. In der Zwischenzeit (morgen wird er einen Monat tot sein) wird ihm der Hl. Petrus eine Instruktion über den Sinn, den Geist und die Bedeutung der Gabenprozession gegeben haben. Natürlich vermissen wir alle den großen Mann, denn er war wirklich ein großer Mann. Zu schade, daß in den letzten wenigen Jahren seines Erdenlebens „*senex puerum portabat, puer autem senem regebat!*"[573] Ich meine unseren Freund Cody, den Generalvikar. Irgendjemand bemerkte einmal: Der neue Codex war in Ordnung, aber nicht der neue Cody. Nebenbei bemerkt: Hatte nicht unser Herr eine Menge Schwierigkeiten mit den Schriftgelehrten und Generalvikaren seiner Tage?

Irgendwann werde ich Dir, so hoffe ich, die sehr interessante Korrespondenz bezüglich der Offertoriumsfrage zeigen können. Vielleicht haben einige Leute jetzt – wo sie ihre Nase in die erzbischöflichen Archive stecken können – die Chance zu lesen (wenn sie es nicht schon eher getan haben), was ich dem Erzbischof geschrieben habe. Et quod scripsi scripsi!

Unsere nächste Sorge ist der Nachfolger. Bete mit uns, daß der Herr uns einen apostolischen Mann sendet. Der Erzbischof hat große Schuhe hinterlassen.

Wir schauen vorwärts auf eine gesegnete Karwoche. Lasst uns für einander beten, wenn wir die Mysterien PANIS CRUCIS ET LUCIS feiern. Mach Deine ausgezeichnete Arbeit weiter. Das erste was ich in O. F. lese sind die T. T.[574]

Viel Liebe und ein österliches Alleluja!
Martin

P. S. Ich bin sicher, daß Du die beigelegten Intentionen gebrauchen kannst:
5 gesungene Messen für Verstorbene der Pfarrei Hl. Kreuz.

---

571 Gemeint ist John Joseph Kardinal Glennon, der auf seiner Heimreise vom feierlichen Konsistorium, bei welchem er das Kardinalsbirett überreicht bekommen hatte, am 9. März 1946 gestorben war.
572 Anspielung auf den viel gelesenen Roman von Willa Cather, *Der Tod kommt zum Erzbischof* (Original: *Death comes for the Archbishop*).
573 Aus dem Responsorium zum Feste der Darstellung des Herrn (2. Febr.) siehe Lukas 2.22 ff.
574 Die von Reinhold verfassten „Timely Tracts" in *Orate Fratres*.

KORRESPONDENZEN

Korrespondenz H.A.R. mit Michael Keller[575]

Michael Keller an H.A.R. vom 21. September 1947

Lieber Hans!
Dein lieber Brief von Mariä Geburt war in 8 Tagen hier. Herzlichen Dank.
  Aber lassen wir es doch beim Alten. Es genügt, wenn Du die Anschrift entsprechend änderst. Im Übrigen aber lass es zwischen uns bitte so, wie es war. Ernst Reichardt habe ich damals gleich geschrieben, hörte aber noch nichts von ihm. Vielleicht war die Anschrift nicht richtig. Ich will es noch mal versuchen. Das Geschenk des Zeitschriftenabonnements nehme ich sehr gerne an. Dafür wäre ich Dir besonders dankbar. Hoffentlich bekommst Du sie herüber.
  Ich habe zwar in der letzten Zeit mit Hans v. Rudloff nicht weiter über Dich gesprochen, aber ich glaube, daß sein „eisiges" Schweigen nicht in einer veränderten Einstellung Dir gegenüber begründet ist. Er ist überhaupt ungeheuer schweigsam und still geworden, und gesundheitlich oft am Ende seiner Kräfte. Ich glaube ganz bestimmt, daß sein Verhalten mehr, wenn nicht ausschließlich, auf diesen Faktor zurückzuführen ist.
  Was Du mir von Deinem Wirken schreibst, hat mich außerordentlich interessiert. Nie und nimmer würde ich Dir raten herüberzukommen; das war auch nicht meine Absicht, als ich den Priestermangel erwähnte. Im Gegenteil bin ich fest überzeugt, daß Du dort besser am Platze bist und segensreicher wirken kannst, als es hier heute möglich wäre.
  Dein geplanter Besuch weckt in mir die Hoffnung, Dich in nicht allzu ferner Zeit einmal hier zu sehen. Dann erwarte ich Dich aber ganz bestimmt auch in Münster. Ich hoffe, daß Du Deinen Aufenthalt dort nicht allzu knapp bemisst.
  Mit herzlichem Gruß in treuer Gebetsverbundenheit,

Dein
Michael Keller

Keller an H.A.R. vom 28. September 1950

Lieber Hans,
heute kam die schöne Mitra an, die in Deinem Auftrage in Herstelle gefertigt wurde. Herzlich danke ich Dir für diesen neuen Erweis Deiner Freundschaft. Sie wird mich immer wieder an Dich und die Verbundenheit mit Dir erinnern. Die Aufgaben wer-

---

[575] Die Korrespondenz mit Michael Keller befindet sich in Correspondence, Box 5, Folder 17, H.A. Reinhold Papers, MS2003-60, John J. Burns Library, Boston College.

den immer zahlreicher und die Arbeit immer größer. Ich vertraue weiter auf Deine Gebetshilfe.
In treuer Verbundenheit grüßt Dich herzlich

Dein
Michael Keller

Korrespondenz H.A.R. mit Godfrey Diekmann [576]

Diekmann an H.A.R. vom 22. Dezember 1955
(Diekmann dankt Reinhold für den „sehr guten" Artikel über die Karwoche für die kommende Februarausgabe von „Worship".)

[…] Es wird absolut wichtig sein, in die verschiedenen Kleruszeitschriften hineinzukommen, um die Herzen der Priester unseres Landes zu gewinnen und sie zu überzeugen. […]

Diekmann an H.A.R. vom 2. Mai 1958
(Diekmann teilt Reinhold mit, daß der zuständige Bischof für Collegeville [577] den Wunsch geäußert habe, er (Diekmann) möge wegen der Meinungsverschiedenheiten zwischen Bischof Dougherty und Reinhold nichts von Reinhold in „Worship" veröffentlichen.)

[…] Er brachte seine Überzeugung zum Ausdruck, daß viele Bischöfe sich Deiner augenblicklichen ungewissen klerikalen Stellung bewußt sind. Die fortdauernde Ankündigung Deines Namens und die Veröffentlichung Deiner Artikel würde von diesen Bischöfen schief angesehen, und insofern das Liturgische Apostolat, um das *Worship* bemüht ist, beeinträchtigen. […]

(Diekmann hat sich in einem Gespräch mit Bischof Bartholome („eloquently as I could") für Reinhold eingesetzt.)
[…] Armer John, mein Herz war voll von brüderlicher Sympathie. Zu Deinem gegen-

---

576 Die Korrespondenz mit Godfrey Diekmann befindet sich in Correspondence, Box 3, Folder 24, H. A. Reinhold Papers, MS2003-60, John J. Burns Library, Boston College.
577 Gemeint ist Peter William Bartholome, Bischof von St. Cloud in Minnesota, USA, von 1953 bis 1968.

wärtigen Leid muß Dich dieses nun besonders schwer treffen. Ich bete täglich in der hl. Messe für Dich um Gnade und Kraft, daß Du Dich dem Willen Gottes fügst.[…]

H.A.R. an Diekmann vom 6. April 1959
(Reinhold schildert seinem Freund Godfrey Diekmann noch einmal die Umstände, unter denen er nach New Melleray[578] gegangen ist. Darin kommt die Tiefe seines Zerwürfnisses mit Bischof Dougherty von Yakima zum Ausdruck, der ihm die Excardination aus Yakima offenbar nicht erteilen will. „Der Bischof gibt nicht nach und will mir nichts schreiben, was in mir die Idee verfestigt, ich könne frei zu Bischof Wright gehen." Dann fährt Reinhold fort mit der Begründung, warum er nicht in die Diözese Yakima zurückkehren will.)[579]

[…] Was wir also befürchten ist folgendes: Wenn ich hinaus nach Yakima gehe, wollen sie mich entweder wegsperren an einem Platz, wo ich ohne Kontakt zur Welt bin und in Depressionen gerate, oder sie wollen mich anstacheln, irgendwelche unkluge Dinge zu sagen. Zum Zorn gereizt, würde ich das auch tun. Oder sie wollen mir strikte Anweisungen geben in Yakima zu bleiben und mein Leben so unglücklich und unerfreulich zu machen, daß ich weggehe, und sie werden es auf ihre gewohnte Weise zum Ausdruck bringen. […]

[…] nicht nur, daß der Bischof sich weigert, mir die Excardination zu erteilen, es ist die „Behandlung", die man für mich ausgedacht hat. Sie verfahren nach dem Muster, das ich 1955 und 1956 erleiden mußte – sarkastische Briefe, Anstachelung durch Verdächtigungen, Versetzung eines Mannes in meine Pfarrei, der mich praktisch heraus drängte, öffentliche Verlautbarungen in meiner Pfarrei, ich sei in Ungnade gefallen (was im Frühjahr 1956 geschah). Dieses alles summiert sich zu einer Tortur, die grausamer ist als irgendein Nazi oder Bolschewik sich ausdenken kann! Das ist mein Einwand, und das ist der Grund, weshalb ich nicht nach Yakima zurückgehe. Msgr. Higgins riet mir, nie wieder dorthin zurückzukehren, denn dann würde alles wieder von vorne beginnen – alles würde sich wiederholen. (Unter uns gesagt, einer meiner Freunde sagte mir: „Wenn ich Seelenführer wäre, würde ich Dich nicht gehen lassen" – und das ist sowohl Tom Carrolls wie auch Tom Caulfields Meinung.) Ich möchte dass Du, der Vater Abt und Emeric wissen, daß dieses der wirkliche Grund ist und die eigentliche Schwierigkeit. Es sind nicht nur Halsstarrigkeit und Herzenshärte was die Weigerung angeht mich zu excardinieren, es ist das Bestreben mich zu quälen und mir das Leben unerträglich zu machen. Und das Leben war für mich unerträglich in den letzten drei Jahren. Wenn ich wüsste, wie lange es weiter geht, würde

---

578 Im Text steht irrtümlich „New Mallory". Richtig muß es heißen New Melleray Abbey, wie Reinhold auch in seiner Autobiografie schreibt.
579 Vgl. zu diesem Brief die Darstellung von William J. Leonard in seinem Buch, *The Letter Carrier*, Kansas City: Sheed & Ward, 1993; dazu auch Julia A. Upton, *Worship in Spirit and Truth*, S. 113 ff.

ich wahrscheinlich wieder zusammenbrechen. Möglicherweise wird sich der neue Apostolische Delegat der Sache annehmen – vielleicht wird er gegen mich entscheiden –, ich weiß es nicht! Ich bin froh, daß Du für mich betest und auch andere für mich beten lässt. Aber ich möchte, daß Du meine Situation verstehst, wie ich sie im obigen Brief beschrieben habe.

Danke für Deine treue Fürsorge und Dein beharrliches Gebet.

Vor 30 Jahren hat einer der deutschen Bischöfe die bemerkenswerte Behauptung aufgestellt, die Liturgische Bewegung sei tot. Ich würde den Mann in St. Paul nicht ernst nehmen. Offensichtlich war das für den Augenblick gesagt. Was er will, unterliegt seiner Kontrolle – was er will, möchte er auch selber kontrollieren. Wie Du sagst, es ist sehr schwer zu erahnen, was die kommenden Monate bringen an Anregungen und Fehlern.

Ich bete für Dich. Ich wollte, ich könnte weiter für Dich schreiben. Nebenbei bemerkt, hat er mich als einen jener Leute bezeichnet, deren Gegner er sei? Eine ganze Menge von Leuten hat erfahren, daß ich nicht mehr schreibe, und dass sie seit mehr als einem Jahr meine Spur verloren haben. Das weitet sich zu einem Skandal aus, wenn nicht bald etwas dagegen geschieht. Ich habe stillgehalten – ich habe alles getan was der Bischof von mir verlangte. Oesterreicher riet mir Anfang 1956, eine Pressekonferenz einzuberufen und den Journalisten alle Briefe zu zeigen, die ich von Yakima erhalten habe. Natürlich bin ich froh, daß ich dieses nicht getan habe, aber hier ist die Möglichkeit wirklichen Schaden anzurichten – ich habe es nie getan! Ich habe das so gut wie möglich für mich behalten – nur meine Freunde habe ich ins Vertrauen gezogen. Meine Karwoche war miserabel. Donnerstag und Freitag hielt ich mich in der Sakristei auf und huschte nur heraus zu einer geschwinden Kommunion. Während der Ostervigil schlief ich, weil ich mich nicht wohl fühlte, schließlich hatte ich am Sonntag die letzte Messe mit Predigt – das war alles, was ich von der Karwoche hatte. Aber ich bin solche Enttäuschungen gewöhnt – sie regen mich nicht mehr so sehr auf.

Wie immer der Deine
H. A. Reinhold

H.A.R. an Diekmann vom 11. Mai 1959

[…] Deine Erfahrung mit der Karwoche ist sehr erfreulich. Der Widerstand gegen die Zeremonien wird dahinschwinden und vergessen sein, so hoffe ich. […]

(Reinhold klagt über ständige Schmerzen im Bauch. Er muß Medikamente nehmen, die ihn sehr müde machen und schläfrig. Das Zittern der rechten Hand ist zeitweilig unerträglich.)

KORRESPONDENZEN

Diekmann an H.A.R. vom 21. Dezember 1960

Mein lieber John,
ich bitte um Entschuldigung, daß ich nach meiner Rückkehr aus Rom nicht eher geschrieben habe. Tatsache ist, daß ich mit der Arbeit nicht nachkomme – ganz zu schweigen von den Aufgaben, die Rom uns zugewiesen hat, und die ausreichen, uns für die nächsten Monate zu beschäftigen, selbst wenn wir nichts anderes zu tun hätten.

Eigentlich gibt es nicht viel zu erzählen, auch wenn es den feierlichen Eid zur Geheimhaltung nicht gäbe. (Habe ich Dir schon erzählt, daß ich zwei Eide leisten mußte: Einen wegen der Geheimhaltung, den zweiten, daß ich keine Bestechungsgelder annehmen würde!). Die Konferenz selbst begann sehr bescheiden, aber gegen Ende hatten die meisten von uns doch das Gefühl, daß man sich redlich bemühte, nicht allein die freie und offene Aussprache zuzulassen, sondern auch die Fakten offen in den Blick zu nehmen. Wie dem auch sei, auch wenn alle die verschiedenen Unterkommissionen, die man für die verschiedensten Aspekte eingerichtet hat, ihre Arbeit gut machen, muß doch alles Material durch das Sieb der großen Zentralkommission, bevor es das Konzil erreicht. Und in der Zentralkommission sitzen Leute wie Spellman und McIntyre. Es gibt da auch andere, wie etwa Erzbischof Alter. Aber dort liegt letztlich die Entscheidung.

Einer der großen Vorteile unserer Kommission ist, daß die meisten von uns sich bereits seit Jahren kennen und sehr schön in ihren Idealen übereinstimmen. Das Beste von allem, nur wenige Wochen vor dem Treffen erhielten die nationalen liturgischen Institute von Frankreich, Deutschland und Holland eine Repräsentation durch die Ernennung von Msgr. J. Wagner, Kanonikus Martimort und Pater Lucas Brinkhoff.[580] Alle diese Männer, dazu auch einige andere Unentwegte, wie Jungmann und Pascher, waren anwesend. Besonders erfreut war ich, die nähere Bekanntschaft von Dr. Johannes Quasten zu machen, den ich bis dahin nur gelegentlich getroffen hatte. Wir wurden wirklich gute Freunde. Kürzlich las ich mit großer Freude in der Diözesanpresse, daß ihm der diesjährige Kardinal-Spellman-Preis als Theologe des Jahres verliehen worden ist. Er muß davon gewußt haben, aber er hat darüber kein Wort verloren. Er ist ein gelehrter und bescheidener Mann; und besonders in den letzten paar Jahren ist sein Interesse an den pastoralen Fragen der Liturgie sehr gestiegen. Die meisten Dinge sieht er genau so wie wir.

Wir hatten auch Gelegenheit, den Engländer J. B. O'Connell zu bearbeiten. Ich habe den Verdacht, daß sein Interesse sich vorwiegend auf die Höhe von Mitren bezieht; aber er ist bereit zuzuhören und Fred und ich haben das Empfinden, daß wir fähig waren, eine Menge von Ideen und Resolutionen in der Woche unseres Beisammenseins in seinen Kopf zu pumpen. Er ist Mitglied, während Fred und ich

---

580 Vgl. Brinkhoffs Brief weiter unten S. 520 f.

nur Konsultoren sind; und die Mitglieder sind die hohen Tiere, wir sind so etwas wie Laienschwestern (lay sisters).

Wie Du weißt, ist Bugnini Sekretär der Kommission. Kardinal Cicognani ist ein alter Mann und ist sich bewußt, daß seine Kenntnisse auf dem Gebiet der Liturgie nicht dem heutigen Stand entsprechen. Bugninis Rolle wird bedenklich wichtig werden. Ich weiß immer noch nicht, was ich von ihm halten soll. Wiederholt hat er sich in den Protokollen, in seinen Schreiben, auf die Seite der Engel gestellt. Eine der letzten Ausgaben der *Ephemerides*[581] bringt seine Kommentare über die Römische Synode, worin er unerbittlich fordert, daß die traditionelle Praxis des Bischofs als Zelebranten und der mit ihm in Verbindung stehenden Priester als Zeichen der Einheit aufrecht erhalten bleibt; und das hat offensichtlich Auswirkungen auch auf andere Bereiche. Und noch ist er ein diplomatischer Römer. Vielleicht bedeutet es einfach, daß er die Situation erkannt hat und ahnt, wie weit der Handel gehen wird. In all diesen Dingen ist eine Fülle von Gebeten notwendig.

Sartory kommt in diesem Jahr nicht, wie es ursprünglich geplant war. Er ist nach Rom berufen worden, wo er Vorlesungen an San Anselmo hält, und ich glaube, daß er im Sekretariat für Christliche Einheit mitarbeitet. Ich machte dort einen sehr angenehmen Besuch, bei dem ich zufällig Msgr. Willenbrandts [sic] traf, einen Holländer mit viel Erfahrung, Klugheit und Mut. Ich beschrieb ihm unsere eigenen bescheidenen Bestrebungen hier in St. Johns, und er gab einige gute Ratschläge.

Unser Treffen von fünf protestantischen und fünf katholischen Theologen Anfang Dezember ist sehr gut verlaufen. Unglücklicherweise telegraphierte uns Pelikan von Chicago im letzten Moment, daß er wegen einer Familientragödie nicht teilnehmen könne. Er schickte seine Aufzeichnungen, die auf Newmans Ideen von der Entwicklung der protestantischen Lehre basierten, verglichen mit den allgemeinen protestantischen Gesichtspunkten. Das ganze war etwas schwach, weil er nicht anwesend war und seine Sache nicht entsprechend vertreten konnte. Die anderen vier waren der Meinung, Pelikans Ansichten entsprächen nicht ihrer eigenen Sicht der Dinge. Dr. Charles Wesley Lowry[582], ein Anglikaner aus Baltimore, war eindeutig der kritischste von allen anwesenden Protestanten. Der alte Dr. Luther Weigel von der Yale Divinity School (und Herausgeber der *RSV*[583]) ist ein lieber Kerl. Aber er war so von seiner Herausgeberschaft von *RSV* beansprucht, daß er, abgesehen von seiner freundlichen Gegenwart, nichts beisteuerte. Den tiefsten Eindruck machte offensichtlich die Gelehrsamkeit (und Demut und Frömmigkeit) von Barnabas Ahern CP. Bischof Bartholome erschien zu ersten Sitzung und hielt eine hervorra-

---

581 *Ephemerides liturgicae*. Zeitschrift für Liturgie, die seit 1887 in Rom erscheint. Annibale Bugnini war langjähriger Chefredakteur der Zeitschrift.
582 Charles Wesley Lowry, anglikanischer Geistlicher. Verfasser zahlreicher religiöser Schriften. Vorsitzender und Geschäftsführer der „Foundation for Religious Action in the Social and Civil Order".
583 RSV=Revised Standard Version. Eine in den USA verbreitete Standardübersetzung der Bibel, die vollständig erstmals 1952 erschien.

gende Ansprache, die sowohl die Protestanten als auch die Katholiken sehr beeindruckte. Er ist schon jetzt Feuer und Flamme hinsichtlich der Möglichkeiten solcher Treffen. Vielleicht habe ich Dir schon früher einmal berichtet, daß wir uns mit dem Lutherischen Theologischen Seminar von Minneapolis in den letzten beiden Jahren getroffen haben. Diese Zusammenkünfte werden fortgeführt werden; aber von dem jetzigen ersten Treffen sollten weitere Dimensionen erfasst werden.

Emeric[584] kam von Brüssel herüber, um mit mir einen Tag in Trier zu verbringen, wo ich meinen jüngsten Bruder besucht habe, der bei der Raketenbasis von Bitburg stationiert ist. Emeric freut sich über die Einrichtung von Lumen Vitae.[585] Nicht nur die Fakultät, sondern auch die Gastprofessoren sind vom höchsten Kaliber. Ich habe allerdings den Verdacht, daß er Belgien selbst nicht sonderlich attraktiv findet. Das Jahr wird ihm im Hinblick auf seinen Religionsunterricht gut tun. Er macht sich wundervoll als Religionslehrer durch seine Persönlichkeit, sein Interesse an der Sache und seine Liebe zu den Schülern. Er machte sich jedoch immer wieder Gewissensbisse wegen des Mangels an theologischem Training. Dieses Jahr wird ihm helfen, sie zu überwinden. Immerhin gibt es geistliche und theologische Einsichten aus dem Glauben und dem Wirken der Gaben des Heiligen Geistes, die bedeutender sind, als die Leichtigkeit sie zu beschreiben.

Herzlichen Glückwunsch zu Deinem Porträt in der Novembernummer von *Jubilee*.[586]

Edel handelt, wer edel ist. Hast Du die Besprechung von Deinem Buch in einer der letzten Ausgaben des Diözesanblattes von Oklahoma gelesen? Das würde Deinem Herzen gut tun. Ich weiß, daß es solche Priester im ganzen Lande gibt, die dieselben Gefühle der Dankbarkeit und Zuneigung für Dich hegen.

Man möchte, daß ich nach Manhattanville gehe zur Sitzung der Direktoren der Liturgical Conference, aber ich versuche da herauszukommen. Die Arbeit wächst mir im Augenblick zu schnell und wird mir zu schwer.

Vielfach wurde ich diesen Herbst angeregt durch die Reaktion von Priestern aus den verschiedenen Diözesen, wo ich Priesterkonferenzen gehalten habe. Sie sind bereit zuzuhören und sie stellen kluge Fragen. In drei Diözesen habe ich Fragebögen verteilt über das Brevier und die Landessprache – das Resultat wird sich für die Arbeit der Päpstlichen Kommission als hilfreich erweisen. Das Verhältnis war etwa vier zu eins für die Priester, die hartnäckig nach dem Brevier in der Landessprache verlangen, wenn es Gebet sein soll, und nicht bloß eine Last, die man irgendwie erfüllt – wenn überhaupt.

---

584 Gemeint ist P. Emeric Anthony Lawrence.
585 Internationales Zentrum für Katechetik und Pastoraltheologie in Brüssel, 1935 von Jesuiten gegründet.
586 *Jubilee*. US-amerikanisches katholisches Monatsmagazin, für das auch Reinhold gelegentlich geschrieben hat.

Wir hatten im letzten Jahr gehofft, zu Beginn des Frühjahres in die neue Kirche umziehen zu können. Das mußten wir schließlich um einige Monate verschieben. Jetzt wird es wahrscheinlich im frühen Herbst sein, daß die Kirche konsekriert werden kann, auch wenn sie selbst und ihre Möblierung früher fertig werden sollte. Das *TIME*-Magazin[587] von dieser Woche hat ein Bild von der Fassade. Es war ursprünglich der am meisten kontrovers diskutierte Teil des ganzen Bauplans, ist aber in der Ausführung besser als im Modell. Die Idee erscheint den Besuchern ungewohnt, aber die meisten von ihnen können sich doch damit anfreunden, wenn sie diese einige Zeit angeschaut haben. Sicherlich hätte kein traditioneller Turm zu der ausladend breiten Front gepasst. Wäre es nicht wundervoll, wenn Sie zur Konsekration hier sein könnten – eventuell im Oktober? Bis dahin wird Emeric zurück sein, und wir beide würden uns sehr freuen alles zu tun, was uns möglich ist, damit Du Dich wirklich hier zu Hause fühlst.

Bitte begleite meine Arbeit in der Kommission mit Deinem Gebet. Ich gedenke Deiner täglich in meiner eigenen Messe.

Herzlich und brüderlich

Dein
Godfrey

Korrespondenz H.A.R. mit Bischof Helmut Hermann Wittler[588]

Helmut Hermann Wittler an H.A.R. vom 23. Februar 1966

Lieber Father Reinhold!
Die Zusendung der Dissertation[589] über Ihre liturgischen Studien und die Liturgiekonstitution des Konzils war für mich eine große Überraschung und eine noch größere Freude. Ich zweifle nicht, ob es eine Gedankenübertragung gibt, denn in den letzten Wochen habe ich oft an Sie gedacht und auch über Ihre liturgische Arbeit mit einigen Geistlichen gesprochen. Auf jeden Fall sehe ich in Ihrer Gabe für die Diözesanbibliothek ein Zeichen Ihrer Verbundenheit mit Ihrem Heimatbistum und dem Heimatbischof. Dafür bin ich Ihnen außerordentlich dankbar. Die Erneuerung

---

587 TIME. Auflagenstarkes amerikanisches Wochenmagazin, 1923 gegründet.
588 Diözesanarchiv Osnabrück, Personalakte Reinhold.
589 Eine Arbeit von P. Blane Brehany, *Aspects of the liturgical renewal as seen in the writings of H.A.Reinhold and the constitution on the sacred Liturgy,* Washington D.C.: Catholic University, 1964.

der Liturgie ist in unserer Diözese auf gutem Wege, natürlich unterschiedlich in den Gemeinden. Zu meinem Bedauern höre ich, daß Sie erkrankt sind. So ist Ihr Wirken gewiss mehr an den Schreibtisch gebunden. Aber wie aus der Dissertation hervorgeht, hat die Operation Ihnen eine Erleichterung gebracht. Ich werde Ihrer gern im Gebet gedenken, wie auch ich um Ihr Memento bitte.

Mit herzlichen Grüßen und Segenswünschen in heimatlicher Verbundenheit
Ihr ergebenster + Helmut Hermann Bischof von Osnabrück

H.A.R. an Wittler vom 19. April 1966

Euer Exzellenz,
ich neige zum Triumphalismus, indem ich Ihnen den anliegenden Brief sende. Der wahre Grund ist natürlich, daß mein Ansehen in meiner Heimatdiözese nach wie vor intakt ist. Ich sage damit nicht, daß ich diese Ehrung verdient hätte, aber sie gibt mir eine gewisse Genugtuung. Danke für Ihren freundlichen Brief.

Ihr ergebener
H. A. Reinhold

Wittler an H.A.R. vom 14. Mai 1966

Lieber Father Reinhold!
Zu der Verleihung des „Conover Memorial Award" spreche ich Ihnen meine aufrichtigen Glückwünsche aus. Ich freue mich, daß Ihr Wirken nicht nur um die liturgische Gestaltung des Gottesdienstes, sonder auch um die künstlerische Gestaltung eines für die Liturgie würdigen Raumes anerkannt wird.
    Bei uns geben sich die Architekten sehr viel Mühe, den Anweisungen der Liturgie-Konstitution bezüglich der Gestaltung der Kirchen gerecht zu werden. Aber nicht alle Lösungen befriedigen. Mit heimatlichen Grüßen und herzlichen Segenswünschen

Ihr in Christo ergebenster + Helmut Hermann Bischof von Osnabrück

AUSWAHL

Sonstige Korrespondenz (chronologisch geordnet)

1923[590]

P. Bonaventura, Maria Laach, an H.A.R vom 31. Januar 1923
(Dank für die Briefe von der Seereise.)

[...] In den vergangenen Tagen waren 2 Hamburger Herren für eine Woche unsere Gäste, die viele Interessen mit Ihnen und auch mit uns gemeinsam hatten. Diese Interessengemeinschaft hatte sie auch hergeführt, um hier in Ruhe ihre Pläne überlegen zu können. Der eine war ein früherer Schauspieler, jetzt einziger Schwiegersohn eines Hamburger Kaufmanns, der andere Vicar Eilers. Herr Wahl, der Erstere, hat die Absicht, in Hamburg eine katholische Lese[gesellschaft?] zu begründen, die durch Aufführung von Calderon-Spielen, Vorträge liturgischer und religionswissenschaftlicher Art, dem Wunsch vieler Hamburger entgegenkommen soll. R[ev.] Vicar Eilers soll der geistl. Berater werden. Letzterer hat starke liturgisch-reformatorische Tendenzen, die Sie vielleicht dank Ihrer Kenntnis und Erfahrung unterstützen können, falls Sie sich demnächst für längere Zeit in Ihrer Heimatstadt aufhalten werden. Rms Vater Abt soll, dicitur, Herrn Wahl einen Vortrag, vor allem seine Beihilfe, zugesichert haben. [...]

P. Athanasius, Maria Laach, z. Zt. in Beuron, an H.A.R., vom F. II. Rogationum [Montag vor Himmelfahrt, 7. Mai 1923]

[...] Auch in der Seelsorge regt es sich. Viele junge Kapläne möchten gern... [...] Die Schriften in dieser Hinsicht haben allerdings zumeist den Mangel, daß die Liturgie nicht ganz oder nicht recht erfasst ist. Pastoralliturgik! Ich sehne mich nach einem ganz bestimmten Arbeitsgebiet. Das der Liturgiewissenschaft schlechthin ist viel zu groß [...]

P. Athanasius, Beuron, an H.A.R. vom 7. Juni 1923

[...] Die richtig verstandene liturgische Bewegung wird nie die römische Liturgie jedem Erdflecken aufdrängen wollen. Ein Opfer, ein Priestertum, ein Geist – der aber wehe in vielen Liturgien, die ruhig auch neu entstehen dürfen. Die zentralistischen,

---

590 Die Korrespondenzen der Jahre 1923 bis 1929 befinden sich in Correspondence, Box 1, Folder 1, H. A. Reinhold Papers, MS2003-60, John J. Burns Library, Boston College. Ausnahmen werden gesondert angegeben.

dogmatischen und dogmatisierenden Strömungen in der Kirche Gottes und der Menschen seit der Scholastik haben ihr die jugendfrische Elastizität der Frühzeit geraubt – und die Geschichte des malabarischen Ritenstreites ist das traurigste Kapitel der neueren Kirchengeschichte. Die alte Kirche wäre zu groß, zu geistig dafür gewesen. Drum bin ich noch lange kein Freund jesuitischen Opportunismus'. Aber noch weniger eines der Dominikaner, des ordo veritatis.[591] De hac re melius silere. In Rom bei der Propaganda scheint es langsam zu dämmern. Man beginnt die Bedeutung des Monachismus für die Wiedergewinnung des Orients zu erkennen. Man plant ein großes slawisches Patriarchat mit römischer Liturgie in altslawischer Sprache, Sitz Prag. Der konkrete Plan mag viele Haken haben – er ist aber doch ein Zeichen neuen Geistes. St. Ottilien erkennt seine Mission jetzt auch klar [...]

1926

Schwester M. Chrysologa, Thuine, an H.A.R. vom 12. Oktober 1926

Hochwürdiger Herr Rektor!
Von Ew. Hochwürden verehrlichem Schreiben hat unsere Ehrwürdige Mutter mit Freuden Kenntnis genommen, und sprechen wir Ihnen für das unserer dortigen Kapelle zugedachte reiche Geschenk schon jetzt unseren aufrichtigsten Dank aus. Der jetzige Altar könnte für eine neu einzurichtende Kapelle vielleicht Verwendung finden, mit der Zumauerung des ovalen Fensters über dem Altare sollte man, wie Ew. Hochwürden auch vorschlagen, mit Rücksicht auf das Empfinden der Geschenkgeberin noch etwas warten. Schw. Innocentia haben wir heute kurz Nachricht gegeben, damit Ew. Hochwürden der Altarraum frei gegeben wird. Für die Schwestern wird die Ausschmückung der Kapelle eine frohe Überraschung und eine große Weihnachtsfreude sein.[592] Auf Schw. Innocentias Wunsch kommt jetzt unsere Schw. Honorata für eine kurze Zeit nach dort, um den eigentlichen Kapellenraum etwas auszubessern. Vielleicht dürfte dabei auf Ew. Hochwürden Plan für den Altarraum auch etwas Rücksicht zu nehmen sein. Ew. Hochwürden könnten Schw. Honorata vielleicht einige Winke und gute Ratschläge geben. Der allgütige Gott wolle Ew. Hochwürden Bemühungen, die ja nur seiner Ehre und Verherrlichung dienen sollen, reichlich segnen!
  Mit ehrerbietigen Empfehlungen unserer Ehrwürdigen Mutter zeichnet in aller Ehrfurcht

591 Symbolische Devise der Dominikaner, vgl. Pierre Mandonnet, *St. Dominic and His Work*, übersetzt von Sr. Mary Benedicta Larkin, St. Louis: Herder, 1948.
592 In der Kapelle zu Niendorf/Ostsee befinden sich noch heute der von Reinhold gestiftete Altarleuchter und ein Osterleuchter sowie ein Reliquienschrein (unter dem Altar).

Ew. Hochwürden ergebene
Schwester M. Chrysologa

1927

Abt Ildefons Herwegen, Maria Laach, an H.A.R. vom 11. November 1927
(Herwegen nimmt zu Gerüchten Stellung, die in Hamburg verbreitet wurden.)

[…] Ich erkläre hiermit, daß die Abtei Maria Laach niemals, weder geschlossen deutschnational gewählt hat, noch irgend ein Mitglied derselben, der deutschnationalen Partei angehört. Unsere Enthaltung bei der Präsidentenwahl hatte rein lokale Gründe. Wir sind mit dem Reichskanzler Marx seit langem befreundet, der wiederholt mit seiner ganzen Familie in unserem Hotel Aufenthalt genommen hat. […] Seit den 30 Jahren ihres Bestehens hat die Abtei stets geschlossen für die Zentrumspartei gewählt. […]
(Am Schluss des Briefes ein Hinweis.)
Viel wichtiger und gefährlicher scheint die offene Polemik des P. Friedrich Muckermann gegen uns, der laut erklärt hat, er werde der liturgischen Bewegung ein Ende machen. Deus providebit!

Ildefons, Abt

1929

Brief eines Seminaristen „Jan" aus dem Priesterseminar Osnabrück[593] an H.A.R. vom 18. Februar 1929
(Kritik am Seminarleben.)

[In der Kapelle herrschen] in den letzten Tagen bis durchschnittlich 4–5 Grad unter Null – Rheumatismus und Frost ist ganz natürlich und normal. Auch können wir ja schließlich nicht verlangen, daß der Herrgott uns solche Übel durch ein Wunder ersparen soll, wenn der Bischof uns absolut keine Heizung einbauen will. Übrigens ein Bild aus den letzten Tagen! In der Kapelle –4°. Regens, nach dem Morgengebet: „Wegen der großen Kälte dürfen […] die Herren, die unter den Fenstern sitzen, die

---

[593] Es handelt sich um den Seminaristen Jan Wiggers.

freien Mittelplätze einnehmen! Herr Wüste[594] darf sein Birett aufsetzen." (Der gute Mann hat nämlich eine Glatze). [...]

Odo Casel, Herstelle, an H.A.R. vom 3. Mai 1929
(Man hat Diabetes bei P. Odo Casel festgestellt, er fühlt sich schwach, muss strenge Diät halten.)

[...] Dr. Pinsk ist leider auch an den Nieren erkrankt. Das Jahrbuch geht jetzt schneller im Druck vorwärts. Ihre Bemerkungen konnte ich noch mehrfach für meinen Aufsatz verwerten. Ein franz. Jesuit, J. de Séguier, hat in der *Nouvelle Revue Théoloqique* soeben einen Aufsatz veröffentlicht, der sich, ohne Namen zu nennen, gegen Umberg auf unsere Seite stellt und unsere These in einer stark dialektischen Weise verteidigt. Ich habe in der Korrektur noch kurz darauf hingewiesen. [...]

Pastor Johannes v. Rudloff, Hamburg, an H.A.R. am Pfingstmontag 1929 [20. Mai]

Mein lieber Bruder,
zunächst meine volle Anerkennung für Ihre Fertigkeit im Maschinenschreiben, und dann einen „väterlichen" Rat. Wimmeln Sie alles ab, was nicht zu ihrem engsten Wirkungskreis gehört und lassen Sie die anderen reden und denken, was sie wollen. Mit Ihrer schwachen Gesundheit müssen Sie rechnen u. können doch Ihre Arbeit tun. Nicht biegen oder brechen dürfen Sie denken, sondern alles mit Maß und langsam! Sehen Sie, ich muß auch oft ausruhen u. kann auch mich nicht so anstrengen, wie andere es mit einer Bombengesundheit tun können. Das hat mir anfangs viel Kummer gemacht, jetzt denke ich aber anders, es kommt doch noch allerlei dabei heraus, wenn ich langsam arbeite. So wird es Ihnen auch gehen. Sie haben sich im Anfang überanstrengt, wie es zu oft geschieht. Jetzt erholen Sie sich etwas, u. dann fangen Sie ganz behäbig an. Es wäre schade, wenn Sie Ihre Fähigkeiten nicht für die Seemannsseelsorge ausnützten. Oft leisten Menschen mit schwacher Gesundheit mehr als ganz gesunde. Was man „leistet", kann man ja doch nie sehen. Der Erfolg bei unserer Arbeit ist doch eigentlich nie mit Händen zu greifen. Auf Schrörs verzichte ich jetzt und werde mich wieder an Hagemeister wenden, und wenn es da auch nicht klappt, werden wir nach Kiel hinauf fahren.

Die Schwestern[595] werden immer eifriger für die Liturgie, mit Ausnahme einiger älterer, die etwas geknickt sind. Leider kann ich darauf keine Rücksicht nehmen. Wir beten jetzt täglich gemeinschaftlich vom Introitus bis Sekret einschließlich. In der Sakristei und im Schwesternrefektorium hängt ein Klosterneuburger Wandkalender.

---

594 Bernhard Wüste aus Osnabrück, später Pastor von Hollenstede.
595 Es handelt sich um die Borromäerinnen im Marienkrankenhaus Hamburg.

Für die Vorbeterin hat Schw. Oberin das römische Messbuch von Schott angeschafft, was sie auch selbst besitzt. Es ist zwar noch allerlei zu verbessern, besonders auch im Gesang. Aber die Zeit muß auch wirken, und ich glaube, daß doch allmählich das liturgische Leben auch etwas auf das Denken und Fühlen und auf die ganze Frömmigkeit einwirkt.

Leben Sie wohl, wir wollen für einander beten.

Ihr treuer Hans v. Rudloff

Ruth Schaumann an H.A.R. vom 16. Juni 1929 (handschriftlich) [596]

Lieber Vater Reinhold!
Weil ich so müd bin und ganz schlimme Zahnschmerzen hab', bin ich vom Atelier heimgezogen um irgendetwas „Tröstliches" zu unternehmen. Da war Ihr Brief eben gekommen, der macht mir Freude und Sorge zugleich. Ist das Herz böse? Es ist besser, es ist in dem Sinn ein wenig bös, halt im andern Sinn; was hülfe ein „gutes" Herz, wenn es bös wäre, so ist es „bös" und ist eigentlich gut. Aber es macht mir doch Sorge und Gott mache auch das böse Herz wieder ganz fröhlich, daß die Frühpredigt Sie nicht mehr müd' machen kann. Aber gerade das ist Ursach' gewesen zum Lesen vom *Petersiliengarten*[597], wie bin ich glücklich, daß er Sie erfreut hat. Diese Art zu schreiben habe ich erst im März begonnen, in diesem Jahr, und kann es gar nicht mehr lassen. Seitdem ist eine *Arme Weisheit* entstanden, danach *Kristall und Amaryll*, nun will ich heut Nachmittag beginnen mit dem *Schellenbaum*. Und so geht ein Märchen hinter dem anderen her, und mir ist, ich wäre so recht in meinem Element wie ein Fisch im Wasser und kann reden was ich will und kein Mensch sagt: Sei still, denn weil es Märchen sind, braucht es keiner „ernst" zu nehmen. Ich glaub Ihren Seebären wird *Kristall und Amaryll* am besten gefallen, diese armen Geschichten von ihnen gehört werden mögen (sic!), schön wäre es – und bei dem bloßen Gedanken geht das Zahnweh ordentlich zurück. Da hätten wir das „Tröstliche".

Ihr „Meeresstern"[598] steht die halbe Nacht im Schaufenster der Christl. Kunst und das Licht darum leuchtet in die einsame Ludwigstr. hinaus, wie ein kl. Leuchtturm. Um 12 Uhr Nachts wird es dann ausgemacht. Ich bin froh, daß Sie „Frau Ruth" sagen, endlich! Alle andern Namen sind zu schwer für mich, und dass Sie's begreifen, schick' ich, was ich sonst gar nicht tu, ein Bildnis mit, das hat mein Mann jüngst gemacht,

---

596 In Correspondence, Box 1, Folder 3, H. A. Reinhold Papers, MS2003-60, John J. Burns Library, Boston College.
597 Ruth Schaumann, *Der Petersiliengarten. Ein Märchen*, Insel-Verlag: Leipzig, 1920 (mehrere weitere Auflagen).
598 Von Reinhold in Auftrag gegebenes Bronzerelief der Gottesmutter Maria, das später seinen Platz im Tagesraum des Seemannsheims in Hamburg fand.

als wir zum ersten Mal seit Januar einen freien Tag in Salzburg hatten. Das war gar so schön. Es ist doch oft recht sauer, in die große Stadt eingespannt zu sein, ohn' eine rechte Möglichkeit, ihr hier und da zu entrinnen. Seit ich das besonders spüre, schreib ich halt Märchen.

Ich dank' Ihnen und bin

Ihre
Ruth Schaumann, die sich unter Ihren Segen stellt.

Ruth Schaumann an H.A.R. vom 10. Juli 1929 [599]
(Postkarte, gestempelt München)

Lieber Vater Reinhold!
Nun ist die Stella Maris ausgestellt, die Leute sehen Maria und mir scheint, sie haben eine Freud dran. Aber die Spendenliste, die ich gewollt, hat die Christl. Kunst verweigert. Das grämt mich, ich träumte schon von 1000 Mk für Ihr Heim. Nein, so war's nicht gemeint mit Dr. „Bronce", das war nur meine Bangigkeit, die auch mich hoffen ließ, daß Sie restlos zufrieden sind mit meiner Arbeit.

Ich grüß Sie sehr, und bald kommt die Kiste, sobald, als die Christl. K. das Relief hergibt.

Ihre
Ruth Schaumann

H.A.R. an Raphael Walzer vom 2. November 1929 [600]

Ew. Gnaden, hochwürdigster Herr Erzabt,
anbei erlaube ich mir, Ihnen einen Ausschnitt zu überreichen, der dem Bericht des Generalsekretärs Legge, Paderborn, über seine Studienfahrt durch die Diaspora entnommen ist. Sie können daraus entnehmen, wie die Stimmung im hiesigen Klerus gegenüber den Orden ist. Als Oblate von Maria Laach habe ich schon solange ich in der Seelsorge hier oben tätig bin, ähnliche Gedanken vertreten, und stets mit Bedauern festgestellt, wie wenig Verständnis die Ordensgenossenschaften uns entgegen bringen. Darf ich heute nur kurz meine Gedanken skizzieren, um Ihnen, Hochwürdigster Herr, einen Begriff unserer Lage zu geben.

[599] In Correspondence, Box 1, Folder 3, H. A. Reinhold Papers, MS2003-60, John J. Burns Library, Boston College.
[600] In Correspondence, Box 4, Folder 17, H. A. Reinhold Papers, MS2003-60, John J. Burns Library, Boston College. Vgl. den Brief an Simon Stricker, oben S. 307 f.

Es ist ein offenes Geheimnis, daß die katholische Diaspora in dem Augenblick zugrundegeht, wo der Zustrom aus dem Hinterlande aufhört. Der Grund dafür liegt am großen Teil darin, daß ihr ein Kraftzentrum fehlt, das sie ohne Tradition und ohne Heiligtum dasteht inmitten einer areligiösen Welt. Moderne Orden, die im „Betrieb" aufgehen, können uns nichts nützen, denn was sie heranbilden, ist höchstens eine Pseudotradition. Außerdem sind sie, da es ihnen selber an religiöser Kultur fehlt und die Tradition sich meistens auf unwesentliche lokale Gewohnheiten beschränkt, die z. B. nichts von der säkularen Größe der Liturgie haben, da sie überhaupt nicht im Lande verwurzeln wie die Benediktiner, nicht geeignet, der unverrückbar feste Stützpunkt einer katholischen Neusiedelung zu werden. Was wir hier brauchen, ist eine Benediktinerabtei, die nicht nur um sich herum ein verwurzeltes katholisches Volk ansetzt, sondern auch in ihren Wirkungen bis auf unsere Großstädte ausstrahlt, wie Beuron auf Stuttgart und Laach auf die rheinischen Metropolen. Von der viel größeren Werbekraft und reineren Ausprägung des Katholizismus durch eine Abtei als etwa durch eine Jesuitenresidenz in den Augen Andersgläubiger brauche ich gar nicht zu reden.

Dass Ew. Gnaden der Mut zu großen, weitschauenden Plänen nicht fehlt, haben Neresheim, Weingarten und Neuburg gezeigt. Aber ich glaube, daß da bezüglich des Nordens noch Widerstände zu überwinden sind.

In Brandenburg konnten vorigen Monat 106 Güter nicht versteigert werden, weil sich kein Käufer fand. Also allein in einer Provinz. Sie können sich denken, daß man hier oben augenblicklich Riesengüter (9000–10000 Morgen) für geringe Summen kaufen kann. Davon brauchte eine Abtei nur einen Bruchteil zu nehmen, der für sie reichte, das andere besorgt die Siedlungskommission, die Wert auf geschlossene katholische oder protestantische Siedlungen legt. Die großen Güter haben meistens ein geräumiges Schloss, das ideale Räume für eine Abtei abgibt, und große Wirtschaftsgebäude. Die Ansiedler wären froh, wenn eine Abtei das Schloss nähme, da gerade seine Verwendung sehr oft das Kreuz bei der Ansiedlung ist: Was sollen die Siedler damit machen? Die Kirche wird z. T. als Pfarrkirche gebaut. Was sie als Abteikirche an Mehr in Schönheit und Geräumigkeit haben muß, ist Sache der Abtei. Es entsteht also nicht nur ein katholisches Zentrum für den weiteren Umkreis der Diaspora, der von der Abtei aus nach altbenediktinischer Tradition seelsorglich betreut werden kann (vgl. die engl. Abteien). Die Angst vor der Diaspora scheint recht unbegründet, denn bekanntlich ist ganz Grossbritannien nach unseren Begriffen Diaspora und hat doch eine Menge kontemplativer Abteien und Klöster. Zwischen Hamburg und Bremen, bei Lübeck und Berlin ist geradezu ein Bedürfnis nach solchen Mittelpunkten einer katholischen Wiedergeburt des Nordens. Die Gelegenheit zu billigem Erwerb solcher Latifundien zur katholischen Besiedlung ist so günstig wie noch nie. Es kommt noch dazu, daß eine Abtei, die in sich selbst besteht, weder beim Klerus noch dem Volke so bald als drückende Last empfunden würde, wie die vielen z. T. sehr großartigen und unrationell verteilten Kongregationshäuser, gegen die schon jetzt große Erbitterung herrscht.[601]

1931[602]

H.A.R. an Schwester Maria[603]
(Frau Gannon hat in England Männer- und Frauenklöster für ein Gebetsapostolat gewonnen. Zusammen mit Klöstern in Frankreich, Amerika, Italien etc. hat sie 939 zusammengebracht, darunter lediglich ein deutsches (Arme Klarissen in Münster). Reinhold plant die Ausweitung dieses Gebetsapostolates in Deutschland. Sr. Maria soll die Klöster anschreiben, später will Reinhold die Mutterhäuser besuchen und einen kleinen Vortrag über die Seemannsmission halten. Den Klöstern soll monatlich die „Seemannspost" zugeschickt werden. Außerdem macht Reinhold Vorschläge zur Verbesserung der Arbeit in Bremerhaven.)

1933

Robert Keller, Leipzig, an H.A.R. vom 11. Januar 1933
(Keller lobt den Artikel von Reinhold im „Seelsorger". Er will ihm in Amerika behilflich sein.)

[…] Kennen Sie schon die Leute von *Commonweal*? Mit George N. Shuster, einem wirklich modernen Menschen im besten Sinne des Wortes, würden Sie sich, glaube ich, sehr gut aussprechen können. […]

H.A.R. an Verleger Friedrich Pustet, Regensburg, vom 24. Februar 1933
(Reinhold bietet dem Verleger an, „für Ihre Zeitschrift[604] *werbend einzutreten. Er will versuchen, in seinem Bekanntenkreis noch einige Abnehmer zu finden.)*

[…] Es trifft sich gut, daß in den nächsten Tagen H. H. Rektor Hans von Rudloff, Hamburg, Alfredstr. 9, in Hamburg auf der Priesterkonferenz einen liturgischen

---

601 Der Schluss des Briefes fehlt.
602 Die Korrespondenzen der Jahre 1931 bis 1936 befinden sich in Correspondence, Box 1, Folder 4-6, H. A. Reinhold Papers, MS2003-60, John J. Burns Library, Boston College. Ausnahmen werden gesondert angegeben.
603 Gemeint ist Maria Gräfin Wolff-Metternich.
604 Gemeint ist die Zeitschrift *Liturgisches Leben*.

Vortrag hält. Wenn Sie sich einmal an ihn wenden unter Bezugnahme auf mich, so glaube ich wohl, daß er ein paar werbende Worte für die schöne Zeitschrift sagt. Besonders das Heft mit den Zeichnungen wird ihn interessieren (Kirchenbau). Ein paar Werbenummern an ihn könnten wohl guten Erfolg haben. [...]

(Reinhold zählt ca. 30 Adressen auf, darunter Jan Wiggers, Franziskushospital, Flensburg.)

[...] Bei einigen Herren wird es sich lohnen, wenn Sie in einem längeren Schreiben auf die Wichtigkeit der Zeitschrift für praktische Seelsorge hinweisen und sie auffordern, in einem Aussprachteil für praktische Seelsorger sich zu beteiligen. Die Diözese Osnabrück ist in der liturgischen Bewegung so ziemlich am weitesten zurück. Es fehlt weithin das richtige Verständnis. [...]

(Reinhold schlägt vor, die Zeitschrift auch an Architekt Kamps, Bugenhagenstr. 5, V. Stock, Hamburg, zu senden)

Friedrich Pustet an H.A.R. vom 1. März 1933
(Pustet schlägt vor, Reinhold möge einen Brief verfassen, der dann von Regensburg aus versandt würde.)

H.A.R. an Dr. Gertrud Hermes vom 4. März 1933, Schule der Arbeit, Leipzig, Steglitzer Str.
(Reinhold hat das Haus besucht (Heimaufenthalt inkl. Kurse für Arbeitslose) und bittet um Erfahrungsaustausch betr. Verwaltung etc. im Hinblick auf das Seemannsheim in Hamburg.)

H.A.R. an Thomas L. Williams vom 16. März 1933
(Reinhold sendet Ausschnitte aus dem Liturgischen Jahrbuch, Bd. XI. an den Erzbischof in Birmingham, die sich auf dessen Artikel „A Plea for the Revision of the Catechism" beziehen (Clergy Review, Jg. 1931, S. 453) und die Versuche, dessen Ideen in Deutschland bekannt zu machen.)

H.A.R. an Kaplan Johannes Moschner, z. Zt. Augensanatorium Werdenberg, Davos, ohne Datum

[...] Vor allem freut es mich, daß Sie wiederhergestellt sind und ich beglückwünsche Sie zu Ihrer Genesung. Der Dechant sagte mir, daß Sie am 1. Mai wiederkämen. Wenn ich dann nicht schon in Hamburg wäre, würde ich Sie mit Pauken und Trompeten begrüßen; ich ziehe aber um nach Hamburg wegen mangelnder Kultur in Bremerhaven.

Leider bin ich nicht in der Hieroglyphenforschung bewandert und kann daher nur einige wenige Zeilen Ihrer Postkarte entziffern. Unter der Voraussetzung, daß auch diese falsch gelesen sein können, erlaube ich mir gehorsamst folgendes zu bemerken: Es wäre sehr verdienstlich, wenn Sie Ihre negative Kritik zur positiven Mitarbeit umgestalten würden. Ich bin dafür, daß die *Liturgische Zeitschrift* sich nicht nur am Leben erhält, sondern auch ausgebaut werden muß, und wenn einer aus der Seelsorge dazu beitragen kann, dann sind ganz gewiss Sie es. Was Sie sagen über lederne Beiträge, bezieht sich wohl auf das periodische Nonnengeschreibsel aus Herstelle. Ich muß sagen, ledern ist noch ein zarter Ausdruck dafür. Das muß aufhören! Sie wollen das aber doch wohl nicht auf die feinen Beiträge des Herrn Dr. Pinsk ausdehnen? Sie schreiben außerdem, Sie fänden die Liturgie gut und schön und so etwas Ähnliches mehr. Nach meiner Ansicht eine etwas drollige Formulierung, die mir beinahe so vorkommt, als ob einer im Gespräch über das Christentum sagen würde: Naja, Christus ist ja ganz gut und schön, aber ich meine doch, nach den Arbeiten der letzten zehn Jahre von Seiten Maria Laachs und Professor Adams, kann man doch nicht gut die Liturgie wie eine vielleicht wichtige Abteilung der Katholischen Kirche behandeln. Davor sollte uns doch der sakramentale Charakter der Kirche bewahren. Na, vielleicht habe ich mich auch verlesen. Ich wünsche Ihnen weiter recht gute Besserung und hoffentlich finde ich bald einen feinen Aufsatz in der *Liturgischen Zeitschrift*.

Ihr Sie herzlich grüßender Seemannspastor.

Johannes Moschner, Rahlstedt, an H.A.R. vom 3. April 1933

Grüß Gott, hochwürdigster Herr!
Zunächst: die *Liturgische Zeitschrift* ist fein, aber [...] meine Kasse ist „sub omni canona"! Das ist vorläufig ein Haken. Dann eine erfreuliche Nachricht: Meine Ahrensburger Gemeinde singt am Ostersonntag zum 1. Mal die Missa de angelis, die ich den Leuten im Anschluss an die Fastenpredigten über die hl. Messe beigebogen habe. Sonntag ist „Generalprobe". Ich habe die 8. Messe genommen, die ja auch im Gesangbuch enthalten ist und hier in Rahlstedt ebenfalls gesungen wird. Diese Musik ist den Leuten vielleicht am naheliegendsten (?!). Nun komme ich noch mit einer Frage. Was meinen Sie von der liturg. Haltung der Leute. Bekanntlich geben die verschiedenen Leute (Klosterneuburg, Düsseldorfer Kirchengebet usw.) sie auch verschieden an. Der Haken bei uns ist der: Es sind nur Stühle und 2 Kinderbänke, keine Kniebänke da; dadurch ist das Knien schwierig. (Bisher wurde zur Wandlung und Kommunion gekniet, und gesessen bzw. gestanden von denen, die keinen Sitzplatz hatten.) Bei der Messe kommt dann für viele das Nüchternsein dazu. Und wenn die einen sitzen und die anderen dazwischen stehen, ist das ein Hohn auf die

sichtbar sein sollende Opfergemeinschaft. Also, was raten Sie mir? Wenn ich bis Palmsonntagmorgen Antwort – wenn auch bei Zeitmangel nur im Programmstil – haben könnte, wäre ich Ihnen sehr dankbar!

Ist eigentlich an dem Gerücht etwas dran, daß Sie nach Hamburg übersiedeln? Das wäre fabelhaft!

Nehmen Sie einen herzlichen Gruß in alter Begeisterung und Frechheit von

Ihrem
Hans M. Moschner

Übrigens, die Prozessionsgesänge: Introitus, Grad., Offert., Communio, werden durch deutsche Lieder ersetzt! (Die dahin passen, natürlich).
Beim Singen sollen die Leute natürlich stehen.

H.A.R. an Dr. Christian Dolfen vom 7. April 1933
(Reinhold kündigt seine Mitgliedschaft im Diözesan-Museumsverein „[…] da meine verfügbaren Gelder fast ausschließlich in meiner sozialen Tätigkeit verbraucht werden […].")

H.A.R. an Buchhandlung Schöningh, Bremen, Langewieren 6, vom 8. August 1933
(Reinhold bittet um Kärtchen für den Gebrauch am Altar mit den Melodien der anzustimmenden Gesänge des Hochamtes.)

[…] die, so viel ich weiß, bei Pustet erschienen sind. Es ist jedesmal eine Messe (Ordinarium) abgedruckt. Die Credos können aufgesteckt werden. 2. Zur Ansicht erbeten: Ed. von der Goltz, *Übersicht über die Entwicklung des christlichen Gottesdienstes*, Greifswald 1930.[605] […]

H.A.R. an Frl. Theresia Bothe, Osnabrück, Domhof 8, vom 4. September 1933

[…] Herrn Dr. Keller werden Sie immer mehr schätzen lernen, aber was Sie für anfängliche Beklommenheit und Befangenheit bei der Predigt gehalten haben, das bleibt, denn er ist ein unheimlich bescheidener und vorsichtiger Mensch. Sie können das aber ruhig in Kauf nehmen, denn was er Ihnen bietet ist so reich und schön, daß der kleine Schönheitsfehler nichts macht. […]

---

605 Eduard Freiherr von der Goltz, *Übersicht über die Entwicklung des christlichen Gottesdienstes*, Greifswald: Bamberg, 1930.

KORRESPONDENZEN

H.A.R. an den Schriftführer des Akademikerverbandes in Hamburg vom 5. September 1933

Lieber, sehr verehrter Herr Doktor!
Bevor ich nach Amerika reise, möchte ich Ihnen noch einen Wunsch ans Herz legen, der mich schon seit Jahren bewegt. Ich möchte unbedingt etwas für die liturgische Bewegung in Hamburg tun und wollte Sie bitten, mir zu helfen, eine groß angelegte Aktion dafür in die Wege zu leiten. Ich schreibe Ihnen in Ihrer Eigenschaft als Schriftführer des Katholischen Akademiker-Verbandes.[606]

Mit den platonischen Beteuerungen unserer Umstellung auf die neue Zeit ist nichts getan. Wir müssen jetzt tatsächlich auf unserem ureigensten Gebiete, also auf dem religiösen, etwas leisten, und ich schlage Ihnen darum vor, von Gründonnerstag bis Ostermontag des nächsten Jahres unter der Führung des Katholischen Akademiker-Verbandes eine groß angelegte liturgische Woche in Hamburg zu halten, bei der dreierlei [Veranstaltungen] parallel gehen: Erstens) feierliche Kargottesdienste mit bischöflichen Funktionen in allen größeren Kirchen Hamburgs, d. h. vielleicht täglich in einer anderen; zweitens) eine Choralwoche; drittens) die dazu gehörigen Vorträge und Predigten.

Als Redner schlage ich vor: Abt Herwegen von Maria Laach, P. Damasus Winzen, Dr. Pius Parsch und Dr. Johannes Pinsk. Nur müssten dann die Vorträge dieser Herren in den Tagen vor der eigentlichen Karwoche stattfinden, also etwa von Sonntag bis Mittwoch...

Von Ihnen aus müsste das Sekretariat die Vorbereitungen machen, worüber wir uns ja noch im Einzelnen unterhalten können. Sie müssten den Akademikerverband dafür gewinnen. Ich würde meinerseits die Gewinnung der geistlichen Mitwirkung übernehmen.

Was denken Sie über die Sache? Wenn die Hamburger, einschließlich Klerus, endlich einmal hören und sehen würden, was eigentlich Liturgie ist, so würde mit einem Schlage alles anders werden. Ich glaube auch, daß dadurch der Katholizismus eine stärkere Werbekraft zeigen würde als durch die ewigen apologetischen Vorträge, die auf keinen mehr Eindruck machen. Sie werden nach meiner Rückkehr aus Amerika alle Unterstützung bei mir finden und ein großer Teil der Arbeit kann bei uns geleistet werden.

In der Erwartung einer zustimmenden Antwort, verbleibe ich Ihr stets ergebener
H. A. Reinhold, Seemannspastor

---

606 Der Katholische Akademiker-Verband (KAV) entstand 1913 als Dachverband der Ortsgruppen des bereits bestehenden Vereins akademisch gebildeter Katholiken. 1938 aufgelöst, gründete er sich 1948 neu. Vgl. Marcel Albert, *„Zwecks wirksamer Verteidigung und Vertretung der katholischen Weltanschauung". Der Katholische Akademikerverband 1913–1938/39*, Köln: Erzbischöfliche Diözesan- und Dombibliothek, 2010.

H.A.R. an Pfarrer A. Wagner, Mariupol, UDSSR, vom 1. November 1933
(Reinhold schickt durch die Caritas ein Paket an Wagner und fragt nach seinen Wünschen.)

[…] Ich komme gerade aus Amerika zurück. Unsere Seemannsmission dehnt sich jetzt bald über die ganze Welt aus. Die Vereinigten Staaten haben bisher gefehlt. Ich habe aber guten Grund zu hoffen, daß auch dort bald Seemannsheime gegründet werden. […]

[…] Auch unsere gute Hausmutter, Gräfin Wolff-Metternich, genannt Schwester Maria, lässt Sie herzlich grüßen!! […]

Pastor Leo Schmitz, Stettin, an H.A.R. vom 12. Dezember 1933

[…] So sehr ich der nationalsozialistischen Bewegung sympathisch gegenüberstehe, de facto sind wir ausgeschaltet. Nicht vom Machtstandpunkt bedauere ich das, aber vom Standpunkt des Reiches Gottes, das innerlich notwendig der Zeit einen Stempel aufdrücken muß. Die Kräfte religiöser Inbrunst sind heute ersetzt durch arisch-nationale Triebkräfte. Wir sind auf die Sakristei beschränkt, und den Sonntag nimmt man uns, er ist nationaler Schulungstag geworden, nicht mehr Gottestag. Öffentlich gibt es keine Nächstenliebe um Christi willen mehr. Die Welt gliedert sich – ohne uns […]

Ich persönlich glaube nicht, daß wir mit den gewöhnlichen „organisatorischen" Mitteln die Stellung in den Menschenherzen zurückerobern. Es muß schon anderes, von innen heraus geschehen. Neue Wege, wirkliche katholische Aktion, nicht die, wie wir sie in Deutschland angefangen haben. Außerordentlichen Gefahren begegnet man nicht mit gewöhnlichen Mitteln und auch nicht mit menschlich aufgezogenen Schlachtreihen, das Gebiet liegt im Transzendenten.

Siehst Du, so war es und so denke ich.

Dein Schmitz

1934

Arbeitsgemeinschaft Katholischer Deutscher[607] *an H.A.R. vor dem 1. März 1934*

Wir hatten Ihnen am 14. Oktober 1933 von der Auflösung des Bundes „Kreuz und Adler" Kenntnis gegeben und Ihnen gleichzeitig eine Aufforderung zur Meldung bei der AKD übermittelt. Da wir von Ihrer Seite dazu keine Stellungnahme erhielten, übersenden wir Ihnen heute nochmals unser Merkblatt und eine Anmeldekarte. Sollten wir bis zum 1. März d. Js. von Ihnen keine Meldung erhalten haben, nehmen wir an, daß Sie bei der AKD nicht mitzuarbeiten wünschen und streichen Sie endgültig aus unsern Listen.

Heil Hitler!
Dr. Graf Thun[608]

H.A.R. an Johannes Maaßen, Parkstraße 97, Düsseldorf, vom 6. Januar 1934

Sehr geehrter Herr Doktor!
Die letzte *Junge Front*[609] bringt einen Artikel über das Fest „Erscheinung des Herrn" von M. C. Ich vermute, daß sich dahinter Fräulein Clermont verbirgt. Darf ich mir erlauben, ganz bescheiden und ohne die Absicht zu kränken, ein Wort der Kritik zu sagen?
  Es ist mir schon mehrfach aufgefallen, daß bei diesen sonst sehr guten Einleitungsartikeln zu den Hochfesten und Jahreszeiten des Kirchenjahres ein gewisser Subjektivismus durchklingt. Ich meine, wenn man schon durch einen solchen Aufsatz das liturgisch-mystische Leben der Kirche dem Erleben des jungen Deutschland nahebringen will, dann muß man auch dieses liturgische Leben in seiner Ganzheit und Fülle bieten, und darf nicht nach dem beliebten deutschen Subjektivismus irgend etwas herausschneiden, was einem selbst als der Festinhalt erscheint. In diesem Fall hätte nach meiner Ansicht Fräulein Clermont nur den Vesperhymnus, die Antiphon vom Benedictus, der Laudes und das eine oder andere Responsorium in Rechnung ziehen sollen, dann wäre sie schon selber darauf gekom-

---

607 Arbeitsgemeinschaft katholischer Deutscher, Nachfolgeorganisation des Bundes „Kreuz und Adler", der Franz von Papen gegründet worden war. Vgl. G. Besier, *Die Kirchen und das Dritte Reich*, S. 771; Marcel Albert, *Die Benediktinerabtei Maria Laach und der Nationalsozialismus*, Paderborn: Schöningh 2004, S. 108 f.
608 Roderich Graf von Thun und Hohenstein (1908–1983), Geschäftsführer der AKD und Vorsitzender des Bundes Kreuz und Adler.
609 *Junge Front*. Wochenzeitung der Sturmschar, einem Bund der katholischen Jugendbewegung. 1932 gegründet, ab Juli 1935 Umbenennung in *Michael*, unter diesem Namen bis 1955 erschienen.

men, auch die Messe des Sonntags in der Oktav (nicht von der Heiligen Familie), die Messe des Oktav-Tages und die Messe des Sonntags nach der Oktav wäre in Betracht zu ziehen. Das wäre dann wirklich ein volles Ausschöpfen des Festgeheimnisses geworden, das viel tiefer ist, als aus dem Aufsatz von M. C. hervorgeht. Gewiss konnte sie zum Epiphanietag das an diesem Tage gelesene Evangelium zum Gegenstand ihrer Betrachtung machen; aber doch immer so, daß es als ein Ausschnitt aus dem Gesamtinhalt kenntlich war.

Es ist tief bedauerlich, daß dieses Fest so entsetzlich verarmt ist im Bewußtsein des Volkes. Meistens hört man moralische Predigten voll Spießbürgerlichkeiten und Gefühlsduseleien über den Marsch der hlg. 3 Könige und die Anstrengungen, die sie erdulden mußten usw. Sie kennen ja selber die Litanei. Von dem einzigartigen bildhaften Werden der Kirche in den Festdichtungen des Breviers und der Messe und von der mystischen Wirklichkeit der Vermählung Gottes mit der Menschheit in der Kirche bei den drei Geheimnissen dieses Festes, weiß kein Mensch mehr etwas. Gerade diese Gelegenheit sollte man nicht vorübergehen lassen, um das Volk zur Kirche zurückzuführen. Aber nicht zur Kirche als „weltumspannender Kulturmacht", denn das haben wir in den letzten 50 Jahren bis zum Erbrechen oft gehört, auch nicht zur Kirche als dem „einzigen Felsen, der unerschüttert steht mit 264 Päpsten", das wissen die Kinder auf der Straße. An diesem Tage auch nicht zu der Kirche des fortleidenden Heilandes, sondern der Kirche, in der die Menschheit vergottet wird.

Gewiss enthält der Aufsatz bei genügender Kenntnis des wahren Festgeheimnisses, besonders in dem Lichtgedanken, Anklänge an diese Dinge; aber wo noch so viel erzieherische Arbeit für die Rückkehr zur liturgischen Frömmigkeit zu tun ist, können wir uns eigentlich nicht leisten, Ausschnittchen und Brocken den Leuten vorzusetzen, bevor wir ihnen nicht das Ganze gezeigt haben.

Hoffentlich nimmt mir Frl. Clermont diese Kritik nicht übel. Sie soll nur klar sein, aber nicht scharf. Ich zweifle in keinem Augenblick daran, daß gute Absicht vorgelegen hat und immerhin gegenüber dem üblichen Gewäsch über Kaspar, Melchior und Balthasar schon ein großer Fortschritt zu verzeichnen ist.

Vielleicht lassen Sie zum zweiten Sonntag nach dem Fest, der das Fest ja abschließt, einmal einen entsprechenden Artikel schreiben.

Nochmals alles Gute für die Zukunft der *Jungen Front*.

Herzliche Grüße, besonders an Tschicki, dessen Gedichte übrigens nebenbei bemerkt, recht fein sind.

Ihr sehr ergebener
H. A. Reinhold, Seemannspastor

1935

H.A.R. an Emil Steffann vom 5. April 1935[610]

Sehr geehrter Herr Steffann !

Mit großem Interesse habe ich Ihre Pläne und das Exposé von Herrn Professor Schwarz gelesen. Ich werde die Arbeit Ihrer Frau Schwester noch heute hinbringen. Wenn Sie mir gestatten, möchte ich noch einmal ein paar Bemerkungen dazu machen:

Ich möchte Sie noch einmal dringend bitten, Herrn Professor Schwarz zu veranlassen, daß er seine Anspielungen auf Laach und Abt Herwegen doch möglichst unterlässt, und zwar nicht etwa nur um eine unerfreuliche Auseinandersetzung innerhalb der liturgischen Bewegung und eine Schwächung der Front nach außen zu verhindern, sondern auch deshalb, weil Abt Herwegen niemals in der extremen Form für diese Dinge eingetreten ist. Er hat das circumstantes immer mehr im geistigen Sinne verstanden und eine praktische Lösung den örtlichen Erfordernissen und den Architekten überlassen. Schon im Anfang des Aufsatzes ist eine Anspielung, die jeder, der die Gehässigkeiten, die Maria Laach über sich ergehen lassen muß, kennt, sofort als eine Spitze gegen Maria Laach empfinden muß, und zwar in dem Satz: „Wir verstehen dabei unter liturgischer Bewegung nicht eine gelehrte historische Bemühung um die Erforschung und Wiedereinführung altchristlicher Gebetsformen."

Das ist das, was man gewöhnlich den Laacher Mönchen mit sehr großem Unrecht vorwirft; denn wir dürfen nicht vergessen, daß die Sinndeutung der liturgischen Formen ohne wissenschaftliche Forschung uns einfach unmöglich geblieben wäre. Was bei der Sinndeutung der liturgischen Formen ohne historische Forschung herauskommt, können Ihnen die Allegorien des Durandus[611] und das Gefasel von Martin von Cochem[612], zum Teil auch Gueranger zeigen. Ich finde es sehr wenig dankbar, wenn man von oben herab diesen sehr ernsten Bemühungen, ohne die eine liturgische Bewegung gar nicht möglich ist, begegnet. Professor Parsch, der doch wirklich nicht im Verdacht volksfremden Historismus' steht, hat mir persönlich gesagt, daß er sein Wissen und alle Anregungen Maria Laach verdanke. Ich würde es für eine große Aufgabe von Prof. Schwarz halten, wenn er bei seinem Ansehen seine Übereinstimmung mit Maria Laach so weit wie möglich betonte.

Auf Seite 8 befindet sich dann die Bemerkung, daß die liturgische Bewegung dahin strebe, das Volk so nahe wie möglich an den Altar zu bringen. Das ist sehr missverständlich. P. Dr. Casel, der wohl von außen als der extremste Verfechter der liturgischen Bewegung angesehen wird, hat mir wiederholt in Gesprächen gesagt, daß er

---

610 In Correspondence, Box 4, Folder 17, H. A. Reinhold Papers, MS2003-60, John J. Burns Library, Boston College.
611 Durandus de Sancto Porciano (ca.1270/75–1334), Dominikaner und scholastischer Philosoph.
612 Martin von Cochem (1634–1712), Verfasser zahlreicher, weit verbreiteter religiöser Bücher.

derartige Bestrebungen rundweg ablehne. Er ist im Gegenteil der Meinung, daß eine Schranke zwischen Volk und Sanctuarium durchaus notwendig sei.

Eine sehr merkwürdige Äußerung finde ich auf Seite 6, wo behauptet wird, daß die Führer der Kirche der Meinung seien, die Formen längst vergangener Zeiten seien nicht geeignet, die Erhebung der heutigen Seele zu Gott im Gleichnis darzustellen.

Dürfte Herrn Professor Schwarz unbekannt sein, was Papst Pius XI. mehrfach gesagt hat, besonders nach der Kunstausstellung in Essen?

Überhaupt muß ich sagen, daß die Ausstellungen von Herrn Professor Schwarz durchaus willkürlich sind. Es ist doch tatsächlich sehr gesucht, wenn man behauptet, die Kommunionbank trenne das Volk vom Altar. Die Kommunionbank ist ein Tisch, von dem wir essen, und kein Gitter, über das wir nicht hinüberspringen dürfen. Ich mache Sie als praktischer Seelsorger darauf aufmerksam, daß eine Kirche ohne Kommunionbank aus einem anderen Grunde unmöglich ist, weil Kinder und alte gebrechliche Leute ohne Kommunionbank einfach hilflos sind. Im Übrigen verlangen die Rubriken die Kommunionbank, und schon aus dem Grunde wird eine Kirche ohne Kommunionbank wohl nie gestattet werden; was anderes ist es bei einer kleinen Hauskapelle.

Nun noch etwas anderes. Auf Seite 16 vertritt Herr Professor Schwarz eine Lehre, die durchaus nicht im Sinne der kirchlichen Tradition und nach meiner Meinung auch nicht im Sinne katholischer Liturgie und katholischen Dogmas liegt. Wenn Sie aufmerksam die altchristlichen Basiliken betrachten, so finden Sie in der Apsis ein Bild Christi, nicht Gottvaters. Noch bis ins hohe Mittelalter hinauf beweist uns das der Dom von Monreale. Auch die kirchliche Vorschrift, ein Kreuz über dem Altar aufzuhängen, liegt in dieser Richtung. Ich kann also nicht einsehen, warum Herr Professor Schwarz die Behauptung aufstellt, der Priester stehe als erster des Volkes, aus dem Volke kommend, vor dem Vater. Das ist eine Auffassung vom mystischen Leibe Christi, die von modernen demokratischen Gedanken beeinflusst sein dürfte. Es besteht wohl ein Gegenüber von Priester und Volk, da der Priester als Hierarch und Liturge Christus am Altar personifiziert und im Namen Christi und in dieser Kraft die heiligen Mysterien vollzieht. Überhaupt vermisse ich in dem Aufsatz von Herrn Prof. Schwarz sehr stark den Gedanken des Mysteriums und Sakramentes, und fühle mich fast zurückversetzt in das Judentum in seiner Auffassung von katholischer Liturgie.

Damit dürfte ich auch wohl klar gemacht haben, warum ich mich für die historisch viel besser begründete und zur Blütezeit der Liturgie immer geübte Stellung des Priesters mit dem Gesicht zum Volke nach wie vor einsetze. Das war durchaus keine historische Liebhaberei des Abtes von Maria Laach, sondern tief dogmatisch und liturgisch begründet. Die theologische Lage von Priester und Volk ist im Vollzug der Mysterien durchaus nicht gleich. Der Priester handelt in der Person Christi und stellt das lebenspendende Haupt des Leibes dar, ist gewissermaßen der Durchgangspunkt des Einströmens göttlichen Lebens von oben, blickt also von Gott her auf das Volk und soll darum dem Volk nicht den Rücken wenden.

Ihre Kirche ist trotz dieser theoretischen Erwägungen des Herrn Prof. Schwarz ein herrlicher Bau. Vielleicht würde ich auf Grund meiner Erwägungen Sie bitten, sie doch etwas umzugestalten, aber darüber ließe sich ja reden.

Nachdem ich Ihre Entwürfe gesehen habe, kommt mir der Gedanke, daß Sie vielleicht mit anderen Erwartungen nach Hamburg gekommen sind, als Sie nachher erfüllt sahen. Ich hoffe trotzdem, daß Sie die künstlerische Vorbereitung und Gestaltung dieses Kongresses als einer Offenbarung der katholischen Kirche hier in unserer großstädtischen nordischen Welt übernehmen wollen, und werde Ihnen in kurzem Nachricht über unsere weiteren Arbeiten zukommen lassen.

Ich danke Ihnen herzlich für Ihre bisherige Hilfe und hoffe auf weiteres gutes Zusammenarbeiten.

Ihr in Christo ergebener
H. A. Reinhold, Seemannspastor

Polizeibehörde Hamburg an H.A.R. vom 26. April 1935

Auf Grund § 1 der Verordnung des Herrn Reichspräsidenten zum Schutz von Volk und Staat vom 28. 2. 33 (RGBl. I. S. 83) wird Ihnen hiermit für das gesamte hamburgische Staatsgebiet ein Aufenthalts- und Redeverbot erteilt. Sie haben das hamburgische Staatsgebiet unverzüglich zu verlassen.[613]

gez. Carstens

Alois Hudal, Rom, an Hinsley, Westminster, vom 27. Mai 1935
(Empfehlungsbrief für H. A. Reinhold.)

H.A.R. an N.N.[614], 114 Maple Road, Surbiton, Surrey, England,
vom 12. Juni 1935[615]

[...] Besonders dankbar wäre ich Ew. Exzellenz, wenn es Ihnen gelänge, mir von meinem Bischof richtige Papiere zu beschaffen. Ich bin Herrn Prälat Kreutz sehr dankbar

---

613 Gleichlautende Briefe unter dem gleichen Datum aus Bremen und Kiel mit Verboten für Bremen und Schleswig-Holstein.
614 Name und Anschrift sind nicht bekannt, vermutlich war der Brief aber an Bischof Alois Hudal, Rom, gerichtet.
615 In Correspondence, Box 2, Folder 17, H. A. Reinhold Papers, MS2003-60, John J. Burns Library, Boston College.

für seine gütige Hilfe, aber ich weiß nicht, ob sich die fremden Bischöfe damit begnügen werden. […]

Darf ich Ew. Exzellenz von ganzem Herzen Dank sagen? Ich danke auch von Herzen für das große Geldgeschenk, das wohl in den nächsten Tagen eintreffen muß. Inzwischen ist es meinen Verwandten gelungen, mein Gepäck aus Deutschland herauszuschmuggeln, so dass die größte Not behoben zu sein scheint. Wenn Ew. Exzellenz irgendwo in der Welt einen Platz für mein Wirken sehen, so bitte ich Sie, sich meiner zu erinnern. Ich war mit ganzem Herzen bei meiner Arbeit unter den Seeleuten, aber gerne nehme ich jede andere Arbeit an, besonders gern natürlich eine verwandte. Seit meiner Jugend schwebt mir ein Plan vor, ehemalige Strafgefangene, oder solche, die eine lange Strafe verbüßen müssen, in einem Haus der Buße zu sammeln, so dass sie die Strafe in religiösem Geist als Buße verrichten, erfüllt mit christlichem Sinn und nicht in fatalistischem Stumpfsinn oder Zähneknirschen. Ob es wohl einen Staat gibt, der dafür ein Gefangenenhaus zur Verfügung stellt? (Entschuldigen Exzellenz eine so persönliche Äußerung, ich bin eben ganz aus dem gewohnten Gleise heraus und suche nach Arbeit.)

In tiefer Trauer höre ich von dem neuen teuflischen Plan der Nazis, die Geheimen Personalarchive der Ordinariate in den Prozessen zu veröffentlichen. Welch ein Schlag für das arme Volk. Man sagt hier sogar, daß man die Dokumente den prot. Kirchenführern zur Einschüchterung gezeigt hat und dass diese Skandale über ein Jahr lang veröffentlicht werden sollen, z. T. mit fabrizierten Dokumenten.[616] Welch ein Schlag gegen das Konkordat.

Indem ich in tiefer Dankbarkeit Ew. Exzellenz um Ihren Segen bitte, verbleibe ich

Ihr gehorsamer
H. A. Reinhold

H.A.R. an Dietrich von Hildebrand vom 12. Juni 1935[617]

Sehr geehrter Herr Professor,
nachdem ich von den Herren der Geheimen Staatspolizei aus Deutschland vertrieben wurde und seit dem 2. Mai in England ein Asyl gefunden habe, liegt mir darin, alte Freundschaften wiederanzuknüpfen. Von Herrn Prälat Münch hörte ich kurz vor meiner Vertreibung, daß Sie von München nach Wien verzogen seien. Ich ersehe daraus, daß Sie anscheinend ebenso wenig wie ich von den Herren Nazis geliebt wurden. Außerdem erzählte man sich von einer Biographie Dollfuß', die Sie verfasst hätten.[618]

616 Vgl. G. Besier, *Die Kirchen und das Dritte Reich*, S. 159 ff.
617 In Correspondence, Box 2, Folder 17, H. A. Reinhold Papers, MS2003-60, John J. Burns Library, Boston College.
618 Dietrich von Hildebrand, *Engelbert Dollfuß. Ein katholischer Staatsmann*, Salzburg: Pustet, 1934.

Ich hoffe, daß Sie sich meiner noch von der Freiburger Friedenstagung, vom Ulmer Akademikertag und Besuchen bei Ihnen in Oberföhring erinnern. Da ich jetzt viel freie Zeit habe und gleichzeitig mit einer ganzen Reihe von geistig führenden Katholiken bekannt werde, so würde ich mich freuen, wenn ich als Mittelsmann mit dem katholischen Österreich und Deutschland dienen könnte. Ich bin gerne bereit, kleinere Aufsätze über die geistige Lage der Katholiken in England, über ihr Kunststreben und ihre Literatur zu schreiben, wenn Sie glauben, daß ich dazu das Zeug habe und mir sagen, was dort gewünscht wird. Ich weiß nicht, ob Ihnen meine Aufsätze von früher her bekannt sind. Dr. Karl Rudolf kann Ihnen gegebenenfalls Auskunft geben.

In der Hoffnung, daß es Ihnen und den Ihren gut geht, verbleibe ich mit den ergebensten Grüßen

in Xpo

Ihr
H. A. Reinhold
(bisher Seemannspastor und Generalsekretär der Seemannsmission, geistl. Beirat des Ak. Verb. Hamburg)

Rechtsanwalt Engels an Alfred Reinhold vom 15. Juni 1935
(Notiz vom Gespräch mit Herrn Bielfeld von der Gestapo.)

[...] Es liegt keineswegs eine Ausweisung aus Deutschland vor, sondern höchstens ein Aufenthaltsverbot und Redeverbot für die Küstengebiete. Das hängt natürlich mit seiner Seemannsmissionstätigkeit zusammen. Es bestehen also, soweit ich den Beamten verstanden habe, keine Bedenken, daß Ihr Herr Bruder zurückkehrt und, politisch völlig neutral, irgendeinen rein theologischen Dienst ausübt.

Anbei die Rechnung.

Dr. Engels

Weihbischof Emmanuel Chaptal, Paris, an H.A.R. vom 4. Juli 1935 [619]

Hochwürden,
wir haben von dem Mitleid erweckenden Elend deutscher katholischer Flüchtlinge in

---

Hildebrand gab mit Unterstützung von Dollfuß auch die die anti-nationalsozialistische Zeitschrift *Der christliche Ständestaat* heraus.

619 In Correspondence, Box 3, Folder 2, H. A. Reinhold Papers, MS2003-60, John J. Burns Library, Boston College.

Paris gehört und wissen, daß sie sich in völliger Verzweiflung befinden. Andererseits sehen wir uns nicht in der Lage, ihnen jene Unterstützung zu geben, die sie verdienen. Unser Land ist überschwemmt durch die ständige Einwanderung aus politischen Gründen: Einige hunderttausend Russen, Armenier, Syrer, Ukrainer, Georgier, und in jüngster Zeit die Italiener.

Die Zahl derer die Hilfe brauchen, ist kaum zu zählen. Sie haben am Ende die finanziellen Möglichkeiten unserer Katholiken völlig erschöpft, die ja auch durch unsere eigenen Aktivitäten sehr in Anspruch genommen sind. Viele sind es leid, so vielen Fremden zu helfen, die offenbar keinen anderen Ausweg wissen, als nach Paris zu kommen. Die gegenwärtige Wirtschaftsflaute macht ebenfalls jede Wohltätigkeit schwieriger. Sie würden wirklich ein nützliches Werk vollbringen, wenn Sie selber sich zum Advokaten dieser unglücklichen Leute machen und, besonders in den USA, hochgesinnte Menschen finden, die ihnen helfen. Ich wäre Ihnen sehr dankbar, wenn Sie sich darum bemühen würden.

+ Emmanuel Chaptal

1936

H.A.R. an Bischof Santiago Luis Copello, Interlaken, vom 4. Januar 1936
(Reinhold hat gehört, daß die Stelle eines Seemannspastors in Buenos Aires frei wird. Er stellt sich dem Kardinal vor und bewirbt sich um Anstellung.)

H.A.R. an Löw-Suter, Rechtsanwalt und Notar vom 6. Februar 1936 [620]
(Handschriftlich vermerkt: Herrn Fürsprecher Simonin zur gütigen Aufbewahrung. Empfangsbestätigung nicht nötig. Interlaken, 1. 3. 36, H. A. Reinhold.)

Sehr geehrter Herr Doktor,
empfangen Sie meinen besten Dank für die schleunige Beantwortung meiner Anfrage und die Beruhigung meiner Bedenken. Aus den Anlagen ersehen Sie ungefähr den Verlauf meiner Angelegenheit, so dass ich nur wenig zu ergänzen habe.

Von 1929 bis 1933 war ich Seemannspastor und Generalsekretär der katholischen Seemannsmission in Bremerhaven. Es waren, wie Sie wissen, sehr trübe Zeiten voll politischer Erregung und wirtschaftlicher Not. Ich habe versucht, jede Politik

---

620 In Correspondence, Box 2, Folder 16, H. A. Reinhold Papers, MS2003-60, John J. Burns Library, Boston College. Siehe zu diesem Brief auch die Schilderungen Reinholds in seiner Autobiografie.

aus meinem Seemannsheim fernzuhalten und einige Male gegen Kommunisten und Nazis zur Hausverweisung gegriffen – was mir Angriffe in Parteiblättern und Drohungen eintrug. Mitglied der Zentrumspartei war ich nie, habe auch nie dafür gearbeitet. Allerdings war ich mit verschiedenen Zentrumspolitikern befreundet, z. T. mit Rücksicht auf meine soziale Tätigkeit und im Interesse der Seeleute, so z. B. Dr. Brüning, Staatssekretär Dr. Pünder u.s.w.

Am 15. Juni 1933 wurde ich nach Hamburg versetzt, wo ich ein neues Seemannsheim gründete. Ich machte aus meinem Herzen keine Mördergrube und versuchte, die katholische Weltanschauung mündlich und schriftlich gegen das Neuheidentum zu verteidigen, vor allem in meiner Zweimonatsschrift *Seemannspost* und den *Rundbriefen* an die Offiziere und Angestellten der deutschen Handelsflotte. Da ich nicht blind war, so konnten mir die damaligen Verhältnisse nicht entgehen, und ich habe wohl öfters offen meine Meinung gesagt, obgleich ich dann aber auch wieder auf Wunsch meines Bischofs versuchen mußte, mit den neuen Herren auf guten Fuß zu kommen. Dabei fühlte ich aber ganz deutlich die vergebene Liebesmüh – ich schien ein schlechtes Dossier zu haben. Ich gab diese Versuche sehr bald auf, besonders da ich mich dem Optimismus des Bischofs nicht anschließen konnte und es nicht fertigbrachte, den Leuten Theater vorzumachen. Ich war sehr oft im Auslande (Schweiz, Amerika, Frankreich, Holland, Belgien, Spanien, Canada) und hatte viele ausländische Korrespondenz und verkehrte in Hamburg bei vielen Konsuln, vor allem bei dem französischen, der mich bei öffentlichen Anlässen auszuzeichnen pflegte.

Am 8. Juli 1934 wurde ich ein paar Stunden in Schutzhaft genommen, wegen Verächtlichmachung hochgestellter Persönlichkeiten (Rosenberg, Baldur v. Schirach) und politischer Propaganda. Der Denunziant, ein gewisser Helmuth Köchert, hatte aber kein Glück. Man konnte mir nichts nachweisen. Von da an stand ich unter schärfster Kontrolle (Vorzensur, Abhören der Gespräche, Spitzel im Heim, Postzensur usw.). Offiziere und Seeleute wurden vor dem Verkehr mit mir von der Gestapo und von der Arbeitsfront gewarnt und wohlmeinende Leute rieten mir zu verschwinden, was ich aber nicht tat. Schließlich ging ich freiwillig zur Gestapo und fragte sie, was sie eigentlich von mir wollten. Ich stellte dabei fest, daß meine Korrespondenz fotografiert wurde, daß Denunziationen zu Hauf gegen mich vorlagen und dass man sich sehr für mich interessierte. Der Chef der Gestapo, Oberregierungsrat Streckenbach, beruhigte mich und riet mir nur vorsichtiger zu sein. Ich bedauerte sehr, ich hätte meine Pflicht als Seelsorger zu tun und könne nicht zusehen, daß man die Grundlagen unserer Religion mit amtlicher Unterstützung unterwühlte.

Das war am 15. April [1935] ungefähr. Am 30. April wurde ich mit meinem Auto auf offener Straße festgehalten und ins Heim geführt, wo eine Haussuchung von fünf Mann stattfand. Man beschlagnahmte kommunistische Literatur, die ich zu Studienzwecken besaß, meine gesamte Korrespondenz – die Auslandsdossiers befinden sich noch auf der Gestapo – und teilte mir schriftlich mit, daß ich sofort das Küstengebiet zu verlassen habe, widrigenfalls ich sofort in Schutzhaft genommen würde, ebenso falls ich versuchen sollte, meine ausländischen Freunde in Hamburg zu benachrichtigen. Ich mußte mich am 2. Mai 1935 in Osnabrück wieder bei der Gestapo melden. Am 5. Mai sollte ich mich dann in Frankfurt an der gleichen Stelle zeigen, überhaupt jeden Ortswechsel sofort bei der Gestapo anzeigen. Mein Bischof konnte mich nicht schützen und bewies mir, daß er völlig machtlos war. Er sagte mir ausdrücklich, er könne für mich nichts tun, denn durch Intervention verschlimmere er nur meine Lage.

Nach kurzer Überlegung mit zwei Freunden, sah ich ein, daß ich in Deutschland niemand mehr nützen könnte, daß ich meiner Familie nur Schwierigkeiten bereitete, meinem Bischof Demütigungen bei den Ämtern und mir selber im besten Falle Schikanen, im schlimmsten Konzentrationslager oder irgendeinen Prozeß à la Banasch.[621] Da ich Freunde genug im Ausland hatte, ging ich am 3. Mai nach Holland und kam am 4. Mai in London bei Freunden an. Ich gab an, ich sei Gast auf Besuch, um die Behörden nicht aufmerksam zu machen und meinen Aufenthalt vor Deutschland geheim zu halten. Ich wollte vor allem sehen, was die Gestapo tun würde. Man suchte mich überall. In Mecklenburg hatten die Landjäger den Befehl, mich zu verhaften. Sehr bald fand man dann aber heraus, daß ich im Ausland sei – wie, ist mir unbekannt.

Am 10. Juli kam ich dann nach Wangen bei Olten, um dort einen Freund zu vertreten. Bei meiner Ankunft fragte ich ihn, ob ich mich zu melden hätte. Er sagte mir, das habe Zeit. Sie können sich denken, daß ich nachgerade polizeischeu geworden war. Die Emigrantengesetze kennt man ja normalerweise nicht. Als ich dann nach vierzehn Tagen von einem Dr. Reichenberger (?) im Bundeshaus hörte, ich habe alle meine Chancen verspielt, tat ich sofort alles, um als politischer Flüchtling anerkannt zu werden – leider vergebens. Ein Besuch bei Bundesrat Etter half mir gar nichts.

Ich soll die Schweiz am 30. April verlassen. Die Ortspolizei hier sagt, der Grund sei darin zu sehen, daß ich mich weigere, die Kaution zu zahlen. Ich kann natürlich keine Frs. 2000.- aufbringen, da mein nicht unbeträchtliches Vermögen in Deutschland festliegt. Ich muß sehr vorsichtig sein, damit nicht durch eine Beschlagnahme meiner Gelder meine Angehörigen in Mitleidenschaft gezogen werden. Zwei Schwäger von mir sind in Staatsstellungen und als positive Katholiken sowieso schon in Gefahr. Mein Bruder lebt von Staatsaufträgen und muß natürlich auch höchst vorsichtig sein. Offiziell bin ich aus der Familie ausgeschlossen. Nur meine Mutter hält die Verbindung aufrecht und hat mich sogar besucht. Sie ist aber fast erblindet im letzten Jahre (73 Jahre alt).

Die bischöfliche Behörde in Solothurn, der ich unterstehe, tut offiziell nichts. Ich bin völlig auf sie angewiesen, da mein Bischof in Osnabrück mich hat fallen lassen,

---

621 Gemeint ist die Verhaftung und Anklage gegen den Domkapitular und Leiter der Bischöflichen Informationsstelle in Berlin, Georg Banasch, im November 1935. Vgl. dazu G. Besier, *Die Kirchen und das Dritte Reich*, S. 671 ff.

ob aus Angst vor Verdächtigungen oder aus Ärger über meine Eigenmächtigkeit bei der Flucht, in der ja eine gewisse Kritik an ihm unbewußt lag, weiß ich nicht. Aber nach dem Kirchenrecht bin ich ja ein toter Mann, solange ich keine Papiere meines Ordinarius habe. Daher mußte ich froh sein, daß man mich überhaupt hier annahm. In England sah ich nur die kalte Schulter und allerkühlste Reserve. Ich lebte dort von Almosen guter Leute.

Der Priestermangel des Bistums Basel wird in einiger Zeit behoben sein. Darum ist die kirchliche Behörde nicht sehr interessiert an meinem zu langen Bleiben. Etwa fünf Jahre will man mich dulden, das ist aber eine private Information an meinen Pfarrer.

Man müsste also jetzt herausfinden, warum die Behörde in Bern mich eigentlich ausweist, während andere hierbleiben können, und was sie zu tun gedenkt, wenn ich nicht darauf reagiere. Ich könnte im schlimmsten Falle

1.) in Bordeaux eine Stelle als Hilfs-Seemannspator finden, unter sehr dürftigen Verhältnissen. Aber wer garantiert mir dafür, daß mich die Franzosen nicht abweisen? Wo kann man etwas erfahren über die französische Fremdenkontrolle? Und was geschieht, wenn sich Hitler mit Frankreich überwirft?

2.) in Wien. Damit würde ich aber die Gestapo zum Rasen bringen (Tausend Mark-Sperre). Außerdem weiß ich ja nicht, wie lange Österreich noch frei bleibt.

3.) Rückkehr nach England, wo ich nach Aussage der hiesigen Behörden zuständig sein soll, da es mein erstes Zufluchtsland ist. Aber werden die Engländer das anerkennen, nachdem ich mich damals so spät zu erkennen gegeben habe? Wer kann mir da Auskunft geben?

4.) Rückkehr nach Deutschland. Jeder hält den Plan für Selbstmord. Sogar meine Familie, die zuerst absolut wollte, ich solle heimkehren, will nichts mehr davon wissen. Ich werde hier beobachtet und man wird also genau wissen, was ich treibe, und dass ich von Herzen ein Feind der Hitlerianer bin. Ich würde auch, selbst wenn man mich zunächst ungeschoren ließe, sehr bald wieder in Konflikt mit den Nazis kommen. Das kommt also wohl kaum in Frage.

Mein deutscher Pass läuft am 1. August 1938 ab. Bis dahin muß ich irgendwo sein, wo ich Hoffnung habe, geduldet oder gar Staatsbürger zu werden, denn sonst laufe ich als Staatenloser durch die Welt. Ich fühle mich hier ganz wohl, aber ich bin gern bereit, in die Seemannsmission irgendwo in der Welt zurückzukehren oder einen schwierigeren Posten als hier anzunehmen. Ich möchte aber nichts versäumen, um meine Zukunft einigermaßen zu sichern und nicht durch Schwanken und langes Warten alle Chancen verspielen. Eine schöne Stelle in Yokohama kann ich nicht annehmen, da mir das Geld zur Übersiedlung fehlt. Solange meine Mutter lebt, will ich auch nur dann weit fortgehen, wenn es sich wirklich lohnt für die Zukunft. Meine Hoffnung auf einen Umschwung in Deutschland war nie groß und ist jetzt gleich Null. Der allgemein erwartete Krieg kann uns auch nicht helfen – lieber gehe ich dann schon in die Fremde, als darauf zu spekulieren.

Ich bitte Sie nun, Herr Doktor, mir zu raten. Kann ich etwas tun, um in der Schweiz zu bleiben und was? Ist es ratsam, das zu tun? Wie sind die Gesetze in Frankreich, England und Österreich, und was muß ich im Einzelfalle tun, wenn ich dahin gehen will?

In der Hoffnung, Ihre Zeit nicht allzu sehr beansprucht zu haben, und mit bestem Dank für Ihre gütigen Bemühungen verbleibe ich

Ihr sehr ergebener
H. A. Reinhold, Vikar

H.A.R. an Dietrich von Hildebrand vom 24. Februar 1936[622]

Sehr geehrter Herr Professor,
es liegt kein Grund zur Beschämung vor. In diesen Zeiten geht nicht alles so glatt wie sonst. Ihr freundlicher Brief erreichte mich via England hier, wo ich seit dem 23. Juli 1935 in der Seelsorge tätig bin. Ich bin daher leider auch nicht mehr in der Lage, Sie einwandfrei über England zu informieren, verweise Sie aber an Dom Desiderius Schmitz, St. Mary's Abbey, Buckfast, South Devon, England, einen geflüchteten Mönch von Maria Laach.

Ich habe meine Ansicht über die Hitlerei nie zu ändern brauchen, wenn ich auch gestehe, daß ich von ihrem Opfer, dem deutschen Volke, eine höhere Meinung hatte. Es ist ja nur die alte Geschichte in neuem, ordinären Gewande: Der neudeutsche, preußische Mensch. Ekelhaft!

Ich war sehr froh, als ich hörte, daß es Ihnen gelungen war, rechtzeitig von Deutschland fortzukommen. Sie säßen sonst längst hinter Stacheldraht und das soll man sich ersparen, so lange es nicht der liebe Gott unvermeidlich fügt. Ich freue mich sehr, daß es Ihnen gelang, in Wien nicht nur Fuß zu fassen, sondern sogar eine Zeitschrift zu schaffen. Darf ich Sie bitten, mir den hier noch ziemlich unbekannten *Ständestaat* als Probenummer zuzusenden? Ich werde ihn dann propagieren und selbst bestellen.

Vor einigen Tagen war ich bei Karl Thieme – wäre er nicht ein Mitarbeiter für Sie?

Wie lange ich noch hier bleibe, ob ich von hier nach Frankreich, England oder Wien komme, weiß ich noch nicht. Sollten Sie mir irgendeine Aufgabe zutrauen, so werde ich stets zu Ihrer Verfügung stehen.

Indem ich mich in Ihr Gebet empfehle, verbleibe ich

Ihr in Xpo ergebener
H. A. Reinhold

---

622 In Correspondence, Box 4, Folder 17, H. A. Reinhold Papers, MS2003-60, John J. Burns Library, Boston College.

Helen E. Froelicher an H.A.R. vom 7. Mai 1936 [623]

Ew. Hochwürden,
im Auftrage des American Christian Committee for German Refugees, dessen Mitglied und Vertreterin ich bin, teile ich Ihnen mit, daß wir nach allem, was wir von Ihrer früheren Tätigkeit in Deutschland und Amerika als Generalsekretär der Katholischen Seemannsmission von Ihnen gehört haben, beschlossen haben, Ihnen die Leitung unseres katholischen Flüchtlingshilfswerkes in New York zu übertragen. Ich bitte Sie, sich baldigst zu äußern, ob Sie bereit sind, diese Aufgabe zu übernehmen und im bejahenden Falle sich vom Heiligen Stuhl in Rom den Segen dazu zu holen, denn es wird wichtig sein, daß Sie in USA die Autorität Roms hinter sich haben, wenn Sie mit der nötigen Autorität auftreten wollen. Wie ich höre, würden es die amerikanischen Bischöfe begrüßen, wenn Sie ein Zeichen des Einverständnisses, etwa von Kardinal Pacelli, besäßen.

Indem wir Ihnen diesen Antrag machen, erwarten wir, daß Sie Ihre ganze Kraft dieser großen und schwierigen Aufgabe zuwenden & Ihre langjährige Erfahrung in der Organisations- und Caritasarbeit uns zur Verfügung stellen. Für Ihr materielles Auskommen als Priester und die Aufbringung Ihrer Unkosten, z. B. Reise nach USA und Rom, sorge ich persönlich. Nachdem Sie Ihre so umfangreiche und verantwortungsvolle Arbeit in Deutschland nicht mehr ausüben können, dürfte Ihnen Ihre Kenntnis moderner Sprachen, der Psychologien so vieler Völker und Ihre vielen Beziehungen zu Katholiken aller Länder jetzt auf diese neue Weise zum Nutzen gereichen. Mein Gebet begleitet Sie. Ich hoffe, daß Sie noch vor Beginn des Sommers nach New York fahren können, versehen mit Empfehlungen Roms und Ihrer Schweizer Gönner.

Sobald Sie sich etwa bei der Nuntiatur in Bern eine Empfehlung besorgt haben, kommen Sie zu mir, damit wir alles weitere besprechen können.

Es grüßt Sie in der Liebe Christi

Ihre
Helene Froelicher
Mitglied des American Christian Committee for German Refugees

---

623 The American Committee for Christian Refugees Inc. / The American Christian Committee for German Refugees, 1936-1941 in Correspondence, Box 2, Folder 2, H. A. Reinhold Papers, MS2003-60, John J. Burns Library, Boston College. Vgl. dazu auch G. Besier, *Der Heilige Stuhl und Hitler-Deutschland*, S. 217 f.

H.A.R. an Mrs. Brady vom 13. Juni 1936

Verehrte Frau Brady,
weil mein Versuch, Ihnen in der Via Aurelia antiqua einen Besuch abzustatten erfolglos war, folge ich dem Rat Ihres Sekretärs und wende mich schriftlich an Sie.

Das American Christian Committee for German Refugees bat mich, Ihnen die beklagenswerte Situation der katholischen Flüchtlinge in Europa darzustellen und Ihre Sympathie und Unterstützung für unser Werk zu gewinnen. Ungefähr 14000 nichtjüdische Deutsche mußten ihr Land wegen ihrer religiösen oder politischen Einstellung verlassen. Etwa 2500 von ihnen leben unter hoffnungslosen Bedingungen in europäischen Ländern. Die polizeilichen Auflagen hinsichtlich ihrer Arbeitsmöglichkeiten sind so rigoros, daß viele von ihnen an den Bettelstab geraten sind, obgleich sie einst zur Intelligenzia gehörten. Um nur ein Beispiel zu nennen: Einer meiner Freunde verlor sein umfangreiches Vermögen als er Deutschland verlassen mußte, weil jeglicher Geldtransfer ins Ausland verboten war. Wir Priester sind immer noch in einer glücklichen Lage, weil wir immer noch eine bescheidene Arbeitsmöglichkeit finden, aber Sie können sich das Elend der Laien-Flüchtlinge kaum vorstellen.

Die Protestanten haben eine Kampagne zur Unterstützung von Laien-Emigranten gestartet, um Mittel einzuwerben und etwa die Hälfte dieser Menschen nach Südamerika zu bringen und die anderen irgendwo sonst anzusiedeln. Sie sind uns darin weit voraus.

Wir haben nun begonnen eine katholische Einrichtung zu schaffen, um unseren eigenen Glaubensgenossen zu helfen. Aus diesem Grunde habe ich Kardinal Pacelli besucht. Er sieht ganz deutlich, wie wichtig dieses Werk ist. Sowohl die Kardinäle Innitzer und Faulhaber, wie auch die Schweizer Bischöfe, haben ihre Zustimmung zu einer solchen Einrichtung gegeben.

Könnten Sie uns helfen, Freunde in New York zu gewinnen, und könnten Sie unsere Sache Kardinal Hayes vorstellen?

Wahrscheinlich werde ich ab August in New York sein. Würden Sie mir gestatten, Sie anzurufen, um Ihnen weitere Einzelheiten mitzuteilen? Ich wäre Ihnen sehr dankbar, wenn Sie mir eine Antwort zukommen ließen. Meine gegenwärtige Adresse ist: Katholisches Pfarramt Interlaken, Schweiz. Sollten Sie Gelegenheit haben nach Deutschland zu kommen, könnte Ihnen die Situation durch einen der Bischöfe dargelegt werden, vor allem durch Bischof Dr. Berning von Osnabrück oder Kardinal Faulhaber. Besondere Einzelheiten könnte Ihnen Dr. M. Größer mitteilen. Seine Adresse ist: Große Allee 42, Hamburg 5, Telephon 243206. Er wird Sie sicherlich empfangen, wenn Sie ihn anrufen könnten, ohne den Verdacht der Gestapo zu erregen. Er ist Generalsekretär des St. Raphaelswerkes für deutsche Emigranten.

Mit vorzüglicher Hochachtung
Ihr (Rev.) H. A. Reinhold

KORRESPONDENZEN

Pater Georg Timpe an Prälat Bernhard Wintermann vom 18. Juli 1936 [624]

Sehr geehrter hochwürdigster Herr Dechant,
Ihren Brief vom 25. Juni habe ich bekommen. Ich erfuhr schon von anderer Seite von der Ankunft des Herrn Dr. Golm. Wie ich jetzt erfahren habe, konnte ihm das Franziskus-Hospital in New York nicht helfen. Die einzige Hilfe, die man ihm dort geben konnte, wird wohl nur in der Zusicherung einer vorübergehenden Stelle bestanden haben. Wie mir scheint, hat Herr Dr. Golm mehr erwartet. So auch, daß man ihn kostenlos oder zu einem ganz geringen Satz im Leo-Haus[625] aufnehme. Alle diese Herren, auch Frauen, kommen mit der Auffassung hierher, daß man in jeder Weise für sie sorge und ihnen nicht bloß eine Anstellung, sondern gleich die beste gebe. Dabei übersehen sie, daß auch hier eine große Arbeitslosigkeit herrscht, und besonders in den freien Berufen. Wenn eine Stadt wie New York auf einmal von 500 deutschen Ärzten überschwemmt wird, ist nicht daran zu denken, daß ihnen nun gerade eine gute Stelle zufallen müsse. Die Ansprüche, die nun einmal die Rasse stellt, und die Rücksichtslosigkeit, mit der sie sich überall durchsetzt, machen die Ankömmlinge unbeliebt. Im Allgemeinen braucht man sich um ihr Fortkommen keine Sorge zu machen. Auch den Konvertiten haftet soviel von der Rasse an, daß sie sich schon durchsetzen. Herr Dr. Golm hat mir bisher nicht geschrieben; ich könnte ihm auch nicht zu einer Stelle verhelfen, die er als früherer Chefarzt glaubt beanspruchen zu dürfen. Die amerikanischen Bischöfe haben bis jetzt kein Hilfswerk für die gestrandeten Nichtarier eingesetzt. Sie werden es auch kaum tun, da sie mit der Fürsorge für die mexikanischen Flüchtlinge, um die man sich in Europa nicht kümmert, genug zu tun haben. Und man hat darin viel getan.

Dies bringt mich auf eine andere Angelegenheit. Ich habe von hochstehender Stelle erfahren, daß der hochw. Herr Reinhold beabsichtigt, nach den Ver. Staaten zu kommen, um mit Hilfe deutsch- amerikanischer Bekannten ein Hilfswerk für kath. Nichtarier hier aufzubauen. Ich habe erfahren, daß Herr R. beim Kardinal in New York *persona ingrata* ist; es geht dies auf seine letzten Reisen für die Seemannsmission zurück. Soviel mir bekannt ist, gehört Herr Reinhold der Diözese an. Ich möchte annehmen, daß der hochwürdigste Herr Bischof gegen den Plan des Herrn Reinhold ist, wenn er erfährt, daß sein Kommen nicht sehr erwünscht ist. Nach meiner Ansicht sollte sich kein Geistlicher in diese Sache einmischen, wenn er keinen Auftrag des Gesamtepiskopats hat, und soweit ich die hiesigen Verhältnisse kenne, wird der amerikanische Episkopat in seiner Gesamtheit nichts unternehmen, wenn keine autori-

---

624 Dieser Briefwechsel ist der Personalakte Wintermanns entnommen. Vermerkt unter dem Aktenzeichen: Domarchiv Hamburg, 46. 30. 00.
625 Das Leo-Haus wurde 1889 errichtet als Residenz des Kaplans für die deutschen Einwanderer. Von 1889 bis 1908 wurden über 50000 Einwanderer betreut. Nach dem Rückgang der deutschen Einwanderung nach 1895 stand das Haus auch Einwanderern aus Frankreich, Polen, Böhmen und anderen slawischen Gebieten der Österreich-Ungarischen Monarchie zur Verfügung.

sierte Persönlichkeit von drüben hierher kommt. Nach meinem Empfinden sollte die Reise des Herrn Reinhold verhindert werden, um eine Bloßstellung des deutschen Episkopats zu verhindern. Die Persönlichkeiten, mit denen er hier Verbindungen aufgenommen hat, sind nicht geeignet, der Sache und der Heimat zu dienen.

Ich kann mir denken, daß auf Ihnen jetzt besonders viele Arbeiten und Sorgen lasten und hoffe, daß Ihre Gesundheit all dem standhalten möge. Mit deutschen Grüßen bin ich

Ihr sehr ergebener
Georg Timpe

Wintermann an Georg Timpe vom 1. August 1936
(Handschriftlicher Eintrag: Nichtarische Katholiken. Kommentar. Achtung! Bericht.)

Sehr verehrter, lieber P. Timpe!
Haben Sie herzlichen Dank für Ihren Brief vom 10. Juli.

Ich habe volles Verständnis dafür, daß den vielen nach Amerika auswandernden Deutschen nicht in dem Maße geholfen werden kann, wie diese es erwarten, am wenigsten, wenn es sich um bevorzugte Stellungen handelt.

Im Falle Golm habe ich Ihnen geschrieben, weil die geistige Vaterschaft meinerseits, wie Sie leicht verstehen werden, ein besonderes Interesse weckt und auch eine gewisse Verpflichtung mir auflegt. Ich muß schon sagen, daß Frau Dr. Golm mannhafter und stärker schien als er selbst. Der Abschied von der Heimat ist ihm augenscheinlich sehr schwer geworden.

Ich danke Ihnen für Ihre Äußerungen im Falle Reinhold. Dazu glaube ich, der Verpflichtung einer Weitermeldung an den Bischof enthoben zu sein, da P. Größer schon vorher berichtet hat.

Haben Sie herzlichen Dank auch für Ihren persönlichen Wunsch. Ihre Vermutung, daß es mir an Arbeiten und Sorgen nicht fehlt, trifft schon zu. Gott sei Dank, geht es mir gesundheitlich gut. Und dann kann der Mensch schon vieles aushalten.

Ich wünsche auch Ihnen alles Gute und erfolgreiches Arbeiten,

Mit confraternellem Gruße

Ihr ergebenster
B. Wintermann
(Handschr. Vermerk: Pallottinerpater Paul Georg Timpe, 1920–1931 Generalsekretär des Raphaelvereins, später in Washington)

Bericht des Sekretärs des Executive Committee of the American Christian Committee for German Refugees für die Zeit vom 1. Juni bis 15. September 1936[626]

[...] Pastor Reinhold wirkte als unser Repräsentant in Europa mit dem Auftrag, herausragende katholische Persönlichkeiten für sein Anliegen zu gewinnen und Kontakt sowohl mit katholischen Flüchtlingen als auch mit Flüchtlingskomitees aufzunehmen. Er kam hier am 20. August an, nachdem er drei Monate beständig umhergereist war und beständig korrespondiert und Treffen arrangiert hatte. Er besuchte Kardinal Innitzer, den Erzbischof von Wien, Kardinal Pacelli, den Staatssekretär im Vatikan, Bischof Scheiwiler, den Präsidenten des Schweizer Komitees für katholische Flüchtlinge, Weihbischof Chaptal von Paris, der für alle Ausländer in jener Diözese zuständig ist, den Primas von Holland, Erzbischof de Jong, und Erzbischof Hinsley, das Haupt der katholischen Hierarchie in England. Ohne jede Ausnahme gaben alle ihrer Hoffnung Ausdruck, daß die katholische Hierarchie der Vereinigten Staaten von Amerika sich bald an ihren Bemühungen zur Hilfe für religiös und politisch verfolgte Flüchtlinge des Naziregimes in Deutschland beteiligen würde. Rom würde sich gerne offener hinsichtlich der christlichen Flüchtlinge aus Deutschland äußern, aber in Anbetracht der gegenwärtigen politischen Lage, glaubt man zurückhaltend sein zu müssen. [...]

H.A.R. an Frank Ritchie vom 6. Oktober 1936[627]
(Reinhold berichtet über seinen Versuch, einen katholischen Zweig des Komitees für deutsche christliche Emigranten zu gründen. Er bittet deshalb um Unterstützung für seine wöchentlichen Ausgaben.)

[...] Ich habe deshalb an den Sekretär Kardinal Pacellis geschrieben. Der Brief wird ihn bei seiner Ankunft hier im Hafen erreichen. Vielleicht wird uns das helfen. Ich hoffe, am Sonnabend ein Memorandum an die Amerikanische Bischofskonferenz in Washington fertiggestellt zu haben. Darf ich die Vorlage zu Ihnen ins Büro bringen, damit sie diese vervielfältigen und allen Bischöfen, wie auch der NCWC in Washington zuschicken? [...]

---

626 Executive Committee of American Christian Committee for German Refugees, 1936-1938. Correspondence, Box 19, Folder 8, H. A. Reinhold Papers, MS2003-60, John J. Burns Library, Boston College.
627 In Correspondence, Box 2, Folder 1, H. A. Reinhold Papers, MS2003-60, John J. Burns Library, Boston College.

AUSWAHL

H.A.R. an Jean Raynaud vom 22. Oktober 1936[628]

Mein lieber Freund Jean,
vielen Dank für Ihren Brief und den schönen Kalender. Es scheint dennoch so, daß Sie meine Postkarte nicht erhalten haben, die ich Ihnen c/o Intourist Leningrad geschickt habe, ehe ich London verließ. Gannon hat mir aus Genf und aus London geschrieben und mich über die großen Veränderungen informiert, die sich in Paris vollziehen. Ich bin sehr sicher, daß die ganze JMC[629] ebenso wie ich bedauert, daß Sie dieses schöne Werk verlassen haben. Aber die Opferbereitschaft, mit der Sie darauf verzichtet haben, wird sicher für Sie und das Werk ihre Früchte tragen. Ich wünsche Ihnen für Ihre Zukunft das Beste und hoffe, daß Sie in St. Malo das finden, was Sie sich wünschen.

Ich wurde hier in New York auf eine schreckliche Art boykottiert. Der Priester, der sich Seemannspastor nennt, hat mich von dem Moment an, als ich am Pier anlegte, wie einen Eindringling behandelt. Ich fürchte sehr, daß ich in Manhattan nichts werde tun können, und meine einzige Hoffnung ist Brooklyn. Im letzten Falle werde ich es mit der YMCA[630] einrichten, einen Saal zu bekommen und das Schwimmbecken und die Turnhalle. Ich glaube, daß man mir dies alles gibt, weil man meine Situation sehr gut versteht. Es heißt also warten, bis ich weiß, was man für mich tun wird.

Im November wird die Konferenz der amerikanischen Bischöfe stattfinden. Mein Schicksal wird sich während dieser Konferenz entscheiden, weil mein Werk für die deutschen Flüchtlinge der Zustimmung aller Bischöfe bedarf. Ich habe keine große Hoffnung, und wenn man sich gegen mich entscheidet, muß ich einen anderen Platz finden.

Kardinal Copello hat mich eingeladen, die Seemannsseelsorge in Buenos Aires zu übernehmen. Der Erzbischof von New Orleans[631] ist auch geneigt mich zu nehmen. Darüber hinaus gibt es einen Ansiedlungsplan für junge Deutsche in Neu-Brunswick (Canada), den ich gerne übernehmen würde. Sie sehen, daß ich die Qual der Wahl habe. Es ist eine schwierige Lage für mich. Ich bitte Sie, mir durch Ihr Gebet und Ihren Rat zu helfen. Was wissen Sie über Buenos Aires und über New Orleans? Sind es Häfen, in denen man mit den Seeleuten für die „Katholische Aktion" arbeiten kann? Sie wissen ja, daß ich mich ein wenig vor diesen Häfen fürchte, in welche die Matrosen nur wegen der Kinos und der Mädchen kommen und keine Zeit haben, sich um ernstere Dinge zu kümmern. So ist es auch in Montreal! Wird es nicht in BA genauso sein?

---

628 Übersetzung aus dem Französischen (I. Hoffmann).
629 JMC=Jeunesse Maritime Chrétienne, 1930 gegründete katholische Jugendorganisation in Frankreich.
630 YMCA=Young Men's Christian Association, überkonfessionell ausgerichter Jugendverband, gegründet 1846.
631 Gemeint ist Joseph Francis Rummel, Erzbischof von New Orleans.

Ich bedanke mich sehr bei Ihnen, daß Sie bei P. Sauvage und Tannay für mich eingetreten sind. Sagen Sie ihnen, daß ich bereit bin, an Bord französischer Schiffe zu kommen, um all das zu tun, was sie wünschen. Dies entzieht sich der amerikanischen Rechtsprechung, und man kann es mir nicht verbieten, wenn ich von einem Freund an Bord eingeladen bin.

Der Seemannspastor hier spricht nicht eine einzige Fremdsprache und kümmert sich um nichts als die Altäre und die Wäsche. Er hat sich sogar geweigert mich zu sehen, als ich versuchte, ihm einen Höflichkeitsbesuch zu machen. Oh, diese Iren, mein Lieber!!!

Ich denke oft an unsere gemeinsamen Spaziergänge, vor allem an den unvergesslichen Nachmittag in Chartres und Maintenon. Wie wird die Zukunft Frankreichs aussehen? Ist M. Blum mit seinem Latein schon am Ende?

Umarmen Sie für mich den lieben P. Lebret.

Immer der Ihre in Christus
H. A. Reinhold

H.A.R. an den Herausgeber des „Catholic Worker", New York, 15. November 1936 [632]

Bitte den Namen vertraulich behandeln: Fr. H. A. Reinhold

Sehr geehrter Herr,
Ihr letzter Artikel schien voller Aktualität zu stecken und ich merke, daß Sie sich Stück für Stück zu einer Kraft innerhalb der amerikanischen Kirche entwickeln. Bald werden Sie weder innerhalb oder außerhalb der Kirche nicht mehr mit einem geringschätzigen Lächeln bedacht. Ihre Prinzipien scheinen klar und Sie haben den Mut, sie auf das Leben anzuwenden.

Bitte erlauben Sie mir eine Kritik, oder sagen wir eine Frage? Auf der Titelseite verteidigen sie sehr edel das Recht der freien Rede für den kommunistischen Anführer, Mr. Earl Browder. Sie werden mir einen Mangel an echter amerikanischer Gesinnung unterstellen, wenn ich Ihre freigiebige und noble Äußerung in Frage stelle. Ich möchte, daß Sie verstehen, daß ich keinen Zweifel an Mr. Browders Aufrichtigkeit habe, und dass ich das deutsche System nicht befürworte, so mit Gegnern zu verfahren, wie es Hitler entwickelt hat. Aber ich stelle Ihre Argumentation in Frage.

Es gibt ein Ereignis der neueren Geschichte, das sich der Aufmerksamkeit der Amerikaner entzogen haben dürfte, da es weit weg von diesem Land geschehen ist,

---

[632] In Correspondence, Box 3, Folder 2, H. A. Reinhold Papers, MS2003-60, John J. Burns Library, Boston College.

uns, die wir aus Europa kommen, aber wohl bekannt ist. Warum wurde die Demokratie in allen totalitären Ländern ausgelöscht? Der dogmatische Gebrauch eines guten Prinzips von blinden und feigen Herrschern verlieh denjenigen Parteien das Recht der freien Rede, die dieses Recht solange nutzten, wie sie nicht die Kontrolle über das Land hatten und die jegliches Recht auf freie Rede mit Hohn und Spott erdrückten, sobald sie an der Macht waren. Schauen Sie sich Deutschland, Italien, Portugal, Russland etc. an. Die Demokratie und ihr Recht auf freie Rede wurden ad absurdum geführt und haben sich selbst durch eine unkluge Interpretation ihrer selbst zerstört.

Sobald es Mr. Earl Browder geschafft hat, Diktator der Vereinigten Staaten im Namen des Proletariats zu werden, wird es für keinen Gegner mehr ein Recht auf freie Rede geben. Dies geschieht nicht aus bloßer Boshaftigkeit unseres aufrichtigen Todfeindes; und er wird ehrlich genug sein, um zu sagen, daß es der Kampf für eine Diktatur des Proletariats ist, aber dass es absolut notwendig sei, daß dies geschehe, nämlich für die Sicherheit des sozialistischen Staates.

In Anbetracht dieser Tatsachen könnte Mr. Browder die brutale Art und Weise leid tun, mit der ihn seine Gegner vom Reden abgehalten haben. Aber er hat offenbar kein Recht darauf, im Namen einer Demokratie zu protestieren, die für ihn nichts ist als die Dummheit der dummen Bourgeoisie. Wenn die deutsche Regierung die Feinde der Demokratie mit weniger Dogmatismus und mehr Mut bekämpft hätte, und wenn sie die Prinzipien benutzt hätte, die die Demokratie davor schützen, von rücksichtslosen Feinden zerstört zu werden, wäre Hitler nach seinem ersten Blutvergießen 1923 als Verräter erschossen worden oder würde jetzt Schnürsenkel in seiner österreichischen Heimatstadt verkaufen. Wäre es realistisch für ein Schaf, einen Wolf in seine Herde aufzunehmen, weil diese Herde an Kollektivismus und Gleichheit glaubt?

Meine Frage, ausgehend von der Erfahrung auf der anderen Seite des Atlantiks, wäre: Ist ein demokratisches Land verpflichtet, die erbittertsten Feinde der Demokratie ihre Lehren auf derselben Grundlage verteidigen zu lassen, wie diejenigen, die die Institutionen der Demokratie anerkennen?

Demokratie könnte ohnehin falsch sein, aber diese Frage steht nicht auf dem Spiel. Ich denke, sie ist besser für die moderne Menschheit als andere Formen des Gemeinschaftslebens, aber ich befürchte, daß eine schematische Vorstellung von Demokratie zu ihrem Suizid führt.

Ihrer in Christus
William Western[633]

---

[633] Hier benutzt Reinhold, da er seinen Namen nicht genannt haben möchte, ein Pseudonym.

KORRESPONDENZEN

1937

Helen Froelicher-Stehli an Kardinal Hayes, ohne Datum [634]

Eure Exzellenz, Herr Kardinal,
Msgr. Casey hat mich gebeten, Ihnen darzulegen, was ich ihm über meine Erfahrungen mit dem German Refugee Work mitgeteilt habe. Obgleich ein Bericht für die Bischofskonferenz fertiggestellt ist und Ihnen zur Verfügung steht, wage ich es doch meinerseits, Ihnen eine kurzen Überblick zu geben und Ew. Eminenz zu bitten, die Sache zu bedenken und mir Anweisungen für das weitere Vorgehen zu geben.
 Ein Freund meiner Familie, Msgr. Freckmann, Nachfolger des verstorbenen Fr. Schlatter[635], ist in diesem Frühjahr zu fünf Jahren Zwangsarbeit verurteilt worden. Durch dieses Ereignis wurde meine Aufmerksamkeit auf die schwierige Lage der deutschen Katholiken gelenkt. Als ich diesen Sommer bei meinen Eltern in der Schweiz war, besuchte ich Kardinal Faulhaber und Erzbischof Gröber. Meine Erfahrungen wurden bestätigt. In der Schweiz begegneten mir so viele verzweifelte deutsche Flüchtlinge, daß ich mich auch an anderen Plätzen umsah, wie Paris, Holland, Wien, und in unserem eigenen Land.
 Ich hatte das Glück, die Sympathie von Msgr. Bruder, Professor Carlton Hayes, und Father McGowan und einer Reihe anderer amerikanischer Priester und Laien zu gewinnen. Kardinal Faulhabers Empfehlungsschreiben an Sie und andere Mitglieder der Hierarchie, sowie der kürzliche Appell von Kardinal Bertram, gaben mir den Mut, mich an Ew. Eminenz zu wenden.
 Die Nazi-Regierung erkennt nur Menschen jüdischer Abstammung als Flüchtlinge an. Sie hat kein Interesse, diese in Deutschland zu behalten. Alle anderen werden als Verräter und politische Feinde angesehen. Das ist der Grund, warum die deutschen Bischöfe die katholischen Flüchtlinge nicht generell in ihre Petition an die amerikanischen Bischöfe einschließen konnten. In den Augen der deutschen Regierung würden sie sich der Unterstützung von Staatsfeinden schuldig machen.
 Tatsache ist aber, daß es über die Zahl der Juden hinaus noch viel mehr Flüchtlinge gibt: Da sind die früheren Politiker des katholischen Zentrum, eine große Zahl von Herausgebern katholischer Zeitschriften und Zeitungen, Akademiker, die nicht bereit sind, sich den Bedingungen der Naziherrschaft in ihrem Lande zu unterwerfen, Menschen, die das Land verlassen mußten, um einer Zwangssterilisation zu entgehen, Priester, die wegen ihrer Opposition zu nationalsozialistischen Lehren angeklagt

---

634 In Correspondence, Box 4, Folder 2, H. A. Reinhold Papers, MS2003-60, John J. Burns Library, Boston College.
635 Prälat Friedrich Schlatter eröffnete am 1. März 1923 in New York ein Büro (Sammelstelle) des Deutschen Bonifatiusvereins. Es war Mittelpunkt des „katholischen Deutschtums" in New York. Schlatter starb am 3. Juni 1927. Sein Nachfolger in dieser Eigenschaft war Pfr. Dr. Anton Trunz. Vgl. *Handbuch des Bonifatiusvereins*, Jg. 1930.

wurden, Pazifisten und Gegner der Rosenbergschen Philosophie, junge Menschen, die sich in führenden Positionen der katholische Jugendbewegung eingesetzt haben und die man, zusammen mit ihrem Leiter Msgr. Wolker, wegen kommunistischer Umtriebe und Konspiration vor Gericht gestellt hat.

Nicht zuletzt gibt es einige tausend Flüchtlinge aus dem früheren Saargebiet, die gegen eine unmittelbare Wiedervereinigung mit dem Nazi-Reich gestimmt hatten und für eine weitere Periode der Unabhängigkeit unter dem Völkerbund. Es gibt etwa 14.000 christliche Flüchtlinge, von denen der größere Teil Nicht-Arier sind (jüdischer Abstammung), und etwa ein Sechstel mag davon katholisch sein. Die meisten dieser Emigranten leben in den Nachbarländern Deutschlands. Ihre Verzweiflung ist sehr groß. Nur die Schweiz und Holland haben begonnen, ein katholisches Hilfswerk zur Unterstützung dieser unglücklichen Menschen ins Leben zu rufen, während sich in Frankreich und Österreich jüdische, protestantische und kommunistische Institutionen ihrer annehmen.

Die Gesetze dieser übervölkerten und in wirtschaftlicher Krise befindlichen Länder machen es diesen Menschen unmöglich, ihren Lebensunterhalt zu bestreiten. Andererseits haben Kolumbien und Brasilien ihnen eine Zuflucht angeboten. Eine echte Lösung dieses Problems wäre die Gründung eines Fonds für Transport und Siedlung, zu dem alle Katholiken der ganzen Welt durch Kollekten beitragen müssten. Von den unglücklichen Nachbarländern Deutschlands, welche die ganze Last finanzieller Hilfe tragen müssen, kann man nicht erwarten, daß sie diese weitreichende Aufgabe meistern werden.

Amerika ist immer großzügig gewesen, und das Verständnis der Amerikaner für Flüchtlinge basiert zutiefst auf dem Gefühl der Dankbarkeit, weil so viele Amerikaner selbst Nachkommen von Auswanderern sind, die ihre Heimat um der Freiheit willen verlassen haben.

Die Protestanten haben bereits Anstrengungen unternommen, ihren Glaubensgenossen beizustehen, von denen viele ihre Zuflucht in dieses Land genommen haben und die nun Hilfe für einen neuen Anfang brauchen. Wenn Ew. Eminenz uns die Erlaubnis geben würden, ein Werk zur Erleichterung der gegenwärtigen Situation deutscher Flüchtlinge zu gründen, wäre es ein Akt christlicher Caritas, die Ihnen so sehr am Herzen liegt. Erzbischof Rummel von New Orleans, der hierüber informiert ist, wird Ihnen sicherlich weitere Einzelheiten mitteilen. Wir garantieren Ihnen, daß wir keine Dauereinrichtung schaffen wollen, noch irgendetwas unternehmen, was über den rein caritativen Charakter unseres Hilfswerkes hinausgeht. Wir brauchen nicht zu erklären, daß wir keine politischen Ziele verfolgen. Wenn Ew. Eminenz unser Vorhaben auf der kommenden Bischofskonferenz befürworten, denke ich, daß wir auf einem guten Wege sind. Wenn New York eine Tür für dieses Liebeswerk öffnet, bin ich überzeugt, daß der Rest unseres Landes, insbesondere die Gebiete mit einem starken deutschen Bevölkerungsanteil, sich mit uns vereinigen wird zur gemeinsamen Hilfe für unsere bedrängten und verfolgten Brüder mit ihren Familien und Kindern.

Ich bin sicher, daß Se. Eminenz Kardinal Pacelli, der durch unseren Beauftragten, Herrn Pastor H. A. Reinhold, der selbst ein Flüchtling ist, informiert wurde, sehr erfreut sein wird, von unserer Initiative zu hören und gerne meine Angaben bestätigt. Unsere kleine Gruppe wäre E. Eminenz sehr dankbar, wenn Sie Pastor Reinhold die Erlaubnis geben würden, dieses Werk zu beginnen, für das er seine Position in Interlaken aufgegeben und eine andere abgelehnt hatte, die Se. Em. Kardinal Copello, Erzbischof von Buenos Aires, angeboten hat, nämlich dort Seemannspastor zu werden. Wir sind überzeugt, daß er alle anderen Pläne beiseite lässt und sich mit seiner ganzen Kraft einsetzen wird, wenn Ew. Eminenz ihm erlaubt, für seine unglücklichen Landsleute zu arbeiten, unter denen sich Männer wie Dr. Brüning, der frühere Kanzler, P. Muckermann SJ, ein bedeutender Schriftsteller, und P. Stratmann OP, ein Vorkämpfer der katholischen Friedensbewegung, befinden. Wir möchten ein kleines Komitee von einflussreichen amerikanischen Katholiken einrichten, die das Werk und die Finanzen kontrollieren und die Garantie dafür bieten, daß es nichts anderes anstrebt als die Hilfe für katholische deutsche Flüchtlinge jeder Art.

Um klar auszudrücken, worum wir Ew. Eminenz bitten, erlauben Sie eine kurze Zusammenfassung unserer Wünsche.

1.) Erlaubnis zur Sammlung eines Hilfsfonds für deutsche Flüchtlinge und die dafür notwendige Propaganda (unpolitisch).

2.) Die Unterstützung Ew. Eminenz auf der im November stattfindenden alljährlichen Bischofskonferenz.

3.) Die notwendigen Vollmachten zur Arbeit in der Erzdiözese für Pastor Reinhold, z. Zt. Flüchtling in New York (Leo-Haus), als Sekretär und Organisator für dieses zeitlich begrenzte Werk.

Aufruf an die katholischen Flüchtlinge vom Februar 1937[636]

Laut Amtsblatt der Diözese Osnabrück, Februar 1937, ist in den Vereinigten Staaten von den dortigen Bischöfen ein Hilfswerk für die deutschen katholischen Flüchtlinge nichtarischer Abstammung organisiert worden. Dieses steht in engster Zusammenarbeit mit dem St. Raphaelsverein in Hamburg.

Für den Kenner der Verhältnisse im Ausland kann es sich nur um das im November von den amerikanischen Bischöfen gegründete allgemeine Flüchtlingskomitee handeln, dessen Präsident der Hochw. Herr Erzbischof Joseph F. Rummel von New Orleans, LA, ist. Eine Beschränkung der Hilfe der amerikanischen Katholiken auf solche [...]

Unseres Wissens erstreckt sich diese Hilfe auf alle Flüchtlinge, auch die schon im Ausland befindlichen. Nur muß jeder Antragsteller bei dem Hochw. Herrn Bischof

---

[636] In Correspondence, Box 4, Folder 2, H. A. Reinhold Papers, MS2003-60, John J. Burns Library, Boston College.

begründen können, daß er wirklich ein Flüchtling ist. Es dürfte ratsam sein, sich ein diesbezügliches Gesuch vom Seelsorger oder der nächsten Caritasstelle beglaubigen zu lassen. Die Adresse ist 332 W 32rd Street, New York, N.Y.

H.A.R. an den Herausgeber von „America" vom Mai 1937[637]
(Hinweis auf die in Oldenzaal herausgegebene Wochenschrift „Der Deutsche Weg".)

[...] Wenn diese hervorragende Wochenzeitung unter den Katholiken besser bekannt wäre, würde die Wahrheit leichter ans Licht kommen. Dieses Blatt wird sogar nach Deutschland eingeschmuggelt und hilft den Katholiken, zu erkennen, was wirklich in ihrem eigenen Land vorgeht.[638] [...]

H.A.R. an Carl Prill vom 16. August 1937[639]

[...] Heute Abend bekomme ich Besuch von einem anderen Amerikaner, McGrady aus Liliewamp bei Seattle. Ich weiß nicht, ob ich Dir schon einmal von ihm erzählt hab. Er war vor 4 Jahren einen Abend bei mir in Bremerhaven, dann war er in Mexico, New Orleans, Shanghai, Mukden, und jetzt ist er plötzlich in Berlin als Reporter aufgetaucht. Von hier fährt er nach Seattle. Er kommt nächsten Monat vielleicht nach Los Angeles. Ich gebe ihm dann deine Adresse, er kann Dich auch besuchen. [...]

Stephanie Herz an H.A.R. vom 2. Oktober 1937[640]

[...] Anbei übersende ich Ihnen einen Scheck über 5 Dollar (fünf Dollar) für die internat. Geldanweisung, die Dr. Gurian mir für Sie gab.
 Dr. Gurian ist am Donnerstag mit S. S. „Normandie" in New York angekommen. Er ist heute nach Southend/ Indiana weitergefahren. Er bedauerte sehr, Sie nicht gesehen zu haben. Er wird für das laufende Jahr dort Vorlesungen halten. [...]

Stephanie Herz, Ph.D.

---

637 In Correspondence, Box 2, Folder 1, H. A. Reinhold Papers, MS2003-60, John J. Burns Library, Boston College.
638 Übersetzung aus dem Englischen.
639 In Correspondence, Box 1, Folder 5, H. A. Reinhold Papers, MS2003-60, John J. Burns Library, Boston College.
640 In Correspondence, Box 3, Folder 16, H. A. Reinhold Papers, MS2003-60, John J. Burns Library, Boston College.

Stephanie Herz an H.A.R. vom 19. November 1937 [641]

[...] Wir haben auch bei der Bischofskonferenz einen Antrag auf diese Stipendien gestellt. Was dabei herauskommt, weiß ich nicht, auf jeden Fall wird das, was hereinkommt, ins Ausland gehen. Von Hochw. Richard Struve haben wir nichts gehört. In dieser Woche tagt das Fulda von Amerika.[642] Ich bin gespannt, ob dabei wirklich etwas für die Flüchtlinge herauskommt. [...]

Dr. Stephanie Herz

1938

Helen Froelicher-Stehli an H.A.R. vom 18. März 1938 [643]

Lieber Pastor Reinhold,
vielen Dank für Ihren freundlichen Anruf. Mein Mann und ich würden uns sehr freuen, Frau Dollfuß[644] mit ihren Kindern in unserm Haus aufzunehmen, aber zuvor möchte ich gerne noch einige Fragen stellen, über die ich mit Dr. Herz gesprochen habe.

1.) Glauben Sie, daß Frau Dollfuß, nachdem sie hier eine Zeitlang in Amerika gewesen ist, willens und in der Lage ist, ihren eigenen Lebensunterhalt zu bestreiten?

2.) Wie alt sind ihre Kinder? Dr. Herz sagt, daß das Komitee sie in katholischen Internaten unterbringen könnte.

Beantworten Sie bitte diese Fragen so bald wie möglich, so dass ich ihr in nächster Zukunft schreiben kann. Senden Sie mir bitte auch ihre Adresse. Es sieht im Augenblick so aus, als ob Mussolini sich um sie kümmern will, aber egal, ich bin sicher, daß sie sich über eine Einladung von uns freuen würde.

Ihre Idee hinsichtlich Kanzler Schuschnigg finde ich sehr gut. Ich habe schon mit zwei Leuten gesprochen und sie meinen, je mehr Druck wir ausüben und je mehr Briefe wir an Msgr. Ready und an den Präsidenten schreiben, umso besser ist es.

Ich rate Ihnen dringend, einen Brief an den Österreichischen Botschafter in den USA zu senden. Das war Ihre Idee. Bitte setzen Sie sich mit aller Kraft dafür ein und nehmen Sie deshalb mit vielen Leuten Verbindung auf. Ich werde auch mein Bestes tun.

---

641 In Correspondence, Box 3, Folder 16, H. A. Reinhold Papers, MS2003-60, John J. Burns Library, Boston College.

642 Anspielung auf die Amerikanische Bischofskonferenz.

643 In Correspondence, Box 4, Folder 2, H. A. Reinhold Papers, MS2003-60, John J. Burns Library, Boston College.

644 Alwine Dollfuß war mit ihren Kindern Rudolf und Eva zu Gast im Hause Donna Rachele Mussolinis in Riccione an der Adria, als ihr Mann, der österreichische Kanzler Engelbert Dollfuß, am 25. Juli 1934 in Wien ermordet wurde

Lassen Sie mich unverzüglich Ihre Antwort wegen Frau Dollfuß wissen. Lassen Sie mir soviel Informationen wie möglich zukommen. Kennen Sie sie persönlich? Was war sie vor ihrer Hochzeit? Hatte sie einen Beruf? Ist sie bescheiden, gesund etc.?
Indem ich Ihnen im Namen des Heiligsten Herzens danke, bin ich stets

Ihre ergebene
H. E. Froelicher

Alice E. Warren an Eleanor Roosevelt vom 26. März 1938 [645]

Liebe Frau Roosevelt,
ich schreibe Ihnen bezüglich einer Angelegenheit, die mir ein deutscher katholischer Priester, ein gewisser Pastor Reinhold, vor einigen Jahren berichtet hat, und die Ihnen möglicherweise wichtig erscheinen wird, wie sie mir wichtig ist. Pastor Reinhold, der vorher in Hamburg lebte, wurde 1935 aus Deutschland vertrieben. Er ist sowohl eine kultivierte als auch intellektuelle Person und jetzt Professor an der Portsmouth-Priory bei Newport, einer benediktinischen Einrichtung.

Pastor Reinhold erzählte mir, daß der frühere österreichische Kanzler Schuschnigg – nach Presseberichten – von den Nazi-Sturmtruppen im Wiener Belvederepalast gefangen genommen worden sei, und dass man seinen Sohn als Geisel für seinen Vater genommen habe. Es ist zu befürchten, daß Schuschnigg ermordet oder für lange Zeit in ein Konzentrationslager eingeliefert wird.[646]

Pastor Reinhold ist ein Freund von Dr. Schuschnigg. Sie haben vor vielen Jahren zusammen an der Universität Innsbruck studiert und er schätzt ihn außerordentlich. Er ist der Meinung, daß die amerikanische Regierung durch eine formlose Vorstellung bei Baron von Neurath, dem Vorsitzenden des Beirates für Auswärtige Angelegenheiten in der deutschen Regierung, die Freilassung Schuschniggs und die Erlaubnis zur Ausreise erreichen könnte. Im Falle des früheren deutschen Kanzlers Brüning, der ebenfalls verhaftet und in Lebensgefahr war, haben sich der britische wie auch der französische Botschafter 1933 bei von Neurath für diesen eingesetzt, mit dem Erfolg, daß Dr. Brüning frei kam und 1934 flüchten konnte.[647] Dies hat Dr. Brüning selbst Reinhold mitgeteilt.

---

645 Franklin D. Roosevelt Presidential Library and Museum, Box 31, Folder i294; Correspondence, Box 4, Folder 2, H. A. Reinhold Papers, MS2003-60, John J. Burns Library, Boston College.
646 Unmittelbar nach dem Anschluss Österreichs am 13. März 1938 stand Kurt von Schuschnigg unter Hausarrest im Belvedere-Palast, später in einem Hotel in Wien. 1939 wurde er in das Konzentrationslager Dachau verbracht und ab 1941 war er im Konzentrationslager Sachsenhausen inhaftiert, allerdings als „Ehrenhäftling", wodurch es ihm erlaubt war, zusammen mit seiner Frau und seinen Kindern in einem eigenen Haus zu leben. Vgl. Anton Hopfgartner, *Kurt Schuschnigg. Ein Mann gegen Hitler*, Graz: Styria, 1989.
647 Vgl. H. Hömig, *Brüning. Politiker ohne Auftrag*, S. 136 ff. Verhaftet wurde Brüning freilich nie.

Deshalb glaubt Pastor Reinhold, daß, wenn man die Aufmerksamkeit der Regierung, ohne Agitation und unter Ausschluss der Öffentlichkeit, auf die Situation Dr. Schuschniggs lenkt, die Befreiung Schuschniggs durch ein formloses und freundliches Ansuchen erreichen könne.

Da Pastor Reinhold nicht in der Lage ist, in dieser Sache tätig zu werden, nehme ich mir die Freiheit, Ihnen davon zu schreiben, in der Hoffnung, wenn Sie es für angebracht halten, die Aufmerksamkeit Präsident Roosevelts darauf zu lenken.

Mit herzlichen Grüßen und herzlichem Dank voraus für alles, was Sie in dieser Angelegenheit möglicherweise tun können.

Ihre
Alice E. Warren

Eleanore Roosevelt an Alice E. Warren vom 28. März 1938 [648]

Liebe Frau Warren,
selbstverständlich weiß ich Ihre Empfindungen in der Angelegenheit Schuschnigg zu würdigen. Ich bin auch der Ansicht, daß alles, was getan werden kann, getan werden sollte.

Andererseits bin ich überzeugt, daß das State Departement sich der gegenwärtigen Lage von Herrn Dr. Schuschnigg durchaus bewußt ist, und dass, in Übereinstimmung mit den erst kürzlich gemachten Verlautbarungen des Präsidenten, dieser den Wunsch hat, denen, die Österreich verlassen möchten, jegliche Hilfe anzubieten. Auch sind die Repräsentanten Amerikas und anderer Nationen in Wien bemüht gewesen, die Freilassung von Dr. Schuschnigg zu erreichen. [...]

Mitteilung auf HAPAG-LLOYD-Block-Abriss an H.A.R. – vermutlich von einem Schiffsoffizier [649]

Lieber Herr Hochwürden!
Sie werden erstaunt sein, kein Paketchen zu bekommen. Ich muß Ihnen da leider etwas berichten, was uns beiden wenig gefallen wird. Nach Aussagen einer meiner Freunde, der Willi[650] gesprochen hat, ist in allen Sachen, die mit Ihnen und Ihrer Familie zu tun haben, starke Vorsicht geboten. Willi wurde einige Male vernommen,

---

648 Franklin D. Roosevelt Presidential Library and Museum, Box 31, Folder i294; Correspondence, Box 4, Folder 2, H. A. Reinhold Papers, MS2003-60, John J. Burns Library, Boston College.
649 In Correspondence, Box 2, Folder 24, H. A. Reinhold Papers, MS2003-60, John J. Burns Library, Boston College.
650 Gemeint ist der ehemalige Mitarbeiter von Reinhold, William Dirks.

in der Hauptsache wegen Ihrer Person. Es war der Gestapo bekannt, daß Pakete nach New York für Sie gebracht werden, und dass Sie selbst öfter an der Pier gesehen worden sind. Die Spitzel arbeiten fabelhaft. Auch wurde mir erzählt, daß Artikel in Zeitungen von Ihnen stammen sollen. Es tut mir dies alles sehr leid. Seien Sie bitte vorsichtig, es muß in USA irgendwie eine Bespitzelung aufgezogen sein. Schreiben Sie über diese Angelegenheit nichts nach Hause! Willi arbeitet in Bremen in einer Fischereihandlung auf seinem alten Posten.

Nehmen Sie bitte dieses alles nicht so tragisch. Eine kleine Weihnachtsfreude hatte ich leider liegengelassen, bitte warten, bis ich wiederkomme.

Für die kommende Weihnacht frohe Tage, im kommenden Jahr viel Gesundheit und Gottes Segen. Und drück ich Ihre Hand in alter Freundschaft.

Ihr Eddie
(Fahren Dienstag Mitternacht ab.)

1939

Vertraulich. Protokoll des Exekutivkomitees[651]
AMERICAN COMMITTEE FOR CHRISTIAN GERMAN REFUGEES
18. Januar 1939

Anwesend: Robert A. Adhwort, W. Russel Bowie, Samuel McCrea Cavert, Henry Smith Leiper, Frank Ritchie, James M. Spears, Paul J. Tillich, E. Graham Wilson, Rufus M. Jonos.

Nachdem Professor Paul Tillich mit einem Gebet die Versammlung eröffnete hatte, rief der Vorsitzende, Mr. James M. Spears, die Tagesordnung auf und bat Mr. Ritchie, über die finanzielle Situation des Komitees zu berichten. Dieser berichtete, daß die Bücher noch nicht geprüft seien, und dass der Finanzbericht per Post dem Komitee zugestellt werde. Die Einnahmen von 1938 würden die von 1937 um 100% übersteigen.

Mr. Ritchie berichtete vom besonderen Aufruf an die Kirchengemeinden. 84.000 Briefe wurden versandt, nur 829 reagierten darauf und spendeten insgesamt 11.663,31 $. Dem stehen etwa 5.000 $ Ausgaben gegenüber. [...]

(*In der gemeinsamen Sitzung von Vorstand und Komitee berichtet Dr. Jones über seinen Besuch in Deutschland.*)

---

651 In Correspondence, Box 2, Folder 2, H. A. Reinhold Papers, MS2003-60, John J. Burns Library, Boston College.

Dr. Jones berichtete, daß ihm und seinen beiden Freunden von der Leitung der Gestapo gestattet worden war, sich frei zu bewegen und überall hinzugehen, um die Lage unter den Juden zu sehen, und sie schließlich mit Nahrungsmitteln und Geld zu unterstützen. Er sagte, daß die Gestapobeamten, die ihre Werbeschrift mit ihren Absichten und Plänen gelesen hätten, bevor sie die Sache an ihre Vorgesetzten weitergaben, sichtlich gerührt gewesen seien. Bei allen Gesprächen mit den deutschen Behörden – und sie hätten alle wichtigen Stellen in Berlin aufgesucht – hatten sie das Gefühl, wirklich die Herzen erreicht zu haben. Er schätzte die Zahl derer, die in Deutschland mit Nahrungsmitteln versorgt werden müssten, auf 100.000 Personen und gab bekannt, daß Mr. Hoover versprochen habe, das Geld dafür zu besorgen. Es ist geplant drei Mann einzusetzen, je einen in Berlin, Wien und Frankfurt (wo die Verhältnisse am schlimmsten sind), um mit den Spenden Lebensmittel einzukaufen und sie zu verteilen.

Dr. Jones, der zur selben Zeit in England war, als das Treffen zwischen Schacht, Rublee und Pell sowie den britischen Vertretern stattfand, beschrieb kurz den von Schacht vorgelegten Plan: Von den insgesamt 600.000 Juden seien etwa 200.000 alt und gebrechlich, so dass sie im Lande bleiben und versorgt werden müssten. 150.000 arbeitsfähige müssten das Land verlassen und anderswo angesiedelt werden (in 3 jährlichen Raten von jedes Mal 50.000). 250.000 Familienangehörige werden folgen, wenn die 150.000 in der Lage sind, sich um sie zu kümmern. Um dieses alles zu finanzieren, verspricht Deutschland 250.000.000 $ aufzubringen durch die Ausgabe von Schuldscheinen an die Besitzer jüdischen Eigentums zu 6% (einschließlich Amortisation) zum Nutzen Deutschlands. Als begleitende Maßnahme fordert Deutschland die ausländischen Juden auf, den Außenhandel mit Deutschland auf 30.000.000 $ im Jahr zu erhöhen; zum Beispiel 30 jüdische Warenhäuser mögen je 1.000.000 $ übernehmen. Dr. Jones ist der Überzeugung, daß dieser Plan nicht gelingen wird und dass auch keine Alternative in Sicht ist. Das Problem muß auf eine großzügige Weise gelöst werden oder es wird ein zweites Progrom geben – eine zweite „Kristallnacht" („Day of broken Glass"). Wenngleich dieses alles dazu dienen sollte, die Welt zu beeindrucken in der Hoffnung, andere Nationen würden Deutschland helfen, um die Juden loszuwerden, so steckt doch zunehmend die Philosophie von der Überlegenheit der Nordischen Rasse dahinter, welche für die Nazis zur Religion geworden ist.[652]

Dr. Jones zeigte die Möglichkeit von Transitlagern in der Nähe zu Deutschland auf (eines davon möglicherweise das Gefangenenlager aus dem Weltkrieg auf der Isle of Man). Hier sollten die Leute in großem Stil für die Kolonisation geschult werden. Er

---

[652] Zu den hier erwähnten Verhandlungen Hjalmar Schachts im Rahmen des Intercontinental Committee on Refugees (IRC) vgl. die Ausführungen bei Fritz Kieffer, *Judenverfolgung in Deutschland – eine innere Angelegenheit? Internationale Reaktionen auf die Flüchtlingsproblematik 1933–1939*, Stuttgart: Steiner, 2002, hier S. 402 ff. Die Pläne konnten nicht realisiert werden, wie insgesamt das IRC keinen Erfolg zur Lösung der Flüchtlingsproblematik darstellte.

meinte, daß Alaska sich ideal für eine solche Maßnahme eignen würde. Es habe ein gutes Klima und ausgezeichnete Möglichkeiten im Hinblick auf Fischerei, Bergbau und Landwirtschaft. 100.000 Personen könnten dort angesiedelt werden – natürlich über die normale Quote hinaus.

Dr. Jones berichtete auch von den Bemühungen unter der Führung von Dr. Kennworthy, 2.000.000 $ aufzubringen, um 10.000 Kinder zu betreuen und sie in die USA zu bringen. […]

1941

H. Atherton[653], Montreal, an O. F. Schlachter vom Oktober 1941[654]

[…] Ich habe Pastor Reinholds Abschied von der See sehr sorgfältig gelesen. Es ist sehr traurig. Ich habe ihn sehr viele Jahre gekannt. Er war bei verschiedenen Anlässen zu Gast in Montreal und wir haben ihn lieben gelernt. Es ist schmerzlich zu sehen, wie er herumgetrieben wird. Ich hoffe, daß er in Ost-Washington Frieden findet, wo er Kaplan in einer Pfarrei geworden ist. […]

Peter Anson an H.A.R. vom 21. Dezember 1941[655]
(Anson sendet Reinhold sein neuestes Buch: „How to draw ships"[656])

[…] Wie Sie bemerken werden, ist es ein Kriegszeiten-Buch, gedruckt auf schlechtem Papier und in einer billigen Aufmachung. […]

Sie werden sich jetzt sehr stark in der vordersten Frontlinie fühlen, und ich bete darum, daß Seattle nicht bombardiert wird, oder dass Ihr Werk nicht in Mitleidenschaft gezogen wird. Ich arbeite jetzt an einem bedeutenden Buch über alle Orden und Kongregationen von Großbritannien, Irland und Nordamerika – eine Herkulesarbeit.[657]

Mein letztes literarisches Werk – *Churches, their plan and fournishing* –, das von fünf Londoner Verlegern als unpassend in der Kriegszeit abgelehnt worden ist, sie

---

653 Dr. H. Atherton, Leiter des Seemannsheimes in Montreal.
654 In Correspondence, Box 2, Folder 4, H. A. Reinhold Papers, MS2003-60, John J. Burns Library, Boston College.
655 In Correspondence, Box 2, Folder 5, H. A. Reinhold Papers, MS2003-60, John J. Burns Library, Boston College.
656 Peter Anson, *How to draw ships*, London: The Studio, 1941.
657 Peter Anson, *The Call of the Cloister. Religious Communities and Kindred Bodies in the Anglican Communion*, London: SPCK, 1958.

wollten nicht einmal einen Blick auf das Manuskript werden, ist nach Amerika gegangen. Ich höre heute von Maurice Lavanoux, daß das Manuskript wohlbehalten bei ihm angekommen ist. Er hofft, daß sich eine Publikation in New York arrangieren lässt. Ich schrieb ihm, daß Sie die ideale Person seien, um das Manuskript zu überarbeiten. Es werden manche Änderungen nötig sein, bevor es für die amerikanischen Leser passend ist. Ich war sehr beeindruckt von Ihrem Artikel in der letzten Nummer von *Art Notes*[658], und würde mich freuen, wenn sie diesen in geeigneter Form als Einleitung zu meinem Buch verwenden würden. Ich habe Lavanoux gebeten, Kontakt mit Ihnen aufzunehmen, und ihm freie Hand gegeben, nach Belieben mit dem Manuskript zu verfahren. Mit allen guten Wünschen,

Ihr ergebener
Peter F. Anson

1942

Bruce Publishing Company[659] *an H.A.R. vom 5. Februar 1942*[660]
(Der Verlag hat Interesse an der Veröffentlichung eines Manuskripts, „Churchbuilding in the Twentieth Century".)

[…] Ich habe den Eindruck, daß das Buch den größten Einfluss auf die nächsten zehn Jahre haben wird. Es sollte in Leinen gebunden und zum Preis von etwa einem Dollar je Exemplar angeboten werden. […]

H.A.R. an Theodore Sondergeld vom 2. April 1942[661]

Mein lieber Father Sondergeld,
ich würde gern zu Ihnen kommen, um mit Ihnen meine augenblickliche Lage zu besprechen. Leider kann ich das nicht, da ich ja noch *alien enemy* bin und daher die Stadt nicht verlassen kann.

---

658 *Art Notes*. Internationale Zweimonatsschrift für Kunst.
659 The Bruce Publishing Company, Milwaukee, 1891 gegründet von dem Katholiken William George Bruce (1856–1949), Herausgeber religiöser und pädagogischer Literatur.
660 In Correspondence, Box 2, Folder 5, H. A. Reinhold Papers, MS2003-60, John J. Burns Library, Boston College.
661 In Correspondence, Box 2, Folder 5, H. A. Reinhold Papers, MS2003-60, John J. Burns Library, Boston College. Theodore Sondergeld war ein Priester im Bistums Spokane, Washington, USA.

Anbei eine Auslese der Briefe, die ich von unserm Bischof [662] erhalte. Seit einem Jahr, dem Zeitpunkt meiner Inkardinierung, hat sich sein Verhalten zu mir zusehends verschärft.[663]

Zuerst kam die unerwartete Versetzung nach Yakima, entgegen seinem früheren Versprechen. Dann das Verbot, meine schon eingegangenen Verpflichtungen in Indianapolis, Spokane und Portland zu erfüllen. Dann die Weigerung meine klatschsüchtigen Mitbrüder zu warnen. Dann der Drohbrief vom Februar, ohne jeden Anlass. Und nun als letztes, unter dem fadenscheinigen Vorwand „to assist me in the cooperation with war time restrictions", der reine Hohn, das Verbot, die Stadt zu verlassen. Dies ist Zone B, also nicht Kriegsgebiet. Vier *alien enemy* Priester sind in Zone A. Keinem von diesen hat er diese „Assistenz" auferlegt.

Seine Feindseligkeit und Schikane zeigt sich überall. So lange ich Gast war, beherrschte er sich. Jetzt, da er mein unbeschränkter Herr ist, kennt er keine Grenzen der Verdemütigung [sic!].

Ich möchte den Fall einem kompetenten Kanonisten vorlegen. Am liebsten ginge ich zu Bischof White und fragte ihn um Rat. Ich bleibe nicht in einer Diözese, in die ich mit der Absicht verlockt bin, mich moralisch und seelisch zu zermürben. Diese Behandlung begann mit dem Irengesindel von 471 Madison Avenue, New York, wo McIntyre – Freund von unserem Oberhirten und Msgr. Casey – begannen, mich zu schikanieren und zu zwiebeln.

Vielleicht lebe ich noch zwanzig oder mehr Jahre. Ich bin willig zu arbeiten und hart zu arbeiten. Ich kann aber nicht arbeiten, wenn ich einen geistlichen Gestapomann hinter mir habe, der seinen Hass an mir auslässt. Dahinter steht Deutschenfeindlichkeit, Rachsucht, da ich mich so offen gegen den geheimen Pro-Nazistandpunkt der hiesigen Iren ausgesprochen habe, Denunziationen der Clique um den Bischof, Klatschereien und Eifersucht. Die jungen Protégés des Bischofs in der Chancery sorgen dafür, daß seine Abneigung nicht abkühlt.

Im Gespräch bezeichnet er mich als Jeremias, Alarmist, „too suspicious", kurz als einen vom Verfolgungswahn besessenen Narren. Bisher habe ich das hingenommen, da ich vielleicht zur Grübelei neige – kein Wunder! Aber dieser neue Erlass, der doch völlig unnötig ist, ist ein durchsichtiges Manöver, durch das er mich seine Macht fühlen lassen will, und andererseits, da er ja als Patriot einen sehr schlechten Ruf hat, an einem hilflosen Opfer demonstrieren will, wie er kooperiert. Was raten Sie mir?

Unternehme ich etwas, so wird es noch schlimmer, wenn ich keinen anderen (und vernünftigeren) Bischof finde. Unternehme ich nichts, so sieht er mein Schweigen für ein Zugeständnis an und probiert, was er nächstens tun kann. Ich weiß nicht einmal, ob er nicht alles dies tut, um meine Einbürgerung, vielleicht indirekt, zu verhindern.

---

662 Gemeint ist Gerald Shaughnessy, Bischof von Seattle.
663 Vgl. zu den hier geschilderten Ereignisssen die Ausführungen bei Julia A. Upton, *Worship in Spirit and Truth*, S. 113 ff.

Soll ich mit Ihrem Bischof sprechen? Können Sie mir die Audienz besorgen? Ist Bischof White verschwiegen, gerecht, gütig – oder komme ich vom Regen in die Traufe? Für alles Dank im Voraus.

Ihr ergebener
H. A. Reinhold

Walter Gropius an H.A.R. vom 3. Juni 1942 [664]

[...] Ich war tatsächlich froh, nach so langer Zeit wieder von Ihnen zu hören, und den ausgezeichneten Brief zu lesen, den sie wegen eines Artikels in der *Catholic Art Quarterly*[665] geschrieben haben. Ich denke, Ihre Äußerungen waren sehr fair, und ich freue mich über Ihren streitbaren Geist, der Sie nicht verlassen hat, seit ich Sie zuletzt sah. Es wird Ihnen vermutlich nicht sehr leicht fallen, große Unterstützung zu finden, denn ich weiß ja, wie einsam alle sind, die den Mut haben, geistige Probleme auszufechten.

Uns geht es gut, und wir sind überglücklich in diesem Lande zu sein. Die Einschreibungen in Harvard sind natürlich rapide gesunken, aber wir halten durch und versuchen den Ball am rollen zu halten. Was uns selbst betrifft, befassen wir uns jetzt im Besonderen mit den Problemen der Nachkriegsplanung, die eine enorme Herausforderung für dieses Land sein werden, wenn der Krieg vorbei ist.

In der Hoffnung, bald wieder von Ihnen zu hören, und mit den allerbesten Wünschen grüße ich Sie als

Ihr ergebener
Walter Gropius, Professor für Architektur

Reinholds Anti-Nazi-Eid vor dem Gericht von Yakima vom 24. August 1942[666]

H. A. Reinhold, nachdem er ordnungsgemäß vereidigt worden ist, sagt unter Eid aus wie folgt:

Dass er am 23. August 1942 in der Stadt Yakima, Kreis Yakima, Washington, durch W. K. Kendall, wohnhaft 388, 16th Avenue, Seattle, Washington, in Gegenwart von Howard Williams, wohnhaft 1810 East Republican Street, Seattle, Washington,

---

664 In Correspondence, Box 2, Folder 5, H. A. Reinhold Papers, MS2003-60, John J. Burns Library, Boston College.
665 *The Catholic Art Quarterly*. US-amerikanisches katholisches Kunstmagazin, 1937 gegründet.
666 In Correspondence, Box 4, Folder 17, H. A. Reinhold Papers, MS2003-60, John J. Burns Library, Boston College.

und Robert Campbell aus Seattle, dessen Adresse dem Beeidigten nicht bekannt ist, informiert worden ist, daß am Sonnabend d. 22. August vormittags im Büro des Gerichts von Seattle ein FBI-Agent, dessen Namen zu nennen er sich gegenüber dem Beeidigten weigerte, und in Gegenwart von Bernard Pearce über den Beeidigten folgendes ausgesagt hat:

1) Dass er ein Nazi-Agent ist,

2) Dass er das Ausgehverbot wiederholt verletzt hat,

3) Dass er ohne Erlaubnis in Seattle gewesen ist und subversive Tätigkeiten ausgeübt hat,

4) Dass sein Bruder ein hoher Nazifunktionär in Deutschland ist,

5) Dass er 1940 und 1941 im Seemannsclub, 905, 3rd Avenue, Seattle, Washington subversive Tätigkeiten in solchem Maße ausgeübt hat, daß die Vorgesetzten der Marine alle Matrosen, die den Club besuchten, mit dem Kriegsgericht gedroht hätten,

1) Dass allein Bischof Shaughnessy ihn vor dem Konzentrationslager[667] in South Dakota bewahrt habe. Dessen Einfluss gegenüber dem FBI in Seattle sei so groß gewesen, den Beeidigten vor dem unmittelbaren Arrest zu bewahren,

2) Dass der Beeidigte, ungeachtet dieser Tatsache, arrestiert und in das Konzentrationslager in South Dakota geworfen würde, wenn er weitere verdächtige Bewegungen unternimmt,

3) Dass genannter Kendall gesagt hat, er hätte keine Genehmigung, die Identität des FBI-Agenten oder die durch ihn gemachten Statements dem Beeidigten zu offenbaren. Wenn er das täte, so sagte Kendall, würde er, Kendall, vom FBI verhaftet und der Beeidigte unmittelbar arrestiert werden.

Die Behauptungen zu 1, 2 und 3 sind absolut falsch und unwahr. Der Beeidigte ist kein und war niemals ein Nazi-Agent. Er hat sich vollkommen und gewissenhaft allen Bestimmungen des Ausgehverbots unterworfen. Seine Fahrten nach Seattle geschahen mit voller Kenntnis des US-Arbeitsamtes in Yakima, das die Aufsicht über die Einhaltung des Ausgehverbots hat.

Was oben erwähnten Paragraph 4 angeht, erklärt der Beeidigte, daß er mit seinem Bruder in Deutschland seit 1936 absolut keinen Kontakt mehr gehabt hat, noch Informationen über ihn besitzt, mit Ausnahme des Jahres 1941, in dem Herr Robert Schmitz[668] dem Beeidigten mitteilte, daß er vor seiner Abfahrt dessen Bruder angerufen und ihn gefragt habe, ob er irgendeine Mitteilung für den Beeidigten mitzugeben habe. Herr Schmitz ist Flüchtling aus Deutschland. Bei seiner Ankunft in den Vereinigten Staaten informierte er den Beeidigten über das erwähnte Telefonat und erklärte, daß dessen Bruder, Dr. A. Reinhold, erklärt habe, er wolle nichts mit dem Beeidigten zu tun haben.

---

667 Der Begriff ist in seiner (historischen) Bedeutung hier unangebracht, vielmehr dürfte es sich um ein Internierungscamp gehandelt haben.

668 Im Originaltext steht statt Schmitz der Name Solmitz.

Was den 5. Paragraphen angeht, so erklärt der Beeidigte, daß er niemals und zu keiner Zeit irgendwelche subversiven Aktivitäten gegen die Vereinigten Staaten ausgeübt habe, weder im Seemannsclub in Seattle noch an anderen Orten. Auch habe er keine Kenntnis von Drohungen durch Vorgesetzte der Marine. Er weiß, daß der genannte Seemannsclub von Mitgliedern der US Navy besucht wird, allerdings in einem Umfang, der einer solchen Behauptung widerspricht.

Beeidigter ist seit dem 20. August 1936 Einwohner der Vereinigten Staaten. Es ist sein Wunsch, falls notwendig, eine gerichtliche Anhörung zu den obigen Anschuldigungen zu bekommen. Beeidigter kann zahlreiche Zeugen beibringen, die ihn seit seiner Ankunft in den Vereinigten Staaten kennen, und schließlich auch zwölf Zeugen, die jetzt in den Vereinigten Staaten leben, die ihn noch aus seiner Zeit in Deutschland kennen.

Der Beeidigte hat seit seinem Aufenthalt in den Vereinigten Staaten zahlreiche Drohbriefe von Nazi-Sympathisanten erhalten.

Sein Gehorsam gegenüber den Ausgehverboten kann von zahlreichen Bundes-Repräsentanten bezeugt werden.

Nach Meinung des Beeidigten sind die Anschuldigungen durch den genannten FBI-Agenten gegenüber den genannten Kendall und Pearce von schwerwiegender Bedeutung. Der Beeidigte hat sich unmittelbar nach seiner Einwanderung um seine Einbürgerung in die Vereinigten Staaten bemüht. Man verlangte von ihm, daß er fünf Jahre in den Vereinigten Staaten wohnen müsse. Diese Zeit sei nun abgelaufen. Er habe nun einen Antrag auf die endgültigen Papiere gestellt und eine Anhörung darüber solle es in vier oder fünf Monaten geben.

Unterschrieben und beschworen vor mir, an diesem 24. Tag des Monats August 1942.

1943

The Devin Adair-Company[669], *N.Y., an H.A.R. vom 3. Februar 1943*[670]
(Auf Grund einer Aussage in einem Text von Reinhold im „Commonweal" (1942/43) – „Die Geschichte der soziologischen und psychologischen Entwicklung der Frömmigkeit aus dem Gesichtspunkt korrekter Forschung und im Geiste des Glaubens ist bisher noch nicht geschrieben worden" – wendet sich die Verlagsgesellschaft an Reinhold.)

[...] Ihre Bemerkung interessiert uns außerordentlich, und wir hoffen, daß Sie diese Geschichte bereits schreiben, oder wenn nicht, daß Sie überredet werden könn-

---

669 Bedeutender New Yorker Verlag, 1911 von dem Iren Henry Garrity gegründet.
670 In Correspondence, Box 3, Folder 16, H. A. Reinhold Papers, MS2003-60, John J. Burns Library, Boston College.

ten, sie zu schreiben. Wir können uns vorstellen, daß kein Buch in dieser Zeit dringender gebraucht wird. […]

P. Alcuin Deutsch OSB an H.A.R. vom 4. Mai 1943 [671]

[…] Wenn Bischof Shaughnessy einverstanden ist, können Sie gerne nach St. John's kommen, bis ein passender Platz für Sie gefunden worden ist. […]

1944

H.A.R. an Generalvikar Joseph P. Dougherty, Seattle, Yakima, vom 29. September 1944 [672]

Lieber Father Dougherty,
nun, da ich etwas Erleichterung von meinem Asthma gefunden habe und wieder anfange ruhiger zu denken, habe ich das Gefühl, Ihren freundlichen Brief vom 10. September beantworten zu sollen, für den ich Ihnen herzlich danken möchte. Der Bischof war letztens äußerst freundlich zu mir, besonders in seinem Ernennungsbrief heute.

Ich habe das Gefühl, daß ich mich deutlicher erklären muß, als ich dazu in der Vergangenheit in der Lage war. Darf ich Ihren Brief Punkt für Punkt durchgehen?

Meine Inkardination in diese Diözese: Ich denke, man hat mich missverstanden. Als der Bischof mich mehrfach einlud, ich meine es war zweimal, mich zu bewerben, dachte ich, es handle sich um die Seemannsmission. Dieses Werk war der einzige Grund, weshalb ich den mir vertrauten Osten verließ, um nach dem Westen zu gehen. Ich glaubte, daß der Bischof mich einzig zu diesem Zweck einlud. Ich war an jenem Tag sehr zornig, als der Bischof mich vom Seemansclub nach Yakima versetzte. Und wenn ich damals sagte, es würde mir nichts ausmachen, wenn er mich wieder zum Apostolat des Meeres zurückversetzen würde, dann denke ich, ist das zur damaligen Zeit verständlich gewesen.

Dauernde Anstellung in der Pfarrseelsorge: Ich weiß wirklich nicht, ob ich der richtige Mann bin, um eine Landgemeinde mit braven und einfachen Farmern zu leiten. Ich fürchte, und alle, die mich gut kennen, fürchten es ebenfalls, daß ich weder

---

671 In Correspondence, Box 3, Folder 21, H. A. Reinhold Papers, MS2003-60, John J. Burns Library, Boston College.
672 In Correspondence, Box 3, Folder 21, H. A. Reinhold Papers, MS2003-60, John J. Burns Library, Boston College. Zu den hier geschilderten Ereignissen siehe auch die Ausführungen bei Julia A. Upton, *Worship in Spirit and Truth*, S. 113 ff.

ihre Sprache spreche, noch die gleichen Interessen habe wie sie, noch dabei glücklich sein werde, allen Pflichten nachzukommen, die ein solches Pfarramt beständig erfordert. Da wir ja keine Ersatzlösung zur Hand haben, will ich den Bischof nicht im Stich lassen, schließlich sollte ich es zumindest versuchen, ehe ich sage, ich kann es nicht. Gibt es denn in dieser Diözese keine Möglichkeit, zu einem Kompromiss zu kommen? Eine kleine Pfarrei, selbst eine mit unzureichendem Lohn, in der Nähe von oder in einer Universitätsstadt, würde mich vollauf zufriedenstellen. Wo etliche junge und aktive Priester sich wegen Mangel an Arbeit nicht wohl fühlen, würde ich genug zu tun haben. Oder wenn der Bischof mir im Sommer sechs oder sieben Wochen Urlaub geben würde (Ende Juni – Anfang August), um weg zu gehen und Sommerschule zu halten, daß wäre genug, um mich glücklich zu machen, und diese Kombination beider Aktivitäten wird sich möglicherweise als stimulierend erweisen. Ich habe wirklich Angst, mich an eine andere Diözese zu binden und ganz von vorne wieder anzufangen. So lange ich Se. Exzellenz davon überzeugen kann, daß ich bereit bin, mein Bestes zu tun, um ihn zufrieden zu stellen und nicht an meine eigene Zufriedenheit zu denken, werde ich so handeln, aber ich denke, ich habe zu lange in großen Zentren gelebt, um in diesem Alter Landpfarrer zu werden und nichts sonst – was meinetwegen eine ideale Lebensweise ist, wenn einer so leben kann.

Aber der Hauptpunkt meines Gedankenaustausches ist vielleicht nicht ganz deutlich geworden, als ich bei Ihnen war. Ich habe das sichere Gefühl, daß meine Versetzung nach Yakima und jetzt nach Sunnyside eine Degradierung war, und dass der Bischof aus bestimmten Gründen enttäuscht ist, obgleich er sich große Mühe gegeben hat, diese Prügel durch seine freundlichen und rücksichtsvollen Worte und Briefe zu mildern.

Meine Abberufung aus dem Seemannsclub wurde nie begründet. Sie wurde von anderen als Herabsetzung empfunden, zumal weitere harte Schläge folgten: Ich wurde nach Pearl Harbor speziellen Einschränkungen unterworfen, während die Pastoren Greier und Deitmaning und sogar Moenins niemals durch irgendwelche kirchliche Maßnahmen behindert wurden.[673] Ein Wort seitens des Bischofs hätte jene Leute beruhigen können, welche die lächerlichen Anschuldigungen gewisser Herren glaubten, und hätte solche Verleumder wie George Flood und seinen Anhang gestoppt. Der Bischof hat es nie gesprochen. Er hat mir nicht einmal versichert, daß er mir vertraut. Alles was er sagte war, dem keine Aufmerksamkeit zu schenken – als könnte ich das – und dass eine solche Information nicht aus der Kanzlei gekommen

---

673 Nach dem Angriff des Kaiserlichen Japans auf den amerikanischen Flottenstützpunkt Pearl Harbor auf den Hawaii-Inseln am 7. Dezember 1941 erklärten die USA Japan den Krieg. Gleichzeitig erklärte Deutschland den USA den Krieg. Damit war der Eintritt der USA in den Zweiten Weltkrieg vollzogen. Für die in den USA lebenden Deutschen und insbesondere Japaner gab es in den Kriegsjahren zahlreiche Restriktionen, bis hin zur Internierung in dafür eingerichtete Camps. Für die Problematik der Deutschen vgl. Stephen Fox, *Fear itself. Inside the FBI Roundup of German Americans during World War II: The Past as Prologue*, New York: IUniverse, 2005.

sein könne, nicht weil er etwa keine Zweifel gehabt hätte, sondern weil sein Büro absolut dicht sei.

Was die Veröffentlichungen über den neuen Seemannsclub angeht, so wurde sorgfältig vermieden, den alten Leiter oder seinen Kaplan zu erwähnen, als ob damit etwas verkehrt gelaufen wäre. Nach alledem: Ich bin ein Mitglied der Internationalen Exekutive, ich war Generalsekretär des A. M. [Apostolat des Meeres] lange bevor Pastor Svanstrom jemals etwas davon gehört hat, und ich habe nichts getan, um beim A. M. in Ungnade zu fallen. Nun ja, irgendwie hat der Bischof seine Meinung geändert, ist nahezu auf die Linie der Bande in N. Y. und Brooklyn eingeschwenkt, die sich ja bereits seit 1933 so mysteriös verhalten hat. Bischof McIntyre hat Pater Ford in New York erzählt, seine Schlussfolgerung wäre, daß der Bischof mein Handeln missbillige.

Bevor ich irgend etwas Endgültiges unternehme – z. B. alle Versuche aufgebe, eine Stellung an einem College zu bekommen, oder mich an eine andere Diözese zu wenden, oder auf das großzügige Angebot des Bischofs eingehe, den Status eines Sulpizianers anzunehmen – möchte ich gerne, daß Sie mir sagen würden, warum der Bischof mich jetzt doppelt so weit weg von Seattle wie möglich versetzt, im Widerspruch zu seinem eigenen Brief. Die Erklärung, daß er mich 1941 als Ausländer versetzt habe, kann ich nicht akzeptieren, denn es war vor Pearl Harbor, und er hat mich auch wissen lassen, daß dieser Grund, den ich mir damals selbst zurechtgelegt habe, nicht sein eigener war. Ich glaube auch nicht, daß er mich für einen Leserbrief an *Commonweal* bestrafen wollte, den wahrscheinlich Flood ihm gebracht hatte, denn ich konnte ihm versichern, daß dieser Brief ohne einen Gedanken an ihn geschrieben worden sei, außerdem Wochen bevor er sein Statement mit einer politisch völlig gegensätzlichen Meinung abgegeben hatte. Zurzeit scheint er mit meiner Beteuerung und meiner Rechtfertigung zufrieden zu sein.

Wenn ich wüsste, daß der Bischof, trotz allem Anschein, nichts gegen mich hat, und mich wirklich in seiner Diözese haben möchte, würde ich sicherlich mein Bestes tun, um ihn zufrieden zu stellen. Es könnte natürlich sein, daß der ältere Klerus und einflussreichere Laien sich über mich ärgern, und dass der Bischof dieses berücksichtigen muß. Wenn es die Sachlage erleichtern würde, so sollte ich so lange hier bleiben, wie er mich braucht, und mich nach einem anderen Platz umsehen, um die Dinge für alle erträglicher zu machen. Ich habe schon einige unfreundliche Bemerkungen über mich gehört wie: „Kommt hier rein und übernimmt eine gute Pfarrei".

Ich weiß, daß ich schwer einzupassen bin, teils durch die Umstände, teils durch mein eigenes Tun. Wenn ich wüsste, daß der Bischof mich mag, würde ich mich anstrengen, die Anforderungen der Diözese so weit ich es kann zu erfüllen. Wenn Sie mir aber sagen, daß ich so schwere Fehler gemacht habe, daß der Bischof wirklich nicht sehr mit mir zufrieden ist, oder dass er die Schwierigkeit dauernder Feindschaft und bösem Geredes voraussieht, dann sollte ich mich nach einem besser geeigneten Platz umsehen.

Darf ich Sie bitten, lieber Father Dougherty, dem Bischof ein vollständiges Bild meiner Gesinnung zu vermitteln? Von mir aus hat das überhaupt keine Eile. Würden Sie mir offen mitteilen, was der Bischof denkt? Sollte etwas Strafwürdiges auftauchen, können Sühnemaßnahmen getroffen werden, ich würde das sehr wohl als einen Test ansehen, für das, was ich ertragen und durchstehen kann. Diesmal bitte ich Sie, meine Zweifel zu beseitigen. Es ist wirklich schwer zu glauben, daß der Bischof irgend eine der Tratschereien, die ihm 1941 zugetragen worden sind, oder was später an Klatsch über mich verbreitet worden ist, für bare Münze gehalten hat. Wenn ich wiederum gehe, wie zuletzt 1943 „unter einer Wolke", wird man mir den gleichen Empfang bereiten in San Francisco, oder wo immer ich hingehe, wie vom damaligen Generalvikar in New York.

Danke für alles, was Sie für mich tun können. Ich weiß, diese Art Job ist kein Vergnügen für Sie, aber es muß auf diese Weise geschehen, denn ich kann nicht an meinen Ordinarius schreiben, ohne möglicherweise eine kanonische Prozedur in Gang zu setzen. Sie wissen, wie sehr ich Ihre freundliche Hilfe zu schätzen weiß.

Ihr sehr ergebener
Hans Ansgar Reinhold

Walter Lowrie an H.A.R. vom 2. Oktober 1944[674]

Lieber Pastor Reinhold,
mit Bestürzung habe ich gehört, daß Sie so weit von mir fortgezogen sind – zurück nach Washington, trotz der Verfügung des Justizministers, daß Sie sich nur östlich der Rocky Mountains frei bewegen dürften. Ich hoffe, Sie kommen wieder in den Osten zurück. Ich hatte erwartet, Sie hier zu treffen. Wir haben nicht nur Kierkegaard gemeinsam, sondern auch die Liturgie – das heißt das Christentum.

Den größten Teil der letzten Woche habe ich bei den Cowley Fathers[675] in Cambridge, Mass. zugebracht, wo ich eine Liturgische Konferenz des Catholic Club of New England geleitet habe. Vermutlich bin ich mehr ein römischer denn ein anglikanischer Katholik; aber zu meiner Erleichterung merkte ich, daß die Brüder bereit waren, mir aus der Hand zu fressen. Ich habe gerade ein kleines Buch beendet über *The Essential Action in the Liturgy*[676], das im nächsten Jahr herauskommen soll. Es wird nicht so „unterhaltsam" sein (wie manche Leute zu sagen pflegen) wie ein klei-

---

[674] Walter Lowrie Papers, Box 29, Folder 6, Department of Rare Books and Special Collections, Princeton University Library.
[675] Anglikanischer Mönchsorden (Society of St. John the Evangelist), benannt nach dem Ort Cowley bei Oxford, England.
[676] Walter Lowrie, *Action in the Liturgy. Essential and Unessential,* New York: Philosophical Library, 1953.

nes Buch, das ich im vergangenen Jahr über unwesentliche Aktion in der Liturgie veröffentlicht habe. (Es hieß *The Lords Supper and the Liturgy*.)[677]

Auf dem Heimweg nahm ich einen Aufenthalt in New York, um zu allen lutherischen Herausgebern von Kierkegaard in Amerika zu sprechen. Die Lutheraner waren sehr langsam, ihn entsprechend zu würdigen. Aber meine Arbeit über Kierkegaard ist abgeschlossen. Meine Übersetzung vom *Angriff auf die Christenheit*[678] wurde vor 10 Tagen bei Princeton Press publiziert. Jetzt, wo alle Übersetzungsarbeit vorbei ist, gibt es fähigere Leute als mich, um die Interpretation ins Werk zu setzen. Für zwei Tage war Rev. Howard Johnson (eigentlich Jensen) bei mir, der jetzt an der St. Johns-Kirche in Washington D.C. angestellt ist, und vor einiger Zeit in Princeton als Studentenseelsorger für die Episkopale Jugend tätig war. Er ist ein liebenswerter, fähiger Geist und hat einen wunderbaren Artikel über SK geschrieben, der in der Januarnummer von *Theology Today*[679] erscheinen wird, einer Quartalsschrift des hiesigen Presbyteranerseminars. Sie sollten ihn unbedingt lesen. Es ist die beste Einführung über SK, die jemals geschrieben worden ist. Zwei Tage lang sind wir den Text immer wieder durchgegangen; aber ich konnte nur beim Polieren helfen.

Schließlich komme ich nun auf Ihre Frage zurück. Sie haben recht, „Unmittelbarkeit" (immediacy) ist ein fürchterliches Deutsch. Hegels Wort war Unmittelbarkeit. Da ich Ihnen das gesagt habe, wollen Sie vielleicht nichts weiter darüber hören. Aber aus dem Wörterbuch, das ich für meine SK-Biographie gebraucht habe, kopiere ich hier eine Definition, die mir nicht so unbedingt perfekt zu sein scheint:

„Immediacy (Unmittelbarkeit). Die Bedeutung, die SK diesem Wort beilegt, im Gegensatz zu Reflexion, lässt sich erklären durch den Gebrauch, den Hegel davon in seiner Logik macht, deren erste Hälfte der „Unmittelbarkeit" gewidmet ist, als der Sphäre, in welcher man „Dasein" begreift. Er meint mit diesem Wort das, was in der Natur direkt (d. h. ohne Reflexion) begreifbar ist, entweder mit den Sinnen oder durch Intuition. Hegels nächster Schritt ist Reflexion, durch die man die Idee von der „Substanz" erlangt. SK benützt dieses Wort also, um das sensitive Leben zu beschreiben, das von der Reflexion relativ ungestört ist."

Ich wundere mich nicht, daß der Begriff Schrecken (Dread) schwer zu kauen ist. Aber es ist die Anstrengung wert, denn es ist äußerst nahrhaft.

Mit herzlichem Gruß,

Ihr
Walter Lowrie

---

677 Walter Lowrie, *The Lords Supper and the Liturgy,* London: Longmans & Co., 1943.
678 Søren Kierkegaard, *Angriff auf die Christenheit,* Stuttgart: Frommann, 1896.
679 *Theology Today*. Amerikanische katholische Vierteljahresschrift, 1944 an der Princeton University gegründet.

1945

Alice Herz, Detroit, an H.A.R. vom 28. November 1945 [680]

Sehr verehrter Father Reinhold,
diese Woche bekam ich von Herrn Paul Hesslein in Santiago de Chile einen Brief, in dem er mir mitteilte, daß Sie im August dieses Jahre einen Brief an mich schrieben, der mich nicht erreichen konnte, da ich damals in Ann Arbor lebte (und der Nachsendedienst oft sehr mangelhaft arbeitet). Wie Herr Hesslein schreibt, hatte er mir das schon in einem Brief vom 14. September mitgeteilt, der mich aber nie erreichte. So trugen zwei unglückliche Geschehnisse dazu bei, daß ich nichts von Ihnen hörte, daß ich, zu meinem größten Leidwesen, im August ein Zusammentreffen mit Ihnen versäumte, und dass Sie mich vielleicht für sehr unhöflich und gleichgültig hielten.

Wie Ihnen vielleicht Herr Hesslein mitteilte, hatte ich s. Zt. Ihren Artikel im *Bulletin der Society for the Prevention of World War III* für ihn ins Deutsche übersetzt, um ihm zu zeigen, daß es noch mehr katholische Deutsche gibt, die die Wahrheit und das Sittengesetz über die Vergötzung ihres Vaterlandes stellen, und die erkannt haben, daß es nur eine Zukunft für das deutsche Volk geben kann, wenn es sich ebenso leidenschaftlich und tief aufrichtig um die Erforschung der Ursachen seiner Ver- und Zerstörung bemüht, wie seine Physiker und Chemiker von Hitlers Gnaden für die Erforschung der Atom-Zertrümmerung arbeiteten. Selbsterkenntnis muß dann der erste Schritt zur Besserung werden, die nur allein durch Selbsterkenntnis möglich ist.

Mir gingen während des Ersten Weltkrieges, den ich mit 2 kleinen Kindern in Mecklenburg erlebte, die Augen über die geistige Sackgasse auf, in die wir Deutsche durch unsere Militaristen und Feudalisten geführt worden waren, seit Generationen, und ich suchte, so gut ich es konnte, meine Landsleute aufzuklären. Aber es war wie ein Faktum, das alles zusammenspielte, um die Katastrophe unabwendbar zu machen.

Als die Nazis am 27. Februar 1933 den Reichstag in Brand setzten, sah ich, was los war: Dass die Zehn Gebote und das christliche Sittengesetz außer Kraft gesetzt worden waren, und dass das deutsche Volk in seiner Mehrheit dies akzeptierte. Dies machte mir und meiner Tochter das Atmen in Deutschland unmöglich und wir gingen am 13. März 1933 erst in die Schweiz und vier Monate später nach Grenoble in Frankreich, wo wir bis Mai 1940 blieben. Dann mußten wir drei Wochen im Lager Gurs [681] zubringen und fanden nach unserer Entlassung Asyl bei einem katholischen

---

680 In Correspondence, Box 4, Folder 17, H. A. Reinhold Papers, MS2003-60, John J. Burns Library, Boston College.

681 Im kleinen Ort Gurs, wenige Kilometer von Pau am Fuß der Pyrenäen gelegen, bestand bereits seit 1939 ein Lager für Flüchtlinge aus dem spanischen Bürgerkrieg. Am 22. und 23. Oktober 1940 wurden 6500 Juden aus Baden, der Pfalz und dem Saarland verhaftet, in den unbesetzten Teil Frankreichs deportiert und von der Vichy-Regierung im Lager Gurs in der Nähe von Pau in Süd-

Abbé in einem Pyrenäendorf, 40 km von Lourdes entfernt. Mit diesem alten gelehrten Herrn führten wir 20 Monate ein Leben herzlicher Freundschaft. Außer anderen Diensten dankten wir ihm seine Gastfreundschaft durch Katalogisieren seiner 3000 Bände umfassenden Bibliothek. Im August 1942 konnten wir in diesem Land unterkommen, wo meine Tochter als Bibliothekarin unseren Unterhalt verdient und ich durch Gelegenheitsarbeiten dazu beisteure. Meine Hauptarbeit hier bestand im Studium deutscher Geschichte vor Hitler, besonders des Ersten Weltkrieges und seiner ideologischen und politischen Ursachen.

Ich war während unseres Aufenthaltes in Frankreich neun Jahre lang Mitarbeiterin der Schweizer religiös-sozialen Wochenschrift *Neue Wege*[682] von Leonhard Ragaz.

Nun wissen Sie ungefähr, mit wem Sie es zu tun haben, und ich würde mich sehr freuen, einmal von Ihnen und Ihrer Arbeit zu hören.

Ich grüße Sie in vorzüglicher Hochachtung.

Alice Herz

1947

Adolf Ehrtmann, Lübeck, an Berning vom 1. März 1947

Hochwürdigster Herr!
Seit einiger Zeit stehe ich in Schriftwechsel mit dem früheren Seemannspastor, Herrn Pastor Reinhold, früher Hamburg. Aus den Briefen spricht eine große Sehnsucht nach der Heimat, aber auch eine große Bitterkeit, in der Emigration leben zu müssen. Herr Pastor Reinhold ist scheinbar der Meinung, daß er s. Zt. nicht nur von den Nationalsozialisten ausgewiesen wurde, sondern dass sich auch von ihm seine Mitbrüder abwandten und dass auch Euere Exzellenz seinen damaligen Schritt missbilligten und ihm wohl auch heute noch unfreundlich gegenüberstehen könnten.

Ich spüre aus den Briefen, daß schweres Heimweh Pastor Reinhold bedrückt und dass er mit Sehnsucht auf ein Wort seines Bischofs wartet, das ihm sagt, daß dieser ihn willkommen heißen würde, wenn er kommt. Es ist mir nicht bekannt, ob irgendeine Differenz zwischen Euer Exzellenz und Herrn Pastor Reinhold besteht, letzterer weiß auch nichts von diesem Schreiben. Ich unterbreite Euerer Exzellenz

---

westfrankreich interniert. Viele von ihnen starben bereits im ersten Winter im Lager, Tausende andere wurden später in den Vernichtungslagern im Osten Opfer des Holocaust. Vgl. Erhard Roy Wiehn (Hg.), *Camp de Gurs: Zur Deportation der Juden aus Südwestdeutschland 1940*, Konstanz: Hartung-Gorre, 2010.

682 *Neue Wege. Beiträge zu Christentum und Sozialismus*. Das Organ der Religiös-Sozialistischen Vereinigung der Deutschschweiz wurde 1906 in Zürich gegründet.

diese Angelegenheit nur, weil ich spüre, daß in der Fremde ein eifriger Priester sich verlassen fühlt und auf ein Wort der Liebe wartet.

Euer Exzellenz ergebenster
Adolf Ehrtmann

Dechant Albert Bültel, Lübeck, an H.A.R. vom 13. Oktober 1947 [683]

Sehr geehrter Herr Pfarrer Reinhold!
Durch Ihre Vermittlung sind uns zwei, an Hochw. Herrn Dechant Bültel gerichtete Pakete mit Kleidung und Babywäsche zugegangen. Wir danken Ihnen recht herzlich dafür. Dadurch war es uns möglich, wenigstens einem kleinen Teil der Mütter zu helfen, die sich in so großer Not insbesondere wegen Babywäsche befinden. Mehrmals in der Woche stehen wir vor der Not junger Mütter, die aus der Klinik entlassen werden können und denen ihr Baby völlig nackt mitgegeben wird, da auch die Heime keine Kleidung mehr haben. Die so sehr große Säuglingssterblichkeit ist im Wesentlichen auf den Wäschemangel zurückzuführen. Deshalb haben auch Ihre beiden Sendungen so eine besonders große Freude bei uns gebracht und wir bitten Sie, den Gebern den herzlichsten Dank dafür auszusprechen, daß sie uns Deutschen in dieser Not helfen, in der wir uns selber nicht mehr helfen können.

Mit herzlichen Caritasgrüßen!
CARITASVERBAND LÜBECK
Albert Bültel, Dechant

Handschriftlich angefügt: Herzl. Grüße in alter Freundschaft! Herzlichste Grüße Ihr
Ad. Ehrtmann

Peter Lütsches, Düsseldorf, an H.A.R. vom 29. September 1949

Sehr verehrter, lieber Pfarrer Reinhold!
Zunächst möchte ich Ihnen, zugleich auch im Namen meiner Frau und meines Sohnes Wolfgang, von Herzen für das CARE-Paket danken, das mich in diesen Tagen erreichte. Sie können sich kaum vorstellen, welche Freude ein solches Paket auslöst und welchen körperlichen oder auch seelischen Auftrieb ein solcher Beweis der Liebe und der Hilfsbereitschaft auslöst. Wenn man 5 Jahre der Emigration hinter sich hat

---

683 In Correspondence, Box 3, Folder 7, H. A. Reinhold Papers, MS2003-60, John J. Burns Library, Boston College.

und weitere 3 Jahre des Gefängnisses und des Konzentrationslagers, dann weiß man derartige Gaben besonders gut zu schätzen.

Es war im Gefängnis und im KZ das tagtägliche Gespräch, wie und was man essen würde, wenn einmal das Tor der Freiheit geöffnet sein würde. Manchmal stand mir das Schwelgen in Genüssen zum Halse heraus. Vielleicht hat es doch noch dazu beigetragen, das Leben leichter zu ertragen. Man sinkt so tief, wenn man unter der Masse von Gefangenen aller Nationen lebt, man ergibt sich in sein Geschick und ist freudlos und beinahe hoffnungslos.

Am 19. 8. habe ich in aller Stille im Kloster St. Andreas in Buke bei Paderborn zum zweiten Male geheiratet. Der Priester, der mich traute, war ein KZ-Kamerad; er verbrachte 5 Jahre lang in Dachau. Meine beiden Trauzeugen waren langjährige Emigranten und KZler, die treu und brav 5 Jahre lang mit mir ausgehalten haben. Sonst hatte ich keine Gäste. Wir nahmen im Kloster ein kleines Frühstück ein, plauderten von der Vergangenheit, von der Gegenwart und noch mehr von der Zukunft.

Drei Wochen lang lebte ich mit meiner Frau im Kurheim für die Opfer des Faschismus in Driburg, einem zu einem Kurheim umgestalteten ehemaligen Lazarett mit etwa 80 Betten. Es war dort sehr schön, und ich habe sogar 5 Pfund zugenommen. Das ist im Deutschland der Gegenwart eine Seltenheit. Nun aber, wo ich im Kampf des Lebens stehe, werde ich schon wieder Fett lassen müssen. Augenblicklich weile ich in Hamburg. Mein Schwiegervater wird heute 80 Jahre alt.

Meine Frau wohnt noch in Hamburg im elterlichen Heime, weil ich in Düsseldorf noch keine Wohnung und keine Möbel habe. Es war nach 1945 möglich eine Nazi-Wohnung plus Mobilar zu beziehen. Aber das brachte ich nicht übers Herz. Ich will ja auch nicht privat Wiedergutmachung betreiben, indem ich einem Menschen, der mir nichts getan hat, abnehme, was ihm gehört. Wiedergutmachung soll der Staat betreiben. Aber der Staat hat daran gar kein Interesse. Heute haben die Nazis wieder Oberhand. Und der Antisemitismus ist wieder in jugendlicher Frische erstanden. Es ist doch ein eigenartiges Volk, dem wir entstammen. Ich kenne mich gar nicht mehr aus. Sie wissen, daß ich ein eigenes Blatt herausgebe, denken Sie aber bitte nicht, daß ich mit dem Herzen dabei bin. Mit dem Herzen bin ich bei einer Zeitung, die meinen katholischen Gedankengängen entspricht.

Die Lizenz für eine solche Zeitung kann ich leider nicht bekommen. Die Lizenzen für die Zeitungen, die jetzt groß geworden sind, die wurden von den Engländern zu einem Zeitpunkt vergeben, an dem ich noch schwer krank war und an dem ich mich – ohne Zähne – noch gar nicht an die Öffentlichkeit wagte. Jetzt aber ist es zu spät. Zehn Jahre meines Lebens blieb ich zwangsweise meiner Heimat fern. Die Folge war die, daß ich den Anschluss verlor. Man lebt sich (das habe ich leider feststellen müssen) selbst mit der Heimat auseinander. Die zu Hause blieben, nämlich die Vorsichtigen, die haben für unsere Nöte kein Verständnis. Sie fragen, war es denn notwendig, sich dem Nazismus entgegenzustemmen, angesichts der Tatsache, daß der einzelne Mensch doch nichts dagegen unternehmen konnte.

Für Ihre freundlichen Wünsche zu unserer Vermählung herzlichsten Dank. Eugen Kogons Buch ist das Beste, das bisher erschienen ist.[684] Ich kann – auch war ich nicht in Buchenwald – jedes Wort unterschreiben. Ergreifend und wahr ist Kogons Vorwort. Es sind noch mehrere gute Bücher erschienen, leider indes nicht zu haben. Ich denke an Nanda Herbermanns *Gesegneten Abgrund*[685] und an Franz Ballhorns *Die Kelter Gottes*.[686] So ich etwas auf treiben kann, werde ich gerne an Sie denken.

Ich freue mich, daß Sie der Heimat im nächsten Jahre einen Besuch abstatten wollen. Vielleicht ist es ratsam, noch ein weiteres Jahr zu warten. Ich hoffe doch, daß wir in einem oder in zwei Jahren eine wesentliche Besserung, wenigstens hinsichtlich des Hungers und des Wohnungselends, zu verzeichnen haben. Es würde schnell wieder aufwärts gehen, wenn wir Herr im Hause wären. Das ist nicht der Fall. Zur Besatzung hat in Deutschland kein Mensch Vertrauen.

Dass Pater T. Nazi war, das habe ich mir denken können. Leider ist es – hüben wie drüben – so, daß solche Männer immer noch „oben" sind. Unseren Priestern, die jahrelang im KZ waren, geht es nicht besser. Sie sind geblieben, was sie waren, nämlich einfache Priester, die man untergebracht hat, als ob nichts gewesen sei. Selbst ein kluger Jesuit, wie Pater Dr. Kurt Dehne, Hannover, ist mit der Haltung unserer Kirchenfürsten unzufrieden.

Die Bischöfe hatten sich dem System mehr oder weniger verbunden, sie wagten zu wenig. Und sie hätten soviel tun können. Hitler hat keinen Bischof eingelocht. Er hätte es gar nicht gewagt. Pater Dr. Größer hatte m. E. umgelernt, d. h. ich kam in Utrecht ganz gut mit ihm aus. Aber angekränkelt, stark angekränkelt, war er auch, angekränkelt waren alle.

Dass man Ihr New Yorker Sprechverbot noch nicht aufgehoben hat, das finde ich doch reichlich stark. Sie sollten sich doch, um Ihrer Ehre wegen, wehren. Wenn ich irgendetwas für Sie tun kann, dann bitte ich Sie recht sehr, über mich zu verfügen. Bischof Berning schreibt mir stets ganz besonders lieb und redet mich stets mit „mein lieber Herr L." an. Ich habe ihn noch nicht besucht, habe aber doch vor, es demnächst einmal zu tun. Er sollte eigentlich gestern in der Hamburger Pfarrei St. Bonifatius zu der ich gehöre, firmen, hat die Reise aber der „spinalen Kinderlähmung" wegen zurückstellen müssen.[687] Ich wollte ihm bei dieser Gelegenheit meine Aufwartung machen.

Ich will nun schließen, sage Ihnen nochmals, und zwar von Herzen, innigen Dank, wünsche Ihnen alles Gute und verbleibe mit den allerherzlichsten Grüßen, zugleich auch namens meiner Frau und meines Sohnes

---

684 Eugen Kogon, *Der SS-Staat – Das System der deutschen Konzentrationslager,* München: Alber, 1946.

685 Nanda Herbermann, *Der gesegnete Abgrund. Schutzhäftling Nr. 6582 im Frauenkonzentrationslager Ravensbrück,* Nürnberg: Glock & Lutz, 1946.

686 Franz Ballhorn, *Die Kelter Gottes. Tagebuch eines jungen Christen 1940–1945*, Münster: Der Quell, 1946.

687 Von 1947 bis 1952 herrschte eine Polio-Epidemie in Norddeutschland.

Ihr
P. Lütsches
P.S. Haben Sie nicht die Möglichkeit, einen katholischen *Who is who* aufzutreiben? Der Pater, der mich traute, ist um ein solches Buch sehr verlegen. Bitte, horchen Sie einmal nach. Es kann ja ein älteres Buch sein.

1953

Hannah Arendt an H.A.R. vom 13. Mai 1953[688]

Lieber Father Reinhold,
Ihr Brief hat mich beschämt und ich bin noch ganz rot. Aber Sie wissen ja aus eigener Erfahrung, wie gut es solchen Einzelgängern wie mir tut, daß sie eben doch nicht solche Einzelgänger sind.

Im August bin ich leider nicht in New York. Wir gehen um den 10. Juli herum auf Ferien in die Catskills und sind dann erst gegen Ende August wieder zu Hause. Dies tut mir sehr leid. Ich schickte Ihnen vor ein paar Wochen einen Sonderdruck[689] von mir und adressierte ihn in Konfusion mit den Staaten nach Washington D.C. Haben Sie die kleine Drucksache trotzdem bekommen? Mir wird eben erst klar, daß Sie gar nicht in Washington sind. Mit allen guten Wünschen und Grüßen

Ihre
Hannah Arendt

---

[688] In Correspondence, Box 2, Folder 6, H. A. Reinhold Papers, MS2003-60, John J. Burns Library, Boston College.
[689] Hannah Arendt, *Ideologie und Terror*, in: Klaus Piper (Hg.), *Offener Horizont. Festschrift für Karl Jaspers zum 70. Geburtstag am 23. Febr. 1953*, München: Piper, 1953.

1959

H.A.R an den Herausgeber von „Christianity and Crisis"[690]*, New York, vom 11. Juni 1959*[691]

Sehr geehrter Herr,
ich lese ihre Zeitschrift seit einigen Jahren und bin besonders von der Ausgabe dieser Woche begeistert, in der der Artikel von Mr. Clancy als ein bedeutendes Signal irenischer Bemühungen um eine heikle Frage heraussticht. Gestatten Sie mir es daher, meinen Einwand gegen einen Artikel namens „Barmen"[692] zu erheben, eine Hommage von Franklin H. Littell auf Grund des 25-jährigen Jubiläums in der vorhergehenden Ausgabe.

Ich hoffe, ich klinge nicht nörgelnd oder verharmlosend, aber im zweiten Absatz schreibt der Autor, daß die Information bezüglich des Widerstandes der Christen gegen Hitler durch direkten Befehl von Präsident Roosevelt willentlich unterdrückt wurde. Ich habe vergeblich nach einer Fußnote oder einer anderen Untermauerung dieser pauschalen und harten Äußerung gesucht.

Mr. Clancy beanstandet den herablassenden Ton, der oft gegenüber Katholiken auf ökumenischen Treffen mit ihren protestantischen Kameraden ergriffen wird. Er scheint eine Andeutung dieses Artikels von Mr. Littell zu geben. Aber er geht noch weiter: Der dritte Absatz, er schreibt von einer christlichen Einheit zwischen Calvinisten und Lutheranern in Preußen 1817 ohne die Tatsache zu erwähnen, daß es sich hierbei nicht um eine kirchliche Einheit handelte, die von den Gläubigen bewirkt wurde, sondern von einem absoluten Monarchen, Friedrich Wilhelm III., verfügt wurde, und dass sie zu einem Bruch innerhalb der protestantischen Reihen führte, die diese einheitliche Anordnung einem Mann zuschrieben, der nichts spektakuläres christliches getan hat, um sie herbeizuführen. Auf Seite 72 im vierten Absatz wird Msgr. Kaas die Schuld dafür zugeschrieben, die römisch-katholische Zentrumspartei in Hitlers Lager zu führen. Unabhängig davon, ob er es nicht besser wußte oder ein-

---

690 *Christianity and Chrisis.* Amerikanische protestantische Zeitschrift, die von 1941 bis 1993 in New York erschien. Einer der Mitbegründer war Reinhold Niebuhr.
691 In Correspondence, Box 3, Folder 2, H. A. Reinhold Papers, MS2003-60, John J. Burns Library, Boston College.
692 Bezieht sich auf die Reichsbekenntnissynode der Deutschen Evangelischen Kirche (DEK) im Barmen im Mai 1934 und die dort verabschiedete „Barmer Theologische Erklärung". Die maßgeblich von Karl Barth ausgearbeitete Erklärung war eine klare Abgrenzung zu den Deutschen Christen, in ihr wurde der in der „Heiligen Schrift bezeugte Jesus Christus als der einzige Grund des christlichen Glaubens und der christlichen Kirche bekräftigt" sowie „der Totalitätsanspruch des NS-Staats" zurückgewiesen. Vgl. G. Besier, *Kirche, Politik und Gesellschaft im 20. Jahrhundert*, S. 25. Die „Barmer Theologische Erklärung" war das theologische Fundament der Bekennenden Kirche und führte im Kirchenkampf zu Spaltungen gegenüber und innerhalb von durch Deutsche Christen dominierten Evangelischen Landeskirchen. Vgl. dazu ausführlich G. Besier, *Die Kirchen und das Dritte Reich*, S. 337 ff.

fach vergesslich ist, erwähnt Mr. Littell die Tatsache nicht, das Msgr. Kaas von Göring betrogen wurde. Die Art und Weise, wie er diesen Fall präsentiert, ist eine dieser heimtückischen Desertationen der Katholiken im Angesicht des Diktators. Dass dies das einzige Mal ist, daß er sich Mühe gibt, den katholischen Widerstand – oder Nicht-Widerstand – zu erwähnen, ist besonders schädlich in diesem Kontext.

Auf Seite 73 finde ich einige eingeklammerte Äußerungen. Schlussfolgerungen, die der Autor aus der ziemlich langatmigen und unpräzisen Aussage der Bekennenden Kirchenmänner bezüglich ihrer Stellungnahme gegen Hitler zieht. Das, was in Klammern steht, sind Schlussfolgerungen des Autors, keine Aussagen, die auf der Barmer Konferenz getroffen worden sind. Der leichtgläubige Leser könnte diese Männer tatsächlich als deutlicher und präziser empfinden, als sie je waren. Im zweiten Absatz schreibt er von den verhaltenen Umständen, in denen einige der Aussagen getätigt wurden. Es wäre deutlicher geworden, wenn er das Wort ‚verwirrt' benutzt hätte. Auch der sechste Artikel findet so, wie er ihn zitiert, keinerlei Bestätigung in der tatsächlichen Formulierung, die in Barmen hervorgebracht wurde. Das Ganze ein ‚schrillendes Trompetensignal' zu nennen, ist auf jeden Fall ein wenig optimistisch.

Im nächsten Absatz schreibt er von den Bekennenden Christen als ‚Spiritualisierer'. Gelinde gesagt ist dies sicher eine schmeichelhafte Beschreibung für das, was Bekennende Christen bezogen auf Hitler und seine Henker waren. Eine einfache Überprüfung nationalsozialistischer Aussagen in ihren Reden und Schriften würde zeigen, daß die Bekennenden Christen keinerlei Christen waren. Die ersten beiden Absätze der „Postwell Regeneration" scheinen einen großen Bereich von dem aufzunehmen, was die evangelikalen Akademien eigentlich von einem Großteil der abtrünnig gewordenen Protestanten zurückfordern, wie der Autor anzunehmen scheint. Ich vermute auch, daß etwas aus dem Text gestrichen wurde, da der Satz, der anfängt mit ‚Die schlimmste Situation in der kirchlichen Führung war durch Indien….', in keiner logischen Verknüpfung mit dem vorhergehenden Text steht, ebenso wenig wie der nächste Absatz irgendeine Ähnlichkeit mit der Realität aufweist. Wer würde je fordern, daß wir anfangen, den außergewöhnlichen Vorteil, den die Kirche in der Nachkriegsunterstützung und beim Wiederaufbau genießt, zu verstehen?

Im letzten Abschnitt des Artikels ist vieles aus der Solidaritätserklärung der EKD mit der Schuld der deutschen Bevölkerung zusammengesetzt.[693] Ich denke, die Bedeutung dieser Erklärung und ihre Auswirkung werden vom Autor maßlos übertrieben. Meine Beschwerde bezieht sich weniger darauf, daß er so rücksichtslos geschrie-

---

693 Hier dürfte das sogenannte „Stuttgarter Schuldbekenntnis" der Evangelischen Kirche in Deutschland (EKD) gemeint sein, das, maßgeblich von Martin Niemöller und Otto Dibelius verfasst, am 19. Oktober 1945 veröffentlicht wurde. In ihr bekannte man sich zur Mitschuld am Aufstieg des Nationalsozialismus, dem Ausbruch des Zweiten Weltkriegs und den nationalsozialistischen Verbrechen. Die Veröffentlichung rief heftige Reaktionen und kontroverse Diskussionen hervor. Vgl. Adrian Tillmanns, Die Erklärung von Stuttgart und ihre Interpretationen. Versuch einer psychoanalytischen Kritik, in: *Kirchliche Zeitgeschichte* 7 (1994), S. 59–82.

ben hat, sondern mehr, daß er so viele Fakten ignoriert hat. Ich habe die Ereignisse der Barmer Konferenz und die Bekennende Kirche mit großem Interesse und großer Sympathie verfolgt. Ich habe viele ihrer Mitglieder zu der Zeit getroffen und mit ihnen gesprochen, als all diese Dinge geschehen sind. Ich empfand sie als eine kleine Minderheit mutiger, aber verwirrter Menschen, die, auf ihre beschützte Art und Weise, ihre Unzufriedenheit mit Hitlers Intervention auf das Kirchenleben ausgedrückt haben und Angst hatten, daß das Wesentliche von Mitläufern mit Nationalsozialismus verwässert wird. Viele von ihnen waren mutig. Wie verwirrt sie waren, zeigt sich an Niemöller, der, obwohl er wegen seines Glaubens bereits im Konzentrationslager war und zutiefst von der Ungerechtigkeit des Nationalsozialismus überzeugt war, angeboten hat, in einem U-Boot Krieg für den Führer und seine Sache zu kämpfen.

Ich lebte unter amerikanischem Schutz als dies geschah, weil ich das Land 1935 verlassen mußte. Ich will also in keiner Weise ihren Mut und ihre Überzeugungen schlecht machen, aber ich bin überrascht, einen solchen Artikel in einer Zeitschrift wie Ihrer zu sehen. Die Verleumdung von Roosevelt und Msgr. Kaas wären in Zeiten der Anspannung und der Unmöglichkeit, Informationsquellen zu erreichen, entschuldbar. Die Übertreibungen zugunsten der kleinen und mutigen Gruppe sind verständlich und nicht selten in unseren eigenen Reihen auch innerhalb der Katholischen Kirche zu finden. Alle Minderheiten beanspruchen mehr Ruhm, als sie in Wirklichkeit erreicht haben.

Bitte veröffentlichen Sie nicht, auch nicht abschnittsweise, diesen Brief. Ich wollte nur mein Unbehagen zum Ausdruck bringen, daß ich empfinde, wenn ich Artikel dieses Kalibers innerhalb Ihrer sonst so exzellenten Zeitschrift finde. Vom Ruhm der Bekennenden Kirche geht nichts verloren, wenn man die Tatsache erwähnt, daß sie aus einer kleinen Minderheit bestand, die sich des Ausmaßes der Nazi-Ungerechtigkeiten nicht bewußt – nicht voll bewußt – war, und dadurch häufig in ihren Aussagen verwirrt war und Vorträge hielt, die von niemandem außer ihren eigenen Anhängern und Parteigängern begriffen wurden. Auch das Stillschweigen über Angelegenheiten, die den Mut ihrer katholischen Brüder betreffen, stört mich nicht, aber ich wünschte, daß solche Aussagen, wie die gegen Präsident Roosevelt, der während seiner Zeit im Weißen Haus einer wachsamen Opposition gegenüberstand, überprüft werden würden, bevor sie in Ihrer Zeitschrift abgedruckt werden. Es scheint unsinnig, anzunehmen, daß er diese Angelegenheit in einer Zeitschrift wie *Chicago Tribune*[694] oder *Brooklyn Tablet*[695] hätte beschwichtigen können.

Wenn Sie meinen Brief an Mr. Littell weiterleiten würden, könnte er mir in einer privaten Korrespondenz einige seiner Sichtweisen erklären. Ich habe keinen Einwand dagegen, aber ich befinde mich nicht auf einer Position, mich in die Reihen Ihrer Mitarbeiter zu begeben.

---

694 *Chicago Tribune*. Überregionale amerikanische Tageszeitung, 1847 gegründet.
695 *Brooklyn Tablet*. Wochenzeitschrift der Diözese Brooklyn, 1908 gegründet.

Darf ich mit der Anmerkung schließen, daß ich mich mit großem Enthusiasmus und großer Dankbarkeit auf die nächste Ausgabe freue, in der Sie drei Katholiken den Raum geben, sich selbst ihren Mitbürgern und Christen der protestantischen Glaubensrichtung zu erklären? Ich war besonders von Mr. Clancys Aussage erfreut, in der er die Werte des Protestantismus positiv würdigt. Ich hoffe, daß diese drei Artikel Eindruck auf Ihre Leser machen werden und zu einer ebenbürtigen, nachsichtigen Beurteilung der anderen Seite führen.

Mit Ausdruck meiner Dankbarkeit und der Hochschätzung Ihrer exzellenten Zeitschrift,

Mit freundlichen Grüßen
Father H.A. Reinhold

Damasus Winzen an H.A.R., ohne Datum (1959 o. später)[696]

Lieber Hans Anskar (sic!) Lacensis,
Ihr lieber Brief ist ganz um mein Herz herumgewickelt, und Ihre liebe Person dazu. Das Ergebnis einer solchen Situation: Angina Pectoris!

Ich weiß ja, daß Sie ein „Laacher" sind und dass Mount Saviour[697] für Sie zu primitiv ist. Aber ich möchte doch gerne, daß wir in unserer Bibliothek in Zukunft eine „Anskar-Ecke" (sic!) haben, und Sie sollten die diesbezüglichen „provisions" in Ihrem Testament machen für die Benedictine-Foundation of New York State. Wir haben ja schon eine ganze Anzahl Ihrer Bücher hier, aber sie machen noch keine „Ecke". Ich kann Ihr Bild nicht vor 10 – 20 Bücher hängen. Verstehen Sie? Und Laach hat ja doch genug, und kann mit englischen Büchern nicht viel anfangen. Also, liebes „Herzblatt", denken Sie an die Anskar-Ecke! Ich freue mich sehr über Ihr „avisement". Three cheers for Bishop Wright! Das einzig vernünftige, was man tun kann: Starke Zentren in den „secular universities". Nun studieren Sie gut unsere Pläne, die […] dieses Jahr begonnen werden. Ihre Ecke ist im Nord-West-Gebäude.

In caritate,

Ihr
Fr. Damasus

---

[696] In Correspondence, Box 10, Folder 15, H. A. Reinhold Papers, MS2003-60, John J. Burns Library, Boston College.
[697] Benedektiner-Abtei in Pine City, New York.

1961

Kristen Ejner Skydsgaard an H.A.R. vom Dezember 1961[698]

Lieber Pastor Reinhold,
vielen Dank für Ihren lieben Brief, der mir große Freude gemacht hat. Es tut mir leid, daß ich so ein „Unruhestifter" in Pittsburgh gewesen bin, und besonders, daß wir in unserem Gespräch unterbrochen wurden. Wie sehr sind wir doch der materiellen Welt verhaftet! Ich habe mein Geld nicht wiedergefunden, aber ich habe lediglich 10% des Gesamtbetrages verloren, den Rest habe ich nach und nach erstattet bekommen. So habe ich nach allen Umständen Grund dankbar zu sein.

Es war eine wirkliche Freude, Sie zu treffen, und ich werde die Stunde, die ich mit Ihnen verbringen durfte, nie vergessen. Nach meiner Rückkehr habe ich oft an Sie gedacht, und das stets in großer Dankbarkeit. Wir fanden einander unmittelbar in einem tiefen Gefühl der Freundschaft, und das war für mich ein Geschenk Gottes.

Mein Besuch in Pittsburgh war sehr bewegend. Sowohl der Besuch beim Bischof, den ich sehr liebe wegen seiner Aufrichtigkeit, Intelligenz und seiner Liebe zu uns außerhalb der römischen Kirche Stehenden, Professor Swidler, Monsignore McDowell und Pastor Tavard. Letzterem persönlich zu begegnen, war für mich eine große Bereicherung. Und da war die Frau, die meine Zimmer aufräumte, und die wegen meines Geldes sehr betrübt war. Mit Tränen in den Augen sagte sie plötzlich: „Dominus vobiscum!", und ich, als Laie, antwortete: „Et cum spiritu tuo!"

Ich wünsche Ihnen, mein lieber Pastor, ein gesegnetes Weihnachtsfest und danke Ihnen für Ihre Güte und Freundlichkeit mir gegenüber. Möge Gott Sie segnen und Ihnen Kraft und frohen Mut schenken. Grüßen Sie bei Gelegenheit meine Freunde in Pittsburgh.

Ihr sehr ergebener
Kristen Ejner Skydsgaard

1962

Vincent A. Masucci an H.A.R. vom 21. März 1962[699]

Lieber Pastor Reinhold,
wir waren sehr froh und fühlten uns sehr geehrt, daß Sie in der Lage waren, unsere

---

[698] In Correspondence, Box 5, Folder 23, H. A. Reinhold Papers, MS2003-60, John J. Burns Library, Boston College.
[699] In Correspondence, Box 7, Folder 19, H. A. Reinhold Papers, MS2003-60, John J. Burns Library, Boston College.

Einladung anzunehmen, auf der Odo-Casel-Konferenz zu sprechen. Wir haben im Seminar der Spiritaner (Holy Ghost Fathers) in Ferndale einen Raum und ein Bad für Sie reserviert.

Die Konferenz beginnt am Freitagabend, dem 13. April, um 18.00 Uhr. Sie dauert bis zur Abendessenszeit am Sonntag, dem 15. April. Auf der Rednerliste stehen bis jetzt: Alexander Schmemann, John Meyendorff, Berthold von Schenck, H. Boone Porter (General-Theological), Howard Hagemann, K. M. Simon, Anselm Strittmatter, Dr. John V. Walsh und Dr. Maria Sulzbach. Der Generaltitel der Konferenz ist: Zeit, Eschatologie und der Christliche Kalender.

Was den Transport angeht, lassen Sie uns Ihre Flugnummer wissen, und wann Sie vorhaben, hier einzutreffen. Wir werden Sie abholen. Natürlich werden wir alle Ihre Auslagen ersetzen. Father Tavard fliegt wegen eines Vortrages weg am Donnerstagabend, d. 12. April, an der Fordham-Universität. Das ist die Nacht vor der Jahreskonferenz. Möglicherweise können Sie, falls Sie Zeit haben, mit ihm zusammen fliegen. Sie könnten Donnerstag in Fordham übernachten (wir haben ein Zimmer und ein Bad für Sie), und dann am Morgen oder am frühen Nachmittag weiter nach Ferndale reisen. Egal wie Sie sich entscheiden, lassen Sie uns wissen, was Sie planen und wir werden alle Einzelheiten erledigen.

Nochmals herzlichen Dank.

Ihr in Christus ergebener
Vincent A. Masucci

Der erste Dom-Odo-Casel-Gedächtnispreis verliehen am 12. April 1962[700]
Ansprache von P. Vincent O'Keefe

Es ist angemessen, das Pastor H. A. Reinhold bei dieser Gelegenheit als Ehrengast begrüßt werden kann, ist doch sein Name aufs engste mit den liturgischen und ökumenischen Bewegungen über viele Jahre hin verbunden. Mehr noch, in seinen Bestrebungen war sein ökumenisches Anliegen niemals von seiner liturgischen Bindung getrennt. Besser gesagt, jene, die mit seinen Arbeiten vertraut sind, sehen als ihren zentralen Charakterzug ein Empfinden von Kirche als sakramentale Realität, einer Realität, die ihrer wahren Natur nach zur Einheit mahnt.

Nicht nur durch seine vielen schönen Bücher und Artikel hat H. A. Reinhold einen Beitrag zur Theologie geleistet, sondern auch seine eigene persönliche Hingabe an die Kirche Christi war ein Beispiel für alle christlichen Denker. Es ist noch nicht so lange her, daß die liturgischen und ökumenischen Bewegungen sehr kontrovers beur-

---

700 In Correspondence, Box 7, Folder 19, H. A. Reinhold Papers, MS2003-60, John J. Burns Library, Boston College.

teilt und sogar als gefährlich angesehen wurden. Damals stellte sich Pastor Reinhold furchtlos selber in die vorderste Reihe und stellte sich mit Freuden jeglicher Art von Kritik. Die Tatsache, daß diese Bewegungen in den letzten Jahren Mode geworden sind, hat jedoch Pastor Reinholds Bindung an eine gesunde und wahrhaft organische Theologie nicht beeinträchtigt. Er bleibt ein Kritiker. Er ruft nach wie vor die Kirche zum Selbstbewußtsein und zu dauerhafter Selbstbewertung, zur Erneuerung und zur ehrlichen Reform auf.

Das Komitee empfindet es in diesem Sinne als eine Auszeichnung und Ehre, Pastor H. A. Reinhold die erste Dom Odo Casel-Memorial-Medaille in Anerkennung seiner Verdienste für die christliche Theologie verleihen zu dürfen.

Wystan Hugh Auden an H.A.R. vom 5. Juni 1962[701]
(Da Reinhold beabsichtigt, Auden in Kirchstetten zu besuchen, schickt dieser ihm eine Anfahrtsskizze. Gleichzeitig widmet er ihm das Gedicht „Whitsunday in Kirchstetten".)

WHITSUNDAY IN KIRCHSTETTEN
(For H. A. Reinhold)
Grace dances. I Would pipe. Dance ye all.
                    Acts of John
Komm Schöpfer Geist I bellow as Herr Beer
picks up our slim offerings and Pfarrer Lustkandl
quietly gets on with the Sacrifice
as Rome does it: outside car-worshippers enact
the ritual exodus from Vienna
their successful cult demands (through reckoning time
by the Jewish Week and the Christian year
like their pedestrian fathers). When Mass is over,
although obedient to Canterbury,
I shall be well gruss-gotted, asked to contribute
to *Caritas*, though a metic come home
to lunch on my own land: no doubt, if the Allies had not
conquered the Ost-Mark, if the dollar fell,
the *Gemütlichkeit* would be less, but when was peace
or its concomitant smile the worse
for beeing undeserved?
In the onion-tower overhead

---

701 In Correspondence, Box 2, Folder 8, H. A. Reinhold Papers, MS2003-60, John J. Burns Library, Boston College. Das Gedicht wurde erstmals öffentlich publiziert in dem 1965 erschienenen Band W. H. Auden, *About the House*, New York: Random House, 1965, S. 559 f.

bells clash at the Elevation, calling
on Austria to change: whether the world has improved
is doubtful, but we believe it could
and the divine Tiberius didn't. Rejoice, the bells
cry to me. Blake's Old Nobodaddy
in his astronomic telescopic heaven,
the Big White Christian upstairs, is dead,
and won't come hazing us no more, nor bless our bombs:
no more need sons of the menalty,
divining their future from plum stones, count aloud
Army, *Navy*, *Law*, *Church*, nor a Prince
say who is *papabile*. (The Ape of the Living God
knows how to stage a funeral, though,
as penitents like it: Babel, like Sodom, still
has plenty to offer, though of course it draws
a better sort of crowd.) Rejoice: we who were born
congenitally deaf are able
to listen now to rank outsiders. The Holy Ghost
does not abhor a golfer's jargon,
a Lower Austrian accent, the cadences even
of my own little Anglo-American
musico-literary set (though difficult,
saints at least may think in algebra
without sin): but no sacred nonsense can stand Him.
Our magic syllables melt away,
our tribal formulae are laid bare: since this morning,
it is with a vocabulary
made wholesomely profane, open in lexicons
to our foes to translate, that we endeavor
each in his idiom to express the true *magnalia*
which need no hallowing from us, loaning terms,
exchanging graves and legends. (Maybe, when just now
Kirchstetten prayed for the dead, only I
remembered Franz Joseph the Unfortunate, who danced
once in eighty-six years and never
used the telephone.)
An altar-bell makes a noise
as the Body of the Second Adam
is shown to some of his torturers, forcing them
to visualize absent enemies
with the same right to grow hybrid corn and be wicked

as an Abendlander. As crows fly,
ninety kilometers from here our habits end,
where minefield and watchtower say NO EXIT
from peace-loving Crimtartary, except for crows
and agents of peace: from Loipersbach
to the Bering Sea not a living stockbroker,
and church attendance is frowned upon
like visiting brothels (but the chess and physics
are still the same). We shall bury you
and dance at the wake, say her chiefs: that, says Reason
is unlikely. But to most people
I'm the wrong color: it could be the looters' turn
for latrine duty and the flogging block,
my kin who trousered Africa, carried our smell
to germless poles.
Down a gothic nave
comes our Pfarrer now, blessing the West with water:
we may go. There is no Queen's English
in any context for *Geist* or *Esprit*: about
catastrophe or how to behave in one
what do I know, except what everyone knows -
if there when Grace dances, I should dance.

July 1962

H.A.R. an Bischof Connolly, Seattle, vom 19. September 1962 [702]
(Reinhold dankt dem Bischof für dessen Teilnahme und Unterstützung bei der Liturgischen Woche in Seattle.)

[...] Ich möchte Ihnen gerne sagen, daß die Liturgische Woche dank Ihrer Empfehlung und Ihrer aktiven Mitarbeit, ein großer Erfolg gewesen ist. Selten hatten wir so viele Pfarrgeistliche bei unseren Liturgischen Wochen. Die Würde, welche Ihre Anwesenheit allen Veranstaltungen verlieh, ist etwas, was stets mit meiner Erinnerung an Seattle verbunden bleiben wird. [...] Die Liturgische Bewegung verdankt Ihren Bemühungen und Ihrem Enthusiasmus unendlich viel. [...]

---

702 In Correspondence, Box 3, Folder 2, H. A. Reinhold Papers, MS2003-60, John J. Burns Library, Boston College.

1963

Charles Palms (The Catholic World) an H.A.R. vom 3. Januar 1963 [703]

[…] Ihr ausgezeichneter Artikel über die Liturgiekonstitution erreichte uns heute mit der Morgenpost, und wir sind damit sehr zufrieden. Diese Zeilen nur um den Empfang zu bestätigen und Ihnen zu sagen, daß ein Scheck in Kürze folgen wird. Wir werden in Verbindung bleiben bis zur Herausgabe der Publikation.

Charles Palms CSP

Aus Reinholds Testament (vor 1963) [704]
(Reinholds Wunsch war es, in dem einfachsten Militärsarg begraben zu werden.)

[…] im Mönchshabit der Benediktiner, deren Oblate ich bin […] auf dem Friedhof des Mt. Saviour Priorates von Elmira, New York. […]
 (Alle seine Rechte an der Firma Andree und Wilkerling gehen an seine Nichte Ursula Niefer-Jürgens, Hamburg.)

Späteres Codizill vom 2. Mai 1963.

[…] an Father Carroll (Thomas J.) gehen alle meine aus dem achtzehnten Jhdt. stammenden Kupferstiche von Piranesi. […]

1965

Aus einer Predigt zum 40jährigen Priesterjubiläum Reinholds in der Holy Family Church, New York City, am 22. Dezember 1965. [705]

[…] Pastor Reinhold war das am höchsten geschätzte und sachverständigste Mitglied dieser liturgischen Vereinigungen (Vernacular Society und Liturgical Conference) seit ihrer Gründung, und der begehrteste Redner bei jeder Versammlung. […]

---

703 In Correspondence, Box 3, Folder 2, H. A. Reinhold Papers, MS2003-60, John J. Burns Library, Boston College.
704 In Correspondence, Box 19, Folder 14, H. A. Reinhold Papers, MS2003-60, John J. Burns Library, Boston College.
705 In Correspondence, Box 20, Folder 3. H. A. Reinhold Papers, MS2003-60, John J. Burns Library, Boston College.

Deutschlands Verlust war Amerikas Gewinn, obgleich für ihn der Auftrag des Evangeliums nicht immer gemacht schien: „Machet gerade alle Pfade, und verwandelt die rauen Wege in ebene Straßen". Pastor Reinhold hob das Ansehen des Priesterstandes, vertiefte das Wissen um den Glauben, den er so liebte. Stolz auf seine Freundschaft, freuen wir uns von ganzem Herzen mit ihm an diesem für ihn und uns so beglückenden Tag. [...]

1967

Gedruckter Adventsbrief von H.A.R., Vinzenzheim, Perrymont Road, Pittsburgh[706]

Liebe Freunde,
durch meine Krankheit hat sich alles verzögert. Es ist ein seltsames Gefühl, wenn du das Krankenhaus verlässt, und hast ein ganzes Jahr verloren, ohne es zu wissen. Mein Gedächtnis war so schwach, daß ich niemanden mehr von denen erkannte, die mir zuvor begegnet waren. Aber jetzt hat sich alles zum Besseren gewendet. Mein Erinnerungsvermögen wird langsam besser und ich kann mich etwas bewegen, wenn auch der kleinste Spaziergang mich unsäglich ermüdet.

Ihr werdet über von der Produktivität des siebzigjährigen H. A. R. überrascht sein. Ein Büchlein, *Liturgie und Kunst*[707], erschien vor einem Jahr, herausgegeben bei Harper and Row. Ich hoffe, Ihr habt eines erworben und mit Nachsicht behandelt. Die spezielle Herausgeberin, Miss Ruth Anshen, war froh, das Manuskript zu bekommen und druckte eine sehr schöne Ausgabe mit vier wundervollen Photos darin. Die zweite Überraschung wird meine Autobiographie sein. Herder and Herder werden sie herausbringen. Georg Lawler besorgte die Riesenvorarbeit, und nun befindet das Manuskript sich in den Händen von Mr. Heidenry.

Es bleibt nicht viel mehr zu sagen, abgesehen von einem klinischen Report. Ich bin gefallen und habe mir in diesem Jahr zweimal die Hüfte gebrochen. Ich bin mehrfach gefallen, vor allem in letzter Zeit. Im Ganzen gesehen bin ich durch ein schreckliches Jahr gegangen. Mein Gewicht war auf 130 herunter, jetzt habe ich wieder etwa 150, kann aber keine große Veränderung feststellen. Ihr als Außenseiter sicherlich mehr, als ich zuzugeben bereit bin.

Bischof Wright ist wie ein Bruder zu mir. Er besuchte mich oft im Hospital. Das Bedauerliche ist nur, daß ich mich an Besucher und Besuche nicht erinnern kann. Nun hat mir mein guter Bischof diesen wunderschönen Platz gegeben, um hier meine Jahre zu beschließen.

---

706 In Correspondence, Box 3, Folder 5, H. A. Reinhold Papers, MS2003-60, John J. Burns Library, Boston College.
707 H. A. Reinhold, *Liturgy and art*, New York: Harper and Row, 1966.

Ich hoffe euch zu sehen, wenn ihr durch Pittsburgh kommt. Bitte kommt und besucht mich. Zum bevorstehenden Weihnachtsfest möge dieser kleine Bericht als mein Weihnachtsgruß dienen. Ich wünsche euch einen gesegneten Advent und ein frohes Weihnachtsfest. Wenn ich auch mit meinen Wünschen etwas früh bin, so werde ich euch doch am Weihnachtstage nicht vergessen.

In herzlicher Verbundenheit,
Euer H. A. Reinhold

1969

Thomas J. Carroll an John F. Cogan vom 3. Mai 1969[708]

[…] [Pastor Reinhold] hatte den Wunsch, sein Gehirn möge bei seinem Tode der Parkinson-Stiftung übergeben werden. Nur wegen der schwierigen Umstände zur Zeit seines Todes war es nicht möglich, diesen Wunsch zu erfüllen. […]

Thomas Carroll an John J. Roche vom 3. Mai 1969[709]
(Reinhold hatte Stipendien ausgesetzt für den Zelebranten und die Assistenten (Diakon und Subdiakon) seines Requiems. Infolge der Liturgiereform nahmen nun aber sehr viele Konzelebranten an der Messe teil. Diese verzichteten alle auf ein Stipendium. Pastor Carroll empfiehlt allerdings eine Gabe von 500 $ an Bischof Wright.)

[…] Ich kann seine Freundlichkeit gegenüber Pastor Reinhold niemals vergessen! […]

Bischof John Wright an John J. Roche vom 29. Mai 1969[710]

Lieber Herr Roche,
ich bin Ihnen von Herzen dankbar für Ihre Mitteilung vom 14. Mai und für Ihre Freundlichkeit, mir aus dem Nachlass von Pastor Reinhold ein so großzügiges Andenken zu senden. Dankbar auch, ihn hier in der Diözese Pittsburgh gehabt zu haben. Ehrlicherweise muß ich sagen, daß nichts, was wir haben tun können, an das

---

708 In Correspondence, Box 19, Folder 14, H. A. Reinhold Papers, MS2003-60, John J. Burns Library, Boston College.
709 In Correspondence, Box 19, Folder 14, H. A. Reinhold Papers, MS2003-60, John J. Burns Library, Boston College.
710 Ebd.

heranreicht, was Father Carroll für ihn getan hat, nicht nur als Person, sondern als einem hochgeschätzten Symbol für viele andere Menschen.

Ihr in Christus ergebener + John Kardinal Wright, Bischof von Pittsburgh

1970

Roger K. Garrison[711] an Mrs. Henry Mann vom 1. Juni 1970[712]
(Auf Anfrage von Frau Henry Mann antwortet Garrison u. a.: Wegen der großen Entfernung von Sunnyside konnten nur wenige aus der Pfarrei am Begräbnis teilnehmen.)

[…] Wir fühlten alle, daß es sehr schade wäre, wenn ein Mann, der im modernen katholischen Geistesleben eine so bedeutende Rolle gespielt hat, stirbt, ohne dass etwas Dauerhaftes zurückbleibt. Deshalb haben einige von den örtlichen Geschäftsleuten und Farmern einen Fonds gegründet zur Unterstützung von Schülern der ehemaligen Pfarrei von Pastor Reinhold, zur Ausbildung an einer höheren Schule. Dankbar nehmen wir jeden Beitrag, den Sie dazu leisten, ob gering oder groß, entgegen. […]

1983

Lucas Brinkhoff, Liturgisches Institut Trier, an Eugenia Brickwedde, Diözesanbibliothek Osnabrück, vom 23. September 1983[713]

Liebe Frau Brickwedde!
Als ich heimkehrte von der Reise nach Lyon für den Conseil international etc. etc. und für die ABEF-Tagung (d. h. unserer Schwesterarbeitsgemeinschaft in Frankreich), fand ich Ihren Brief über H.A.R.! Mit der Antwort hatte ich noch etwas gewartet, bis Prof. Balth[asar] Fischer von Lourdes heimkehren würde. Inzwischen habe ich doch schon etwas geforscht. Selbst habe ich Hans Ansgar Reinhold noch erlebt auf der Internationalen Tagung für Liturgie in Lugano. Ich habe davon jedoch keine klaren Erinnerungen. Aber inzwischen habe ich eine Kurzbiographie gefunden in dem 16.

---

711 Garrison war Vorsitzender der *H. A. Reinhold Memorial Educational Fund Inc.*
712 In Correspondence, Box 19, Folder 14, H. A. Reinhold Papers, MS2003-60, John J. Burns Library, Boston College.
713 Diözesanarchiv Osnabrück, Personalakte Reinhold.

Band (= Supplement 1967–1974) von der *New Catholic Encyclopedia*, Washington-New York, von der ich hier eine Kopie einschließe.

Soeben habe ich auch Prof. Fischer gesprochen. Er erzählte, daß neulich noch auf einer Tagung in Boston, wo er anwesend war, auch Father Reinhold ehrend in Erinnerung gerufen wurde (war eine liturgische Tagung). Wie Sie sehen, hat er auch eine Autobiographie geschrieben, die sehr interessant sein soll, die wir jedoch nicht haben. Jedenfalls wird aus all dem deutlich, daß Reinhold zur Diözese Osnabrück gehört hat. Fischer meinte, daß er von halbjüdischer Herkunft war oder selbst Jude gewesen ist.[714]

Die Zeitschrift, in der Reinhold soviel geschrieben hat, haben wir (fast) vollständig hier. In *Worship* (früher *Orate Fratres*) 42 (1968), S.119, wird diese Autobiographie kurz angezeigt (erschienen bei Herder & Herder). Das war im Februar-Heft. Im März-Heft finden wir dann als ersten Beitrag: „In Memoriam: H.A.R." von der Hand von William Clancy, Provost of the Pittsburgh Oratory. Es ist die Predigt, die dieser Geistliche beim Begräbnis von Fr. Reinhold gehalten hat. Im folgenden Heft folgt unter der „Chronicle" nochmals ein „In Memory of H.A.R." Wie Sie sehen, ist er offensichtlich doch eine Persönlichkeit gewesen, die auch noch für die Diözese Osnabrück eine wirkliche Ehre ist. Ich füge einige Kopien hinzu.

Mit herzlichen Grüßen und hoffentlich bis in 1984 auf unserer Tagung. Ich fahre morgen noch in Urlaub, und habe jetzt noch vieles zu ordnen!

Ihr
P. Lucas

---

714 Hierbei handelt es sich allerdings um ein unzutreffendes Gerücht.

VIII. Bibliografie Hans Ansgar Reinhold

Monografien von H. A. Reinhold

Der Seemannsberuf und die Seemannsmission, Freiburg: 1931.
Our Parish: House of God and Gate of Heaven, New York: Paulist, 1943.
The Soul Afire. Revelations of the Mystics (ed. H.A.R.), New York: Pantheon Books, 1944.
The Spear of Gold. Revelations of the Mystics, London: B. Oates, 1947.
Peter Frederick Anson, Churches: Their Plan and Furnishing, Rev. and ed. by Thomas F. Croft-Fraser and H. A. Reinhold, Milwaukee: Bruce Pub. Co., 1948.
Speaking of Liturgical Architecture. Notre Dame: Notre Dame Liturgical Programs, 1952 (Neuauflage: Boston: Daughters of St. Paul, 1961).
The American Parish and the Roman Liturgy, New York: Macmillan, 1958.
Bringing the Mass to the People. With an introduction by Frederick R. McManus, Baltimore: Helicon Press, 1960.
The Dynamics of Liturgy. Foreword by Edward G. Murray, New York: Macmillan, 1961.
Liturgy and Art, New York: Harper & Row, 1966.
H.A.R. The Autobiography of Father Reinhold, New York: Herder and Herder, 1968.

Artikel von H. A. Reinhold

1928
Schon wieder eine Enttäuschung? Gedanken zu einer „Wissenschaftlichen" Kritik, in: Die Seelsorge 6 (1928/1929), S. 388–396.

1929
Katholische deutsche Seemannsseelsorger, in: Die Seelsorge 6 (1929), S. 433–437.
Zur Geschichte und Bedeutung des Neuen Herz-Jesu-Offiziums, in: Jahrbuch für Liturgiewissenschaft 8 (1929), S. 246–249.

1930
Das Problem des Epiphaniefestes, in: Die Seelsorge 7 (1930), S. 91–94.

1932
Die Liturgie und die Pfarrlosen, in: Liturgische Zeitschrift 5 (1932), S. 97–103.
Seelsorge und hochkapitalistisches Wirtschaftssystem, in: Central-Blatt and social justice 25 (1932), S. 218–220.

1934
Liturgie, Künstler und Klerus, in: Liturgisches Leben 1 (1934), S. 244–250.

1935
Jungkatholische Bewegung allerwegen, in: Schweizerische Rundschau. Monatsschrift für Geistesleben und Kultur 35 (1935), S. 727–732.

1936
Kongress für Seemannsmission in London, in: Die Seelsorge 12 (1936), S. 120–121.

1937
The Prince of this World. The Church and Totalitarian States, in: The Catholic Worker, März 1937, S. 3.
The Sea for Christ, in: Commonweal 25 (1937), S. 549–551.
Sakramentales Leben, in: Die Seelsorge 13 (1937), S. 225–231.

1938
Cloister and Society, in: Commonweal 28 (1938), S. 97–99.
The Catholic Worker Movement in America, in: Blackfriars 19 (1938), S. 635–650.
Revolution in Church Architecture, in: Liturgical Arts 6 (1938), S. 123–133.

1939
The Architecture of Rudolf Schwarz, in: Architectural Forum 52 (1939), S. 22–27.
More or Less Liturgical, Vol. 1, in: Orate Fratres 13 (1939), S. 152–155.
One Hundred Churches in Seven Years, in: Commonweal 29 (1939), S. 429–431.
More or Less Liturgical, Vol. 2, in: Orate Fratres 13 (1939), S. 213–218.
Dom Virgil Michel's Column, in: Orate Fratres 13 (1939), S. 223–225.
More or Less Liturgical, Vol. 3, in: Orate Fratres 13 (1939), S. 257–263.
Christian Transients – Transient Christians?, in: Orate Fratres 13 (1939), S. 275–278.
Use of the Missal by the Laity, in: American Ecclesiastical Review 100 (1939), S. 452–455.
Liturgy – Medieval or Twentieth Century?, in: Orate Fratres 13 (1939), S. 317–320.
Catholic Puritanism, in: Orate Fratres 13 (1939), S. 367–369.
Penance and Penitentiaries, in: Orate Fratres 13 (1939), S. 412–414.
Christian Spirit and „Good Manners", in: Orate Fratres 13 (1939), S. 461–463.
Institutionalized Instruction, in: Orate Fratres 13 (1939), S. 513–515.
Prisons and Penance, in: Commonweal 3 (1939), S. 4–6.
Christian Radicalism, in: Orate Fratres 13 (1939), S. 554–555.
ACTU and Liturgy, in: Orate Fratres 14 (1939), S. 32–34.
House of God and House of Hospitality, in: Orate Fratres 14 (1939), S. 77–78.

1940
Letter to the Editor, in: Liturgical Arts 8 (1940), S. 39.
Faith is a Kosmos, in: Orate Fratres 14 (1940), S. 122–124.
Just War, in: Commonweal 31 (1940), S. 345–347.
Popular Christianity, in: Orate Fratres 14 (1940), S. 169–172.
Anglican, in: Orate Fratres 14 (1940), S. 220–222.

My Dream Mass, in: Orate Fratres 14 (1940), S. 265–270.
Le „Catholic Worker" en Amérique I, in: La Relève, April 1940, S. 7–13.
The God of the Godless, in: Orate Fratres 14 (1940), S. 312–314.
Sacrament of Responsibility, in: Commonweal 32 (1940), S. 58–59.
Le „Catholic Worker" en Amérique II, in: La Relève, Mai/Juni 1940, S. 49–59.
Apocalyptic Present, in: Orate Fratres 14 (1940), S. 363–367.
That Interesting Fiction: The American Standard of Living, in: Orate Fratres 14 (1940), S. 409–412.
Word for the Fuller Parish Liturgy, in: American Ecclesiastical Review 103 (1940), S. 173–178.
A Dangerous Inadequacy, in: Orate Fratres 14 (1940), S. 451–454.
Meaning and Necessity of „Devotions", in: Proceedings of the National Liturgical Week, Jg. 1940, S. 169–176.
Liturgical Parish Mission in Everett, Washington, in: Orate Fratres 14 (1940), S. 463–467.
Eucharistic Piety, in: Orate Fratres 14 (1940), S. 508–510.
Anglican, in: Liturgical Arts 9 (1940), S. 4–5.
Secular and Liturgical Civilization, in: Orate Fratres 14 (1940), S. 558–560.
Inner Forum: Liturgical Week, in: Commonweal 33 (1940), S. 109–110.
Dosed Religion, in: Orate Fratres 15 (1940), S. 28–31.
Liturgy and the „New Order", in: Orate Fratres 15 (1940), S.77–79.

1941
Msgr. Franz Xaver Muench, in: Orate Fratres 15 (1941), S. 128–129.
Thirty Years After, in: Orate Fratres 15 (1941), S. 175–178.
Collective Ownership is Collectivism?, in: Orate Fratres 15 (1941), S. 225–227.
Out of the Night?, in: Commonweal 33 (1941), S. 559–561.
Depersonalized Property, in: Orate Fratres 15 (1941), S. 273–275.
The Catholic Faith Catechism, in: Orate Fratres (15) 1941, S. 315–318.
Resisting the Zeitgeist, in: Orate Fratres 15 (1941), S. 371–373.
Christian Formation through the Liturgy, in: The Wanderer v. 19. Juni 1941, S. 5 ff.
The Liturgical Church, in: Church Property Administration 5 (1941), S. 7–8, 29.
Advertising the Mass *a la* Hollywood, in: Orate Fratres 15 (1941), S. 413–415.
The Sacrament of Extreme Unction in Parish Life, in: Proceedings of the National Liturgical Week, Jg. 1941, S. 135–141.
Periculum in Mora, in: Orate Fratres 15 (1941), S. 464–467.
The Malvern Conference, in: Orate Fratres 15 (1941), S. 510–512.
Bible and Liturgy, in: Orate Fratres 15 (1941), S. 561–563.
Eternal Glory: Sacrament and Treatment of Death in the Christian Tradition, in: Commonweal 35 (1941), S. 66–69.
Thunderstorm Religion, in: Orate Fratres 16 (1941), S. 33–36.
Nature Mirrors Supernature, in: Orate Fratres 16 (1941), S. 80–82.
Incarnation and Parousia, in: Commonweal 35 (1941), S. 214–216.

1942
Family Communion, in: Orate Fratres 16 (1942), S. 126–129.
Christian Liberty and Economic Systems, in: Orate Fratres 16 (1942), S. 510–514.
Inroads of the Bourgeois Spirit, in: Commonweal 35 (1942), S. 458–461.

Liturgical Fascism, in: Orate Fratres 16 (1942), S. 217–221.
Printed in America, in: Orate Fratres 16 (1942), S. 249–256.
Sacrament of Responsibility: Confirmation, in: Sower 143 (1942), S. 6–7.
Soeren Kierkegaard, in: Commonweal 35 (1942), S. 608–611.
They Fought a War Over It!, in: Orate Fratres 16 (1942), S. 271–274.
Three Books, in: Orate Fratres 16 (1942), S. 312–316.
Nazis and the Germans, in: Commonweal 36 (1942), S. 133–134.
Paddy the Cope, in: Orate Fratres 16 (1942), S. 365–368.
Without Spot or Wrinkle, in: Orate Fratres 16 (1942), S. 458–461.
Christian Responsibility, in: Orate Fratres 16 (1942), S. 510–514.
Cart and Horse, in: Orate Fratres 16 (1942), S. 523.
Parable of the Liturgical Priest, in: Orate Fratres 16 (1942), S. 557–561.
The Two Mentalities, in: Orate Fratres 17 (1942), S. 31–34.
Body of Christ, in: Orate Fratres 17 (1942), S. 76–79.
The „Versus Populum" Altar Again, in: American Ecclesiastical Review 107 (1942), S. 442–450.

1943
Spirit of the Roman Liturgy, in: Commonweal 37 (1943), S. 270–272.
How Many Cycles Has the Liturgical Year?, in: Orate Fratres 17 (1943), S. 102–110.
Hierarchical Value and Beauty, in: Homiletic and Pastoral Review 43 (1943), S. 306–311.
Freedom of Worship, in: Orate Fratres 17 (1943), S. 130–132.
Parousia, 1943, in: Commonweal 37 (1943), S. 318–320.
Let Us Give Thanks to Our Colored Brethren, in: Orate Fratres 17 (1943), S. 172–174.
Social and Economic Naturalism, in: Orate Fratres 17 (1943), S. 218–223.
True Humanism, in: Orate Fratres 17 (1943), S. 272–275.
Don Luigi Sturzo, in: Orate Fratres 17 (1943), S. 313–316.
The Neatest Trick of the Year, in: Orate Fratres 17 (1943), S. 367–371.
Styles Do Not Make a Church, in: Orate Fratres 17 (1943), S. 414–418.
The Vernacular in the Liturgy, in: Orate Fratres 17 (1943), S. 458–463.
Hallowing of All Life, in: Commonweal 38 (1943), S. 607–610.
The Menace of the Herd, in: Orate Fratres 17 (1943), S. 505–510.
The Purists, in: Orate Fratres 17 (1943), S. 559–565.
Letter to the Editor, in: Liturgical Arts 12 (1943), S. 22.
High-Pressure Salesmanship, in: Orate Fratres 18 (1943), S. 32–35.
Choir and/or People, in: Orate Fratres 18 (1943), S. 73–76.

1944
The Vernacular Again, in: Orate Fratres 18 (1944), S. 127–132.
Pope's Plea and Personalism, in: Commonweal 39 (1944), S. 323–326.
Worship in Spirit and Truth, in: The Tidings (28. Januar 1944 – 18. August 1945).[715]
L'Esprit de la Liturgie Romaine, in: Nouvelle Relève 3 (1944), S. 86–92.
Allegory vs. Symbol, in: Orate Fratres 18 (1944), S. 180–185.

---

715 Es handelt sich hierbei um eine Artikelserie, die Reinhold in der Diözesanzeitschrift von Los Angeles, „The Tidings", über einen Zeitraum von 18 Monaten veröffentlichte.

Choir and/or People, in: Catholic Choirmaster 30 (1944), S. 10–11, 15.
City Planning, in: Orate Fratres 18 (1944), S. 217–220.
Prudence and Timidity, in: Orate Fratres 18 (1944), S. 267–270.
The Discussion Continues, in: Orate Fratres 18 (1944), S. 314–321.
What about Germany's Christians, in: Commonweal 40 (1944), S. 102–105.
Rural Liturgy, in: Orate Fratres 18 (1944), S. 364–388.
A Variety of Things, in: Orate Fratres 18 (1944), S. 418–422.
Letter to the Editor, in: Liturgical Arts 12 (1944), S. 97.
Liturgy and Maturity, in: Orate Fratres 18 (1944), S. 469–472.
The Liturgical Approach to the Truth, in: Corpus Christi Chronicle 10 (1944), S. 4–7.
Music and Other Things, in: Orate Fratres 18 (1944), S. 514–520.
Perspectives Partielles, in: Nouvelle Relève 3 (1944), S. 385–390.
I Never Thought of That, in: Commonweal 41 (1944), S. 118–120.
Some Aspects of Freedom, in: Orate Fratres 18 (1942), S. 558–563.
Speaking as Saul among the Prophets, in: Catholic Choirmaster 30 (1944), S. 147–149.
Planning the Spiritual City, in: Orate Fratres 19 (1944), S. 29–34.
H.A.R. on Vestments, in: Catholic Art Quarterly 81 (1944), S. 24.
Liturgical Regimentation, in: Orate Fratres 19 (1944), S. 74–81.

1945
Answering Some Answers, in: Orate Fratres 19 (1945), S. 119–127.
The Soldiers Are Ahead of Us, in: Orate Fratres 19 (1945), S. 170–174.
About English in Our Liturgy, in: Commonweal 41 (1945), S. 537–540.
Celebration of the Paschal Mysteries, in: Catholic Choirmaster 31 (1945), S. 3–5.
Escapist Worshippers, in: Orate Fratres 19 (1945), S. 222–227.
Are We Loosing Our Identity?, in: Orate Fratres 19 (1945), S. 273–278.
Germany, in: Commonweal 42 (1945), S. 68–69.
Return to Worship, in: Orate Fratres 19 (1945), S. 315–319.
A Radical Social Transformation is Inevitable, in: Orate Fratres 19 (1945), S. 362–368.
Liturgical Discernment, in: Catholic Choirmaster 31 (1945), S. 51–53.
The German Lesson, in: Orate Fratres 19 (1945), S. 411–416.
To Recite with a Fuller Understanding, in: Orate Fratres 19 (1945), S. 385–390.
Open Wounds of the Mystical Body, in: Orate Fratres 19 (1945), S. 462–466.
A Thesis Never Written, in: Orate Fratres 19 (1945), S. 510–514.
Germany, in: Commonweal 43 (1945), S. 44–45.
Descent Godless People, in: Orate Fratres 19 (1945), S. 555–558.
Lesson from Ketteler, in: Catholic Digest 10 (1945), S. 13–15.
Bigotry and Militant Catholicism, in: Orate Fratres 20 (1945), S. 28–32.
The Christians and Security, in: Orate Fratres 20 (1945), S. 83–88.

1946
The Oblates of St. Benedict: A Letter, in: Benedict Review 1 (1946), S. 34–40.
How to Defeat the Critic, in: Orate Fratres 20 (1946), S. 129–133.
Things on My Desk, in: Orate Fratres 20 (1946), S. 175–180.
Desiderata To Be Prayed For, in: Orate Fratres 20 (1946), S. 230–235.
Action without Contemplation Is Blind, in: Orate Fratres 20 (1946), S. 276–279.

Unfathomable Europe, in: Orate Fratres 20 (1946), S. 317–323.
Hope for Germany, in: Commonweal 44 (1946), S. 158–162.
Unfathomable Europe II, in: Orate Fratres 20 (1946), S. 364–369.
Le Pasteur Niemöller et les Deux Allemagnes, in: Nouvelle Relève 5 (1946), S. 144–164.
The Tiger and the Boa Constrictor, in: Orate Fratres 20 (1946), S. 411–414.
The Family and the Eucharist, in: National Liturgical Week Proceedings 7 (1946), S. 61–70.
Copyrighted Churches, in: Orate Fratres 20 (1946), S. 464–467.
Extramural Liturgical Movements, in: Orate Fratres 20 (1946), S. 503–509.
Denver and Maria Laach, in: Commonweal 45 (1946), S. 86–88.
The „New Parish", in: Orate Fratres 20 (1946), S. 558–563.
Colombes Continued, in: Orate Fratres 21 (1946), S. 21–27.
Praying Wisely – in Latin and English, in: Orate Fratres 21 (1946), S. 75–79.
Catholic Art, Reply to M. Lavanoux with Rejoinder, in: America 76 (1946), S. 335.

1947
Catholic Art, in: America 76 (1947), S. 392.
Things to Think About, in: Orate Fratres 21 (1947), S. 123–129.
French Catholic Thinking, in: Orate Fratres 21 (1947), S. 168–175.
German Mentality, in: Commonweal 45 (1947), S. 420.
Two Suggestions, in: Orate Fratres 2 (1947), S. 229–232.
Mail from the Enemy Defeated, in: Commonweal 46 (1947), S. 134–137.
Ruminating on Rubrics, in: Orate Fratres 21 (1947), S. 312–317.
A Long Question and a Short Answer, in: Orate Fratres 21 (1947), S. 363–369.
Europe's Troubled Mind, in: Commonweal 46 (1947), S. 233–235.
Renouveau Liturgique, in: Nouvelle Relève 5 (1947), S. 603–614.
Vernacular Problem in 1909, in: Clergy Review 27 (1947), S. 361–372.
Participation in What?, in: Orate Fratres 21 (1947), S. 414–417.
The Liturgical Movement to Date, in: National Liturgical Week Proceedings 8 (1947), S. 9–20.
From the Vernacular Front, in: Orate Fratres 21 (1947), S. 459–466.
Liturgical Parish Missions, in: Commonweal 46 (1947), S. 520–522.
Work of the People, in: Commonweal 46 (1947), S. 571–573.
Jube d'Asnieres , in: Orate Fratres 21 (1947), S. 513–517.
Remarks about Minor Items, in: Orate Fratres 21 (1947), S. 556–560.
Streamlining an Old Idea, in: Orate Fratres 22 (1947), S. 29–33.
The Vernacular, in: Orate Fratres 22 (1947), S. 92–93.
Committee on Un-Liturgical Activities, in: Orate Fratres 22 (1947), S. 76–80.

1948
Philistinism and Education, in: Roy J. Deferrari (Hg.), The Philosophy of Catholic Higher Education, Washington D.C.: Catholic University of America Press, 1948, S. 13–27.
Father Remillieux, in: Orate Fratres 22 (1948), S. 114–121.
Meaning of the Church Year, in: Orate Fratres 22 (1948), S. 135–137.
Pastor to His People, in: Catholic Mind 46 (1948), S. 119–120.
First Impressions: *Mediator Dei*, in: Orate Fratres 22 (1948), S. 176–179.
A Great New Book, in: Orate Fratres 22 (1948), S. 219–223.
What about England?, in: Orate Fratres 22 (1948), S. 267–270.

Bible and Liturgy, in: Orate Fratres 22 (1948), S. 315–318.
The Present at Maria Laach and Klosterneuburg, in: Liturgical Arts 16 (1948), S. 70–71.
Dom Odo Casel, in: Orate Fratres 22 (1948), S. 366–372.
Scandal of Christians Being Separated, in: Commonweal 48 (1948), S. 301–303.
Lost Cause of the Epiphany, in: Homiletic and Pastoral Review 48 (1948), S. 731–736.
Which Is the Cart and Which Is the Horse?, in: Orate Fratres 22 (1948), S. 413–417.
Pioneering at Notre Dame, in: Orate Fratres 22 (1948), S. 465–467.
Return of the Nazis, in: Commonweal 48 (1948), S. 497–498.
Inflation's Human Aspect, in: Commonweal 48 (1948), S. 538–541.
Pastor to His Employer-Parishioners, in: Catholic Mind 46 (1948), S. 592–593.
Sectarianism and Departmentalism, in: Orate Fratres 22 (1948), S. 508–514.
News from Europe, in: Orate Fratres 22 (1948), S. 557–561.
Liturgical Arts at Notre Dame, in: Liturgical Arts 17 (1948), S. 13.
East and West, in: Orate Fratres 23 (1948), S. 22–27.
Clama, Ne Cesses!, in: Catholic Choirmaster 34 (1948), S. 147–149.
Towards the Breviary Reform, in: Orate Fratres 23 (1948), S. 74–79.

1949
Missarum Sollemnia, in: Orate Fratres 23 (1949), S. 122–127.
Spiritually Semites, in: Orate Fratres 23 (1949), S. 169–173.
Monolithic Catholicism?, in: Orate Fratres 29 (1949), S. 210–215.
Our Lenten Liturgy, in: Commonweal 49 (1949), S. 582–585.
St. Radbert and St. Bernard, in: Orate Fratres 23 (1949), S. 260–265.
Vernacular in Our Liturgy, in: Catholic Mind 47 (1949), S. 200–207.
Growing Liturgy, in: Orate Fratres 23 (1949), S. 313–317.
Explanation, in: Commonweal 50 (1949), S. 172.
Gleanings from Scholars, in: Orate Fratres 23 (1949), S. 363–367.
Commencing to Live, in: Orate Fratres 23 (1949), S. 418–425.
A Thousand Faces, But Who Cares?, in: Commonweal 50 (1949), S. 321–324.
Christian Meaning of Sunday, in: Proceedings of the National Liturgical Week, Jg. 1949, S. 62–75.
Threshold and Interior, in: Commonweal 50 (1949), S. 480–483.
Leads from Germany, in: Orate Fratres 23 (1949), S. 462–467.
Thoughts on Church Planning, in: Orate Fratres 23 (1949), S. 509–514.
Tourist and Pilgrim, in: Commonweal 51 (1949), S. 6–9.
Cultural Lag, in: Commonweal 51 (1949), S. 103–105.
Grailville, in: Orate Fratres 23 (1949), S. 544–548.
A Liturgy for Labor Peace, in: Orate Fratres 24 (1949), S. 22–25.

1950
The New Knox Missal, in: Orate Fratres 24 (1950), S. 70–75.
Vereinigte Staaten von Amerika, in: Theodor Bolger (Hg.), Liturgische Erneuerung in aller Welt, Maria Laach: Ars Liturgica, 1950.
An Epochal Document on Church Building, in: Liturgical Arts 18 (1950), S. 29–32.
Offertory Processions, in: Orate Fratres 24 (1950), S. 116–120.
Sir, We Would See Jesus, in: Orate Fratres 24 (1950), S. 172–176.

Lent in Focus, in: Commonweal 51 (1950), S. 599–601.
A Significant Rescript, in: Orate Fratres 24 (1950), S. 211–215.
Social Change?, in: Orate Fratres 24 (1950), S. 259–264.
The Breviary in the Vernacular, in: Priest 6 (1950), S. 428–435.
Question of Culture, in: Orate Fratres 24 (1950), S. 312–316.
Collectivized Education, in: Orate Fratres 24 (1950), S. 361–364.
Works of Faith, in: Orate Fratres 24 (1950), S. 408–411.
Orthodox or Heterodox?, in: Orate Fratres 24 (1950), S. 450–455.
The Right Moment, in: Orate Fratres 24 (1950), S. 506–511.
Thy Kingdom Come, in: Orate Fratres 25 (1950), S. 29–33.

1951
Reevaluating Epiphany, in: Orate Fratres 25 (1951), S. 72–75.
Mother Tongue: Pro's and Foes, in:: Orate Fratres 25 (1951), S. 121–127.
Long Loneliness of Dorothy Day, in: Commonweal 55 (1951), S. 521–522.
Our Lady of Fatima, in: Orate Fratres 25 (1951), S. 166–170.
Kerygmatic Pastoral Theology, in: Orate Fratres 25 (1951), S. 220–224.
Re-presenting the Whole of Redemption, in: Orate Fratres 25 (1951), S. 260–267.
State as Monster, in: Commonweal 54 (1951), S. 217–218.
Rite and Tongue, in: Orate Fratres 25 (1951), S. 311–316.
Strange Things Happen!, in: Orate Fratres 25 (1951), S. 356–362.
The Christian in the World, in: Orate Fratres 25 (1951), S. 405–411.
Celebrating Marriage, in: Orate Fratres 25 (1951), S. 453–456.
Simone Weil, Saint of the Churchless, in: Commonweal 55 (1951), S. 65–70.
A Social Leaven?, in: Orate Fratres 25 (1951), S. 515–519.
Don Luigi Sturzo: A Memoir, in: Commonweal 55 (1951), S. 193–95.
More about the New German Ritual, in: Worship 26 (1951), S. 26–30.[716]

1952
Father of the World to Come, in: Worship 26 (1952), S. 74–81.
European Union: Reply, in: Commonweal 55 (1952), S. 449.
The Dexterity of Missing the Point, in: Worship 26 (1952), S. 129–134.
Past and Present, in: Worship 26 (1952), S. 179–186.
Back to – What?, in: Worship 26 (1952), S. 248–256.
All that Rest in Christ, in: Worship 26 (1952), S. 298–303.
The Lure of Communism, in: Worship 26 (1952), S. 358–365.
Toward Christian Unity, in: Commonweal 56 (1952), S. 320–322.
Coming Breviary Reform, in: Worship 26 (1952), S. 469–475.
Life of Christ in the Liturgy, in: Worship 26 (1952), S. 516–520.
Notes on Spain, in: Commonweal 57 (1952), S. 31–33.
Asking Rome, in: Worship 26 (1952), S. 574–578.
Scriptural Green Pastures, in: Worship 27 (1952), S. 31–35.

---

716 Mit dem Bd. 26 des Jahres 1951 wurde die Zeitschrift *Orate Fratres* in *Worship* umbenannt.

1953
Germany: Shadows of Tomorrow: Replies, in: Commonweal 57 (1953), S. 323–326.
Who Is Missing the Boat?, in: Worship 27 (1953), S. 89–94.
Liturgical Art, in: Liturgical Arts 21 (1953), S. 32–35.
The Trials of a Reader of Translations, in: Worship 27 (1953), S. 138–141.
Matter of Tradition, in: Commonweal 57 (1953), S. 556–560.
The Blessings of Freedom, in: Corpus Christi Chronicle 24 (1953), S. 2–16.
The New Eucharistic Decrees, in: Worship 27 (1953), S. 187–190.
New Easter Vigil, in: Today 8 (1953), S. 15 ff.
The Resurrection, in: Worship 27 (1953), S. 244–246.
Pastorale Probleme des Gründonnerstages, in: Liturgisches Jahrbuch 3 (1953), S. 253–259.
Search for the New Man, in: Social Order 3 (1953), S. 195–206.
Yearnings of a Reformer, in: Worship 27 (1953), S. 353–355.
Frequent Communion, Accessible and Integrated, in: Proceedings of the National Liturgical Week, Jg. 1953, S. 65–70.
Which Foot Forward, in: Worship 27 (1953), S. 460–464.
Public Relations, in: Worship 27 (1953), S. 506–510.
Future of the Liturgy, in: Commonweal 59 (1953), S. 111–113.
A Turning Point: Lugano, in: Worship 27 (1953), S. 557–563.

1954
Praying Over a Mike, in: Worship 28 (1954), S. 292–294.
Understanding the Mass, in: Today 9 (1954), S. 10–11.
Spain 1954: Franco's Achievements – Reply and Rejoinder, in: Commonweal 60 (1954), S. 319–321.
Liturgical Reform, in: Commonweal 60 (1954), S. 407–409.
Lugano and Holy Week, in: Worship 28 (1954), S. 426–432.
Speaking of Liturgical Architecture, in: Church Property Administration 18 (1954), S. 27–29, 139–143.

1955
No Time to Push Alien Compromises, in: Caecilia 82 (1955), S. 74.
Spirit of Lent, in: Commonweal 61 (1955), S. 577–580.
New Ritual, in: Worship 29 (1955), S. 265–270.
Return to Liturgy, in: Commonweal 62 (1955), S. 521–523.
Advent: A Time of Longing, in: Today 11 (1955), S. 13–15.
Revealing Example of Charity and Hope, in: Commonweal 63 (1955), S. 288.
Christmas: Anno Domini 1955, in: Commonweal 63 (1955), S. 299–301.
Modern Parish, in: Priest 11 (1955), S. 991–997.

1956
One Pastor's Reaction, in: Worship 30 (1956), S. 180–185.
Lesson of Assisi, in: Commonweal 65 (1956), S. 7–10.
Challenges of Our Time, in: Commonweal 65 (1956), S. 262–264.
Treasures of Christmas, in: Commonweal 65 (1956), S. 327–329.

1957
Cross and Resurrection, in: Crosier Missionary 32 (1957), S. 2–7.
The „Reformed" Lenten Liturgy, in: Today 12 (1957), S. 22–23.
Worker Priests, in: Commonweal 65 (1957), S. 561–564.
The Way of the Cross, in: Altar and Home 24 (1957), S. 15–24.
Spiritual Growth: A Progressive Sharing of Divine Nature, in: Spiritual Life 3 (1957), S. 85–94.
Christ Living in the Church, in: Ave Maria 86 (1957), S. 9–11.
Johannes Pinsk R.I.P., in: Worship 31 (1957), S. 605–608.
Is Liturgy a Panacea?, in: Worship 32 (1957), S. 12–16.

1958
Imitation of Christ, in: Jubilee 5 (1958), S. 17–24.
Meaning of Assisi, in: Voice of St. Jude 23 (1958), S. 5–7.
Art and Liturgy, in: Commonweal 67 (1958), S. 631–634.
The Assisi Congress and Our Greatest Parochial Problem, in: Pastoral Life 7 (1958), S. 11–17.
Art, Architecture and the Christian: Some Notes on How to Look at Churches Past and Present, in: Jubilee 5 (1958), S. 17–20.

1959
Music in Church is Part of the Mystery, in: Today 14 (1959), S. 17–20.
Parousia and Etimasia: A New Emphasis of the Beliefs of the Early Church about Advent, in: Jubilee 7 (1959), S. 14–17.

1960
Liturgy and Contemplation: A Rebuttal, in: Spiritual Life 6 (1960), S. 207–217.
The One Church. A Challenge to Us as Catholics, in: Proceedings of the North American Liturgical Week, Jg. 1960, S. 106–112.

1961
Celebrating Easter, in: Jubilee 8 (1961), S. 12–15.
Liturgy, Architecture and the Arts, in: Irish Ecclesiastical Record 95 (1961), S. 299–305.
The Silence and Singleness of Prayer, in: The Current. A Review of Catholicism and Contemporary Culture 1 (1961), S. 61–64.
What is Benediction?, in: Ave Maria 94 (1961), S. 5–9.
Why Worship?, in: The Lamp 8 (1961), S. 9 ff.
Celebration of Baptism and the Eucharist, in: Proceedings of the North American Liturgical Week, Jg. 1961, S. 157–159.
Liturgy and Church Architecture, in: Good Work 24 (1961), S. 112–118.

1962
Liturgy and Ecumenism, in: Leonard Swidler (Hg.), Dialog for Reunion, New York: Herder and Herder, 1962, S. 38–53.
Expectations of the Faithful, in: Joseph Cunneen (Hg.), Looking toward the Council, New York: Herder and Herder, 1962, S. 82–89 (siehe unten).
Liturgy and Reunion, in: Commonweal 75 (1962), S. 379–382.
Liturgy and Church Architecture, in: Jubilee 9 (1962), S. 17–19.

Worship in Spirit and Truth, in: Way 2 (1962), S. 115–120.
Expectations of the Faithful, in: Cross Currents 12 (1962), S. 204–211 (siehe oben).
Do We Need Liturgical Reforms?, in: Life of the Spirit 16 (1962), S. 509–518.
Importance of the Liturgical Program at Colleges and Universities, in: Proceedings of the North American Liturgical Week, Jg. 1962, S. 142–145.
Christmas in the Liturgy, in: Commonweal 77 (1962), S. 355–357.

1963
Eucharistic Bread, in: Robert W. Hovda (Hg.), Sunday Morning Crisis: Renewal in Catholic Worship, Baltimore: Helicon, 1963, S. 89–97.
Gift for Father Godfrey Diekmann on His Jubilee as Editor of *Worship*, in: Frederick R. McManus (Hg.), The Revival of Liturgy, New York: Herder and Herder, 1963, S. 9–14.
The Pyrrhic Victory of Florus of Lyons, in: William J. Leonard (Hg.), Liturgy of the People. Essays in Honor of Gerald Ellard SJ 1894–1963, Milwaukee: The Bruce Publication Company, 1963, S. 206–214.
Historical Analysis of Ecumencial Councils' Influence on Sacred Architecture, in: Proceedings of the North American Liturgical Week, Jg. 1963, S. 92–96.
Maria Laach Revisited, in: Commonweal 78 (1963), S. 497–500.
Worship or Pretenses?, in: Today 19 (1963), S. 7–9.
In These Ecumenic Times, in: The Lamp 61 (1963), S. 10–11, 22, 24.

1964
Spiritual Life in the Parish, in: Ave Maria 99 (1964), S. 14–15.
Liturgy at the Second Vatican Council: Constitution on the Sacred Liturgy, in: Catholic World 198 (1964), S. 347–356.
The Cardinal of Vienna and the Nazis, in: Jubilee 12 (1964), S. 22–23.
Timely Questions [Actice Participation], in: The Living Light 1 (1964), S. 130–134.
Timely Questions [Concelebrations], in: The Living Light 1 (1964), S. 162–165.
The Mass of the Future, in: Commonweal 80 (1964), S. 565–568.
Liturgical Movement Has New Purpose, in: St. Louis Review v. 21. August 1964, S. 6.
Timely Questions [Penance], in: The Living Light 1 (1964), S. 142–145.
Vatican II: Some Unfinished Business, in: Priest 20 (1964), S. 1035–1040.
Timely Questions [Vernacular], in: The Living Light 1 (1954), S. 134–137.

1965
Foreword, in: Roger P. Kuhn, The Mass Reformed. A New Draft Liturgy of the Mass with Commentary, Notre Dame, Indiana: Catholic Action Office, 1965, S. 3–7.
Timely Questions [Music], in: The Living Light 2 (1965), S. 142–145.
The Church and Mankind, in: Commonweal 82 (1965), S. 298–301.
A Liturgical Reformer Sums Up, in: New Blackfriars 46 (1965), S. 554–561.
Timely Questions [Music], in: The Living Light 2 (1965), S. 142–145.
The Future of Liturgy, in: Continuum 3 (1965), S. 258–261.
No Time to Stop, in: Commonweal 82 (1965), S. 583–585.
Timely Questions [Translation], in: The Living Light 2 (1965), S. 122–124.
Timely Questions [Vernacular], in: The Living Light 2 (1965), S. 118–120.

1966
Reputation of the Council at Stake, in: Journal of Ecumenical Studies 2 (1966), S. 474.
Mary in the Liturgy, in: Jubilee 13 (1966), S. 10–13.
Timely Questions [Penance], in: The Living Light 3 (1966), S. 82–85.
The Mass: Proposals for Further Reform, in: Jubilee (1966), S. 3.
Timely Questions [Adult Baptism], in: The Living Light 3 (1966), S. 121–123.
Implementing the Reform of Worship, in: Continuum 3 (1966), S. 525–527.

1967
Abbot Ildefons Herwegen, in: New Catholic Encyclopedia 8 (1967), o. S.
Allegorical Interpretation of Liturgy, in: New Catholic Encyclopedia 8 (1967), S. 937–938.
Joseph Kramp, in: New Catholic Encyclopedia 8 (1967), S. 261.

Rezensionen von H. A. Reinhold

1938
The Eastern Branches of the Catholic Church. Six Studies on the Oriental Rites, hg. von der Liturgical Arts Society, in: Commonweal 28 (1938), S. 509.
Walter Marshall Horton, Contemporary Continental Theology. An Interpretation for Anglo-Saxons, in: Commonweal 28 (1938), S. 621.

1939
F. Borkenau, World Communism, in: Commonweal 29 (1939), S. 640.
Arthur Fey, Cross and Swastika, in: Commonweal 30 (1939), S. 136.
Ludwig Kösters, The Believer's Christ, in: Commonweal 30 (1939), S. 192–193.
Peter Skarga, The Eucharist, in: Commonweal 30 (1939), S. 302–303.
„A Bad, Bad Book". Immanuel Kant, Perpetual Peace, in: Commonweal 30 (1939), S. 360.
Ernest Hambloch, Germany Rampart. A Study in Economic Militarism, in: Commonweal 31 (1939), S. 142–143.

1940
Karl Barth, The Church and the Political Problem of Our Day, in: Commonweal 31 (1940), S. 271.
Edward Leen, The Church before Pilate, in: Commonweal 31 (1940), S. 310–311.
Helen Slocum Estabrook (Hg.), Seventy Stories of the Old Testament, in: Liturgical Arts 8 (1940), S. 77–78.

1941
Emerson Howland Swift, Hagia Sophia, in: Commonweal 33 (1941), S. 378.
William Ernest Hocking, Living Religions and a Word Faith, in: Commonweal 33 (1941), S. 625–626.

1942
W. W. Coole/M. F. Potter, Thus Speaks Germany, in: Commonweal 35 (1942), S. 594–595.

Gerald Ellard, The Dialog Mass. A Book for Priests and Teachers of Religion, in: Commonweal 36 (1942), S. 259–260.
Rainer Maria Rilke, Sonnets to Orpheus, in: Commonweal 36 (1942), S. 404.
Pitirim Aleksandrowitsch Sorokin, Man and Socitey in Calamity, in: Commonweal 37 (1942), S. 45.

1943

José Luis Sert, Can Our Cities Survive. An ABC of Urban Problems. Their Analysis, Their Solutions: Based on the Proposals formulated by the C.I.A.M., in: Commonweal 37 (1943), S. 402.
Walter Lowrie, A Short Life of Kierkegaard, in: Commonweal 37 (1943), S. 475–476.
Bernard Iddings Bell, The Church in Disrepute, in: Commonweal 38 (1943), S. 79–80.
Jacob Burckhardt, Force and Freedom. Reflections on History, in: Commonweal 38 (1943), S. 149–150.
Luigi Sturzo, The True Life. Sociology of the Supernatural, in: Commonweal 39 (1943), S. 76–77.
Arthur Koestler, Arrival and Departure, in: Commonweal 39 (1943), S. 255–256.

1944

Konrad Heiden, Der Fuehrer. Hitler's Rise to Power, in: Commonweal 39 (1944), S. 428.
Harlan C. Rippen, Germany. A Self-Portrait, in: Commonweal 40 (1944), S. 162.
Bernard Iddings Bell, The Altar and the World, in: Commonweal 40 (1944), S. 210.
Soeren Kierkegaard, Either/Or, 2 Bde.; ders., For Self Examination and Judge for Yourselves; ders., Training in Christianity, in: Commonweal 40 (1944), S. 260.
Ludwig von Mises, Omnipotent Governement. The Rise of the Total State and Total War, in: Commonweal 40 (1944), S. 329–330.
Hugh Martin/ Douglas Newton/ Herbert Montague Waddams/R. R. Williams, Christian Counter-Attack. Europe's Churches against Nazism, in: Commonweal 40 (1944), S. 379.
Francois Mauriac, The Eucharist. The Mystery of Holy Thursday, in: Liturgical Arts 12 (1944), S. 96.
Nikolai Berdjajew, Slavery and Freedom, in: Commonweal 41 (1944), S. 44.
Soeren Kierkegaard, The Concept of Dread, in: Commonweal 41 (1944), S. 133.

1945

Robert Gordon Anderson, The Biography of a Cathedral. The Living Story of Man's Most Beautiful Creation – Notre Dame of Paris, in: Liturgical Arts 13 (1945), S. 43–44.
William R. Bonniwell, A History of the Dominican Liturgy, in: Commonweal 41 (1945), S. 404.
Gerhard Jacoby, Radical State, in: Commonweal 41 (1945), S. 451.
E. I. Watkin, Catholic Art and Culture, in: Liturgical Arts 13 (1945), S. 66.
Werner Richter, Re-Educating Germany, in: The Review of Politics 7 (1945), S. 379–382.
Arthur Koestler, The Yogi and the Commissar and Other Essays, in: Commonweal 42 (1945), S. 362–363.

1946

Franz Landsberger, Rembrandt, the Jews and the Bible, in: Commonweal 44 (1946), S. 533.
Roland DePury, Journal from My Cell, in: Commonweal 45 (1946), S. 149.

1947
Margaret Bourke-White, Dear Fatherland, Rest Quietly, in: Commonweal 45 (1947), S. 327–328.
Nahum N. Glatzer (Hg.), In Time and Eternity. A Jewish Reader, in: Commonweal 45 (1947), S. 356.
Edward Wagenknecht (Hg.), The Story of Jesus in the World's Literature, in: Commonweal 45 (1947), S. 452.
Robert Bretall (Hg.), A Kierkegaard Anthology, in: Commonweal 45 (1947), S. 498–499.
Pearl S. Buck/Erna von Pustau, How it Happens. Talk about the German People 1914–1933, in: Commonweal 45 (1947), S. 525.
Brian Westerdale Downs, Ibsen. The Intellectual Background, in: Commonweal 46 (1947), S. 268.
David Footman, Ferdinand Lassalle. Romantic Revolutionary, in: Commonweal 47 (1947), S. 53.
Solomon Maimon, Autobiography, in: Commonweal 47 (1947), S. 177.
Solomon Dov (Fritz) Goitein (Hg.), From the Land of Sheba. Tales of the Jews of Yemen, in: Commonweal 47 (1947), S. 177.
Yitzhak Baer, Galut, in: Commonweal 47 (1947), S. 177.
Heinrich Heine, Rabbi of Bacherach. A Fragment, in: Commonweal 47 (1947), S. 177.
Nahum N. Glatzer (Hg.), The Language of Faith. Selected Jewish Prayers, in: Commonweal 47 (1947), S. 177–178.
Ulrich von Hassell, The von Hassell Diaries 1938–1944, in: Commonweal 47 (1947), S. 204.

1948
Walter Lowrie, Art in the Early Church, in: Commonweal 47 (1948), S. 332.
Victor Gollancz, In Darkest Germany, in: Commonweal 47 (1948), S. 358.
Dietrich von Hildebrand, Transformation in Christ. On the Christian Attitude of Mind, in: Commonweal 48 (1948), S. 451.
Ernst Jünger, On the Marble Cliffs, in: Commonweal 48 (1948), S. 639.
Heinrich Robert Zimmer, The King and the Corpse. Tales of the Soul's Conquest of Evil, in: Commonweal 48 (1948), S. 356.
Romano Guardini, Death of Socrates. An Interpretation of the Platonic Dialogues Euthyphro, Apology, Crito and Phaedo, in: Commonweal 48 (1948), S. 432–433.
Alan Wilson Watts, Behold the Spirit. A Study in the Necessity of Mystical Religion, in: Commonweal 48 (1948), S. 454.

1949
Herbert John Clifford Grierson (Hg.), And the Third Day… A Record of Hope and Fulfillment, in: Commonweal 49 (1949), S. 49.
David Herbert Somerset Cranage, Cathedrals and How They Were Built, in: Commonweal 49 (1949), S. 621.
Thomas Merton, Seeds of Contemplation, in: Commonweal 50 (1949), S. 19.
Jospeh Campbell, Hero with a Thousand Faces, in: Commonweal 50 (1949), S. 321.
Anonymus Frankfurt Priest, Theologica Germanica, in: Commonweal 50 (1949), S. 347.
Anton Charles Pegis (Hg.), Wisdom of Catholicism, in: Commonweal 50 (1949), S. 466.

1950
Arnold Bergsträsser, Goethe and the Modern Age, in: Commonweal 53 (1950), S. 212.

1951
„State as Monster". Hannah Arendt, Origins of Totalitarianism, in: Commonweal 54 (1951), S. 217–218.
Ernst Heinrich Freiherr von Weizsäcker, Memoirs, in: Commonweal 55 (1951), S. 177.

1952
„The Long Loneliness of Dorothy Day". Dorothy Day, The Long Loneliness, in: Commonweal 55 (1952), S. 521–522.
Charles Boyer, One Sheperd. The Problem of Christian Reunion, in: Commonweal 56 (1952), S. 320–322.

1953
Edmund Ware Sinnot (Hg.), Two Roads to Truth. A Basis for Unity under the Great Tradition, in: Commonweal 57 (1953), S. 556.
Williamm Buckley jr./L. Brent Bozell jr., McCarthy and his Enemies, in: Corpus Christi Chronicle 20 (1953), S. 10–14.
Henri Daniel-Rops, Saint Paul, in: Commonweal 58 (1953), S. 496.

1954
Leslie C. Stevens, Russian Assignement, in: Commonweal 59 (1954), S. 383.
Henri de Lubac, Aspects of Buddhism, in: Commonweal 59 (1954), S. 607–609.
Jacques de Bivort de La Saudee (Hg.), God, Man and the Universe. A Christian Answer to Modern Materialism, in: Commonweal 61 (1954), S. 173.
Romano Guardini, The Lord, in: Commonweal 61 (1954), S. 192–193.

1955
Paul Simon, Human Element in the Church of Christ, in: Commonweal 61 (1955), S. 560.
George Henry Tavard, Catholic Approach to Protestantism, in: Commonweal 63 (1955), S. 288.

1956
Anton Henze/Theodor Filthaut, Contemporary Church Art, in: Commonweal 65 (1956), S. 262.

1957
Victor White, God the Unknown, and other Essays, in: Commonweal 65 (1957), S. 547.
Robert John Petrie Hewison, Worker-Priests. A Collective Documentation, in: Commonweal 65 (1957), S. 548.
Jean Danielou, The Bible and the Liturgy, in: The Catholic Art Quarterly 20 (1957), S. 641.
Golden Gospels of Echternach (Codex aureus Epternacensis), in: Commonweal 66 (1957), S. 641.

1959
Gerald Vann OP, The Paradise Tree. On Living the Symbols of the Church, in: Theological Studies (1959), S. 471–474.

1963
Alfons Kirchgaessner, Unto the Altar. The Practice of Catholic Worship, in: The Catholic Reporter, July 1963.
John G. Clancy, Apostle for our Time. Pope Pius VI, in: The Pittsburgh Catholic, November 1963.
Adrian Nocent, The Future of the Liturgy, in: The Pittsburgh Catholic, November 1963.
Leslie Dewart, Christianity and Revolution, in: The Oklahoma Courier v. 6. November 1963.

1964
Michael Novak, A New Generation: American and Catholic, in: The Catholic Reporter v. 13. März 1964, S. 5.
„Tension between Individualism and Community in the Church". Theodore Westow, The Variety of Catholic Attitudes, in: Commonweal 79 (1964), S. 724–725.

1965
The Church and Mankind. Vol.I. Concilium: Theology in the Age of Renewal, in: Commonweal 82 (1965), S. 298–299.

Reden, Predigten und Radioansprachen von H. A. Reinhold

Niendorf Predigten, 1926–1928.

Apostolatus Maris Ideals – Are We Attaining Them?, 5. Oktober 1935.

„Liturgy and Ecumenism", Vorlesung gehalten an der Duquesne University 1961.

„Revitalizing the Liturgy – Some Observations for Architects", Rede v. 14. Oktober 1963 im Mount St. Joseph College anlässlich des Festival of Liturgical Arts in Cincinnati, Ohio, ausgerichtet von der Diözese Cincinnati.

„Why Active Participation in the Mass", Keynote-Adress auf der Liturgy Conference in Campden, New Jersey, am 7. Mai 1964

„The Changes in the Mass", Vortrag gehalten am 7. Mai 1964 auf der Liturgy Conference in Camden, New Jersey.

Publikationen über H. A. Reinhold

Godfrey Diekmann, Ten Years of H.A.R., in: Orate Fratres 23 (1949), S. 275–277.

Liturgists Asked to Face the Challenge of Christendom Slipping to Tiny Minority, in: Pittsburgh Catholic v. 25. August 1960.
Blane Brehany, Aspects of the Liturgical Renewal as seen in the Writing of H. A. Reinhold and the Constitution on the Sacred Liturgy, Master Thesis, Washington D.C.: Catholic University of America, 1965.
John S. Kennedy, Variations in Accomplishment, in: Hartford Transcript v. 26. Januar 1968.
Requiem in Pittsburgh for famed Liturgist, in: The Pilot v. 3. Februar 1968, S. 3.
Fr. Reinhold, in: The Pilot v. 17. Februar 1968.
George W. Casey, Meditation on a Humble Hero, in: The Pilot v. 17. Februar 1968.
Helene Iswolsky, Farewell to Father Reinhold, in: The Catholic Worker, März 1968, S. 8.
Emeric Lawrence, H.A.R.–Death of a Friend, in: Commonweal 87 (1968), S. 686–688.
William C. Clancy, In Memoriam: H.A.R., in: Worship 42 (1968), S. 130–133.
H. A. Reinhold 1897–1968. In Memorandum, in: Jubilee 16 (1968), S. 31–32.
H. A. Reinhold, „Suddenly a Bang and an Awakening", in: Liturgy. Bulletin of the Liturgical Conference, Bd. 13, Nr. 3 (1968), S. 1–3.
H. A. Reinhold 1897–1968, in: Herder Book Supplement, Jg. 1968, S. 12.
Joel Patrick Garner, The Vision of a Liturgical Reformer. Hans Ansgar Reinhold, American Catholic Educator, PhD Thesis, New York: Columbia University, 1972.
Robert L. Tuzik, H. A. Reinhold. The Timely Tract to the American Church, in: Kathleen Hughes (Hg.), How Firm a Foundation. Voices of the Early Liturgical Movement, Chicago: Liturgy Training Publications, 1990, S. 174–183.
Jay P. Corrin, H. A. Reinhold, *America*, and the Catholic Crusade against Communism, in: Records of the American Catholic Historical Society 105 (1994), S. 47–69.
Jay P. Corrin, H. A. Reinhold. Liturgical Pioneer and Anti-Fascist, in: The Catholic Historical Review 82 (1996), S. 436–458.
Julia A. Upton, H. A. Reinhold. Architect of the Liturgical Movement in America, in: Linda Kulzer/Roberta Bondi (Hgg.), Benedict in the World. Portraits of Monastic Oblates, Collegeville, MN: Liturgical Press, 2002, S. 187–199.
Julia A. Upton, Worship in Spirit and Truth. The Life and Legacy of H.A. Reinhold, Collegeville, MN: Liturgical Press, 2009.

Zeitgenössische Artikel über Reinholds Vertreibung aus Deutschland

Chaplain of Sea Apostolate Forced to Leave Germany, in: Press Bulletin of the Central Bureau of the Central Verein v. 23. Mai 1935.
With Scrip and Staff, in: America 53 (1935), S. 280.
Chaplain Exiled, in: The Catholic World through the Camera. National Catholic Welfare Conference News Service v. 8. July 1935.
Hamburg Port Chaplain Expelled by Nazis, in: Apostolatus Maris News Service.

Rezensionen zum Buch „The American Parish and the Roman Liturgy", New York: Macmillan 1958.

Zeitschrift für katholische Theologie 80 (1958), S. 482.

Von David L. Smith, in: Iris Hibernia (1968), S. 69–70.
Von F. R. Mc Manus, in: Mediator (1958), S. 6.
Von John Wright, Bishop of Worcester, in: America 98 (1958), S. 516.
Von Daniel Berrigan, in: Lamont Poetry Selection (1958).
Von Gerald Ellard SJ, in: The Critic Reviews 16 (1958), S. 45.
Von Cheri Mulcahy, in: Green Bay Register v. 3. Januar 1958.
In: The Catholic News v. 18. Januar 1958.
Von Monsignore Kennedy, in: Four – The Catholic Transscript v. 30. Januar 1958.
Von Francis A. Barry, in: The Pilot, Februar 1958.
In: The Magnificat, Februar 1958.
Von Gerald Ellard, in: Catholic Review Service v. 4. Februar 1958, S. 22.
In: Library Journal v. 15. Februar 1958.
Von Donald McDonald, in: The Catholic Messenger (Davenport) v. 20. Februar 1958, S. 13.
Von John J. Murphy, in: The Catholic Standard v. 28. Februar 1958, S. 7.
Von John Stanley, in: The Catholic Worker, März 1958, S. 4.
Von Paul Brindel, in: The Siga, März 1958.
In: Missionary Catechist, März 1958.
Von Robert M. Brooks, in: The Ave Maria v. 15. März 1958, S. 27.
Von William Petrek, in: Commonweal 67 (1958).
Von F. Catalano, in: Pastoral Life, März–April 1958.
Von Gerald Ellard SJ, in: Catholic Revue Service v. 2. April 1958.
In: Ex „Southern Cross" v. 16. Juli 1958.
Von Peter F. Anson, in: Catholic Harald v. 15. August 1958.
Von Margaret Gardner, in: Catholic Tribune v. 15. August 1958.
Von Edmund J. Stumpf, in: Jung, Sommer 1958, S.318.
Von John McCudden, in: Apostolic Perspectives, Oktober/November 1958, S. 45.

Rezensionen zum Buch „Bringing the Mass to the People". With an Introduction by Frederick R. McManus, Baltimore: Helicon Press, 1960.

Von George W. Casey, in: Worship 35 (1960), S. 66–68.
Von Gregory Murray, in: Theological Studies 22 (1961), S. 128–130.

Rezensionen zum Buch „The Dynamics of Liturgy". Foreword by Edward G. Murray, Macmillan: New York, 1961.

Von: John M. Hayes, in: Worship 36 (1961), S. 403–404.

Rezensionen zum Buch „H.A.R. The Autobiography of Father Reinhold", Herder and Herder: New York, 1968.

Von: John G. Deedy jr., in: Commonweal 87 (1968), S. 598–599.
Von: R. H. Stafford, in: Perspective 9 (1968), S. 190–191.

IX. Personenindex

ABETZ, Otto *1903 †1958. Deutscher Politiker (NSDAP) und Diplomat. Abetz war deutscher Botschafter in Paris von 1940 bis 1945. Nach dem Krieg wurde er zu 20 Jahren Zuchthaus verurteilt, u. a. wegen der Beteiligung an der Deportation französischer Juden. Abetz wurde aber bereits 1954 wieder entlassen und verstarb 1958 bei einem Autounfall.

ACHERMANN, Franz Heinrich *1881 †1945. Schweizer katholischer Theologe und viel gelesener Jugendschriftsteller seiner Zeit.

ACHESON, Dean Gooderham *1893 †1971. US-amerikanischer Politiker (Demokrat), 1949 bis 1953 US-Außenminister unter Präsident Truman. Acheson gilt als Architekt der sogenannten „Truman-Doktrin".

ADAM, Karl *1876 †1966. Deutscher katholischer Theologe. Nach Studium und Priesterweihe wurde Adam 1915 Professor für Dogmatik an der Universität München. 1919 übernahm er den Dogmatik-Lehrstuhl an der Universität Tübingen, wo bis zu seiner Emeritierung 1949 lehrte. Er gehörte zu den katholischen Theologen, die für eine Vereinbarkeit des Katholizismus mit dem Nationalsozialismus plädierten. 1933 trat er in die NSDAP ein.

AHERN, Barnabas Mary (James) *1915 †1995. US-amerikanischer katholischer Theologe (Passionist). Ahern lehrte als Professor am Passionistenseminar Louisville, Kentucky. 1962 war er Peritus der Theologischen Kommission beim II. Vatikanischen Konzil. Er stand lange Jahre als Präsident der American Catholic Biblical Association vor.

AITKEN, William Maxwell, Baron Beaverbrook, *1879 †1964. Kanadisch-britischer Verleger und Politiker (Tory). Der Inhaber eines großen Medienkonzerns (u. a. *Daily Express, Evening Standard*) wurde 1910 Abgeordneter des britischen Parlaments. Er war ein Vertrauter Churchills, der ihn nach Ausbruch des Zweiten Weltkriegs zum Minister für Flugzeugproduktion ernannte.

AMANN, Max *1891 †1957. Deutscher Publizist. Amann war ein früher Gefolgsmann Hitlers und beriet ihn bei der Verfassung von *Mein Kampf*. 1933 wurde er Präsident der Reichspressekammer.

ANSON, Peter Frederick *1889 †1975. Britischer Kunstmaler und Schriftsteller. Der Sohn von Admiral Charles Anson trat nach dem Architekturstudium 1910 bei den Benediktinern (anglikanische Richtung) auf der Insel Caldey ein, wo er zusammen mit 19 weiteren Mönchen 1913 zur katholischen Kirche konvertierte. 1924 verließ er das Kloster, blieb aber weiterhin Benediktiner-Oblate. Er gehörte zu den Mitbegründern des Apostolate of the Sea (1921) und widmete sein Leben der Malerei (Marinemaler) und der Seemannsmission. Er verfasste zahlreiche Bücher religiösen und maritimen Inhalts. Ihn verband eine lange Freundschaft mit H. A. Reinhold.

ARENDT, Hannah *1906 †1975. Deutsch-amerikanische Publizistin und politische Philosophin. Die Schülerin Karl Jaspers emigrierte 1933 zunächst nach Frankreich und

1941 schließlich in die USA. Ihre bahnbrechende Studie *The Origins of Totalitarianism* (1951, dt.: *Elemente und Ursprünge totaler Herrschaft*) machte sie weltweit bekannt, ebenso wie ihr Bericht über den Eichmann-Prozess in Jerusalem im Jahr 1961.

AUDEN, Wystan Hugh *1907 †1973. Anglo-amerikanischer Schriftsteller und Lyriker. Auden galt in seiner Jugendphase als „Enfant terrible" der britischen Literatur. Sein Werk – hauptsächlich Gedichte, aber auch Essays, Kritiken, Libretti – beschäftigte sich zunächst mit den politischen Umbrüchen seiner Zeit, wobei er auch Krisengebiete (z. B. Spanien in der Zeit des Bürgerkrieges) bereiste. 1939 ging er in die USA, wurde 1946 amerikanischer Staatsbürger, verbrachte die Sommer aber zumeist in Europa. Sein Spätwerk ist von seiner Hinwendung zum Christentum geprägt, darunter auch seine wohl bedeutendste Dichtung *The Age of Anxiety*.

BALLIN, Albert *1857 †1918. Deutscher Reeder. Ballin wurde 1899 Generaldirektor der HAPAG, die er zur größten Reederei der Welt aufbaute. Trotz seiner jüdischen Herkunft verband ihm eine enge Beziehung zu Kaiser Wilhelm II., was ihm den Beinamen „des Kaisers Reeder" beibrachte. Ballin versuchte durch seine engen Kontakte zum Kaiser, zu England und zu den USA den Ersten Weltkrieg bzw. später die Einführung des uneingeschränkten U-Bootkrieges zu verhindern. Zwei Tage vor dem Ende des Krieges nahm sich Ballin das Leben.

BARES, Nikolaus *1871 †1935. Deutscher katholischer Theologe, Bischof von Hildesheim von 1929 bis 1933 und Bischof von Berlin von 1933 bis zu seinem Tod 1935.

BARLACH, Ernst *1870 †1938. Deutscher Bildhauer, Grafiker und Dichter. Barlachs Werk ist zwischen Realismus und Expressionismus angesiedelt. Bekannt geworden sind vor allem seine Ehrenmäler für die Gefallenen des Ersten Weltkrieges in Kiel und Magdeburg, die Ausdruck Barlachs pazifistischer Haltung sind. Im Nationalsozialismus galt seine Kunst als „entartet". Ein Jahr vor seinem Tod wurde ein Ausstellungsverbot verhängt.

BARTH, Karl *1886 †1968. Schweizer evangelisch-reformierter Theologe. Barth gehörte zu den bedeutendsten Theologen des 20. Jahrhundert, dessen Werk („Kirchliche Dogmatik") auf Politik, Kirchenrecht, Theologie und Geisteswissenschaften enormen Einfluss genommen hat. Nach der nationalsozialistischen „Machtergreifung" wollte Barth die Theologie zunächst aus der Politik heraushalten, stand aber bald als einer der Mitbegründer der Bekennenden Kirche im Zentrum des kirchlichen Widerstands gegen den Nationalsozialismus. Nach dem Ende des Zweiten Weltkriegs war Barth aktiv in der Ökumenischen Bewegung sowie in der Friedensbewegung tätig.

BARTHOLOME, Peter William *1893 †1982. US-amerikanischer katholischer Theologe, Bischof von Saint Cloud, Minnesota, von 1953 bis 1968.

BECKÉ, Waldemar *1878 †1947. Nach dem Jurastudium in Leipzig und Göttingen trat Becké in die Stadtverwaltung von Bremerhaven ein. 1923 wurde er zum Oberbürgermeister gewählt. Er bekleidete dieses Amt bis zu seiner gewaltsamen Vertreibung durch die Nationalsozialisten 1933, deren Zeuge Reinhold wurde.

BERGEN, Karl Ludwig Baron Diego von *1872 †1944. Deutscher Diplomat. Von Bergen war Deutscher Botschafter am Heiligen Stuhl von 1915 bis 1918 sowie von 1920 bis 1943.

BERNING, Wilhelm *1877 †1955. Deutscher katholischer Theologe, Bischof von Osnabrück von 1914 bis 1955. Nach dem Studium der Philosophie, Theologie, Geschichte und orientalischer Sprachen in Münster und Breslau, der Promotion und Priesterweihe wurde Berning zunächst Oberlehrer an einem Gymnasium in Meppen. Er engagierte sich politisch und trat 1903 in die Zentrumspartei ein. 1914 wurde er zum Bischof von Osnabrück und zum Apostolischen Vikar der Norddeutschen Missionen ernannt. Nach der nationalsozialistischen „Machtergreifung" übernahm Berning in Rücksprache mit Kardinal Bertram und Nuntius Orsenigo einen Sitz im Preußischen Staatsrat, den er später mehrmals aufgeben wollte, aber auf Anraten von Bischofskollegen und des Papst' beibehielt. Mit den zunehmenden Exzessen der nationalsozialistischen Gewaltherrschaft veränderte sich die Haltung Bernings zum Hitlerregime. Er prangerte öffentlich die Beseitigung der Bekenntnisschule sowie die propagandistische Ausnutzung der Sittlichkeitsprozesse gegen Welt- und Ordensklerus an und beklagte die Unterdrückung der Kirchenpresse. 1941 verurteilte er in einer Predigt in Hamburg die Euthanasiemaßnahmen der Nationalsozialisten, und in der Silvesterpredigt 1941 die Missachtung der Menschenrechte, was ihm eine Rüge und unverhohlene Drohung Hermann Görings eintrug. Dem Münsteraner Bischof August von Galen stellte er sich nach dessen regimekritischen Predigten in einer Eingabe an die Regierung schützend zur Seite. Die Nachkriegsjahre waren geprägt durch die Neuordnung der kirchlichen Verhältnisse und die Eingliederung der Flüchtlinge und Vertriebenen im weiten Diasporabistum Osnabrück.

BERIA, Lawrenti *1899 †1953. Sowjetischer Politiker und ab 1938 Chef des sowjetischen Geheimdienstes NKWD. Er war neben zahlreichen Massenmorden für die Deportation mehrerer sowjetischer Volksgruppen in den 1940er Jahren verantwortlich und gilt als Personifizierung der innenpolitischen Gewaltexzesse in der Stalin-Ära. Als einer der Hauptarchitekten des stalinistischen Terrors wurde er nach dem Tod des Diktators von seinem Posten entbunden und unter bisher nicht restlos geklärten Umständen hingerichtet.

BLEICHRÖDER, Gerson *1822 †1893. Deutsch-jüdischer Bankier und Vertrauter Bismarcks. Der Inhaber des Bankhauses Bleichröder war zu seiner Zeit einer der reichsten Männer Europas und war maßgeblich an der Finanzierung des deutsch-österreichischen und deutsch-französischen Krieges sowie der deutschen Investitionen im Osmanischen Reich beteiligt.

BLUM, Léon *1872 †1950. Französischer Politiker (Sozialist) jüdischer Herkunft. Blum war 1936/37 und für eine kurze Zeit noch einmal 1938 französischer Ministerpräsident. Nach der Besetzung Frankreichs ging er in den Widerstand und wurde 1943 an die Gestapo ausgeliefert. Blum überlebte die KZ-Haft und war 1946/47 kurzzeitig nochmals französischer Ministerpräsident.

BONHOEFFER, Dietrich *1906 †1945. Deutscher evangelisch-lutherischer Theologe. Bonhoeffer war Mitglied der Bekennenden Kirche und einer der konsequentesten Gegner des Nationalsozialismus, der schon sehr früh die nationalsozialistische Rassenpolitik kritisierte. Er nahm 1938 Kontakt zur Widerstandsgruppe um Admiral Canaris auf. 1943 wurde er von der Gestapo verhaftet und am 9. April 1945 im Konzentrationslager Flossenbürg hingerichtet.

BOURBON-PARMA, Zita von *1892 †1989. Italienische Adelige, Frau von Karl von Habsburg und seit 1916 Kaiserin von Österreich und Königin von Ungarn. Nach der Verabschiedung der Habsburgergesetze in Österreich (Landesverweis und Beschlagnahmung des Vermögens) ging die Kaiserfamilie 1919 ins Exil in die Schweiz und 1921 nach Madeira. Nach dem Tod Kaiser Karls 1922 lebte die Witwe in Spanien und Belgien. 1940 floh sie vor den deutschen Truppen nach Kanada. Kaiserin Zita engagierte sich stark im Rahmen des Seligsprechungsprozesses ihres Mannes und in caritativen Hilfsmaßnahmen (CARE). 1982 kehrte sie nach Österreich zurück, wo sie 1989 verstarb.

BOZELL, Leo Brent Jr. *1926 †1997. US-amerikanischer Publizist. Bozell war Schwager von William Buckley, Jr., mit dem er das von Reinhold rezensierte Buch *McCarthy and His Enemies* verfasste und für dessen Magazin *National Review* er schrieb. Er war darüber hinaus als Redenschreiber für Joseph McCarthy sowie später für den republikanischen Senator von Arizona und Urvater des amerikanischen Konservatismus reaganscher Prägung, Barry Goldwater, tätig.

BRAM, Georg *1885 †1965. Deutscher katholischer Theologe und Pastor in Hamburg St. Elisabeth von 1931 bis 1965.

BRANDT, Thomas O. *1906 †1968. Österreichischer Germanist und Autor. 1938 emigrierte er in die USA, wo er zunächst als Lehrer wirkte. Während des Krieges war Brandt Übersetzer für das US Office of War Information. Nach dem Krieg hatte er Professuren am Colorado College und an der University of Hampshire inne.

BREITSCHEID, Rudolf *1874 †1944. Deutscher Politiker (SPD) und preußischer Innenminister von 1918 bis 1919. Zunächst Mitglied der linksliberalen Demokratischen Vereinigung (DV) trat Breitscheid 1912 in die SPD ein. 1917 schloss er sich der USPD an, saß ab 1922 aber wieder für die SPD im Reichstag. Als außenpolitischer Sprecher der SPD-Reichstagsfraktion vertrat er die gemäßigte, ausgleichende politische Linie seiner Partei und war Mitglied der Völkerbund-Delegation. 1933 emigrierte er nach Frankreich und war Mitinitiator des Lutetia-Kreises (1935/36), der versuchte, eine Volksfront gegen das Hitlerregime zu bilden. 1940 wurde er verhaftet und von der Vichy-Regierung an die Gestapo ausgeliefert. Breitscheid starb 1944 im KZ Buchenwald, wahrscheinlich während eines Luftangriffes.

BRETTAUER, Erwin O. *1883 †1973. Österreichischer Bankier und Filmproduzent. Brettauer gründete zusammen mit Rudolph Joseph und Seymour Nebenzal im amerikanischen Exil die Produktionsfirma Angelus Pictures, die 1943 den bekannten Film *Hitler's Madman*, eine Biografie Reinhard Heydrichs, herausbrachte.

BRIEFS, Gottfried Anton, genannt Goetz *1889 †1974. Deutscher Sozialethiker, Sozialphilosoph und Nationalökonom. Nach Studium in München, Bonn und Freiburg war Briefs seit 1919 Professor an der Universität Freiburg (mit kurzer Unterbrechung durch eine Professur in Würzburg) und ab 1926 an der Technischen Hochschule Berlin. Dort gründete er das Institut für Betriebssoziologie und soziale Betriebslehre. 1934 emigrierte er in die USA, wo er zunächst an der Catholic University of America und dann an der Georgetown University in Washington D.C. lehrte. Briefs wirtschaftsethische Vorstellungen, die maßgeblich von seinem Katholizismus geprägt wurden, haben das Konzept der Sozialen Marktwirtschaft beeinflusst. Er gilt als Vater der Betriebssoziologie.

BRINKHOFF, Adrianus Lucas *1919 †2003. Niederländischer katholischer Theologe (Franziskaner). 1949 gründete er in seiner Heimatstadt Nimwegen ein liturgisches Zentrum. Der Bibliothek des Deutschen Liturgischen Instituts in Trier stand er von 1967 bis 1989 als Leiter vor.

BROWDER, Earl Russell *1891 †1973. US-amerikanischer Kommunist, Generalsekretär der Communist Party USA von 1934 bis 1946 und Präsidentschaftskandidat bei den Wahlen 1936.

BRÜNING, Heinrich *1885 †1970. Deutscher Politiker (Zentrum) und Reichskanzler 1930 bis 1932. Brüning war Reichstagsabgeordneter von 1924 bis 1933. 1930 wurde er zum Reichskanzler ernannt und regierte vorwiegend mit Minderheitskabinetten. Der einsetzenden Weltwirtschaftskrise begegnete Brüning mit einer Spar- und Deflationspolitik mittels Notverordnungen durch Reichspräsident Hindenburg. Am 30. Mai 1932 trat Brüning als Reichskanzler zurück, weil Hindenburg die angestrebte Subventionskürzung für die ostelbischen Landgüter nicht mittrug. 1934 emigrierte Brüning nach den Niederlanden und 1937 in die Vereinigten Staaten. Dort hatte er eine Professur für Politische Wissenschaften an der Harvard-University inne. 1951 kehrte er nach Deutschland zurück und lehrte an der Universität Köln. 1955 ging er zurück in die USA.

BUCKLEY, William Frank Jr. *1925 †2008. US-amerikanischer Publizist. Buckley war einer der einflussreichsten Vordenker des Neokonservatismus und Begründer der in dieser Beziehung bedeutenden Zeitschrift *National Review*. 1951 veröffentlichte er sein erstes Buch *God and Man at Yale*, in dem er die Yale University, an der er selbst studiert hatte, stark kritisierte und ihr vorwarf, sich von ihren Grundprinzipien als christliche Hochschule verabschiedet zu haben und sich immer stärker dem Liberalismus zuzuwenden.

BUGNINI, Annibale *1912 †1982. Italienischer katholischer Theologe. Bugnini war aktiv in der Liturgischen Bewegung engagiert. Von 1948 bis 1960 stand er als Sekretär der von Papst Pius XII. eingesetzten Kommission zur Generalreform der Liturgie vor. Die dort geleisteten Vorarbeiten Bugninis haben die Liturgiereformen des II. Vatikanischen Konzils maßgeblich geprägt.

BULTJER, Theobald †1990. Deutscher katholischer Theologe. Nach der Priesterweihe in Osnabrück war Bultjer in Hamburg, Travemünde und Lübeck tätig.

BURNHAM, Philip. *1903 †1991. US-amerikanischer Publizist und katholischer Aktivist. Burnham war von 1934 bis 1949 Herausgeber der Zeitschrift *Catholic Worker*, in der auch Reinhold publizierte. Darüber hinaus engagierte er sich in zahlreichen politischen und sozialen Aktionen, wobei er sich vor allem für die amerikanischen Ureinwohner einsetzte.

BYRD, Harry F. *1887 †1966. US-amerikanischer Politiker (Demokrat), Gouverneur von Virginia von 1926 bis 1930 sowie Senator von Virginia im amerikanischen Kongress von 1933 bis 1965. Byrd war einer der einflussreichsten Senatoren seiner Zeit, der den südstaatlich-konservativen Flügel der Demokratischen Partei repräsentierte.

CAREY, Arthur Graham *1892 †1984. US-amerikanischer Architekt und Publizist. Carey war Gründer und Herausgeber der Zeitschrift *Catholic Art Quarterly,* für die auch Reinhold publizierte.

CARROLL, Thomas J. *1909 †1971. US-amerikanischer Theologe. Carroll wurde 1947 Direktor der Catholic Guild for the Blind. Er war Mitglied und Förderer der Liturgischen Bewegung und enger Freund Reinholds. Er sorgte dafür, daß der Nachlass Reinholds der Burns-Library (Boston College) übergeben wurde.

CASEL, Odo (Johannes) *1886 †1948. Deutscher katholische Theologe (Benediktiner) und Liturgiewissenschaftler. Casel studierte Theologie und Klassische Philologie in Rom und Bonn. Er gilt als Begründer der Mysterientheologie. Er war zudem führend in der Liturgischen Bewegung tätig und gab seit 1921 das *Liturgische Jahrbuch* heraus.

CASSIDY, Thomas †1984. US-amerikanischer katholischer Theologe. Durch die Begegnung mit Virgil Michel wurde er ein begeisterter Förderer der Liturgischen Bewegung in den USA. Er lehrte an der Fordham University in New York, an der University of Notre Dame (Indiana) sowie an der University of Illinois.

CHAPTAL DE CHANTELOUP, Emanuel-Anatol-Raphael *1861 †1943. Französischer katholischer Theologe, Weihbischof von Paris von 1922 bis 1943.
CHASTONAY, Paul de *1870 †1945. Schweizer katholischer Theologe (Jesuit). Chastonay machte sich vor allem beim Aufbau der katholischen Studenten- und Akademikerseelsorge in Zürich und Bern einen Namen.
CHESTERTON, Gilbert Keith *1874 †1936. Britischer Schriftsteller und Publizist. Der 1922 zum Katholizismus konvertierte Chesterton ist vor allem durch seine Kriminalgeschichten um Father Brown bekannt geworden, veröffentlichte aber auch zahlreiche Schriften zur Verteidigung und Propagierung des katholischen Glaubens. Nach seinem Tod wurde er von Papst Pius XI. mit dem Titel „Defensor Fidei" geehrt.
CICOGNANI, Amleto Giovanni Kardinal *1883 †1973. Italienischer katholischer Theologe. Cicognani war von 1933 bis 1958 Apostolischer Delegat des Heiligen Stuhls in den USA. 1961 wurde er zum Kardinalstaatssekretär ernannt. 1969 trat er von allen Ämtern zurück, fungierte aber von 1972 bis 1973 noch als Kardinaldekan der römisch-katholischen Kirche.
CODY, John Patrick Kardinal *1907 †1982. US-amerikanischer katholischer Theologe, Bischof von Kansas-City von 1956 bis 1961, Erzbischof von New Orleans von 1964 bis 1965 und Erzbischof von Chicago von 1965 bis 1982.
CONNOLLY, Thomas Arthur *1899 †1991. US-amerikanischer katholischer Theologe, Erzbischof on Seattle von 1950 bis 1975.
COPELLO, Santiago Luis Kardinal *1880 †1967. Argentinischer katholischer Theologe, Erzbischof von Buenos Aires von 1932 bis 1959.
CORT, John C. *1913 †2006. US-amerikanischer Autor, Publizist und christlicher Aktivist. Der zum katholischen Glauben konvertierte Cort war ein bekannter Vertreter des religiösen Sozialismus in den USA. Er engagierte sich stark in den katholischen Gewerkschaften, für die er auch als Publizist und Herausgeber arbeitete. Viele Jahre gehörte er der Redaktion der Zeitschrift *Commonweal* an, für die auch Reinhold schrieb. Politisch engagierte er sich in der Partei Democratic Socialists of America.
CRANMER, Thomas *1486 †1556. Englischer Reformator, Erzbischof von Canterbury von 1533 bis 1556. Cranmer veröffentlichte 1547 das *Book of Common Prayer*, welches heute noch die liturgische Grundlage der Anglikanischen Kirche ist. 1556 wurde er im Rahmen der Rekatholisierungsbemühungen der englischen Königin Maria I. verurteilt und auf dem Scheiterhaufen verbrannt.
CURLEY, Michael Joseph *1879 †1947. US-amerikanischer katholischer Theologe. Curley war Bischof von Saint Augustine, Florida, von 1914 bis 1921 und Erzbischof von Baltimore, Maryland, von 1921 bis 1947. Nachdem Papst Pius XII. die amerikanische Hauptstadt Washington D.C. aus dem Erzbistum Baltimore herauslöste und ein eigenes Erzbistum Washington installierte, war Curly von 1939 bis zu seinem Tod 1947 zusätzlich noch Erzbischof von Washington.
DAWSON, Christopher *1898 †1970. Britischer Kulturhistoriker katholischen Glaubens und Aktivist der „Sword of the Spirit"-Bewegung.
DAY, Dorothy *1897 †1980. US-amerikanische Journalistin, Frauenrechtlerin und Pazifistin. Die 1927 zum Katholizismus konvertierte Day gilt als eine der Initiatoren der katholischen Arbeiterbewegung in den USA. Sie setzte sich unter anderem für die Ächtung des Krieges, die Gleichberechtigung der Rassen, das Wahlrecht der Frauen, Gerechtigkeit in der Arbeitswelt und Fürsorge für die Armen und Obdachlosen ein. Sie war Begründerin

der Zeitschrift *The Catholic Worker*, die wesentlich von der katholischen Soziallehre geprägt war. Im Jahr 2000 wurde ihr Seligsprechungsprozess eingeleitet.

DEHNE, Kurt *1901 †1990. Deutscher katholischer Theologe (Jesuit). Dehne war Spiritual an der Philosophischen Theologischen Hochschule St. Georgen. Aufgrund seiner Mitgliedschaft im katholischen Widerstand wurde er verhaftet und war von 1942 bis 1945 im KZ Dachau inhaftiert. Nach dem Ende des Nationalsozialismus bekleidete er das Amt einer Superiors in Hannover und war von 1956 bis 1989 Landespolizeidekan von Niedersachsen.

DELP, Alfred *1907 †1945. Deutsch katholischer Theologe (Jesuit) und Publizist. Neben seiner seelsorgerischen Aufgaben war Delp Autor bei der Zeitschrift *Stimmen der Zeit*, die 1941 verboten wurde. Er gehörte zur Widerstandsgruppe des Kreisauer Kreises. Nach dem gescheiterten Attentat vom 20. Juli 1944 auf Hitler wurde Delp verhaftet und am 2. Februar 1945 in der Haftanstalt Berlin-Plötzensee hingerichtet.

DEMPF, Alois *1891 †1982. Deutscher katholischer Theologe und Philosoph. Dempf lehrte zunächst als Privatdozent in Berlin und erhielt 1937 einen Lehrstuhl an der Universität Wien, den er aber bereit ein Jahr später nach dem „Anschluss" Österreichs an das Deutsche Reich aufgeben musste. Dempf hatte 1933 öffentlich vor einer Unterzeichnung des Reichskonkordats gewarnt. 1948 erhielt er einen Ruf an die Universität München, wo er bis zu seiner Emeritierung 1959 lehrte.

DESSAUER, Friedrich *1881 †1963. Deutscher Physiker, Politiker (Zentrum) und Publizist. Dessauer war von 1924 bis 1933 Reichstagsabgeordneter. 1934 emigrierte er in die Türkei, wo er an der Universität Istanbul lehrte. 1938 ging er in die Schweiz und kehrte 1948 nach Deutschland zurück.

DERICHSWEILER, Albert *1909 †1997. Deutscher Politiker (NSDAP). Derichsweiler war von 1934 bis 1936 Reichsführer des NS-Studentenbundes, mußte von seinem Posten aber zurücktreten, weil die von ihm forcierte Auflösung der studentischen Korporationen extrem unpopulär unter den deutschen Studenten war und eine nachhaltige Stimmungsverschlechterung nach sich zog. Nach dem Krieg versuchte er ein, allerdings erfolgloses, politisches Comeback bei der DP und der FDP.

DEUTSCH, Alcuin *1877 †1951. US-amerikanischer katholischer Theologe (Benediktiner), Abt von St. Johns, Collegeville, von 1921 bis 1951. Deutsch war einer der führenden Männer der Liturgischen Bewegung in Amerika.

DIEKAMP, Franz *1864 †1943. Deutscher katholischer Theologe. Diekamp lehrte seit 1904 an der Universität Münster Dogmatik. Sein Hauptwerk, die *Katholische Dogmatik*, hat weite Verbreitung gefunden. Er gründete die bekannte Zeitschrift *Theologische Revue*.

DIEKMANN, Godfrey *1908 †2002. US-amerikanischer katholischer Theologe (Benediktiner). Zusammen mit Virgil Michel war Diekmann ein Pionier der Liturgischen Bewegung in den USA. Er war Herausgeber des Magazins für liturgische Studien *Orate Fratres*, für das auch Reinhold zahlreiche Beiträge verfasste („ihm gelang es sogar, die ungestümen Eskapaden H. A. Reinholds zu glätten" [Msgr. McManus 1996]). Zudem hatte er eine Professur für Patristik und Liturgie an der St. John's Universität, Collegeville, Minnesota, inne.

DIRKS, Walter *1901 †1991. Deutscher katholischer Publizist. Nach dem Theologiestudium schlug Dirks eine journalistische Karriere ein und arbeitete zunächst für die linkskatholische und NS-kritische *Rhein-Mainische Volkszeitung*. Nach kurzzeitiger Verhaftung schrieb er ab 1934 für die *Frankfurter Zeitung*, erhielt 1943 aber Veröffentlichungsverbot.

Nach dem Ende des Zweiten Weltkrieges gründete er zusammen mit Eugen Kogon die *Frankfurter Hefte* und arbeitete für den Rundfunk.

DOHRN, Klaus *1908 †1979. Deutscher Publizist. Zusammen mit Dietrich von Hildebrand und Georg Moenius flüchtete Dohrn nach der nationalsozialistischen „Machtergreifung" zunächst nach Österreich. Beim Anschluss Österreichs 1938 emigrierte er über Paris, Spanien und Portugal in die USA.

DOKA, Carl *1896 †1980. Schweizer Publizist. Doka war Redakteur und Chefredakteur verschiedener Schweizer katholischer Zeitschriften, darunter der *Schweizerischen Rundschau*.

DOLFEN, Christian *1877 †1961. Dolfen war Domarchivar des Bistums Osnabrück und leitete von 1927 bis 1956 das Diözesanmuseum.

DOLLFUSS, Engelbert *1892 †1934. Österreichischer Politiker (Christlichsoziale Partei) und Bundeskanzler von 1932 bis 1934. Demokratisch an die Macht gekommen, regierte Dollfuß autokratisch unter Ausschaltung des Parlamentes. Am 25. Juli 1934 wurde er von österreichischen Nationalsozialisten bei einem letztendlich aber gescheiterten Putschversuch im Bundeskanzleramt erschossen.

DÖLGER, Franz Joseph *1879 †1940. Deutscher katholischer Theologe und Kirchenhistoriker. Dölger war Professor für Kirchengeschichte und christliche Archäologie in Münster von 1911 bis 1926, in Breslau von 1927 bis 1929 und in Bonn von 1929 bis 1940. Im Mittelpunkt seiner Arbeiten stand die Frage, inwieweit das frühe Christentum von nichtchristlichen Kulturen beeinflusst wurde. Er war Mitherausgeber der *Liturgiegeschichtlichen Quellen und Forschungen* sowie Mitbegründer des *Reallexikons für Antike und Christentum*.

DOUGHERTY, Joseph Patrick *1905 †1970. US-amerikanischer katholischer Theologe, Generalvikar von Seattle, dann Bischof von Yakima (Washington, USA) von 1951 bis 1969.

DRIBERG, Thomas Edward Neil, Baron Bradwell *1905 †1976. Britischer Journalist und Politiker. Driberg war Mitglied der Labour-Partei und vertrat dort den äußersten linken Flügel. Er war Parlamentsabgeordneter von 1941 bis 1955 bzw. von 1959 bis 1974. Zuvor war Driberg Mitglied der britischen Kommunistischen Partei gewesen, die er zu Beginn der 1940er Jahre aber verlassen musste, weil bekannt geworden war, daß er sie für den britischen Geheimdienst ausspioniert hatte.

DSERSCHINSKI, Felix Edmundowitsch *1877 †1926. Sowjetischer Bolschewik polnischer Herkunft. Dserschinski gründete 1917 die Tscheka, eine Geheimpolizei, mit der er einen gnadenlosen Vernichtungsfeldzug gegen „Konterrevolutionäre" und Gegner der bolschewistischen Revolution führte. Er war Leiter der Tscheka bis zu seinem Tod im Jahr 1926.

DÜNNER, Julia *1883 †1959. Deutsche Publizistin und Herausgeberin eines Handwörterbuches der Wohlfahrtspflege. Sie arbeitete in den 1920er Jahren als Referentin in der Wohlfahrtsabteilung unter dem Priester und Reichsarbeitsminister Heinrich Brauns.

EBERT, Friedrich *1871 †1925. Deutscher Politiker (Sozialdemokrat) und erster Reichspräsident der Weimarer Republik von 1919 bis 1925.

EHRTMANN, Adolf *1897 †1979. Von 1926–1933 Mitglied der Lübecker Bürgerschaft (Zentrum) wurde Ehrtmann 1942 zusammen mit vier Lübecker Geistlichen und 17 Laien von der Gestapo verhaftet. Die Geistlichen wurden vom Volksgerichtshof zum Tode verurteilt, Ehrtmann erhielt 5 Jahre Zuchthaus. 1945 wurde er durch sowjetische

Soldaten aus dem Zuchthaus Brandenburg befreit. Mitbegründer der CDU in Lübeck, 1946 Bausenator sowie zeitweise Erster stellvertretender Bürgermeister.

ELIOT, Charles William *1834 †1926. US-amerikanischer Chemiker. Eliot war von 1869 bis 1909 Präsident der Harvard-University und transformierte die vorher recht unbedeutende Universität zu einer renommierten Bildungs- und Forschungsinstitution.

ELLARD, Gerald *1894 †1963. US-amerikanischer katholischer Theologe (Jesuit). Ellard war führend in der liturgischen Reformbewegung in den USA engagiert und einer der Mitbegründer der National Liturgical Conference.

ENDRICI, Celestino *1866 †1940. Italienischer katholischer Theologe, 1904 bis 1929 Bischof und von 1929 bis 1940 Erzbischof von Trient.

ESSER, Ignatius *1890 †1973. US-amerikanischer Theologe (Benediktiner) und Abt von St. Meinrad's, Indiana, von 1930 bis 1955. Esser war in der amerikanischen Liturgiebewegung aktiv und bemühte sich um die Reform des monastischen Breviers.

FARLEY, James *1866 †1940. US-amerikanischer Politiker (Demokrat). Farley war langjähriger Vertrauter von US-Präsident Franklin D. Roosevelt, organisierte mehrere seiner Wahlkämpfe und war von 1933 bis 1940 Postminister. Er engagierte sich zudem in zahlreichen katholischen Einrichtungen.

FAULHABER, Michael Kardinal von *1869 †1952. Deutscher katholischer Theologe, Bischof von Speyer von 1910 bis 1917, Erzbischof von München und Freising von 1917 bis 1952. Der national-konservative Faulhaber sah sowohl die Weimarer Republik als auch den Nationalsozialismus kritisch, begrüßte jedoch das Reichskonkordat. 1937 entwarf er auf Wunsch von Papst Pius XI. die Enzyklika *Mit brennender Sorge*. 1940 protestierte Faulhaber gegen den Mord an Behinderten und chronisch Kranken durch die Nationalsozialisten. Einen geplanten Protest gegen die Judendeportationen ordnete er der Eingabenpolitik des Vorsitzenden der Fuldaer Bischofskonferenz, Kardinal Bertram, unter.

FELTMANN, Anton *1906 †1985. Deutscher katholischer Theologe. Nach Studium und Priesterweihe war Feltmann Seemannspastor in Bremerhaven und Nachfolger Reinholds in Hamburg. 1939 wurde er zum Militärdienst eingezogen und geriet in russische Kriegsgefangenschaft, aus der er 1949 entlassen wurde. Danach war Feltmann wieder als Seemannspastor in Hamburg tätig und zuletzt als Pfarrer in Flensburg-Mürwik,

FISCHER, Balthasar *1912 †2001. Deutscher katholischer Theologe und Liturgiewissenschaftler. Fischer lehrte von 1947 bis 1980 als Professor für Liturgiewissenschaft an der Theologischen Hochschule Trier.

FITZGERALD, James *1899 †1971. US-amerikanischer Maler. Fitzgerald malte vor allem expressionistische Küstenlandschaften der amerikanischen Ostküste.

FOERSTER, Friederich Wilhelm *1869 †1966. Deutscher Philosoph und Pazifist. Foerster, seit 1914 Professor für Pädagogik und Philosophie an der Universität München, gehörte zu den radikalsten Kritikern der deutschen Politik während des Ersten Weltkriegs und setzte sich in mehreren Schriften aus christlicher Perspektive mit der Frage der deutschen Kriegsschuld auseinander. Die daraus resultierenden massiven Anfeindungen mündeten in der Aufgabe seines Lehramtes im Jahr 1920. Foerster war daraufhin in der Schweiz und Frankreich publizistisch tätig und warnte bereits früh vor der Gefahr des Nationalsozialismus. 1940 emigrierte er in die USA, wo er bis 1963 lebte. Er starb 1966 in der Schweiz.

FORD, George Barry *1886 †1978. US-amerikanischer katholischer Theologe (Jesuit). Ford war von 1935 bis 1958 Pastor der Corpus-Christi Pfarrei, New York, und engagierte sich in politischer und sozialer Hinsicht vor allem im Kampf gegen den Rassismus.

FREERICKS, Hermann *1883 †1965. Deutscher katholischer Theologe. Freericks war Pfarrer in Hamburg-Winterhude St. Antonius in den Jahren von 1911 bis 1934 und in Twistringen von 1934 bis 1960. Von 1960 bis zu seinem Tod gehörte er dem Domkapitel von Osnabrück an.

FRICK, Wilhelm *1877 †1946. Deutscher Politiker (NSDAP). Frick war Reichsinnenminister von 1933 bis 1943. Im Prozess vor dem Internationalen Militärgerichtshof in Nürnberg wurde Frick 1946 zum Tode verurteilt und hingerichtet.

FRIEDEMANN, Heinrich Walter *1872 †1945. Deutscher Schauspieler und Regisseur. Der zum Katholizismus konvertierte Friedemann emigrierte 1938 über Belgien nach Frankreich. Er war Initiator des „Hilfsausschusses für katholische Nichtarier".

FROELICHER-STEHLI, Helene E. *1896 †1970. US-amerikanische Aktivistin und Publizistin Schweizer Herkunft. Die Tochter des Schweizer Textilfabrikanten Robert Stehli lebte seit 1919 in den USA. In der Weltwirtschaftskrise setzte sie sich für Hilfsbedürftige ein, seit 1933 auch für Flüchtlinge aus Deutschland und Österreich. 1937 gründete sie die Zeitschriften *Crusade for a more fruitful preaching of the Word of God* und *Voices from the pew* („Stimmen aus der Kirchenbank" zur Hebung der geistlichen Qualität der Predigt). Als Abgesandte des „American Christian Committee for German Refugees" unternahm sie eine Erkundungsreise durch Deutschland und besuchte die Erzbischöfe Gröber und Faulhaber.

FULBRIGHT, James W. *1905 †1995. US-amerikanischer Politiker (Demokrat), Senator des Staates Arkansas von 1945 bis 1975 im amerikanischen Kongress. Fulbright war ein innenpolitischer Gegner von McCarthy und hat als einziger Senator gegen die Installierung des Untersuchungsausschusses zur Untersuchung angeblicher kommunistischer Umtriebe gestimmt. Bekannt geworden ist er aber vor allem durch die Einführung des nach ihm benannten akademischen Austauschprogrammes.

GALEN, Clemens August Kardinal Graf von *1878 †1946. Deutscher katholischer Theologe, Bischof von Münster von 1933 bis 1946. Der aus einem alten westfälischen Adelsgeschlecht stammende von Galen wurde vor allem durch seine kompromisslose Kritik an der Ermordung von Menschen mit Behinderungen im Dritten Reich bekannt, wobei hier insbesondere die „Drei kritischen Predigten" aus dem Sommer 1941 zu erwähnen sind, die auch über die Grenzen des Deutschen Reichs hinweg rezipiert wurden. Dies brachte von Galen den Beinamen „Löwe von Münster" ein. Seitens des Regimes gab es sogar Pläne, von Galen hinrichten zu lassen, was aber aufgrund seiner Popularität im Münsterland nicht in die Tat umgesetzt wurde.

GERLICH, Fritz *1883 †1934. Deutscher Journalist. Aufgewachsen in einem calvinistisch geprägten Elternhaus studierte Gerlich zunächst Mathematik, dann Geschichte und Anthropologie an den Universitäten München und Leipzig. Nach dem Studium schlug er die Archivlaufbahn ein, wechselte nach dem Ende des Ersten Weltkrieges aber ins journalistische Metier. Von 1920 bis 1928 war er Chefredakteur der *Münchener Neuesten Nachrichten*. Zunächst begegnete er der nationalsozialistischen Bewegung mit Sympathie, wandelte sich aber spätestens mit dem Hitlerputsch 1923 zu einem strikten Gegner, der den Nationalsozialismus publizistisch bekämpfte. 1927 konvertierte er zum Katholizismus. Nach der „Machtergreifung" wurde Gerlich verhaftet und am 30. Juni 1934 im Zuge des sogenannten „Röhm-Putsches" ermordet.

GILLIS, James M. *1876 †1957. US-amerikanischer katholischer Theologe (Paulist) und Publizist. Gillis war Herausgeber des Magazins *Catholic World* von 1922 bis 1948.

GISEVIUS, Hans Bernd *1904 †1974. Deutscher Politiker (DNVP) und Schriftsteller. 1933 in die NSDAP eingetreten, arbeitete Gisevius zunächst als höherer Beamter im Preußischen Innenministerium und dann im Reichsinnenministerium. Mit Beginn des Zweiten Weltkrieges ging er zur Abwehr und schloss sich dem militärischen Widerstand an. Nach dem 20. Juli 1944 floh er in die Schweiz. Sein 1946 geschriebenes, aber nicht unumstrittenes Buch *Bis zum bitteren Ende* erlebte mehrere Auflagen.

GLENNON, John Joseph Kardinal. *1862 †1946. US-amerikanischer katholischer Theologe, Erzbischof von St. Louis von 1903 bis 1946.

GOEBBELS, Joseph *1897 †1945. Deutsche Politiker (NSDAP). Goebbels trat 1924 in die NSDAP ein, wurde 1928 Mitglied des Reichstages und 1930 Reichspropandaleiter der NSDAP. Nach der „Machtergreifung" wurde für ihn das Reichsministerium für Volksaufklärung und Propaganda geschaffen. Er war einer der zentralen Führungspersönlichkeiten des NS-Regime und gehörte zum engsten Kreis um Hitler. Goebbels beging am 1. Mai 1945 zusammen mit seiner Frau und seinen sechs Kindern im Führerbunker in Berlin Selbstmord.

GÖRING, Hermann *1893 †1946. Deutscher Militär und Politiker (NSDAP). Göring war im Ersten Weltkrieg Jagdflieger. 1922 trat er in die NSDAP ein und saß ab 1928 im Reichstag. Nach der „Machtergreifung" wurde Göring im ersten Kabinett Hitler zunächst Reichsminister ohne Geschäftsbereich und Reichskommissar für das Preußische Innenministerium, was ihm die Kontrolle über die gesamte preußische Polizei gab. Nach der Konsolidierung der Macht wurde er im April 1933 preußischer Ministerpräsident, Luftfahrtminister sowie Reichsforst- und jägermeister. Als Chef der Luftwaffe 1938 zum Generalfeldmarschall befördert, wurde Göring nach den Erfolgen der Wehrmacht zu Beginn des Krieges im Juli 1940 zum Reichsmarschall des Großdeutschen Reiches ernannt. Als Göring im Frühjahr 1945 Hitler bat, ihm die Regierungsgewalt zu übertragen, wurde er verhaftet, aus der Partei ausgeschlossen und aller Ämter enthoben. Im Prozess vor dem Internationalen Militärgerichtshof in Nürnberg wurde er 1946 zum Tode verurteilt, entzog sich aber der Vollstreckung durch Selbstmord.

GOTTELAND, Roger *1914 †1999. US-amerikanischer Architekt französischer Herkunft. Gotteland leitete ein Architektenbüro in Seattle, Washington, USA.

GRASSL, Otto *1891 †1976. Deutscher Kunstmaler. Grassl malte vornehmliche christliche Motive.

GROPIUS, Walter *1883 †1969. Deutscher Architekt. Der Gründer und Initiator des Bauhauses gilt als einer der Wegbereiter der modernen Architektur. 1934 emigrierte er nach England und ging 1937 in die USA, wo er an der Harvard-University lehrte.

GRÖBER, Conrad *1872 †1948. Deutscher katholischer Theologe, Bischof von Meißen von 1931 bis 1932, Erzbischof von Freiburg von 1932 bis 1948. Gröber plädierte nach dem Abschluss des Reichskonkordates zunächst für eine enge Zusammenarbeit mit dem NS-Staat, ging ab 1935 aber zunehmend auf Distanz zum Regime.

GRÖSSER, Max Joseph *1887 †1940. Deutscher katholischer Theologe (Pallottiner). Größer war Geschäftsführer des Reichsverbandes für das katholische Deutschtum im Ausland von 1927 bis 1930 und seit 1930 Generalsekretär des Raphaelsvereins mit Sitz in Hamburg. 1934 gründete er ein Hilfswerk für Nichtarier und unterstützte Juden bei der Auswanderung. 1937 wurde Größer verhaftet und verbrachte mehrere Wochen im Gefängnis in Berlin.

GUARDINI, Romano *1885 †1968. Deutscher katholischer Theologe und Religionsphilosoph italienischer Herkunft. Guardini war einer der bedeutendsten katholischen Denker des 20. Jahrhunderts, der maßgebliche Arbeiten zur Liturgie, zur Pädagogik, zur Philosophie sowie zur allgemeinen Geistesgeschichte vorgelegt hat. Er hatte Professuren in Berlin (1923-1939), in Tübingen (1945-1948) und in München (1948-1963) inne.

GUÉRANGER, Dom Prosper *1805 †1875. Französischer katholischer Theologe (Benediktiner). Guéranger gilt als Erneuerer des Benediktinerordens in Frankreich nach der Französischen Revolution und Förderer der Liturgischen Bewegung.

GURIAN, Waldemar *1902 †1954. Deutscher Politologe und katholischer Publizist. Gurian war Redakteur der einflussreichen katholischen *Kölnischen Volkszeitung* und Autor verschiedener Bücher über totalitäre Herrschaftsformen, vornehmlich über den Bolschewismus. 1934 emigrierte er in die Schweiz und ging 1937 in die USA, wo er eine Anstellung an der University of Notre Dame (Indiana) erhielt. 1939 gründete er die *Review of Politics*, zu deren Mitarbeitern Jacques Maritain und Hannah Arendt gehörten. Gurian versuchte während der NS-Diktatur, die deutschen Bischöfe zu einem kompromisslosen Widerstand gegen den Nationalsozialismus aufzurufen.

GUSTLOFF, Wilhelm *1895 †1936. Deutscher Politiker (NSDAP) und Funktionär. Gustloff, Landesgruppenleiter der NSDAP-Auslandsorganisation in der Schweiz, fiel 1936 einem Attentat eines jüdischen Medizinstudenten zum Opfer.

HAECKER, Theodor *1879 †1945. Deutscher Schriftsteller und Kulturkritiker. Der 1941 zum Katholizismus konvertierte Haecker war bekannt für seine kulturphilosophischen Essays und Bücher. Er war Mitarbeiter des katholischen Magazins *Hochland*. 1936 erhielt er Rede-, 1938 Publikationsverbot. Seine posthum veröffentlichten *Tage- und Nachtbücher* gehören zu den bedeutendsten Zeugnissen der inneren Emigration.

HAMMENSTEDE, Albert *1876 †1955. Deutscher katholischer Theologe (Benediktiner). Hammenstede wurde 1915 Prior von Maria Laach, ein Amt welches er bis 1938 führte. Er war ein Pionier der Liturgischen Bewegung und zelebrierte die erste „Gemeinschaftsmesse" in Deutschland. Er hielt Vorträge im In- und Ausland und emigrierte 1938 in die USA, wo er an der Gründung des Klosters Keyport, New Jersey, beteiligt war. Er war Mitarbeiter der liturgischen Zeitschrift *Orate Fratres*, in der auch Reinhold viel publizierte. 1946 kehrte Hammenstede nach Deutschland zurück.

HASENKAMP, Gottfried *1902 †1990. Deutscher Schriftsteller und Redakteur. Nach dem Studium in Münster war Hasenkamp als Journalist und Lektor im Aschendorff Verlag tätig. Aufgrund seiner dezidiert christlichen Einstellung wurde er seiner Stellung enthoben und diente seit 1939 als Soldat. Nach Ende des Krieges gehörte er zu den Mitbegründern der *Westfälischen Nachrichten*.

HATHEYER, Franz Sales *1873 †1950. Österreichischer katholischer Theologe (Jesuit) und Publizist. Hatheyer lehrte seit 1908 Psychologie in Innsbruck und Preßburg. Von 1932 bis 1938 war er Rektor des Jesuiten-Kollegs in St. Andrä.

HAYEK, Friedrich August von *1899 †1992. Österreichischer Wirtschaftswissenschaftler. Hayek war neben Ludwig von Mises, dessen Schüler er war, der wichtigste Vertreter der liberalen Österreichischen Schule der Nationalökonomie und gilt als bedeutendster wirtschaftswissenschaftlicher Gegenspieler John Maynard Keynes. Hayek hatte Professuren an der London School of Economics (1931–1950), an der University of Chicago (1950–1962) und an der Universität Freiburg (1962–1967) inne. 1974 erhielt er für seine Forschung zur Geld- und Konjunkturtheorie den Nobelpreis für Wirtschaftswissenschaften. Sein wirtschaftswissenschaftliches und politisches Denken, vor allem sein 1944 erschienendes Buch *The Road to Serfdom*, hatten ganz maßgeblichen Einfluss auf die Wirtschafts- und Finanzpolitik von Ronald Reagan und Margaret Thatcher in den 1980er Jahren.

HAYES, Carlton Joseph Huntley *1882 †1964. US-amerikanischer Historiker. Bei Hayes, der an der Columbia University in New York Geschichte lehrte, wollte Reinhold eine Dissertation über die Konkordatsgeschichte des 19. Jahrhunderts schreiben. Hayes, der 1904 zum Katholizismus konvertiert war, bekleidete von 1942 bis 1944 das Amt des amerikanischen Botschafters in Spanien.

HAYES, Patrick Joseph Kardinal *1867 †1938. US-amerikanischer katholischer Theologe, Erzbischof von New York von 1919 bis 1938.

HEER, Friedrich *1916 †1983. Österreichischer Historiker, Schriftsteller und Publizist. Nach dem „Anschluss" Österreichs wurde Heer mehrmals verhaftet. Nach dem Krieg wurde er Redakteur der katholischen Wochenzeitschrift *Die Furche* und ab 1961 Chefdramaturg des Wiener Burgtheaters. Heer wurde vor allem durch seine kritische Auseinandersetzung mit der Rolle der Kirche im Nationalsozialismus bekannt.

HEIDEGGER, Martin *1889 †1976. Deutscher Philosoph. Heidegger, der an den Universitäten Marburg und Freiburg lehrte, zählte zu den bedeutendsten Philosophen seiner Zeit. Sein Hauptwerk *Sein und Zeit* hatte maßgeblichen Einfluss auf die Geistesgeschichte des 20. Jahrhundert.

HEIDEN, Konrad *1901 †1966. Deutscher Journalist und Schriftsteller. Als Journalist der *Frankfurter Zeitung* beobachtete Heiden den Aufstieg des Nationalsozialismus. Im Schweizer Exil veröffentlichte er 1936/37 eine zweibändige Hitlerbiografie, die als eine der ersten substanziellen Studien über Hitler gilt. 1940 ging er in die USA, wo er auch verstarb.

HELLRIEGEL, Martin B. *1890 †1981. US-amerikanischer katholischer Theologe deutscher Herkunft. Hellriegel war ein Vorkämpfer der Liturgischen Bewegung in den USA. Er war Mitherausgeber der Zeitschrift *Orate Fratres*, in der Reinhold viele Texte veröffentlichte, sowie Gründer und langjähriger Präsident der National Liturgical Conference.

HERBERMANN, Nanda *1903 †1979. Deutsche Schriftstellerin und Publizistin. Herbermann war die Privatsekretärin von Pater Friedrich Muckermann. Nach der Flucht Muckermanns ins holländische Exil übernahm sie die Schriftleitung seiner Zeitschrift *Der Gral*. 1941 wurde sie verhaftet und war bis zu ihrer Entlassung 1943 im KZ Ravensbrück inhaftiert.

HERMELINK, Heinrich *1877 †1958. Deutscher evangelischer Theologe und Kirchenhistoriker. Hermelink lehrte Kirchengeschichte in Bonn und Marburg. Bekannt geworden ist vor allem sein dreibändiges Werk *Das Christentum in der Menschheitsgeschichte von der Französischen Revolution bis heute*.

HERMENS, Ferdinand A. *1906 †1998. US-amerikanischer Politikwissenschaftler deutscher Herkunft. Hermens emigrierte 1934 in die USA, wo er zunächst an der Catholic University of America in Washington D.C. und dann an der University of Notre Dame lehrte. 1959 kehrte er nach Deutschland zurück und wurde Nachfolger von Heinrich Brüning auf dem Lehrstuhl für Politische Wissenschaften der Universität Köln. Nach seiner Emeritierung 1971 kehrte er in die USA zurück.

HERWEGEN, Ildefons (Peter) *1874 †1946. Deutscher katholischer Theologe und Benediktiner-Mönch. Herwegen, der seit 1913 dem Kloster Maria Laach als Abt vorstand, war ein bedeutender Förderer der liturgischen Erneuerung. 1931 gründete er die Benediktinerakademie für liturgische und monastische Forschung (seit 1948 Abt-Herwegen-Institut). Herwegen begrüßte zunächst die nationalsozialistische „Machtergreifung", bot aber dem von den Nationalsozialisten verfolgten Konrad Adenauer Unterschlupf in Maria Laach an, und distanzierte sich zunehmend vom Nationalsozialismus.

HERZ, Alice *1882 †1965. Deutsche Journalistin, Frauenrechtlerin und Pazifistin. Herz emigrierte 1933 aus Deutschland zunächst in die Schweiz und gelangte über Frankreich und Kuba 1942 in die USA. In den Vereinigten Staaten schloss sie sich den Quäkern an und engagierte sich in der Friedensbewegung. 1965 übergoss sie sich aus Protest gegen den Vietnamkrieg in Detroit mit Flüssiggas und zündete sich selbst an. Sie erlag noch am selben Tag ihren Verletzungen.

HESS, Rudolf *1894 †1987. Deutscher Politiker (NSDAP). Heß war seit 1933 Hitlers Stellvertreter in der NSDAP. 1941 sorgte sein Flug nach Großbritannien für Aufsehen, der angeblich zur Aufnahme von Friedensgesprächen dienen sollte. Heß wurde von dem Internationalen Militärgerichtshof in Nürnberg zu lebenslanger Haft verurteilt und verstarb durch Suizid im Gefängnis Berlin-Spandau.

HESSLEIN, Paul *1886 †1953. Deutscher Journalist und Politiker. Hesslein konvertierte 1905 vom jüdischen zum katholischen Glauben. Er arbeitete als Hauptschriftleiter der *Sächsischen Volkszeitung* und war für das Zentrum Abgeordneter im Sächsischen Landtag. 1928 wurde er Pressechef des Deutschen Beamtenbundes, eine Funktion, die er nach der nationalsozialistischen „Machtergreifung" aufgeben mußte. 1938 emigrierte er nach Chile, wo er als Wirtschaftsjournalist tätig war. 1952 kehrte er nach Deutschland zurück.

HEYDRICH, Reinhard *1904 †1942. Deutscher Politiker (NSDAP). Heydrich war Chef des Reichssicherheitshauptamtes und war maßgeblich für den nationalsozialistischen Völkermord verantwortlich. Als Statthalter für das Protektorat Böhmen und Mähren wurde er am 27. Mai 1942 durch ein Attentat tschechischer Partisanen schwer verletzt und erlag am 4. Juni in Prag seinen Verletzungen.

HIGGINS, George Gilmary *1916 †2002. US-amerikanischer katholischer Theologe. Higgins, genannt der „Arbeiterpriester", war langjähriger Direktor des Social Action Departements der National Catholic Welfare Conference (NCWC). Er war Mitglied zahlreicher sozialer und gewerkschaftlicher Einrichtungen und lehrte Ökonomie und Sozialpolitik an der Catholic University of America. Bekannt war auch seine in mehreren Zeitungen erscheinende Kolumne „The Yardstick". Im Jahr 2000 wurde ihm die höchste zivile Auszeichnung der USA verliehen, die Freiheitsmedaille.

HILDEBRAND, Dietrich von *1889 †1977. Deutscher Philosoph und Publizist. Hildebrand, der 1914 zum katholischen Glauben konvertierte, war Professor für Philosophie an der Universität München von 1918 bis 1933 und emigrierte nach der „Machtergreifung" nach Österreich. 1938 ging er nach Frankreich und 1940 über Portugal und Brasilien in die USA, wo er bis zu seiner Emeritierung an der Jesuiten-Hochschule Fordham University lehrte. Hildebrand gilt als einer der bedeutendsten katholischen Philosophen des 20. Jahrhunderts.

HIMMLER, Heinrich *1900 †1945. Deutscher Politiker (NSDAP), Reichsführer der SS (seit 1929), Chef der Gestapo (seit 1934) und Reichsinnenminister (seit 1943). Himmler war einer der Hauptakteure der NS-Vernichtungspolitik und Organisator des Holocaust. Im Mai 1945 entging er durch Suizid der Verhaftung durch die Alliierten.

HINDENBURG, Oskar von *1883 †1960. Deutscher Offizier und Politiker, Sohn von Reichspräsident Paul von Hindenburg. Aufgrund des altersbedingten Verfalls seines Vaters hatte er großen Einfluss auf den Reichspräsidenten, vor allem in den Jahren von 1932 bis 1934. Er riet seinem Vater zur Berufung Hitlers zum Reichskanzler.

HINDENBURG, Paul von *1847 †1934. Deutscher Offizier und Politiker. Generalfeldmarschall und Chef der Obersten Heeresleitung während des Ersten Weltkrieges und von 1925 bis 1934 Reichspräsident des Deutschen Reichs.

HINSLEY, Arthur Kardinal *1865 †1943. Britischer katholischer Theologe, Erzbischof von Westminster 1935 bis 1943.

HOEBEN, Hein *1899 †1942. Niederländischer Journalist. Hoeben war Leiter des Internationalen Pressebüros in Breda und einer der engsten Mitarbeiter und Vertrauten Friedrich Muckermanns. Hoeben wurde nach der Besetzung der Niederlande durch deutsche Truppen von der Gestapo verhaftet und nach Berlin überführt, wo er im Gefängnis zu Tode kam.

HUDAL, Alois C. *1885 †1963. Österreichischer katholischer Theologe. Nach Studium und Priesterweihe lehrte Hudal alttestamentarische Wissenschaften an der Universität Graz. 1923 wurde er zum Rektor des deutschen Priesterkollegs Santa Maria dell'Anima berufen, dem er bis 1952 vorstand. 1933 erhielt er durch Pius XII. die Bischofsweihe. Hudal wird bis heute kritisch gesehen, da er sich nach 1945 stark als Fluchthelfer für Nationalsozialisten engagierte.

HUGENBERG, Alfred *1865 †1951. Deutscher Politiker (DNVP) und Unternehmer. Mit seinem Medienkonzern, der fast die Hälfte der deutschen Presse- und Medienlandschaft in der Zeit der Weimarer Republik kontrollierte, und der dort verbreiteten konservativen und antisemitischen Agitation, hat Hugenberg zum Aufstieg des Nationalsozialismus beigetragen. Innerhalb der DNVP befürwortete er eine Zusammenarbeit mit der NSDAP. Nach der „Machtergreifung" gehörte er kurzzeitig dem Kabinett Hitler als Wirtschaftsminister an, spielte aber bald keine Rolle mehr.

HÜGEL, Friedrich Freiherr von *1852 †1925. Britischer Schriftsteller österreichischer Herkunft. Hügel war Laientheologe und katholischer Publizist, der Arbeiten zur Religionsphilosophie, zur Kirchengeschichte und zum Mystizismus verfasste.

HUSSERL, Edmund *1859 †1938. Deutscher Philosoph österreichisch-jüdischer Herkunft. Nach dem Studium beschäftigte sich Husserl zunächst mit Mathematik, wandte sich aber schließlich verstärkt philosophischen Fragen zu. Er lehrte als Ordinarius in Göttingen und Freiburg. Sein Konzept der Philosophie als „strenge Wissenschaft" hat die Geistesgeschichte des 20. Jahrhundert stark beeinflusst und wirkte vor allem auf Jean-Paul Sartre sowie seinen Schüler Martin Heidegger prägend.

HYNES, Emerson *1915 †1971. US-amerikanischer Soziologe und katholischer Aktivist. Hynes lehrte Soziologie an der St. Johns University in Minnesota und war Mitarbeiter von Senator Eugene McCarthy (Demokrat) von 1959 bis 1971.

INNITZER, Theodor Kardinal *1875 †1955. Österreichischer katholischer Theologe, Erzbischof von Wien von 1932 bis 1955. Innitzer bekleidete von 1911 bis 1932 eine Professur für neutestamentliche Exegese an der Universität Wien und war von 1929 bis 1930 Bundesminister für Soziale Verwaltung. 1938 begrüßte Innitzer zunächst den „Anschluss" Österreichs an das Deutsche Reich und unterschrieb ein Begleitschreiben zu einer „Feierlichen Erklärung zum Anschluss Österreichs" mit „Heil Hitler". Für dieses Verhalten wurde er von Papst Pius XI. gemaßregelt. In den folgenden Jahren opponierte er mehrmals gegen die Nationalsozialisten. 1940 gründete er die Erzbischöfliche Hilfsstelle für nichtarische Katholiken. Innitzer war ein eifriger Fürsprecher der liturgischen Erneuerung.

JONG, Johannes de *1885 †1955. Niederländischer katholischer Theologe, Erzbischof von Utrecht 1936 bis 1955. Während der deutschen Besatzung im Zweiten Weltkrieg organisierte de Jong den katholischen Widerstand in den Niederlanden.

JORDAN, Max *1895 †1977. US-amerikanischer Radiojournalist deutscher Herkunft. Jordan war Deutschlandkorrespondent für die NBC in den 1930er und 1940er Jahren, mit Hauptsitz in Basel. Der Katholik Jordan produzierte in späteren Jahren auch verstärkt religöse Programme.

JÜNGER, Ernst *1895 †1998. Deutscher Offizier und Schriftsteller. Jünger war Verfasser zahlreicher Novellen und phantastischer Erzählungen. Vor allem seine autobiografischen Kriegserinnerungen *In Stahlgewittern* wurden in nationalistischen und nationalsozialistischen Kreisen mit Begeisterung gelesen. In den 1930er Jahren distanzierte sich Jünger aber zusehends von der NS-Bewegung, die er als geistlos empfand.

JUNGMANN, Josef Andreas *1889 †1975. Österreichischer katholischer Theologe (Jesuit) und Liturgiewissenschaftler. Jungmann lehrte von 1925 bis 1956 an der Universität Innsbruck. Er war aktiv in der Liturgischen Bewegung tätig und saß in der Kommission für Liturgiereform des II. Vatikanischen Konzils.

KAAS, Ludwig *1881 †1952. Deutscher katholischer Theologe und Politiker. Kaas trat 1919 in das Zentrum ein, war Mitglied der Deutschen Nationalversammlung und von 1920 bis 1933 Reichstagsabgeordneter. 1928 wurde er Vorsitzender der Zentrumspartei und wirkte entscheidend beim Abschluss des Preußenkonkordats 1929 mit. Als Fraktionsvorsitzender des Zentrums stimmte Kaas dem „Ermächtigungsgesetz" zu. Anschließend begab er sich nach Rom, wo er sich vornehmlich archäologischen Studien widmete.

KARRER, Otto *1888, †1976. Deutscher katholischer Theologe und Schriftsteller. Karrer war Übersetzer und Herausgeber zahlreicher theologischer Werke sowie spiritueller Literatur. Er arbeitete lange Jahre an der Zeitschrift *Hochland* mit. 1928 ließ er sich als Schriftsteller in Luzern in der Schweiz nieder.

KELLER, Michael *1896 †1961. Deutscher katholischer Theologe. Keller war zunächst Pastor in Hamburg-Blankenese, dann Regens im Priesterseminar Osnabrück. 1947 wurde er als Nachfolger von Clemens August Kardinal Graf von Galen zum Bischof von Münster ernannt, ein Amt, welches er bis zu seinem Tod bekleidete.

KEOUGH, Francis Patrick *1890 †1961. US-amerikanischer katholischer Theologe, Bischof von Providence, Rhode Island, 1934 bis 1947, Erzbischof von Baltimore 1947 bis 1961.

KETTELER, Wilhelm Emmanuel Freiherr von *1811 †1877. Deutscher katholischer Theologe und Politiker (Zentrum), Bischof von Mainz von 1850 bis 1877. Als Gründer der Katholischen Arbeitnehmer-Bewegung (KAB) und Wegbereiter der Katholischen Soziallehre erhielt er den Beinamen „Arbeiterbischof".

KIRNBERGER, Ferdinand *1875 †1962. Deutscher Politiker (Zentrum). Kirnberger war zunächst Innenminister (1927) und dann Finanzminister (1928–1933) der hessischen Landesregierung unter Bernhard Adelung. Nach dem Ende des Zweiten Weltkrieges gehörte er zu den Mitbegründern der hessischen CDU.

KIROW, Sergei Mironowitsch *1886 †1934. Sowjetischer Staats- und Parteifunktionär, Mitglied des Politbüros und enger Vertrauter Stalins. Seine bis heute nicht restlos aufgeklärte Ermordung 1934 in Leningrad war einer der Anlässe für die stalinschen Säuberungen.

KIRSCH, Johannes Peter *1861 †1941. Deutscher katholischer Theologe und Archäologe. Kirch lehrte von 1898 bis 1932 Christliche Archäologie an der Universität Fribourg (Schweiz) und war seit 1925 Vorsteher des Päpstlichen Instituts für Archäologie.

KLAUSENER, Erich *1885 †1934. Deutscher Politiker (Zentrum). Klausener wurde 1926 Ministerialrat im preußischen Innenministerium. Er war maßgeblich an der Entstehung des Preußischen Polizeigesetzes beteiligt und ein strikter Verfechter der Bekämpfung von linker und rechter Gewalt. Klausener lehnte den Nationalsozialismus nicht gänzlich ab, kritisierte aber beim Katholikentag im Juni 1934 öffentlich die Ausgrenzung von Menschen anderer Weltanschauung und das rassistische Weltbild der Nationalsozialisten. Vermutlich war das der Auslöser für seine Ermordung am 30. Juni 1934 durch die SS.

KNAB, Otto M. *1905 †?. Deutscher Journalist. Knab war Mitarbeiter und Redakteur von katholischen Tageszeitungen. 1934 emigrierte er in die Schweiz, wo er zusammen mit Waldemar Gurian die *Deutschen Briefe* herausgab. 1939 ging er in die USA, wo er zunächst als Werftarbeiter und schließlich im Druckereigewerbe tätig war.

KÖNEKAMP, Friedrich R. *1897 †1977. Deutscher Maler, Schriftsteller und Pädagoge.

KOGON, Eugen *1903 †1987. Deutscher Publizist, Soziologe und Politikwissenschaftler. Kogon arbeitete in den 1920er und 1930er Jahren bei der katholischen Zeitschrift *Schönere Zukunft*. Bereits mehrmals verhaftet, kam er 1939 in das KZ Buchenwald. Nach seiner Entlassung 1945 wurde er Mitbegründer der *Frankfurter Hefte* und übernahm 1951 einen Lehrstuhl für Politische Wissenschaften an der Technischen Hochschule Darmstadt. Sein 1946 erstmals veröffentlichtes Buch *Der SS-Staat. Das System der deutschen Konzentrationslager* gilt als sein wichtigstes Werk.

KORRODI, Eduard *1885 †1955. Schweizer Journalist. Korrodi war von 1914 bis 1950 Feuilletonchef der *Neuen Züricher Zeitung* und einer der einflussreichsten Literaturkritiker der Schweiz.

KREUTZ, Benedikt *1879 †1949. Deutscher katholischer Theologe, Präsident des Deutschen Caritasverbandes (DCV) von 1921 bis 1949.

LAFARGE, John *1880 †1963. US-amerikanischer katholischer Theologe (Jesuit) und Publizist. LaFarge war aktiv in der amerikanischen Bürgerrechtsbewegung tätig und setzte sich gegen die Rassendiskriminierung ein.

LAMMERS, Hans Heinrich *1879 †1962. Deutscher Politiker (NSDAP). Nach der „Machtergreifung" wurde Lammers von Hitler zum Staatssekretär und Chef der Reichskanzlei ernannt. Nach dem Krieg wurde er von den Alliierten verhaftet und zu 20 Jahren Haft verurteilt, 1952 aber bereits wieder entlassen.

LANDMANN, Theo Maria *1903 †1978. Deutscher Kunstmaler, der vor allem für seine Glasmalarbeiten bekannt wurde.

LASKI, Harold *1893 †1950. Britischer Politikwissenschaftler, Ökonom und Publizist. Laski lehrte ab 1929 an der London School of Economics Politische Wissenschaften und war einer der einflussreichsten sozialistischen Denker Großbritanniens. Er war langjähriges Mitglied der Fabian Society und kurzeitig Vorsitzender der Labour Party.

LAVAL, Pierre Etienne *1883 †1945. Französischer Politiker. Laval war von 1942 bis 1944 Ministerpräsident Vichy-Frankreichs. Er hatte bereits zuvor eine enge Zusammenarbeit mit den Nationalsozialisten propagiert. Nach dem Ende des Krieges wurde er wegen Hochverrats verurteilt und hingerichtet.

LAVANOUX, Maurice *1894 †1974. Französischer Grafiker. Lavanoux ging 1928 in die USA und gründete die „Liturgical Arts Society". Ab 1931 gab er das Magazin *Liturgical Arts* heraus, das er vierzig Jahre lang leitete.

LAWRENCE, Emeric Anthony *1908 †1999. US-amerikanischer katholischer Theologe (Benediktiner) und Freund H. A. Reinholds.

LEBRET, Louis-Joseph *1897 †1966. Französischer katholischer Theologe (Dominikaner). Lebret war Gründer des Forschungszentrums für Wirtschaft und Humanismus (IRFED) in Paris.

LE FORT, Gertrud von *1876 †1971. Deutsche Schriftstellerin. Le Fort war eine der bekanntesten katholischen Schriftstellerinnen Deutschlands, die in ihren Büchern vornehmlich historische Themen verarbeitete.

LEGGE, Theodor *1889 †1969. Deutscher katholischer Theologe. 1923–1936 Generalsekretär des Bonifatiusvereins, 1925–1948 Generalsekretär der deutschen Katholikentage.

LEIBER, Robert *1887 †1967. Deutscher katholischer Theologe (Jesuit). Leiber war langjähriger Mitarbeiter und Privatsekretär Eugenio Pacellis, des späteren Papstes Pius XII.

LEWIS JR., Fulton *1903 †1996. US-amerikanischer Radiojournalist, der für seine antikommunistische und z. T. antisemitische Haltung bekannt war.

LEWIS, John Llewellyn *1880 †1969. US-amerikanischer Gewerkschaftsfunktionär. Lewis war einer der einflussreichsten Gewerkschaftsführer im Bereich der amerikanischen Bergbauindustrie Mitte des 20. Jahrhunderts. Er stand von 1920 bis 1960 als Präsident der United Mine Workers of America vor und war bekannt für seine rhetorische Aggressivität sowie seinen autokratischen Führungsstil.

LEWIS, Percy Wyndham *1882 †1957. Britischer Schriftsteller, Dichter und Maler. Lewis war Begründer der Kunstrichtung Vortizismus, wurde aber vorwiegend durch seine Kriegsgemälde bekannt.

LEY, Robert *1890 †1945. Deutscher Politiker (NSDAP) und Chef der der Deutschen Arbeiterfront (DAF). Nach dem Ende des Zweiten Weltkrieges wurde er vor dem Internationalen Militärgerichtshof in Nürnberg angeklagt, beging aber noch vor der Urteilsverkündung Suizid.

LIÉNART, Achille Kardinal *1884 †1973. Französischer katholischer Theologe, Bischof von Lille von 1928 bis 1968. Obwohl zunächst ein Unterstützer Pétains, gehörte er während der Besatzungszeit zu den Gegnern des Nationalsozialismus.

LORITZ, Alfred *1902 †1979. Deutscher Politiker (Wirtschaftliche Aufbau-Vereinigung). In den Jahren der Weimarer Republik war Loritz Mitglied der Wirtschaftspartei gewesen und floh 1939 in die Schweiz. Nach dem Ende des Zweiten Weltkrieges gründete er in Bayern die Wirtschaftliche Aufbau-Vereinigung (WAV), war Mitglied des Bayerischen Landtages und zeitweise Minister. Als er eine Fusion mit der Sozialistischen Reichspartei, eine Nachfolgepartei der NSDAP, anstrebte, wurde er aus der WAV ausgeschlossen.

LOWRIE, Walter *1868 †1959. US-amerikanischer Theologe (Episkopalkirche). Lowrie war von 1907 bis 1930 Rektor der amerikanischen St. Paulskirche in Rom. 1930 ging er an die Princeton University, wo er sich vor allem als Übersetzer der Werke Søren Kierkegaards einen Namen machte.

LUDENDORFF, Erich *1865 †1937. Deutscher Militär und Politiker. Ludendorff war Generalquartiermeister der deutschen Armee und Stellvertreter Hindenburgs bei der Obersten Heeresleitung. Nach dem Ende des Krieges wurde er eine Symbolfigur des völkischen Spektrums.

LUDWIG, Emil *1881 †1948. Deutscher Schriftsteller jüdischer Abstammung, der als Verfasser populärwissenschaftlicher Romanbiografien große Erfolge erzielte.

LUEGER, Karl *1844 †1910. Österreichischer Politiker und Gründer der Christlich-sozialen Partei. Lueger, von 1897 bis 1910 Bürgermeister von Wien, war berüchtigt für seinen Antisemitismus.

LÜTSCHES, Peter *1899 †1959. Deutscher Politiker (Zentrum, später CDU). Lütsches war kommunalpolitisch tätig und emigrierte 1935 nach Holland. Nach dem Ende des Krieges engagierte er sich im Verein der Verfolgten des Naziregimes und war kurzzeitig Abgeordneter des nordrhein-westfälischen Landtages.

LUTZE, Viktor *1890 †1943. Deutscher Politiker (NSDAP). Nach der Ermordung Röhms 1934 wurde Lutze Stabschef der SA und blieb es bis zu seinem Tod 1943 bei einem Verkehrsunfall.

MACKELS, Albert *1912 †2005. Deutscher katholischer Theologe, 1953 bis 1991 Pfarrer in Hamburg-Altona (St. Joseph, Große Freiheit).

MALENKOW, Georgi Maximilianowitsch *1901 †1988. Sowjetischer Politiker, Vertrauter Stalins und Mitarchitekt der stalinschen Säuberungen. Nach dem Tode Stalins wurde kurzzeitig Generalsekretär der KPDSU und damit Führer der Sowjetunion. 1957 versuchte er erfolglos Chruschtschow zu stürzen, wurde daraufhin verbannt und aus der KPDSU ausgeschlossen.

MARCANTONIO, Vito *1902 †1954. US-amerikanischer Politiker (Republikaner, später American Labor Party). Marcantonio war mit einer kurzen Unterbrechung von 1935 bis 1951 Kongressabgeordneter für den Staat New York. Er sympathisierte mit dem Kommunismus und war ein entschiedener Gegner von Senator Joseph McCarthy.

MARING, Albert *1883 †1943. Deutscher katholischer Theologe (Jesuit). Nach Studium (u. a. Naturwissenschaften bei Niels Bohr in Kopenhagen), Promotion und Priesterweihe wurde Maring Mitarbeiter der von Friedrich Muckermann herausgegebenen Monatszeitschrift für Dichtung und Leben *Der Gral*. 1941 wurde er auf Anordnung Heydrichs wegen „staatsfeindlicher und landesverräterischer Betätigung" in Lübeck verhaftet. Er verstarb am 8. April 1943 an Entkräftung im KZ Dachau.

MARITAIN, Jacques *1882 †1973. Französischer katholischer Theologe und Philosoph. Der Schüler von Henri Bergeson gehörte zu den einflussreichsten katholischen Denkern des 20. Jahrhunderts. Nicht nur seine Arbeiten über Thomas von Aquin wurden breit rezipiert, sondern auch seine Vorstellungen zu Menschenrechten und Humanismus. Er lehrte in Toronto, New York und Princeton. Maritain hatte großen Einfluss auf Waldemar Gurian, mit dem er in regen Briefverkehr stand.

MARSHALL, George *1880 †1959. US-amerikanischer Militär und Politiker (Demokrat). Marshall war Generalstabschef der US-Army während des Zweiten Weltkriegs. Unter Präsident Truman diente er als Außen- und Verteidigungsminister. Für die Organisation des sogenannten Marshallplans, der den wirtschaftlichen Wiederaufbau Europas und insbesondere Deutschlands nach dem Zweiten Weltkrieg regelte, erhielt er 1953 den Friedensnobelpreis.

MARTIMORT, Aimé-Georges *1911 †2000. Französischer katholischer Theologe. Martimort war Gründer und Direktor des Pastoralliturgischen Zentrums in Paris (1946–1964).

MARTINDALE, Cyril C. *1879 †1963. Britischer katholischer Theologe (Jesuit) und Publizist. Martindale war in der Soldaten- und Seemannsseelsorge tätig und war einer der Mitbegründer des Apostolate of the Sea. Darüber hinaus ist er als Verfasser zahlreicher religiöser und kirchengeschichtlicher Schriften hervorgetreten.

MARX, Wilhelm *1863 †1946. Deutscher Politiker (Zentrum). Marx stand 1923/24 sowie von 1926 bis 1928 insgesamt viermal einer deutschen Regierung als Reichskanzler vor. Als Kandidat für das Reichspräsidentenamt scheiterte er 1925 nur knapp gegen Paul von Hindenburg.

MATHIS, Michael Ambrose *1885 †1960. US-amerikanischer katholischer Theologe (Kongregation vom Heiligen Kreuz). Mathis engagierte sich aktiv in der Liturgischen Bewegung und gründete das Sommerprogramm für Liturgische Studien an der University of Notre Dame in Indiana, USA.

MAURIN, Peter (eigentlich Aristode Pierre) *1877 †1949. US-amerikanischer katholischer Aktivist französischer Herkunft. Maurin war in der Laienbewegung „Le Sillon" von Marc Segnier aktiv, von der er sich wegen ihrer zunehmend politischen Agitation enttäuscht abwandte. 1909 ging er nach Kanada, später in die USA. 1932 gründete er zusammen mit Dorothy Day die Zeitschrift *Catholic Worker,* aus deren Programmatik die gleichnamige sozialkatholische Bewegung hervorging, für die sich Maurin bis zu seinem Lebensende engagierte und die zu großen Teilen auf von ihm entwickelten Ideen basierte.

MAUSBACH, Joseph *1861 †1931. Deutscher katholischer Theologe und Politiker (Zentrum). Mausbach, Professor für Moraltheologie an der Universität Münster, war 1919/20 Mitglied der Weimarer Nationalversammlung und brachte maßgebliche Ideen im Bereich der Bildungs- und Schulpolitik in die Weimarer Verfassung ein.

MAYER, Rupert *1876 †1945. Deutscher katholischer Theologe (Jesuit) und Präses der Marianischen Männerkongregation. Während der Zeit des Nationalsozialismus gehörte Mayer dem katholischen Widerstand an und wurde mehrmals verhaftet und in Konzentrationslager gebracht. Er genoss schon zu Lebzeiten durch seine Fürsorgetätigkeit in München höchste Verehrung. Er verstarb kurz nach dem Ende des Zweiten Weltkrieges. 1987 wurde Mayer seliggesprochen.

MCAULIFFE, Maurice Francis *1875 †1944. US-amerikanischer katholischer Theologe, Bischof von Hartford, Connecticut, von 1934 bis 1944.

MCCARTHY, Eugene *1916 †2005. US-amerikanischer Politiker (Demokrat), Senator des Staates Minnesota von 1959 bis 1971. Als Repräsentant des „linken" Flügels der Demokraten wurde er vornehmlich als Kritiker des Vietnam-Kriegs bekannt.

MCCARTHY, Joseph Raymond. *1908 †1957. US-amerikanischer Politiker (Republikaner), Senator des Staates Wisconsin von 1947 bis 1957. McCarthy wurde vor allem durch seine Kampagne gegen die angebliche Unterwanderung der USA durch Kommunisten bekannt. Er gab der sogenannten McCarthy-Ära der frühen 1950er Jahre seinen Namen, in der antikommunistische Verschwörungstheorien und Denunziationen das politische Klima in den USA bestimmten.

MCDONALD, Andrew Thomas *1871 †1950. Schottischer katholischer Theologe, Erzbischof von Saint Andrews und Edinburgh von 1929 bis 1950.

MCINTYRE, James Francis Louis Kardinal *1886 †1979. US-amerikanischer katholischer Theologe, Erzbischof von Los Angeles von 1948 bis 1970.

MCLUHAN, Herbert Marshall *1911 †1980. Kanadischer Medienwissenschaftler. Der zum katholischen Glauben konvertierte McLuhan zählt zu den bedeutendsten Medienwissenschaftlern des 20. Jahrhunderts, der u. a. Wortschöpfungen wie „Software" und „globales Dorf" prägte.

MCNABB, Vincent *1868 †1943. Irischer katholischer Theologe. McNabb setzte sich besonders für die Ökumene zwischen Katholiken und Anglikanern ein und engagierte sich in der Armenfürsorge.

MCSORLEY, Joseph *1876 †1963. US-amerikanischer katholischer Theologe (Paulist). McSorley, von 1924 bis 1929 Generalsuperior der Paulisten, war geistlicher Berater von Dorothy Day und Mitarbeiter der Zeitschrift *Catholic Worker*.

MECHLIS, Lew Sacharowitsch *1889 †1953. Sowjetischer Politiker und Publizist (u. a. Herausgeber der *Prawda*). Mechlis gehörte während des Zweiten Weltkrieges zu den berüchtigtsten Politkommissaren der Roten Armee.

MEINERTZ, Max *1880 †1965. Deutscher katholischer Theologe. Meinertz lehrte von 1909 bis zu seiner Emeritierung neutestamentaliche Wissenschaften an der Universität Münster.

MENKEN, Helen *1901 †1966. US-amerikanische Schauspielerin, die vor allem Erfolge auf der Bühne feierte.

MEYENDORFF, John (eigentlich Iwan Feofilowitsch von Meyendorff) *1926 †1992. US-amerikanischer orthodoxer Theologe französisch-russischer Herkunft. Meyendorff galt als einer der besten Kenner der orthodoxen Kirchen- und Theologiegeschichte. Er lehrte Kirchengeschichte und Byzantinistik u. a. in Harvard und an der Columbia University. Er vertrat zudem die Orthodoxe Kirche von Amerika im Zentralkomitee des Weltkirchenrates.

MICHEL, Dom Virgil *1890 †1938. US-amerikanischer katholischer Theologe (Benediktiner). Maßgeblicher Förderer der Liturgischen Bewegung in den USA und Gründer der liturgischen Zeitschrift *Orate Fratres*.

MINIHAN, Jean Jeremiah Francis *1903 †1973. US-amerikanischer katholischer Theologe, Weihbischof von Boston 1954 bis 1973.

MISES, Ludwig Heinrich Edler von *1881 †1973. Österreichischer Wirtschaftswissenschaftler. Mises war zusammen mit seinem Mitarbeiter und Schüler Friedrich von Hayek einer der wichtigsten Vertreter der liberalen Österreichischen Schule der Nationalökonomie im 20. Jahrhundert. Er lehrte an den Universitäten Wien und Genf, bevor er 1940 in die USA emigrierte, wo er an der New York University wirkte.

MOLLOY, Thomas Edmund *1885 †1956. US-amerikanischer katholischer Theologe, Bischof von Brooklyn, New York, 1921 bis 1956.

MOSCHNER, Johannes *1904 †1993. Deutscher katholischer Theologe, Pastor in Hamburg-Rahlstedt 1930–1938, Pastor in Mölln 1938–1989.

MUCKERMANN, Friedrich Johannes *1883 †1946. Deutscher katholischer Theologe (Jesuit) und Publizist. Zunächst als Feldgeistlicher tätig, war Muckermann nach dem Ende des Ersten Weltkrieges Herausgeber der Zeitschrift *Der Gral* und wirkte als Redner und Autor. Er warnte in seinen Schriften vor der Gefahr sowohl des Nationalsozialismus als auch des Bolschewismus. Nach der nationalsozialistischen „Machtergreifung" musste Muckermann in die Niederlande emigrieren. 1938 ging er von dort nach Paris und schließlich 1943 in die Schweiz. Auch im Exil blieb er weiterhin publizistisch tätig. Er war Bruder des Jesuiten (später ausgetreten) und Rassenhygienikers Hermann Muckermann (1877–1962) und des Zentrum- bzw. späteren CDU-Politikers Richard Muckermann (1891–1981).

MUENCH, Aloysius Joseph Kardinal *1889 †1962. US-amerikanischer katholischer Theologe, Bischof von Fargo, North Dakota, von 1935 bis 1959. Der deutschstämmige

Muench wurde 1951 vom Heiligen Stuhl zum Apostolischen Nuntius in Deutschland ernannt, ein Amt, welches er bis 1959 innehatte.

MÜLLER, Ludwig *1883 †1945. Deutscher evangelischer Theologe. Der langjährige Marine- und Wehrkreispfarrer trat 1931 in die NSDAP ein und avancierte zu einer der Führungspersönlichkeiten der sogenannten Deutschen Christen, die eine Verbindung zwischen Nationalsozialismus und Christentum suchten. 1933 wurde er zum Reichsbischof ernannt, hatte aber im polykratischen NS-Staat kaum Einfluss. Er starb 1945 vermutlich an den Folgen eines Selbstmordversuches.

MÜNCH, Franz Xaver *1883 †1940. Deutscher katholischer Theologe, Prälat. Münch wurde 1916 zum Generalsekretär des Katholischen Akademikerverbandes Deutschland (KAV) ernannt, den er bis zu Zwangsauflösung 1938 durch die Nationalsozialisten führte.

MUNDELEIN, George William Kardinal *1872 †1939. US-amerikanischer katholischer Theologe, Erzbischof von Chicago von 1915 bis 1939. Mundelein galt innerhalb des amerikanischen Episkopates als Vertreter des arbeitnehmernahen Flügels.

MURPHY, Joseph Stanley *1904 †1983. Kanadischer katholischer Theologe (Kongregation der Basiliuspriester). Murphy lehrte von 1931 bis 1983 am Assumption College in Windsor, Ontario. Er war Gründer der Christian Culture Series, durch die er jedes Jahr bedeutende Künstler, Sänger, Dichter und Schriftsteller in die Detroit-Windsor-Region holte.

MUTH, Carl *1867 †1944. Deutscher katholischer Publizist. Muth gründete 1903 die Monatszeitschrift *Hochland*, die zu einer der bedeutendsten deutschen katholischen Zeitschriften avancierte und 1941 von den Nationalsozialisten verboten wurde.

MUTSCHMANN, Martin *1879 †1947. Deutscher Politiker (NSDAP). Mutschmann war Reichsstatthalter von Sachsen von 1933 bis 1945 und seit 1936 zusätzlich sächsischer Ministerpräsident. Er wurde 1947 in Russland zum Tode verurteilt und hingerichtet.

MYERS, Edward *1875 †1956. Britischer katholischer Theologe, Weihbischof von Westminster von 1932 bis 1951 sowie Koadj. Erzbischof von Westminster von 1951 bis 1956.

NATHEM, Wilhelm *1889 †1961. Deutscher katholischer Theologe (Pallottiner). Nathem war von 1928 bis 1941 beim Raphaelsverein in Hamburg tätig und wirkte danach als Seelsorger in Hamburg.

NEURATH, Konstantin Freiherr von *1873 †1956. Deutscher Politiker (zunächst parteilos, ab 1937 Mitglied der NSDAP). Nach langjähriger Tätigkeit im Diplomatischen Dienst wurde von Neurath auf Wunsch von Hindenburgs 1932 Reichsaußenminister. Er behielt diesen Posten auch unter Hitler, wurde aber 1938 durch Ribbentropp ersetzt. Neurath, der von 1939 bis 1941 Reichsprotektor von Böhmen und Mähren war, wurde vor dem Internationalen Militärgerichtshof in Nürnberg angeklagt und zu 15 Jahren Gefängnis verurteilt. 1954 wurde er aus der Haft entlassen.

NEWMAN, John Henry Kardinal *1801 †1890. Britischer katholischer Theologe. Newman war zunächst anglikanischer Pfarrer an der Universitätskirche von Oxford und Dozent der Kirche von England. 1845 konvertierte er vom Anglikanismus zum Katholizismus. Der für seine Intellektualität gerühmte Newman wurde vor allem durch seine Schriften und seinen vielfältigen Briefverkehr bekannt. 1879 wurde er zum Kardinal ernannt.

NIEBUHR, Reinhold *1892 †1971. US-amerikanischer protestantischer Theologe und Philosoph. Niebuhr sowie sein theologisches und philosophische Denken, vor allem sein Diktum von einer realistischen Außenpolitik auf christlicher Grundlage, hatte großen Einfluss auf den amerikanischen Liberalismus und die amerikanische Politik des 20. Jahrhunderts.

NIEMÖLLER, Martin *1892 †1984. Deutscher evangelischer Theologe. Niemöller trat nach dem Abitur zunächst in die Kaiserliche Marine ein und diente während des Ersten Weltkriegs als U-Bootoffizier. Nach dem Ende des Krieges kämpfte er in Freikorps und studierte schließlich Theologie. Niemöller vertrat in dieser Zeit dezidierte nationalkonservative Positionen. Er begrüßte zunächst den Nationalsozialismus und engagierte sich für eine Annäherung an die Deutschen Christen. Im Zuge der eskalierenden Rassenpolitik der Nationalsozialisten und des Kirchenkampfes wandelte sich Niemöller aber zu einem entschiedenen Gegner des Nationalsozialismus und war einer der führenden Persönlichkeiten der Bekennenden Kirche. Von 1937 bis 1945 befand er sich in KZ-Haft. Nach dem Ende des Krieges engagierte er sich in der Friedens- und Anti-Atomkraftbewegung und war Präsident im Weltrat der Kirchen (heute: Ökumenischer Rat der Kirchen).

NIETZSCHE, Friedrich * 1844 †1900. Deutscher Philosoph. Nietzsches Philosophie, welche eine fundamentale Kritik an Moral, Religion und Wissenschaft beinhaltet, hat ganz maßgeblich die Geistesgeschichte des 19. und 20. Jahrhundert beeinflusst. Autor und Werk sind bis heute Ausgangspunkt zahlreicher Analysen und Kontroversen.

NOLL, John Francis *1875 †1956. US-amerikanischer katholischer Theologe, Bischof von Fort Wayne, Indiana, von 1924 bis 1956.

O'CONNELL, William Henry Kardinal *1859 †1944. US-amerikanischer katholischer Theologe, Bischof von Portland 1901 bis 1906, Erzbischof von Boston von 1907 bis 1944. O'Connell war einer der einflussreichsten amerikanischen Bischöfe, der über sehr gute politische Kontakte verfügte.

OESTERREICHER, Johannes *1904 †1993. Österreichischer katholischer Theologe jüdischer Herkunft. Als Sohn jüdischer Eltern in Libau (Mähren) geboren, konvertierte Oesterreicher zum Katholizismus und wurde 1927 zum Priester geweiht. 1934 gründete er in Wien die Zeitschrift *Erfüllung* zur Verbesserung des Verhältnisses zwischen Juden und Christen. 1938 flüchtete Oesterreicher über die Schweiz nach Frankreich und emigrierte 1940 in die USA. Er engagierte sich weiterhin im christlich-jüdischen Dialog und nahm am II. Vatikanischen Konzil teil.

O'HARA, Edwin Vincent *1881 †1956. US-amerikanischer katholischer Theologe, Bischof von Great Falls, Montana, von 1930 bis 1939, Bischof von Kansas City von 1939 bis 1954.

O'KEEFE, Vincent *1920. US-amerikanischer katholischer Theologe (Jesuit). O'Keefe stand lange Jahre der Fordham University als Vizepräsident bzw. Präsident vor.

O'MALLEY, Frank Ward *1875 †1932. US-amerikanischer Journalist. Bekannt wurde O'Malley vor allem als Reporter der Zeitung *New York Sun*.

ORSENIGO, Cesare *1873 †1946. Italienischer katholischer Theologe. Als Nachfolger Eugenio Pacellis war Orsenigo Apostolischer Nuntius in Deutschland von 1930 bis 1945.

OZENFANT, Amédée *1886 †1966. Französischer Kunstmaler. Ozenfant war zusammen mit Le Corbusier Begründer der Kunstrichtung des Purismus, in der sich ästhetische Ansprüche und die Merkmale der Maschinenwelt vereinigen sollten.

PACELLI, Eugenio *1876 †1958, Papst Pius XII. 1939–1958. Italienischer katholischer Theologe. Pacelli war von 1920 bis 1930 Apostolischer Nuntius in Deutschland und von 1930 bis 1939 Kardinalstaatssekretär des Heiligen Stuhls. 1939 wurde er zum Papst gewählt.

PAPEN, Franz von *1879 †1969. Deutscher Politiker (Zentrum, 1932 ausgetreten). Papen war Reichskanzler von Juni bis November 1932 und Vizekanzler unter Hitler von Januar 1933 bis August 1934. Den „Säuberungen" des 30. Juni 1934 im Rahmen des „Röhm-Putsches" entgangen, wurde von Papen 1936 zum deutschen Botschafter in Wien ernannt. Nach dem „Anschluss" Österreichs wurde er Botschafter in der Türkei. Nach seiner Heimkehr aus amerikanischer Kriegsgefangenschaft wurde er 1946 vom Internationalen Militärgerichtshof in Nürnberg zwar freigesprochen, 1947 jedoch in einem Spruchkammerverfahren zu acht Jahren Arbeitslager verurteilt, aus dem er aber bereits 1949 entlassen wurde.

PARETO, Vilfredo Frederico (gebürtig Wilfried Fritz Pareto) *1848 †1923. Italienischer Ingenieur, Ökonom und Soziologe. Er gilt als Vertreter der Lausanner Schule der Neoklassik und machte sich als Begründer der Wohlfahrtsökonomie einen Namen, später hat er sich aber vor allem soziologischen und politikwissenschaftlichen Fragestellungen zugewandt. Aufgrund seiner starken Rezeption im italienischen Faschismus galt Pareto als „faschismus-nah", was in der heutigen Forschung aber differenzierter wahrgenommen wird.

PARSCH, Pius *1894 †1954. Österreichischer katholischer Theologe und Augustiner-Chorherr im Stift Klosterneuburg bei Wien. Parsch war einer der Begründer der volksliturgischen Bewegung in Österreich.

PASCHER, Joseph *1893 †1979. Deutscher katholischer Theologe, Liturgie- und Religionswissenschaftler. Pascher lehrte an den Universitäten München (1936–1939, 1946–1960) und Münster (1940–1946) Pastoraltheologie und Liturgiewissenschaft. Zu seinen Schülern gehörte u. a. Joseph Ratzinger, der spätere Papst Benedikt XVI. Nach seiner Emeritierung war er theologischer Berater beim II. Vatikanischen Konzil und wirkte führend bei der Umsetzung der Liturgiereform in Deutschland mit.

PEERS, Edgar Allison *1891 †1952. Britischer Hispanist und langjähriger Professor an der Universität Liverpool. Verfasser zahlreicher Studien zur spanischen Mystik und Übersetzer des Gesamtwerks von Johannes vom Kreuz sowie der Heiligen Theresia.

PELIKAN, Jaroslav *1923 †2006. US-amerikanischer Historiker und Religionswissenschaftler slowakisch-serbischer Herkunft. Pelikan lehrte an der Valparaiso University, Indiana, an der University of Chicago und ab 1962 an der Yale-University. Er galt als einer der besten Kenner der Theologiegeschichte und der Geistesgeschichte des frühen Mittelalters. Als Herausgeber betreute er die Religions-Sektion der Encyclopedia Britannica. 1998 konvertierte er vom lutherischen zum orthodoxen Glauben.

PENDERGAST, Thomas *1873 †1945. US-amerikanischer Politiker (Demokrat). Pendergast war Chef der Demokraten in Kansas City, Missouri, zu Beginn des 20. Jahrhunderts und hatte enge Verbindungen zur Unterwelt. Er hat maßgeblich die Karriere Harry Trumans gefördert, der, bevor er Vizepräsident und Präsident der USA wurde, von 1935 bis 1945 Senator von Missouri im amerikanischen Kongress war.

PÉTAIN, Henri Philippe *1856 †1951. Französischer Militär und Staatsmann. Als Oberbefehlshaber der französischen Truppen bei der Verteidigung von Verdun genoss Pétain kultische Verehrung bei der französischen Bevölkerung. Der bereits in den 1930er Jahren rechte und antiparlamentarische Kräfte unterstützende Pétain stand nach der französischen Niederlage 1940 dem Vichy-Regime zunächst als Ministerpräsident und dann als Staatschef vor. Nach dem Ende des Zweiten Weltkrieges wurde er zum Tode verurteilt, die Strafe wurde allerdings von Charles de Gaulle in lebenslängliche Haft umgewandelt.

PETERSON, Erik *1890 †1960. Deutscher Theologe und Historiker. Ab 1920 Professor in Bonn, erregte er mit seinen brillanten Traktaten großes Aufsehen. 1930 konvertierte

Peterson in Rom zum katholischen Glauben. Von 1933 bis kurz vor seinem Tod lebte er mit seiner Familie in Rom. 1935 erschien sein Buch *Der Monotheismus als politisches Problem*. Er lehrte am Päpstlichen Institut für Archäologie und hielt Vorlesungen an den Universitäten in Rom und Mailand. Nach längerer Krankheit starb er 1960 in seiner Heimatstadt Hamburg. Sein Grab befindet sich auf dem Campo Verano in Rom.

PICARD, Max *1888 †1965. Schweizer Arzt und Schriftsteller. 1918 gab er seine Tätigkeit als Arzt auf und ließ sich als freier Schriftsteller im Tessin nieder. Er verfasste vor allem konservativ-religiöse Werke zur Kulturphilosophie.

PINSK, Johannes *1891 †1957. Deutscher katholischer Theologe. Pinsk war einer der führenden Persönlichkeiten in der Liturgischen Bewegung in Deutschland. Neben seiner Tätigkeit als Pfarrer und Seelsorger lehrte er an der Hochschule für Musik Berlin sowie an der Freien Universität Berlin.

PLANCK, Erwin *1893 †1945. Deutscher Politiker (parteilos) und Widerstandskämpfer. Der Sohn des Physikers Max Planck war ein enger Freund Kurt von Schleichers, der ihn 1920 als Beamten ins Reichswehrministerium berief. 1926 wurde Planck Regierungsrat und 1932 unter Papen und Schleicher zum Staatssekretär im Reichskanzleramt ernannt. Nach dem Sturz von Schleichers 1933 wurde er entlassen. Planck gehörte zum Widerstandskreis um Ulrich von Hassel und Ludwig Beck. 1944 wurde er verhaftet, vom Volksgerichtshof zum Tode verurteilt und in Berlin-Plötzensee hingerichtet.

POINCARÉ, Raymond *1860 †1934. Französischer Politiker. Poincaré stand mehreren französischen Regierungen als Ministerpräsident vor (1912–1913, 1922–1924, 1926–1929) und war von 1913 bis 1918 Präsident Frankreichs.

PORTER, H. Boone *1923 †1999. US-amerikanischer Theologe (Episkopalkirche), Kirchenhistoriker und Liturgiker. Porter, der 1976 eine maßgebliche Revision des *Book of Common Prayer* veröffentlichte, lehrte als Professor am General Theological Seminary in New York.

PROBST, Adalbert *1900 †1934. Deutscher katholischer Jugendfunktionär. Probst, der nach dem Ende des Ersten Weltkrieges im Freikorps Dienst tat, wurde nach Funktionen im Katholischen Jungmännerverbands (KJMV) im Dezember 1933 zum Reichsführer der Deutschen Jugend Kraft (DJK), dem Dachverband der katholischen Turn- und Sportvereine, ernannt. Am 2. Juli 1934 wurde er von den Nationalsozialisten im Zuge des „Röhm-Putsches" aus bisher nicht restlos geklärten Gründen ermordet.

PRZYWARA, Erich *1889 †1972. Deutscher katholische Theologe (Jesuit) und Philosoph. Przywara war langjähriges Redaktionsmitglied und später Schriftleiter der Zeitschrift *Stimmen der Zeit*, die von den Jesuiten herausgegeben wurde. Er verfasste darüber hinaus zahlreiche religionsphilosophische und kirchengeschichtliche Werke.

PÜNDER, Hermann *1888 †1976. Deutscher Politiker (Zentrum, später CDU). Pünder war von 1926 bis 1932 Staatssekretär in der Reichskanzlei. Danach war er kurzzeitig Regierungspräsident von Münster, wurde aber 1933 von den Nationalsozialisten aus dem Staatsdienst entlassen. Nach dem 20. Juli 1944 verhaftete die Gestapo Pünder und brachte ihn nach Buchenwald bzw. Dachau. Nach 1945 gehörte er zu den Mitbegründern der CDU in Westfalen, amtierte von 1945 bis 1948 als Oberbürgermeister von Köln und war von 1949 bis 1957 Abgeordneter des Deutschen Bundestages.

QUASTEN, Johannes *1900 †1987. Deutscher katholischer Theologe. Nach Studium, Priesterweihe, Promotion und Habilitation lehrte Quasten an der Universität Münster. Nach Auseinandersetzungen mit dem nationalsozialistischen Regime verließ er 1937

Deutschland und ging nach Rom. Durch Vermittlung Eugenio Pacellis erhielt er eine Professur an der Catholic University of America in Washington D.C., wo er dreißig Jahre tätig war.

QUENTIN, Henri (Bertinus) *1872 †1935. Französischer katholischer Theologe (Benediktiner). Quentin wurde 1923 Mitglied der Päpstlichen Akademie für Archäologie und war seit 1926 Professor am Institut für christliche Archäologie. 1934 amtierte Quentin als erster Abt der Abtei San Girolamo in Rom.

QUISLING, Vidkun *1887 †1945. Norwegischer faschistischer Politiker. Quisling kollaborierte nach der Besetzung Norwegens 1940 mit den Nationalsozialisten und war von 1942 bis 1945 Ministerpräsident Norwegens. Nach dem Krieg wurde er wegen Hochverrats verurteilt und hingerichtet. Der Name Quisling ist zum Synonym für Kollaboration geworden und ist in dieser Wortbedeutung in vielen Sprachen eingegangen.

RAFFL, Johannes *1858 †1927. Österreichischer katholischer Theologe. Raffl war von 1921 bis zu seinem Tod Bischof des Bistums Brixen.

RAGAZ, Leonhard *1868 †1945. Schweizer Theologe (Reformiert) und Mitbegründer der Religiös-sozialen Bewegung in der Schweiz. Nach dem Studium war Ragaz Pfarrer in Flerden und Basel. 1908 übernahm er einen Lehrstuhl an der Theologischen Fakultät der Universität Zürich, denn er 1921 wieder aufgab, um sich verstärkt der Arbeiterbildung und den Interessen der Arbeiterschaft zu widmen.

RAUSCHNING, Hermann *1887 †1982. Deutscher Politiker (NSDAP) und Faschismustheoretiker. 1926 in die NSDAP eingetreten, wurde Rauschning, ein studierter Germanist und Musikwissenschaftler, 1933 Präsident des Danziger Senats und damit Regierungschef der Freien Stadt Danzig. Bereits 1934 gab er das Amt wegen inhaltlicher Differenzen wieder auf und trat aus der NSDAP aus. 1936 emigrierte er in die Schweiz und gelangte über die Stationen Frankreich und Großbritannien 1941 in die USA, wo er sich als Farmer niederließ. Darüber hinaus war Rauschning publizistisch tätig und entwickelte eine Faschismustheorie und -kritik aus konservativ-christlicher Sicht. Bekannter aber ist das von ihm verfasste Buch *Gespräche mit Hitler*, welches, obwohl für lange Zeit als Quelle ersten Ranges angesehen, inzwischen als Fälschung entlarvt worden ist.

READY, Michael Joseph *1893 †1957. US-amerikanischer katholischer Theologe und Bischof von Columbus, Ohio, von 1944 bis 1957.

REUTER, Fritz *1810 †1874. Deutscher Schriftsteller. Reuter war einer der bedeutendsten niederdeutschen Erzähler seiner Zeit.

ROOSEVELT, Eleanor *1884 †1962. US-amerikanische Menschenrechtsaktivistin und Diplomatin, Ehefrau des amerikanischen Präsidenten Franklin D. Roosevelt (1882–1945).

ROSENBERG, Alfred *1893 †1946. Deutscher Politiker (NSDAP). Rosenberg galt als „Chefideologe" der NSDAP. Er war Schriftleiter des *Völkischen Beobachter*s und Gründer des „Kampfbundes für deutsche Kultur". Sein 1930 veröffentlichtes Buch *Der Mythus des 20. Jahrhunderts* sollte ein Grundlagenwerk zur nationalsozialistischen Ideologie sein, wurde aber selbst von hochrangigen Nationalsozialisten nicht ernst genommen. 1934 wurde er von Hitler zum Beauftragten des Führers für die ideologische Überwachung der Partei ernannt und zusätzlich 1941 zum Reichsminister für die besetzten Ostgebiete, wo er eine „Germanisierung" bei gleichzeitiger systematischer Vernichtung der jüdischen Bevölkerung anstrebte. Im Prozess vor dem Internationalen Militärgerichtshof wurde Rosenberg 1946 zum Tode verurteilt und hingerichtet.

ROSSAINT, Joseph Cornelius *1902 †1991. Deutscher katholischer Theologe und Politiker (Zentrum). Neben dem Studium der Katholischen Theologie war Rossaint politisch im Zentrum aktiv. Nach der „Machtergreifung" engagierte er sich im Widerstand und suchte in dieser Beziehung auch die Zusammenarbeit mit kommunistischen Kräften. 1937 war er Hauptangeklagter im sogenannten „Berliner Katholikenprozess". Wegen „versuchter Bildung einer Einheitsfront von Katholiken und Kommunisten" wurde er zu 10 Jahren Zuchthaus verurteilt. Nach der Haftentlassung 1945 quittierte Rossaint den Priesterdienst, engagiert sich aber weiterhin politisch, u. a. im Bund Christlicher Sozialisten und in der Vereinigung der Verfolgten des Naziregimes, dessen langjähriger Präsident er war.

RÖHM, Ernst Julius *1887 †1934. Deutscher Politiker (NSDAP). Als Chef der SA war Röhm einer der führenden Funktionäre in der Frühzeit des Nationalsozialismus. Als innenpolitischer Rivale Hitlers, vor allem als Repräsentant des linken, sozialrevolutionären Flügels der NSDAP, wurde Röhm in der sogenannten „Nacht der langen Messer" am 30. Juni 1934 von SS-Truppen ermordet. Die Mordaktion sollte einem angeblichen Putsch Röhms zuvorkommen.

RÖSSLER, Rudolf *1897 †1958. Deutscher Verleger, Autor und Theaterkritiker. Rössler emigrierte 1933 in die Schweiz nach Luzern, wo er den Vita Nova-Verlag gründete. Während des Zweiten Weltkrieges war Rössler als Spion tätig, wobei Ausmaß und Wirkung seiner Tätigkeit bis heute ungeklärt sind.

RUBLEE, George *1868 †1957. US-amerikanischer Diplomat und Lobbyist. Rublee war finanzpolitischer und politischer Berater mehrerer US-Präsidenten. In den Jahren 1938 und 1939 leitete er das „Intergovernmental Committee on Political Refugees".

RUDLOFF, Johannes von *1897 †1978. Deutscher katholischer Theologe. Zunächst Rektor am Marienkrankenhaus Hamburg war Rudloff von 1934 bis 1950 Pfarrer in St. Antonius, Hamburg-Winterhude. 1950 wurde er unter Berning Weihbischof von Osnabrück und war 1967 bis 1975 Bischofsvikar mit Sitz in Hamburg.

RUDOLF, Karl *1886 †1964. Österreichischer katholischer Theologe. Rudolf war Gründer des katholischen Jugendbundes „Neuland".

RUFFINI, Angelo Romano Ernesto Kardinal *1888 †1967. Italienischer katholischer Theologe. Nach langer Tätigkeit in der Kurie wurde Ruffini 1945 zum Erzbischof von Palermo ernannt, eine Position, die er bis zu seinem Tode innehatte.

RUMMEL, Joseph Francis *1876 †1964. US-amerikanischer katholischer Theologe, Bischof von Omaha, Nebraska, von 1928 bis 1935, und Erzbischof von New Orleans, Louisiana, von 1935 bis 1964.

SALIÈGE, Jules-Gerard Kardinal *1870 †1956. Französischer katholischer Theologe, Bischof von Gap von 1925 bis 1928 und Erzbischof von Toulouse von 1928 bis 1956. Saliège gehörte während der deutschen Besatzung zu den striktesten Gegnern des Nationalsozialismus, der mehrmals in öffentlichen Reden die Behandlung der französischen Juden durch die Nationalsozialisten kritisierte.

SANGNIER, Marc *1873 †1950. Französischer katholischer Theologe, Parlamentarier und Journalist. Sangnier versuchte den Katholizismus mit den Ideen der Französischen Republik zu vereinen und gründete die liberal-katholische Bewegung „Le Sillon" (Die Furche). 1910 wurde er von Papst Pius X. gemaßregelt, dem er sich auch fügte. Nach dem Ersten Weltkrieg war er als Publizist und Abgeordneter der französischen Nationalversammlung tätig. Während des Zweiten Weltkrieges wurde er von Gestapo inhaftiert, weil er sich publizistisch in den Dienst der Résistance gestellt hatte.

SARTO, Giuseppe *1835 †1914, Papst Pius X. 1903–1914. Italienischer katholischer Theologe, Bischof von Mantua von 1884 bis 1893, Erzbischof und Patriarch von Venedig von 1893 bis 1903. 1903 wurde Sarto zum Papst gewählt.

SARTORY, Thomas *1925 †1982. Deutscher katholischer Theologe (Benediktiner). Sartory wirkte von 1947 bis 1967 im Kloster Niederaltaich. 1967 wurde er laisiert und war danach freiberuflich als Publizist und Schriftsteller tätig.

SCHACHT, Hjalmar *1877 †1970. Deutscher Bankier und Politiker (parteilos). Schacht war als Reichsbankpräsident von 1923 bis 1930 maßgeblich an der Währungsstabilisierung nach der Inflationszeit 1922/23 beteiligt. Unter Hitler wurde er 1933 erneut zum Reichsbankpräsidenten ernannt und hatte zudem von 1934 bis 1937 das Amt des Reichswirtschaftsministers inne. 1939 wurde er wegen seiner kritischen Haltung zur Rüstungs- und Finanzpolitik als Reichsbankpräsident entlassen. Als Mitverschwörer des 20. Juli 1944 wurde er verhaftet und war bis Kriegsende in den KZ's Ravensbrück und Flossenbürg inhaftiert. Als Angeklagter vor dem Internationalen Militärgerichtshof in Nürnberg wurde er in allen Punkten frei gesprochen.

SCHAEPER, Paul *1895 †1974. Deutscher katholischer Theologe, 1947 bis 1960 Regens des Priesterseminars Osnabrück.

SCHAUMANN, Ruth *1899 †1975. Deutsche Lyrikerin, Dichterin, Bildhauerin und Zeichnerin. Die gehörlose Künstlerin konvertierte 1924 zum katholischen Glauben. Ihre Kunst galt unter den Nationalsozialisten als „entartet".

SCHEIWILER, Alois *1872 †1938. Schweizer katholischer Theologe, 1930 bis 1938 Bischof von St. Gallen.

SCHENCK, Berthold von *1895 †1974. Deutscher evangelischer Theologe (Lutheraner). Schenck war aktiv in der ökumenischen Bewegung tätig und wirkte als Peritus an der Vorbereitung des II. Vatikanischen Konzils mit.

SCHIRACH, Baldur von *1907 †1974. Deutscher Politiker (NSDAP). Schirach war von 1928 bis 1933 Reichsführer des NS-Studentenbundes und wurde nach der „Machtergreifung" zum Reichsjugendführer ernannt, dem sämtliche Jugendorganisationen in Deutschland unterstanden. Im Prozess vor dem Internationalen Militärgerichtshof in Nürnberg wurde er 1946 zu 20 Jahren Zuchthaus verurteilt.

SCHLAMM, William S. (eigentlich Wilhelm Siegmund Schlamm) *1904 †1978. Österreichischer Publizist. In seiner Jugend war Schlamm aktiver Kommunist und schrieb für verschiedene kommunistische Zeitungen und Zeitschriften. 1933 übernahm er in Prag die Leitung der *Weltbühne*. Angesichts der Moskauer Prozesse brach er 1937 mit seinem Buch *Diktatur der Lüge* mit dem Stalinismus. In den USA, wohin er 1938 emigriert war, wandelte er sich zum Konservativen. Er unterstützte publizistisch sowohl Joseph McCarthy als auch die aufkommende neokonservative Bewegung. 1959 kehrte er nach Europa zurück, wo er vornehmlich für den Axel Springer Verlag die bundesrepublikanische Entwicklung kommentierte.

SCHLARMAN, Joseph Henry Leo *1879 †1951. US-amerikanischer katholischer Theologe, Bischof von Peoria, Illinois, von 1930 bis 1951.

SCHLEICHER, Kurt von *1882 †1934. Deutscher Militär und Politiker (parteilos). Nach Militärdienst im Ersten Weltkrieg ging Schleicher 1919 in das Reichswehrministerium. 1929 wurde er Chef des Ministeramtes und 1932 schließlich Reichswehrminister im Kabinett von Papen. Nach dem Rücktritt Papens wurde Schleicher im Dezember 1932 Reichskanzler, musste im Januar 1933 aber bereits zurücktreten, da seine Politik keinen

Rückhalt bei Reichspräsident von Hindenburg fand. Im Zuge des „Röhm-Putsches" wurden Kurt von Schleicher und seine Ehefrau am 30. Juni 1934 in ihrer Villa in Neubabelsberg durch ein Kommando der SS erschossen.

SCHMEMANN, Alexander *1921 †1983. US-amerikanischer orthodoxer Theologe russisch-französischer Herkunft. Der als Kirchenhistoriker ausgewiesene Schmemann lehrte am Saint Vladimir's Orthodox Theological Seminary in New York, dem er auch als Dekan vorstand.

SCHMITT, Carl *1888 †1985. Deutscher Staatsrechtler und Rechtsphilosoph. Schmitts staatsrechtliches, politikwissenschaftliches und rechtsphilosophisches Denken hatte maßgeblichen Einfluss auf die konservative Rechte und die Nationalsozialisten in den 1920er und 1930er Jahren. Nach der „Machtergreifung" unterstützte er das neue Regime aus vollen Kräften („Der Führer schützt das Recht"), was ihm den Beinnamen „Kronjurist des Dritten Reiches" (Waldemar Gurian) einbrachte. Bereits während des Dritten Reichs kam es zu einer Abkühlung des Verhältnisses zu den Nationalsozialisten. Nach dem Ende des Zweiten Weltkriegs war Schmitt als Person stigmatisiert, sein Denken und sein Werk haben die politische und rechtliche Ausgestaltung der Bundesrepublik Deutschland aber nachhaltig geprägt, zumal eine große Anzahl einflussreicher Politiker, Juristen und Wissenschaftler von seinem rechtsphilosophischen Werk beeinflusst worden sind.

SCHMUTZER, Josef *1882 †1946. Niederländischer Ingenieur, Unternehmer und Politiker. Schmutzer war ab 1936 Vorsitzender des Komitees für die Opfer religiöser Unterdrückung sowie Gründer und Vorsitzender des Internationalen Flüchtlingsbüros der Niederlande.

SCHNITZLER, Bernhard *1878 †1956. Deutscher katholischer Theologe (Pallottiner). Schnitzler war Deutschenseelsorger in London.

SCHÖNERER, Georg Ritter von *1842 †1921. Österreichischer Politiker (Alldeutsche Vereinigung). Schönerer stand der deutschnationalen Bewegung in Österreich vor und war Abgeordneter des Reichsrats. Als Gegner des politischen Katholizismus und radikaler Antisemit war Schönerer ein Vorbild Adolf Hitlers.

SCHREIBER, Christian *1872 †1933. Deutscher katholischer Theologe. Schreiber wurde 1921 erster Bischof des wiedererrichteten katholischen Bistums Meißen. 1929 wechselte er an die Spitze des ebenfalls neu errichteten Bistums Berlin.

SCHULTE, Paul *1896 †1975. Deutscher katholischer Theologe. Der als „fliegender Pater" bekannt gewordene Schulte, der als Missionar in Südafrika und Namibia tätig war, gründete 1927 die MIVA (Missions-Verkehrs-Arbeitsgemeinschaft), welche Flugzeuge und Schiffe für Missionstätigkeiten erwarb.

SCHUSCHNIGG, Kurt von *1897 †1977. Österreichischer Politiker (Christlich-soziale Partei). Zunächst Justiz- und dann Unterrichtsminister folgte Schuschnigg Engelbert Dollfuß nach dessen Ermordung in das Amt des österreichischen Bundeskanzlers und regierte wie dieser diktatorisch. Den von ihm abgelehnten „Anschluss" Österreichs an das Deutsche Reich konnte er nicht verhindern. Von 1939 bis 1945 war Schuschnigg in KZ-Haft, allerdings unter erleichterten Bedingungen. 1948 ging er in die USA und wurde Professor an der Saint Louis University in St. Louis, Missouri. 1968 kehrte er nach Österreich zurück.

SCHUSTER, Alfredo Kardinal *1880 †1954. Italienischer katholischer Theologe, Erzbischof von Mailand von 1929 bis 1954.

SCHWARZ, Rudolf *1897 †1961. Deutscher Architekt. Schwarz wurde vor allem durch katholische Sakralbauten bekannt (z. B. Wiederaufbau der Liebfrauenkirche in Trier sowie der Frankfurter Paulskirche).

SCHWARZSCHILD, Leopold *1891 †1950. Deutscher Publizist und Soziologe. Schwarzschild war seit 1922 Redakteur und Mitherausgeber der 1920 von Stefan Großmann gegründeten linksliberalen politischen Wochenschrift *Das Tage-Buch*. 1933 emigrierte er nach Frankreich, wo er weiterhin publizistisch tätig war und innerhalb der Emigrantenszene ein gemeinsames Aktionsbündnis gegen Hitler zu formen versuchte. 1937 gehörte er zu den Mitbegründern des „Bundes Freie Presse und Literatur". 1940 ging er in die USA und kehrte 1949 nach Deutschland zurück.

SCHWELLENBACH, Lewis Baxter *1894 †1948. US-amerikanischer Politiker (Demokrat). Schwellenbach war Senator des Staates Washington im amerikanischen Kongress von 1935 bis 1940. Von 1945 bis zu seinem Tod 1948 bekleidete er das Amt des Arbeitsministers unter Präsident Truman.

SELING, Konrad Balthasar *1878 †1949. Deutscher katholischer Theologe, Generalvikar des Bistums Osnabrück von 1927 bis 1948.

SHAUGHNESSY, Gerald *1887 †1950. US-amerikanischer katholischer Theologe, Bischof von Seattle von 1933 bis 1950.

SHEEN, Fulton *1895 †1979. US-amerikanischer katholischer Theologe, Schriftsteller und Journalist. Sheen war wohl die bekannteste Medienpersönlichkeit des amerikanischen Katholizismus des 20. Jahrhunderts. Ab den 1930er Jahren führte er durch mehrere Radio- und Fernsehprogramme, die aufgrund seiner kommunikativen Fähigkeiten große Erfolge wurden. Von 1966 bis 1969 war er Bischof von Rochester.

SHUSTER, George N. *1894 †1977. US-amerikanischer Publizist. Shuster war Mitarbeiter des katholischen Magazins *Commonweal*, das er von 1928 bis 1937 als geschäftsführender Herausgeber betreute.

SIEGMUND-SCHULTZE, Friedrich *1885 †1969. Deutscher protestantischer Theologe und Philosoph. Nach seinem Studium engagierte er sich in der kirchlichen Jugend- und Sozialarbeit. Im Ersten Weltkrieg organisierte er die Gefangenenseelsorge. 1925 erhielt er eine Professur für Jugendkunde und Jugendwohlfahrt an der Universität Berlin. 1933 half er deutschen Juden bei der Ausreise und wurde daraufhin von seinem Lehrstuhl entlassen. Er emigrierte in die Schweiz, wo er bis 1946 tätig war. Nach dem Krieg erhielt er eine Professur an der Universität Münster. Siegmund-Schultze gilt als einer der Väter der europäischen Friedensbewegung.

SKILLIN, Edward *1904 †2000. US-amerikanischer Publizist. Skillin erwarb 1938 das katholische Magazin *Commonweal* und war bis 1967 dessen Herausgeber bzw. Mitherausgeber.

SKYDSGAARD, Kristen Ejner *1902 †1990. Dänischer evangelischer Theologe. Skydsgaard lehrte Dogmatik an der Universität Kopenhagen. Er gehörte der interkonfessionellen Forschungskommission des Lutherischen Weltbundes an und nahm als Beobachter am II. Vatikanischen Konzil teil.

SMITH, Sydney *1771 †1845. Britischer anglikanischer Theologe und Schriftsteller. Smith war Verfasser zahlreicher Schriften und Pamphlete voller Satire und beißendem Spott.

SOHM, Rudolph *1841 †1917. Deutscher Jurist. Sohm lehrte in Freiburg, Straßburg und Leipzig Rechtsgeschichte und Kirchenrecht. Als Vertreter eines rein säkularen Rechtsverständnisses haben seine Thesen zur Grundlage des Kirchenrechts für nachhaltige Diskussionen und Kontroversen gesorgt.

SOUVARINE, Boris (eigentlich Boris Konstantinowitsch Lifschiz) *1895 †1984. Französischer Politikaktivist und Publizist russisch-jüdischer Herkunft. Souvarine war Gründungsmitglied der französischen Kommunistischen Partei und war auch in der Kommunistischen Internationalen aktiv. Er vertrat die Lehren Trotzkis und wurde 1924 aus der Komintern ausgeschlossen. Er bekämpfte daraufhin publizistisch den Kommunismus stalinistischer Prägung, distanzierte sich aber auch immer mehr von Trotzki. 1935 erschien seine bahnbrechende Stalin-Biografie. 1940 emigrierte Souvarine in die USA, kehrte aber 1948 wieder nach Frankreich zurück, wo er sich weiterhin politisch und publizistisch engagierte.

SPELLMAN, Francis Joseph Kardinal *1889 †1967. US-amerikanischer katholischer Theologe, Erzbischof von New York 1939 bis 1967. Spellman war ein enger Vertrauter des amerikanischen Präsidenten Franklin D. Roosevelt. Kirchenpolitisch war er ein Gegner des II. Vatikanischen Konzils.

STEFFANN, Emil *1899 †1968. Deutscher Architekt. Steffann war Schöpfer zahlreicher Sakralbauten, vor allem im Ruhrgebiet.

STEVENSON, Adlai Ewing *1900 †1965. US-amerikanischer Politiker (Demokrat). Stevenson, der als Repräsentant des linksliberalen Flügels der Demokraten galt, war von 1949 bis 1953 Gouverneur von Illinois. Seine Präsidentschaftskandidaturen 1952 und 1956 gegen Eisenhower scheiterten aber recht deutlich. 1961 berief ihn Präsident Kennedy zum amerikanischen Botschafter bei der UNO, einen Posten, den er bis zu seinem Tod 1965 bekleidete.

STOCK, Franz *1904 †1948. Deutscher katholischer Theologe. Stock war Gefängnisseelsorger in Paris während der deutschen Besatzung. Durch seine dortige Tätigkeit hat er sich bleibende Erinnerung in Frankreich erworben, wo etliche Plätze und Straßen nach ihm benannt sind.

STOTZINGEN, Fidelis von *1871 †1947. Deutscher katholischer Theologe. Stotzingen war von 1913 bis 1947 zweiter Abtprimas der Benediktinischen Konföderation.

STRASSER, Otto *1897 †1974. Deutscher Politiker (NSDAP). Zusammen mit seinem Bruder Georg war Strasser Repräsentant des linken, sozialrevolutionären Flügels der NSDAP. Er trat 1930 im Zug des verlorenen Richtungskampfes mit Hitler aus der Partei aus und emigrierte 1933 zunächst nach Österreich. Sein Bruder Georg fiel der nationalsozialistischen „Säuberung" vom 30. Juni 1934 zum Opfer. Über die Tschechoslowakei, die Schweiz und Portugal ging Otto Strasser 1941 schließlich nach Kanada. Im Exil war er verstärkt publizistisch tätig und ein vehementer Kritiker Hitlers, vertrat aber teilweise noch selbst nationalsozialistische Ideen.

STRATMANN, Franziskus Maria *1883 †1971. Deutscher katholischer Theologe. Stratmann war ein bedeutender Exponent der katholischen Friedensbewegung und Vorstandsmitglied des Friedensbundes Deutscher Katholiken. 1933 wurde er zeitweise in „Schutzhaft" genommen. 1938 ging er in die Niederlande, wo er in einem Kloster untertauchen musste.

STRECKENBACH, Bruno *1902 †1977. Deutscher SS-Offizier. Streckenbach war von 1933 bis 1939 Chef der Hamburger Gestapo. Als Leiter einer Einsatzgruppe in Polen und Befehlshaber der Sicherheitspolizei und des SD in Krakau war er am nationalsozialistischen Vernichtungskrieg beteiligt. Nach Dienst im Reichssicherheitshauptamt wechselte er 1943 zur Waffen-SS. 1955 wurde er aus sowjetischer Gefangenschaft entlassen. Trotz mehrerer Versuche einer Anklageerhebung kam es zu keinem Prozess in Deutschland.

STREICHER, Julius *1885 †1946. Deutscher Politiker (NSDAP). Gründer, Herausgeber und Eigentümer des antisemitischen Hetzblatts *Der Stürmer* und damit einer der maßgeblichen Ideologen und Demagogen des NS-Systems. Streicher wurde vom Internationalen Militärgerichtshof in Nürnberg 1946 zum Tode verurteilt und anschließend hingerichtet.

STRICKER, Simon *1888 †1950. Deutscher katholischer Theologe. Abtsekretär, Instruktor und Subprior in Maria Laach und St. Maria in Fulda.

STRITCH, Samuel Alphonsus Kardinal *1887 †1958. US-amerikanischer katholischer Theologe. Stritch war Bischof von Toledo, Ohio, von 1921 bis 1930, Erzbischof von Milwaukee, Wisconsin, von 1930 bis 1939 und Erzbischof von Chicago von 1939 bis 1958.

STURZO, Luigi, genannt Don Sturzo *1871 †1959. Italienischer katholischer Theologe und Politiker. Sturzo war nach seinem Studium und Priesterweihe Professor für Philosophie und Theologie am Priesterseminar Caltagirone/Sizilien. Er gehörte zu den Gründungsmitgliedern der Democrazia Cristiana (DC), deren Generalsekretär er von 1919 bis 1923 war. Politisch galt er als einer der vehementesten Kritiker Mussolinis. 1924 emigrierte er nach Großbritannien, von wo er 1940 in die USA ging. Im Exil war Sturzo vorwiegend als Publizist tätig und schrieb mehrere Bücher über den Totalitarismus. 1946 kehrte er nach Italien zurück und wurde zum Senator auf Lebenszeit ernannt.

SWIDLER, Leonard *1929. US-amerikanischer Religionswissenschaftler. Swidler war Professor für katholische Lehre und interreligiösen Dialog an der Temple University Philadelphia, Pennsylvania.

THIEME, Karl *1902 †1963. Deutscher Historiker, Politologe und Theologe. Der 1934 zum Katholizismus konvertierte Thieme, der an der Pädagogischen Akademie Elbing Geschichte und Staatskunde unterrichtete, emigrierte 1935 in die Schweiz. Nach dem Ende des Zweiten Weltkrieges kehrte er nach Deutschland zurück und war seit 1953 Lehrstuhlinhaber an der Universität Mainz.

THOMPSON, Dorothy *1894 †1961. US-amerikanische Journalistin. Thompson war Europakorrespondentin des *Philadelphia Public Ledger* in Wien und Berlin in den 1920er und 1930er Jahren. 1931 interviewte sie Hitler und wurde drei Jahre später wegen ihres Buches *I saw Hitler* aus Deutschland verwiesen. Danach war sie an verschiedenen antinationalsozialistischen Aktionen in den USA führend beteiligt.

THYSSEN, Fritz *1873 †1951. Deutscher Großindustrieller und seit 1926 Vorstandschef des Thyssen-Konzerns. Thyssen gehörte zu den Großfinanziers der NSDAP und begünstigte somit den Aufstieg des Nationalsozialismus. Ende der 1930er Jahre kam es angesichts der Judenpogrome, des nationalsozialistischen Terrors und des sich abzeichnenden Krieges mit den Westmächten zum Bruch mit dem Regime. Nach Ausbruch des Krieges emigrierte Thyssen nach Frankreich, wurde aber Ende 1940 in Südfrankreich verhaftet und von der Vichy-Regierung der Gestapo übergeben. Bis zum Ende des Krieges befand sich Thyssen und seine Familie in KZ-Haft, zumeist aber unter „Ehrenbedingungen".

TILLICH, Paul *1866 †1965. Deutsch-amerikanischer evangelischer Theologe und Philosoph. Der zu den bedeutendsten evangelischen Theologen des 20. Jahrhunderts zählende Tillich lehrte in Marburg, Dresden und Frankfurt am Main, bevor er wegen seiner antinationalsozialistischen Haltung 1933 suspendiert wurde. Er emigrierte daraufhin in die USA, wo er zunächst am Union Theological Seminary in New York und ab 1955 als Professor an der Harvard University wirkte.

TIMPE, Georg *1873 †1969. Deutscher katholischer Theologe (Pallottiner) und Publizist. Timpe war Leiter des Pallottinerverlages und Gründer der Druckerei in Limburg. 1920 wurde er Generalsekretär des Raphaelsvereins. 1930 ging er in die USA, wo er zunächst als Seelsorger tätig war und am Studienhaus der Pallottiner in Washington D.C. Geschichte und Philosophie lehrte.

TUCHATSCHEWSKI, Michail Nikolajewitsch *1893 †1937. Sowjetischer Militär und Marschall der Sowjetunion. Tuchatschewski, der den Beinamen der „rote Napoleon" trug, war wohl der fähigste sowjetische Generalstabsoffizier seiner Zeit und war maßgeblich am Aufbau der Roten Armee zu einer modernen Streitmacht beteiligt. 1937 wurde er auf Anordnung Stalins verurteilt und hingerichtet.

TYDINGS, Millard Evelyn *1890 †1961. US-amerikanischer Politiker (Demokrat). Tydings war zunächst Abgeordneter im Repräsentantenhaus und schließlich Senator des Staates Maryland von 1927 bis 1951 im amerikanischen Kongress. Im sogenannten Tydings-Komitee zur Untersuchung der Loyalität der Angestellten des amerikanischen Außenministeriums war er innenpolitischer Gegenspieler Senator Joseph McCarthys.

UMBERG, Johannes Baptist *1875 †1959. Schweizer katholischer Theologe (Jesuit). Umberg war von 1925 bis 1938 Professor für Sakramentenlehre an der Universität Innsbruck. 1938 emigrierte er in die Schweiz, wo er in Sitten lehrte, kehrte aber 1947 wieder an die Universität Innsbruck zurück.

VALERIUS, Johannes *1892 †1980. Deutscher katholischer Theologe (Pallottiner). Valerius war lange im Raphaelsverein Bremen tätig, bevor 1949 Leiter der Hauptstelle des Raphaelsvereins in Frankfurt am Main wurde.

WAGNER, Johannes *1908 †1999. Deutscher katholischer Theologe. Wagner leitete von 1950 bis 1975 das Deutsche Liturgische Institut in Trier.

WAGNER, Robert *1877 †1953. US-amerikanischer Politiker (Demokrat) und Senator des Staates New York im US-Kongress von 1927 bis 1949.

WALL, Bernard *1908 †1974. Britischer Publizist. Wall war zusammen mit seiner Frau rege in der katholischen Publizistik tätig. Er gründete und betreute redaktionell die Magazine *The Catholic Worker*, *Colosseum* und *Changing World*.

WALZER, Raphael *1888 †1966. Deutscher katholischer Theologe (Benediktiner). Walzer war von 1918 bis 1937 Erzabt der Erzabtei Beuron. Als Gegner des Nationalsozialismus emigrierte er 1937 über Frankreich nach Algerien, wo er 1950 eine Abtei in Tlemcen gründete.

WECHSLER, James *1915 †1983. US-amerikanischer Journalist. Wechsler, langjähriger Redakteur der *New York Post* und bekannter Vertreter des Liberalismus, war in seiner Jugend Kommunist und musste vor dem Untersuchungsausschuss von Senator Joseph McCarthy aussagen.

WHEELER-BENNET, Sir John *1902 †1975. Britischer Historiker. Wheeler-Bennett, der von 1927 bis 1934 in Deutschland lebte, galt als Experte für deutsche Geschichte in der ersten Hälfte des 20. Jahrhunderts. Er verfasste eine bekannte Hindenburg-Biografie sowie eine maßgebliche Studie über das Verhältnis zwischen deutscher Armee und Politik in den Jahren von 1918 bis 1945.

WHITE, Charles Daniel *1879 †1955. US-amerikanischer katholischer Theologe, Bischof von Spokane, Washington, von 1926 bis 1955.

WHITE, Helen Constance *1896 †1967. US-amerikanische Literaturwissenschaftlerin. White lehrte von 1936 bis zu ihrem Tod an der University of Madison, Wisconsin.

WIENKEN, Heinrich *1883 †1961. Deutscher katholischer Theologe, Bischof von Meißen von 1951 bis 1957.

WIGGERS, Jan *1903 †1961. Deutscher katholischer Theologe. Nach seiner Priesterweihe

1930 war Wiggers Kaplan in Lübeck, Flensburg und Hamburg. 1955 wurde er Sekretär des Deutschen Katechetenvereins in München.

WILLEBRANDS, Johannes Gerardus Maria Kardinal *1909 †2006. Niederländischer katholischer Theologe, Erzbischof von Utrecht 1975 bis 1983.

WILLIAMS, Michael *1894 †1936. US-amerikanischer Publizist. Williams gründete 1924 das Magazin *Commonweal* und wirkte als dessen Herausgeber bis 1930.

WILLIAMS, Thomas Leighton *1877 †1946. Britischer katholischer Theologe, Erzbischof von Birmingham von 1929 bis 1946.

WINDTHORST, Ludwig *1812 †1891. Deutscher Politiker (Zentrum). Windthorst war seit 1871 Reichstagsabgeordneter und seit 1874 Vorsitzender des Zentrums. Er wurde vor allem als innenpolitischer Gegenspieler Bismarcks bekannt, besonders in der Zeit des Kulturkampfes. Er galt bereits Zeitgenossen – auch nicht-katholischen – als herausragender Politiker und Redner. Für Golo Mann war er der „genialste Parlamentarier, den Deutschland je besaß".

WINTERMANN, Bernhard *1876 †1959. Deutscher katholischer Theologe und Politiker. Wintermann war Pastor primarius von Hamburg 1931 bis 1958. Er war zudem Abgeordneter in der Hamburger Bürgerschaft für das Zentrum in den Jahren 1931 bis 1933.

WINTERSIG, Athanasius (eigentlich Ludwig A. Winterswyl) *1900 †1942. Deutscher katholischer Theologe (Benediktiner) und Publizist. Wintersig war von 1921 bis 1932 Mönch in der Abtei Maria Laach, 1932 promovierte er bei Karl Adam, trat aber im Folgejahr aus Maria Laach aus und gab den Priesterberuf auf. Nach Änderung seines Namens in Winterswyl war er als freier Schriftsteller tätig, wobei er vor allem im Bereich der Liturgie bzw. der Liturgiewissenschaft publizierte. 1942 verunglückte Wintersig tödlich.

WINZEN, Damasus *1901 †1971. Deutscher katholischer Theologe (Benediktiner). Winzen war Mönch der Abtei Maria Laach, ging 1938 aber in die USA und gründete dort 1951 die Abtei Mount Saviour bei Elmira, New York.

WIRTH, Joseph *1879 †1956. Deutscher Politiker (Zentrum). Wirth stand als Reichskanzler vom 10. Mai 1921 bis zum 14. November 1922 einer Regierung aus SPD, Zentrum und DDP vor. In seine Regierungszeit fiel der Vertrag von Rapallo, aber auch die Ermordung des Außenministers Walther Rathenau, die er in einer bekannten Rede vor dem Reichstag ächtete („Der Feind steht rechts!"). Unter Heinrich Brüning bekleidete er von 1930/31 das Amt des Reichsinnenministers. Nach der nationalsozialistischen „Machtergreifung" emigrierte er in die Schweiz. Er kehrte nach dem Ende des Zweiten Weltkrieges in die Bundesrepublik Deutschland zurück und gehörte zu den Gegnern der Adenauerschen Politik der einseitigen Westintegration.

WISE, Stephen *1874 †1949. US-amerikanischer Rabbi österreichisch-ungarischer Herkunft. Wise war führend in jüdischen Organisationen der USA tätig, so etwa in der „Zionist Organisation of America" und im „American Jewish Congress". 1936 regte er die Gründung des „World Jewish Congress" an.

WITTLER, Helmut Hermann *1913 †1987. Deutscher katholischer Theologe, Bischof von Osnabrück von 1957 bis 1987.

WOLFF, Kurt *1887 †1963. Deutscher Verleger. Wolff gründete 1913 den Kurt-Wolff-Verlag, der sich zum bedeutendsten Verlag für expressionistische Literatur entwickelte. 1940 emigrierte er zusammen mit seiner zweiten Frau Helen Wolff in die USA, wo er den Verlag Pantheon Books aufbaute.

WOLKER, Ludwig *1887 †1955. Deutscher katholischer Theologe. Nach Studium und

Priesterweihe engagierte sich Wolker vorwiegend in der katholischen Jugendbewegung. 1926 wurde er Generalpräses der Katholischen Jungmännervereine Deutschlands (KJMVD). Dem Verband stand er bis zu dessen Auflösung 1936 vor. Danach war er in der Jugendseelsorge tätig und engagierte sich nach dem Ende des Zweiten Weltkrieges erneut in der katholischen Jugendbewegung.

WRIGHT, John Joseph Kardinal *1909 †1979. US-amerikanischer Theologe, Bischof von Worcester, Massachusetts, von 1950 bis 1959, und Bischof von Pittsburgh von 1959 bis 1969. Papst Paul VI. berief Wrigth 1969 an die Spitze der Klerus-Kongregation des Heiligen Stuhls, der er bis zu seinem Tod 1979 vorstand.

X. Register

Abetz, Otto 215, 541
Achermann, Franz H. 334, 541
Acheson, Dean G. 256, 541
Adam, Karl, 86, 88, 124, 180, 458, 541
Adenauer, Konrad 108, 411, 554, 574
Adhwort, Robert A. 489
„Äffchen", siehe William Dirks
Ahern, Barnabas CP 445, 541
Aitken, William, Baron Beaverbrook 144, 541
Albrecht 355
Alexander, Edgar, siehe Alex Emmerich
Alter, Karl Joseph, Erzbischof von Cincinnati 444
Amann, Max 192, 541
Amberg 385f.
Ambrosius 339
Ambühl, Joseph, Bischof von Basel 274, 287
Amigo, Peter, Bischof von Southwark 40
Anderson, Dr. 391, 393
Anderson, Fr. 330, 333f., 368
Anshen, Ruth 12, 518
Anson, Peter Frederick 6, 104, 161, 298, 491, 492, 523, 540, 541
Arendt, Hannah 34f., 43, 507, 537, 541, 552
Athanasius, siehe Athanasius Wintersig
Atherton, H. 491
Auden, John Bicknell 150, 402
Auden, Wystan Hugh 5, 27f., 51, 150, 401, 514, 542
Aumann, Hein 316

Bader, Otto 316, 318
Baerwald, Friedrich 368, 373–376, 380, 382, 396f., 402
Ballhorn, Franz 506

Ballin, Albert 217, 542
Bamer 407–409
Banasch, Georg 426, 471
Banfi, Msgr. 424
Bares, Nikolaus, Bischof von Berlin 195, 542
Barlach, Ernst 71, 542
Barnes 324
Barrion, Pater OSB 95
Barth, Karl 229, 239f., 441, 508, 534, 542
Bartholome, Peter William, Bischof von St. Cloud 441, 445, 542
Baunasek 353
Bayer, Korvettenkapitän 72
Beck, Ludwig 565
Benedikt von Nursia 94, 310
Beneš, Edvard 406
Berentzen, Paul 312
Bergen, Karl Ludwig Diego von 120f., 542
Beria, Lawrenti 212, 543
Berning, Wilhelm, Bischof von Osnabrück 6, 12, 30, 33, 35–39, 41f., 45, 48f., 108–110, 116, 124, 135, 163, 208, 251, 267–270, 272–276, 278–283, 286, 290, 292–299, 314, 323–325, 341f., 344–347, 355, 358, 361, 364, 391, 402, 408, 413f., 424f., 475, 503, 506, 542f., 567
Bertini, Raffaele 398
Bertram, Adolf Kardinal, Erzbischof von Breslau 36, 42, 98, 269, 370, 391, 422, 425, 482, 543, 549
Besselmann, Johannes 268
Bevan, Aneurin 258
Bismarck, Otto von 52, 58, 217, 231, 239, 242, 254, 277, 543, 574
Bleichröder, Gerson 217, 543
Blum, Léon 365, 479, 543

Boecher, Pater Heinrich SJ 285
Boekwinkel, Johannes 297
Bonaventura, Pater OSB 449
Bonhoeffer, Dietrich 52, 543
Bork, Helmut 184
Bothe, Theresia 459
Bourbon-Parma, Zita von, Kaiserin von Österreich 136, 543
Bozell jr., Leo Brent 255–257, 537, 543, 545
Brady, Mrs. 371, 474
Bram, Pastor Georg 291, 312, 544
Brandt, Thomas O. 404f., 544
Braun, Gertrude 149
Brehany, Pater Blane 34, 447, 538
Breitscheid, Rudolf 216, 544
Brettauer, Erwin O. 339, 361, 544
Brickwedde, Frau 520
Bridges, Harry 169
Briefs, Götz Anton 218, 378f., 381–383, 544
Brieß 397
Brinkhoff, Pater Adrianus Lucas 445, 520, 544
Brock 404
Brogan, Louise 402
Bross, Hans 204
Browder, Earl R. 480f, 544
Brown, Matthew 147
Brownell 406
Bruder, Msgr. 351, 482
Brüning, Heinrich 7, 34f., 39, 42, 48, 98f., 116, 131, 195–197, 210, 218, 223, 284, 287, 303, 308, 322, 327f., 332f., 336–340, 342, 345, 348f., 353, 369f., 372, 379f., 383, 386, 388–390, 392, 394, 421, 429f., 470, 484, 487, 544f., 553, 574
Buckley jr., William F. 255–257, 537, 543, 545
Bültel, Albert 504
Bugnini, Annibale 445, 545
Bultjer, Theobald 293, 545
Burnham, Philip 128–130, 395, 545
Byrd, Harry F. 259, 545

Cahier, Mme. Charles (eigentlich Sarah Jane Walker) 63
Campbell, Robert 495
Carey, Arthur G. 133, 146, 155, 545

Carey, Joan 146
Carroll, Thomas J. 171, 442, 517, 519f., 545
Casel, Pater Odo (Johannes) OSB 47, 84, 91, 300, 452, 464, 513f., 529, 545
Casey, Msgr. George 482, 493, 539f.
Cassidy, Thomas 138, 545
Caulfield, Tom 171, 442
Chamberlain, Houston Stewart 225
Chamberlain, Neville 286
Chapman, Emmanuel 145
Chaptal de Chanteloup, Emanuel-Anatol-Raphael 287, 468f., 478, 546
Chastonay, Paul de 335, 546
Chesterton, Gilbert K. 168, 377, 546
Chiang Kai-Shek 411
Chrysologa, Schwester M. 47, 450f.
Churchill, Winston 31, 141, 286, 330, 541
Cicognani, Amleto Giovanni Kardinal 155, 445, 546
Clancy, William 6, 149, 157, 508, 510, 521, 539
Clermont, M. 462f.
Cody, John Patrick Kardinal, Erzbischof von Chicago 439, 546
Cogan, John F. 519
Connolly, Thomas Arthur, Erzbischof von Seattle 151f., 516, 546
Copello, Santiago Luis Kardinal, Erzbischof von Buenos Aires 469, 479, 484, 546
Cort, John C. 125, 546
Cotschnik 384
Coughlin, Charles 366
Cranmer, Thomas, Erzbischof von Canterbury 53, 546
Curley, Michael Joseph, Erzbischof von Baltimore 127, 284, 546
Czech 184

Dawson, Christopher 221, 331, 358, 419, 546
Day, Dorothy 40, 42, 49, 118, 125, 140, 169, 261, 288f., 530, 537, 546, 560f.
Deady, James 140, 149
Dehne, Pater Kurt SJ 506, 547
Deitmaning, Pastor 498
Delattres, Pater 403
Delp, Alfred 52, 547
Dempf, Alois 342, 361, 547

Derichsweiler, Albert 188, 547
Desbuquois, Gustave 381
Dessauer, Friedrich 252, 404f., 412, 547
Deutsch, Alcuin OSB 138, 497, 547
Deyle, Michael Francis 351
Dibelius, Otto 509
Diekamp, Franz 86, 547
Diekmann, Pater Godfrey OSB 150, 441–444, 533, 538, 547
Dirks, Walter 252, 547
Dirks, William 312f., 317, 321, 488
Dölger, Franz-Joseph 86, 548
Dohrn, Klaus 145, 216, 548
Doka, Carl, 335, 548
Dolfen, Christian 459, 547
Dollfuß, Alwine 486f.
Dollfuß, Engelbert 132, 145, 230, 240, 261, 467f., 486, 548
Dostojewsky, Fjodor M. 120
Dougherty, Joseph P., Bischof von Yakima 147, 151–155, 441–442, 497, 500, 548
Driberg, Thomas Edward Neil, Baron Bradwell 256, 548
Dserschinski, Felix E. 201, 548
Dünner, Julia 97f., 102, 548
Durandus de Sancto Porciano 464

Ebert, Friedrich 89, 548
Ebert, Pater 417, 419f.
Echele, Cyril 438
Edmann 184
Edward VII, Prinz von Wales 116
Ehrtmann, Adolf 249, 281f., 503f., 548
Eilers, Johannes 449
Einstein, Albert 218
Eliot, Charles W. 131, 549
Eliot, T. S. 377
Elisabeth II., Königin von England 83
Ellard, Gerald 172, 410, 533, 549
Emmerich, Axel 358–362, 372, 376, 383
Endrici, Celestino, Bischof von Trient 81, 549
Engels, Curt 38, 275, 468
Esders, Pater 269, 314
Esser, Ignatius 437, 549
Etter, Philipp 356, 471

Farley, James 169, 549
Faulhaber, Michael Kardinal, Erzbischof von München und Freising 127, 207, 276, 386, 402, 405, 422, 475, 482, 549
Faus, Friedrich 184
Feige, Gregory 339f., 351, 358–366, 371f., 383–385, 389, 396f., 414
Feltmann, Anton 183f., 273, 297, 299, 314f., 317f., 549
Fischer, Balthasar 520f., 549
Fischer, Ernst 167
Fischer, Max 392f., 395f.
Fitzgerald, James 140, 549
Flood, George 498f.
Flower, Pater Richard OSB 146
Foerster, Friedrich W. 218, 338, 388, 549
Ford, Pater George Barry SJ 43, 144f., 170, 499, 549f.
Franco, Francisco 125, 128, 136, 139, 233, 244, 287, 531
Franz Ferdinand, Erzherzog von Österreich 66
Franz Joseph I., Kaiser von Österreich 66
Freckmann, Msgr. 482
Freericks, Hermann 299, 550
Fremantle 402
Frick, Wilhelm 418, 550
Friedemann, Heinrich W. 413, 550
Friedrich, Johann 185
Friedrich Wilhelm III., König von Preußen 508
Frings, Joseph Kardinal, Erzbischof von Köln 296
Froelicher-Stehli, Helene E. 40f., 48, 118, 354, 364, 371, 385, 474, 482, 486f., 550
Fulbright, James W. 257, 550

Galeazzi, Enrico Pietro 41
Galen, Clemens August Kardinal Graf von, Bischof von Münster 211, 248, 422, 543, 551, 556
Gandhi, Mahatma 402
Gannon, Arthur 34, 115, 119, 274, 285f., 315, 479
Gannon, Robert I. 373f., 397
Garrison, A. M. 404f.

Garrison, Roger K. 520
Garrits 405
Garrone, Joe 125
Gearhart 406
Gerdemeiss 403
Gerlich, Fritz 236, 550
Gerst 404
Gide, André 382
Gillis, Pater James M. CSP 288f., 351, 358, 397, 551
Ginsberg 384
Gisevius, Hans Bernd 290, 551
Glennon, John J. Kardinal, Erzbischof von St. Louis 439, 551
Goebbels, Joseph 106, 192, 203, 206, 208, 218, 221, 251f., 286, 288, 404, 406, 418–420, 551
Goerdeler, Carl Friedrich 402
Göring, Hermann 35, 108, 208, 217, 251, 265, 408, 418, 420, 509, 543, 551
Golm, Dr. 476f.
Goltz, Eduard Freiherr von der 459
Goos, Helmut 184
Gordon, Max 400
Gotteland, Roger 140, 551
Graham Wilson, E. 489
Grassl, Otto 320, 551
Greier, Pastor 498
Grisar, Vinzenz 184
Gröber, Conrad, Erzbischof von Freiburg 109, 333, 405, 422, 482, 550f.
Größer, Pater Max Joseph SAC 42f., 49, 124, 279, 283, 318, 340, 370f., 379, 390–392, 397, 407, 413–417, 423–425, 427f., 475, 477, 506, 551
Gropius, Walter 494, 551
Grotzky, Johannes 313f., 316
Guardini, Romano 34, 47, 78, 80, 88, 103, 247, 404, 536f., 552
Güldenberg, Paul 316
Guéranger, Prosper 464, 552
Gundlach, Gustav 381
Gurian, Waldemar 30, 33–36, 39, 42, 44f., 86, 109f., 149, 195, 278, 322–338, 341–344, 348–350, 352–364, 367, 369, 372–375, 377f., 381f., 384–390, 392–407, 409–411, 414, 419, 431f., 485, 552, 557, 559, 569

Gustloff, Wilhelm 344, 552

Haecker, Theodor 86, 552
Hagemann, Howard G. 513
Hagemeister 452
Hagenow, Viktor von 302
Hall 405
Hammenstede, Pater Albert OSB 47, 83f., 131, 552
Hardigan, Reverend 375
Harmsworth, Alfred, Viscount Northcliffe 144
Harscouet, Deacon Raoul Octove Marie Jean, Bischof von Chartres 300
Harthelt, Fr. 402
Hasenkamp, Gottfried 86, 552
Hassel, Ulrich von 565
Hatheyer, Franz S. SJ 80, 552
Hauck 105
Hayek, Friedrich August von 259, 552
Hayes, Carlton J. H. 276, 368, 372, 378f., 400, 482, 553
Hayes, Patrick Joseph Kardinal, Erzbischof von New York 127, 284, 371, 397, 475, 482, 553
Hecht 354
Heer, Friedrich 52, 553
Hegel, Georg W. 86, 225, 410, 501
Heidegger, Martin 78, 553
Heiden, Konrad 421, 535, 553
Heidenry, Mr. 518
Hein, Ewald 184
Heinrich 316, 349, 386
Hellriegel, Martin B. 49, 437f., 553.
Herbermann, Nanda 506, 553
Hermelink, Heinrich 437f., 553
Hermens, Ferdinand A. 382, 384, 553
Hermes, Gertrud 457
Herwegen, Pater Ildefons OSB 84, 88, 451, 460, 464, 534, 553
Herz, Alice 502f., 554
Herz, Stephanie 386, 389–393, 395f., 417, 485f.
Hess, Rudolf 202, 207, 209, 418, 554
Hesse, Leutnant 77
Hesslein, Paul (Pablo) 502, 554

Heydrich, Reinhard 108, 201, 204, 544, 554
Hexwood 406
Higgins, George G. 400, 442, 554
Hildebrand, Dietrich von 49, 88, 146, 195, 216, 218, 352, 467f., 473, 536, 548, 554
Himmler, Heinrich 108, 110, 199, 201, 203, 206, 218, 251, 408, 420, 422, 554
Hindenburg, Oskar von 555
Hindenburg, Paul von 73, 76, 89, 98, 219, 303f., 336, 369, 545, 555
Hinsley, Arthur Kardinal, Erzbischof von Westminster 38, 221, 273, 466, 478, 555
Hitler, Adolf 31, 36, 41, 43, 48, 52, 63, 65, 72, 84, 89f., 98, 100–102, 106–110, 115–117, 119–122, 124, 132–137, 139, 141, 151, 163, 169, 171, 175, 188–190, 192, 194–203, 205–207, 209–211, 215–222, 224f., 227–246, 248–254, 260f., 263–265, 283, 285–291, 322, 326, 329, 331, 334, 336, 338, 340–342, 356f., 364–368, 372f., 380f., 409, 418, 420–423, 431f., 472, 480f., 502f., 506, 508f., 541, 547, 551, 553–555, 557, 562, 564, 566–572
Hoeben, Hein 389, 555
Hölldampf, Erich 184
Honorata, Schwester M. 450
Hoover, Herbert 351, 490
Hoover, J. Edgar 399
Hornbach 385
Hudal, Alois C. 37f., 40, 120–122, 277, 466, 555
Hugenberg, Alfred 219, 555
Hügel, Friedrich Freiherr von 158, 555
Husserl, Edmund 78, 555
Hutchins 402
Hutten, Ulrich von 225
Hynes, Emerson 138, 555

Ignatius von Loyola 80, 82, 277
Ignatius, Pater OSB 84
Innitzer, Theodor Kardinal, Erzbischof von Wien 118f., 230, 240, 260–262, 265, 287, 354, 408, 475, 478, 555
Innocentia, Schwester M. 450
Iserland, Otto 404

Jackson, Jurtie 403
Jansen, Paul 270
Jaspers, Karl 34, 507, 541
Jeschow, Nikolai I. 212
Joerger, Kuno 413
Johannes XXIII., Papst 83, 412
Johnson, Howard 501
Jones, Dr. 490f.
Jong, Johannes Kardinal de, Erzbischof von Utrecht 287, 423, 426, 478, 556
Jonos, Rufus M. 489
Jordan, Max J. 376, 384, 393, 401, 403, 406, 430, 556
Joyce, Robert Francis, Bischof von Burlington 155
Jünger, Ernst 290, 536, 556
Jungmann, Josef A. 444, 556

Kaas, Ludwig 99, 109, 197, 202, 210, 302, 333, 339, 420, 429, 508–510, 556
Kaller, Maximilian, Bischof von Ermland 105
Kamnitzer, Ernst 325, 330, 337, 366, 369, 371, 373, 391
Kamps, Johannes 271, 321, 457
Kant, Immanuel 57, 88, 534
Kapp, Wolfgang 89
Karrer, Otto 45, 95, 324, 334, 348, 350, 352, 354, 360f., 368, 383, 386, 394, 431, 433–436, 556
Keckeis, Gustav 348, 387, 404
Keller, Michael, Bischof von Münster 292–297, 307, 312, 440f., 459, 556
Keller, Robert 456
Kelley, Seemannspastor 169
Kelly, John 140
Kendall, W. K. 494–496
Kenkel, F. P. 358
Keough, Francis Patrick, Bischof von Providence 134, 556
Ketteler, Wilhelm Emmanuel Freiherr von, Bischof von Mainz 193, 209, 527, 556
Kiefer 365
Kierkegaard, Søren 86, 500f., 526, 535f., 558
Kiessling 354, 359–362, 386
Kirnberger, Ferdinand 308, 556

581

Kirow, Sergei M. 212, 556
Kirsch, Johannes Peter 268, 557
Klausener, Erich 236, 557
Kleist, Heinrich von (Schwager H. A. Reinholds) 38f., 274
Klopsch, Paul 316
Knab, Otto M. 323f., 334, 394, 431f., 557
Köchert, Helmuth 470
Könekamp, Friedrich R. 382, 387, 557
Kogon, Eugen 252, 506, 548, 557
Kolping, Adolph 96, 297
Korrodi, Eduard, 361, 557
Kost, Arthur 204
Kramer 400, 404f.
Kreutz, Benedikt 466, 557
Krone, Heinrich 413
Kucera, Pater Alvin 137
Kühr, Friedrich 352
Kuhlmann 384
Kunig, Henry 127
Kwasigroch, Alfred A. 184, 314f.

Lachmann 307
LaFarge, Pater John SJ 136, 381, 389, 395–397, 557
Lammers, Hans Heinrich 99, 557
Landmann, Theo M. 113, 285, 312, 557
Langbehn, Julius 225
Lange, Hermann 248
Lans, Wilhelm von 67
Laski, Harold 139, 557
Laval, Pierre E. 215, 557
Lavanoux, Maurice 128, 492, 528, 557
Lavaud, Pater Benoit OP 381, 383
Lawler, George 518
Lawrence, Pater Emeric A. OSB 50, 138, 446, 539, 558
Lebret, Louis-Joseph OP 480, 558
Leffers, Wilhelm 329, 347
Le Fort, Gertrud von 360, 558
Legge, Theoder 454, 558
Leiber, Robert SJ 120–122, 277, 334, 364, 370f., 389, 558
Lenin, Wladimir Iljitsch 100, 195, 212, 226, 356
Leo XIII., Papst 61, 193, 209

LeRoy, Pater 430
Lessing, Gottfried Ephraim 225
Lewis jr., Fulton 406, 558
Lewis, John L. 256, 558
Ley, Robert 218, 558
Liénart, Achille Kardinal, Erzbischof von Lille 241, 558
Littel, Norman 139
Littell, Franklin H. 508–510
Löschner 315, 318
Löwenstein-Wertheim-Freudenberg, Hubertus Friedrich Prinz zu 358, 360, 400, 409
Löwenstein-Wertheim-Rosenberg, Aloys Prinz zu 360
Loritz, Alfred 116f., 386, 558
Lortz, Joseph 124
Löw-Suter 469
Lowrie, Walter 500f., 535f., 558
Lowry, Charles Wesley 445
Ludendorff, Erich 76f., 89f., 558
Ludlage 184
Ludwig, Emil 336–338, 558
Lueger, Karl 52, 559
Lütsches, Peter 425, 428, 504, 507, 559
Lüttwitz, Walter Freiherr von 89
Luther, Martin 109, 225, 229, 231, 238f., 241, 251
Lutze, Viktor 199, 559
Lyuschkow, Genrich S. 213

Maaßen, Johannes 404, 462
Mackels, Albert 291, 559
Malenkow, Georgi M. 212, 559
Malow 184
Mann, Mrs. Henry 520
Mann, Thomas 218
Marcantonio, Vito 125, 559
Maria, Schwester, siehe Wolff-Metternich
Maring, Pater Albert SJ 114, 285, 559
Maritain, Jacques 146, 325, 400, 552, 559
Marshall, George 256, 559
Martimort, Aimé-Georges 444, 559
Martin von Cochem 464
Martindale, Cyril C. 168, 324–327, 331-333, 358, 397, 559

Marx, Karl 56, 226
Marx, Wilhelm 451, 560
Masucci, Vincent 512f.
Mathis, Michael A. 171, 436, 560
Maurin, Peter 140, 169, 560
Mausbach, Joseph 86, 560
Mayer, Rupert SJ 230, 241, 560
McAuliffe, Maurice Francis, Bischof von Hartford 289, 560
McCarthy, Eugene 138, 555, 560
McCarthy, Joseph R. 255–257, 544, 550, 559, 560
McCrea Cavert, Samuel 489
McDonald, Andrew Thomas, Erzbischof von Edinburgh 102, 560
McDowell, Msgr. 512
McGowan, Raymond A. 482
McGrady, Pat 345, 485
McGrath, Michael 400
McIntyre, James Francis Louis Kardinal, Erzbischof von Los Angeles 42, 124f., 151, 283, 401, 416, 444, 493, 499, 560
McLuhan, Herbert Marshall 144, 560
McManus, Frederick 523, 533, 540, 547
McNabb, Vincent 168, 560
McNeill, Harry 289, 395
McSorley, Pater Joseph 125, 561
Mechlis, Lew S. 212, 561
Meinertz, Max 86, 561
Mendelssohn Bartholdy, Felix 66
Menken, Helen 129, 561
Mensing, Frederic C. 417
Merke, Karl 324–327, 330f., 333, 362, 364f.
Meyendorff, John 513, 561
Meyer, Edmund Antonin 416f.
Meyer, M. 316
Michael, Horst 322, 338
Michel, Pater Virgil OSB 49, 138, 289, 524, 545, 547, 561
Minihan, Jeremiah 133, 561
Minski, Nikolai 337
Mises, Ludwig Heinrich Edler von 259, 552, 561
Moenins, Pastor 498
Mörs 184
Molloy, Thomas Edmund, Bischof von Brooklyn 127, 276, 561

Moschner, Johannes 457–459, 561
Muck, Peter 383
Muckermann, Pater Friedrich SJ 44, 120, 180, 195, 329, 339f., 352, 361–363, 370–372, 379, 389, 484, 553, 555, 559, 561
Muckermann, Pater Hermann SJ 179, 561
Muench, Aloysius Joseph Kardinal, Bischof von Fargo 299, 561
Müller, Eduard 248
Müller, Franz H. 340, 370, 373, 376, 386, 562
Müller, Ludwig 231, 241
Münch, Franz Xaver 308, 467, 562
Mundelein, George William Kardinal, Erzbischof von Chicago 384, 562
Murphy, Pater Joseph Stanley CSB 144, 150, 401, 562
Mussolini, Benito 43, 122f., 132f., 170, 195, 233, 244, 380, 382, 486, 572
Muth, Carl 334, 360, 562
Mutting 400
Mutschmann, Martin 199, 562
Myers, Edward 287, 562

Nathem, Pater Wilhelm PSM 270, 562
Neurath, Konstantin Freiherr von 487, 562
Newman, John Henry Kardinal 88, 95, 157, 434f., 445, 562
Niebuhr, Reinhold 366, 368, 508, 562
Niefer, Dr. (Schwager H. A. Reinholds) 38
Niefer-Jürgens, Ursula (Nichte H. A. Reinholds) 517
Niemöller, Martin 192, 217, 230, 232, 240f., 243, 509f., 528, 563
Nietzsche, Friedrich 56, 71, 225, 563
Nöckel, Mrs. William 321
Nölting 291
Noll, John Francis, Bischof von Fort Wayne 126, 563

O'Connell, John B. 444
O'Connell, William Henry Kardinal, Erzbischof von Boston 43, 131f., 260, 563
O'Connor, Basil 388, 396, 401
Odo, Pater OSB, siehe Württemberg, Carl Alexander von

O'Donnell, Robert 146
Oesterreicher, Johannes 443, 563
O'Hara, Edwin Vincent, Bischof von
　Kansas City 126, 437
O'Heara, Pater 366, 397
O'Keefe, Vincent SJ 513, 563
Oldmeadow, E. J. 35
O'Malley, Frank W. 150, 400, 403, 410, 563
O'Meara, William 128
Oncly, Fr. 401
Orsenigo, Cesare 414, 543, 563
Ostermann, Joseph 49, 284, 351, 365f., 371,
　390, 397, 423
Ozenfant, Amédée 139, 563

Pacelli, Eugenio, Kardinal, siehe Pius XII.
Pabel, R. 316
Palms, Charles 517
Papen, Franz von 101, 109, 195, 200, 210,
　215, 219, 231, 242, 289, 348, 462, 564
Pareto, Vilfredo F. 377, 379, 382, 564
Parsch, Pater Pius 47, 85, 103, 460, 464, 564
Parsons, Wilfred 358, 397
Pascher, Joseph 444, 564
Pearce, Bernard 495f.
Peers, Edgar Allison 129, 564
Pelikan, Jaroslav 445, 564
Pell, Robert 490
Pendergast, Thomas 255, 564
Pétain, Henri Philippe 74, 564
Peterson, Erik 45, 398, 565
Picard, Max 290, 564
Pickermann, Hester 132
Pinsk, Johannes 103, 300f., 311f., 452, 458,
　460, 532, 564
Piranesi, Giovanni Battista 517
Pius IV., Papst 134
Pius V., Papst 422
Pius IX., Papst 426
Pius X., Papst 61, 66, 81, 567f.
Pius XI., Papst 41, 52, 106, 109, 120, 122,
　209, 231, 242, 261, 265, 377, 379, 381, 422,
　426, 465, 546, 549, 555
Pius XII., Papst 41, 104, 109, 120–122, 149,
　221, 231, 242, 287, 370f., 381, 391, 421,
　474f, 478, 484, 545f., 555, 558, 563, 566

Planck, Erwin 302, 429, 565
Poincaré, Raymond 231, 242, 565
Porter, H. Boone 513, 565
Prassek, Johannes 248
Preminger, Otto 260
Prill, Carl 485
Probst, Adalbert 237, 565
Przywara, Pater Erich SJ 88, 565
Pünder, Hermann 270, 302, 305f., 470, 565
Pütz, Ewald 99
Pustet, Friedrich 456f.

Quasten, Johannes 86, 398, 444, 565
Quentin, Henri OSB 95, 566
Quisling, Vidkun 215f., 566

Raffl, Johannes, Bischof von Brixen 94, 566
Ragaz, Leonhard 503, 566
Rauch, Johannes Chrysostomus 81
Rauschning, Hermann 215, 218–220, 432,
　566
Ready, Michael Joseph, Bischof von
　Columbus 126, 284, 416, 486, 566
Reichardt, Ernst 440
Reichenberger 471
Reinhardt 79
Reinhold, Alfred, (Halbbruder H. A.
　Reinholds) 38, 69, 86, 116, 262, 273, 286,
　344, 349, 468, 471, 495
Reinhold, Carola, verheiratete von Kleist
　(Schwester H. A. Reinholds) 56, 59
Reinhold, Katharina, verheiratete Kiefer
　(Schwester H. A. Reinholds) 56, 59, 296
Reinhold, Johanna (Mutter H. A.
　Reinholds) 39, 55–65, 67, 71, 76, 87, 90f.,
　94, 108, 112–114, 130, 135, 276, 283, 285,
　287, 291, 295, 313, 315f., 321, 344, 416,
　471f.
Reinhold, Bernhard (Vater H. A.
　Reinholds) 51, 55–64, 66f., 72, 76, 78, 83,
　86–88, 110, 291
Remmers, Joseph 318
Reuter, Fritz 67, 566
Reynaud, Jean 479
Rhode, Frl. 314
Ribbentrop, Joachim von 562

Riedmann, August 299
Rienitz, Dr. 321
Ritchie, Frank 478, 489
Ritter von Epp, Franz 329
Roche, John J. 519
Römer 420
Roncalli, Angelo Guiseppe, siehe Johannes XXIII.
Roosevelt, Eleanor 133, 214, 487f., 566
Roosevelt, Franklin D. 129, 256, 289, 488, 508, 510, 549, 566
Rosenberg, Alfred 128, 175–177, 188, 197f., 207, 229, 239, 360, 418, 421f., 432, 470, 483, 566
Rossaint, Joseph C. 230, 241, 353, 567
Rossé 359
Röhm, Ernst 108, 199, 367, 550, 559, 564f., 567, 569
Röpke, Wilhelm 338
Rössler, Rudolf 330f., 335, 343, 355, 380, 567
Rublee, George 490, 567
Rudloff, Johannes von 291, 440, 452f., 456, 567
Rudolf, Karl 262–264, 468, 567
Rudolph, Karl 118
Ruffini, Angelo Romano Ernesto Kardinal, Erzbischof von Parma 52, 567
Rummel, Joseph Francis, Erzbischof von New Orleans 126, 284, 391, 397, 423f., 426, 428, 479, 483f., 567
Russell Bowie, W. 489

Saindon, John 148
Saliège, Jules-Gerard Kardinal, Erzbischof von Toulouse 241, 567
Sangnier, Marc 87f., 567
Sarto, Guiseppe, siehe Pius X.
Sartory, Thomas OSB 445, 568
Sauvage, P. 480
Saxo, Oscar (Pseudonym H. A. Reinholds) 187
Schacht, Hjalmar 490, 568
Schaeper, Paul 311f., 568
Schauff, Mr. 283, 391
Schaumann, Ruth 453f., 568
Schauseil 302

Scheelen, Johannes 184
Scheffer 352
Scheiwiler, Alois, Bischof von St. Gallen 323, 352, 354, 478, 568
Schenck, Bertold von 513, 568
Scherer 408
Schirach, Baldur von 202, 330, 418, 470, 568
Schlachter, O. F. 491
Schlamm, William S. 257, 568
Schlarman, Joseph Henry Leo, Bischof von Peoria 438, 568
Schlatter, Friedrich 482
Schleicher, Kurt von 107f., 348, 367, 565, 568
Schlich, Prälat Johann Ludger 355
Schmemann, Alexander 513, 569
Schmitt, Carl 35, 210, 569
Schmitz, Pater Desiderius OSB 86, 473
Schmitz, Hermann 316
Schmitz, Leo 300f., 461
Schmitz, Robert 495
Schmutzer, Josef 423, 427
Schnieders, Hermann 184
Schnitzler, Pater Bernhard PSM 284, 286, 569
Schönerer, Georg Ritter von 52, 569
Schopenhauer, Arthur 56
Schott, Anselm 313, 453
Schreiber, Christian, Bischof von Berlin 308, 408, 569
Schroeder 365
Schrörs 452
Schütz, Heinrich 247
Schulte, Pater Joseph OMI 287
Schulte, Pater Paul OMI 287, 402, 569
Schuschnigg, Kurt von 132f., 230, 240, 380, 486–488, 569
Schuster, Alfredo Kardinal, Erzbischof von Mailand 300, 569
Schwarz, Dr. 337
Schwarz, Rudolf 464–466, 524, 570
Schwarzschild, Leopold 217, 369, 570
Schwellenbach, Lewis B. 147, 570
Seguin, J. de 452
Seiler, Pater Hermann SJ 431
Selig, Anna 352, 355, 360, 372, 376f., 383, 386f.

Seling, Konrad B. 312, 570
Shaughnessy, Gerald, Bischof von Seattle 130f., 139–143, 147–149, 151, 279f., 493, 495, 497, 570
Sheed, Francis J. 325–327, 374f., 377f., 395–397
Sheen, Fulton 371, 570
Shuster, George N. 43, 49, 125–127, 288f., 339, 351, 358, 366–368, 370–373, 376, 379, 382–384, 386–389, 393f., 397f., 456, 570
Siegmund-Schultze, Friedrich 352, 570
Simon, K. M. 513
Simon, Yves 400, 403, 406
Simonin, Rechtsanwalt 350, 469
Skillin, Edward 128, 130, 570
Skydsgaard, Kristen E. 512, 570
Smith Leiper, Henry 489
Smith, Sydney 53, 570
Smith, Walter (Pseudonym H. A. Reinholds) 200
Smolka 399f.
Sohm, Rudolph 89, 570
Sondergeld, Theodore 492
Souvarine, Boris 212, 571
Spears, James 489
Spellman, Francis Joseph Kardinal, Erzbischof von New York 151, 260, 401, 444, 571
Spieker, K. 389
Stach 316
Stalin, Josef 212f., 226, 376, 371, 376, 543, 556, 559, 573
Steffann, Emil 464, 571
Stellbrink, Karl Friedrich 248f.
Stemple, Michl 315
Stevenson, Adlai E. 153, 571
Stock, Franz 337, 369, 416, 427, 571
Stocker, Josef 335
Stocky, Pater 34, 430
Stotzingen, Fidelis von OSB 82, 571
Strasser, Otto 218, 339, 571
Stratmann, Franziskus M. OP 484, 571
Streckenbach, Bruno 110, 318f., 345, 470, 571
Streicher, Julius 199, 421, 572
Streng, Franziskus von, Bischof von Basel 386

Stresemann, Gustav 197
Stricker, Pater Simon OSB 82, 306–308, 310, 454, 572
Stritch, Samuel Alphonsus Kardinal, Erzbischof von Chicago 126, 137, 572
Strittmater, Pater Anselm OSB 513
Struve, Richard 486
Sturzo, Luigi 34, 41, 122, 170, 223, 379f., 387, 409, 526, 530, 535, 572
Sulzbach, Maria 513
Svanstrom, Seemannspastor 499
Swidler, Leonard 512, 532, 572

Taft, Robert 406
Talbot, Pater Francis SJ 134, 137
Talleyrand-Périgord, Charles Maurice 338
Tannay 480
Tavard, George 512f.
Thieme, Karl 44f., 333, 340, 342, 350, 352, 364, 368, 373, 381, 386f., 394–396, 398, 401f., 404f., 409, 473, 572
Thompson, Dorothy 244, 334, 572
Thun und Hohenstein, Roderich Graf von 462
Thyssen, Fritz 216, 219, 572
Tibesar, Leopold 403
Tillich, Paul 42, 126, 366, 368, 375, 395f., 489, 572
Timpe, Pater Georg SAC 36, 42f., 49, 135, 283, 370, 391f., 397, 407, 476f., 572f.
Truman, Harry S. 147, 255f., 541, 559, 564, 570
Tuchatschewski, Michail N. 212, 573
Tydings, Millard E. 256, 573

Umberg, Johannes 452, 573

Valerius, Johannes 314, 317, 573
Vaughan, Herbert Kardinal, Erzbischof von Westminister 140
Vaughan, Jim 128
Voltaire 86
Vonier, Ansgar 300

Wagner, A. 461
Wagner, Johannes 444, 573

Wagner, Robert 169, 573
Wahden, Ulbertus von 184
Wahle, Pater SJ 114f., 285
Wahlich, Albert 184
Wall, Bernard 348f., 358f., 361, 372, 374–376, 389, 393, 407, 573
Walsh, John V. 513
Walzer, Raphael 454, 573
Ward, Pater Leo Richard CSC 150
Warren, Alice E. 487f.
Watt, Lewis SJ 339
Wechsler, James 256, 573
Weigel, Luther 445
Weinberg, Arthur von 217
Weinberg, Carl von 217
Wells, Wilfred 183
Wesemann 420
Wesselt, Helene 409
Western, William (Pseudonym H. A. Reinholds) 481
Wheeler-Bennet, Sir John 369, 573
White, Charles Daniel, Bischof von Spokane 493f., 573
White, Helen C. 137, 573
Widener, Harry E. 131
Wienken, Heinrich, Bischof von Meißen 413, 574
Wiggers, Jan 103, 451, 457, 574
Wilhelm II., Kaiser von Deutschland 62f., 65, 220, 542
Willebrands, Johannes Gerardus Maria Kardinal, Erzbischof von Utrecht 445, 574
Williams, Howard 494
Williams, Michael 43, 128f., 574
Williams, Thomas L. 457, 574
Wilmes, Pater 172
Wilson, Woodrow 77
Wimmer, Pater 80
Windthorst, Ludwig 232, 242, 574
Wintermann, Bernard 285, 291, 314, 476f., 574
Wintersig, Athanasius (Ludwig. A. Winterswyl) 308, 449, 574
Winzen, P. Damasus, OSB 460, 511, 574
Wirth, Joseph 352, 354, 360, 381, 386, 404f., 574
Wise, Stephen 365, 574
Wittler, Helmut Hermann, Bischof von Osnabrück 447f., 575
Wolff, Helen 146
Wolff, Kurt 146, 575
Wolff-Metternich, Maria Gräfin, genannt Schwester Maria 314, 321, 456, 461
Wolker, Ludwig 39, 251, 283, 289f., 313, 343f., 353, 420, 422, 426, 483, 575
Wright, John Joseph Kardinal, Bischof von Pittsburgh 50, 155, 519f., 576
Württemberg, Carl Alexander von, Pater Odo 350, 364
Wüste, Bernhard 452
Wunderlich 397
Wyndham Lewis, D. B. 144
Wyndham Lewis, Percy 144

Zoellner, Wilhelm 385